Eberhard Puntsch

Das große Handbuch
der Zitate

Eberhard Puntsch

Das große Handbuch der
Zitate

Das ultimative Nachschlagewerk
für Schule, Beruf und Familie

SIGNA

Die Deutsche Bibliothek - CIP-Einheitsaufnahme

Puntsch, Eberhard:
Das grosse Handbuch der Zitate : das ultimative Nachschlagewerk
für Schule, Beruf und Familie / Eberhard Puntsch. – Berlin : Signa, 1997
ISBN 3-332-00818-8

ISBN 3-332-00818-8

Genehmigte Lizenzausgabe für Signa Verlag
in der Dornier Medienholding GmbH, Berlin 1997
© mvg-verlag im verlag moderne industrie AG, Landsberg am Lech

Vorwort

Dieses Buch enthält 10 500 Sentenzen, Aphorismen, Maximen und Sprichwörter. Es will nicht vollständig sein, sondern es möchte durch die Qualität der Zitate und seine Gliederung gefallen.

Zitat ist, was zitiert wird. Nicht alles, was oft zitiert wird, steht in diesem Buch. Aber alles, was drin steht, verdient Widerhall und sollte als Gedanke im Bewußtsein der Gegenwart lebendig bleiben.

Ihre Aussagekraft verdanken die Zitate der Einheit von Weisheit und Sprachkunst. Es fehlen geläufige Redewendungen, weil sie zu leicht befunden wurden. Es fehlen gewichtige Einsichten, weil ihnen keine tragende Form gegeben ist. Es fehlen berühmte Namen, weil sie nicht konkurrieren.

Büchmann ordnete nach der Quelle. Die übliche Gliederung orientiert sich an Stichworten innerhalb der Zitate. Hier wurde jedes Zitat, seinem Inhalt gemäß, einem von 550 Sachgebieten zugewiesen, so daß, was zum gleichen Thema spricht, beieinander ist.

Innerhalb der Sachgebiete wurde nach Aspekten geordnet. Meinungen, die sich ergänzen oder widersprechen, finden zueinander und gewinnen Bezug. Es entsteht, über Raum und Zeit hinweg, ein Dialog der Großen, und die Völker bringen ihre Erfahrungsweisheit im Sprichwort ein.

Die Sachgebiete wurden auf ihre Verwandtschaft hin angesehen und zu 42 Kapiteln gruppiert.

Jedes Zitat ist nur einmal vorhanden, obwohl sich häufig mehrere Einordnungsmöglichkeiten bieten.

I. Kapitel

Gott
Religion
Konfession
Christentum
Glaube
Aberglaube
Unglaube
Frömmigkeit
Gottesdienst
Beten
Priester
Mönch
Heilige
Theologie
Bibel

Gott

Wär nicht das Auge sonnenhaft,
die Sonne könnt es nie erblicken.
Läg nicht in uns des Gottes eigne Kraft,
wie könnt uns Göttliches entzücken?

Goethe, Zahme Xenien III

Gott ist noch mehr in mir, als wenn das
ganze Meer
in einem kleinen Schwamm ganz und
beisammen wär.

Angelus Silesius,
Der Cherubinische Wandersmann,
Noch davon

Kepler sagte: „Mein höchster Wunsch
ist, den Gott, den ich im Äußern überall finde, auch innerlich, innerhalb
meiner gleichermaßen gewahr zu werden." Der edle Mann fühlte, sich nicht
bewußt, daß eben in dem Augenblicke
das Göttliche in ihm mit dem Göttlichen des Universums in genauster
Verbindung stand.

Goethe,
Maximen und Reflexionen, Nachlaß,
Über Literatur und Leben

Allen gehört, was du denkst; dein
eigen ist nur, was du fühlest.
Soll er dein Eigentum sein, fühle den
Gott, den du denkst!

Schiller, Das eigne Ideal

Mensch, denkst Du Gott zu schauen
dort oder hier auf Erden,

so muß Dein Herz zuvor ein reiner
Spiegel werden.

Angelus Silesius,
Der Cherubinische Wandersmann

Wir können Gott mit dem Verstande
suchen, aber finden können wir ihn
nur mit dem Herzen.

Josef von Eötvös

Gefühl ist alles;
Name ist Schall und Rauch,
umnebelnd Himmelsglut. (Faust)

Goethe, Faust 1, Marthens Garten

Man kann den höchsten Gott mit allen
Namen nennen,
man kann ihm wiederum nicht einen
zuerkennen.

Angelus Silesius,
Der Cherubinische Wandersmann,
Gott hat alle Namen und keinen

Gott versteckt sich hinter das, was wir
lieben.
Hebbel, Tagebücher, 12. 3. 1841

Gott wird als Du oder Ich erlebt, je
nachdem, wo das Bewußtseinszentrum
ruht. Doch wer ihn als Ich erlebt,
erlebt ihn tiefer.

Hermann von Keyserling,
Reisetagebuch eines Philosophen, Chicago

Zeigt sich der Glückliche mir, ich ver-
gesse die Götter des Himmels;
aber sie stehn vor mir, wenn ich den
Leidenden seh'.

Schiller, Theophanie

War die Henne zuerst? Oder war das
Ei vor der Henne?
Wer dies Rätsel erlöst, schlichtet den
Streit um den Gott.

Goethe, Epigrammatisch

Denkt über Gottes Wohltaten nach,
aber über Gott selbst grübelt nicht!

Buch des Kabus, Wie Gott zu erkennen ist

Glaube an Gott und verehre ihn, aber
forsche ihm nicht nach!

Philemon, Fragmente 118

Kraft ist die Materie der Stoffe. Seele
ist die Kraft der Kräfte. Geist ist die
Seele der Seelen. Gott ist der Geist der
Geister.

Novalis, Fragmente

Gott schuf den Menschen nach seinem
Bilde. Das heißt vermutlich: Der
Mensch schuf Gott nach dem seinigen.

Lichtenberg

O Freund, der Mensch ist nur ein Tor,
stellt er sich Gott als seines Gleichen
vor.

Goethe, Der Ewige Jude

Da die Götter menschlicher noch waren,
waren Menschen göttlicher.

Schiller, Die Götter Griechenlands

Was der Mensch als Gott verehrt,
ist sein eigenstes Innere herausgekehrt.

Goethe, Zahme Xenien

Gott, wenn wir hoch stehen, ist alles;
stehen wir niedrig, so ist er ein Sup-
plement unsrer Armseligkeit.

Goethe,
Maximen und Reflexionen, Nachlaß,
Über Literatur und Leben

Wir sind naturforschend Pantheisten,
dichtend Polytheisten, sittlich Mono-
theisten.

Goethe,
Maximen und Reflexionen, Nachlaß,
Über Literatur und Leben

Für den Hund ist Gott der Bissen, der
zu Boden gefallen ist.

Bantuweisheit

Nur zu oft sind die Götter bloße
Drahtpuppen ihrer Priester.

Wieland, Agathodämon

Preise dem Kinde die Puppen, wofür
es begierig die Groschen
hinwirft, so bist du fürwahr Krämern
und Kindern ein Gott!

Goethe, Vier Jahreszeiten 59

Leiden war's und Unvermögen – das schuf alle Hinterwelten, und jener kurze Wahnsinn des Glücks, den nur der Leidendste erfaßt.

Nietzsche,
Zarathustra I, Von den Hinterweltlern

Gott starb.

Nietzsche, Zarathustra, Vorrede 3

Gott ist nur ein erdachtes Wort, die Welt uns zu erklären.

Lamartine

Was sollen deine Götter,
des kranken Weltplans schlau erdachte
Retter,
die Menschenwitz des Menschen Notdurft leiht?

Schiller, Resignation

Von den Göttern weiß ich nichts, weder daß sie sind, noch daß sie nicht sind.

Protagoras

Was Gott an und für sich ist, wissen wir so wenig, als ein Käfer weiß, was ein Mensch ist.

Zwingli, De vera et falsa religione

Besser kennt Gott, wer ihn nicht zu kennen bekennt.

Augustinus, De ordine 2

Wer darf ihn nennen
und wer bekennen:
Ich glaub Ihn!
Wer empfinden
und sich unterwinden
zu sagen: Ich glaub Ihn nicht!
Der Allumfasser,
der Allerhalter,
faßt und erhält Er nicht
dich, mich, sich selbst? (Faust)

Goethe, Faust 1, Marthens Garten

Gott wäre etwas gar Erbärmliches, wenn er sich in einem Menschenkopfe begreifen ließe.

Morgenstern,
Stufen, Weltbild, Tagebuch eines Mystikers

Wenn die Menschen von Gott reden, so kommen sie mir vor wie Lichtenbergs Kahlenberger Bauern, die, wenn ein Messer fehlt, dafür ein Stück Holz in die Scheide stecken, damit diese nicht leer sei.

Grillparzer,
Studien zur Philosophie und Religion

Ich habe Gott überall gesehn und nie verstanden.

Lamartine,
Die ersten Meditationen, Der Mensch

Was wär ein Gott, der nur von außen
stieße,
im Kreis das All am Finger laufen
ließe!
Ihm ziemt's, die Welt im Innern zu
bewegen,
Natur in Sich, Sich in Natur zu hegen.

Goethe, Gott, Gemüt und Welt

So undeutlich, schwankend und ver-
worren der Begriff auch sein mag, den
man mit dem Worte Gott verbindet,
so sind doch zwei Prädikate davon unzertrennlich: Die höchste Macht und
die höchste Weisheit.

Schopenhauer,
Parerga und Paralipomena II, 5

Bei Gott ist kein Ding unmöglich.

Lukas 1,37

Barmherzig und gnädig ist der Herr,
geduldig und von großer Güte.

Psalm 103,8

Die Götter sind gut, die Priester grausam.

Voltaire, Die drei **Arten**

Warum uns Gott so wohlgefällt?
Weil er sich uns nie in den **Weg** stellt.

Goethe, Sprichwörtlich

Wie wäre Gott so grausam, wäre er
nicht so groß!

Lamartine, Die ersten Meditationen

Gott ist nicht wählerisch in seinen
Boten und Werkzeugen, und die irren
sich, die da meinen, daß er die Welt
mit spitzen Fingern anfasse und das
Nämliche von ihnen verlange.

Raabe, Im alten Eisen

Zuvieles mißriet ihm, diesem Töpfer,
der nicht ausgelernt hatte! Daß er aber
Rache an seinen Töpfen und Geschöpfen nahm, dafür, daß sie ihm schlecht
gerieten, das war eine Sünde wider den
guten Geschmack.

Nietzsche, Zarathustra IV, Außer Dienst

Wer ihn als einen Gott der Liebe
preist, denkt nicht hoch genug von
der Liebe selber. Wollte dieser Gott
nicht auch Richter sein? Aber der Liebende liebt jenseits von Lohn und Vergeltung.

Nietzsche,
Zarathustra IV, Außer Dienst

**Vom unzugänglichen Gebirge über die
Einöde, die kein Fuß betrat, bis ans
Ende des unbekannten Ozeans weht
der Geist des Ewigschaffenden und
freut sich jeden Staubes, der ihn vernimmt und lebt.**

Goethe,
Die Leiden des jungen Werthers,
18. 8. 1771

Alles Göttliche auf Erden
ist ein Lichtgedanke nur.

Schiller, Die Gunst des Augenblicks

Gäbe es keinen Gott, so müßte man
ihn erfinden.

Voltaire

Religion

Der Ursprung, ja das eigentliche Wesen der Religion ist der Wunsch. Hätte der Mensch keine Wünsche, so hätte er auch keine Götter.

Ludwig Feuerbach

Die Furcht hat zuerst in der Welt die Götter geschaffen.

Statius, Thebais 3

Die Ironie des Schicksals, die zerreißend in das Spinnengewebe der Sterblichen greift und das Gefühl ihrer Sicherheit furchtbar verneint, wird im Empfänglichen Religion.

Feuchtersleben

Philosophie und Religion ist für den Menschen vielleicht nur der Gefrierpunkt gegen den Wahnsinn. Vor der Kälte des Universums zieht sich das Wasser als Haut zusammen, so vor der Kälte des Unbegreiflichen der Geist zur Weisheit, das Herz zum Glauben.

Morgenstern,
Stufen, Tagebuch eines Mystikers

Die Religionen sind der Ausdruck des ewigen und unzerstörbaren metaphysischen Bedürfnisses der Menschennatur.

Burckhardt,
Weltgeschichtliche Betrachtungen II, 2

Der Mensch ist der Anfang der Religion, der Mensch der Mittelpunkt der Religion, der Mensch das Ende der Religion.

Ludwig Feuerbach,
Das Wesen des Christentums 19

Was ist Religion? Sich in alle Ewigkeit weiter und höher entwickeln wollen.

Morgenstern,
Stufen, Weltbild, Am Tor

Religion ist die Erkenntnis aller unserer Pflichten als göttliche Gebote.

Kant,
Die Religion innerhalb der Grenzen der bloßen Vernunft 1

Religion ist Liebe und Versöhnung. Schon im Worte liegt es: Sie verbindet wieder, was getrennt war.

Börne

Religion ist Sinn und Geschmack fürs Unendliche.

Schleiermacher, Reden über die Religion

Religion ist die Poesie der unpoetischen Menschen.

Grillparzer, Aphorismen 1835

Die Religion ist das Krankenhaus der Seelen, welche die Welt verwundet hat.

Petit-Senn, Geistesfunken

Die Religion ist der Seufzer der be-
drängten Kreatur, das Gemüt einer
herzlosen Welt, wie sie der Geist geist-
loser Zustände ist. Sie ist das Opium
des Volkes.

Karl Marx, Zur Kritik der Hegelschen
Rechtsphilosophie

Religiosität ist die Weingärung des sich
bildenden und die faule Gärung des
sich zersetzenden Geistes.

Grillparzer, Aphorismen 1835

Religion ist reine Sache des Gemüts
und der Phantasie wie die Poesie, und
man zerstört das Wesen beider, wenn
man sie unter Vernunftregeln bringen
will.

Weber, Demokritos VII, 15

Am wenigsten stützt Religion und Sittlichkeit auf Gründe. Eben die Menge
der Pfeiler verfinstert und verengt die
Kirchen.

Jean Paul

Die Ahnung ist die Quelle der Religion.

Boßhart, Bausteine

Wer Wissenschaft und Kunst besitzt,
hat auch Religion;
wer jene beiden nicht besitzt,
der habe Religion.

Goethe, Zahme Xenien

Liebet Gott und die Kreatur, feiert die
Sonne und machet Musik: So habt ihr
eine Religion!

Rathenau

Verbindet man Religion nicht mit
Moralität, so wird Religion nur zur
Gunstbewerbung.

Kant

Der Zweck der wahren Religion soll
sein, die Grundsätze der Sittlichkeit
tief in die Seele einzudrücken.

Leibniz

Die Religion muß froh machen.

Boßhart, Bausteine

Die Religion kann erst dann wieder
zur Kulturmacht werden, wenn sie sich
von aller Zweckhaftigkeit frei macht.
Zu dieser gehören Glaube und Erlö-
sung.

Rathenau

Ich ehre die Religion, das weißt Du.
Ich fühle, daß sie manchem Ermatte-
ten Stab, manchem Verschmachtenden
Erquickung ist. Nur — kann sie denn,
muß sie denn das einem jeden sein?

Goethe,
Die Leiden des jungen Werthers,
15. 11. 1772

Wir haben gerade Religion genug, um
einander zu hassen, aber nicht genug,
um einander zu lieben.

Swift

Kein Zwang sei in der Religion! Das
Rechte ist ja deutlich genug unterschieden vom Falschen.

Koran

Der Glaube ist wie die Liebe: Er läßt sich nicht erzwingen. Daher ist es ein mißliches Unternehmen, ihn durch Staatsmaßregeln einführen oder befestigen zu wollen.

Schopenhauer

Die Religion kann nie schlimmer sinken, als wenn sie zur Staatsreligion erhoben wird. Es geht dann gleichsam ihre innere Unschuld verloren, und sie wird so öffentlich stolz wie eine deklarierte Maitresse.

Heine,
Briefe aus Berlin, 16. 3. 1822

Sonst war die Religion, ich gesteh's, die Stütze des Staates, aber jetzt ist der Staat Stütze der Religion.

Ludwig Feuerbach

Die Religion ist eine Krücke für schlechte Staatsverfassungen.

Schopenhauer,
Parerga und Paralipomena II, 22

Zu jeder Zeit hat die Religion auf die Verfassungsurkunden der Staaten ihr Siegel gedrückt, und die Priester waren immer die Siegelbewahrer.

Börne

Das Land, wo die Kirchen schön und die Häuser verfallen sind, ist so gut verloren als das, wo die Kirchen verfallen und die Häuser Schlösser werden.

Lichtenberg

Die Mißachtung der Religion führt zur Mißachtung der menschlichen Pflichten.

Rousseau, Emile

Ein Mensch ohne Religion ist wie ein Hund, der von der Kette, wie ein Kalb, das vom Seile losgelassen wird.

Johann Geiler von Kaysersberg

Konfession

Wäre nur eine Religion in der Welt, so würde sie stolz und zügellos despotisch sein.

Friedrich der Große

Verschiedenheit der Religionsmeinungen findet sich nur bei Alltagsmenschen. Leute von Geist haben nur eine Religion.

Karl Julius Weber, Demokritos

Welche Religion ich bekenne? Keine von allen, die du mir nennst. — Und warum keine? — Aus Religion.

Schiller, Mein Glaube

Religion ist ein Prisma, von dessen sieben Farben sich jeder seine Lieblings-

farbe wählen mag. Alle aber rühren
nur von einem Sonnenstrahl.

Weber, Demokritos VII, 19

Es ist der Glaub ein schöner Regenbogen,
der zwischen Erd und Himmel aufgezogen:
Ein Trost für alle, doch für jeden
Wandrer,
je nach der Stelle, da er steht, ein
andrer.

Geibel, Sprüche 18

Wenn man es beim Lichte besieht, so
hat jeder seine eigene Religion, und
Gott muß mit unserm armseligen
Dienste zufrieden sein aus übergroßer
Güte; denn das müßte mir ein rechter
Mann sein, der Gott diente, wie sich
gehört.

Goethe, Brief des Pastors

Die Religionen müssen alle tolerieret
werden und muß der Fiskal nur das
Auge darauf haben, daß keine der anderen Abbruch tue; denn hier muß ein
jeder nach seiner Fasson selig werden.

Friedrich der Große

Du sollst deinen Nächsten seines Glaubens wegen nicht braten, zumal du ihn
nicht essen kannst!

Lichtenberg

Wohl mit jedem Bekenntnis verträgt
ein frommes Gemüt sich.

Geibel, Kleinigkeiten 20

Ohne Ahnung vom Übersinnlichen
wäre der Mensch allerdings Tier. Eine
Überzeugung davon aber ist nur für
den Toren möglich und nur für den
Entarteten notwendig.

Grillparzer, Aphorismen 1820

Es gibt nur zwei wahre Religionen:
Die eine, die das Heilige, das in und
um uns wohnt, ganz formlos, die
andere, die es in der schönsten Form
anerkennt und anbetet. Alles, was dazwischen liegt, ist Götzendienst.

Goethe,
Wilhelm Meisters Wanderjahre III,
Aus Makariens Archiv

Die Religion ist die beste, welche die
Vielen eint, den Einzelnen kräftigt,
den Stolzen beugt, die uns das Leben
lieben und den Tod mit Ergebung erwarten macht.

Feuchtersleben

Die sogenannten Religionsstreitigkei-
ten, welche die Welt so oft erschüttert
und mit Blut bespritzt haben, sind nie
etwas anderes als Zänkereien um den
Kirchenglauben gewesen.

Kant

Keimt ein Glaube neu,
wird oft Lieb und Treu
wie ein böses Unkraut ausgerauft.

Goethe, Die Braut von Korinth

Ist es nicht seltsam, daß die Menschen so gern für ihre Religion fechten und so ungern nach ihren Vorschriften leben?

Lichtenberg

Wenn ein Misanthrop beschlossen hätte, das Menschengeschlecht unglücklich zu machen, was Besseres hätte er erfinden können als den Glauben an ein unverständliches Wesen, über das die Menschen sich nie haben einigen können und dem sie mehr Bedeutung zugemessen haben als ihrem eigenen Leben?

Diderot,
Gespräch mit der Marschallin von D.

Religionen sind Kinder der Unwissenheit, die ihre Mutter nicht lange überleben.

Schopenhauer

Warum entarten Religionen? Das Regenwasser ist rein. Doch wenn es Dach und Gassen durchlaufen hat, die unsauber sind, so verliert es seine reine Klarheit.

Ramakrischna,
Der Samnyasin und Vedantist

Die Religionen sind wie die Leuchtwürmer: Sie bedürfen der Dunkelheit, um zu leuchten.

Schopenhauer,
Parerga und Paralipomena II, 20

Eine Religion nach der andern löscht aus, aber der religiöse Sinn, der sie alle schuf, kann der Menschheit nie getötet werden.

Jean Paul, Levana

Christentum

Es gibt keine Religion, die nicht Christentum wäre.

Novalis, Fragmente

Was Jesus begründet, was ewig von ihm bleiben wird, das ist die Lehre von der Freiheit der Seelen.

Renan, Das Leben Jesu

Christentum ist Platonismus fürs Volk.

Nietzsche,
Jenseits von Gut und Böse, Vorrede

Die christliche Religion ist eine intentionierte politische Revolution, die, verfehlt, nachher moralisch geworden ist.

Goethe,
Maximen und Reflexionen, Nachlaß,
Über Literatur und Leben

Wahre Religion ist gebaut auf das Wahre, das Gute in der Menschennatur, nicht auf der Sünde Morast.

Ludwig Feuerbach

Luthrisch, Päpstisch und Calvinisch,
diese Glauben alle drei
sind vorhanden, doch ist Zweifel,
wo das Christentum dann sei.

Logau, Sinngedichte II

Der Katholizismus trägt noch Züge
einer Religion. Protestantismus und
Judentum sind Lehren.

Rathenau

Die katholische Kirche unterschätzt
den einzelnen, die protestantische überschätzt die Masse.

Graff

Die katholische Kirche ist im letzten
Bergdorf noch so gewaltig wie in Rom.
Die protestantische Kirche ist überall
so gewaltig, wie es ihr jeweiliger Prediger ist.

Graff

Definition des Protestantismus: Die
halbseitige Lähmung des Christentums
und der Vernunft.

Nietzsche, Antichrist 10

Die Reformation der Kirche war eine
der Sakristei, des Chors.

Jean Paul

Bis auf einen gewissen Grad wird auch
das Christentum stets einen nationalen
Typus annehmen.

Hilty, Neue Briefe 1906

Das Christentum steht mit dem Judentum in einem weit stärkeren Gegensatz
als mit dem Heidentum.

Goethe,
Maximen und Reflexionen, Nachlaß,
Über Literatur und Leben

Christum predigen ist gar ein schwer
und gefährlich Amt. Hätt ich's etwan
gewußt, so wollt ich mich nimmermehr
dazu hergegeben haben, sondern gesagt mit Mose: Sende, wen Du willst!

Luther, Deutsche Schriften 59

Das Christentum ist befremdend. Es
fordert vom Menschen, daß er sich
selbst als erbärmlich, ja verächtlich erkenne, und es fordert von ihm, daß er
wünsche, Gott ähnlich zu sein. Ohne
ein solches Gegengewicht würde ihn
diese Erhöhung unerträglich eitel und
diese Erniedrigung unerträglich gemein
machen.

Pascal

Ein Christ ist ein solcher Mensch, der
gar keinen Haß noch Feindschaft wider
jemand weiß, keinen Zorn noch Rache
in seinem Herzen hat, sondern eitel
Liebe, Sanftmut und Wohltat.

Luther, Deutsche Schriften

Mensch! Ein vollkommner Christ hat
niemals rechte Freud
auf dieser Welt. Warum? Er stirbet
allezeit.

Angelus Silesius,
Der Cherubinische Wandersmann,
Der Vollkommene ist nicht fröhlich

Weiland war die Lieb ein Feuer,
wärmen war ihr nützer Brauch;
nun sie aber ist erloschen,
beißt sie nur als wie der Rauch.

Logau, Die christliche Liebe

Die Christen haben niemals die Handlungen praktiziert, welche ihnen Jesus vorgeschrieben hat, und das unverschämte Gerede von der „Rechtfertigung durch den Glauben" und dessen oberster und einziger Bedeutsamkeit ist nur die Folge davon, daß die Kirche nicht den Mut noch den Willen hatte, sich zu den Werken zu bekennen, welche Jesus forderte.

Nietzsche, Wille zur Macht 191

Es ist so schwer, ein Christ zu sein!
Wenn aber zu des Heilands Lehren
Papst, Abt und Probst Exempel wären,
die Seelen hell, die Herzen rein,
dann wär's so leicht, ein Christ zu sein.

Gleim, Schwer und leicht

Was vom Christentum gilt, gilt von
den Stoikern, freien
Menschen geziemet es nicht, ˙Christ
oder Stoiker sein.

Goethe, Epigramme

Nehmt einem Christen die Furcht vor der Hölle, und ihr nehmt ihm seinen Glauben.

Diderot, Pensées philosophique 17

Der entsetzliche Unsinn des Mythus von einem Gotte, der sich für den Ungehorsam eines seiner Geschöpfe durch furchtbare Martern an seinem Sohne rächt, ist viele Jahrhunderte nicht bemerkt worden. Die größten Geister wie Galilei, Newton, Leibniz haben auch nicht einen Augenblick darüber nachgedacht, daß die Wahrheit solcher Legenden bezweifelt werden könnte.

Le Bon, Psychologie der Massen II, 4

Gibt es denn Christen? Ich habe noch nie welche gesehen.

Diderot, Gespräch mit der Marschallin

Jesus, den die Juden einst verkauften,
wär' er auf Erden jetzt, ich glaube, die
Getauften
verkauften ihn zum größten Teile.

Reinmar von Zweter

Nicht ihre Menschenliebe, sondern die Ohnmacht ihrer Menschenliebe hindert die Christen von heute, uns zu verbrennen.

Nietzsche, Jenseits von Gut und Böse 4

Du bist! du bist! sagt Lavater. Du
bist!!
Du bist!!! du bist!!!! du bist, Herr
Jesus Christ!!!!
Er wiederholte nicht so heftig Wort
und Lehre,
wenn es ganz just mit dieser Sache
wäre.

Goethe,
Auf Lavaters Lied eines Christen
an Christus geschrieben

Offen steht das Grab! Welch herrlich
              Wunder! Der Herr ist
auferstanden! — Wer's glaubt! Schelmen, ihr trugt ihn ja weg.

Goethe, Epigramme

Wer irgendeinen Begriff davon hat, in
welcher ungeheuern Ausdehnung der
Glaube an die Dogmen der christlichen
Offenbarung dem jüngeren Geschlecht
geschwunden ist, der kann nur mit
schwerer Sorge beobachten, wie gedankenlos, wie träge, ja wie verlegen

Tausende einem Lippenglauben huldi-
gen, der ihrem Herzen fremd geworden.

Treitschke, Historische Aufsätze 3

Der Versuch, Europa zum christlichen
Glauben zu bekehren, ist gelungen.
Der Versuch, Europa zur christlichen
Moral zu bekehren, ist mißlungen.
Europa und Amerika sind heute nicht
die christlichsten, sondern die unchrist-
lichsten Teile der Kulturmenschheit.

Coudenhove-Kalergi, Held und Heiliger

Glaube

Glaube ist Liebe zum Unsichtbaren,
Vertrauen aufs Unmögliche, Unwahr-
scheinliche.

Goethe,
Maximen und Reflexionen, Nachlaß,
Über Literatur und Leben

Heute weiß ich, daß Glauben nichts ist
als das Hineinleben in die göttliche
Welt.

Paul Ernst, Jugenderinnerungen

Wer es glaubt, dem ist das Heil'ge nah.

Schiller, Thekla

Der Glaube ist nicht jedermanns Ding.

2. Thessalonicher 3,2

Es kann in Ewigkeit kein Ton so lieblich sein,
als wenn des Menschen Herz mit Gott
stimmt überein.

Angelus Silesius,
Der Cherubinische Wandersmann,
Der allerlieblichste Ton

An das Göttliche glauben
die allein, die es selber sind.

Hölderlin, Menschenbeifall

Unser Glaube hängt mehr von unserem Charakter als von unserer Einsicht ab. Nicht alle, die sich über die
Auguren lustig machen, haben mehr
Geist als die, die an sie glauben.

Vauvenargues, Reflexionen

Glaube an dich selbst, Mensch, glaube
an den inneren Sinn deines Wesens, so
glaubst du an Gott und an die Unsterblichkeit!

Pestalozzi, Abendstunde eines Einsiedlers

Glauben ist leichter als Denken.

Sprichwort

Zu dem Adler sprach die Taube:
„Wo das Denken aufhört, da beginnt
der Glaube."
„Recht", sprach jener, „mit dem Un-
terschied jedoch:
Wo Du glaubst, da denk' ich noch."

Ludwig Robert

Wahrhaftig: Nichts auf der Welt muß
der Faulheit besser zusagen als Ortho-
doxie.

Burckhardt,
an Hans Riggenbach, 26. 8. 1838

Glauben und Wissen verhalten sich wie
die zwei Schalen einer Waage: In dem
Maße, als die eine steigt, sinkt die
andere.

Schopenhauer,
Aphorismen zur Lebensweisheit

Dich vermag aus Glaubensketten
der Verstand allein zu retten.

Goethe, Divan, Buch des Unmuts

Wer in göttlichen Dingen nichts glaubt,
als was er mit seinem Verstande aus-
messen kann, verkleinert die Idee von
Gott.

Leibniz

Der wahrhaft Gläubige untersucht keinen Glaubenssatz. Es verhält sich damit wie mit einer bitteren Arzneipille:
Wenn man sie kaut, ist man nicht mehr
imstande, sie hinunterzuschlucken.

Chamfort

Wer seinen Glauben mit Gründen verteidigt, kann mit Gründen widerlegt
werden.

Robert Hamerling,
Die Atomistik des Willens

Credo, quia absurdum.
Ich glaube es, weil es widersinnig ist.

Tertullian, Über das Fleisch Christi 5

Unmöglich ist's, drum eben glaubens-
wert. (Astrolog)

Goethe, Faust 2, I, Rittersaal

Der Glaube zieht alle Transzendenz
zur Wirklichkeit herab.

Rathenau

Selten reicht unser Glaube weiter als
unser Auge.

La Rochefoucauld, Reflexionen

Zum Glauben geht der Weg über den
Unglauben.

Börne

Heil den unbekannten
höhern Wesen,
die wir ahnen!
Ihnen gleiche der Mensch!
Sein Beispiel lehr uns
jene glauben.

Goethe, Das Göttliche

Wo Nichtwissen Seligkeit, ist es Torheit, klug zu sein.

Thomas Gray,
On the Prospect of Eton College

Dem Menschen einen Glauben schenken, heißt seine Kraft verzehnfachen.

Le Bon, Psychologie der Massen 2, 3

Nur der Glaube hat alles Mächtige geschaffen, was je entstand. Für einen guten Beweis finden sich Advokaten genug, aber keine Märtyrer.

Ernst Jünger

Man stirbt für Meinungen und nicht für Gewißheiten, für das, was man glaubt, nicht für das, was man weiß.

Renan, L'église chrétienne

Der Kritizismus kann dich zum Philosophen machen, aber nur der Glaube zum Apostel.

Ebner-Eschenbach, Aphorismen

Berge versetzt der Glaube. Jawohl!
Die schweren Probleme
löset der Glaube nicht auf, sondern
verschiebet sie nur.

L. Feuerbach, Satirisch-theol. Distichen

Zwar hat der Glaube bisher noch keine wirklichen Berge versetzen können, obschon dies, ich weiß nicht wer, behauptet hat. Aber er vermag Berge dorthin zu setzen, wo keine sind.

Nietzsche,
Menschliches Allzumenschliches II, 1

Der Glückliche bedarf des Glaubens, um nicht übermütig zu werden, der Nichtglückliche aber als Halt und der Unglückliche, um nicht zu erliegen.

Wilhelm von Humboldt,
Briefe an eine Freundin, 28. 1. 1827

Der Glaube ist ein häuslich heimlich Kapital, wie es öffentliche Spar- und Hülfskassen gibt, woraus man in Tagen der Not einzelnen ihr Bedürfnis reicht. Hier nimmt der Gläubige sich seine Zinsen im stillen selbst.

Goethe,
Maximen und Reflexionen,
Aus Kunst und Altertum 1821

Der Ungläubige täuscht sich über das jenseitige, der Gläubige über das diesseitige Leben.

Rivarol

Gute Werke sind des Glaubens Siegel und Prob; denn gleich wie die Briefe müssen ein Siegel haben, damit sie bekräftigt werden, also muß der Glaube auch gute Werke haben.

Luther, Deutsche Schriften

Begreifst du aber,
wieviel andächtig Schwärmen leichter
                   als
gut handeln ist? Wie gern der schlaffste
                Mensch
andächtig schwärmt, um nur — ist er
              zuzeiten
sich schon der Absicht deutlich nicht
              bewußt —
um nur gut handeln nicht zu dürfen?
              (Nathan)

Lessing, Nathan der Weise I, 2

Glaube ohne Liebe ist nichts wert.

Luther

Aberglaube

Glaube, dem die Tür versagt,
steigt als Aberglaub' ins Fenster.
Wenn die Götter ihr verjagt,
kommen die Gespenster.

Geibel

Der Aberglaube ist das ungeheure,
fast hilflose Gefühl, womit der stille
Geist gleichsam in der wilden Riesen-
mühle des Weltalls betäubt steht und
einsam.

Jean Paul, Vorschule der Ästhetik

Der Aberglaube ist die Freigeisterei
zweiten Ranges. Wer sich ihm ergibt,
wählt gewisse ihm zusagende Formen
und Formeln aus und erlaubt sich ein

Der Glaub allein ist tot; er kann nicht
             eher leben,
bis daß ihm seine Seel, die Liebe wird
             gegeben.

Angelus Silesius,
Der Cherubinische Wandersmann

Der Glaube ist nimmermehr stärker
und herrlicher, denn wenn die Trübsal
und Anfechtung am größten sind.

Luther, Deutsche Schriften 35

Eine Jungfrau, ein Auge und der
Glaube lassen nicht mit sich scherzen.

Aus der Schweiz

Recht der Wahl. Der Abergläubische
ist im Vergleich mit dem Religiösen
immer viel mehr „Person" als dieser,
und eine abergläubische Gesellschaft
wird eine solche sein, in der es schon
viele Individuen und Lust am Individuellen gibt. Von diesem Standpunkt
aus gesehen, erscheint der Aberglaube
immer als ein Fortschritt gegen den
Glauben.

Nietzsche, Fröhliche Wissenschaft

Der Aberglaube ist die Poesie des Lebens.

Goethe,
Maximen und Reflexionen,
Aus Kunst und Altertum 1823

Das heißt abergläubisch, wenn man seine Hoffnungen auf Formeln und Zeremonien setzt. Es heißt aber hochmütig sein, wenn man sich ihnen nicht unterwerfen will.

Pascal

Der Aberglaube ist ein Erbteil energischer, großtätiger, fortschreitender Naturen, der Unglaube das Eigentum schwacher, kleingesinnter, zurückschreitender, auf sich selbst beschränkter Menschen.

Goethe, Farbenlehre

Der Mensch, der sich vielen Glückes und seiner Schwäche bewußt ist, wird abergläubisch, flüchtet zum Gebet.

Lichtenberg,
Beobachtung über den Menschen

Der Aberglaube ist ein Kind der Furcht, der Schwachheit und der Unwissenheit.

Friedrich der Große

Der Aberglaube ist die einzige Religion, deren niedere Seelen fähig sind.

Joubert

Der Aberglauben schlimmster ist, den seinen
für den erträglichern zu halten. (Tempelherr)

Lessing, Nathan der Weise IV, 4

Zuletzt ist Aberglaube schöner, heiliger, kräftiger als jene sieche Kraft-

losigkeit des Indifferentismus, der bei den Worten Gott, Unsterblichkeit, Ewigkeit nichts denkt und sie nur als Redeform im Munde führt.

Stifter, Ein Gang durch die Katakomben

Ein jeder Aberglaube versetzt uns in das Heidentum.

Justus von Liebig, Chemische Briefe

Der Aberglaub', in dem wir aufgewachsen,
verliert, auch wenn wir ihn erkennen, darum
doch seine Macht nicht über uns. (Tempelherr)

Lessing, Nathan der Weise IV, 4

Das einzige Mittel gegen den Aberglauben ist Wissenschaft.

Buckle,
Geschichte der Zivilisation in England 15

Weil die große Menge immer gleich elend bleibt, bleibt sie nie lange demselben Aberglauben ergeben, vielmehr wird sie immer wieder von einem neuen Aberglauben angezogen, von welchem sie noch niemals getäuscht worden ist.

Spinoza, Theologisch-Politisches Traktat

Eigentlich ergreift der Aberglaube nur falsche Mittel, um ein wahres Bedürfnis zu befriedigen.

Goethe, Farbenlehre

Unglaube

Ohne Gott ist jeder Weg breiter.

Aus Rußland

Ein Mensch ohne Glauben: Ich weiß nicht, was mit einem solchen zu machen ist. Ein großer Wagen ohne Joch, ein kleiner Wagen ohne Kummet, wie kann man den voranbringen?

Konfuzius

Es ist ein großer Verlust für den Menschen, wenn er die Überzeugung von einem weisen, die Welt lenkenden Wesen verloren hat.

Lichtenberg, Moralische Bemerkungen

Moralisch ungläubig ist der, welcher nicht dasjenige annimmt, was zu wissen zwar unmöglich, aber vorauszusetzen moralisch notwendig ist.

Kant

Der rechte Unglaube bezieht sich auf keine einzelnen Sätze und Gegensätze sondern auf die Erblindung gegen das Ganze.

Jean Paul, Levana

Mit einem Menschen, welcher den gekreuzigten Gottmenschen verehrt, ist immer noch mehr anzufangen als mit einem, der weder an die Menschen noch an die Götter glaubt.

Gottfried Keller

Wenn der Mensch Gott verstoßen hat, so beugt er sich vor einem Götzen.

Dostojewskij

Atheismus ist Selbstmord der Seele.

Petit-Senn,
Geistesfunken und Gedankensplitter

Wer in der Jugend Gott dem Herrn in die Augen gespien, der kommt im Alter und will ihn auf den Händen tragen.

Aus Litauen

Die meisten unsrer Gottlosen sind nur rebellische Frömmler.

Rivarol

Die Irreligiösen sind religiöser, als sie selbst wissen, und die Religiösen sind es weniger, als sie meinen.

Grillparzer, Aphorismen 1857

Die eigentlichen Ketzer sind die Verketzerer.

Karl Julius Weber, Demokritos

Es gibt keine Gottesleugner. Wenigstens warte ich bis heute vergebens darauf, einen Menschen zu treffen, der davon überzeugt ist, daß es keinen Gott gibt.

La Bruyère

Ich verkehre lieber mit Atheisten als
mit Frommen. Angesichts eines Atheisten fallen mir alle Beweise für das
Dasein Gottes ein und angesichts eines
Frommen alle Gegenbeweise.

Chamfort

Es sind in Deutschland die Theologen,
die dem lieben Gott ein Ende machen.

On n'est jamais trahi que par les siens.
Man wird immer nur von seinen An-
gehörigen verraten.

Heine, Religion und Philosophie

Frömmigkeit verbindet sehr,
aber Gottlosigkeit noch viel mehr.

Goethe, Zahme Xenien

Frömmigkeit

In unsers Busens Reine wogt ein Streben,
sich einem Höhern, Reinern, Unbekannten
aus Dankbarkeit freiwillig hinzugeben,
enträtselnd sich den ewig Ungenannten.
Wir heißens: Fromm sein!

Goethe,
Trilogie der Leidenschaft, Elegie

Es gibt schlechterdings keine bessere
Art, Gott zu verehren, als die Erfüllung seiner Pflichten und das Handeln
nach Gesetzen, die die Vernunft gegeben hat.

Lichtenberg

Discite iustitiam moniti et non tem-
nere divos!
Lernet, gewarnt, rechttun und nicht
mißachten die Götter!

Vergil, Äneide 6,620

Gott müßte die Frömmigkeit so zuwider sein wie einem ehrenhaften Menschen die Schmeichelei.

Peltzer, An den Rand geschrieben

Pietät ist nicht Liebe, sondern Unterwerfung. Eine furchtsame Tugend.

Rathenau

Gottesfurcht ist Gotteslästerung.

Peter Hille, Aphorismen

Wer Gott liebt, schmeckt schon hier
seins Geistes Süßigkeit,
wer aber ihn nur fürcht', der ist davon
noch weit.

Angelus Silesius,
Der Cherubinische Wandersmann

Gottes Haustür ist immer offen.

Aus Persien

Gott geht zu dem, der zu ihm kommt.

Aus Rußland

Mensch, wenn du noch nach Gott Begier hast und Verlangen,
so bist du noch von ihm nicht ganz
und gar umfangen.

Angelus Silesius,
Der Cherubinische Wandersmann,
Begehren erwartet Gewähren

Gäbe es einen Moment, wo wir Gott
ganz und durchaus lieben könnten, so
bräche die Welt zusammen.

Rathenau

Wer Gott recht liebt, muß nicht verlangen, daß Gott ihn wieder liebe.

Spinoza

Wer Gott vertraut,
ist schon auferbaut.

Goethe, Gott, Gemüt und Welt

Weit besser für das Heil der Welt
ist frommer Irrtum, der erhält,
als kalte Weisheit, die zerstöret.

Ramler, Der Weise und der Tor

Und was kein Verstand der Verständigen sieht,
das übet in Einfalt ein kindlich Gemüt.

Schiller, Die Worte des Glaubens

Wer kein Geld hat, dem hilft nicht,
daß er fromm ist.

Luther

Unerfüllbare Wünsche werden als
„fromme" bezeichnet. Man scheint an-
zunehmen, daß nur die profanen in
Erfüllung gehen.

Ebner-Eschenbach, Aphorismen

Es trägt der echte Christ den Glauben
nicht am Rocke
und hängt die Frömmigkeit nicht an
die große Glocke. (Cléante)

Molière, Tartuffe I, 6

Ich glaube nicht, daß die sogenannten
frommen Leute gut sind, weil sie
fromm sind, sondern fromm, weil sie
gut sind.

Lichtenberg, Aphorismen

Warum sind die Frommen, die An-
dächtigen, so hart, so widerlich, so
ungesellig? Sie haben sich zu leisten
auferlegt, was ihnen nicht natürlich
ist. Sie leiden, und wenn man leidet,
macht man andere leiden.

Diderot, Rameaus Neffe

Der kleine Geist, fand er in Gott die
Ruh,
schließt vor der Welt sich ängstlich
bangend zu.
Der große strebt, gestählt an Kraft
und Sinnen,
die Welt für Gott erobernd zu gewinnen.

Geibel, Sprüche 46

Die meisten Freunde verleiden einem die Freundschaft, die meisten Frommen die Frömmigkeit.

La Rochefoucauld, Reflexionen

Frömmigkeit ist kein Zweck, sondern ein Mittel, um durch die reinste Gemütsruhe zur höchsten Kultur zu gelangen. Deswegen läßt sich bemerken, daß diejenigen, welche Frömmigkeit als Zweck und Ziel aufstecken, meistens Heuchler werden.

Goethe,
Wilhelm Meisters Wanderjahre II,
Betrachtungen im Sinne der Wanderer

Mit der Andacht Mienen
und frommem Wesen überzuckern wir
den Teufel selbst. (Polonius)

Shakespeare, Hamlet III, 1

Die Scheinheiligen sind Märtyrer des Teufels.

St. Bernhard

Böse Eltern haben oft fromme Kinder.

Aus Dänemark

In New York, sagt man, finden sich neunzig christliche Kirchen abweichender Konfession, und nun wird diese Stadt besonders seit Eröffnung des Eriekanals überschwenglich reich. Wahrscheinlich ist man der Überzeugung, daß religiose Gedanken und Gefühle, von welcher besondern Art sie auch seien, dem beruhigenden Sonntag angehören, angestrengte Tätigkeit, von frommen Gesinnungen begleitet, den Werkeltagen.

Goethe,
Maximen und Reflexionen, Nachlaß,
Über Literatur und Leben

Gottesdienst

Wenn ihr eure Andacht verrichtet, so denkt euch die Gottheit als gegenwärtig!

Konfuzius, Sprüche

Es hat keinen Sinn, eine Lampe für eine Moschee zu stiften, wenn sie zu Hause dringend benötigt wird.

Aus Persien

Besser ist es, in der Nähe Gutes zu tun, als in der Ferne Räucherwerk zu verbrennen.

Aus China

Im rechten Lebenswandel liegt die einzig würdige Gottesverehrung.

Seneca

Dem Mann zur liebenden Gefährtin ist das Weib geboren. Wenn sie der Natur gehorcht, dient sie am würdigsten dem Himmel. (Erzbischof)

Schiller, Die Jungfrau von Orleans III, 4

Alles, was außer dem guten Lebenswandel der Mensch noch tun zu können vermeint, um Gott wohlgefällig zu werden, ist bloßer Religionswahn und Afterdienst Gottes.

Kant,
Religion innerhalb der Grenzen
der bloßen Vernunft

Die Anstrengung, sich mit geweihtem Wasser zu besprengen, ist an sich nicht so schwierig, als in seinem Innern rein und keusch zu sein, sich freizumachen von jedem schmutzigen Gedanken oder jeder unredlichen Handlungsweise.

Sterne, Yoricks Predigten 1, 6

Sie beten nicht alle, die in die Kirche gehen.

Christoph Lehmann

Achtet zunächst darauf, daß junge Leute, Greise, Frauen und Dummköpfe vor allen anderen an heiligen Handlungen und religiösen Gebräuchen Gefallen finden und sich darum auch stets so dicht wie möglich an den Altar drängen.

Erasmus von Rotterdam, Lob der Torheit

Ich kenne nichts Ärmeres
unter der Sonn als euch, Götter!
Ihr nähret kümmerlich
von Opfersteuern
und Gebetshauch
eure Majestät
und darbtet, wären
nicht Kinder und Bettler
hoffnungsvolle Toren.

Goethe, Prometheus

Gott braucht weder Weihrauch noch Myrrhen, weder Kerzen noch Gebet, Gesang und Musik, weder Messen noch Predigten noch Tempel, und daher bleibt das Wort Gottesdienst ein dummes Wort.

Karl Julius Weber, Demokritos

Legt ein, gebt euwer hilff und stewr
und lößt die seel auß dem Fegfewr!
Bald der guldin im Kasten klinget,
die Seel sich auff gen hymel schwinget.

Hans Sachs,
Die Wittenbergisch Nachtigall

Viele, die über Ablaßkrämerei in der katholischen Kirche lachen, üben sie täglich selbst. Wie mancher Mann von schlechtem Herzen glaubt sich mit dem Himmel ausgesöhnt, wenn er Almosen gibt.

Lichtenberg, Vermischte Schriften

Ja, selig ist der fromme Christ,
wenn er nur gut bei Kasse ist.

Busch, Der Geburtstag, Finale

Wer sich an die Kirche lehnt, dem fällt leicht ein Götze auf den Kopf.

Sprichwort

Ich dich ehren? Wofür?
Hast du die Schmerzen gelindert
je des Beladenen?
Hast du die Tränen gestillet
je des Geängsteten?

Goethe, Prometheus

Wo die meiste sogenannte positive Religion war, war immer die wenigste Moralität.

Seume

Wie sie klingeln, die Pfaffen! Wie angelegen sie's machen, daß man komme, nur ja plappre wie gestern so heut! Scheltet mir nicht die Pfaffen! Sie kennen des Menschen Bedürfnis; denn wie ist er beglückt, plappert er morgen wie heut!

Goethe, Venezianische Epigramme 11

Die Predigten sind Kehrbesen, die den Unrat von acht Tagen aus den Herzen der Zuhörer herausfegen.

Jean Paul

Den Tauben ist gut predigen.

Sprichwort

Der beste Prediger ist die Zeit.

Sprichwort

Churzi Predigt, langi Brootwürst.

Aus der Schweiz

Es ist nicht alles Gottes Wort, was der Pfarrer spricht.

Aus Schweden

Die Zukunft der Religion ist durch das metaphysische Bedürfnis des Menschen gesichert, die der Kirche durch ihre zeremonielle Unentbehrlichkeit bei Taufe, Eheschließung und Begräbnis.

Graff

Der Herr segne dich und behüte dich! Der Herr lasse sein Angesicht leuchten über dir und sei dir gnädig! Der Herr hebe sein Angesicht über dich und gebe dir Frieden!

4. Moses 6,24

Beten

Bittet, so wird Euch gegeben! Suchet, so werdet Ihr finden! Klopfet an, so wird Euch aufgetan!

Matthäus 7,7

Ohne ein ganz persönliches Verhältnis zu Gott hat das Beten überhaupt eigentlich gar keinen Sinn.

Hilty, Glück III

Man kann auch zum Kopf einer Sardine beten, wenn man fest daran glaubt.

Aus Japan

Wer nicht, wo er will, kann beten, der soll auch keine Kirche betreten.

Spruch an einer Lübecker Kirche

Wenn du betest, sollst du nicht sein wie
die Heuchler, die da gerne stehen und
beten in den Schulen und an den Ecken
auf den Gassen, auf daß sie von den
Leuten gesehen werden. Wahrlich, ich
sage euch: Sie haben ihren Lohn dahin.

Matthäus 6,5

Strecke die Hand nur empor im Gebet! Gott faßt sie von oben,
und die Berührung durchströmt dich
mit geheiligter Kraft.

Geibel,
Ethisches und Ästhetisches in Distichen

So wie der Weihrauch einer Kohle Leben erfrischet, so erfrischet das Gebet
die Hoffnungen des Herzens.

Goethe,
Wilhelm Meisters Wanderjahre III,
Aus Makariens Archiv

Die Macht des Gebetes liegt in der
Ruhe, die nach ihm auf unser Inneres
sich breitet.

Gutzkow,
Der Ritter vom Geiste

Ein Asyl für jeden Kummer ist das
Gebet.

Chrysostomus, Contra Anon 7, 7

Hat Gebet nicht die zwiefache Kraft,
dem Falle vorzubeugen und Verzeihung
Gefallnen auszuwirken? (König)

Shakespeare, Hamlet III, 3

Wer sich als besserer Mensch vom Gebet erhebt, dessen Gebet ist erhört.

George Meredith

Die beste Anbetung, Prinz, ist dan-
kende Freude. (Aridäus)

Lessing, Philotas 3

Danksagung erhebt, Gebet erniedrigt.

Rathenau

Das Gebet ist für solche Menschen erfunden, welche eigentlich nie von sich
aus Gedanken haben und denen eine
Erhebung der Seele unbekannt ist oder
unbemerkt verläuft.

Nietzsche, Fröhliche Wissenschaft 3

Wer Gott um Gaben bitt', der ist gar
übel dran:
Er betet das Geschöpf und nicht den
Schöpfer an.

Angelus Silesius,
Der Cherubinische Wandersmann I

Es gibt wenig Menschen, die es wagen
dürften, ihre geheimen Bitten und Gebete zu Gott öffentlich hören zu lassen.

Montaigne, Essais 1, 56

Bitte vermehre entweder meinen Kre-
dit oder vermindere meinen Appetit!
Ich bitte dich um nichts als um das
Notwendigste, ein bißchen reichlich

freilich! Ich bitte dich auch nicht um Gut und Geld, sondern zeige mir nur, wo es ist!

Weber, **Demokritos** IV, Gebet eines Gascogners

Oft sind Greuel unsere Gebete, murmelnd vorgetragen.

Lucanus, Pharsalia 5, 104

Wir Blinden bitten oft unser eignes Leid, das weise Mächte zu unserm Wohl versagt'n: So sind wir reicher durch des Gebets Verlust. (Menecrates)

Shakespeare, Antonius und Cleopatra II, 1

Wort ohne Sinn kann nicht zum Himmel dringen. (König)

Shakespeare, Hamlet III, 3

Man diskutiert nicht mit Gott.

Aus dem Kongo

Das Unser Vater, ein schön Gebet, es dient und hilft in allen Nöten. Wenn einer auch Vater Unser fleht, in Gottes Namen, laß ihn beten!

Goethe, Gott, Gemüt und Welt

Ich weiß kein schöneres Gebet als das, womit die altindischen Schauspiele schließen: Mögen alle lebenden Wesen von Schmerzen frei bleiben.

Schopenhauer

Gehe heim und bete nicht länger, sondern nimm Gottes Geschenk an!

Ebba Pauli

Bei denen, die lange beten, ist keine Gnade.

Rathenau

Nec tempora perde precando! Verliere keine Zeit durch Beten!

Ovid, Metamorphosen 11, 286

Aus Betenden müssen wir Segnende werden.

Nietzsche, Zarathustra, Aufzeichnungen aus dem Nachlaß 82

Wer treu arbeitet, betet doppelt. Wer untreu arbeitet, flucht doppelt.

Luther

Faul im Tun, fleißig im Beten: Orgelspiel ohne Bälgetreten.

Sprichwort

An Betschwestern erkenn' ich alte Buhlerinnen ganz so sicher wie an den Scherben eingeschlagne Töpfe. (Don Juan)

Grabbe, Don Juan und Faust III, 1

Wenn eine Betschwester einen Betbruder heiratet, so gibt das nicht immer ein betendes Ehepaar.

Lichtenberg

Wer beten lernen möchte, muß sich aufs Meer begeben.

Aus Spanien

Priester

Drei Dinge machen einen Theologen: Die Meditation, das Gebet und die Anfechtung.

Luther

Ich höre so viel Gutes von Euch, als man von einem Geistlichen sagen kann, das heißt: Ihr treibt euer Amt still und mit nicht mehr Eifer, als nötig ist, und seid ein Feind von Controversen.

Goethe, Brief des Pastors

Hab euch nun gesagt des Pfaffen Geschicht,
wie er alles nach seinem Gehirn einricht,
wie er will Berg und Tal vergleichen,
alles Rauhe mit Gips und Kalk verstreichen
und endlich malen auf das Weiß
sein Gesicht oder seinen Steiß.
(Würzkrämer)

Goethe,
Ein Fastnachtsspiel vom Pater Brey

Heirate, und du bist wohlauf für eine Woche! Schlachte ein Schwein, und du bist wohlauf für einen Monat! Werde Priester, und du bist versorgt fürs ganze Leben!

Aus Polen

Priester und Hühner sind nie satt.

Aus Italien

Dem Papst ein schönes Liedlein singen, das heißt Geschenk und Gaben bringen.

Sprichwort

Die Kirche hat einen guten Magen,
hat ganze Länder aufgefressen
und doch noch nie sich übergessen;
die Kirch allein, meine lieben Frauen,
kann ungerechtes Gut verdauen.
(Mephistopheles)

Goethe, Faust 1, Spaziergang

Ein katholischer Pfaffe wandelt einher, als wenn ihm der Himmel gehöre. Ein protestantischer Pfaffe hingegen geht herum, als wenn er den Himmel gepachtet habe.

Heine, Reisebilder II,
Die Stadt Lucca IV

Alle privilegierten Priester haben sich verbündet mit Cäsar und Konsorten zur Unterdrückung der Völker.

Heine, Von Luther bis Kant

Wenn die Pfaffen nicht Tyrannen der
Fürsten sein können, begnügen sie sich
damit, ihre Schmeichler zu werden.

Montesquieu

Wo die Mönch' und die Pfaffen raten,
wo die Landsknecht' sieden und braten,
wo die Weiber haben das Regiment,
da nimmt es selten ein gutes End.

Rollenhagen, Froschmeuseler 3, 1

Pfaffen sollten beten und nicht regieren.

Luther, Tischreden 27

Wer soll bemüht sein, Frieden zu befördern,
wenn Kirchendiener sich des Haders
freun? (König Heinrich)

Shakespeare, König Heinrich VI.
Erster Teil III, 1

Die uneinigen Pfaffen werden eins über
des Ketzers Haar.

Sprichwort

Die Pfaffen necke keiner, weil· sie unversöhnlich sind.

Platen, Die verhängnisvolle Gabel 1

Der Arzt sieht den Menschen in seiner
ganzen Schwäche, der Advokat in seiner ganzen Schlechtigkeit und der Priester in seiner ganzen Dummheit.

Schopenhauer, Parerga und Paralipomena,
Psychologische Bemerkungen, § 357

Bessere Lieder müßten sie mir singen,
daß ich an ihren Erlöser glauben lerne.
Erlöster müßten mir seine Jünger aussehen.

Nietzsche,
Zarathustra II, Von den Priestern

Ring und Stab, o seid mir auf Rhein-
weinflaschen willkommen!
Ja, wer die Schafe so tränket, der heißt
mir ein Hirt.

Schiller, Das Geschenk

Ein Haruspex muß das Lachen be-
zwingen, wenn er den anderen sieht.

Cato senior

Geistliche sind daran interessiert, die
Völker in Unwissenheit zu erhalten,
man würde sonst, da das Evangelium
einfach ist, ihnen sagen: Wir wissen
das alles so gut wie ihr.

Montesquieu,
Gedanken, Über die Religion

Wo nichts mehr helfen kann, da ruft
man Pfaffen!
Und das ganz folgerecht. Denn niemand hilft
so wenig als ein Pfaffe. (Don Juan)

Grabbe, Don Juan und Faust II, 1

Der Priester, ob gut oder schlecht, ist
immer ein zweideutiges Geschöpf, ein
zwischen Himmel und Erde schweben-
des Wesen.

Diderot

Mönch

Der hat sich wohl gebettet,
der aus der stürmischen Lebenswelle,
zeitig gewarnt, sich herausgerettet
in des Klosters friedliche Zelle,
der die stachelnde Sucht der Ehren
von sich warf und die eitle Lust
und die Wünsche, die ewig begehren,
eingeschläfert in ruhiger Brust.

Schiller, Die Braut von Messina IV, 7

Niemand soll ins Kloster gehn,
als er sei denn wohl versehn
mit gehörigem Sündenvorrat,
damit es ihm so früh als spat
nicht mög am Vergnügen fehlen,
sich mit Reue durchzuquälen.

Goethe, Zahme Xenien

Hat der Fuchs noch Zähne, geht er
nicht ins Kloster.

Aus Bulgarien

Was sind die Mühseligkeiten eures Lebens gegen die Jämmerlichkeiten eines
Stands, der die besten Triebe, durch die
wir werden, wachsen und gedeihen,
aus mißverstandner Begierde, Gott
näher zu rücken, verdammt! (Martin)

Goethe, Götz von Berlichingen I,
Herberge im Wald

Wenn alle Träum und Wünsch wahr
wären, so wär kein Nonn nicht.

Christoph Lehmann,
Politischer Blumengarten 2, Traum

Mir kommt nichts beschwerlicher vor,
als nicht Mensch sein dürfen. Armut,
Keuschheit und Gehorsam. Drei Gelübde, deren jedes, einzeln betrachtet,
der Natur das unausstehlichste scheint,
so unerträglich sind sie alle. (Martin)

Goethe, Götz von Berlichingen I,
Herberge im Wald

Die Kappe macht den Mönch nicht aus.
(Königin)

Shakespeare, König Heinrich VIII. III, 1

Nehmt euch vor einem Ochsen vorn,
vor einem Esel hinten und vor einem
Mönch auf allen Seiten in acht!

Aus England

Lügt
das Sprichwort wohl, daß Mönch und
Weib und Weib
und Mönch des Teufels beide Krallen
sind? (Tempelherr)

Lessing, Nathan der Weise I, 6

Blase jeder, was er kann,
Lichter aus und Feuer an!
Lobt die Jesuiten!

Chamisso, Nachtwächterlied

Der Teufel, der Adel und die Jesuiten
existieren nur so lange, wie man an
sie glaubt.

Heine, Reisebilder, Italien

Heilige

Wenn die Gefahr vorüber ist, wird der Heilige verspottet.

Aus Italien

Die geschnitzten Heiligen haben in der Welt mehr ausgerichtet als die lebendigen.

Lichtenberg

Die Phantasie vieler christlicher Heiliger war in ungewöhnlichem Maße schmutzig. Vermöge jener Theorie, daß diese Begierden wirkliche Dämonen seien, die in ihnen wüteten, fühlten sie sich nicht allzusehr verantwortlich dabei. Diesem Gefühle verdanken wir die so belehrende Aufrichtigkeit ihrer Selbstzeugnisse.

Nietzsche,
Menschliches Allzumenschliches I, 141

Zu den größten Wirkungen der Menschen, welche man Genies und Heilige nennt, gehört es, daß sie sich Interpreten erzwingen, welche sie zum Heile der Menschheit mißverstehen.

Nietzsche,
Menschliches Allzumenschliches I, 126

Theologie

Religion und Theologie
sind grundverschiedene Dinge:
Eine künstliche Leiter zum Himmel die,
jene die angeborene Schwinge.

Geibel, Sprüche

Die Arzenei macht kranke, die Mathematik traurige und die Theologie sündhafte Leute.

Luther

Die Theologie nimmt in der Religion etwa denselben Platz ein wie die Gifte unter den Nahrungsmitteln.

Napoleon I.

Was diese Wissenschaft betrifft,
es ist so schwer, den falschen Weg zu
meiden;
es liegt in ihr so viel verborgnes Gift,
und von der Arzenei ists kaum zu unterscheiden. (Mephistopheles)

Goethe, Faust 1, Studierzimmer

Das Kreuz ist den Menschen der letzten Jahrtausende als Marterpfahl der Hinrichtung bekannt und als Wahrzeichen der Opferbereitschaft. Nur wenige haben darin das uralte Zeichen des Treffpunkts erkannt, an welchem die von oben einbrechende Liebesordnung den Weg der Weltgesetze überschneidet.

Waldemar Bonsels

Bibel

Die Bibel ist älter als die Kirche.

Aus Schweden

Es enthält diese alte, ehrwürdige Urkunde die tiefsinnigste und erhabenste Weisheit und stellt Resultate auf, zu denen alle Philosophie am Ende doch wieder zurück muß.

Fichte, Naturrecht 1, 32

Die Offenbarung Gottes zeigt uns mehr, was er nicht ist, als was er ist.

Thomas von Aquin, De anima 13

Die Offenbarung Gottes in der Bibel folgt nicht einmal aus christlichen Begriffen. Wenn er sich offenbaren wollte, so hätte er vermöge seiner Liebe, die es ihm nicht erlaubte, die Menschen irre zu führen, und vermöge seiner Allmacht, die es ihm möglich machte, ein Buch liefern müssen, welches über alle Mißdeutung erhaben war und von jedem wie er selbst erfaßt werden konnte.

Hebbel, Tagebücher, 23. 7. 1835

Die Bibel kann schon darum nicht von Gott sein, weil er darin gar zu viel Gutes von sich selbst und gar zu viel Schlimmes von den Menschen sagt.

Hebbel, Tagebücher, 1. 2. 1845

Die Bibel ist ein Buch, von Menschen geschrieben, wie alle Bücher. Von Menschen, die etwas anderes waren als wir, weil sie in etwas anderen Zeiten lebten, etwas simpler in manchen Stücken waren als wir, dafür aber auch sehr viel unwissender. Also ein Buch, worin manches Wahre und manches Falsche, manches Gute und manches Schlechte enthalten ist.

Lichtenberg

Sollte sich in der Bibel aber etwas finden, worüber man den unumstößlichen Beweis führen kann, daß es mit den Naturgesetzen in Widerspruch steht und nicht aus ihnen abgeleitet werden kann, so muß man entschieden annehmen, daß es von entweihenden Händen der Heiligen Schrift hinzugefügt worden sei. Denn was gegen die Natur ist, ist auch gegen die Vernunft, und was gegen die Vernunft ist, ist unsinnig und somit zu verwerfen.

Spinoza, Theologisch-politischer Traktat 6

Vom Himmel steigend Jesus bracht
des Evangeliums ewige Schrift.
Den Jüngern las er sie Tag und Nacht;
ein göttlich Wort, es wirkt und trifft.
Er stieg zurück, nahm's wieder mit;
sie aber hatten's gut gefühlt,
und jeder schrieb, so Schritt vor Schritt,
wie er's in seinem Sinn behielt,
verschieden. Es hat nichts zu bedeuten:
Sie hatten nicht gleiche Fähigkeiten;
doch damit können sich die Christen
bis zu dem Jüngsten Tage fristen.

Goethe, Divan, Buch der Parabeln

Er war auch undeutlich. Was hat er uns darob gezürnt, dieser Zornschnauber, daß wir ihn schlecht verstünden! Aber warum sprach er nicht reinlicher? Und lag es an unseren Ohren, warum gab er uns Ohren, die ihn schlecht hörten?

Nietzsche, Zarathustra IV, Außer Dienst

Kein Buch der Welt hat schon so viele Kritiker gehabt und keines ist, wie die Bibel, allen ohne Ausnahme überlegen geblieben.

Hilty

Deshalb ist die Bibel ein wirksames Buch, weil, solange die Welt steht, niemand auftreten und sagen wird: Ich begreife es im Ganzen und verstehe es im Einzelnen. Wir aber sagen bescheiden: Im Ganzen ist es ehrwürdig und im Einzelnen anwendbar.

Goethe,
Maximen und Reflexionen,
Aus Kunst und Altertum 1826

Ich bin überzeugt, daß die Bibel immer schöner wird, je mehr man sie versteht, das heißt, je mehr man einsieht und anschaut, daß jedes Wort, das wir allgemein auffassen und im besondern auf uns anwenden, nach gewissen Umständen, nach Zeit- und Ortsverhältnissen einen eigenen, besondern, unmittelbar individuellen Bezug gehabt hat.

Goethe,
Wilhelm Meisters Wanderjahre III,
Aus Makariens Archiv

Man streitet viel und wird viel streiten über Nutzen und Schaden der Bibelverbreitung. Mir ist klar: Schaden wird sie wie bisher, dogmatisch und phantastisch gebraucht, nutzen wie bisher, didaktisch und gefühlvoll aufgenommen.

Goethe,
Maximen und Reflexionen,
Aus Kunst und Altertum 1826

Die Bibel läßt sich nicht auspredigen.

Sprichwort

Der Teufel kann sich auf die Schrift berufen. (Antonio)

Shakespeare,
Der Kaufmann von Venedig I, 3

Der Ausdruck „Lieber Gott", über den schon Nietzsche spottet, mußte in der Tat dem Deutschen zu erfinden aufgespart bleiben. Es sollte ihm nur einmal aufgehen, wie er sich selbst damit den Blick für die unaussprechliche Gewaltigkeit und Fürchterlichkeit des Weltganzen verdirbt, wenn er dessen höchster Personifikation das vertrauliche Wörtchen „lieb" voransetzt.

Morgenstern,
Stufen, Sprache, 1906

II. Kapitel

Welt
Firmament
Erde
Natur
Tiere

Welt

Was ist die Welt? Das, worin Vergehen
waltet.

Buddha

Das Weltall ist ein Kreis, dessen Mittelpunkt überall, dessen Umfang nirgends ist.

Pascal

Der Raum geht in die Zeit, wie der
Körper in die Seele über.

Novalis, Fragmente

Alle vier Winde sind Gottes.

Aus Indien

Gottes ist der Orient!
Gottes ist der Okzident!
Nord- und südliches Gelände
ruht im Frieden seiner Hände.

Goethe, Divan,
Buch des Sängers, Talismane

Wenn im Unendlichen dasselbe
sich wiederholend ewig fließt,
das tausendfältige Gewölbe
sich kräftig ineinander schließt,
strömt Lebenslust aus allen Dingen,
dem kleinsten wie dem größten Stern,
und alles Drängen, alles Ringen
ist ewige Ruh in Gott dem Herrn.

Goethe, Zahme Xenien VI

Was vernünftig ist, das ist wirklich,
und was wirklich ist, das ist vernünftig.

Hegel, Grundlinien der Philosophie
des Rechts, Vorrede

In dem großen Strudel von Kräften
steht der Mensch und bildet sich ein,
jener Strudel sei vernünftig und habe
einen vernünftigen Zweck: Irrtum!
Das einzige Vernünftige, was wir kennen, ist das bißchen Vernunft des Menschen. Er muß es sehr anstrengen, und
es läuft immer zu seinem Verderben
aus, wenn er sich etwa der „Vorsehung" überlassen wollte.

Nietzsche, Wir Philologen 181

Die Welt ist voller Widerspruch.

Goethe, Vorklage

Die Welt ist vollkommen überall,
wo der Mensch nicht hinkommt mit
seiner Qual. (Chor)

Schiller, Die Braut von Messina IV, 7

In der Welt ist ein Gott begraben, der
auferstehen will und allenthalben
durchzubrechen sucht, in der Liebe in
jeder edlen Tat.

Hebbel, Tagebücher 1840

Die Welt, obgleich sie wunderlich,
ist gut genug für dich und mich.

Busch, Aphorismen und Reime

Wir sind in diese Welt gekommen
nicht nur, daß wir sie kennen, sondern
daß wir sie bejahen.

Tagore

Wenn ein Gott diese Welt gemacht hat,
so möchte ich nicht der Gott sein. Ihr
Jammer würde mir das Herz zerreißen.

Schopenhauer,
Neue Paralipomena, Über Religion

Eine Welt, worin ein Hund auch nur
ein einziges Mal Prügel bekommen
kann, ohne sie verdient zu haben, kann
keine vollkommene Welt sein.

Hebbel, Tagebücher, 22. 10. 1842

Dieses ist das Bild der Welt,
die man für die beste hält:
Fast wie eine Mördergrube,
fast wie eines Burschen Stube,
fast so wie ein Opernhaus,
fast wie ein Magisterschmaus,
fast wie Köpfe von Poeten,
fast wie schöne Raritäten,
fast wie abgehatztes Geld
sieht sie aus, die beste Welt.

Goethe,
In das Stammbuch von Friedrich
Maximilian Moors

Wie rühm' ich diese „beste Welt" von
allen?
So rühm' ich sie, daß sie erschaffen sei
so schlecht wie möglich, ohne zu zerfallen.
Um ein Haar schlechter, und sie ging
entzwei.

Rückert, Lieder und Sprüche

O glaube mir, der manche tausend
Jahre
an dieser harten Speise kaut,
daß von der Wiege bis zur Bahre
kein Mensch den alten Sauerteig verdaut!
Glaub unsereinem: Dieses Ganze
ist nur für einen Gott gemacht!
(Mephistopheles)

Goethe, Faust 1, Studierzimmer

Die Welt ist ein Gefängnis. (Elisabeth)

Goethe, Götz von Berlichingen V,
Gärtchen am Thurn

Glücklicher Säugling! Dir ist ein unendlicher Raum noch die Wiege.
Werde Mann, und dir wird eng die
unendliche Welt!

Schiller, Das Kind in der Wiege

Die Welt ist eine Glocke, die einen Riß
hat: Sie klappert, aber klingt nicht.

Goethe,
Maximen und Reflexionen,
Aus Kunst und Altertum 1823

Die Welt ist wie ein trunkener Bauer:
Hebt man ihn auf einer Seite in den
Sattel, so fällt er auf der anderen Seite
wieder herab.

Luther

Wonach soll man am Ende trachten?
Die Welt zu kennen und sie nicht verachten.

Goethe, Zahme Xenien I

Ja, teurer Freund, du hast sehr recht:
Die Welt ist ganz erbärmlich schlecht,
ein jeder Mensch ein Bösewicht.
Nur du und ich natürlich nicht.

Paul Baehr

Der christliche Entschluß, die Welt
häßlich und schlecht zu finden, hat die
Welt häßlich und schlecht gemacht.

Nietzsche, Fröhliche Wissenschaft 130

Nur für die Erbärmlichen ist die Welt
erbärmlich, nur für den Leeren leer.

Ludwig Feuerbach

Die Herrlichkeit der Welt ist immer
adäquat der Herrlichkeit des Geistes,
der sie betrachtet. Der Gute findet hier
sein Paradies, der Schlechte genießt
schon hier seine Hölle.

Heine

Wer die Welt vernünftig ansieht, den
sieht auch sie vernünftig an.

Hegel,
Vorlesungen über die Philosophie der
Geschichte, Einleitung

Ich blick in die Ferne,
ich seh in der Näh,
den Mond und die Sterne,
den Wald und das Reh.
So seh ich in allen
die ewige Zier,
und wie mir's gefallen,
gefall ich auch mir. (Lynkeus)

Goethe, Faust 2, V, Tiefe Nacht

Die Welt ist ein Spiegel, in welchem
ein jeder sein eigenes Antlitz erblickt.
Wer mit saurer Miene hineinschaut,
sieht ein saures Gesicht. Wer hinein-
lächelt, findet einen fröhlichen Gefährten.

Thackeray

Die Welt ist eine Leiter, für einige zum
Hinaufsteigen und für andere zum
Hinabsteigen.

Aus Großbritannien

Die Welt ähnelt einem Tanzgirl: Sie
tanzt mit jedem für eine kurze Weile.

Aus Ägypten

Wir mögen die Welt kennenlernen,
wie wir wollen: Sie wird immer eine
Tag- und eine Nachtseite behalten.

Goethe,
Maximen und Reflexionen,
Aus Kunst und Altertum 1826

Jedes Ding hat zwei Seiten.

Sprichwort

Wenn du einmal eine Welt schaffst oder
malst, so schaffe und male das Laster
häßlich und alle giftigen Tiere scheuß-
lich! So kannst du es besser übersehen.
Aber beurteile Gottes Welt nicht nach
der deinigen!

Lichtenberg,
Über Physiognomik

Von der Menschheit — du kannst von
ihr nie groß genug denken;

wie du im Busen sie trägst, prägst du
in Taten sie aus.
Auch dem Menschen, der dir im engen
Leben begegnet,
reich ihm, wenn er sie mag, freundlich
die helfende Hand!
Nur für Regen und Tau und fürs Wohl
der Menschengeschlechter
laß du den Himmel, Freund, sorgen
wie gestern so heut!

Schiller, An einen Weltverbesserer

Die lächerlichsten aller Träume sind
die Träumereien der Weltverbesserer.

Molière

Die Welt ist wie Brei. Zieht man den
Löffel heraus, und wär's der größte,
gleich klappt die Geschichte wieder
zusammen, als ob gar nichts passiert
wäre.

Busch, Eduards Traum

Das einzige Mittel, die Welt zu verbessern, ist die Erfüllung der nächst-
liegenden Pflichten, nicht die Jagd
nach großen, in der Ferne gesuchten
Zielen.

Ch. Kingsley

Laßt uns besser werden! Gleich wird's
besser sein.

Franz Overbeck,
Trost für mancherlei Tränen

Die Welt bedarf der mütterlichen Frau;
denn sie ist weithin ein armes, hilf-
loses Kind.

Gertrud von Le Fort

Warum soll ich die Welt nicht so nehmen, wie sie ist? Gewiß soll ich sie so
nehmen, sofern ich in ihr mich zurecht-
finde als in der Stätte meines Lebens
und Wirkens. Aber ich soll sie nicht so
lassen, wie sie ist!

August Wilhelm Messer

Mir gilt die Welt nur wie die Welt,
Graziano:
Ein Schauplatz, wo man eine Rolle
spielt. (Antonio)

Shakespeare,
Der Kaufmann von Venedig, I, 1

Die Welt ist ein Schauplatz. Du
kommst, siehst, gehst vorüber.

Matthias Claudius, an Andres

Niemandem gehört die Welt als dem,
der die ganze Welt aufgegeben hat.

Meister Eckhart

Als wenn dieser Welt noch aus einem
andern Grunde Frist gegeben würde,
als damit die vorher festgesetzte Zahl
von Heiligen voll würde! Je schneller
sie aber voll wird, um so weniger
braucht das Ende der Welt hinausgeschoben zu werden.

Augustinus, De bono coniugali 23

Freundlos war der große Weltenmei-
ster,
fühlte Mangel — darum schuf er Geister,
sel'ge Spiegel seiner Seligkeit!

Schiller, Die Freundschaft

Gott hat sich nach den bekannten imaginierten sechs Schöpfungstagen keineswegs zur Ruhe begeben, vielmehr ist er noch fortwährend wirksam wie am ersten! Diese plumpe Welt aus einfachen Elementen zusammenzusetzen und sie jahraus jahrein in den Strahlen der Sonne rollen zu lassen, hätte ihm sicher wenig Spaß gemacht, wenn er nicht den Plan gehabt hätte, sich auf dieser materiellen Unterlage eine Pflanzschule für eine Welt von Geistern zu gründen. So ist er nun fortwährend in höheren Naturen wirksam, um die geringeren heranzuziehen.

Goethe, zu Eckermann, 11. 3. 1832

Firmament

Sieh, wie die Himmelsflur
ist eingelegt mit Scheiben lichten Goldes!
Auch nicht der kleinste Kreis, den du
da siehst,
der nicht im Schwunge wie ein Engel
singt
zum Chor der hellgeaugten Cherubim.
So voller Harmonie sind ewige Geister.
Nur wir, weil dies hinfällige Kleid
von Staub
ihn grob umhüllt, wir können sie nicht
hören. (Lorenzo)

Shakespeare,
Der Kaufmann von Venedig V, 1

Wenn ich die Ränke, die Gewalt und die Szene des Aufruhrs in einem Tropfen Materie ansehe und erhebe von da meine Augen in die Höhe, um den unermeßlichen Raum von Welten wie von Stäubchen wimmeln zu sehen, so kann keine menschliche Sprache das Gefühl ausdrücken, was ein solcher Gedanke erregt, und alle subtile metaphysische Zergliederung weicht sehr weit der Erhabenheit und Würde, die einer solchen Anschauung eigen ist.

Kant,
Der einzig mögliche Beweisgrund zu einer
Demonstration des Daseins Gottes 2

Zwei Dinge erfüllen das Gemüt mit immer neuer und zunehmender Bewunderung und Ehrfurcht, je öfter und anhaltender sich das Nachdenken damit beschäftigt: Der gestirnte Himmel über mir und das moralische Gesetz in mir.

Kant

Am Donner des schäumenden Wasserfalls oder beim Glanze jener leuchtenden Systeme, die sich über uns kreuzen, findet der wahre Mensch seine heiligsten Stunden.

Gottfried Keller

Welches möchte wohl der Gesamteindruck sein, den wir von der Kultur und dem Treiben auf einem anderen

Planeten, wäre uns dahin ein Einblick vergönnt, empfangen würden? Vielleicht ein ähnlicher wie bei Reisen in ferne Länder, wo wir, bei allem Wechsel der Szenerie und der Kostüme, denselben Spielern begegnend, uns im stillen verwundern darüber, daß im Grunde alles so ähnlich ist dem, was wir zuhause verließen?

Deußen, Geschichte der Philosophie, Einleitung II

Jemand sagte: „Was bemüht ihr euch um den Homer? Ihr versteht ihn doch nicht." Darauf antwortete ich: „Versteh ich doch auch Sonne, Mond und Sterne nicht; aber sie gehen über meinem Haupt hin, und ich erkenne mich in ihnen, indem ich sie sehe und ihren regelmäßigen wunderbaren Gang betrachte, und denke dabei, ob auch wohl etwas aus mir werden könnte."

Goethe,
Maximen und Reflexionen, Nachlaß, Über Literatur und Leben

Auch die Augen haben ihr täglich Brot: Den Himmel.

Emerson

Wir alle schreiten durch die Gasse, aber einige wenige blicken zu den Sternen auf. (Lord Darlington)

Wilde, Lady Windermeres Fächer III

Hebt man den Blick, so sieht man keine Grenzen.

Aus Japan

Ich könnte mir vorstellen, daß ein Mensch auf die Erde hinabblickt und behauptet, es gebe keinen Gott. Aber es will mir nicht in den Sinn, daß einer zum Himmel aufschaut und Gott leugnet.

Abraham Lincoln

Was haben diese Sterne droben für ein Recht an mich, daß sie mich begaffen? (Prometheus)

Goethe, Prometheus I

Durch bewegter Schatten Spiele zittert Lunas Zauberschein, und durchs Auge schleicht die Kühle sänftigend ins Herz hinein

Goethe, Chinesisch-Deutsche Tages- und Jahreszeiten VIII

Niemals gehe ich im Mondenlichte spazieren, niemals, daß mir nicht der Gedanke an meine Verstorbenen begegnete, daß nicht das Gefühl von Tod, von Zukunft über mich käme.

Goethe,
Die Leiden des jungen Werthers, 10. 9. 1771

Oft sehn wir eine Wolke, drachenhaft, oft Dunstgestalten gleich dem Leu, dem Bär, der hochgetürmten Burg, dem Felsenhang, gezackter Klipp' und blauem Vorgebirg,

mit Bäumen drauf, die nicken auf die
Welt,
mit Luft die Augen täuschend.
(Antonius)

Shakespeare,
Antonius und Cleopatra IV, 12

Aus der Wolke
quillt der Segen,
strömt der Regen.
Aus der Wolke, ohne Wahl,
zuckt der Strahl.

Schiller, Das Lied von der Glocke

Erde

Die Erde ist ein Himmel, wenn man
Frieden sucht, recht tut und wenig
wünscht.

Pestalozzi

Dem bösen Geist gehört die Erde,
nicht dem guten. (Wallenstein)

Schiller, Wallensteins Tod II, 2

Die Erde ist ein Gefängnis: Wir betreten es alle durch die gleiche Tür, leben
aber in unterschiedlichen Zellen.

Bantuweisheit

Wie kahl und jämmerlich würde manches Stück Erde aussehen, wenn kein
Unkraut darauf wüchse!

Raabe

Terra usus mortalium semper ancilla.
Die Erde ist zu den Bedürfnissen der
Menschen stets dienstfertig.

Plinius

Raum für alle hat die Erde.

Schiller, Der Alpenjäger

Der Himmel senket sich, er kommt
und wird zur Erden.
Wann steigt die Erd' empor und wird
zum Himmel werden?

Angelus Silesius,
Der Cherubinische Wandersmann III

Wenn der Himmel niederfällt, schmilzt
die Erde.

Aus Malaysia

Die Erde wird durch Liebe frei,
durch Taten wird sie groß.

Goethe,
Dem Herzog Bernhard von Sachsen-Wei-
mar, Die verbundenen Brüder der Loge
Amalia zu Weimar, 15. IX. 1826

Die schwangre Erde
ist mit 'ner Art von Kolik oft geplagt,
durch Einschließung des ungestümen
Windes
in ihrem Schoß, der, nach Befreiung
strebend,
Altmutter Erde ruckt und niederwirft
Kirchtürm' und moosige Burgen.
(Percy)

Shakespeare, König Heinrich IV.
Erster Teil III, 1

Als Gott der Herr — ich weiß auch
wohl, warum —
uns aus der Luft in tiefste Tiefen
bannte,
da, wo zentralisch glühend um und um
ein ewig Feuer flammend sich durch-
brannte,
wir fanden uns bei allzu großer Hel-
lung
in sehr gedrängter, unbequemer Stellung.
Die Teufel fingen sämtlich an zu husten,
von oben und von unten auszupusten;

die Hölle schwoll von Schwefelstank
und -säure:
Das gab ein Gas! Das ging ins Ungeheure,
so daß gar bald der Länder flache
Kruste,
so dick sie war, zerkrachend bersten
mußte.
Nun haben wir's an einem andern
Zipfel:
Was ehmals Grund war, ist nun Gipfel. (Mephistopheles)

Goethe, Faust 2, IV, Hochgebirg

Natur

Ewig wechselt der Wille den Zweck
und die Regel, in ewig
wiederholter Gestalt wälzen die Taten
sich um.
Aber jugendlich immer, in immer ver-
änderter Schöne,
ehrst du, fromme Natur, züchtig das
alte Gesetz.
Immer dieselbe, bewahrst du in treuen
Händen dem Manne,
was dir das gaukelnde Kind, was dir
der Jüngling vertraut,
nährest an gleicher Brust die vielfach
wechselnden Alter.
Unter demselben Blau, über dem nämlichen Grün
wandeln die nahen und wandeln vereint die fernen Geschlechter,
und die Sonne Homers, siehe! sie
lächelt auch uns.

Schiller, Der Spaziergang

Die Natur ist die große Ruhe gegenüber unserer Beweglichkeit. Darum

wird sie der Mensch immer mehr lieben, je feiner und beweglicher er werden wird.

Morgenstern, Stufen, Natur, 1906

Je näher wir der Natur sind, desto
näher fühlen wir uns der Gottheit.
(Claudine)

Goethe,
Claudine von Villa Bella, Festzug

Auf den Bergen ist Freiheit. Der
Hauch der Grüfte
steigt nicht hinauf in die reinen Lüfte.
(Chor)

Schiller, Die Braut von Messina IV, 8

Wohl dem! Selig muß ich ihn preisen,
der in der Stille der ländlichen Flur,
fern von des Lebens verworrenen
Kreisen,

kindlich liegt an der Brust der Natur.
(Chor)

Schiller, Die Braut von Messina IV, 7

Naturforscher sind es, unter denen
man die meisten jener Gelehrten nennt,
die das höchste, das heiterste Alter erleben.

Feuchtersleben,
Zur Diätetik der Seele 10

Immer war mir das Feld und der Wald
und der Fels und die Gärten
nur ein Raum, und du machst sie, Geliebte, zum Ort.

Goethe, Vier Jahreszeiten 22

Die Welt ist so leer, wenn man nur
Berge, Flüsse und Städte darin denkt,
aber hie und da jemand zu wissen,
der mit uns übereinstimmt, mit dem
wir auch stillschweigend fortleben:
Das macht uns dieses Erdenrund erst
zu einem bewohnten Garten.

Goethe,
Wilhelm Meisters Lehrjahre VII, 5

Das sogenannte Romantische einer Gegend ist ein stilles Gefühl des Erhabenen unter der Form der Vergangenheit oder, was gleich lautet, der Einsamkeit, Abwesenheit, Abgeschieden-
heit.

Goethe,
Maximen und Reflexionen,
Aus Kunst und Altertum 1823

Die Elemente hassen
das Gebild der Menschenhand.

Schiller, Das Lied von der Glocke

Der Ort an sich bringt Grillen der
Verzweiflung
auch ohne weitern Grund in jedes
Hirn,
der soviel Klafter niederschaut zur See
und hört sie unten brüllen. (Horatio)

Shakespeare, Hamlet I, 4

Mir untergräbt das Herz die verzeh-
rende Kraft, die in dem All der Natur
verborgen liegt, die nichts gebildet hat,
das nicht seinen Nachbarn, nicht sich
selbst zerstörte. Und so taumle ich be-
ängstigt. Himmel und Erde und ihre
webenden Kräfte um mich her: Ich
sehe nichts als ein ewig verschlingen-
des, ewig wiederkäuendes Ungeheuer.

Goethe, Die Leiden des jungen Werthers II,
18. 8. 1771

Natürlichem genügt das Weltall kaum;
was künstlich ist, verlangt geschloßnen
Raum. (Homunculus)

Goethe, Faust 2, II, Laboratorium

Mit Botanik gibst du dich ab? Mit
Optik? Was tust du?
Ist es nicht schönrer Gewinn, rühren
ein zärtliches Herz?
Ach, die zärtlichen Herzen! Ein Pfu-
scher vermag sie zu rühren.
Sei es mein einziges Glück, dich zu
berühren, Natur!

Goethe, Venezianische Epigramme 77

Die Natur ist ein unendlich geteilter
Gott.

Schiller, Theosophie des Julius, Gott

Gegen den Pantheismus habe ich hauptsächlich nur dieses, daß er nichts besagt. Die Welt Gott nennen, heißt nicht, sie erklären, sondern nur die Sprache mit einem überflüssigen Synonym des Wortes Welt bereichern.

Schopenhauer,
Parerga und Paralipomena II, 5, § 69

Überhaupt ist der Pantheismus nur ein höflicher Atheismus.

Schopenhauer, Neue Paralipomena II,
Zur Geschichte der Philosophie 58

Geheimnisvoll am lichten Tag,
läßt sich Natur des Schleiers nicht berauben,
und was sie deinem Geist nicht offenbaren mag,
das zwingst du ihr nicht ab mit Hebeln und mit Schrauben. (Faust)

Goethe, Faust 1, Nacht

Was kann der Mensch im Leben mehr gewinnen,
als daß sich Gott-Natur ihm offenbare,
wie sie das Feste läßt zu Geist verrinnen,
wie sie das Geisterzeugte fest bewahre?

Goethe, Im ernsten Beinhaus

Ins Innere der Natur
dringt kein erschaffner Geist.
Glückselig, wem sie nur
die äußere Schale weist.

Haller,
Falschheit und menschliche Tugenden

Müsset im Naturbetrachten
immer eins wie alles achten:
Nichts ist drinnen, nichts ist draußen;
denn was innen, das ist außen.

Goethe, Epirrhema

Und so sag ich zum letzten Male:
Natur hat weder Kern noch Schale.
Du prüfe dich nur allermeist,
ob du Kern oder Schale seist!

Goethe, Ultimatum

Wer die Natur als göttliches Organ leugnen will, der leugne nur gleich alle Offenbarung!

Goethe,
Maximen und Reflexionen, Nachlaß,
Über Literatur und Leben

Die Sprache der Natur, die in den Geschöpfen Gottes redet, nebst Vernunft und Gewissen ist allein die allgemeine Sprache, dadurch sich Gott allen Menschen und Völkern offenbaren kann.

Lessing, Fragmente eines Ungenannten

Die Naturlehre ist, für mich wenigstens, eine Art Tilgungsfonds für die Religion, wenn die vorwitzige Vernunft Schulden macht.

Lichtenberg

Wer mit seiner Mutter, der Natur, sich hält,
findet im Stengelglas wohl eine Welt.

Goethe, Sendschreiben

Natur wiederholt ewig in weiterer Ausdehnung denselben Gedanken. Darum ist der Tropfen ein Bild des Meeres.

Hebbel, Tagebücher I

Es ist nicht genug, daß man verstehe, der Natur Daumenschrauben anzulegen: Man muß sie auch verstehen können, wenn sie aussagt.

Schopenhauer,
Parerga und Paralipomena II, 6

Wäre in der Natur überhaupt Zufall — auch nur ein Zufall —, so würdest du sie in allgemeiner Regellosigkeit erblicken. Weil aber alles, was in ihr geschieht, mit blinder Notwendigkeit geschieht, so ist alles, was geschieht oder was entsteht, Ausdruck eines ewigen Gesetzes und einer unverletzbaren Form.

Schelling

Das Endziel der Naturwissenschaft ist, die allen Veränderungen zugrundeliegenden Bewegungen und deren Triebkräfte zu finden, also sich in Mechanik aufzulösen.

Helmholtz, Rede 1869

Wir können die Natur nur dadurch beherrschen, daß wir uns ihren Gesetzen unterwerfen.

Francis Bacon

Die Natur macht nichts vergeblich.

Aristoteles, De incessu animalium 2, 8

Natura non facit saltus.
Die Natur macht keine Sprünge.

Linné, Philosophia Botanica

Wem die Natur ihr offenbares Geheimnis zu enthüllen anfängt, der empfindet eine unwiderstehliche Sehnsucht nach ihrer würdigsten Auslegerin, der Kunst.

Goethe,
Maximen und Reflexionen,
Aus Kunst und Altertum 1823

Kunst ist die rechte Hand der Natur. Diese hat nur Geschöpfe, jene hat Menschen gemacht. (Fiesko)

Schiller, Fiesko II, 17

Der Poet versteht die Natur besser als der wissenschaftliche Kopf.

Novalis, Fragmente

Einem Land, in dem die Blumen teuer sind, fehlt die Grundlage der Kultur.

Aus China

Lavendel, Minze, Salbei, Majoran,
die Ringelblum', die mit der Sonn'
entschläft
und weinend mit ihr aufsteht: Das
sind Blumen
aus Sommermitte, die man geben muß
den Männern mittlern Alters.

(Perdita)

Shakespeare, Das Wintermärchen IV, 3

Es ist wichtiger, daß jemand sich über eine Rosenblüte freut, als daß er ihre Wurzel unter das Mikroskop bringt.

Wilde

Kommt, von allerreifsten Früchten
mit Geschmack und Lust zu speisen!
Über Rosen läßt sich dichten,
in die Äpfel muß man beißen.
(Gärtner)

Goethe, Faust 2, I, Weitläufiger Saal

O, große Kräfte sind's, weiß man sie
recht zu pflegen,
die Pflanzen, Kräuter, Stein' in ihrem
Innern hegen. (Lorenzo)

Shakespeare, Romeo und Julia II, 3

Ich fand eine Feldblume, bewunderte ihre Schönheit, ihre Vollendung in allen Teilen, und rief aus: „Aber alles dieses, in ihr und Tausenden ihresgleichen, prangt und verblüht, von niemandem betrachtet, ja oft von keinem Auge auch nur gesehn." Sie aber antwortete: „Du Tor! Meinst du, ich blühe, um gesehn zu werden?"

Schopenhauer

Der mächtige Unterschied zwischen den englischen, richtiger chinesischen Gärten und den jetzt immer seltener werdenden, jedoch noch in einigen Prachtexemplaren vorhandenen altfranzösischen beruht im letzten Grun-de darauf, daß jene im objektiven, diese im subjektiven Sinne angelegt sind. In jenen nämlich wird der Wille der Natur, wie er sich in Baum, Staude, Berg und Gewässer objektiviert, zu möglichst reinem Ausdruck dieser seiner Ideen, also seines eigenen Wesens gebracht. In den französischen Gärten hingegen spiegelt sich nur der Wille des Besitzers, welcher die Natur unterjocht hat.

Schopenhauer,
Die Welt als Wille und Vorstellung II,
Vereinzelte Bemerkungen über Naturschönheit

Wer einen Tag glücklich sein will, der trinke! Wer eine Woche glücklich sein will, schlachte ein Schwein! Wer ein Jahr glücklich sein will, heirate! Wer immer glücklich sein will, der werde Gärtner!

Aus China

Steine sind stumme Lehrer. Sie machen den Beobachter stumm, und das Beste, was man von ihnen lernt, ist nicht mitzuteilen.

Goethe,
Wilhelm Meisters Wanderjahre III,
Aus Makariens Archiv

Alles ist aus dem Wasser entsprungen!
Alles wird durch das Wasser erhalten!
Ozean, gönn uns dein ewiges Walten!
(Thales)

Goethe, Faust 2, II,
Felsbuchten des Ägäischen Meers

Tiere

Zweck sein selbst ist jegliches Tier,
  vollkommen entspringt es
aus dem Schoß der Natur und zeugt
  vollkommene Kinder.

Goethe, Metamorphose der Tiere

Daß uns der Anblick der Tiere so er-
götzt, beruht hauptsächlich darauf, daß
es uns freut, unser eigenes Wesen so
vereinfacht vor uns zu sehn.

Schopenhauer

Die Neger am Senegal versichern steif
und fest, die Affen seien Menschen
ganz wie wir, jedoch klüger, indem sie
sich des Sprechens enthalten, um nicht
als Menschen anerkannt und zum Arbeiten gezwungen zu werden.

Heine, Memoiren

Man kann die Tiere in geistvolle und
begabte Personen einteilen: Hund und
Elefant zum Beispiel sind geistreiche,
Nachtigall und Seidenwurm begabte
Leute.

Rivarol

Dich hat Amor gewiß, o Sängerin, füt-
  ternd erzogen,
kindisch reichte der Gott dir mit dem
  Pfeile die Kost.
So, durchdrungen von Gift die harm-
  losatmende Kehle,
trifft mit der Liebe Gewalt nun Philomele das Herz.

Goethe, Philomele

Die Möwen sehen alle aus, als ob sie
Emma hießen.

Morgenstern, Galgenlieder, Möwenlied

Der Fisch will dreimal schwimmen:
In Wasser, Schmalz und Wein.

Sprichwort

Der Hund ist die Tugend, die sich
nicht zum Menschen machen konnte.

Victor Hugo

Der Hund ist der sechste Sinn des
Menschen.

Hebbel

Der Hund vergißt den einzigen Bissen
  nicht,
und wirfst du ihm auch hundert Steine
  nach.
Im Menschen, den du jahrelang gepflegt,
wird durch ein Nichts Verrat und
  Feindschaft wach.

Saadi, Rosengarten 8

Woran sollte man sich von der endlosen Verstellung, Falschheit und Heim-
tücke der Menschen erholen, wenn die
Hunde nicht wären, in deren ehrliches
Gesicht man ohne Mißtrauen schauen
kann?

Schopenhauer,
Parerga und Paralipomena II, 8

Dem Hunde, wenn er gut gezogen,
wird selbst ein weiser Mann gewogen.
  (Wagner)

Goethe, Faust 1, Vor dem Tor

Wundern kann es mich nicht, daß die
    Menschen die Hunde so lieben;
denn ein erbärmlicher Schuft ist wie
        der Mensch so der Hund.

Goethe, Venezianische Epigramme 73

Als ich einmal eine Spinne erschlagen,
dacht ich, ob ich das wohl gesollt?
Hat Gott ihr doch wie mir gewollt
einen Anteil an diesen Tagen!

Goethe, Divan, Buch der Sprüche

Wundern muß ich mich sehr, daß
    Hunde die Menschen so lieben;
denn ein erbärmlicher Schuft gegen den
        Hund ist der Mensch.

Hebbel, Tagebücher, 2. 8. 1860

Je jünger, einfacher und frommer die
Völker, desto mehr Tierliebe.

Jean Paul, Levana

Ungezogen genug sind schon die Men-
        schen, und jeder
hegt noch mit viel Bedacht seinen ver-
        zogenen Hund.

Goethe, Xenien aus dem Nachlaß,
            Aussicht auf Kultur

Eine der größten Unverfrorenheiten
des Menschen ist, dies oder jenes Tier
mit Emphase falsch zu nennen, als ob
es ein noch falscheres Wesen gäbe in
seinem Verhältnis zu den andern Wesen als der Mensch.

Morgenstern, Stufen, Natur, 1907

Was dem Hund am meisten Verachtung einträgt, ist — und das weiß er
auch —, daß er sich den Kopf mit der
Hinterpfote kratzt.

Ramón Gómez de la Serna

Grausamkeit gegen Tiere ist eines der
kennzeichnendsten Laster eines niederen und unedlen Volkes.

Alexander von Humboldt

Für einen guten und edlen Menschen
ist nicht nur die Liebe des Nächsten
eine heilige Pflicht, sondern auch die
Barmherzigkeit gegen die vernunft-
losen Geschöpfe.

Newton

Quäle nie ein Tier zum Scherz;
denn es fühlt wie du den Schmerz!

Sprichwort

Gott wünscht, daß wir den Tieren bei-
stehen, wenn es vonnöten ist. Ein jedes
Wesen in Bedrängnis hat gleiches Recht
auf Schutz.

Franz von Assisi

Der arme Käfer, den dein Fuß zer-
            tritt,
fühlt körperlich ein Leiden ganz so
            groß,
als wenn ein Riese stirbt. (Isabella)

Shakespeare, Maß für Maß III, 1

Wer plagt sein Pferd und Rind,
hält's schlecht mit Weib und Kind.

Sprichwort

Die Grausamkeit gegen die Tiere und
auch schon die Teilnahmslosigkeit gegenüber ihren Leiden ist meiner Ansicht nach eine der schwersten Sünden
des Menschengeschlechts. Sie ist die
Grundlage der menschlichen Verderbtheit.

Rolland,
an Magnus Schwantje, 8. 4. 1915

Wer gegen Tiere grausam ist, kann
kein guter Mensch sein.

Schopenhauer

Was ist der Affe für den Menschen? Ein
Gelächter oder eine schmerzliche Scham.

Nietzsche, Zarathustra, Vorrede 3

In der Katze hast du Mißtrauen,
Wollust und Egoismus, die drei Tugenden des Renaissance-Menschen nach
Stendhal und anderen. Damit ist sie,
ich möchte sagen, das konzentrierteste
Tier. Der Hund ist dagegen gläubig,
selbstlos und erotisch kulturlos.

Morgenstern,
Stufen, Natur, 1907

III. Kapitel

Zeit
Zeitalter
Antike
Vergangenheit
Gegenwart
Zukunft
Tag
Nacht
Mai
Dauer
Wechsel
Wiederkehr
Vergänglichkeit
Fortschritt
Pünktlichkeit

Zeit

Die Zeit ist die Larve der Ewigkeit.

Jean Paul

Wem Zeit wie Ewigkeit und Ewigkeit
wie Zeit,
der ist befreit von allem Leid.

Jakob Böhme

Dort in der Ewigkeit geschieht alles
zugleich,
es ist kein Vor noch Nach wie hier im
Zeitenreich.

Angelus Silesius,
Der Cherubinische Wandersmann V

Die Zeit weilt, eilt, teilt und heilt.

Sprichwort

Dreifach ist der Schritt der Zeit:
Zögernd kommt die Zukunft herge-
zogen,
pfeilschnell ist das Jetzt entflogen,
ewig still steht die Vergangenheit.

Schiller, Sprüche des Konfuzius

Die Zeit galoppiert mit dem Verbrecher zur Richtstätte und schleicht mit
der Braut zum Brautgemach.

Sprichwort

Rosalinde: Die Zeit reiset in verschiedenem Schritt mit verschiednen Personen. Ich will Euch sagen, mit wem die
Zeit den Paß geht, mit wem sie trabt,
mit wem sie galoppiert und mit wem
sie stillsteht.
Orlando: Ich bitte dich, mit wem trabt
sie?
Rosalinde: Ei, sie trabt hart mit einem
jungen Mädchen zwischen der Verlobung und dem Hochzeitstage. Wenn
auch nur acht Tage dazwischen hingehn, so ist der Trab der Zeit so hart,
daß es ihr wie acht Jahre vorkommt.
Orlando: Mit wem geht die Zeit den
Paß?
Rosalinde: Mit einem Priester, dem es
an Latein gebricht, und einem reichen
Manne, der das Podagra nicht hat.
Denn der eine schläft ruhig, weil er
nicht studieren kann, und der andre
lebt lustig, weil er keinen Schmerz
fühlt. Den einen drückt nicht die Last
dürrer und auszehrender Gelehrsamkeit, der andere kennt die Last schweren, mühseligen Mangels nicht.
Orlando: Mit wem galoppiert sie?
Rosalinde: Mit dem Diebe zum Galgen; denn ginge er auch noch so sehr
Schritt vor Schritt, so denkt er doch,
daß er zu früh kommt.
Orlando: Mit wem steht sie still?
Rosalinde: Mit Advokaten in den Ge-
richtsferien; denn sie schlafen von Session zu Session und werden also nicht
gewahr, wie die Zeit fortgeht.

Shakespeare, Wie es Euch gefällt III, 2

Wir haben auch Arbeit, und gar zu
zweit,
und haben die Sonne und Regen und
Wind.

Und uns fehlt nur eine Kleinigkeit,
um so frei zu sein, wie die Vögel sind:
Nur Zeit.

Richard Dehmel, Der Arbeitsmann

Die Leute, die niemals Zeit haben, tun
am wenigsten.

Lichtenberg

Es ist nicht wenig Zeit, was wir haben,
sondern es ist viel, was wir nicht nützen.

Seneca, Abhandlungen

Wer die Zeit verklagen will, daß so
zeitig sie verraucht,
der verklage sich nur selbst, daß er sie
nicht zeitig braucht.

Logau, Flüchtige Zeit

Gebraucht der Zeit, sie geht so schnell
von hinnen,
doch Ordnung lehrt Euch Zeit gewinnen! (Mephistopheles)

Goethe, Faust 1, Studierzimmer

Mein Erbteil, wie herrlich, weit und
breit!
Die Zeit ist mein Besitz, mein Acker
ist die Zeit.

Goethe, Divan, Buch der Sprüche

„Unaufhaltsam enteilet die Zeit." —
Sie sucht das Beständ'ge.
Sei getreu, und du legst ewige Fesseln
ihr an!

Schiller, Das Unwandelbare

Sei mit dem Leben, o Mensch, doch
sparsam!
Du hast Vorrat an Dasein nicht viel.

Theokrit

Ist die Zeit das Kostbarste unter allem,
so ist Zeitverschwendung die aller-
größte Verschwendung.

Benjamin Franklin,
Der Weg zum Reichtum 3

Verschwendete Zeit ist Dasein. Ge-
brauchte Zeit ist Leben.

Edward Young

Man verliert die meiste Zeit damit,
daß man Zeit gewinnen will.

John Steinbeck

Ich weine meiner Unwürdigkeit, wenn
ich mein Leben sehe in den Händen
der nichtssagenden Stunden.

Tagore

Es gibt Diebe, die nicht bestraft werden und dem Menschen doch das Kostbarste stehlen: Die Zeit.

Napoleon I.

Wer scheut sich nicht, ein Menschenleben um eine Stunde zu verkürzen!
Aber eine Stunde ihm zu verderben,
wer hätte das Schlimmere nicht schon
verschuldet?

Rathenau

Die Zeit ist Amm' und Mutter alles
Guten. (Proteus)

Shakespeare, Die beiden Veroneser III, 1

Zeit macht aus einem Gerstenkorn
eine Kanne Bier.

Aus Lettland

Die Zeit heilt Schmerzen und Streitigkeiten, weil der Mensch sich ändert.
Weder der Beleidiger noch der Belei-
digte bleiben, was sie einmal waren.

Pascal

Zeit ist Geld.

Sprichwort

Aller Dinge Gehalt, er wird durch dich
nur entschieden.
Leise Gottheit, auch mich richtest du,
richte gelind!

Goethe, Xenien aus dem Nachlaß, Zeit

Es ist mit der Weltenuhr wie mit der
des Zimmers. Am Tage sieht man sie
wohl, aber hört sie fast gar nicht. Des
Nachts aber hört man sie gehen wie
ein großes Herz.

Morgenstern, Stufen, Weltbild, Am Tor

Zeitalter

Jede Epoche ist unmittelbar zu Gott,
und ihr Wert beruht gar nicht auf dem,
was aus ihr hervorgeht, sondern in
ihrer Existenz selbst.

Ranke, Epochen

Die Lebenskraft eines Zeitalters liegt
nicht in seiner Ernte, sondern in seiner
Aussaat.

Börne

Große Zeit ist es immer nur, wenn's
beinah schief geht, wenn man jeden
Augenblick fürchten muß: Jetzt ist
alles vorbei.

Fontane, Der Stechlin 4

Jedem Jahrhundert sendet der Unendliche einen bösen Genius zu, der es
versuche.

Jean Paul, Quintus Fixlein

Zu allen Zeiten sind es nur die Individuen, welche für die Wissenschaft
gewirkt, nicht das Zeitalter. Das Zeitalter war's, das den Sokrates durch
Gift hinrichtete, das Zeitalter, das
Hussen verbrannte. Die Zeitalter sind
sich immer gleich geblieben.

Goethe, Maximen und Reflexionen,
Aus Kunst und Altertum 1826

In der langen Nacht des Mittelalters
war Glaube der Nordschein.

Börne, Der Narr im Weißen Schwan

Antike

„Unter allen Völkerschaften haben die Griechen den Traum des Lebens am schönsten geträumt."

Goethe,
Maximen und Reflexionen,
Aus Kunst und Altertum 1826

Wo jetzt nur, wie unsre Weisen sagen,
seelenlos ein Feuerball sich dreht,
lenkte damals seinen goldnen Wagen
Helios in stiller Majestät.
Diese Höhen füllten Oreaden,
eine Dryas lebt' in jenem Baum,
aus den Urnen lieblicher Najaden
sprang der Ströme Silberschaum.

Schiller, Die Götter Griechenlands

Damals trat kein gräßliches Gerippe
vor das Bett des Sterbenden. Ein Kuß
nahm das letzte Leben von der Lippe,
seine Fackel senkt' ein Genius.

Schiller, Die Götter Griechenlands

Der für dichterische und bildnerische Schöpfungen empfängliche Geist fühlt sich dem Altertum gegenüber in den anmutigst-ideellen Naturzustand versetzt, und noch auf den heutigen Tag haben die Homerischen Gesänge die Kraft, uns wenigstens für Augenblicke von der furchtbaren Last zu befreien, welche die Überlieferung von mehreren tausend Jahren auf uns gewälzt hat.

Goethe,
Wilhelm Meisters Wanderjahre III,
Aus Makariens Archiv

Möge das Studium der griechischen und römischen Literatur immerfort die Basis der höhern Bildung bleiben!

Goethe,
Wilhelm Meisters Wanderjahre III,
Aus Makariens Archiv

Klassisch ist das Gesunde, romantisch das Kranke.

Goethe,
Maximen und Reflexionen, Nachlaß,
Über Literatur und Leben

Ovid blieb klassisch auch im Exil: Er sucht sein Unglück nicht in sich, sondern in seiner Entfernung von der Hauptstadt der Welt.

Goethe,
Maximen und Reflexionen, Nachlaß,
Über Literatur und Leben

Sehr passend nennt man die Beschäftigung mit den Schriftstellern des Altertums Humanitätsstudien: Denn durch sie wird der Schüler zuvörderst wieder ein Mensch, indem er eintritt in die Welt, die noch rein war von allen Fratzen des Mittelalters und der Romantik, welche nachher in die europäische Menschheit so tief eindrangen, daß auch noch jetzt jeder damit betüncht zur Welt kommt und sie erst abzustreifen hat, um nur zuvörderst wieder ein Mensch zu werden.

Schopenhauer,
Welt als Wille und Vorstellung II, 1, 12

Und die Knaben, versteht sich von
selber, sie führet ein wackrer
gradgesinnter Mann ins Heiligtum
aller Erkenntnis,
die uns die griechische Welt und die
lateinische darbeut.
Und so wären die Kinder vor allem
Unheil gesichert.

Goethe, Entwürfe zur zweiten Epistel

Was ich bin und weiß, dem verständigen Norden verdank ich's,
doch das Geheimnis der Form hat mich
der Süden gelehrt.

Geibel, Distichen aus Griechenland IV

Wer Proportion (das Meßbare) von
der Antike nehmen muß, sollte uns
nicht gehässig sein, weil wir das Un-
meßbare von der Antike nehmen wollen.

Goethe, Maximen und Reflexionen,
Nachlaß, Über Literatur und Leben

Über Ströme hast du gesetzt und Meere
durchschwommen,
über der Alpen Gebirg trug dich der
schwindlichte Steg,
mich in der Nähe zu schaun und meine
Schöne zu preisen,
die der begeisterte Ruf rühmt durch
die staunende Welt.
Und nun stehst du vor mir, du darfst
mich Heil'ge berühren,
aber bist du mir jetzt näher und bin
ich es dir?

Schiller,
Die Antike an den nordischen Wanderer

Vergangenheit

Nichts ist zarter als die Vergangenheit.
Rühre sie an wie ein glühend Eisen;
denn sie wird dir sogleich beweisen,
du lebest auch in heißer Zeit!

Goethe, Zahme Xenien III

Es gibt wenig Menschen, die sich mit
dem Nächstvergangenen zu beschäftigen wissen. Entweder das Gegenwärtige hält uns mit Gewalt an sich oder
wir verlieren uns in die Vergangenheit und suchen das völlig Verlorene.

Goethe, Die Wahlverwandtschaften II, 8

Die Menschen der alten Zeit sind auch
die der neuen, aber die Menschen von
gestern sind nicht die von heute.

Ebner-Eschenbach, Aphorismen

Wer das Vergangene kennte, der wüßte
das Künftige. Beides
schließt an heute sich rein als ein Voll-
endetes an.

Goethe, Weissagungen des Bakis 16

Erzähle mir die Vergangenheit, und
ich werde die Zukunft erkennen!

Konfuzius

Liegt dir Gestern klar und offen,
wirkst du heute kräftig frei,
kannst auch auf ein Morgen hoffen,
das nicht minder glücklich sei.

Goethe, Zahme Xenien IV

Wer nicht von dreitausend Jahren
sich weiß Rechenschaft zu geben,
bleib im Dunkeln unerfahren,
mag von Tag zu Tage leben.

Goethe, Divan, Buch des Unmuts

Gegenwart

Stets zwischen zwei Disteln reift die
Ananas. Aber stets zwischen Ananas-
sen reift unsere stechende Gegenwart,
zwischen der Erinnerung und der Hoffnung.

Jean Paul, Aphorismen

Es gehört zu den alltäglichen Täu-
schungen, die Stunden der Vergangenheit und Zukunft reizender zu finden
als die Gegenwart.

Heinrich Zschokke

Genau genommen, leben sehr wenige
Menschen in der Gegenwart. Die meisten bereiten sich vor, demnächst zu
leben.

Swift, Aphorismen 87

Warum soll die Gegenwart dem ihre
Blicke schenken, der immer mit der
Zukunft kokettiert?

Nestroy

Ein Heute ist besser denn zehn Morgen.

Sprichwort

O wünsche nichts vorbei und wünsche
nichts zurück!
Nur ruhiges Gefühl der Gegenwart ist
Glück.

Rückert,
Die Weisheit des Brahmanen 14, 21

Der Tag, der vergeht, ist besser als der,
der kommt.

Aus Ägypten

Mein sind die Jahre nicht, die mir die
Zeit genommen;
mein sind die Jahre nicht, die etwa
möchten kommen.
Der Augenblick ist mein, und nehm'
ich den in acht,
so ist der mein, der Jahr und Ewigkeit
gemacht.

Gryphius, Betrachtung der Zeit

Den Augenblick immer als den höchsten Brennpunkt der Existenz, auf den
die ganze Vergangenheit nur vorberei-
tete, ansehen und genießen, das würde
Leben heißen!

Hebbel, Tagebücher, 23. 4. 1842

Die Herrschaft über den Augenblick
ist die Herrschaft über das Leben.

Ebner-Eschenbach, Aphorismen

Ein einz'ger Augenblick kann alles
umgestalten. (Amanda)

Wieland, Oberon VII, 75

Was man von der Minute ausgeschla-
gen,
gibt keine Ewigkeit zurück.

Schiller, Resignation

Der Augenblick,
wenn er die Wiege einer Zukunft ist,
warum nicht auch das Grab einer Vergangenheit? (Medea)

Grillparzer, Medea I

Jeder Mensch hat zwei Gemahlinnen:
Seine Frau und seine Zeit.

Aus Madagaskar

Der große Mann eilt seiner Zeit voraus,
der kluge kommt ihr nach auf allen
Wegen.
Der Schlaukopf beutet sie gehörig aus,
der Dummkopf aber stellt sich ihr entgegen.

Eduard von Bauernfeld, Xenien

Schicket euch in die Zeit!

Römer 12,11

Gegen den Strom der Zeit kann zwar
der einzelne nicht schwimmen, aber
wer Kraft hat, hält sich und läßt sich
von demselben nicht mit fortreißen.

Seume

Lästert nicht die Zeit, die reine!
Schmäht ihr sie, so schmäht ihr euch;
denn es ist die Zeit dem weißen
unbeschrieb'nen Blatte gleich.
Das Papier ist ohne Makel,
doch die Schrift darauf seid ihr.
Wenn die Schrift nicht just erbaulich,
nun, was kann das Blatt dafür?

Anastasius Grün

Lege nicht der Zeit zur Last,
was selber du verschuldet hast!

Sprichwort

Alle sauren Moralisten hielten ihr Zeitalter für das schändlichste, und sie
haben alle recht; denn die gegenwärtige Schande ist immer die größte.

Seume, Apokryphen

Die Zeit ist schlecht? Wohlan. Du bist
da, sie besser zu machen.

Carlyle

Zukunft

Die Vergangenheit und die Gegenwart
sind unsere Mittel. Die Zukunft allein
ist unser Zweck.

Pascal

Nur wer an die Zukunft glaubt, glaubt
an die Gegenwart.

Aus Brasilien

Ein wichtiger Punkt der Lebensweisheit besteht in dem richtigen Verhältnis, in welchem wir unsere Aufmerksamkeit teils der Gegenwart, teils der
Zukunft widmen, damit nicht die eine
uns die andere verderbe. Viele leben zu
sehr in der Gegenwart: Die Leichtsinnigen; andere zu sehr in der Zukunft:
Die Ängstlichen und Besorglichen.

Schopenhauer,
Aphorismen zur Lebensweisheit V, 5

Wer für die Zukunft sorgen will, muß
die Vergangenheit mit Ehrfurcht und
die Gegenwart mit Mißtrauen aufnehmen.

Joubert

Laß dich das Zukünftige nicht anfech-
ten! Du wirst, wenn es nötig ist, schon
hinkommen, getragen von derselben
Geisteskraft, die dich das Gegenwärtige beherrschen läßt.

Mark Aurel

Wer mit allem Tun und Sinnen
immer in die Zukunft starrt,

wird die Zukunft nie gewinnen
und verliert die Gegenwart.

Julius Wolff

Wer vorsieht, ist Herr des Tags.

Goethe,
Maximen und Reflexionen, Nachlaß,
Über Literatur und Leben

Es gibt im Menschenleben Augenblicke,
wo er dem Weltgeist näher ist als sonst
und eine Frage frei hat an das Schicksal. (Wallenstein)

Schiller, Wallensteins Tod II, 3

Seltsam ist Propheten Lied,
doppelt seltsam, was geschieht.

Goethe,
Weissagungen des Bakis, Vorspruch

Wahnsinn ruft man dem Kalchas, und
   Wahnsinn ruft man Kassandren,
eh man nach Ilion zog, wenn man von
   Ilion kommt.
Wer kann hören das Morgen und Über-
   morgen? Nicht Einer!
Denn, was gestern und ehgestern ge-
   sprochen, wer hörts?

Goethe, Weissagungen des Bakis 1

Hat man vierundzwanzig Stunden
früher als die übrigen Menschen recht,
so gilt man vierundzwanzig Stunden
lang für närrisch.

Rivarol

Ein Prophet gilt nirgend weniger denn in seinem Vaterland und in seinem Hause.

Matthäus 13,57

Der bitterste Kummer auf der ganzen Welt ist der, wenn man bei aller Einsicht keine Gewalt in den Händen hat, das Vorausgesehene abzuwenden.

Herodot

Propheten wimmeln stets in trüber Zeit hervor.

Johann Peter Uz

Es kann passieren, was will: Es gibt immer einen, der es kommen sah.

Fernandel

Quid sit futurum cras, fuge quaerere! Forsche nicht, was morgen sein wird!

Horaz, Oden

Sobald man davon spricht, was im nächsten Jahr geschehen wird, lacht der Teufel.

Aus Japan

Was geschehen werde, sinnst du nicht
aus!
Königin, schreite dahin
guten Muts!
Gutes und Böses kommt
unerwartet dem Menschen. (Chor)

Goethe, Faust 2, III,
Vor dem Palaste des Menelas

Heute ist heute, aber morgen ist ein unbegreiflicher Tag.

Aus Holland

O wer weiß,
was in der Zeiten Hintergrunde
schlummert? (Carlos)

Schiller, Don Carlos I, 1

Euch Sterblichen zum Glücke
verbarg der Götter Schluß
die Zukunft euerm Blicke.

Gellert, Semnon und das Orakel

Es ist mit der Ferne wie mit der Zukunft! Ein großes dämmerndes Ganzes ruht vor unserer Seele, unsere Empfindung verschwimmt darin wie unser Auge, und wir sehnen uns, ach! unser ganzes Wesen hinzugeben, uns mit aller Wonne eines einzigen, großen, herrlichen Gefühls ausfüllen zu lassen. Und ach! Wenn wir hinzueilen, wenn das Dort nun Hier wird, ist alles vor wie nach, und wir stehen in unserer Armut, in unserer Eingeschränktheit, und unsere Seele lechzt nach entschlüpftem Labsale.

Goethe,
Die Leiden des jungen Werthers,
21. 6. 1771

Es steht uns bevor die Zeit des Erkennens und der Grausamkeit. Nach ihr kommt die Zeit des Begreifens und der Liebe.

Rathenau (1908)

Tag

Gott vereinigt bildende Tage hoher Erhebung mit bildenden Tagen herzzerreißender Leiden. Daß unsere Tage frohe Tage seien, daß sie Trauertage seien, ist nicht ihr Zweck. Daß sie bildende Tage seien, das ist ihr Zweck.

Pestalozzi, Reden

Wenn du den Hahn einsperrst, geht die Sonne doch auf.

Aus Indien

Der Hahn, der als Trompete dient dem
           Morgen,
erweckt mit schmetternder und heller
           Kehle
den Gott des Tages, und auf seine
           Mahnung,
sei's in der See, im Feu'r, Erd' oder
           Luft,
eilt jeder schweifende und irre Geist
in sein Revier. (Horatio)

Shakespeare, Hamlet I, 1

Als Primaner versuchte ich zum ersten Mal, zu einer lebendigen Vorstellung zu gelangen, was wir des Alls Unendlichkeit nennen. Ich legte mich nachts auf einen fast horizontal gestellten Klappsessel in den Garten und bemühte mich, über das rein Bildmäßige des Sternenhimmels hinaus in seine Wirklichkeit einzudringen. Es gelang mir so wohl, daß ich empfand: Jetzt noch eine Sekunde solcher Erdabwesenheit, ein einziger kleiner Schritt weiter, und mein Gehirn ist

auf immer verloren. Und ich brach das schauerliche Experiment ab.

Morgenstern,
Stufen, In me ipsum, 1907

Der junge Tag erhob sich mit Entzük-
           ken,
und alles war erquickt, mich zu er-
           quicken.

Goethe, Zueignung

Dies diem docet. Ein Tag lehrt den anderen.

Sprichwort

Der Morgen ist die Jugend des Tages. Alles ist heiter, frisch und leicht. Wir fühlen uns kräftig und haben alle unsere Fähigkeiten zu völliger Disposition. Man soll ihn nicht durch spätes Aufstehen verkürzen, noch auch an unwürdige Beschäftigungen oder Gespräche verschwenden, sondern ihn als die Quintessenz des Lebens betrachten und gewissermaßen heilig halten.

Schopenhauer,
Aphorismen zur Lebensweisheit V, 13

Ich hab mir's zur Regel gemacht, daß mich die aufgehende Sonne nie im Bett finden soll, solange ich gesund bin.

Lichtenberg

Was einer früh um viere tut,
das kommt ihm nachts um neun zu gut.

Sprichwort

Morgenfrühe gewährt ein Dritteil immer vom Tagwerk.

Hesiod, Tage und Werke 578

Aurora Musis amica.
Die Morgenstunde ist den Musen günstig.

Sprichwort

Nun mache ich aber die Bemerkung, daß ich weder abends noch in der Nacht jemals gearbeitet habe, sondern bloß des Morgens, wo ich den Rahm des Tages abschöpfte, da denn die übrige Zeit zu Käse gerinnen mochte.

Goethe, an Sulpiz Boisserée, 11. 9. 1820

Wer früh aufsteht, wird reich.

Aus der Türkei

Das beste Mittel, jeden Tag gut zu beginnen, ist, beim Erwachen daran zu denken, ob man nicht wenigstens einem Menschen an diesem Tage eine Freude machen könne.

Nietzsche

Was jeder Tag will, sollst du fragen, was jeder Tag will, wird er sagen.

Goethe, Zahme Xenien, Zum 25. 10. 1828

Carpe diem!
Nutze den Tag!

Horaz, Oden I, 11

Ihrer sechzig hat die Stunde,
über tausend hat der Tag.
Söhnchen, werde Dir die Kunde,
was man alles leisten mag!

Goethe, Dem Enkel ins Stammbuch

Wenn man viel hineinzustecken hat, so hat ein Tag hundert Taschen.

Nietzsche

Noch ist es Tag, da rühre sich der
Mann!
Die Nacht tritt ein, wo niemand wirken kann.

Goethe, Divan, Buch der Sprüche

Feßle durch Taten die jagende Zeit!
Schmiede den Tag an die Ewigkeit!

Julius Lohmeyer

Jubilate heißt jeder Tag,
auf dem der Arbeit Segen lag.

Otto Julius Bierbaum, Mein ABC

In jüngeren Tagen war ich des Morgens froh,
des Abends weint' ich; jetzt, da ich
älter bin,
beginn' ich zweifelnd meinen Tag, doch heilig und heiter ist mir sein Ende.

Hölderlin, Ehmals und jetzt

Nacht

Ein guter Abend kommt heran,
wenn ich den ganzen Tag getan.

Goethe, Lebensgenuß

Spinnen am Morgen
bringt Kummer und Sorgen,
Spinnen am Abend
erquickend und labend.

Sprichwort

Am Abend duftet alles, was man gepflanzt hat, am lieblichsten.

Leisewitz, Julius von Tarent

Man sollte sich nicht schlafen legen,
ohne sagen zu können, daß man an
dem Tage etwas gelernt hätte.

Lichtenberg

Wie das Weib dem Mann gegeben
als die schönste Hälfte war,
ist die Nacht das halbe Leben
und die schönste Hälfte zwar.
Könnt ihr euch des Tages freuen,
der nur Freuden unterbricht?
Er ist gut, sich zu zerstreuen,
zu was anderm taugt er nicht.

Goethe, Philine

Die Rede der Nacht ist mit Butter ge-
tränkt: Wenn der Tag darauf scheint,
zerfließt sie.

Aus Ägypten

Trunkene Abendfreude hat fastende
Morgensorge.

Aus Dänemark

Die Moral sinkt mit der Sonne.

Hans Kasper

Wenn die Nacht kommt, werden die
Äpfel gezählt.

Aus Indien

Wenn hinterm Erdball sich das
                    späh'nde Auge
des Himmels birgt, der untern Welt zu
                    leuchten,
dann schweifen Dieb' und Räuber, un-
                    gesehn,
in Mord und Freveln blutig hier um-
                    her.
Doch wenn es, um den ird'schen Ball
                    hervor,
im Ost der Fichten stolze Wipfel glüht
und schießt sein Licht durch jeden
                    schuldigen Winkel:
Dann stehn Verrat, Mord, Greuel, weil
                    der Mantel
der Nacht gerissen ist von ihren Schul-
                    tern,
bloß da und nackt und zittern vor sich
                    selbst. (König Richard)

Shakespeare, König Richard II. III, 2

Die Sterne lauter ganze Noten. Der
Himmel die Partitur. Der Mensch das
Instrument.

Morgenstern, Stufen, Natur

Jetzt beheult der Wolf den Mond,
durstig brüllt im Forst der Tiger.
Jetzt, mit schwerem Dienst verschont,
schnarcht der arbeitsmüde Pflüger.
Jetzo schmaucht der Brand im Herd,
und das Käuzlein kreischt und jam-
          mert,
daß der Krank' es ahnend hört
und sich fest ans Kissen klammert.
Jetzo gähnt Gewölb' und Grab,
und, entschlüpft den kalten Mauern,
sieht man Geister auf und ab,
sieht am Kirchhofszaun sie lauern.
Und wir Elfen, die mit Tanz
Hekates Gespann umhüpfen
und, gescheucht vom Sonnenglanz,
träumend gleich ins Dunkel schlüpfen,
schwärmen jetzo. Keine Maus
störe dies geweihte Haus! (Droll)

Shakespeare,
Ein Sommernachtstraum V, 1

Mich dünkt, die Nacht ist nur ein
          krankes Tagslicht.
Sie sieht ein wenig bleicher. 's ist ein
          Tag,
wie's Tag ist, wenn die Sonne sich ver-
          birgt. (Porzia)

Shakespeare,
Der Kaufmann von Venedig V, 1

Ich lösche das Licht selten aus, ohne
vorher gelesen zu haben. Indem man
das Geistige zwischen das Sinnliche des
Tages und den Schlaf legt, reinigt man
sich.

Otto Flake

Die Nacht, die uns der Augen Dienst
          entzieht,
macht, daß dem Ohr kein leiser Laut
          entflieht.
Was dem Gesicht an Schärfe wird be-
          nommen,
muß doppelt dem Gehör zugute kom-
          men. (Hermia)

Shakespeare,
Ein Sommernachtstraum III, 2

Die Nacht ist die Mutter von Gedanken.

Aus Frankreich

Nachts, wenn gute Geister schweifen,
Schlaf dir von der Stirne streifen,
Mondenlicht und Sternenflimmern
dich mit ewigem All umschimmern,
scheinst du dir entkörpert schon,
wagest dich an Gottes Thron.

Goethe, Zahme Xenien VI

Mai

Dieser Monat ist ein Kuß, den der
          Himmel gibt der Erde,
daß sie jetzund seine Braut, künftig
          eine Mutter werde.

Logau, Der Mai

Ein Maitag ist ein kategorischer Imperativ der Freude.

Hebbel, Tagebücher, 1. 5. 1838

Dauer

Die Natur mußte notwendigerweise dem Individuum oder der Gattung Dauer verleihen. So verfuhr sie bei den Himmelskörpern und der Sonne nach jenem, bei Lebewesen und Pflanzen nach diesem Plan. Im zweiten Fall mußten die individuellen Formen vergänglich sein, damit die Unsterblichkeit der Gattung gesichert war.

Rivarol

Nicht deine Werke, die alle vergänglich und unendlich klein sind, können Wert und Dauer haben, sondern nur der Geist, in dem du wirktest.

Carlyle

Sagt nicht, daß die Toten tot sind. Etwas von ihrem Wesen lebt weiter in ihren Nachkommen.

Tschuang-tse

Es ist ein hoher, feierlicher, fast schauerlicher Gedanke für jeden einzelnen Menschen, daß sein irdischer Einfluß, der einen Anfang gehabt hat, niemals, und wäre er der Allergeringste unter uns, durch alle Jahrhunderte hindurch ein Ende haben wird. Was geschehen ist, ist geschehen, hat sich schon mit dem grenzenlosen, ewig lebenden, ewig tätigen Universum verschmolzen und wirkt hier zum Guten oder zum Schlimmen, öffentlich oder heimlich durch alle Zeiten hindurch.

Carlyle

Danke, daß die Gunst der Musen
Unvergängliches verheißt:
Den Gehalt in deinem Busen
und die Form in deinem Geist!

Goethe, Dauer im Wechsel

Unkraut vergeht nicht.

Sprichwort

Angeschlagenes Geschirr hält gut zwei Menschenalter.

Aus Rußland

Alles hat nur so viel Wirklichkeit und Aussicht auf Bestand, als es gut ist.

Emil Oesch

Nichts ist dauernd als der Wechsel.

Börne, Rede auf Jean Paul, 2. 12. 1825

Der Wechsel allein ist das Beständige.

Schopenhauer,
Aphorismen zur Lebensweisheit V, 49

Wärt ihr stets bei Einer geblieben,
wie könntet ihr noch immer lieben?
Das ist die Kunst, das ist die Welt,
daß eins ums andere gefällt.

Goethe, Modernes

Wenn wir wollen, daß alles so bleibt, wie es ist, dann ist es nötig, daß sich alles verändert.

Tomasi di Lampedusa, Der Leopard

Wechsel

Alles fließt.

Heraklit

Es gibt weder eine gute noch eine schlechte Zeit, die hundert Jahre dauert.

Aus Spanien

Das Firmament kreist, und die Stunden zeigen beständigen Wechsel.

Aus Marokko

Es soll sich regen, schaffend handeln,
erst sich gestalten, dann verwandeln;
nur scheinbar stehts Momente still.
Das Ewige regt sich fort in allen;
denn alles muß in Nichts zerfallen,
wenn es im Sein beharren will.

Goethe, Eins und alles

Das Alte stürzt, es ändert sich die Zeit,
und neues Leben blüht aus den Ruinen.
(Attinghausen)

Schiller, Wilhelm Tell IV, 2

Die Ruinen des einen braucht die allzeit wirksame Natur zu dem Leben des andern.

Lessing, Die Wespen

Unsre stolz auftürmenden Paläste,
unsrer Städte majestät'sche Pracht
ruhen all' auf modernden Gebeinen;

deine Nelken saugen süßen Duft
aus Verwesung; deine Quellen weinen
aus dem Becken einer Menschengruft.

Schiller, Melancholie an Laura

Variatio delectat.
Abwechslung erfreut.

Sprichwort

Allzeit fröhlich ist gefährlich,
allzeit traurig ist beschwerlich,
allzeit glücklich ist betrüglich.
Eins ums andere ist vergnüglich.

Sprichwort

Wechsel der Weide macht fette Kälber.

Aus Großbritannien

Willst du nach den Früchten greifen,
eilig nimm dein Teil davon!
Diese fangen an zu reifen,
und die andern keimen schon.
Gleich mit jedem Regengusse
ändert sich dein holdes Tal,
ach, und in demselben Flusse
schwimmst du nicht zum zweitenmal.

Goethe, Dauer im Wechsel

Ein jeder Wechsel schreckt den Glücklichen.
Wo kein Gewinn zu hoffen, droht Verlust. (Don Manuel)

Schiller, Die Braut von Messina I, 7

„Sag nur, warum du in manchem Falle
so ganz untröstlich bist?"
Die Menschen bemühen sich alle
umzutun, was getan ist.

Goethe, Zahme Xenien II

Wer auf die Welt kommt, baut ein
                    neues Haus.
Er geht und läßt es einem zweiten;

der wird sich's anders zubereiten,
und niemand baut es aus.

Goethe, Divan, Buch der Sprüche

Ein Deutscher braucht nicht alt zu werden, und er findet sich von Schülern
verlassen. Es wachsen ihm keine Gei-
stesgenossen nach. Jeder, der sich fühlt,
fängt von vorn an.

Goethe, an Buchholtz, 14. 2. 1814

Wiederkehr

Was ist's, das geschehen ist? Eben das
hernach geschehen wird. Was ist's, das
man getan hat? Eben das man hernach
wieder tun wird, und geschieht nichts
Neues unter der Sonne.

Prediger Salomo 1,9

Alles schon dagewesen.

Gutzkow, Ariel Acosta

Alles wiederholt sich nur im Leben,
ewig jung ist nur die Phantasie:
Was sich nie und nirgends hat begeben,
das allein veraltet nie.

Schiller, An die Freunde

Nullum est iam dictum, quod non sit
                    dictum prius.
Kein Wort, das nicht schon früher ge-
                    sprochen wurde.

Terenz, Eunuch, Prolog

Original, fahr hin in deiner Pracht!
Wie würde dich die Einsicht kränken:
Wer kann was Dummes, wer was Kluges denken,
das nicht die Vorwelt schon gedacht!
                    (Mephistopheles)

Goethe, Faust 2, II,
Hochgewölbtes, enges gotisches Zimmer

Alles Gescheite ist schon gedacht worden. Man muß nur versuchen, es noch
einmal zu denken.

Goethe,
Wilhelm Meisters Wanderjahre II,
Betrachtungen im Sinne der Wanderer

Einmal ist wie nichts, zweimal wie
zehn.

Aus Island

All is well that ends.

Aus den USA

Vergänglichkeit

Das ist der Weltlauf! Keins der Dinge
　　　hat Bestand. (Kreusa)

Euripides, Jon 969

Dem Schicksal leihe sie die Zunge,
selbst herzlos, ohne Mitgefühl,
begleite sie mit ernstem Schwunge
des Lebens wechselvolles Spiel.
Und wie der Klang im Ohr vergehet,
der mächtig tönend ihr entschallt,
so lehre sie, daß nichts bestehet,
daß alles Irdische verhallt.

Schiller, Das Lied von der Glocke

Es ist no all Tag Abend geworden.

Aus der Schweiz

Hoffnungslos
weicht der Mensch der Götterstärke,
müßig sieht er seine Werke
und bewundernd untergehen.

Schiller, Das Lied von der Glocke

Der Könige König ist Vergänglichkeit.

Aus Ungarn

Rauch ist alles ird'sche Wesen.
Wie des Dampfes Säule weht,
schwinden alle Erdengrößen,
nur die Götter bleiben stet.

Schiller, Das Siegesfest

Vorbei! Ein dummes Wort. Warum
　　　vorbei?
Vorbei und reines Nichts: Vollkomm-
　　　nes Einerlei!
Was soll uns denn das ewge Schaffen?
Geschaffenes zu Nichts hinwegzuraf-
　　　fen?
„Da ists vorbei!" Was ist daran zu
　　　lesen?
Es ist so gut, als wär es nicht gewesen.
　　　(Mephistopheles)

Goethe, Faust 2, V,
Großer Vorhof des Palasts

Wir begreifen die Ruinen nicht eher,
als bis wir selbst Ruinen sind.

Heine, Gedanken und Einfälle VI

Auch du ohne Klage
gedenke der Tage,
die froh wir verlebt.
Wer Gutes empfangen,
der darf nicht verlangen,
daß nun sich der Traum ins Unend-
　　　liche webt.

David Friedrich Strauß

Es ist nicht der unwichtigste Teil der
Lebenskunst, die schönen Dinge im Leben nicht aufhören, sondern ausklin-
gen zu lassen.

Elisabeth Bergner

Was vergangen, kehrt nicht wieder.
Aber ging es leuchtend nieder,
leuchtet's lange noch zurück.

Karl Förster, Erinnerung und Hoffnung

Der Gedanke an die Vergänglichkeit aller irdischen Dinge ist ein Quell unendlichen Leids und ein Quell unendlichen Trostes

Ebner-Eschenbach, Aphorismen

Und so im Wandlen eigentlichst belehrt:
Unschätzbar ist, was niemals wiederkehrt.

Goethe, Epigrammatisch

Fortschritt

Neues will der Edle schaffen und eine neue Tugend. Altes will der Gute und daß Altes erhalten bleibe.

Nietzsche,
Zarathustra I, Vom Baum am Berge

Ich glaube an den Fortschritt. Ich glaube, die Menschheit ist zur Glückseligkeit bestimmt.

Heine, Deutschland bis Luther

Alles reformiert sich: Musik war ehemals Lärm, Satire war Pasquill, und da, wo man heutzutage sagt: Erlauben Sie gütigst, schlug man einem vor alters hinter die Ohren.

Lichtenberg, Allerhand

Die Schätze von Krösus würden nicht ausgereicht haben, ihm eine Tasse Kaffee und ein Zeitungsblatt zu verschaffen, wenn er alle Operationen, die zu dem Zweck notwendig sind, indivi-

duell für sich hätte vornehmen lassen wollen. Ein Armer wird heute für wenige Groschen von mehr Menschen auf allen Teilen der Erde bedient als Krösus, wenn er seine ganze Schatzkammer hätte ausleeren wollen.

Ihering, Der Zweck im Recht I, 7

Wenn auch die Welt im ganzen fortschreitet, die Jugend muß doch immer wieder von vorne anfangen.

Goethe, zu Eckermann, 17. 1. 1827

Alle Entwicklung ist bis jetzt nichts weiter als ein Taumeln von einem Irrtum in den andern.

Ibsen, an Georg Brandes, 4. 4. 1872

Es gibt nur einen Fortschritt, nämlich den in der Liebe.

Morgenstern,
Stufen, Ethisches, 1910

Pünktlichkeit

Ich habe mich immer bemüht, eine Viertelstunde zu früh zu sein, und das hat mich zum Mann gemacht.

Horatio Nelson

Liebende verfehlen
die Stunde nur, um vor der Zeit zu
kommen (Eglamour)

Shakespeare, Die beiden Veroneser V, 1

Wer nicht kommt zur rechten Zeit,
der muß nehmen, was übrigbleibt.

Sprichwort

Tätst du zur rechten Zeit dich regen,
hättst du's bequemer haben mögen.
Wer geringe Dinge wenig acht't,
sich um geringere Mühe macht.

Goethe, Legende

Pünktlichkeit stiehlt uns die beste Zeit.

Wilde

IV. Kapitel

Der Mensch

Vieles Gewaltige lebt, doch nichts ist gewaltiger als der Mensch. (Chor)

Sophokles, Antigone 332

Der Mensch, das Individuum, ist Gottes Einfalt, ist einfältig gewordene Gottheit.

Morgenstern, Stufen, Ethisches, 1907

Der Mensch ist nur ein Schilfrohr, das schwächste in der Natur. Aber ein Schilfrohr, das denkt.

Pascal

Wenn das Weltall den Menschen zermalmen würde, so wäre er doch edler als das, was ihn tötet, weil er weiß, daß er stirbt, und die Übermacht kennt, die das Weltall über ihn besitzt. Davon weiß das Weltall nichts.

Pascal

Jeder Mensch trägt eigentlich, wie gut er sei, einen noch bessern Menschen in sich, der sein viel eigentlicheres Selbst ausmacht.

Wilhelm von Humboldt,
Briefe an eine Freundin, 2. 12. 1822

Ich glaube an ein jenseitiges Ich, von dem unser diesseitiges Ich nur ein schwaches Bild ist.

Paul Ernst, Der Weg zur Form

Wenn ich mich im Zusammenhang des Universums betrachte, was bin ich?

Beethoven,
An die unsterbliche Geliebte, 6. 7. 1801

Was ist der Mensch? Jedenfalls nicht das, was er sich einbildet zu sein, nämlich die Krone der Schöpfung.

Raabe

Welch ein Meisterwerk ist der Mensch! Wie edel durch Vernunft! Wie unbegrenzt an Fähigkeiten! In Gestalt und Bewegung wie bedeutend und wunderwürdig! Im Handeln wie ähnlich einem Engel! Im Begreifen wie ähnlich einem Gott! Die Zierde der Welt! Das Vorbild der Lebendigen! Und doch, was ist mir diese Quintessenz von Staub? Ich habe keine Lust am Manne und am Weibe. (Hamlet)

Shakespeare, Hamlet II, 2

Du bist Erde und sollst zu Erde werden.

1. Moses 3,19

Pulvis et umbra sumus.
Staub und Schatten sind wir.

Horaz, Oden IV, 7

Wenn ich die Einschränkung ansehe, in welcher die tätigen und forschenden Kräfte des Menschen eingesperrt sind; wenn ich sehe, wie alle Wirksamkeit dahinaus läuft, sich die Befriedigung von Bedürfnissen zu verschaffen, die wieder keinen Zweck haben, als unsere arme Existenz zu verlängern, und dann, daß alle Beruhigung über gewisse Punkte des Nachforschens nur eine träumende Resignation ist, da man sich die Wände, zwischen denen man gefangen sitzt, mit bunten Gestalten und lichten Aussichten bemalt — das alles, Wilhelm, macht mich stumm.

Goethe,
Die Leiden des jungen Werthers I,
22. 5. 1771

Mensch, du armer
Lebengehetzter,
ewig hoffender,
ewig getäuschter
Tantalus.

Otto Ludwig, Des Menschen Würde

Bin ich der Flüchtling nicht? Der Unbehauste?
Der Unmensch ohne Zweck und Ruh,
der wie ein Wassersturz von Fels zu Felsen brauste,
begierig wütend, nach dem Abgrund zu? (Faust)

Goethe, Faust 1, Wald und Höhle

So eingeschränkt er ist, hält er doch immer im Herzen das süße Gefühl der Freiheit und daß er diesen Kerker verlassen kann, wann er will.

Goethe,
Die Leiden des jungen Werthers I,
22. 5. 1771

Der Mensch ist, ich gesteh' es Euch, ein böses Lebewesen.

Molière, Tartuffe V, 6

Wie der Mensch das Pfuschen so liebt!
Fast glaub ich dem Mythus,
der mir erzählet, ich sei selbst ein verpfuschtes Geschöpf.

Goethe, Epigramme

We are such stuff
as dreams are made on, and our little life
is rounded with a sleep. (Prospero)

Shakespeare, Der Sturm IV, 1

Du kamst, du gingst mit leiser Spur,
ein flüchtger Gast im Erdenland.
Woher? Wohin? Wir wissen nur:
Aus Gottes Hand in Gottes Hand.

Uhland, Auf den Tod eines Kindes

Es ist nicht Hand, nicht Fuß,
nicht Arm noch Antlitz noch ein ander Teil
dem Menschen eigen. (Julia)

Shakespeare, Romeo und Julia II, 2

Das größte Wunderding ist doch der Mensch allein:
Er kann, nachdem er's macht, Gott oder Teufel sein.

Angelus Silesius,
Der Cherubinische Wandersmann

Der Mensch ist wie die Erde selbst:
Eine dünne Kruste des Bewußtseins
deckt ihn, und darunter, tief darunter,
lodern die hellen Flammen des unbewußten Ich. So erklärt sich, wie ein
Mensch plötzlich vulkanisch werden
kann, wie eine milde, ruhige Persönlichkeit in einem Augenblick zu einem
sprühenden Ausbruch von Heroismus
oder Verbrechen gelangt.

Herbert N. Casson, Human Nature 13

Denn er ist hold, bemüht man sich um
ihn.
Er hat des Mitleids Trän' und eine
Hand,
so offen wie der Tag der weichen Milde.
Jedoch, wenn er gereizt, ist er von
Stein,
so launisch wie der Winter und so
plötzlich
wie eisige Winde beim Beginn des Tags.
(König Heinrich)

Shakespeare, König Heinrich IV.,
Zweiter Teil IV, 4

Nimmst du die Menschen für schlecht,
du kannst dich verrechnen, o Weltmann.
Schwärmer, wie bist du getäuscht,
nimmst du die Menschen für gut.

Goethe, Xenien aus dem Nachlaß,
Doppelter Irrtum

Ihr seid nicht ausgeartet meine Kinder!
Seid arbeitsam und faul
und grausam mild,
freigebig geizig!

Gleichet alle euern Schicksals Brüdern,
gleichet den Tieren und den Göttern.

Goethe, Prometheus II

Zwei Menschen sind in mir: Der eine
will, was Gott,
der andere, was die Welt, der Teufel
und der Tod.

Angelus Silesius,
Der Cherubinische Wandersmann V

In jedem Menschen sind zu jeder
Stunde gleichzeitig zwei Begehren
mächtig, das eine nach Gott, das andere nach Satan. Der Ruf nach Gott,
die Geistigkeit, ist ein Wunsch, empor-
zusteigen, der nach Satan, der tierische
Trieb, die Lust zu sinken.

Baudelaire, Mon cœur mis à nu

Je mehr Einsicht man hat, desto mehr
Größe und Niedrigkeit entdeckt man
im Menschen.

Pascal

Was der Mensch sei, sagt ihm nur die
Geschichte.

Dilthey

Leicht ist es, geboren zu werden, aber
hart, ein Mensch zu werden.

Von den Philippinen

Mensch werden ist eine Kunst.

Novalis, Fragmente

Selten erhaben und groß und selten
       würdig der Liebe,
lebt er doch immer, der Mensch, und
       wird geehrt und geliebt.

Goethe und Schiller,
Xenien, Wohlteile Achtung

Wie liebenswert ist der Mensch, wenn
er wirklich ein Mensch ist.

Menander

Die Menschen

Die Gesellschaft ist immer eine dyna-
mische Einheit zweier Faktoren, der
Eliten und der Massen.

Ortega y Gasset, Aufstand der Massen,
Die Tatsache der Überfüllung

Es gibt Menschen, die Fische fangen,
und solche, die nur das Wasser trüben.

Aus China

Es gibt zwei Arten von Menschen:
Solche, die Bananenschalen auf den
Boden werfen, und solche, die sie auf-
heben.

Verfasser unbekannt

Majestät der Menschennatur! Dich soll
      ich beim Haufen
suchen? Bei wenigen nur hast du von
      jeher gewohnt.
Einzelne wenige zählen, die übrigen
      alle sind blinde
Nieten; ihr leeres Gewühl hüllet die
      Treffer nur ein.

Schiller, Majestas populi

Die meisten Menschen verdunsten
einem wie ein Wassertropfen in der
flachen Hand.

Morgenstern,
Stufen, Psychologisches, 1906

Nicht von umsichtigen Erwägungen
werden die Völker geleitet. Sie werden
von großen Gefühlen bestimmt.

Ranke, Englische Geschichte

Wer sich an die Phantasie der Menschen wendet, wird immer den besiegen, der auf ihren Verstand einwirken
will.

Friedrich II. von Preußen

Die großen Führer aller Zeiten, die
der Revolution hauptsächlich, waren
sehr beschränkt und haben deshalb den
größten Einfluß ausgeübt.

Le Bon, Psychologie der Massen 3, 5

Masse und Kollektiv können in der
Tat ohne Wahrheit leben. Sie sind ihrer
weder bedürftig noch fähig.

Ortega y Gasset, Aufstand der Massen,
Vorwort III

Was ich mir gefallen lasse?
Zuschlagen muß die Masse,
dann ist sie respektabel.
Urteilen gelingt ihr miserabel.

Goethe, Sprichwörtlich

Vox populi, vox Dei.
Volkes Stimme — Gottes Stimme.

Sprichwort

Auf diejenigen muß man nicht hören,
die zu sagen pflegen „Volkes Stimme
ist Gottes Stimme", da die Lärmsucht
des Pöbels immer dem Wahnsinn sehr
nahe kommt.

Alkuin,
Capitulare admonitionis ad Carolum

Wir brauchen in unserer Sprache ein
Wort, das, wie Kindheit sich zu Kind
verhält, so das Verhältnis Volkheit
zum Volke ausdrückt. Der Erzieher
muß die Kindheit hören, nicht das
Kind, der Gesetzgeber und Regent die
Volkheit, nicht das Volk. Jene spricht
immer dasselbe aus, ist vernünftig, beständig, rein und wahr; dieses weiß
niemals vor lauter Wollen, was es will.
Und in diesem Sinne soll und kann
das Gesetz der allgemein ausgespro-
chene Wille der Volkheit sein, ein Wille,
den die Menge niemals ausspricht, den
aber der Verständige vernimmt, den
der Vernünftige zu befriedigen weiß
und der Gute gern befriedigt.

Goethe,
Wilhelm Meisters Wanderjahre III,
Aus Makariens Archiv

Kein Volk denkt an übermorgen.

Graff

Was verlangt ihr, Hunde,
die Krieg nicht wollt noch Frieden?
Jener schreckt euch,
und dieser macht euch frech. Wer euch
vertraut,
find't euch als Hasen, wo er Löwen
hofft,
wo Füchse, Gäns'. Ihr seid nicht sich-
rer, nein,
als glühnde Feuerkohlen auf dem Eis,
Schnee in der Sonne. Eure Tugend ist,
den adeln, den Verbrechen niedertre-
ten,
dem Recht zu fluchen, das ihn schlägt.
Wer Größe
verdient, verdient auch euern Haß,
und eur' Verlangen
ist eines Kranken Gier, der heftig
wünscht,
was nur sein Übel mehrt. Wer sich verläßt
auf eure Gunst, der schwimmt mit
bleiernen Flossen
und haut mit Binsen Eichen nieder.
Hängt euch!
Euch traun?
Ein Augenblick, so ändert ihr den Sinn
und nennt den edel, den ihr eben haß-
tet,
den schlecht, der euer Abgott war. Was
gibt's,
daß ihr, auf jedem Platz der Stadt ge-
drängt,
schreit gegen den Senat, der doch allein
zunächst den Göttern euch in Furcht
erhält?
Ihr fräßt einander sonst. (Marcius)

Shakespeare, Coriolanus I, 1

Des Volkes Kleinod ist ein kluger und weiser Ratgeber.

Aus der Mongolei

Ein schwindlicht und unzuverlässig
Haus
hat der, so auf das Herz des Volkes
baut.
O blöde Menge! Mit wie lautem Jubel
drang nicht dein Segnen Bolingbrokes
zum Himmel,
eh du, wozu du wolltest, ihn gemacht!
Und da er nun nach deiner Lust bereitet,
bist du so satt ihn, viehischer Ver-
schlinger,
daß du ihn auszuspein dich selber rei-
zest.
So, du gemeiner Hund, entludest du
die Schlemmerbrust vom königlichen
Richard.
Nun möchtest du dein Weggebrochnes
fressen
und heulst darnach. (Erzbischof)

Shakespeare, König Heinrich IV.,
Zweiter Teil I, 3

Die Menschen werfen sich im Politischen wie auf dem Krankenlager von
einer Seite auf die andere, weil sie
glauben, dann besser zu liegen.

Goethe, zu Friedrich von Müller,
29. 12. 1825

Le roi est mort, vive le roi!
Der König ist tot, es lebe der König.

Aus Frankreich

Die Menge schwankt im ungewissen
Geist;
dann strömt sie nach, wohin der Strom
sie reißt. (Kaiser)

Goethe, Faust 2, IV, Auf dem Vorgebirg

Seht, wie ich diese Feder von mir blase
und wie die Luft zu mir zurück sie
bläst,
die, wenn ich blase, meinem Hauch
gehorcht
und einem andern nachgibt, wenn er
bläst,
vom stärkern Windstoß immerfort regiert:
So leichten Sinns seid ihr geringen
Leute. (König Heinrich)

Shakespeare, König Heinrich VI.,
Dritter Teil III, 1

Und auf vorgeschriebenen Bahnen
zieht die Menge durch die Flur;
den entrollten Lügenfahnen
folgen alle! — Schafsnatur!
(Zweiter Kundschafter)

Goethe, Faust 2, IV. Auf dem Vorgebirg

Pack schlägt sich, Pack verträgt sich.

Sprichwort

Das Menschengeschlecht, wie es jetzt
ist und wahrscheinlich noch lange sein
wird, hat seinem größesten Teil nach
keine Würde. Man darf es eher bemit-
leiden als verehren.

Herder

Menschen sind schwimmende Töpfe, die sich aneinander stoßen.

Goethe, zu Eckermann, 16. 8. 1824

Schrecklich ist die Volksmasse, wenn sie schlimme Führer hat.

Euripides, Orestes 772

Fürsten haben lange Arme, Pfaffen haben lange Zungen, und das Volk hat lange Ohren.

Heine

Das Glück der Masse heißt Zwang.

Graff

Brutus: Ist jemand in dieser Versammlung irgendein herzlicher Freund Cäsars, dem sage ich: Des Brutus Liebe zum Cäsar war nicht geringer als seine. Wenn dieser Freund dann fragt, warum Brutus gegen Cäsar aufstand, ist dies meine Antwort: Nicht, weil ich Cäsarn weniger liebte, sondern weil ich Rom mehr liebte. Wolltet ihr lieber, Cäsar lebte und ihr stürbet alle als Sklaven, als daß Cäsar tot ist, damit ihr alle lebet wie freie Männer? Weil Cäsar mich liebte, wein ich um ihn. Weil er glücklich war, freue ich mich. Weil er tapfer war, ehre ich ihn. Aber weil er herrschsüchtig war, erschlug ich ihn. Also Tränen für seine Liebe, Freude für sein Glück, Ehre für seine Tapferkeit und Tod für seine Herrschsucht. Wer ist hier so niedrig gesinnt, daß er ein Knecht sein möchte? Ist es jemand, er rede; denn ich habe ihn beleidigt. Wer ist hier so roh, daß er nicht wünschte, ein Römer zu sein? Ist es jemand, er rede; denn ich habe ihn beleidigt. Wer ist hier so schlecht, daß er sein Vaterland nicht lieben will? Ist es jemand, er rede; denn ihn habe ich beleidigt.

Bürger: Niemand, Brutus, niemand.

Brutus: Dann habe ich niemand beleidigt. Ich tat Cäsarn nichts, als was ihr dem Brutus tun würdet. Die Untersuchung über seinen Tod ist im Kapitol aufgezeichnet: Sein Ruhm nicht geschmälert, wo er Verdienst hatte; seine Vergehen nicht übertrieben, für die er den Tod gelitten. — Hier kommt seine Leiche, vom Mark Anton betrauert, der, ob er schon keinen Teil an seinem Tod hatte, die Wohltat seines Sterbens, einen Platz im gemeinen Wesen, genießen wird. Wer von euch wird es nicht? Hiermit trete ich ab: Wie ich meinen besten Freund für das Wohl Roms erschlug, so habe ich denselben Dolch für mich selbst, wenn es dem Vaterland gefällt, meinen Tod zu bedürfen.

Bürger: Lebe, Brutus! Lebe! Lebe!

Erster Bürger: Begleitet mit Triumph ihn in sein Haus!

Zweiter Bürger: Stellt ihm ein Bildnis auf bei seinen Ahnen.

Dritter Bürger: Er werde Cäsar!

Shakespeare, Julius Cäsar III, 2

Die Masse will sklavisch sein. Das ist ihr leidenschaftlicher Trieb. Sie verlangt aber, daß auch alle andern Menschen sklavisch sind.

Paul Ernst, Jugenderinnerung

So wie die Schafe einzeln nicht leicht gehorchen aber zusammen miteinander dem Hirten gerne folgen, ebenso laßt ihr euch, wenn ihr zusammenkommt, von Leuten, die ihr gewiß nicht in euren Angelegenheiten zu Rate ziehen würdet, willig leiten.

Plutarch, Marcus Cato Censor 8

Ich habe gar nichts gegen die Menge, doch kommt sie einmal ins Gedränge, so ruft sie, um den Teufel zu bannen, gewiß die Schelme, die Tyrannen.

Goethe, Zahme Xenien II

Ihrem eigenen Trieb überlassen, neigt die Masse, sie sei, wie sie sei, plebejisch oder „aristokratisch", immer dazu, aus Lebensbegierde die Grundlagen ihres Lebens zu zerstören.

Ortega y Gasset, Aufstand der Massen, Es beginnt die Analyse des Massenmenschen

Wenn die Brot umsonst hätten, wehe! Wonach würden die schrein! Ihr Unterhalt, das ist ihre rechte Unterhaltung. Und sie sollen es schwer haben!

Nietzsche, Zarathustra III, Von alten und neuen Tafeln 22

Odi profanum vulgus et arceo. Ich hasse das gewöhnliche Volk und halte es fern.

Horaz, Oden III, 1

Es hat viel große Männer gegeben, die dem Volk schmeichelten und es doch nicht liebten. Und es gibt manche, die das Volk geliebt hat, ohne zu wissen warum. Also, wenn sie lieben, so wissen sie nicht weshalb, und sie hassen aus keinem besseren Grunde. Darum, weil es den Coriolanus nicht kümmert, ob sie ihn lieben oder hassen, beweist er die richtige Einsicht, die er von ihrer Gemütsart hat. (Zweiter Ratsdiener)

Shakespeare, Coriolanus II, 2

Der Pöbel hört nie auf, Pöbel zu sein, und wenn Sonne und Mond sich wandeln und Himmel und Erde veralten wie ein Kleid.

Schiller, Die Räuber, Vorrede

Wenn der Mensch in Massen auftritt, gibt Gott klein bei.

Romain Rolland, Meister Breugnon, Die Belagerung

Von hundert, die von „Menge" und „Herde" reden, gehören neunundneunzig selbst dazu.

Morgenstern, Stufen, Ethisches, 1911

Die Menschen sind, trotz allen ihren Mängeln, das Liebenswürdigste, was es gibt.

Goethe, Maskenzug bei Anwesenheit der Kaiserin Mutter, Musarion

Mann

Dies war der beste Römer unter allen:
Denn jeder der Verschwornen, bis auf
          ihn,
tat, was er tat, aus Mißgunst gegen
          Cäsar:
Nur er verband aus reinem Biedersinn
und zum gemeinen Wohl sich mit den
          andern.
Sanft war sein Leben, und so mischten
          sich
die Element' in ihm, daß die Natur
aufstehen durfte und der Welt ver-
          künden:
Dies war ein Mann! (Antonius)

Shakespeare, Julius Cäsar V, 5

Er war ein Mann, nehmt alles nur in
          allem!
Ich werde nimmer seinesgleichen sehn.
          (Hamlet)

Shakespeare, Hamlet I, 2

Ich muß dir sagen, Bursch, ich heiße
Mann. Das ist ein Titel, zu dem das
Alter dich nie bringen wird. (Lafeu)

Shakespeare, Ende gut, alles gut II, 3

Ein bärtiger Mann ist ein wahrhafter
Mann.

Aus Nigeria

In Wind und Wetter, nicht bei Tanz
          und Reigen,
kann sich der Mann in wahrem Lichte
          zeigen.

Smiles, Der Charakter V, Der Mut

Der Mann muß hinaus
ins feindliche Leben,
muß wirken und streben
und pflanzen und schaffen,
erlisten, erraffen,
muß wetten und wagen,
das Glück zu erjagen.

Schiller, Das Lied von der Glocke

Als die Natur das Menschengeschlecht
in zwei Hälften spaltete, hat sie den
Schnitt nicht gerade durch die Mitte
geführt.

Schopenhauer

Der Mann ist des Weibes Haupt.

Epheser 5,23

Mit Bitten herrscht die Frau und mit
          Befehl der Mann:
Die eine, wenn sie will, der andere,
          wenn er kann.

Johann Christian Rost, Das Vorspiel

Für den Philosophen sind die Frauen
der Triumph des Stoffes über den Geist,
genau wie die Männer der Triumph
des Geistes über die Moral sind.
          (Lord Illingworth)

Wilde, Eine Frau ohne Bedeutung III

Der Mann darf das Sinnliche in vernünftiger Form, die Frau das Vernünftige in sinnlicher Form begehren. Das

Beiwesen des Mannes ist das Hauptwesen der Frau.

Novalis, Fragmente

Ein Mann ist ein Fluß, die Frau ein See.

Aus Kurdistan

Der Mann ist ein Kind der Zeit, die Frau ist ein Kind des Raumes.

Coudenhove-Kalergi, Held und Heiliger

Die Männer denken mehr auf das Einzelne, auf das Gegenwärtige, und das mit Recht, weil sie zu tun, zu wirken berufen sind; die Weiber hingegen mehr auf das, was im Leben zusammenhängt, und das mit gleichem Rechte, weil ihr Schicksal, das Schicksal ihrer Familien an diesen Zusammenhang geknüpft ist und auch gerade dieses Zusammenhängende von ihnen gefordert wird.

Goethe, Die Wahlverwandtschaften I, 1

Im echten Manne ist ein Kind versteckt; das will spielen. Auf, ihr Frauen, so entdeckt mir doch das Kind im Manne!

Nietzsche, Zarathustra I, Von alten und jungen Weiblein

Jeder Mann ist der Sohn einer Frau.

Aus Rußland

Wenn du die Männer verstehen willst, studiere die Frauen!

Aus Frankreich

Ohne die Frauen würde der Mann roh, grob, einsam sein und die Anmut nicht kennen.

Chateaubriand

Der Mann verlangt den Mann. Er würde sich einen zweiten erschaffen, wenn es keinen gäbe. Eine Frau könnte eine Ewigkeit leben, ohne daran zu denken, sich ihresgleichen hervorzubringen.

Goethe, Die Wahlverwandtschaften II, 7

Was für ein artiges Ding ein Mann ist, wenn er in Wams und Hosen herumläuft und seinen Verstand zu Hause läßt! (Don Pedro)

Shakespeare, Viel Lärmen um Nichts V, 1

Es sind nicht alle Männer, die Hosen tragen.

Aus Schweden

Ein Weib, das unverschämt und männlich ward,
ist nicht so widrig wie ein weibischer Mann. (Patroclus)

Shakespeare, Troilus und Cressida III, 3

Kein Glaube, keine Treu' noch Redlichkeit
ist unter Männern mehr. Sie sind meineidig.
Falsch sind sie, lauter Schelme, lauter Heuchler!
Wo ist mein Diener? Gebt mir Aquavit! (Wärterin)

Shakespeare, Romeo und Julia III, 2

Frau

Ohne Frauen würde es weder Tag noch
Nacht.

Aus Japan

Die Natur hat die Frauenzimmer so
geschaffen, daß sie nicht nach Prinzipien, sondern nach Empfindung handeln sollen.

Lichtenberg

Im Gehirne der Frau muß es wohl
ein Fach weniger, in ihrem Herzen
dagegen eine Fiber mehr geben als bei
den Männern.

Chamfort, Maximen VI

Das zweckhafte Weib ist das furchtbarste aller Zwitterwesen.

Rathenau

Wenn das Weib ein denkendes Geschöpf wäre, so hätte es ja, als Köchin
seit Jahrtausenden, die größten physio-
logischen Tatsachen finden, insgleichen
die Heilkunst in ihren Besitz bringen
müssen!

Nietzsche, Jenseits von Gut und Böse,
Unsere Tugenden

Als eine Frau lesen lernte, trat die
Frauenfrage in die Welt.

Ebner-Eschenbach, Aphorismen

Die Frau ist ein menschliches Wesen,
das sich anzieht, schwatzt und sich
wieder auszieht.

Voltaire

Der Anblick der weiblichen Gestalt
lehrt, daß das Weib weder zu großen
geistigen noch körperlichen Arbeiten
bestimmt ist. Es trägt die Schuld des
Lebens nicht durch Tun, sondern durch
Leiden ab, durch die Wehen der Geburt, die Sorgfalt für das Kind, die
Unterwürfigkeit unter den Mann, dem
es eine geduldige und aufheiternde Gefährtin sein soll. Die heftigsten Leiden, Freuden und Kraftäußerungen
sind ihm nicht beschieden; sondern
sein Leben soll stiller, unbedeutsamer
und gelinder dahinfließen als das des
Mannes, ohne wesentlich glücklicher
oder unglücklicher zu sein.

Schopenhauer,
Parerga und Paralipomena II,
Über die Weiber

Die weibliche Natur ist wie das Meer:
Es gibt dem leisesten, schwächsten
Drucke nach und trägt doch die schwer-
sten Lasten.

Rasmus Nielsen

Weshalb ist unser Leib zart, sanft und
                                    weich,
kraftlos für Müh' und Ungemach der
                                    Welt,
als daß ein weiches Herz, ein sanft
                                    Gemüte
als zarter Gast die zarte Wohnung
hüte? (Catharina)

Shakespeare,
Der Widerspenstigen Zähmung V, 2

Die Frau ist eine Blume, welche ihren
Duft nur im Schatten spendet.

Hugues de Lamennais

Nennt mich denn zehnmal schwach;
denn wir sind sanft, wie unsere Bil-
                                 dung ist,
nachgiebig falschem Eindruck.

(Isabella)

Shakespeare, Maß für Maß II, 4

Vorschnell und töricht, echt-wahrhaf-
                          tes Weibsgebild!
Vom Augenblick abhängig, Spiel der
                              Witterung,
des Glücks und Unglücks: Keins von
                      beiden wißt ihr je
zu bestehn mit Gleichmut!

(Chorführerin)

Goethe, Faust 2, III, Innerer Burghof

Die Zwiebel hat sieben Häute, ein
Weib neun.

Sprichwort

Wenn die Weiber auch von Glas wären, sie würden doch undurchsichtig
sein.

Aus Rußland

Eine Frau oder Geliebte lernt man in
einer Stunde mit einer dritten Person
besser kennen als mit sich in zwanzig.

Jean Paul

Frauen sind da, um geliebt, nicht um
verstanden zu werden.

Wilde, Lehre und Sätze
zum Gebrauch für die Jugend

Man fordere nicht Wahrhaftigkeit von
den Frauen, solange man sie in dem
Glauben erzieht, ihr vornehmster Lebenszweck sei zu gefallen.

Ebner-Eschenbach, Aphorismen

Die Frauen sind ein liebliches Geheimnis: Nur verhüllt, nicht verschlossen.

Novalis

Achtet eine Frau sich mehr wegen der
Vorzüge ihrer Seele und ihres Geistes
als um ihrer Schönheit willen, so steht
sie über ihrem Geschlecht; schätzt sie
ihre Schönheit höher ein als Geist und
Seele, so ist sie ihrem Geschlecht treu;
schätzt sie aber Abkunft und Rang
höher ein als ihre Schönheit, so steht
sie außer und unter ihrem Geschlecht.

Chamfort, Maximen VI

Varium et mutabile semper femina.
Das Weib ist stets ein wankendes und
                      veränderliches Wesen.

Vergil, Äneide 4, 569

Das Weib ist wie ein Schatten: Versucht man, nach ihm zu greifen, so ent-
weicht er. Sucht man, sich von ihm zu
lösen, so folgt er.

Aus Schweden

Wer der Frau glaubt, betrügt sich. Wer
ihr nicht glaubt, wird betrogen.

Aus China

Ein Weib, das einer deutschen Schlag-
uhr gleicht,
stets dran zu bessern, ewig aus den
Fugen,
die niemals rechtgeht, wie sie auch sich
stellt. (Biron)

Shakespeare, Liebes Leid und Lust III, 1

Die einzige Art, wie man sich zu einer
Frau verhalten kann, ist, sie zu lieben,
wenn sie hübsch ist, und eine andere
zu lieben, wenn sie es nicht ist.

Wilde

Besonders lernt die Weiber führen!
Es ist ihr ewig Weh und Ach,
so tausendfach,
aus einem Punkte zu kurieren.
(Mephistopheles)

Goethe, Faust 1, Studierzimmer

Frauenzimmer sind einander viel ähnlicher als Männer. Sie haben in Wahrheit nur zwei Leidenschaften: Eitelkeit und Liebe.

Chesterfield,
Briefe an seinen Sohn, 19. 12. 1749

Nur wer die Liebe kennt, der kennt
die Frauen.

Leopold Schefer, Laienbrevier

Die Weiber sind rechte Egoisten, indem man nur in ihr Interesse fällt,
sofern sie uns lieben oder wir ihre
Liebhaber machen oder sie uns zu
Liebhabern wünschen. Eine ruhige,
freie, absichtslose Teilnahme und Beurteilung fällt ganz außer ihrer Fähigkeit.

Goethe, zu Riemer, 13. 8. 1807

Frauen, ihr Engel der Erde! Des Himmels lieblichste Schöpfung!
Ihr seid der einzige Strahl, der uns
das Leben erhellt.

Lamartine

Die ganze Welt ist eitel Truggefüge!
Willkommen Weib, du einzig lebens-
werte Lüge!

Spitteler, Olympischer Frühling

Es ist ausgemacht, daß Gott die Weiber nur geschaffen hat, um die Männer
zu zähmen.

Voltaire, Das Harmlose

Frauen erreichen alles, weil sie jene
beherrschen, die alles beherrschen.

Aus Frankreich

Die Geschichte der Frau ist die Geschichte der schlimmsten Tyrannei, die
die Welt je gekannt hat. Die Tyrannei
der Schwachen über die Starken. Es ist
die einzig dauernde Tyrannei.
(Lord Illingworth)

Wilde, Eine Frau ohne Bedeutung III

Männer regieren die Welt, Frauen regieren die Männer.

Aus Spanien

Ein edler Mann wird durch ein gutes
Wort
der Frauen weit geführt. (Arkas)

Goethe, Iphigenie I, 2

Die Geheimnisse des Kabinetts stecken sich gern in die Falten eines Weiberrocks. (Fiesko)

Schiller, Fiesko II, 15

Ihr Männer seid der Stamm, die Reben
wir,
die unsre Schwäch' an eure Stärke
ranken
und euch geteilte Kraft und Hülfe
danken. (Adriana)

Shakespeare,
Die Komödie der Irrungen II, 2

Die emanzipierte Frau fährt schnelle Tempi auf Abstellgleisen.

Hans Arndt

Gott hat das Weib nicht aus des Mannes Kopf geschaffen, daß sie ihm befehle, noch aus seinen Füßen, daß sie seine Sklavin sei, sondern aus seiner Seite, daß sie seinem Herzen nahe sei.

Talmud

Ein Weibsbild ist ein Gericht für die Götter, wenn's der Teufel nicht zugerichtet hat. Aber, mein Seel, diese

Hurensöhne von Teufeln machen den Göttern viel Verdruß mit den Weibern: Denn von jedem Dutzend, das sie erschaffen, verderben ihnen die Teufel sechse. (Bauer)

Shakespeare,
Antonius und Cleopatra V, 2

Als Gott ein Mann wurde, da war der Teufel zuvor schon zum Weib geworden.

Aus Spanien

Frauen sind das Paradies der Augen, das Fegefeuer des Beutels und die Hölle der Seele.

Aus Spanien

Frauen ähneln Kindern. Sie brauchen dann die meiste Liebe, wenn sie sie am wenigsten verdienen.

Warwick Deeping

Behandelt die Frau mit Nachsicht!
Aus krummer Rippe ward sie erschaffen,
Gott konnte sie nicht ganz gerade
machen.
Willst du sie biegen, sie bricht.

Goethe, Divan, Buch der Betrachtungen

Ich kann mir denken, daß einem mit vier Frauen die körperliche und geistige Vollkommenheit des weiblichen Geschlechts beschieden wäre: Mit der Seele der ersten, dem Geist der zweiten, der Treue der dritten und der Schönheit der vierten.

Joseph von Ligne

Eine Frau soll aussehen wie ein junges Mädchen, auftreten wie eine Lady, denken wie ein Mann und arbeiten wie ein Pferd.

Caroline K. Simon

Die Frauen sind unserer Kindheit Stütze, unserer Jugend Freude, unseres Alters Trost.

Pietro Aretino

Zu Pflegerinnen und Erzieherinnen unserer ersten Kindheit eignen die Weiber sich gerade dadurch, daß sie selbst kindisch, läppisch und kurzsichtig, mit einem Worte, zeitlebens große Kinder sind: Eine Art Mittelstufe zwischen dem Kinde und dem Manne, als welcher der eigentliche Mensch ist.

Schopenhauer,
Parerga und Paralipomena II,
Über die Weiber

Sei, was du bist,
ein Weib! Willst mehr du sein, so bist
du keins. (Angelo)

Shakespeare, Maß für Maß II, 4

Dame

Eine Dame ist eine Frau, die es einem Mann leicht macht, ein Herr zu sein.

Verfasser unbekannt

Die Dame ist ein Wesen, das gar nicht existieren sollte. Statt ihrer sollte es Hausfrauen geben und Mädchen, die es zu werden hoffen.

Schopenhauer

Ihr eine Dame, ich eine Dame, und wer führt die Sau hinaus?

Aus Portugal

Wesen

Wie an dem Tag, der dich der Welt, verliehen,
die Sonne stand zum Gruße der Planeten,
bist alsobald und fort und fort gediehen
nach dem Gesetz, wonach du angetreten.

So mußt du sein, dir kannst du nicht entfliehen,
so sagten schon Sibyllen, so Propheten,
und keine Zeit und keine Macht zerstückelt
geprägte Form, die lebend sich entwickelt.

Goethe, Urworte Orphisch, Dämon

Jeder muß sich selbst austrinken wie
einen Kelch.

> *Morgenstern,*
> Stufen, Lebensweisheit, 1909

Suchst du das Höchste, das Größte?
Die Pflanze kann es dich lehren.
Was sie willenlos ist, sei du es wollend
— das ist's!

> *Schiller,* Das Höchste

Jeder Vogel singt, wie ihm der Schnabel gewachsen ist.

> *Sprichwort*

Ich kann bei allem Sinnen
mir selber nicht entrinnen.

> *Freidank,* Bescheidenheit

In jedes Menschen Charakter sitzt
etwas, das sich nicht brechen läßt: Das
Knochengebäude des Charakters.

> *Lichtenberg,*
> Beobachtungen über den Menschen 1

In der christlichen Glaubenslehre finden wir das Dogma von der Präde-
stination infolge der Gnadenwahl und
Ungnadenwahl (Römer 9,11/24) offenbar aus der Einsicht entsprungen,
daß der Mensch sich nicht ändert, sondern sein Leben und Wandel, d. h. sein
empirischer Charakter nur die Entfaltung des intelligibeln ist, die Entwicklung verschiedener, schon im Kinde er-
kennbarer, unveränderlicher Anlagen;
daher gleichsam schon bei seiner Geburt sein Wandel fest bestimmt ist und

sich bis ans Ende im wesentlichen
gleichbleibt.

> *Schopenhauer,*
> Die Welt als Wille und Vorstellung I, 4, 55

Der individuelle Charakter ist angeboren. Er ist kein Werk der Kunst oder
der dem Zufall unterworfenen Umstände, sondern das Werk der Natur
selbst. Er offenbart sich schon im
Kinde, zeigt dort im Kleinen, was er
künftig im Großen sein wird.

> *Schopenhauer,*
> Über die Freiheit des Willens 3

Flüsse und Berge kann man verändern,
nicht aber den Menschen.

> *Aus China*

Wenn du vernimmst, daß ein Berg versetzt worden sei, so glaube es! Wenn
du aber vernimmst, daß ein Mensch
seinen Charakter geändert habe, so
glaube es nicht!

> *Aus Arabien*

Beßrer Erkenntnis verschließe sich keiner. Jedoch dem Charakter
untreu zu werden, dafür find ich das
Leben zu kurz.

> *Leuthold,* Einem Apostaten

Am besten erkennt man den Charakter eines Menschen bei Geldangelegen-
heiten, beim Trinken und im Zorn.

> *Talmud*

Die Zeit offenbart den Charakter des Mannes.

Aus China

An ihren Früchten sollt ihr sie erkennen.

Matthäus 7,16

Die Geschichte des Menschen ist sein Charakter.

Goethe,
Wilhelm Meisters Lehrjahre VII, 5

Der Charakter eines Menschen wird am besten erkannt in der Vertraulichkeit; denn da herrscht kein Zwang. Oder in der Leidenschaft; denn diese überrennt eines Mannes Grundsätze. Oder endlich in einer neuen, unerprobten Lage; denn da läßt ihn die Gewohnheit im Stich.

Francis Bacon,
Vom menschlichen Charakter

Willst du den Charakter eines Menschen erkennen, so gib ihm Macht!

Abraham Lincoln

Die Physiognomie zeigt sich nicht in den großen Zügen und der Charakter nicht in großen Handlungen; es sind die Kleinigkeiten, wo sich das Naturell enthüllt.

Rousseau, Emile 4

In den großen Dingen zeigen sich die Menschen, wie es ihnen zukommt, sich zu zeigen. In den kleinen zeigen sie sich, wie sie sind.

Chamfort, Maximen I

Man kann den Charakter eines Menschen nie besser kennenlernen als an seinem Krankenbette, sowie die Gesinnungen während seines Rausches.

Grillparzer, Aphorismen 1821

Ein Mensch zeigt nicht eher seinen Charakter, als wenn er von einem großen Menschen oder irgend von etwas Außerordentlichem spricht. Es ist der rechte Probierstein aufs Kupfer.

Goethe,
Maximen und Reflexionen, Nachlaß,
Über Literatur und Leben

Du mußt, eines Menschen Wert zu erfassen,
ihn erst über andere urteilen lassen.

Leuthold, Sprüche

Wer ist weise?
Wer von jedermann lernt.
Wer ist stark?
Wer sich selbst überwindet.
Wer ist reich?
Wer sich mit dem Seinigen begnügt.
Wer ist achtbar?
Wer die Menschen achtet.

Talmud

Nicht in der Stadt, erst in der Wildnis lernt man den Mann kennen.

Aus Nigeria

Das Gesicht des Menschen erkennst Du bei Licht, seinen Charakter im Dunkeln.

Sprichwort

Seelen gibt es, die an Sterne mahnen,
unbemerkt auf sonnigen Alltagsbahnen.
Dämmerung und Finsternis erst sagen
euch, wieviel des Lichts sie in sich tragen.

Anastasius Grün

Reißt den Menschen aus seinen Verhältnissen, und was er dann ist, nur das ist er.

Seume

Die herrschenden Eigenschaften der Menschen sind nicht jene, welche sie zur Schau tragen, sondern im Gegenteil jene, welche sie am liebsten verbergen.

Vauvenargues

Wie die Pflanzen haben auch die meisten Menschen versteckte Eigenschaften. Nur der Zufall bringt sie ans Licht.

La Rochefoucauld, Reflexionen

Wenn man das Leben genauer betrachtet, wird man öfter finden, daß Menschen, die scheinbar in einem nüchternen und praktischen Berufe aufgehen, ganz in der Stille in einer Ecke ihres Gemütes einen ganz romantischen, ja manchmal phantastischen Blumenwinkel pflegen.

Heinrich Seidel

Lasset uns das heilige Mysterium einer Persönlichkeit mit Achtung behandeln! Rennet nicht ehrfurchtslos in eines Menschen innerstes Heiligtum!

Carlyle

Forsche nie nach des Nachbarn und des Freundes Geheimnis!

Lavater

Wir lernen die Menschen nicht kennen, wenn sie zu uns kommen; wir müssen zu ihnen gehen, um zu erfahren, wie es mit ihnen steht.

Goethe, Die Wahlverwandtschaften II, 5

Ich habe die Bemerkung gemacht, daß der Charakter fast jedes Menschen einem Lebensalter vorzugsweise angemessen zu sein scheint, so daß er in diesem sich vorteilhafter ausnimmt. Einige sind liebenswürdige Jünglinge, und dann ist's vorbei, andere kräftige, tätige Männer, denen das Alter allen Wert raubt. Manche stellen sich am vorteilhaftesten im Alter dar, als wo sie milder, weil erfahrener und gelassener sind.

Schopenhauer,
Aphorismen zur Lebensweisheit VI

Hast du etwas, so teile mir's mit, und
ich zahle, was recht ist!
bist du etwas, o dann tauschen die
Seelen wir aus.

Schiller, Das Werte und Würdige

Jeder Mann hat zwei Charaktere: Den
wirklichen und den, welchen er nach
Meinung seiner Frau hat.

Paul Guth

Denke nicht, dein Heil zu setzen auf
ein Tun! Man muß es setzen auf ein
Sein.

Meister Eckhart

Charakter

Volk und Knecht und Überwinder
sie gestehn zu jeder Zeit:
Höchstes Glück der Erdenkinder
sei nur die Persönlichkeit.
Jedes Leben sei zu führen,
wenn man sich nicht selbst vermißt,
alles könne man verlieren,
wenn man bliebe, was man ist.

Goethe, Divan, Buch Suleika

Ein Charakter ist ein vollkommen gebildeter Wille.

Novalis

Charakter im großen und kleinen ist
daß der Mensch demjenigen eine stete
Folge gibt, dessen er sich fähig fühlt.

Goethe,
Maximen und Reflexionen, Nachlaß,
Über Literatur und Leben

Der Charakter ist weiter nichts als
eine langwierige Gewohnheit.

Plutarch, Moralische Abhandlungen 13

Man sagt mit großer Auszeichnung:
„Das ist ein Charakter!" Ja! Wenn er

grobe Konsequenz zeigt, wenn die
Konsequenz auch dem stumpfen Auge
einleuchtet! Aber sobald ein feinerer
und tieferer Geist waltet und auf seine
höhere Weise folgerichtig ist, leugnen
die Zuschauer das Vorhandensein des
Charakters.

Nietzsche, Morgenröte 182

Zu Unrecht sehen wir in der Verbindung von guten und bösen Zügen etwas Ungeheuerliches und Rätselhaftes.
Nur infolge unseres Mangels an
Scharfsinn können wir Widersprüche
nicht verbinden.

Vauvenargues, Reflexionen

Charakter ist in der moralischen Welt,
was in der physischen das Knochengebäude.

Karl Julius Weber,
Demokritos III, 7

Alle großangelegten Seelen erleben
ihr Schicksal nicht durch Wandelbar-
keit, sondern durch ihre Beharrlichkeit, nicht durch die gefällige Gunst

einer Abkehr, sondern durch den Eigensinn ihrer Standhaftigkeit.

Waldemar Bonsels, Menschenwege

Wenige Motive, energisches Handeln und gutes Gewissen machen das aus, was man Charakterstärke nennt. Dem Charakterstarken fehlt die Kenntnis der vielen Möglichkeiten und Richtungen des Handelns. Sein Intellekt ist unfrei, gebunden, weil er ihm in einem gegebenen Falle vielleicht nur zwei Möglichkeiten zeigt. Zwischen diesen muß er jetzt gemäß seiner ganzen Natur mit Notwendigkeit wählen. Und er tut dies leicht und schnell.

Nietzsche,
Menschliches Allzumenschliches I, 288

Es bildet ein Talent sich in der Stille, sich ein Charakter in dem Strom der Welt. (Leonore)

Goethe, Tasso I, 2

Zwischen Gelingen und Mißlingen, in Streit, Anstrengung und Sieg bildet sich der Charakter.

Ranke

Charakterfestigkeit heißt, die Wirkung der andern auf sich selbst erprobt haben.

Stendhal, Über die Liebe 2

Der Mensch ist in seinem Dasein nur zweimal ein völlig Ganzes: Im gedan-

kenlosen Genusse der Jugend und in der bedingungslosen Ergebung des Alters.

Rosegger

Hat man Charakter, so hat man auch sein typisches Erlebnis, das immer wiederkommt.

Nietzsche, Jenseits von Gut und Böse 4

Um die unangenehmsten Folgen der eigenen Torheit wirklich seiner Torheit und nicht seinem Charakter zu Last zu legen, dazu gehört mehr Charakter, als die meisten haben.

Nietzsche, Unschuld des Werdens I, 768

Es gibt Menschen, die ihre Persönlichkeit aufgeben, damit ihre Person zur Geltung kommt.

Friedl Beutelrock

Eine schwache Persönlichkeit wird manchmal eine stärkere Persönlichkeit werden können als eine starke Persönlichkeit.

Morgenstern,
Stufen, Psychologisches, 1906

Wer keinen Charakter hat, ist kein Mensch, sondern eine Sache.

Chamfort, Maximen IV

„Vor seinem Tode", sagt Solon, „ist niemand glücklich zu schätzen." Wir dürfen auch sagen: Vor seinem Tode ist niemand als Charakter zu preisen.

Heine, Gedanken und Einfälle VI

Charakterfehler

Es ist kein Mensch ohne ein Aber.

Sprichwort

Auf Erden lebt kein Menschenkind,
an dem man keinen Mangel find't.

Sprichwort

Auch auf dem besten Felde gibt es
Unkraut.

Aus Jamaika

Der Hauptfehler des Menschen bleibt,
daß er so viele kleine hat.

Jean Paul, Siebenkäs

Am meisten Unkraut trägt der fettste
Boden. (König Heinrich)

Shakespeare, König Heinrich IV.,
Zweiter Teil IV, 4

Wo viel Licht ist, ist starker Schatten.
(Götz)

Goethe, Götz von Berlichingen I,
Jaxthausen, Götzens Burg

Alle Fehler, die man hat, sind verzeih-
licher als die Mittel, welche man an-
wendet, um sie zu verbergen.

La Rochefoucauld, Reflexionen

Der Mensch liebt seine eigenen Fehler.

Aus Indien

Es gibt gewisse Fehler, welche, gut dargestellt, besser glänzen als Tugenden.

La Rochefoucauld, Reflexionen

Wen dein Fehler nicht kränkt, nimmer
hat der dich geliebt.

Karl Ludwig von Knebel

Ihr Götter leiht
uns Fehler, daß wir Menschen seien.
(Agrippa)

Shakespeare,
Antonius und Cleopatra V, 1

Er ist ein gut Stück Narr, eindeutige
Memme:
Doch dies bestimmte Böse macht ihn
schmuck
und hält ihn warm, indes stahlherzige
Tugend
im Frost erstarrt. (Helena)

Shakespeare,
Ende gut, alles gut I, 1

Es ist doch sonderbar, wie auch der
vortrefflichste Mensch schlechte Eigenschaften haben muß, gleich einem stolz
segelnden Schiffe, welches Ballast
braucht, um zu seiner guten Fahrt gehörig schwer zu sein.

Gottfried Keller, Tagebuch, 15. 9. 1847

Hätten wir keine Fehler, so fänden wir nicht so viel Vergnügen daran, bei andern welche aufzuspüren.

La Rochefoucauld, Reflexionen

Wir glauben die Fehler anderer so leicht, weil man überhaupt leicht glaubt, was man wünscht.

La Rochefoucauld,
Nachgelassene Maximen

Mit Adleraugen sehen wir die Fehler anderer, mit Maulwurfsaugen unsere eigenen.

Franz von Sales

Der Affe sieht nie seinen eigenen Hintern, nur den der andern.

Suaheliweisheit

Die meisten unserer Fehler erkennen und legen wir erst dann ab, wenn wir sie an anderen entdeckt haben.

Gutzkow

Gott, der Vater, bewahre jeden um der Menschenliebe willen vor dem feinen Gehöre, die leisesten Töne der Menschenherzen deutlich zu vernehmen. Wer den Menschen lieben will, muß nicht in seine Taschen sehen.

Karl Julius Weber, Demokritos

Jedes Weibes Fehler ist des Mannes Schuld.

Herder, Der Cid I, 13

Manchem fällt es leichter, eine Menge Vorzüge zu gewinnen, als einen einzigen Fehler abzulegen. Und oft ist es gerade dieser Fehler, der seiner Stellung am wenigsten zuträglich ist, ihn zum Gespött der Menschen macht oder doch seinen Erfolg beträchtlich schmälert.

La Bruyère

Es gibt Menschen, die so belanglos sind, daß sie weder Fehler noch Vorzüge haben.

La Rochefoucauld, Reflexionen

Individualität

Bei gleicher Umgebung lebt doch jeder in einer anderen Welt.

Schopenhauer,
Aphorismen zur Lebensweisheit I

Natur bringt wunderliche Käuz' ans Licht. (Solanio)

Shakespeare,
Der Kaufmann von Venedig I, 1

Je mehr Geist man hat, desto mehr originelle Menschen entdeckt man. Alltägliche Leute finden bei den Menschen keine Unterschiede.

Pascal

Der Ungebildete sieht überall nur einzelnes, der Halbgebildete die Regel, der Gebildete die Ausnahme.

Grillparzer, Aphorismen 1838

Individualität ist das, was mich von der Welt absondert, Liebe das, was mich mit ihr verbindet. Je stärker die Individualität, desto stärker erfordert sie Liebe.

Rathenau

Das Ich ist die Spitze eines Kegels, dessen Boden das All ist.

Morgenstern,
Stufen, Weltbild, Anstieg, 1895

Millionen beschäftigen sich, daß die Gattung bestehe;
aber durch wenige nur pflanzet die Menschheit sich fort.
Tausend Keime zerstreuet der Herbst, doch bringet kaum einer Früchte; zum Element kehren die meisten zurück.
Aber entfaltet sich auch nur einer, einer allein streut eine lebendige Welt ewiger Bildungen aus.

Schiller, Die verschiedene Bestimmung

Anders zu sein, erzeugt Haß.

Stendhal

Wieviel bist du von andern unterschieden?
Erkenne dich, leb mit der Welt in Frieden!

Goethe, Zueignung

Alles Abbild des Essentiellen, des Transzendenten und Ewigen im Spiegel des menschlichen Geistes ist unveränderlich und gleich, von Mose bis Plato, von Lionardo bis Goethe: Hier waltet keine Originalität. Originell ist nur das Menschliche: Die Trübung.

Rathenau

Ein Quidam sagt: „Ich bin von keiner Schule.
Kein Meister lebt, mit dem ich buhle.
Auch bin ich weit davon entfernt, daß ich von Toten was gelernt."
Das heißt, wenn ich ihn recht verstand: Ich bin ein Narr auf eigne Hand.

Goethe, Den Originalen

Genug, er war original, und aus Originalität er andern Narren gleichen tät.

Goethe, Der ewige Jude

Das Allgemeine und Besondere fallen zusammen: Das Besondere ist das Allgemeine, unter verschiedenen Bedingungen erscheinend.

Goethe, Wilhelm Meisters Wanderjahre II,
Betrachtungen im Sinne der Wanderer

Keine Regel ohne Ausnahme.

Sprichwort

Ausnahmen bestätigen die Regel.

Sprichwort

Ausnahmen sind nicht immer Bestätigung der alten Regel; sie können auch die Vorboten einer neuen Regel sein.

Ebner-Eschenbach, Aphorismen

Anlage

Die Natur gibt einem Menschen die Fähigkeiten, und das Glück bringt sie zur Wirkung.

La Rochefoucauld

Die Menschen sind in ihren Anlagen alle gleich, nur die Verhältnisse machen den Unterschied.

Lichtenberg, Über das Studium der Naturlehre überhaupt

Ein Talent hat jeder Mensch, nur gehört zumeist das Licht der Bildung dazu, um es aufzufinden.

Rosegger

Manches Talent wäre nie zum Vorschein gekommen, hätte nicht ein Talent gefehlt: Das zum Leben.

Hans Krailsheimer

Es gibt schlechte Eigenschaften, welche große Talente machen.

La Rochefoucauld

Es genügt nicht, gute geistige Anlagen zu besitzen. Die Hauptsache ist, sie gut anzuwenden.

Descartes

Der Himmel braucht uns so wie wir
die Fackeln:
Sie leuchten nicht für sich. Wenn unsere
Kraft
nicht strahlt nach außen hin, wär's
ganz so gut,
als hätten wir sie nicht. (Herzog)

Shakespeare, Maß für Maß I, 1

Für das Können gibt es nur einen Beweis: Das Tun.

Ebner-Eschenbach, Aphorismen

Das Talent des Menschen hat seine Jahreszeiten wie Blumen und Früchte.

La Rochefoucauld, Reflexionen

Genialität ist die ursprüngliche Schöpferkraft ohne eigene Bestimmung. Sie äußert sich dort, wo geeignete Werkzeuge in Gestalt von Anlagen vorgebildet sind — so wie das Licht notwendig dort einbricht, wo es Fenster gibt. Deswegen kann man genial und talentlos zugleich sowie talentiert ohne eine Spur von Genie sein.

Keyserling, Philosophie als Kunst

Talent ist Form, Genie Stoff.

Gutzkow, Über Goethe 3

Das Talent arbeitet, das Genie schafft.

Robert Schumann

Beim Genie heißt es: Laß dich gehen! Beim Talent: Nimm dich zusammen!

Ebner-Eschenbach, Aphorismen

Was die Epoche besitzt, das verkündigen hundert Talente, aber der Genius bringt ahnend hervor, was ihr fehlt.

Geibel, Ethisches und Ästhetisches in Distichen 3

Das Genie macht die Fußstapfen. Das nachfolgende Talent tritt in dieselben hinein, tritt sie aber schief.

Raabe, Frau Salome

Das Genie mit Großsinn sucht seinem Jahrhundert vorzueilen; das Talent aus Eigensinn möchte es oft zurückhalten.

Goethe, Maximen und Reflexionen, Nachlaß, Über Literatur und Leben

Das Talent hat darin fast immer einen Vorsprung vor dem Genie, daß jenes ausdauert, dieses oft verpufft.

Gutzkow, Über Goethe 3

Ein einseitiges Talent fördert unser Vorwärtskommen schon deshalb besser als das Gegenteil, weil es sich der Welt leichter einprägt und nur den Neid einer einzigen engen Kaste hervorruft.

Sigmund Graff

Wer mit zehn Jahren ein Wunderkind ist, hat mit fünfzehn Talent und ist mit zwanzig Durchschnitt.

Aus Japan

Der Mensch ist verloren, der sich früh für ein Genie hält.

Lichtenberg, Bemerkungen vermischten Inhaltes 8

Man soll sich trösten, keine großen Talente zu besitzen, wie man sich tröstet, keine großen Posten einzunehmen. Über beides kann uns das Herz erheben.

Vauvenargues, Reflexionen

Menschenkenntnis

Sind wir nicht auch ein Weltgebäude,
so gut als der Sternenhimmel, und
eines, das wir kennen sollten und besser kennen könnten, sollte man denken, als das dort oben?

Lichtenberg

Die Menschen fürchtet nur, wer sie
nicht kennt,
und wer sie meidet, wird sie bald ver-
kennen. (Alfons)

Goethe, Tasso I, 2

Wer den Menschen studieren und erkennen will, der unternimmt ein so
schwieriges Werk wie einer, welcher
Tinte anfassen möchte, ohne sich zu
beschmutzen.

Zwingli, De vera et falsa religione

Homo sum. Humani nihil a me alie-
num puto.
Ich bin ein Mensch. Nichts Menschliches, glaube ich, ist mir fremd.

Terenz, Heautontimorumenos I, 1

In jedem Menschen ist etwas von allen
Menschen.

Lichtenberg,
Bemerkungen vermischten Inhaltes 4

Der Weltmann kennt gewöhnlich die
Menschen, aber nicht den Menschen.
Beim Dichter ist es umgekehrt.

Ebner-Eschenbach, Aphorismen

Ich begreife die Menschen nicht. Ich
muß mich noch so oft über sie wundern, und daran spüre ich, daß ich
jung bin.

Goethe, an Sophie von La Roche,
Ende Mai 1774

Daß Leute edlerer Art und höherer
Begabung so oft, zumal in der Jugend,
auffallenden Mangel an Menschenkenntnis und Weltklugheit verraten,
daher leicht betrogen oder sonst irre-
geführt werden, während die niedrigen Naturen sich viel schneller und
besser in die Welt zu finden wissen,
liegt daran, daß man beim Mangel der
Erfahrung a priori zu urteilen hat und
daß überhaupt keine Erfahrung es
dem a priori gleichtut. Dies a priori
nämlich gibt denen vom gewöhnlichen
Schlage das eigene Selbst an die Hand,
den Edeln und Vorzüglichen aber
nicht; denn eben als solche sind sie von
den andern weit verschieden. Indem
sie daher deren Denken und Tun nach
dem ihrigen berechnen, trifft die Rechnung nicht zu.

Schopenhauer,
Aphorismen zur Lebensweisheit V, 29

Es ist leichter, die Menschen als einen
Menschen zu kennen.

La Rochefoucauld, Reflexionen

Studiere die Menschen, nicht um sie
zu überlisten und auszubeuten, sondern um das Gute in ihnen aufzuwek-
ken und in Bewegung zu setzen!

Gottfried Keller,
Das Fähnlein der sieben Aufrechten

Ein Mensch siehet, was vor Augen ist!
Der Herr aber siehet das Herz an.

1. Samuel 16,7

„Gott nur siehet das Herz." — Drum
eben, weil Gott nur das Herz sieht,
sorge, daß wir doch auch etwas Er-
träglicheres sehn!

Schiller, Inneres und Äußeres

Nur wer den Menschen liebt, wird ihn
verstehen.
Wer ihn verachtet, ihn nicht einmal
sehen.

Morgenstern

Der Sturm sprach einst: „Ich kenne
die Welt; denn ich zerpflücke sie."
Da sprach der Reif: „Ich kenne
die Welt; denn ich erdrücke sie."
Die Sonne lacht: „Ich kenne
sie besser. Ich beglücke sie."

Carmen Sylva

Menschenkenntnis ohne Liebe ist stets
ein Unglück und der Grund der tiefen
Schwermut mancher Weisen aller Zeiten.

Carl Hilty

Jeder sieht am andern nur soviel, als
er selbst auch ist; denn er kann ihn
nur nach Maßgabe seiner eigenen
Intelligenz fassen und verstehen. Ist
nun diese von der niedrigsten Art, so
werden alle Geistesgaben, auch die
größten, ihre Wirkung auf ihn ver-

fehlen und er an dem Besitzer derselben nichts wahrnehmen als bloß das
Niedrigste in dessen Individualität,
also nur dessen sämtliche Schwächen,
Temperaments- und Charakterfehler.

Schopenhauer,
Aphorismen zur Lebensweisheit V, 23

Wir entdecken in uns selbst, was die
anderen uns verbergen, und erkennen
in anderen, was wir vor uns selber verbergen.

Vauvenargues, Reflexionen

Es ist mit gewissen guten Eigenschaften wie mit den Sinnen: Die, welche
ihrer gänzlich beraubt sind, können
sie weder gewahren noch begreifen.

La Rochefoucauld, Reflexionen

**Man verlernt die Menschen, wenn man
unter Menschen lebt: Zuviel Vordergrund ist an allen Menschen.**

Nietzsche,
Zarathustra III, Die Heimkehr

Nur wenige Menschen sind bescheiden
genug, um zu ertragen, daß man sie
richtig einschätzt.

Vauvenargues

Wer die Menschen kennenlernt, liebt
die Tiere.

Aus China

Einander kennenlernen heißt lernen,
wie fremd man einander ist.

Morgenstern, Stufen, Psychologisches, 1906

Freunde, die umeinander Bescheid wissen, grüßen sich von weitem.

Aus Spanien

Der sogenannte Frauenkenner kennt meistens nur Frauen, die er besser nicht kennen würde, und schließt daraus auf Frauen, die er nie kennen wird.

Verfasser unbekannt

Menschenliebe ist das Wesen der Sittlichkeit, Menschenkenntnis das Wesen der Weisheit.

Konfuzius

Menschenbeurteilung

Eben mit dem Maß, mit dem ihr messet, wird man euch wieder messen.

Lukas 6,38

Brüder — überm Sternenzelt
richtet Gott, wie wir gerichtet.

Schiller, An die Freude

Miß nicht den Nächsten nach dem eignen Maß! (Isabella)

Shakespeare, Maß für Maß II, 2

Wer in dem Nächsten nichts als Gott
und Christum sieht,
der siehet mit dem Licht, das aus der
Gottheit blüht.

Angelus Silesius,
Der Cherubinische Wandersmann,
Das göttliche Sehen

Der Mensch kann nicht gut genug vom Menschen denken.

Kant

Die Frauen sind silberne Schalen, in die wir goldene Äpfel legen. Meine Idee von den Frauen ist nicht von den Erscheinungen der Wirklichkeit abstrahiert, sondern sie ist mir angeboren oder in mir entstanden, Gott weiß wie. Meine Frauencharaktere sind daher auch alle gut weggekommen. Sie sind alle besser, als sie in der Wirklichkeit anzutreffen sind.

Goethe, zu Eckermann, 22. 10. 1828

Wie schlecht auch ein Mann über die Frauen denken mag: Es gibt keine Frau, die darin nicht noch um einiges weiter ginge als er.

Chamfort, Maximen VI

Den Enthusiasmus für irgendeine Frau muß man einer andern niemals anvertrauen. Sie kennen sich untereinander zu gut, um sich einer solchen ausschließlichen Verehrung würdig zu halten.

Goethe,
Wilhelm Meisters Wanderjahre

Man kann einen Baum nicht nach der Güte seiner Blätter einschätzen, sondern nur nach der Güte seiner Früchte.

Giordano Bruno

Menschen und Dinge verlangen verschiedene Perspektiven. Es gibt manche, die man aus der Nähe sehen muß, um sie richtig zu beurteilen, und andere, die man nie richtiger beurteilt, als wenn man sie aus der Ferne sieht.

La Rochefoucauld, Reflexionen

Schätze den Hund nicht nach den Haaren, sondern nach den Zähnen!

Herder

Beurteile einen Menschen lieber nach seinen Handlungen als nach seinen Worten; denn viele handeln schlecht und sprechen vortrefflich.

Matthias Claudius, Vom Gewissen

Frauen, richtet mir nie des Mannes einzelne Taten; aber über den Mann sprechet das richtende Wort!

Schiller, Forum des Weibes

Wir finden es schwer, von denen Gutes zu denken, von denen wir durchkreuzt oder gedemütigt wurden, und wir sind bereit, jede Entschuldigung für die Laster derer zuzulassen, welche uns nützlich oder angenehm sind.

Macaulay, Essays 7

Durch das Vergrößerungsglas betrachtet man die Vorzüge derer, die man liebt, und die Fehler derer, die man nicht liebt.

Verfasser unbekannt

Man sollte einen Menschen nicht nach seinen Vorzügen beurteilen, sondern nach dem Gebrauch, den er davon macht.

La Rochefoucauld, Reflexionen

Man darf die Menschen nicht nach dem beurteilen, was sie nicht wissen, sondern nach dem, was sie wissen und wie sie es wissen.

Vauvenargues

Man muß nie den Menschen nach dem beurteilen, was er geschrieben hat, sondern nach dem, was er in Gesellschaft von Männern, die ihm gewachsen sind, spricht.

Lichtenberg

Achte nicht nur auf das, was andere tun, sondern auch auf das, was sie unterlassen!

Sprichwort

Wenn es dem Dummen geglückt, dann sieht man in ihm den Gescheiten, und wenn das Glück ihn verläßt, gilt der Gescheite für dumm.

Hoffmann von Fallersleben,
Unpolitische Lieder

Man urteilt über andere nicht so falsch
wie über sich selbst.

Vauvenargues, Reflexionen

Fehlt es dem Diebe an Gelegenheit,
glaubt er an seine Ehrlichkeit.

Talmud

Niemand weiß soviel Schlechtes von
uns wie wir selbst. Und trotzdem
denkt niemand so gut von uns wie wir
selbst.

Franz von Schönthan

Wenn wir uns nicht Schlechteres von
ihnen einbilden als sie selbst, so mögen
sie für vortreffliche Leute gelten.

(Theseus)

Shakespeare,
Ein Sommernachtstraum V, 1

Wenn du wissen willst, was dein Nachbar von dir denkt, so streite dich mit
ihm!

Aus Rhodesien

Ich habe mich eifrig bemüht, der Menschen Tun weder zu belachen noch zu
beweinen noch zu verabscheuen, sondern es zu begreifen.

Spinoza, Tractatus politicus

Historisch betrachtet, erscheint unser
Gutes in mäßigem Lichte und unsere
Mängel entschuldigen sich.

Goethe,
Maximen und Reflexionen, Nachlaß,
Über Literatur und Leben

Gott schuf ihn, also laßt ihn für einen
Menschen gelten! (Porzia)

Shakespeare,
Der Kaufmann von Venedig I, 2

Menschenwert

Mensch, alles außer Dir, das gibt Dir
keinen Wert.
Das Kleid macht keinen Mann, der
Sattel macht kein Pferd.

Angelus Silesius,
Der Cherubinische Wandersmann VI

Wer genau wissen will, was er wert
ist, braucht nur zu beobachten, was er
tut und denkt, wenn er allein ist.

Franz von Schönthan

Prüfe: Von wievielen wirst du geschätzt? Von welchen Personen wirst
du geliebt und mit welcher Treue? So
kannst du dir eine Vorstellung von
deinem eigenen Werte machen.

Heinrich Zschokke

Gold wird durch Feuer geprüft, die
Frau durch Gold, der Mann durch die
Frau.

Aus den USA

Der Mensch ist ein Seil, geknüpft zwischen Tier und Übermensch. Ein gefährliches Hinüber, ein gefährliches Auf-dem-Wege, ein gefährliches Zurückblicken, ein gefährliches Schaudern und Stehenbleiben. Was groß ist am Menschen, das ist, daß er eine Brücke und kein Zweck ist.

Nietzsche,
Zarathustra, Vorrede 4

Nicht der Glanz des Erfolges, sondern die Lauterkeit des Strebens und das treue Beharren in der Pflicht, auch der geringscheinenden, wird den Wert eines Menschenlebens entscheiden.

Moltke

Ein jeder ist soviel wert, als die Dinge wert sind, um die es ihm ernst ist.

Mark Aurel, Selbstbetrachtungen

Worauf des Menschen Sinn gerichtet ist, das bestimmt seinen Wert.

Aus Arabien

Wie groß für dich du seist, vorm Ganzen bist du nichtig,
doch als des Ganzen Glied, bist du als kleinstes wichtig.

Rückert

Den seelischen Wert einer Frau erkennst du daran, wie sie zu altern versteht.

Morgenstern,
Stufen, Psychologisches, 1907

In Deutschland entscheiden über einen Menschen nicht Vorzüge, sondern die Einwände. „Einwandfrei" muß der Mensch sein und die Sache „tadellos". Einwandfrei aber ist nur die klare, runde, tadellose Null.

Rathenau, Der neue Staat

Frei von Tadel zu sein, ist der niedrigste Grad und der höchste;
denn nur die Ohnmacht führt oder die Größe dazu.

Schiller, Korrektheit

Mit dem Wert der Menschen steht es wie mit den Diamanten. Bis zu einer gewissen Größe, Reinheit und Vollkommenheit haben sie ihren bestimmten, festen Preis. Darüber hinaus haben sie keinen Preis und finden sie keinen Käufer.

Chamfort, Maximen I

V. Kapitel

Genialität
Größe
Heldentum
Adel
Mittelstand
Mittelmaß
Kleinheit
Gemeinheit
Rang
Gleichheit

Genialität

Genie ist der Verdichtungspunkt latenter Massenkräfte.

Rathenau

Genie ist die Kraft des Menschen, welche durch Handeln und Tun Gesetz und Regel gibt.

Goethe, Dichtung und Wahrheit 19

Durch das Genie gibt die Natur der Kunst die Regel.

Kant

Mit dem Genius steht die Natur in
ewigem Bunde;
was der eine verspricht, leistet die
andre gewiß.

Schiller, Kolumbus

Erfindungsgabe ist der einzige Beweis von Genie.

Vauvenargues, Nachgelassene Maximen

Genie ist das Talent der Erfindung dessen, was nicht gelehrt oder gelernt werden kann.

Kant, Anthropologie 2, C

Genie besteht immer darin, daß einem etwas Selbstverständliches zum erstenmal einfällt.

Hermann Bahr, Liebe der Lebenden

Der geniale Mensch ist der, der Augen hat für das, was ihm vor den Füßen liegt.

Johann Jakob Mohr, Aphorismen

Für das praktische Leben ist das Genie so brauchbar wie ein Stern-Teleskop im Theater.

Schopenhauer,
Welt als Wille und Vorstellung II, 1, 15

Am Fuße des Leuchtturms herrscht Dunkelheit.

Aus Japan

Genie ist Fleiß.

Joubert

Große Genies erreichen das Ziel mit einem Schritt, wohin sich gemeine Geister durch eine lange Reihe von Schlüssen müssen leiten lassen.

Moses Mendelssohn,
An die Freunde Lessings

Das Genie hat etwas vom Instinkt der Zugvögel.

Bosshart, Bausteine

Das Erste und Letzte, was vom Genie gefordert wird, ist Wahrheitsliebe.

Goethe,
Maximen und Reflexionen,
Aus Kunst und Altertum 1827

Ohne Leidenschaft gibt es keine Genialität.

Mommsen, Römische Geschichte III, 168

Von einem schöpferischen Genie verlangt man keine kritische Objektivität.

Rolland

Ein großer Genius bildet sich durch einen andern großen Genius, weniger durch Assimilierung als durch Reibung. Ein Diamant schleift den andern.

Heine, Von Luther bis Kant

Wenn das Individuum Sorge oder Schmerzen quälen oder heftige Wünsche es martern, so liegt der Genius in Ketten. Er kann sich nicht rühren. Nur wenn Sorge und Wünsche schweigen, ist die Luft der Freiheit da, in der er leben kann. Dann sind die Bande der Materie abgeworfen, der reine Geist bleibt übrig, das reine Subjekt des Erkennens. Daher, wen der Genius heimsucht, der bewahre sich vor Schmerzen, halte die Sorgen fern, beschränke seine Wünsche; aber die, welche er nicht unterdrücken kann, befriedige er völlig.

Schopenhauer,
Neue Paralipomena 4, 127

Glücklich das Genie, dem nie das Glück lächelte! Es ist sich selbst so ungeheuer viel. Was soll ihm das Glück noch sein?

Richard Wagner,
Der Künstler und die Öffentlichkeit

Geweckt wird der Genius durch Not. Aber nur das Behagen erhält ihn.

Gutzkow

Genies sind Unglückliche, sind Meteore, die verbrennen müssen, um ihr Jahrhundert zu erleuchten.

Napoleon I.

Wen du nicht verlässest, Genius,
nicht der Regen, nicht der Sturm
haucht ihm Schauer übers Herz.
Wen du nicht verlässest, Genius,
wird dem Regengewölk,
wird dem Schloßensturm
entgegensingen
wie die Lerche.

Goethe, Wanderers Sturmlied

Zwischen dem Genie und dem Wahnsinnigen ist die Ähnlichkeit, daß sie in einer andern Welt leben als der für alle vorhandenen.

Schopenhauer,
Neue Paralipomena 4

Es ist mit dem Menschen wie mit dem Baume. Je mehr er hinauf in die Höhe und Helle will, um so stärker streben seine Wurzeln erdwärts, abwärts, ins Dunkle, Tiefe, ins Böse.

Nietzsche,
Zarathustra I, Vom Baum am Berge

Das Genie hat kein Geschlecht.

Madame de Staël

Es gibt keine verkannten Genies. Jeder findet im Leben seinen Platz.

Ernst Jünger,
Gärten und Straßen, 24. 6. 1940

Das wahre Genie arbeitet gleich einem reißenden Strome sich selbst seinen Weg durch die größten Hindernisse.

Lessing, Briefe,
die neueste Literatur betreffend 332

Genau so können wir sagen, daß die Genies, die uns bekannt sind, sich allen Widrigkeiten zum Trotz durchgesetzt haben. Wer aber kann sagen, wieviel geniale Begabung in der Stille verkümmert ist, ohne die Mannesreife zu erreichen?

Bertrand Russell,
The Conquest of Happiness 1, 9

Warum der Strom des Genies so selten ausbricht, so selten in hohen Fluten hereinbraust und eure staunende Seele erschüttert? Liebe Freunde, da wohnen die gelassenen Herren auf beiden Seiten des Ufers, denen ihre Gartenhäuschen, Tulpenbeete und Krautfelder zugrunde gehen würden, die daher in Zeiten mit Dämmen und Ableiten der künftig drohenden Gefahr abzuwehren wissen.

Goethe,
Die Leiden des jungen Werthers,
26. 5. 1771

Wenn geniale Menschen einen starken Charakter besitzen und ihre Fesseln sprengen, so macht die Gesellschaft, der

es nicht gelungen ist, sie zur Trivialität herabzudrücken, Warnungszeichen aus ihnen, auf die man mit feierlichem Schauder als auf Beispiele wilder Verirrungen hinweist.

Mill, Über Freiheit 4

Tief im Herzen veracht' ich die Rotte
der Herren und Pfaffen,
aber noch mehr das Genie, macht es
gemein sich damit.

Hölderlin, Advocatus Diaboli

Warum will sich Geschmack und Genie
so selten vereinen?
Jener fürchtet die Kraft, dieses verachtet den Zaum.

Schiller, Die schwere Verbindung

Ein Mensch mit Genie ist unausstehlich, wenn er nicht mindestens noch zweierlei dazu besitzt: Dankbarkeit und Reinlichkeit.

Nietzsche

Indessen sieht der eigentliche, simple Gelehrte das Genie an ungefähr wie wir den Hasen, als welcher erst nach seinem Tode genießbar und der Zurichtung fähig wird; auf den man daher, solange er lebt, bloß schießen muß.

Schopenhauer,
Parerga und Paralipomena II, 3

Das Genie schlägt bei den Deutschen mehr in die Wurzel, bei den Italienern

in die Krone, bei den Franzosen in die
Blüte und bei den Engländern in die
Frucht.

Kant, Anthropologie

Größe

Große Menschen sind Inhaltsverzeich-
nisse der Menschheit.

Hebbel, Tagebücher, 6. 5. 1837

Merkmal großer Menschen ist, daß sie
an andere weit geringere Anforderungen stellen als an sich selbst.

Ebner-Eschenbach, Aphorismen

Die größten Geister sind der größten
Fehler ebenso wie der größten Tugenden fähig.

Descartes

Ich habe keine Kenntnis von einem
wirklich großen Mann, der nicht mancherlei hätte sein können.

Carlyle, The Hero as Poet

Die Extreme berühren sich.

Aus Frankreich

So war Apoll den Hirten zugestaltet,
daß ihm der schönsten einer glich;
denn wo Natur im reinen Kreise waltet,
ergreifen alle Welten sich. (Faust)

Goethe, Faust 2, III, Innerer Burghof

Das Genie kann man nicht nachahmen.

Vauvenargues, Unterdrückte Maximen

Wahrhaft groß sein heißt,
nicht ohne großen Gegenstand sich
                                · regen,
doch einen Strohhalm selber groß ver-
                                fechten,
wenn Ehre auf dem Spiel. (Hamlet)

Shakespeare, Hamlet IV, 4

Es gibt Naturen, die durch das groß
sind, was sie erreichen, andere durch
das, was sie verschmähen.

Hermann Grimm, Essays

Große Männer schaffen ihre Zeiten
nicht, aber sie werden auch nicht von
ihnen geschaffen.

Ranke

Es ist nichts groß, was nicht gut ist.

Matthias Claudius,
An meinen Sohn Johannes

Das Große geschieht so schlicht wie
das Rieseln des Wassers, das Fließen
der Luft, das Wachsen des Getreides.
Darum ist irgendeine Heldentat unendlich leichter und auch öfter da als
ein ganzes Leben voll Selbstbezwin-

gung und unscheinbarem Reichtum oder als ein freudiges Sterben.

Stifter, 8. 3. 1847

Alles Große und Edle ist einfacher Art.

Gottfried Keller

Im Leben ohne Rang, im Tode ohne Titel, nicht sammelnd irdische Güter, nicht sammelnd irdischen Ruhm: So sind die ganz Großen.

Tschuang-tse, Das wahre Buch vom südlichen Blütenland 24, 10

Nicht jeder große Mann ist ein großer Mensch.

Ebner-Eschenbach

Nur zwei Tugenden gibt's. O, wären sie immer vereinigt: Immer die Güte auch groß, immer die Größe auch gut!

Schiller, Güte und Größe

Die Großen schaffen das Große, die Guten das Dauernde.

Ebner-Eschenbach, Aphorismen

Voll von feierlichen Possenreißern ist der Markt, und das Volk rühmt sich seiner großen Männer.

Nietzsche, Zarathustra I, Von den Fliegen des Marktes

Größe, zerstörend oder heilsam, zieht stets an.

Karl Julius Weber, Demokritos IV, 20

Abseits vom Markte und Ruhme begibt sich alles Große.

Nietzsche, Zarathustra I, Von den Fliegen des Marktes

Die großen Ochsen ziehen nicht die größten Furchen.

Aus Frankreich

Es gibt Größe, die auf menschlicher Konvention beruht, und natürliche Größe.

Pascal

Die großen Tatmenschen haben mit dem Mondsüchtigen eines gemein: Sie vertragen es auf ihrem gefährlichen Wege nicht, angerufen, gestört oder gar gewarnt zu werden.

Lily Braun, Im Schatten der Titanen

Der Kult des Kolossalen bedeutet den Kniefall vor dem bloß „Großen" als hinreichenden Ausweis des Besseren und Wertvolleren, die Verachtung des äußerlich Kleinen aber innerlich Großen, dem Kult der Macht und der Einheit, die Bevorzugung des Superlativistischen in allen Bereichen des Kulturlebens, ja sogar im sprachlichen Ausdruck. Erst seit Napoleon beginnt das Beiwort „groß" verräterisch in Ausdrücken wie „Große Armee",

„Großherzöge", „Großer Generalstab", „Großmächte" aufzutauchen.

Röpke, Gesellschaftskrisis 1, 110

So sehr wirkt fast die Menge wie
Größe, daß zehn Schubkärrner hin-
tereinander schon einen bedeutenden
Eindruck machen.

Jean Paul, Gedanken

Größe ist, was wir nicht sind.

Burckhardt,
Weltgeschichtliche Betrachtungen V

Daß große Leute nur in der Ferne
schimmern und ein Fürst vor seinem
Kammerdiener viel verliert, kommt
daher, weil kein Mensch groß ist.

Kant, Bruchstücke aus dem Nachlaß

Damit ein Mensch übermenschlich er-
scheine, muß viel von ihm vergessen
werden.

Jules Romains

Keiner ist mehr als Mensch.

Aus Italien

Der größte Mensch bleibt stets ein
Menschenkind.

Goethe, Der ewige Jude

Auch ein hunderttausend Fuß hoher
Turm ruht auf der Erde.

Aus China

Et flügg kin Vüegelken so hauge, et
mott up de Äre sin Nahrunk söken.

Aus dem Münsterland

Wie hoch du auch fliegst, immer wirst
du zur Erde fallen.

Von den Philippinen

Wenn man einen Riesen sieht, so untersuche man erst den Stand der Sonne
und gebe acht, ob es nicht der Schatten
eines Pygmäen ist.

Novalis, Fragmente

Die Krabbe ist in ihrem Loch ein großer Herr.

Aus Griechenland

Es kommt alles auf die Umgebung an.
Die Sonne im lichten Himmelsraume
hat eine viel geringere Meinung von
sich als die Unschlittkerze, die im Keller brennt.

Ebner-Eschenbach, Aphorismen

Für die Maus ist die Katze ein Löwe.

Aus Albanien

Die wahre Größe ist ungezwungen,
vertraulich, leutselig. Sie läßt sich
nahekommen und mit sich umgehen.
Sie verliert nichts, wenn man sie in
der Nähe sieht. Je mehr man sie ken-

nenlernt, desto mehr bewundert man
sie.

La Bruyère, Charaktere,
Vom persönlichen Verdienste

Großen Männern gegenüber, besonders wenn ihnen in ungewöhnlichem
Maße kraftvolle Männlichkeit inne-
wohnt, ist die Welt wie ein Weib. Sie
hat für sie nicht nur Bewunderung,
sondern Liebe; denn eben jene Stärke
bezaubert sie.

Leopardi, Gedanken 74

Gegen große Vorzüge eines andern
gibt es kein Rettungsmittel als die
Liebe.

Goethe, Die Wahlverwandtschaften II, 5

Die Mehrzahl der großen Männer hat
den größten Teil ihres Lebens mit anderen Menschen zugebracht, welche sie
nicht begriffen, nicht liebten und sie
nur mäßig schätzten.

Vauvenargues, Nachgelassene Maximen

Leidenschaft! Trunkenheit! Wahnsinn!
Ihr steht so gelassen, so ohne Teilneh-
mung da, ihr sittlichen Menschen!
Scheltet den Trinker, verabscheut den
Unsinnigen, geht vorbei wie der Priester und dankt Gott wie der Pharisäer,
daß er euch nicht gemacht hat wie
einen von diesen. Ich bin mehr als
einmal trunken gewesen, meine Leidenschaften waren nie weit vom Wahnsinn und beides reut mich nicht: Denn
ich habe in meinem Maße begreifen
lernen, wie man alle außerordentlichen
Menschen, die etwas Großes, etwas

Unmöglichscheinendes wirkten, von
jeher für Trunkene und Wahnsinnige
ausschreien mußte.

Goethe,
Die Leiden des jungen Werthers,
12. 8. 1771

Es hat noch keinen großen Geist ohne
eine Beimischung von Wahnsinn gegeben.

Seneca, Über die Ruhe des Geistes 17, 10

Man mißt die Türme nach ihren Schatten und die großen Männer nach ihren
Neidern.

Aus China

Bei Lebzeiten und ein halb Jahrhundert nach dem Tode für einen großen
Geist gehalten werden, ist ein schlechter Beweis, daß man es ist. Durch alle
Jahrhunderte aber hindurch dafür gehalten werden, ist ein unwidersprech-
licher.

Lessing, Rettung des Horaz

Die falsche Größe ist ungesellig und
unzugänglich. Da sie ihre Schwäche
wohl fühlt, so verbirgt sie sich oder
zeigt sich wenigstens nicht offen und
läßt nur soviel von sich sehen, als nötig ist, um Ehrfurcht einzuflößen.

La Bruyère, Charaktere 2

Was ist Größe, Clavigo? Sich in Rang
und Ansehn über andere zu erheben?
Glaub' es nicht! Wenn dein Herz nicht
größer ist als anderer ihres, wenn du

nicht im Stande bist, dich gelassen über Verhältnisse hinauszusetzen, die einen gemeinen Menschen ängstigen würden, so bist du mit all deinen Bändern und Sternen, bist mit der Krone selbst nur ein gemeiner Mensch.

(Carlos)

Goethe, Clavigo IV, Clavigos Wohnung

Die Spur des Elefanten verdeckt die Spur der Zwergantilope.

Aus Ghana

Das Löwenjunge erhält sein Leben dadurch, daß es junge Enten frißt.

Aus der Mongolei

Groß möchtst du sein.
Bist ohne Ehrgeiz nicht, doch fehlt die
Bosheit,
die ihn begleiten muß. (Lady Macbeth)

Shakespeare, Macbeth I, 5

Menschen, die nach Größe streben, sind gewöhnlich böse Menschen.

Nietzsche, Unschuld des Werdens 1

Groß willst du und auch artig sein?
Marull, was artig ist, ist klein.

Lessing, An den Marull

Möge deine Seele sich erweitern und die Gewißheit des großen Gefühls über dich kommen, daß außerordentliche Menschen eben auch darin außeror-

dentliche Menschen sind, weil ihre Pflichten von den Pflichten des gemeinen Menschen abgehen; daß der, dessen Werk es ist, ein großes Ganzes zu übersehen, zu regieren, zu erhalten, sich keinen Vorwurf zu machen braucht, geringe Verhältnisse vernachlässigt, Kleinigkeiten dem Wohl des Ganzen aufgeopfert zu haben. (Carlos)

Goethe, Clavigo IV, Clavigos Wohnung

Ein welthistorisches Individuum hat nicht die Nüchternheit, dies oder jenes zu wollen, viel Rücksichten zu nehmen, sondern es gehört ganz rücksichtslos dem einen Zwecke an.

Hegel, Vorlesungen zur Philosophie der Geschichte, Einleitung 2

Die Aare kümmern sich nicht um Fliegen.

Sprichwort

Der große Mann braucht überall viel
Boden,
und mehrere, zu nah gepflanzt, zerschlagen
sich nur die Äste. (Nathan)

Lessing, Nathan der Weise II, 5

Großes Schiff braucht großes Fahrwasser.

Aus Rußland

Zwei Könige fahren nicht in einem Kahn.

Aus dem Sudan

Heldentum

Heroismus — das ist die Gesinnung eines Menschen, welcher ein Ziel erstrebt, gegen das gerechnet er gar nicht mehr in Betracht kommt. Heroismus ist der gute Wille zum Selbst-Untergang.

Nietzsche, Unschuld des Werdens 2, 624

Hier ist ein Heros, der nichts getan hat, als den Baum geschüttelt, sobald die Früchte reif waren. Dünkt euch dies zu wenig, so seht euch den Baum erst an, den er schüttelte!

Nietzsche,
Menschliches Allzumenschliches II, 2

Für einen Kammerdiener gibt es keine Helden.

Sprichwort nach Antigonos I. Gonatas, König von Macedonien

Es gibt, sagt man, für den Kammerdiener keinen Helden. Das kommt aber bloß daher, weil der Held nur vom Helden anerkannt werden kann. Der Kammerdiener wird aber wahrscheinlich seinesgleichen zu schätzen wissen.

Goethe, Die Wahlverwandtschaften II, 5

Der Held scheint nur von einem Metier zu sein, nämlich dem Kriegshandwerk, wogegen der große Mann von allen Metiers zu sein scheint, sei es der Robe, des Degens, des Kabinetts oder Hofes. Beide zusammengetan wiegen jedoch einen rechtschaffenen Mann nicht auf.

La Bruyère, Charaktere 2

Dem Eroberer sind die Menschen Schachfiguren, und eine verwüstete Provinz ist ihm ein Kohlenmeiler. Mit wenigen Ausnahmen sind die großen Helden die großen Schandflecken des Menschengeschlechts.

Seume, Apokryphen

Was ist ein König, wenn er kein Vater ist? Was ist ein Held ohne Menschenliebe? (Aridäus)

Lessing, Philotas 7

Der Held ist heiter. Das entging bisher den Tragödiendichtern.

Nietzsche, Unschuld des Werdens 1, 485

Die Einsicht in das Mögliche und Unmögliche ist es, die den Helden vom Abenteurer scheidet.

Mommsen

Es muß der Held nach altem Brauch den tierisch rohen Mächten unterliegen.

Heine, Romanzero II

Nicht immer ist, wer erlag, der kleinere Held.

Anastasius Grün,
Der Pfaff vom Kahlenberg

Auf leisen Sohlen wandeln die Schönheit, das wahre Glück und das echte Heldentum.

Raabe

Jedes Regime benötigt Helden. Am angenehmsten sind ihm tote.

Graff

Adel

Der Mensch en masse wird erst dann wieder achtbar werden, wenn er sich entschließt, neuen Adel aus sich zu züchten. Die schönsten Dinge auf Erden sind nur durch Adel möglich. Noch mehr: Der wahre Adel ist selbst das schönste Ding der Erde.

Morgenstern,
Stufen, Politisches Soziales, 1905

Verdanken die Menschen dem Adel nichts? Sind sie reif genug, den Adel zu entbehren?

Novalis, Fragmente

Der Adel ist nichts anderes als der höhere Grad von Bildung, Ehre und Vaterlandsliebe, den man billig bei Personen aus guter Familie, die eine sorgsamere Erziehung als andere genießen können, voraussetzen darf.

Friedrich II. von Preußen

Noblesse oblige.
Adel verpflichtet.

Wahlspruch der Herzöge de Lévis

Weit geduldiger als der Franzose erträgt der Engländer den Anblick einer bevorrechteten Aristokratie.

Heine, Reisebilder IV,
Gespräch auf der Themse

Sie scheinen mir aus einem edlen Haus: Sie sehen stolz und unzufrieden aus.

(Frosch)

Goethe, Faust 1, Auerbachs Keller

Mit „adelig" bezeichnet man die Abstammung aus einem durch Tüchtigkeit hervorragenden Geschlecht. „Edel" nennt man jemanden, der nicht aus dieser Art schlägt. Dies trifft vielfach bei den Adeligen nicht zu, sondern meistens sind sie minderwertig.

Aristoteles, Rhetorik 2, 15

Der Adel ist eine schöne Sache und mit Recht eingeführt: Aber gerade darum, weil er eine von andern abhängige Eigenschaft ist, die auch auf einen Taugenichts fallen kann, so steht er an Würde weit unter der Tugend.

Montaigne, Essays 3, 5

Ich verachte den Adel, welchen bloß das Glück der Geburt erteilt und der nicht durch persönliche Verdienste erworben und unterstützt ist.

Ulrich von Hutten

Der Adel ist ein Verdienst für solche,
die sonst keins haben.

Aus China

Ich bin, Gottlob! altadelig,
jedoch mein Sohn, das ärgert mich,
zählt einen Ahnen mehr als ich.

Haug, Epigrammatische Spiele 2

Die Mehrzahl der Adeligen erinnert
an ihre Vorfahren, wie ein italieni-
scher Cicerone an Cicero erinnert.

Chamfort, Maximen I

Weil mein Vorfahr den deinigen vor
tausend Jahren beraubt oder überlistet
hat und weil seine Familie die auf
solche Weise errungenen Vorteile nun
schon 1000 Jahre genießt und weil,
wenn sie dieselben nicht noch länger
genösse, sie an Fett verlieren würde
und weil du nicht leugnen kannst, daß
jene Vorteile wirklich Vorteile sind
und uns zu etwas Besonderem gemacht
haben... Ich wüßte nicht, was der
Adel weiter für sich anführen könnte.

Hebbel, Tagebücher, 1. 5. 1838

An Habe steh ich arm,
ein Los, infolge dessen auch der Adel
sinkt.

Euripides, Elektra 37

Als Adam grub und Eva spann,
wer war denn da der Edelmann?

Verfasser unbekannt

Hoher Stamm und alte Väter
machen wohl ein groß Geschrei:
Moses aber ist Verräter,
daß dein Ursprung Erde sei.

Logau, Adel

Es gibt keine so alten Edelleute als
Gärtner, Grabenmacher und Totengräber. Sie pflanzen Adams Profession
fort. (Erster Totengräber)

Shakespeare, Hamlet V, 1

Tugend ist der einzige Adel.

Benjamin Franklin, Wahlspruch

Wer von Natur Adel der Gesinnung
zeigt, der ist von Adel, auch wenn er
ein Skythe ist.

Menander, Fragmente 533

Der Adel besteht in Stärke des Leibes
bei Pferden, bei Menschen in guter
Denkart.

Matthias Claudius, Wandsbecker Bote

Adel sitzt im Gemüte,
nicht im Geblüte.

Sprichwort

Auserwählt ist jeder, der von einem
hohen Grad von Vollkommenheit und
Selbstgenügsamkeit nach weiterer Vervollkommnung und schärferen Ansprüchen an sich selbst strebt.

Ortega y Gasset

Edel sind der Götter Söhne schon.
Die muß kein Fürst erst adeln wollen.

Bürger, Auf das Adeln der Gelehrten

Gehoben und geadelt ist jeder in dem
Verhältnis, als er der Gesamtheit dient.

Schelling

Mittelstand

Der Mittelstand nur ist der wahre
                              Bürgerstand,
für Zucht und Ordnung wachend, die
              das Volk gebot. (Theseus)

Euripides, Schutzflehende 244

auf die Vermögensverhältnisse der
mittlere Besitz von allen der beste sei.
Ein solcher Vermögensstand gehorcht
am leichtesten der Vernunft.

Aristoteles, Politik 4, 11

In allen Staaten nun gibt es drei Klassen von Bürgern: Sehr reiche, sehr
arme und drittens solche, die zwischen
beiden in der Mitte stehen. Da also
die Voraussetzung gilt, daß das Gemäßigte und das Mittlere das Beste
sei, so sieht man, daß auch in bezug

Sagt, wo steht in Deutschland der
                    Sansculott? In der Mitte.
Unten und oben besitzt jeglicher, was
                              ihm behagt.

Goethe und Schiller, Xenien,
Die drei Stände

Mittelmaß

Du bist ein gesegneter Bursch, daß du
denkst, wie jedermann denkt.
                          (Prinz Heinrich)

Shakespeare, König Heinrich IV.,
Zweiter Teil II, 2

In Gefahr und großer Not
bringt der Mittelweg den Tod.

Logau

Medio tutissimus ibis.
In der Mitte wirst du am sichersten
                              gehen.

Ovid, Metamorphosen II, 137

Das Mittelmaß ist gut dem Alter wie
                              der Jugend,
nur Mittelmäßigkeit allein ist keine
                              Tugend.

Rückert, Weisheit des Brahmanen III

Es gibt Dinge, bei denen die Mittelmäßigkeit unerträglich ist: Dichtkunst, Tonkunst, Malerei und öffentliche Rede.

La Bruyère, Die Charaktere I

Es ist der Mittelmäßigkeit nicht gegeben, höchstes Glück und tiefstes Unglück zu empfinden.

Vauvenargues, Reflexionen

Nichts ist den Mittelmäßigen so verhaßt wie geistige Überlegenheit. Da fließt in der Welt unserer Zeit die Quelle des Hasses.

Stendhal, Über die Liebe 1, 39 a

Die Mittelmäßigkeit pflegt alles zu verurteilen, was ihren Horizont übersteigt.

La Rochefoucauld, Reflexionen

Der Philister negiert nicht nur andere Zustände, als der seinige ist, er will auch, daß alle übrigen Menschen auf seine Weise existieren sollen. Er geht zu Fuß und ist sein Leben lang zu Fuß gegangen. Nun sieht er jemand in einem Wagen fahren. „Was das für eine Narrheit ist", ruft er aus, „zu fahren, sich dahinschleppen zu lassen von Pferden! Hat der Kerl nicht Beine? Wozu sind denn die Beine anders als zum Gehen? Wenn wir fahren sollten, würde uns Gott keine Beine gegeben haben."

Goethe, zu Riemer, 18. 8. 1807

Der Philister hat oft in der Sache recht, nie in den Gründen.

Hebbel, Tagebücher I

Die Mittelmäßigkeit wiegt immer richtig, nur ist ihre Waage falsch.

Anselm Feuerbach, Aufsätze und Aphorismen

Es ist merkwürdig, daß ein mittelmäßiger Mensch oft vollkommen recht haben kann und doch nichts damit durchsetzt.

Morgenstern, Stufen, Lebensweisheit-Ethisches

Was ist ein Philister?
Ein hohler Darm,
mit Furcht und Hoffnung ausgefüllt.
Daß Gott erbarm!

Goethe, Zahme Xenien

Mittelmäßigkeit ist von allen Gegnern
der schlimmste.
Deine Verirrung, Genie, schreibt sie als
Tugend sich an.

Goethe, Xenien aus dem Nachlaß, Böser Kampf

Es gibt keinen größern Trost für die Mittelmäßigkeit, als daß das Genie nicht unsterblich sei.

Goethe, Die Wahlverwandtschaften II, 5

Kleinheit

Ein sechzigjähr'ger Mann ward un-
          längst beigesetzt.
Er kam auf diese Welt, aß, trank,
          schlief, starb zuletzt.

Gryphius

Ein kleiner Mann ist auch ein Mann.

Goethe, Neueröffnetes moralisch-
politisches Puppenspiel

Auch ein kleiner Besen kehrt die Tenne
rein.

Aus Rußland

Kleine Glöcklein klingen auch.

Sprichwort

Nichts in der Welt ist unbedeutend.
                              (Seni)

Schiller, Die Piccolomini II, 1

Ein Nagel erhält ein Eisen, das Eisen
ein Roß, das Roß den Mann, der Mann
eine Burg und die Burg das ganze
Land.

Sprichwort

Von den großen Hammeln kommt der
Talg, von den kleinen Bienen das
Wachs.

Aus Lettland

Die kleinen Sterne scheinen immer,
während die große Sonne oft untergeht.

Aus Abessinien

Wo ein Adler nicht fort kann, findet
eine Fliege noch zehn Wege.

Sprichwort

Jeder Sperling weiß vieles, wovon
kein Adler etwas ahnt.

Hans Kudszus

Auch der Geringste kann Dir einst
von Nutzen sein.

Lafontaine, Der Löwe und die Maus

Verlache den kleinen Kern nicht! Eines
Tages wird er ein Palmbaum sein.

Aus Angola

Den Schemel soll nicht verschmähen,
wer aufs Pferd will.

Johann Geiler von Kaysersberg

Gibst Du auf die kleinen Dinge nicht
acht, wirst Du Größeres verlieren.

Menander, Sentenzen in Monostichen 172

Sobald die kleine Quelle versiegt, trocknet der große Strom aus.

Aus Japan

Das kleine Pfefferkorn sieh für gering
                              nicht an,
versuch es nur und sieh, wie scharf es
                              beißen kann!

Rückert, Die Weisheit des Brahmanen VI

Wenn du eine Ameise zertrittst, kommen alle anderen, um dich zu beißen.

Bantuweisheit

Der Elefant stirbt an einem winzigen Pfeil.

Aus Ghana

Eine kleine Axt kann einen starken Baum umhauen.

Aus Jamaika

Ein Floh kann einem Löwen mehr zu schaffen machen als ein Löwe einem Floh.

Aus Kenia

Willst du dich am Ganzen erquicken,
so mußt du das Ganze im Kleinsten
                              erblicken.

Goethe, Gott, Gemüt und Welt

Ich denke an jede Kleinigkeit zwischen mir und ihr und fühle, daß Kleinigkeiten die Summe des Lebens ausmachen.

Dickens, David Copperfield

Macht die Liebe, die Kunst jegliches
                    Kleine doch groß.

Goethe, Euphrosyne

Gemeinheit

Das Wirkliche ohne sittlichen Bezug nennen wir gemein.

Goethe,
Maximen und Reflexionen,
Aus Kunst und Altertum 1818

Die Gemeinheit ist ein Leim, der die Menschen zusammenkleistert. Wem es daran gebricht, der fällt ab.

Schopenhauer, Neue Paralipomena 22

Das Gemeine muß man nicht rügen; denn das bleibt sich ewig gleich.

Goethe,
Maximen und Reflexionen,
Aus Kunst und Altertum 1826

Wo das Gemeine geduldet wird, da gibt es den Ton an.

Langbehn

Charakteristisch für den gegenwärtigen Augenblick ist es jedoch, daß die gewöhnliche Seele sich über ihre Gewöhnlichkeit klar ist, aber die Unverfrorenheit besitzt, für das Recht der Gewöhnlichkeit einzutreten und es überall durchzusetzen.

Ortega y Gasset, Aufstand der Massen, Die Tatsache der Überfüllung

Glaubt ihr, man könne kosten vom
Gemeinen?
Man muß es hassen oder ihm sich
einen.

Grillparzer, Pöbelliteratur

Dem Pöbel muß man weichen,
will man ihm nicht gleichen.

Sprichwort

Man hat in der Welt nicht viel mehr, als die Wahl zwischen Einsamkeit und Gemeinheit.

Schopenhauer,
Aphorismen zur Lebensweisheit II

Und hinter ihm, in wesenlosem Scheine, lag, was uns alle bändigt, das Gemeine.

Goethe, Epilog zu Schillers Glocke

Rang

Über den Rang entscheidet das Quantum Macht, das du bist.

Nietzsche, Der Wille zur Macht

Es muß verschiedene Rangstufen geben, da alle Menschen herrschen wollen und nicht alle es können.

Pascal

Auf der Bühne spielt einer den Fürsten, ein anderer den Rat, ein dritter den Diener oder den Soldaten oder den General usw. Aber diese Unterschiede sind bloß im Äußeren vorhanden. Im Innern, als Kern einer solchen Erscheinung, steckt bei allen dasselbe: Ein armer Komödiant mit seiner Plage und Not. Im Leben ist es auch so. Die Unterschiede des Ranges und Reichtums geben jedem seine Rolle zu spielen; aber keineswegs entspricht dieser eine innere Verschiedenheit des Glücks und Behagens, sondern auch hier steckt in jedem derselbe arme Tropf mit seiner Not und Plage.

Schopenhauer,
Aphorismen zur Lebensweisheit I

Niemand blickt mit so großer Verachtung auf die Kindheit als diejenigen, welche eben aus ihr heraustreten, ebenso wie die Rangunterschiede nirgends mit größerer Ängstlichkeit beachtet werden als in dem Lande, in welchem die Ungleichheit nicht groß ist und jeder deshalb befürchtet, mit einem unter ihm Stehenden verwechselt zu werden.

Rousseau, Emile II, 4

Gleichheit

Gleichheit ist kein Naturgesetz. Das
oberste Gesetz der Natur ist Unterordnung und Abhängigkeit.

Vauvenargues, Reflexionen

Solange es noch Verstand und Dummheit, Güte und Bosheit, Stärke und
Schwäche in der Welt gibt, solange
werden die Menschen sich nicht gleich
sein.

Kotzebue, Der weibliche Jakobinerklub

Gleich zu sein unter Gleichen,
das läßt sich schwer erreichen:
Du müßtest ohne Verdrießen,
wie der Schlechteste zu sein dich entschließen.

Goethe, Sprichwörtlich

Gesetzgeber oder Revolutionäre, die
Gleichsein und Freiheit zugleich versprechen, sind Phantasten oder Char-
latans.

Goethe,
Maximen und Reflexionen, Nachlaß,
Über Literatur und Leben

Was ist denn die Gleichheit anderes
als die Verneinung aller Freiheit, alles
Höheren und der Natur selbst? Die
Gleichheit ist die Sklaverei.

Flaubert, An Louise Colet, 16. 5. 1852

Der höchste denkbare Grad der Gleichheit, der Kommunismus, ist, weil er
die Unterdrückung aller natürlichen
Neigungen voraussetzt, der höchste
denkbare Grad der Knechtschaft.

Treitschke,
Historische und politische Aufsätze 3

Tilg Abstufung, verstimme diese Saite,
und höre dann den Mißklang! Alles
träf'
auf offnen Widerstand. Empört dem
Ufer
erschwöllen die Gewässer über's Land,
daß sich in Schlamm die feste Erde
löste.
Macht würde der Tyrann der blöden
Schwäche.
Der rohe Sohn schlüg' seinen Vater tot.
Kraft hieße Recht. Nein, Recht und
Unrecht, deren
endlosen Streit Gerechtigkeit vermit-
telt,
verlören wie Gerechtigkeit den Namen.
Dann löst sich alles auf nur in Gewalt,
Gewalt in Willkür, Willkür in Begier,
und die Begier, ein allgemeiner Wolf,
zwiefältig stark durch Willkür und
Gewalt,
muß dann die Welt als Beute an sich
reißen
und sich zuletzt verschlingen. (Ulysses)

Shakespeare, Troilus und Cressida I, 3

Der Stufengang von Rivalität und
Ehrgeiz macht die Harmonie des politischen Körpers aus, vom Handarbeiter

bis zum Großgrundbesitzer, vom gemeinen Soldaten bis zum Marschall
von Frankreich. In dieser doppelten
Hierarchie von Rang und Vermögen
eifert jeder ehrgeizig nur dem Nächst-
höheren nach, von dem er sich nur
durch einen Würde- oder Vermögens-
grad unterscheidet. Dieser Ehrgeiz ist
sehr vernünftig. Die Philosophen haben nun plötzlich die Extreme zusam-
mengebracht und den Soldaten dem
General, den Handarbeiter dem
Grundbesitzer gegenübergestellt. Diese
Verkehrtheit hat alles umgestürzt.

Rivarol

Nichts Ekelhafteres als Sklavenneid,
der Gleichheit fordert.

Rathenau

Der schlimmste Neidhart ist in der
                                 Welt,
der jeden für seinesgleichen hält.

Goethe, Egalité

An der Parole „Freiheit und Gleichheit" interessiert die Masse in Wahrheit nur die letztere. Mit der Freiheit,
die im Gegensatz zu der ihr angebore-
nen Wollust des Gehorchendürfens
steht, weiß sie wenig anzufangen.

Graff

Nicht wenn jeder tun oder sagen kann,
was er will, sondern wenn man den
Eindruck hat, daß es allen gleich gut
oder gleich miserabel geht, sind die
meisten mit den Zuständen zufrieden.

Graff

In unserer Zeit sind die verschwinden-
den Aristokratien die letzten Reste der
oberen Schichtung. Bald ist die Homo-
genität erreicht — ein Zeichen, daß wir
reif sind, zu erobern oder erobert zu
werden.

Rathenau

VI. Kapitel

Leben
Erlebnis
Erfahrung
Erinnerung
Vergessen
Reife
Sinn
Schicksal
Zufall
Notwendigkeit
Ursächlichkeit
Freiheit
Abhängigkeit
Entscheidung

Leben

Das Leben gleicht dem Feuer: Es beginnt mit Rauch und endigt mit Asche.

Aus Arabien

Das Leben ist die Suche des Nichts nach dem Etwas.

Morgenstern, Stufen, Weltbild, Anstieg

Leben ist die Kunst, aus falschen Voraussetzungen die richtigen Schlüsse zu ziehen.

Samuel Butler

Das Leben ist ein Pensum zum Abarbeiten.

Schopenhauer,
Aphorismen zur Lebensweisheit V

Das Leben ist weder ein Vergnügen noch ein Schmerz, sondern eine ernste Angelegenheit, mit welcher wir beauftragt sind und die wir zu unserer Ehre führen und vollenden müssen.

Tocqueville, Aus dem Nachlaß

Vivere militare est.
Leben heißt kämpfen.

Seneca junior, 96. Brief

Wer immer ein Ziel vor Augen hat, um das zu kämpfen sich lohnt, der lebt.

Oesch

Sich zu mühen und mit dem Widerstande zu kämpfen ist dem Menschen Bedürfnis wie dem Maulwurf das Graben.

Schopenhauer,
Aphorismen zur Lebensweisheit V, 17

Für die nordische Moral bedeutet das Leben Kampf, für die südliche Moral bedeutet es Leiden. Darum bejaht der Held das Leben, das der Heilige verneint.

Coudenhove-Kalergi, Held und Heiliger

Das Leben besteht in der Bewegung.

Aristoteles

Die Kunst zu leben hat mit der Fechtkunst mehr Ähnlichkeit als mit der Tanzkunst, insofern man auch auf unvorhergesehene Streiche gerüstet sein muß.

Mark Aurel

Das Leben gleicht jener beschwerlichen Art zu wallfahrten, wo man drei Schritte vor und zwei zurück tun muß.

Goethe, an Johann Heinrich Meyer,
28. 4. 1797

Wir wissen, daß wir sterben werden. Frist
und Zeitgewinn nur ist der Menschen Trachten. (Brutus)

Shakespeare, Julius Cäsar III, 1

Wer dem Leben zwanzig Jahre raubt,
der raubt der Todesfurcht soviele Jahre.
(Cassius)

Shakespeare, Julius Cäsar III, 1

Das Gefühl für die Sinnlosigkeit des
Lebens wächst in den Seelen im gleichen Maße, als in ihnen die Vorstellung vom Wesen der Liebe entstellt
worden ist.

Waldemar Bonsels,
Runen und Wahrzeichen

Im Glück nicht stolz sein und im Leid
nicht zagen,
das Unvermeidliche mit Würde tragen,
das Rechte tun, an Schönem sich erfreuen,
das Leben lieben und den Tod nicht
scheuen
und fest an Gott und bessere Zukunft
glauben,
heißt leben.

Karl Streckfuß, Denkspruch

Weise Lebensführung gelingt keinem
Menschen durch Zufall. Man muß, solange man lebt, lernen, wie man leben
soll.

Seneca

Wie es auch sei, das Leben, es ist gut.

Goethe, Der Bräutigam

Alle kräftigen Menschen lieben das
Leben.

Heine, Die Reformbill in England

Greift nur hinein ins volle Menschenleben!
Ein jeder lebt's, nicht vielen ist's bekannt,
und wo Ihr's packt, da ist's interessant.
(Lustige Person)

Goethe, Faust, Vorspiel

Hast du es so lange wie ich getrieben,
versuche wie ich, das Leben zu lieben!

Goethe, Zahme Xenien I

Das einzige Mittel, das Leben zu ertragen, ist: Es schön zu finden.

Rudolf Leonhard

Wisset, daß dieses Leben ein Elend ist
und keine Seligkeit!

Zwingli, an seine Brüder, 17. 10. 1522

Das Leben ist eine Krankheit, die
ganze Welt ein Lazarett, und der Tod
ist unser Arzt.

Heine, Reisebilder, Die Stadt Lucca

Das Leben ist eine Quarantäne für das
Paradies.

Aus Arabien

Sprich zum Leben so:
Verlier ich dich, so geb' ich hin, was nur
ein Tor festhielte. Sprich: Du bist ein
Hauch,
abhängig jedem Wechsel in der Luft,

der diese Wohnung, die dir angewiesen,
stündlich bedroht. Du bist nur Narr
des Todes;
denn durch die Flucht strebst du ihm
zu entgehn
und rennst ihm ewig zu. Du bist nicht
edel;
denn alles Angenehme, das dich freut,
erwuchs aus Niederm. Tapfer bist du
nicht;
du fürchtest ja die zartgespaltne Zunge
des armen Wurms. Dein bestes Ruhn
ist Schlaf.
Den rufst du oft und zitterst vor dem
Tod,
der doch nichts weiter. Du bist nicht
du selbst;
denn du bestehst durch Tausende von
Körnern,
aus Staub entsprossen. Glücklich bist
du nicht:
Was du nicht hast, dem jagst du ewig
nach,
vergessend, was du hast. Du bist nicht
stetig:
Dein Seelenzustand wechselt seltsam
launisch
mit jedem Mond. Reich, bist du dennoch arm.
Dem Esel gleich, der unter Gold sich
krümmt,
trägst du den schweren Schatz nur
einen Tag,
und Tod entlastet dich. Freund' hast
du keine;
denn selbst dein Blut, das Vater dich
begrüßt,
die Wirkung deiner eignen innern
Kraft,
flucht deiner Gicht, dem Aussatz und
der Lähmung,
daß sie nicht schneller mit dir enden.
Du hast zu eigen Jugend nicht noch
Alter,

nein, gleichsam nur 'nen Schlaf am
Nachmittag,
der beides träumt; denn all dein Ju-
gendglanz
hat nichts voraus und fleht vom welken Alter
die Zehrung sich: Und bist du alt und
reich,
hast du nicht Glut noch Triebe, Mark
noch Schönheit,
der Güter froh zu sein. (Herzog)

Shakespeare, Maß für Maß III, 1

Ich weiß nicht, was das sein mag, das
ewige Leben. Aber dieses hier, das
diesseitige, ist ein schlechter Scherz.

Voltaire

Es ist leicht zu sterben, aber schwer zu
leben.

Aus Japan

Ist das Leben unglücklich, so ist es
mühselig zu ertragen; ist es glücklich,
so ist es furchtbar, es zu verlieren. Beides kommt aufs gleiche heraus.

La Bruyère, Charaktere 11

•Ob das Leben körperlich ein dauern-
der Schmerz, eine dauernde Lust oder
keines von beiden ist, können wir erst
im Moment des Todes wissen.

Rathenau

Wer weiß denn, ob das Leben nicht
das Totsein ist und Totsein Leben?

Euripides

Das Leben ist eine Komödie für den Denkenden und eine Tragödie für die, welche fühlen.

Hippokrates

An und für sich betrachtet, ist es ein gutes Leben; aber in Betracht, daß es ein Schäferleben ist, taugt es nichts. In Betracht, daß es einsam ist, mag ich es wohl leiden, aber in Betracht, daß es stille ist, ist es ein sehr erbärmliches Leben. Ferner, in Betracht, daß es auf dem Lande ist, steht es mir an; aber in Betracht, daß es nicht am Hofe ist, wird es langweilig. Insofern es ein mäßiges Leben ist, seht ihr, ist es nach meinem Sinn; aber insofern es nicht reichlicher dabei zugeht, streitet es sehr gegen meine Neigung. (Probstein)

Shakespeare, Wie es Euch gefällt III, 2

Das Leben des Menschen ist wie eine Kerze im Wind.

Aus China

Ein Menschenleben ist, als zählt man eins. (Hamlet)

Shakespeare, Hamlet V, 2

Das Leben des Menschen ist von einer bejammernswerten Kürze. Man rechnet es zwar vom ersten Eintritt in die Welt, aber ich für meinen Teil möchte es doch erst von da ab rechnen, wo die Vernunft hervortritt und man durch die Vernunft in Bewegung gesetzt wird, und das geschieht in der Regel nicht früher als mit zwanzig Jahren.

Pascal

Das Leben ist kurz, weniger wegen der kurzen Zeit, die es dauert, sondern weil uns von dieser kurzen Zeit fast keine bleibt, es zu genießen.

Rousseau, Emile 4

Warum nun aber erblickt man im Alter das Leben, welches man hinter sich hat, so kurz? Weil man es für so kurz hält, wie die Erinnerung desselben ist. Aus dieser nämlich ist alles Unbedeutende und viel Unangenehmes herausgefallen, daher wenig übrig geblieben.

Schopenhauer,
Aphorismen zur Lebensweisheit VI

Warum nun wieder erblickt man in der Jugend das Leben, welches man noch vor sich hat, so unabsehbar lang? Weil man Platz haben muß für die grenzenlosen Hoffnungen, mit denen man es bevölkert.

Schopenhauer,
Aphorismen zur Lebensweisheit VI

Es gibt für den Menschen nur drei Ereignisse: Geboren werden, leben und sterben. Aber er merkt nicht, wenn er geboren wird. Er leidet, wenn er stirbt. Und er vergißt zu leben.

La Bruyère, Charaktere 11

Um der grauen Haar und Runzeln willen darfst du nicht denken, es habe einer lange gelebt. Nicht lange gelebt hat er, nur lange dagewesen ist er.

Seneca, Von der Kürze des Lebens 8

Verachte das Leben, um es zu genießen!

Jean Paul, Leben des Quintus Fixlein

Das ganze Geheimnis, sein Leben zu
verlängern, besteht darin, es nicht zu
verkürzen.

Feuchtersleben,
Zur Diätetik der Seele, Tagebuchblätter

An meinem Leben und meinen Schick-
salen liegt nichts. An den Wirkungen
meines Lebens liegt unendlich viel.

Fichte

Du kannst dein Leben nicht verlängern, noch verbreitern, nur vertiefen.

Gorch Fock

Lebe, wie du, wenn du stirbst,
wünschen wirst, gelebt zu haben.

Gellert, Vom Tode

Als du auf die Welt kamst, weintest
du, und um dich herum freuten sich
alle. Lebe so, daß, wenn du die Welt
verläßt, alle weinen und du allein
lächelst!

Aus China

Erlebnis

Nur der Denkende erlebt sein Leben.
Am Gedankenlosen zieht es vorbei.

Ebner-Eschenbach, Aphorismen

Nicht der Mensch hat am meisten gelebt, welcher die höchsten Jahre zählt,
sondern der, welcher sein Leben am
meisten empfunden hat.

Rousseau, Emile I

Reiche Herzen erleben viel in kurzer
Zeit.

Friedrich Spielhagen

Reichtum des Lebens ist Reichtum der
seelischen Anlage.

Boßhart, Bausteine

Was Du erlebt, kann Dir kein Gott
mehr rauben.

Robert Hamerling

Wenn man montags grüne Blätter zu
sich nimmt, dienstags Essig und mitt-
wochs Öl: Kann man dann donners-
tags sagen, man habe Salat gegessen?

Hebbel, Tagebücher

Alles, was ich erfuhr, ich würzt es mit
süßer Erinnerung,
würzt es mit Hoffnung. Sie sind lieblichste Würze der Welt.

Goethe, Venezianische Epigramme 103

Welche Form auch das menschliche Leben annehme, es sind immer dieselben

Elemente, und daher ist es im wesentlichen überall dasselbe, es mag in der Hütte oder bei Hofe, im Kloster oder bei der Armee geführt werden. Mögen seine Begebenheiten, Abenteuer, Glücks- und Unglücksfälle noch so mannigfaltig sein, so ist es doch damit wie mit der Zuckerbäckerware: Es sind viele und vielerlei gar krause und bunte Figuren, aber alles ist aus einem Teig geknetet, und was dem einen begegnet, ist dem, was dem andern widerfuhr, viel ähnlicher, als dieser beim Erzählen hierin denkt.

Schopenhauer,
Aphorismen zur Lebensweisheit V, 47

Wie wenig ist am Ende der Lebensbahn daran gelegen, was wir erlebten, und wie unendlich viel, was wir daraus machten.

Wilhelm von Humboldt

Der Mensch sehe in jedem Vorfall des Lebens ein Mittel zu seiner Veredelung, das ihm Gott sendet.

Pestalozzi

Wir werden vom Schicksal hart oder weich geklopft. Es kommt auf das Material an.

Ebner-Eschenbach, Aphorismen

Niemand ist so beflissen, immer neue Eindrücke zu sammeln wie der, der die alten nicht zu verarbeiten versteht.

Ebner-Eschenbach, Aphorismen

An dem Manne liebe ich es, wenn er eine Zukunft vor sich, an der Frau, wenn sie eine Vergangenheit hinter sich hat.

Wilde, Das Bildnis des Dorian Gray 15

Wenn wir jung sind, vermeinen wir, daß die in unserem Lebenslauf wichtigen und folgereichen Begebenheiten und Personen mit Pauken und Trompeten auftreten werden, im Alter zeigt jedoch die retrospektive Betrachtung, daß sie alle ganz still, durch die Hintertür und fast unbeachtet hereingeschlichen sind.

Schopenhauer,
Aphorismen zur Lebensweisheit VI

Erfahrung

Nur von dem Bett, in dem du gelegen hast, kennst du die Flöhe.

Suaheliweisheit

Willst du die Steppe kennenlernen, mußt du einen Tag darin verbringen.

Aus Kenia

Erfahrung tut mehr
als Meisters Lehr'.

Sprichwort

An Erfahr'ne isch über an G'lehrte.

Aus der Schweiz

Die ganze Weisheit junger Toren
ist keinen Tag Erfahrung wert.

Gottlieb Konrad Pfeffel

Erfahren ward seit tausend Jahren,
doch du verfolgst umsonst die Spur.
Dir paßt nicht, was für dich ein ande-
                              rer erfuhr,
du mußt es wieder für dich selbst er-
                              fahren.

Rückert, Vierzeilen

Erfahrung ist ein langer Weg und eine
teure Schule.

Sprichwort

Erfahrung wird durch Fleiß und Müh
                              erlangt
und durch den raschen Lauf der Zeit
                       gereift. (Antonio)

Shakespeare, Die beiden Veroneser I, 3

Geist gleicht dem Schwerte und Erfahrung dem Wetzstein.

Aus Arabien

Die Menschen erwerben sich ihre besten Erfahrungen durch Erinnerung
der Mißerfolge, die sie im Verkehr mit
andern und sonst im Leben erlitten
haben.

Smiles, Der Charakter 12

Nur einmal geht der Fuchs in die
Falle.

Aus Bulgarien

Ein alter Panther kehrt nicht zur gleichen Stelle zurück.

Aus dem Sudan

Ein alter Rabe krächzt nicht ohne
Grund.

Aus Rußland

Erfahren muß man stets, Erfahrung
                         wird nie enden,
und endlich fehlt die Zeit, Erfahrenes
                            anzuwenden.

Rückert, Weisheit des Brahmanen 15, 57

Erfahrung kann sich ins Unendliche
erweitern, Theorie nicht in eben dem
Sinne reinigen und vollkommener werden. Jener steht das Universum nach
allen Richtungen offen, diese bleibt
innerhalb der Grenze der menschlichen
Fähigkeiten eingeschlossen. Deshalb
müssen alle Vorstellungsarten wiederkehren, und der wunderliche Fall tritt
ein, daß bei erweiterter Erfahrung
eine bornierte Theorie wieder Gunst
erwerben kann.

Goethe,
Maximen und Reflexionen,
Aus Kunst und Altertum 1826

Sowenig wie das Lesen kann bloße
Erfahrung das Denken ersetzen. Die
reine Empirie verhält sich zum Denken wie Essen zum Verdauen und
Assimilieren. Wenn jene sich brüstet,
daß sie allein, durch ihre Entdeckungen, das menschliche Wissen gefördert
habe, so ist es, wie wenn der Mund

sich rühmen wollte, daß der Bestand des Leibes sein Werk allein sei.

Schopenhauer,
Parerga und Paralipomena II, 22

Der vernünftige Gebrauch der Erfahrung hat auch seine Grenzen. Diese kann zwar lehren, daß etwas so oder so beschaffen sei, niemals aber, daß es gar nicht anders sein könne.

Kant,
Rezension von Herders Ideen zur Philosophie der Geschichte der Menschheit 2

Der Mensch gerät in große Gefahr, wenn er seine einseitig gewonnene Erfahrung zum alleinigen Maßstab seines Urteils und zum Prinzip seines Handelns macht.

Hebbel, Tagebücher, 21. 3. 1838

Erfahrung ist der Name, mit dem jeder seine Dummheiten bezeichnet. (Dumby)

Wilde, Lady Windermeres Fächer III

Am Abend wird man klug
für den vergangenen Tag,
doch niemals klug genug
für den, der kommen mag.

Rückert

Wenn Mut ohne Erfahrung gefährlich ist, so ist dagegen Erfahrung ohne Mut matt und mangelhaft.

Chesterfield, Briefe an seinen Sohn, 15. 1. 1753

Ich möchte lieber einen Narren halten, der mich lustig machte, als Erfahrung, die mich traurig macht. (Rosalinde)

Shakespeare, Wie es Euch gefällt IV, 1

Erinnerung

Holde Vergessenheit du und du, des
    Guten Erinnerung,
liebliche Schwestern, o macht beide
    das Leben mir süß!
Du verdunkle das Böse mit deinem
    umhüllenden Schleier,
du erneue das Glück mir mit verdoppelter Lust!

Herder, Griechische Anthologie

Bedenke, daß der erste Grundsatz aller Lebensweisheit und Ökonomie ist, jede gute Stunde an einem luftigen und trockenen Orte vorsorglich sicherzustellen, auf daß man sie habe und sie sofort vom Brett herunternehmen könne, wenn einmal die Zeiten teuer und die frischen Gemüse rar werden sollten.

Raabe, Der Dräumling

Oft sind Erinnerungen ganz vortreffliche Balancierstäbe, mit welchen man sich über die schlimme Gegenwart hinwegsetzen kann.

Theodor Mundt

Man denkt an das, was man verließ,
was man gewohnt war, bleibt ein
Paradies.(Mephistopheles)

Goethe, Faust 2, II, Am unteren Peneios

Die Erinnerung ist das einzige Paradies, aus dem wir nicht vertrieben
werden können.

Jean Paul, Die unsichtbare Loge

Von erloschenen Sternen fällt der
Strahl
immer noch wie einst auf Berg und
Tal.
Und so leuchten mir noch aus der
Ferne
meiner Jugend längst erlosch'nen
Sterne.

Julius Sturm

Ein treu Gedenken, lieb Erinnern,
das ist der goldne Zauberring,
der auferstehen macht im Innern,
was uns nach außen unterging.

Bodenstedt

Warum das Vergangene·uns so lieblich
dünkt? Aus demselben Grunde, warum eine Graswiese mit Blumen aus der
Entfernung ein Blumenbeet scheint.

Grillparzer, Aphorismen

Sätze wie: In der Welt überwiegt die
Summe des Leidens die Summe des
Glücks – was sind sie im letzten Grun-
de anderes als Wortspielereien vor

dem in Leid wie in Lust furchtbaren,
ganz und gar übergewaltigen Charakter des Weltalls! Sollten in diesem
ganz unfaßbaren Komplex des Lebens
nicht Leid und Lust so untrennbar, so
organisch, so durch und durch ineinander verschlungen und verwirkt sein,
daß man schon ein Prachtstück an
Trockenheit und Pedanterie sein muß,
um hier mit einer Waage heranzu-
treten?

Morgenstern, Stufen,
Tagebuch eines Mystikers

Welche Wohltat der Natur, daß die
Erinnerung an überstandene Leiden
denselben Genuß gewährt — und vielleicht einen größeren — als die Erinnerung an Freuden der Vergangenheit!

Kotzebue,
Das merkwürdigste Jahr meines Lebens

Wir wollen im Wechselgespräch durch
trauriger Leiden Gedächtnis
uns erfreuen; denn gerne gedenkt ja
ein Mann der Trübsal.

Homer, Odyssee XV, 397

Kein größerer Schmerz,
als sich erinnern glücklich heiterer Zeit
im Unglück.

Dante, Inferno 5, 121

Das Rechte, das ich viel getan,
das ficht mich nun nicht weiter an,
aber das Falsche, das mir entschlüpft,
wie ein Gespenst mir vor Augen hüpft.

Goethe, Sprichwörtlich

Gedächtnis haben kalte Seelen,
die fühlenden Erinnerung.

Friedrich Haug, Sinngedichte

Die Erinnerung steht immer dem Herzen zu Diensten.

Rivarol

Gläubiger haben ein besseres Gedächtnis als Schuldner.

Benjamin Franklin,
Der Weg zum Reichtum

Jede Frau wird das Andenken des Mannes bewahren, der sie heiraten wollte, jeder Mann das Andenken der Frau, die es nicht tat.

V. B. Shore

Die Erinnerung an Abwesende wird durch die Zeit nicht ausgelöscht, aber doch verdeckt. Die Zerstreuungen unseres Lebens, die Bekanntschaft mit neuen Gegenständen, kurz jede Veränderung unseres Zustandes tun unserem Herzen das, was Staub und Rauch einem Gemälde tun.

Goethe,
an Käthchen Schönkopf, 12. 12. 1769

Das Gedächtnis nimmt ab, wenn man es nicht übt.

Cicero, Cato major 6

Wer viel denkt, und zwar sachlich denkt, vergißt leicht seine eigenen Erlebnisse, aber nicht so die Gedanken, welche durch jene hervorgerufen wurden.

Nietzsche,
Menschliches Allzumenschliches I, 526

Das Gedächtnis mancher Menschen ist wie ein Sieb, weil ihre Gedanken nicht groß genug sind, um darin haften zu bleiben.

John Knittel

So viele klagen über ihr Gedächtnis und sollten lieber über ihren Verstand klagen.

La Rochefoucauld, Reflexionen

Die Erfahrung lehrt vielmehr, daß die Leute von gutem Gedächtnis gerne ein wenig schwach von Verstande sind.

Montaigne, Essais 1, 9

Mancher wird nur deshalb kein Denker, weil sein Gedächtnis zu gut ist.

Nietzsche,
Menschliches Allzumenschliches II, 122

Nichts ruft die Erinnerungen an die Vergangenheit so lebhaft wach wie die Musik.

Madame de Staël

Vergessen

Ein Kopf ohne Gedächtnis ist eine Festung ohne Besatzung.

Napoleon I.

Wer ein schlechtes Gedächtnis hat, wird nicht darum herum kommen, seine Fehler zu wiederholen.

Aus Indien

Vergeben und vergessen heißt kostbare Erfahrungen zum Fenster hinauswerfen.

Schopenhauer,
Aphorismen zur Lebensweisheit V, 29

Wer immer die Wahrheit sagt, kann sich ein schlechtes Gedächtnis leisten.

Theodor Heuss

Unser Gedächtnis gleicht einem Siebe, dessen Löcher anfangs klein, wenig durchfallen lassen, jedoch immer größer werden und endlich so groß sind, daß das Hineingeworfene fast alles durchfällt.

Schopenhauer,
Parerga und Paralipomena II, 26

Als ich jung war, konnte ich mich an alles erinnern, an das, was geschehen war, und an das andere, das nicht geschehen war. Jetzt bin ich alt, und ich entsinne mich nur noch dessen, was sich nicht ereignete.

Mark Twain

Jemanden vergessen wollen heißt an ihn denken.

La Bruyère, Charaktere IV

Wo der Anteil sich verliert, verliert sich auch das Gedächtnis.

Goethe,
Maximen und Reflexionen,
Aus Kunst und Altertum 1823

Aus den Augen, aus dem Sinn.

Sprichwort

Die Jugend ist vergessen
aus geteilten Interessen;
das Alter ist vergessen
aus Mangel an Interessen.

Goethe, Zahme Xenien V

Die Zeit trägt einen Ranzen auf dem Rücken,
worin sie Brocken wirft für das Vergessen,
dies große Scheusal von Undankbarkeit. (Ulysses)

Shakespeare, Troilus und Cressida III, 3

Der Mensch ist zusammengesetzt aus Vergessenheit.

Aus Arabien

Was man nicht im Kopfe hat, muß man in den Beinen haben.

Sprichwort

Nichts wird langsamer vergessen als
eine Beleidigung und nichts eher als
eine Wohltat.

Luther

Die Erinnerungen verschönen das Leben, aber das Vergessen allein macht
es erträglich.

Balzac

Zum Vorwärtskommen gehört das
Vergessenkönnen. Wer Überholtes

nicht vergessen kann, lernt nichts hinzu.

Emil Oesch

Was unheilbar, vergessen sei es!
(Lady Macbeth)

Shakespeare, Macbeth III, 2

Bald — und du hast alles vergessen.
Bald — und alles hat dich vergessen.

Mark Aurel

Reife

Dulden muß der Mensch
sein Scheiden aus der Welt wie seine
　　　　　　　　　Ankunft:
Reif sein ist alles. (Edgar)

Shakespeare, König Lear V, 2

Wer nicht den Verstand seines Alters
hat, der hat das ganze Unglück seines
Alters.

Voltaire

Ist die Birne reif, fällt sie von selber
vom Ast.

Aus Bulgarien

Wenn ihre Zeit gekommen ist, platzen
die Pfirsiche im Schatten.

Aus Japan

Wer früh zum Manne reift, bleibt
lange jung.

Aus Island

Reife des Mannes: Das heißt, den
Ernst wiedergefunden zu haben, den
man als Kind hatte, beim Spiel.

Nietzsche

Großer Gott, laß meine Seele zur
Reife kommen, ehe sie geerntet wird!

Lagerlöf

Unglückliches Geschick der Menschen!
Kaum ist der Geist zu seiner Reife
gelangt, beginnt der Körper dahinzu-
welken.

Montesquieu

Die Menschen und die Gurken taugen
nichts, sobald sie reif sind.

Jean Paul, Flegeljahre

Was reif ist, ist schon halb verfault.

Aus Rhodesien

Sinn

Am Meer, am wüsten, nächtlichen
Meer
steht ein Jüngling-Mann,
die Brust voll Wehmut, das Haupt
voll Zweifel,
und mit düstern Lippen fragt er die
Wogen:
„O löst mir das Rätsel des Lebens,
das qualvoll uralte Rätsel,
worüber schon manche Häupter ge-
grübelt,
Häupter in Hieroglyphenmützen,
Häupter in Turban und schwarzem
Barett,
Perückenhäupter und tausend andre,
arme, schwitzende Menschenhäupter.
Sagt mir, was bedeutet der Mensch?
Woher ist er kommen? Wo geht er hin?
Wer wohnt dort oben auf goldenen
Sternen?"
Es murmeln die Wogen ihr ew'ges
Gemurmel,
es wehet der Wind, es fliehen die
Wolken,
es blinken die Sterne gleichgültig und
kalt.
Und ein Narr wartet auf Antwort.

Heine, Fragen

„Wo gehen wir hin?" „Immer nach
Hause."

Novalis, Heinrich von Ofterdingen

Wie? Wann? Und Wo? Die Götter
bleiben stumm.
Du halte dich ans Weil und frage nicht
Warum!

Goethe, Gott, Gemüt und Welt

Nur ein Künstler kann den Sinn des
Lebens erraten.

Novalis, Fragmente

Es gibt kein größeres Sakrileg, als
vom Zweck des Lebens oder Zweck
der Welt zu sprechen. Es gibt nirgends
einen Zweck als in der Verderbtheit.

Rathenau

Was mit mir das Schicksal gewollt? Es
wäre verwegen,
das zu fragen; denn meist will es mit
vielen nicht viel.

Goethe, Venezianische Epigramme 76

Als Zweck unseres Daseins ist in der
Tat nichts anderes anzugeben als die
Erkenntnis, daß wir besser nicht da
wären.

Schopenhauer,
Welt als Wille und Vorstellung II, 4, 48

Jedes Lebendige freut sich seines Lebens. Es fragt und grübelt nicht, wozu
es da sei. Sein Dasein ist ihm Zweck
und sein Zweck das Dasein.

Herder

Leben ist ja doch des Lebens höchstes
Ziel. (Sappho)

Grillparzer, Sappho I, 3

Nicht mitzuhassen, mitzulieben bin
ich da.

Sophokles, Antigone

Der Mensch lebt, um zu denken, und seine Pflicht ist es, gut zu denken: Der erste Grundsatz der Moral.

Pascal

Denken, was wahr, und fühlen, was schön, und wollen, was gut ist, darin erkennt der Geist das Ziel des vernünftigen Lebens.

Herder

Wenn ein Gedanke, der die Menschheit ehrt,
den Sieg errang, so war's der Mühe wert.

Uhland, Aus dem Nachlaß, Sprüche

Wozu die Welt da ist, wozu die Menschheit da ist, das soll uns einstweilen gar nicht kümmern, es sei denn, daß wir uns einen Scherz machen wollen; denn die Vermessenheit des kleinen Menschengewürms ist nun einmal das Scherzhafteste und Heiterste auf der Erdenbühne. Aber wozu du Einzelner da bist, das frage ich, und wenn es dir sonst keiner sagen kann, so versuche es nur einmal, daß du dir selber einen Zweck, ein Ziel, ein Dazu vorsetzest, ein hohes und edles Dazu.

Nietzsche,
Unzeitgemäße Betrachtungen 2, 9

Wenn es dir möglich ist, einer einzigen im Dunkel irrenden Seele ein Licht zu entzünden, einem Betrübten die sonnige Seite des Lebens zu zeigen, einem andern die höhere und edlere Lebensanschauung zu geben, einem

Mitmenschen zu helfen, daß er ein besserer Mensch werde, einem Mühsamen und Beladenen die Lasten zu erleichtern, mit auch nur einem kleinen Funken der Liebe die Welt zu bereichern, dann hast du nicht vergebens gelebt.

Jack London

Wer sein Leben auf Dienst aufbaut, hat nie umsonst gelebt.

Oesch

Leben heißt etwas Aufgegebenes erfüllen. In dem Maße, wie wir vermeiden, unser Leben an etwas zu setzen, entleeren wir es.

Ortega y Gasset

Ziel des Lebens ist Selbstentwicklung. Das eigene Wesen völlig zur Entfaltung zu bringen, das ist unsere Bestimmung.

Wilde

Wer nicht den tiefen Sinn des Lebens im Herzen sucht, der sucht vergebens. Kein Geist, und sei er noch so reich, kommt einem edlen Herzen gleich.

Bodenstedt

Gott ist nicht nur auf Erden und in uns, sondern er will auch in uns werden, und das ist der Zweck unseres Lebens. In jedem hohen Tun und Sein, in jedem Erkennen der Wahrheit, in jedem Kampf mit der Welt, in jedem Sieg über uns selbst, bei jedem Schritt und auf jeder Stufe zu unserem höheren eigensten Selbst sind wir allezeit Mehrer des „Reiches Gottes" auf Erden.

Boesch

Leben wir allein für dieses Leben, so sind wir die elendesten aller erschaffenen Wesen.

Wilhelm von Humboldt,
Briefe an eine Freundin, 12. 6. 1829

Schicksal

Der Charakter ist das Schicksal des Menschen.

Heraklit, Fragmente

In deiner Brust sind deines Schicksals
Sterne. (Illo)

Schiller, Die Piccolomini II, 6

Der Zug des Herzens ist des Schicksals
Stimme. (Thekla)

Schiller, Die Piccolomini III, 8

Die Oberpriesterin: Unmöglich,
da nichts von außen sie, kein Schicksal
hält,
nichts als ihr töricht Herz?
Prothoe: Das ist ihr Schicksal!
Dir scheinen Eisenbanden unzerreißbar,
nicht wahr? Nun sieh: Sie bräche sie
vielleicht
und das Gefühl doch nicht, das du
verspottest.

Kleist, Penthesilea 9

Wer heute einen Gedanken sät, erntet
morgen die Tat, übermorgen die Ge-

wohnheit, darnach den Charakter und
endlich sein Schicksal.

Gottfried Keller

Meine Sicherheit liegt im Schritt, nicht
im Wissen um mein Ziel.

Waldemar Bonsels

Das Schicksal mischt die Karten, und
wir spielen.

Schopenhauer,
Aphorismen zur Lebensweisheit V, 48

Wie man sich bettet, so schläft man.

Sprichwort

Wie du den Kuchen gebacken hast, so
wirst du ihn essen müssen.

Aus Rußland

Nach ewigen, ehernen,
großen Gesetzen
müssen wir alle
unseres Daseins
Kreise vollenden.

Goethe, Das Göttliche

Der Mensch denkt,
Gott lenkt.

nach Sprüche 16,9

Ich trotze allen Vorbedeutungen: Es
waltet eine besondere Vorsehung über
den Fall eines Sperlings. Geschieht es
jetzt, so geschieht es nicht in Zukunft;
geschieht es nicht in Zukunft, so geschieht es jetzt; geschieht es jetzt nicht,
so geschieht es doch einmal in Zukunft.
Bereit sein ist alles. (Hamlet)

Shakespeare, Hamlet V, 2

Wir führen uns nicht selbst. Bösen
Geistern ist Macht über uns gelassen,
daß sie ihren höllischen Mutwillen an
unserem Verderben üben. (Weislingen)

Goethe, Götz von Berlichingen V,
Weislingens Schloß

Gott schickt uns das Fleisch, aber der
Teufel die Köche.

Aus Italien

Wer zum Galgen geboren ist, ersäuft
nicht.

Sprichwort

Nicht umzukehren ist des Schicksals
Spruch. (Richard)

Shakespeare, König Richard III. IV, 4

Du mußt ein guter Kerzenmacher sein,
wenn du Gott eine wächserne Nase
drehen willst.

Sprichwort

Uns ist gegeben
auf keiner Stätte zu ruhen.
Es schwinden, es fallen
die leidenden Menschen
blindlings von einer
Stunde zur andern
wie Wasser, von Klippe zu Klippe
               geworfen,
jahrlang ins Ungewisse hinab.

Hölderlin, Hyperions Schicksalslied

Seele des Menschen,
wie gleichst du dem Wasser!
Schicksal des Menschen,
wie gleichst du dem Wind!

Goethe,
Gesang der Geister über den Wassern

Den Wind kann man nicht verbieten.
Aber man kann Mühlen bauen.

Aus Holland

Ducunt volentem fata, nolentem tra-
hunt. Den Willigen führt das Geschick,
den Störrischen schleift es mit.

Seneca junior, 107. Brief

Schicksal und sich schicken scheinen
mir nicht ohne Bedeutung nahe verwandt. Wie wir uns schicken, so ist
unser Schicksal.

Novalis

Es gibt Dinge, Verhältnisse, Zustände
und Berufsarten, gegen die der Mensch
sich mit Händen und Füßen wehrt,
wenn er hineingerät, und die er nach-

her ganz und gar für sich zugeschnitten findet, wenn er endlich drinsteckt.

Raabe

Selten tritt dem Weisen das Schicksal in den Weg.

Seneca, Abhandlungen

Um seine männliche Schöpferkraft wissen und doch seine weibliche Empfänglichkeit bewahren heißt zum Strombett des Lebens werden.

Lao-Tse,
Tao-Teh-King 28

Keinem erscheint das Schicksal so blind wie dem, den es nicht begünstigt.

La Rochefoucauld, Reflexionen

Wenige richten sich nach ihrem Stern.
(Warwick)

Shakespeare, König Heinrich VI.,
Dritter Teil IV, 6

Was aber die Leute gemeiniglich das Schicksal nennen, sind meistens nur ihre eigenen dummen Streiche.

Schopenhauer,
Aphorismen zur Lebensweisheit V, 52

Nicht was wir erleben, sondern wie wir empfinden, was wir erleben, macht unser Schicksal aus.

Ebner-Eschenbach, Aphorismen

Gewiß ist es fast noch wichtiger, wie der Mensch das Schicksal nimmt, als wie es ist.

Wilhelm von Humboldt

Nimm es als Vergnügen, und es ist Vergnügen! Nimm es als Qual, und es ist Qual!

Aus Indien

Man muß es mit dem Schicksal halten wie mit dem Befinden des Körpers: Es genießen, wenn es gut ist, sich gedulden, wenn es schlecht ist, und nur in der äußersten Not starke Heilmittel anwenden.

La Rochefoucauld, Reflexionen

Diese traurige Welt bekleidet den, der schon bekleidet ist, und entblößet den Entblößten.

Calderon, Das große Welttheater

Ei, der Gesunde hüpft und lacht,
dem Wunden ist's vergällt.
Der eine schläft, der andere wacht,
das ist der Lauf der Welt. (Hamlet)

Shakespeare, Hamlet III, 2

Gott hat selber kein Kopftuch, doch nimmt er's der einen und bindet's der andern um.

Aus Spanien

Wie verschieden auch die Schicksale scheinen, es waltet doch eine gewisse Ausgleichung zwischen Glück und Unglück.

La Rochefoucauld

Zufall

Je mehr man altert, desto mehr überzeugt man sich, daß Seine heilige Majestät der Zufall gut drei Viertel der
Geschäfte dieses miserabeln Universums besorgt.

Friedrich der Große,
an Voltaire, 26. 12. 1773

Die besten Dinge verdanken wir dem
Zufall.

Casanova

Auch der Zufall ist nicht unergründlich. Er hat seine Regelmäßigkeit.

Novalis, Fragmente

Der Zufall ist die in Schleier gehüllte
Notwendigkeit.

Ebner-Eschenbach, Aphorismen

Auch das Zufälligste ist nur ein auf
entfernterem Wege herangekommenes
Notwendiges.

Schopenhauer,
Parerga und Paralipomena

Der Zufall ist das Pseudonym, das der
liebe Gott wählt, wenn er inkognito
bleiben will.

Albert Schweitzer

Notwendigkeit

Alle Dinge geschehen aus Notwendigkeit. Es gibt in der Natur kein Gutes
und kein Schlechtes.

Spinoza, Ethik I, 13

Des Menschen Taten und Gedanken,
wißt,
sind nicht wie Meeres blind bewegte
Wellen.
Die innere Welt, sein Mikrokosmos ist
der tiefe Schacht, aus dem sie ewig
quellen.
Sie sind notwendig wie des Baumes
Frucht;
sie kann der Zufall gaukelnd nicht
verwandeln.

Hab ich des Menschen Kern erst untersucht,
so weiß ich auch sein Wollen und sein
Handeln. (Wallenstein)

Schiller, Wallensteins Tod II, 3

Da ists denn wieder, wie die Sterne
wollten:
Bedingung und Gesetz, und aller Wille
ist nur ein Wollen, weil wir eben
sollten,
und vor dem Willen schweigt die Willkür stille.

Goethe, Urworte Orphisch, Nötigung

Notwendigkeit ist kohlschwarz.

Aus Großbritannien

Ernst ist der Anblick der Notwendigkeit. (Wallenstein)

Schiller, Wallensteins Tod I, 4

Nichts ist schrecklich, was notwendig ist.

Euripides, Fragmente 757

Wo von zwei gewissen Übeln eins
ergriffen werden muß, wo sich das
Herz
nicht ganz zurückbringt aus dem Streit
der Pflichten,
da ist es Wohltat, keine Wahl zu haben,
und eine Gunst ist die Notwendigkeit.
(Wallenstein)

Schiller, Wallensteins Tod II, 2

Die Notwendigkeit ist der beste Ratgeber.

Goethe, Annalen

Ursächlichkeit

De nihilo nihil.
Aus Nichts wird nichts.

Lukrez, De natura 1, 102

Das Rohr bewegt sich nicht ohne Wind.

Aus Malta

Felix, qui potuit rerum cognoscere
causas. Glücklich, wer zu erkennen
vermochte die Gründe der Dinge.

Vergil, Georgica 2, 490

Es mag ein Umstand noch so gering
sein, seine Ursachen sind auf jeden
Fall bewundernswert.

Aus der Mongolei

Es ist kein Haar so klein, daß es nicht
seinen Schatten hat.

Aus Schottland

Nur ein Nagel war Schuld, daß das
Hufeisen verlorenging.

Aus Griechenland

Um eines Hufeisens willen verdirbt
oft ein Pferd.

Sprichwort

Wegen einer kleinen Kerze ist ganz
Moskau niedergebrannt.

Aus Rußland

Der Körper und sein Schatten sind unzertrennlich.

Aus Indochina

Wer A sagt, muß auch B sagen.

Sprichwort

Freiheit

Laßt mich nur auf meinem Sattel
gelten!
Bleibt in euren Hütten, euren Zelten!
Und ich reite froh in alle Ferne,
über meiner Mütze nur die Sterne.

Goethe,
Divan, Buch des Sängers, Freisinn

Der Mensch ist frei geschaffen, ist frei,
und würd' er in Ketten geboren.

Schiller, Die Worte des Glaubens

Es binden Sklavenfesseln nur die
Hände.
Der Sinn, er macht den Freien und den
Knecht. (Phaon)

Grillparzer, Sappho II, 4

Die Freiheit ist nicht etwas, das in den
äußeren Verhältnissen liegt. Sie liegt in
den Menschen. Wer frei sein will, der
ist frei.

Paul Ernst, Erdachte Gespräche

Wollen befreit.

Nietzsche, Zarathustra II,
Auf den glückseligen Inseln

Es sind
nicht alle frei, die ihrer Ketten spotten.
(Tempelherr)

Lessing, Nathan IV, 4

Es darf sich einer nur für frei erklären, so fühlt er sich den Augenblick

als bedingt. Wagt er es, sich für bedingt
zu erklären, so fühlt er sich frei.

Goethe, Die Wahlverwandtschaften II, 5

Der Gottheit zu gehorchen, ist Freiheit.

Seneca, Abhandlungen

Nehmt die Gottheit auf in euren Willen,
und sie steigt von ihrem Weltenthron!
Des Gesetzes strenge Fessel bindet
nur den Sklavensinn, der es verschmäht;
mit des Menschen Widerstand verschwindet
auch des Gottes Majestät.

Schiller, Das Ideal und das Leben

Frei ist, wer, obwohl gezwungen, tut,
was er nötig hat, wie ein Diener dienen muß, um leben zu können. Sklave
ist, wer sich zwingen läßt, zu tun, was
er nicht nötig hätte.

Rivarol

Der Mensch ist frei wie ein Vogel im
Käfig. Er kann sich innerhalb gewisser Grenzen bewegen.

Lavater

Wer an die Freiheit des menschlichen
Willens glaubt, hat nie geliebt und nie
gehaßt.

Ebner-Eschenbach, Aphorismen

Um sich frei zu fühlen, gibt es ein ein-
faches Mittel: Nicht an der Leine zerren.

Hans Krailsheimer

Ist vielleicht nur die Welt ein großer
                                    Kerker? Und frei ist
wohl der Tolle, der sich Ketten zu
                                    Kränzen erkiest.

Goethe, Weissagungen des Bakis 13

Wenn euer Gewissen rein ist, so seid
ihr frei. (Götz)

Goethe, Götz von Berlichingen I,
Jaxthausen, Götzens Burg

Der eine fragt: Was kommt danach?
Der andre fragt nur: Ist es recht?
Und also unterscheidet sich
der Freie von dem Knecht.

Theodor Storm, Sprüche 1

Die Wahrheit wird euch frei machen.

Johannes 8,32

Auf der Erkenntnis beruht die Freiheit.

Feuchtersleben, Aphorismen

Wir sind umso freier, je mehr wir der
Vernunft gemäß handeln, und umso
mehr geknechtet, je mehr wir uns von
den Leidenschaften regieren lassen.

Leibniz

Die Beherrschung unserer Leidenschaften ist der wahre Fortschritt in der
Freiheit.

Locke

Freiheit liebt das Tier der Wüste,
frei im Äther herrscht der Gott,
ihrer Brust gewalt'ge Lüste
zähmet das Naturgebot;
doch der Mensch in ihrer Mitte
soll sich an den Menschen reihn,
und allein durch seine Sitte
kann er frei und mächtig sein.

Schiller, Das Eleusische Fest

Nur die, welche nichts lieben und
nichts hassen, tragen keine Fesseln.

Dhammapada 16

Aus der Welt die Freiheit verschwun-
                                    den ist,
man sieht nur Herren und Knechte;
die Falschheit herrscht, die Hinterlist
bei dem feigen Menschengeschlechte.
Der dem Tod ins Angesicht schauen
                                    kann,
der Soldat allein ist der freie Mann!

Schiller, Reiterlied

Willst du eine freie Seele haben, so
mußt du entweder arm sein oder wie
ein Armer leben.

Seneca, Fragment über die Armut

Die Unabhängigkeit und Freiheit der
Menschen beruht weniger auf der
Kraft der Arme als auf der Mäßigung

der Herzen. Wer wenig begehrt, hängt
von wenigem ab.

Rousseau, Emile 2, 4

Die Freiheit besteht darin, daß man
alles das tun kann, was einem andern
nicht schadet.

Matthias Claudius, Wandsbecker Bote,
Erklärung der Menschenrechte

Die wahre Liberalität ist Anerkennung.

Goethe,
Maximen und Reflexionen, Nachlaß,
Über Literatur und Leben

Was Freiheit in praktischer Beziehung
ist, verstehen wir gar wohl, in theore-
tischer Absicht aber, was ihre Natur
betrifft, können wir ohne Widerspruch
nicht einmal daran denken, sie verstehen zu wollen.

Kant, Religion innerhalb der Grenzen
der bloßen Vernunft 3

Nur der Körper eignet jenen Mächten,
die das dunkle Schicksal flechten;
aber frei von jeder Zeitgewalt,
die Gespielin seliger Naturen,
wandelt oben in des Lichtes Fluren
göttlich unter Göttern die Gestalt.

Schiller, Das Ideal und das Leben

Ach, umsonst auf allen Länderkarten
spähst du nach dem seligen Gebiet,
wo der Freiheit ewig grüner Garten,
wo der Menschheit schöne Jugend blüht.
In des Herzens heilig stille Räume

mußt du fliehen aus des Lebens Drang:
Freiheit ist nur in dem Raum der
Träume,
und das Schöne blüht nur im Gesang.

Schiller,
Der Antritt des neuen Jahrhunderts

Alle Freiheitsapostel, sie waren mir
immer zuwider.
Willkür suchte doch nur jeder am Ende
für sich.
Willst du viele befrein, so wag es,
vielen zu dienen!

Goethe, Venezianische Epigramme 50

Daß die Wölfe nach Freiheit schreien,
ist begreiflich. Wenn aber die Schafe
in ihr Geschrei einstimmen, so beweisen sie damit nur, daß sie Schafe sind.

Ihering, Der Zweck im Recht 1, 7

Wer auf andere nicht mehr angewiesen
zu sein glaubt, wird unerträglich.

Vauvenargues, Reflexionen

Wie Überfüllung strenge Fasten zeugt,
so wird die Freiheit, ohne Maß gebraucht,
in Zwang verkehrt. (Claudio)

Shakespeare, Maß für Maß I, 3

Ich habe die Tage
der Freiheit gekannt,
ich hab sie die Tage
der Leiden genannt.

Goethe, Epigrammatisch

Ausgehend von schrankenloser Freiheit, ende ich mit unumschränktem Despotismus.

Dostojewskij, Die Dämonen

Wer den Übermut anderer früher ertragen mußte, wird, sobald er frei ist, nicht etwa gerecht, sondern nur seinerseits übermütig. Das ist der große Unterschied, aus Gehorsam gehorchen oder aus Achtung vor dem Gesetze.

Stifter, an Heckenast, 25. 5. 1848

Vor dem Sklaven, wenn er die Kette
bricht,
vor dem freien Menschen erzittert
nicht!

Schiller, Die Worte des Glaubens

Nur auf dem Begriff von „Ordnung" kann jener der „Freiheit" ruhen.

Metternich, Denkwürdigkeiten

Wahre Freiheit macht edelmütig und bescheiden und nicht unverschämt.

Pestalozzi, Christoph und Else

Freiheit bedeutet Verantwortlichkeit. Das ist der Grund, weshalb die meisten Menschen sich vor ihr fürchten.

Shaw

Niemand ist frei, der nicht über sich selbst Herr ist.

Matthias Claudius

Die Frauen haben es auf dieser Erde viel besser als die Männer. Ihnen sind viel mehr Dinge verboten.

Wilde

Alles, was unsern Geist befreit, ohne uns die Herrschaft über uns selbst zu geben, ist verderblich.

Goethe,
Wilhelm Meisters Wanderjahre II,
Betrachtungen im Sinne der Wanderer

Herrenlos ist auch der Freiste nicht.
Ein Oberhaupt muß sein, ein höchster
Richter,
wo man das Recht mag schöpfen in
dem Streit. (Stauffacher)

Schiller, Wilhelm Tell II, 2

Der Engländer liebt die Freiheit wie sein rechtmäßiges Weib. Er besitzt sie, und wenn er sie auch nicht mit absonderlicher Zärtlichkeit behandelt, so weiß er sie doch im Notfall wie ein Mann zu verteidigen. Der Franzose liebt die Freiheit wie seine erwählte Braut. Er wirft sich zu ihren Füßen mit den überspanntesten Beteuerungen. Er schlägt sich für sie auf Tod und Leben. Er begeht für sie tausenderlei Torheiten. Der Deutsche liebt die Freiheit wie seine Großmutter.

Heine

Die Freiheit, für die man kämpft, ist eine Geliebte, um die man sich bewirbt. Die Freiheit, die man hat, ist eine Gattin, die uns unbestritten bleibt. Glauben Sie, daß ein braver Mann sein

Weib nicht liebt, weil sein Herz still
und friedlich ist?

Börne, Schilderungen aus Paris 15

Manche Politiker unserer Zeit pflegen
es als einen sich von selbst verstehen-
den Satz hinzustellen, daß kein Volk
frei sein dürfe, bis es fähig sei, sich
seiner Freiheit zu bedienen. Dieser
Grundsatz ist des Toren in der alten
Geschichte würdig, der beschloß, nicht
eher ins Wasser zu gehen, als bis er
schwimmen gelernt hätte.

Macaulay,
Kritische und historische Essays, Milton

Eine freie Nation kann einen Befreier
haben, eine unterjochte bekommt nur
einen andern Unterdrücker.

Arndt, Wanderungen und Wandelungen
mit dem Freiherrn vom Stein

Männer wollen nicht die große Freiheit. Sie wollen viele kleine Freiheiten.

Verfasser unbekannt

Der Unterschied zwischen Freiheit und
Freiheiten ist so groß wie zwischen
Gott und Göttern.

Börne, Fragmente und Aphorismen

Abhängigkeit

Einem andern gehöre nicht, wer sein
eigener Herr sein kann!

Paracelsus, Wahlspruch

Auf seine Freiheit verzichten, heißt
auf seine Menschenwürde, Menschenrechte, selbst auf seine Pflichten verzichten.

Jean-Jacques Rousseau

An der Leine fängt der Hund keinen
Hasen.

Aus Bulgarien

Das Leben gilt nichts, wo die Freiheit
fällt.

Theodor Körner, Letzter Trost

Dem Vogel ist ein einfacher Zweig
lieber als ein goldener Käfig.

Aus Rußland

Hinter dem Gitter
schmeckt auch der Honig bitter.

Sprichwort

Abhängigkeit ist heiser, wagt nicht
laut zu reden. (Julia)

Shakespeare, Romeo und Julia II, 2

Wer von anderen abhängt, soll sich
selbst bei ihrem Hund beliebt machen.

Aus Japan

Die Menschen leben all' als Sklaven
                    nur hienieden,
doch ihre Ketten sind nach Rang und
                    Stand verschieden:
Aus Gold die einen sie, aus Eisen andre
                    tragen.

Mathurin Régnier, Satires

Freiwillige Abhängigkeit ist der schönste Zustand, und wie wäre der möglich ohne Liebe?

Goethe, Die Wahlverwandtschaften II, 5

Mit der Furcht fängt die Sklaverei an,
aber auch mit Zutrauen und Sorglo-
sigkeit.

Seume

Die Knechtschaft erniedrigt den Menschen so weit, daß er sie liebgewinnt.

Vauvenargues, Reflexionen

Die glücklichen Sklaven sind die er-
bittertsten Feinde der Freiheit.

Ebner-Eschenbach, Aphorismen

Der Knecht singt gern ein Freiheits-
                    lied
des Abends in der Schenke.

Heine

Wer nie in Banden war, weiß nichts
von Freiheit.

Bosshart, Bausteine

Entscheidung

Auf des Glückes großer Waage
steht die Zunge selten ein:
Du mußt steigen oder sinken,
du mußt herrschen und gewinnen
oder dienen und verlieren,
leiden oder triumphieren,
Amboß oder Hammer sein.

Goethe, Ein Andres (Kophtisches Lied)

Sitze nicht mit dem Hintern in zwei
Kähnen!

Aus Rumänien

Wenn auch nur wenig Menschen Cä-
saren sind, so steht doch jeder einmal
an seinem Rubikon.

Bentzel-Sternau, Welt-Ansichten

Man kann nicht beides haben: Den
Rahm und die Butter.

Aus Norwegen

Kräftige Charaktere ruhen sich in Ex-
tremen aus.

Chamfort, Maximen V

„Ich weiß recht gut", sagte Eduard, indem sie zusammen den Schloßberg wieder hinaufstiegen, „daß alles in der Welt ankommt auf einen gescheiten Einfall und auf einen festen Entschluß."

Goethe,
Die Wahlverwandtschaften I, 6

Überlasse die Entscheidung nicht der Leidenschaft, sondern dem Verstande!

Epicharm, Fragmente

In der Welt ist es sehr selten mit dem Entweder — Oder getan. Die Empfindungen und Handlungsweisen schattieren sich so mannigfaltig, wie Abfälle zwischen einer Habichts- und einer Stumpfnase sind.

Goethe,
Die Leiden des jungen Werthers,
8. 8. 1771

Die Entschlüsse eines Menschen können nie besser sein als die Informationen und die Einsichten, die er hat.

Oesch

Wenige Menschen denken, und doch wollen alle entscheiden.

Friedrich der Große

Hüte dich vor dem Entschluß, zu dem du nicht lächeln kannst!

Heinrich von Stein

Alle wichtigen Fragen entscheiden sich besser in der Nacht.

Epicharm, Fragmente 271

Nicht ohne Schauder greift des Menschen Hand
in des Geschicks geheimnisvolle Urne.
(Wallenstein)

Schiller, Wallensteins Tod I, 4

Man sage nicht, das Schwerste sei die Tat!
Da hilft der Mut, der Augenblick, die Regung.
Das Schwerste dieser Welt ist der Entschluß. (Primislaus)

Grillparzer, Libussa III, 1

Es ist aber bisweilen schwer zu beurteilen, für welche von zwei Möglichkeiten man sich entscheiden und welches von zwei Übeln man über sich ergehen lassen soll, und oft noch schwerer, bei dem gefaßten Entschluß zu bleiben.

Aristoteles,
Nikomachische Ethik III, 1

Roma locuta, causa finita. Rom hat gesprochen. Die Sache ist erledigt.

Augustinus, Sermo 131

VII. Kapitel

Geburt
Kindheit
Jugend
Jüngling
Mädchen
Altersstufen
Alter
Altersmerkmale
Tod
Sterben
Begräbnis
Trauer
Unsterblichkeit
Jenseits
Nachlaß
Erbe

Geburt

Viele werden geboren, aber wer davon wird je wirklich geliebt werden?

Aus Brasilien

Jedes Kind, das zur Welt kommt, predigt sogleich das Evangelium der Liebe.

Gutzkow

Das Wort Entbindung ist zweideutig: Es kann auch den Tod bedeuten.

Lichtenberg

Ist der Mensch geboren, so fängt er an zu sterben.

Sprichwort

Wir Neugeborenen weinen, zu betreten die große Narrenbühne. (Lear)

Shakespeare, König Lear IV, 6

Nicht geboren zu werden, ist weitaus das Beste.

Sophokles, Oedipus auf Kolonos V, 1225

Kindheit

Kinderland, du Zauberland,
Haus und Hof und Hecken.
Hinter blauer Wälderwand
spielt die Welt Verstecken.

Liliencron

Die Kinder kennen weder Vergangenheit noch Zukunft, und — was uns Erwachsenen kaum passieren kann — sie genießen die Gegenwart.

La Bruyère, Charaktere 11

Ihm ruhen noch im Zeitenschoße
die schwarzen und die heitern Lose.
Der Mutterliebe zarte Sorgen,
bewachen seinen goldnen Morgen.

Schiller, Das Lied von der Glocke

Kindeshand ist bald gefüllt,
Kindeszorn ist bald gestillt.

Sprichwort

Wir sollen es mit den Kindern machen wie Gott mit uns, der uns am glücklichsten macht, wenn er uns in freundlichem Wahne so hintaumeln läßt.

Goethe,
Die Leiden des jungen Werthers,
6. 7. 1771

Christ, so du kannst ein Kind von
ganzem Herzen werden,
so ist das Himmelreich schon deine
hier auf Erden.

Angelus Silesius,
Der Cherubinische Wandersmann I

Kinder erfrischen das Leben und erfreuen das Herz.

Schleiermacher

Ein Gruß aus frischer Knabenkehle,
ja mehr noch eines Kindes Lallen,
kann leuchtender in deine Seele
als Weisheit aller Weisen fallen.

Fontane

Kinder sind eine Brücke zum Himmel.

Aus Persien

In jedem Kinde liegt eine wunderbare
Tiefe.

Robert Schumann

Vor Gott muß man sich beugen, weil
er so groß ist, vor dem Kinde, weil
es so klein ist.

Rosegger

Jedes Kind ist gewissermaßen ein
Genie und jedes Genie gewissermaßen
ein Kind.

Schopenhauer,
Die Welt als Wille und Vorstellung

Wüchsen die Kinder in der Art fort,
wie sie sich andeuten, so hätten wir
lauter Genies.

Goethe, Dichtung und Wahrheit I, 2

In der Kinderwelt steht die ganze
Nachwelt vor uns, in die wir wie Moses ins gelobte Land nur schauen, nicht
kommen.

Jean Paul, Levana

Ein Kind ist ein Buch, aus dem wir
lesen und in das wir schreiben sollen.

Rosegger,
Die Schriften eines Dorfschulmeisters

Kinder sind Rätsel von Gott und
schwerer als alle zu lösen,
aber der Liebe gelingt's, wenn sie sich
selber bezwingt.

Hebbel, Gottes Rätsel

Man versteht die Kinder nicht, ist man
nicht selbst kindlichen Herzens. Man
weiß sie nicht zu behandeln, wenn
man sie nicht liebt, und man liebt sie
nicht, wenn man nicht liebenswürdig
ist.

Börne, Kritiken

Der Erwachsene achtet auf Taten, das
Kind auf Liebe.

Aus Indien

Tu einem Kind Ehre an, und es wird
dir Ehre antun!

Aus Rhodesien

Ein Kind taugt weder zum Lügen noch
zum Verheimlichen.

Aus Island

Was man in der Kindermütze annimmt, läßt man mit dem Leichen-
tuch.

Aus Spanien

Was ein Häkchen werden will, krümmt
sich beizeiten.

Sprichwort

Ein gutgesinntes, zur Liebe und Teilnahme geneigtes Kind weiß dem Hohn
und dem bösen Willen wenig entgegenzusetzen.

Goethe, Dichtung und Wahrheit I, 2

Schaffet die vielen Tränen der Kinder
ab! Langes Regnen ist den Blüten
schädlich.

Jean Paul

Das Kind hat von tausend Waffen, die
wir Erwachsenen in Kunst, Wissenschaft, Erfahrung finden, keine einzige. Es hat nichts als sein kleines,
unbeschütztes, nacktes Herz, das wir
ebenso leicht erheben als zu Boden
schlagen können.

Horn

Es trägt wohl mancher Alte,
des Herz längst nicht mehr flammt,
im Antlitz eine Falte,
die aus der Kindheit stammt.

Julius Hammer

Leicht welkt die Blum vor Abend,
weil achtlos du verwischt
den Tropfen Tau, der labend
am Morgen sie erfrischt.

Julius Hammer

Jugend

So gib mir auch die Zeiten wieder,
da ich noch selbst im Werden war,
da sich ein Quell gedrängter Lieder
ununterbrochen neu gebar,
da Nebel mir die Welt verhüllten,
die Knospe Wunder noch versprach,
da ich die tausend Blumen brach,
die alle Täler reichlich füllten!
Ich hatte nichts und doch genug:
Den Drang nach Wahrheit und die
　　　　　　　　　　　Lust am Trug!
Gib ungebändigt jene Triebe,
das tiefe, schmerzenvolle Glück,
des Hasses Kraft, die Macht der Liebe,
gib meine Jugend mir zurück! (Dich-
　　　　　　　　　　　　　　ter)

Goethe, Faust, Vorspiel

Die Jugend ist etwas Wundervolles.
Es ist eine Schande, daß man sie an
Kinder vergeudet.

Shaw

Die Jugend ist nicht das Alter der
Rache und des Hasses, sondern das
des Mitleidens, der Milde, der Großmut.

Rousseau, Emile 4

Nur in der Jugend ist man Weltbür-
ger. Die besten unter den Alten sind
nur Erdenbürger.

Börne, Aus meinem Tagebuche, 22. 5. 1830

Die Jugend ist uneigennützig im Denken und Fühlen. Sie denkt und fühlt deshalb die Wahrheit am tiefsten und geizt nicht, wo es kühne Teilnahme an Bekenntnis und Tat gilt.

Heine, Reisebilder, Die Stadt Lucca 17

Jungsein heißt: Nie fertig sein, immer wieder lernen, versuchen, umstoßen, verfluchen, irrelaufen und dennoch wieder die Tür zur eigenen Stube finden. Wer jung ist, bleibt es bis zum letzten Atemzuge; denn Jugend ist nichts anderes als eine innere Haltung.

Hans Christoph Kaergel

Jugend ist eine beständige Trunkenheit: Sie ist das Fieber der Vernunft.

La Rochefoucauld, Reflexionen

Jugend ist Trunkenheit ohne Wein.

Goethe, Divan, Schenkenbuch

Junge Leute übernehmen in der Leitung und Durchführung von Geschäften mehr, als sie zu bewältigen vermögen, fliegen auf das Ziel zu, ohne Mittel und Maße zu bedenken, folgen einigen wenigen Grundsätzen, auf die sie zufällig gestoßen sind, führen Neuerungen ein ohne Rücksicht auf etwaige Nachteile, wenden sofort die schärfsten Mittel an und sind, was ihre Irrtümer verdoppelt, nicht dazu zu bringen, sie einzugestehen oder rückgängig zu machen, gleich einem ungezogenen Pferd, das weder stehen noch wenden will.

Francis Bacon, Essays 42

Die Wunden, die ein junges Herz empfängt, vernarben nur bei armseligen Charakteren zu toten Stellen. Bei starken Naturen werden sie zu fruchtbarem Grund.

Bonsels, Mario und Gisela

Jugendlicher Verstand gleicht dem Eis im Frühling.

Aus Rußland

Frühlingswetter ändert ständig das Gesicht.

Aus China

Der fremde Zauber reißt die Jugend fort. (Attinghausen)

Schiller, Wilhelm Tell II, 1

Schnell fertig ist die Jugend mit dem Wort,
das schwer sich handhabt wie des Messers Schneide.
Aus ihrem heißen Kopfe nimmt sie keck
der Dinge Maß, die nur sich selber richten. (Wallenstein)

Schiller, Wallensteins Tod II, 2

Die Jugend liebt heutzutage den Luxus. Sie hat schlechte Manieren, verachtet die Autorität, hat keinen Respekt vor den älteren Leuten und schwatzt, wo sie arbeiten sollte. Die jungen Leute stehen nicht mehr auf, wenn Ältere das Zimmer betreten. Sie

widersprechen ihren Eltern, schwadro-
nieren in der Gesellschaft, verschlingen bei Tisch die Süßspeisen, legen die
Beine übereinander und tyrannisieren
ihre Lehrer.

Sokrates

Was ist die Jugend? Ein Traum. Was
ist Liebe? Der Inhalt des Traumes.

Kierkegaard

Das einzige Gut ist die Jugend, die
zwischen Glück und Unglück einher-
wandelt und beide verachtet.

Seneca, Briefe

Die Heiterkeit und der Lebensmut unserer Jugend beruht zum Teil darauf,
daß wir, bergauf gehend, den Tod
nicht sehen, weil er am Fuß der anderen Seite des Berges liegt.

Schopenhauer,
Aphorismen zur Lebensweisheit VI

Nimmer begreift der Gesunde die
Krankheit, nimmer die Jugend,
daß ihr reiches Gemüt je zu verar-
men vermag.

Geibel,
Distichen vom Strande der See, 3. Tag

O schilt das goldne Jugendalter nicht!
Der Kopf ist rasch, allein das Herz
ist gut. (Medea)

Grillparzer, Medea III

Dies ist der Jugend edelster Beruf:
Die Welt, sie war nicht, eh ich sie er-
schuf!
Die Sonne führ ich aus dem Meer
herauf;
mit mir begann der Mond des Wech-
sels Lauf.
Da schmückte sich der Tag auf meinen
Wegen,
die Erde grünte, blühte mir entgegen.
Auf meinen Wink, in jener ersten
Nacht,
entfaltete sich aller Sterne Pracht.
(Baccalaureus)

Goethe, Faust 2, II,
Hochgewölbtes, enges gotisches Zimmer

Was jung ist,
will jung sein.
Das ist so Brauch.
Als wir jung waren,
wollten wir's auch.

Cäsar Flaischlen

Jugend ist wie ein Most. Der läßt sich
nicht halten. Er muß vergären und
überlaufen.

Luther

Doch sind wir auch mit diesem nicht
gefährdet,
in wenig Jahren wird es anders sein:
Wenn sich der Most auch ganz absurd
gebärdet,
es gibt zuletzt doch noch e' Wein.
(Mephistopheles)

Goethe, Faust 2, II,
Hochgewölbtes, enges gotisches Zimmer

Was nicht blüht, das körnert nicht.

Sprichwort

Jugend wild, Alter mild!

Sprichwort

Eine freudlose Jugend ist nur zu oft das traurige Vorspiel zu einem freudlosen, vergrämten, menschenscheuen, ja menschenfeindlichen Alter.

Friedrich Spielhagen

Wer nie in der Jugend Gewitterdrang
über jedes trennende Gitter sprang,
wer nie in sünd'gem Verlangen gebebt
hat
und immer nur nach Erlaubtem gestrebt hat,
dem schmücke das Wams mit Orden
und Tressen,
doch sag ihm, er habe zu leben vergessen.

Oskar Blumenthal

Junge Leute leiden weniger unter eigenen Fehlern als unter der Weisheit der Alten.

Vauvenargues, Reflexionen

Junge Rebe muß verdorren,
kommt sie neben alten Knorren.

Sprichwort

Des Lebens Mai blüht einmal und nicht wieder.

Schiller, Resignation

Gönn du der Jugend ihre Freude!
Sie hat noch keine Blume weggefreut,
noch keine Lerche aus der Luft, kein
Lied
noch jemals aus der Welt mit fortge-
sungen
und keine Flöte fortgetanzt! Sie läßt
das Schöne, Holde alles da. Sie selbst
nur schwirrt im Herbst nachts wie die
Schwalbe fort,
und Stille herrscht am Morgen um das
Haus.

Leopold Schefer

Laßt mir die jungen Leute nur
und ergetzt euch an ihren Gaben!
Es will doch Großmama Natur
manchmal einen närrischen Einfall
haben.

Goethe, Sprichwörtlich

„Sag nur, wie trägst du so behäglich
der tollen Jugend anmaßliches Wesen?"
Fürwahr, sie wären unerträglich,
wär ich nicht auch unerträglich gewesen.

Goethe, Zahme Xenien I

„Sprich, wie du dich immer und immer erneust?"
Kannst's auch, wenn du immer am
Großen dich freust.
Das Große bleibt frisch, erwärmend,
belebend;
im Kleinlichen fröstelt der Kleinliche
bebend.

Goethe, Panazee

Alt werden, das ist Gottes Gunst.
Jung bleiben, das ist Lebenskunst.

Sprichwort

Kluge Menschen verstehen es, den Abschied von der Jugend auf mehrere Jahrzehnte zu verteilen.

Françoise Rosay

Man bleibt jung, solange man noch lernen, neue Gewohnheiten annehmen und Widerspruch ertragen kann.

Ebner-Eschenbach, Aphorismen

Jung bleib ich, weil ich gern lache,
mir und andern Freude mache,
schöpf am Born, dem überreichen,
ohne neidisch zu vergleichen,
dankend dem, der mit dem Leben
Kraft mir zum Genuß gegeben.
Wo ich blicke, schau ich Wonne:
Lenzerwachen, Frühlingssonne,
sommerliche Rosenlauben,
Herbstes glutdurchtränkte Trauben,
Winterglück am eignen Herde.
O, du freudenreiche Erde!
In mir klingen Jubeltöne,
brennt für alles Edle, Schöne
heilige Begeisterung.
Darum, siehst Du, bleib ich jung.

Matthias Conrad Kann

Im Kreis der Jugend muß man weilen,
der Jugend Lust und Freude teilen.
Wer das vermag, der wird bewahren
ein junges Herz bei grauen Haaren.

Wilhelm Jordan

Man braucht sehr lange, um jung zu werden.

Picasso

Was sich in uns in späteren Jahren zu Bäumen auswächst, findet seine Wurzelkeime in frühen Jugendeindrükken.

Heinrich Seidel

Jugendeindrücke sind das ewig Bestimmende in einem Menschen. Es bildet sich da gleichsam ein geistiger Münzfuß aus, nach dem lebenslang gerechnet wird.

Auerbach

Wer in der Jugend sich durch Mühsal
mußte schlagen,
den rührt's im Alter nicht, wenn sich
die Jungen plagen.

Rückert, Die Weisheit des Brahmanen 7

An einem jungen Menschen ist es in intellektueller und auch in moralischer Hinsicht ein schlechtes Zeichen, wenn er im Tun und Treiben der Menschen sich recht früh zurechtzufinden weiß, sogleich darin zu Hause ist und wie vorbereitet in dasselbe eintritt: Es kündet Gemeinheit an. Hingegen deutet in solcher Beziehung ein befremdetes, stutziges, ungeschicktes und verkehrtes Benehmen auf eine Natur edlerer Art.

Schopenhauer,
Aphorismen zur Lebensweisheit VI

Wer kükenklug ist, wird nicht huhnalt.

Aus Dänemark

Nichts ist weniger verheißend als Frühreife; die junge Distel sieht einem zukünftigen Baume viel ähnlicher als die junge Eiche.

Ebner-Eschenbach, Aphorismen

Auf zeitigen Frühling währt der Sommer wenig. (Gloster)

Shakespeare, König Richard III. III, 1

Unsere Jugend sammelt nur Seufzer für das Alter.

Edward Young, Klage 5, 51

Jüngling

Vom Mädchen reißt sich stolz der Knabe.
Er stürmt ins Leben wild hinaus,
durchmißt die Welt am Wanderstabe.
Fremd kehrt er heim ins Vaterhaus.

Schiller, Das Lied von der Glocke

Bescheidenheit ziemt dem Jüngling.

Plautus, Asinaria V, 1

Jünglinge, die miteinander die höchsten Fragen diskutieren, reden und benehmen sich oft lächerlich. Sie sind junge Vögel, die mit unfertigen Flügeln fliegen möchten. Aber es ist etwas Herrliches in diesem Ringen.

Boßhart, Bausteine

Die Jugend zeigt den Mann, gleichwie der Morgen den Tag verkündet.

Milton, Das verlorene Paradies IV

Das Kind ist des Mannes Vater.

Wordsworth, My heart leaps up

Es kann eher aus einem muntern Knaben ein guter Mann werden als aus einem naseweisen, klug tuenden Burschen.

Kant

Das wird kein ganzer Kerl, der nie ein Rüpel war.

Otto Julius Bierbaum,
Irrgarten der Liebe

Fasten, studieren, keine Frauen sehn —
klarer Verrat am Königtum der Jugend. (Biron)

Shakespeare, Liebes Leid und Lust IV, 3

Aus einem lustigen Bub wird selten ein guter Diener.

Aus Großbritannien

Ich wollte, es gäbe gar kein Alter zwischen zehn und dreiundzwanzig oder die jungen Leute verschliefen die ganze Zeit; denn dazwischen ist nichts, als den Dirnen Kinder schaffen, die Alten ärgern, stehlen und balgen. (Der alte Schäfer)

Shakespeare, Das Wintermärchen III, 3

Die schlechten Züge, die boshaften und hinterlistigen Streiche seiner Jugend wird ein kluger Mann nicht zum besten geben; denn er fühlt, daß sie auch von seinem gegenwärtigen Charakter noch Zeugnis ablegen.

Schopenhauer,
Welt als Wille und Vorstellung II, 2, 19

Wer als Junge ein Vogelnest zerstört, der brennt im Alter Dörfer nieder.

Aus Schweden

Mädchen

Mit den Mädchen hat es die Natur auf das, was man im dramaturgischen Sinne einen Knalleffekt nennt, abgesehen, indem sie dieselben auf wenige Jahre mit überreichlicher Schönheit, Reiz und Fülle ausstattete, auf Kosten ihrer ganzen übrigen Lebenszeit, damit sie nämlich während jener Jahre der Phantasie eines Mannes sich in dem Maße bemächtigen könnten, daß er hingerissen wird, die Sorge für sie auf zeitlebens in irgendeiner Form ehrlich zu übernehmen; zu welchem Schritte ihn zu vermögen die bloße vernünftige Überlegung keine hinlänglich sichere Bürgschaft zu geben schien.

Schopenhauer,
Parerga und Paralipomena II,
Über die Weiber

Alle Mädchen sind gut, schön und hübsch. Wo kommen bloß die vielen bösen Weiber her?

Aus Rußland

Guets Gänsli, bösi Gans.

Aus der Schweiz

Weibliche Unschuld und Reinheit im höchsten Sinne ist das Höchste und Heiligste auf Erden. Hier ist die Stufe, über welche das Göttliche zum Menschen herabsteigt.

Herder

Die Jungfrau ist ein ewiges, weibliches Kind. Ein Mädchen, das nicht mehr wahrhaftes Kind ist, ist nicht mehr Jungfrau.

Novalis

Zwei Dinge vergißt ein Mädchen am leichtesten: Erstlich wie sie aussieht — daher die Spiegel erfunden wurden — und zweitens, worin sich „das" von „daß" unterscheidet.

Jean Paul, Hesperus, Dritter Schalttag

Ein oft gesehenes Mädchen und ein oft
getragenes Kleid verlieren an Wert.

Aus Großbritannien

Das oft gesehene Mädchen ist Kupfer,
das ungesehene Gold.

Aus Rußland

Reizende Fülle schwellt der Jungfrau
             blühende Glieder,
aber der Stolz bewacht streng wie der
             Gürtel den Reiz.
Scheu wie das zitternde Reh, das sein
    Horn durch die Wälder verfolget,
flieht sie im Mann nur den Feind, hasset
    noch, weil sie nicht liebt.

Schiller, Die Geschlechter

Mit einem Mädchen hier zu Lande
ist's aber ein langweilig Spiel:
Zur Freundschaft fehlt's ihr am Ver-
                   stande,
zur Liebe fehlt's ihr am Gefühl.

Goethe,
An Mademoiselle Oeser zu Leipzig,
6. 11. 1768

Kläre den Geist eines jungen Mädchen
auf, forme seinen Charakter, kurz, gib
ihm im wahren Sinne des Wortes eine
gute Erziehung: Früher oder später
nimmt es seine Überlegenheit über die
andern Frauen wahr, wird eine Pedan-
tin, das heißt, das unangenehmste und
heruntergekommenste Wesen auf der
Welt. Es gibt keinen unter uns, der sein
Leben nicht lieber mit einer Magd als
mit einem Blaustrumpf verbrächte.

Stendhal, Über die Liebe 2, 54

Wie ich denn mit honnetten Mädchen
am ungernsten zu tun habe. Ausgeredet hat man bald mit ihnen, hernach
schleppt man sich eine Zeitlang herum,
und kaum sind sie ein bißchen warm
bei einem, hat sie der Teufel gleich mit
Heiratsgedanken und Heiratsvorschlä-
gen, die ich fürchte wie die Pest. (Carlos)

Goethe, Clavigo I, Clavigos Wohnung

Das Jungfrauentum brütet Grillen wie
ein Käse Maden, zehrt sich ab bis auf
die Rinde und stirbt, indem sich's von
seinem eignen Eingeweide nährt. Über-
dem ist das Jungfrauentum wunderlich, stolz, untätig, aus Selbstliebe
zusammengesetzt, welches die verpön-
teste Sünde in den zehn Geboten ist.
Behaltet's nicht! Ihr könnt gar nicht
anders, als dabei verlieren. Leiht es
aus! Im Lauf eines Jahrs habt Ihr zwei
für eins. Das ist ein hübscher Zins, und
das Kapital hat nicht sehr dadurch
abgenommen. (Parolles)

Shakespeare, Ende gut, alles gut I, 1

Das Jungfrauentum gleicht einem
Selbstmörder und sollte an der Heer-
straße begraben werden, fern von aller
geweihten Erde, wie ein tollkühner
Frevler gegen die Natur. (Parolles)

Shakespeare, Ende gut, alles gut I, 1

Die Partei des Jungfrauentums nehmen,
heißt seine Mutter anklagen, welches
offenbare Empörung wäre. (Parolles)

Shakespeare, Ende gut, alles gut I, 1

Noch nie ward eine Jungfrau geboren, daß nicht vorher ein Jungfrauentum verloren ward. Das, woraus Ihr besteht, ist Stoff, um Jungfrauen hervorzubringen. Euer Jungfrauentum, einmal verloren, kann zehnmal wieder ersetzt werden; wollt Ihr's immer erhalten, so geht's auf ewig verloren. Es ist ein zu frostiger Gefährte: Weg damit! (Parolles)

Shakespeare, Ende gut, alles gut I, 1

Mit sechzehn Jahren muß ein junges Mädchen daran denken, sich einen Gatten zu suchen und von ihrer Mutter richtige Vorstellungen von Liebe, Ehe und der geringen Redlichkeit der Männer empfangen.

Stendhal, Über die Liebe 2, 56

Es ist viel leichter, eines Korbs Flöhe zu hüten, als eines Dutzends junger Mädchen.

Christoph Lehmann

Jungfern und Gläser schweben in steter Gefahr.

Sprichwort

Mädchen und Gold sind desto weicher, je reiner sie sind.

Jean Paul,
Blumen-, Frucht- und Dornenstücke

Wer vierundzwanzig zählt, hat nichts mehr zu verpassen. (Sophie)

Goethe, Die Mitschuldigen I, 4

Mädchen, wohl durchgesommert und warm gehalten, sind wie Fliegen um Bartholomäi: Blind, ob sie schon ihre Augen haben. Und dann lassen sie sich handhaben, da sie zuvor kaum das Ansehen ertrugen. (Burgund)

Shakespeare, König Heinrich V. V, 2

Tut mädchenhaft, sagt immer „nein" und nehmt! (Buckingham)

Shakespeare, König Richard III., III, 7

Schöne Mädchen geben ihren einst schlecht behandelten Liebhabern oft durch häßliche oder unwürdige Ehemänner eine zwar späte, aber ausreichende Genugtuung.

La Bruyère

Altersstufen

Die Jugend ist so liebenswürdig, daß man sie anbeten müßte, wenn Seele und Geist ebenso vollkommen wären wie der Körper. Wenn man aber nicht mehr jung ist, dann muß man sich vervollkommnen und trachten, durch gute Eigenschaften zurückzugewinnen, was man an angenehmen Eigenschaften verliert.

Madame de Sévigné, Briefe 9

10 Jahr ein Kitz,
20 Jahr ein Kalb,
30 Jahr ein Stier,
40 Jahr ein Löwe
50 Jahr ein Fuchs,
60 Jahr ein Wolf,
70 Jahr eine Katze,
80 Jahr ein Hund,
90 Jahr ein Esel,
100 Jahr eine Gans!

Sprichwort

Sein Leben lang spielt einer manche
Rollen
durch sieben Akte hin: Zuerst das Kind,
das in der Wärtrin Armen greint und
sprudelt;
der weinerliche Bube, der mit Bündel
und glattem Morgenantlitz wie die
Schnecke
ungern zur Schule kriecht; dann der
Verliebte,
der wie ein Ofen seufzt mit Jammerlied
auf seiner Liebsten Brau'n; dann der
Soldat
voll toller Flüch' und wie ein Pardel
bärtig,
auf Ehre eifersüchtig, schnell zu Händeln,
bis in die Mündung der Kanone suchend
die Seifenblase Ruhm. Und dann der
Richter
im runden Bauche, mit Kapaun gestopft,
mit strengem Blick und regelrechtem
Bart,
voll abgedroschner Beispiel', weiser
Sprüche,
spielt seine Rolle so. Das sechste Alter
macht den besockten hagern Pantalon,
Brill' auf der Nase, Beutel an der Seite,
die jugendliche Hose wohl geschont,
'ne Welt zu weit für die verschrumpften
Lenden,

die tiefe Männerstimme, umgewandelt
zum kindischen Diskante, pfeift und
quäkt
in seinem Ton. Der letzte Akt, mit dem
die seltsam wechselnde Geschichte
schließt,
ist zweite Kindheit, gänzliches Vergessen,
ohn' Augen, ohne Zahn, Geschmack
und alles. (Jaques)

Shakespeare, Wie es Euch gefällt II, 7

Die Jungen steigen, wenn die Alten
fallen. (Edmund)

Shakespeare, König Lear III, 4

Wer im zwanzigsten Jahr nicht schön,
im dreißigsten nicht stark, im vierzig-
sten nicht klug, im fünfzigsten nicht
reich ist, der darf danach nicht hoffen.

Luther, Tischreden

In der Jugend herrscht die Anschauung,
im Alter das Denken vor. Daher ist
jene die Zeit für Poesie, dieses mehr
für Philosophie.

Schopenhauer,
Aphorismen zur Lebensweisheit VI

Mit dem Alter nimmt Urteilskraft zu
und Genie ab.

Kant, Reflexionen

Wir sind Sensualisten, solange wir
Kinder sind, Idealisten, wenn wir lieben und in den geliebten Gegenstand
Eigenschaften legen, die nicht eigentlich darin sind. Die Liebe wankt; wir

zweifeln an der Treue und sind Skep-
tiker, ehe wir es glaubten. Der Rest
des Lebens ist gleichgültig. Wir lassen
es gehen, wie es will, und endigen mit
dem Quietismus wie die indischen Philosophen auch.

Goethe, zu Eckermann, 17. 2. 1829

Greise glauben alles. Männer bezwei-
feln alles. Junge wissen alles.

Wilde

Jedem Alter des Menschen antwortet
eine gewisse Philosophie. Das Kind
erscheint als Realist; denn es findet sich
so überzeugt von dem Dasein der Bir-
nen und Äpfel als von dem seinigen.
Der Jüngling, von innern Leidenschaften bestürmt, muß auf sich selbst merken, sich vorfühlen: Er wird zum Idealisten umgewandelt. Dagegen ein Skep-
tiker zu werden, hat der Mann alle
Ursache; er tut wohl, zu zweifeln, ob
das Mittel, das er zum Zwecke gewählt
hat, auch das rechte sei. Vor dem Handeln, im Handeln hat er alle Ursache,
den Verstand beweglich zu erhalten,
damit er nicht nachher sich über eine
falsche Wahl zu betrüben habe. Der
Greis jedoch wird sich immer zum My-
stizismus bekennen. Er sieht, daß so
vieles vom Zufall abzuhängen scheint:
Das Unvernünftige gelingt, das Vernünftige schlägt fehl, Glück und Unglück stellen sich unerwartet ins gleiche;
so ist es, so war es, und das hohe Alter
beruhigt sich in dem, der da ist, der da
war, und der da sein wird.

Goethe,
Maximen und Reflexionen, Nachlaß,
Über Literatur und Leben

Im Alter versteht man besser, die Unglücksfälle zu verhüten, in der Jugend,
sie zu ertragen.

Schopenhauer

Man steigt den grünen Berg des Lebens
hinauf, um oben auf dem Eisberge zu
sterben.

Jean Paul

Der Mensch wird in seinen verschiedenen Lebensstufen wohl ein anderer,
aber ich kann nicht sagen, daß er ein
besserer werde, und er kann in gewissen Dingen so gut in seinem zwanzigsten Jahre recht haben als in seinem
sechzigsten. Man sieht freilich die Welt
anders in der Ebene, anders auf den
Höhen des Vorgebirgs und anders auf
den Gletschern des Urgebirges. Man
sieht auf dem einen Standpunkt ein
Stück Welt mehr als auf dem anderen.
Aber das ist auch alles, und man kann
nicht sagen, daß man auf dem einen
mehr recht hätte als auf dem andern.

Goethe, zu Eckermann, 17. 2. 1831

In jedes Lebensalter treten wir als
Neulinge und ermangeln darin der Erfahrung.

La Rochefoucauld

Wir Alten stehen euch Jungen nach:
Wenn der Vater euch nicht gleich zu
Willen ist, so sagt ihr ihm ins Gesicht:
„Bist du nicht einmal jung gewesen?"
Der Vater aber kann zum unverständi-
gen Sohne nicht sagen: „Du bist auch
einmal alt gewesen."

Apollodorus

Hör auf doch, mit Weisheit zu prahlen,
                    zu prangen,
Bescheidenheit würde dir löblicher
                    stehn.
Kaum hast du die Fehler der Jugend
                    begangen,
so mußt du die Fehler des Alters
                    begehn.

Goethe, Zahme Xenien I

Man sagt sich oft im Leben, daß man
die Vielgeschäftigkeit, Polypragmosy-
ne, vermeiden, besonders, je älter man
wird, sich desto weniger in ein neues
Geschäft einlassen soll. Aber man hat
gut reden, gut sich und anderen raten.
Älter werden heißt selbst ein neues
Geschäft antreten; alle Verhältnisse
verändern sich, und man muß entweder zu handeln ganz aufhören oder
mit Willen und Bewußtsein das neue
Rollenfach übernehmen.

Goethe,
Maximen und Reflexionen,
Aus Kunst und Altertum 1825

Die ersten vierzig Jahre unseres Lebens
liefern den Text, die folgenden dreißig
den Kommentar dazu, der uns den
wahren Sinn und Zusammenhang des
Textes nebst der Moral und allen Fein-
heiten desselben erst recht verstehen
lehrt.

Schopenhauer,
Aphorismen zur Lebensweisheit VI

Das ist das alte Lied und Leid,
daß dir Erkenntnis erst gedeiht,
wenn Mut und Kraft verrauchen.
Die Jugend kann, das Alter weiß.

Du kaufst nur um des Lebens Preis
die Kunst, das Leben zu gebrauchen.

Geibel

Der Mensch bleibt närrisch bis ins
vierzigste Jahr. Wenn er dann anfängt, seine Narrheit zu erkennen, ist
das Leben schon dahin.

Luther

Wenn der Junge wüßte und der Alte
könnte, gäb es nichts, was nicht vollbracht würde.

Aus Italien

Die Anerkennung eines Wertes durch
die Alten genügt, ihn bei den Jungen
zu verdächtigen; die Ablehnung eines
Ideals durch die Alten genügt, es den
Jungen zu empfehlen.

Coudenhove-Kalergi, Held und Heiliger

Jede Generation lächelt über die Väter,
lacht über die Großväter und bewundert die Urgroßväter.

Somerset Maugham

Wie die Alten sungen, so zwitschern
die Jungen.

Sprichwort

Sonst, wie die Alten sungen,
so zwitscherten die Jungen;
jetzt, wie die Jungen singen,
soll's bei den Alten klingen.
Bei solchem Lied und Reigen
das Beste — ruhn und schweigen.

Goethe, Zahme Xenien

Nichts trägt zur Erhaltung guter Sitten mehr bei als die strengste Unterordnung der Jugend unter das Alter. Beide Teile werden dadurch in Schranken gehalten. Jene durch die Ehrerbietung, die sie den Alten erweisen muß, diese durch die Achtung, die sie vor sich selbst haben müssen.

Montesquieu, Geist der Gesetze 5, 7

Der Jungen Lob wird's mehren,
wenn sie das Alter ehren;
doch große Tugend ist's des Alten,
der Jugend was zugute halten.

Freidank, Bescheidenheit, Vom Alter

Euer Gnaden sind zwar noch nicht ganz über die Jugend weg, aber Sie haben doch schon einen kleinen Beigeschmack vom Alter, eine Würzung vom Salze der Zeit. (Falstaff)

Shakespeare, König Heinrich IV.,
Zweiter Teil I, 2

Vierzig Jahre sind das Alter der Jugend, fünfzig die Jugend des Alters.

Victor Hugo

Ein Mann kommt in die besten Jahre, wenn die guten vorüber sind.

Grüninger, Sie und Er

Wie schade, daß so wenig Raum ist zwischen der Zeit, wo man zu jung, und der, wo man zu alt ist!

Montesquieu

Das Alter, das man haben möchte, verdirbt das Alter, das man hat.

Heyse

Kein kluger Mensch hat jemals gewünscht, jünger zu sein.

Swift, Aphorismen 46

Alter

In alten Briefen saß ich heut' vergraben,
als einer plötzlich in die Hand mir fiel,
auf dem die Jahresziffer mich erschreckte,
so lange war es her, so lange schon.
Die Schrift stand groß und klein und
glatt und kraus
und reichlich untermischt mit Tintenklecksen:
„Mein lieber Fritz, die Bäume sind
nun kahl,

wir spielen nicht mehr Räuber und
Soldat.
Türk hat das rechte Vorderbein gebrochen,
und Tante Hannchen hat noch immer
Zahnweh.
Papa ist auf die Hühnerjagd gegangen.
Ich weiß nichts mehr. Mir geht es gut.
Schreib bald und bleibe recht gesund!
Dein Freund und Vetter Siegesmund."
„Die Bäume sind nun kahl." Das
herbe Wort

ließ mich die Briefe still zusammen-
legen,
gab Hut und Handschuh mir und Rock
und Stock
und drängte mich hinaus in meine
Heide.

Liliencron

Wenn du sehr alt werden willst,
mußt du beizeiten anfangen.

Aus Spanien

Wir finden, daß alle, die ein sehr hohes
Alter erreichten, solche Menschen wa-
ren, die in der Jugend Mühe, Arbeit,
Strapazen ausgestanden haben.

Hufeland, Makrobiotik 1

Denn nie in meiner Jugend mischt'
ich mir
heiß und aufrührerisch Getränk ins
Blut,
noch ging ich je mit unverschämter
Stirn
den Mitteln nach zu Schwäch' und Unvermögen.
Drum ist mein Alter wie ein frischer
Winter,
kalt, doch erquicklich. (Adam)

Shakespeare, Wie es Euch gefällt II, 3

Einem bejahrten Manne verdachte
man, daß er sich noch um junge Frauenzimmer bemühte. Es ist das einzige
Mittel, versetzte er, sich zu verjüngen,
und das will doch jedermann.

Goethe, Die Wahlverwandtschaften II, 4

Um alt zu werden, darf man keine
Grundsätze haben.

Börne, Fragmente und Aphorismen

Nichts macht schneller alt als der immer vorschwebende Gedanke, daß man
älter wird.

Lichtenberg

De nich old weere will, mutt sik junk
uphangen.

Aus Mecklenburg

Lang leben will halt alles, aber alt
werden will kein Mensch.

Nestroy, Die Anverwandten I, 17

In der Regel fängt man mit fünfzig
an, der Welt satt zu werden. Mit
sechzig ist die Welt müde an uns.

Weber, Demokritos III, 2

Das Greisenalter, das alle zu erreichen
wünschen, klagen alle an, wenn sie es
erreicht haben.

Cicero, Cato der Ältere 2

Wir wünschen Alter alle Tage,
und kommt es, hört man nichts als
Klage.

Freidank, Bescheidenheit 17

Das Alter ist ein höflich Mann:
Einmal übers andre klopft er an.
Aber nun sagt niemand „Herein!",
und vor der Türe will er nicht sein.

Da klinkt er auf, tritt ein so schnell,
und nun heißt's, er sei ein grober Gesell.

Goethe, Das Alter

Wenige Leute verstehen, alt zu sein.

La Rochefoucauld, Reflexionen

Der Abend des Lebens bringt seine
Lampe mit.

Joubert

Man kann nichts dagegen tun, daß man
altert, aber man kann sich dagegen
wehren, daß man veraltet.

Lord Samuel

Die Körperkraft kann nicht zunehmen
über eine gewisse Mittagshöhe des Lebens hinaus, die geistige Kraft aber
kann es unbeschränkt. Das ist der
wahre Trost des Alternden.

Hilty

Welche Freude, wenn es heißt:
Alter, du bist alt an Haaren,
blühend aber ist dein Geist.

Lessing,
Die siebenundvierzigste Ode Anakreons

Was die Zeit dem Menschen an Haar
entzieht, das ersetzt sie ihm an Witz.
(Dromio von Syrakus)

Shakespeare,
Die Komödie der Irrungen II, 2

Der Abend des Lebens gibt mir geheimnisvolle Weisheit, und künftige
Ereignisse werfen ihre Schatten voraus.

Campbell, Lochiel's Warning

Nun wüßt ich nicht, was dir Besondres
bliebe?
Mir bleibt genug! Es bleibt Idee und
Liebe!

Goethe, Divan, Buch der Betrachtungen

Der Vorteil des Alters liegt darin, daß
man die Dinge nicht mehr begehrt, die
man sich aus Geldmangel früher nicht
leisten konnte.

Verfasser unbekannt

Einen großen Reiz des Alters vergißt
man gewöhnlich, nämlich ruhige Resignation.

Bentzel-Sternau, Weltansichten

Je älter man wird, desto törichter und
weiser wird man.

La Rochefoucauld, Reflexionen

Alter schützt vor Torheit nicht: Mit
diesem Wort macht man sich über das
Alter lustig und bedenkt nicht, daß
gerade die Fähigkeit, noch Torheiten
begehen zu können, ein Trost und eine
Quelle des Glücks für die Alten ist.

Boßhart, Bausteine

Ich habe nicht den zähen Eigensinn der
alten Leute. Ich bin geschmeidig wie
ein Aal, lebhaft wie eine Eidechse und
immer auf dem Sprung wie ein Eich-
hörnchen. Sobald man mir eine Dummheit nachgewiesen hat, setze ich schnell
eine andere an ihre Stelle.

Voltaire

Hast du der Wahrheit und dem Geist
                              gelebt,
so ist das Alter Krone deines Strebens.
Hast du nur nach Genuß gestrebt,
ist es der Katzenjammer deines Lebens.

W. Emmer

Im Alter gibt es keinen schöneren Trost,
als daß man die ganze Kraft seiner
Jugend Werken einverleibt hat, die
nicht mit altern.

Schopenhauer,
Aphorismen zur Lebensweisheit IV

Und sind die Blumen abgeblüht,
so brecht der Äpfel goldne Bälle!
Hin ist die Zeit der Schwärmerei,
nun schätzet endlich das Reelle!

Storm, Herbst

Gold und Lachen
können das Alter zur Jugend machen.

Talmud

Das Alter verklärt oder versteinert.

Ebner-Eschenbach, Aphorismen

Unter den Menschen sind die alten am
besten, unter den Kleidern die neuen.

Aus China

Das ist des Alters Los auf Erden,
daß alle Rechte zu Pflichten werden.

Heyse, Lebensweisheit

Die alten Menschen: Wohl sind sie
lange Schatten, und ihre Abendsonne
liegt kalt auf der Erde, aber sie zeigen
alle nach Morgen.

Jean Paul, Flegeljahre 1, 9

Es ist ein Vorteil des Altwerdens, daß
man gegen Haß, Beleidigungen, Ver-
leumdungen gleichgültig wird, während die Empfänglichkeit für Liebe
und Wohlwollen stärker wird.

Bismarck

Wir Alten sind die Milden und Gelin-
                                     den,
weil wir im Abschiednehmen uns befin-
                                     den.
Wie könnten wir noch denen grollen,
die wir so bald verlassen sollen?

Verfasser unbekannt

Bist du alt, so gehorche deinen Kindern!

Aus Japan

Bewahre dein Alter vor jedem Schandflecken; denn das Weiße nimmt am
leichtesten jeden Schmutz an!

Tausend und eine Nacht,
Geschichte Aladdin Alm Schamats

Es liegt in dem Alter selbst, daß man
die Flüchtigkeit der Zeit beschleunigt
findet. Je weniger man zustandebringt,
desto kürzer scheint sie.

Wilhelm von Humboldt,
Briefe an eine Freundin

Am Stirnhaar laß den Augenblick uns
fassen;
denn wir sind alt, und unsre schnellsten Schlüsse
beschleicht der unhörbare, leise Fuß
der Zeit. (König)

Shakespeare, Ende gut, alles gut V, 3

Man sagt „in jungen Jahren" und „in
alten Tagen": Weil die Jugend Jahre
und das Alter nur noch Tage vor sich
hat.

Ebner-Eschenbach

Altersmerkmale

Der Spiegel sagt die Wahrheit mit Gewalt,
es sagt's der Geist, des Körpers fahle
Blässen,
die Knochen, die einst Mark und Kraft
besessen:
Du kannst nicht heucheln, Freund, nun
bist du alt.

Petrarca, Resignation

Habt Ihr nicht ein feuchtes Auge, eine
trockne Hand, eine gelbe Wange, einen
weißen Bart, ein abnehmendes Bein,
einen zunehmenden Bauch? Ist nicht
Eure Stimme schwach? Euer Atem
kurz? Euer Kinn doppelt? Euer Witz
einfach? Und alles um und an Euch
vom Alter verderbt? Und doch wollt
Ihr Euch noch jung nennen? Pfui, pfui,
pfui, Sir John! (Oberrichter)

Shakespeare, König Heinrich IV.,
Zweiter Teil I, 2

Glatt schon ist auch das Haupt und,
wie Kindern, triefend die Nase,
kauen muß sich der Arme das Brot mit
entwaffnetem Zahnfleisch.

So sehr ist er der Frau und den Kindern lästig und sich auch,
daß zum Ekel er wird dem auf Erb-
schaft lauernden Cossus.

Juvenal, Satiren 4, 10

Alt ist man dann, wenn man an der
Vergangenheit mehr Freude hat als an
der Zukunft.

John Knittel

Wie man, auf einem Schiffe befindlich,
sein Vorwärtskommen nur am Zurück-
weichen und demnach Kleinerwerden
der Gegenstände auf dem Ufer bemerkt, so wird man sein Alt- und
Älterwerden daran inne, daß Leute
von immer höheren Jahren einem jung
vorkommen.

Schopenhauer,
Aphorismen zur Lebensweisheit VI

Weil Alter eine Krankheit ist, so kann
man dem vergeben,
der uns den Tod hat angewünscht und
nicht ein langes Leben.

Logau, Sinngedichte

Das Alter ist eine Krankheit, an der man sterben muß.

Aus den USA

Das Alter ist ein Spital, das alle Krankheiten aufnimmt.

Sprichwort

Ein Mann, der nicht recht weiß, ob er zu altern beginnt, braucht bei der Begegnung mit einer jungen Frau nur ihre Augen und den Ton ihrer Stimme zu befragen, um sofort Bescheid zu wissen.

La Bruyère

Das Alter zieht noch mehr Runzeln in unserem Verstande als in unserm Antlitz.

Montaigne, Essays

Wenn der Löwe alt wird, lauert er am Mauseloch.

Aus Rußland

Man sagt, alte Leute werden wieder Kinder. (Rosenkranz)

Shakespeare, Hamlet II, 2

Alles, du Ruhige, schließt sich in deinem Reiche; so kehret auch zum Kinde der Greis kindisch und kindlich zurück.

Schiller, Der Naturkreis

Der Greis wird wieder Kind, aber ein Kind für jene Welt.

Hebbel, Tagebücher

Das Alter macht nicht kindisch, wie man spricht, es findet uns nur noch als wahre Kinder. (Lustige Person)

Goethe, Faust, Vorspiel

Die Natur sollte sich damit begnügen, das Alter elend zu machen, ohne es auch noch lächerlich zu machen.

Montáigne, Essays 3, 5

Fürwahr, o Alter, brächt'st du sonst kein Ungemach mit dir, wenn du dich nahst, das eine ist genug: Wer lange lebt, sieht vieles, was er nicht begehrt.

Caecilius

Unter der Erde schon liegt meine Zeit. Wohl dem, der mit der neuen nicht mehr braucht zu leben. (Attinghausen)

Schiller, Wilhelm Tell II, 1

Der Jugend wird oft der Vorwurf gemacht, sie glaube, daß die Welt mit ihr erst anfange. Aber das Alter glaubt noch öfter, daß mit ihm die Welt aufhöre.

Hebbel

Wenn der Teufel alt wird, will er Mönch werden.

Aus Frankreich

Eine alte Kuh gar leicht vergißt,
daß auch sie ein Kalb gewesen ist.

Sprichwort

Laßt mich nicht ein alter Polterer werden, der aus Neid die jüngeren Geister
ankläfft, oder ein matter Jammer-
mensch, der über die gute, alte Zeit
beständig flennt!

Heine, Buch der Lieder, Vorrede

Alte tun, als lebten sie nicht mehr,
träg, unbehülflich und wie Blei so
schwer. (Julia)

Shakespeare, Romeo und Julia II, 5

Das Alter ist ein Tyrann, der bei Le-
bensstrafe alle Vergnügungen der Jugend verbietet.

La Rochefoucauld, Reflexionen

Den Altgesellen
ist nun der Undank einmal einverleibt.
Ihr Blut ist Gallert, kalt, und fließt
nur dünn.
Es ist nicht frisch und warm; sie fühlen
nichts,
und die Natur, der Erd' entgegen
wachsend,
ist, wie das Reiseziel, schon dumpf und
schwer. (Timon)

Shakespeare, Timon von Athen II, 2

Die Jugend ist trotz ihrer Frechheiten
schüchterner, das Greisenalter trotz
seiner Würde frecher, als man glaubt.

Graff

Des Alters lästiger Vorzug ist Erfahrung,
die ihm den Glauben an die Menschheit
raubt.

Kotzebue, Rudolf von Habsburg und
König Ottokar von Böhmen

Gegen Ende des Lebens nun gar geht
es wie gegen das Ende eines Masken-
balles, wenn die Larven abgenommen
werden. Man sieht jetzt, wer diejenigen, mit denen man während seines
Lebenslaufes in Berührung gekommen
war, eigentlich gewesen sind.

Schopenhauer,
Aphorismen zur Lebensweisheit VI

Im Alter wachsen nur die Nägel und
der Geiz.

Aus den USA

Ein Mensch kann ebensowenig Alter
und Filzigkeit als junge Gliedmaßen
und Lüderlichkeit trennen. (Falstaff)

Shakespeare, König Heinrich IV.,
Zweiter Teil I, 2

Der Alte verliert eines der größten
Menschenrechte: Er wird nicht mehr
von seinesgleichen beurteilt.

Goethe,
Maximen und Reflexionen,
Aus Kunst und Altertum 1826

Ein alter Mann ist stets ein König Lear!
Was Hand in Hand mitwirkte, stritt,
ist längst vorbeigegangen;
was mit und an dir liebte, litt,

hat sich woanders angehangen.
Die Jugend ist um ihretwillen hier;
es wäre törig zu verlangen:
Komm, ältele du mit mir.

Goethe, Zahme Xenien I

Sogar ist es selten, daß jemand im
höchsten Alter sich selbst historisch
wird und daß ihm die Mitlebenden
historisch werden, so daß er mit niemandem mehr kontrovertieren mag
noch kann.

Goethe,
Wilhelm Meisters Wanderjahre III,
Aus Makariens Archiv

Dann acht' ich das im Alter für das
                                    Traurigste,
zu fühlen, daß dem Nächsten man beschwerlich ist.

Caecilius

„Deine Zöglinge möchten dich fragen:
Lange lebten wir gern auf Erden,
was willst du uns für Lehre sagen?"

Keine Kunst ist's, alt zu werden,
es ist Kunst, es zu ertragen.

Goethe, Zahme Xenien I

Die Tragödie des Alters beruht nicht
darin, daß man alt ist, sondern daß
man jung ist.

Wilde, Das Bildnis des Dorian Gray 19

Ans Altsein gewöhnt man sich rasch,
viel langsamer ans Nichtmehrjungsein.

Hans Krailsheimer

Wenn die Erinnerung an die Jugend
nicht wäre, so würde man das Alter
nicht verspüren. Nur daß man das
nicht mehr zu tun vermag, was man
ehemals vermochte, macht die Krankheit aus.

Lichtenberg

Mehr noch als nach dem Glück unserer
Jugend sehnen wir uns im Alter nach
den Wünschen unserer Jugend zurück.

Ebner-Eschenbach, Aphorismen

Tod

Der Rest ist Schweigen. (Hamlet)

Shakespeare, Hamlet V, 2

Stat sua cuique dies.
Jedem steht sein Tag bevor.

Vergil, Äneide 10, 467

Der Tod ist ein schwarzes Kamel, das
vor jeder Tür niederkniet.

Aus der Türkei

Der Tod macht alles gleich:
Er frißt arm und reich.

Sprichwort

Der Mensch erfährt, er sei auch, wer er
mag,
ein letztes Glück und einen letzten Tag.

Goethe, Sprichwörtlich

Du bist Gott einen Tod schuldig.
(Prinz Heinrich)

Shakespeare, König Heinrich IV.,
Erster Teil V, 1

Nicht entgehet dem Tode, wer der Geburt nicht entgangen ist.

Aus Finnland

Der Tod ist ein Riese, vor dem auch
der Zar die Waffen strecken muß.

Aus Rußland

Stirb denn auch du, lieber Freund!
Warum wehklagest du also?
Starb ja doch auch Patroklus, der sehr
viel besser als du war.

Homer, Ilias 21, 106

Um den Tod herbeizurufen, mag man
die Faulen schicken.

Aus Spanien

Aller Menschen harrt der Tod,
und keinen gibt's auf Erden, der un-
trüglich weiß,
ob ihn der nächste Morgen noch am
Leben trifft.

Euripides, Alkestis 782

Die Gewißheit des Todes wird durch
die Ungewißheit seines Eintretens gemildert.

La Bruyère

Rasch tritt der Tod den Menschen an.
Es ist ihm keine Frist gegeben.
(Barmherzige Brüder)

Schiller, Wilhelm Tell IV, 3

Der grause Scherge Tod
verhaftet schleunig. (Hamlet)

Shakespeare, Hamlet V, 2

Der Tod ist uns so nahe, daß sein
Schatten stets auf uns fällt.

Geiler von Kaysersberg, Postille

Der Tod kommt auf Samtpfötchen.

Aus dem Kongo

Alles entsteht und vergeht nach Gesetz,
doch über des Menschen
Leben, dem köstlichen Schatz, herrschet
ein schwankendes Los.
Nicht dem blühenden nickt der willig
scheidende Vater,
seinem trefflichen Sohn, freundlich vom
Rande der Gruft,
nicht der Jüngere schließt dem Älteren
immer das Auge,
das sich willig gesenkt, kräftig dem
Schwächeren zu.

Goethe, Euphrosyne

Was Fliegen sind
den müßigen Knaben, das sind wir den
Göttern.
Sie töten uns zum Spaß. (Gloster)

Shakespeare, König Lear IV, 1

Der Tod hat keinen Kalender.

Sprichwort

Das Leben ist ein Irrlicht, ein Windstoß der Tod.

Sprichwort

Wenn das Haus fertig ist, kommt der
Tod.

Aus der Türkei

Der Tod, welcher der Hinfälligkeit zu-
vorkommt, kommt zur besseren Zeit,
als der, welcher ihr ein Ende setzt.

La Bruyère, Charaktere 11

Sieh, die Sonne sinkt!
Eh sie sinkt, eh mich Greisen
ergreift im Moore Nebelduft,
entzahnte Kiefer schnattern
und das schlotternde Gebein,
Trunknen vom letzten Strahl
reiß mich, ein Feuermeer
mir im schäumenden Aug,
mich geblendeten Taumelnden
in der Hölle nächtliches Tor.

Goethe, An Schwager Kronos

Ein braves Pferd stirbt in den Sielen.

Bismarck, 4. 2. 1881

Quem di diligunt, adolescens moritur.
Wen die Götter lieben, der stirbt als
Jüngling.

Menander/Plautus

Wer dies Jahr stirbt, ist für das nächste
quitt. (Schwächlich)

Shakespeare, König Heinrich IV.,
Zweiter Teil III, 2

Da kein Mensch wirklich besitzt, was
er verläßt, was kommt darauf an,
frühzeitig zu verlassen? (Hamlet)

Shakespeare, Hamlet V, 2

Besser schnell gestorben
als langsam verdorben.

Sprichwort

Gält es, jetzt zu sterben,
jetzt wär' mir's höchste Wonne; denn
ich fürchte,
so volles Maß der Freude füllt mein
Herz,
daß nie ein andres Glück mir, diesem
gleich,
im Schoß der Zukunft harrt. (Othello)

Shakespeare, Othello II, 1

Der Ahnen Heiligtümer fromm be-
schirmend fiel
er ohne Tadel, wie's dem Mann zu
sterben ziemt.

Aeschylus, Sieben gegen Theben 955

Wer vor vielen Zeugen stirbt, stirbt immer mutig.

Voltaire

Die Seele scheidet friedlich nun zum Himmel,
da ich den Freunden Frieden gab auf Erden. (Eduard)

Shakespeare, König Richard III. II, 1

Im Upanischad des Veda wird die natürliche Lebensdauer auf 100 Jahre angegeben. Ich glaube mit Recht, weil ich bemerkt habe, daß nur die, welche das 90. Jahr überschritten haben, der Euthanasie teilhaft werden, d. h. ohne alle Krankheit, auch ohne Apoplexie, ohne Zuckung, ohne Röcheln, ja bisweilen ohne zu erblassen, meistens sitzend, und zwar nach dem Essen, sterben oder vielmehr gar nicht sterben, sondern nur zu leben aufhören. In jedem früheren Alter stirbt man bloß an Krankheiten, also vorzeitig.

Schopenhauer,
Aphorismen zur Lebensweisheit VI

Sterben

Es ist hart zu leben; aber härter ist es noch zu sterben.

Aus Albanien

Ein häßlich Ding, zu sterben, gnäd'ger Herr,
unvorbereitet und sich nichts versehend. (Catesby)

Shakespeare, König Richard III. III, 2

Niemand weiß, was der Tod ist, ob er nicht für den Menschen das größte ist unter allen Gütern. Sie fürchten ihn aber, als wüßten sie gewiß, daß er das größte Übel ist.

Plato, Apologie I, 17

Arm ist, wer den Tod wünscht, aber ärmer, wer ihn fürchtet.

Sprichwort

Wer den Tod fürchtet, taugt nicht dazu, auf der Welt zu leben.

Aus Rußland

Wer den Tod fürchtet, hat das Leben verloren.

Seume, Apokryphen

Der Tod ist nichts Schreckliches. Nur die fürchterliche Vorstellung vom Tode macht ihn furchtbar.

Epiktet

Des Todes Schmerz liegt in der Vorstellung. (Isabella)

Shakespeare, Maß für Maß III, 1

Nicht der Tod, sondern das Sterben beunruhigt mich.

Montaigne, Essays I, 19

Der Feige stirbt schon vielmal, eh er
stirbt.
Die Tapfern kosten einmal nur den
Tod. (Cäsar)

Shakespeare, Julius Cäsar II, 2

Die Menschen fürchten den Tod, wie
Kinder sich fürchten, im Dunkeln zu
gehen.

Francis Bacon, Vom Tode

Aber sterben! Gehn, wer weiß wohin,
daliegen, kalt und regungslos, und
faulen!
Dies lebenswarme, fühlende Bewegen
verschrumpft zum Kloß! Und der ent-
zückte Geist
getaucht in Feuerfluten oder schaudernd
umstarrt von Wüsten ewiger Eises-
massen!
Gekerkert sein in unsichtbare Stürme
und mit rastloser Wut gejagt rings um
die schwebende Erde! Oder Schlimme-
res werden,
als selbst das Schlimmste,
was Fantasie wild schwärmend, zügellos,
heulend erfindet: Das ist zu entsetzlich!
Das schwerste, jammervollste irdische
Leben,
das Alter, Armut, Schmerz, Gefangen-
schaft
dem Menschen auflegt, ist ein Paradies
gegen das, was wir vom Tode fürchten! (Claudio)

Shakespeare, Maß für Maß III, 1

Die Welt ist Sterbenden so süß!

Schiller,
Elegie auf den Tod eines Jünglings

Der lebte gewiß schlecht, der nicht gut
zu sterben weiß.

Seneca, Abhandlungen

Wer nicht gewacht hat, kann nicht
schlafen.
Wer nicht gelebt hat, kann nicht sterben.

Rückert, Erbauliches und Beschauliches
aus dem Morgenlande 9

Auf eine Weise werden wir geboren,
auf tausendfache sterben wir.

Aus Jugoslawien

Wenn aus dem innerst tiefsten Grunde
du ganz erschüttert alles fühlst,
was Freud und Schmerzen jemals dir
ergossen,
im Sturm dein Herz erschwillt,
in Tränen sich erleichtern will und
seine Glut vermehrt
und alles klingt an dir und bebt und
zittert
und all die Sinne dir vergehn
und du dir zu vergehen scheinst
und sinkst und alles um dich her
versinkt in Nacht und du in inner
eigenem Gefühle
umfassest eine Welt,
dann stirbt der Mensch.

Goethe, Prometheus II

Wie ich ihn die Bettlaken zerknüllen sah und mit Blumen spielen und seine Fingerspitzen anlächeln, da wußte ich, daß ihm der Weg gewiesen wäre; denn seine Nase war so spitz wie eine Schreibfeder, und er faselte von grünen Feldern. (Frau Hurtig)

Shakespeare, König Heinrich V. II, 3

Der Geschmack des Todes ist auf meiner Zunge. Ich fühle etwas, das nicht von dieser Welt ist.

Wolfgang Amadeus Mozart,
Letzte Worte

O, sagt man doch, daß Zungen Sterbender
wie tiefe Harmonie Gehör erzwingen.
Wo Worte selten, haben sie Gewicht:
Denn Wahrheit atmet, wer schwer atmend spricht.
Nicht der, aus welchem Lust und Jugend schwätzt,
der wird gehört, der bald nun schweigen muß.
Beachtet wird das Leben mehr zuletzt:
Der Sonne Scheiden und Musik am Schluß
bleibt wie der letzte Schmack von Süßigkeiten
mehr im Gedächtnis als die frühern Zeiten. (Gaunt)

Shakespeare, König Richard II. II, 1

Man soll vom Leben scheiden, wie Odysseus von Nausikaa schied: Mehr segnend als verliebt.

Nietzsche, Jenseits von Gut und Böse, Sprüche und Zwischenspiele 96

Sie haben manches von mir gelernt; jetzt sollen sie auch noch lernen, wie man in Ruhe stirbt.

Blücher, 12. 9. 1819

Nichts stand in seinem Leben ihm so gut,
als wie er es verlassen hat. Er starb wie einer, der sich auf den Tod geübt, und warf das Liebste, was er hatte,
von sich,
als wär's unnützer Tand. (Malcolm)

Shakespeare, Macbeth I, 4

Ein schönes Sterben ehrt das ganze Leben.

Petrarca, Canzoni in vita di Madonna Laura XVI

Ist der Tod nur ein Schlaf, wie kann Dich das Sterben erschrecken?
Hast Du es je noch gespürt, wenn Du des Abends entschliefst?

Hebbel, Das Sterben

Wer ist mächtiger als der Tod?
Wer da kann lachen, wenn er droht.

Rückert, Die Rätsel der Elfen

Herrlich ist der Todt, der da ist ein Endt der Arbeit, ein Vollendung des Siegs, ein Thür des Lebens und ein Eingang der vollkommenen Sicherheit.

An der Kirche Kipfenberg im Altmühltal

O Tod, wie wohl tust du dem Dürftigen!

Jesus Sirach 41,3

Der, den der Tod nicht weiser macht,
hat nie mit Ernst an ihn gedacht.

Gellert

Wäre der Tod nicht, es würde keiner
das Leben schätzen. Man hätte vielleicht nicht einmal einen Namen dafür.

Boßhart, Tagebuch

Menschlich zu reden, hat der Tod eine
schöne Bestimmung, die darin besteht,
dem Alter ein Ziel zu setzen.

La Bruyère

Der Tod zahlt alle Schulden.

Sprichwort

Wer da stirbt, zahlt alle Schulden.
(Stephano)

Shakespeare, Der Sturm III, 2

Es gibt keinen Teufel und keine Hölle.
Deine Seele wird noch schneller tot sein
als dein Leib. Fürchte nun nichts mehr!

Nietzsche, Zarathustra, Vorrede 6

Der Tod ist kein Abschnitt des Daseins,
sondern nur ein Zwischenereignis, ein
Übergang aus einer Form des endlichen Wesens in eine andere.

Wilhelm von Humboldt,
Briefe an eine Freundin, 4. 6. 1832

Die Bahre ist die Wiege des Himmels.

Jean Paul,
Die Blumen auf dem Sarge der Jungfrau

Wenn die Glock' soll auferstehen,
muß die Form in Stücke gehen.

Schiller, Das Lied von der Glocke

Cela va bien, la montagne est passée!
Es geht gut. Der Berg ist überschritten.

Friedrich der Große, Letzte Worte

Seht ihr den Regenbogen in der Luft?
Der Himmel öffnet seine goldnen Tore,
im Chor der Engel steht sie glänzend
da,
sie hält den ew'gen Sohn an ihrer
Brust,
die Arme streckt sie lächelnd mir entgegen.
Wie wird mir? Leichte Wolken heben
mich —
der schwere Panzer wird zum Flügelkleide.
Hinauf — hinauf — Die Erde flieht
zurück.
Kurz ist der Schmerz, und ewig ist
die Freude. (Johanna)

Schiller,
Die Jungfrau von Orleans, Schluß

Begräbnis

Dem dunklen Schoß der heil'gen Erde
vertrauen wir der Hände Tat,
vertraut der Sämann seine Saat
und hofft, daß sie entkeimen werde
zum Segen nach des Himmels Rat.
Noch köstlicheren Samen bergen
wir trauernd in der Erde Schoß
und hoffen, daß er aus den Särgen
erblühen soll zu schönrem Los.

Schiller, Das Lied von der Glocke

Sitzen ist besser als stehen, liegen besser
als sitzen, aber das Beste ist tot sein.

Aus Indien

Ein Grab ist doch immer die beste
Befestigung wider die Stürme des
Schicksals.

Lichtenberg

Als dieser Körper einen Geist enthielt,
war ihm ein Königreich zu enge
Schranke.
Nun sind zwei Schritte der gemeinsten
Erde
ihm Raum genug. (Prinz Heinrich)

Shakespeare, König Heinrich IV.,
Zweiter Teil V, 4

Hamlet: Warum sollte die Einbildungskraft nicht den edlen Staub Alexanders verfolgen können, bis sie ihn
findet, wo er ein Spundloch verstopft?
Horatio: Die Dinge so betrachten,
hieße, sie allzu genau betrachten.

Shakespeare, Hamlet V, 1

Bach, als seine Frau starb, sollte zum
Begräbnis Anstalt machen. Der arme
Mann war aber gewohnt, alles durch
seine Frau besorgen zu lassen; dergestalt, daß, da ein alter Bedienter kam
und ihm für Trauerflor, den er einkaufen wollte, Geld abforderte, er
unter stillen Tränen, den Kopf auf
einen Tisch gestützt, antwortete:
„Sagt's meiner Frau!"

Heinrich von Kleist, Anekdote

Wenn des Richters Maulesel stirbt,
geht jedermann zum Begräbnis. Wenn
der Richter selber stirbt, geht niemand.

Aus Arabien

Was räucherst du nun deinem Toten?
Hättst du's ihm so im Leben geboten!

Goethe, Sprichwörtlich

Gedenkst du mich zu beweinen, wenn
ich tot bin, dann bedaure mich lieber,
solange ich noch am Leben bin!

Aus Jugoslawien

Der Prunk der Begräbnisse dient mehr
der Eitelkeit der Lebenden als der
Ehre der Toten.

La Rochefoucauld, Unterdrückte Maximen

De mortuis nil nisi bene. Über die
Toten sprich nur gut!

Diogenes Laertius

Frevel ist's, den edlen Mann
zu schmähn im Tode, ward er auch
                    von uns gehaßt.

Sophokles, Aias 1344

Man begräbt den Leib, aber man redet
nicht über ihn.

Aus Vietnam

Trauer

Mir tut es allemal weh, wenn ein
Mann von Talent stirbt; denn die
Welt hat dergleichen nötiger als der
Himmel.

Lichtenberg

Siehe, da weinen die Götter, es weinen
                    die Göttinnen alle,
daß das Schöne vergeht, daß das Voll-
                    kommene stirbt.
Auch ein Klaglied zu sein im Mund
                    der Geliebten ist herrlich;
denn das Gemeine geht klanglos zum
                    Orkus hinab.

Schiller, Nänie

Schwer ist's, in der Fremde sterben,
                    unbeweint. (Montgomery)

Schiller, Die Jungfrau von Orleans II, 7

Tröste den Trauernden nicht, solange
noch sein Toter vor ihm liegt!

Talmud

Im Haus der Tränen lächelt Venus
                    nicht. (Paris)

Shakespeare, Romeo und Julia IV, 1

Es gehen viele in das Haus des Toten,
aber es weint jeder über seine eigenen
Nöte.

Aus Spanien

Wir beklagen nicht immer den Verlust
unserer Freunde ihrer Verdienste halber, sondern unserer Bedürfnisse und
der guten Meinung halber, die sie von
uns hatten.

La Rochefoucauld,
Unterdrückte Maximen

Heredis fletus sub persona risus est.
Das Weinen des Erben ist maskiertes
Lachen.

Publilius Syrus, Spruch 187

Die Tränen bald getrocknet sind,
die eines reichen Mannes Kind
weinet an des Vaters Grab.

Freidank, Bescheidenheit

Der Nachgelaßne soll
nach kindlicher Verpflichtung ein'ge
                    Zeit
die Leichentrauer halten. Doch zu be-
                    harren
in eigenwill'gen Klagen, ist das Tun
gottlosen Starrsinns, ist unmännlich
                    Leid,

zeigt einen Willen, der dem Himmel
trotzt. (König)

Shakespeare, Hamlet I, 2

Gemäßigte Klage ist das Recht des
Toten, übertriebener Gram der Feind
des Lebenden. (Lafeu)

Shakespeare, Ende gut, alles gut I, 1

Trauern zeugt von vieler Liebe,
doch zuviel trauern, zeugt von wenig
Witz. (Gräfin Capulet)

Shakespeare, Romeo und Julia III, 5

Wir sollen die Liebe, welche wir den
Toten mit ins Grab geben, nicht den
Lebenden entziehen.

Raabe

Der betrauert die Toten, der nach
ihrem Wunsche lebt.

Edward Young

In Weltgeschäften nennt man's undankbar,
mit trägem Widerwillen Schulden zahlen,
die eine milde Hand uns freundlich
lieh. (Dorset)

Shakespeare, König Richard III. II, 2

Man muß die Menschen bei ihrer Geburt beweinen, nicht bei ihrem Tode.

Montesquieu

Ich kann nur menschlich fühlen und
lasse mich der Natur, die uns heftigen
Schmerz nur kurze Zeit, Trauer lang
empfinden läßt.

Goethe, an seine Mutter, 28. 6. 1777

Wie kann man einen Menschen beweinen, der gestorben ist? Diejenigen sind
zu beklagen, die ihn geliebt und verloren haben.

Helmuth Graf von Moltke

Unsterblichkeit

Unter allen Beweisen für unser Fortleben ist der festeste, daß der Schöpfer uns mit Tugenden, Wünschen,
Träumen für eine ganz andere als
diese Erde ausgemalt und wohlge-
schmückt hat und daß gerade die vollkommensten Menschen alle ihre Wurzeln aus diesem Kotboden ziehen und
in einen reineren schlagen.

Jean Paul

Die einzige Entschuldigung für dieses
Leben ist die Auferstehung.

Léon Bloy

Die Überzeugung unserer Fortdauer
entspringt mir aus dem Begriff der
Tätigkeit; denn wenn ich bis an mein
Ende rastlos wirke, so ist die Natur
verpflichtet, mir eine andere Form des

Daseins anzuweisen, wenn die jetzige meinen Geist nicht ferner auszuhalten vermag.

Goethe, zu Eckermann, 4. 2. 1829

In allen Menschen liegt die Ahnung, jenseits des Grabes die wiederzufinden, die vorangegangen sind, und die um sich zu versammeln, die nach uns übrig blieben.

Wilhelm von Humboldt,
Briefe an eine Freundin

Was ist schwerer: Geboren werden oder wieder auferstehen? Daß sei, was niemals gewesen ist, oder daß das, was gewesen ist, abermals sei? Ist es schwerer, zum Sein zu gelangen oder dahin zurückzugelangen? Die Gewohnheit macht uns das eine leicht, das Fehlen der Gewohnheit macht uns das andere unmöglich: Eine pöbelhafte Art zu urteilen!

Pascal

„Du hast Unsterblichkeit im Sinn; kannst du uns deine Gründe nennen?" Gar wohl! Der Hauptgrund liegt darin, daß wir sie nicht entbehren können.

Goethe, Zahme Xenien III

Ich möchte keineswegs das Glück entbehren, an eine künftige Fortdauer zu glauben, ja, ich möchte mit Lorenzo von Medici sagen, daß alle diejenigen auch für dieses Leben tot sind, die kein anderes hoffen.

Goethe, zu Eckermann, 25. 2. 1824

Was sie im Himmel wohl suchen, das,
Freunde, will ich euch sagen:
Vorderhand suchen sie nur Schutz vor
der höllischen Glut.

Goethe,
Aus den Tabulae Votivae,
Der wahre Grund

Die Beschäftigung mit Unsterblichkeitsideen ist für vornehme Stände und besonders für Frauenzimmer, die nichts zu tun haben. Ein tüchtiger Mensch aber, der schon hier etwas Ordentliches zu sein gedenkt und der daher täglich zu streben, zu kämpfen und zu wirken hat, läßt die künftige Welt auf sich beruhen und ist tätig und nützlich in dieser.

Goethe,
zu Eckermann, 25. 2. 1824

Gott hat nichts manifestiert, was auf eine Fortdauer nach dem Tode hinwiese. Auch Moses redet nicht davon. Es ist Gott vielleicht gar nicht recht, daß die Frommen die Fortdauer so fest annehmen.

Heine,
Religion und Philosophie

Die wenigsten Menschen haben wohl recht über den Wert des Nichtseins gehörig nachgedacht. Unter Nichtsein nach dem Tode stelle ich mir den Zustand vor, in dem ich mich befand, ehe ich geboren wurde.

Lichtenberg

Jenseits

Mensch, so du willst das Sein der
   Ewigkeit aussprechen,
so mußt du dich zuvor des Redens
   ganz entbrechen.

Angelus Silesius,
Der Cherubinische Wandersmann,
Mit Schweigen wird's gesprochen

Alles Vergängliche
ist nur ein Gleichnis;
das Unzulängliche,
hier wird's Ereignis;
das Unbeschreibliche,
hier ist's getan;
das Ewigweibliche
zieht uns hinan. (Chorus Mysticus)

Goethe, Faust 2, V, Bergschluchten

Der Himmel ist das Ende der Entsagung. Er ist der freie Genuß.

Max Stirner,
Der Einzige und sein Eigentum 1, 2

In den heitern Regionen,
wo die reinen Formen wohnen,
rauscht des Jammers trüber Sturm
   nicht mehr.
Hier darf Schmerz die Seele nicht
   durchschneiden,
keine Träne fließt hier mehr dem Leiden,
nur des Geistes tapfrer Gegenwehr.

Schiller, Das Ideal und das Leben

Wenn ich in Gott vergeh, so komm ich
   wieder hin,
wo ich von Ewigkeit vor mir gewesen
   bin.

Angelus Silesius,
Der Cherubinische Wandersmann

Viele sind berufen, aber wenige sind
auserwählt.

Matthäus 20,16

Mensch, wirst du nicht ein Kind, so
   gehst du nimmer ein,
wo Gottes Kinder sind: Die Tür ist
   gar zu klein.

Angelus Silesius,
Der Cherubinische Wandersmann

Aber viele, die da sind die Ersten,
werden die Letzten sein, und die Letzten werden die Ersten sein.

Matthäus 19,30

Wenn du dich über dich erhebst und
   läßt Gott walten,
so wird in deinem Geist die Himmel-
   fahrt gehalten.

Angelus Silesius,
Der Cherubinische Wandersmann

Der Himmel hat tausend Pforten, die
Hölle nur eine, und seltener, als man
denkt, gelingt es Menschen und schwerer, als man glaubt, sich verdammen
zu sehen.

Börne, Der Gott in Höflingen

Die Welt führt genauso wenig zur Hölle wie das Kloster zum Paradies.

Aus der Tschechoslowakei

Wozu die Hölle in einem anderen Leben suchen? Sie ist schon hienieden im Herzen der Bösen.

Rousseau, Emile 4

In die Hölle ist es überall gleich weit.

Sprichwort

Der Tod öffnet der dahinscheidenden Seele nicht die Tore zu Hölle und Verdammnis, sondern er schließt sie hinter ihr.

Bonsels, Runen und Wahrzeichen

Es gibt in dieser Welt keinen Platz, von dem aus nicht ein Pfad zur Hölle führte.

Aus Ungarn

Nach drüben ist die Aussicht uns verrannt;
Tor, wer dorthin die Augen blinzelnd richtet,
sich über Wolken seinesgleichen dichtet!
Er stehe fest und sehe hier sich um!
(Faust)

Goethe, Faust 2, V, Mitternacht

Lasciate ogni speranza, voi ch' entrate!
Die ihr eintretet, laßt alle Hoffnung fahren!

Dante, Hölle III, 9

Nachlaß

Wenn de willt seli sterwe, so laß's Vermöje kumme auf de rechte Erwe.

Aus dem Elsaß

Das Testament des Verstorbenen ist der Spiegel des Lebenden.

Aus Polen

„Denkst du nicht auch an ein Testament?"
Keineswegs! — Wie man vom Leben sich trennt,
so muß man sich trennen von Jungen und Alten,
die werden's alle ganz anders halten.

Goethe, Zahme Xenien III

Wenn ich scheid aus diesem Elend
und laß hinter mir ein Testament,
so wird daraus nur ein Zank
und weiß mir's niemand keinen Dank.
Alles verzehrt vor meinem End,
das macht ein richtig Testament.

Goethe,
Hans Liederlich und der Kamerade

Allzuviel Geld für die Kinder aufzu-
häufen, ist ein Vorwand der Habsucht.

Demokrit, Fragmente

Der Elefant hinterläßt nach seinem
Tode seine Spur, das Schaltier seine
Schalen.

Aus dem Orient

Im Sterben hinterläßt der Leopard
sein Fell und der Mensch seinen Namen.

Aus China

Er glänzt uns vor, wie ein Komet ent-
schwindend,
unendlich Licht mit seinem Licht ver-
bindend.

Goethe, Epilog zu Schillers Glocke

Nur der ist tot, der keinen guten Namen hinterläßt.

Aus Persien

Ich lasse meine tugendhaften Taten
dem Sohn zurück: Und hätte doch
mein Vater
mir auch nicht mehr gelassen! Alles
andre
bringt tausendmal mehr Sorge zu bewahren
als im Besitz ein Tüttelchen von Lust.
(König Heinrich)

Shakespeare, König Heinrich VI.,
Dritter Teil II, 2

Das junge Volk, es bildet sich ein,
sein Tauftag sollte der Schöpfungstag
sein.
Möchten sie doch zugleich bedenken,
was wir ihnen als Eingebinde schenken.

Goethe, Sprichwörtlich

Was du ererbt von deinen Vätern hast,
erwirb es, um es zu besitzen!
Was man nicht nützt, ist eine schwere
Last. (Faust)

Goethe, Faust 1, Nacht

Erbe

Stirbt der Fuchs, so gilt der Balg.

Sprichwort

Wer eine alte Tante zu beerben gedenkt, der mache ja keine Satiren auf
Frauenzimmer über fünfzig, aber desto derbere auf alle unter vierzig.

Lichtenberg

Häßlich grinst im Alter und Verderben
der Jugend Lebensdurst und das Gesicht des Erben.

Spitteler, Olympischer Frühling

Einem ehrlichen Manne, der es sich
in der Welt hat sauer werden lassen,
ist die Vorstellung des Grabes nicht so

marternd als die Vorstellung eines lachenden Erben.

Lessing, Der Schlaftrunk

Die Kinder würden den Vätern vielleicht weit teurer sein so wie anderseits die Väter ihren Kindern, wenn diese nicht den Anspruch hätten, Erben zu werden.

La Bruyère, Charaktere,
Von den Glücksgütern

Wer an die Liebe seiner Erben glaubt, dem ist wohl aller Witz geraubt.

Sprichwort

Wenn Gott mit dem Tode kommt, dann kommt der Teufel mit den Erben.

Aus Schweden

Über Gold und Silber gibt es keine Verwandte.

Aus Frankreich

Der Mensch ist an drei Proben zu erkennen. Erstlich: Erzürne ihn! Zweitens: Berausche ihn! Drittens: Teile mit ihm ein Erbe! Wenn er in der letzten Probe nicht mankiert, so ist er probat.

Hebel

VIII. Kapitel

Hunger
Speise
Mahlzeit
Getränke
Trinken
Tabak
Kleidung
Mode
Schmuck
Auto
Heim
Bauen
Besuch
Nachbar

Hunger

Bei leerem Magen sind alle Übel doppelt schwer.

Wieland, Wintermärchen I

Ein hungriger Mann, ein zorniger Mann.

Aus Großbritannien

Der Bauch versteht keinen Spaß.

Aus Jugoslawien

Sine Cerere et Libero friget Venus.
Ohne Ceres und Bacchus bleibt Venus kalt.

Terenz, Eunuch IV, 5

Im hungrigen Magen Eingang finden
nur Suppenlogik mit Knödelgründen,
nur Argumente von Rinderbraten,
begleitet mit Göttinger Wurstzitaten.
Ein schweigender Stockfisch, in Butter
gesotten,
behaget den radikalen Rotten
viel besser als ein Mirabeau
und alle Redner seit Cicero.

Heine, Politische Nachlese,
Die Wanderratten

Der Bauch ist ein böser Ratgeber.

Sprichwort

Den Hungrigen ist nicht gut predigen.

Sprichwort

Aber man kann unmöglich die Wut
des hungrigen Magens
bändigen, welcher den Menschen so
vielen Kummer verursacht!
Ihn zu besänftigen, gehn selbst schön-
gezimmerte Schiffe
über das wilde Meer, mit Schrecken
des Krieges gerüstet.

Homer, Odyssee XVII, 286

Ein hungriger Bauch hat keine Ohren.

Sprichwort

Hungriger Hund achtet des Stocks nicht.

Aus Italien

Wer satt ist, wird nie einen Hungrigen verstehen.

Aus Rußland

Hunger ist der beste Koch.

Freidank, Bescheidenheit

Hunger macht saure Bohnen süß.

Sprichwort

Besser, daß der Mensch auf den Reis
wartet, als der Reis auf den Menschen.

Aus China

Speise

Der Mensch hat sich der Freude, die er im Essen und Trinken empfindet, so wenig zu schämen, daß er sich der Tafelfreuden im Gegenteil als eines eigentümlich menschlichen Vorzugs vor dem Tiere rühmen darf.

Ihering,
Der Zweck im Recht II, 9

Wer trocken Brot mit Lust genießt,
dem wird es gut bekommen.
Wer Sorgen hat und Braten ißt,
dem wird das Mahl nicht frommen.

Verfasser unbekannt

Schwarzbrot macht das Kind gütig und gehorsam. Zuckerbrot macht es trotzig und ehrfurchtslos.

Ruth Schaumann

Auch unser edles Sauerkraut,
wir sollen's nicht vergessen.
Ein Deutscher hat's zuerst gebaut,
drum ist's ein deutsches Essen.

Uhland, Metzelsuppenlied

Wie wohl ist mir's, daß mein Herz die simple harmlose Wonne des Menschen fühlen kann, der ein Krauthaupt auf seinen Tisch bringt, das er selbst gezogen, und nun nicht den Kohl allein, sondern all die guten Tage, den schönen Morgen, da er ihn pflanzte, die lieblichen Abende, da er ihn begoß

und da er an dem fortschreitenden Wachstum seine Freude hatte, alle in einem Augenblicke wieder mitgenießt.

Goethe,
Die Leiden des jungen Werthers,
21. 6. 1771

Ein Haar in der Suppe mißfällt uns
sehr,
selbst wenn es vom Haupt der Geliebten wär.

Busch, Aphorismen und Reime

Lachse, Gründling, Bürschling, Hecht
sind im Januar nicht schlecht,
doch Bedingung ist zumeist:
Erst erwischen, eh' man speist.

Verfasser unbekannt

Gerechter Himmel! Aus wievielen Marterstunden der Tiere lötet der Mensch eine einzige Festminute der Zunge zusammen!

Jean Paul, Nachlaß

Der Mensch ist, was er ißt.

Ludwig Feuerbach,
Lehre der Nahrungsmittel für das Volk

Was zum Munde eingehet, das verunreinigt den Menschen nicht, sondern was zum Munde ausgeht, das verunreinigt den Menschen.

Matthäus 15,11

Der Mensch lebt nicht vom Brot allein, sondern von allem, was aus dem Munde des Herrn geht.

5. Moses 8,3

Mahlzeit

Arbeite wie ein Sklave und iß wie ein Lord!

Aus Albanien

Die Männer sind Bestien. Darum ist es höchst wichtig, die Kerle gut zu füttern. (Herzogin)

Wilde, Lady Windermeres Fächer 1

Man traf die Stunde nicht, vor Tische war's.
Und sind die Adern leer, ist kalt das Blut.
Dann schmollen wir dem Morgen, sind unwillig
zu geben und vergeben. Doch gefüllt die Röhren und Kanäle unsers Bluts mit Wein und Nahrung, macht die Seele schmeidiger
als priesterliches Fasten. (Menenius)

Shakespeare, Coriolanus V, 1

Über dem vollen Bauch lächelt ein fröhliches Haupt.

Sprichwort

Wenn der Magen voll ist, singen die Vögel und die Menschen lachen.

Aus Australien

Der liebt mich auf die rechte Art, der mir den Bauch füllt.

Aus Großbritannien

Wenn ein Mann auch vielleicht kein Herz hat, so hat er doch bestimmt einen Magen.

Aus der Mongolei

Eine junge Frau hat durch Geist und Schönheit nicht so viele Verehrer wie ein reicher Mann durch die Freuden seiner Tafel.

Vauvenargues, Nachgelassene Maximen

Ein guter Koch ist ein guter Arzt.

Sprichwort

Warte nicht mit Essen und Trinken; denn die Welt, die wir verlassen müssen, gleicht einem Festmahle.

Talmud

Die Jugend verschlingt nur, dann sauset sie fort.
Ich liebe, zu tafeln am lustigen Ort, ich kost und ich schmecke beim Essen.

Goethe, Gewohnt, getan

Der Appetit kommt beim Essen.

Rabelais, Gargantua

Unruhig Essen gibt ein schlecht Verdaun. (Äbtissin)

Shakespeare,
Die Komödie der Irrungen V, 1

Eher muß man darauf achten, mit
wem man ißt und trinkt, als was man
ißt und trinkt.

Seneca, Briefe II

Ob aber ein fröhliches Mahl überhaupt
ohne Frauen denkbar ist, lasse ich un-
entschieden. Ich führe nur die Tatsache
an, daß jeder Schmaus, der durch die
Torheit nicht belebt wird, der lieblichsten Würze entbehrt.

Erasmus von Rotterdam, Lob der Torheit

Das reichste Mahl ist freudenleer,
wenn nicht
des Wirtes Zuspruch und Geschäftigkeit
den Gästen zeigt, daß sie willkommen
sind. (Lady)

Shakespeare, Macbeth III, 8

Da noch meine Alt' am Leben —
an dem Tag war sie Schaffner, Kellner,
Koch,
Hausfrau und Magd, empfing, be-
diente jeden,
sang ihren Vers, tanzt' ihren Reihn,
bald hier,
zu oberst an dem Tisch, bald in der
Mitte,

auf den gelehnt und den, ihr Antlitz
Feuer,
durch Arbeit und durch das, womit
sie's löschte;
denn allen trank sie zu. (Der alte Schäfer)

Shakespeare, Das Wintermärchen IV, 3

Man speist am besten
daheim. Doch auswärts macht die Höflichkeit
den Wohlgeschmack der Speisen.
(Lady Macbeth)

Shakespeare, Macbeth III, 4

Es ist ein schlechter Trost zu wissen,
daß jemand, der uns ein schlechtes Mittagessen servierte oder eine mindere
Weinsorte aufgewartet hat, ein völlig
einwandfreies Privatleben führt. Auch
Kardinaltugenden entschädigen nicht
für kalte Vorspeisen.

Wilde, Das Bildnis des Dorian Gray 11

Aus anderer Schüsseln schmeckt es immer besser.

Sprichwort

Beim Essen ist Musik ein guter Prüfstein;
denn ist das Essen gut, so hört man die
Musik nicht! (Don Juan)

Grabbe, Don Juan und Faust IV, 4

Wir leben nicht, um zu essen, sondern
wir essen, um zu leben.

Sokrates

Ein verständiger Reisender gilt etwas gegen das Ende der Mahlzeit. (Lafeu)

Shakespeare, Ende gut, alles gut II, 5

Ein leerer Magen kann nicht gut springen, ein voller überhaupt nicht.

Aus Albanien

Plenus venter
non studet libenter.
Voller Bauch studiert nicht gern.

Sprichwort

Ein fetter Bauch hat magres Hirn. (Longaville)

Shakespeare, Liebes Leid und Lust I, 1

Überfülle dich nicht mit allerlei niedlicher Speise und friß nicht zu gierig; denn viel Fressen macht krank, und ein unsättiger Fraß kriegt das Grimmen!

Jesus Sirach 37,32

In sechsunddreißig Gängen sind zweiundsiebzig Krankheiten.

Aus Indien

Gute Kost ist der Tod der Wespe.

Aus Surinam

Eine gute Mahlzeit läßt die schlechten vergessen.

Aus Malmedy

Nach dem Essen sollst du stehn oder tausend Schritte gehn.

Schupp, Regentenspiegel

Wir mästen alle andern Kreaturen, um uns zu mästen. Und uns selber mästen wir für Maden. Der fette König und der magre Bettler sind nur verschiedne Gerichte, zwei Schüsseln, aber für eine Tafel: Das ist das Ende vom Liede. (Hamlet)

Shakespeare, Hamlet IV, 3

Getränke

Der Kaffee muß heiß wie die Hölle, schwarz wie der Teufel, rein wie ein Engel, süß wie die Liebe sein.

Talleyrand

Das dünne Getränk und die vielen Fischmahlzeiten kühlen ihr Blut so übermäßig, daß sie in eine Art von männlicher Bleichsucht verfallen, und

wenn sie dann heiraten, zeugen sie nichts wie Dirnen. (Falstaff)

Shakespeare, König Heinrich IV., Zweiter Teil IV, 3

Wenn ich tausend Söhne hätte, der erste menschliche Grundsatz, den ich ihnen lehren wollte, sollte sein, dün-

nes Getränk abzuschwören und sich
dem Sekt zu ergeben. (Falstaff)

Shakespeare, König Heinrich IV.,
Zweiter Teil IV, 3

Ein guter spanischer Sekt hat eine
zwiefache Wirkung an sich. Er steigt
Euch in das Gehirn, zerteilt da alle
die albernen und rohen Dünste, die es
umgeben, macht es sinnig, schnell und
erfinderisch, voll von behenden, feurigen und ergötzlichen Bildern; wenn
diese dann der Stimme, der Zunge,
überliefert werden, was ihre Geburt
ist, so wird vortrefflicher Witz daraus.
Die zweite Eigenschaft unsers vortreff-
lichen Sekts ist die Erwärmung des
Bluts, welches zuvor kalt und ohne Bewegung die Leber weiß und bleich
läßt, was das Kennzeichen der Klein-
mütigkeit und Feigheit ist: Aber der
Sekt erwärmt es und bringt es von
den innern bis zu den äußersten Teilen
in Umlauf. Er erleuchtet das Antlitz,
welches wie ein Wachfeuer ruft; und
dann stellen sich alle die Insassen des
Leibes und die kleinen Lebensgeister
aus den Provinzen ihrem Hauptmann,
dem Herzen, welches, durch dies Ge-
folge groß und aufgeschwellt, jegliche
Tat des Mutes verrichtet. (Falstaff)

Shakespeare, König Heinrich IV.,
Zweiter Teil IV, 3

Beim Weißwein denkt man an Dumm-
heiten. Beim Rotwein spricht man
Dummheiten. Beim Sekt macht man
Dummheiten.

Henri Vidal

Erst trinkt der Mensch Sake, dann
trinkt die Sake Sake, und schließlich
trinkt die Sake den Menschen.

Aus Japan

Genießt im edlen Gerstensaft
des Weines Geist, des Brotes Kraft!

Hogarten

Ist das Bier im Manne,
ist der Verstand in der Kanne.

Sprichwort

Auf grünen Bergen wird geboren
der Gott, der uns den Himmel bringt.

Novalis, Der Wein

Der Wein ist unter den Getränken das
nützlichste, unter den Arzneien das
schmackhafteste, unter den Nahrungsmitteln das angenehmste.

Plutarch

Alles Geld der Welt ist nicht so viel
wert wie zur rechten Stunde ein Becher besten Weines.

Aus China

Der Wein erfreut des Menschen Herz.

Goethe, Götz von Berlichingen I,
Herberge im Wald

Solang man trinken kann, läßt sich's
noch glücklich sein. (Söller)

Goethe, Die Mitschuldigen II, 5

Auch kann ihn kein Mensch zum Lachen bringen. Aber das ist kein Wunder: Er trinkt keinen Wein. (Falstaff)

Shakespeare, König Heinrich IV.,
Zweiter Teil IV, 3

Der Rheinwein stimmt mich immer
weich
und löst jedwedes Zerwürfnis
in meiner Brust, entzündet darin
der Menschenliebe Bedürfnis.

Heine, Deutschland,
ein Wintermärchen 23

Der liebste Buhle, den ich han,
der liegt beim Wirt im Keller.
Er hat ein hölzern Röcklin an
und heißt der Muskateller.

Johann Fischart

Trink ihn aus, den trank der Labe,
und vergiß den großen Schmerz!
Balsam für's zerriss'ne Herz,
wundervoll ist Bacchus' Gabe.

Schiller, Das Siegesfest

Der Wein ist die Milch der Alten.

Aus Italien

Denn so lang die Lebensquelle
an der Lippen Rande schäumt,
ist der Jammer weggeträumt,
fortgespült in Lethes Welle.

Schiller, Das Siegesfest

Ach! Sie neiget das Haupt, die holde
Knospe. Wer gießet
eilig erquickendes Naß neben die Wurzel ihr hin,
daß sie froh sich entfalte, die schönen
Stunden der Blüte
nicht zu frühe vergehn, endlich auch
reife die Frucht?
Aber auch mir, mir sinket das Haupt
von Sorgen und Mühe.
Liebes Mädchen! Ein Glas schäumenden Weines herbei.

Goethe, Epigramme

Rotwein ist für alte Knaben
eine von den besten Gaben.

Busch, Abenteuer eines Junggesellen,
Rektor Debisch

Guter Wein ist ein gutes, geselliges
Ding, wenn man mit ihm umzugehen
weiß. (Jago)

Shakespeare, Othello II, 3

Trinken

Essen ist ein Bedürfnis des Magens,
Trinken ein Bedürfnis des Geistes.

Claude Tillier

Wer da trinket guten Wein,
dem schaut Gott ins Herz hinein.

Aus Frankreich

Es ist eine Forderung der Natur, daß
der Mensch mitunter betäubt werde,
ohne zu schlafen. Daher der Genuß
im Tabakrauchen, Branntweintrinken,
Opiaten.

Goethe,
Maximen und Reflexionen,
Aus Kunst und Altertum 1821

Winket dir der Wein im Becher,
greife zu und trinke frisch,
aber nicht mit jedem Zecher
setze dich an einen Tisch!

Inschrift auf einem alten Faß
in Gnadenwalde

Meinen Wein
trink ich allein,
niemand setzt mir Schranken,
ich hab so meine eigenen Gedanken.

Goethe, Divan, Das Schenkenbuch

In vino veritas.
Im Wein liegt Wahrheit.

Alkäus

Solang man nüchtern ist,
gefällt das Schlechte.
Wie man getrunken hat,
weiß man das Rechte.

Goethe, Divan, Schenkenbuch

Der Wein, er erhöht uns, er macht uns
zum Herrn
und löset die sklavischen Zungen.

Goethe, Gewohnt, getan

Was für Redner sind wir nicht,
wenn der Rheinwein aus uns spricht!

Lessing, Die Beredsamkeit

Regen läßt das Gras wachsen, Wein
das Gespräch.

Aus Schweden

Wo man trinkt, da wird auch gesprochen.

Aus Ghana

Der Betrunkene sagt, was der Nüch-
terne denkt.

Aus Schweden

Nimmer, das glaubt mir, erscheinen die
Götter, nimmer allein.
Kaum, daß ich Bacchus den lustigen
habe,
kommt auch schon Amor, der lächelnde
Knabe,
Phöbus, der Herrliche, findet sich ein.

Schiller, Dithyrambe

Wo Bacchus das Feuer schürt, sitzt
Frau Venus am Ofen.

Sprichwort

Wenn man nicht trinken kann,
soll man nicht lieben.
Doch sollt ihr Trinker euch
nicht besser dünken:
Wenn man nicht lieben kann,
soll man nicht trinken.

Goethe, Divan, Schenkenbuch

Du siehst mit diesem Trank im Leibe
bald Helenen in jedem Weibe.

                              (Mephistopheles)

          Goethe, Faust 1, Hexenküche

Wer niemals einen Rausch gehabt,
der ist kein braver Mann.

     Joachim Perinet, Das Neu-Sonntagskind

Man ist nur Herr, sich den ersten Becher zu versagen, nicht den zweiten.

                                  Börne

Der ist nicht wert des Weines,
der ihn wie Wasser trinkt.

     Bodenstedt, Lieder zum Lobe des Weines

Sagt der Wein: Wieviel Gutes ich gestiftet, weiß ich nicht, aber das Unheil,
das ich angerichtet, ist grenzenlos.

                          Aus Armenien

Es ist besser e Schoppe zvil zahlt, als
eine zvil trunke.

                          Aus der Schweiz

Mit a Schiker is git zu handlen, ober
nischt zu wandlen.

                              Jiddisch

Es muß ein jeglich Land seinen eigenen
Teufel haben, Welschland seinen, Frankreich seinen. Unser deutscher Teufel
wird ein guter Weinschlauch sein und

muß Sauf heißen, daß er so durstig
und höllisch ist, der mit so großem
Saufen Weins und Biers nicht kann
gekühlt werden.

                              Luther

Seine beiden Kämmerlinge
will ich mit würzigem Weine so betäu-
                                    ben,
daß des Gehirnes Wächter, das Ge-
                              dächtnis,
ein Dunst sein wird und der Vernunft
                            Behältnis
ein Dampfhelm nur. (Lady Macbeth)

          Shakespeare, Macbeth I, 7

Trunken sein? Und wie ein Papagei
plappern? Und renommieren und toben, fluchen und Bombast schwatzen
mit unserm eignen Schatten? O du un-
sichtbarer Geist des Weins, wenn du
noch keinen Namen hast, an dem man
dich kennt, so heiße Teufel! (Cassio)

          Shakespeare, Othello II, 3

Der erste Trunk über den Durst macht
ihn zum Narren, der zweite toll, und
der dritte ersäuft ihn. (Narr)

          Shakespeare, Was ihr wollt I, 5

Es trinken tausend sich zu Tod,
eh' einer stirbt an Durstes Not.

                              Sprichwort

Im Becher ersaufen mehr Leute als im
Bach.

                              Sprichwort

Tabak

Zuerst schuf der liebe Gott den Mann,
dann schuf er die Frau. Danach tat
ihm der Mann leid, und er gab ihm
Tabak.

Mark Twain

Wo man raucht, da kannst du ruhig
harren:
Böse Menschen haben nie Zigarren.

David Kalisch

Das Rauchen macht dumm. Es macht
unfähig zum Denken und Dichten. Es
ist auch nur für Müßiggänger, für
Menschen, die Langeweile haben, die
ein Dritteil des Lebens verschlafen, ein
Dritteil mit Essen, Trinken und anderen notwendigen oder überflüssigen
Dingen hindudeln und alsdann nicht
wissen, obgleich sie immer vita brevis
sagen, was sie mit dem letzten Dritteil
anfangen sollen.

Goethe, zu Karl Ludwig von Knebel

Zum Rauchen gehört auch das Bier-
trinken, damit der erhitzte Gaumen
wieder abgekühlt werde. Das Bier
macht das Blut dick und verstärkt zugleich die Berauschung durch den nar-
kotischen Tabaksdampf. So werden die
Nerven abgestumpft und das Blut bis
zur Stockung verdickt. Wenn es so
fortgehen sollte, wie es den Anschein
hat, so wird man nach zwei oder drei
Menschenaltern schon sehen, was diese
Bierbäuche und Schmauchlümmel aus
Deutschland gemacht haben. An der
Geistlosigkeit, Verkrüppelung und
Armseligkeit unserer Literatur wird
man es zuerst bemerken.

Goethe, zu Karl Ludwig von Knebel

Ich habe sehr häufig gefunden, daß
gemeine Leute, die nicht rauchten an
Orten, wo das Rauchen gewöhnlich ist,
immer sehr gute und tätige Menschen
waren.

Lichtenberg

Wer nicht raucht und auch nichts trinkt,
der ist schon auf andere Art dem Teufel verfallen.

Aus Spanien

Kleidung

Alamode-Kleider,
Alamode-Sinnen,
wie sich's wandelt außen,
wandelt sich's auch innen.

Logau, Alamode

Ich will auf einen Spiegel was verwenden
und ein paar Dutzend Schneider unterhalten,
um Trachten auszusinnen, die mir
steh'n.

Da ich bei mir in Gunst gekommen bin,
so will ich's mir auch etwas kosten
lassen. (Gloster)

Shakespeare, Richard III. I, 2

Die Außenseite eines Menschen ist das
Titelblatt des Innern.

Aus Persien

Die Kleidung kostbar, wie's dein Beutel kann,
doch nicht ins Grillenhafte: Reich, nicht
bunt;
denn es verkündigt oft die Tracht den
Mann. (Polonius)

Shakespeare, Hamlet I, 3

Kleider machen Leute.

Gottfried Keller,
Die Leute von Seldwyla

Bekleide den Strunk, so wird er hübsch!

Aus Arabien

Man empfängt die Leute nach ihrem
Kleide und entläßt sie nach ihrem Verstand.

Sprichwort

Der Mensch wird zum Tier, wenn er
nie einen Sonntagsrock anhat.

Friedrich der Große

Eleganz ist gemeisterte Verschwendung.

Rathenau

Die Seele dieses Menschen sitzt in seinen Kleidern. (Lafeu)

Shakespeare, Ende gut, alles gut II, 5

Wer seine Verdienste im Kleide hat,
dem fressen sie die Motten.

Sprichwort

Wenn wir es recht überdenken, so
stecken wir doch alle nackt in unsern
Kleidern.

Heine, Reisebilder I, Norderney

Stolz soll der Beutel sein, der Anzug
arm. (Petruchio)

Shakespeare,
Der Widerspenstigen Zähmung IV, 3

Leichte, lose Tracht
ziemt minder nicht der Jugend, die sie
trägt,
als dem gesetzten Alter Pelz und
Mantel
Gesundheit schafft und Ansehn.
(König)

Shakespeare, Hamlet IV, 7

Der Schuster hat die schlechtesten
Schuhe.

Sprichwort

Wenn heutzutage die Männer ernster
sind als die Frauen, so deshalb, weil
ihre Kleidung nicht mehr so farben-
prächtig ist wie in vergangenen Zeiten.

André Gide,
Die Falschmünzer I, 7

Die Liebe der Frau zu ihrem Mann läßt sich an dessen Gewand ablesen.

Aus Spanien

Die Garderobe einer Frau ist die Visitenkarte des Mannes.

Aus Frankreich

Ihre Kleider sollten so eng anliegen, daß man sieht, Sie sind eine Frau, und so lose, daß man sieht, Sie sind eine Dame.

Verfasser unbekannt

Unser Inneres soll von der großen Menge verschieden sein. Unser Äußeres passe sich ihr an.

Seneca, Briefe I, 5

Man darf anders denken als seine Zeit, aber man darf sich nicht anders kleiden.

Ebner-Eschenbach, Aphorismen

Mode

Die Mode gestattet es jeder Dame, aufzufallen, ohne als Dame mißdeutet zu werden.

Graff

Frauen unterwerfen sich willig der Mode; denn sie wissen, daß die Verpackung wechseln muß, wenn der Inhalt interessant bleiben soll.

Noel Coward

Auch die unkleidsame Mode schenkt uns das Gefühl „mit dabeizusein", das wir von dem Gefühl „jung zu sein" kaum zu unterscheiden vermögen.

Graff

Das einzige, was einer Frau gestattet, die Mode zu mißachten, ist ihr Charme.

Graff

Die Eitelkeit folgt der Mode, die Anmaßung übertreibt sie, der gute Geschmack verbündet sich mit ihr.

A. Dufresne

Die Mode ist weiblichen Geschlechts, hat folglich ihre Launen.

Karl Julius Weber, Demokritos VIII, 6

Jede Mode kommt aus der Mode.

Aus Japan

Siehst du nicht, sag' ich, was für ein mißgestalter Schelm diese Mode ist? Wie schwindlicht er alle das hitzige junge Blut zwischen vierzehn und fünfunddreißig herumdreht? Bald stutzt er sie dir zu wie Pharaos Soldaten auf den schwarz geräucherten Bildern, bald wie die Priester des Bel zu Babel auf den alten Kirchenfenstern, bald wie den kahl geschornen Herkules auf den braunen wurmstichigen Tapeten, wo sein Hosenlatz so groß ist als seine Keule. (Borachio)

Shakespeare,
Viel Lärmen um Nichts III, 3

Sobald eine Mode allgemein geworden ist, hat sie sich überlebt.

Ebner-Eschenbach, Aphorismen

Ich sehe auch, daß die Mode mehr Kleider aufträgt als der Mensch. (Conrad)

Shakespeare,
Viel Lärmen um Nichts III, 3

Fast immer werden die Moden von den häßlichen Frauenzimmern aufgebracht, und die hübschen sind töricht genug, sich unterzuordnen.

Rousseau

Allen Moden gemeinsam ist die Beobachtung, daß ihre ersten und ihre letzten Vertreter komisch sind.

Graff

Bericht von Moden aus dem stolzen Welschland, dem unser blödes Volk, nach Art der Affen nachhinkend, strebt, sich knechtisch umzuschaffen. (York)

Shakespeare, König Richard II. II, 1

Wenn gelegentlich etwas Altmodisches wieder Mode wird, merken wir, wie bezaubernd unsere Großmütter gewesen sein müssen.

Graff

Nichts ist so gefährlich wie das Allzumodernsein. Man gerät in Gefahr, plötzlich aus der Mode zu kommen. (Lady Markby)

Wilde, Ein idealer Gatte II

Was gerade Mode ist, hat nun deshalb für mich nicht den Vorzug. Man behält dergleichen doch länger, als die Mode dauert.

Bismarck

Schmuck

Wir Mädchen sind doch eine wunderliche Nation. Kaum heben wir den Kopf nur ein wenig wieder, so ist gleich Putz und Band, was uns beschäftigt. (Marie)

Goethe, Clavigo IV, Guilberts Wohnung

Dir mit Wohlgeruch zu kosen, deine Freuden zu erhöhn, knospend müssen tausend Rosen erst in Gluten untergehn.

Goethe, Divan, Buch des Timur, An Suleika

Ich wünsche, daß sich alle Frauen meines Reiches hübsch machen, damit es
ihre Männer leichter haben, treu zu
bleiben.

Ludwig der Heilige

Drei Zehntel vom guten Aussehen
dankt die Frau der Natur und sieben
Zehntel dem Putz.

Aus China

Was hilft Euch Schönheit, junges Blut?
Das ist wohl alles schön und gut,
allein man läßts auch alles sein;
man lobt Euch halb mit Erbarmen.
Nach Golde drängt,
am Golde hängt
doch alles! Ach, wir Armen!

(Margarete)

Goethe, Faust 1, Abend

Das Naturell der Frauen
ist so nah mit Kunst verwandt.

(Gärtnerinnen)

Goethe, Faust 2, I, Weitläufiger Saal

Wenn die Rose selbst sich schmückt,
schmückt sie auch den Garten.

Rückert, Welt und ich

Die Dame, schön von Wuchs und edlem
Antlitz,
braucht Ringe nicht und Schminke
schwarz und rot.

Saadi, Rosengarten 2,
Von den Gesinnungen der Derwische

Ein Mann schmückt sich nicht für, sondern durch die Frau.

Graff

Ich habe dich gern, mein Armband,
aber lieber ist mir mein Handgelenk.

Aus Kurdistan

Perlen bedeuten Tränen. (Emilia)

Lessing, Emilia Galotti II, 7

Nicht jeder, der Sporen trägt, hat ein
Pferd.

Aus Spanien

Für wen eigentlich putzt sich eine Frau,
deren Mann blind ist?

Aus Spanien

Eine jede will jung sein. Wann sie
schon Haar auf dem Kopf hat wie
unseres Nachbauren Schimmel, sie will
gleichwohl jung sein. Wann sie schon
eine Stirn wie die Schweizerhosen, sie
will gleichwohl jung sein. Wann sie
schon ein Paar Wangen wie ein zer-
lechzter Feuerkübel, sie will gleichwohl
jung sein. Wann sie schon ein Maul wie
eine ausgebrannte Zündpfanne, sie will
gleichwohl jung sein. Wann sie schon
Zähn wie ein gestumpfter Rechen, sie
will gleichwohl jung sein. Wann sie
schon eine Nase wie ein alter Brunnen-
eimer, der immerzu im Wasser stehet,
sie will gleichwohl jung und schön
sein, eine schöne Höllena sein. Dessent-
halben andere Haar auf dem Kopf,
dessentwegen eine Schnur Perl um den
Kopf, dessentwegen auf die Wangen

ein neues Poliment, dessentwegen ein
Maul falscher Zähn, dessentwegen auf
die Lefzen ein rotes Gemäl, dessentwegen im ganzen Gesicht ein angestri-
chenes Fell. O du nobilitierter Maden-
sack!

Abraham a Sancta Clara

„Was schmückst du die eine Hand denn
                                    nun
weit mehr als ihr gebührte?"
Was sollte denn die linke tun,
wenn sie die rechte nicht zierte?

Goethe, Divan, Buch der Sprüche

Auto

Wo der Mann einer Frau die Autotüre
öffnet, ist entweder die Frau neu oder
das Auto.

Verfasser unbekannt

Die Liebe des Mannes geht durch den
Magen. Die Liebe der Frau geht durch
den Wagen.

Gerhard Grüninger, Sie und Er

Je größer der Wagen ist, desto kleiner
wirkt der Mann, der darin sitzt.

Verfasser unbekannt

Heim

My House is my castle.
Mein Haus ist meine Burg.

Edward Coke

Jeder auserlesene Mensch trachtet instinktiv nach seiner Burg und Heim-
lichkeit, wo er von der Menge, den
vielen, den allermeisten erlöst ist, wo
er die Regel „Mensch" vergessen darf
als deren Ausnahme.

Nietzsche, Jenseits von Gut und Böse,
Der freie Geist 26

Ich wünsche jedem, der sich tapfer stellt
zum Kampf mit aller Unbill dieser
                                    Welt,
ein trautes Plätzchen, wo er dann und
                                    wann
die ganze weite Welt vergessen kann.

J. Freund

Dann baut ich, grandios, mir selbst be-
                                    wußt,
am luftigen Ort ein Schloß zur Lust.
Wald, Hügel, Flächen, Wiesen, Feld
zum Garten prächtig umbestellt:

Vor grünen Wänden Sammetmatten,
Schnurwege, kunstgerechte Schatten,
Kaskadensturz, durch Fels zu Fels ge-
                                    paart,
und Wasserstrahlen aller Art:
Ehrwürdig steigt es dort; doch an den
                                   Seiten,
da zischts und pißts in tausend Klei-
                               nigkeiten.
Dann aber ließ ich allerschönsten
                                  Frauen
vertraut-bequeme Häuslein bauen,
verbrächte da grenzenlose Zeit
in allerliebst-geselliger Einsamkeit.
Ich sage: Fraun! denn ein für allemal
denk ich die Schönen im Plural.
                        (Mephistopheles)

Goethe, Faust 2, IV, Hochgebirg

Am Abend schätzt man erst das Haus.
                               (Wagner)
                Goethe, Faust 1, Vor dem Tor

In seinem Hause ist selbst der Arme
ein Fürst.
                                 Talmud

Das ist des Fürsten Vorrecht, daß er
                              alles treu
in seinem Hause, wiederkehrend, finde,
                                    noch
an seinem Platze jedes, wie er's dort
                               verließ;
denn nichts zu ändern hat für sich der
                          Knecht Gewalt. (Helena)

Goethe, Faust 2, III,
Vor dem Palaste des Menelas zu Sparta

Eigener Herd ist Goldes wert.
                              Sprichwort

Der Topf daheim kocht lustiger als
jeder andere.
                            Aus Rußland

Bei sich zu Hause ist der Hund am
stolzesten.
                          Aus Dänemark

Am Don ist es schön, aber daheim ist
es besser.
                            Aus Rußland

Wo ich lebe, ist es am schönsten.
                              Aus Japan

Das Haus, die Heimat, die Beschrän-
                                  kung —
die sind das Glück und sind die Welt.
                                Fontane

Das stille, häusliche Glück ist darum
das edelste, weil wir es ununterbrochen
genießen können. Geräuschvolles Vergnügen ist nur ein fremder Gast.
                              Jean Paul

Häuslichkeit, du schöner Abendstern!
Du flimmerst nicht eher, als die brennende Jugendsonne im Meere der Leidenschaften verlöschte. Dann scheinst
du lieblich in jede Hütte, wo zwei gute
Menschen wohnen.
                              Kotzebue

Dem, der zu Hause verharrend edlen
                    Schatz bewahrt
und hoher Wohnung Mauern auszu-
                    kitten weiß,
wie auch das Dach zu sichern vor des
                    Regens Drang,
dem wird es wohlgehn lange Lebens-
                    tage durch;
wer aber seiner Schwelle heilige Richte
                    leicht
mit flüchtigen Sohlen überschreitet fre-
                    ventlich,
der findet wiederkehrend wohl den
                    alten Platz,
doch umgeändert alles, wo nicht gar
                    zerstört. (Phorkyas)

Goethe, Faust 2, III,
Vor dem Palaste des Menelas zu Sparta

Unseliger ist nichts, als wenn dir's im-
                    mer ist,
als seist du nicht zu Haus, wo du zu
                    Hause bist.

Rückert

Wem zu Hause nicht wohl ist, dem
wird selbst das Vaterland zu enge. Er
verläuft sich in der Welt als Irrwisch.

Friedrich Ludwig Jahn

Nicht da ist man daheim, wo man seinen Wohnsitz hat, sondern wo man
verstanden wird.

Morgenstern,
Stufen, Psychologisches, 1891

Raum ist in der kleinsten Hütte
für ein glücklich liebend Paar.

(Charlotte)
Schiller, Der Parasit IV, 4

Das Haus steht nicht auf der Erde,
sondern auf dem Weibe.

Aus Jugoslawien

Hundert Männer können ein Lager
bereiten, aber um ein Heim zu schaffen, braucht es eine Frau.

Aus China

Der Mann ist der Herr des Hauses.
Im Hause soll aber nur die Frau herrschen.

Ebner-Eschenbach, Aphorismen

Das Auge der Frau macht das Zimmer
rein.

Aus Holland

Alle Arten von Bequemlichkeit sind
eigentlich ganz gegen meine Natur.
Sie sehen in meinem Zimmer kein Sofa.
Ich sitze immer in meinem alten höl-
zernen Stuhl und habe erst seit einigen
Wochen eine Art von Lehne für den
Kopf anfügen lassen. Eine Umgebung
von bequemen, geschmackvollen Meu-
blen hebt mein Denken auf und versetzt mich in einen behaglichen passi-
ven Zustand. Ausgenommen, daß man
von Jugend auf daran gewöhnt sei,
sind prächtige Zimmer und elegantes
Hausgerät etwas für Leute, die keine
Gedanken haben und haben mögen.

Goethe, zu Eckermann, 25. 3. 1831

Am Neste kann man sehen, was für
ein Vogel darin wohnt.

Sprichwort

Es ist, ihr möget wollen oder nicht,
das Haus der Spiegel eurer selbst.

Gotthelf

Es ist immer gewagt, Menschenkenner
bei sich zu Gaste zu laden, und es ist
immer lohnend für Menschenkenner,
in eines Nachbars Haus zu treten. Völker wie Personen verkörpern in ihren
Wohnräumen ihren Charakter.

Rosegger, Mein Weltleben 3

Nicht das Haus ehrt den Hausherrn,
sondern dieser das Haus.

Aus Rußland

Seit drei Monden war mir ein Auftrag für eine Truhe und einen großen
Anrichtetisch für Schloß Asnois zuteil
worden. Ich harrete, damit anzufangen, nur darauf, daß ich nochmalen
hinginge und das Haus, das Zimmer
und den Platz, dafür sie bestimmt waren, mit eigenen Augen wiedersähe.
Denn ein schön Möbel ist gleich einer
Frucht, so man am Spalier selbsten
pflücken muß.

Rolland,
Meister Breugnon, Belette

Eine Schwester besorget den Garten,
     der schwerlich zur Wildnis,
deine Wohnung romantisch und feucht
     zu umgeben verdammt ist,
sondern in zierliche Beete geteilt, als
          Vorhof der Küche,
nützliche Kräuter ernährt und jugend-
     beglückende Früchte.

Goethe, Zweite Epistel

Dreimal umziehen ist so schlimm wie
einmal abbrennen.

Franklin, Der Weg zum Reichtum

Wer stets zu Haus bleibt, hat nur Witz
fürs Haus. (Valentin)

Shakespeare, Die beiden Veroneser I, 1

Vom Fenster her läßt sich niemals die
ganze Welt überschauen.

Aus Spanien

Soll ich dir die Gegend zeigen,
mußt du erst das Dach besteigen.

Goethe, Divan, Buch der Sprüche

Wie kleine Gegenstände, dem Auge
nahegehalten, unser Gesichtsfeld be-
schränkend, die Welt verdecken, so
werden oft die Menschen und Dinge
unserer nächsten Umgebung, so höchst
unbedeutend und gleichgültig sie auch
seien, unsere Aufmerksamkeit und Gedanken über die Gebühr beschäftigen.

Schopenhauer,
Aphorismen zur Lebensweisheit V, 13

Wenn man zu lange an einem Orte
wohnt, häufen sich zuviele Sachen an.
Man übernimmt zuviele Pflichten und
Geschäfte, verkehrt mit zuvielen Familien, und wenn man fortzieht, empfindet man Trennungsschmerz.

Buddha, Anguttara-Nikâya

Bauen

Durch Weisheit wird ein Haus gebaut
und durch Verstand erhalten.

Sprüche Salomonis 24, 3

Die Eintracht baut das Haus, die Zwietracht reißt es nieder.

Sprichwort

Wenn wir bauen wollen,
beschaun wir erst den Platz, ziehn
                    einen Riß:
Und sehn wir die Gestalt des Hauses
                    nun,
dann müssen wir des Baues Aufwand
                    schätzen.
Ergibt sich's, daß er über unsre Kräfte,
was tun wir, als den Riß von neuem
                    ziehn
mit wenigern Gemächern oder ganz
abstehn vom Bau? (Lord Bardolph)

Shakespeare, König Heinrich IV.,
Zweiter Teil I, 3

Willst du den Bau dereinst nicht be-
                    weinen,
dann baue nur ja mit eigenen Steinen!

Aus der Schweiz

Wer sein Haus bauet mit anderer Leute
Geld, der sammlet Steine ihm zum
Grabe.

Jesus Sirach 21,9

Bauen ist ein süßes Armmachen.

Aus Großbritannien

Wer von der Bausucht befallen wurde,
braucht keinen anderen Gegner, um
sich zugrunde zu richten.

Aus Frankreich

O wie glücklich ist der, dem Vater und
                    Mutter das Haus schon
wohlbestellt übergeben.

Goethe, Hermann und Dorothea II, 164

Besuch

Ein Willkommen und freundliche Worte
mangeln niemals im Hause eines guten
Menschen.

Aus Indien

Wer Gastfreundschaft übt, bewirtet
Gott selbst.

Aus Israel

Das Haus stirbt nicht, das einen Gast
willkommen heißt.

Aus dem Sudan

Am Freudentag, wenn wir die Gäste
                    grüßen,
die heiter kommen, heiter zu genießen,
da freut uns jeder, wie er schiebt und
                    drängt

und, Mann für Mann, der Säle Raum
                              verengt.
Doch höchst willkommen muß der
                         Biedre sein,
tritt er als Beistand kräftig zu uns ein
zur Sorgenstunde, die bedenklich
                            waltet. (Kaiser)

Goethe, Faust 2, IV, Auf dem Vorgebirg

Betritt jemand das Haus eines Freundes, so kann er gleich beim Eintreten
dessen Wohlwollen erkennen, auch
wenn kein Wort gesprochen wird. Der
Pförtner ist freundlich, der Hund
kommt wedelnd heran, es eilt jemand
herbei und setzt ihm einen Stuhl
freundlich zurecht.

Apollodorus, Fragmente 14

Was einem bösen Weib, 'nem Feind,
man in den Rachen wirft, das nenn' ich
                            Kosten.
Beim guten Gaste oder Freund dagegen
nenn' ich Gewinn, was man für ihn
                    verbraucht. (Liebhold)

Plautus, Der Maulheld II, 1

Der Gastfreund soll sich wie zu Hause
fühlen, aber sich nicht wie zu Hause
betragen.

Peltzer, An den Rand geschrieben

Kultur verschlingt Gastfreundschaft.

Lichtenberg

Weilt der Gast auch nur kurze Zeit, so
sieht er doch viel.

Aus der Mongolei

Man weiß, wie's Weiber machen:
Sie visitieren gern und sehn der Frem-
                          den Sachen
und ihre Wäsche gern. (Wirt)

Goethe, Die Mitschuldigen III, 1

Nötige nie beim Feste den Gast, un-
                    gern zu weilen,
noch auch mahn ihn zu gehn, eh es ihm
                      selber gefällt!

Theognis, Gnomen 467

Der Gast, der sich früh erhebt, bleibt
die ganze Nacht.

Aus Rußland

Langweiliger Besuch macht Zeit und
                      Zimmer enger.
Oh, Himmel, schütze mich vor jedem
                      Müßiggänger!

Hagedorn, Wunsch

Nein, wenn die Gäste wüßten, wie
z'wider sie einem oft sind, es ließ sich
gar kein Mensch mehr einladen auf der
Welt. (Frau von Erbsenstein)

Nestroy, Das Mädel aus der Vorstadt I, 6

Mit vielen läßt sich schmausen,
mit wenigen läßt sich hausen.

Verfasser unbekannt

Besuche machen immer Freude: Wenn
nicht beim Kommen, dann beim Gehen.

Aus Portugal

Dreitägiger Fisch
taugt auf keinem Tisch,
und dreitägiger Gast
wird leicht zur Last.

Sprichwort

Wer was will gelten,
der komme selten!

Sprichwort

Seltener Besuch vermehrt die Freundschaft.

Aus Arabien

Wird man wo gut aufgenommen,
muß man nicht gleich wiederkommen.

Sprichwort nach Pius Alexander Wolff,
Preciosa II, 1

Nachbar

Kein Mensch ist so reich, daß er nicht
seinen Nachbarn brauchte.

Aus Ungarn

Besser ein Nachbar über der Mauer als
ein Bruder über der See.

Aus Albanien

Man soll sich keinen Hof kaufen, sondern gute Nachbarn.

Aus Spanien

Der Tochter deines Nachbarn sollst du
den Rotz von der Nase wischen und
ihr deinen Sohn zum Manne geben.

Aus Spanien

Liebe deinen Nachbarn, reiß aber den
Zaun nicht ein!

Sprichwort

Nam tua res agitur, paries cum proximus ardet.
Brennet des Nachbarn Wand, so bist
du selber gefährdet.

Horaz, Episteln I, 18

Hast du den Bären heute in Nachbars
Weinberg gesehen? Erwarte ihn morgen in deinem!

Aus Bulgarien

Man kann Gott leichter betrügen als
seinen Nachbarn.

Aus Griechenland

In der Stadt lebt man zu seiner Unterhaltung, auf dem Lande zur Unterhaltung der anderen. (Jack)

Wilde, Bunbury I

Einer, der seinen Nachbarn haßt, entdeckt sogar in der Sonne Fehler.

Aus Polen

Fluche einem Nachbarn, und du gräbst
zwei Gräber.

Aus Japan

Ein Vergehen gegen einen Nachbarn ist
ein Angriff gegen Gott.

Von den Philippinen

IX. Kapitel

Sinne
Gesicht
Gehör
Gefühl
Leib
Antlitz
Seele
Herz
Verstand
Vernunft
Phantasie
Geist
Denken
Gedanke

Sinne

Der Mensch ist eine Sonne. Seine Sinne
sind seine Planeten.

Novalis, Fragmente

Das Tier wird durch seine Organe belehrt. Der Mensch belehrt die seinigen
und beherrscht sie.

Goethe,
Maximen und Reflexionen, Nachlaß,
Über Natur und Naturwissenschaft

Die Sinne betrügen die Vernunft, und
die Leidenschaften der Seele verwirren
die Sinne: Sie lügen und betrügen sich
um die Wette.

Pascal

Die Sinne trügen nicht, das Urteil
trügt.

Goethe,
Maximen und Reflexionen, Nachlaß,
Über Natur und Naturwissenschaft

Wenn sich Herz und Mund erlaben,
will die Nase auch was haben.

Sprichwort

Gesicht

O eine edle Himmelsgabe ist
das Licht des Auges. Alle Wesen leben
vom Lichte, jedes glückliche Geschöpf,
die Pflanze selbst kehrt freudig sich
zum Lichte. (Melchthal)

Schiller, Wilhelm Tell I, 4

Zum Gaffen hat das Volk die Augen.
(Mercutio)

Shakespeare, Romeo und Julia III, 1

Vieles Lesen macht stolz und pedan-
tisch. Viel sehen macht weise, vernünftig und nützlich.

Lichtenberg, Vermischte Schriften I, 120

Einmal selbst sehen ist mehr wert als
hundert Neuigkeiten hören.

Aus Japan

Kein Zeuge ist besser als die eigenen
Augen.

Aus Abessinien

Wie groß auch ein Auge sein mag —
zwei sind besser.

Aus dem Sudan

Wer viel sehen will, braucht nur ein
Auge zuzudrücken.

Daniele Varè

Was ist das Schwerste von allem? Was
　　dir das Leichteste dünket:
Mit den Augen zu sehn, was vor den
　　　　　　　Augen dir liegt.

Goethe, Xenien aus dem Nachlaß 45

Wenn man ein Seher ist, braucht man
kein Beobachter zu sein.

Ebner-Eschenbach, Aphorismen

Wer etwas weiß, hat zehn Augen. Wer
nichts weiß, ist blind.

Aus Italien

Keiner ist so blind wie der, welcher
nicht sehen will.

Aus Frankreich

Die Augen sehen alles, nur sich selbst
nicht.

Aus Jugoslawien

Bewegung fesselt mehr den Blick
als Ruhendes. (Ulysses)

Shakespeare,
Troilus und Cressida III, 3

Ein graues Auge —
ein schlaues Auge.
Auf schelmische Launen
deuten die braunen.
Des Auges Bläue
bedeutet Treue.

Bodenstedt,
Die Lieder des Mirza Schaffy 12

Die Augen reden mächtiger als die
Lippen.

Gerhart Hauptmann

Der Körper ist der Einband des Geistes, das Gesicht der Titel und das Auge
der Name des Verfassers.

Johann Wilhelm Ritter, Fragmente
aus dem Nachlaß eines jungen Physikers

Es gibt Männer, welche die Beredsamkeit weiblicher Zungen übertreffen.
Aber kein Mann übertrifft die Beredsamkeit weiblicher Augen.

Weber, Demokritos III, 8

Ach, des Himmels Gründe,
Sandbänke sind sie gegen dieses Auges
　　　　　　　Tiefen! (Faust)

Grabbe, Don Juan und Faust II, 1

Aus Frauenaugen zieh' ich diese Lehre:
Sie sind der Grund, das Buch, die hohe
　　　　　　　Schule,
aus der Prometheus' echtes Feuer glüht.
　　　　　　　(Biron)

Shakespeare, Liebes Leid und Lust IV, 3

Ich bin ein Teil des Teils, der anfangs
　　　　　　　alles war,
ein Teil der Finsternis, die sich das Licht
　　　　　　　gebar,
das stolze Licht, das nun der Mutter
　　　　　　　Nacht
den alten Rang, den Raum ihr streitig
　　　　　　　macht.
Und doch gelingts ihm nicht, da es,
　　　　　　　soviel es strebt,
verhaftet an den Körpern klebt:

Von Körpern strömts, die Körper
  macht es schön,
ein Körper hemmt's auf seinem Gange;
so, hoff ich, dauert es nicht lange,
und mit den Körpern wirds zugrunde
  gehn. (Mephistopheles)

Goethe, Faust 1, Studierzimmer

Das Menschengeschlecht ist bestimmt,
Erleuchtetes zu sehen, nicht das Licht.

Goethe

Wohne, du ewiglich Eines, dort bei
  dem ewiglich Einen!
Farbe, du wechselnde, komm freundlich zum Menschen herab!

Schiller, Licht und Farbe

Wir hören viel, aber wir hören erst
eigentlich, wenn wir die wirren Stimmen haben sterben lassen und nur noch
eine spricht. Wir sehen viel, doch sehen
wir erst eigentlich, wenn wir die wirren Lichter alle ausgeblasen haben und
nur das eine klare, große in der Seele
leuchtet.

Meister Eckhart

Fast möcht' ich glauben:
Das, was ich nicht mit eignen Augen
  sah,
steh' desto schöner vor dem inneren
  Sinn. (Blanka)

Ibsen, Das Hünengrab I

Was du sehen kannst, das siehe und
brauche deine Augen, und über das
Unsichtbare und Ewige halte dich an
Gottes Wort!

Matthias Claudius,
An meinen Sohn Johannes

Alles Mystische ist personell und mithin eine Elementarvariation des Weltalls.

Novalis, Fragmente

Gehör

Die Erschütterung der Luft wird erst
Schall, wo ein Ohr ist.

Lichtenberg, Vermischte Schriften IV

Manche Töne sind mir Verdruß, doch
  bleibet am meisten
Hundegebell mir verhaßt. Kläffend
  zerreißt es mein Ohr.

Goethe, Römische Elegien XVII

Der Pfau schreit häßlich, aber sein
  Geschrei
erinnert mich ans himmlische Gefieder.
So ist mir auch sein Schreien nicht
  zuwider.
Mit indischen Gänsen ist's nicht glei-
  cherlei;
sie zu erdulden ist unmöglich:
Die häßlichen sie schreien unerträglich.

Goethe, Chinesisch-Deutsche Jahres-
und Tageszeiten IV

Gilt es zu hören, sei der erste! Sei der
letzte, wenn es zu reden gilt!

Aus der Türkei

Die Menschen wissen ein Gespräch
nicht zu benutzen. Sie verwenden bei
weitem zuviel Aufmerksamkeit auf
das, was sie sagen und entgegnen
wollen, während der wirkliche Hörer
sich oft begnügt, vorläufig zu antworten und etwas als Abschlagszahlung
der Höflichkeit überhaupt zu sagen,
dagegen mit seinem hinterhaltigen Gedächtnis alles davonträgt, was der
andere geäußert hat, nebst der Art
und Ton und Gebärde, wie er es
äußerte.

Nietzsche,
Menschliches Allzumenschliches II, 2

Ein weises Wort ist jenes, das die Menschen lehrt,
die Reden anzuhören auch des andern
Teils.

Euripides, Andromache IV, 3

Wenn ich die Meinung eines andern
anhören soll, so muß sie positiv ausgesprochen werden. Problematisches
hab' ich in mir selbst genug.

Goethe,
Wilhelm Meisters Wanderjahre II,
Betrachtungen im Sinne der Wanderer

Man kann auf eine Art zuhören, die
mehr wert ist als das Gefälligste, was
man sagen kann.

Joseph von Ligne

Es hört doch jeder nur, was er versteht.

Goethe,
Maximen und Reflexionen, Nachlaß,
Über Literatur und Leben

Man hört nur die Fragen, auf welche
man imstande ist, eine Antwort zu
finden.

Nietzsche, Fröhliche Wissenschaft 3

Das eigentlich Unverständige sonst
verständiger Menschen ist, daß sie
nicht zurechtzulegen wissen, was ein
anderer sagt, aber nicht gerade trifft,
wie er's hätte sagen sollen.

Goethe,
Maximen und Reflexionen,
Aus Kunst und Altertum 1824

Ein Mann von Geist wird nicht allein
nie etwas Dummes sagen, er wird auch
nie etwas Dummes hören.

Börne, Fragmente und Aphorismen 20

Hütet eure Ohren,
oder ihr seid Toren!
Laßt ihr böses Wort hinein,
wird es euch zur Schande sein.

Walther von der Vogelweide

Gefühl

Ich habe verloren, was meines Lebens einzige Wonne war, die heilige belebende Kraft, mit der ich Welten um mich schuf.

Goethe,
Die Leiden des jungen Werthers II,
3. 11. 1772

Suchen wir unser Licht in unsern Gefühlen! In ihnen liegt eine Wärme, die viel Klarheit in sich schließt.

Joubert

Auch ist nicht zu leugnen, daß die Empfindung der meisten Menschen richtiger ist als ihr Räsonnement. Erst mit der Reflektion fängt der Irrtum an.

Schiller, an Goethe, 30. 7. 1799

Gefühl, an Inhalt reicher als an Worten,
ist stolz auf seinen Wert und nicht auf Schmuck.
Nur Bettler wissen ihres Guts Betrag.
(Julia)

Shakespeare, Romeo und Julia II, 6

Wenn wir die Aufmerksamkeit auf schwache Empfindungen vermehren lernen, so können sie uns den Dienst von starken tun.

Lichtenberg

Nicht die Stärke, sondern die Dauer der hohen Empfindung macht die hohen Menschen.

Nietzsche

Wer nicht zuweilen zuviel und zu weich empfindet, der empfindet gewiß immer zuwenig.

Jean Paul

Sei gefühllos!
Ein leichtbewegtes Herz
ist ein elend Gut
auf der wankenden Erde.

Goethe, Drei Oden
an meinen Freund Behrisch III

Der Empfindsame ist der Waffenlose unter lauter Bewaffneten.

Auerbach

Ich sehe in der Rührung immer nur eine Versuchung zur Untreue an mir selbst und unterdrücke sie. (Erster Priester)

Hebbel, Judith V

Die Deutschen sollten in einem Zeitraume von dreißig Jahren das Wort Gemüt nicht aussprechen, dann würde nach und nach Gemüt sich wieder erzeugen; jetzt heißt es nur Nachsicht mit Schwächen, eignen und fremden.

Goethe,
Maximen und Reflexionen,
Aus Kunst und Altertum 1826

Niemand ist so sehr in Gefahr, stumpf zu werden, wie der höchst Reizbare.

Grillparzer, Aphorismen 1837

Was man so heftig fühlt, fühlt man
nicht allzulang. (Egle)

Goethe, Die Laune des Verliebten 3

In jedem starken menschlichen Gefühl
ist sein Gegenteil enthalten. Im Ausbruch der Verzweiflung verkündet sich

der Trost, im Jubel lauert die Verzweiflung.

Rathenau

Jedes schöne Gefühl hat seine Tränen.

Ludwig Bechstein, Arabesken

Leib

Der Körper ist der Übersetzer der
Seele ins Sichtbare.

Morgenstern, Stufen, Weltbild,
Tagebuch eines Mystikers

Es ist der Geist, der sich den Körper
baut. (Wallenstein)

Schiller, Wallensteins Tod III, 13

Mens agitat molem.
Der Geist bewegt die Materie.

Vergil, Äneide 6, 727

Das Äußere läßt aufs Innere schließen.

Walther von der Vogelweide

Also bestimmt die Gestalt die Lebensweise des Tieres,
und die Weise zu leben, sie wirkt auf
alle Gestalten
mächtig zurück.

Goethe, Metamorphose der Tiere

Ob ein Mensch gewohnt ist mit recht-
lichen Menschen zu leben,
ob er ein Gänsehirt ist, seht ihr beim
ersten Blick.

Goethe, Xenien aus dem Nachlaß 216

Ein Tor nur schließt aus äußerem Ge-
haben
getrost auf eines Menschen innere Gaben. (Simonides)

Shakespeare, Perikles II, 3

Schwarz ist die Büffelkuh, aber ihre
Milch ist weiß.

Aus Bulgarien

Sorge für deinen Leib, doch nicht so,
als wenn er deine Seele wäre!

Matthias Claudius,
An meinen Sohn Johannes

Ich werde umso schlechter von den
fetten Mannsleuten denken, solange
ich noch ein Auge habe, der Manns-

bilder Gestalt zu unterscheiden. (Frau Fluth)

Shakespeare,
Die lustigen Weiber von Windsor II, 1

Es gibt nichts, was den zehn Fingern gleichkäme.

Aus der Mongolei

Es gibt kein besser Zeichen von einem wackern Gemüt als eine harte Hand. (Georg)

Shakespeare, König Heinrich VI.,
Zweiter Teil IV, 2

Je weniger eine Hand verrichtet, desto zarter ist ihr Gefühl. (Hamlet)

Shakespeare, Hamlet V, 1

Eine schöne Hand ziert den ganzen Menschen.

Heine, Der Rabbi von Bacharach 2

Blut ist ein ganz besondrer Saft. (Mephistopheles)

Goethe, Faust 1, Studierzimmer

Antlitz

Die unterhaltendste Fläche auf der Erde für uns ist die des menschlichen Gesichts.

Lichtenberg

In jedes Menschen Gesichte
steht seine Geschichte,
sein Hassen und Lieben
deutlich geschrieben.

Bodenstedt,
Vermischte Gedichte und Sprüche 26

Sogar sagt das Gesicht eines Menschen in der Regel mehr und Interessanteres als sein Mund; denn es ist das Kompendium alles dessen, was dieser je sagen wird, indem es das Monogramm alles Denkens und Trachtens dieses Menschen ist. Auch spricht der Mund nur Gedanken eines Menschen, das Gesicht einen Gedanken der Natur aus.

Daher ist jeder wert, daß man ihn aufmerksam betrachtet, wenn auch nicht jeder, daß man mit ihm rede.

Schopenhauer,
Parerga und Paralipomena II, 29, § 377

Ein Mann von guter Physiognomik sein, ist ein Geschenk des Glücks. (Holzapfel)

Shakespeare, Viel Lärmen um Nichts III, 3

Aller Menschen Gesichter sind ehrlich, wie auch ihre Hände beschaffen seien. (Menas)

Shakespeare,
Antonius und Cleopatra II, 6

Aus der Physiognomie läßt sich keine feste Regel für die Beurteilung des

Charakters der Menschen schöpfen; sie kann uns nur zu Mutmaßungen dienen.

La Bruyère, Charaktere 12

Kein Wissen gibt's,
der Seele Bildung im Gesicht zu lesen.
(Duncan)

Shakespeare, Macbeth I, 4

Unsere Gesichter sind Masken, die uns die Natur verlieh, damit wir unseren Charakter dahinter verbergen.

Wilde

Wie den Klang einer Sprache nur der hört, welcher sie nicht versteht, weil sonst das Bezeichnete das Zeichen sogleich aus dem Bewußtsein verdrängt, so sieht die Physiognomie eines Menschen nur der, welcher ihm noch fremd ist, d. h. nicht durch öfteres Sehen oder gar durch Sprechen mit ihm sich an sein Gesicht gewöhnt hat. Demgemäß hat man den rein objektiven Eindruck eines Gesichtes und dadurch die Möglichkeit seiner Entzifferung, streng genommen, nur beim ersten Anblick.

Schopenhauer,
Parerga und Paralipomena II, 29, § 377

Je mehr ich die Menschengesichter beantlitze, desto weniger habe ich Hoffnung für Vernunft und Freiheit und Gerechtigkeit; denn auf den meisten sitzt irgendeine häßliche, schmutzige Leidenschaft, und die übrigen sagen doch gar nichts.

Seume, Apokryphen

Was Eure Physiognomik betrifft, seht, da gebt Gott die Ehre und macht nicht viel Rühmens davon! (Holzapfel)

Shakespeare, Viel Lärmen um Nichts III, 3

Was einer im Sinn hat, das siehet man ihm an den Augen an, es sei Gutes oder Böses.

Jesus Sirach 13, 31

Mit zwanzig Jahren hat jeder das Gesicht, das Gott ihm gegeben hat, mit vierzig das Gesicht, das ihm das Leben gegeben hat, und mit sechzig das Gesicht, das er verdient.

Albert Schweitzer

Oh, gebt mir ein poetisch Wort für
Runzeln:
Die Klüften des Gesichts, sagt man
nicht übel. (Sancho)

Lope de Vega,
Die verschmähte Schöne III, 3

Schwarze Brauen,
sagt man, sind schön bei manchen
Fraun. Nur muß
nicht zuviel Haar darin sein, nur ein
Bogen,
ein Halbmond, fein gemacht wie mit
der Feder. (Mamillius)

Shakespeare, Das Wintermärchen II, 1

In den niedrigen, arbeitenden, zumal das Land bestellenden Klassen sind die heitern und zufriedenen Gesichter, in

den reichen und vornehmen die ver-
drießlichen zu Hause.

Schopenhauer,
Aphorismen zur Lebensweisheit II

Wenn die Nacht herabsinkt, stirbt das
Gesicht.

Aztekenweisheit

Seele

Die Seel ist ein Kristall, die Gottheit
ist ihr Schein,
der Leib, in dem du lebst, ist ihrer
beider Schrein.

Angelus Silesius,
Der Cherubinische Wandersmann

Der Mensch hat alle Ursache, sich
selbst für den wunderbarsten Gegenstand der Natur zu halten. Er vermag nicht zu begreifen, was der Körper, und noch weniger, was der Geist
ist, und am allerwenigsten, wie ein
Geist mit einem Körper verbunden
sein kann.

Pascal

Noch niemand konnt es fassen,
wie Seel und Leib so schön zusam-
menpassen,
so fest sich halten, als um nie zu scheiden,
und doch den Tag sich immerfort verleiden. (Wagner)

Goethe, Faust 2, II, Laboratorium

Das artige Wesen, das, entzückt,
sich selbst und andre gern beglückt,
das möcht ich Seele nennen.

Goethe, Die Weisen und die Leute

Des Menschen Seele
gleicht dem Wasser:
Vom Himmel kommt es,
zum Himmel steigt es,
und wieder nieder
zur Erde muß es,
ewig wechselnd.

Goethe,
Gesang der Geister über den Wassern

Zwei Augen hat die Seel': Eins schauet
in die Zeit,
das andre richtet sich hin in die Ewigkeit.

Angelus Silesius,
Der Cherubinische Wandersmann

Zwei Seelen wohnen, ach! in meiner
Brust,
die eine will sich von der andern trennen:
Die eine hält in derber Liebeslust
sich an die Welt mit klammernden
Organen;
die andre hebt gewaltsam sich vom
Dust
zu den Gefilden hoher Ahnen. (Faust)

Goethe, Faust 1, Vor dem Tor

Du weißt, daß der Leib ein Kerker ist;
die Seele hat man hinein betrogen;

da hat sie nicht freie Ellebogen.
Will sie sich da- und dorthin retten,
schnürt man den Kerker selbst in Ketten.

Goethe, Divan, Das Schenkenbuch

Vom Schönen und Weisen und Guten
nähren sich und an diesem wachsen die
Flügel der Seele. Am Häßlichen und
Bösen welken sie und fallen ab.

Platon

Die Seele ist das Schiff, Vernunft das
Steuer und Wahrheit der Hafen.

Aus der Türkei

Die Seele des Kriegers wohnt im
Schwert, die Seele der Frau im Spiegel.

Aus Japan

Herz

Im Herzen ist die Hölle, ist das Paradies.

Aus Japan

Dem Manne ist die Welt das Herz.
Dem Weibe ist das Herz die Welt.

Grabbe

Laß der Sonne Glanz verschwinden,
wenn es in der Seele tagt:
Wir im eignen Herzen finden,
was die ganze Welt versagt. (Chor)

Goethe, Faust 2, III, Arkadien

Was ich weiß, kann jeder wissen. Mein
Herz habe ich allein.

Goethe,
Die Leiden des jungen Werthers,
9. 5. 1772

Das Herz gibt allem, was der Mensch
sieht und hört und weiß, die Farbe.

Pestalozzi, Lienhard und Gertrud

Verstand und Witz kann leicht ergötzen,
doch fesseln kann allein das Herz.

Wilhelm Hey

Über das Herz zu siegen ist groß, ich
verehre den Tapferen,
aber wer durch sein Herz sieget, er
gilt mir doch mehr.

Goethe, Aus den Tabulae Votivae,
Der Vorzug

Wie die Tage sich ändern, die Gott
vom Himmel uns sendet,
ändert sich auch das Herz der erde-
bewohnenden Menschen.

Homer, Odyssee XVIII, 135

Des Menschen Herz ist gleich wie
Quecksilber, das jetzt da, bald anders-
wo ist, heut also, morgen anders gesinnt.

Luther, Deutsche Schriften 57

Jeder Busen ist, der fühlt, ein Rätsel.
(Prothoe)

Heinrich von Kleist, Penthesilea 9

Der Verstand weiß nicht, was das Herz braucht.

Vauvenargues

Das Herz hat seine Gründe, die die Vernunft nicht kennt.

Pascal

Les grandes pensées viennent du cœur.
Die großen Gedanken kommen aus dem Herzen.

Vauvenargues, Reflexionen

Nicht unser Hirn, sondern unser Herz denkt den größten Gedanken. Unser Herz aber oder unsere Seele oder der Kern unserer Persönlichkeit ist ein Funke aus dem Lebenslichtmeer Gottes.

Jean Paul

Die Leuchte des Geistes ohne Wärme des Herzens wird oft zum Irrlicht.

Peter Sirius

Wie eine Sonne geht das Herz durch die blassen Gedanken und löschet auf der Bahn ein Sternbild nach dem ándern aus.

Jèan Paul, Titan II

Wenn Kopf und Herz sich widersprach,
tät doch das Herz zuletzt entscheiden.
Der arme Kopf gibt immer nach;
er ist der Klügere von beiden.

Heyse, Spruchbüchlein

Erst unter Kuß und Spiel und Scherzen
erkennst du ganz, was Leben heißt.
O, lerne denken mit dem Herzen
und lerne fühlen mit dem Geist!

Fontane

Die Kunst des Lebens besteht darin, seine geistige Seite so mit der sinnenhaften abzustimmen, daß keine das Übergewicht bekommt.

Graff

Wo die Sinnlichkeit an die Vernunft grenzt, ist sie gewiß immer schön.

Seume

Wohl dir, wenn die Vernunft immer im Herzen dir wohnt.

Schiller, Schöne Individualität

Werde nie so reich an Geist, daß arm Du würdest am Herzen!

Otto Ludwig, Makkabäer I, 3

Während man dem Geist immer mehr Nahrung gibt und die Köpfe erhellt, läßt man nicht selten das Herz erkalten.

Gottfried Keller

Das Herz wird durch das Alter niemals besser. Ich fürchte eher schlechter, allezeit aber härter.

Chesterfield,
Briefe an seinen Sohn, 17. 5. 1750

Er pochte an manche Herzenstür,
und drinnen rief's: Herein!
Er bat um einen Bissen Brot,
man gab ihm einen Stein.

Und so bekam er Stein auf Stein.
Er trug sie heimatwärts

und baute sich ein Mauerwerk
rings um sein eignes Herz.

Franz Karl Ginzkey

Kalter Tee und kalter Reis mögen noch hingehen, aber kalte Worte sind nicht zum Ausstehen.

Aus China

Wenn bei einem Menschen das Herz einmal hart ist, so ist es aus. Was er auch sonst Gutes hat, man kann nicht mehr auf ihn zählen.

Pestalozzi

Verstand

Glücklich, wem von allen Gaben
klaren Sinn die Götter gaben.

Sophokles

Niemand ist zufrieden mit seinem Stande, jeder mit seinem Verstande.

Brockes, Versuch vom Menschen

Die Natur war nur gerecht, als sie jedem von uns seinen Anteil an Verstand zuteilte. Es finden sich wenig Menschen, die mit dem ihnen zugemessenen Anteil unzufrieden sind.

Montaigne

Wären die Menschen mit ihrem Glück so zufrieden wie mit ihrem Verstande — welche Millionen Glücklicher!

• *Karl Julius Weber,* Demokritos I, 9

Je weniger Verstand einer hat, umso weniger merkt er den Mangel.

Aus Großbritannien

Es gibt vierzig Arten von Wahnsinn, aber nur eine Art von gesundem Menschenverstand.

Bantuweisheit

Wir trauen fast niemand gesunden Menschenverstand zu als dem, der unserer Meinung ist.

La Rochefoucauld

Man hat den Verstand verloren, wenn man nicht mehr hofft, bei andern welchen zu finden.

La Rochefoucauld,
Unterdrückte Maximen

Es gibt Menschen mit leuchtendem und Menschen mit glänzendem Verstande. Die ersten erhellen ihre Umgebung, die zweiten verdunkeln sie.

Ebner-Eschenbach, Aphorismen

Der Verstand und die Fähigkeit, ihn zu gebrauchen, sind zwei verschiedene Gaben.

Grillparzer, Aphorismen

Hundert Menschen schärfen ihren Säbel, Tausende ihre Messer, aber Zehntausende lassen ihren Verstand ungeschärft, weil sie ihn nicht üben.

Pestalozzi, Der natürliche Schulmeister 3

Der Verstand ist ein Schuft. Dummheit dagegen ist offenherzig und ehrlich.

Dostojewski

NatürlicherVerstand kann fast jeden Grad von Bildung ersetzen, aber keine Bildung den natürlichen Verstand.

Schopenhauer

Sorgend bewacht der Verstand des Wissens dürftigen Vorrat.
Nur zu erhalten ist er, nicht zu erobern geschickt.

Goethe, Xenien aus dem Nachlaß 49

Des Menschenverstandes angewiesenes Gebiet und Erbteil ist der Bezirk des Tuns und Handelns. Tätig wird er sich

selten verirren; das höhere Denken, Schließen und Urteilen jedoch ist nicht seine Sache.

Goethe,
Wilhelm Meisters Wanderjahre II,
Betrachtungen im Sinne der Wanderer

Krieg führt der Witz auf ewig mit dem Schönen,
er glaubt nicht an den Engel und den Gott.
Dem Herzen will er seine Schätze rauben;
den Wahn bekriegt er und verletzt den Glauben.

Schiller, Das Mädchen von Orleans

Verstand
der Menschen ist ein Teil von ihrem Glück,
und äußre Dinge ziehn das innre Wesen
sich nach, daß eines wie das andre krankt. (Enobarbus)

Shakespeare,
Antonius und Cleopatra III, 11

Welch ein Hanswurst aus dem Verstande werden kann, wenn er auf verbotenen Wegen schleicht! (Falstaff)

Shakespeare,
Die lustigen Weiber von Windsor V, 4

Die Vernunft ist nur der durch die Phantasie erweiterte Verstand.

Grillparzer, Aphorismen 1832

Vernunft

Es gibt zwei gleich gefährliche Abwege: Die Vernunft schlechthin zu leugnen und außer der Vernunft nichts anzuerkennen.

Pascal

Nur das Dunkel der Nacht enthüllt
uns die höheren Welten,
blendendes Sonnenlicht deckt sie mit
nichtiger Luft.
Also Vernunft, die Erdenerleuchterin,
hellet die Nähe,
aber verbirgt uns das Land, welches
dem Glauben nur strahlt.

Salis, Vernunft und Glaube

Freundin war sie mir stets, die Vernunft,
Wohltäterin selten.

Karl Gustav von Brinckmann

In Widerspruch zur eigenen Vernunft
zu leben, ist der unerträglichste aller
Zustände.

Tolstoi

Die Natur haßt die Vernunft.

Wilde

Fast nie kommt der Mensch aus Vernunft zur Vernunft.

Montesquieu, Gedanken, Varia

In einer irrsinnigen Welt vernünftig
sein zu wollen, ist schon wieder ein
Irrsinn für sich.

Voltaire

Es gibt Leute, die meinen, alles wäre
vernünftig, was man mit einem ernst-
haften Gesicht tut.

Lichtenberg

Ein wenig besser würd er leben,
hättst du ihm nicht den Schein des
Himmelslichts gegeben;
er nennt's Vernunft und braucht's
allein,
nur tierischer als jedes Tier zu sein.
(Mephistopheles)

Goethe, Faust, Prolog

Phantasie

Welcher Unsterblichen
soll der höchste Preis sein?
Mit niemand streit ich,
aber ich geb ihn
der ewig beweglichen,

immer neuen,
seltsamen Tochter Jovis,
seinem Schoßkinde,
der Phantasie.

Goethe, Meine Göttin

Ich rede
von Träumen, Kindern eines müßigen
Hirns,
von nichts als eitler Phantasie erzeugt,
die aus so dünnem Stoff als Luft besteht
und flücht'ger wechselt als der Wind,
der bald
um die erfrorne Brust des Nordens
buhlt
und schnell erzürnt, hinweg von dan-
nen schnaubend,
die Stirn zum taubeträuften Süden
kehrt. (Mercutio)

Shakespeare, Romeo und Julia I, 5

Aller Verstand muß sich zuletzt im
Unwesentlich-Wirklichen   verlieren.
Die träumende Phantasie allein findet
den Aufstieg zum Wesentlich-Wahren.

Rathenau

Phantasie ist wichtiger als Wissen.

Einstein

Ohne Phantasie keine Güte, keine
Weisheit.

Ebner-Eschenbach, Aphorismen

Alle Kunst geht darauf aus, die Phantasie zu beteiligen, alle Technik darauf, sie abzuwürgen.

Graff

Nichts hat der Mensch in sich so sehr
zu bezähmen wie seine Einbildungskraft, die beweglichste und zugleich
die gefährlichste aller menschlichen
Gemütsgaben.

Herder, Palmblätter, Vorrede

Phantasie ist unser guter Genius oder
unser Dämon.

Kant

Phantasie ist ein Göttergeschenk, aber
Mangel an Phantasie auch. Ich behaupte, ohne diesen Mangel würde die
Menschheit den Mut zum Weiterexi-
stieren längst verloren haben.

Morgenstern,
Stufen, Psychologisches, 1907

Menschen mit Phantasie
langweilen sich nie.

Boßhart

Geist

Der Leib soll sein ein Knecht der Seele,
die Seele eine Dienerin des Geistes und
der Geist ein Anstarren Gottes.

Tauler

Ich verstehe aber unter Geist die Kraft
der Seele, welche denkt und Vorstellungen bildet.

Aristoteles, Über die Seele

Ein Säugling ist der Geist, Natur ist
                    seine Amme.
Sie nährt ihn, bis er fühlt, daß er von
                    ihr nicht stamme.

Rückert, Weisheit des Brahmanen 1, 16

Die Synthese von Seele und Leib heißt
Person. Die Person verhält sich zum
Geist wie der Körper zur Seele. Sie
zerfällt auch einst und geht in veredel-
ter Gestalt wieder hervor.

Novalis, Fragmente

Der Geist ist die Kraft, jedes Zeit-
liche ideal aufzufassen.

Jacob Burckhardt

Es gibt keinen wahren und echten
Geist als jenen, der seine Quelle im
Herzen hat.

Vauvenargues

Ich verstehe unter Geist, wie man
sieht, die Vorsicht, die Geduld, die
List, die Verstellung, die große Selbstbeherrschung und alles, was Mimikry
ist.

Nietzsche,
Götzendämmerung, Anti-Darwin

Es ist kein großer Vorteil, einen lebhaften Geist zu haben, wenn er nicht
auch richtig ist: Die Vollkommenheit
einer Uhr beruht nicht auf ihrem raschen, sondern auf ihrem richtigen
Gang.

Vauvenargues, Reflexionen

Ein Beamter am Hofe des Fürsten
Huan von Tsi hatte einen Kropf, der
groß war wie ein Topf. Der Fürst aber
liebte und schätzte den rechtschaffenen
und gelehrten Mann so sehr, daß ihm
schließlich die normal großen Hälse
der anderen Menschen zu dünn schie-
nen.
Geistige Größe kann alle körperlichen
Gebrechen unsichtbar machen.

Tschuang-tse

Der Grad von Geist, der nötig ist, um
uns zu gefallen, ist ein ganz genaues
Maß des Grades von Geist, den wir
haben.

Helvetius

Man gefällt durch den Geist, den man
zu kosten gibt, aber man wird gefürchtet um des Geistes willen, den man
verschluckt.

Nietzsche, Unschuld des Werdens 1, 836

Ein geistreicher Mann ist nur etwas
wert, wenn er Charakter hat.

Chamfort

Es gibt keinen zuverlässigeren Beweis
von Geistesgröße, als wenn man sich
durch nichts, was begegnen kann, in
Aufruhr bringen läßt.

Seneca, Drei Bücher über den Zorn 3, 6

Dem gewöhnlichen Menschen ist sein
Erkenntnisvermögen nichts andres als
die Laterne, die seinen Weg erleuch-

tet. Dem genialen ist es die Sonne, welche die Welt offenbar macht.

Schopenhauer

Der Geist ist demselben Gesetz unterworfen wie der Körper: Beide können sich nur durch beständige Nahrung erhalten.

Vauvenargues, Reflexionen

Die Menschen sind tausendmal mehr bemüht, sich Reichtum als Geistesbildung zu erwerben, während doch ganz gewiß, was man ist, viel mehr zu unserem Glücke beiträgt, als was man hat.

Schopenhauer,
Aphorismen zur Lebensweisheit I

Alles Vergnügen des Geistes, alle seine Freude beruht darauf, daß er, wenn er sich mit anderen vergleicht, Gelegenheit habe, über sich selbst recht hoch zu denken.

Hobbes

Der Mann hatte soviel Verstand, daß er fast zu nichts mehr in der Welt zu gebrauchen war.

Lichtenberg

Zuviel Geist haben, heißt nicht genug davon haben.

Aus China

Vierzig kluge Menschen kommen auf einen Mann von Geist. Wer nichts als Gold im Beutel führt, ist täglichen Verlusten ausgesetzt aus Mangel an Kleingeld.

Pope, Aphorismen 122

Der Geist des Mannes ist sonnenlichter Tag. Der Geist des Weibes gleicht mondheller Nacht, und der trübste Tag ist heller als die hellste Nacht. Aber der Tag verdunkelt die Sterne und macht das Leben irdisch, und die Nacht ruft alle Welten hervor und macht das Leben himmlisch. Der Tag bringt Glut und Dürre und Haß. Die Nacht aber bringt Milde, Tau und Liebe.

Börne, Fragmente und Aphorismen

„Ist sie auch geistreich?" fraget ihr zumeist.
Was wollt ihr denn? Herz heißt des Weibes Geist.
Wird sie unendlich lieben können,
dürft ihr getrost sie geistreich nennen.

Theodor Vischer

Geist macht Frauen alt.

Nietzsche, Unschuld des Werdens 1, 906

Denken

Cogito, ergo sum. Ich denke, also bin ich.

Descartes, Meditationen 2

Denken heißt Vergleichen.

Rathenau

Das Denken ist der Prozeß, durch den die niederen Instinkte in hohe Instinkte verwandelt werden.

Rathenau

Das bewußte Denken unterscheidet sich vom unbewußten und traumhaften Denken wie die Kantilene von der Fuge. Das Bewußte besteht darin, daß eine der Stimmen — der Gedanke — vom Willen hervorgehoben und losgelöst wird, so daß die anderen Stimmen als leise Begleitung verblassen. Das Unbewußte denkt die verschiedenartigsten Elemente mit gleicher Intensität zu gleicher Zeit.

Rathenau

Man denkt nicht, sondern man hat Einfälle und versäumt in der Regel, sie festzuhalten.

Graff

Nicht wir geben den Gedanken Audienz, sondern die Gedanken geben uns Audienz.

Nietzsche

Du kannst den Geist nicht erzeugen. Du kannst ihn nur empfangen.

Bettina Brentano,
Goethes Briefwechsel mit einem Kind

Es gibt nichts, das der Geist völlig ausdenken kann, und so sind wir Lichter, die eigentlich nur sich selbst erleuchten.

Hebbel, Tagebücher, 8. 10. 1839

Mein Kind! Ich hab es klug gemacht, ich habe nie über das Denken gedacht.

Goethe, Zahme Xenien

Kenntnisse kann jedermann haben, aber die Kunst zu denken ist das seltenste Geschenk der Natur.

Friedrich der Große, Briefe

Ein scharfer Beobachter ist ohne Zweifel selten, aber ein scharfer Denker ist viel seltener.

Buckle,
Geschichte der Zivilisation in England 20

Unendlich viele Menschen haben nie einen Gedanken gehabt und sehen doch wie Denker aus. Sie sind wie Kartenspieler: Unendliche Kombinationen durch wenige gegebene Blätter.

Hebbel, Tagebücher, 16. 7. 1836

Das Schlimme ist, daß die Unfähigkeit zu denken so oft mit der Unfähigkeit zu schweigen Hand in Hand geht.

Hans Krailsheimer

Lernen, ohne zu denken, ist eitel, denken, ohne zu lernen, gefährlich.

Konfuzius

Denken ist des Menschen bestes Teil.
(Allmers)

> *Ibsen*, Klein Eyolf I

Es gibt nichts Wichtigeres auf der Welt,
als die Menschen zum Nachdenken zu
bringen.

> *Graff*

Nachdenken doch immer Mühe macht,
wie gut man euch auch vorgedacht.

> *Heyse*, Spruchbüchlein

Im Gebirge der Wahrheit kletterst du
nie umsonst: Entweder du kommst
schon heute weiter hinauf oder du
übst deine Kräfte, um morgen höher
steigen zu können.

> *Nietzsche*

Das Denken bietet Trost und Heilung
für alles. Hat es einem wehgetan, so
verlange man von ihm das geeignete
Gegenmittel, und man bekommt es.

> *Chamfort*, Maximen I

Der Mensch beginnt nicht leicht zu
denken. Sobald er aber erst einmal
den Anfang damit gemacht hat, hört
er nicht mehr auf.

> *Rousseau*, Émile 4

Ein Gedanke kann nicht erwachen,
ohne andere zu wecken.

> *Ebner-Eschenbach*, Aphorismen

Zwar ists mit der Gedankenfabrik
wie mit einem Webermeisterstück,
wo ein Tritt tausend Fäden regt,
die Schifflein herüber-hinüberschießen,
die Fäden ungesehen fließen,
ein Schlag tausend Verbindungen
            schlägt. (Mephistopheles)

> *Goethe*, Faust 1, Studierzimmer

Nur wer viel allein ist, lernt gut denken.

> *Waldemar Bonsels*, Menschenwege

Meine Gedanken schlafen, wenn ich
sitze. Mein Geist geht nicht, wenn ihn
nicht die Beine bewegen. Diejenigen,
welche ohne Bücher studieren, werden
mit mir übereinstimmen.

> *Montaigne*, Essays 3, 3

Wie kommt bei vielen das schiefe Denken,
die reich doch mit Verstand beschenkt?
Man kann sich das Gehirn verrenken,
wie man die Beine sich verrenkt.

> *Bodenstedt*,
> Aus dem Nachlasse des Mirza Schaffy 3

Bei allzu langem Nachdenken kommt
man nicht auf den richtigen Gedanken.

> *Aus Japan*

Weil er dachte und weil er meinte,
ist er zu Madrid am Galgen gestorben.

> *Aus Spanien*

Die Menschen, die berufen sind, den andern durch Geistesarbeit zu dienen, leiden immer in der Ausübung dieser Arbeit; denn die geistige Welt gebiert nur unter Schmerzen und Qualen.

Tolstoj

Werke des Geistes werden mit Schmerzen empfangen und mit Entzücken geboren.

Joubert

Alles Denken ist unmoralisch. Sein Wesen selbst ist Zerstörung. (Lord Illingworth)

Wilde, Eine Frau ohne Bedeutung III

Wir leben in einer Zeit, in der die Menschen zuviel lesen, um weise zu sein, und zuviel denken, um schön zu sein.

Wilde, Das Bildnis des Dorian Gray 8

Ein Kerl, der spekuliert,
ist wie ein Tier, auf dürrer Heide
von einem bösen Geist im Kreis herumgeführt,
und ringsumher liegt schöne, grüne
Weide. (Mephistopheles)

Goethe, Faust 1, Studierzimmer

Grau, teurer Freund, ist alle Theorie und grün des Lebens goldner Baum. (Mephistopheles)

Goethe, Faust 1, Studierzimmer

Auch das Denken schadet bisweilen der Gesundheit.

Aristoteles, Nikomachische Ethik 7, 12

Jeder Denker bringt einen Teil der scheinbar festgefügten Welt in Gefahr, und niemand kann voraussagen, was an dessen Stelle treten wird.

John Dewey

Denken isoliert den Menschen. Der Gedanke gehört dem Denker allein. Das ist auch wohl die Ursache, warum Denker und Erfinder stets unbeliebt und verfolgt waren. Denken ist zentrifugal.

Casson, Die Menschliche Natur, Jedermann denkt

Der Gedanke ist Allgemeingut und im Gegensatz zum Gefühl umso weniger wert, je mehr er an den Boden erinnert, auf dem er gewachsen ist.

Hebbel, Tagebücher, 3. 4. 1838

Wenn du etwas wissen willst und es durch Meditation nicht finden kannst, so rate ich dir, mein lieber sinnreicher Freund, mit dem nächsten Bekannten, der dir aufstößt, darüber zu sprechen. Es braucht nicht eben ein scharfdenkender Kopf zu sein.

Kleist, Über die allmähliche Verfertigung der Gedanken beim Reden

Gedanke

Das Werdende, das ewig wirkt und
lebt,
umfaß euch mit der Liebe holden
Schranken,
und was in schwankender Erscheinung
schwebt,
befestiget mit dauernden Gedanken!
(Der Herr)

Goethe, Faust, Prolog

Der Gedanke ist die unsichtbare Natur, die Natur der sichtbare Gedanke.

Heine, Gedanken und Einfälle II

Gedanken ohne Inhalt sind leer, An-
schauungen ohne Begriffe sind blind.

Kant, Kritik der reinen Vernunft I, II, 1

Die Empfindungen sind die Vokale, die
Gedanken die Konsonanten der Sprache des Innern.

Grillparzer, Aphorismen 1855

Liberae sunt nostrae cogitationes. Gedanken sind frei.

Cicero, Pro Milone 29, 79

Die Gesunden und Kranken
haben ungleiche Gedanken.

Sprichwort

Jeder lebensfähige Gedanke bricht sich
selbst Bahn und schafft sich Aufnah-
me, schafft sich Felder, die ihn nähren, Satzungen, die ihn verkörpern,
Waffen, die für ihn kämpfen, und
Jünger, die ihn verbreiten.

Emerson

Wie selbst der kräftigste Arm, wenn er
einen leichten Körper fortschleudert,
ihm doch keine Bewegung erteilen
kann, mit der er weit flöge und heftig
träfe, sondern derselbe schon in der
Nähe matt niederfällt, weil es ihm an
eigenem materiellen Gehalte gefehlt
hat, die fremde Kraft aufzunehmen,
ebenso ergeht es schönen und großen
Gedanken, ja, den Meisterwerken des
Genies, wenn, sie aufzunehmen, keine
anderen als kleine, schwache oder
schiefe Köpfe da sind.

Schopenhauer,
Aphorismen zur Lebensweisheit IV

Weise erdenken die neuen Gedanken,
und Narren verbreiten sie.

Heine, Gedanken und Einfälle VI

So werden die Gedanken wohl von der
Seele erzeugt, aber der erzeugte Gedanke ist eine unabhängige Macht, für
sich fortwirkend, ja, in der menschlichen Seele so anwachsend, daß er seine
eigene Mutter bezwingt und sich unterwirft.

Schelling

Wenn kleine Geister einen guten Gedanken haben, so können sie nicht wieder von ihm loskommen. Der Gedanke hält sie so fest wie ein Magnet; denn er ist größer als sie.

Hebbel, Tagebücher, 13. 5. 1839

Wenn jemand alle glücklichen Einfälle seines Lebens sammelte, so würde ein gutes Werk daraus werden. Jedermann ist wenigstens des Jahres einmal ein Genie.

Lichtenberg

Ein wirklich eigener Gedanke ist immer noch so selten wie ein Goldstück im Rinnstein.

Morgenstern, Stufen: Zeitkritisches

Man wendet einen Gedanken wie einen Anzug, um ihn mehrmals benützen zu können.

Vauvenargues, Unterdrückte Maximen

Jeder Gedanke, auf den Kopf gestellt, gibt einen neuen, und ein Narr im Narrenhaus hat mehr originelle Einfälle als alle Dichter seit Erschaffung der Welt zusammengenommen.

Grillparzer, Ästhetische Studien

Wenn es erlaubt ist, allen Worten einen anderen Verstand zu geben, als sie in der üblichen Sprache der Weltweisen haben, so kann man leicht etwas Neues vorbringen.

Lessing, Briefe,
die neueste Literatur betreffend 111

Was wir einen glänzenden Gedanken nennen, ist gewöhnlich nur ein bestechender Ausdruck, der uns mit Hilfe eines Körnchens Wahrheit einen verblüffenden Irrtum aufdrängt.

Vauvenargues, Reflexionen

Achte auf deine Gedanken! Sie sind der Anfang deiner Taten.

Aus China

Dumme Gedanken hat jeder, aber der Weise verschweigt sie.

Busch, Aphorismen und Reime

Gefährliche Gedanken sind gleich Giften,
die man zuerst kaum wahrnimmt am Geschmack,
allein nach kurzer Wirkung auf das Blut
gleich Schwefelminen glühn. (Jago)

Shakespeare, Othello III, 3

Eng ist die Welt, und das Gehirn ist weit.
Leicht beieinander wohnen die Gedanken,
doch hart im Raume stoßen sich die Sachen. (Wallenstein)

Schiller, Wallensteins Tod II, 2

Die Frucht des Geistes ist Frieden, Freude und Liebe.

Meister Eckhart,
Buch der göttlichen Tröstung

Denke oft an heilige Dinge und sei gewiß, daß es nicht ohne Vorteil für Dich
abgehe und der Sauerteig den ganzen
Teig durchsäure.

Matthias Claudius,
An meinen Sohn Johannes

Nachdenken enthält eine unerschöpf-
liche Quelle von Trost und Beruhigung.

Novalis

Ordnung in seine Gedanken bringen,
aber um Himmels willen nicht System!

Hans Kasper

Dem schlimmen Gedanken, den ein
Mensch denkt oder ausführt, folgt der
Schmerz, wie das Rad dem Fuße des
Ochsen folgt, der den Wagen zieht.
Dem reinen Gedanken, den ein Mensch
denkt oder ausführt, folgt Glückselig-
keit wie sein Schatten, der ihn nimmer
verläßt.

Dhammapada 1, 1

Wer weiß, ob die Gedanken nicht
auch einen ganz winzigen Lärm machen, der durch feinste Instrumente
aufzufangen und empirisch (durch
Vergleich und Experiment) zu enträtseln wäre.

Morgenstern,
Stufen, Natur, 1896

X. Kapitel

Wahrheit
Geheimnis
Wunder
Meinung
Geschmack
Irrtum
Zweifel
Grund
Wissen
Klugheit
Scharfsinn
Schläue
Verstehen
Weisheit
Bildung

Wahrheit

Was ist Wahrheit?

Johannes 18,38

Wahrheit ist innere Harmonie.

Rathenau

Gott will, daß allen Menschen geholfen werde und sie zur Erkenntnis der Wahrheit kommen.

Paulus

Die Wahrheit schwimmt gleich dem Öl auf dem Wasser.

Aus Griechenland

Was in sich widerspruchslos und innerlich wahr ist, das ist so einfach, daß ein Kind es versteht.

Rathenau

Die Stimme der Wahrheit ist so gellend wie Pfauenstimmen.

Aus Rußland

Der Irrtum wiederholt sich immerfort in der Tat. Deswegen muß man das Wahre unermüdlich in Worten wiederholen.

Goethe,
Maximen und Reflexionen,
Aus Kunst und Altertum 1826

Wäre es Gott darum zu tun gewesen, daß die Menschen in der Wahrheit leben und handeln sollten, so hätte er seine Einrichtung anders machen müssen.

Goethe,
Maximen und Reflexionen, Nachlaß,
Über Literatur und Leben

Die nackte Wahrheit paßt nicht mehr
für unsre Welt,
seit Vater Adam sich das erste Kleid
bestellt.

Wilhelm Müller

Das Wahre ist gottähnlich: Es erscheint nicht unmittelbar; wir müssen es aus seinen Manifestationen erraten.

Goethe,
Wilhelm Meisters Wanderjahre III,
Aus Makariens Archiv

Wird der Poet nur geboren? Der Philosoph wird's nicht minder, alle Wahrheit zuletzt wird nur gebildet, geschaut.

Goethe und Schiller, Xenien,
Wissenschaftliches Genie

Wahrheit suchen wir beide, du außen
im Leben, ich innen
in dem Herzen, und so findet sie jeder
gewiß.
Ist das Auge gesund, so begegnet es
außen dem Schöpfer,
ist es das Herz, dann gewiß spiegelt es
innen die Welt.

Schiller, Die Übereinstimmung

Alles Denken geschieht unter der Kategorie der Zeit, das wahre Erkennen dagegen schaut in einem ewigen Nu.

Meister Eckhart

Nur dem Ernst, den keine Mühe bleichet,
rauscht der Wahrheit tief versteckter Born;
nur des Meißels schwerem Schlag erweichet
sich des Marmors sprödes Korn.

Schiller, Das Ideal und das Leben

Ist denn die Wahrheit ein Zwiebel, von der man die Häute nur abschält?
Was ihr hinein nicht gelegt, ziehet ihr nimmer heraus.

Goethe und Schiller, Xenien, Analytiker

Gibt's etwa hier ein Weniger und Mehr?
Ist deine Wahrheit wie der Sinne Glück nur eine Summe, die man größer, kleiner
besitzen kann und immer doch besitzt?
Ist sie nicht eine einz'ge, ungeteilte?

Schiller, Das verschleierte Bild zu Sais

Aller Dinge Maß ist der Mensch, der seienden, daß sie sind, der nicht seienden, daß sie nicht sind.

Protagoras

Die Erscheinung ist vom Beobachter nicht losgelöst, vielmehr in die Individualität desselben verschlungen und verwickelt.

Goethe,
Maximen und Reflexionen, Nachlaß,
Über Natur und Naturwissenschaft

Was beim Licht der Lampe wahr ist, ist noch nicht beim Licht der Sonne wahr.

Joubert

Wahrheit ist niemals schädlich. Sie straft, und die Strafe der Mutter bildet das schwankende Kind, wehret der schmeichelnden Magd.

Goethe, Aus den Tabulae Votivae, Zucht

Weh dem, der zu der Wahrheit geht durch Schuld:
Sie wird ihm nimmermehr erfreulich sein.

Schiller, Das verschleierte Bild zu Sais

Schädliche Wahrheit, ich ziehe sie vor dem nützlichen Irrtum.
Wahrheit heilet den Schmerz, den sie vielleicht uns erregt.

Goethe, Vier Jahreszeiten 49

Die Wahrheit ist nie trostlos.

Ranke, Tagebuchblätter

Wahrheit hat ein gut Gesicht, aber schlechte Kleider.

Aus Großbritannien

Wahrheit ist ein Hund, der ins Loch muß und hinausgepeitscht wird, während Madame Schoßhündin am Feuer stehen und stinken darf. (Narr)

Shakespeare, König Lear I, 4

Wahrheit ist immer obdachlos.

Aus Dänemark

Die Wahrheit widerspricht unserer Natur, der Irrtum nicht, und zwar aus einem sehr einfachen Grunde: Die Wahrheit fordert, daß wir uns für beschränkt erkennen sollen, der Irrtum schmeichelt uns, wir seien auf eine oder die andere Weise unbegrenzt.

Goethe,
Maximen und Reflexionen,
Aus Kunst und Altertum 1826

Die Wahrheit ist ein selten Kraut,
noch seltner, wer es gut verdaut.

Sprichwort

Als Pythagoras seinen bekannten Lehrsatz entdeckte, brachte er den Göttern eine Hekatombe dar. Seitdem zittern die Ochsen, sooft eine neue Wahrheit an das Licht kommt.

Börne, Fragmente und Aphorismen 258

Nur wenige Menschen sind stark genug, um die Wahrheit zu sagen und die Wahrheit zu hören.

Vauvenargues, Reflexionen

Willst du die Weisheit dir erjagen,
lerne Wahrheit erst ertragen!

Sprichwort

Der eigentliche Obskurantismus ist nicht, daß man die Ausbreitung des Wahren, Klaren, Nützlichen hindert, sondern daß man das Falsche in Kurs bringt.

Goethe,
Maximen und Reflexionen,
Aus Kunst und Altertum 1821

Es ist leichter, eine Lüge zu glauben, die man hundertmal gehört hat, als eine Wahrheit, die man noch nie gehört hat.

Robert Lynd

Man glaubt die Wahrheit nicht, wenn
sie ein Armer spricht,
und selbst die Lüge glaubt man einem
reichen Wicht.

Rückert,
Die Weisheit des Brahmanen 16, III

Das Halbwahre ist verderblicher als das Falsche.

Feuchtersleben, Aphorismen

Das Gefährlichste an den Halbwahrheiten ist, daß fast immer die falsche Hälfte geglaubt wird.

Hans Krailsheimer

Ein Irrtum ist viel leichter zu erkennen, als die Wahrheit zu finden. Jener liegt auf der Oberfläche. Damit läßt sich wohl fertig werden. Diese ruht in der Tiefe. Danach zu forschen, ist nicht jedermanns Sache.

Goethe,
Maximen und Reflexionen,
Aus Kunst und Altertum 1823

Die zur Wahrheit wandern, wandern
allein.

Morgenstern, Wir fanden einen Pfad

Zwei so verschiedenen Herren wie der
Welt und der Wahrheit, die nichts als
den Anfangsbuchstaben gemein haben,
läßt sich zugleich nicht dienen.

Schopenhauer

Die Wahrheit hat Kinder, die sie nach
einiger Zeit verleugnet: Sie heißen
Wahrheiten.

Ebner-Eschenbach, Aphorismen

So unempfänglich und gleichgültig die
Leute gegen allgemeine Wahrheiten
sind, so erpicht sind sie auf individuelle.

Schopenhauer,
Aphorismen zur Lebensweisheit V, 42

Das Auge des Leidenden ist für die
Wahrheit immer am meisten offen.

Pestalozzi

Die Wahrheit und der Morgen klären
sich nach und nach auf.

Aus Abessinien

Es kommt alles an den Tag,
was unterm Schnee verborgen lag.

Aus Schweden

Auch ein Furz, den du unter Wasser
losläßt, kommt an die Oberfläche.

Aus Angola

Die Lüge reitet, die Wahrheit schreitet,
kommt aber doch zur rechten Zeit an.

Aus Lappland

Die Wahrheit sinkt mitunter nieder,
aber verliert doch nie den Atem.

Aus Island

Geheimnis

Alle Geheimnisse liegen in vollkommener Offenheit vor uns. Nur wir stufen
uns gegen sie ab, vom Stein bis zum
Seher. Es gibt kein Geheimnis an sich,
es gibt nur Uneingeweihte aller Grade.

Morgenstern, Stufen: Erkennen

Unergründlich ist nur die Dummheit.

Paul Ernst, Erdachte Gespräche

Je niedriger ein Mensch in intellektueller Hinsicht steht, desto weniger Rätselhaftes hat für ihn das Dasein selbst.
Ihm scheint vielmehr sich alles, wie es
ist und daß es sei, von selbst zu verstehen.

Schopenhauer,
Welt als Wille und Vorstellung II, 1, 17

Der Mensch ist als wirklich in die Mitte
einer wirklichen Welt gesetzt und mit

solchen Organen begabt, daß er das
Wirkliche und nebenbei das Mögliche
erkennen und hervorbringen kann.
Alle gesunden Menschen haben die
Überzeugung ihres Daseins und eines
Daseienden um sie her. Indessen gibt
es auch einen hohlen Fleck im Gehirn,
das heißt eine Stelle, wo sich kein Gegenstand abspiegelt, wie denn auch im
Auge selbst ein Fleckchen ist, das nicht
sieht. Wird der Mensch auf diese Stelle
besonders aufmerksam, vertieft er sich
darin, so verfällt er in eine Geistes-
krankheit, ahnet hier Dinge aus einer
andern Welt, die aber eigentlich Un-
dinge sind und weder Gestalt noch Begrenzung haben, sondern als leere
Nachträumlichkeit ängstigen und den,
der sich nicht losreißt, mehr als ge-
spensterhaft verfolgen.

Goethe,
Maximen und Reflexionen,
Aus Kunst und Altertum 1825

Anfang und Ende der Dinge werden
dem Menschen immer ein Geheimnis
bleiben. Er ist ebenso unfähig, das
Nichts zu sehen, aus dem er stammt,
wie die Unendlichkeit zu erkennen, die
ihn verschlingen wird.

Pascal

Niemand kann den Schleier wegziehen,
den die Vorsehung gewiß mit tiefer
Weisheit über das Jenseits gezogen.

Wilhelm von Humboldt,
Briefe an eine Freundin, 25. 1. 1825

Wenn du den Hals noch so lang machst,
du kannst doch nicht hinter den Berg
schauen.

Aus dem Kongo

Der Mensch versuche die Götter nicht
und begehre nimmer und nimmer zu
schauen,
was sie gnädig bedecken mit Nacht und
Grauen.

Schiller, Der Taucher

Leicht aufzuritzen ist das Reich der
Geister.
Sie liegen wartend unter dünner Decke.
(Thibaut)

Schiller,
Die Jungfrau von Orleans, Prolog 2

Wär mir's nicht untersagt,
das Innre meines Kerkers zu enthüllen,
so höb ich eine Kunde an, von der
das kleinste Wort die Seele dir zer-
malmte,
dein junges Blut erstarrte, deine Augen
wie Stern' aus ihren Kreisen schießen
machte,
dir die verworrnen krausen Locken
trennte
und sträubte jedes einzle Haar empor
wie Nadeln an dem zornigen Stachel-
tier:
Doch diese ewige Offenbarung faßt
kein Ohr von Fleisch und Blut. (Geist)

Shakespeare, Hamlet I, 5

Ein vollkommner Widerspruch
bleibt gleich geheimnisvoll für Kluge
wie für Toren. (Mephistopheles)

Goethe, Faust 1, Hexenküche

Der Mensch muß bei dem Glauben verharren, daß das Unbegreifliche begreiflich sei; er würde sonst nicht forschen.

Goethe,
Wilhelm Meisters Wanderjahre II,
Betrachtungen im Sinne der Wanderer

Das schönste Glück des denkenden Menschen ist, das Erforschliche erforscht zu haben und das Unerforschliche ruhig zu verehren.

Goethe,
Maximen und Reflexionen, Nachlaß,
Über Natur und Naturwissenschaft

„Manches können wir nicht verstehn."
Lebt nur fort, es wird schon gehn!

Goethe, Zahme Xenien II

Wunder

Geheimnisse sind noch keine Wunder.

Goethe,
Maximen und Reflexionen,
Aus Kunst und Altertum 1823

Zauberer wissen ihre Zeit. (Bolingbroke)

Shakespeare, König Heinrich VI.,
Zweiter Teil I, 4

Wunder kommen nur zu denen, die daran glauben.

Aus Frankreich

Das Wunder ist des Glaubens liebstes Kind. (Faust)

Goethe, Faust 1, Nacht

Wer Wunder hofft, der stärke seinen Glauben! (Astrolog)

Goethe, Faust 2, I, Saal des Thrones

Der Lüge kecke Zuversicht reißt hin.
Das Wunderbare findet Gunst und
Glauben. (Hiob)

Schiller, Demetrius II, 1

Das Wunderbare und das Erstaunliche halten nicht länger als eine Woche in Aufregung.

Aus Abessinien

Es gibt kein Wunder für den, der sich nicht wundern kann.

Ebner-Eschenbach, Aphorismen

Der Wunder höchstes ist,
daß uns die wahren, echten Wunder so alltäglich werden können. (Nathan)

Lessing, Nathan I, 2

Wer die Welt nicht von Kind auf gewohnt wäre, müßte über ihr den Verstand verlieren. Das Wunder eines einzigen Baumes würde genügen, ihn zu vernichten.

Morgenstern, Stufen, Natur, 1908

Meinung

Jeder muß den Mut der Überzeugung
haben.

Alexander von Humboldt

Es gibt Leute, die so wenig Herz haben,
etwas zu behaupten, daß sie sich nicht
getrauen zu sagen, es wehe ein kalter
Wind, so sehr sie ihn auch fühlen möchten, wenn sie nicht vorher gehört
haben, daß es andre Leute gesagt
haben.

Lichtenberg

Ein Standpunkt sollte nicht nur das
sein, worauf man ständig stehen bleibt.

Friedl Beutelrock

Quot homines, tot sententiae.
Wieviele Leute, soviele Meinungen.

Terenz, Phormio 2, 4

Spricht man mit jedermann,
da hört man keinen;
stets wird ein andrer Mann
auch anders meinen.

Goethe, Zahme Xenien IV

Es ist mit unseren Urteilen wie mit
unseren Uhren. Keine geht mit der
anderen vollkommen gleich, und jeder
glaubt doch der seinigen.

Gellert

Ich finde es immer wieder bewundernswert, wenn mehrere Personen zusammen einer Meinung sind. Ich für meine
Person bin schon immer allein mehrerer Meinungen.

Hans Kasper

Wenn zwei Menschen immer wieder
die gleichen Ansichten haben, ist einer
von ihnen überflüssig.

Winston Churchill

Ein reger Geist sieht die Dinge immer
wieder aus einem anderen Blickwinkel,
so daß er dieselbe Meinung bald vertritt, bald verwirft.

Vauvenargues, Reflexionen

Ei, bin ich darum achtzig Jahre alt
geworden, daß ich immer dasselbe denken soll? Ich strebe vielmehr, täglich
etwas anderes, Neues zu denken, um
nicht langweilig zu werden. Man muß
sich immerfort verändern, erneuen,
verjüngen, um nicht zu verstocken.

Goethe, zu Friedrich von Müller,
24. 4. 1830

Abendrede und Morgenrede kommen
selten überein.

Sprichwort

So ist denn der Richterstuhl der Nachwelt wie im günstigen so auch im un-
günstigen Falle der gerechte Kassations-
hof der Urteile der Mitwelt.

Schopenhauer,
Parerga und Paralipomena II, 28

Ich habe es sehr deutlich bemerkt, daß ich oft eine andere Meinung habe, wenn ich liege, und eine andere, wenn ich stehe.

Lichtenberg

Die Krähe singt so lieblich wie die Lerche,
wenn man auf keine lauschet, und mir däucht,
die Nachtigall, wenn sie bei Tage sänge,
wo alle Gänse schnattern, hielt man sie
für keinen besseren Spielmann als den Spatz. (Porzia)

Shakespeare,
Der Kaufmann von Venedig V, 1

Die Wahrheit gleicht dem Himmel und die Meinung den Wolken.

Joubert

„Meinst du denn alles, was du sagst?"
Meinst du denn ernstlich, was du fragst?
Wen kümmert's, was ich meine und sage:
Denn alles Meinen ist nur Frage.

Goethe, Zahme Xenien

Die Menschen, die sich rühmen, ihre Ansicht niemals zu wechseln, sind Toren, die an ihre Unfehlbarkeit glauben.

Balzac

Wo ein Mann eine Meinung hat, gleicht sie dem Manne.

Aus der Mongolei

Viel zuviel Wert auf die Meinung anderer zu legen, ist ein allgemein herrschender Irrwahn.

Schopenhauer,
Aphorismen zur Lebensweisheit IV

Der Kapitän hat eine andere Rechnung als der Matrose.

Aus Ägypten

Der Frosch, der im Brunnen lebt, beurteilt das Ausmaß des Himmels nach dem Brunnenrand.

Aus der Mongolei

Der Maulwurf hört in seinem Loch ein Lerchenlied erklingen
und spricht: „Wie sinnlos ist es doch, zu fliegen und zu singen!"

Geibel

Niemand urteilt schärfer als der Ungebildete. Er kennt weder Gründe noch Gegengründe und glaubt sich immer im Recht.

Ludwig Feuerbach

Wer schwindlicht ist, der denkt, die Welt geht rund. (Witwe)

Shakespeare,
Der Widerspenstigen Zähmung V, 2

Weil du vieles geschleppt und schleppst und schleppen wirst, meinst du, was sich selber bewegt, könne vor dir nicht bestehn.

Schiller, Der Lastträger

Die Welt urteilt nach dem Scheine.
(Clavigo)

Goethe, Clavigo IV, Clavigos Wohnung

Gründe machen den Pöbel mißtrauisch.
Und wenn da einmal Wahrheit zum
Siege kam, so fragt Euch mit gutem
Mißtrauen: »Welch starker Irrtum hat
für sie gekämpft?«

Nietzsche,
Zarathustra IV, Vom höheren Menschen 9

Wie jeder in seinem Innern ist, so ist
sein Urteil über äußere Dinge.

Thomas a Kempis, Die Nachfolge Christi

Es gibt nur wenige Dinge, die wir ganz
richtig zu beurteilen vermögen, weil
wir an den meisten auf die eine oder
andere Art allzu persönlichen Anteil
nehmen.

Montaigne

In aufgeregten Zeiten, wo die Meinung
alles, die Sitte wenig gilt, da sieht man
Menschen mit der niederträchtigsten
Niederträchtigkeit Sklaven der öffentlichen Meinung werden und keine andere Meinung haben als die, welche
gerade Trumpf ist und welche Leib und
Leben schützen, ein Pöstlein bringen
kann.

Gotthelf,
Leiden und Freuden eines Schulmeisters

Jedes Problem hat zwei Seiten: Die
falsche und die unsrige.

Aus den USA

Nur solchen Menschen, die nichts hervorzubringen wissen, denen ist nichts
da.

Goethe,
Maximen und Reflexionen, Nachlaß,
Über Literatur und Leben

Du kannst von dem, was du nicht
fühlst, nicht reden. (Romeo)

Shakespeare, Romeo und Julia III, 3

Nur insofern wir mitempfinden, haben
wir Ehre, von einer Sache zu reden.

Goethe,
Die Leiden des jungen Werthers,
12. 8. 1771

Freude und Angst sind Vergrößerungs-
gläser.

Aus Flandern

Meinungen sind wie Nägel: Je mehr
du auf sie einschlägst, umso tiefer dringen sie ein.

Aus China

Was der Pöbel ohne Gründe einst glau-
ben lernte, wer könnte ihm durch
Gründe das umwerfen? Und auf dem
Markte überzeugt man mit Gebärden.

Nietzsche,
Zarathustra IV, Vom höheren Menschen 9

Nichts kann mehr zur Seelenruhe bei-
tragen, als wenn man gar keine Meinung hat.

Lichtenberg

Geschmack

Geschmack ist das Beurteilungsvermögen eines Gegenstandes oder einer Vorstellungsart durch ein Wohlgefallen oder Mißfallen ohne alles Interesse. Der Gegenstand eines solchen Wohlgefallens heißt schön.

Kant, Kritik der Urteilskraft 5

Der Geschmack ist die Kunst, sich auf Kleinigkeiten zu verstehen.

Rousseau, Emile 4

Mit viel Geschmack und wenig Geist kann man immer noch Erfolg haben, niemals aber mit viel Geist und wenig Geschmack.

Joseph von Ligne

Soviel Häuser, soviel Dächer. Soviel Mäuler, soviel Geschmäcker.

Aus Holland

Chacun à son goût.
Jeder nach seinem Geschmack.

Aus Frankreich

Allgenügsamkeit, die alles zu schmekken weiß, das ist nicht der beste Geschmack. Ich ehre die widerspenstigen, wählerischen Zungen und Mägen, welche »Ich« und »Ja« und »Nein« sagen lernten.

Nietzsche,
Zarathustra III, Vom Geist der Schwere 2

Es ist einem jeden vergönnt, seinen eigenen Geschmack zu haben, und es ist rühmlich, sich von seinem eigenen Geschmack Rechenschaft zu geben suchen. Aber den Gründen, durch die man ihn rechtfertigen will, eine Allgemeinheit erteilen, die, wenn es seine Richtigkeit damit hätte, ihn zu dem einzigen wahren Geschmacke machen müßte, heißt aus den Grenzen des forschenden Liebhabers herausgehen und sich zu einem eigensinnigen Gesetzgeber aufwerfen.

Lessing, Hamburgische Dramaturgie 19

De gustibus non est disputandum.
Über Geschmack läßt sich nicht streiten.

Sprichwort

Unsere Eigenliebe erträgt leichter die Mißbilligung unserer Meinung als die unseres Geschmacks.

La Rochefoucauld

So selten sich die Neigungen ändern, so oft ändert sich die Richtung ihres Geschmackes.

La Rochefoucauld

Der Geschmack einer Nation geht dem Genius nie voraus, sondern hinkt ihm beständig nach.

Hebbel, Tagebücher, 24. 10. 1835

Irrtum

Es irrt der Mensch, solang er strebt.
(Der Herr)
Goethe, Faust, Prolog

Errare humanum est.
Irren ist menschlich.
Seneca

Irren ist auch insofern menschlich, als
die Tiere wenig oder gar nicht irren.
Lichtenberg

Menschen deuten oft nach ihrer Weise
die Dinge, weit entfernt vom wahren
Sinn. (Cicero)
Shakespeare, Julius Cäsar I, 3

Wir irren allesamt, nur jeder irret
anders.
Lichtenberg, Aufsätze
aus dem Göttinger Taschenbuch 5

Jeder Wissende irrt sich, und jedes
edle Pferd stolpert.
Aus Arabien

Ein großer Geist irrt sich so gut wie
ein kleiner, jener, weil er keine Schranken kennt, und dieser, weil er seinen
Horizont für die Welt nimmt.
Goethe,
an Friederike Oeser, 13. 2. 1769

Verständige Leute kannst du irren
sehn,
in Sachen nämlich, die sie nicht verstehn.
Goethe, Zahme Xenien V

Wenn weise Männer nicht irrten, müß-
ten die Narren verzweifeln.
Goethe,
Maximen und Reflexionen, Nachlaß,
Über Literatur und Leben

Ein Irrtum bekämpft den anderen;
jeder bekämpft seinen Widersacher,
und die Wahrheit springt hervor.
Buckle, Geschichte der Zivilisation 20

Inferiore Geister können sich freilich
keine eigenen Irrtümer leisten; denn
sie sind unfähig, auch nur Falsches zu
erfinden. Dagegen werden sie, ohne es
zu wissen, stets von den Irrtümern anderer mitgerissen.
Vauvenargues, Reflexionen

Das einzige Mittel, den Irrtum zu vermeiden, ist die Unwissenheit.
Rousseau, Emile 3

Es gibt Menschen, die gar nicht irren,
weil sie sich nichts Vernünftiges vor-
setzen.
Goethe,
Maximen und Reflexionen,
Aus Kunst und Altertum 1832

Die Natur hat uns zwar viele Kenntnisse versagt, sie läßt uns über so manches in einer unvermeidlichen Unwissenheit, aber den Irrtum verursacht sie doch nicht. Zu diesem verleitet uns unser eigener Hang, zu urteilen und zu entscheiden auch da, wo wir wegen unserer Begrenztheit zu urteilen und zu entscheiden nicht vermögend sind.

Kant, Logik 8

Der Grund, weshalb wir uns über die Welt täuschen, liegt sehr oft darin, daß wir uns über uns selbst täuschen.

Johann Jakob Mohr, Aphorismen

Es gibt für uns noch einen anderen Ursprung des Irrtums, nämlich die Krankheiten. Sie verderben uns Urteil und Sinn.

Pascal

Die meisten praktischen Irrtümer entspringen daraus, daß für viele Fehler ist, was bei einigen Tugend sein würde.

Hebbel, Tagebücher, 11. 6. 1838

Niemand irrt nur für sich allein, sondern er ist auch Ursache und Urheber fremden Irrtums.

Seneca, Vom glückseligen Leben 1

Die größten Tragödien in der Welt und im Leben des einzelnen entspringen Mißverständnissen.

Gordon Dean

Wer den Himmel im Wasser sieht, sieht die Fische auf den Bäumen.

Aus China

Manche Irrtümer erscheinen wie der Mond aus der Ferne in milder Gestalt und Dämmerung, tritt man aber nahe vor sie, so zeigen sie wie der Mond vor dem Sternseher ihre Abgründe und Feuerberge.

Jean Paul, Selina

Den individuellen Irrtum muß, wer ihn hegt, einmal büßen und oft teuer bezahlen. Dasselbe wird im Großen von gemeinsamen Irrtümern ganzer Völker gelten. Daher kann nicht zu oft wiederholt werden, daß jeder Irrtum, wo man ihn auch antreffe, als ein Feind der Menschheit zu verfolgen und auszurotten ist und daß es keine privilegierten oder sanktionierten Irrtümer geben kann.

Schopenhauer,
Welt als Wille und Vorstellung II, 1, 6

Die Menschheit läßt sich keinen Irrtum nehmen, der ihr nützt. Sie würde an Unsterblichkeit glauben, und wenn sie das Gegenteil wüßte.

Hebbel, Tagebücher, 24. 11. 1838

Fremde Kinder lieben wir nie so sehr
als die eigenen.
Irrtum, das eigene Kind, ist uns dem
Herzen so nah.

Goethe, Vier Jahreszeiten 51

Der Irrtum verhält sich gegen das Wahre wie der Schlaf gegen das Wachen. Ich habe bemerkt, daß man aus dem Irren sich wie erquickt wieder zu dem Wahren hinwende.

Goethe,
Maximen und Reflexionen,
Aus Kunst und Altertum 1826

Nur der Irrtum ist das Leben,
und das Wissen ist der Tod.

Schiller, Kassandra

Die Irrtümer des Menschen machen ihn eigentlich liebenswürdig.

Goethe,
Maximen und Reflexionen,
Aus Kunst und Altertum 1826

Nur der Betrug entehrt, der Irrtum nie.

Lichtenberg,
Auffrischung eines veralteten Gemäldes

Jeder Mensch kann irren. Im Irrtum verharren jedoch wird nur der Tor.

Cicero

Es dürfte keine Irrtümer geben, die, klar ausgedrückt, nicht von selbst zergingen.

Vauvenargues, Reflexionen

Das sind die Weisen,
die durch Irrtum zur Wahrheit reisen.
Die bei dem Irrtum verharren,
das sind die Narren.

Rückert

Bei einem umgestoßenen System wie bei einer geschlagenen Armee ist der Klügste, wer zuerst davonläuft.

Schopenhauer,
Welt als Wille und Vorstellung II, 2, 19

Niemand will seiner Irrtümer wegen bedauert werden.

Vauvenargues, Reflexionen

Wer irrgegangen ist, der kann andern desto besser den Weg zeigen.

Lehmann, Politischer Blumengarten I, 4

Zweifel

Weiser Zweifel
wird dem Klugen Leuchte, dem Arzte Sonde,
der Wunde Grund zu prüfen. (Hektor)

Shakespeare, Troilus und Cressida II, 2

Wer recht erkennen will, muß zuvor in richtiger Weise gezweifelt haben.

Aristoteles, Metaphysik III

Dubium sapientiae initium.
Zweifel ist der Weisheit Anfang.

Descartes

Erst zweifeln, dann untersuchen, dann
entdecken!

Buckle,
Geschichte der Zivilisation in England VII

Wer leichtlich glaubt, wird leicht betrogen.

Rollenhagen, Froschmeuseler II, 1, 2

Glaube nur die Hälfte von allem, was
man erzählt!

Aus Japan

Zweifle an allem wenigstens einmal
und wäre es auch der Satz „Zweimal
zwei ist vier"!

Lichtenberg

An nichts muß man mehr zweifeln als
an Sätzen, die zur Mode geworden
sind.

Lichtenberg

Als ich überlegte, wieviel verschiedene
Ansichten über die gleiche Sache es
geben kann, deren jede einzelne ihren
Verteidiger unter den Gelehrten findet, und wie doch nur eine einzige
davon wahr sein kann, da stand es
für mich fest: Alles, was lediglich
wahrscheinlich ist, ist wahrscheinlich
falsch.

Descartes,
Abhandlung über die Methode

Glaube nicht dem, der von weither
kommt, sondern dem, der von dort
zurückkehrt!

Aus Spanien

Bei den meisten Menschen gründet sich
der Unglaube in einer Sache auf blinden Glauben in einer anderen.

Lichtenberg,
Bemerkungen vermischten Inhalts 4

Leicht glauben wir im Übeln wie im
Schönen
das, was wir fürchten und ersehnen.

La Fontaine

Das ist der ganze Jammer: Die Dummen sind so sicher und die Gescheiten
so voller Zweifel.

Bertrand Russell

Wer nichts weiß, bezweifelt nichts.

Aus Frankreich

Zweifel muß nichts weiter sein als
Wachsamkeit, sonst kann er gefährlich
werden.

Lichtenberg

Wer an dem Wert seiner Gedanken
zweifelt, für den gibt es nur einen
Trost: Wenn andere seine Hintermaue-
rungssteine für ihre Fassaden brauchen. Mit anderen Worten: Wenn andere behaupten, was er voraussetzt.

Rathenau

Grund

Alles, was in der Welt verdorben worden ist, das ist aus guten Gründen verdorben worden.

Hegel, Enzyklopädie
der philosophischen Wissenschaft 1

Des Stärkeren Grund ist allemal der Beste.

La Fontaine

Ist denn' mein Erleben von gestern? Das ist lange her, daß ich die Gründe meiner Meinungen erlebte. Müßte ich nicht ein Faß sein von Gedächtnis, wenn ich auch meine Gründe bei mir haben wollte?

Nietzsche, Zarathustra II,
Von den Dichtern

Man tut immer besser, daß man sich grad ausspricht, wie man denkt, ohne viel beweisen zu wollen; denn alle Beweise, die wir vorbringen, sind doch nur Variationen unserer Meinungen, und die Widriggesinnten hören weder auf das eine noch auf das andere.

Goethe,
Wilhelm Meisters Wanderjahre II,
Betrachtungen im Sinne der Wanderer·

Beweisen zu wollen, daß ich recht habe, hieße zugeben, daß ich unrecht haben kann.

Beaumarchais,
Die Hochzeit des Figaro I, 1

Will man einen Hund schlagen, findet man immer einen Stock.

Aus Malmedy

Mannheit und Ehre,
wenn sie mit Gründen nur sich mästen,
gewännen Hasenherz. (Troilus)

Shakespeare,
Troilus und Cressida II, 2

Wer aus Gründen handelt, handelt noch lange nicht vernünftig; denn Gründe sind oft unvernünftig.

Joseph von Ligne

Ahnend sagt dir ein weiblich Gemüt,
was gut und was schön sei,
doch mißtraue der Frau, wenn sie mit Gründen dir kommt!

Geibel, Kleinigkeiten

Männer richten nach Gründen; des Weibes Urteil ist seine
Liebe: Wo es nicht liebt, hat schon gerichtet das Weib.

Schiller, Weibliches Urteil

Was die Weiber lieben und hassen,
das wollen wir ihnen gelten lassen;
wenn sie aber urteilen und meinen,
da will's oft wunderlich erscheinen.

Goethe, Zahme Xenien

Wissen

Die alten Weisen, Täter des Tao, brachten den Menschen nicht die Vielfalt des Wissens, sondern lehrten die Einfalt der Weisheit. Denn Vielwisser sind Zielungewisse und schwer zu leiten. Wer die Menschen nur durch Wissensmehrung fördern will, führt sie ins Verderben.

Lao-Tse, Tao-Teh-King 65

Alles Wissen geht aus einem Zweifel hervor und endigt in einem Glauben.

Ebner-Eschenbach, Aphorismen

Überall geht ein frühes Ahnen dem späten Wissen voraus.

Alexander von Humboldt

Es gibt nur ein einziges Gut für den Menschen: Die Wissenschaft. Und nur ein einziges Übel: Die Unwissenheit.

Sokrates

Wissen ist Macht.

Francis Bacon, Religiöse Betrachtungen

Das Erhabene, durch Kenntnis nach und nach vereinzelt, tritt vor unserm Geist nicht leicht wieder zusammen, und so werden wir stufenweise um das Höchste gebracht, was uns gegönnt war, um die Einheit, die uns in vollem Maß zur Mitempfindung des Unendlichen erhebt, dagegen wir bei vermehrter Kenntnis immer kleiner werden. Da wir vorher mit dem Ganzen als Riesen standen, sehen wir uns als Zwerge gegen die Teile.

Goethe,
Maximen und Reflexionen, Nachlaß,
Über Natur und Naturwissenschaft

Eigentlich weiß man nur, wenn man wenig weiß. Mit dem Wissen wächst der Zweifel.

Goethe,
Maximen und Reflexionen,
Aus Kunst und Altertum 1826

Dich im Unendlichen zu finden,
mußt unterscheiden und dann verbinden.

Goethe, Atmosphäre

Wissen ohne Ordnung ist Hausrat auf einem Leiterwagen.

Jakob Lorenz

Wie die reichste Bibliothek, wenn ungeordnet, nicht soviel Nutzen schafft wie eine kleine, aber wohlgeordnete, ebenso ist die größte Menge von Kenntnissen, wenn nicht eigenes Denken sie verarbeitet hat, weniger wert als eine geringere, die vielfältig durchdacht wurde.

Schopenhauer

Liebe spricht mit besserer Einsicht und Einsicht mit mehr Liebe. (Herzog)

Shakespeare, Maß für Maß III, 2

Was auch als Wahrheit oder Fabel
in tausend Büchern dir erscheint,
das alles ist ein Turm zu Babel,
wenn es die Liebe nicht vereint.

Goethe, Zahme Xenien III

Das Wissen ist ein Affenbrotbaum: Du
kannst es nicht umspannen.

Aus dem Sudan

Wie hoch immer das Auge sich aufrich-
ten mag, stets werden sich die Augen-
brauen darüber befinden.

Maurisches Sprichwort

Der Mann, der behauptet, über alles
Bescheid zu wissen, heiratet seine
eigene Mutter.

Aus dem Sudan

Der Mensch lernt, solange er lebt, und
stirbt doch unwissend.

Aus Jugoslawien

Am Tage, da einer alles weiß, laß ihn
ruhig sterben!

Aus dem Sudan

Wo nichts mehr zu enträtseln bleibt,
hört unser Anteil auf.

Feuchtersleben, Aphorismen, Leben

Erkenntnis Baum ist nicht der Baum
des Lebens.

Goethe, Aus Byrons Manfred

Nach einer schönen Allegorie der Bibel ist der Baum der Erkenntnis von
Gut und Böse auch die Ursache des
Todes. Sagt dies Symbol nicht, daß,
wenn man auf den Grund der Dinge
gekommen ist, der Verlust der Illusionen den Tod der Seele zur Folge hat,
das heißt eine völlige Gleichgültigkeit
für alles, was andere Menschen berührt
und beschäftigt?

Chamfort, Maximen I

O glücklich, wer noch hoffen kann,
aus diesem Meer des Irrtums aufzutauchen!
Was man nicht weiß, das eben brauchte
man,
und was man weiß, kann man nicht
brauchen. (Faust)

Goethe, Faust 1, Vor dem Tor

Es ist nicht genug zu wissen, man muß
auch anwenden.

Goethe,
Wilhelm Meisters Wanderjahre III,
Aus Makariens Archiv

Geister sind schön geprägt zu schönem
Zweck. (Herzog)

Shakespeare, Maß für Maß I, 1

Die Weisheit, die im Herzen eingeschlossen ist, gleicht dem Licht in einem
Kruge.

Aus Abessinien

Alles Wissen hat nur dann einen Wert, wenn es uns tatkräftiger macht. Wenn Allwissenheit ohne Allmacht denkbar wäre, so müßte dies die furchtbarste Qual der Hölle sein.

Joseph von Eötvös, Gedanken

Nur wenn dein Wissen von dir selber dich befreit, ist dein Erkennen besser als Unwissenheit.

Dschelal ed-din Rumi

Klugheit

Quidquid agis, prudenter agas et respice finem!
Was du tust, das tue klug, und bedenke das Ende!

Sprichwort

Ein guter Kopf weiß alles zu benutzen. (Falstaff)

Shakespeare, König Heinrich IV., Zweiter Teil I, 3

Der Mensch hat drei Wege, klug zu handeln. Erstens durch Nachdenken: Das ist der edelste. Zweitens durch Nachahmen: Das ist der leichteste. Drittens durch Erfahrung: Das ist der bitterste.

Konfuzius

„Die Klugen haben miteinander viel gemein." (Äschylus)

Goethe, Maximen und Reflexionen, Aus Kunst und Altertum 1824

Seid klug wie die Schlangen und ohne Falsch wie die Tauben!

Matthäus 10,16

Eine gescheite Frau hat Millionen geborener Feinde: Alle dummen Männer.

Ebner-Eschenbach, Aphorismen

Klug kann nur ein guter Mensch sein.

Aristoteles, Nikomachische Ethik VI, 12

Es ist leicht, für gestern klug zu sein.

Aus Rußland

Dem Klugen braucht man nur den Anfang zu sagen. Das Ende weiß er selber.

Aus Angola

Ob ein Mensch klug ist, erkennt man viel besser an seinen Fragen als an seinen Antworten.

De Levis

Man meint immer, man müsse alt werden, um gescheit zu sein. Im Grunde aber hat man bei zunehmenden Jahren zu tun, sich so klug zu erhalten, als man gewesen ist.

Goethe, zu Eckermann, 17. 2. 1831

Klugheit steckt nicht in den Jahren, sondern im Kopf.

Aus Armenien

Daheim werden verständige Männer am wenigsten geschätzt.

Aus Island

Met ist nicht in jedem Kruge,
Klugheit nicht in jedem Kopfe.

Aus Finnland

Die Klugheit des Fuchses wird oft überschätzt, weil man ihm auch noch die Dummheit der Hühner als Verdienst anrechnet.

Hans Kasper

Gescheite Hähne frißt der Fuchs auch.

Sprichwort

Allzu kluge Leute führen selten große Werke aus.

Ignatius von Loyola

Man überschätze die Klugheit nicht! Sind denn die besten Menschen — die sich für andere opfern — klug?

Boßhart, Bausteine

Klugheit und Liebe sind nicht füreinander gemacht. Wächst die Liebe, so schwindet die Klugheit.

La Rochefoucauld,
Nachgelassene Maximen

Klugheit wagt keinen hohen Flug,
hält sich in sicherm Gleise.
Ihr eignes Wohl ist ihr genug —
Weisheit zieht größere Kreise.
Der weise Mann ist selten klug
und der kluge selten weise.

Bodenstedt,
Aus dem Nachlasse des Mirza Schaffy 3

Je klarer das Wasser, desto weniger Fische. Je klüger ein Mensch, desto weniger Weisheit.

Aus China

Willst du, Freund, die erhabensten
Höhn der Weisheit erfliegen,
wag' es auf die Gefahr, daß dich die
Klugheit verlacht!
Die kurzsichtige sieht nur das Ufer,
das dir zurückflieht,
jenes nicht, wo dereinst landet dein
mutiger Flug.

Schiller, Weisheit und Klugheit

Es gibt eine Klugheit, überlegen der, die man gewöhnlich so nennt: Es ist die Klugheit des Adlers, zum Unterschied von der Maulwurfsklugheit. Erstere besteht darin, kühn seinem Charakter zu folgen und allen Nachteil und Schaden hinzunehmen, der aus ihm entspringt.

Chamfort, Maximen I

Scharfsinn

Wünsche Dir nicht zu scharf das Auge;
          denn wenn Du die Toten
in der Erde erst siehst, siehst Du die
          Blumen nicht mehr.

Hebbel, An den Menschen

Mir erscheint der Lenz vergebens,
der die Erde festlich schmückt.
Wer erfreute sich des Lebens,
der in seine Tiefe blickt?

Schiller, Kassandra

Scharfsinn hat einen gewissen Schein
von Weissagung, der unserer Eitelkeit
mehr schmeichelt als alle anderen
Eigenschaften des Geistes.

La Rochefoucauld, Reflexionen

Der Scharfsinn verläßt geistreiche
Männer am wenigsten, wenn sie unrecht haben.

Goethe,
Maximen und Reflexionen, Nachlaß,
Über Literatur und Leben

Nur die allergescheitesten Leute benützen ihren Scharfsinn zur Beurteilung
nicht bloß anderer, sondern auch ihrer
selbst.

Ebner-Eschenbach, Aphorismen

Insofern wir scharfsinnig sind, liegen
wir einander beständig in den Haaren.
Tiefsinn aber macht verträglich.

Friedrich Heinrich Jacobi,
An Matthias Claudius, 30. 6. 1783

Mißgunst und Haß beschränken den
Beobachter auf die Oberfläche, selbst
wenn Scharfsinn sich zu ihnen gesellt.
Verschwistert sich dieser hingegen mit
Wohlwollen und Liebe, so durchdringt
er die Welt und den Menschen, ja er
kann hoffen, zum Allerhöchsten zu
gelangen.

Goethe,
Maximen und Reflexionen,
Aus Kunst und Altertum 1826

Schläue

Zum Leben braucht's nicht just, daß
          man so tapfer ist,
man kommt auch durch die Welt mit
          Schleichen und mit List. (Söller)

Goethe, Die Mitschuldigen II, 1

Wer sich nicht mit der Löwenhaut be-
kleiden kann, der nehme den Fuchs-
pelz!

Gracian, Handorakel der Weltklugheit

Der Fuchs weiß mehr als ein Loch.

Aus Dänemark

Es ist eine große Schlauheit, seine Schlauheit verbergen zu können.

La Rochefoucauld

Die feinste aller Listen besteht darin, sich geschickt so zu stellen, als ob man in die Falle ginge, die einem gelegt wird: Denn niemand wird so leicht getäuscht, als wer einen anderen zu täuschen glaubt.

La Rochefoucauld, Reflexionen

Zur verwickelten, langsamen Intrige neigen kleine, analytische Geister. Hingegen synthetisch-intuitive Geister wissen auf wunderbar geniale Weise die Mittel, die ihnen die Gegenwart bietet, so zu verbinden, daß sie dieselben zu ihrem Zwecke schnell benutzen können.

Heine, Reisebilder II, Die Nordsee

Es gibt Menschen, die sich in Ränken gefallen, ohne gerade einen gewissen Zweck erreichen zu wollen: Weil sie darin eine gewisse Geistesüberlegenheit erblicken.

Karl Julius Weber,
Demokritos IV, 10

Wie der Mensch vom Affen verschieden ist,
so ist es die Klugheit von der List.

Sprichwort

Arglist ist gerade nur die Denkungsart sehr eingeschränkter Menschen und von der Klugheit, deren Schein sie an sich hat, sehr unterschieden.

Kant, Anthropologie

List und Verräterei sind nur die Folgen mangelnder Klugheit.

La Rochefoucauld, Reflexionen

Wir sind erbittert auf Leute, die uns überlisten wollen, weil sie sich für klüger halten als uns.

La Rochefoucauld, Reflexionen

Eitle Leute können nicht schlau sein, weil sie nicht die Kraft haben, zu schweigen.

Vauvenargues, Unterdrückte Maximen

Einem gewissenlosen Feind gegenüber greift selbst der Edle zur List.

Aus Japan

Ehre und List als treue Freunde können
im Krieg zusammen gehn. (Volumnia)

Shakespeare, Coriolanus III, 2

Man kann schlauer sein als ein anderer, nicht aber schlauer als alle andern.

La Rochefoucauld, Reflexionen

Und wäre das Huhn noch so schlau,
eines Tages kommt es doch in den Topf.

Aus Angola

Versperrt dem Witz eines Weibes die
Türen, so muß er zum Fenster hinaus.
Mach das zu, so fährt er aus dem
Schlüsselloch. Verstopft das, so fliegt
er mit dem Rauch aus dem Schorn-
stein. (Rosalinde)

Shakespeare, Wie es Euch gefällt IV, 1

Wer sich durch unsere List täuschen
ließ, erscheint uns bei weitem nicht so
lächerlich, wie wir uns selbst erscheinen, wenn die List eines anderen uns
täuschte.

La Rochefoucauld, Reflexionen

Eine Frau versteht sich auf 99 Tücken,
aber selbst der Teufel hat noch nicht
die hundertste entdeckt.

Aus Nigeria

Verstehen

Nicht weinen, nicht zürnen, sondern
begreifen!

Spinoza

Tout comprendre c'est tout pardonner.
Alles verstehen, heißt alles verzeihen.

Sprichwort nach Madame de Staël,
Corinne ou l'Italie

Es gibt in Wahrheit kein letztes Verständnis ohne Liebe.

Morgenstern,
Stufen, Lebensweisheit, 1908

Erkennen heißt: Alle Dinge zu unserem Besten verstehen.

Nietzsche, Unschuld des Werdens 2

Was dem Herzen widerstrebt, läßt der
Kopf nicht ein.

Schopenhauer

Es gehört immer etwas guter Wille dazu, selbst das Einfachste zu begreifen,
selbst das Klarste zu verstehen.

Ebner-Eschenbach, Aphorismen

Der Mensch erkennt nur das, was er zu
erkennen Trieb hat.

Schelling, Von der Weltseele

Die verstehen sehr wenig, die nur das
verstehen, was sich erklären läßt.

Ebner-Eschenbach, Aphorismen

Alles verstehen wollen heißt nichts begriffen haben.

Verfasser unbekannt

Neuerdings hab ich mir's zur Richt-
schnur gemacht: In Sachen, die ich nicht
verstehe, und es tut einer etwas, das

ich nicht begreife, so macht er's dumm und greift's ungeschickt an; denn das, was schicklich und recht ist, begreift man auch in unbekannten Dingen; wenigstens muß es einer einem leicht und bald erklären können.

Goethe, an Charlotte von Stein, 12. 9. 1780

Was ihr niemals überschätzt, habt ihr nie begriffen.

Heyse, Kritik

Weisheit

Wer der Weisheit folgt, wird machtvoll!
Weisheit gewährt dem Herzen Jugendfrische bis ins Greisenalter!
Weisheit ist ein Ehrengewand, von Gott geschenkt!
Weisheit überragt das Wissen und bleibt fern von Bosheit!
Ein mit Weisheit geschmücktes Herz gleicht einem reichen Schatz!

Firdausi

Sapere aude!
Wage es, weise zu sein!

Horaz, Episteln I, 2

Es wäre nicht der Mühe wert, siebzig Jahr alt zu werden, wenn alle Weisheit der Welt Torheit wäre vor Gott.

Goethe,
Wilhelm Meisters Wanderjahre III,
Aus Makariens Archiv

Das Weib sieht tief. Der Mann sieht weit.

Grabbe

Niemand versteht zur rechten Zeit!
Wenn man zur rechten Zeit verstünde,
so wäre Wahrheit nah und breit
und wäre lieblich und gelinde.

Goethe, Divan, Buch der Sprüche

Ich liebe, die mich, die Weisheit, lieben, und die mich suchen, finden mich.

Sprüche 8,17

Ein Mensch mag noch so klug geboren sein, zum Weisen wird er allein durch Belehrung.

Aus der Mongolei

Kein Strom ist durch sich selber groß und reich: Sondern daß er soviele Nebenflüsse aufnimmt und fortführt, das macht ihn dazu. So steht es auch mit allen Größen des Geistes.

Nietzsche

Es mag sein, daß wir durch das Wissen anderer gelehrter werden. Weiser werden wir nur durch uns selbst.

Montaigne

Das Wissen ist einer Brille zu vergleichen, die der inneren Schaukraft niemals genau anzupassen ist. Deshalb liegt dem Satan soviel daran, daß die Meinung Verbreitung findet, Wissen sei Macht.

Waldemar Bonsels

Weisheit ist keine Medizin zum Hinunterschlucken.

Aus dem Kongo

Was hindert mich, einen für den Philosophen der Zukunft zu halten, der keine Silbe lesen kann? Die Weisheit beruht doch nicht in der Fachliteratur.

Seneca

Gott verkauft Weisheit für Arbeit und Leiden.

Aus der Ukraine

Schmerz ist der Vater und Liebe die Mutter der Weisheit.

Börne, Fragmente und Aphorismen

Die Heilige Schrift sagt zwar, daß der Anfang der Weisheit die Furcht vor Gott war, aber ich glaube, daß es die Furcht vor den Menschen ist.

Chamfort, Maximen II

Für die Weisheit gibt es keinen Tag. Sie steht immer im Morgenrot des Kommenden.

Bonsels, Runen und Wahrzeichen

Weisheit entspringt nicht so sehr aus dem Verstande als aus dem Herzen.

Rosegger

Wer ohne Murren sich dem Schicksal unterwirft, ist bei uns weise.

Euripides

Diejenigen aber, welche zum Glück der Erkenntnis gelangt, über die Gegensätze erhaben und frei von Selbstsucht sind, diese erschüttert weder Glück noch Unglück irgendwann.

Mahâbhârata 12

Ein Narr ist viel bemüht; des Weisen
ganzes Tun,
das zehnmal edeler, ist Lieben,
Schauen, Ruhn.

Angelus Silesius,
Der Cherubinische Wandersmann,
Des Weisen Verrichtung

Der Zuwachs an Weisheit läßt sich genau nach der Abnahme an Galle bemessen.

Nietzsche

Der beste Beweis für Weisheit ist beständige gute Laune.

Montaigne

Eines weisen Mannes Ernte währt das ganze Jahr.

Aus Holland

Der Weise kann des Mächtigen Gunst
entbehren,
doch nicht der Mächtige des Weisen
Lehren.

Bodenstedt,
Vermischte Gedichte und Sprüche 29

Wisset erstlich, daß die Weisheit nichts
anderes ist denn eine einzige ewige
Freud!

Paracelsus

Leben heißt träumen; weise sein heißt
angenehm träumen. (Fiesko)

Schiller, Fiesko I, 6

Die Glücklichen
scheinen weise den Menschen.

Goethe, Pindars fünfte Olympische Ode

Die Jugend ist die Zeit, Weisheit zu
lernen. Das Alter ist die Zeit, sie aus-
zuüben.

Jean-Jacques Rousseau

Dich erklärte der Pythia Mund für
den weisesten Griechen.
Wohl! Der Weiseste mag oft der Be-
schwerlichste sein.

Goethe, Xenien aus dem Nachlaß,
Sokrates

Einen mit Weisheit Gesalbten darf man
nie warm werden lassen, sonst trieft er.

Ebner-Eschenbach, Aphorismen

Wer sich der Weisheit rühmet, der
prahlt mit einem Licht,
das er nicht hat; denn Weisheit, die
wahre, rühmt sich nicht.

Julius Hammer

Der Narr hält sich für weise, aber der
Weise weiß, daß er ein Narr ist.
(Probstein)

Shakespeare, Wie es Euch gefällt V, 1

Die Torheit begleitet uns in allen Pe-
rioden des Lebens. Wenn jemand weise
scheint, liegt es daran, daß seine Torheiten seinem Alter und Vermögen angemessen sind.

La Rochefoucauld, Reflexionen

Ein Mensch bleibt weise, solange er
die Weisheit sucht. Sobald er sie gefunden zu haben wähnt, wird er ein Narr.

Talmud

Der kluge Kaufmann verbirgt seine
Schätze, als wäre er arm. Der Edle
verbirgt seine Weisheit, als wüßte er
nichts.

Li Gi

Nicht wissen, aber Wissen vortäuschen,
ist ein Laster. Wissen, aber sich dem
Nichtwissenden gleich verhalten, ist
Weisheit.

Aus China

Weisheit soll Klugheit zur Dienerin haben.

Gutzkow, Ritter vom Geist VI, 83

Wer da hat, dem wird gegeben, daß er die Fülle habe. Wer aber nicht hat, von dem wird auch genommen, was er hat.

Matthäus 13,12

Trennt Weisheit nicht von Ehre, bester Graf! (Lord Bardolph)

Shakespeare, König Heinrich IV.,
Zweiter Teil I, 1

Die Weisheit ist ein Quell. Je mehr man aus ihm trinkt, je mehr und mächtiger er wieder treibt und springt.

Angelus Silesius

Bildung

Bildung jeder Art hat doppelten Wert, einmal als Wissen, dann als Charaktererziehung.

Herbert Spencer, Die Erziehung 1,
Welches Wissen ist das wertvollste?

Gebildet ist, wer Parallelen sieht, wo andere etwas völlig Neues zu erblikken glauben.

Graff

Mein Sohn, von deiner Jugend an eigne dir Bildung an, und bis zum Greisenalter wirst du Weisheit erlangen!

Jesus Sirach 6,18

Bildung ist die Fähigkeit, Wesentliches vom Unwesentlichen zu unterscheiden und jenes ernst zu nehmen.

Lagarde, Deutsche Schriften 4

Bildung ist das Leben im Sinne großer Geister mit dem Zwecke großer Ziele.

Nietzsche, Über die Zukunft
unserer Bildungsanstalten

Sich mitzuteilen ist Natur; Mitgeteiltes aufzunehmen, wie es gegeben wird, ist Bildung.

Goethe, Die Wahlverwandtschaften II, 4

Die Aufgabe der Gebildeten: Wahrhaftig zu sein und sich wirklich in ein Verhältnis zu allem Großen zu setzen.

Nietzsche, Über die Zukunft
unserer Bildungsanstalten

Es ist ein Beweis hoher Bildung, die größten Dinge auf die einfachste Art zu sagen.

Emerson

Bildung ist vollendete Natur.

Platen

Wir sind einander nah durch die Natur, aber sehr entfernt durch die Bildung.

Konfuzius

Gebildet sein heißt nun: Sich nicht merken lassen, wie elend und schlecht man ist, wie raubtierhaft im Streben, wie unersättlich im Sammeln, wie eigensüchtig und schamlos im Genießen.

Nietzsche, Unzeitgemäße Betrachtungen, Schopenhauer als Erzieher

Bildung kann die Zucht verfeinern, aber nicht ersetzen.

Spengler, Der Untergang des Abendlandes

Bildung ist jenseits aller Standesunterschiede.

Konfuzius

Bildung ist ein durchaus relativer Begriff. Gebildet ist jeder, der das hat, was er für seinen Lebenskreis braucht. Was darüber ist, das ist vom Übel.

Hebbel, Tagebücher II

Bildung ist jedem zugänglich, der den einzigen Satz festhält, daß er jeden Abend besser zu Bett gehen muß, als er morgens aufgestanden ist.

Lagarde, Kirche und Religion 9

Das Neueste in der Welt ist das Verlangen nach Bildung als Menschenrecht, welches ein verhülltes Begehren nach Wohlleben ist.

Burckhardt,
Weltgeschichtliche Betrachtungen 2,
Die Kultur

Ins Unendliche strebt sich die Bildung der Zeit zu erweitern, aber dem breiteren Strom droht die Verflachung bereits.

Geibel,
Distichen aus dem Wintertagebuche II

Die Menge ist für's Lernen lästig, nicht fördernd. Viel nützlicher ist es, mit wenigen Schriftstellern sich recht beschäftigen, als viele durchzublättern.

Seneca, Von der Gemütsruhe 28

Die Leute haben eine Art von Bildung. Das heißt, sie wissen genug von allen Dingen, um darüber verkehrt reden zu können.

Vauvenargues

Wer die Klassiker studiert, ohne sie zu begreifen, täte besser daran, zum Pflug zurückzukehren.

Aus China

Vermöge seiner Bildung sagt der Mensch nicht, was er denkt, sondern was andere gedacht haben und was er gelernt hat.

Schopenhauer, Neue Paralipomena 4,
Den Intellekt betreffende Gedanken

Die Bildung kommt nicht vom Lesen, sondern vom Nachdenken über das Gelesene.

Hilty

Gebildet ist, wer weiß, wo er findet, was er nicht weiß.

G. Simmel

Wer sich ausschließlich körperlich bildet, wird allzu roh. Wer sich auf musische Bildung beschränkt, wird weichlicher, als ihm gut ist.

Plato, Staat 3, 17

Ein Wachsgepräg' ist deine edle Bildung,
wenn sie der Kraft des Manns abtrünnig wird. (Lorenzo)

Shakespeare, Romeo und Julia III, 3

Die Bildung wird täglich geringer, weil die Hast größer wird.

Nietzsche, Unschuld des Werdens 1, 186

Ein Mensch ohne Bildung ist ein Spiegel ohne Politur.

Sprichwort

Eine gute Bildung ist für die Jugend ein Zuchtmittel, für das Alter ein Trost, für den Armen Reichtum und für den Reichen ein Schmuck.

Diogenes

Die Bildung ist für die Glücklichen eine Zierde, für die Unglücklichen eine Zuflucht.

Demokrit

Bildung ist ein unentreißbarer Besitz.

Menander, Sentenzen in Monostichen 2

XI. Kapitel

Einfalt
Dummheit
Narrheit
Wahnsinn

Einfalt

Laßt uns die Götter bitten um ein
einfach Herz.
Gar leicht erträgt sich dann ein einfach
Los.

Grillparzer

Ach, daß die Einfalt, daß die Unschuld
nie
sich selbst und ihren heilgen Wert erkennt! (Faust)

Goethe, Faust 1, Garten

Denn nie kann etwas mir zuwider
sein,
was Einfalt darbringt und Ergebenheit. (Theseus)

Shakespeare,
Ein Sommernachtstraum V, 1

Die Klugen haben wahrhaftig lange
nicht soviel Beweglichkeit in die Welt
gebracht und soviel Glückliche drin
gemacht wie die Einfältigen.

Raabe, Stopfkuchen

Armut des Geistes Gott erfreut —
Armut und nicht Armseligkeit.

Matthias Claudius, Ein gülden ABC

Wie kann der Narr nach dem Willen
Gottes sein? Wie kann der nichtskön-
nende Mensch im Willen Gottes sein?
Diese Dinge sind alle wider den Willen Gottes; denn Gott will uns nicht
als dumme Narren haben, die nichts
wissen, nichts können und nichts verstehen.

Paracelsus,
De fundamento sapientiae 1, 2

Das angenehmste Leben führen die, die
nichts denken.

Sophokles, Ajax 550

Was ich nicht weiß, macht mich nicht
heiß.

Sprichwort

Es gibt einfältige Leute, welche sich
kennen und ihre Einfältigkeit geschickt
verwenden.

La Rochefoucauld, Reflexionen

Ist dies schon Tollheit, hat es doch
Methode. (Polonius)

Shakespeare, Hamlet II, 2

Dummheit nützt häufiger als sie schadet. Darum pflegen sich die Aller-
schlauesten dumm zu stellen.

Graff

Für Görgen ist mir gar nicht bange,
der kommt gewiß durch seine Dummheit fort.

Gellert, Der sterbende Vater

Die dümmsten Bauern haben die größten Kartoffeln.

Sprichwort

Kennt die Maus nur ein einziges Loch,
wird die Katze sie bald gefangen
haben.

Aus Spanien

Wer sich grün macht, den fressen die
Ziegen.

Goethe, Parabeln II

Es gibt mehr naive Männer als naive
Frauen.

Ebner-Eschenbach, Aphorismen

Der Wunsch, klug zu erscheinen, verhindert oft, es zu werden.

La Rochefoucauld, Reflexionen

Dummheit

Mein Verzeichnis von Bösewichtern
wird mit jedem Tag, den ich älter
werde, kürzer und mein Register von
Toren vollzähliger und länger.

Schiller,
Die Schaubühne als moralische Anstalt

Es gibt Kamele mit einem Höcker und
welche mit zweien. Aber die größten
haben gar keinen.

Schopenhauer

Jeder Mensch hat ein Brett vor dem
Kopf. Es kommt nur auf die Entfernung an.

Ebner-Eschenbach, Aphorismen

Ein Mensch ohne Wissenschaft ist wie
ein Soldat ohne Degen, wie ein Acker
ohne Regen, wie ein Wagen ohne Räder, wie ein Schreiber ohne Feder.
Gott selbst mag solche Eselsköpf' nicht
leiden.

Abraham a Santa Clara

Er hat nie seine Nahrung gesogen aus
den Leckerbißlein, welche werden er-
zielet in Büchern. Er hat nicht gegessen des Papieres, so zu sagen, noch
getrunken der Tinte. Seine Sinneskraft
ist nicht herangenährt. Er ist nur ein
Tier, nur fühlend in seinen gröberen
Organen. (Nathanael)

Shakespeare, Liebes Leid und Lust IV, 2

Gibt es eine Eigenschaft der menschlichen Natur, die man nicht erwerben
kann, die angeboren sein muß, so ist
es die Dummheit.

Börne, Über Herrn von Villele

Heil euch, ihr Dummen! Ihr seid zu
beneiden.
Euch fehlt der Geist, wohl euch, ihr
seid geborgen!
Mit dem Verstande schwanden auch
die Sorgen,
und sel'ge Torheit schafft euch tausend
Freuden.

Mahmud ben Jemineddin, Mokattaat 91

Die große Mehrzahl der Dummen wird von denen gebildet, die durch die böse Gewohnheit, ihr Denkvermögen niemals anzustrengen, die Fähigkeit dazu verloren haben.

Locke, Über den menschlichen Verstand, 2. Anhang

Die Toren wissen gewöhnlich das am besten, was jemals in Erfahrung zu bringen der Weise verzweifelt.

Ebner-Eschenbach, Aphorismen

Ein Kluger bemerkt alles. Ein Dummer macht über alles eine Bemerkung.

Heine

Was der Esel sagt, glaubt er.

Aus Persien

In der Dummheit ist eine Zuversicht, worüber man rasend werden möchte.

Friedrich Heinrich Jacobi, Brief vom 15. 3. 1781

Das höchste, wozu sich ein schwacher Kopf von Erfahrung erheben kann, ist die Fertigkeit, die Schwächen besserer Menschen auszufinden.

Lichtenberg

Vor den alten Dummköpfen haben die jungen keine Ruhe.

Aus Spanien

Auch der Dumme hat manchmal einen gescheiten Gedanken. Er merkt es nur nicht.

Danny Kaye

Ein blindes Huhn findet auch wohl ein Korn.

Sprichwort

Ein Dummkopf, der einen lichten Moment hat, setzt in Erstaunen und Ärger wie Fiakerpferde, die in Galopp verfallen.

Chamfort, Maximen I

Es ist der größte Übelstand, daß es in unsern Zeiten keinen Dummkopf mehr gibt, der nicht etwas gelernt hätte.

Hebbel, Tagebücher, 18. 9. 1838

Ein gelehrter Dummkopf ist ein größerer Dummkopf als ein unwissender Dummkopf. (Clitandre)

Molière, Les femmes savantes IV, 3

Die lästigsten Dummköpfe sind die, welche Witz haben.

La Rochefoucauld, Reflexionen

Toren und gescheite Leute sind gleich unschädlich. Nur die Halbnarren und Halbweisen, das sind die gefährlichsten.

Goethe, Die Wahlverwandtschaften II, 5

Die Dummen sind meistens boshaft,
und zwar aus eben dem Grunde, warum die Häßlichen und Ungestalteten
es sind.

Schopenhauer, Neue Paralipomena 7

Jede Dummheit leidet am Ekel vor
sich selbst.

Seneca

Die Dummheit wäre nicht Dummheit,
wenn sie den Geist nicht fürchtete.

Chamfort, Maximen II

Du hättest recht, wenn die Dummheit
eine Geistesschwäche wäre. Leider ist
sie aber eine furchtbare Stärke. Sie ist
ein Fels, der unerschüttert dasteht,
wenn auch ein Meer von Vernunft ihm
seine Wogen an die Stirne schleudert.
(Florfeld)

Nestroy,
Gegen Torheit gibt es kein Mittel I, 8

Gegen die Dummheit ist kein Kraut
gewachsen.

Aus Japan

Töricht, auf Beßrung der Toren zu
harren!
Kinder der Klugheit, o habet die Narren
eben zum Narren auch, wie sichs gehört!

Goethe, Kophtisches Lied

Der dumme Esel geht doch nicht
schneller, wie du ihn auch prügeln
magst. (Erster Totengräber)

Shakespeare, Hamlet V, 1

Unsinn, du siegst, und ich muß untergehn.
Mit der Dummheit kämpfen Götter
selbst vergebens. (Talbot)

Schiller, Die Jungfrau von Orleans III, 6

Eine lose Rede schläft in dummen
Ohren. (Hamlet)

Shakespeare, Hamlet IV, 2

Man hat seinen Geist nie so nötig, wie
wenn man mit einem Dummkopf zu
tun hat.

Aus China

Immer ist die Albernheit des Narren
der Schleifstein der Witzigen. (Celia)

Shakespeare, Wie es Euch gefällt I, 2

Wenn einer noch so klug ist, so ist er
oft doch nicht klug genug, um den
Dummen zu begreifen.

Friedl Beutelrock

An die dumme Stirne gehört als Argument von Rechts wegen die geballte
Faust.

Nietzsche,
Menschliches Allzumenschliches I, 362

Nicht der ist auf der Welt verwaist,
dem Vater und Mutter gestorben,
sondern der für Herz und Geist
keine Lieb' und kein Wissen erworben.

Rückert

Am Barte des Törichten lernt der Barbier rasieren.

Aus Spanien

Wen Gott verderben will, den schlägt
er vorher mit Blindheit.

Unbekannter griechischer Verfasser

Kommt ein Ochse in fremdes Land,
er wird doch für ein Rind erkannt.

Freidank, Bescheidenheit 139

Die Dummheit des Mannes wird nicht
so bekannt wie die der Frau.

Aus Ghana

Dummheit, die man bei andern sieht,
wirkt meist erhebend auf's Gemüt.

Busch, Aphorismen und Reime

Narrheit

Der Dumme schließt die Tür schlecht,
der Faule lehnt sie nur an, und der
Narr läßt sie offenstehen.

Aus Japan

Ein Reis vom Narrenbaum trägt jeder,
wer er sei.
Der eine deckt es zu, der andre trägt
es frei.

Angelus Silesius

Jeder Mensch hat einen Narren in seinem Ärmel.

Aus Großbritannien

Jeder möchte sich einen Narren halten,
aber keiner will ihn füttern.

Aus Schweden

Es gibt allemal einen Narren mehr, als
jeder glaubt.

Lichtenberg

Narren sind alle, die es scheinen, und
die Hälfte derer, die es nicht scheinen.

Gracian, Handorakel der Weltklugheit

Torheit der Narrn ist minder scharf
geprägt
als Narrheit, die im weisen Mann sich
regt;
denn alle Kraft des Witzes muß ihm
nützen,
auf Scharfsinn seine Albernheit zu
stützen. (Maria)

Shakespeare, Liebes Leid und Lust V, 2

So fest sitzt keiner, ward er erst gefangen,
als der aus Witz in Torheit eingegan-
gen. (Prinzessin)

Shakespeare, Liebes Leid und Lust V, 2

Alte Narren sind größere als junge.

La Rochefoucauld

Die Schwachheit des Alters, die den
vernünftigen Mann herunterbringt,
macht den Narren immer besser.
(Malvolio)

Shakespeare, Was ihr wollt I, 5

Dem Narren gefällt seine Weise wohl.

Sprüche Salomonis 12, 15

Was liegt dem Narren an einem vernünftigen Menschen? Die wichtige Person für ihn ist der andere Narr, der
ihn gelten läßt.

Ebner-Eschenbach, Aphorismen

Der Narr bekommt immer Recht.

Aus Spanien

Der Narr stolpert über den Abgrund,
in den der Weise regelrecht hineinfällt.

Scheffel, Ekkehard

Nennt mich nicht Narr, bis mich das
Glück gesegnet! (Jacques)

Shakespeare, Wie es Euch gefällt II, 7

Zwei Narren in einem Haus machen
einen großen Lärm.

Aus Flandern

Besser mit Klugen in die Hölle als mit
Narren ins Paradies.

Aus Bulgarien

Mit Narren leben wird dir gar nicht
schwer,
versammle nur ein Tollhaus um dich
her!
Bedenke dann, das macht dich gleich
gelind,
daß Narrenwächter selbst auch Narren sind!

Goethe, Zahme Xenien I

Fragst du nach der Kunst zu leben?
Lern mit Narr und Sünder leben!
Mit dem Weisen und dem Guten
wird es sich von selber geben.

Wilhelm Müller, Die Kunst zu leben

Wenn der Mensch aufhört, zu irgendeinem Punkte eine Tinktur von Narrheit zu haben, so ist es mit seiner
Weisheit und bald auch mit seiner Existenz zu Ende. Der Himmel behüte
mich also vor der absoluten Weisheit,
nach der ich strebe!

Seume, Apokryphen

Die Menschen verstehen einander nicht.
Es gibt weniger Narren, als man
glaubt.

Vauvenargues, Unterdrückte Maximen

Wahnsinn

Dies arme Kind,
getrennt von sich und ihrem edlen
Urteil,
ohn' welches wir nur Bilder sind, nur
Tiere. (König)

Shakespeare, Hamlet IV, 5

Wenn Hamlet von sich selbst geschieden ist
und, weil er nicht er selbst, Laertes
kränkt,
dann tut es Hamlet nicht. Hamlet verleugnet's.
Wer tut es denn? Sein Wahnsinn. Ist
es so,
so ist er ja auf der gekränkten Seite:
Sein Wahnsinn ist des armen Hamlets
Feind. (Hamlet)

Shakespeare, Hamlet V, 2

Wildeste Zerrüttung,
wenn sie beharret, fühlt sich selbst
nicht mehr. (Pembroke)

Shakespeare, König Johann V, 7

Besser, ich wär verrückt.
Dann wär mein Geist getrennt von
meinem Gram,
und Schmerz in eiteln Phantasien ver-
löre
Bewußtsein seiner selbst. (Gloster)

Shakespeare, König Lear IV, 7

Wahnsinnige sind taub. (Lorenzo)

Shakespeare, Romeo und Julia III, 3

Wie treffend manchmal seine Antworten sind! Dies ist ein Glück, das die
Tollheit oft hat. (Polonius)

Shakespeare, Hamlet II, 2

Wahnsinn bei Großen darf nicht ohne
Wache gehn. (König)

Shakespeare, Hamlet III, 1

Der Irrsinn ist bei Einzelnen etwas
Seltenes, aber bei Gruppen, Parteien,
Völkern, Zeiten die Regel.

Nietzsche, Jenseits von Gut und Böse 4

XII. Kapitel

Das Gute
Gutsein
Gutestun
Versprechungen
Hilfe
Freigebigkeit
`Schenken
Leihen
Altruismus
Dank
Undank

Das Gute

Das Gute — dieser Satz steht fest —
ist stets das Böse, was man läßt.

Busch. Die fromme Helene, Epilog

Das Böse ist das, was mehr Nachteile
als Vorteile, und das Gute, was mehr
Vorteile als Nachteile hat.

Diderot, Gespräch mit der Marschallin

Unser Bestes sind nicht unsere Werke.
Das liegt oft in einem Blick von uns,
in einem Gedanken, um dessentwillen
wir uns selber lieben möchten und um
den doch niemand je weiß.

Morgenstern, Stufen, Ethisches, 1904

Wenn an das Gute,
das ich zu tun vermeine, allzunah
was gar zu Schlimmes grenzt, so tu ich
lieber
das Gute nicht, weil wir das Schlimme
zwar
so ziemlich zuverlässig kennen, aber
bei weitem nicht das Gute.

(Klosterbruder)
Lessing, Nathan der Weise IV, 7

Der aber hat sich selber entdeckt, welcher spricht: »Das ist mein Gutes und
Böses.« Damit hat er den Maulwurf
und Zwerg stumm gemacht, welcher
spricht: »Allen gut, allen bös«.

Nietzsche,
Zarathustra III, Vom Geist der Schwere 2

Das Gute ist dem Göttlichen ebenso
fremd wie das Böse. Gott hat mit moralischen Werten nichts zu schaffen.

Boßhart, Bausteine

Von Natur gibt es weder Gutes noch
Böses, sondern den Unterschied hat die
menschliche Meinung gemacht.

Sextus Empiricus,
Gegen die Mathematiker 11

An sich ist nichts weder gut noch böse.
Das Denken macht es erst dazu.
(Hamlet)
Shakespeare, Hamlet II, 2

Den Reinen ist alles rein. Den Unrei-
nen aber und Ungläubigen ist nichts
rein.

Titus 1,15

An das Gute glauben nur die Wenigen,
die es üben.

Ebner-Eschenbach, Aphorismen

Denn vor Gott ist alles herrlich,
eben weil er ist der Beste.

Goethe, Divan, Das Schenkenbuch

Und wahrlich, wieviel geriet schon!
Wie reich ist diese Erde an kleinen guten vollkommenen Dingen, an Wohl-
geratenem!

Nietzsche,
Zarathustra IV, Vom höheren Menschen 15

Gutsein

„Er ist ein guter Mensch", sagen die Leute gedankenlos. Sie wären sparsamer mit diesem Lobe, wenn sie wüßten, daß sie kein höheres zu erteilen haben.

Ebner-Eschenbach, Aphorismen

Der Trieb zum Guten ist dem Menschen eingepflanzt von Natur wie dem Wasser der Trieb, bergab zu fließen.

Meng-tse

Blicke in dein Inneres! Da drinnen ist eine Quelle des Guten, die niemals aufhört zu sprudeln, solange du nicht aufhörst nachzugraben.

Mark Aurel

Gut sein heißt, mit sich selber im Einklang sein. (Lord Wotton)

Wilde, Das Bildnis des Dorian Gray 6

Die Hauptbestandteile eines guten Charakters sind Treue und Mitleid.

Hilty

Güte ist, wenn man das leise tut, was die anderen laut sagen.

Friedl Beutelrock

Die allerstillste Liebe ist die Liebe zum Guten.

Ebner-Eschenbach, Aphorismen

Wenn du gut sein willst, so nimm zuerst an, daß du schlecht bist!

Epiktet

Jedes Wesen kann nur in seiner Eigenheit gut sein.

Sophokles

Nur arbeitsame Menschen sind aus sich heraus fröhlich, friedfertig und gut.

Auerbach, Der Lauterbacher

Um immer gut sein zu können, ist es erforderlich, die anderen davon zu überzeugen, daß sie uns gegenüber niemals ungestraft böse sein dürfen.

La Rochefoucauld,
Unterdrückte Maximen

Man bleibt nur gut, wenn man vergißt.

Nietzsche

Wir bleiben nicht gut, wenn wir nicht immer besser zu werden trachten.

Gottfried Keller

Semper homo bonus tiro est.
Immer bleibt ein guter Mensch ein Anfänger.

Martial, Epigramme XII, 51

Niemand ist gut denn der einige Gott.

Markus 10.18

Keiner ist schlimm, bevor er freit, und gut, bevor er tot ist.

Aus Dänemark

Wer im Bette liegt, ist ein braver Mann.

Aus den USA

So mancher meint, ein gutes Herz zu haben, und hat nur schwache Nerven.

Ebner-Eschenbach, Aphorismen

Nichts ist seltener als wahre Güte. Zumeist wird sie mit Gutmütigkeit oder Gefälligkeit verwechselt.

La Rochefoucauld, Reflexionen

Wen der Himmel bewahren will, den erfüllt er mit Güte.

Lao-Tse, Tao-Teh-King 67

Laß Neid und Mißgunst sich verzehren, das Gute werden sie nicht wehren; denn, Gott sei Dank! es ist ein alter Brauch:
Soweit die Sonne scheint, so weit erwärmt sie auch.

Goethe, Sprichwörtlich

Wie Fackeln und Feuerwerk vor der Sonne blaß und unscheinbar werden, so wird sowohl Schönheit als Geist, ja Genie, überstrahlt von der Güte des Herzens.

Schopenhauer

Immer machen einige gute Menschen ein warmes Stübchen aus, auch ohne Ofen, Dach und Fenster.

Gottfried Keller

Sogar der beschränkteste Verstand wie auch die groteske Häßlichkeit werden, sobald die ungemeine Güte des Herzens sich in ihrer Begleitung kundgetan, gleichsam verklärt, umstrahlt von einer Schönheit höherer Art, indem jetzt aus ihnen eine Weisheit spricht, vor der jede andere verstummen muß.

Schopenhauer

Wie weise muß man sein, um immer gut zu sein!

Ebner-Eschenbach, Aphorismen

Ein gerader Rücken wird krumm, ein schwarzer Bart wird weiß, ein krauser Kopf wird kahl, ein schönes Gesicht runzelt sich, ein volles Auge wird hohl. Aber ein gutes Herz, Käthchen, ist die Sonne und der Mond oder vielmehr die Sonne und nicht der Mond; denn es scheint hell und wechselt nie, sondern bleibt treulich in seiner Bahn. (König Heinrich)

Shakespeare, König Heinrich V. V, 2

Der gute Mensch stirbt nicht mit seinem Tode. Er lebt weiter, wenn auch sein Körper unter der Erde ist. Von dem Bösen bleibt nichts auf der Oberwelt.

Euripides, Fragmente

Die Guten und Reinen müssen alles
Böse tragen.

Aus Indien

Es ist kaum möglich, einem anderen
wohlzutun, ohne diesen in seiner
Selbstsucht zu befestigen.

Hermann von Keyserling,
Reisetagebuch eines Philosophen, Benares

Wer sich selber zum Esel macht, dem
will jeder Säcke aufladen.

Sprichwort

Ein Hund, den man auf Schultern
trägt, fängt kein Wild.

Aus dem Senegal

Die Güte lockt die Schlange aus der
Erde.

Aus der Türkei

Sei immer gut, doch nie zu gütig!
Die Wölfe werden sonst leicht übermütig.

Sprichwort

Wer mit Güte den Schlechten
sucht zu gewinnen,
pflügt nutzlos die Wolken,
wäscht unsichtigen Wind
und malt in die Wogen.

Bhaminivilasa 1

Grasmücke solange den Kuckuck speist,
bis sein Junges ihr endlich den Kopf
abbeißt. (Narr)

Shakespeare, König Lear I, 4

Tätige Menschenliebe ohne Verstand
verfehlt so gut ihren Zweck als Menschenhaß ohne Macht.

Lichtenberg, Über Physiognomik
wider die Physiognomen

Wer sich vornimmt, Gutes zu wirken,
darf nicht erwarten, daß die Menschen ihm deswegen Steine aus dem
Wege räumen, sondern muß auf das
Schicksalhafte gefaßt sein, daß sie ihm
welche daraufrollen.

Albert Schweitzer.
Aus meinem Leben und Denken 9

Nur bei Tieren kann ich sicher rechnen, daß sie desto besser gegen mich
sind, je besser ich gegen sie bin.

Jean Paul, Nachlaß

Güte, die vollblütig wird, erstirbt
im eignen Allzuviel. (König)

Shakespeare, Hamlet IV, 7

Die Leute schreien immer soviel jetzt,
die Welt wäre so schlecht. Das kann
ich gar nicht finden. Wenn man nur
selbst immer recht gut zu den Menschen ist, da findet man auch welche,
die es wieder sind.

Heinrich Seidel

Ein Mensch ist gut, wenn edle Kräfte ihm gegeben, absichtslos und ohne Zwecke in ihm und durch ihn wirken, niemals aber allein schon deshalb, weil er sich auf sie einstellt, um sie zu erreichen oder um sie zur Wirkung zu bringen. Und ein Mensch, in dem keinerlei edle Kräfte wirken, ist nicht böse, wie die Menschen es nennen, sondern er ist schlecht.

Waldemar Bonsels,
Narren und Helden

Güte siegt über Ungüte, wie Wasser über Feuer siegt. Aber heutzutage übt man die Güte so, als wollte man mit einem Becher Wasser einen brennenden Wagen voll Reisig löschen und, wenn die Flammen nicht erlöschen, dann sagen, daß Wasser Feuer nicht löschen könne. Dadurch wird gerade die Ungüte aufs äußerste gefördert, und das Ende ist, daß die Güte zugrunde geht.

Meng-tse

Gleich wie Feuer nicht Feuer löscht, so kann Böses nicht Böses ersticken. Nur das Gute, wenn es auf das Böse stößt und von diesem nicht angesteckt wird, besiegt das Böse.

Tolstoj

Niemand ist zu gut für diese Welt. Menschen, von denen dies gesagt wird, sind vielmehr in irgendeinem Betrachte nicht gut genug.

Morgenstern, Stufen, Ethisches, 1905

Gutestun

Man muß das Gute tun, damit es in der Welt sei.

Ebner-Eschenbach, Aphorismen

Man kann auf so vielerlei Weise Gutes tun, als man sündigen kann, nämlich mit Gedanken, Worten und Werken.

Lichtenberg

Wir sind dazu geboren, wohltätig zu sein. (Timon)

Shakespeare, Timon von Athen I, 2

Lieber schlimm aus Empfindung als gut aus Verstand.

Goethe,
Fragment eines Romans in Briefen

Häufig tut man Gutes, um ungestraft Böses tun zu können.

La Rochefoucauld, Reflexionen

Wie die Sonne nicht auf Lob und Bitten wartet, um aufzugehen, sondern

eben leuchtet und von der ganzen
Welt begrüßt wird, so darfst auch du
weder Schmeichelei noch Beifall brauchen, um Gutes zu tun. Aus dir selbst
heraus mußt du es tun: Dann wirst
du wie die Sonne geliebt werden.

Epiktet

Und wenn sie auch
die Absicht hat, den Freunden wohl
zu tun,
so fühlt man Absicht, und man ist
verstimmt. (Tasso)

Goethe, Tasso II, 1

Güte, die auf Gegenwert rechnet, ist
nicht Güte.

Aus China

Je weniger sie verdienen, desto mehr
Verdienst hat eure Güte. (Hamlet)

Shakespeare, Hamlet II, 2

Jeder, der in sich fühlt, daß er etwa
Gutes wirken kann, muß ein Plage-
geist sein. Er muß nicht warten, bis
man ihn ruft; er muß nicht achten,
wenn man ihn fortschickt; er muß sein,
was Homer an den Helden preist: Er
muß sein wie eine Fliege, die, ver-
scheucht, den Menschen immer wieder
von einer andern Seite anfällt.
(Verazio)

Goethe, Lila I

Das ist die rechte Wohltätigkeit: Dem
wohlzutun, der dir wehe getan hat.

Aus Arabien

Die Güte, die nicht grenzenlos ist, verdient den Namen nicht.

Ebner-Eschenbach, Aphorismen

Die Not ist der Gewährung bester
Grund. (Don Pedro)

Shakespeare, Viel Lärmen um Nichts I, 1

Es gibt wenig Wohltäter, welche nicht
wie Satan sagen: „Knie nieder und
bete mich an!"

Chamfort, Maximen V

Tu Gutes und wirf es ins Wasser!

Aus Indien

„Hat man das Gute dir erwidert?"
Mein Pfeil flog ab, sehr schön befiedert,
der ganze Himmel stand ihm offen,
er hat wohl irgendwo getroffen.

Goethe, Sprichwörtlich

Auch schlechte Menschen tun mitunter
Gutes, als wollten sie ausprobieren, ob
es wirklich so viel Vergnügen mache,
wie die guten behaupten.

Chamfort, Maximen II

Nicht alles Gut' ist gut. Mensch, überred dich nicht!
Was nicht im Lieb-Öl brennt, das ist
ein falsches Licht.

Angelus Silesius,
Der Cherubinische Wandersmann V

Sollen die Werke gut sein, so muß zuvor der Mann gut und fromm sein,
der sie tut; denn wo nichts Gutes inne
ist, kommt nichts Gutes aus.

Luther

Wer Gutes will, der sei erst gut.
(Astrolog)

Goethe, Faust 2, I, Saal des Thrones

Ein gutes Werk von bösen Seelen
ist Übeltaten beizuzählen.

Ramler, Jupiter und die Tiere

Alles Gute, das nicht auf moralisch
gute Gesinnung gepfropft ist, ist nichts
als Schein und schimmerndes Elend.

Kant, Kritik der Urteilskraft 2, 31

Alle Welt weiß: Wenn Schönheit schön
sein will, wandelt sie sich in Häßlichkeit. Wenn Güte als gut gelten will,
wird sie zu Ungutem. So nah sind
Sein und Nichtsein.

Lao-Tse, Tao-Teh-King 2

Für versäumte gute Taten
gibt es keine Wiederkehr.

Hafis

Wie weit die kleine Kerze Schimmer
wirft!
So scheint die gute Tat in arger Welt.
(Porzia)

Shakespeare,
Der Kaufmann von Venedig V, 1

Wie aus einer guten Tat,
gebar sie auch schon bloße Leidenschaft,
doch so viel andre gute Taten fließen!
(Saladin)

Lessing, Nathan der Weise III, 7

Noch nie bereut' ich, daß ich Gutes
tat. (Porzia)

Shakespeare,
Der Kaufmann von Venedig III, 4

Gott lohnt Gutes, hier getan, auch hier
noch. (Nathan)

Lessing, Nathan der Weise I, 2

Wer nichts für andere tut, tut nichts
für sich. (Carlos)

Goethe, Clavigo IV, Clavigos Wohnung

Eine gute Tat getan zu haben,
beschützt wie eine Götterhand den
Menschen,
führt ihn durch Unheil ruhig bis zum
Tode.

Schefer, Laienbrevier, Dezember

Zehn Jahre lang Gutes tun ist nicht
genug. Einen Tag Böses tun ist zuviel.

Aus China

Wer nichts Gutes tut, tut schon Böses
genug.

Sprichwort

Versprechungen

Fester Grund sei deinem Ich,
nie dein Wort zu brechen!
Drum vor allem hüte dich,
Großes zu versprechen!
Aber, auf dich selbst gestellt,
handle groß im Leben,
so, als hättest du der Welt
drauf dein Wort gegeben.

Julius Hammer

Wir versprechen unseren Hoffnungen
gemäß, und wir halten unseren Be-
fürchtungen gemäß.

La Rochefoucauld, Reflexionen

Gib nicht zu schnell Dein Wort, so
brauchst Du's nicht zu brechen!
Viel besser ist es, mehr zu halten als
versprechen.

Rückert, Weisheit des Brahmanen VI

Inmitten einer großen Freude soll man
nichts versprechen.

Aus China

Wer schnell verspricht, bald vergißt.

Aus Japan

Er hat ein so weites, freigebiges Maul
für Versprechungen wie ein kläffen-
der Hund. Aber wenn er sie erfüllt,
prophezeien die Sterndeuter daraus:
Es ist ein Wunderzeichen, das eine Umwälzung ankündigt. (Thersites)

Shakespeare, Troilus und Cressida V, 1

Versprochene Beeren füllen die Körbe
nicht.

Aus Lettland

Von versprochenen Eiern gehen hundert auf das Zehnt.

Aus Rußland

Hilfe

Wenn du nicht die Sonne bist,
stirbt der Kranke vor dem Tore,
stirbt die Rose vor dem Flore,
stirbt der Falter vor der Frist.
Wenn du nicht die Sonne bist.

Verfasser unbekannt

Wenn du irgendwo bist, wo kein Mann
ist, dann sei du der Mann!

Aus dem Orient

So wie der Mensch sich veredelt, sich
heiligt, also wird er auch hilfreich.
Heilig und helfend zu sein, sind beinahe gleichbedeutende Worte.

Pestalozzi, Der natürliche Schulmeister.
3. Zueignung

Wenn jeder dem anderen helfen wollte, wäre allen geholfen.

Ebner-Eschenbach, Aphorismen

Wenn der Blinde den Lahmen trägt,
kommen beide fort.

Sprichwort

Wenn alle Menschen sich immer gegenseitig beistünden, dann bedürfte niemand des Glückes.

Menander, Fragmente 679

Hilf denen, die sich selbst nicht helfen
können!

Aus dem Kongo

Die Menschen helfen lieber dem, der
ihrer Hilfe nicht bedarf, als dem, welchem sie nötig ist.

Hebbel, Tagebücher I

Die Menschen lassen sich durch öffentliches Unglück, das in den Zeitungen
steht, umso leichter zu einer rührenden
Hilfsbereitschaft verleiten, je blinder
sie an dem privaten Unglück hinter
der nächsten Haustüre vorübergehen.
Es reizt sie, sich unter den Tausenden
von Opferfreudigen zu befinden, die
am öffentlichen Unglücksort registriert
werden und dadurch einen Schimmer
von Publizität erhaschen.

Graff

„Man kann nicht allen helfen", sagt
der Engherzige und hilft keinem.

Ebner-Eschenbach, Aphorismen

Arzt, hilf dir selber! So hilfst du auch
deinem Kranken noch. Das sei seine
beste Hilfe, daß er den mit Augen
sehe, der sich selber heil macht.

Nietzsche,
Zarathustra I,
Von der schenkenden Tugend 2

Wir halten es für unsere Pflicht, den
Leuten zu helfen, sich selbst zu helfen.
Die sogenannte Wohltätigkeit ist eine
besondere Form der Selbstbeweihräu-
cherung.

Henry Ford

Suche immer zu nützen! Suche nie,
dich unentbehrlich zu machen.

Ebner-Eschenbach, Aphorismen

Wer sich nicht selbst helfen will, dem
kann niemand helfen.

Pestalozzi

Die beste Hilf' ist Ruhe. (Gloster)

Shakespeare, König Heinrich VI.,
Zweiter Teil II, 4

Wenn die Krankheit
verzweifelt ist, kann ein verzweifelt
Mittel
nur helfen oder keins. (König)

Shakespeare, Hamlet IV, 3

Die erste Gunst ist Gunst, die zweite
schon Verpflichtung.

Aus China

Nicht genug, dem Schwachen aufzu-
helfen,
auch stützen muß man ihn. (Timon)

Shakespeare, Timon von Athen I, 1

Die Menschen, denen wir eine Stütze
sind, geben uns den Halt im Leben.

Ebner-Eschenbach, Aphorismen

Es ist ein merkwürdiges Schauspiel,
ansehen zu müssen, wie die Menschen
im geheimen nachgrübeln, auf welche
Weise sie sich gegenseitig schaden können, und sie sich doch gegen alle Neigung und Absicht einander helfen
müssen.

Vauvenargues, Reflexionen

Eine schöne Menschenseele finden
ist Gewinn. Ein schönerer Gewinn ist
sie erhalten und der schönst' und
schwerste,
sie, die schon verloren war, zu retten.

Herder

Vor jenem droben steht gebückt,
der helfen lehrt und Hülfe schickt!
(Faust)

Goethe, Faust 1, Vor dem Tor

Freigebigkeit

Lieblich ist des Mädchens Blick, der
winket;
Trinkers Blick ist lieblich, eh er trinket,
Gruß des Herren, der befehlen konnte,
Sonnenschein im Herbst, der dich be-
sonnte.
Lieblicher als alles dieses habe
stets vor Augen, wie sich kleiner Gabe
dürftge Hand so hübsch entgegen
dränget,
zierlich dankbar, was du reichst, emp-
fänget.
Welch ein Blick! Ein Gruß! Ein sprechend Streben!
Schau es recht, und du wirst immer
geben.

Goethe, Divan, Buch der Betrachtungen

Wer sich des Armen erbarmet, der lei-
het dem Herrn.

Sprüche 19,17

Geben ist seliger denn nehmen.

Apostelgeschichte 20,35

Einen fröhlichen Geber hat Gott lieb.

2. Korinther 9,7

Mann mit zugeknöpften Taschen,
dir tut niemand was zulieb.
Hand wird nur von Hand gewaschen.
Wenn du nehmen willst, so gib!

Goethe, Wie du mir, so ich dir

Freiherzige Wohltat wuchert reich.
(Faust)

Goethe, Faust 2, IV, Auf dem Vorgebirg

Wer von mir nichts annehmen will,
wenn er's bedarf und ich's habe, der
will mir auch nichts geben, wenn er's
hat und ich's bedarf. (Werner)

Lessing, Minna von Barnhelm III, 7

Man liebt einen andern nicht, wenn
man nichts von ihm annimmt.

Aus Nigeria

Wenn die Menschen sagen, sie wollen
nichts geschenkt haben, so ist es gemeiniglich ein Zeichen, daß sie etwas
geschenkt haben wollen.

. *Lichtenberg*

Almosen, das vom Herzen kommt,
dem Geber wie dem Nehmer frommt.

Sprichwort

Nicht die Gabe ist kostbar, sondern
die Liebe.

Aus Rußland

Ein Stein aus Freundes Hand ist ein
Apfel.

Maurisches Sprichwort

Das Geschenk eines bösen Menschen
bringt kein Glück.

Menander

Wenn doch die Leute dächten, daß
nicht Gaben Gott wohlgefallen, sondern das Herz, das die Gaben gibt!

Gotthelf

Der Edle sieht bei einer Gabe auf die
Gesinnung des Gebers, nicht auf den
Wert der Gabe.

Plutarch

Dem edleren Gemüte
verarmt die Gabe mit des Gebers Güte.
(Ophelia)

Shakespeare, Hamlet III, 1

Wenn alle Almosen nur aus Mitleid
gegeben würden, so wären die Bettler
allesamt verhungert.

Nietzsche,
Menschliches Allzumenschliches II,
Warum die Bettler noch leben

Freigebigkeit ist bei Reichen oft nur
eine Art Schüchternheit.

Nietzsche, Fröhliche Wissenschaft 3

Die sogenannte Freigebigkeit ist meistens nur die Eitelkeit des Schenkens.

La Rochefoucauld

Bis dat, qui cito dat. Doppelt gibt,
wer gleich gibt.

Sprichwort nach Publilius Syrus

Wer gerne gibt, fragt nicht lange.

Sprichwort

Gib einem alten Mann, bevor er dich
anspricht!

Aus dem Kongo

Jeden, dem du selber gibst,
wirst du wie dich selber lieben.
Reiche froh den Pfennig hin,
häufe nicht ein Goldvermächtnis,
eile freudig vorzuziehn
Gegenwart vor dem Gedächtnis!

Goethe, Divan, Buch der Betrachtungen

In Not gegeben, ist doppelt gegeben.

Aus der Ukraine

Man gibt Almosen, um der Not ab-
zuhelfen, aber nicht, um die Faulheit
auf die Weide zu treiben.

Aurelius Augustinus

Die große Gütigkeit wird gerne zum
Verschwenden. (Sophie)

Goethe, Die Mitschuldigen III, 8

Wer alles gleich gewährt aus Gunst,
der Herr kennt nicht des Schenkens
Kunst.

Walther von der Vogelweide,
Falsche Freigebigkeit

Gibst du fremden Hunden Brot, werden dich bald deine eigenen fressen.

Aus Bulgarien

Ein Schelm, der mehr gibt, als er hat.

Sprichwort

Wer seinen Besitz schon vor dem Tod
verteilt, der verdient, daß ihn der
Blitz erschlägt.

Aus Spanien

Wenn du aber Almosen gibst, so laß
deine linke Hand nicht wissen, was
die rechte tut!

Matthäus 6,3

Gib gern, wenn du hast, und dünke
dich darum nicht mehr! Und wenn du
nicht hast, so habe den Trunk kalten
Wassers zur Hand und dünke dich
darum nicht weniger!

M. Claudius, An meinen Sohn Johannes

Gott gibt und erinnert uns nicht dauernd daran. Die Welt gibt und erinnert uns unaufhörlich.

Aus Nigeria

Was dir Menschen geben, mußt du bezahlen mit dem, was du hast, oder
teurer mit dem, was du bist.

Börne, Über den Umgang mit Menschen

Die Wohltat hab ich empfangen,
die Freiheit ist mir entgangen.

Aus Holland

Geben ist ein guter Bursche, aber er
wird bald müde.

Aus Schottland

Wer empfing, der rede! Wer gab, der
schweige!

Sprichwort

Schenken

Glaube du mir, man gewinnt durch
Gaben sich Menschen und Götter.
Jupiter selbst wird geneigt, wenn man
ihm Gaben verleiht.

Ovid, Liebeskunst 3, 653

Kleine Geschenke erhalten die Freundschaft.

Sprichwort

Nichts ist besser verkauft, als was man
einem echten Freunde, der bedürftig
ist, schenkt.

Aus China

Wenn du unaufhörlich gibst, wirst du
unaufhörlich nehmen.

Aus China

Arme Leute schenken gern.

Ebner-Eschenbach, Aphorismen

Ein kleines Geschenk ist der Angel-
haken für größere.

Aus Frankreich

Mit Speck fängt man Mäuse.

Sprichwort

Wer ein Rind zum Geschenk erhält,
muß ein Pferd zurückgeben.

Aus China

Ist deine Freundlichkeit nicht Habsucht, List,
des Wuchrers Liebe? Wie ein Reicher
schenkt
und hofft, daß zwanzig er für eins
empfange? (Timon)

Shakespeare, Timon von Athen IV, 3

Nichts kommt einem Mann so teuer
zu stehen wie die Opfer, die eine Frau
für ihn bringt.

Jules Romains

Ein Geschenk, das kein Opfer ist, ist
kein Geschenk.

John Steinbeck

Man kann auch Zeit schenken. Die
Zeit für einen Brief zum Beispiel. Die
Zeit sorgt, daß diese Zeit ein immer
selteneres und vornehmeres Geschenk
wird.

Graff

Ein freundliches Wort kostet nichts und ist doch das schönste aller Geschenke.

Daphne du Maurier

Ich finde und habe immer gefunden, daß sich ein Buch gerade vorzugsweise zu einem freundschaftlichen Geschenk eignet. Man liest es oft, man kehrt oft dazu zurück, man naht sich ihm aber nur in ausgewählten Momenten, braucht es nicht wie eine Tasse, ein Glas, einen Hausrat in jedem gleichgültigen Augenblick des Lebens und erinnert sich so immer des Freundes im Augenblick eines würdigen Genusses.

Wilhelm von Humboldt,
Briefe an eine Freundin, 4. 12. 1830

Obwohl Geldgeschenke „unfein" sind, respektieren sie doch mehr als alle anderen den Willen des Beschenkten. Zweifellos wird Geld nur deshalb nicht gern geschenkt, weil man befürchtet, die Erinnerung an den Spender könnte schneller verblassen, als wenn sie mit irgendeinem deplacierten Gegenstand verknüpft ist.

Graff

Hauptsächlich müssen wir ja trachten, keine Geschenke auszuteilen, die man nicht brauchen kann, zum Beispiel einem Greise oder einer Frau Jagdgeräte oder einem Bauern Bücher oder einem Gelehrten Netze.

Seneca, Von den Wohltaten 1, 11

Wie wir von manchen Menschen verkannt werden, beweisen uns nicht selten ihre Geschenke.

Graff

Sage, was du gerne hättest, aber nimm getrost auch, was du nicht magst!

Aus Albanien

Noli equi dentes inspicere donati. Einem geschenkten Gaul sieht man nicht ins Maul.

Sprichwort

Quidquid id est, timeo Danaos et dona ferentes. Was es auch ist: Ich fürchte die Griechen auch dann, wenn sie schenken. (Laokoon)

Vergil, Äneide 2, 49

Leihen

Der Kredit ist eine durch reale Leistungen erzeugte Idee der Zuverlässigkeit.

Goethe,
Maximen und Reflexionen, Nachlaß,
Über Literatur und Leben

So bleibt für den Heitern doch immer
gesorgt,
weil immer dem Frohen der Fröhliche
borgt.

Goethe, Ergo Bibamus

Die Frau, das Pferd und das Schwert
dürfen gezeigt, aber nicht verliehen
werden.

Aus Großbritannien

Wer leiht ohne Bürgen und Pfand,
dem sitzt ein Wurm im Verstand.

Sprichwort

Dies ist der Narr, der Geld umsonst
auslieh.
Acht auf ihn, Schließer! (Shylock)

Shakespeare,
Der Kaufmann von Venedig III, 3

Will sagen, wenn man leihen und borgen soll: Nämlich in der Not. Sonst
heben viele Leute groß Ding an und
wollen's mit Borgen und anderer Leute
Bescherung tun.

Luther, Deutsche Schriften

Leihe nicht einem Gewaltigern, denn
du bist! Leihest du aber, so achte es
als verloren!

Jesus Sirach 8,15

Vornehme Schuldner, schlechte Zahler.

Sprichwort

Selten kommt eine Anleihe lachend
heim.

Aus England

Leihe Geld einem, der es nicht zurück-
zahlt, und er wird es dir noch übel-
nehmen.

Aus China

Kein Borger sei und auch Verleiher
nicht!
Sich und den Freund verliert das Dar-
lehn oft,
und Borgen stumpft der Wirtschaft
Spitze ab. (Polonius)

Shakespeare, Hamlet I, 3

Leihen und borgen ist die größte
Schande.

Aus Arabien

Es ist besser, zu geben, als zu leihen,
und kostet ungefähr gleichviel.

Philipp Gibbs

Altruismus

Wer ist der glücklichste Mensch? Der
fremdes Verdienst zu empfinden
weiß und am fremden Genuß sich wie
am eignen zu freun.

Goethe, Antiker Form sich nähernd

Jeder mache sich nur für alle übrigen
zu schaffen und keiner sorge für sich
selbst; denn alles ist nur Glück.
(Stephano)

Shakespeare, Der Sturm V, 1

Der brave Mann denkt an sich selbst
zuletzt. (Tell)

Schiller, Wilhelm Tell I, 1

Liebe ist nicht das Höchste. Über der
Liebe steht Selbstvergessenheit.

Rathenau

Der Weise stellt sein Selbst hintan —
und siehe: Es tritt hervor. Er gibt auf
sein Selbst — und siehe: Es wird bewahrt.

Lautse, Tao-Teh-King 7

Das Wesen des Altruismus besteht in
der Eigentümlichkeit, daß man sich
um die Lebensführung der anderen
nicht kümmert, sondern diese durchaus ungestört läßt.

Wilde

Wer anderen nützt, warum soll der
besser sein, als wenn er sich nützt?
Doch nur, wenn der Nutzen, den er
anderen erweist, in einem absoluten
Sinn höherer Nutzen ist als der, welchen er sich erweist. Sind die anderen
weniger wert, so wird er, wenn er sich
nützt, selbst auf Unkosten der anderen recht handeln.

Nietzsche, Unschuld des Werdens 2, 765

Es scheint mir, daß ein Mensch bei
dem allerbesten Willen unsäglich viel
Unheil anstiften kann, wenn er unbescheiden genug ist, denen nützen zu
wollen, deren Geist und Wille ihm
verborgen ist.

Nietzsche, an die Schwester, März 1885

Dank

Du sollst dankbar sein für das Geringste, und du wirst würdig sein, Größeres zu empfangen.

Thomas a Kempis

Die Liebe, die uns folgt, wird oft uns
lästig,
doch dankt man ihr als Liebe. (Duncan)

Shakespeare, Macbeth I, 6

Für beides danken: Für das, was wir
haben, und für das, was wir nicht
brauchen.

Josef Geyer

Ich achte mich in keinem Stück so
glücklich,
als daß mein Sinn der Freunde treu
gedenkt. (Bolingbroke)

Shakespeare, König Richard II. II, 3

Gedenke der Quelle, wenn du trinkst!

Aus China

Wer dir einen Tropfen Wasser schenkt,
den lohne mit einem nie versiegenden
Born!

Aus China

Es gibt in der Welt selten ein schöneres
Übermaß als das in der Dankbarkeit.

La Bruyère

Wir sind für nichts so dankbar wie für
Dankbarkeit.

Ebner-Eschenbach, Aphorismen

Dankbarkeit und Weizen gedeihen nur
auf gutem Boden.

Sprichwort

Tun die Himmel sich auf und regnen,
so träufelt das Wasser
über Felsen und Gras, Mauern und
Bäume zugleich.
Kehret die Sonne zurück, so verdampfet
vom Steine die Wohltat.
Nur das Lebendige hält Gabe der Göttlichen fest.

Goethe, Weissagungen des Bakis 17

Ein dankbarer Mensch — von jeder Tugend
trägt er im Busen den fruchtbaren
Keim.

Kotzebue

Es ist nichts Rühmliches daran, dankbar zu sein, wenn man nicht ohne Gefahr undankbar sein kann.

Seneca, Von den Wohltaten 3, 1

Eine feine Seele bedrückt es, sich jemandem zum Dank verpflichtet zu
wissen, eine grobe, jemandem zu Dank
verpflichtet zu sein.

Nietzsche

Die Dankbarkeit ist eine Last, und jede
Last will abgeschüttelt sein.

Diderot, Rameaus Neffe

Jene, welche sich der Pflichten der
Dankbarkeit entledigen, müssen sich
deshalb nicht schmeicheln, dankbar zu
sein.

La Rochefoucauld, Reflexionen

Allzu große Eile, sich von Verbindlichkeiten zu befreien, ist eine Art Undank.

La Rochefoucauld, Reflexionen

Menschen sind in demselben Maße
dankbar, als sie rachgierig sind.

Alexander Pope, Aphorismen 177

Es ist mit der Dankbarkeit wie mit der
Redlichkeit der Kaufleute: Sie hält den
Handel aufrecht. Wir bezahlen nicht,
weil es gerecht ist, unsere Schulden zu
bezahlen, sondern um leichter wieder
Leute zu finden, die uns borgen.

La Rochefoucauld, Reflexionen

Die Dankbarkeit der meisten Menschen ist nichts als eine geheime Begierde nach größeren Wohltaten.

La Rochefoucauld, Reflexionen

Der ist nie recht dankbar gewesen, der aufhört, dankbar zu sein.

Kaiser Friedrich I.

Dank, des Armen Kasse. (Bolingbroke)

Shakespeare, König Richard II. II, 3

Willst du das Gute tun, mein Sohn,
so lebe nur lange, da gibt sichs schon!
Solltest du aber zu früh ersterben,
wirst du von Künftigen Dank erwerben.

Goethe, Sprichwörtlich

Adel ist auch in der sittlichen Welt.
Gemeine Naturen
zahlen mit dem, was sie tun, edle mit
dem, was sie sind.

Schiller, Unterschiede der Stände

Die Bitte ist immer heiß, der Dank kalt.

Sprichwort

Wenn sich jemand herzlich bei mir bedankt, so ist mir, als hätte ich ihm einen Pfennig gegeben und er sagte Gotteslohn dafür. (Jacques)

Shakespeare, Wie es Euch gefällt II, 5

Ich hasse jeden, dessen Dankbarkeit erlischt. (Theseus)

Euripides, Der rasende Herakles 1223

Wer sich ganz dem Dank entzieht,
der erniedrigt den Beschenkten. (Graf)

Grillparzer, Die Ahnfrau I

Undank

In den Brunnen, aus dem man getrunken hat, soll man keinen Stein werfen.

Talmud

Undank ist der Welt Lohn.

Sprichwort

Verschmutze nicht den Platz, an dem du gegessen hast!

Aus Malaysia

Dankbarkeit ist in den Himmel gestiegen und hat die Leiter mitgenommen.

Aus Polen

„Ist dein Geschenk wohl angekommen?"
Sie haben es eben nicht übelgenommen.

Goethe, Zahme Xenien IV

Ich hasse Undank mehr an einem
Menschen
als Lügen, Hoffart, laute Trunkenheit,
als jedes Laster, dessen starkes Gift
das schwache Blut bewohnt. (Viola)

Shakespeare, Was ihr wollt III, 4

Undankbarkeit ist schlimmer als Diebstahl.

Talmud

Lieber ein dankbarer Hund als ein undankbarer Mensch.

Saadi, Rosengarten 8

Der Undank ist immer eine Art
Schwäche. Ich habe nie gesehen, daß
tüchtige Menschen undankbar gewesen
wären.

Goethe,
Maximen und Reflexionen,
Aus Kunst und Altertum 1823

Undankbarkeit, du marmorherziger
Teufel,
abscheulicher, wenn du dich zeigst im
Kinde. (Lear)

Shakespeare, König Lear I, 4

Wenn die Sonne auf einen Misthaufen
scheint, so antwortet er mit Gestank.

Sprichwort

Wenn die Sau satt ist, stößt sie den
Trog um.

Aus den Niederlanden

Wer gut für sein Schwein sorgt, der
wird es in seinem Gemüse wiederfin-
den.

Aus Wallonien

Zieh einen Bauern aus dem Dreck, und
er wird dich zum Dank hineinstoßen.

Aus den USA

Kauf einen Dieb vom Galgen los, und
er wird helfen, dich zu hängen.

Aus Schottland

Was die Enttäuschung in der Dankbarkeit, die man für erwiesene Wohltaten
erwartet, bewirkt, ist, daß der Stolz
des Gebers und der Stolz des Empfän-
gers sich über den Preis der Wohltat
nicht einigen können.

La Rochefoucauld, Reflexionen

Das Gefühl, mit dem man seinen
Wohltätern gegenübersteht, gleicht der
Erkenntlichkeit, die man für den
Zahnarzt hat. Man sagt sich, daß er
einem wohlgetan hat, indem er von
einem Übel erlöste, aber man gedenkt
der Schmerzen der Behandlung und
liebt ihn kaum mit Zärtlichkeit.

Chamfort, Maximen V

Mancher ist undankbar und hat doch weniger Schuld an seiner Undankbarkeit als sein Wohltäter.

La Rochefoucauld

Kann wohl jemand dankbar sein gegen einen Menschen, der eine Wohltat entweder übermütig hinschleudert oder dem Bittenden im Zorne an den Hals wirft oder müde seine Hand auftut, nur um nicht mehr belästigt zu werden?

Seneca, Von den Wohltaten 1, 1

Fast alle Menschen tragen gerne kleine Verbindlichkeiten ab; viele empfinden Erkenntlichkeit für größere, aber fast niemand hat für die großen etwas anderes als Undankbarkeit.

La Rochefoucauld, Reflexionen

Der, welcher etwas Großes schenkt, findet keine Dankbarkeit; denn der Beschenkte hat schon durch das Annehmen zuviel Last.

Nietzsche,
Menschliches Allzumenschliches I, 323

Große Verbindlichkeiten machen nicht dankbar, sondern rachsüchtig.

Nietzsche
Zarathustra II, Von den Mitleidigen

Der Arme, der sich ganz von unten heraufarbeiten muß, wird, wenn wirklich etwas Bedeutendes in ihm liegt, wohl immer undankbar gescholten werden. Denn er hat eine Legion von Wohltätern und begegnet bei jedem Schritt einem, der von ihm verlangt, daß er sich bücken soll.

Hebbel, Tagebücher, 19. 10. 1839

Eine Zeder wuchs auf zwischen Tannen. Sie teilten mit ihr Regen und Sonnenschein. Und sie wuchs und wuchs über ihre Häupter und schaute weit ins Tal umher. Da riefen die Tannen: „Ist das der Dank, daß du dich nun überhebest, dich, die du so klein warest, dich, die wir genährt haben?"
Und die Zeder sprach: „Rechtet mit dem, der mich wachsen hieß!"

Goethe, Salomons, Königs von Israel und
Juda Güldene Worte 2

Wer sich viel über Undankbarkeit beschwert, ist ein Taugenichts, der niemals aus Menschlichkeit, sondern aus Eigennutz andern gedient hat.

Ewald von Kleist, Prosaische Aufsätze 9

Dem Manne, der die Geige baut, dankt allein der Klang.

Friedrich II. von Preußen

XIII. Kapitel

Lehren
Schule
Rat
Erziehung
Kindererziehung
Vorbild
Nacheifern
Lernen
Fragen
Übung
Selbsterkenntnis
Selbstkritik
Streben
Vervollkommnung

Lehren

Der beste Lehrmeister zur Weisheit
und Tugend ist die Liebe.

Euripides, Fragmente

Jahre lehren mehr als Bücher.

Sprichwort

Wer mag denn gleich Vortreffliches
hören?
Nur Mittelmäßige sollten lehren.

Goethe, Zahme Xenien

Der Mensch muß sich in der Welt selbst
forthelfen. Dies ihn zu lehren, ist unsere Aufgabe.

Pestalozzi

Wenn man die Menschen lehrt, wie sie
denken sollen, und nicht ewighin, was
sie denken sollen, so wird auch dem
Mißverständnis vorgebeugt.

Lichtenberg

·

Will man Tiefes sagen, so gewöhne
man sich zunächst, nichts Falsches zu
sagen.

Vauvenargues,
Nachgelassene Maximen

Der Zweck der Bildung ist, Grundsätze
einzuflößen, die uns nachher zur Leitung und Belehrung dienen. Tatsachen
sind nur insofern wünschenswert, als
sie jene Grundsätze in volles Licht
setzen.

Edward Bulwer

Ein Lehrer, der das Gefühl an einer
einzigen guten Tat, an einem einzigen guten Gedicht erwecken kann,
leistet mehr als einer, der uns ganze
Reihen untergeordneter Naturbildun-
gen der Gestalt und dem Namen nach
überliefert.

Goethe, Die Wahlverwandtschaften II, 7

Man muß die Menschen so belehren,
als ob man sie nicht belehrte, und unbekannte Dinge vortragen, als seien
sie nur vergessen.

Pope, Aphorismen

Lehrbücher sollen anlockend sein; das
werden sie nur, wenn sie die heiterste,
zugänglichste Seite des Wissens und der
Wissenschaft hinbieten.

Goethe,
Maximen und Reflexionen, Nachlaß,
Über Natur und Naturwissenschaft

Siehst du einen Schüler, der sein Thema
so schwer bewältigt wie Stahl, so
kommt dies wahrscheinlich daher, daß
ihn sein Lehrer nicht freundlich, klar
und richtig unterweist.

Talmud

Der Tor braucht einen Keulenschlag,
wo dem Weisen ein Wink genügen mag.

Aus Persien

Weil zum didaktischen Vortrag Gewißheit verlangt wird, indem der Schüler nichts Unsicheres überliefert haben will, so darf der Lehrer kein Problem stehen lassen und sich etwa in einiger Entfernung da herum bewegen. Gleich muß etwas bestimmt sein („bepaalt" sagt der Holländer), und nun glaubt man eine Weile, den unbekannten Raum zu besitzen, bis ein anderer die Pfähle wieder ausreißt und sogleich enger oder weiter abermals wieder bepfählt.

Goethe,
Wilhelm Meisters Wanderjahre II,
Betrachtungen im Sinne der Wanderer

Wie wollte einer als Meister in seinem Fach erscheinen, wenn er nichts Unnützes lehrte!

Goethe,
Wilhelm Meisters Wanderjahre II,
Betrachtungen im Sinne der Wanderer

Docendo discimus.
Durch Lehren lernen wir.

Sprichwort nach Seneca junior, 7. Brief

Lehren heißt: Die Dinge zweimal lernen.

Joubert

Edlen Seelen vorzufühlen
ist wünschenswertester Beruf.

Goethe, Vermächtnis

Sowie wir geboren werden, fängt die Welt an, auf uns zu wirken, und das

geht so fort bis ans Ende. Und überhaupt, was können wir denn unser Eigenes nennen als die Energie, die Kraft, das Wollen? Wenn ich sagen könnte, was ich alles großen Vorgängern und Mitlebenden schuldig geworden bin, so bliebe nicht viel übrig.

Goethe, zu Eckermann, 12. 5. 1825

Wer dich einen Tag unterrichtete, ist das ganze Leben lang dein Vater.

Aus China

In der Schmiede erweicht man das Eisen, indem man das Feuer anbläst und dem Stabe seine überflüssige Nahrung nimmt; ist er aber rein geworden, dann schlägt man ihn und zwingt ihn, und durch die Nahrung eines fremden Wassers wird er wieder stark. Das widerfährt auch dem Menschen von seinem Lehrer.

Goethe,
Wilhelm Meisters Wanderjahre III,
Aus Makariens Archiv

Verlangt ein Lehrer jetzt, verdienten
Dank zu haben,
der suche schwarzen Schnee und fange
weiße Raben!

Gryphius

Man vergilt seinem Lehrer schlecht, wenn man immer nur der Schüler bleibt. Und warum wollt Ihr nicht an meinem Kranze rupfen?

Nietzsche,
Zarathustra I,
Von der schenkenden Tugend 3

Die geistige Aufklärung ist ein unfehl-
bares Mittel, um die Menschen unsicher,
willensschwächer, anschluß- und stüt-
zenbedürftiger zu machen, kurz, das
Herdentier im Menschen zu entwickeln.

Nietzsche, Wille zur Macht 129

Mir ist unter den Menschen fast immer,
wie dem Jesus von Nazareth war, als
er die Jünger aufrief, die immer alle
schliefen.

Schopenhauer

Töricht war ich immer, daß andre zu
lehren ich glaubte.
Lehre jeden du selbst, Schicksal, wie
er's bedarf!

Goethe, Epigramme

Ihr sollt das Heiligtum nicht den Hunden geben, und eure Perlen sollt ihr
nicht vor die Säue werfen, auf daß sie
dieselbigen nicht zertreten mit ihren
Füßen und sich wenden und euch zerreißen.

Matthäus 7,6

Im allgemeinen freilich haben die Weisen aller Zeiten immer dasselbe gesagt,
und die Toren, d. h. die unermeßliche
Majorität aller Zeiten, haben immer
dasselbe, nämlich das Gegenteil, getan.
Und so wird es denn auch ferner bleiben.

Schopenhauer,
Aphorismen zur Lebensweisheit,
Einleitung

Schule

Mit guten Schulen und guten Wegen
kommt ins Land gezogen Gottes Segen.

Sprichwort

Der Mensch ohne Schulbildung gleicht
dem Jagdhunde ohne Dressur.

Aus Marokko

Non scholae, sed vitae discimus.
Nicht für die Schule, sondern für das
Leben lernen wir.

Sprichwort nach Seneca junior, 106. Brief

Pflegst Du Deinen Namen auszuschrei-
ben oder hast Du ein Zeichen dafür
wie ein ehrlicher schlichter Mann?
(Cade)

Shakespeare, König Heinrich VI.,
Zweiter Teil IV, 2

Da sie nur Lehrer für 600 Mark sich
leisten können, bleiben die Völker so
dumm, daß sie sich Kriege für 60 Mil-
liarden leisten müssen.

Morgenstern,
Stufen, Politisches Soziales, 1907

Wer lesen und schreiben kann, hat vier
Augen.

Aus Albanien

Man gibt seine Kinder auf die Schule,
daß sie still werden, auf die Hoch-
schule, daß sie laut werden.

Jean Paul

Ein Lehrer auf Schulen und Univer-
sitäten kann keine Individuen erziehen.
Er erzieht bloß Gattungen.

Lichtenberg, Pädagogische Bemerkungen

Kinder brauchen viel Liebe und Beispiel und sehr wenig Religionslehren.

Hilty, Glück I

Du sollst nicht töten. Als wenn irgend
ein Mensch im mindesten Lust hätte,
den andern totzuschlagen! Man haßt
einen, man erzürnt sich, man übereilt
sich, und in Gefolg von dem und manchem andern kann es wohl kommen,
daß man gelegentlich einen totschlägt.
Aber ist es nicht eine barbarische Anstalt, den Kindern Mord und Totschlag
zu verbieten? Wenn es hieße: „Sorge
für des andern Leben; entferne, was
ihm schädlich sein kann; rette ihn mit
deiner eigenen Gefahr! Wenn du ihn
beschädigst, denke, daß du dich selbst
beschädigst!" das sind Gebote, wie sie
unter gebildeten vernünftigen Völkern
statthaben.

Goethe, Die Wahlverwandtschaften II, 18

Wenn die Welt erst ehrlich genug geworden sein wird, um Kindern vor
dem 15. Jahr keinen Religionsunter-
richt zu erteilen, dann wird etwas von
ihr zu hoffen sein.

Schopenhauer,
Neue Paralipomena 14, 404

Rat

Da ich in diesem tiefen, mysteriösen
Brunnen von Herzeleid gewesen bin,
besteht ein Schatten von Möglichkeit,
daß ich dir etwas Nützliches sagen
kann.

van Gogh

Vom sichern Port läßt sich's gemächlich
raten. (Ruodi)

Schiller,
Wilhelm Tell I, 1

Die alten Leute geben gerne gute Ver-
haltungsmaßregeln, um sich darüber
zu trösten, daß sie nicht mehr imstande
sind, schlechte Beispiele zu geben.

La Rochefoucauld, Reflexionen

Mit nichts ist man freigebiger als mit
Ratschlägen, und mit nichts sollte man
zurückhaltender sein.

La Rochefoucauld, Reflexionen

Wenn man eine Weile in der Welt gesehen hat, wie die gescheitesten Dinge mißlingen und das Absurdeste oft zu einem glücklichen Ziele führt, so kommt man wohl davon zurück, jemandem einen Rat erteilen zu wollen. Im Grunde ist es auch von dem, der einen Rat verlangt, eine Beschränktheit und von dem, der ihn gibt, eine Anmaßung. Man sollte nur Rat geben in Dingen, in denen man selber mitwirken will.

Goethe, zu Eckermann, 13. 2. 1831

Ein Löffel voll Tat
ist besser als ein Scheffel voll Rat.

Sprichwort

Beim Ratgeben sind wir alle weise, aber blind bei eigenen Fehlern.

Euripides, Fragmente 1042

Kurz sei dein Rat, wenn immer du einen solchen gibst!

Horaz

Am nützlichsten sind jedesmal die Ratschläge, die am leichtesten zu befolgen sind.

Vauvenargues, Unterdrückte Maximen

Ihr laßt nicht nach, ihr bleibt dabei, begehret Rat, ich kann ihn geben;
allein, damit ich ruhig sei,
versprecht mir, ihm nicht nachzuleben!

Goethe, Bedingung

Man gibt Ratschläge, aber die Ausführung bringt man keinem bei.

La Rochefoucauld

Ich hörte oft, es sei viel besser, sich raten zu lassen, als andern Rat geben.

Thomas a Kempis

Die Menschen, wenn sie dich um Rat fragen, sind gewöhnlich schon entschlossen zu tun, was ihnen gefällt.

Knigge

Was Rat! Hat Rat bei Menschen je gegolten?
Ein kluges Wort erstarrt im harten Ohr.
Sooft auch Tat sich grimmig selbst gescholten,
bleibt doch das Volk selbstwillig wie zuvor. (Nereus)

Goethe, Faust 2, II,
Felsbuchten des Ägäischen Meers

Wem nicht zu raten ist, dem ist nicht zu helfen.

Sprichwort

Nimm Rat von allen, aber spar' dein Urteil! (Polonius)

Shakespeare, Hamlet I, 3

Auf Rat hören ist die Wurzel des Wohlstandes.

Aus Persien

Nimm die Worte eines weisen Mannes als Rat an! Wenn man sich um ein gutes Wort recht kümmert, dann geht es im Herzen auf.

Aus der Mongolei

Man nützt und versteht nur solche Lebensregeln, von denen man die Erfahrungen, worauf sie ruhen, so durchgemacht, daß man die Regeln hätte selber geben können.

Jean Paul

Es ist eben, als ob man es selbst vermöchte, wenn man sich guten Rats erholen kann.

Goethe,
Maximen und Reflexionen,
Aus Kunst und Altertum 1826

Die Ratschläge der Alten senden Licht, ohne zu wärmen, wie die Wintersonne.

Vauvenargues, Reflexionen

Mit fremdem Verstande wirst du nicht weit reiten.

Aus Litauen

Wo zwei zu Rate gehn, laßt keinen Dritten kommen! (Wärterin)

Shakespeare, Romeo und Julia II, 5

Auf den Rat vieler hin tut man selten etwas Rechtes.

Vauvenargues, Reflexionen

Wer sich vom Wolfe Rat läßt geben, dessen Schafen geht's ans Leben.

Freidank, Bescheidenheit

Wer auf einen Dummen hört, dem geht die Sonne unter.

Aus Japan

Gibt dir jemand einen sogenannten guten Rat, so tue grade das Gegenteil, und du kannst sicher sein, daß es in neun von zehn Fällen das Richtige ist.

Anselm Feuerbach,
Ein Vermächtnis, Lebensregeln

Aus dem Mund Unedler auch fällt oft ein Rat zum Guten. (Deianeira)

Sophokles, Trachinierinnen 61

Wenn der Rat eines Toren einmal gut ist, so muß ihn ein gescheiter Mann ausführen. (Der Prinz)

Lessing, Emilia Galotti III, 1

Jeglicher gute Rat kommt immer hinterher.

Aus Schweden

Kaninchen fort, Rat da.

Aus Spanien

Ein Rat vor der Gefahr ist Wein, nach der Gefahr Essig.

Aus Lettland

Erziehung

Der Mensch ist das einzige Geschöpf, das erzogen werden muß.

Kant

Ich glaube behaupten zu können, daß unter zehn Personen immer neun durch Erziehung das sind, was sie sind, gut oder böse, der Gesellschaft schädlich oder nützlich. Die Erziehung macht den großen Unterschied unter den Menschen.

Locke, Gedanken über Erziehung, Einleitung

Willst du, daß wir mit hinein
in das Haus dich bauen,
laß es dir gefallen, Stein,
daß wir dich behauen!

Rückert

Die jüngere Generation ist der Pfeil, die ältere der Bogen.

John Steinbeck

Der Schaft eines Pfeils mag noch so gerade sein: Ohne Feder und Kerbe ist er zum Schießen nicht zu gebrauchen.

Aus der Mongolei

Wer nicht geschunden wird, wird nicht erzogen.

Menander, Monostichen 422

Ordnung ist die Basis der Erziehung.

Joubert

Die Erziehung ist das größte Problem und das Schwierigste, was dem Menschen kann aufgegeben werden.

Kant

Bei nichts mehr als der Erziehung muß es heißen: „Und hätte ich alle Wahrheit und hätte der Liebe nicht, so wäre ich nichts nütze."

Verfasser unbekannt

Viel ist daran gelegen, daß man den Kindern freundliche Lehrer und Erzieher gibt. Alles richtet sich nach seiner Umgebung, was noch nicht erstarkt ist.

Seneca, Drei Bücher über den Zorn II, 21

Erziehung ist Beispiel und Liebe, sonst nichts.

Fröbel

Der Erzieher muß also vor allem feine Lebensart besitzen; denn ein junger Mensch, dem von seinem Erzieher nur diese Eigenschaft mitgeteilt worden, hat schon sehr viel voraus.

Locke, Gedanken über Erziehung 9, 93

Der Soldat wird kriegerisch, der Dichter dichterisch, der Gottesgelehrte fromm erziehen, und nur die Mutter wird menschlich erziehen.

Jean Paul, Levana 2

Zum Erzieher muß man eigentlich geboren sein wie zum Künstler.

Weber, Demokritos III, 14

Erziehen heißt, natürliche Anlagen
entwickeln.

Galiani

Bei der Erziehung muß man etwas aus
dem Menschen herausbringen und nicht
in ihn hinein.

Fröbel

Fähigkeiten werden vorausgesetzt. Sie
sollen zu Fertigkeiten werden. Dies ist
der Zweck aller Erziehung.

Goethe, Die Wahlverwandtschaften I, 5

Der wohlerzogene Wolf wird kein
Lamm.

Aus Armenien

Was nicht im Menschen ist, kommt
auch nicht von außen in ihn hinein.

Wilhelm von Humboldt,
Briefe an eine Freundin I, 88

Es läßt sich nicht von allem Flachs
feine Seide spinnen.

Aus Holland

Aus einer Krähe wird niemals eine
Taube.

Aus Bulgarien

Heftige Bewegungen machen alle Tiere
scheu. So sollte sich auch der vollkommene Weise im Geistigen jäher Bewegungen enthalten. Im Grunde ist es
das Gleiche, wie du an ein Pferd her-
angehst und sein Zutrauen gewinnst
und wie du an einen Menschen dich
wendest und ihn eroberst.

Morgenstern,
Stufen, Psychologisches, 1907

Was für die Zeit erzogen wird, das
wird schlechter als die Zeit.

Jean Paul

Wer unter uns die Freuden und Leiden
des Lebens am besten zu ertragen vermag, der ist meinem Erachten nach am
besten erzogen. Daraus folgt, daß die
wahre Erziehung weniger in Lehren
als in Übungen besteht.

Rousseau, Émile 1

Heute erhalten wir drei verschiedene
oder widersprechende Erziehungen:
Einmal von unseren Eltern, dann von
unseren Lehrern und endlich durch die
Gesellschaft. Was wir in dieser hören,
wirft alle Vorstellungen, welche die
beiden ersten Erziehungen uns eingepflanzt haben, über den Haufen.

Montesquieu, Der Geist der Gesetze 4, 4

Gute Erziehung — ein zweischneidig
Schwert. Mancher wird nie ein wirklicher Mensch, ein Mensch von Umfang, infolge seiner guten Erziehung.

Morgenstern, Stufen, Erziehung, 1908

Wenn Erziehung und Ermahnung irgend etwas fruchteten, wie könnte dann Senecas Zögling ein Nero sein?

Schopenhauer, Neue Paralipomena 20

Das Leben erzieht die großen Menschen und läßt die kleinen laufen.

Ebner-Eschenbach, Aphorismen

Kindererziehung

Christus, da er Menschen ziehen wollte, mußte Mensch werden. Sollen wir Kinder ziehen, so müssen wir auch Kinder mit ihnen werden.

Luther, Deutsche Schriften 22

Wer sich seiner eigenen Kindheit nicht mehr deutlich erinnert, ist ein schlechter Erzieher.

Ebner-Eschenbach, Aphorismen

Es ist einfacher, eine Nation zu regieren, als vier Kinder zu erziehen.

Winston Churchill

Man könnt erzogene Kinder gebären, wenn die Eltern erzogen wären.

Goethe, Zahme Xenien IV

Es ist freilich eine schwere Sache, sich selbst zu vergessen und so in ein Kinderköpfchen hinein sich zu denken, da sich umzuschauen, was alles darin und nicht darin sei. Aber wer es versteht, das Kinderherz sich offen zu erhalten, sieht auch in den Kopf hinein und erkennt, was er bedarf. Und zu seiner Ausfüllung arbeitet er dann stets vor-

sichtig wie die Biene in ihrem Korbe, die mit bewundernswürdiger Kunst erst die Waben anzuheften, dann die Zellen aufzubauen und dann endlich mit Honig sie anzufüllen versteht.

Gotthelf

Die beste Erziehungsmethode für ein Kind ist, ihm eine gute Mutter zu verschaffen.

Morgenstern, Stufen, Erziehung, 1910

Der erste Unterricht des Kindes sei nie Sache des Kopfes, Sache der Vernunft! Er sei ewig Sache der Sinne, Sache des Herzens, Sache der Mutter!

Pestalozzi

Du sollst deine Kinder durch deine Freunde erziehen lassen.

Nietzsche, Unschuld des Werdens 1

Besteht nicht die Hälfte der Kinderzucht darin, das wieder abzulehren, was die Kinder von Erwachsenen sehen und lernen?

Karl Julius Weber,
Demokritos III, 14

Auf Kinder wirkt das Vorbild, nicht die Kritik.

Thiersch, Über christliches Familienleben

Je mehr feste Ordnung das Kind um sich sieht, desto leichter fügt es sich.

Heinrich Thiersch

Die Seele eines Kindes ist heilig, und was vor sie gebracht wird, muß wenigstens den Wert der Reinheit haben.

Herder, Palmblätter, Vorrede

Man darf nie vergessen, daß man der Jugend nur das in die Seele legen darf, von dem man wünscht, daß es immer darin bleibe.

Fénelon

Was zuerst ins Faß kommt, darnach schmeckt es immer.

Sprichwort

Wer in seiner Jugend die Musen vernachlässigt, der hat die vergangene Zeit verloren und ist für die zukünftige tot.

Euripides

Das Gemüt des Kindes muß, fern von Verzärtelung, welche empfindlich, zornig und mürrisch macht, wie von zu großer Strenge, welche Kleinmut und Sklavensinn erzeugt, in einer möglichst heiteren Stimmung gehalten werden.

Plato

Wehe dem, der ein Kind in Furcht erzieht, und wenn es die Furcht Gottes wäre!

Rathenau

Kinder und Uhren dürfen nicht beständig aufgezogen werden. Man muß sie auch gehen lassen.

Jean Paul, Erziehung

Gönne dem Knaben, zu spielen, in wilder Begierde zu toben!
Nur die gesättigte Kraft kehret zur Anmut zurück.

Schiller, Die Geschlechter

An jungen Bäumen, wenn sie geradewachsen sollen, muß man bisweilen etwas abhauen.

Sprichwort

Verwöhne ein Kind, und du wirst seiner Mutter Kummer bereiten!

Von den Philippinen

Kennt ihr das sicherste Mittel, ein Kind unglücklich zu machen? Ihr müßt es daran gewöhnen, alles zu erhalten. Sein Verlangen wächst unaufhörlich. Bald oder spät wird euch die Ohnmacht zwingen, ihm etwas zu versagen, und dies ungewohnte Versagen wird ihm weit größere Qual sein als die Entbehrung des verlangten Gegenstandes.

Jean-Jacques Rousseau

Das Kind haßt den, der ihm alles gibt, was es will.

Aus dem Sudan

Kindererziehung ist ein Beruf, wo man Zeit zu verlieren verstehen muß, um Zeit zu gewinnen.

Rousseau, Emile I, 2

Hat man dem Kinde etwas versprochen, so soll man es halten. Sonst lernt es lügen.

Talmud

Eine einzige offenkundige Lüge des Lehrers gegen seinen Zögling kann den ganzen Ertrag der Erziehung zunichtemachen.

Rousseau, Emile 4

Man soll in den ersten sechs Jahren keinem Kinde befehlen, etwas zu verschweigen, und wäre es eine Freude, die man einem geliebten Wesen heimlich zubereitet. Den offenen Himmel der kindlichen Offenherzigkeit darf nichts verschließen, nicht einmal die Morgenröte der Scham. An euren Geheimnissen werden sie sonst bald eigne verstecken lernen. Die Heldentugend der Verschwiegenheit fordert zu ihrer Übungszeit die Kraft der angreifenden Vernunft. Nur die Vernunft lehrt schweigen; das Herz lehrt reden.

Jean Paul, Levana 3, 6

Man soll die Kinder lehren, die Übertreibung in den Ausdrücken als ein erstes Abweichen von der Wahrheit zu vermeiden.

Alexandre Vinet, l'Education VIII

Was ein Kind tut, soll nicht als eine Handlung, sondern als ein Symptom aufgefaßt werden.

Ebner-Eschenbach, Aphorismen

Man erziehe die Knaben zu Dienern und die Mädchen zu Müttern, so wird es überall wohl stehn.

Goethe, Die Wahlverwandtschaften II, 7

Denn wir können die Kinder nach unserm Sinne nicht formen.

Goethe, Hermann und Dorothea III

Vorbild

Der Lehrer strebe nur, sich selber zu entfalten,
der Schüler lerne nur, sein Eignes zu gestalten.

Rückert, Weisheit des Brahmanen

Wenn des Weisen gute Lehre eine Hand ist, dich zu führen:
In des Guten weisem Beispiel wirst du einen Flügel spüren.

Wilhelm Müller, Lehre und Beispiel

Bilde dich selbst, und dann wirke auf andere durch das, was du bist!

Wilhelm von Humboldt

Mit einem Herren steht es gut, der, was er befohlen, selber tut.

Goethe, Sprichwörtlich

Der ist ein guter Prediger, der seine eigenen Ermahnungen befolgt: Ich kann leichter Zwanzig lehren, was gut zu tun ist, als einer von den Zwanzigen sein. (Porzia)

Shakespeare,
Der Kaufmann von Venedig I, 2

Es ist leichter, anderen mit Weisheit zu dienen, als sich selbst.

La Rochefoucauld, Reflexionen

Ein großes Muster weckt Nacheiferung und gibt dem Urteil höhere Gesetze.

Schiller, Wallensteins Lager, Prolog

Nichts ist so ansteckend wie das Beispiel, und wir stiften nie viel Gutes oder Böses, was nicht ähnliches Gutes oder Böses hervorbrächte.

La Rochefoucauld, Reflexionen

Bisher glaubte die Welt an den Heldensinn einer Lucretia, eines Mucius Scävola und ließ sich dadurch erwärmen und begeistern. Jetzt aber kommt die historische Kritik und sagt, daß jene Personen nie gelebt haben, sondern als Fiktionen und Fabeln anzusehen sind, die der große Sinn der Römer erdichtete. Was sollen wir aber mit einer so ärmlichen Wahrheit? Und wenn die Römer groß genug waren, so etwas zu erdichten, so sollten wir wenigstens groß genug sein, daran zu glauben.

Goethe, zu Eckermann, 15. 10. 1825

Longum iter est per praecepta, breve et efficax per exempla. Lang ist der Weg durch Lehren, kurz und wirksam durch Beispiele.

Seneca junior, 6. Brief

Die Menge, schwer zu überzeugen, kann Beispiel oder Macht nur beugen, drum soll, wer lehrt, die Worte sparen und sich durch Handeln offenbaren.

Bodenstedt, Die Schulen der Weisen

Durch bloße Lehren
sind nie die Menschen zu bekehren:
Das gute Beispiel prägt allein
der Lehre Sinn dem Herzen ein.

Bodenstedt, Die Schulen der Weisen

Seid rührig wie die Zeit, Feuer gegen Feuer, bedroht den Droher, übertrotzt des Schreckens prahlhafte Stirn! So werden niedre Augen, die ihr Betragen von den Großen leihn, durch euer Vorbild groß, und sie erfüllt der kühne Geist der Unerschrockenheit. (Bastard)

Shakespeare, König Johann V. 1

Die gesamte, sehr starke Wirkung des
Beispiels beruht darauf, daß der
Mensch in der Regel zu wenig Urteilskraft, oft auch zu wenig Kenntnis hat,
um seinen Weg selbst zu explorieren:
Daher er gern in die Fußstapfen anderer tritt.

Schopenhauer,
Parerga und Paralipomena II, Zur Ethik

Der Mensch ist ein nachahmendes Geschöpf,
und wer der Vorderste ist, führt die
Herde. (Wallenstein)

Schiller, Wallensteins Tod III, 4

Nacheifern

Willst du dir aber das Beste tun,
so bleib nicht auf dir selber ruhn,
sondern folg eines Meisters Sinn!
Mit ihm zu irren ist dir Gewinn.

Goethe, Sprichwörtlich

Ein Zwerg sieht weiter als ein Riese,
wenn er auf den Schultern eines Riesen
steht.

Coleridge

Nennt Epigonen uns immer! Ein Tor
nur schämt sich des Namens,
der an die Pflicht ihn mahnt, würdig
der Vater zu sein.

Geibel, Spätherbstblätter

Gutes Beispiel ist dem Schlechten zu
nichts nutz.

Aus Persien

Überhaupt wirkt das Beispiel als ein
Beförderungsmittel der guten und
schlechten Charaktereigenschaften:
Aber es schafft sie nicht.

Schopenhauer,
Parerga und Paralipomena II, Zur Ethik

Wir leben in einer Welt, worin ein
Narr viele Narren, aber ein weiser
Mann nur wenige Weise macht.

Lichtenberg,
Bemerkungen vermischten Inhalts 16

Wer zur Quelle gehen kann, gehe nicht
zum Wassertopf.

Leonardo da Vinci

Wer sich nach andern bilden will und
achten,
hat ihren guten Sitten nachzutrachten.
Das heißt gewiß sein Vorbild nicht erreichen,
im Räuspern nur und Spucken ihm zu
gleichen.

Molière, Femmes savantes

Nachahmen und nacheifern ist zweierlei.

Langbehn, Rembrandt als Erzieher

Wer es einem Vorgesetzten gleichtun will, beginnt mit den schlechten Eigenschaften.

Aus Japan

Nachzuahmen erniedrigt einen Mann von Kopf. (König)

Schiller, Don Carlos III, 10

Wer in die Fußstapfen der Großen tritt, fängt bald an zu hinken.

Aus der Türkei

Die meisten Nachahmer lockt das Unnachahmliche.

Ebner-Eschenbach, Aphorismen

Nacheifern ist Beneiden.

Lessing, Fragmente 6

Ein Stellvertreter strahlet wie ein König,
bis ihm ein König naht, und dann ergießt
sein Prunk sich wie vom innern Land ein Bach
ins große Bett der Wasser. (Porzia)

Shakespeare,
Der Kaufmann von Venedig V, 1

„Ich hielt mich stets von Meistern entfernt;
nachtreten wäre mir Schmach!
Hab alles von mir selbst gelernt." —
Es ist auch darnach!

Goethe, Zahme Xenien

Man kann nicht jederzeit gute Beispiele und gute Maximen befolgen.

Vauvenargues

Lernen

Wer ist Meister? Der was ersann.
Wer ist Geselle? Der was kann.
Wer ist Lehrling? Jedermann.

Sprichwort

Menschen von dem ersten Preise
lernen kurze Zeit und werden weise.
Menschen von dem zweiten Range
werden weise, lernen aber lange.
Menschen von der dritten Sorte
bleiben dumm und lernen Worte.

Konfuzius

Soll der Bär tanzen, so muß er jung in die Schule gehen.

Aus Rußland

Wer als Kind nicht lernt, der wird ein Taugenichts. Wer als Knabe nicht lernt, was soll der im Alter treiben?

Aus China

Lehrjahre sind keine Herrenjahre.

Sprichwort

Lernst Du wohl,
wirst Du gebratener Hühner voll.
Lernst Du übel,
mußt Du mit der Sau zum Kübel.

Luther, Tischreden

Fürstenkinder lernen nichts gründlich,
außer vielleicht das Reiten: Das Pferd
ist weder ein Schmeichler noch eine
Hofschranze und wirft den Sohn des
Königs ebensogut ab wie den Sohn des
Karrenschiebers.

Montaigne

So nimmt ein Kind der Mutter Brust
nicht gleich im Anfang willig an;
doch bald ernährt es sich mit Lust.
So wirds Euch an der Weisheit Brüsten
mit jedem Tage mehr gelüsten.
(Mephistopheles)

Goethe, Faust 1, Studierzimmer

Ein ander Vergnügen, als das zu lernen, laß ich nicht gelten.

Francesco Petrarca

Überall lernt man nur von dem, den
man liebt.

Goethe, zu Eckermann, 12. 5. 1825

Ein Knabe lernt nur von geliebten
Lehrern gerne.
Du aber sei ein Mann, auch von ver-
haßten lerne!

Rückert, Die Weisheit des Brahmanen

Aber wer klug ist, der lernt fürwahr
vom Feinde gar vieles.

Aristophanes, Die Vögel 376

Zuerst belehre man sich selbst, dann
wird man Belehrung von andern empfangen.

Goethe,
Maximen und Reflexionen,
Aus den Heften zur Naturwissenschaft

Narren lernen, wenn sie lernen, auf
eigene Kosten. Der Kluge lernt auf
Kosten der Narren.

Aus Brasilien

Wie weise ist der Mensch, der, eh sein
Glück verblüht,
aus anderer Mißgeschick sich kluge
Lehren zieht!

Zigeunerweisheit

Die Guten lernen von den Schlechten
stets mehr als die Schlechten von den
Guten.

Sprichwort

Der Mensch lernt nur auf eigene Kosten.

Aus Arabien

Freilich muß, wer auf Erkenntnis ausgeht, dies um ihrer selbst willen tun.
Denn hier winkt seitens der Menschen
kein Lohn für die darauf verwandte
Mühe.

Aristoteles, Protreptikos

Was unerforschlich ist gemeinem Sinn,
das ist des Studiums göttlicher Gewinn.
(Biron, König)

Shakespeare, Liebes Leid und Lust I, 1

Dschu Ping Mau gab sein ganzes Vermögen dafür hin, von Meister Dschi Li
Yi das Drachentöten zu erlernen. Nach
drei Jahren war er in dieser Kunst be-
wandert, doch gab es nirgends eine Gelegenheit, seine Geschicklichkeit zu zeigen.

Tschuang-tse

Dem Einzelnen bleibe die Freiheit, sich
mit dem zu beschäftigen, was ihn anzieht, was ihm Freude macht, was ihm
nützlich deucht; aber das eigentliche
Studium der Menschheit ist der Mensch.

Goethe, Die Wahlverwandtschaften II, 7

Es ist wichtiger, Menschen zu studieren
als Bücher.

La Rochefoucauld,
Nachgelassene Maximen

Wem zu glauben ist, redlicher Freund,
das kann ich dir sagen:
Glaube dem Leben! Es lehrt besser als
Redner und Buch.

Goethe, Vier Jahreszeiten 47

Der Mann fragt Bücher, Freunde,
Welterfahrung.
Das Weib vernimmt des Herzens
Offenbarung.

Geibel, Mann und Weib

Die Weltleute sind mittelmäßig und
findig zugleich; denn sie beschäftigen
sich viel mit Personen und wenig mit
Sachen. Bei Menschen höheren Ranges
verhält es sich umgekehrt.

Rivarol

Großes erreicht der Geist nur sprung-
weise.

Vauvenargues, Nachgelassene Maximen

Von dem, was du erkennen und messen
willst, mußt du Abschied nehmen, wenigstens auf eine Zeit. Erst wenn du
die Stadt verlassen hast, siehst du, wie
hoch sich ihre Türme über die Häuser
erheben.

Nietzsche,
Menschliches Allzumenschliches II, 307

Wenn du die wahre Beschaffenheit von
irgendetwas kennenlernen willst, so
überlasse es der Zeit! Im Vorüberströ-
men sieht man nichts genau und erkennt nichts.

Seneca,
Drei Bücher über den Zorn 3, 12

Das Menschenleben ist eine ständige
Schule.

Gottfried Keller

Lernen ist wie Rudern gegen den
Strom. Sobald man aufhört, treibt
man zurück.

Benjamin Britten

Wir müssen immer lernen, zuletzt auch
noch sterben lernen.

Ebner-Eschenbach, Aphorismen

Dem grauen Scheitel fällt das Lernen
schwer.

Geibel, Sophonisbe III, 1

Die Lernfähigkeit ist eine Angelegenheit der geistigen Haltung und nicht
des Alters.

Oesch

„Willst dich nicht gern vom Alten entfernen?
Hat denn das Neue so gar kein Gewicht?"
Umlernen müßte man immer, umlernen!

Und wenn man umlernt, da lebt man
nicht.

Goethe, Zahme Xenien IV

Unser Leben ist endlich. Das Wissen
ist unendlich. Mit dem Endlichen etwas
Unendlichem nachzugehen, ist gefährlich. Darum bringt man sich nur in
Gefahr, wenn man sein Selbst einsetzt,
um die Erkenntnis zu erreichen.

Tschuang-tse, Das wahre Buch
vom südlichen Blütenland 3, 1

Das Leben um der Erkenntnis willen
ist vielleicht etwas Tolles, aber doch
ein Zeichen von Frohmütigkeit. Der
Mensch dieses Willens ist so lustig anzusehen wie ein Elefant, welcher versucht, auf seinem Kopfe zu stehen.

Nietzsche, Unschuld des Werdens 2

Fragen

Wer fragt, ist ein Narr für fünf Minuten. Wer nicht fragt, bleibt ein Narr
für immer.

Aus China

Sag es, o Weiser, wodurch du zu solchem Wissen gelangtest?
Dadurch, daß ich mich nie, andre zu
fragen, geschämt.

Herder

Frage im Nachbardorf, was in deinem
eigenen geschah, und erkundige dich

vor der nächsten Tür, was sich in deinem eigenen Heim zugetragen hat!

Tatarenweisheit

Frage nicht den Doktor, sondern den,
der krank gewesen ist!

Aus Griechenland

Nicht die alten Leute frage um Rat,
sondern die, die gelitten haben.

Aus der Ukraine

Man muß viel gelernt haben, um über das, was man nicht weiß, fragen zu können. (St. Preux)

Rousseau, Neue Heloise V, 3

Klug zu fragen, ist schwieriger, als klug zu antworten.

Aus Persien

Beim Wühlen findet man manchmal etwas, was man gar nicht finden wollte.

Aus Spanien

Neugier ist eine Tochter der Eifersucht.

Molière

Neugierde ist nur Eitelkeit. Meistens will man nur etwas erfahren, um davon sprechen zu können.

Pascal

Die Neugier eines ehrlichen Mannes steht da gern stille, wo Wahrheitsliebe sie nicht weiter treibt und Liebe des Nächsten sie stillzustehen bittet.

Lessing, Anti-Goeze

Fragen sind niemals indiskret, nur Antworten sind es zuweilen. (Mrs. Cheveley)

Wilde, Ein idealer Gatte I

Besser zweimal fragen als einmal irregehen.

Sprichwort

Je öfter du unterwegs fragst, wie weit du noch zu gehen hast, umso länger wird dir der Weg erscheinen.

Aus Australien

Ein Narr kann mehr fragen, als sieben Weise beantworten können.

Sprichwort

Wenn du weißt, daß du etwas auf jeden Fall erfahren wirst, so beeile dich nicht, darnach zu fragen; denn dieses schadet deinem Ansehen.

Saadi, Rosengarten,
Vom guten Betragen im Umgang

Berate dich, wenn du sonst niemanden hast, mit deinem Knie!

Aus Japan

Übung

Übung macht den Meister.

Sprichwort

Früh übt sich, was ein Meister werden
will. (Tell)

Schiller, Wilhelm Tell III, 1

Übung kann
fast das Gepräge der Natur verändern;
sie zähmt den Teufel oder stößt ihn aus
mit wunderbarer Macht. (Hamlet)

Shakespeare, Hamlet III, 4

Wie wird dem Menschen Übung doch
Gewohnheit! (Valentin)

Shakespeare, Die beiden Veroneser V, 4

Körperliche und geistige Übungen sollen
sich gegenseitig zur Erholung dienen.

Rousseau

Einmal geschrieben ist so gut, wie
zehnmal gelesen.

Sprichwort

Selbsterkenntnis

Erkenne dich selbst!

Am Apollotempel in Delphi

So ich mich selber lese, so lese ich in
Gottes Buch.

Jakob Böhme

Das wichtigste Resultat aller Bildung
ist die Selbsterkenntnis.

Feuchtersleben

Wer sich selbst recht kennt, kann sehr
bald alle anderen Menschen kennenlernen.

Lichtenberg

Das Schwerste für den Menschen ist
Selbsterkenntnis.

Aus Arabien

Niemand kennt seine guten und bösen
Fähigkeiten alle.

Lichtenberg, Über Physiognomik

Wir lernten leichter durchs Leben wandeln,
lernten wir nur, uns selbst zu behandeln.

Friedrich Theodor Vischer

Hiebei bekenne ich, daß mir von jeher
die große und so bedeutend klingende
Aufgabe „Erkenne Dich selbst" immer
verdächtig vorkam, als eine List geheim
verbündeter Priester, die den

Menschen durch unerreichbare Forderungen verwirren und von der Tätigkeit gegen die Außenwelt zu einer innern falschen Beschaulichkeit verleiten wollten.

Goethe, Bedeutende Fördernis durch ein einziges geistreiches Wort

Erkenne dich! Was soll das heißen?
Es heißt: Sei nur und sei auch nicht!
Es ist eben ein Spruch der lieben Weisen,
der sich in der Kürze widerspricht.

Goethe, Sprichwörtlich

Wie kann man sich selbst kennenlernen? Durch Betrachten niemals, wohl aber durch Handeln. Versuche, deine Pflicht zu tun, und du weißt gleich, was an dir ist!

Goethe,
Wilhelm Meisters Wanderjahre II,
Betrachtungen im Sinne der Wanderer

Wirke! Nur in seinen Werken
kann der Mensch sich selbst bemerken.

Rückert

Was ich bin, lehrt mich die Not erkennen. (Perikles)

Shakespeare, Perikles II, 1

Kein Mensch weiß, was in ihm schlummert und zutage kommt, wenn sein Schicksal anfängt, ihm über den Kopf zu wachsen.

Ebner-Eschenbach, Aphorismen

Es ist wohl angenehm, sich mit sich selbst
beschäftigen, wenn es nur so nützlich
wäre.
Inwendig lernt kein Mensch sein Innerstes
erkennen; denn er mißt nach eignem Maß
sich bald zu klein und leider oft zu groß.
Der Mensch erkennt sich nur im Menschen, nur
das Leben lehret jeden, was er sei.
(Antonio)

Goethe, Tasso II, 3

Der Mensch ist der Spiegel des Menschen.

Aus der Türkei

Nicht der äußere Mensch, sondern der innere hat Spiegel nötig. Man kann sich nicht anders sehen als im Auge eines fremden Sehers.

Jean Paul, Kleine Bücherschau

Das Auge sieht sich nicht
als nur im Widerschein, durch andre Dinge. (Brutus)

Shakespeare, Julius Cäsar I, 2

Sie loben mich und machen einen Esel aus mir. Meine Feinde hingegen sagen mir grade heraus, daß ich ein Esel bin: Also nehme ich durch meine Feinde in der Selbsterkenntnis zu, und durch meine Freunde werde ich hintergangen. (Narr)

Shakespeare, Was ihr wollt V, 1

Ich glaube, daß die meisten Menschen besser von andern gekannt werden, als sie sich selbst kennen.

Lichtenberg

Unsere Feinde kommen in ihrem Urteil über uns der Wahrheit oft näher als wir selber.

La Rochefoucauld, Reflexionen

Willst du dich selber erkennen, so sieh, wie die andern es treiben! Willst du die andern verstehn, blick in dein eigenes Herz!

Schiller, Der Schlüssel

Über Dinge, die dich selbst angehen, mußt du andere fragen.

Aus Japan

Nur mit den Augen der andern kann man die eigenen Fehler gut sehen.

Aus China

Ob du dich selbst erkennst? Du tust es sicher sobald du mehr Gebrechen an dir als an andern entdeckst.

Hebbel, Selbsterkenntnis

Ich fürchte, mich zu kennen, und kann mich doch nicht ignorieren.

Voltaire, Oedipe V, 2

Sämtliche Spiegel sind nutzlos, wenn man zu spät hineinschaut.

Aus Schweden

Selbstkritik

Man muß sich täglich Rechenschaft ablegen.

Seneca

Jedes Ich zerteilt sich nämlich in einen Lehrer und in dessen Schüler oder zerspällt sich in den Lehrstuhl und in die Schulbank.

Jean Paul, Levana

Ich stelle täglich drei Fragen an mich selbst: War ich in dem, was ich für andere tat, auch wirklich gewissenhaft? War ich meinen Freunden gegenüber

vollkommen aufrichtig? Habe ich alle Lehren, die mir zuteil wurden, auch tatsächlich befolgt?

Konfuzius

Es hat immer einen unendlichen Nutzen, sich so zu gewöhnen, daß man sich selbst zu einem beständigen Gegenstand seines Nachdenkens macht.

Wilhelm von Humboldt

Wer sein eigenes Gesicht wäscht, ist rein.

Aus China

Betrachte dich zu jeder Frist!
Sieh, was du warst und was du bist
und was aus dir noch werden soll!
So hüt'st du dich vor Sünden wohl.

Sebastian Brant

Halte dich nur im stillen rein
und laß es um dich wettern!
Je mehr du fühlst, ein Mensch zu sein,
desto ähnlicher bist du den Göttern.

Goethe, Zahme Xenien IV

Sei mit dir nie zufrieden, außer etwa
episodisch, so daß deine Zufriedenheit
nur dazu dient, dich zu neuer Unzufriedenheit zu stärken.

Morgenstern, Stufen, Erziehung, 1906

Du mußt jeden Tag auch deinen Feld-
zug gegen dich selber führen.

Nietzsche

Sich selbst bekämpfen ist der aller-
schwerste Krieg.
Sich selbst besiegen ist der allerschönste
Sieg.

Logau, Epigramme

Es gewährt selbst in den Punkten, wo
man nicht glücklich war, eine besondere Befriedigung, mit Klarheit zu
übersehen, was man zustande gebracht
hat. Nichts ist schlimmer als Unklar-
heit über das eigene Handeln.

Theodor Billroth

Wir sind leicht bereit, uns selbst zu
tadeln. Unter der Bedingung, daß niemand einstimmt.

Ebner-Eschenbach, Aphorismen

Ängstlich zu sinnen und zu denken,
was man hätte tun können, ist das
Übelste, was man tun kann.

Lichtenberg

Es liegt etwas Niedriges darin, sich
anders zu wünschen, als man ist.

Friedrich Georg Jünger

Es ist mehr Vernunft in deinem Leibe
als in deiner besten Weisheit.

Nietzsche, Zarathustra I,
Von den Verächtern des Leibes

Es ist nämlich eine triviale und nur zu
häufig bestätigte Wahrheit, daß wir oft
törichter sind, als wir glauben. Hingegen ist, daß wir oft weiser sind, als wir
selbst vermeinen, eine Entdeckung,
welche nur die, so in dem Fall gewesen,
und selbst dann erst spät, machen. Es
gibt etwas Weiseres in uns, als der
Kopf ist. Wir handeln nämlich bei den
großen Zügen, den Hauptschritten unseres Lebenslaufes, nicht sowohl nach
deutlicher Erkenntnis des Rechtes, als
nach einem inneren Impuls, man möchte sagen Instinkt, der aus dem tiefsten
Grunde unseres Wesens kommt, und
bemäkeln nachher unser Tun nach
deutlichen, aber auch dürftigen, erworbenen, ja erborgten Begriffen.

Schopenhauer,
Aphorismen zur Lebensweisheit V, 48

Streben

Freund, so du etwas bist, so bleib doch
ja nicht stehn:
Man muß aus einem Licht fort in das
andre gehn.

Angelus Silesius,
Der Cherubinische Wandersmann,
Miß dir doch ja nichts zu

Und so lang du das nicht hast,
dieses Stirb und Werde,
bist du nur ein trüber Gast
auf der dunklen Erde.

Goethe, Divan, Buch des Sängers,
Selige Sehnsucht

Anstatt daß ihr bedächtig steht,
versucht's zusammen eine Strecke!
Wißt ihr auch nicht, wohin es geht,
so kommt ihr wenigstens vom Flecke.

Goethe, Zahme Xenien

Wir können nicht leben, wenn wir die
Sonne nicht suchen.

Ganghofer

Die Gegenwart wird für den Menschen
nicht genußreich durch ruhigen Besitz
des Erworbenen, sondern durch das
Streben nach höheren Zielen.

Adolf Diesterweg

Erringen will der Mensch, er will nicht
sicher sein. (Egle)

Goethe, Die Laune des Verliebten

Die Ringenden sind die Lebendigen.

Gerhart Hauptmann, Der arme Heinrich

Das Los der Menschen scheint zu sein
nicht Wahrheit, sondern Ringen nach
Wahrheit, nicht Freiheit und Gerechtigkeit und Glückseligkeit, sondern
Ringen danach.

Seume, Apokryphen

Du strebst nur, weil du liebst: Dein
kühnstes Denken
wird Andacht sein, die sich in Gott will
senken.

Robert Hamerling, Germanenzug 21

Das ist des Menschen Ruhm: Zu wissen, daß unendlich sein Ziel ist, und
doch nie stillzustehn im Lauf.

Schleiermacher

Fürchte dich nicht, langsam zu gehen!
Fürchte dich nur, stehenzubleiben!

Aus China

Alle Suchenden sind Erwartete.

Reeg

Es ist umsonst, daß ihr früh aufstehet
und hernach lange sitzet und esset euer
Brot mit Sorgen; denn seinen Freunden gibt Er's schlafend.

Psalm 127,2

Wer immer strebend sich bemüht,
den können wir erlösen! (Engel)

Goethe, Faust 2, V, Bergschluchten

Kein Mensch will etwas werden,
ein jeder will schon etwas sein.

Goethe, Zahme Xenien IV

Du sehnst dich, weit hinaus zu wan-
bereitest dich zu raschem Flug? [dern,
Dir selbst sei treu und treu den andern,
dann ist die Enge weit genug!

Goethe, Zahme Xenien IV

„Ich will hoch hinauf", sagte des
Bauern Sohn und kam an den Galgen.

Aus Mecklenburg

Während es dem Ehrgeizigen vorwie-
gend um Anerkennung zu tun ist, geht
es dem Streber um die Erlangung klarer Vorteile und entsprechender Posi-
tionen. Der Ehrgeizige wird durch
seine verhaltene Glut, der Streber
durch seine verhaltene Kälte gekenn-
zeichnet.

Graff

Vervollkommnung

Kreuch doch heraus, mein Mensch, du
steckst in einem Tier!
Wo du darinnen bleibst, kommst du bei
Gott nicht für.

Angelus Silesius,
Der Cherubinische Wandersmann

Wer in sich recht ernstlich hinabsteigt,
wird sich immer nur als Hälfte finden;
er fasse nachher ein Mädchen oder eine
Welt, um sich zum Ganzen zu konsti-
tuieren, das ist einerlei.

Goethe,
Maximen und Reflexionen, Nachlaß,
Über Literatur und Leben

Du sollst der werden, der du bist.

Nietzsche, Fröhliche Wissenschaft

Zwar unvollkommen fühlst du dich, o
Mensch, auf Erden,
doch auch den Trieb in dir vollkommener zu werden.

Rückert, Weisheit des Brahmanen 3

Doch ist es jedem eingeboren,
daß sein Gefühl hinauf- und vorwärts-
dringt,
wenn über uns, im blauen Raum verloren,
ihr schmetternd Lied die Lerche singt,
wenn über schroffen Fichtenhöhen
der Adler ausgebreitet schwebt
und über Flächen, über Seen
der Kranich nach der Heimat strebt.

(Faust)

Goethe, Faust 1, Vor dem Tor

Jeder Mensch hat ein Bild in sich, was
er sein und werden soll. Solange er das
noch nicht ist, ist noch Unfrieden in
seinen Gebeinen.

Herder

Mensch, werde wesentlich; denn wenn
die Welt vergeht,
so fällt der Zufall weg, das Wesen, das
besteht!

Angelus Silesius,
Der Cherubinische Wandersmann,
Zufall und Wesen

Keiner sei gleich dem andern, doch
gleich sei jeder dem Höchsten.
Wie das zu machen? Es sei jeder vollendet in sich.

Schiller, Aufgabe

Pfeile, durchdringet mich,
Lanzen, bezwinget mich,
Keulen, zerschmettert mich,
Blitze, durchwettert mich!
Daß ja das Nichtige
alles verflüchtige,
glänze der Dauerstern,
ewiger Liebe Kern! (Pater Ecstaticus)

Goethe, Faust 2, V, Bergschluchten

Würden die Menschen danach streben,
sich selber zu vervollkommnen, statt
die ganze Welt zu retten, selbst innerlich frei zu werden, statt die ganze
Menschheit zu befreien — wieviel hätten sie getan zur wahrhaften Befreiung
der ganzen Menschheit!

Aus China

In der Einheit des Charakters besteht
die Vollkommenheit des Menschen.

Kant

Auch Buddha war zuerst nur ein gewöhnlicher Mensch.

Aus Japan

Wenn du des Daseins Kranz zu erwerben,
wenn du dich selbst zu vollenden begehrst,
lebe, als müßtest du morgen sterben,
strebe, als ob du unsterblich wärst!

Geibel, Sprüche 2

Macht können wir durch Wissen erlangen, aber zur Vollendung gelangen wir
nur durch die Liebe.

Tagore, Persönlichkeit

Steigt hinan zu höhrem Kreise,
wachset immer unvermerkt,
wie nach ewig reiner Weise
Gottes Gegenwart verstärkt!
Denn das ist der Geister Nahrung,
die im freisten Äther waltet:
Ewigen Liebens Offenbarung,
die zur Seligkeit entfaltet.
(Pater Seraphicus)

Goethe, Faust 2, V, Bergschluchten

Der Weg zur Vollkommenheit und zu
jedem Fortschritt ist fortwährende
Selbstkritik.

Arnold Böcklin

Wer sich für einen Narren acht't,
der ist bald zu ei'm Weisen g'macht.

Brant, Narrenschiff, Vorrede

Derjenige, der sich mit Einsicht für beschränkt erklärt, ist der Vollkommenheit am nächsten.

Goethe,
Maximen und Reflexionen, Nachlaß,
Über Natur und Naturwissenschaft

Wer alles werden will, wird nie vollkommen werden.

Ramler,
Der Fuchs, der Spürhund und der Luchs

Jeder Künstler wie jeder Mensch ist
nur ein einzelnes Wesen und wird nur
immer auf eine Seite hängen. Deswegen hat der Mensch auch das, was seiner Natur entgegengesetzt ist, theoretisch und praktisch, insofern es ihm
möglich wird, in sich aufzunehmen.
Der Leichte sehe nach Ernst und
Strenge sich um, der Strenge habe ein
leichtes und bequemes Wesen vor
Augen, der Starke die Lieblichkeit, der
Liebliche die Stärke, und jeder wird
seine eigene Natur nur desto mehr aus-
bilden, je mehr er sich von ihr zu entfernen scheint.

Goethe, Propyläen, Einleitung

Unsre Eigenschaften müssen wir kul-
tivieren, nicht unsre Eigenheiten.

Goethe,
Maximen und Reflexionen, Nachlaß,
Über Literatur und Leben

Man bilde sich nur andauernd ein, daß
man eine bisher nicht vorhandene aber
erwünschte Eigenschaft besitzt, im starken Verlangen, daß diese bald in einem
entstehen möge, und sie wird entstehen.

Keyserling,
Reisetagebuch eines Philosophen, Indien

Sich über das Kleine erhaben machen
ist die Schule zur Größe.

Zeno

Im engen Kreis verengert sich der Sinn,
es wächst der Mensch mit seinen größern Zwecken.

Schiller, Prolog zu Wallensteins Lager

Um ein vollkommener Mensch zu sein,
muß man drei Jahre in einer öffentlichen Schule, ein Jahr auf der Univer-
sität und zwei Jahre im Gefängnis zubringen.

Aus Rußland

Trifft dich des Schicksals Schlag, so
mach' es wie der Ball:
Je stärker man ihn schlägt, je höher
fliegt er all.

Rückert, Weisheit des Brahmanen 16, 40

Wie die Flamme des Lichts auch umge-
wendet hinaufstrahlt,
so, vom Schicksal gebeugt, strebt der
Gute empor.

Herder, Indisch

Eine Fähigkeit, die nicht täglich zunimmt, geht täglich ein Stück zurück.

Aus China

Nur über Stufen steigt einer zur Höhe der Treppe.

Aus der Türkei

Langsam, Schritt für Schritt die Treppe weiter hinauf! Wahrlich, die Welt bietet nicht solch ein Übermaß von Genüssen, daß man sie in Sprüngen überfliegen dürfte. Und ist nicht jede Stufe, die man augenblicklich aufwärtssteigend betritt, ein Glück? Und ist nicht der Treppenabsatz, auf dem man einen Moment stillhält und sich nochmals faßt, eine Seligkeit?

Raabe

Der Mensch kann sich nicht umschaffen, ohne zu leiden; denn er ist beides: Der Marmor und der Bildhauer.

Alexis Carrel

Je höher du wirst aufwärtsgehen, dein Blick wird immer allgemeiner. Stets einen größeren Teil wirst du vom Ganzen sehn, doch alles einzelne immer kleiner.

Rückert

Wer nicht auf die hohen Berge steigt, kennt die Ebene nicht.

Aus China

Dem Steigenden werden Gärten der Schönheit zu Wüsten der Unbedeutendheit.

Morgenstern, Stufen, Lebensweisheit, 1905

Der Mensch ist weder Engel noch Tier, und das Unglück will es, daß, wer einen Engel aus ihm machen will, ein Tier aus ihm macht.

Pascal

XIV. Kapitel

Tugend
Moral
Gewissen
Sittlichkeit
Sittsamkeit
Lauterkeit
Redlichkeit
Wahrhaftigkeit
Offenheit
Geradheit
Edelmut
Ehre
Würde

Tugend

Das Gewebe unseres Lebens besteht aus gemischtem Garn, gut und schlecht durcheinander. Unsre Tugenden würden stolz sein, wenn unsre Fehler sie nicht geißelten, und unsre Laster würden verzweifeln, wenn sie nicht von unseren Tugenden ermuntert würden. (Erster Edelmann)

Shakespeare, Ende gut, alles gut IV, 3

Man denkt sich den moralischen Unterschied zwischen einem ehrlichen Manne und einem Spitzbuben viel zu groß.

Nietzsche, Unschuld des Werdens 1, 705

Dadurch wird eben alles so halb bei euch, daß ihr euch Tugend und Laster als zwei Extrema vorstellt, zwischen denen ihr schwankt. Anstatt euren Mittelzustand als den positiven anzusehn und den besten, wie's eure Bauern und Knechte und Mägde noch tun. (Herkules)

Goethe, Götter, Helden und Wieland

Man könnte zum Scherze sagen, der Mensch sei ganz aus Fehlern zusammengesetzt, wovon einige der Gesellschaft nützlich, andere schädlich, einige brauchbar, einige unbrauchbar gefunden werden. Von jenen spricht man Gutes, nennt sie Tugenden; von diesen Böses, nennt sie Fehler.

Goethe,
Maximen und Reflexionen, Nachlaß,
Über Literatur und Leben

Die Selbstliebe mancher Menschen macht sie geneigt, anderen Freude zu bereiten. Die Selbstliebe anderer Menschen wieder beschränkt sich völlig darauf, sich selbst Freude zu bereiten. Dies macht den großen Unterschied zwischen Tugend und Laster.

Swift, Aphorismen 49

Was die Theologen auch sagen mögen: Die Menschheit hat im ganzen viel mehr Tugenden als Laster.

Buckle

Man verachtet nicht alle, welche Laster haben, wohl aber jeden, der keine Tugend hat.

La Rochefoucauld, Reflexionen

Wer tugendhaft lebt, wird geehrt, aber er wird nicht beneidet.

Aus Persien

Nur, guter Herr, indem wir so bewundern
die Tugend und die Strenge der Moral,
laßt uns nicht Stoiker, nicht Stöcke werden!
Horcht nicht so fromm auf Aristoteles'
Schelten,
daß ihr Ovid als sündlich ganz verschwört! (Tranio)

Shakespeare,
Der Widerspenstigen Zähmung I, 1

In Laster wandelt sich selbst Tugend,
          falsch geübt,
wie Ausführung auch wohl dem Laster
          Würde gibt. (Lorenzo)

Shakespeare, Romeo und Julia II, 3

Oh, daß ich große Laster säh,
Verbrechen blutig, kolossal,
nur diese satte Tugend nicht
und zahlungsfähige Moral!

Heine, Romanzen 7

Wenn einer besonders tugendhaft ist,
laß ihn zum Einsiedler werden!

Von den Philippinen

Die Tugend großer Seelen ist Gerechtigkeit.

Platen, Die verhängnisvolle Gabel IV

Viele Menschen sehen die Tugend mehr
im Bereuen der Fehler als im Vermeiden.

Lichtenberg, Moralische Bemerkungen

Es gibt Tugenden, die man nur ausüben
kann, wenn man reich ist.

Rivarol

Tugenden sind von jeher gesunken mit
Zunahme der Reichtümer.

Karl Julius Weber, Demokritos

Glückliche Verhältnisse lassen zumeist
den Fehler, ungünstige aber die Tugenden der Menschen an den Tag kommen.

Francis Bacon, Fideles sermones

Zwei sind der Wege, auf welchen der
          Mensch zur Tugend emporstrebt;
schließt sich der eine dir zu, tut sich der
          andre dir auf.
Handelnd erringt der Glückliche sie,
          der Leidende duldend.
Wohl ihm, den sein Geschick liebend
          auf beiden geführt!

Schiller, Die zwei Tugendwege

Unsere Tugenden sind meist die Ba-
starde unserer Sünden.

Hebbel, Tagebuch

Der Mensch soll nicht tugendhaft, sondern nur natürlich sein, so wird die
Tugend von selbst kommen.

Gottfried Keller

Sehr wenig Frauen haben Grundsätze.
Die meisten werden nur von ihrem
Herzen geleitet, und ihre Tugend
hängt von der Gesinnung ihrer Liebhaber ab.

La Bruyère,
Charaktere, Von den Frauen

Ohne Gegner erschlafft die Tugend.

Seneca, Abhandlungen

Reinlichkeit, Ordnung und Sorgfalt schützen die Tugend wie ein Harnisch einen gewaffneten Mann.

Pestalozzi, Kinderlehre der Wohnstube

Die Tugend würde nicht so weit gehen, wenn die Eitelkeit ihr nicht Gesellschaft leistete.

La Rochefoucauld, Reflexionen

Wir verlangen sehr oft nur deshalb Tugenden von anderen, damit unsere Fehler sich bequemer breitmachen können.

Ebner-Eschenbach

Wenn die Menschen auf ihr Alter tugendhaft werden, opfern sie Gott nur die Überbleibsel vom Teufel.

Pope, Aphorismen

Wenn die Menschen plötzlich tugendhaft würden, so müßten viele Tausende verhungern.

Lichtenberg

Warum verzeiht mir Amanda den Scherz und Almansaris tobet? Jene ist tugendhaft, Freund, diese beweiset, sie sei's.

Goethe und Schiller, Fragmente Almansaris und Amanda

Herzlich ist mir das Laster zuwider, und doppelt zuwider ist mir's, weil es soviel Schwatzen von Tugend gemacht. „Wie du hassest die Tugend?" — Ich wollte, wir übten sie alle, und so spräche, will's Gott, ferner kein Mensch mehr davon.

Schiller, Meine Antipathie

Moral

Das Moralische versteht sich immer von selbst.

Friedrich Theodor Vischer, Auch Einer I, 25

Läge im Herzen des Menschen nichts Moralisches, woher käme ihm die begeisterte Bewunderung heldenhafter Taten, die liebende Hinwendung zu den großen Seelen, der Enthusiasmus für die Tugend?

Rousseau, Emile 4

Was ist Moral? Die vernünftige Anweisung zum weisen Genuß der Gegenwart.

Karl Julius Weber, Demokritos

Der Prüfstein trügt dich nie: Gut ist, was wohl dir tut, und das ist schlimm, o Herz, wobei dir schlimm zumut.

Rückert

Echte Moral und Moralität ist von keiner Religion abhängig, wiewohl jede sie sanktioniert und ihr dadurch eine Stütze gewährt.

Schopenhauer,
Aphorismen zur Lebensweisheit V

Die Moral, die gut genug war für unsere Väter, ist nicht gut genug für unsere Kinder.

Ebner-Eschenbach, Aphorismen

Die Moralität des Weibes ist im Gefühl wie die des Mannes in der Vernunft begründet.

Novalis, Fragmente

Jede Frau will in der Liebe zuerst das jeweilige Stadium der Annäherung ganz erfassen, bevor sie den nächsten Schritt tut. Nur was für ihr Gefühl reif ist, ist auch für sie moralisch.

Graff

Ein Mann, der liebt, entdeckt die Moral. Eine Frau, die liebt, vergißt sie.

Ben Jonson

Die moralisierende Frau ist ohne jeden Reiz.

Wilde

Das Moralische in der Liebe ist ein künstliches, von der Gesellschaft erfundenes Gefühl, welches die Frauen mit vielem Geschick und mit großer Hingebung feiern, um ihr Reich zu begründen und das Geschlecht, das gehorchen sollte, zum herrschenden zu machen.

Rousseau

Die Moral errichtet ein höheres und fürchterlicheres Tribunal als das der Gesetze. Sie will nicht nur, daß wir das Böse vermeiden, sondern daß wir das Gute tun; nicht nur, daß wir tugendhaft erscheinen, sondern daß wir es seien.

Rivarol

Moral, ein Maulkorb für den Willen.

Grillparzer, Aphorismen

Strenge Moral vernichtet die Kraft des Geistes.

Vauvenargues, Reflexionen

Und andere gibt es, die heißen Tugend das Faulwerden ihrer Laster, und wenn ihr Haß und ihre Eifersucht einmal die Glieder strecken, wird ihre Gerechtigkeit munter und reibt sich die verschlafenen Augen.

Nietzsche,
Zarathustra II, Von den Tugendhaften

Die Moral ist immer die letzte Zuflucht der Leute, welche die Schönheit nicht begreifen.

Wilde

Es ist eine alte Bemerkung, daß die Dezenz steigt, wie die Moralität fällt.

Hebbel, Tagebücher

Manche haben die Moral nur stück-
weise, wie einen Stoff, aus dem sie kein
Kleid machen können.

Joubert

Es stände besser um die Welt, wenn die
Mühe, die man sich gibt, die subtilsten
Moralgesetze auszuklügeln, an die
Ausübung der einfachsten gewendet
würde.

Ebner-Eschenbach, Aphorismen

Der große Haufen bekümmert sich wenig um Moral: Der Glaube ist ihm
bequemer.

Karl Julius Weber,
Demokritos

Was heißt, beim Licht besehen,
den Menschen die Moral?
Zwei scheuen das Vergehen
und hundert den Skandal!

Franz Herold

Gewissen

Ein guter Mensch, in seinem dunklen
Drange,
ist sich des rechten Weges wohl bewußt.
(Der Herr)

Goethe, Faust, Prolog

Uns allen ward ein Kompaß einge-
drückt,
noch keiner hat ihn aus der Brust gerissen:
Die Ehre nennt ihn, wer zur Erde
blickt,
und wer zum Himmel, nennt ihn das
Gewissen.

Droste-Hülshoff, Halt fest!

Es liegt tief in unserer Seele ein angeborenes Prinzip der Gerechtigkeit und
der Tugend, nach dem wir unsere

Handlungen und die anderer beurteilen, ob sie gut oder böse sind. Und diesem Prinzip gebe ich den Namen Gewissen.

Rousseau, Emile 4

Das selbständige Gewissen
ist Sonne deinem Sittentag.

Goethe, Vermächtnis

Das Gewissen des Menschen ist das
Denken Gottes.

Victor Hugo, Les Châtiments, Vorwort

Gewissen und Feigheit sind in Wirklichkeit ein und dasselbe. Das Gewissen ist nur der öffentliche Geschäfts-
name der Doppelfirma.

Wilde, Das Bildnis des Dorian Gray I

Der Glaube an Autorität ist die Quelle
des Gewissens: Es ist also nicht die
Stimme Gottes in der Brust des Menschen, sondern die Stimme einiger Menschen im Menschen.

Nietzsche,
Menschliches Allzumenschliches,
Inhalt des Gewissens

Das Gewissen ist eingefleischte Kultur-
geschichte.

Boßhart, Bausteine

Gewissen ist ein Wort für Feige nur,
zum Einhalt für den Starken erst erdacht:
Uns ist die Wehr Gewissen, Schwert
Gesetz. (Richard)

Shakespeare, König Richard III. V, 3

Es ist ein gefährlich Ding; es macht
einen zur Memme. Man kann nicht
stehlen, ohne daß es einen anklagt;
man kann nicht schwören, ohne daß es
einen zum Stocken bringt; man kann
nicht bei seines Nachbars Frau liegen,
ohne daß es einen verrät. Es ist ein
verschämter blöder Geist, der einem
im Busen Aufruhr stiftet. Es macht
einen voller Schwierigkeiten. Es hat
mich einmal dahin gebracht, einen Beutel voll Geld wieder herzugeben, den
ich von ungefähr gefunden hatte. Es
macht jeden zum Bettler, der es hegt.
Es wird aus Städten und Flecken vertrieben als ein gefährlich Ding, und
jedermann, der gut zu leben denkt,
verläßt sich auf sich selbst und lebt
ohne Gewissen. (Zweiter Mörder)

Shakespeare, König Richard III. I, 4

Es ist ein närrisch Ding um ein empfindlich Blut:
Es klopft, wenn man auch nur halb-
weg was Böses tut. (Der Wirt)

Goethe, Die Mitschuldigen II, 2

Was nützt es dir, keinen Mitwisser zu
haben, da du ein Gewissen hast?

Seneca,
Unterweisungen über das Göttliche

Man entgeht wohl der Strafe, aber
nicht dem Gewissen.

Sprichwort

Ein dürres Blatt schon kann ein bös
Gewissen schrecken.

Sprichwort

Verdacht wohnt stets im schuldigen
Gemüt.
Der Dieb scheut jeden Busch als einen
Häscher.

Shakespeare, König Heinrich VI.,
Dritter Teil V, 6

Gewissenlosigkeit ist nicht Mangel des
Gewissens, sondern der Hang, sich an
dessen Urteil nicht zu kehren.

Kant

Kein Gewissen zu haben, bezeichnet
das Höchste und Tiefste;
denn es erlischt nur im Gott, doch es
verstummt auch im Tier.

Hebbel, Das Höchste und das Tiefste

Wenn ein Mensch auf die Bewegungen seiner bessern Natur nicht achtet oder wenn er der geringeren die volle Gewalt läßt, so spricht das Gewissen nach und nach leiser und schweigt endlich gar.

Matthias Claudius,
Wandsbecker Bote, Vom Gewissen

Man ist nie scharfsinniger, als wenn es darauf ankommt, sich selbst zu täuschen und seine Gewissensbisse zu unterdrücken.

Fénelon

Niemand wird in der Welt leichter betrogen — nicht einmal die Weiber und die Fürsten — als das Gewissen.

Jean Paul, Siebenkäs

Wohl vor allem, was man Güter heißt, sind's diese beiden, die man billig preist:
Ein hohes Alter und ein rein Gewissen.

Chamisso,
Zweites Lied von der alten Waschfrau

Ein gutes Gewissen ist ein fortwährendes Fest.

Aus Großbritannien

Das Gewissen macht uns alle zu Egoisten.

Wilde

Gewissensbisse erziehen zum Beißen.

Nietzsche,
Zarathustra II, Von den Mitleidigen

Sittlichkeit

Quod non vetat lex, hac vetat fieri pudor.
Was das Gesetz nicht verbietet, verbietet der Anstand.

Seneca, Troades 3, 2

Tasso: Die goldne Zeit, wohin ist sie geflohn,
nach der sich jedes Herz vergebens sehnt?
Da auf der freien Erde Menschen sich wie frohe Herden im Genuß verbreiteten;
da ein uralter Baum auf bunter Wiese

dem Hirten und der Hirtin Schatten gab,
ein jüngeres Gebüsch die zarten Zweige um sehnsuchtsvolle Liebe traulich schlang;
wo klar und still auf immer reinem Sande
der weiche Fluß die Nymphe sanft umfing;
wo in dem Grase die gescheuchte Schlange
unschädlich sich verlor, der kühne Faun,
vom tapfern Jüngling bald bestraft, entfloh;

wo jeder Vogel in der freien Luft
und jedes Tier, durch Berg' und Täler
           schweifend,
zum Menschen sprach: Erlaubt ist, was
           gefällt.
Prinzessin: Mein Freund, die goldne
           Zeit ist wohl vorbei;
allein die Guten bringen sie zurück.
Und soll ich Dir gestehen, wie ich
           denke:
Die goldne Zeit, womit der Dichter
           uns
zu schmeicheln pflegt, die schöne Zeit,
           sie war,
so scheint es mir, so wenig, als sie ist;
und war sie je, so war sie nur gewiß,
wie sie uns immer wieder werden
           kann.
Noch treffen sich verwandte Herzen an
und teilen den Genuß der schönen
           Welt;
nur in dem Wahlspruch ändert sich,
           mein Freund,
ein einzig Wort: Erlaubt ist, was sich
           ziemt.

Goethe, Tasso II, 1

Die höchste sittliche Schönheit entdecken wir doch immer in den einfachsten, anspruchslosesten Handlungen
der Menschen.

Johann Jakob Mohr, Aphorismen

Die Sittlichkeit ist ganz individuell,
sie besteht nicht unter zweien. Meine
Sittlichkeit ist eigentlich nichts anderes
als die Art und Weise, wie ich den
reinen Willen, mich zu veredeln oder,
in der gemeinen Sprache zu reden,
recht zu tun, an das bestimmte Maß

meiner Erkenntnis und an den be
stimmten Zustand meiner Verhältnisse
ankette.

Pestalozzi,
Meine Nachforschungen über den
Gang der Natur in der Entwicklung
des Menschengeschlechts

Der Grundbegriff aller lebendigen
Sitte ist die Ehre. Alles andere — Treue,
Demut, Tapferkeit, Ritterlichkeit,
Selbstbeherrschung, Entschlossenheit —
liegen darin.

Spengler, Untergang des Abendlandes II,
Der Staat 3

Die Ehre verpflichtet zur Sittlichkeit,
der Ruhm noch mehr, die Macht am
meisten.

Auerbach

Willst du genau erfahren, was sich
           ziemt,
so frage nur bei edlen Frauen an;
denn ihnen ist am meisten dran gele-
           gen,
daß alles wohl sich zieme, was ge-
           schieht.
Die Schicklichkeit umgibt mit einer
           Mauer
das zarte, leicht verletzliche Geschlecht.
Wo Sittlichkeit regiert, regieren sie,
und wo die Frechheit herrscht, da sind
           sie nichts.
Und wirst du die Geschlechter beide
           fragen:
Nach Freiheit strebt der Mann, das
           Weib nach Sitte. (Prinzessin)

Goethe, Torquato Tasso II, 1

Sittsamkeit

Sittsamkeit, die Seele Eurer Züge, wird
Euch auch immer schön erhalten.
(Herzog)

Shakespeare, Maß für Maß III, 1

Ehrbarkeit mit Schönheit gepaart ist
wie eine Honigbrühe über Zucker.
(Probstein)

Shakespeare, Wie es Euch gefällt III, 3

Junge Frauen, die nicht kokett, und
alte Männer, die nicht lächerlich erscheinen wollen, dürfen von der Liebe
niemals so reden, als ob sie daran beteiligt sein könnten.

La Rochefoucauld, Reflexionen

Nicht immer sind es Mut und Keuschheit, die die Männer mutig machen und
die Weiber keusch.

La Rochefoucauld, Reflexionen

Die Sittsamkeit der Frauen ist oft
Liebe zu ihrem Ruf und zu ihrer Ruhe.

La Rochefoucauld, Reflexionen

Die meisten sittsamen Frauen sind
verborgene Schätze, die nur in Sicherheit sind, weil man nicht nach ihnen
sucht.

La Rochefoucauld, Reflexionen

Verzweifelt nicht, ihr Jünglinge, wenn
eure Mädchen spröde sind! Niemals

hat noch die Kälte der mütterlichen
Lehren ein weibliches Herze so zu Eise
gehärtet, daß es der alles erwärmende
Hauch der Liebe nicht hätte zerschmel-
zen sollen.

Goethe, Kunst, die Spröden zu fangen

Nichts ist so tugendhaft wie das Ohr
einer verlassenen Frau.

Aus Frankreich

Eine gefühllose Frau ist eine Frau, die
den Mann, den sie lieben muß, noch
nicht gesehen hat.

La Bruyère, Charaktere III

Völlige Sprödigkeit ohne Abneigung
ist bei Frauen unmöglich.

La Rochefoucauld

Es gibt nicht allzuviel ehrbare Frauen,
die ihrer Ehrbarkeit nicht müde wären.

La Rochefoucauld, Reflexionen

Die Unnahbarkeit der Frauen ist ein
Kleid und eine Schminke, die sie ihrer
Schönheit hinzufügen.

La Rochefoucauld, Reflexionen

Die Frauen nähern sich uns durch Ausweichen.

Graff

Ist's möglich,
daß Sittsamkeit mehr unsern Sinn empört
als Leichtsinn? (Angelo)

Shakespeare,
Maß für Maß II, 2

Sie hielt sich fern und angelte nach mir
und schürte meine Glut durch Sprödigkeit,
wie jede Hemmung in der Liebe Bahn
die Liebe nur entflammt. (Bertram)

Shakespeare, Ende gut, alles gut V, 3

Fraun sind Engel stets, geworben.
(Cressida)

Shakespeare,
Troilus und Cressida I, 2

Nichts weiß ein liebend Mädchen, bis
sie weiß,
allein das Unerreichte steh' im Preis;
daß nie, erhört, das Glück so groß im
Minnen,
als wenn Begier noch fleht, um zu gewinnen. (Cressida)

Shakespeare, Troilus und Cressida I, 2

Sieh dort die ziere Dame!
Ihr Antlitz weissagt Schnee in ihrem
Schoß.
Sie spreizt sich tugendlich und dreht
sich weg,
hört sie die Lust nur nennen.
Und doch sind Iltis nicht und hitzige
Stute
so ungestüm in ihrer Brunst.
Vom Gürtel nieder sind's Centauren.
(Lear)

Shakespeare, König Lear IV, 6

Man darf das nicht vor keuschen Ohren
nennen,
was keusche Herzen nicht entbehren
können. (Mephistopheles)

Goethe, Faust 1, Wald und Höhle

Ich will eher zwanzig treulose Turtel-
tauben finden als einen züchtigen
Mann. (Frau Page)

Shakespeare,
Die lustigen Weiber von Windsor II, 1

Wer von der Arbeit müde,
läßt gern den Mädchen Friede.

Goethe, Kinderverstand

Lauterkeit

Halte dich sauber und hell: Du bist
das Fenster, durch das du die Welt
sehen mußt!

Shaw

Wenn du innerlich gut und lauter wärest, dann würdest du alles viel leichter sehen und wohl verstehen.

Thomas a Kempis

Ob du der Klügste seist, daran ist wenig gelegen,
aber der Biederste sei so wie bei Rate
zu Haus.

Goethe, Vier Jahreszeiten 81

Der Erde köstlichster Gewinn
ist frohes Herz und reiner Sinn.

Seume

Mit zwei Flügeln erhebt sich der
Mensch vom Irdischen: Der Einfalt
und der Lauterkeit.

Thomas a Kempis

Gibt's einen Harnisch wie des Herzens Reinheit?

Dreimal bewehrt ist der gerechte
Streiter
und nackt ist der, obschon in Stahl
verschlossen,
dem Unrecht das Gewissen angesteckt.
(König Heinrich)

Shakespeare, König Heinrich VI.,
Zweiter Teil III, 2

So wunderbar ist dies Geschlecht gebildet,
so vielfach ist's verschlungen und verknüpft,
daß keiner in sich selbst noch mit den
andern
sich rein und unverworren halten
kann. (Pylades)

Goethe, Iphigenie auf Tauris IV, 4

Redlichkeit

Tue recht und scheue niemand!

Sprichwort

Bleibe im Lande und nähre dich redlich!

Psalm 37,3

Unternimm nie etwas, wozu du nicht
das Herz hast, dir den Segen des Himmels zu erbitten!

Lichtenberg

Auf dem Haupte der Ehrlichkeit hausen die Götter.

Aus Japan

Üb' immer Treu und Redlichkeit
bis an dein kühles Grab
und weiche keinen Finger breit
von Gottes Wegen ab!

Hölty

Redlichkeit gedeiht in jedem Stande.
(Stauffacher)

Schiller, Wilhelm Tell II, 2

Der Wohlgemute, der sich stets dazu
getrieben fühlt, nach Recht und Gesetz zu handeln, ist heiter und stark
und ohne Sorgen bei Tag und Nacht.
Wer aber das Recht mißachtet und

nicht seine Pflicht tut, dem wird das alles zum Ekel, wenn er sich an irgendeine seiner schlechten Handlungen erinnert; er ist in steter Angst und verwünscht sich selber.

Demokrit

Wer im Geringsten treu ist, der ist auch im Großen treu, und wer im Geringsten unrecht ist, der ist auch im Großen unrecht.

Lukas 16,10

So eng auch Freundschaft, Liebe und Ehe Menschen verbinden: Ganz ehrlich meint jeder es am Ende doch nur mit sich selbst und höchstens noch mit seinem Kinde.

Schopenhauer,
Aphorismen zur Lebensweisheit V, 9

Nicht so redlich, wäre redlicher.
(Der Prinz)

Lessing, Emilia Galotti I, 4

Probitas laudatur et alget.
Rechtschaffenheit wird gepriesen und friert dabei.

Juvenal, Satiren 1, 74

Man lobt die Redlichkeit und sieht sie nicht hier oben.
Man tut gar recht: Sie starb! Gestorbne muß man loben.

Logau, Sinngedichte

Ehrlich sein heißt, wie es in dieser Welt hergeht: Ein Auserwählter unter Zehntausenden sein. (Hamlet)

Shakespeare, Hamlet II, 2

Der Redliche muß immer einsam streiten,
darf trauen nur des eigenen Schwertes Streichen.
Dem Schuft läuft Beistand zu von allen Seiten.
Er findet aller Orten seinesgleichen.

Vesper, Rufe in die Zeit

Daß der Sinn es redlich meine, haben wir nur ein Gemerke:
Wenn nicht Worte bleiben Worte, sondern Worte werden Werke.

Logau

Den Redlichen bewährt ja nur die Zeit.
Den schlechten Mann enthüllt ein einz'ger Tag.

Sophokles

Wer gar zu bieder ist, bleibt zwar ein redlich Mann,
bleibt aber, wo er ist, kommt selten höher an.

Logau, Redlichkeit

Wenn du dich selber machst zum Knecht,
bedauert dich niemand, geht's dir schlecht.
Machst du dich aber selbst zum Herrn,

die Leute sehn es auch nicht gern.
Und bleibst du redlich, wie du bist,
so sagen sie, daß nichts an dir ist.

Goethe, Keins von allen

Die Absicht, niemals zu täuschen,
bringt uns in Gefahr, oft getäuscht zu
werden.
La Rochefoucauld, Reflexionen

Merk' auf, o Welt!
Aufrichtig sein und redlich bringt Ge-
fahr. (Jago)
Shakespeare, Othello III, 3

Die Redlichkeit, die mittelmäßige Geister hindert, ans Ziel zu kommen, ist
ein Mittel mehr zum Erfolg der Geschickten.

Vauvenargues, Reflexionen

Lange zwar ist der Betrug
klüger als die Redlichkeit,
endlich aber kommt die Zeit,
daß er doch nicht klug genug.

Logau, Betrug

Man tue nur das Rechte,
am Ende duckt, am Ende dient der
Schlechte.

Goethe, Zahme Xenien V

Jeder solcher Lumpenhunde
wird vom zweiten abgetan;
sei nur brav zu jeder Stunde,
niemand hat dir etwas an.

Goethe, Zahme Xenien V

Wer ehrlich hat gelebt und selig ist
gestorben,
hat einen Himmel hier und einen dort
erworben.

Logau, Zuversicht

Wahrhaftigkeit

Daß das, was jemand sich selbst oder
einem anderen sagt, wahr sei, dafür
kann er nicht jederzeit stehen. Dafür
aber kann und muß er stehen, daß sein
Bekenntnis oder Geständnis wahrhaft
sei; denn dessen ist er sich unmittelbar
bewußt.

Kant

Aufrichtigkeit ist die Quelle aller Genialität.
Börne, Vermischte Aufsätze

Aufrichtig zu sein, kann ich versprechen, unparteiisch zu sein aber nicht.

Goethe,
Maximen und Reflexionen,
Aus Kunst und Altertum 1823

Es ist die Schwäche unserer Rhetorik,
daß wir keine Wahrheit bekräftigen
können, ohne das Gegenteil zu ver-
neinen.

Emerson

Wer gegen sich selbst und andere wahr
ist und bleibt, besitzt die schönste
Eigenschaft der größten Talente.

Goethe,
Maximen und Reflexionen,
Aus Kunst und Altertum 1827

Wär' nur der Mensch erst wahr, er wär'
auch gut.
Wie könnte Sünde irgend noch bestehn,
wenn sie nicht lügen könnte, täuschen?
Erstens sich,
alsdann die Welt, dann Gott, ging es
nur an.
Gäb's einen Bösewicht, müßt er sich
sagen,
so oft er nur allein: du bist ein Schurk!
Wer hielt sie aus, die eigene Verachtung?
Allein die Lügen in verschiednem
Kleid,
als Eitelkeit, als Stolz, als falsche
Scham
und wiederum als Großmut und als
Stärke,
als innre Neigung und als hoher Sinn,
als guter Zweck bei etwa schlimmen
Mitteln.
Die hüllen unsrer Schlechtheit Antlitz
ein
und stellen sich geschäftig vor, wenn
sich
der Mensch beschaut in des Gewissens
Spiegel. (Gregor)

Grillparzer, Weh dem, der lügt I

In der Welt fährst Du am besten,
sprichst Du stolz mit stolzen Gästen,
mit bescheidenen bescheiden,
aber wahr und klar mit beiden.

Anastasius Grün

Vor allem eins, mein Kind: Sei treu
und wahr!
Laß nie die Lüge deinen Mund ent-
weih'n!
Von alters her im deutschen Volke war
der höchste Ruhm, getreu und wahr zu
sein.

Robert Reinick

Einsehende Leute, weil die Wahrheit
ihr eigentliches Objekt ist und sie nur
an dem, was beständig ist, Vergnügen
finden, sind jederzeit ehrlich.

Kant

Lüge, wie sie schlau sich hüte,
bricht am Ende stets das Bein.
Kannst Du wahr sein nicht aus Güte,
lern', aus Klugheit wahr zu sein!

Geibel, Sprüche 13

Wahrhaftigkeit ist die größte List.

Lichtenberg

Der Vortrag von Dingen, von denen
wir vorhersehen, sie werden nicht gefallen, kann nur durch den größten
Anschein von Aufrichtigkeit gemildert
werden.

Kardinal von Retz, Denkschriften

Wahrheitsliebe zeigt sich darin, daß
man überall das Gute zu finden und
zu schätzen weiß.

Goethe,
Wilhelm Meisters Wanderjahre II,
Betrachtungen im Sinne der Wanderer

Man muß sich vornehmen, wahr zu sein in all seinen Worten. Bleiben wir kompromißlos diesem Grundsatz treu, so steigern wir unsere Selbstachtung und erwerben Besonnenheit. Die eine Tugend bringt die andere mit sich. Die Verstellung soll nicht über das Schweigen hinausgehen.

Rivarol

Die Aufrichtigkeit ist eine Eröffnung des Herzens. Man findet sie bei sehr wenig Menschen, und die, die man gewöhnlich sieht, ist nur eine feine Heuchelei, um das Vertrauen der anderen anzulocken.

La Rochefoucauld

Zuweilen spricht auch der Teufel die Wahrheit.

Aus Spanien

Alle Menschen werden aufrichtig geboren und sterben als Betrüger.

Vauvenargues

Kinder und Narren sagen die Wahrheit.

Sprichwort

Vom Wahrsagen läßt sich wohl leben in der Welt, aber nicht vom Wahrheit sagen.

Lichtenberg

Wahrheit ist ein Tuch, zum Kleiden
zwar das allerbeste,
aber nicht auf alle Tage,
nur auf hohe Feste.

Logau, Wahrheit

Höre, was der Volksmund spricht:
Wer die Wahrheit liebt, der muß
schon sein Pferd am Zügel haben,
wer die Wahrheit denkt, der muß
schon den Fuß im Bügel haben,
wer die Wahrheit spricht, der muß
statt der Arme Flügel haben.
Und doch singt Mirza Schaffy:
Wer da lügt, muß Prügel haben.

Bodenstedt, Lieder des Mirza Schaffy

Offenheit

Er hat ein Herz, so gesund und ganz wie ein Glocke, und seine Zunge ist der Klöpfel; denn was sein Herz denkt, spricht seine Zunge aus.
(Don Pedro)

Shakespeare,
Viel Lärmen um Nichts III, 2

So eine wahre, warme Freude ist nicht in der Welt, als eine große Seele zu sehen, die sich gegen einen öffnet.

Goethe,
Die Leiden des jungen Werthers,
26. 11. 1771

Offenheit verdient immer Anerkennung.

Bismarck, 24. 11. 1849

Wer von seinem Freunde nicht Offenheit ertragen will, wird sie einmal,
ausgedrückt in Worten des Hasses, von
seinem Feind ertragen müssen.

Otto von Leixner

Die Freunde nennen sich aufrichtig.
Die Feinde sind es.

Schopenhauer,
Aphorismen zur Lebensweisheit V, 33

Doch werde ich an Euch einen vortreff-
lichen Zug von Bescheidenheit gewahr,
daß Ihr mir nicht abnötigen wollt, was
ich zu verschweigen wünsche. Umso
eher verbindet mich gute Sitte, mich
Euch zu offenbaren. (Sebastian)

Shakespeare, Was ihr wollt II, 1

Es gibt eine schöne Offenheit, die sich
öffnet wie die Blume: Nur um zu duften.

Friedrich Schlegel

Der Hang, von uns selbst zu sprechen
und unsere Fehler in einem Licht zu
zeigen, das wir für wünschenswert halten, macht einen Teil unserer Offenherzigkeit aus.

La Rochefoucauld, Reflexionen

Das Herz leicht machen, ist das rechte
Mittel, den Menschen das Maul aufzu-
tun.

Pestalozzi, Lienhard und Gertrud

Es gibt keine Seele, die nicht ihr Wat-
tenmeer hätte, in dem zu Zeiten der
Ebbe jedermann spazierengehen kann.

Morgenstern,
Stufen, Psychologisches, 1905

Laß deine Türe nur offen stehen!
So werden die Lauscher vorübergehen.

Sprichwort

Schwache Menschen können nicht aufrichtig sein.

La Rochefoucauld, Reflexionen

Wir lieben Menschen, die frisch heraus
sagen, was sie denken. Vorausgesetzt,
sie denken dasselbe wie wir.

Mark Twain

La franchise est la vertu du sot. Der
Freimut ist die Tugend des Narren.

Aus Frankreich

Wen ich länger um mich sehe, den suche
ich immerfort aufmerksam zu machen,

welch ein Unterschied stattfinde zwischen Aufrichtigkeit, Vertrauen und Indiskretion, ja daß eigentlich kein Unterschied sei, vielmehr nur ein leiser Übergang vom Unverfänglichsten zum Schädlichsten, welcher bemerkt oder vielmehr empfunden werden müsse.

Goethe,
Wilhelm Meisters Wanderjahre II,
Betrachtungen im Sinne der Wanderer

Es gibt eine Grenze für das Aussprechen der Gefühle, die man nicht überschreiten soll.

Tolstoj, Über die Ehe

Hast du Verstand und ein Herz, so
zeige nur eines von beiden!
Beides verdammen sie dir, zeigest du
beides zugleich.

Hölderlin, Guter Rat

Wenn ein Mensch recht aufrichtig ist, so schadet ihm nicht sowohl das, was er ausspricht, als das, wovon man

meint, daß er es verschweigt. Denn niemand glaubt an seine Aufrichtigkeit, und daraus, daß er viel sagt, schließt die verdorbene Menge bloß, daß er noch viel mehr zu sagen hat.

Hebbel, Tagebücher, 20. 9. 1838

Harmlos flog manch Wörtlein aus,
böse ist es angekommen.
Sagst du etwas grad heraus,
wird es häufig krumm genommen.

Otto Jaegerl

Du willst, wo nur ein Unrecht haust,
es offen sagen?
Das heißt: Du willst mit bloßer Faust
Steine zerschlagen?

Albert Roderich

Deine Offenheit ehre ich wie deinen guten Mut und Freigebigkeit. Aber es sind nur Tugenden, wo sie hingehören. (Madame Sommer)

Goethe, Stella I, Im Posthause

Geradheit

Gott hat die Gradheit selbst ans Herz
genommen.
Auf gradem Weg ist niemand umge-
kommen.

Goethe, Zahme Xenien IV

Dir frommt an jedem Ort, zu jeder
Zeit:

Geradheit, Urteil und Verträglichkeit.

Goethe, Divan, Buch der Sprüche

Wer recht behalten will und hat nur
eine Zunge,
behält's gewiß. (Faust)

Goethe, Faust 1, Straße

Der gerade Weg ist der kürzeste, aber
es dauert meist am längsten, bis man
auf ihm zum Ziele gelangt.

Lichtenberg

Der Weg der Ordnung, ging er auch
　　　　　durch Krümmen,
er ist kein Umweg. Gradaus geht des
　　　　　　　Blitzes,
geht des Kanonballs fürchterlicher
　　　　　　　Pfad.
Schnell, auf dem nächsten Wege langt
　　　　　　　er an,
macht sich zermalmend Platz, um zu
　　　　　　　zermalmen.
Mein Sohn! Die Straße, die der Mensch
　　　　　　　befährt,
worauf der Segen wandelt, diese folgt
der Flüsse Lauf, der Täler freien
　　　　　　　Krümmen,
umgeht das Weizenfeld, den Reben-
　　　　　　　hügel,
des Eigentums gemeßne Grenzen
　　　　　　　ehrend.
So führt sie später, sicher doch zum
　　　　　　Ziel. (Octavio)

Schiller, Die Piccolomini I, 4

Geradheit ist 'ne Törin,
die das verfehlt, wonach sie strebt.
　　　　　　　(Jago)

Shakespeare, Othello III, 3

Wer stets geradehin ist, muß große Tugenden besitzen, so wie der Edelstein
kostbar sein muß, der schmucklos gefaßt wird.

Francis Bacon,
Von Höflichkeiten und Rücksichten

Gute Eigenschaften sind die wahren
Kleinode des Geistes, aber sie müssen
sozusagen erst in gute Lebensart gefaßt
werden, und wer sich selbst beliebt
machen will, muß nicht nur mit Festigkeit und Kraft sondern auch mit Grazie handeln.

Locke, Gedanken über Erziehung 9

Was ich denke, sag' ich und verbrauche
meine Bosheit in meinem Atem.
(Menenius)

Shakespeare, Coriolanus II, 1

Der Wahrheit, die Ihr sagt, fehlt etwas
　　　　　　　Milde
und die gelegne Zeit: Ihr reibt den
　　　　　　　Schaden,
statt Pflaster aufzulegen. (Gonzalo)

Shakespeare, Der Sturm II, 1

Das ist ein Bursch,
der, einst gelobt um Derbheit, sich be-
　　　　　　　fleißt
vorwitziger Roheit und sein Wesen
　　　　　　　zwängt
zu fremdem Schein: Der kann nicht
　　　　　　　schmeicheln, der!
Ein ehrlich, grad Gemüt! Spricht nur
　　　　　　　die Wahrheit!
Geht's durch, nun gut, wenn nicht, so
　　　　　　　ist er grade.
Ich kenne Schurken, die in solche
　　　　　　　Gradheit
mehr Arglist hüllen, mehr verruchten
　　　　　　　Plan,
als zwanzig fügsam untertänige
　　　　　　　Schranzen,

die schmeichelnd ihre Pflicht noch über-
bieten. (Cornwall)

Shakespeare, König Lear II, 2

Heuchler, ferne von mir! Besonders du
widriger Heuchler,
der du mit Grobheit glaubst Falschheit
zu decken und List.

Goethe und Schiller, Xenien, Abscheu

Wie unterscheidet sich Grobheit von
Biederkeit? Leichtlich, denn jener
fehlen die Grazien stets, diese verlassen sie nie.

Goethe, Xenien aus dem Nachlaß,
Kennzeichen

Edelmut

Edel sei der Mensch,
hilfreich und gut;
denn das allein
unterscheidet ihn
von allen Wesen,
die wir kennen!

Goethe, Das Göttliche

Edel sein ist gar viel mehr
als adelig von den Eltern her.

Sprichwort

Zeichen der Vornehmheit: Nie daran
denken, unsere Pflichten zu Pflichten
für jedermann herabzusetzen.

Nietzsche, Jenseits von Gut und Böse

Es gibt keine Lage, die man nicht veredeln könnte durch Leisten oder Dulden.

Goethe,
Maximen und Reflexionen, Nachlaß,
Über Literatur und Leben

Der Verstandesmensch verhöhnt nichts
so bitter wie den Edelmut, dessen er
sich unfähig fühlt.

Ebner-Eschenbach, Aphorismen

Vornehmheit ist Entsagen.

Rathenau

Ein edler Mensch kann nie sein kind-
liches Herz verlieren.

Meng-tse

Die Großmut muß eine beständige
Eigenschaft der Seele sein und ihr nicht
bloß ruckweise entfahren.

Lessing,
Das Neueste aus dem Reiche des Witzes

Edelmut ist nur das Mitleid vornehmer
Seelen.

Chamfort, Maximen V

Einer der besten Prüfsteine für das Vorhandensein von Edelmut ist das Verhalten des Menschen gegenüber lange andauerndem oder hoffnungslosem Unglück. Diejenigen, die wenig davon besitzen, ermüden und überlassen bald den Unglücklichen seinem Schicksal.

Hilty

Wer sich am Unglückstag der Hilfe will erfreuen,
muß edelmütig sich zur Zeit des Glückes zeigen.

Saadi, Rosengarten 1

Edel denken ist sehr schwer, wenn man nur denkt, um Brot zu gewinnen.

Rousseau

Was Edelmut scheint, ist oft nur verkleidete Ehrsucht, die kleine Vorteile verachtet, um großen nachzugehen.

La Rochefoucauld, Reflexionen

Das Hündlein wedelt, dir sein Futter abzuschmeicheln.
Den edlen Hengst, damit er's annimmt, mußt du streicheln.

Rückert, Weisheit des Brahmanen

Ehre

Der reinste Schatz in diesem ird'schen Lauf,
mein teurer Fürst, ist unbefleckte Ehre,
ohn' die der Mensch bemalter Leim nur wäre. (Norfolk)

Shakespeare, König Richard II. I, 1

Die Ehre ist, objektiv, die Meinung anderer von unserem Wert und, subjektiv, unsere Furcht vor dieser Meinung.

Schopenhauer,
Aphorismen zur Lebensweisheit IV

Die Ehre ist das äußere Gewissen, und das Gewissen ist die innere Ehre.

Schopenhauer,
Aphorismen zur Lebensweisheit IV

Ehre ist die Mystik der Rechtlichkeit.

Friedrich Schlegel, Ideen 77

Die Ehre des Mannes besteht darin, was die Leute denken, des Frauenzimmers aber, was sie sprechen.

Kant, Anthropologie 2, Anhang

Die Unschuld des Mannes heißt Ehre. Die Ehre der Frau heißt Unschuld.

Ebner-Eschenbach, Aphorismen

Zu diesem Ende nun ist die Ehrenmaxime des ganzen weiblichen Geschlechts, daß dem männlichen jeder uneheliche Beischlaf durchaus versagt bleibe, damit jeder einzelne zur Ehe, als welche eine Art von Kapitulation ist, gezwungen und dadurch das ganze weibliche Geschlecht versorgt werde.

Schopenhauer,
Aphorismen zur Lebensweisheit IV

Die Ehre ist nicht die Meinung von besonderen, diesem Subjekt allein zukommenden Eigenschaften, sondern nur von den der Regel nach vorauszusetzenden, als welche auch ihm nicht abgehen sollen. Sie besagt daher nur, daß dies Subjekt keine Ausnahme mache, während der Ruhm besagt, daß es eine mache. Ruhm muß daher erst erworben werden, die Ehre hingegen braucht bloß nicht verloren zu gehen.

Schopenhauer,
Aphorismen zur Lebensweisheit IV

Und wie die Sonne bricht durch trübste
Wolken,
so strahlt aus niedrigstem Gewand die
Ehre. (Petruchio)

Shakespeare,
Der Widerspenstigen Zähmung IV, 3

Es kann die Ehre dieser Welt
dir keine Ehre geben.
Was dich in Wahrheit hebt und hält,
muß in dir selber leben.

Fontane

Wer in sich Ehre hat, der sucht sie
nicht von außen.
Suchst du sie in der Welt, so hast du
sie noch draußen.

Angelus Silesius

Ehre kannst du dir nirgends borgen,
mußt schon selber dafür sorgen.

Sprichwort

Ehre folgt dem, der sie flieht, und
flieht den, der sie jagt.

Sprichwort

Nie hat Ehre noch erstritten,
der sie andern abgeschnitten.

Haug

Keinen Menschen gibt's,
der, weil er Mensch ist, irgend Ehre
hat:
Er hat nur Ehre jener Ehre halb,
die Zutat ist als Reichtum, Rang und
Gunst. (Achilles)

Shakespeare, Troilus und Cressida III, 3

Wie die Säule des Lichts auf des Baches
Welle sich spiegelt —
Hell wie von eigener Glut flammt der
vergoldete Saum;
aber die Well' entführet der Strom,
durch die glänzende Straße
drängt eine andre sich schon, schnell
wie die erste zu fliehn —
so beleuchtet der Würden Glanz den
sterblichen Menschen:
Nicht er selbst, nur der Ort, den er
durchwandelte, glänzt.

Schiller, Würden

Die erworbene Ehre ist eine Kaution
für jene, die man noch erwerben muß.

La Rochefoucauld, Reflexionen

Die Ehre ist ein Rechenspiel,
bald gilt man nichts, bald gilt man
viel.

Abraham a Santa Clara

Ehre wandelt in so engem Hohlweg,
daß einer Platz nur hat: Drum bleib
im Gleise! (Ulysses)

Shakespeare, Troilus und Cressida III, 3

Ehre und Spiegel werden schon von
kleinem Hauch getrübt.

Aus Spanien

Die Ehre,
einmal erkrankt und dann nicht rasch
geheilt,
steht niemals wieder von den Toten
auf. (Hagen)

Hebbel, Siegfrieds Tod II, 8

Wer mit der eigenen Ehre schlecht verfahren,
wird auch der anderen Ehre nicht bewahren.

Saadi, Rosengarten 5,
Von Jugend und Liebe

Verlieren kann die Ehre nur, wer
keine hat.

Publilius Syrus, Spruchverse 182

Wie die bürgerliche Ehre, das heißt,
die Meinung, daß wir Zutrauen verdienen, das Palladium derer ist, die
auf dem Weg des redlichen Erwerbs
durch die Welt zu kommen beabsichtigen, so die ritterliche Ehre, das heißt,
die Meinung, daß wir zu fürchten
sind, das Palladium derer, die auf dem
Wege der Gewalt durchs Leben zu
gehn beabsichtigen.

Schopenhauer,
Neue Paralipomena 7, Zur Ethik

Ohne Geld ist die Ehre nur eine
Krankheit.

Racine

Kann Ehre ein Bein ansetzen? Nein.
Oder einen Arm? Nein. Oder den
Schmerz einer Wunde stillen? (Falstaff)

Shakespeare, König Heinrich IV.,
Erster Teil V, 1

Ehre ist nichts als ein gemalter Schild
beim Leichenzuge. (Falstaff)

Shakespeare, König Heinrich IV.,
Erster Teil V, 1

O würden Güter, Rang und Ämter
nicht
verderbter Weis' erlangt und würde
Ehre
durch den Verdienst des Eigners rein
erkauft:
Wie mancher deckte dann sein bloßes
Haupt!
Wie mancher, der befiehlt, gehorchte
dann! (Arragon)

Shakespeare,
Der Kaufmann von Venedig II, 9

Wer gleichgültig gegen Ehre ist, ist auch gleichgültig gegen Schande.

Karl Julius Weber,
Demokritos IV, 18

Das Ehrgefühl pflegt bei Kleinen oft schärfer zu sein als bei Großen: Weil sie immer fürchten, sie kämen zu kurz.

Karl Julius Weber,
Demokritos IV, 10

Die Empfindung von der Ehre ist **am** Franzosen Eitelkeit, an dem Spanier Hochmut, an dem Engländer Stolz, an dem Deutschen Hoffart und am Holländer Aufgeblasenheit.

Kant, Beobachtungen über das Gefühl
des Schönen und Erhabenen 4

Nicht woher Ihr kommt, mache Euch fürderhin Eure Ehre, sondern wohin Ihr geht.

Nietzsche,
Zarathustra III,
Von alten und neuen Tafeln 12

Würde

Beherrschung der Triebe durch die moralische Kraft ist Geistesfreiheit, und Würde heißt ihr Ausdruck in der Erscheinung.

Schiller, Über Anmut und Würde, Würde

himmlische Rosen ins irdische Leben, flechten der Liebe beglückendes Band, und in der Grazie züchtigem Schleier nähren sie wachsam das ewige Feuer schöner Gefühle mit heiliger Hand.

Schiller, Würde der Frauen

Würde ist eine körperliche Kunst, erfunden, um die Mängel des Geistes zu verbergen.

La Rochefoucauld, Reflexionen

Ich ehre mir die Würde der Frauen;
aber damit sie Würde hätten,
sollten sie sich nicht alleine betten,
sollten sich an Männerwürde erbauen.

Goethe, Zahme Xenien

Niemand ist so arm, daß er nicht wohltätig sein könnte, keiner in so niederer Stellung, daß es ihm nicht möglich wäre, Würde zu zeigen.

Paolo Mantegazza

Fürsten können von ihrer Würde nie groß genug, von ihrem persönlichen Gewichte nie bescheiden genug denken, dürfen also dieses nie mit jener vermengen.

Jean Paul, Erste Pflicht der deutschen
Fürsten gegen deutsche Völker

Ehret die Frauen! Sie flechten und weben

XV. Kapitel

Das Böse
Bosheit
Selbstsucht
Anfechtung
Fehler
Laster
Wollust
Gewalt
Betrug
Lüge
Schuld

Das Böse

Das Böse lebt nicht in der Welt der
Dinge. Es lebt allein im Menschen.

Aus China

Gefährlich ist's, den Leu zu wecken,
verderblich ist des Tigers Zahn,
jedoch der schrecklichste der Schrecken,
das ist der Mensch in seinem Wahn.

Schiller, Das Lied von der Glocke

Man nennt einen Menschen böse nicht
darum, weil er Handlungen ausübt,
welche böse sind, sondern weil diese
so beschaffen sind, daß sie auf böse
Maximen an ihm schließen lassen.

Kant, Religion innerhalb der Grenzen
der bösen Vernunft

Entweder will Gott das Böse aus der
Welt entfernen und kann es nicht,
oder er kann es und will es nicht, oder
kann es nicht und will es nicht, oder
endlich will und kann er es. Will er es
und kann es nicht, so ist das ein Unvermögen, was dem Wesen Gottes widerspricht. Kann er es und will es
nicht, so ist es Bosheit, die seiner Natur nicht minder widerspricht. Will er
es nicht und kann er es auch nicht, so
ist es Bosheit und Unvermögen zugleich. Will er es aber und kann er es
auch (was der einzige von allen Fällen ist, der dem Wesen der Gottheit
entspricht): Woher kommt dann das
Böse auf Erden?

Lactantius, Vom Zorne Gottes 13

Du tadelst die Schöpfung wegen des
Bösen in der Welt. Aber kennst du,
Erdenwurm, das Ganze? Kannst du
ohne Fratzerei nur eine Uhr tadeln,
wenn du deren Mechanismus nicht verstehst?

Karl Julius Weber, Demokritos

Das, was wir böse nennen, ist nur die
andre Seite vom Guten, die so notwendig zu seiner Existenz und in das
Ganze gehört, als Zona torrida brennen und Lappland einfrieren muß,
daß es einen gemäßigten Himmels-
strich gebe.

Goethe, Zum Shakespearetag

Was eine Zeit als böse empfindet, ist
gewöhnlich ein unzeitgemäßer Nie-
derschlag dessen, was ehemals als gut
empfunden wurde: Der Atavismus
eines älteren Ideals.

Nietzsche, Jenseits von Gut und Böse 4

Aus derselben Ackerkrume
wächst das Unkraut wie die Blume;
und das Unkraut macht sich breit.

Bodenstedt,
Aus dem Nachlaß des Mirza Schaffy I

Ich kann mich nicht bereden lassen,
macht mir den Teufel nur nicht klein:
Ein Kerl, den alle Menschen hassen,
der muß was sein!

Goethe, Zahme Xenien

Dem Unkraut schadet der Frost nicht.

Aus Portugal

Jedes Süße hat sein Bitteres, jedes Bittere sein Süßes, jedes Böse sein Gutes.

Emerson

Die das Dunkel nicht fühlen, werden sich nie nach dem Lichte umsehen.

Buckle

Haben wir Gutes empfangen von Gott und sollten das Böse nicht auch annehmen?

Hiob 2,10

Wahrlich, es gibt auch für das Böse noch eine Zukunft, und der heißeste Süden ist noch nicht entdeckt für den Menschen. Wie manches heißt jetzt schon ärgste Bosheit, was doch nur zwölf Schuhe breit und drei Monate lang ist! Einst aber werden größere Drachen zur Welt kommen.

Nietzsche,
Zarathustra II, Von der Menschenklugheit

Bosheit

Es gibt böse Geister,
die in des Menschen unverwahrter Brust
sich augenblicklich ihren Wohnsitz
                              nehmen,
die schnell in uns das Schreckliche
                              begehen
und, zu der Höll entfliehend, das Ent-
                              setzen
in dem befleckten Busen hinterlassen.
(Kennedy)

Schiller, Maria Stuart I, 4

Was du nicht willst, daß man dir tue, das tue einem andern auch nicht!

Tobias 4,16

O, hüte Dich vor allem Bösen!
Es macht Pläsier, wenn man es ist,
es macht Verdruß, wenn man's gewesen.

Busch, Die fromme Helene

Das Dichten des menschlichen Herzens ist böse von Jugend auf.

1. Moses 8,21

Es ist nicht wahr, daß die menschliche Natur ursprünglich gut wäre und erst durch Korruption verdorben würde, sondern im Gegenteil: Sie ist ursprünglich bestial, aber verbesserungs- und veredelungsfähig.

Spitteler, Politische Tagesberichte

Es ist traurig, daß Fehler und böse Neigungen der Eltern wie Physiognomien sich forterben auf Kinder – die wahre Erbsünde, die heimgesucht wird oft bis ins dritte und vierte Glied, wenn nicht Erziehung dazwischentritt.

Karl Julius Weber,
Demokritos IV, 8

Ganz bös ist keiner. Lebenskeimend
blieb
in seinem Herzen noch ein sanftrer
Trieb.

Byron

Der Mensch ist gut und will das Gute.
Er will nur dabei auch wohl sein, wenn
er es tut. Und wenn er böse ist, so
hat man ihm sicher den Weg verrammelt, auf dem er gut sein wollte.

Pestalozzi, Wie Gertrud ihre Kinder lehrt

Ich, roh geprägt, entblößt von Liebes-
Majestät,
vor leicht sich dreh'nden Nymphen
mich zu brüsten;
ich, um dies schöne Ebenmaß verkürzt,
von der Natur um Bildung falsch betrogen,
entstellt, verwahrlost, vor der Zeit
gesandt
in diese Welt des Atmens, halb kaum
fertig
gemacht, und zwar so lahm und unge-
ziemend,
daß Hunde bellen, hink' ich wo vorbei:
Ich nun, in dieser schlaffen Friedens-
zeit,
weiß keine Lust, die Zeit mir zu vertreiben,
als meinen Schatten in der Sonne
spähn
und meine eigne Mißgestalt erörtern.
Und darum, weil ich nicht als ein Verliebter
kann kürzen diese fein beredten Tage,
bin ich gewillt, ein Bösewicht zu werden. (Gloster)

Shakespeare, Richard III. 1, 1

Ich habe, mein Lieber, wieder bei diesem kleinen Geschäft gefunden, daß
Mißverständnisse und Trägheit vielleicht mehr Irrungen in der Welt machen als List und Bosheit.

Goethe,
Die Leiden des jungen Werthers,
4. 5. 1771

Goldne Zeit, da man den Übermut
für die Quelle des Bösen hielt!

Nietzsche, Unschuld des Werdens 2, 596

Mein bester Sohn! Es ist nicht immer
möglich,
im Leben sich so kinderrein zu halten,
wie's uns die Stimme lehrt im Innersten.
In steter Notwehr gegen arge List
bleibt auch das redliche Gemüt nicht
wahr.
Das eben ist der Fluch der bösen Tat,
daß sie, fortzeugend, immer Böses muß
gebähren. (Oktavio)

Schiller, Die Piccolomini V, 1

Es gibt sehr wenig böse Menschen und
doch geschieht so viel Unheil in der
Welt. Der größte Teil dieses Unheils
kommt auf Rechnung der vielen, vielen guten Menschen, die weiter nichts
als gute Menschen sind.

Nestroy

Es würde viel weniger Böses auf Erden getan, wenn das Böse niemals im
Namen des Guten getan werden
könnte.

Ebner-Eschenbach, Aphorismen

Die übelsten Werke sind stets mit den erhabensten Vorsätzen begonnen worden.

Wilde

Die Hölle ist mit guten Vorsätzen gepflastert.

Samuel Johnson

Wer andere unglücklich macht, gibt gewöhnlich vor, ihr Bestes zu wollen.

Vauvenargues, Reflexionen

Die Bosheit sucht keine Gründe, nur Ursachen. (Elisabeth)

Goethe, Götz von Berlichingen V, Jaxthausen

„O Lamm! Wenn ich dich nicht fresse, frißt du mich", sagt die Hyäne.

Aus Abessinien

Böse Buben schlagen sich durch.

Aus Japan

Der Bösen Wohlstand ist der Frommen Jammer.

Sprichwort

Der braucht einen langen Löffel, der mit dem Teufel ißt. (Dromio von Syrakus)

Shakespeare, Die Komödie der Irrungen IV, 3

Der Krug geht so lange zum Brunnen, bis er bricht.

Sprichwort

Das Glück des Bösen geht dahin wie ein Sturzbach.

Racine, Athalie II, 7

Es ist nichts so fein gesponnen, alles kommt ans Licht der Sonnen.

Sprichwort

Schnöde Taten, birgt sie die Erd' auch, müssen sich verraten. (Hamlet)

Shakespeare, Hamlet I, 3

Die Finsternis verbirgt den Schmutz nicht.

Aus Surinam

Mord, hat er schon keine Zunge, spricht mit wundervollen Stimmen. (Hamlet)

Shakespeare, Hamlet II, 2

Alte Schuld rostet nicht.

Sprichwort

Böses Werk muß untergehen, Rache folgt der Freveltat; denn gerecht in Himmelshöhen waltet des Kroniden Rat.

Schiller, Das Siegesfest

Wer eine Grube macht, der wird hin-
einfallen.

Sprüche 26,27

Die Bosheit ist ein Löwe, der zuerst
seinen Herrn anspringt.

Aus dem Senegal

So schadet meist der böse Rat
demselben, der ihn gegeben hat;
denn wer einem andern Fallstrick legt,
sich selber darin zu fangen pflegt.

Rollenhagen, Froschmeuseler 1, 2

Ein geringes Maß von Ehrlichkeit und
öffentlicher Moral leuchtet noch in der

Welt. Ein Schuft wagt noch nicht, als
solcher gelten zu wollen. Er nennt
einen anderen so. Alles wäre verloren,
wagte er laut zu sagen: Ich bin ein
Schuft.

Rivarol

Die Schwachen wollen manchmal, daß
man sie für böse ansehe. Die Bösen
aber wollen für Gute gelten.

Vauvenargues, Reflexionen

Es gibt böse Menschen, die weniger
gefährlich wären, wenn sie keine guten
Eigenschaften hätten.

La Rochefoucauld, Reflexionen

Selbstsucht

Das Ich und Mich, das Mir und Mein
regiert in dieser Welt allein.

Sprichwort

Proximus sum egomet mihi. Jeder ist
sich selbst der Nächste.

Terenz, Andria 4, 1

Sich selbst erhalten bleibt der Selbstsucht Lehre,
nicht Dankbarkeit und Neigung,
Pflicht und Ehre. (Kaiser)

Goethe, Faust 2, IV, Auf dem Vorgebirg

O meine Söhne! Feindlich ist die Welt
und falsch gesinnt! Es liebt ein jeder
nur
sich selbst. Unsicher, los und wandelbar
sind alle Bande, die das leichte Glück
geflochten. Laune löst, was Laune
knüpfte. (Isabella)

Schiller, Die Braut von Messina I, 4

Egoisten sind alle. Der Schlimmste
aber ist jener,
welcher nicht glaubt, es zu sein, weil
es am Maß ihm gebricht.

Hebbel, Der schlimmste Egoist

Gerade in Kleinigkeiten, bei welchen der Mensch sich nicht zusammennimmt, zeigt er seinen Charakter, und da kann man oft an geringfügigen Handlungen, an bloßen Manieren den grenzenlosen, nicht die mindeste Rücksicht auf andere kennenden Egoismus bequem beobachten, der sich nachher im Großen nicht verleugnet, wiewohl verlarvt.

Schopenhauer,
Aphorismen zur Lebensweisheit V, 29

Wer sich selber für seinen besten Freund hält, der verdient keinen anderen.

Aus Schweden

Wer in sich selbst verliebt ist, hat wenigstens bei seiner Liebe den Vorteil, daß er nicht viel Nebenbuhler erhalten wird.

Lichtenberg

Je mehr du dich selbst liebst, desto mehr bist du dein eigener Feind.

Ebner-Eschenbach, Aphorismen

Der Umgang mit einem Egoisten ist darum so verderblich, weil die Notwehr uns allmählich zwingt, in seinen Fehler zu verfallen.

Ebner-Eschenbach, Aphorismen

Was die Religion den „Sünder" nennt, das nennt die Humanität den „Egoisten".

Stirner,
Der Einzige und sein Eigentum 2, 2

Eigennutz, der schiefe Hang der Welt,
der Welt, die gleich gewogen ist an sich,
auf ebnem Boden grade hin zu rollen,
bis dieser Vorteil, dieser schnöde Hang,
der Lenker der Bewegung, Eigennutz,
sie abwärts neigt von allem Gleichgewicht,
von aller Richtung, Vorsatz, Lauf und Ziel. (Bastard)

Shakespeare, König Johann II, 1

Die Eigenliebe ist ein windgeblähter Ballon, daraus Stürme hervorbrechen, wenn er geritzt wird.

Voltaire, Zadig

Selbstsucht liegt nicht darin, daß man nach eigenem Gutdünken lebt, sondern darin, daß man von anderen jene Lebensführung verlangt, die man sich selbst gesetzt hat.

Wilde

Sie schelten einander Egoisten;
will jeder doch nur sein Leben fristen.
Wenn der und der ein Egoist,
so denke, daß du es selber bist!
Du willst nach deiner Art bestehn,
mußt selbst auf deinen Nutzen sehn!
Dann werdet ihr das Geheimnis besitzen,
euch sämtlich untereinander zu nützen;
doch den laßt nicht zu euch herein,
der andern schadet, um etwas zu sein!

Goethe, Zahme Xenien III

Selbstliebe ist nur insofern sittlich, als sie alle andere Liebe in sich schließt.

Schleiermacher

Es gibt eine schöne Form der Verstellung, die Selbstüberwindung, und eine schöne Form des Egoismus, die Liebe.

Ebner-Eschenbach, Aphorismen

Eigennutz macht die einen blind, die andern sehend.

La Rochefoucauld, Reflexionen

Selbstliebe, Herr, ist nicht so schnöde
Sünde
als Selbstversäumnis. (Dauphin)

Shakespeare, König Heinrich V. II, 4

Die zackigste, härteste Selbstsucht ist nichts als gefrorenes Mitleid und die zärtlichste Teilnahme nur aufgelöste Eigenliebe.

Börne, Fragmente und Aphorismen 268

Der Eigennutz spricht alle Sprachen und spielt alle Rollen, sogar die der Selbstlosigkeit.

La Rochefoucauld, Reflexionen

Die Eigenliebe, die Liebe zur Selbsterhaltung, nimmt soviele Gestalten an und handelt aus so entgegengesetzten Gründen, daß sie uns dazu bringt, unser Sein aus Liebe zu unserm Sein zu opfern. Und die Achtung, die wir vor uns selbst hegen, ist derart, daß wir infolge eines dunklen Naturtriebs, demgemäß wir uns mehr lieben als

selbst unser Leben, freiwillig in den Tod gehen.

Montesquieu, Betrachtungen über die Ursachen der Größe der Römer 12

Eine tugendhafte Handlung, die Aufopferung eigener Interessen oder seiner selbst, ist das Bedürfnis einer adeligen Seele, die Eigenliebe eines großmütigen Herzens, ich möchte sagen, der Egoismus eines großen Charakters.

Chamfort, Maximen II

Die Tugenden verlieren sich im Eigennutz, wie die Ströme sich im Meer verlieren.

La Rochefoucauld, Reflexionen

Der Egoismus ist etwas Spätes und immer noch Selteneres. Die Herden-Gefühle sind mächtiger und älter.

Nietzsche, Unschuld des Werdens 2, 432

Wer seinen Egoismus überwindet, der entledigt sich des bedeutendsten Hindernisses, welches jeder wahren Größe und jedem wahren Glücke den Weg verrammelt.

Joseph von Eötvös, Gedanken

Und warum schelt' ich auf den Eigennutz?
Doch nur, weil er bis jetzt nicht um mich warb. (Bastard)

Shakespeare, König Johann II, 1

Anfechtung

Wehe dem Menschen, durch welchen
Ärgernis kommt.

Matthäus 18,7

Der Hehler ist schlimmer als der Stehler.

Sprichwort

Mein Kind, wenn dich die bösen Buben locken, so folge nicht!

Sprüche 1, 10

Wer ist so fest, den nichts verführen kann? (Cassius)

Shakespeare, Julius Cäsar I, 3

Ein anderes rät mir Lust, ein anderes
Sinn.
Das Bessere seh ich und lob ich, Schlechterem folget mein Herz.

Ovid, Verwandlungen VII

Gott zieht an einer Hand, der Teufel an beiden Beinen.

Busch, Aphorismen und Reime

Der Teufel hat mehr als zwölf Apostel.

Aus Schweden

Der Teufel ist nie so schwarz, wie man ihn malt.

Sprichwort

Der Teufel hat Gewalt, sich zu verkleiden
in lockende Gestalt. (Hamlet)

Shakespeare, Hamlet II, 2

O list'ger Erbfeind! Heilige dir zu
fangen,
köderst du sie mit Heil'gen. (Angelo)

Shakespeare, Maß für Maß II, 2

Wo Oasen sind, da sind auch Götzenbilder.

Nietzsche,
Zarathustra II, Von den berühmten Weisen

Ach, es versucht uns nichts so mächtig
als der Mangel.
Die klügsten Fische treibt der Hunger
an die Angel. (Sophie)

Goethe, Die Mitschuldigen I, 2

Wenn die Armut die Mutter der Verbrechen ist, so ist der Mangel an Geist
ihr Vater.

La Bruyère

Wo der Teufel machtlos ist, schickt er
als Boten ein Weib.

Aus Rußland

Wie oft bewirkt die Wahrnehmung
der Mittel
zu böser Tat, daß man sie böslich tut.

Wenn du nicht dagewesen wärst, ein
Mensch
gezeichnet von den Händen der Natur
und ausersehn zu einer Tat der
Schmach,
so kam mir dieser Mord nicht in den
Sinn. (König Johann)

Shakespeare, König Johann IV, 2

Der erhabene Kopf hat andere Ver-
suchungen als der gemeine. (Fiesco)

Schiller, Die Verschwörung des
Fiesco zu Genua III, 2

Im Anfang ist der böse Trieb
ein bloßer Wandersmann,
doch zeigst du ihm, daß er dir lieb,
dein Gast wird er alsdann.
Wirfst du ihn dann nicht schnell hinaus,
wird er zuletzt der Herr im Haus.

Talmud

Den Teufel spürt das Völkchen nie,
und wenn er sie beim Kragen hätte.
(Mephistopheles)

Goethe, Faust I, Auerbachs Keller

Wer eine Sünde zweimal begangen hat,
der hält sie für keine Sünde mehr.

Talmud

Jede Anfechtung verschönert den Menschen.

Kierkegaard

Des Menschen Tätigkeit kann allzu
leicht erschlaffen,
er liebt sich bald die unbedingte Ruh;
drum geb ich gern ihm den Gesellen
zu,
der reizt und wirkt und muß als Teufel schaffen. (Der Herr)

Goethe, Faust, Prolog

Fehler

C'est plus qu'un crime, c'est une faute.
Das ist mehr als ein Verbrechen. Das
ist ein Fehler.

Joseph Fouché

In Fehler führt uns Flucht vor Fehlern.

Horaz, Ars Poetica 5, 31

Für jede Dummheit findet sich einer,
der sie macht.

Sprichwort

Wer nicht kleine Fehler vermeidet, verfällt allgemach in größere.

Thomas a Kempis

Es gibt gut eingekleidete Dummheiten, wie es sehr gut angezogene Dummköpfe gibt.

Chamfort, Maximen I

Auch der beste Gaul stolpert einmal.

Sprichwort

Nur das feurige Roß, das mutige,
        stürzt auf der Rennbahn.
Mit bedächtigem Paß schreitet der
        Esel daher.

Goethe, Aus den Tabulae Votivae,
                Die Sicherheit

Alberne Leute sagen Dummheiten.
Gescheite Leute machen sie.

Ebner-Eschenbach, Aphorismen

Einem Klugen widerfährt keine geringe Torheit.

Goethe,
Maximen und Reflexionen,
Aus Kunst und Altertum 1823

Lustige Leute begehen mehr Torheiten
als traurige. Aber traurige begehen
größere.

Ewald von Kleist

Der Mensch hat verschiedene Stufen,
die er durchlaufen muß, und jede Stufe
führt ihre besonderen Tugenden und
Fehler mit sich, die in der Epoche, wo
sie kommen, durchaus als naturgemäß
zu betrachten und gewissermaßen recht
sind.

Goethe, zu Eckermann, 6. 3. 1831

Es muß auf Erden jeder Mensch
sein Pärchen Narrenschuh vertragen;
doch mancher läßt die Sohlen sich
mit Eisen um und um beschlagen.

Wilhelm Müller, Epigramme 2

Man muß verstehen, die Dummheiten
zu begehen, die unser Charakter von
uns verlangt.

Chamfort, Maximen I

Alle Narrheit erschöpfen — so gelangt
man zum Boden der Weisheit.

Börne, Fragmente und Aphorismen

Es ist von großem Vorteil, die Fehler,
aus denen man lernen kann, recht frühzeitig zu machen.

Winston Churchill

Daß du der Fehler schlimmsten, die
        Mittelmäßigkeit, meidest,
Jüngling, so meide doch ja keinen der
        andern zu früh!

Goethe, Aus den Tabulae Votivae,
                Lehre an den Kunstjünger

Fehlst du, laß dich's nicht betrüben;
denn der Mangel führt zum Lieben.
Kannst dich nicht vom Fehl befrein,
wirst du andern gern verzeihn.

Goethe, Zahme Xenien III

Den Fehler, den man selbst geübt,
man auch wohl an dem andern liebt.

Goethe, Sprichwörtlich

Ich hab einen neuen Fehler begangen;
darauf waren die Leute so versessen,
daß sie des alten gern vergessen.

Goethe, Zahme Xenien V

Für eigene Fehler sind wir Maulwürfe,
für fremde Luchse.

Sprichwort

Leicht vergessen wir unsere Fehler,
wenn wir allein um sie wissen.

La Rochefoucauld, Reflexionen

Jeder Fehler erscheint unglaublich
dumm, wenn andre ihn begehen.

Lichtenberg

Begangene Fehler können nicht besser
entschuldigt werden als mit dem Geständnis, daß man sie als solche erkenne.

Calderon

Es gibt Leute, deren Gaben man ohne
ihre Fehler nie erkannt hätte.

Vauvenargues, Nachgelassene Maximen

Nichts erfrischt unser Blut so sehr, wie
wenn es uns gelungen ist, eine Dummheit zu vermeiden.

La Bruyère

Abusus optimi pessimus. Der Mißbrauch des Besten ist der Schlimmste.

Sprichwort

Laster

Man könnte sagen, die Laster erwar-
teten uns auf dem Weg des Lebens
gleich Wirten, bei denen man nachein-
ander einkehren muß. Ich zweifle, ob
die Erfahrung uns sie vermeiden ließe,
wenn wir den Weg zweimal machen
dürften.

La Rochefoucauld, Reflexionen

Eine herrliche Ausflucht für den Lie-
derlichen, seine hitzige Natur den Sternen zur Last zu legen! Mein Vater
ward mit meiner Mutter einig unterm
Drachenschwanz, und meine Nativi-
tät fiel unter ursa major, und so folgt
denn, ich müsse rauh und verbuhlt
sein. (Edmund)

Shakespeare, König Lear I, 2

Oft verliert man sich nur deshalb nicht
in einem Laster, weil man mehrere hat.

La Rochefoucauld, Reflexionen

In der Früh' und frischem Tau der
Jugend
ist gift'ger Anhauch am gefährlichsten.
(Laertes)

Shakespeare, Hamlet I, 3

Wie hüllt sich Sünde gern in Höflichkeit. (Perikles)

Shakespeare, Perikles I, 1

Die Laster stehlen der Tugend die Kleidung.

Sprichwort

Wie man das Gewicht seines eigenen
Körpers trägt, ohne es, wie doch das
jedes fremden, den man bewegen will,
zu fühlen, so bemerkt man nicht die
eignen Fehler und Laster, sondern nur
die der andern.

Schopenhauer,
Aphorismen zur Lebensweisheit V, 31

Das Böse ist ein Hügel: Jedermann
steigt auf seinen eigenen und zeigt auf
einen anderen.

Aus Nigeria

Das Laster, dem man selbst heimlich
nahesteht, verurteilt man am eifrigsten.

Graff

Die Laster sind untereinander näher
verwandt als die Tugenden.

Ebner-Eschenbach, Aphorismen

Ein schlechter Mensch ist niemals glücklich, auch wenn er Glück hat.

Menander, Sentenzen in Monostichen 19

Der Lasterhafte ist sein eigener Prome-
theusgeier.

Jean Paul

Es gibt gewisse Fehler, die vor epi-
demischen Lastern schützen. In Pest-
zeiten bleiben Malariakranke vor der
Ansteckung bewahrt.

Chamfort, Maximen II

Wenn die Laster uns verlassen, schmeicheln wir uns mit dem Wahn, wir hätten sie verlassen.

La Rochefoucauld, Reflexionen

Doch schmerzlich denkt manch alter
Knaster,
der von vergangenen Zeiten träumt,
an die Gelegenheit zum Laster,
die er versäumt.

Busch, Zu guter Letzt, Reue

Wollust

Allein wie Tugend nie sich reizen läßt,
buhlt Unzucht auch um sie in Himmels-
bildung,
so Lust, gepaart mit einem lichten
Engel,
wird dennoch eines Götterbettes satt
und hascht nach Wegwurf. (Geist)

Shakespeare, Hamlet I, 5

Mord ist der Wollust nah wie Rauch
dem Feuer. (Perikles)

Shakespeare, Perikles I, 1

Sinnliche Ausschweifung ist viel öfter
die Folge als die Ursache einer zerrüt-
teten Gesundheit.

Börne, Fragmente und Aphorismen 6

Rach' und Wollust
sind tauber als der Ottern Ohr dem
         Ruf
wahrhaften Urteils. (Hektor)

 Shakespeare, Troilus und Cressida II, 2

Wie artig weiß die Hündin Sinnlichkeit um ein Stück Geist zu betteln,
wenn ihr ein Stück Fleisch versagt
wird!

       Nietzsche,
  Zarathustra I, Von der Keuschheit

Gewalt

Mit einer Handvoll Gewalt kommt
man weiter als mit einem Sack voll
Recht.

        Sprichwort

Die Gesetzbücher treffen so viele Vorkehrungen gegen die Gewalt, und unsere Erziehung ist dermaßen in der
Absicht geleitet, unsere Tendenzen zur
Gewaltsamkeit abzuschwächen, daß
wir instinktiv zu dem Gedanken geführt werden, daß jede Handlung der
Gewalt die Kundgebung eines Rück-
schritts zur Barbarei sei.

      Georges Sorel,
  Réflexions sur la violence 6, 1

Alexander der Große, Cäsar und ich,
wir haben große Reiche gegründet
durch Gewalt, und nach unserem Tode
haben wir keinen Freund. Christus hat
sein Reich auf Liebe gegründet, und
noch heutzutage würden Millionen
Menschen freiwillig für ihn in den Tod
gehen.

       Napoleon I.

Keine Gewalt hat Dauer.

     Leonardo da Vinci

Ich habe immer gefunden, daß die Türen, durch welche ich gehen soll, sich
mir von selbst öffnen. Gewaltsam
durchzudringen, ist mir nie gut bekommen.

    Robert Wilhelm Bunsen

Schrecklich immer,
auch in gerechter Sache, ist Gewalt.
        (Reding)

   Schiller, Wilhelm Tell II, 2

Durchschneide nicht, was du lösen
kannst!

        Joubert

Gewalttätiger Eifer für die Wahrheit
ist entweder Unbeherrschtheit, Ehrgeiz
oder Überheblichkeit.

        Swift

Erzwungene Sache war nie heilig.

      Aus Frankreich

Furcht und Habgier sind die Ursachen
der Grausamkeit.

        Galiani

Wenn sich der Unverstand mit der Gewalt verfreit,
entsteht aus dieser Eh' die tollste Grausamkeit.

Logau

Grausamkeit ist das Heilmittel des
verletzten Stolzes.

Nietzsche, Unschuld des Werdens 2

Die Kinder schlagen die Fenster ein,
wenn ihre Lehrer nicht zugegen sind;
die Soldaten legen Feuer an das Lager, das sie verlassen, allen Befehlen
des Feldherrn zum Trotz; ohne Hemmung zerstampfen sie das hoffnungs-
vollste Ährenfeld und reißen stolze

Bauwerke nieder. Was zwingt sie, überall tiefe Spuren der Barbarei zu hinterlassen? Ist es allein die Lust am Zerstören? Oder sollten die schwachen
Seelen in der Zerstörung sich zu Kühnheit und Kraft erheben wollen?

Vauvenargues, Nachgelassene Maximen

Jede Roheit hat ihren Ursprung in
einer Schwäche.

Seneca, Vom glücklichen Leben 3

Am leichtesten erträgt man noch die
Gewalt, die man eines Tages selbst aus-
zuüben hofft.

Joubert

Betrug

Die Wilden fressen einander, und die
Zahmen betrügen einander.

Schopenhauer,
Aphorismen zur Lebensweisheit V, 29

Die Welt will betrogen sein.

Sebastian Brant, Narrenschiff

Betrügen und betrogen werden,
nichts ist gewöhnlicher auf Erden.

Seume, Verlangtes Gutachten

Wenn nun die Ungerechtigkeit auf
zweierlei Weise verübt wird, entweder

auf dem Wege der Gewalt oder durch
Betrug, so paßt sich der Betrug gleich-
sam für den Fuchs, die Gewalt für den
Löwen. Dem Menschen steht zwar bei-
des nicht an, aber abscheulicher ist der
Betrug.

Cicero,
Drei Bücher von den Pflichten I, 13

Wer im Kleinen ungetreu ist, wird der
treu im Großen werden?

Gotthelf

Niemand glaubt sich geeigneter, einen
Menschen von Geist zu hintergehen,
als ein Dummkopf.

Vauvenargues, Reflexionen

Die einzige Art zu betrügen, die zuweilen noch Erfolg hat, ist offenherzig
zu sein.

Börne, Fragmente und Aphorismen 80

Wer andere betrogen hat,
wird dich gewiß betrügen, wenn's ihm
dient.

Schefer, Laienbrevier, März 18

Sogar dies Wort hat nicht gelogen:
Wen Gott betrügt, der ist wohl betrogen.

Goethe, Gott, Gemüt und Welt

Muß denn einmal betrogen sein auf
Erden,
so will ich lieber doch betrogen werden
als selber ein Betrüger sein.

Bodenstedt, Aus dem Nachlasse
des Mirza Schaffy III, 23

Es ist unendlich schöner, sich zehnmal
betrügen zu lassen, als einmal den
Glauben an die Menschheit zu verlieren.

Zschokke, Selbstbiographie

Wer mich einmal betrügt, der tut mir
unrecht. Wer mich zum andernmal betrügt, der tut mir recht.

Sprichwort

Der erste Betrug ist ärger als der letzte.

Sprichwort

Man wird nie betrogen, man betrügt
sich selbst.

Goethe,
Wilhelm Meisters Wanderjahre III,
Aus Makariens Archiv

Der Selbstbetrug ist der häufigste Betrug und auch der schlimmste.

Boßhart, Bausteine

Doch dünkt mich keine Sünde, den
betrügen,
der als ein falscher Spieler hofft zu
siegen. (Diana)

Shakespeare, Ende gut, alles gut IV, 3

Nichts gibt ein größeres Vergnügen,
als den Betrüger zu betrügen.

Ramler, Der Wolf und das Pferd

Wer einen Betrüger betrogen hat, dem
ist der Himmel wohlgesinnt.

Aus Spanien

Falschheit heilet Falschheit, wie das
Feuer
in den versengten Adern Feuer kühlt.
(Pandulpho)

Shakespeare, König Johann III, 1

Durch Betrug erlistet ist noch nicht gewonnen.

Sophokles, Ödipus in Kolonos 1022

Freigebiger wird betrogen,
Geizhafter ausgesogen,
Verständiger irregeleitet,
Vernünftiger leer geweitet,
der Harte wird umgangen,
der Gimpel wird gefangen.
Beherrsche diese Lüge,
Betrogener betrüge!

Goethe, Divan, Buch der Betrachtungen

Ich will dem Betruge seinen Rang nicht nehmen. Das hieße die Welt schlecht verstehen. Ich weiß, daß er sehr oft nützliche Dienste geleistet hat und daß er die meisten Stände der Menschen nährt und erhält.

Montaigne, Essays 3, 1

Doch sag mir, Clifford, hast du nicht
gehört,
daß schlecht Erworbnes immer schlecht
gerät? (König Heinrich)

Shakespeare, König Heinrich VI.,
Dritter Teil II, 2

Merkwürdig ist, daß in der Sprache der für die ehrlichste von allen geltenden deutschen Nation vielleicht mehr als in irgendeiner andern Ausdrücke für Betrügen sind. Und zwar haben die meisten einen triumphierenden Anstrich. Vielleicht weil man die Sache für sehr schwer hielt.

Schopenhauer, Neue Paralipomena 19,
Über Sprache und Worte

Lüge

Mir verhaßt ist jener so sehr wie des
Aides Pforten,
wer ein anderes birgt in der Brust und
ein anderes aussagt.

Homer, Ilias IX, 312

Wer lügt, stößt Gott einen Dolch ins Herz.

Rathenau

Ich kenne nichts Lasterhafteres, Gemeineres als das Lügen. Es ist entweder ein Produkt der Bosheit, der Feigheit oder der Eitelkeit.

Graf Chesterfield

Was bist denn du, der du dem Bruder
lügst,
den Freund betrügst, dein Nächstes
hintergehst?
Du bist kein Tier, denn das ist wahr,
kein Wolf, kein Drach', kein Stein,
kein Schierlingsgift:
Ein Teufel bist du; der allein ist Lügner,
und du ein Teufel, insofern du lügst.

(Gregor)

Grillparzer, Weh dem, der lügt I

Je mehr Schwäche, je mehr Lüge. Die Kraft geht gerade.

Jean Paul

Kinder und Greise fabeln. Die ersten,
weil ihr Verstand die Herrschaft über
die Phantasie noch nicht gewonnen,
die zweiten, weil er sie verloren hat.

Ebner-Eschenbach, Aphorismen

Die Weiber lügen, selbst wenn sie
schweigen.

Aus Israel

Wenn die Menschen an dem, was sie
sagen, nicht innerlich beteiligt sind, so
darf man daraus nicht schließen, daß
sie nicht lügen. Es gibt Leute, die um
der Lüge willen lügen.

Pascal

Ist es das erste Mal in Eurem Leben,
daß Ihr falsch Zeugnis abgelegt?
Habt Ihr von Gott, der Welt und was
         sich drin bewegt,
vom Menschen, was sich ihm in Kopf
         und Herzen regt,
Definitionen nicht mit großer Kraft
         gegeben,
mit frecher Stirne, kühner Brust?
Und wollt Ihr recht ins Innre gehen,
habt Ihr davon — Ihr müßt es grad
         gestehen! —
soviel als von Herrn Schwerdtleins
         Tod gewußt? (Mephistopheles)

Goethe, Faust 1, Straße

Man darf sich nicht kränken, daß uns
andere nicht die Wahrheit sagen; denn
wir sagen sie uns oft selbst nicht.

La Rochefoucauld,
Nachgelassene Maximen

Der Beste muß mitunter lügen.
Zuweilen tut er's mit Vergnügen.

Busch, Aphorismen und Reime

Die gefährlichsten Unwahrheiten sind
die Wahrheiten, mäßig entstellt.

Lichtenberg, Vermischte Schriften I, 3

Wer eine Lüge sagt, merkt nicht, welch
große Aufgabe er übernimmt; denn er
wird gezwungen sein, zwanzig weitere
zu finden, um diese eine aufrechtzuer-
halten.

Alexander Pope

Eine Lüge schleppt zehn andere nach.

Sprichwort

Eine Lüge ist wie ein Schneeball: Je
länger man ihn wälzt, desto größer
wird er.

Luther

Ein Lügner muß ein gutes Gedächtnis
haben.

Aus Spanien

Magst du die Lüge noch so gut
in das Gewand der Wahrheit kleiden,
der Dümmste ist nicht dumm genug,
um beide nicht zu unterscheiden.

Bodenstedt

Lügen haben kurze Beine.

Sprichwort

Erzähle eine Lüge, damit die Wahrheit
ans Licht kommt!

Von den Philippinen

Lügen summen wie Fliegen und Mük-
ken, die Wahrheit aber strahlt prächtig
wie die Sonne.

Maurisches Sprichwort

Wer einmal lügt, dem glaubt man
nicht,
und wenn er auch die Wahrheit spricht.

Phädrus, Wolf und Fuchs vor
dem Richterstuhl des Affen

Das Lügen ist ein eigener Kitzel der
Eigenliebe, die da glaubt, daß Wahr-
heit den Verstand weniger ehre als
Lügen eigener Erfindung.

Weber, Demokritos IV, 21

Habt ihr gelogen in Wort und Schrift,
andern ist es und euch ein Gift.

Goethe, Zahme Xenien II

Was du teurer bezahlst, die Lüge oder
die Wahrheit?
Jene kostet dein Ich, diese doch höchstens dein Glück.

Hebbel, Lüge und Wahrheit

Mit Lügen kann einer durch die Welt
kommen, aber bestimmt nicht zurück.

Aus Rußland

O weh der Lüge! Sie befreiet nicht
wie jedes andre, wahrgesprochne Wort
die Brust. Sie macht uns nicht getrost.
Sie ängstet
den, der sie heimlich schmiedet, und
sie kehrt,
ein losgedruckter Pfeil, von einem
Gotte
gewendet und versagend, sich zurück
und trifft den Schützen. (Iphigenie)

Goethe, Iphigenie IV, 1

Ein falscher Zeuge bleibt nicht ungestraft, und wer frech Lügen redet, wird
umkommen.

Sprüche Salomonis 19, 9

Lieber eine glatte Lüge als eine unge-
fällige Wahrheit.

Aus Ägypten

In die Angel der Wahrheit beißen nur
Karpfen. Mit dem Netz der Lüge fischt
man Lachse.

Aus Lettland

Wer nie lügt, wird nie groß.

Aus Uganda

Falsche Worte gelten zum höchsten,
wenn sie Masken unserer Taten sind.
Ein Vermummter, der kenntlich ist,
spielt eine armselige Rolle. (Adelheid)

Goethe, Götz von Berlichingen II,
Adelheids Zimmer

Einzig den Ärzten ist es erlaubt zu
lügen.

Aus Frankreich

Schuld

Wer unter euch ohne Sünde ist, der
werfe den ersten Stein!

Johannes 8,7

Wer nie sein Brot mit Tränen aß,
wer nie die kummervollen Nächte
auf seinem Bette weinend saß,
der kennt euch nicht, ihr himmlischen
Mächte.
Ihr führt ins Leben uns hinein,
ihr laßt den Armen schuldig werden,
dann überlaßt ihr ihn der Pein:
Denn alle Schuld rächt sich auf Erden.

Goethe,
Wilhelm Meisters Lehrjahre II, 13

Es gibt für den Menschen nur ein wahres Unglück: Sich etwas vorzuwerfen
haben.

La Bruyère, Charaktere 11

Schicksalsschläge lassen sich ertragen
— sie kommen von außen, sind zufällig. Aber durch eigene Schuld leiden — das ist der Stachel des Lebens.
(Lord Windermere)

Wilde, Lady Windermeres Fächer I

Das Leben ist der Güter höchstes nicht.
Der Übel größtes aber ist die Schuld.

Schiller, Die Braut von Messina, Schluß

Und ich bin mitleidswürdiger als er;
denn er schied rein hinweg, und ich bin
schuldig. (Don Cesar)

Schiller, Die Braut von Messina IV, 6

Selbstgeschlagene Wunden heilen
schwer. (Patroclus)

Shakespeare, Troilus und Cressida III, 3

Keine Religion als die christliche hat
gelehrt, daß der Mensch als Sünder
geboren wird.

Pascal, Gedanken über die Religion

Will man den Grad von Schuld, mit
dem unser Dasein selbst behaftet ist,
ermessen, so blicke man auf das Leiden, welches mit demselben verknüpft
ist. Jeder große Schmerz, sei er leiblich
oder geistig, sagt aus, was wir verdienen: Denn er könnte nicht an uns kommen, wenn wir ihn nicht verdienten.

Schopenhauer,
Welt als Wille und Vorstellung II, 4, 46

Der Glaube an die Erbsünde hat die
wahre Erbsünde geschaffen. Das Christentum predigte so lange die Bösheit
der menschlichen Natur, bis sie wirklich böse wurde.

Coudenhove-Kalergi, Held und Heiliger

Es ist eine abgeschmackte Verleumdung
der menschlichen Natur, daß der
Mensch als Sünder geboren werde.

Fichte

Dem echt Religiösen ist nichts Sünde.

Novalis, Fragmente

Alles, was gegen das Gewissen geschieht, ist Sünde.

Thomas von Aquin

There is no sin but stupidity.
Es gibt nur eine Sünde, und das ist Dummheit.

Wilde, The critic as artist

Die Dümmsten
sind in aller Welt die Schlimmsten.

Sprichwort

Jede Sünde trägt umso bedeutendere Schuld in sich, je größer das Ansehen des Sünders ist.

Juvenal

Im Überfluß zu sündigen, ist schlimmer als Lüg' aus Not, und Falschheit zeigt sich böser
im König als im Bettler. (Imogen)

Shakespeare, Cymbeline III, 6

Wer die Leiter hält, ist so schuldig wie der Dieb.

Sprichwort

Des Mannes Sünde bleibt auf der Schwelle, die der Frau kommt ins Haus hinein.

Aus Rußland

Es gibt auf Erden losgesprochne Sünden. (Bastard)

Shakespeare, König Johann I, 1

Sündentsproßne Werke
erlangen nur durch Sünden Kraft und Stärke. (Macbeth)

Shakespeare, Macbeth III, 3

Die Klugheit lehrt, daß, wer
voll Scham nachtschwarze Tat nicht flieht,
kein Mittel scheut, das sie dem Licht entzieht. (Perikles)

Shakespeare, Perikles I, 1

XVI. Kapitel

Geständnis
Ausrede
Entschuldigung
Reue
Buße
Besserung
Menschlichkeit
Barmherzigkeit
Verzeihung
Strenge
Strafe
Rache
Prügel

Geständnis

Man kann sich über seine Fehler beruhigen, wenn man die Stärke besitzt,
sie zu gestehen.

La Rochefoucauld, Unterdrückte Maximen

Eingestanden ist schon halb gebessert.

Aus Rußland

Viele Leute glauben, wenn sie einen
Fehler erst eingestanden haben, brauchen sie ihn nicht mehr abzulegen.

Ebner-Eschenbach, Aphorismen

Wir gestehen unsere Fehler ein, um
durch Aufrichtigkeit den Schaden zu
tilgen, den sie uns in der Meinung anderer zugefügt haben.

La Rochefoucauld, Reflexionen

Wir gestehen unsere kleinen Fehler
nur, um zu überzeugen, daß wir keine
großen haben.

La Rochefoucauld, Reflexionen

Niemand beichtet gern in Prosa.

Goethe, An die Günstigen

Es ist mehr als Beichte, wenn man auch
das bekennt, worüber man nicht Ab-
solution bedarf.

Goethe, an Charlotte von Stein,
30. 1. 1776?

Magst du einmal mich hintergehen,
merk ich's, so laß ich's wohl geschehen.
Gestehst du mir's aber ins Gesicht,
in meinem Leben verzeih ich's nicht.

Goethe, Sprichwörtlich

Ausrede

Dem fehlte nie, der freche Laster übte,
die Unverschämtheit, seine Tat zu
leugnen. (Leontes)

Shakespeare, Das Wintermärchen III, 2

Der schlimmste Schritt ist, den man
eingesteht.
Was man nicht aufgibt, hat man nie
verloren. (Elisabeth)

Schiller, Maria Stuart II, 5

Eine Frau hat eine Ausrede schneller
zur Hand als eine Schürze.

Aus Irland

Ausflücht' in Menge findest du leicht:
Du bist ein Weib. (Andromache)

Euripides, Andromache I, 2

Entschuldigung

Eine Entschuldigung ist ärger und schrecklicher als eine Lüge; denn eine Entschuldigung ist eine geschützte Lüge.

Pope, Aphorismen 185

Sich entschuldigen ist schlimmer als sich vergehen.

Aus Kurdistan

Öfters, wenn man einen Fehl entschuldigt,
macht ihn noch schlimmer die Entschuldigung,

wie Flicken, die man setzt auf kleine Risse,
da sie den Fehl verbergen, mehr entstellen,
als selbst der Fehl, eh man ihn so geflickt. (Pembroke)

Shakespeare, König Johann IV, 2

Wer die Menschen kennen lernen will, der studiere ihre Entschuldigungsgründe.

Hebbel, Tagebuch

Reue

Reue ist Verstand, der zu spät kommt.

Feuchtersleben, Aphorismen

Was ist Reue? Eine große Trauer darüber, daß wir sind, wie wir sind.

Ebner-Eschenbach, Aphorismen

Es gibt Dinge, die man bereut, ehe man sie tut. Und man tut sie doch.

Hebbel

Reu' ist aller Sünden Tod.
Sie hilft dem Sünder aus der Not.

Freidank, Bescheidenheit

Reue ist oft nicht so sehr das Bedauern über das Böse, das wir getan haben, als die Furcht vor dem, was uns daraus erwachsen könnte.

La Rochefoucauld, Reflexionen

Wer bereut, ist fast unschuldig.

Aus Frankreich

Nur wer bereut, dem wird verziehen.

Dante, Hölle 27, 118

Die Leidenschaften sind nur Natur, aber Nicht-Bereuen ist Verdorbenheit.

Joubert

Es freut sich die Gottheit der reuigen
                                  Sünder.
Unsterbliche heben verlorene Kinder
mit feurigen Armen zum Himmel em-
                                  por.

Goethe, Der Gott und die Bajadere

Weh, wer zu spät bereut! (Lear)

Shakespeare, König Lear I, 4

Der Quell echter Reue sprudelt in heiligen Tiefen, und nur in der einsamen
Stille seines göttlichen Ursprungs waschen sich schuldige Hände und Seelen
rein.

Conrad Ferdinand Meyer

Die Reue ist der Mai der Tugenden.

Aus China

Die Reue treibt den Schwachen zur
Verzweiflung und macht den Starken
zum Heiligen.

Ebner-Eschenbach, Aphorismen

Ein weiser Mann scheut das Bereuen.
Er überlegt seine Handlung vorher.

Epicharm, Fragmente

Die Pein des unerfüllten Wunsches ist
klein gegen die der Reue; denn jene
steht vor der stets offenen unabseh-
baren Zukunft, diese vor der unwiderruflich abgeschlossenen Vergangenheit.

Schopenhauer,
Parerga und Paralipomena II, Kapitel 31

Achtgeben ist mehr als Reue.

Sprichwort

Nichts taugt Ungeduld,
noch weniger Reue.
Jene vermehrt die Schuld,
diese schafft neue.

Goethe, Sprichwörtlich

Nichts bereuen ist aller Weisheit Anfang.

Börne, Fragmente und Aphorismen 202

Deine Reue sei lebendiger Wille, fester
Vorsatz. Klage und Trauer über begangene Fehler sind zu nichts nütze.

Platen, Lebensregeln 46

Deine ganze Reue sei eine schönere
Tat!

Jean Paul, Hesperus, Dritter Schalttag

Buße

Abbitte ist die beste Buße.

Sprichwort

Nicht wieder tun ist die beste Buße.

Sprichwort

Die kleinsten Sünder tun die größte Buße.

Ebner-Eschenbach, Aphorismen

Die Buß ist wie ein Strom. Sie dämpft mit ihren Wellen den größten Gotteszorn und löscht das Feuer der Höllen.

Angelus Silesius,
Der Cherubinische Wandersmann,
Die Buße

Besserung

Rein durch das Leben zu gehen ist unmöglich. Aber sich zu reinigen ist möglich und höchstes Ziel.

Boßhart, Bausteine

Wer sich groß verfehlt, der hat auch große Quellen der Reinigung in sich.

Morgenstern, Stufen, Ethisches, 1908

Umändern kann sich niemand, bessern jeder.

Feuchtersleben, Aphorismen

Du weißt, daß ich es nicht leiden kann, alte Leute sagen zu hören: Ich bin zu alt, um mich zu bessern. Ich würde es viel eher jungen Leuten verzeihen, wenn sie sagen würden: Ich bin zu jung.

Madame de Sévigné, Lettres 9

Wer den Flüssen wehren will, muß die Quellen verstopfen.

Sprichwort

Fange deine Herzensausbildung nicht mit dem Anbau der edlen Triebe, sondern mit dem Ausschneiden der schlechten an! Ist einmal das Unkraut verwelkt oder ausgezogen, dann richtet sich der edlere Blumenflor von selber kräftig in die Höhe.

Jean Paul, Hesperus,
Wetterbeobachtungen über den Menschen

Ändern und Bessern ist zweierlei.

Sprichwort

Das heißt wirklich lieben: Jemanden beleidigen und verwunden, um ihn zu bessern.

Montaigne, Essays 3, 13

Wenn das Herz das Gute freiwillig annehmen kann, so findet es sich immer eher, als wenn man es ihm aufdringen will.

Goethe,
Fragment eines Romans in Briefen

Besser kannst du wohl diesen oder jenen machen, wenn du dich in ihn schickst. Durch Vorwürfe wird er in jedem Falle schlechter.

Seneca, Von den Wohltaten 7, 27

Wer bessern will, macht oft das Gute schlimmer. (Albanien)

Shakespeare, König Lear I, 5

Das Glück heilt uns von mehr Fehlern, als die Vernunft es vermag.

La Rochefoucauld

Glückliche Menschen bessern sich kaum. Sie glauben, immer recht zu haben, wenn das Glück sie in ihrem schlechten Verhalten bestärkt.

La Rochefoucauld, Reflexionen

Schwer fällt es, einem Schwein etwas Schlechtes abzugewöhnen.

Aus Großbritannien

Bevor du den Neger weiß gewaschen hast, bist du selber schwarz geworden.

Aus Bulgarien

Der Mann, der erst ein Schelm geworden, wird nie bieder. Aus Wein wird Essig leicht, nie Wein aus Essig wieder.

Rückert, Die Weisheit des Brahmanen

Man sieht, es bessert doch nicht Elend, Reu noch Zeit. Einmal ein Lumpenhund, der bleibt's in Ewigkeit. (Der Wirt)

Goethe, Die Mitschuldigen I, 1

Freund, wer ein Lump ist, bleibt ein Lump, zu Wagen, Pferd und Fuße, drum glaub an keinen Lumpen je, an keines Lumpen Buße!

Goethe, Zahme Xenien, Axiom

Ob die Menschen im Ganzen sich bessern? Ich glaub es; denn einzeln, suche man, wie man auch will, sieht man doch gar nichts davon.

Goethe und Schiller,
Xenien, Goldenes Zeitalter

Besserung ist: Etwas sichtbar werden lassen von dem, was den guten Menschen gefällt. Nicht mehr!

Nietzsche, Unschuld des Werdens 2, 757

Wer sich die tollen Hörner abgelaufen hat, behält doch meist die Stubben.

Sprichwort

Menschlichkeit

Ist das Auge vollkommen, dann sieht es klar. Ist das Ohr vollkommen, dann hört es deutlich. Ist die Nase vollkommen, dann verspürt sie den feinsten Geruch. Ist der Mund vollkommen, dann empfindet er jeden Geschmack. Ist das Herz vollkommen, dann erfaßt es das höchste Wissen. Ist das Wissen vollkommen, dann erreicht es die höchste Menschlichkeit.

Tschuang-tse

Betrachtet man die außerordentliche Schwäche der Menschen, den Zwiespalt zwischen ihrem Schicksal und ihrem Temperament, ihr Unglück, das immer größer ist als ihre Schuld, ihre Tugenden, die nie ihren Pflichten gewachsen sind, so muß man meinen, daß auf Erden nichts gerecht ist als das Gesetz der Menschlichkeit und die Stimmung der Nachsicht.

Vauvenargues, Nachgelassene Maximen

Wahre Menschlichkeit ist köstlicher als alle Schönheit der Erde.

Pestalozzi

Seele legt sie auch in den Genuß, noch
          Geist ins Bedürfnis,
Grazie selbst in die Kraft, noch in die
          Hoheit ein Herz.

Goethe, Xenien aus dem Nachlaß,
Humanität

Menschlichkeit ist die höchste Tugend.

Vauvenargues

Was der Dichter diesem Bande
glaubend, hoffend anvertraut,
werd im Kreise deutscher Lande
durch des Künstlers Wirken laut.
So im Handeln, so im Sprechen
liebevoll verkünd es weit:
Alle menschliche Gebrechen
sühnet reine Menschlichkeit.

Goethe, Dem Schauspieler Krüger
mit einem Exemplar der Iphigenie,
31. 3. 1827

Edle Menschlichkeit, wie wirst du
          selten
hier auf Erden doch gefunden!
Ach, sie schläft in aller Herzen,
doch die eignen Sorgen, Schmerzen
haben Fesseln ihr gewunden.

Otto Rupertus

Ausgestoßene Verbrecher tragen oft mehr Menschlichkeit im Herzen als jene kühlen, untadelhaften Staatsbürger der Tugend, in deren bleichen Herzen die Kraft des Bösen erloschen ist, aber auch die Kraft des Guten.

Heine, Englische Fragmente, London

Keine Religion hat der, der keine Humanität hat.

Aus Arabien

Barmherzigkeit

Selig sind die Barmherzigen; denn sie werden Barmherzigkeit erlangen.

Matthäus 5,7

Suchst du um Recht schon an, erwäge
dies:
Daß nach dem Lauf des Rechtes unser
keiner
zum Heile käm'! Wir beten all' um
Gnade,
und dies Gebet muß uns der Gnade
Taten
auch üben lehren. (Porzia)

Shakespeare,
Der Kaufmann von Venedig IV, 1

Welchen Weg mußte nicht die Menschheit machen, bis sie dahin gelangte, auch gegen Schuldige gelind, gegen Verbrecher schonend, gegen Unmenschliche menschlich zu sein! Gewiß waren es Männer göttlicher Natur, die dies zuerst lehrten.

Goethe,
Wilhelm Meisters Wanderjahre I, 4

Das Tor der Barmherzigkeit ist schwer zu öffnen und schwer zu schließen.

Aus China

Man darf nur alt werden, um milder zu sein. Ich sehe keinen Fehler begehen, den ich nicht auch begangen hätte.

Goethe,
Maximen und Reflexionen,
Aus Kunst und Altertum 1824

Barmherzig sein fängt zu Hause an.

Aus Großbritannien

Man muß zuerst gerecht sein, dann großmütig, so wie man erst Hemden haben muß und dann Spitzen.

Chamfort, Maximen II

Gnade ist die Stütze der Gerechtigkeit.

Aus Rußland

Milde ist wertvoller als Gerechtigkeit.

Vauvenargues, Reflexionen

Macht ohne Großmut und äußere Trauer ohne Schmerz, das sind Dinge, die ich nicht mit ansehen kann.

Konfuzius

Das ist königlich, daß man Böses über sich sagen läßt von einem, dem man Gutes getan.

Alexander der Große

Die Art der Gnade weiß von keinem
Zwang.
Sie träufelt wie des Himmels milder
Regen
zur Erde unter ihm, zwiefach gesegnet:
Sie segnet den, der gibt, und den, der
nimmt.
Am mächtigsten in Mächt'gen, zieret
sie

den Fürsten auf dem Thron mehr als
der Krone:
Der Zepter zeigt die weltliche Gewalt,
das Attribut der Würd' und Majestät,
worin die Furcht und Scheu der Könige sitzt.
Doch Gnad' ist über dieser Zepter-
macht.
Sie thronet in dem Herzen der Monarchen,
sie ist ein Attribut der Gottheit selbst,
und irdische Macht kommt göttlicher
am nächsten,
wenn Gnade bei dem Recht steht.
(Porzia)

Shakespeare,
Der Kaufmann von Venedig IV, 1

Kein Attribut, das Mächtige verherr-
licht,
nicht Königskrone, Schwert des Reichs-
verwesers,
des Marschalls Stab, des Richters Amts-
gewand,
keins schmückt sie alle halb mit solchem Glanz,
als Gnade tut. (Isabella)

Shakespeare, Maß für Maß II, 2

Doch sitzt ja selbst bei Zeus auf seinem
Thron
als Anwalt jeder Schuld Barmherzigkeit. (Polyneikes)

Sophokles, Ödipus in Kolonos 1263

Die meiste Nachsicht übt der, der die
wenigste braucht.

Ebner-Eschenbach, Aphorismen

Wahrlich, ich mag sie nicht, die Barmherzigen, die selig sind in ihrem Mitleiden. Zu sehr gebricht es ihnen an
Scham.

Nietzsche,
Zarathustra II, Von den Mitleidigen

Ihr seid nicht gnädig, zeigt sich immer
Huld:
Verzeihung ist nur Mutter neuer
Schuld. (Escalus)

Shakespeare, Maß für Maß II, 1

Des Königs Milde zeugt Verwegen-
heit. (Herzog)

Goethe, Die natürliche Tochter I, 6

Wer dem Dieb durch die Finger sieht,
stiehlt selber.

Aus Spanien

Barmherzigkeit gegen die Wölfe ist
Unrecht gegen die Schafe.

Aus Holland

Wenn Gnade Mörder schont, verübt
sie Mord. (Prinz)

Shakespeare, Romeo und Julia III, 2

Wenn die Großmut vollkommen sein
soll, muß sie eine kleine Dosis Leichtsinn enthalten.

Ebner-Eschenbach, Aphorismen

Großherzigkeit ist der Klugheit keine Rechenschaft über ihre Motive schuldig.

Vauvenargues, Reflexionen

Man kann im Herzen Milde tragen und doch mit Kolben drunterschlagen.

Sallet, Epigrammatisches und Lehrhaftes

Verzeihung

Und sollt' ich dich als Amme lehren
lallen,
„Verzeihung" wär das erste Wort von
allen. (Herzogin)

Shakespeare, König Richard II. V, 3

Wir sollen immer verzeihen: Dem Reuigen um seinetwillen, dem Reuelosen um unseretwillen.

Ebner-Eschenbach, Aphorismen

Vergebung erhalten ist für mein Herz eben so süße als Dank verdienen, ja noch süßer; denn die Empfindung ist uneigennütziger.

Goethe, an Anna Catharina Fabricius (?), 14. 10. 1770, Konzept

Mit jedem Male, da du einem andern verzeihst, schwächst du ihn und stärkst du dich selber.

Aus Peru

Wenn ein Edler gegen dich fehlt,
so tu, als hättest du's nicht gezählt!
Er wird es in sein Schuldbuch schreiben
und dir nicht lange im Debet bleiben.

Goethe, Sprichwörtlich

Der gemeinste der Menschen ist, wer keine Entschuldigung annimmt, keine Sünde deckt und keinen Fehler vergibt.

Aus Arabien

Wen Reue nicht entwaffnen kann, der
frommt
nicht Erd' noch Himmel: Beide fühlen
mild.
Durch Reue wird des Ewigen Zorn gestillt. (Valentin)

Shakespeare, Die beiden Veroneser V, 4

Um jemandem leichter vergeben zu können, muß man eine kleine Sünde gegen ihn begehen, damit er auch etwas zu vergeben habe.

Hebbel

Nach einem trefflichen Mittagessen ist man geneigt, allen zu verzeihen.

Wilde

Lieben uns die Frauen, so verzeihen sie uns alles, selbst unsere Vergehen. Lieben sie uns nicht, so verzeihen sie uns nichts, selbst unsere Tugenden nicht.

Balzac

Gern verzeihen wir unsern Freunden die Fehler, die uns nicht betreffen.

Vauvenargues, Reflexionen

Eltern verzeihen ihren Kindern die Fehler am schwersten, die sie selbst ihnen anerzogen haben.

David Bohlen

Wird da verziehn, wo Missetat besteht? (König)

Shakespeare, Hamlet III, 3

Ja, man muß seinen Feinden verzeihen, aber nicht eher, als bis sie gehängt worden.

Heine, Gedanken und Einfälle

Strenge

Die glücklichsten und die allerunglücklichsten Menschen sind im gleichen Maße zur Härte geneigt.

Montesquieu, Der Geist der Gesetze 6, 9

Zu weit getrieben,
verfehlt die Strenge ihres weisen
Zwecks,
und allzu straff gespannt, zerspringt
der Bogen. (Rudenz)

Schiller, Wilhelm Tell III, 3

Das Herz des Menschen ist nie so unbeugsam wie sein Geist.

Lamartine

Das Leben lehrt uns, weniger mit uns und andern strenge sein. (Pylades)

Goethe, Iphigenie auf Tauris IV, 4

Gestrenge Herren regieren nicht lange.

Sprichwort

Strafe

Es lebt ein Gott zu strafen und zu rächen. (Tell)

Schiller, Wilhelm Tell IV, 3

Wen der Herr liebet, den straft er.

Sprüche 3,12

Tute hoc intristi, tibi omne est exedendum. Du hast es eingerührt, du mußt es auslöffeln.

Terenz, Phormio 2, 2

Nicht jeden Wochenschluß
macht Gott die Zeche.

Goethe, Sprichwörtlich

Die Folgen unsrer Handlungen fassen
uns am Schopfe, sehr gleichgültig dagegen, daß wir uns inzwischen „gebessert" haben.

Nietzsche, Jenseits von Gut und Böse 4

Alles wird uns heimgezahlt, wenn
auch nicht von denen, welchen wir
geborgt haben.

Ebner-Eschenbach, Aphorismen

Gottes Mühlen mahlen langsam, mahlen aber trefflich klein.
Ob aus Langmut er sich säumet, bringt
mit Schärf' er alles ein.

Logau, Göttliche Rache

Wenn auch die schlechten Streiche erst
in jener Welt gebüßt werden, so doch
die dummen schon in dieser.

Schopenhauer,
Aphorismen zur Lebensweisheit V, 52

Es ist wirklich nichts abscheulicher, als
wenn Strafgerichte anlaufen, nachdem
man schon lange angefangen hat, sich
zu bessern.

Lichtenberg

Des Menschen Engel ist die Zeit. Die
rasche
Vollstreckung an das Urteil anzuheften,
ziemt nur dem unveränderlichen Gott.
(Octavio)

Schiller, Wallensteins Tod V, 11

Späte Strafen sind wie späte Arzneien.

Ewald von Kleist

Man muß also strafen, daß der Apfel
bei der Rute sei.

Luther

Gott straft nicht den Menschen sondern die Sünde.

Aus Norwegen

Nicht dem Menschen,
der Gottheit nur geziemt die Rach'
und Strafe. (Priester)

Grabbe, Don Juan und Faust III, 1

Es ist eine Frage, ob wir nicht, wenn
wir einen Mörder rädern, gerade in
den Fehler des Kindes verfallen, das
den Stuhl schlägt, an dem es sich stößt.

Lichtenberg, Politische Bemerkungen

Kinder fühlen genau, was sie verdienen, und werden durch ungerechte
Strafen nicht weniger verdorben als
dadurch, daß man sie überhaupt nicht
bestraft.

La Bruyère

Das Böse, das man selbst an sich hat,
straft man desto härter am anderen.

Theodor Hippel

Mißtraut allen, in welchen der Trieb zu
strafen mächtig ist!

Nietzsche,
Zarathustra II, Von den Taranteln

Zerlumptes Kleid bringt kleinen Fehl
ans Licht,
Talar und Pelz birgt alles. Hüll in
Gold die Sünde:
Der starke Speer des Rechts bricht
harmlos ab.
In Lumpen: Des Pygmäen Halm
durchbohrt sie. (Lear)

Shakespeare, König Lear IV, 6

Kann derjenige wohl redlich, kann er
wohl tugendhaft heißen, welcher sich
gern seinen Lieblingslastern ergeben
würde, wenn ihn nur keine künftige Strafe schreckte, und wird man
nicht vielmehr sagen müssen, daß er

zwar die Ausübung der Bosheit
scheue, die lasterhafte Gesinnung aber
in seiner Seele nähre, daß er den Vorteil der tugendähnlichen Handlungen
liebe, die Tugend selber aber hasse?

Kant, Träume eines Geistersehers 2

Große Fehler und Verbrechen
deckt man zu mit goldenen Blechen.

Logau

Welche Strafe ist größer als die Wunde
des Gewissens?

Ambrosius, Von den Pflichten 3

Rache

Ich schlage beide Welten in die Schanze.
Mag kommen, was da kommt! Nur
Rache will ich. (Laertes)

Shakespeare, Hamlet IV, 5

Unbill' an Ehr' und Leibe
verzeihet nur der Schwache.
Die Milde ziemt dem Weibe,
dem Manne ziemt die Rache.

Bodenstedt,
Lieder und Sprüche der Weisheit 8

Beißt dich ein Hund und du beißt ihn
nicht wieder, so sagt er, du habest keine
Zähne.

Aus dem Sudan

Die Rache ist ein Gericht, das man kalt
verspeisen muß.

Sprichwort

Das Wasser haftet nicht an den Bergen, die Rache nicht an einem großen
Herzen.

Aus China

Die Rache ist ein Erbteil schwacher
Seelen.

Theodor Körner

Nichts entehrt den Menschen so sehr
als eine unedle Rache.

Abraham a Santa Clara

Rache trägt keine Frucht! (Walther
Fürst)

Schiller, Wilhelm Tell V, 1

Rache macht ein kleines Recht zu großem Unrecht.

Sprichwort

Die Rachgier ist ein Rad, das nimmer
stille steht.
Je mehr es aber läuft, je mehr es sich
vergeht.

Angelus Silesius,
Der Cherubinische Wandersmann

Die beste Art sich zu rächen ist: Nicht
Gleiches mit Gleichem zu vergelten.

Mark Aurel, Selbstbetrachtung VI, 6

Verzeihen ist die beste Rache.

Sprichwort

Bezähme deinen Zorn und lasse dem
die Rache,
der besser als du selbst kann führen
deine Sache!

Angelus Silesius,
Der Cherubinische Wandersmann

Die Rach' ist eine Lust, die währt
wohl einen Tag,
die Großmut ein Gefühl, das ewig
freun Dich mag.

Rückert

Die Rachgötter schaffen im stillen.
(Cajetan)

Schiller, Die Braut von Messina I, 8

Aus Schwachheit haßt man einen Feind
und möchte sich an ihm rächen, und
aus Faulheit besänftigt man sich und
rächt man sich nicht.

La Bruyère, Charaktere IV

Prügel

Behandelt jeden Menschen nach seinem
Verdienst, und wer ist vor Schlägen
sicher? (Hamlet)

Shakespeare, Hamlet II, 2

Liebe deine Kinder mit dem Herzen,
aber erziehe sie mit der Hand!

Aus der Ukraine

Wer seine Rute schonet, der hasset
seinen Sohn; wer ihn aber lieb hat,
der züchtiget ihn bald.

Sprüche 13, 24

En unprüglete Bueb ist en ungsalzni
Suppe.

Aus der Schweiz

Ein geistreicher Mann ist verloren, wenn er nicht auch ein Mann von energischem Charakter ist. Hat man die Laterne des Diogenes, so muß man auch des Diogenes Stock haben.

Chamfort, Maximen IV

Du gehst zu Frauen? Vergiß die Peitsche nicht!

Nietzsche, Zarathustra I, Von alten und jungen Weiblein

Die Frau und den Maulesel schlägt man mit Holz, einen Mann mit Worten.

Aus Albanien

Wen das Wort nicht schlägt, den schlägt auch der Stock nicht.

Sokrates

Qui asinum non potest, stratum caedit. Den Sack schlägt man, den Esel meint man.

Petronius Arbiter, Satiren 45

Tatzentiere sterben nicht durch Prügel.

Aus Gabun

Man darf ferner, wie ich behaupte, die Kinder nicht durch Schläge und Mißhandlungen zu gutem Betragen anhalten, sondern nur durch Ermahnungen und vernünftiges Zureden.

Plutarch, Über Kindererziehung 12

Niemals pflanzt die Rute Kindern ein das Gute: Wer zu Ehren kommen mag, dem gilt Wort soviel als Schlag.

Walther von der Vogelweide, Erziehungsregeln

Von der Rute habe ich keine andere Wirkung beobachtet, als daß sie die Seelen schlaff und feig oder heimtückisch und starrsinnig macht.

Montaigne

Wer seinen erwachsenen Sohn schlägt, reizt ihn zur Sünde.

Talmud

Wer recht uns peitscht, den lernen wir verehren.

Chamisso, Sage von Alexandern

Wer in seinem Hause nicht schlägt, der wird auch draußen nicht geschlagen.

Aus China

Wenn Gott dich schlagen will, so braucht er nicht die Hand: Er nimmt dir, daß du selbst dich schlagest, den Verstand.

Rückert, Weisheit des Brahmanen VI

XVII. Kapitel

Recht
Unrecht
Gerechtigkeit
Gesetz
Jurist
Gericht
Vertrag
Schwören

Recht

Das Recht ist nichts anderes als die in der staatlichen Gemeinschaft herrschende Ordnung, und eben dieses Recht ist es auch, das darüber entscheidet, was gerecht ist.

Aristoteles, Politik

Recht ist die Einschränkung der Freiheit eines jeden auf die Bedingung ihrer Zusammenstimmung mit der Freiheit von jedermann, insoferne diese nach einem allgemeinen Gesetz möglich ist.

Kant

Des Menschen Recht heißt hungern, Freund, und leiden. (Rudolf II.)

Grillparzer, Ein Bruderzwist in Habsburg III, Zimmer im Schloß

Der Bildungsprozeß des Rechts ist keine Sache der bloßen Erkenntnis wie bei der Wahrheit, sondern Sache des Kampfes der Interessen.

Ihering, Der Zweck im Recht

Das gesellschaftliche Recht ist daher ganz und gar kein sittliches Recht, sondern eine bloße Modifikation des tierischen.

Pestalozzi, Meine Nachforschungen über den Gang der Natur in der Entwicklung des Menschengeschlechtes

Oft sprießt ein frommes Recht empor aus schnödem Raub.

Spitteler, Olympischer Frühling

Gott
ist überall, wo man das Recht verwaltet.
(Rösselmann)

Schiller, Wilhelm Tell II, 2

Wer sein Recht nicht wahret, gibt es auf.

Ernst Raupach

Verloren ist ein kleiner Staat, sobald er der Übermacht in seinem Recht um ein Haar breit nachgibt.

Johannes von Müller

Fiat justitia et pereat mundi.
Das Recht muß bestehen, auch wenn die Welt darüber zugrundegeht.

Ferdinand I.

Fiat justitia, pereat mundus: „Die Welt mag untergehen, wenn nur das Jus, das Recht gilt", ist ein Ausspruch der Jurisprudenz, der Gerechtigkeit. Aber in diesem charakteristischen Ausspruch der Justiz liegt gewiß kein Funke von Güte und selbst nicht von Weisheit; denn der Mensch ist nicht der Gerechtigkeit oder Justiz wegen, sondern diese Justiz ist des Menschen wegen.

Ludwig Feuerbach,
Das Wesen der Religion, 11. Vorlesung

Acht es nicht für heilig,
durch Rechttun schaden! Gleich erlaubt
                                ja wär's,
was wir als Dieb' errungen, zu ver-
                             schenken
und aus barmherziger Liebe Raub be-
                              gehen. (Andromache)

Shakespeare, Troilus und Cressida V, 3

Summum jus, summa iniuria.
Das höchste Recht ist zugleich das
höchste Unrecht.

Cicero, De officiis 1, 10

Was dem einen recht ist, ist dem andern
billig.

Sprichwort

Recht ist hüben zwar wie drüben,
aber danach sollst du trachten,
eigne Rechte mild zu üben,
fremde Rechte streng zu achten.

Geibel, Neue Gedichte, Sprüche 21

Niemand hat ein Recht auf alle seine
Rechte.

Aus den USA

Von seinem Recht weichen ist die
größte Gerechtigkeit.

Sebastian Franck

Das Recht hat die merkwürdige Eigenschaft, daß man es behalten kann, ohne
es zu haben.

Joseph Unger, Mosaik,
Bunte Betrachtungen und Bemerkungen

Gut Recht bedarf der Hilfe.

Aus Frankreich

Jeder hat soviel Recht, wie er Macht
hat.

Spinoza, Politischer Traktat II, 8

Es gibt ein Recht des Weiseren, nicht
ein Recht des Stärkeren.

Joubert

Das Recht des Stärkeren ist das stärkste Unrecht.

Ebner-Eschenbach, Aphorismen

Der größte Feind des Rechtes ist das
Vorrecht.

Ebner-Eschenbach, Aphorismen

Privilegien aller Art sind das Grab der
Freiheit und Gerechtigkeit.

Seume, Der Spaziergang nach Syrakus,
Paris

Wir, wir leben. Unser sind die Stunden,
und der Lebende hat recht.

Schiller, An die Freunde

Unrecht

Es gibt zwei Dinge, denen man sich anpassen muß, bei Strafe, sonst das Leben unerträglich zu finden: Den Unbilden des Wetters und den Ungerechtigkeiten der Menschen.

Chamfort, Maximen II

Besser Unrecht leiden, als Unrecht tun.

Sprichwort

Du mußt Ungerechtes erleiden? Tröste dich! In Wahrheit Leid wäre, solches zu tun!

Pythagoras

Unrecht leiden schmeichelt großen Seelen. (Marquis)

Schiller, Don Carlos II, 15

Der ist ein guter Mensch, der Unrecht tragen kann.

Aus China

Wenn ein großer Herr dir unrecht tut, lächle ihn an.

Aus Nigeria

Wenn der Habicht ein Küken fängt, wirft man ihm nicht ein Ei nach, um ihm das Küken wieder abzujagen.

Aus dem Sudan

Wer keine Ungerechtigkeit vertragen kann, gelangt selten zu Ansehen in der Gegenwart, und wer es kann, verliert den Charakter für die Zukunft.

Seume

Ein Unrecht hinnehmen, zieht ein anderes nach sich.

Aus Spanien

In den Abgründen des Unrechts findest du immer die größte Sorgfalt für den Schein des Rechts.

Pestalozzi, Kinderlehre der Wohnstube

Es ist besser, daß Ungerechtigkeiten geschehn, als daß sie auf eine ungerechte Weise gehoben werden.

Goethe,
Maximen und Reflexionen, Nachlaß,
Über Literatur und Leben

Gerechtigkeit

So du Gerechtigkeit
vom Himmel hoffest, so erzeig sie uns!
(Armgard)

Schiller, Wilhelm Tell IV, 3

Die Gerechtigkeit ist nichts anderes als die Nächstenliebe des Weisen.

Leibniz

Es kann keiner gerecht sein, der nicht
menschlich ist.

Vauvenargues, Reflexionen

Eine Stunde Gerechtigkeit ist mehr als
siebzig Jahre Gebet.

Aus der Türkei

Wolle nicht immer großmütig sein,
aber gerecht sei immer!

Matthias Claudius,
An meinen Sohn Johannes

Von allen Tugenden die schwerste und
seltenste ist die Gerechtigkeit. Man findet zehn Großmütige gegen einen Gerechten.

Grillparzer, Aphorismen

In der Jugend meinen wir, das Geringste, das die Menschen uns gewähren können, sei Gerechtigkeit. Im Alter
erfahren wir, daß es das Höchste ist.

Ebner-Eschenbach, Aphorismen

Wo keine Gerechtigkeit ist, ist keine
Freiheit, und wo keine Freiheit ist, ist
keine Gerechtigkeit.

Seume, Spaziergang nach Syrakus

Ich bin peinlich gerecht, weil es die
Distanz aufrecht erhält.

Nietzsche, Unschuld des Werdens 1

Je mehr ich in mich selbst einkehre,
um so mehr lese ich die Worte, die in
meine Seele geschrieben sind: Sei gerecht, und du wirst glücklich sein.

Rousseau, Emile 4

Gerechtigkeit ist Macht.

Aus der Tschechoslowakei

Der Gerechte muß viel leiden.

Psalm 34,20

Daß der gerechte Mensch wächst wie
ein Palmenbaum,
verwunder ich mich nicht: Nur daß er
findet Raum.

Angelus Silesius,
Der Cherubinische Wandersmann I

Wenn die Gerechtigkeit untergeht, so
hat es keinen Wert mehr, daß Menschen leben auf Erden.

Kant, Metaphysik der Sitten

Der Gerechtigkeit kommt an sich kein
Sinn zu, vielmehr ist sie nur ein im
gegenseitigen Verkehr in beliebigen
Erdgegenden getroffenes Übereinkom-
men zur Verhütung gegenseitiger Schädigung.

Epikur

Wie die Mode die Anmut schafft, so
schafft sie auch die Gerechtigkeit.

Pascal

Die Gerechtigkeit ist ohnmächtig ohne die Macht; die Macht ist tyrannisch ohne die Gerechtigkeit. Die Gerechtigkeit erfährt viel Widerspruch, wenn sie keine Macht hat, weil es immer böse Menschen gibt; die Macht wird angeklagt, wenn sie nicht gerecht ist. Man muß also die Gerechtigkeit und die Macht vereinigen, und dazu muß man bewirken, daß das mächtig sei, was gerecht ist, oder daß gerecht sei, was mächtig ist.

Pascal, Gedanken 257

Gerechtigkeit ist Wahrheit in Aktion.

Benjamin Disraeli

Gerechtigkeit entspringt dem Neide; denn ihr oberster Satz ist: Allen das Gleiche.

Rathenau

Suum cuique.
Jedem das Seine.

Cicero, De officiis 1, 5

Gerechtigkeit gibt jedem das Seine, maßt sich nicht Fremdes an und setzt den eigenen Vorteil zurück, wo es gilt, das Wohl des Ganzen zu wahren.

Ambrosius, Von den Pflichten I, 24

Jedem das Seine geben: Das wäre die Gerechtigkeit wollen und das Chaos erreichen.

Nietzsche, Unschuld des Werdens 2, 613

„Eins mir, eins dir!" sprach der Hammer zum Amboß.

Sprichwort

O gib, Fortuna, gerecht und weise, **den Reichen Hunger, den Armen Speise!**

Haug

Es lebt uf erden ganz kein man, der recht tun iedem narren kan.

Brant, Das Narrenschiff

Das Richterschwert, womit der Mann sich ziert, verhaßt ist's in der Frauen Hand. Die Welt glaubt nicht an die Gerechtigkeit des Weibes, sobald ein Weib das Opfer wird.

(Burleigh)
Schiller, Maria Stuart I, 8

Kein Mensch steht so hoch, daß er anderen gegenüber nur gerecht sein dürfte.

Ebner-Eschenbach, Aphorismen

Gerechtigkeit: Eigenschaft und Phantom der Deutschen.

Goethe,
Maximen und Reflexionen, Nachlaß,
Über Literatur und Leben

Gesetz

Für Böse ist's Gesetz; wär kein Gebot
                              geschrieben:
Die Frommen würden doch Gott und
              den Nächsten lieben.

Angelus Silesius,
Der Cherubinische Wandersmann,
Der Gerechte hat kein Gesetz

Wenn die Menschen einander verstünden und Liebe hätten zueinander, so
wüßte der Unmündige, was gut wäre
und jeder dem andern schuldig ist, und
man hätte den Irrgarten von Gesetzen
nicht nötig, worin man je länger je
weniger weiß, wo man ist.

Gotthelf

Freundliche Schrift des Gesetzes, des
menschenerhaltenden Gottes,
seit aus der ehernen Welt fliehend die
Liebe verschwand.

Schiller, Der Spaziergang

Ohne Verstand, Weisheit und Gesetze
können weder Türken noch Tataren
leben und haushalten.

Luther

Welches auch immer die Gesetze seien,
man muß sie stets befolgen und sie als
das öffentliche Gewissen betrachten,
dem sich dasjenige der Einzelnen zu
fügen hat.

Montesquieu, Lettres persanes 129

Es ist besser, es geschehe dir unrecht,
als die Welt sei ohne Gesetz. Deshalb
füge sich jeder dem Gesetze!

Goethe,
Maximen und Reflexionen, Nachlaß,
Über Literatur und Leben

Alle Gesetze sind Versuche, sich den
Absichten der moralischen Weltord-
nung im Welt- und Lebenslaufe zu
nähern.

Goethe,
Maximen und Reflexionen, Nachlaß,
Über Literatur und Leben

Das Gesetz ist ein Vertrag, worin man
sich gegenseitig das Recht verbürgt.
Aber es ist nicht imstande, die Bürger
zu Sittlichkeit und Gerechtigkeit zu erziehen.

Lykophron

Gewisse Dinge lassen sich leichter lega-
lisieren als legitimieren.

Chamfort, Maximen II

Das Gesetz kann niemand zwingen,
seinen Nächsten zu lieben, aber es kann
es schwieriger für ihn machen, seinem
Haß Ausdruck zu geben.

Neil Lawson

Wer kann sagen, er habe sich gegen
keines der Gesetze verfehlt? Und gesetzt, du könntest es: Was ist es doch
für eine beschränkte Unschuld, vor
dem Gesetze gut zu sein! Wie geht

doch der Anfang der Pflichten so viel
weiter als die Regel des Rechts! Wie
vieles fordert die Frömmigkeit, die
Menschenliebe, die Freigebigkeit, die
Gerechtigkeit, die Treue, was alles auf
den Tafeln der bürgerlichen Gesetze
nicht steht!

Seneca, Drei Bücher über den Zorn 2, 27

Es gibt kein Land, wo das Gesetz alles
voraussehen kann und die ständigen
Einrichtungen Vernunft und Sitte zu
ersetzen in der Lage sind.

Tocqueville

Eben darum sind die Gesetze ein
menschliches, nicht ein göttliches Insti-
tut, damit sie, sobald es notwendig geworden, sobald das Leben einen andern Gang genommen hat, demgemäß
verändert werden können.

Ranke, Über die Zeiten Ferdinands I.
und Maximilians II.

Es bringt die Zeit ein anderes Gesetz.
(Melchthal)

Schiller, Wilhelm Tell IV, 2

Gesetze sind wie Arzneien. Sie sind
gewöhnlich nur Heilung einer Krankheit durch eine geringere oder vorübergehende Krankheit.

Bismarck, Im preußischen Herrenhause,
6. 3. 1872

Es erben sich Gesetz und Rechte
wie eine ewge Krankheit fort;

sie schleppen von Geschlecht sich zum
Geschlechte
und rücken sacht von Ort zu Ort.
Vernunft wird Unsinn, Wohltat Plage:
Weh dir, daß du ein Enkel bist!
Vom Rechte, das mit uns geboren ist,
von dem ist leider nie die Frage.
(Mephistopheles)

Goethe, Faust 1, Studierzimmer

Jede große Reform hat nicht darin be-
standen, etwas Neues zu tun, sondern
etwas Altes abzuschaffen. Die wertvollsten Gesetze sind die Abschaffun-
gen früherer Gesetze gewesen.

Buckle,
Geschichte der Zivilisation in England 5

Früher litten wir an Verbrechen, heute
an Gesetzen.

Tacitus, Annalen 3, 25

Wenn man alle Gesetze studieren sollte,
so hätte man gar keine Zeit, sie zu
übertreten.

Goethe,
Maximen und Reflexionen,
Aus Kunst und Altertum 1823

Im verdorbensten Staat gibt es die
meisten Gesetze.

Tacitus, Annalen 3, 27

Hätte die Natur so viele Gesetze wie
der Staat, Gott selbst könnte sie nicht
regieren.

Börne

Überflüssige Gesetze tun den notwendigen an ihrer Wirkung Abbruch.

Montesquieu

Je mehr Gesetze, desto mehr Diebe.

Laotse, Tao-te-king 2, 27

Sobald Gesetz ersonnen,
wird Betrug gesponnen.

Aus Italien

Auch fehlt es Menschen, die Zeit genug haben, nie an Finten, Gesetze zu umgehen.

Spinoza, Politischer Traktat 40, § 5

Das Gesetz gleicht der Deichsel eines Wagens: Du kannst sie drehen, wohin du willst.

Aus Rußland

Welch ein künstlich Netz
ist doch das Gesetz:
Kleines ist gefangen,
Großes durchgegangen.

Logau

Gesetze sind wie Spinnweben: Die großen Hummeln brechen durch, die Fliegen aber bleiben hängen.

Aus Polen

Nichts erhält die Gesetze so wirksam wie ihre Anwendung gegen hochgestellte Personen.

Tacitus, Annalen

Legem brevem esse oportet, quo facilius ab imperitis teneatur.
Ein Gesetz muß kurz sein, damit es von Unkundigen desto leichter behalten werde.

Seneca, Episteln 94

Daß unsere Gesetze immer schlechter stilisiert und immer lüderlicher redigiert werden, liegt wesentlich an der Menge von Abgeordneten, die an ihnen herumpfuscht.

Nicolai Hartmann, Tagesfragen 5

Wenn das Innen verkümmert und das Außen glänzende Formen annimmt, was nützen da Gesetze?

Tschuang-tse

Jurist

Alle Gesetze sind von Alten und Männern gemacht. Junge und Weiber wollen die Ausnahme, Alte die Regel.

Goethe,
Wilhelm Meisters Wanderjahre III,
Aus Makariens Archiv

Der Geist der Mäßigung muß der Geist des Gesetzgebers sein.

Montesquieu, Geist der Gesetze 29, 1

Forsche der Philosoph, der Weltmann
                handle! Doch weh uns,
handelt der Forscher und gibt, der es
                vollzieht, das Gesetz.

Goethe, Xenien aus dem Nachlaß,
                Verkehrter Beruf

Die Mehrzahl der Gesetzgeber waren
beschränkte Menschen, welche der Zufall an die Spitze der andern stellte
und welche fast nichts anderes zurate
gezogen haben als ihre Vorurteile und
ihre Narrheiten.

Montesquieu, Lettres persanes 79

Wo die Gewalt, dort das Gesetz.

Aus Rußland

Der Irrtum und das Unrecht der Könige werden mit ihnen begraben, aber
das Unrecht der Gesetzgeber dauert
von Geschlecht zu Geschlecht.

Pestalozzi, An die Unschuld, den Ernst
und den Edelmut meines Zeitalters

Juristen sind wie Schuster, die zerren
                mit den Zähnen
das Leder; sie die Rechte, daß sie sich
                müssen dehnen.

Logau, Rechtskundige

Die Gesetze machen, verstehen sich
darauf, sie zu brechen.

Bantuweisheit

Guter Jurist,
böser Christ.

Sprichwort

Die Gesetze, die erlassen werden, sollen scharf und die Menschen, die sie
handhaben, nachsichtig sein.

Vauvenargues, Unterdrückte Maximen

Mitleid ist die Tugend des Gesetzes.
Nur Tyrannei braucht es zur Grausamkeit. (Alcibiades)

Shakespeare, Timon von Athen III, 5

Doch wer bist Du, der zu Gericht willst
                sitzen
zum Urteilsspruch auf tausend Meilen
                Weite,
mit einem Blick so kurz wie eine
                Spanne?

Dante, Paradies XIX, 79

Um über andere zu urteilen und sie zu
verurteilen, mußt du ein Heiliger sein.

Aus der Ukraine

Der Richter soll sich fühlen, als ob ein
scharfes Schwert zwischen seinen Knien
liege und die Hölle unter ihm geöffnet
sei!

Talmud

Richtet nicht, auf daß ihr nicht gerichtet werdet!

Matthäus 7,1

Fürchte nicht das Gesetz, sondern den Richter!

Aus Rußland

Einen Richter darf man täuschen, aber nicht beschimpfen.

Aus China

Ist ein Esel zu erstreiten, ei, so suche
dir zur Hand
einen Richter, der nicht selbsten ist dem
Esel anverwandt!

Logau

Sprich, Unglücklicher, welcher Dämon fuhr dir in die Zunge? Wer hat dich geheißen, mit der Justiz zu hadern?

Cervantes,
Die Alcaldenwahl von Daganzo

Wo der Arme zum Dorfrichter wird, ist's hohe Zeit, daß die Reichen den Ort verlassen.

Aus Rußland

Ein Richter, der verdammt,
ist stark nur im Vernichten.
Des echten Richters Amt
ist, wieder aufzurichten.

Julius Hammer

Leugnen will ich nicht,
in dem Gerichte, das auf Tod erkennt,
sei unter zwölf Geschwornen oft ein
Dieb,
wohl zwei, noch schuldiger als der An-
geklagte.
Wer offenbar dem Rechte ward,
den straft das Recht. Was kümmert's
das Gesetz,
ob Dieb den Dieb verurteilt? (Angelo)

Shakespeare, Maß für Maß II, 1

Wenn der Richter dein Kläger ist, sei Gott dein Helfer!

Aus der Türkei

Ich kenne niemand, der sich gern einen geborenen Staatsanwalt nennen hört.

Graff

Gott sandte die Streitsucht, auf daß der Advokat zu leben hat.

Aus Spanien

Es gehört zu den öffentlichen Dummheiten, daß man biedere Männer und Frauen aus dem Volk bei den kompliziertesten Kapitalverbrechen an den Richtertisch setzt, während man alltägliche Kleinverfehlungen, für die sie den besten Blick und wohl auch das rechte Herz hätten, durch routinierte Paragraphenkenner erledigen läßt.

Graff

Ein Advokat und ein Wagenrad wollen geschmiert sein.

Sprichwort

Advokaten halten es nicht wie die Kutscher: Sie nehmen das Trinkgeld, bevor sie starten.

Aus den USA

Ein guter Advokat ist ein übler Nachbar.

Aus Großbritannien

Tun wir gleich Advokaten im Prozeß,
die tüchtig streiten, doch als Freunde
schmausen! (Tranio)

Shakespeare,
Der Widerspenstigen Zähmung I, 2

Gericht

Wo kein Kläger ist, da ist auch kein
Richter.

Sprichwort

Was die soziale Ordnung nicht stört,
sollte das Gericht nicht kümmern.

Vauvenargues, Reflexionen

Eines Mannes Rede, ist keines Mannes
Rede.
Man muß sie billig hören beede.

Sprichwort

Ich werde anhören den Kläger sowie
den Angeklagten, beide in gleicher
Weise.

Aus dem Richtereid der Athener

So üb ich nun des Richters erste Pflicht,
Beschuldigte zu hören. Rede denn!
(Helena)

Goethe, Faust 2, III, Innerer Burghof

Besser schlichten, als richten.

Sprichwort

Kein Anseh'n in Venedig
vermag ein gültiges Gesetz zu ändern.
Es würde als ein Vorgang angeführt,
und mancher Fehltritt nach demselben
Beispiel
griff' um sich in dem Staat: Es kann
nicht sein. (Porzia)

Shakespeare,
Der Kaufmann von Venedig IV, 1

Besser ein strohener Vergleich als ein
goldener Prozeß.

Aus Polen

Es ist manchmal nicht so peinlich, seines Weinbergs verlustig zu gehen, als
darum zu prozessieren.

Montaigne

Jeder Prozeß gleicht einem Strick und
jedes Gericht einem Galgen.

Aus Rußland

Prozessiert um eine Kuh,
ihr legt ein Pferd noch dazu!

Aus Holland

Nicht stets gewinnt
Wahrheit und Recht, wie's sollte, Los-
                              sprechung
in dem Prozeß. Wie leicht erkaufen
                              nicht
verderbte Seelen gleich verderbte
                              Schurken,
zu schwören gegen euch? (König)

Shakespeare, König Heinrich VIII. V, 1

Manch Urteil ist ja längst beschlossen,
eh' des Beklagten Wort geflossen.

Anastasius Grün,
Der Pfaff vom Kahlenberg

Die Lust, Prozesse zu führen, nimmt in
demselben Grade ab, in dem man den
Wert der Zeit kennenlernt.

Graff

Je höher die Rechthaberei in einem
Menschen steigt, desto seltener hat er
recht, das heißt desto seltener stimmen
seine Aussagen und Behauptungen mit
der Wahrheit überein.

Pestalozzi, Der natürliche Schulmeister,
3. Zueignung

In den verderbten Strömen dieser Welt
kann die vergoldete Hand der Missetat
das Recht wegstoßen, und ein schnöder
                              Preis
erkauft oft das Gesetz. Nicht so dort
                              oben!
Da gilt kein Kunstgriff, da erscheint
                              die Handlung
in ihrer wahren Art, und wir sind
                              selbst
genötigt, unsern Fehlern in die Zähne
ein Zeugnis abzulegen. (König)

Shakespeare, Hamlet III, 3

Vertrag

Abgeredet vor der Zeit
gibt nachher keinen Streit.

Sprichwort

Wenn man einem Mann trauen kann,
erübrigt sich ein Vertrag. Wenn man
ihm nicht trauen kann, ist ein Vertrag
überflüssig.

Paul Getty

Die Haltbarkeit aller Verträge zwischen Großstaaten ist eine bedingte,
sobald sie in dem Kampf ums Dasein
auf die Probe gestellt wird. Keine
große Nation wird je zu bewegen sein,
ihr Bestehen auf dem Altar der Ver-
tragstreue zu opfern, wenn sie gezwungen ist, zwischen beiden zu wählen.

Bismarck, Gedanken und Erinnerungen

Schwören

Der Eid ist nur da zu fordern, wo die
Verletzung des Vertrages unbemerkt
bleibt oder nur von Gott gestraft werden kann.

Hobbes, Vom Bürger 2, 23

Der gute Vorsatz leiht dem Eid die
Kraft,
nicht Eid auf jeden Vorsatz darf uns
binden. (Cassandra)

Shakespeare, Troilus und Cressida V, 3

Ein Gelübde zu tun ist eine größere
Sünde, als es zu brechen.

Lichtenberg, Moralische Bemerkungen

Wo du hörest hohe Schwüre,
Steht die Lüge vor der Türe.

Sprichwort

Taub sind die Götter raschen, törigen
Eiden:
Das sind entweihte Spenden, mehr ver-
haßt
als fleckige Lebern eines Opfertiers!
(Cassandra)

Shakespeare, Troilus und Cressida V, 3

Laßt Priester, Memmen, Leisetreter
schwören,
verdorrte Greis' und solche Jammer-
seelen,
die selbst für Unrecht danken. Schwören laßt
bei bösen Händeln Volk, dem man
nicht traut. (Brutus)

Shakespeare, Julius Cäsar II, 1

Eure Rede aber sei: Ja, ja, nein, nein.
Was drüber ist, das ist von Übel.

Matthäus 5,37

XVIII. Kapitel

Aufgabe
Pflicht
Plan
Zweck
Idee
Ideal
Illusion
Motiv
Grundsatz
Verantwortung

Aufgabe

Dieser Erdenkreis
gewährt noch Raum zu großen Taten.
(Faust)

Goethe, Faust 2, IV, Hochgebirg

Die ungelösten Probleme erhalten
einen Geist lebendig und nicht die ge-
lösten.

Kolbenheyer, Klaas Y,
der große Neutrale

Die meisten Menschen wenden mehr
Zeit und Kraft daran, um die Probleme herumzureden, als sie anzu-
packen.

Henry Ford

Große Männer unternehmen große
Dinge, weil diese groß sind, und die
Narren, weil sie glauben, daß sie
leicht sind.

Vauvenargues, Reflexionen

Wer große Dinge wagt, riskiert seinen
Ruf.

Vauvenargues, Nachgelassene Maximen

Jeder jäte seinen Garten,
dann hat er genug zu warten.

Sprichwort

Vernachlässige nicht dein eigenes Feld,
um das eines anderen zu jäten!

Aus China

Sammle Dich zu jeglichem Geschäfte,
nie zersplittere Deine Kräfte!

Bodenstedt

Vergebens werden ungebundne Geister
nach der Vollendung reiner Höhe streben.
Wer Großes will, muß sich zusammen-
raffen.
In der Beschränkung zeigt sich erst
der Meister,
und das Gesetz nur kann uns Freiheit
geben.

Goethe, Natur und Kunst

Wer etwas Großes will, der muß sich
zu beschränken wissen. Wer dagegen
alles will, der will in der Tat nichts
und bringt es zu nichts.

Hegel, Enzyklopädie der
philosophischen Wissenschaft I

Wer viele Eisen im Feuer hat, dem
werden einige kalt.

Aus Großbritannien

Wer hinter mehreren Hasen herläuft,
fängt keinen.

Aus Griechenland

Alles auf einmal wollen heißt alles
auf einmal zerstören.

Lichtenberg

Die beste Aufgabe ist immer die, an
uns selber eine Aufgabe zu sehen.

Oesch

Ich will! Das Wort ist mächtig.
Ich soll! Das Wort wiegt schwer.
Das eine spricht der Diener,
das andre spricht der Herr.
Laß beide eins dir werden
im Herzen ohne Groll!
Es gibt kein Glück auf Erden
als wollen, was man soll.

Friedrich Halm

Wer tut, was er kann, tut, was er soll.

Aus Wallonien

Wo Deine Gaben liegen, da liegen auch
Deine Aufgaben.

Sprichwort

Im Staat ist keiner überflüssig.
So schlecht er sein mag von Natur,
gebt ihm die rechte Stelle nur!

Ramler, Der Esel und der Hase

Ultra posse nemo obligatur.
Über sein Können hinaus ist niemand
verpflichtet.

Celsus junior

Du kannst; denn du sollst.

Kant

Das Muß ist hart, aber beim Muß kann
der Mensch allein zeigen, wie's inwendig mit ihm steht. Willkürlich leben
kann jeder.

Goethe, an Krafft, 31. 1. 1781

Wenn wir täten, was wir sollten,
so tät Gott auch, was wir wollten.

Johann Matthias Schneuber

Man unternehme das Leichte, als wäre
es schwer, und das Schwere, als wäre
es leicht: Jenes, damit das Selbstvertrauen uns nicht sorglos, dieses, damit
die Zaghaftigkeit uns nicht mutlos
mache.

Gracian

Pflicht

Pflicht! Du erhabener großer Name!

Kant, Kritik der praktischen Vernunft

Pflicht, wunderbarer Gedanke, du
wirkst nicht durch Überredung oder
Schmeicheleien, sondern einfach da-

durch, daß du dein nacktes Gesetz in der Seele aufrechthältst und dir stets Achtung, wenn auch nicht immer Gehorsam erzwingst, so daß alle Begierden, wie sehr sie auch insgeheim sich auflehnen mögen, vor dir verstummen müssen.

Kant, Kritik der praktischen Vernunft

Seine Pflicht erkennen und tun, das ist die Hauptsache.

Friedrich der Große

Seine Pflichten nie versäumen
ist mehr als große Dinge träumen.

Sprichwort

Stetes Pflichtbewußtsein ist die wahre Krone des Charakters.

Smiles, Der Charakter 7

Laß die schwerste Pflicht Dir die heiligste sein!

Lavater

Begeistere das menschliche Geschlecht erst für seine Pflicht, dann für sein Recht!

Gneisenau

Was aber ist deine Pflicht? Die Forderung des Tages.

Goethe,
Wilhelm Meisters Wanderjahre II,
Betrachtungen im Sinne der Wanderer

Gib der Alltäglichkeit ihr Recht, und sie wird dir mit ihren Anforderungen nicht zur Last fallen.

Clemens Brentano

Wir wollen uns segnen, wenn wir wissen, wo unsere Pflicht ist.

Nietzsche

Es gibt keine Pflicht, die nicht der Heiterkeit bedürfte, um recht erfüllt zu werden.

John Milton

Unmöglich können wir das Betragen anderer mit Strenge prüfen, wenn wir nicht selbst zuerst unsere Pflicht erfüllen.

Demosthenes, Staatsreden 6, 2

Der Mensch tut lieber mehr als seine Pflicht — als seine Pflicht.

Jean Paul

Laß dir an dem Bewußtsein genügen, deine Pflicht getan zu haben! Andere mögen es erkennen oder nicht.

Wieland

Wer seine Pflicht tut, ist ein getreuer Knecht, hat aber keinen Anspruch auf Dank.

Bismarck

Hast Du getan, was Deine Pflicht,
vertrau' dem Himmel: Er verläßt Dich
nicht!

Samaniego, Apologos

Nicht selten kannst Du in der Weltgeschichte lesen,
der Weg der Pflicht sei auch der Pfad
zum Ruhm gewesen.

Tennyson

Tue deine Pflicht so lange, bis sie deine
Freude wird!

Ebner-Eschenbach, Aphorismen

Ich schlief und träumte, das Leben sei
Freude.
Ich erwachte und sah, das Leben war
Pflicht.
Ich handelte und siehe, die Pflicht ist
Freude!

Tagore

Plan

Ein Mensch ohne Plan ist wie ein
Schiff ohne Steuer.

Oesch

Hoffnungen, Pläne und Illusionen sind
Verjüngungselemente des Lebens. Es
sind Morgenröten, deren Glanz immer
wieder bezaubert.

Martin Kessel

Pläne sind die Träume der Verständigen.

Feuchtersleben, Aphorismen

Pläne machen ist mehrmalen eine üppige, prahlerische Geistesbeschäftigung,
dadurch man sich ein Ansehen von
schöpferischem Genie gibt, in dem man
fordert, was man selbst nicht leisten,
tadelt, was man doch nicht besser machen kann, und vorschlägt, wovon man
selbst nicht weiß, wo es zu finden ist.

Kant, Prolegomena 4, 10

Die wertvollsten Einsichten werden am
spätesten gefunden, aber die wertvollsten Einsichten sind die Methoden.

Nietzsche

Träume sind nicht Taten.
Ohne Arbeit wird dir nichts geraten.

Ernst Moritz Arndt, Erinnerungsblätter 82

Aus ungelegten Eiern schlüpfen keine
Hühner.

Sprichwort

Kleine Taten, die man ausführt, sind
besser als große, die man plant.

George Marshall

Zu wissen, wie man etwas macht, ist
nicht schwer. Schwer ist nur, es zu
machen.

Aus China

Wer hat nicht schon das, was er sich zutraut, für das gehalten, was er vermag?

Ebner-Eschenbach, Aphorismen

Zwischen Wissen und Schaffen liegt eine ungeheure Kluft, über die sich oft erst nach harten Kämpfen eine vermittelnde Brücke aufbaut.

Robert Schumann

Wäre tun so leicht als wissen, was gut zu tun ist, so wären Kapellen Kirchen geworden und armer Leute Hütten Fürstenpaläste. (Porzia)

Shakespeare,
Der Kaufmann von Venedig I, 2

Nichts ist so elend als der Mann, der alles will und der nichts kann.

Matthias Claudius, Ein silbern ABC

Gescheit gedacht und dumm gehandelt, so bin ich meine Tage durchs Leben gewandelt.

Grillparzer, Biographisch

Ein Entschluß wird oft von uns gebrochen.
Der Vorsatz ist ja der Erinnerung Knecht,
stark von Geburt, doch bald durch Zeit geschwächt,
wie herbe Früchte fest am Baume hangen,
doch leicht sich lösen, wenn sie Reif' erlangen. (König im Schauspiel)

Shakespeare, Hamlet III, 2

Wo Leidenschaft den Vorsatz hingewendet,
entgeht das Ziel uns, wenn sie selber endet. (König im Schauspiel)

Shakespeare, Hamlet III, 2

Sprich nicht samtene Worte, wenn du steinerne Taten ausführen kannst!

Tatarenweisheit

Taten sind Früchte, Worte sind Blätter.

Aus Großbritannien

Prahl nicht heute: Morgen will dieses oder das ich tun!
Schweige doch bis morgen still, sage dann: Das tat ich nun!

Rückert

Ein großer Teich war zugefroren.
Die Fröschlein, in der Tiefe verloren,
durften nicht ferner quaken noch springen,
versprachen sich aber, im halben Traum:
Fänden sie nur da oben Raum,
wie Nachtigallen wollten sie singen.
Der Tauwind kam, das Eis zerschmolz,
nun ruderten sie und landeten stolz
und saßen am Ufer weit und breit
und quakten wie vor alter Zeit.

Goethe, Parabolisch

Wer seine Absicht nicht für sich behalten kann, der wird nie etwas Bedeutendes ausführen.

Smiles, Der Charakter 6,
Die Selbstbeherrschung

Der Vorsatz, mitgeteilt, ist nicht der
                                deine;
der Zufall spielt mit deinem Willen
                                schon. (König)

Goethe, Die natürliche Tochter I, 5

In meiner Brust war meine Tat noch
                                mein.
Einmal entlassen aus dem sichern
                                Winkel
des Herzens, ihrem mütterlichen Boden,
hinausgegeben in des Lebens Fremde,
gehört sie jenen tück'schen Mächten an,
die keines Menschen Kunst vertraulich
macht. (Wallenstein)

Schiller, Wallensteins Tod I, 4

Aber der Mensch entwirft, und Zeus
                vollendet es anders!

Homer, Ilias XVIII, 328

Was sind Hoffnungen, was sind Ent-
                                würfe,
die der Mensch, der vergängliche, baut?
                                (Cajetan)

Schiller, Die Braut von Messina III, 5

Es ist im Leben wie im Schachspiel:
Wir entwerfen einen Plan; dieser bleibt
jedoch bedingt durch das, was im
Schachspiel dem Gegner, im Leben dem
Schicksal zu tun belieben wird. Die
Modifikationen, welche hierdurch unser Plan erleidet, sind meistens so groß,
daß er in der Ausführung kaum noch
an einigen Grundzügen zu erkennen
ist.

Schopenhauer,
Aphorismen zur Lebensweisheit V, 48

Wackere Vorsätze sind Schecks, auf
eine Bank gezogen, bei der man kein
Konto hat.

Wilde

Erhabene Vernunft, lichthelle Tochter
des göttlichen Hauptes, weise Gründe-
                                rin
des Weltgebäudes, Führerin der Sterne,
wer bist du denn, wenn du, dem tollen
                                Roß
des Aberwitzes an den Schweif gebun-
                                den,
ohnmächtig rufend, mit dem Trunkenen
dich sehend in den Abgrund stürzen
                                mußt?
Verflucht sei, wer sein Leben an das
                                Große
und Würd'ge wendet und bedachte
                                Plane
mit weisem Geist entwirft! Dem
                                Narrenkönig
gehört die Welt. (Talbot)

Schiller, Die Jungfrau von Orleans III, 6

Man möchte sagen, nichts glückt als
die schwarzen Entwürfe der Bösen.
Die schuldlosen Vorsätze der Guten
kommen fast nie zur Erfüllung.

Rousseau, Bekenntnisse 7

Gegen das Fehlschlagen eines Plans
gibt es keinen besseren Trost, als auf
der Stelle einen neuen zu machen.

Jean Paul

Leben ist ein großes Fest,
wenn sich's nicht berechnen läßt.

Goethe, Frühlingsorakel

Zweck

Nicht gegen, sondern für etwas kämpfen! Nicht gegen, sondern für etwas
sein!

Oesch

Jeder Mensch setzt sich die Ziele, die
seiner Entwicklungsstufe entsprechen.

Oesch

Der Mann hat sein Ziel und das Weib
seinen Sinn.

Morgenstern, Stufen, Psychologisches

Ein Mann hat bei allem, was er tut, ein
Ziel im Auge. Eine Frau einen Mann.

Graff

Die Welt gehört dem, der in ihr mit
Heiterkeit nach hohen Zielen wandert.

Emerson

Wenn du es kannst, so lasse ab vom
Kleinen und suche das Große!

Gottfried Keller

Wer sich zuviel mit dem Kleinen abgibt, der wird gewöhnlich unfähig für
das Große.

La Rochefoucauld, Reflexionen

Wende dich nicht von einem Elefanten
ab, um Steine nach einem Vogel zu
werfen!

Aus Ghana

Es hat noch niemand etwas Ordentliches geleistet, der nicht etwas Außerordentliches leisten wollte.

Ebner-Eschenbach, Aphorismen

Den lieb ich, der Unmögliches begehrt.
(Manto)

Goethe, Faust 2, II, Am untern Peneios

Ein großer Vorsatz scheint im Anfang
toll. (Wagner)

Goethe, Faust 2, II, Laboratorium

Frauen inspirieren uns zu großen Dingen und hindern uns dann, sie auszuführen.

Dumas der Jüngere

Denken, was wahr ist!
Fühlen, was schön ist!
Wollen, was gut ist!

Platen

Kühnes und Großes vermag der mit
Kraft ausdauernde Wille;
aber es wolle der Geist nie, was das
Herz ihm verbeut.

Karl Gustav von Brinckmann

Setzet immer voraus, daß der Mensch
im ganzen das Rechte
will; im einzelnen nur rechnet mir niemals darauf!

Schiller, An die Gesetzgeber

Daß du die gute Sache liebst,
das ist nicht zu vermeiden,
doch von der schlimmsten ist sie nicht
bis jetzt zu unterscheiden.

Goethe, Zahme Xenien, Zum 1. 1. 1814

In den Werken des Menschen wie in
denen der Natur sind eigentlich die
Absichten vorzüglich der Aufmerksamkeit wert.

Goethe,
Wilhelm Meisters Wanderjahre II,
Betrachtungen im Sinne der Wanderer

Sage mir, mit wem du umgehst, so
sage ich dir, wer du bist! Weiß ich, womit du dich beschäftigst, so weiß ich,
was aus dir werden kann.

Goethe,
Wilhelm Meisters Wanderjahre II,
Betrachtungen im Sinne der Wanderer

Deine Absicht erst gibt deinem Werke
seinen Namen.

Ambrosius, Von den Pflichten 1, 30

Der Zweck heiligt die Mittel.

Grundsatz des Jesuitenordens

Ut desint vires, tamen est laudanda
voluntas.
Wenn's auch an Kräften gebricht, so ist
doch der Wille zu loben.

Ovid, Briefe aus dem Pontus 3, 4

Was armer, williger Eifer
zu leisten nicht vermag, schätzt edle
Rücksicht
nach dem Vermögen nur, nicht nach
dem Wert. (Theseus)

Shakespeare,
Ein Sommernachtstraum V, 1

Der gute Wille ist das Kostbarste im
Menschen.

Fénelon

Guter Wille ist höher als aller Erfolg.
(Cäcilie)

Goethe, Stella V

Die Menschen verraten ihre Absichten
nie leichter und stärker, als wenn sie
sie verfehlen.

Jean Paul, Titan

Köpfe, die nur den Nutzen und das
Brauchbare bedenken, vernutzen und
verbrauchen die Welt.

Friedrich Georg Jünger

Die Menschen, da sie zum Notwendigen nicht hinreichen, bemühen sich ums
Unnütze.

Goethe,
Maximen und Reflexionen, Nachlaß,
Über Natur und Naturwissenschaft

Das beste Mittel bei verfehltem Vorsatz
ist ihn verfehlen. (Pandulpho)

Shakespeare, König Johann III, 1

Idee

Eine Idee ist nichts anderes als der Begriff von einer Vollkommenheit, die
sich in der Erfahrung noch nicht vor-
findet.

Kant, Über Pädagogik, Einleitung

Was man Idee nennt: Das, was immer
zur Erscheinung kommt und daher als
Gesetz aller Erscheinungen uns entgegentritt.

Goethe,
Maximen und Reflexionen, Nachlaß,
Über Natur und Naturwissenschaft

In der Idee leben heißt das Unmögliche behandeln, als wenn es möglich
wäre.

Goethe,
Maximen und Reflexionen,
Aus Kunst und Altertum 1825

Begriff ist Summe, Idee Resultat der
Erfahrung; jene zu ziehen, wird Verstand, dieses zu erfassen, Vernunft erfordert.

Goethe,
Maximen und Reflexionen, Nachlaß,
Über Natur und Naturwissenschaft

Die großen Ideen kommen auf Taubenfüßen daher.

Nietzsche

Wenn jemand erklärt, er hätte keine
Ideen, dann liegt es an ihm selbst und
nicht daran, daß keine Ideen greifbar
wären. Es sind unzählige Äpfel von
den Bäumen gefallen, ehe einer Newton zur Erkenntnis des Gravitations-
gesetzes verhalf.

Oesch

Es ist die Idee und nicht der Schweiß,
was Menschen und Nationen vorwärts-
bringt.

Oesch

Selig ist der, dem Gott eine große Idee
beschert, für die er allein lebt und handelt, die er höher achtet als seine Freuden!

Jean Paul

Gebt mir eine große Idee, daß ich an
ihr gesunde!

Herder, Auf dem Sterbebett, 18. 12. 1803

Ideen sind ja nur das einzig wahrhaft
Bleibende im Leben.

Wilhelm von Humboldt,
Briefe an eine Freundin, 9. 2. 1833

Wirklich sind es die deutlichen Ideen,
die zum Sprechen gebraucht werden.
Fast immer aber ist es irgendeine kon-
fuse Idee, die uns zum Handeln treibt.

Joubert, Tagebuch, 9. 10. 1803

Nichts auf der Welt ist so mächtig
wie eine Idee, deren Zeit gekommen
ist.

Victor Hugo

Tritt eine Idee in einen hohlen Kopf, so füllt sie ihn völlig aus: Weil keine andere da ist, die ihr den Rang streitig machen könnte.

Montesquieu

Eine Idee wird darum noch nicht wahr, weil jemand sich dafür geopfert hat.

Wilde

Beschränkten Menschen ist es eigen, daß sie die wenigen Ideen, die in dem engen Kreise ihrer Fassungskraft liegen, mit einer Klarheit ergreifen, die uns in der Schätzung ihres Geistes oft irre macht. Sie sind wie Bettler, die das Gepräge und die Jahreszahl jedes ihrer Kreuzer kennen.

Börne, Fragmente und Aphorismen 93

Mit vielen Ideen ist man noch kein geistvoller Mann, mit vielen Soldaten noch kein guter Feldherr.

Chamfort, Maximen VII

Jede Tugend übt Gewalt über uns, wie auch jede Idee, die in die Welt tritt, anfangs tyrannisch wirkt.

Goethe, zu Riemer, 3. 2. 1807

Der Wert einer Idee hat nichts mit der Wahrhaftigkeit dessen zu tun, der ihr Ausdruck gibt. Es ist sogar wahrscheinlich, daß eine Idee umso geistiger ist, je unaufrichtiger ein Mensch ist.

Wilde, Lehren und Sätze zum Gebrauch für die Jugend

Philosophie und Geschichte beweisen, daß es tausendmal leichter, menschlicher, gerechter ist, die Ideen umzuwandeln, als ihnen einen Damm entgegenzusetzen.

Proudhon, Bekenntnisse eines Revolutionärs 21

Wie oft verwechselt man Einfälle mit Ideen!

Hebbel, Tagebücher I

Verstand haben ist wichtig. Intuition haben ist wichtiger.

Oesch

Intuitionen sind Träume, deren man sich erinnert.

Rathenau

Heiterkeit ist die Mutter der glücklichen Einfälle.

Vauvenargues

Verflucht! Zur rechten Zeit fällt einem nie was ein, und was man Gutes denkt, kommt meist erst hintendrein. (Wirt)

Goethe, Die Mitschuldigen III, 1

Hypothesen sind Gerüste, die man vor dem Gebäude aufführt und die man abträgt, wenn das Gebäude fertig ist. Sie sind dem Arbeiter unentbehrlich; nur muß er das Gerüste nicht für das Gebäude ansehn.

Goethe, Maximen und Reflexionen, Nachlaß, Über Natur und Naturwissenschaft

Ideal

Aus dem Leben heraus sind der Wege
zwei dir geöffnet:
Zum Ideale führt einer, der andre zum
Tod.
Siehe, daß du bei Zeiten noch frei auf
dem ersten entspringest,
ehe die Parze mit Zwang dich auf dem
andern entführt!

Schiller, Die idealische Freiheit

Nur wer irgendein Ideal, das er ins Leben ziehen will, in seinem Inneren hegt
und nährt, ist verwahrt gegen die Gifte
und Schmerzen der Zeit.

Jean Paul, Herbst-Blumine I

Das Ideal ist kein Leckerbissen, sondern tägliches Brot.

Lagarde

Sehnsucht zum Licht ist des Lebens Gebot.

Ibsen

Der ideale Standpunkt ist der einzige,
nach welchem hinsteuernd im Leben
und in der Kunst ein Fortschritt zu
erringen ist.

Ferdinand Hiller

Ohne politische Träume stürbe jeder
Staatskörper, wie (nach Kant) jeder
andere ohne andere. Wer nichts will
als Gegenwart, wäre gewiß nicht ihr
Schöpfer geworden.

Jean Paul, Erste Pflicht der deutschen
Fürsten gegen deutsche Völker

Echter Idealismus besteht nicht in der
Jagd nach augenblicklicher Verwirkli-
chung dessen, was vielleicht eine Chi-
märe oder Illusion sein könnte, sondern im täglichen, unermüdlichen, beständigen Kampf um die allmähliche
Annäherung an das, was uns als Ideal
vorschwebt.

Benesch, Aufstand der Nationen

Ein Idealist ist ein Mensch, der anderen Menschen dazu verhilft, zu Wohlstand zu gelangen.

Henry Ford

Mit jeder hohen Forderung, die wir
aufgeben, verläßt uns ein Engel.

Waldemar Bonsels,
Tage der Kindheit

Wer stets zu den Sternen aufblickt,
wird bald auf der Nase liegen.

Aus Schottland

Wer für hohe Ideale lebt, muß vergessen, an sich selbst zu denken.

Anselm Feuerbach

Es war von jeher das Schicksal aller
edel angelegten Naturen, für die Ideale,
welche sie innerlich beseligen, äußerlich zu leiden.

Robert Franz

Unsere Ideale sind gewissermaßen die
Opiate des Geistes. Sie sind geistige
Betäubungsmittel. Sie regen an, und
sie drücken nieder.

Casson, Die menschliche Natur 14

O ihr verwünschten Idealisten! An
euren Theorien ist nichts reell als das
Blut, das ihr dafür vergießt!

Hamerling, Danton und Robespierre

Extreme Idealisten sind immer Feiglinge: Sie nehmen vor der Wirklichkeit Reißaus.

Boßhart, Bausteine

Es gibt nichts Demütigenderes für den
Menschenstolz als die Tatsache, daß
nichts so Unsinniges und Lächerliches
erträumt werden kann, das nicht irgendwo und zu irgendeiner Zeit für
wahr, ernst, groß, edel, ehrwürdig
und heilig gehalten worden wäre.

Karl Julius Weber,
Demokritos II, 14

Wenn ihr in der Menschheit traur'ger
Blöße
steht vor des Gesetzes Größe,
wenn dem Heiligen die Schuld sich
naht,
da erblasse vor der Wahrheit Strahle
eure Tugend, vor dem Ideale
fliehe mutlos die beschämte Tat.
Kein Erschaffner hat dies Ziel erflogen;

über diesen grauenvollen Schlund
trägt kein Nachen, keiner Brücke Bogen,
und kein Anker findet Grund.

Schiller, Das Ideal und das Leben

Doch scheint es nun einmal das Schicksal der Idealisten zu sein, das, worum
sie kämpfen, in einer Form zu erhalten, die ihr Ideal zerstört.

Bertrand Russell, Marriage and Morals

Erloschen sind die heitern Sonnen,
die meiner Jugend Pfad erhellt;
die Ideale sind zerronnen,
die einst das trunkne Herz geschwellt.

Schiller, Die Ideale

Das Ideal und die gemeine Wirklichkeit müssen streng geschieden werden.

Goethe, zu Müller und Riemer,
13. 6. 1824

Lieben Sie das Ideale oder das Reale?
Man lebt und hofft.

Busch, an Frau Louise Fastenrath,
22. 5. 1892

Wer in der wirklichen Welt arbeiten
kann und in der idealen leben, der hat
das Höchste erreicht.

Börne

Illusion

Schwärmerei steckt wie der Schnupfen
an:
Man fühlt, ich weiß nicht was, und eh'
man wehren kann,
ist unser Kopf des Herzens nicht mehr
mächtig.

Wieland

Wage du, zu irren und zu träumen!
Hoher Sinn liegt oft in kind'schem
· Spiel.

Schiller, Thekla

Wäre es überhaupt möglich, eine Erfahrung zu machen, ohne eine Illusion
gehabt zu haben?

Martin Kessel

Ein Wahn, der mich beglückt,
ist eine Wahrheit wert, die mich zu
Boden drückt.

Wieland, Idris und Zenide III, 10

Die Natur hat Illusionen den Weisen
wie den Narren mitgegeben, damit die
Weisen nicht zu unglücklich würden
durch ihre Weisheit.

Chamfort, Maximen I

Nenne dich nicht arm, weil deine Träume nicht in Erfüllung gegangen sind!
Wirklich arm ist nur, wer nie geträumt hat.

Ebner-Eschenbach, Aphorismen

Trenne dich nicht von deinen Illusionen! Wenn sie verschwunden sind,
wirst du weiter existieren, aber aufgehört haben zu leben.

Mark Twain

Daß Politiker Luftschlösser bauen, ist
nicht bedenklich. Gefährlich wird es
erst, wenn sie von anderen Hypothe-
ken darauf bekommen.

Malcolm Muggeridge

Er speiste sich mit Hoffnung,
verschlang die Luft auf zugesagten Beistand,
sich schmeichelnd mit der Aussicht
einer Macht,
die kleiner ausfiel als sein kleinster
Traum.
So führt' er, voll von großen Einbil-
dungen,
dem Wahnwitz eigen, seine Macht zum
Tod
und stürzte blindlings sich in das Verderben. (Lord Bardolph)

Shakespeare, König Heinrich IV.,
Zweiter Teil I, 3

Der Bau von Luftschlössern kostet
nichts. Aber ihre Zerstörung ist sehr
teuer.

François Mauriac

Es gibt Schwärmer ohne Fähigkeit.
Das sind die wirklich gefährlichen
Leute.

Lichtenberg

Motiv

Wir handeln alle nach dem Maße unserer Einsicht und Kräfte.

Lessing, Eine Duplik

Alles Geschehen aus Absichten ist re-
duzierbar auf die Absicht der Mehrung
von Macht.

Nietzsche, Der Wille zur Macht

Man wird selten irren, wenn man extreme Handlungen auf Eitelkeit, mittelmäßige auf Gewöhnung und kleinliche auf Furcht zurückführt.

Nietzsche

Es gibt zwei Motive der menschlichen
Handlungen: Eigennutz und Furcht.

Napoleon I.

Immer treibe die Furcht den Sklaven
            mit eisernem Stabe;
Freude, führe du mich immer an ro-
            sichtem Band!

Schiller, Die Triebfedern

Das Unzulängliche ist produktiv. Ich
schrieb meine Iphigenie aus einem Studium der griechischen Sachen, das aber
unzulänglich war. Wenn es erschöp-
fend gewesen wäre, so wäre das Stück
ungeschrieben geblieben.

Goethe, zu Riemer, 20. 7. 1811

Doch weil, was ein Professor spricht,
nicht gleich zu Allen dringet,
so übt Natur die Mutterpflicht
und sorgt, daß nie die Kette bricht
und daß der Reif nie springet.
Einstweilen, bis den Bau der Welt
Philosophie zusammenhält,
erhält sie das Getriebe
durch Hunger und durch Liebe.

Schiller, Die Weltweisen

Lust und Liebe sind die Fittiche zu
            großen Taten. (Pylades)

Goethe, Iphigenie II, 1

Es gibt bei jeder Handlung erstens das
wirkliche Motiv, das verschwiegen
wird, zweitens das präsentable, einge-
ständliche Motiv.

Nietzsche, Unschuld des Werdens 2, 399

Vor allen Dingen maße dir nicht an,
die Bewegungsgründe zu jeder guten
Handlung abwägen zu wollen! Bei
einer solchen Rechnung würden vielleicht manche deiner eigenen großen
Taten verzweifelt klein erscheinen.

Knigge,
Über den Umgang mit Menschen 1, 1

Wir würden uns oft unserer schönsten
Taten schämen, wenn die Welt alle Be-
weggründe sähe, aus denen sie hervor-
gehen.

La Rochefoucauld, Reflexionen

Es ist schwer zu entscheiden, ob eine reine, aufrichtige und ehrenhafte Handlungsweise eine Wirkūng der Rechtschaffenheit oder der Schlauheit ist.

La Rochefoucauld

Duo cum faciunt idem, non est idem. Wenn zwei dasselbe tun, so ist es nicht dasselbe. (Micio)

Terenz, Die Brüder V, 3

Das Motiv einer guten Handlung ist manchmal nichts anderes als zur rechten Zeit eingetretene Reue.

Ebner-Eschenbach, Aphorismen

Der Geldsack bleibt dennoch, selbst im verjüngten Maßstabe, das Gewicht an der Weltenuhr, an der das Frauenzimmer nur die Unruhe ist.

Weber, Demokritos IV, 24

Grundsatz

Menschen, die sich nicht gewisse Regeln vorgesetzt haben, sind unzuverlässig. Man weiß sich oft nicht in sie zu finden, und man kann nie recht wissen, wie man mit ihnen dran ist.

Kant, Über Pädagogik 8

Der Mann ohne Grundsätze ist ebenso gewöhnlich ein Mann ohne Charakter; denn wenn er mit einem Charakter geboren worden wäre, so würde er auch das Bedürfnis gefühlt haben, sich Grundsätze zu schaffen.

Chamfort

Trenne alles, was eigentlich Geschäft ist, vom Leben! Das Geschäft verlangt Ernst und Strenge, das Leben Willkür; das Geschäft die reinste Folge, dem Leben tut eine Inkonsequenz oft not, ja sie ist liebenswürdig und erheiternd:

Goethe, Die Wahlverwandtschaften I, 4

Fern von Menschen wachsen Grundsätze, unter ihnen Handlungen.

Jean Paul, Die unsichtbare Lüge

Der Weise hat keine unumstößlichen Grundsätze. Er paßt sich anderen an.

Laotse, Tao-te-king 2

Grundsätze sind nicht angeboren, weil sie wenig nutzen oder unsicher sind.

Locke,
Über den menschlichen Verstand I, 1

Mir gefallen Menschen besser als Prinzipien und Menschen ohne Prinzipien besser als irgendwas in der Welt.

Wilde, Lehren und Sätze zum
Gebrauch für die Jugend

Unsere Prinzipien dauern gerade so lange, bis sie mit unseren Leidenschaften oder Eitelkeiten in Konflikt kommen, und ziehen dann jedesmal den kürzeren.

Fontane, Schach von Wuthenow

Zerstückle das Leben, du machst dir's leicht!
Vereinige es, und du machst dir's schwer!

Goethe, Sprichwörtlich

Wenn ich mit Grundsätzen durchs Leben gehen soll, so komme ich mir vor, als wenn ich durch einen engen Wald-weg gehen soll und müßte eine lange Stange im Munde halten.

Bismarck, Tischgespräche

Es ist nichts inkonsequenter als die höchste Konsequenz, weil sie unnatürliche Phänomene hervorbringt, die zuletzt umschlagen.

Goethe,
Maximen und Reflexionen, Nachlaß,
Über Literatur und Leben

Den rechten Weg wirst nie vermissen, handle nur nach Gefühl und Gewissen!

Goethe, Zahme Xenien

Verantwortung

Es gibt keine Handlung, für die niemand verantwortlich wäre.

Bismarck

Wir sind nicht nur verantwortlich für das, was wir tun, sondern auch für das, was wir nicht tun.

Molière

Deckung statt Verantwortung ist die unausgesprochene Devise aller Bürokraten.

Carl Horber, Die schweizerische Politik

Die meisten tragen keine Verantwortlichkeit in sich, weil sie kein Eigentum besitzen. Ihr Gewissen heißt Gehorsam, ihre Wahrheit Glaube. Wehe dem, der ihnen die Freiheit gibt und den Glauben nimmt!

Kolbenheyer Amor Dei

Der gute Hirte lässet sein Leben für seine Schafe. Der Mietling aber, der nicht Hirte ist, des die Schafe nicht eigen sind, siehet den Wolf kommen und verlässet die Schafe und fleucht.

Johannes 10,12

XIX. Kapitel

Selbstvertrauen
Mut
Tapferkeit
Leichtsinn
Entschlossenheit
Besonnenheit
Vorsicht
Abwarten
Zaudern
Scham
Furcht
Feigheit
Flucht

Selbstvertrauen

Die Kunst des Umgangs mit Menschen besteht darin, sich geltend zu machen, ohne andere unerlaubt zurückzudrängen.

Knigge

Man soll allen wohl trauen und am meisten sich selber.

Aus Norwegen

Wenn es einen Glauben gibt, der Berge versetzen kann, so ist es der Glaube an die eigene Kraft.

Ebner-Eschenbach, Aphorismen

Wer sich selbst alles zutraut, wird andere übertreffen.

Aus China

Wer sich an andre hält,
dem wankt die Welt.
Wer auf sich selber ruht,
steht gut.

Heyse, Stammbuchvers

Wer frisch umherspäht mit gesunden
Sinnen,
auf Gott vertraut und die gelenke
Kraft,
der ringt sich leicht aus jeder Fahr und
Not. (Tell)

Schiller, Wilhelm Tell III, 1

Sobald du dir vertraust, sobald weißt du zu leben. (Mephistopheles)

Goethe, Faust 1, Studierzimmer

Selbstvertrauen ist die Quelle des Vertrauens zu anderen.

La Rochefoucauld,
Unterdrückte Maximen

Wer sich selbst nit vertraut, der vertraut Gott nicht; denn Gott hat ihm das gegeben, in das er vertrauen soll.

Paracelsus

Wem es am Selbstvertrauen fehlt, der untersuche, ob es ihm nicht nur an der Kenntnis dessen fehlt, was er für den anderen tun kann!

Oesch

Verlassen sei, was selber sich verläßt! (Antonius)

Shakespeare,
Antonius und Cleopatra III, 9

Der Mut will lachen.

Nietzsche,
Zarathustra I, Vom Lesen und Schreiben

Ein alter und erfahrener Lotse verliert sein Schiff durch allzu große Selbstsicherheit wie ein junger Lotse durch Unkenntnis und Mangel an Erfahrung.

Daniel Defoe

Es gibt gegen eine Stunde des Muts und Vertrauens immer zehn, wo ich kleinmütig bin.

Schiller, an Goethe

Mut

Der Mut ist doppelter Art: Einmal Mut gegen die persönliche Gefahr und dann Mut gegen die Verantwortlichkeit, sei es vor dem Richterstuhl irgendeiner äußeren Macht oder der inneren, nämlich des Gewissens. Beide vereinigt geben die vollkommenste Art des Mutes.

Clausewitz, Vom Kriege I, 3

Trinke Mut des reinen Lebens!

Goethe, Der Schatzgräber

Der sittliche Mut ist es, der die höchste Stufe der Menschlichkeit kennzeichnet: Der Mut, die Wahrheit zu suchen und zu sagen. Der Mut, gerecht und rechtschaffen zu sein. Der Mut, der Versuchung zu widerstehen und seine Pflichten zu erfüllen.

Smiles

Auch der Mutigste von uns hat nur selten den Mut zu dem, was er eigentlich weiß.

Nietzsche, Götzendämmerung,
Sprüche und Pfeile

Dem Mutigen gehört die Welt.

Sprichwort

Und setzet ihr nicht das Leben ein,
nie wird euch das Leben gewonnen sein.
(Erster Jäger)

Schiller, Wallensteins Lager 11

Verachte dein eigenes Leben, und du bist Herr über das Leben anderer!

Aus dem Orient

Wer wagt, gewinnt.

Sprichwort

Die Klugheit ist sehr geeignet, zu bewahren, was man besitzt, doch allein die Kühnheit versteht zu erwerben.

Friedrich der Große

Nur durch Mut kann man sein Leben in Ordnung bringen.

Vauvenargues, Nachgelassene Maximen

Selbst zum Genuß des Glücks bedarf man Mut.

Spitteler

Dem Mutigen hilft Gott. (Gertrud)

Schiller, Wilhelm Tell I, 2

Fortes fortuna adjuvat.
Dem Mutigen hilft das Glück.

Terenz, Phormio 1, 4

Tapfer sein bedeutet die halbe Rettung.

Aus Rußland

Irre den Mutigen nicht! Oft glückt
leichtblütiger Jugend,
was bei gediegener Kraft zweifelnd das
Alter nicht wagt.

Geibel

Geld und Gut macht Mut, aber vielmehr die Furcht des Herrn.

Jesus Sirach 41,26

Ein fleckenloses Herz zagt nicht so
leicht. (Gloster)

Shakespeare, König Heinrich VI.,
Zweiter Teil III, 1

Jeder Mann ist ein Löwe in seiner eigenen Sache.

Aus Großbritannien

Jeder Hahn ist tapfer auf seinem eigenen Misthaufen.

Aus Großbritannien

Es steigt der Mut mit der Gelegenheit.
(Österreich)

Shakespeare, König Johann II, 1

Ich fürchte nichts, weil ich nichts habe.

Luther

Wer naß ist, fürchtet keinen Regen.

Aus Rußland

Ich war, fuhr sie fort, eine der Furcht-
samsten, und indem ich mich herzhaft
stellte, um den andern Mut zu geben,
bin ich mutig geworden.

Goethe,
Die Leiden des jungen Werthers,
16. 6. 1771

Manche Tugenden kann man erwerben,
indem man sie lange Zeit heuchelt. Andere zu erringen, wird man umso un-
fähiger, je mehr man sich den Anschein
gibt, sie zu besitzen. Zu den ersten gehört der Mut, zu den zweiten die Bescheidenheit.

Ebner-Eschenbach, Aphorismen

Mut beruht vielfach auf Phantasie-
losigkeit. Man kann sich keine Vorstellung von der Situation machen, in die
man gegebenenfalls durch ihn versetzt
wird.

Graff

Nichts ist so kühn wie ein blindes
Pferd.

Aus Griechenland

Wer keinen Tiger kennt, der läuft vor
keinem Tiger. (Söller)

Goethe, Die Mitschuldigen I, 2

Gescheite Leute sind selten mutig. Sie
sind vorsichtig und maßvoll, also
eigentlich feige. Wirklichen Mut haben
nur die Narren.

Galiani

In einer schlechten Sache hat man keinen rechten Mut. (Benedict)

Shakespeare, Viel Lärmen um Nichts V, 1

Ich wage alles, was dem Menschen
ziemt.
Wer mehr wagt, der ist keiner.
(Macbeth)

Shakespeare, Macbeth I, 7

Gut verloren — etwas verloren!
Mußt rasch dich besinnen
und neues gewinnen.
Ehre verloren — viel verloren!
Mußt Ruhm gewinnen,
da werden die Leute sich anders besinnen.
Mut verloren — alles verloren!
Da wär es besser, nicht geboren.

Goethe, Zahme Xenien

Tapferkeit

Wenn Tapferkeit Furchtlosigkeit bedeutet, dann ist mir noch kein tapferer Mann begegnet. Jeder Mensch fürchtet sich, je intelligenter er ist, umso mehr. Tapfer ist, wer von seiner Furcht keine Notiz nimmt.

George Patton

Kalte Seele, Maultiere, Blinde, Trunkene heißen mir nicht herzhaft. Herz hat, wer Furcht kennt, aber Furcht zwingt, wer den Abgrund sieht, aber mit Stolz.

Nietzsche,
Zarathustra IV, Vom höheren Menschen 4

Verachtung des Lebens ist leicht in harter Bedrängnis.
Tapfer allein ist der Mann, welcher das Unglück erträgt.

Martial

Vollendete Tapferkeit besteht darin, ohne Zeugen zu tun, was man vor aller Welt zu tun vermöchte.

La Rochefoucauld, Reflexionen

Der Sonne und dem Tode kann man nicht unverwandt ins Antlitz schauen.

La Rochefoucauld

Die Fliege ist, wird der Sommer heiß, der kühnste Vogel, den ich weiß.

Sprichwort

Tollkühn sein,
heißt aus der Furcht geschreckt sein: So
gelaunt,
hackt auf den Weih' die Taub.
(Enobarbus)

Shakespeare,
Antonius und Cleopatra III, 11

Ich liebe die Tapferen, aber es ist nicht
genug, Haudegen sein. Man muß auch
wissen Hau-schau-wen!

> *Nietzsche*, Zarathustra III,
> Von alten und neuen Tafeln 21

Das Laster hetzt zum Kriege, aber die
Tapferkeit kämpft. Gäbe es keine Tapferkeit, so hätten wir für immer Frieden.

> *Vauvenargues*, Reflexionen

Der entschließt sich doch gleich,
den heiß ich brav und kühn!
Er springt in den Teich,
dem Regen zu entfliehn.

> *Goethe*, Sprichwörtlich

Der Mut hat keine Zuflucht, die Feigheit tausend.

> *Waldemar Bonsels*,
> Runen und Wahrzeichen

Das bessere Teil der Tapferkeit ist Vorsicht. (Falstaff)

> *Shakespeare*, König Heinrich IV.,
> Erster Teil V, 4

Nicht ungerochen stirbt, wer männlich
fechten kann.

> *Vergil*, Äneis II, 670

Leichtsinn

Wir Menschen werden wunderbar geprüft;
wir könnten's nicht ertragen, hätt' uns
nicht
den holden Leichtsinn die Natur verliehn. (Tasso)

> *Goethe*, Torquato Tasso II, 4

Laß uns einsehen, daß Unbesonnenheit
uns manchmal dient, wenn tiefe Plane
scheitern. (Hamlet)

> *Shakespeare*, Hamlet V, 2

Der Leichtsinn ist ein Schwimmgürtel
für den Strom des Lebens.

> *Börne*, Fragmente und Aphorismen 121

Leichtsinnig in der Jugend macht kläg-
lich im Alter.

> *Aus China*

Leichtsinn und Geduld, zwei weibliche
Haupteigenschaften.

> *Morgenstern*, Stufen, Psychologisches

Der Mensch geht manchmal unbedacht
zu Werk,
was ihm die Folge Zeit läßt zu bereu'n.
(Richard)

> *Shakespeare*, König Richard III. IV, 4

Entschlossenheit

Es gibt Leute, die den schönsten Blick des Geistes für die schwierigsten Aufgaben besitzen, denen es auch nicht an Mut fehlt, vieles auf sich zu nehmen, und die in schwierigen Fällen doch nicht zum Entschluß kommen können. Ihr Mut und ihre Einsicht stehen jedes für sich, bieten sich nicht die Hand und bringen darum nicht die Entschlossenheit als ein drittes hervor. Diese entsteht erst durch den Akt des Verstandes, der die Notwendigkeit des Wagens zum Bewußtsein bringt.

Clausewitz, Vom Kriege I, 3

Drei Dinge braucht man zu allem:
Kraft, Verstand und Willen.

Aus Norwegen

Menschen mit wenig Verstand können nicht entschlossen sein. Sie können in schwierigen Fällen ohne Zaudern handeln, aber dann tun sie es ohne Überlegung.

Clausewitz, Vom Kriege I, 3

Die Entschlossenheit ist im Einzelfall ein Akt des Mutes und, wenn sie zum Charakterzug wird, eine Gewohnheit der Seele.

Clausewitz, Vom Kriege I, 3

Was du tust, das tue bald!

Johannes 13,27

Was man will tun,
das soll man, wenn man will; denn
dies „will" ändert sich
und hat so mancherlei Verzug und
Schwächung. (König)

Shakespeare, Hamlet IV, 7

Das Mögliche soll der Entschluß
beherzt sogleich beim Schopfe fassen:
Er will es dann nicht fahren lassen
und wirket weiter, weil er muß.

(Direktor)

Goethe, Faust, Vorspiel

Nie wird der flücht'ge Vorsatz eingeholt,
geht nicht die Tat gleich mit. Von
Stund' an nun
sei immer meines Herzens Erstling auch
Erstling der Hand. (Macbeth)

Shakespeare, Macbeth IV, 1

Das edle „Ich will" hat keinen schlimmeren Feind als das feige, selbstbetrügerische „Ja, wenn ich wollte!"

Ebner-Eschenbach, Aphorismen

„Nein! Heut ist mir das Glück erbost!"
Du, sattle gut und reite getrost!

Goethe, Sprichwörtlich

Wenn der Wille da ist, sind die Füße
leicht.

Aus Großbritannien

Wer zuerst kommt, mahlt zuerst.

Sachsenspiegel

Wer als Erster geht, sammelt die
Schätze ein.

Aus Australien

Wer da handelt, der hat gewöhnlich
den Gewinn. Wer alles überlegt und
zaudert, der nicht leicht.

Xerxes

Nirgend in der Welt mangelt es an
teilnehmenden, beistimmenden Seelen,
wenn nur einer auftritt, dessen Umstände ihm völlige Freiheit lassen, all
seiner Entschlossenheit zu folgen.
(Beaumarchais)

Goethe, Clavigo I, Guilberts Wohnung

Säume nicht, dich zu erdreisten,
wenn die Menge zaudernd schweift!
Alles kann der Edle leisten,
der versteht und rasch ergreift. (Chor)

Goethe, Faust 2, I, Anmutige Gegend

Während die Weisen grübeln, erobern
die Dummen die Festung.

Aus Jugoslawien

Der verdient zu haben,
der kühn und sicher zu erlangen weiß.
(König Richard)

Shakespeare, König Richard II. III, 4

Ein entschlossener Mensch wird mit
einem Schraubenschlüssel mehr anzufangen wissen als ein unentschlossener
mit einem Werkzeugladen.

Oesch

Entschlossenheit gibt die Kraft, fest zu
stehen, wo die geringste Nachgiebigkeit der erste Schritt zum Ruin ist.

Smiles

Entschlossenheit im Unglück ist immer
der halbe Weg zur Rettung.

Pestalozzi, Kinderlehre der Wohnstube

Wie ein Mann, dem zwei Geschäft' ob-
liegen,
steh' ich in Zweifel, was ich erst soll
tun,
und lasse beides. (König)

Shakespeare, Hamlet III, 3

Das Schlimmste in allen Dingen ist die
Unentschlossenheit.

Napoleon I.

Es ist nichts erbärmlicher in der Welt
als ein unentschlossener Mensch.
(Carlos)

Goethe, Clavigo IV, Clavigos Wohnung

Es gibt Leute, die zu keinem Entschluß
kommen können, sie müssen sich denn
erst über die Sache beschlafen haben.
Das ist ganz gut; nur kann es Fälle
geben, wo man riskiert, mitsamt der
Bettlade gefangen zu werden.

Lichtenberg

Unentschlossenheit ist für die Seele,
was die Folter für den Körper ist.

Chamfort, Maximen V

Was für den Körper der Schwindel ist,
ist Verlegenheit für den Geist.

Börne, Fragmente und Aphorismen

Wer schnell entschlossen ist, der strauchelt leicht. (Chor)

Sophokles, König Oedipus 610

Besonnenheit

Aller Güter höchstes sei Besonnenheit.

Sophokles, Antigone 1050

Die höchste Krone des Helden ist die
Besonnenheit mitten in Stürmen der
Gegenwart.

Jean Paul, Dämmerungen

Mittleren Menschen mag man den Mut
loben, edlen die Besonnenheit.

Rathenau

Hüte Dich, alles zu begehren, was Du
siehst, alles zu glauben, was Du hörst,
alles zu sagen, was Du weißt, und alles
zu tun, was Du kannst!

Inschrift im Franziskanerkloster Lyon

Erst wäg's, dann wag's!
Erst denk's, dann sag's!

Sprichwort

Die nur ganz langsam gehen, aber immer den rechten Weg verfolgen, können viel weiter kommen als die, welche
laufen und auf Abwege geraten.

Descartes

Il faut faire le pas selon la jambe.
Den Schritt muß man dem Bein anpassen.

Aus Frankreich

Wer mit Bedacht handelt, erreicht, was
er erstrebt.

Aus Arabien

Nur gemach in die Kohlen blasen,
so fährt dir kein Staub in die Nasen.

Sprichwort

Heizt nicht den Ofen euerm Feind so
glühend,
daß er euch selbst versengt! Wir über-
rennen
durch jähe Eil das Ziel, nach dem wir
rennen,
und gehn's verlustig. Denkt nur, wie
die Flamme,
wenn sie den Trank geschwellt zum
Überschäumen,
ihn scheinbar mehrend nur zerstäubt!
(Norfolk)

Shakespeare, König Heinrich VIII. I, 1

Drücke den Pfeil zu schnell nicht ab,
der nimmer zurückkehrt!
Glück zu zerstören, ist leicht, wieder-
zugeben so schwer.

Herder

Wirf nicht erst ein Ding in den Busch,
um es dann wieder herauszuholen!

Aus Ghana

Wirf deine alten Schuhe nicht weg, ehe
du neue hast!

Aus Flandern

Eine Schwalbe macht noch keinen
Sommer.

Äsop, Der verschwenderische Jüngling
und die Schwalbe

Wirf deinen Wanderstab nicht fort, ehe
du aus dem Sumpfe bist!

Aus Ghana

Verkaufe nicht den Pelz des Fuchses im
Walde!

Aus Rumänien

Der Mann, der einst des Löwen Haut
verkaufte,
da er noch lebte, kam beim Jagen um.
(König Heinrich)

Shakespeare, König Heinrich V. IV, 3

Erst satteln, dann reiten!
Doch ist zuzeiten
verloren der Mann,
der ohne Sattel
nicht reiten kann.

Karl Weitbrecht

Niemand ist mehr Fehlern ausgesetzt
als der Mensch, der nur aus Überlegung
handelt.

Vauvenargues, Reflexionen

Still mit dem Aber! Die Aber kosten
Überlegung. (Orsina)

Lessing, Emilia Galotti IV, 3

Wer gar zuviel bedenkt, wird wenig
leisten. (Tell)

Schiller, Wilhelm Tell III, 1

Zu allem Handeln gehört Vergessen,
wie zum Leben alles Organischen nicht
nur Licht, sondern auch Dunkel gehört.

Nietzsche,
Unzeitgemäße Betrachtungen 2, 1

Ich lernte, bängliches Erwägen
sei schläfrigen Verzugs bleierner Diener. (Richard)

Shakespeare, König Richard III. IV, 3

Was fragst du viel: Wo will's hinaus?
Wo oder wie kann's enden?
Ich dächte, Freund, du bliebst zu Haus
und sprächst mit deinen Wänden.

Goethe, Sprichwörtlich

Besinnt sich der Bräutigam, besinnt sich
auch die Braut.

Sprichwort

So macht Bewußtsein Feige aus uns
allen.
Der angebornen Farbe der Entschlie-
ßung
wird des Gedankens Blässe angekrän-
kelt,
und Wagestücke hohen Flugs und
Werts,
durch diese Rücksicht aus der Bahn gelenkt,
verlieren so der Handlung Namen.
(Hamlet)

Shakespeare, Hamlet III, 1

Vorsicht

Was ist Vorsicht? Die Gefahr läßt sich
nicht auslernen!

Goethe,
Die Leiden des jungen Werthers,
12. 8. 1771

Glaube dich nicht allzu gut gebettet;
ein gewarnter Mann ist halb gerettet.

Goethe, Zahme Xenien IV

Weil das Los der Menschen niemals
sicher,
laßt uns bedacht sein auf den schlimmsten Fall. (Cassius)

Shakespeare, Julius Cäsar V, 1

Wo du keinen Grund erkennst, sollst
du nicht durchs Wasser laufen wollen.

Aus Rußland

Bevor die Maus beginnt, am Fuße des
Menschen zu knabbern, bläst sie daran.

Aus Ghana

Alte Fische schnuppern mehr als einmal am Haken, bevor sie ihn schlucken.

Aus Schweden

Halte Freundschaft mit dem Bären!
Doch halte auch immer die Axt bereit!

Aus Rußland

Nach rechts hin sprechen, aber nach
links hin ausschauen!

Aus Rußland

Weise Tat,
vollbracht mit Vorsicht, schirmt sich
selbst vor Zweifeln. (König)

Shakespeare,
König Heinrich VIII. I, 2

In der ganzen Schar der Vorsichtigen
befindet sich eine ansehnliche Majorität, die es aus Furchtsamkeit ist.

Clausewitz, Vom Kriege III, 6

Vorsicht ist eine Bürgermeistertugend.

Aus Dänemark

Vorsicht und Mißtrauen sind gute
Dinge, nur sind auch ihnen gegenüber
Vorsicht und Mißtrauen nötig.

Morgenstern,
Stufen, Lebensweisheit, 1911

Wer nie verließ der Vorsicht enge
Kreise
und selbst aus seiner Jugend Tagen
nichts zu bereu'n hat, zu beklagen,
der war nie töricht. Aber auch nie
weise.

Bodenstedt

Abwarten

Geschieht wohl, daß man einen Tag
weder sich noch andre leiden mag,
will nichts dir nach dem Herzen ein.
Sollts in der Kunst wohl anders sein?
Drum hetze dich nicht zur schlimmen
Zeit;
denn Füll und Kraft sind nimmer weit:
Hast in der bösen Stund geruht,
ist dir die gute doppelt gut.

Goethe, Guter Rat

Manuskripte vermodern im Schranke
oder reifen darin.

Ebner-Eschenbach, Aphorismen

Kommt Zeit, kommt Rat.

Sprichwort

Zu dem, der warten kann, kommt alles
mit der Zeit.

Aus Frankreich

Die Zeit bringt Rat. Erwartet's in Geduld!
Man muß dem Augenblick auch was
vertraun. (Reding)

Schiller, Wilhelm Tell II, 2

Wer aus dem Weizen einen Kuchen haben will, muß das Mahlen abwarten. (Pandarus)

Shakespeare, Troilus und Cressida I, 1

Wenn man lange genug wartet, wird das schönste Wetter.

Aus Japan

Nie war Natur und ihr lebendiges Fließen
auf Tag und Nacht und Stunden angewiesen.
Sie bildet regelnd jegliche Gestalt,
und selbst im Großen ist es nicht Gewalt. (Thales)

Goethe, Faust 2, II, Am untern Peneios

Ist Geduld schon eine abgetriebne Mähre, so schleppt sie sich doch fort. (Nym)

Shakespeare, König Heinrich V. II, 1

Wer geduldig ist, erlangt das Ge-
wünschte. Wer aber ungeduldig ist,
lästert Gott.

Aus Arabien

Ein Geduldiger ist besser denn ein Starker.

Salomo, Sprüche 16, 32

Nur theoretisch und durch Vorhersehn ihrer Wirkung soll man die Zeit anti-
zipieren, nicht praktisch, nämlich nicht so, daß man ihr vorgreife, indem man vor der Zeit verlangt, was erst die Zeit bringen kann. Denn wer dies tut, wird erfahren, daß es keinen schlimmeren, unnachlassenderen Wucherer gibt als eben die Zeit und daß sie, wenn zu Vorschüssen gezwungen, schwerere Zinsen nimmt als irgendein Jude. Z. B. kann man durch ungelöschten Kalk und Hitze einen Baum dermaßen trei-
ben, daß er binnen weniger Tage Blät-
ter, Blüten und Früchte treibt: Dann aber stirbt er ab.

Schopenhauer,
Aphorismen zur Lebensweisheit V, 49

Die Überhastung stammt vom Satan und die Geduld vom barmherzigen Gott.

Aus Marokko

Ein Augenblick Geduld kann viel Unglück verhüten.

Aus China

In allen Geschäften sei geduldig und übereile dich nie! Man hat Geduld den zweiten Verstand genannt. Das heißt: Wieviel Verstand ein Mensch auch haben mag, so wird er doch, wenn er alle seine Besorgungen mit Geduld und Bedächtigkeit verrichtet, seinen Verstand verdoppeln.

Buch des Kabus

Zaudern

Alle Menschen schieben auf und bereuen den Aufschub.

Lichtenberg,
Beobachtungen über den Menschen

„Morgen! Morgen! Nur nicht heute!"
sagen alle faulen Leute.

Christian Felix Weisse, Der Aufschub

Der Aufschub ist der Dieb der Zeit.

Edward Young, Nachtgedanken I, 139

Eine Sache den Augenblick anfangen
und nicht eine Minute, viel weniger
eine Stunde oder einen Tag aufschie-
ben, ist ebenfalls ein Mittel, die Zeit
zu strecken.

Lichtenberg, Vermischte Schriften 2, 2, 4

Ein Zollbreit mehr Aufschub ist eine
Südsee weit von der Entdeckung.
(Rosalinde)

Shakespeare, Wie es Euch gefällt III, 2

Was der August nicht kocht, läßt der
September ungebraten.

Sprichwort

Frauenzimmer und Suppen soll man
nicht warten lassen. Sie werden sonst
kalt.

Aus Schweden

Verzug führt Bettelei im lahmen
Schneckenschritt. (Richard)

Shakespeare, König Richard III. IV, 4

Zu dem, der immer wartet, kommt gewöhnlich alles zu spät.

Oesch

Wenn das Pferd tot ist, nützt kein Heu
mehr.

Von den Philippinen

Feindes Übermacht nährt sich durch
Weilen. (König Heinrich)

Shakespeare, König Heinrich IV.,
Erster Teil III, 2

Wenn du zu lange unter einem Baum
hockst, drecken dir die Vögel auf den
Kopf.

Aus dem Sudan

Der Himmel hilft niemals solchen, die
nicht handeln wollen.

Sophokles

Bis zur Vollführung einer furchtbaren
Tat
vom ersten Antrieb ist die Zwischen-
zeit
wie ein Phantom, ein grauenvoller
Traum.
Der Genius und die sterblichen Organe
sind dann im Rat vereint; und die Verfassung

des Menschen, wie ein kleines Königreich,
erleidet dann den Zustand der Empörung. (Brutus)

Shakespeare, Julius Cäsar II, 1

Über ein Ding wird viel geplaudert,
viel beraten und lange gezaudert,
und endlich gibt ein böses Muß
der Sache widrig den Beschluß.

Goethe, Sprichwörtlich

Potius sero, quam numquam.
Besser spät als niemals.

Livius

Scham

Uns kröne das schönste Geschenk aus
Götterhand: Schamhaftigkeit!

Euripides, Medea 635

Alt ist das Wort, doch bleibet hoch und
wahr der Sinn:
Daß Scham und Schönheit nie zusammen, Hand in Hand,
den Weg verfolgen über der Erde grünen Pfad.
Tief eingewurzelt wohnt in beiden
alter Haß,
daß, wo sie immer irgend auch des Weges sich
begegnen, jede der Gegnerin den
Rücken kehrt. (Phorkyas)

Goethe, Faust 2, III,
Vor dem Palaste des Menelas

Auch der Aufschub hat seine Freuden.
(Maria)

Goethe, Götz von Berlichingen I,
Jaxthausen

Lebenskünstler verstehen es, unauf-
schiebbare Dinge so lange aufzuschie-
ben, bis sie sich von selbst erledigt
haben.

Aribert Wäscher

Schüchternheit ist ein Fehler, den man
nicht tadeln darf, wenn man ihn heilen
will.

La Rochefoucauld, Reflexionen

In dem Gürtel bewahrt Aphrodite der
Reize Geheimnis:
Was ihr den Zauber verleiht, ist, was
sie bindet, die Scham.

Schiller, Der Gürtel

Eine einzige Art der Furcht hat etwas
Edles, die Schamhaftigkeit.

Karl Julius Weber, Demokritos,
Furcht und Feigheit

Scham bezeichnet im Menschen die innere Grenze der Sünde.
Wo er errötet, beginnt eben sein edle-
res Selbst.

Hebbel, Die Scham

Wer sich leicht schämt, sündigt schwer.

Talmud

Dann ist einer durchaus verarmt,
wenn die Scham den Schaden umarmt.

Goethe, Sprichwörtlich

Wer die Scham vor den Menschen verliert, der wird auch die Furcht vor Gott
verlieren.

Aus Jugoslawien

Ein schüchterner Hund wird selten fett.

Aus Schweden

Furcht

Du bebst vor allem, was nicht trifft,
und was du nie verlierst, das mußt du
stets beweinen. (Faust)

Goethe, Faust 1, Nacht

Von allen Wundern, die ich je gehört,
scheint mir das größte, daß sich Menschen fürchten,
da sie doch sehn, der Tod, das Schicksal
aller,
kommt, wann er kommen soll. (Cäsar)

Shakespeare, Julius Cäsar II, 2

Kleinmut und Verzagtheit geht nicht
aus dem Gewichte der Drangsal, sondern aus der Schwäche des Gemütes
hervor.

Sankt Chrysostomus

Alle Furcht ist Sünde und stammt aus
der Sünde.

Gobat

Mutlosigkeit ist nur die Verzweiflung
der beleidigten Eigenliebe.

Fénelon

Denn ich bin krank, empfänglich für
die Furcht,
von Leid bedrängt und also voller
Furcht,
bin Witwe, gattenlos, ein Raub der
Furcht,
ein Weib, geboren von Natur zur
Furcht. (Constanze)

Shakespeare, König Johann III, 1

Der Furchtmensch ist scheu und unruhig. Seine hastigen, an Störung ge-
wöhnten Freuden sind kurz. Deshalb
braucht er Abwechslung. Der Reichtum
seines Lebens ist nicht Tiefe, sondern
Mannigfalt.

Rathenau

Der Edle hat Angst um andere, der
Gemeine um sich selber.

Paul Ernst, Ein Weltbild in Sprüchen

Wo sich der ehrliche Mann zu fürchten
anfängt, hört meistens der Schurke zu
fürchten auf.

Seume, Apokryphen

Wer gesund ist und arbeiten will, hat in der Welt nichts zu fürchten.

Lessing, an seinen Vater

Es ist nichts zu fürchten als die Furcht.

Börne, Kritiken 21

Eine der Wirkungen der Furcht ist es, die Sinne zu verwirren und zu machen, daß uns die Dinge anders erscheinen, als sie sind.

Cervantes, Don Quijote I, 18

Die Furcht macht Teufel aus Engeln. (Troilus)

Shakespeare, Troilus und Cressida III, 2

Fürchtet einer das Feuer, so riecht er allenthalben Rauch.

Gotthelf

Wer von einer Wespe gestochen wurde, fürchtet sich vor der Motte.

Aus Albanien

Ein Schiffbrüchiger hat Angst auch vor ruhiger See.

Ovid

E'n erschrockener Has isch selbst im Himmel nit sicher.

Aus dem Elsaß

Er hat vor dir gezittert. Wehe dir! Daß du ihn schwach gesehn, vergibt er nie. (Hedwig)

Schiller, Wilhelm Tell III, 1

Furcht gibt Sicherheit. (Laertes)

Shakespeare, Hamlet I, 3

Wo die Angst im Leibe steckt, da ist auch Gefahr allenthalben.

Gotthelf, Zeitgeist und Bernergeist

Wovor einer Angst hat, daran wird er sterben.

Aus Spanien

Du wirst aufhören zu fürchten, wenn du aufhörst zu hoffen.

Seneca, Briefe I, 5

In jedem wahren Sport liegt ein Element der Gefahr: Es wandelt die Furcht zum Genuß. Diese seltsame Tatsache zeigt uns den Weg, unser Fürchten zu überwinden: Wenn wir lernten, das Leben als ein Abenteuer, als ein Spiel, als einen gefährlichen, aber genußreichen Sport zu empfinden, dann hätten wir die Furcht fast schon überwunden.

Casson, Die menschliche Natur, Jedermann fürchtet

Das Schaudern ist der Menschheit bestes Teil;
wie auch die Welt ihm das Gefühl ver-
teure,

ergriffen, fühlt er tief das Ungeheure.
(Faust)

Goethe, Faust 2, I, Finstere Galerie

Feigheit

Die Feigheit tarnt sich am liebsten als
Vorsicht oder Rücksicht.

Graff

Sich mitten unter die Feinde werfen,
kann das Merkmal der Feigheit sein.

Nietzsche, Morgenröte 299

Wie manche Feige, die Gefahren stehn
wie Spreu dem Winde, tragen doch am
Kinn
den Bart des Herkules und finstern
Mars,
fließt gleich in ihrem Herzen Blut wie
Milch. (Bassanio)

Shakespeare,
Der Kaufmann von Venedig III, 2

Feige Hunde
sind mit dem Maul am freisten, wenn
ihr Wild
schon weit vorausläuft. (Dauphin)

Shakespeare, König Heinrich V. II, 4

Der Feigling hat sein Gesicht im Hintern.

Aus Schweden

Ihr nennt mich einen Feigling, wenn
ich so vernünftig bin, eine Herausforderung abzulehnen. Welchen Begriff
habt ihr denn eigentlich von der Feigheit? Wenn das Vermeiden unnützer
Gefahr Feigheit heißt, dann gibt es
wohl keinen Mutigen auf der Welt.

Claude Tillier, Mein Onkel Benjamin 18

Vernunft flieht das, was Schaden bringt.
Was Wunder denn, wenn Helenus ge-
wahrt
den Griechen und sein Schwert, daß er
selbst Fittige
tiefer Vernunft sich an die Fersen bindet
und wie Merkur, wenn Zeus ihn schilt,
entflieht. (Troilus)

Shakespeare, Troilus und Cressida II, 2

Lieber ein Feigling als ein Leichnam.

Aus Irland

Mit dem Netz der Feigheit werden nie
gefischt des Glückes Störe.

Aus Finnland

Feigheit verlängert das Leben nicht.

Aus Lappland

Den Feind zu scheun, da Furcht die
                    Stärke hemmt,
das gibt dem Feinde Stärk' in eurer
                    Schwäche,

und so ficht eure Torheit wider euch.
                    (Carlisle)

Shakespeare, König Richard II. III, 2

Flucht

Wer flieht, kann später wohl noch sie-
                    gen.
Ein toter Mann bleibt ewig liegen.

Samuel Butler, Hudibras 3, 3

Wer aus Furcht davonläuft, der fällt
in die Grube.

Aus Litauen

Eines Flüchtlings Augen blicken scharf.

Aus Rußland

Er floh vor dem Loche und fiel in den
Brunnen.

Aus Marokko

Es fliehen nicht alle, die den Rücken
wenden.

Christoph Lehmann,
Politischer Blumengarten 1

Incidis in Scyllam cupiens vitare
                    Charybdim.
Während du bemüht bist, die Charyb-
dis zu meiden, verfällst du der Scylla.

Walther von Chatillon, Alexandreis 5, 301

Ein schöner Rückzug ist ebensoviel
wert als ein kühner Angriff. Man
bringe seine Taten, wann ihrer genug,
wann ihrer viele sind, in Sicherheit.

Gracián,
Handorakel der Weltklugheit 38

Dem Emigranten legt das Schicksal die
schwer erfüllbare Verpflichtung auf, in
seinem Herzen neben dem Haß gegen
das ihn vertreibende System die Liebe
zu dem verlassenen Vaterland lebendig
zu erhalten. Man kann sagen, er ist
umso unglücklicher, je edler er ist, da
ihm der Haß die Liebe, aber auch die
Liebe den Haß vergällt.

Graff

Wer seinen Rücken zeigt in der Schlacht,
kann nachher sein Gesicht nicht mehr
zeigen.

Aus Persien

XX. Kapitel

Kraft
Begeisterung
Leidenschaft
Fanatismus
Beherrschtheit
Schwäche
Anstrengung
Fleiß
Eifer
Eile
Ausdauer

Kraft

Genieße deine Kraft.
Man lebt nur, wenn man schafft.

Sprichwort

Meiner Idee nach ist Energie die erste
und einzige Tugend des Menschen.

Wilhelm von Humboldt,
Sittenverbesserung

Eiserne Ausdauer und klaglose Entsagung sind die zwei äußersten Pole
der menschlichen Kraft.

Ebner-Eschenbach, Aphorismen

Die Tiefe der Menschenseele birgt un-
ergründliche Kräfte, weil Gott selbst
in ihr wohnt.

Franz von Assisi

In jedem Menschen steckt mehr Kraft,
als er willens ist einzusetzen.

Oesch

Kräfte lassen sich nicht mitteilen, sondern nur wecken.

Ludwig Büchner, Kraft und Stoff

Kraft wird aus dem Zwang geboren
und stirbt an der Freiheit.

Leonardo da Vinci

Der stärkste Mann der Welt ist, wer
allein steht. (Stockmann)

Ibsen, Ein Volksfeind V

Menschen schwachen Willens warten
auf den Frieden, um zu handeln. Die
Apostel starken Glaubens aber säen
in die Stürme.

Lacordaire

So war's immer, mein Freund, und so
wird's bleiben: Die Ohnmacht
hat die Regel für sich, aber die Kraft
den Erfolg.

Schiller, Das Naturgesetz

Niemand weiß, wie weit seine Kräfte
gehen, bis er sie versucht hat.

Goethe,
Die Leiden des jungen Werthers,
1. 7. 1771

Alle Stärke wird nur durch Hindernisse erkannt, die sie überwältigen
kann.

Kant

Wenn die Leidenschaft oft kühner rät
als die Reflexion, so verleiht sie auch
mehr Kraft zur Ausführung.

Vauvenargues, Reflexionen

Wer grob ist, ist noch lange nicht stark.

Sprichwort

Es ist ein Grundirrtum, Heftigkeit und
Starrheit Stärke zu heißen.

Carlyle

Wo rohe Kräfte sinnlos walten,
da kann sich kein Gebild gestalten.

Schiller, Das Lied von der Glocke

Geschicklichkeit ist besser als Kraft.

Aus Uruguay

Vis consili expers mole ruit sua. Kraft
ohne Weisheit stürzt durch die eigene
Wucht.

Horaz, Oden III, 4

Seelenstärke ohne Seelengröße bildet
die bösartigen Charaktere.

Weber, Demokritos III, 7

Unverstand ist es, über seine Kraft zu
tun.

Sophokles, Antigone

Ein Starker weiß mit seiner Kraft
hauszuhalten. Nur der Schwache will
über seine Kraft hinaus wirken.

Lichtenberg

Begeisterung

Enthusiasmus ist das schönste Wort der
Erde.

Morgenstern, Stufen, Ethisches, 1907

Ein Enthusiast sein ist das Liebenswürdigste, Edelste und Beste, was ein
Sterblicher sein kann.

Wieland

Alle Begeisterung ist transzendent.

Rathenau

Enthusiasmus vergleich ich gern
der Auster, meine lieben Herrn,
die, wenn ihr sie nicht frisch genoßt,
wahrhaftig ist eine schlechte Kost.
Begeisterung ist keine Heringsware,
die man einpökelt auf einige Jahre.

Goethe, Frisches Ei, gutes Ei

Dieser zweideutige Anschein von
Phantasterei in an sich guten, moralischen Empfindungen ist der Enthusiasmus, und es ist niemals ohne denselben in der Welt etwas Großes ausgerichtet worden.

Kant,
Versuch über die Krankheiten des Kopfes

Begeisterung ist darum so schätzbar,
weil sie der menschlichen Seele die
Kraft einflößt, ihre schönsten Anstrengungen zu machen.

Smiles, Der Charakter 12

Ohne Begeisterung schlafen die besten
Kräfte unseres Gemütes. Es ist ein
Zunder in uns, der Funken will.

Herder

Nur ein begeisterter Mann kann etwas
Großes und über das Gewöhnliche Er-
habenes aussprechen.

Seneca, Von der Gemütsruhe 15

Begeisterungsfähigkeit ist die bestbe-
zahlte Eigenschaft der Welt.

Frank Bettger,
Lebe begeistert und gewinne I, 1.

Die stille Freude wollt ihr stören?
Laßt mich bei meinem Becher Wein!

Mit andern kann man sich belehren,
begeistert wird man nur allein.

Goethe, Chinesisch-Deutsche
Tages- und Jahreszeiten XIII

Essen nimmt, Trinken gibt Enthusiasmus.

Jean Paul

Für nichts mehr sich erwärmen und begeistern können, ist das Zeichen jener,
die zuviel nehmen und zu wenig geben
wollen.

Oesch

Leidenschaft

Die Leidenschaften sind Mängel oder
Tugenden, nur gesteigerte.

Goethe, Die Wahlverwandtschaften II, 4

Das Gewissen ist die Stimme der Seele.
Die Leidenschaften sind die Stimme
des Körpers.

Rousseau, Émile 4

Alle Leidenschaften sind nur verschiedene Grade der Wärme und der Kälte
des Blutes.

La Rochefoucauld,
Unterdrückte Maximen

Blut, du behältst dein Recht. (Angelo)

Shakespeare, Maß für Maß II, 4

Der Mensch ist Mensch, und das bißchen Verstand, das einer haben mag,
kommt wenig oder nicht in Anschlag,
wenn Leidenschaft wütet.

Goethe,
Die Leiden des jungen Werthers,
12. 8. 1771

Nie brennt der Jugend Blut so wild
empört
wie strenger Ernst, wenn Mutwill' ihn
empört. (Rosaline)

Shakespeare, Liebes Leid und Lust V, 2

Wenn alte Gäul in Gang kommen,
sind sie nicht zu halten.

Christoph Lehmann,
Politischer Blumengarten I

Wenn wir unsern Leidenschaften widerstehen, danken wir es mehr ihrer Schwäche als unserer Stärke.

La Rochefoucauld, Reflexionen

Leidenschaft begeht keine Sünde, nur die Kälte.

Hebbel, Tagebücher I

Durch die Leidenschaften lebt der Mensch; durch die Vernunft existiert er bloß.

Chamfort, Maximen II

Leidenschaften gleichen Blendlaternen. Sie werfen alles Licht nach einer Richtung, während alles andre rings im Dunkel bleibt.

Peter Sirius

Die Leidenschaft macht die besten Beobachtungen und die elendesten Schlüsse. Sie ist ein Fernrohr, dessen Feld desto heller, je enger es ist.

Jean Paul, Hesperus

Wer den Affekten nachhängt, der läßt die Wahrheit fahren und vergaukelt das Recht zu Unrecht.

Christoph Lehmann,
Politischer Blumengarten I, 38

So war der Mensch zu allen Zeiten, so ist er jung, so bleibt er alt: Heiß ist er gegen Kleinigkeiten und gegen große Dinge kalt.

Lichtwer, Die Tulipane

Niemand kann seinen Leidenschaften und seinem Nutzen zur gleichen Zeit dienen.

Mark Aurel

Die meisten Leidenschaften scheuen den Tag und sind schon gefährlich genug; aber furchtbar verheerend sind die, die in der Finsternis geboren werden und sich am Sonnenlicht nähren: Ruhmsucht und Herrschsucht.

Seume, Apokryphen

Leidenschaften mißhandeln die Lebenskraft. (Franz)

Schiller, Die Räuber II, 1

Die Leidenschaften der Jugend sind der Gesundheit kaum mehr entgegengesetzt als die Lauheit des Alters.

La Rochefoucauld, Reflexionen

Leidenschaft macht häufig einen fähigen Mann zum Dummkopf, aber auch die Dümmsten fähig.

La Rochefoucauld, Reflexionen

Leidenschaften der Regierungen zeugen von Schwäche, Leidenschaften des Volkes aber zeugen von Stärke.

Börne, Aphorismen

Unter allen Leidenschaften steht den Frauen die Liebe noch am besten.

La Rochefoucauld, Reflexionen

Die Dauer unserer Leidenschaften hängt nicht mehr von uns ab als die Dauer unseres Lebens.

La Rochefoucauld, Reflexionen

Man heilt Leidenschaften nicht durch Verstand, sondern nur durch andere Leidenschaften.

Börne, Fragmente und Aphorismen 85

Unsere Leidenschaften sind wahre Phönixe. Wie der alte verbrennt, steigt der neue sogleich wieder aus der Asche hervor.

Goethe, Die Wahlverwandtschaften II, 4

Ein Raum, der sich leicht erwärmen läßt, wird auch leicht kalt.

Aus Korea

Heftige Feuer brennen bald sich aus. Ein sanfter Schau'r hält an, ein Wetter nicht.
Wer frühe spornt, ermüdet früh sein Pferd,
und Speis' erstickt den, der zu hastig speist. (Gaunt)

Shakespeare, König Richard II. II, 1

Stärker ist eine Leidenschaft, wenn sie ruhiger ist.

Goethe, an Ernst Wolfgang Behrisch, 26. 4. 1768

„Die Flut der Leidenschaft, sie stürmt vergebens
ans unbezwungene feste Land."
Sie wirft poetische Perlen an den Strand,
und das ist schon Gewinn des Lebens.

Goethe, Divan, Buch der Sprüche

Fanatismus

Der Fanatismus ist die einzige „Willensstärke", zu der auch die Schwachen und Unsicheren gebracht werden können.

Nietzsche, Fröhliche Wissenschaft

Geistlose kann man nicht begeistern, aber fanatisieren kann man sie.

Ebner-Eschenbach, Aphorismen

Niemals gab es eine Partei oder Sekte, worin die Unwissenden nicht zugleich die Heftigsten waren.

Pope

Die Glaubwürdigkeit einer Sache kommt oft mehr durch die Heftigkeit des Verfechters zu schaden, als durch die Einwände des andern.

Oesch

Der Fanatismus ist für den Aberglauben, was das Delirium für das Fieber, was die Raserei für den Zorn ist.

Voltaire

Solange es noch Fanatiker in der Welt gibt, ist kein Bubenstück so gräßlich, das nicht irgendein betrogener Wahnsinniger in majorem Dei gloriam zu verüben fähig sein sollte.

Wieland

Beherrschtheit

Das Festhalten und Befolgen der Grundsätze, den ihnen entgegenwirkenden Motiven zum Trotz, ist Selbstbeherrschung.

Schopenhauer

Das Erste und Wichtigste im Leben ist, daß man sich selbst zu beherrschen sucht.

Wilhelm von Humboldt,
Briefe an eine Freundin, 5. 6. 1832

Das Übergewicht der Neigungen entschuldigt den Menschen nicht, daß er nicht Herr seiner selbst ist. Er soll seine Kraft gebrauchen lernen, die in der Vernunft besteht.

Leibniz

Wer sich selbst beherrscht, der ist der weise Mann.

Euripides, Fragmente 634

Die Wurzel aller Sittlichkeit ist die Selbstbeherrschung.

Fichte

Wer mit dem Leben spielt,
kommt nie zurecht.
Wer sich nicht selbst befiehlt,
bleibt immer ein Knecht.

Goethe, Zahme Xenien

Selbstbeherrschung ist der erste Schritt zur Beherrschung anderer.

Arthur Stahl

Kraft und Dauer wohnen nur in der Begrenzung. (Der Ritter)

Grabbe, Don Juan und Faust III, 2

Wer sich nicht selber meistern kann, fängt leicht die Welt zu meistern an.

Vesper, Rufe in die Zeit

Du hast bei der besten Sache schon halb verloren, wenn du nicht kaltblütig bleibst.

Knigge, Über den Umgang mit Menschen

Der Mäßige wird öfters kalt genannt
von Menschen, die sich warm vor andern glauben,
weil sie die Hitze fliegend überfällt.
(Antonio)

Goethe, Tasso II, 3

Gebt mir den Mann, den seine Leidenschaft
nicht macht zum Sklaven, und ich will
ihn hegen
im Herzensgrund, ja in des Herzens
Herzen! (Hamlet)

Shakespeare, Hamlet III, 2

Die Hauptsache ist, daß man lerne,
sich selbst zu beherrschen. Wollte ich
mich ungehindert gehenlassen, so läge

es wohl in mir, mich selbst und meine
Umgebung zugrunde zu richten.

Goethe, zu Eckermann, 21. 3. 1830

Es ist gefährlich, wenn man allzu lang
sich klug und mäßig zeigen muß. Es
lauert
der böse Genius dir an der Seite
und will gewaltsam auch von Zeit zu
ein Opfer haben. (Antonio)   Zeit

Goethe, Tasso III, 4

Wer allzu straff die Segeltaue spannt
und niemals schießen läßt, der kentert
bald
und mag, den Kiel nach oben, weiter-
segeln.

Sophokles, Antigone 711

Schwäche

Das schlimmste Übel, an dem die
Welt leidet, ist nicht die Stärke der
Bösen, sondern die Schwäche der Gu-
ten.

Rolland

Der Geist ist willig, aber das Fleisch
ist schwach.

Matthäus 26,41

Andere mögen darüber klagen, daß
unsere Zeit böse sei; ich klage darüber, daß sie armselig ist. Es gibt keine
Leidenschaft mehr. Die Gedanken der

Menschen sind dünn und schwach wie
ein Spitzengewebe, sie selbst erbärm-
liche Geschöpfe wie Spitzenklöppler-
innen. Ihre Gedanken sind zu elend,
um sündhaft zu sein.

Kierkegaard, Entweder-Oder

In Ohnmacht unterlassen das Notwendige,
heißt eine Vollmacht zeichnen der Gefahr. (Patroclus)

Shakespeare, Troilus und Cressida III, 3

Der Mensch kennt seine Schwäche sowenig wie der Ochse seine Stärke.

Aus China

Nicht durch die Schuld der Sterne, lieber Brutus,
durch eigne Schuld nur sind wir
Schwächlinge. (Cassius)

Shakespeare, Julius Cäsar I, 2

Die Kraftlosigkeit liebt Gesetzlosig-
keit; denn nicht die Schwäche, nur die
Kraft will immer dasselbe, und dasselbe heißt eben Gesetz.

Jean Paul, Freiheitsbüchlein,
Erste Pflicht der deutschen Fürsten
gegen deutsche Völker

Schwäche ist der einzige Fehler, den
man nicht verbessern kann.

La Rochefoucauld, Reflexionen

Schwache und verschobene Köpfe ver-
schieben und verändern sich am wenigsten wieder, und ihr innerer Mensch
kleidet sich sparsam um. Ebenso mau-
sern Kapaune sich nie.

Jean Paul, Aphorismen

Der schwanzlosen Kuh treibt Gott
selbst die Fliegen hinweg.

Aus Nigeria

Dem Schwachen ist sein Stachel auch
gegeben. (Tell)

Schiller, Wilhelm Tell IV, 3

Wer zu schwach ist, Dir zu nützen, ist
immer noch stark genug, Dir zu schaden.

Sprichwort

Der Schwache schlägt den Starken
auch,
hilft ihm das Recht.

Sophokles, Ödipus auf Kolonos 877

Schwachheit, dein Name ist Weib.
(Hamlet)

Shakespeare, Hamlet I, 2

Frauen sind nie stärker, als wenn sie
sich mit ihrer Schwäche wappnen.

Madame du Deffand

Anstrengung

Im Schweiße deines Angesichts sollst
du dein Brot essen.

1. Moses 3,19

Schweiß verlangen die Götter, bevor
wir die Tugend erreichen.

Hesiod, Werke und Tage 289

Durch Anstrengung gelingen die Werke, nicht durch Wünsche. Es läuft das Wild nicht in den Rachen des schlafenden Löwen.

Naráyana, Hitopadesa

Nil sine magno
vita labore dedit mortalibus.
Das Leben gab den Sterblichen nichts ohne schwere Arbeit.

Horaz, Satiren I, 9

Wer von Schaffensfreude spricht, hat höchstens Mücken geboren.

Ebner-Eschenbach, Aphorismen

Mit nur einer Hand läßt sich kein Knoten knüpfen.

Aus Rußland

Es wird uns leicht, etwas durchzusetzen, sobald wir nur nicht ans Ziel getragen sein, sondern mit eigenen Füßen gehen wollen und es nicht achten, wenn zuweilen ein hartes Steinchen die Sohle drückt.

Hölderlin

Von der Stirne heiß,
rinnen muß der Schweiß,
soll das Werk den Meister loben.

Schiller, Das Lied von der Glocke

Wer die besten Früchte ernten will, muß auf den Baum steigen. Wem die verbeulten genügen, der schüttelt ihn

oder wartet darauf, daß sie herunterfallen.

Oesch

Der Künstler versäume nie, die Spuren des Schweißes zu verwischen, den sein Werk gekostet hat. Sichtbare Mühe ist zu wenig Mühe.

Ebner-Eschenbach, Aphorismen

Des Lebens Mühe
lehrt uns allein des Lebens Güter schätzen. (Antonio)

Goethe, Tasso V, 1

Was man nicht im Kopf hat, muß man in den Beinen haben.

Sprichwort

Kraftvolle Menschen lieben, was ihre Kraft anstrengt. Aber alle Schwächlinge lieben es nicht, solche Männer in ihrer Mitte zu haben.

Pestalozzi

Unter einem leeren Sack wird oft ärger gekeucht als unter einem vollen.

Aus Ungarn

Es geht nicht an, sich zugleich körperlich und geistig anzustrengen. Es liegt nämlich in der Natur dieser beiden Anstrengungen, daß sie entgegengesetzt wirken: Die körperliche Anstrengung beeinträchtigt die geistige Arbeit und diese die körperliche Leistungsfähigkeit.

Aristoteles, Politik

Der Muskel wird durch starken Gebrauch gestärkt, der Nerv hingegen dadurch geschwächt. Also übe man seine Muskeln durch jede angemessene Anstrengung, hüte hingegen die Nerven vor jeder.

Schopenhauer,
Aphorismen zur Lebensweisheit V, 20

Einem pflügenden Ochsen soll man nicht ins Gesicht schauen.

Aus Spanien

Wer gut verdient, strengt sich nicht an. Wer sich anstrengt, verdient nicht gut.

Aus China

Fleiß

Die Welt ist wie ein Kram, hat Waren
ganze Haufen.
Um Arbeit stehn sie feil und sind
durch Fleiß zu kaufen.

Logau, Arbeit und Fleiß

Um aus einem stumpfen Beil eine Nadel zu machen, braucht es nichts anderes als Arbeit.

Aus China

Arbeit und Fleiß, das sind die Flügel,
so führen über Strom und Hügel.

Fischart

Mit dem Fleiß bringt ein mittelmäßiger Kopf es weiter als ein überlegener ohne denselben.

Gracián,
Handorakel der Weltklugheit 18

Ein Hund, der sich regt,
jagt mehr als ein Löwe, der sich legt.

Rückert, Erbauliches und Beschauliches
aus dem Morgenlande II

Beim fleißigen Menschen schaut die Armut nur zum Fenster herein. Sie wagt nicht einzutreten.

Aus Rumänien

Dem fleißigen Hamster schadet der Winter nicht.

Sprichwort

Ein fleißig Mühlrad friert nicht ein.

Aus Japan

Für den Fleißigen hat die Woche sieben Heute. Für den Faulen hat sie sieben Morgen.

Sprichwort

Seines Fleißes darf sich jedermann rühmen.

Lessing,
Hamburgische Dramaturgie 101—104

Eine Frau, die fleißig ist wie eine Biene, hat auch einen Stachel.

Verfasser unbekannt

Arbeit ist des Bürgers Zierde,
Segen ist der Mühe Preis.
Ehrt den König seine Würde,
ehret uns der Hände Fleiß.

Schiller, Das Lied von der Glocke

Dem Fleißigen neide ich seinen Fleiß:
Goldhell und gleich fließt ihm der Tag
                        herauf,
goldhell und gleich zurück,
hinab ins dunkle Meer —
und um sein Lager blüht
Vergessen, gliederlösendes.

Nietzsche

Eifer

Zeit und Eifer trocknen Sümpfe aus.

Aus Lettland

Blinder Eifer schadet nur.

Lichtwer, Die Katzen und der Hausherr

Neue Besen kehren gut.

Sprichwort

Der allzugroße Eifer im Guten kann
zu allen Zeiten das Gute hindern und
das Böse befördern.

Hebel

Es gibt einen heißen und einen kalten
Eifer. Die größten Dinge in der Welt
sind durch den letzteren vollendet
worden.

Lloyd George, Rede am 14. 12. 1917

Der Handwerksmann, der's allzugut
                       will machen,
verdirbt aus Ehrgeiz die Geschicklichkeit. (Pembroke)

Shakespeare, König Johann IV, 2

Laß ihn im Galoppe tollen,
reite ruhig deinen Trab!
Ein zu ungestümes Wollen
wirft von selbst den Reiter ab.

Busch, Schein und Sein, Von selbst

Der Eifer ist ein guter Diener, aber
ein miserabler Herr.

Sprichwort

So kommt das Auge durch Scharfsich-
tigkeit in Gefahr, das Ohr kommt
durch Feinhörigkeit in Gefahr, die
Seele kommt durch Begierden in Gefahr. Jede Fähigkeit kommt dadurch
in Gefahr, daß man sie zu übertreiben
sucht.

Tschuang-tse, Das wahre Buch
vom südlichen Blütenland 24

Über das Ziel hinausschießen ist ebenso schlimm wie nicht ans Ziel kommen.

Konfuzius

Alles sei recht, was du tust; doch dabei laß es bewenden, Freund, und enthalte dich ja, alles, was recht ist, zu tun!

Wahrem Eifer genügt, daß das Vorhandne vollkommen sei; der falsche will stets, daß das Vollkommene sei.

Schiller, Politische Lehre

Geschwindigkeit ist keine Hexerei.

Nestroy,
Nagerl und Handschuh

Eile

Eil' empfehle euren Eifer! (König)

Shakespeare, Hamlet I, 2

Das waren noch glückliche Zeiten, als man nach dem Kalender lebte! Jetzt lebt man nach der Uhr.

Sacha Guitry

Raste nie, doch haste nie!

Sprichwort

Der Fehler liegt in der Eile.

Aus China

Eile ist die Mutter der Unvollkommenheit.

Aus Brasilien

Der Hastige überspringt seine Gelegenheiten.

Aus Albanien

Du bist sehr eilig, meiner Treu!
Du suchst die Tür und läufst vorbei.

Goethe, Sprichwörtlich

Die eilige Hündin wirft blinde Junge.

Aus Litauen

Wer hastig läuft, der fällt. (Lorenzo)

Shakespeare, Romeo und Julia II, 4

Der Eilfertige und der Lahme treffen sich auf der Fähre wieder.

Aus Ägypten

Als ich einmal vorhatte, so rasch wie möglich in einer bestimmten Richtung durch den Dschungel vorzudringen, war ich erfreut zu sehen, daß auch die Eingeborenen an den ersten beiden Tagen ein beschleunigtes Tempo anschlugen. Am dritten Morgen aber, als es Zeit war, aufzubrechen, machten die lagernden Eingeborenen nicht die geringsten Anstalten, den Marsch fortzusetzen. Erstaunt fragte ich den Anführer, warum seine Leute denn so gemütlich dasäßen, wo es doch Zeit wäre zum Aufbruch. „Sie warten", antwortete der Anführer. „Sie können nicht weiter, bis ihre Seelen, die nicht so schnell zu gehen vermögen, nachgekommen sind."

Verfasser unbekannt

Nur ein Lügner ist in Eile. Nimm einen Stuhl und setz dich!

Aus Kenia

Eilen hilft nicht. Zur rechten Zeit fortgehen ist die Hauptsache.

Lafontaine

Hast du es eilig, so mache einen Umweg!

Aus Japan

Festina lente! Eile mit Weile!

Sprichwort

Geschwindigkeit wird nie so sehr bewundert als vom Saumseligen. (Cleopatra)

Shakespeare,
Antonius und Cleopatra III, 7

Der vollkommene Weltmann wäre der, welcher nie in Unschlüssigkeit stockte und nie in Übereilung geriete.

Schopenhauer,
Aphorismen zur Lebensweisheit V, 52

Ausdauer

Nicht Kunst und Wissenschaft allein, Geduld will bei dem Werke sein. (Mephistopheles)

Goethe, Faust 1, Hexenküche

Courage ist gut. Ausdauer ist besser.

Fontane

Jedem redlichen Bemühn
sei Beharrlichkeit verliehn.

Goethe, Zahme Xenien

Sei nicht ein Wind- und Wetterhahn und fang nicht immer Neues an!

Robert Reinick

Nichts halb zu tun, ist edler Geister Art.

Wieland, Oberon V, 30

Lege das Ruder erst dann nieder, wenn das Boot an Land ist!

Aus Gabun

Wichtige Dinge nur halb zu tun, ist nahezu wertlos; denn meistens ist es die andere Hälfte, die zählt.

Oesch

Geduld und Pfiff zum letzten Knoten! Gewöhnlich geht's am Ende scharf. (Mephistopheles)

Goethe, Faust 2, IV, Auf dem Vorgebirg

Gut Ding will Weile haben.

Sprichwort

Gutta cavat lapidem non vi, sed saepe cadendo. Steter Tropfen höhlt den Stein.

Ovid, Briefe aus Pontus 4, 10

Wer dem Erfolg auf den Grund geht, findet Beharrlichkeit.

Aus den USA

Die Hartnäckigen gewinnen die Schlachten.

Napoleon I.

Alles gackert, aber wer will noch still auf dem Neste sitzen und Eier brüten?

Nietzsche,
Zarathustra III, Die Heimkehr

Anfangen ist leicht, Beharren eine Kunst.

Sprichwort

Harret nur aus! Zwar folgt auf den Fortschritt ewig der Rückschlag, doch er verbraust, und es bleibt immer ein Rest des Gewinns.

Geibel, Distichen vom Strande der See 11

Leichter ist es, viele Kamine zu bauen, als einen davon warm zu halten.

Aus Frankreich

Ausdauer ist eine Tochter der Kraft, Hartnäckigkeit eine Tochter der Schwäche, nämlich der Verstandes-schwäche.

Ebner-Eschenbach, Aphorismen

Fest beharren
im Unrechttun, vermindert Unrecht nicht,
nein, macht es schwerer. (Hektor)

Shakespeare, Troilus und Cressida II, 2

Schmiegsam und geschmeidig ist der Mensch, wenn er geboren wird, starr, störrig und steif, wenn er stirbt. Biegsam, weich und zart sind Kräuter und Bäume im Wachstum, dürr, hart und stark im Entwerden. Darum gehören Starre und Stärke dem Tode, Weichheit und Zartheit dem Leben.

Lao-Tse, Tao-Teh-King 76

XXI. Kapitel

Möglichkeit
Werkzeug
Anfang
Selbsthilfe
Aufmerksamkeit
Tätigkeit
Arbeit
Beruf
Amt
Dienst
Leistung
Erfolg
Karriere
Lohn
Gewinn

Möglichkeit

Niemand kann auf einen Baum steigen, der keine Äste hat.

Aus Lappland

Wenn nur Brot da wäre zum Essen!
Zähne würden sich schon finden.

Aus Rußland

Jedes Ding hat seine Zeit. (Antipholus)

Shakespeare,
Die Komödie der Irrungen II, 2

Es gibt Gezeiten auch für unser Tun.
Nimmt man die Flut wahr, führet sie
zum Glück,
versäumt man sie, so muß die ganze
Reise
des Lebens sich durch Not und Klippen
winden. (Brutus)

Shakespeare, Julius Cäsar IV, 3

Die meisten Menschen haben einen
Moment in ihrem Leben, wo sie große
Dinge tun könnten, in dem ihnen
nichts unmöglich scheint.

Stendhal, Über die Liebe 2, 56

Des Himmels Beistand muß ergriffen
werden
und nicht versäumt. (Carlisle)

Shakespeare, König Richard II. III, 2

Schmiede das Eisen, solange es heiß
ist!

Sprichwort

Man muß den Mund aufmachen, wenn
Brei angeboten wird.

Aus Flandern

Was ist ein Opportunist? Es ist ein
Mann, der die günstigste Gelegenheit
benutzt, um das durchzuführen, was
er für nützlich und zweckmäßig hält;
und das ist ja eben die Aufgabe der
ganzen Diplomatie.

Bismarck, im Preußischen Landtag,
21. 4. 1887

Wer den Stempel hat, schlägt die
Münze.

Seume, Spaziergang nach Syrakus,
Einleitung

Der eine wartet, daß die Zeit sich
wandelt,
der andere packt sie kräftig an und
handelt.

Dante

Welcher Entdecker hat das schon bemessen, wie weit sich die äußersten
Vorgebirge der Möglichkeit ins Meer
der Unmöglichkeit erstrecken?

Nestroy

Wenn der Mensch sich etwas vornimmt,
so ist ihm mehr möglich, als man
glaubt.

Pestalozzi

Impossible est un mot, que je ne dis jamais. Unmöglich ist ein Wort, das ich nie ausspreche.

Collin d'Harleville,
Malice pour malice I, 8

Handle — und das Geschick selbst beugt sich!

Emerson

Möglichkeiten sind immer da, aber nur der Sehende wird sie gewahr.

Oesch

Es gibt keine Nadel, die an beiden Enden spitz wäre.

Aus China

Wo du eine Tür zumachst, geht eine andere auf.

Aus Spanien

Wer singen will, findet immer ein Lied.

Aus Schweden

Wer nicht bei Tage gehn darf, schleicht bei Nacht. (Bastard)

Shakespeare, König Johann I, 1

Wenn der Berg nicht zum Propheten kommen will, muß der Prophet zum Berge gehn.

Aus Arabien

Schaffe nur die Gelegenheit, und Gott wird dir helfen!

Maurisches Sprichwort

Die Mühle kann nicht mit dem Wasser mahlen, das vorübergeflossen ist.

Aus Großbritannien

Vier Dinge kommen nicht zurück: Das gesprochene Wort, der abgeschossene Pfeil, das vergangene Leben und die versäumte Gelegenheit.

Sprichwort

Auch ist Gelegenheit ein launisch buhlend Weib,
die nicht zum zweiten Male wiederkehrt,
fand sie beim erstenmal die Tür verschlossen. (Leon)

Grillparzer, Weh dem, der lügt III, 1

Wer feig des einen Tages Glück versäumt,
er holt's nicht ein, und wenn ihn Blitze trügen.

Körner, Zriny II, 3

Wenn das Schicksal ruft: Le jeu est fait, messieurs! — so achten das die wenigsten. Erst wenn sie hören: Rien ne va plus! bekommen sie Lust, aber zu spät.

Börne, Der Narr im Weißen Schwan II

Daß Glück ihm günstig sei,
was hilft's dem Stöffel?
Denn regnet's Brei,
fehlt ihm der Löffel.

Goethe, Sprichwörtlich

Der Grund, weshalb sehr viele Leute Gelegenheiten nicht wahrnehmen, ist der: Die Gelegenheiten sehen so aus, als ob sie harte Arbeit und vollen Einsatz forderten.

Oesch

Wie töricht, zu bedauern und zu beklagen, daß man in vergangener Zeit die Gelegenheit zu diesem oder jenem

Glück oder Genuß hat unbenutzt gelassen! Was hätte man denn jetzt mehr davon? Die dürre Mumie einer Erinnerung.

Schopenhauer,
Parerga und Paralipomena II, 11

Die Männer ergreifen die Gelegenheiten, die Frauen schaffen sie.

Graff

Werkzeug

Wer kein Messer hat, kann kein Brot schneiden.

Aus Spanien

Schlechter Arbeiter wird nie gutes Werkzeug finden.

Aus Frankreich

Es gibt mehr Werkzeuge als Arbeiter und von diesen mehr schlechte als gute.

La Bruyère, Charaktere II

Es genügt nicht, zum Fluß zu kommen mit dem Wunsche, Fische zu fangen. Man muß auch das Netz mitbringen.

Aus China

Der Meister der Schönschreibekunst wird sich nie über den Pinsel beklagen, den er benutzt.

Aus Korea

Ein Mann, der recht zu wirken denkt, muß auf das beste Werkzeug halten.
(Direktor)

Goethe, Faust, Vorspiel

Wo der Pflug vom Rost gefressen, wird sehr wenig Korn gegessen.

Sprichwort

Anfang

Auch eine Reise von tausend Meilen
fängt mit dem ersten Schritt an.

Aus China

Der Mann kommt nicht mit einem
Schnurrbart auf die Welt.

Aus Albanien

Aller Anfang ist schwer.

Sprichwort

Schwerer Anfang ist zumeist zehnmal
heilsamer als leichter Anfang.

Gotthelf

Der Anfang fürchtet oft, womit das
Ende scherzt.

Gryphius, Cardenio und Celinde

Der Anfang ist die Hälfte des Ganzen.

Aristoteles, Politik V, 4

Dimidium facti, qui coepit, habet.
Wer nur begann, der hat schon halb
vollendet.

Horaz, Episteln I, 2

Hat der Fuchs die Nase erst hinein,
so weiß er bald den Leib auch nachzu-
bringen. (Gloster)

Shakespeare, König Heinrich VI.,
Dritter Teil IV, 7

Hast du bei einem Werk den Anfang
gut gemacht,
das Ende wird gewiß nicht minder
glücklich sein.

Sophokles

Selten ist wohl abgegangen,
was nicht wohl ist angefangen.

Logau, Guter Anfang

Wer das erste Knopfloch verfehlt,
kommt mit dem Zuknöpfen nicht zu
Rande.

Goethe,
Maximen und Reflexionen, Nachlaß,
Über Literatur und Leben

Wenn du es nicht fertigbrachtest, dich
an der Mähne festzuhalten, wird es
dir am Schweif erst recht nicht gelingen.

Aus der Mongolei

Aller Anfang ist leicht, und die letzten
Stufen werden am schwersten und sel-
tensten erstiegen.

Goethe,
Wilhelm Meisters Wanderjahre I, 4

Der alte Satz: Aller Anfang ist schwer,
gilt nur für Fertigkeiten. In der Kunst
ist nichts schwerer als beenden.

Ebner-Eschenbach, Aphorismen

Jede wichtige Sache, die du beginnst,
ohne Gott zu erwähnen, ist gelähmt.

Maurisches Sprichwort

Man bindet die Kuh fest, ehe man zu
melken beginnt.

Aus Südafrika

Wer steilen Berg erklimmt,
hebt an mit ruhigem Schritt. (Norfolk)

Shakespeare, König Heinrich VIII. I, 1

Nicht das, was wir beginnen, zählt,
sondern das, was wir fertigbringen.

Oesch

Selbsthilfe

Eines schickt sich nicht für alle.
Sehe jeder, wie er's treibe,
sehe jeder, wo er bleibe,
und wer steht, daß er nicht falle!

Goethe, Beherzigung

Fordere viel von Dir selbst und erwarte wenig von anderen!

Konfuzius

Willst du etwas gut gemacht haben,
so tue es selber!

Aus Kanada

Eigene Hand ist noch immer die
treueste.

Aus Dänemark

Rascher ist der eigene Esel als des anderen Araber.

Aus Jugoslawien

Besser ein eigenes Auge als zwei
fremde.

Aus Polen

Die Axt im Haus erspart den Zimmer-
mann. (Tell)

Schiller, Wilhelm Tell III, 1

Keiner kann durch die Nase eines anderen einatmen.

Aus dem Orient

Der Himmel ist hoch, und der Zar ist
weit.

Aus Rußland

Du sollst reden — nicht viel, aber
sinnig!
Du sollst beten — nicht lang, aber innig!
Du sollst handeln — nicht rasch, aber
kräftig!
Du sollst lieben — nicht laut, aber
heftig!
Du sollst leben — nicht wild, aber
heiter!
Du sollst dir helfen! Gott hilft dir
weiter.

Friedrich Halm

Dem Schiffsmann hilft Gott, aber rudern muß er selber.

Aus der Tschechoslowakei

Hilf Dir selbst, so hilft dir Gott!

Sprichwort

Oft ist's der eigne Geist, der Rettung schafft,
die wir beim Himmel suchen. (Helena)

Shakespeare, Ende gut, alles gut I, 1

Aufmerksamkeit

Aufmerksamkeit, mein Sohn, ist, was ich dir empfehle; bei dem, wobei du bist, zu sein mit ganzer Seele.

Rückert, Weisheit des Brahmanen 4, 37

Wahrhaft Großes zu leisten, ist nur dem in sich ganz gesammelten und abgeschlossenen Gemüt möglich.

Carl Maria von Weber

Lausche auf den Ton des Wassers, und du wirst eine Forelle fangen.

Aus Irland

Es gibt in der Welt kein gewisseres Merkmal eines kleinen, schwachen Gemüts als den Mangel an Aufmerksamkeit. Was einmal verdient, getan zu werden, verdient auch, recht getan zu werden.

Chesterfield, Briefe an seinen Sohn, 10. 3. 1746

Weibergedanken eilen immer ihren Handlungen voraus. (Rosalinde)

Shakespeare, Wie es Euch gefällt IV, 1

Nachlässigkeit richtet selbst vorzügliche Anlage der Natur zugrunde.

Plutarch,
Über die Erziehung der Kinder § 4

Zerstreutheit ist ein Zeichen von Klugheit und Güte. Dumme und boshafte Menschen sind immer geistesgegenwärtig.

Joseph von Ligne

Ich meinerseits wollte lieber mit einem toten Menschen als mit einem zerstreuten in Gesellschaft sein. Denn wenngleich mir der Tote kein Vergnügen macht, so bezeigt er mir doch wenigstens keine Verachtung. Hingegen der Zerstreute sagt mir, zwar in stummer Sprache, jedoch sehr deutlich, daß er mich seiner Aufmerksamkeit nicht für wert hält.

Chesterfield, Briefe an seinen Sohn, 22. 9. 1749

Zerstreutheit ist Konzentration auf etwas anderes.

Erik Wickenburg

Tätigkeit

Die Menschen lassen sich in drei Klassen einteilen: Diejenigen, die unbeweglich sind; diejenigen, die beweglich sind, und diejenigen, die sich bewegen.

Aus Arabien

Wie das Gestirn,
ohne Hast
aber ohne Rast,
drehe sich jeder
um die eigne Last.

Goethe, Zahme Xenien II

Nur der verdient sich Freiheit wie das
Leben,
der täglich sie erobern muß. (Faust)

Goethe, Faust 2, V,
Großer Vorhof des Palastes

Wer den Kern essen will, muß die Nuß knacken.

Sprichwort

Wenn das Feuer nicht geschürt wird, kann das Essen nicht gar werden.

Aus der Mongolei

Wenn der Mund nicht ißt, wird der Magen nicht satt.

Bantuweisheit

Wer sich von nun an nicht auf eine Kunst oder Handwerk legt, der wird

übel dran sein. Das Wissen fördert nicht mehr bei dem schnellen Umtriebe der Welt. Bis man von allem Notiz genommen hat, verliert man sich selbst.

Goethe,
Wilhelm Meisters Wanderjahre III,
Aus Makariens Archiv

Wer nicht aufs Kleine schaut, scheitert am Großen. Weil der Weise unbefangen das Ende am Anfang sieht, das Große im Kleinen, wird auch das Verfänglichste und Schwerste ihm leicht.

Lao-Tse, Tao-Teh-King 63

Das ist's ja, was den Menschen zieret, und dazu ward ihm der Verstand, daß er im innern Herzen spüret, was er erschafft mit seiner Hand.

Schiller, Das Lied von der Glocke

Taten lehren den Menschen und Taten trösten ihn.

Pestalozzi

Wer immer ein Werk vorhat, das seine ganze Seele beschäftigt, der ist nie unglücklich.

Felix Dräseke

Beschäftigung, nur Beschäftigung, und man ist geborgen. Man weiß so lange nichts von sich, als man etwas tut.

Hebbel, Tagebücher, 27. 11. 1838

Der Stein, der rollt, setzt keinen
Schimmel an.

Aus Griechenland

Kleine Verrichtung tut wohler als großes Müßigsein.

Aus Spanien

Hoffe wenig und wirke viel!
Das ist der kürzeste Weg zum Ziel.

Ernst Eckstein

Wer seine Stellung kennt und dazu
seine Kraft
und beiden wirkt gemäß, der wirkt
untadelhaft.

Rückert

Wo du auch wandelst im Raum, es
knüpft dein Zenith und Nadir
an den Himmel dich an, dich an die
Achse der Welt.
Wie du auch handelst in dir, es berühre
den Himmel der Wille,
durch die Achse der Welt gehe die
Richtung der Tat!

Schiller, Zenith und Nadir

Handle so, daß der Beweggrund deines Willens jederzeit zugleich als
Grundsatz einer allgemeinen Gesetz-
gebung gelten könnte!

Kant, Kritik der praktischen Vernunft,
Kategorischer Imperativ

Ein jeder Mensch dient als Pfand für
seine Handlungen.

Koran, Sure 52

Unsere Handlungen sind weder so gut
noch so schlecht wie unser Wille.

Vauvenargues, Reflexionen

Das Höchste und Edelste im Menschen
verbirgt sich und ist ohne Nutzen für
die tätige Welt (wie die höchsten Berge keine Gewächse tragen), und aus
der Kette schöner Gedanken können
sich nur einige Glieder als Taten ab-
lösen.

Jean Paul, Hesperus, 14. Hundsposttag

Alles, was wir treiben und tun, ist ein
Abmüden. Wohl dem, der nicht müde
wird!

Goethe, Maximen und Reflexionen,
Aus Kunst und Altertum 1826

Zuviel Geschäftigkeit ist mißlich.
(Hamlet)

Shakespeare, Hamlet III, 4

... Beschäftigung, die nie ermattet,
die langsam schafft, doch nie zerstört,
die zu dem Bau der Ewigkeiten
zwar Sandkorn nur für Sandkorn
reicht,
doch von der großen Schuld der Zeiten
Minuten, Tage, Jahre streicht.

Schiller, Die Ideale

Und nun sei ein heiliges Vermächtnis
brüderlichem Wollen und Gedächtnis:
Schwerer Dienste tägliche Bewahrung,
sonst bedarf es keiner Offenbarung.

Goethe, Divan, Buch des Parsen,
Vermächtnis altpersischen Glaubens

Arbeit

Unser Leben währet siebenzig Jahr,
und wenn es hoch kommt, so sind es
achtzig Jahr, und wenn es köstlich gewesen ist, so ist es Mühe und Arbeit
gewesen.

Psalm 90, 10

Segen der Arbeit! Wärest du Gottes
Fluch, wie müßte dann sein Segen
sein?

Smiles

Freude preßt Wehmut aus über die
Kürze des Lebens. Traurigkeit macht,
daß seine Länge uns überdrüssig wird.
Mühe und Arbeit allein machen uns
das Leben erträglich.

Carl Philipp Moritz

Arbeit, edle Himmelsgabe,
zu der Menschen Heil erkoren!
Nie bleibt ohne Trost und Labe,
wer sich deinem Dienst geschworen.

Bodenstedt,
Die Lieder des Mirza Schaffy 3, 45

Arbeit ist die zuverlässigste Seligkeit
dieser Erde.

Ernst Wichert

Körperliche Arbeit befreit von seelischen Schmerzen, und das ist es, was
den Armen glücklich macht.

La Rochefoucauld,
Nachgelassene Maximen

Die Frage, ob der Himmel nicht gün-
stiger für uns würde gesorgt haben,
wenn er uns alles schon bereitet hätte
vorfinden lassen, so daß wir gar nicht
arbeiten dürften, ist gewiß mit Nein
zu beantworten; denn der Mensch verlangt Geschäfte, auch solche, die einen
gewissen Zwang mit sich führen.

Kant, Über Pädagogik,
Von der seelischen Erziehung

Warum ist die Arbeit die beste Art,
sein Leben zu genießen? Weil sie be-
schwerliche (an sich unangenehme und
nur durch den Erfolg ergötzende) Beschäftigung ist und die Ruhe, durch
das bloße Verschwinden einer langen
Beschwerde, zur fühlbaren Last, dem
Frohsinn wird, da sie sonst nichts Ge-
nießbares sein würde.

Kant, Anthropologie I, 2, § 60

Nie ist das menschliche Gemüt heiterer
gestimmt, als wenn es seine richtige
Arbeit gefunden hat.

Wilhelm von Humboldt

Die Arbeit, die uns freut, wird zum
Ergötzen. (Macbeth)

Shakespeare, Macbeth II, 3

Das Arbeiten ist meinem Gefühl nach
dem Menschen so gut ein Bedürfnis als
Essen und Schlafen. Selbst diejenigen,
die gar nichts tun, was ein Vernünf-

tiger Arbeit nennen würde, bilden sich doch ein, etwas zu tun.

Wilhelm von Humboldt,
Briefe an eine Freundin, 19. 7. 1827

Ich brauche Ruhe und Heiterkeit der Umgebung und vor allem Liebe, wenn ich arbeite.

Stifter

O wie lieb ist die Arbeit, wenn man dabei an etwas Liebes zu denken hat und sicher ist, am Sonntag mit ihm zusammen zu sein.

Gottfried Keller, Der grüne Heinrich

Zum Werke, das wir ernst bereiten, geziemt sich wohl ein ernstes Wort. Wenn gute Reden sie begleiten, dann fließt die Arbeit munter fort.

Schiller, Das Lied von der Glocke

Wer schaffen will, muß fröhlich sein.

Fontane

Was ihr nicht tut mit Lust, gedeiht euch nicht. (Tranio)

Shakespeare,
Der Widerspenstigen Zähmung I, 1

Wir leben, um zu arbeiten.

Nikolaus Ludwig Graf von Zinzendorf

Arbeit schändet nicht.

Hesiod, Werke und Tage 309

Wenn der Mensch keinen Genuß mehr an der Arbeit findet und nur arbeitet, um so schnell wie möglich zum Genuß zu gelangen, so ist es nur ein Zufall, wenn er kein Verbrecher wird.

Mommsen, Römische Geschichte 1, 7

Arbeit adelt.

Sprichwort

Arbeit ist des Blutes Balsam, Arbeit ist der Tugend Quell.

Herder, Der Cid III, 48

Nichts unterhält so gut die Sinne mit der Pflicht im Frieden, als fleißig sie durch Arbeit zu ermüden. Nichts bringt sie leichter aus dem Gleis als müßige Träumereien.

Wieland

Eine jede Arbeit, welche den Menschen in Anspruch nimmt, macht den Menschen still und bewirkt, daß er sich in das gesellschaftliche Gefüge seiner Stelle einordnet.

Paul Ernst,
Grundlagen der neuen Gesellschaft

Arbeit kuriert viele Narren, und in der arbeitenden, dürftigen Klasse finden sich auch die wenigsten Narren, wohl aber unter Reichen, Mächtigen und Müßigen.

Weber, Demokritos IV, 10

Arbeit sei dir dreierlei:
Nährer, Freudenbringer und Arznei.

Oesch

Die Arbeit hält drei große Übel fern:
Die Langeweile, das Laster und die
Not.

Voltaire

Um den Preis der Arbeit verkaufen
uns die Götter alles Gute.

Epicharm, Fragmente 287

Not lehrt beten! Arbeit lehrt,
wie man gegen Not sich wehrt!

Gleim,
Die goldnen Sprüche des Pythagoras

Ora et labora! Bete und arbeite!

Sprichwort

Wer treulich arbeitet, der betet zwiefältig. Aus dem Grunde, daß ein gläubiger Mensch in seiner Arbeit Gott
fürchtet und ehret und an seine Gebote
denkt.

Luther

Arbeiten im Lande ist besser als in der
Wüste beten.

Sprichwort

Warum hat keine Religion vor allem
andern das Gebot: Du sollst arbeiten?

Auerbach, Auf der Höhe

Nicht Reformationen und Revolutionen tun uns not, sondern eine Einkehr
zu einer wahren Sittlichkeit: Daß wir
die Arbeit lieben und ehren sollen, die
uns unser täglich Brot gibt.

Paul Ernst, Der Zusammenbruch
des deutschen Idealismus

Geh keiner Arbeit aus dem Weg, auch
dann nicht, wenn du dir einbildest, sie
ginge über deine Kraft!

Johannes vom Kreuz

Der eigentliche Wendepunkt des
menschlichen Lebens ist der, in welchem man Arbeit, selbst Mühsal und
Kampf der Ruhe und dem Genuß vorzieht.

Hilty

Freiwillig arbeiten ist schlimmer als
Sklaverei.

Aus Nigeria

Zwecklose Arbeitsamkeit ist nicht weniger töricht als zügelloser Genuß.

Johannes von Müller

Arbeit um der Arbeit willen ist gegen
die Natur.

Locke, Über die Leitung des Verstandes

Solange wir jung sind, arbeiten wir
wie die Sklaven, um uns etwas zu
schaffen, wovon wir bequem leben
könnten, wenn wir alt geworden sind.

Und wenn wir alt sind, merken wir,
daß es zu spät ist, so zu leben.

Pope, Aphorismen

selben allmächtigen Trieb, durch den
verkümmerte Pflanzen ihre Wurzeln in
erdloses Gestein strecken?

Nietzsche,
Gedanken zur Geburt der Tragödie

Unsere zwecklose Tätigkeit, unsere
Griffe nach Lust müssen höheren We-
sen vorkommen wie das Langen des
Sterbenden nach dem Deckbett.

Jean Paul, Hesperus

Die Arbeit ist eine Schmach, weil das
Dasein keinen Wert an sich hat.

Nietzsche,
Gedanken zur Geburt der Tragödie

Was dürfen wir anders in der Arbeits-
not all der Millionen finden als den
Trieb, um jeden Preis dazusein, den-

Jucundi acti labores. Angenehm sind
die erledigten Arbeiten.

Cicero, De finibus 2, 32

Beruf

Die größte Angelegenheit des Menschen ist, zu wissen, wie er seine Stelle
in der Schöpfung gehörig erfülle.

Kant

Du kannst unmöglich doch alles zugleich dir erwerben.
Anderen ja gewährte der Gott Arbeiten des Krieges,
anderen legt' in den Busen Verstand
Zeus' waltende Vorsicht.

Homer, Ilias XIII, 729

Ein Stand muß lehrn, der andre
nährn,
der dritt muß bösen Buben wehrn.

Erasmus Alberus

Die Honigbienen, Kreaturen,
die durch die Regel der Natur uns
lehren
zur Ordnung fügen ein bevölkert
Reich.
Sie haben einen König und Beamte
von unterschiednem Rang, wovon die
einen
wie Obrigkeiten Zucht zu Hause halten,
wie Kaufleut' andre auswärts Handel
treiben,
noch andre wie Soldaten, mit den Stacheln
bewehrt, die samtnen Sommerknospen
plündern
und dann den Raub mit lust'gem
Marsch nach Haus
zum Hauptgezelte ihres Kaisers bringen,

der, emsig in der Majestät, beachtet,
wie Maurer singend goldne Dächer
baun,
die stillen Bürger ihren Honig kneten,
wie sich die armen Tagelöhner drängen
mit schweren Bürden an dem engen
Tor,
wie mürrisch summend der gestrenge
Richter
die gähnende und faule Drohne liefert
in bleicher Henker Hand. (Canter-
bury)

Shakespeare, König Heinrich V. I, 2

Bei Beginn des Jünglingsalters, zu
einer Zeit, da unsere Einsicht noch
schwach ist, entscheidet sich jeder für
den Beruf. So kommt es, daß die meisten bereits an eine bestimmte Berufs-
und Lebensbahn gefesselt sind, ehe sie
noch zu beurteilen vermögen, was für
sie das Beste sein würde.

Cicero,
Drei Bücher von den Pflichten 1, 32

Jeder Mensch sei König in seinem
Gewerbe!

Aus Arabien

Jedermann ist der Sohn seiner eigenen Arbeit.

Smiles, Die Sparsamkeit 15,
Die Lebenskunst

Alle Berufe sind Verschwörungen gegen die Laien. (Sir Patrick)

Shaw, Der Arzt am Scheideweg I

Männer halten selten einen Beruf aus,
von dem sie nicht glauben oder sich
einreden, er sei im Grunde wichtiger
als alle anderen. Ebenso ergeht es
Frauen mit ihren Liebhabern.

Nietzsche,
Menschliches Allzumenschliches I, 492

Nicht was er mit seiner Arbeit erwirbt,
ist der eigentliche Lohn des Menschen, sondern was er durch sie wird.

John Ruskin

Wer nichts als Chemie versteht, versteht auch die nicht recht.

Lichtenberg

Vor zwei Dingen kann man sich nicht
genug in acht nehmen: Beschränkt man
sich in seinem Fache, vor Starrsinn,
tritt man heraus, vor Unzulänglichkeit.

Goethe,
Maximen und Reflexionen, Nachlaß,
Über Natur und Naturwissenschaft

Schuster, bleib bei Deinem Leisten!

Sprichwort

Ein Beruf ist das Rückgrat des Lebens.

Nietzsche

Der Beruf ist eine Schutzwehr, hinter
welche man sich, wenn Bedenken und

Sorgen allgemeiner Art einen anfallen, erlaubterweise zurückziehen kann.

Nietzsche,
Menschliches Allzumenschliches

Glücklich, wer seinen Beruf erkannt hat. Er verlange nach keinem anderen Glück!

Carlyle

Wird dir dein Tagewerk zur Last, bist du nicht wert, daß du es hast.

Friedrich Wilhelm Weber

Wer berufen ist, hat Angst, wenn seine Stunde schlägt; denn er weiß, welches Opfer sie von ihm verlangt: Das Opfer seiner Person um seiner Sache willen.

Hermann Bahr, Tagebuch 1917

Amt

Füge Dich der Zeit, erfülle Deinen
                                    Platz
und räum ihn auch getrost: Es fehlt
                            nicht an Ersatz.

Rückert,
Die Weisheit des Brahmanen VI

Kleine Bedienungen mögen und dürfen in einer Republik lebenslänglich sein. Wenn es aber die großen sind, geht der Weg zur Despotie.

Seume, Spaziergang nach Syrakus, Zürich

Was den Amtsadel (wie man den Rang einer höheren Magistratur nennen könnte und den man sich durch Verdienste erwerben muß) betrifft, so klebt der Rang da nicht als Eigentum an der Person sondern am Posten, und die Gleichheit wird dadurch nicht verletzt, weil, wenn jene ihr Amt nieder-

legt, sie zugleich den Rang ablegt und unter das Volk zurücktritt.

Kant, Zum ewigen Frieden

So sagt man, jemand bekleide ein Amt, wenn er von dem Amt bekleidet wird.

Lichtenberg

Wie viele Lichter verdanken bloß ihrem Leuchter, daß man sie sieht!

Hebbel, Tagebücher, 1. 7. 1836

Ein Esel, mit Reliquien beladen, vermeinte, daß er angebetet wird.

Lafontaine

Es ist leichter, der Ämter würdig zu erscheinen, die man nicht besitzt, als derer, die man bekleidet.

La Rochefoucauld, Reflexionen

Dem Hund im Amt gehorcht man.
(Lear)

Shakespeare, König Lear IV, 6

Nicht das Amt ehrt den Mann, sondern der Mann ehrt das Amt.

Talmud, Taanith 21

Um ein öffentliches Amt glänzend zu verwalten, braucht man eine gewisse Anzahl guter und schlechter Eigenschaften.

Ebner-Eschenbach, Aphorismen

Wem Gott ein Amt gibt, dem gibt er auch Verstand.

Sprichwort

Hüte dich, daß du nicht durch Zufälle in eine Stelle kommst, der du nicht gewachsen bist, damit du nicht scheinen mußt, was du nicht bist! Nichts ist gefährlicher und tötet die innere Ruhe mehr, ja ist aller Rechtschaffenheit mehr nachteilig als dieses.

Lichtenberg

Ein gut Amt vernaturet oft das Schaf in einen Wolf.

Christoph Lehmann,
Politischer Blumengarten 1, Amt

Wer als ein Fuchs ein Amt erschleicht, der wird es als ein Wolf verwalten.

Karl Friedrich Kretschmann

Wie könnten die niederträchtigen und verworfenen Menschen dem Fürsten dienen? Diese Menschen werden, ehe sie ihr Amt empfangen haben, von der Furcht gequält, sie möchten es nicht empfangen, und wenn sie es empfangen haben, werden sie von der Furcht gequält, es zu verlieren. Von Stund an, wo sie von der Furcht gequält werden, ihre Ämter zu verlieren, gibt es nichts, wozu sie nicht fähig wären.

Konfuzius, Lün-jü 2, 17

Dem Gewissenhaften ist das Amt mehr Bürde als Würde.

Talmud

Mit der Zeit wird auch die kleinste Bürde schwer.

Aus Frankreich

Wenn ihr euch laßt mit Ämtern
schmücken,
so klaget nicht, daß sie euch drücken!

Spruch im Berliner Rathaus

Der Lohn eines Amtes ist das Amt selbst.

Seneca, Episteln 81

Ein Amt ohne guten Sold macht Diebe.

Christoph Lehmann,
Politischer Blumengarten 1, Amt

Wer am Zoll sitzt, ohne reich zu werden, ist ein Pinsel. (Carlos)

Goethe, Clavigo IV, Clavigos Wohnung

Dienst

Lerne dienen und demütig sein,
so wirst du herrschen dermalein!

Sprichwort

Gedenkst du jemals mit Anstand zu
befehlen, so mußt du mit Eifer dienen.

Chesterfield, Briefe an seinen Sohn,
5. 2. 1750

Du dientest, um der Freiheit wert zu
sein. (Minerva)

Goethe, Prometheus

Wer sich einen Dienst erweisen läßt,
steht unter dem, der ihn erweist.

Aristoteles, Nikomachische Ethik 4, 14

Der wahre Diener ist der wahre Herr.

Oesch

Es gibt im Menschen auch ein Dienen-
wollendes.

Goethe,
Maximen und Reflexionen,
Aus Kunst und Altertum 1826

Ist es nicht das höchste Glück, das es
geben kann: Einen Höheren zu finden,
dem man dient?

Paul Ernst, Erdachte Gespräche

Entgegen der landläufigen Annahme
ist es nicht die Masse, sondern der
große Einzelne, der seinem Wesen nach
in Dienstbarkeit lebt. Sein Leben ist
ihm schal, wenn er es nicht im Dienst
für etwas Höheres verbraucht. Er sieht
in der Notwendigkeit des Dienens
keine Last.

Ortega y Gasset, Der Aufstand der Massen, Edles Leben und gemeines Leben

Dienst so wie Lehnspflicht lohnt sich
selbst im Tun. (Macbeth)

Shakespeare, Macbeth I, 4

Wer allen Heiligen dient, der dient
niemand.

Christoph Lehmann,
Politischer Blumengarten, Dienst 78

Wirklich, er war unentbehrlich!
Überall, wo was geschah
zu dem Wohle der Gemeinde,
er war tätig, er war da.

Schützenfest, Kasinobälle,
Pferderennen, Preisgericht,
Liedertafel, Spritzenprobe,
ohne ihn, da ging es nicht.

Ohne ihn war nichts zu machen,
keine Stunde hatt' er frei.
Gestern, als sie ihn begruben,
war er richtig auch dabei.

Busch, Kritik des Herzens

Wie das Weib den Mann durch Sanftmut besiegt, durch Hingabe gewinnt,
so gewinnen die Großen durch Dienen
die Kleinen und die Kleinen die Großen. Dienen läßt gewinnen; Dienen
macht überlegen.

Lao-Tse, Tao-Teh-King 61

Immer strebe zum Ganzen und, kannst
du selber kein Ganzes
werden, als dienendes Glied schließ an
ein Ganzes dich an!

Schiller, Pflicht für jeden

Vor dem Tod erschrickst du? Du wünschest, unsterblich zu leben?
Leb' im Ganzen! Wenn du lange dahin
bist, es bleibt.

Schiller, Unsterblichkeit

Wer leben will, muß dienen! (Glabrio)

Halm, Der Fechter von Ravenna I

So mancher scheiterte, weil er vergaß,
daß Leben Dienst ist.

Oesch

Leistung

Es gibt nur drei Methoden, um leben
zu können: Betteln, stehlen oder etwas
leisten.

Mirabeau

Wollt ihr etwas Großes leisten, setzet
euer Leben dran!

Platen, Die verhängnisvolle Gabel

Wer Großes vollbringen will, muß leben, als ob er niemals sterben würde.

Vauvenargues, Reflexionen

Fast alles Große in der Welt ist durch
das Genie und die Festigkeit eines einzelnen Mannes bewirkt worden, der

gegen die Vorurteile der Menge an-
kämpfte oder ihr welche beibrachte.

Voltaire

Nur einer tötet den Elefanten, doch
das ganze Volk ißt ihn.

Aus dem Sudan

Wer das bei Hofe hat getan,
was man ihm nie vergelten kann,
der geh beizeiten selbst davon,
der Haß ist sonst gewiß sein Lohn.

Logau, Hofverdienst

Nicht was ich habe, sondern was ich
schaffe, ist mein Reich.

Smiles

All unser redlichstes Bemühn
glückt nur im unbewußten Momente.
Wie möchte denn die Rose blühn,
wenn sie der Sonne Herrlichkeit er-
kennte!

Goethe, Zahme Xenien III

Das Meiste haben wir gewöhnlich in
der Zeit getan, in der wir meinten, zu
wenig zu tun.

Ebner-Eschenbach, Aphorismen

In allen Augenblicken, wo wir unser
Bestes tun, arbeiten wir nicht. Arbeit
ist nur ein Mittel zu diesen Augenblicken.

Nietzsche, Unschuld des Werdens 2, 149

Der Philosoph, dem ich zumeist vertraue,
lehrt, wo nicht gegen alle, doch die
meisten,
daß unbewußt wir stets das Beste
leisten:
Das glaubt man gern und lebt nun
frisch ins Blaue.

Goethe, Zahme Xenien

Die letzte Hand an sein Werk legen
heißt es vernichten.

Lichtenberg

Ein unnütz Leben ist ein früher Tod.
(Iphigenie)

Goethe, Iphigenie I, 2

Erfolg

Das Schönste ist, gerecht zu sein, das
Beste die Gesundheit, das Angenehmste, wenn man immer erreicht, was
man will.

Sophokles, Fragmente 329

Erfolgreich sind wir nur, wo wir nützen, nicht wo wir ausnützen.

Oesch

Zum Erfolg gibt es keinen Lift. Man
muß die Treppe benützen.

Oesch

Am Mute hängt der Erfolg.

Fontane, Stine

Um große Erfolge zu erreichen, muß
etwas gewagt werden.

Helmuth von Moltke

Die Erfolge des Tages gehören der
verwegenen Mittelmäßigkeit.

Ebner-Eschenbach, Aphorismen

Das Überraschende macht Glück.
(König)

Schiller, Don Carlos III, 10

Erfolg beruht im allgemeinen auf dem Wissen, wieviel Zeit zum Erfolg nötig ist.

Montesquieu

Ich habe stets beobachtet, daß man, um Erfolg in der Welt zu haben, närrisch scheinen und weise sein muß.

Montesquieu

Um in der Welt Erfolg zu haben, braucht man Tugenden, die beliebt, und Fehler, die gefürchtet machen.

Joubert

Dein Erfolg enthält immer etwas, das selbst deinen besten Freunden mißfällt.

Wilde

Der Erfolg gebiert den Erfolg wie das Geld das Geld.

Chamfort, Maximen VII

Wenn Du einmal Erfolg hast, kann es Zufall sein. Wenn Du zweimal Erfolg hast, kann es Glück sein. Wenn Du dreimal Erfolg hast, so ist es Fleiß und Tüchtigkeit.

Aus der Normandie

Biene und Wespe saugen an den gleichen Blüten, finden aber nicht den gleichen Honig.

Joubert

Die Allertörichtsten und die Allerweisesten haben leicht Erfolg. Aber der

zwischen beiden Stehende hat zu leiden.

Mahâbhârata 12

Wer raschen Erfolg hat, muß wenig Persönlichkeit besitzen.

Boßhart, Bausteine

Mittelmäßig und kriechend, das ist der Weg zum Erfolg. (Figaro)

Beaumarchais, Hochzeit des Figaro III, 5

Eine stillstehende Uhr hat doch täglich zweimal richtig gezeigt und darf nach Jahren auf eine lange Reihe von Erfolgen zurückblicken.

Ebner-Eschenbach, Aphorismen

Der Ruhm der kleinen Leute heißt Erfolg.

Ebner-Eschenbach, Aphorismen

Exitus acta probat.
Der Ausgang rechtfertigt das Vollbrachte.

Ovid, Heroiden 2, 25

Es ist unmöglich, einen Mann, dem durch seine Art zu verfahren viel geglückt ist, zu überzeugen, er könne gut daran tun, anders zu verfahren. Daher kommt es, daß das Glück eines Mannes wechselt; denn die Zeiten wechseln, er aber wechselt nicht sein Verfahren.

Machiavelli, Vom Staate 3, 9

Nichts ist überzeugender als Erfolg.

Ranke, Zur Geschichte Deutschlands
und Frankreichs im 19. Jahrhundert

Eventus stultorum magister est.
Der Erfolg ist der Lehrer der Toren.

Livius

Der Erfolg ist offenbar,
die Absicht aber ist niemals klar.
Drum wird man alle Menschenge-
schichten
ewig nach dem Erfolge richten.

Rückert

Der Käse verrät die Milch.

Aus Lappland

Wir dürfen nicht die Güte jeder Tat
ermessen nach dem Ausgang des Er-
folgs. (Troilus)

Shakespeare, Troilus und Cressida II, 2

Die Arbeit ist unser, das Gedeihen
Gottes.

Sprichwort

Am Ende sieht's ein Tor, ein Klügrer
in der Mitte,
und nur der Weise sieht das Ziel beim
ersten Schritte.

Rückert, Weisheit des Brahmanen

Der wahrhaft Erfolgreiche ist kein Er-
folgsjäger. Er verwaltet nur seine Talente. Er weiß, daß sie ihm gereicht
sind zur besten Nutzung.

Oesch

Wenn beim rechten Handeln nicht
mehr an den Erfolg gedacht wird,
schwinden Ehrgeiz und Zorn.

Freidank

Es wäre wenig in der Welt unternom-
men worden, wenn man nur immer auf
den Ausgang gesehen hätte.
(Marwood)

Lessing, Miß Sara Sampson IV, 9

Steter Erfolg ist nur für Feiglinge notwendig.

Hilty

Karriere

Man kann es auf zweierlei Art zu etwas bringen: Durch eigenes Können
oder durch die Dummheit der anderen.

La Bruyère

Um es in der Welt zu etwas zu bringen,
muß man tun, als habe man es zu
etwas gebracht.

La Rochefoucauld, Reflexionen

Beförd'rung geht Euch nach Empfehl'
und Gunst. (Jago)

Shakespeare, Othello I, 1

Wer den Papst zum Vetter hat, kann
leicht Kardinal werden.

Sprichwort

Die Räder der Karriere werden am
besten mit dem Fett der Schmeichelei
geschmiert.

Graff

Die Unredlichen und die Dummen
kommen in der Welt immer besser fort
als die Ehrlichen und Klugen. Es fällt
ihnen leichter, mit der von Unredlich-
keit und Dummheit beherrschten Gesellschaft Schritt zu halten.

Chamfort, Maximen I

Bleib' nicht auf ebnem Feld!
Steig' nicht so hoch hinaus!
Am schönsten sieht die Welt
von halber Höhe aus.

Nietzsche, Scherz, List und Rache

Lieber ein bißchen länger im Hinter-
haus wohnen, als zu früh ins Vorder-
haus ziehen und später auf dem Hof
singen müssen.

Hans Kasper

Was du immer kannst je werden,
Arbeit scheue nicht und Wachen,
aber hüte deine Seele
vor dem Karriere-Machen!

Storm, Für meine Söhne

Der Fluß schwillt nicht an, ohne trübe
zu werden.

Aus Frankreich

Die neue Würde engt ihn,
wie fremd Gewand sich auch nur durch
                                                Gewohnheit
dem Körper fügt. (Banquo)

Shakespeare, Macbeth I, 3

Kommt ein Bettler auf den Gaul,
dann wird er stolz wie König Saul.

Sprichwort

Wenn der Diener zum Herrn wird,
vergißt er Vergangenheit und Zukunft.

Aus der Mongolei

Neugeschaffner Rang vergißt die Namen. (Bastard)

Shakespeare, König Johann I, 1

Wenn das Schicksal uns überraschend
einen hohen Posten verleiht, ohne uns
schrittweise hinaufgeführt zu haben
oder ohne daß unsere Hoffnungen uns
schon emporgehoben haben, so ist es
fast unmöglich, sich auf demselben
zu behaupten und seiner würdig zu
erscheinen.

La Rochefoucauld, Reflexionen

Der Bettler, der Ritter worden, jagt
sein Pferd zu Tod. (York)

Shakespeare, König Heinrich VI.,
Dritter Teil I, 4

Das ist gewiß! Die Magd, wo sie wird
               Frau im Haus,
die schicket ihre Mägd' im ärgsten Regen aus.

Rückert, Weisheit des Brahmanen 16

Man kann auch hinauffallen. Und solche Fälle sind die tiefsten.

Hille, Aphorismen

Wer höher steigt, als er sollte,
fällt tiefer, als er wollte.

Sprichwort

Will Gott die Ameis' verderben,
läßt er sie Flügel erwerben.

Sprichwort

Ich mache mit jeder Ernennung 99 Un-
zufriedene und einen Undankbaren.

Ludwig XIV.

Was ärgerst du dich über fälschlich
               Erhobne!
Wo gäb es denn nicht Eingeschobne?

Goethe, Sprichwörtlich

Lohn

Wenn eine kostspielige Maschine aufgestellt wird, so erwartet man, daß die
von ihr zu leistende außergewöhnliche
Arbeit das in ihr investierte Kapital
bis zur Zeit, wo sie abgenutzt ist,
einschließlich eines wenigstens durch-
schnittlichen Gewinnes wieder ein-
bringt. Ein Mensch, der unter viel Ar-
beits- und Zeitaufwand zu einem derjenigen Berufe, die ungewöhnliche Fertigkeit und Geschicklichkeit erfordern,
herangebildet wird, kann mit einer
solchen kostspieligen Maschine vergli-
chen werden. Von der Arbeit, die er
erlernt, steht zu erwarten, daß sie ihm
außer dem üblichen Arbeitslohne noch
alle Kosten für die Ausbildung einschließlich wenigstens des durchschnitt-
lichen Gewinnes eines gleichgroßen Kapitals wieder einbringen wird. Auch
muß dies in einer angemessenen Zeit
geschehen, unter Berücksichtigung der

sehr ungewissen Dauer des menschlichen Lebens im Gegensatz zu der viel
sicherer zu berechnenden Dauer der
Maschine.

Smith, Natur und Ursachen des
Volkswohlstandes 1, 10

Du sollst dem Ochsen, der da drischt,
nicht das Maul verbinden.

5. Moses 25,4

Wenn man von den Leuten Pflichten
fordert und ihnen keine Rechte zugestehen will, muß man sie gut bezahlen.

Goethe,
Maximen und Reflexionen,
Aus Kunst und Altertum 1823

Ungeschmiertes Rad quietscht.

Aus Rußland

Wenn die reichen Schurken der armen
bedürfen, so können die armen fordern, was sie wollen. (Borachio)

Shakespeare, Viel Lärmen um Nichts III, 3

Unerhörte Geldbeträge
braucht man für die Arbeitskräfte!
Lohn ist nichts als Armenpflege
und verdirbt bloß die Geschäfte.

Kästner, Gesang zwischen den Stühlen

Wehe dem, der da baut sein Haus mit
Ungerechtigkeit und seine Gemächer
mit Unrecht, der seinen Nächsten
ohne Entgelt arbeiten läßt und seinen
Lohn ihm nicht gibt.

Jeremia 22, 13

Die Arbeit statt durch Lohn durch
Zwang regulieren heißt, die Gesellschaft in ein Arbeitshaus verwandeln
und die nationale Arbeit auf die der
Hand einschränken; denn nur die
Hand, nicht der Geist läßt sich zwingen.

Ihering, Der Zweck im Recht I, 7

Par erit fortuna labori.
Wie die Arbeit so der Lohn.

Sprichwort

Ut sementem feceris, ita metes.
Wie du gesät hast, wirst du ernten.

Pinarius Rufus

Der Lohn guter Werke ist wie Datteln:
Spät reifend und süß.

Talmud

Wer den Lohn nimmt, dem rechnet
Gott auch die Tat an.

Aus Ägypten

Einen Teil sollst Du verschenken.
Einen Teil sollst Du ausgeben.
Einen Teil sollst Du sparen.

Aus Persien

Tue, was des Lohnes wert ist, und begehre keinen!

Matthias Claudius,
Die Armen von Wandsbeck

Erwarte deine Belohnung von Gott,
aber nicht vom Menschen!

Aus Rußland

Die Pferde rennen nach dem Lohn,
und die Esel erhalten ihn.

Aus Frankreich

Der kennt den Ernst der Arbeit, der
im stillen
an schwerem Werke seine Kräfte maß.
Der kennt der Arbeit Glück, der um
der Arbeit willen
den Lohn der Arbeit ganz vergaß.

Frida Schanz

Gewinn

Die Erwägung des eigenen Gewinnes
ist der alleinige Beweggrund, der den
Besitzer irgendeines Kapitals zu bestimmen vermag, dasselbe im Land-
bau, in Fabriken oder in irgendeinem
Zweige des Groß- oder Kleinhandels
anzulegen.

Smith, Natur und Ursachen des
Volkswohlstandes

Gewinn ist Segen, wenn man ihn nicht
stiehlt. (Shylock)

Shakespeare,
Der Kaufmann von Venedig I, 3

Unsere Kaufleute und Fabrikanten
klagen sehr über die schlechten Wirkungen hoher Löhne auf die Erhöhung
der Warenpreise und über die dadurch
bewirkte indirekte Beeinträchtigung
des Verkaufs ihrer Waren im In- und
Auslande. Sie sagen aber nichts von
den schlechten Wirkungen hoher Ka-
pitalgewinne.

Smith, Natur und Ursachen des
Volkswohlstandes

Bei großem Gewinn ist großer Betrug.

Sprichwort

Es gäbe mehr Erfolgsstreben auf der
Welt, wenn die Erfolgreichen einen
glücklicheren Eindruck machten.

Aus den USA

Crescentem sequitur cura pecuniam
maiorumque fames.
Doch Sorge folgt und nimmersatte
Gier dem wachsenden Gewinn.

Horaz, Oden III, 16

Was der Mensch auch gewinne, er muß
es teuer bezahlen,
wär es auch nur mit der Furcht, ob
er's nicht wieder verliert.

Hebbel, Menschenlos

Doch manchen stürzte schon die Hoffnung auf Gewinn in sein Verderben.

Sophokles

Die heutigen Menschen glauben, daß
man die Arbeit so einrichten müsse,
daß sie möglichst viel Ertrag abwerfe.
Das ist ein falscher Glaube. Man muß
die Arbeit so einrichten, daß sie die
Menschen beglückt.

Paul Ernst

Was hülfe es dem Menschen, so er die
ganze Welt gewönne und nähme doch
Schaden an seiner Seele?

Matthäus 16,26

XXII. Kapitel

Bauer
Beamter
Handwerk
Geschäfte
Handel
Gastronomie
Geldwesen

Bauer

Daß der Mensch zum Menschen werde,
stift' er einen ew'gen Bund
gläubig mit der frommen Erde,
seinem mütterlichen Grund.

Schiller, Das Eleusische Fest

Grabet euer Feld ins zierlich Reine,
daß die Sonne gern den Fleiß bescheine;
wenn ihr Bäume pflanzt, so sei's in
Reihen,
denn sie läßt Geordnetes gedeihen.

Goethe, Divan, Buch des Parsen,
Vermächtnis altpersischen Glaubens

Wir pflügen und wir streuen
den Samen auf das Land,
doch Wachstum und Gedeihen
steht nicht in unsrer Hand.

Matthias Claudius, Bauernlied

Wo Treue Wurzeln schlägt, macht Gott
einen Bauern daraus.

Sprichwort

Des Bauern Handschlag, edler Herr,
ist auch
ein Manneswort! Was ist der Ritter
ohne uns?
Und unser Stand ist älter als der eure.
(Melchthal)

Schiller, Wilhelm Tell IV, 2

Der Bauer ist der ewige Mensch, unab-
hängig von aller Kultur, die in den
Städten nistet. Er geht ihr voraus, er
überlebt sie, dumpf und von Geschlecht
zu Geschlecht sich fortzeugend, auf
erdverbundene Berufe und Fähigkeiten beschränkt, eine mystische Seele,
ein trockener, am Praktischen haften-
der Verstand, der Ausgang und die immer fließende Quelle des Blutes, das
in den Städten die Weltgeschichte
macht.

Spengler,
Der Untergang des Abendlandes II,
Die Seele der Stadt 4

Glückliches Volk der Gefilde! Noch
nicht zur Freiheit erwachet,
teilst du mit deiner Flur fröhlich das
enge Gesetz.

Schiller, Der Spaziergang

Der Bauern Arbeit ist am fröhlichsten
und voller Hoffnung.

Luther, Tischreden

Das beste Wappen in der Welt
ist der Pflug im Ackerfeld.

Aus der Schweiz

Ackerbau und Viehzucht sind die zwei
Brüste, die den Staat sicherer säugen
als die Gold- und Silberminen Perus.

Karl Julius Weber, Demokritos,
Der Landwirt oder Bauer

Wo der Bauer arm ist, ist das ganze Land arm.

Aus Polen

Wenn die Felder keine Frucht tragen, ernten auch die Heiligen nicht.

Aus Spanien

Im Notfall bindet der Bauer den Schuh mit Seide.

Gottfried Keller, Der grüne Heinrich

Bauer bleibt Bauer, selbst wenn er auf seidenem Kissen schläft.

Aus Dänemark

Salbt den Bauern, er wird euch stechen. Stecht den Bauern, er wird euch salben.

Aus Frankreich

Wer einen Bauern betrügen will, muß einen Bauern mitbringen.

Aus Holland

Beamter

Je mächtiger die parlamentarischen Einflüsse auf das Staatsleben einwirken, desto notwendiger ist meines Erachtens eine straffe Disziplin im Beamtenstande.

Bismarck, im Reichstag, 28. 3. 1876

Ob großes oder kleines Amt:
Gehorsam sind wir allesamt.
Die Mienen ernst, die Scheitel licht,
tun wir laut Vorschrift unsre Pflicht.

Weinheber, Beamter

Mit schlechten Gesetzen und guten Beamten läßt sich immer noch regieren. Bei schlechten Beamten aber helfen uns die besten Gesetze nichts.

Bismarck, An Wagener, 1850

Für die Güte der Republik könnte man denselben Beweis anführen, den Boccaccio für die Religion anführt: Sie besteht trotz ihrer Beamten.

Heine, Gedanken und Einfälle IV,
Staat und Gesellschaft

Der Hungrige ist kein guter Beamter.

Aus China

Amtleute geben dem Herrn ein Ei und nehmen dem Bauern zwei.

Sprichwort

Ein Wort, das in ein Amt hineingeraten ist, bringen keine zehn Ochsen mehr heraus.

Aus China

Wenn zum Beispiel ein Beamter jemanden schlägt, so darf man ihn nicht wiederschlagen, und umgekehrt: Wenn jemand einen Beamten schlägt, so muß er nicht nur geschlagen, sondern außerdem noch bestraft werden.

Aristoteles, Nikomachische Ethik 4, 14

Handwerk

Das Handwerk bildet die goldene Mitte.
Es gründet sich auf Ehr und Sitte.

Sprichwort

Handwerk hat goldenen Boden.

Sprichwort

Ein Handwerk ist eine Grafschaft.

Aus Holland

Jedes Handwerk, gesetzt selbst, daß es einen goldenen Boden hat, hat über sich auch eine bleierne Decke, die auf die Seele drückt und drückt, bis sie wunderlich und krumm und gedrückt ist.

Nietzsche, Fröhliche Wissenschaft 336

Vierzehn Handwerke, fünfzehn Unglücke.

Sprichwort

Ein Schlächter kauft dem andern keine Wurst ab.

Sprichwort

Geschäfte

Die Geschäfte müssen eben abstrakt, nicht menschlich mit Neigung oder Abneigung, Leidenschaft, Gunst behandelt werden. Dann setzt man mehr und schneller durch: Lakonisch, imperativ, prägnant.

Goethe, zu Friedrich von Müller, 6. 12. 1825

Iß mit deinem Freund, aber mach keine Geschäfte mit ihm!

Aus Armenien

Beim Essen und bei Geschäften sollst du nicht bescheiden sein.

Aus Indien

Ein Geschäft, das nichts als Geld verdient, ist ein schlechtes Geschäft.

Henry Ford

Man kann nicht die Kuh verkaufen
und die Milch behalten.

Aus Schottland

Manus manum lavat.
Eine Hand wäscht die andere.

Sprichwort

Wenn die eine Hand die andere wäscht,
pflegen beide schmutzig zu werden.

Graff

Handel macht prosaisch.

Stendhal, Über die Liebe 2

Ein geistiger Mensch ist für das Geschäft nicht untauglich, aber er ist darüber. Ein mutig-edles Roß ist ebenso
fähig, einen Packsattel zu tragen, wie
ein Esel. Aber es ist zu gut für diese
Eselsarbeit.

Pope

Übrigens sind sie, vom ersten bis zum
letzten Atemzuge Geschäftsleute, die
geborenen Lastträger des Lebens. Ihre
Genüsse sind alle sinnlich; für andere
haben sie keine Empfänglichkeit. Man
soll mit ihnen in Geschäften reden,
sonst nicht. Geselligkeit mit ihnen ist
Degradation, recht eigentliches Sich-
gemeinmachen.

Schopenhauer,
Parerga und Paralipomena II, 3, § 50

Manche Leute halten den Unterneh-
mer für einen räudigen Wolf, den
man totschlagen müsse. Andere sehen in ihm eine Kuh, die man ununterbrochen melken könne. Nur wenige
erkennen in ihm das Pferd, das den
Karren zieht.

Winston Churchill

Bilanzveröffentlichungen sind Wehr-
machtsberichte in Friedenszeiten: Im
ganzen falsch und in Kleinigkeiten
exakt.

Michael Schiff

Handel

Wer kein freundliches Gesicht hat, darf
keinen Laden aufmachen.

Aus China

Der Kaufmann hat in der ganzen
Welt dieselbe Religion.

Heine, Brief vom 16. 3. 1822

Ein Kaufmann kann sich schwerlich hüten vor Unrecht und ein Krämer vor Sünden.

Jesus Sirach 26,28

Der Handel ist die Schule des Betrugs.

Vauvenargues, Reflexionen

Es ist kein Kaufmann, der nicht Mausedreck für Pfeffer verkaufen kann.

Sprichwort

Ohne Schwindel ist nichts zu verkaufen.

Aus Rußland

Betrug ist der Krämer Acker und Pflug.

Sprichwort

Mancher Kaufmann betrügt ohne Skrupel; aber stehlen würde er schlechterdings nicht.

Schopenhauer,
Parerga und Paralipomena II, 26

Wenn die Hunde hinken, die Weiber weinen und die Krämer schwören, so hat das nicht viel zu bedeuten.

Aus Dänemark

Ein guter Kunde wechselt drei Jahre lang nicht das Geschäft. Ein gutes Geschäft wechselt drei Jahre lang nicht den Kunden.

Aus China

Die Augen halte zu und deinen Beutel offen!
Ein solcher Kunde ist's, auf den die Krämer hoffen.

Rückert, Weisheit des Brahmanen 16, 3

Kauf kein Salz, bevor du daran geleckt hast!

Aus dem Kongo

Willst du nichts Unnützes kaufen, muß du nicht auf den Jahrmarkt laufen.

Goethe, Sprichwörtlich

Habens gekauft; es freut sie baß. Eh man's denkt, so betrübt sie das.

Goethe, Sprichwörtlich

Wer kauft, hat hundert Augen nötig, wer verkauft, nur eins.

Sprichwort

Von Nanking bis Peking sind die Käufer nicht so klug wie die Verkäufer.

Aus China

Nicht vom Kaufen lernst du, sondern vom Verkaufen!

Aus Rußland

Der Kluge verkauft seinen Essig teurer als der Narr seinen Honig.

Sprichwort

Zeigt wie ein Krämer erst die
schlechtste Ware!
Vielleicht bringt ihr sie an. Geläng' es
nicht,
dann wird der Glanz der bessern euch
erhöht. (Ulysses)

Shakespeare, Troilus und Cressida I, 3

Man kauft kein Boot, das unter Wasser
steht.

Aus dem Kongo

Ohne Lob nicht verkaufen, ohne Tadel
nicht einkaufen!

Aus Rußland

Ein Kaufmann macht durch allzu großes Rühmen
die Ware, die ihm feil ist, nur verdächtig.

Horaz, Episteln

Man rühmt nicht, was man nicht verkaufen will. (Paris)

Shakespeare, Troilus und Cressida IV, 1

Handeln soll man wie ein Zigeuner,
doch zahlen wie ein Herr.

Aus Jugoslawien

Wohl dreimal soviel Land
gäb' ich dem wohlverdienten Freund,
doch wo's auf Handel ankommt, merkt
ihr wohl,
da zank' ich um ein Neuntel eines
Haars. (Percy)

Shakespeare, König Heinrich IV.,
Erster Teil III, 1

Der Handel, wird er nur im Kleinen
betrieben, muß für schmutzig gelten.
Wenn er aber im Großen und ausge-
dehnt betrieben wird, viele Waren von
allen Seiten einführt und vielen Leuten ohne Schwindel ihre Bedürfnisse
liefert, verdient er gerade keinen Tadel.

Cicero,
Drei Bücher von den Pflichten I, 42

Der Handel verdirbt die reinen Sitten,
und dies war der Gegenstand der Klagen Platons. Aber er verfeinert und
mildert, wie wir täglich sehen, die
rohen Sitten.

Montesquieu, Geist der Gesetze 20

Euch, ihr Götter, gehört der Kaufmann. Güter zu suchen,
geht er, doch an sein Schiff knüpfet das
Gute sich an.

Schiller, Der Kaufmann

Gastronomie

Ein Bierzapf ist ein gutes Gewerbe.
(Falstaff)

Shakespeare,
Die lustigen Weiber von Windsor I, 3

umschlingt den, welcher eintritt. (Ulysses)

Shakespeare, Troilus und Cressida III, 3

Zeit ist wie ein Wirt nach heut'ger
Mode,
der lau dem Gast die Hand drückt,
wenn er scheidet,
doch ausgestreckten Arms, als wollt'
er fliegen,

Setze mir nicht, du Grobian,
mir den Krug so derb vor die Nase!
Wer mir Wein bringt, sehe mich freundlich an,
sonst trübt sich der Eilfer im Glase.

Goethe, Divan, Das Schenkenbuch,
Dem Kellner

Geldwesen

Ein Finanzgenie ist ein Mann, der sein
Geld schneller verdient, als seine Familie es ausgeben kann.

Verfasser unbekannt

Austern bestellt, in der Hoffnung, mit
einer darin gefundenen Perle zahlen
zu können.

Verfasser unbekannt

Ein guter Bankdirektor sollte die Würde eines Erzbischofs, das Lächeln eines
Filmstars und die Haut eines Elefanten haben.

P. T. D. Guyer

Ein Bankier ist ein Kerl, der Ihnen bei
schönem Wetter einen Regenschirm
leiht und ihn zurückverlangt, sobald
es regnet.

Mark Twain

Was ist ein Spekulant? Ein Mann, der
ohne einen Pfennig Geld in der Tasche

Stets sind alle Menschen darauf bedacht, die für sie vorteilhafteste Anlage ihrer Kapitalien ausfindig zu machen. In der Tat hat jeder dabei nur
seinen eigenen Vorteil, nicht aber das
Wohl der gesamten Volkswirtschaft im
Auge. Aber dieses Erpichtsein auf seinen eigenen Vorteil führt ihn ganz von
selbst oder — besser gesagt — notwendigerweise dazu, derjenigen Kapitalanlage den Vorzug zu geben, die zu
gleicher Zeit für die Volkswirtschaft als
Ganzes am vorteilhaftesten ist.

Smith, Natur und Ursachen des
Volkswohlstandes IV, 2

Es ist ein Schönheitsfehler des Kapitalismus, daß er zwar allen die gleiche Chance gibt, geschäftstüchtig zu sein, es aber unterlassen hat, dafür zu sorgen, daß alle auch die gleiche Geschäftstüchtigkeit besitzen, um sie wahrzunehmen.

Graff

Die Fürchterlichkeit des Kapitalismus liegt darin, daß alle Verhältnisse und alle Menschen entseelt werden, die in seinen Wirbel hineingeraten.

Paul Ernst, Geschichten von deutscher Art

XXIII. Kapitel

Freizeit
Feste
Spiel
Sport
Jagd
Reisen
Muße
Müßiggang
Faulheit
Langeweile
Ruhe
Schlaf
Traum

Freizeit

Alles tun zu seiner Zeit!
Sonntagsarbeit nicht gedeiht.

Sprichwort

Wer am Sonntag nicht angeheitert ist,
der ist nicht wert, daß man ihm am
Montag die Hände schüttelt.

Aus Albanien

Auf viele Feiertage folgt selten ein guter Werktag.

Johann Geiler von Kaysersberg

Alles in der Welt läßt sich ertragen,
nur nicht eine Reihe von schönen Tagen.

Goethe, Sprichwörtlich

Wenn alle Tag' im Jahr gefeiert würden,
so würde Spiel so lästig sein wie Arbeit:
Doch seltne Feiertage sind erwünscht.
(Prinz Heinrich)

Shakespeare, König Heinrich IV.,
Erster Teil I, 2

Was ist der Mensch,
wenn seiner Zeit Gewinn, sein höchstes
Gut
nur Schlaf und Essen ist? Ein Vieh,
nichts weiter. (Hamlet)

Shakespeare, Hamlet IV, 4

Wohl angewandte freie Zeit heißt, daß
jeder, der nicht nötig hat, für den täglichen Unterhalt zu arbeiten, verpflichtet ist, soviel wie möglich unbezahlte
Arbeit auf dem Gebiet der Wissenschaft oder Menschenliebe zu verrichten.

Theodore Roosevelt

Das Steckenpferd ist das einzige
Pferd, das über jeden Abgrund trägt.

Hebbel, Tagebücher, 18. 8. 1836

Im Urlaub begegnet man fast immer
netten Menschen, da jeder sich bemüht,
dort anders zu sein als zu Hause. Unsere Urlaubsbekannten lernen wir erst
wirklich kennen, wenn sie uns ein halbes Jahr später überraschend besuchen.
Es empfiehlt sich, ihnen grundsätzlich
eine falsche Adresse zu geben.

Graff

Nur törichte Menschen suchen im Urlaub das große Erlebnis. Ein geglück-
ter Urlaub besteht aus lauter netten
Kleinigkeiten.

Jennifer Ward

Der Tag geht vorüber, das Leben flieht
dahin, und doch freut der Narr sich
auf den Feiertag.

Aus der Türkei

Feste

Man muß die Feste feiern, wie sie fallen.

Sprichwort

Ein Leben ohne Feste ist eine weite
Reise ohne Gasthaus.

Demokrit, Fragmente

Mich deucht, das Größt' bei einem
Fest
ist, wenn man sich's wohlschmecken
läßt. (Hans Wurst)

Goethe, Hanswursts Hochzeit

Tages Arbeit! Abends Gäste!
Saure Wochen! Frohe Feste!

Goethe, Der Schatzgräber

Zwar fühl ich mich zu ernst, auf Fest-
lichkeit zu sinnen;
doch seis! Es fördert auch frohmütiges
Beginnen. (Kaiser)

Goethe, Faust 2, IV,
Des Gegenkaisers Zelt

Man feiere nur, was glücklich vollendet ist! Alle Zeremonien zum Anfange
erschöpfen Lust und Kräfte, die das
Streben hervorbringen.

Goethe, Wilhelm Meisters Lehrjahre V, 13

Überhaupt aber tragen glänzende,
rauschende Feste und Lustbarkeiten
stets eine Leere, wohl gar einen Miß-
ton im Innern; schon weil sie dem
Elend und der Dürftigkeit unseres Daseins laut widersprechen.

Schopenhauer,
Aphorismen zur Lebensweisheit V, 1

In nichts offenbart sich die herzlose
Maschinenhaftigkeit der Neuern mehr
als in der Dürre ihrer Feste.

Jean Paul, Erste Pflicht der deutschen
Fürsten gegen deutsche Völker

Löblich ist ein tolles Streben,
wenn es kurz ist und mit Sinn.

Goethe, Stammbuchblatt für Charlotte
von Ahlefeld, Fastnacht 1830

Sie sagen, immer, wann die Jahrszeit
naht,
wo man des Heilands Ankunft feiert,
singe
die ganze Nacht durch dieser frühe
Vogel.
Dann darf kein Geist umhergehn, sagen sie,
die Nächte sind gesund. Dann trifft
kein Stern,
kein Elfe faht, noch mögen Hexen
zaubern:
So gnadenvoll und heilig ist die Zeit.
(Marcellus)

Shakespeare, Hamlet I, 1

Ein frommer Zauber hält mich nieder;
anbetend, staunend muß ich stehn.

Es sinkt auf meine Augenlider
ein goldner Kindertraum hernieder.
Ich fühl's, ein Wunder ist geschehn.

Storm, Weihnacht

Die Kirche Roms hat durch die Ein-
führung des Weihnachtsfestes das Christentum gerettet.

Lagarde, Mitteilungen 4

Das alte Faß ist ausgetrunken,
der Himmel steckt ein neues an.
Wie mancher ist vom Stuhl gesunken,
der nun nicht mit uns trinken kann.
Doch ihr, die ihr wie wir beim alten
mit so viel Ehren ausgehalten,
geschwind die alten Gläser leer
und setzt euch zu den neuen her!

Lichtenberg

Hier existiert die absurde Mode, den
letzten Abend des beschlossenen Jahres mit lauter Geselligkeit zu begehen,
statt daß man lieber, wie ein östliches
Volk es macht, sich im Kreis zusam-
mensetzt und einige Minuten miteinander schweigt. Ich finde, das ist eine
schöne, tiefsinnige Sitte. Es ist darin
das Amen über das Vergangene und
die Ehrfurcht vor dem verschleierten
Bild der Zukunft.

Malvida von Meysenburg

Sooft man das Haus für Neujahr mit
Kiefern schmückt, setzt man einen
Meilenstein auf dem Wege zur Unter-
welt.

Aus Japan

Spiel

Immer Arbeit, nie ein Spiel,
wird dem Knaben Hans zuviel.

Aus Großbritannien

Nun ist die ursprüngliche Bestimmung
der Kräfte, mit welchen die Natur den
Menschen ausgerüstet hat, der Kampf
gegen die Not, die ihn von allen Seiten bedrängt. Wenn aber dieser Kampf
einmal rastet, da werden ihm die un-
beschäftigten Kräfte zur Last: Er muß
daher jetzt mit ihnen spielen, d. h. sie
zwecklos gebrauchen; denn sonst fällt
er der anderen Quelle des menschli-

chen Leidens, der Langenweile, sogleich
anheim. Von dieser sind daher vor allem die Großen und Reichen gemartert.

Schopenhauer,
Aphorismen zur Lebensweisheit II

(Schach) Sie nennen's ein königlich
Spiel und sagen, es sei für einen König
erfunden worden, der den Erfinder
mit einem Meer von Überfluß belohnte.
Wenn's wahr ist, so ist mir's, als wenn
ich ihn sähe. Er war minorenn an Verstand oder an Jahren, unter der Vor-
mundschaft seiner Mutter oder seiner

Frau, hatte Milchhaare im Bart und Flachshaare um die Schläfe. Er war so gefällig wie ein Weidenschößling und spielte gern mit den Damen und auf der Dame, nicht aus Leidenschaft, behüte Gott, nur zum Zeitvertreib. (Liebetraut)

Goethe, Götz von Berlichingen II,
Bamberg, Ein Saal

Im Schachspiel offenbart sich durchaus, ob jemand Phantasie und Initiative hat oder nicht.

Morgenstern,
Stufen, Psychologisches, 1908

Glück beim Spielen — Pech in der Liebe.

Aus Spanien

Wer es an Redlichkeit in Scherz und Spiel fehlen läßt, heuchelt bei Geschäften. Es ist das Kennzeichen einer unedlen Natur, wenn Freude nicht menschlich macht.

Vauvenargues, Reflexionen

Der Geist des Spiels nämlich ist, daß man auf alle Weise, durch jeden Streich und jeden Schlich, dem andern das Seinige abgewinne. Aber die Gewohnheit, im Spiel so zu verfahren, wurzelt ein, greift über in das praktische Le-

ben, und man kommt allmählich dahin, in den Angelegenheiten des Mein und Dein es ebenso zu machen und jeden Vorteil, den man eben in der Hand hält, für erlaubt zu halten.

Schopenhauer,
Aphorismen zur Lebensweisheit II

Der Faulpelz spielt gern Karten mit dem Bösewicht.

Aus Schweden

Weil sie nämlich keine Gedanken auszutauschen haben, tauschen sie Karten aus und suchen einander Gulden abzunehmen. O, klägliches Geschlecht!

Schopenhauer,
Aphorismen zur Lebensweisheit II

Es spielen sich eher zehne arm als einer reich.

Christoph Lehmann

Ein spieler ist nit gottes fründ.
Die spieler sind des tüfels kind.

Brant, Das Narrenschiff

Wie glücklich würde sich der Affe schätzen,
könnt er nur auch ins Lotto setzen!
(Mephistopheles)

Goethe, Faust 1, Hexenküche

Sport

Nur wo Körper- und Geistestätigkeit in geordneter lebendiger Wechselwirkung stehen, ist wahres Leben.

Fröbel

Vor allem wegen der Seele ist es nötig, den Körper zu üben, und gerade das ist es, was unsere Klugschwätzer nicht einsehen wollen.

Rousseau, Aphorismen

Der Engländer hat den Sport erfunden, der Deutsche die Körperertüchtigung.

Thomas Niederreuther, Aphorismen

Unter den Muskelpartien, deren Leistung der Sport bis an die Grenzen des Menschlichen hinausgeschoben hat, darf die Zunge der Rundfunkreporter nicht vergessen werden.

Graff

Wenn es die Ballkunst wäre, was die Fußballanhänger begeistert, müßte jedes Trainingsspiel überlaufen und manches Meisterschaftsspiel uninteressant, wenn nicht abstoßend sein.

Graff

Es ist unverständlich, weshalb man die Veranstaltungen, bei denen Zehntausende müßig wenn auch nicht still zusehen, wie zweiundzwanzig Mann um einen Lederball kämpfen, einen „Volkssport" statt eine Volksbelustigung nennt.

Graff

Je edler eine Sportart ist, um so weniger hat sie Publikum.

Graff

Der Sport dient der Völkerversöhnung, indem er den Völkern ständig neue Zankäpfel zuwirft, an denen sie ihren Nationalismus abreagieren können.

Graff

Jagd

Was gleicht wohl auf Erden dem Jägervergnügen?

Friedrich Kind, Der Freischütz

Auch meine Hunde sind aus Spartas Zucht,

weitmäulig, scheckig und ihr Kopf behangen
mit Ohren, die den Tau vom Grase streifen,
krummbeinig, wammig wie Thessaliens Stiere,

nicht schnell zur Jagd, doch ihrer Keh-
len Ton
folgt aufeinander wie ein Glockenspiel.
Harmonischer scholl niemals ein Ge-
bell
zum Hussa und zum frohen Hörner-
schall
in Kreta, Sparta, noch Thessalien.
(Theseus)

Shakespeare,
Ein Sommernachtstraum IV, 1

Das Jagen würzt den Schlummer,
das Jagen würzt den Wein,
und gegen Liebeskummer
kann auch nichts besser sein.

Franz von Kobell, Wildanger

Ein Jäger, der nicht raucht und trinkt,
nicht liebt und frohe Lieder singt
und niemals spricht ein Wort Latein,
das kann kein rechter Jäger sein!

Verfasser unbekannt

Gar treulich liebt der Jägersmann
die lautre Wahrheit dann und wann,
nur ab und zu und hier und da
kommt er der Phantasie zu nah.

Verfasser unbekannt

Allah zählt die Tage nicht, die wir auf
der Jagd zubringen.

Aus Arabien

Reget sich was, gleich schießt der Jäger.
Ihm scheinet die Schöpfung,
wie lebendig sie ist, nur für den
Schnappsack gemacht.

Goethe und Schiller, Xenien,
Die Waidtasche

Zu hegen und zu pflegen sei bereit!
Das Töten überlaß dem Lauf der Zeit!

Franz Pocci, Auf dem Spaziergang

Reisen

Es liegt kein Segen auf der Frau, die
reist, und es liegt kein Segen auf dem
Mann, der nicht reist.

Maurisches Sprichwort

Wem Gott will rechte Gunst erweisen,
den schickt er in die weite Welt.

Eichendorff, Der frohe Wandersmann

Woraus besteht der Mensch? Aus Körper, Seele und Paß.

Aus Rußland

Reisen, mein Lieber, macht mich gesund, das weiß ich aus Erfahrung. Ich
bin nie gesunder, als wenn mich das
Posthorn aus dem Schlaf weckt.

Lichtenberg

Nur Reisen ist Leben, wie umgekehrt das Leben Reisen ist.

Jean Paul, Das Kampaner Tal 2

Die Reise gleicht einem Spiel; es ist immer Gewinn und Verlust dabei und meist von der unerwarteten Seite.

Goethe, an Schiller, 14. 10. 1797

Reisen sind das beste Mittel zur Selbstbildung.

Karl Julius Weber, Demokritos

Aufenthalt in fremdem Land mehrt und kräftigt den Verstand.

Aus Spanien

Der als Efalt fort get, kömmt als Dabo eröm. Wer als Einfalt fortgeht, kommt als ausgepichter Fuchs wieder heim.

Aus Luxemburg

Der, welcher in ein Land reist, bevor er einige Kenntnisse von dessen Sprache hat, geht in die Schule und nicht auf Reisen.

Francis Bacon

Wie es Leute gibt, die Bücher wirklich studieren, und andere, die sie nur durchblättern, gibt es Reisende, die es mit Ländern ebenso machen: Sie studieren sie nicht, sondern blättern sie nur durch.

Galiani

Die meisten reisen nur, um wieder heimzukehren.

Montaigne

Man reist ja nicht, um anzukommen, sondern um zu reisen.

Goethe, zu Caroline Herder, 5. 9. 1788

Die rauhen Weg' und hohen wilden
           Hügel
ziehn unsre Meilen mühsam in die
           Länge,
doch euer schön Gespräch macht, wie
           ein Zucker,
den schweren Weg süß und vergnüg-
           lich mir. (Northumberland)

Shakespeare, König Richard II. II, 3

Bösen Felsweg auf und nieder
trösten, Hafis, deine Lieder,
wenn der Führer mit Entzücken
von des Maultiers hohem Rücken
singt, die Sterne zu erwecken
und die Räuber zu erschrecken.

Goethe, Divan, Buch des Sängers, Hegire

Wenn du keinen Gesellschafter hast, ziehe deinen Spazierstock in Erwägung!

Aus Albanien

Besser bäurisch gefahren denn herrisch gelaufen.

Aus Schwaben

Es wandelt niemand ungestraft unter Palmen, und die Gesinnungen ändern sich gewiß in einem Lande, wo Elefanten und Tiger zu Hause sind.

Goethe, Die Wahlverwandtschaften II, 7

Caelum, non animum mutant, qui trans mare currunt. Wer über See geht, wechselt den Himmel, nicht den Charakter.

Horaz, Episteln I, 11, 27

Die Gänse mögen bis zum Meer fliegen, sie werden trotzdem nicht als Schwäne zurückkehren.

Aus Rußland

Es flog ein Gänslein übers Meer
und kam als Gickgack wieder her.

Sprichwort

Seht zu, daß Ihr lispelt und seltsame Kleidung tragt, macht alles Ersprießliche in Eurem eignen Lande herunter, entzweit Euch mit Euren Sternen und scheltet schier den lieben Gott, daß er Euch kein andres Gesicht gab: Sonst glaub ich es kaum, daß Ihr je in einer Gondel gefahren seid. (Rosalinde)

Shakespeare, Wie es Euch gefällt IV, 1

Wenn jemand eine Reise tut,
so kann er was erzählen.

Matthias Claudius,
Urians Reise um die Welt

Allein aus Freude am Sehen und ohne Hoffnung, seine Eindrücke und Erlebnisse mitteilen zu dürfen, würde niemand über das Meer fahren.

Pascal

Das Beste und Schönste einer Reise wird daheim erlebt: Teils vorher, teils nachher.

Graff

Das Beste, was man vom Reisen nach Hause bringt, ist die heile Haut.

Aus Persien

Die feinste Reisekunst besteht darin, zu einigen besonders schönen Plätzen immer wieder einmal zurückzukehren, bis sich in uns eine Art Heimatgefühl entwickelt, das sie doppelt kostbar macht.

Graff

Wir sehnen uns nicht nach bestimmten Plätzen zurück, sondern nach den Gefühlen, die sie in uns auslösen.

Graff

Die Seelen der Menschen fühlen sich vielleicht in immer innigerer Übereinstimmung mit einer Außenwelt von jener Schwermut, die unserem Geschlecht, als es noch jung war, einfach häßlich vorkam. Die Zeit scheint nahe, da einzig der herbe Adel eines Moors und des Meeres oder eines Gebirges das in der Natur ist, was mit der Gemütsverfassung des nachdenklicheren

Teils der Menschheit völlig im Einklang steht.

Thomas Hardy, The Return of the Native

Benimm Dich in einem fremden Land
wie in einer fremden Wohnung!

Guy Abecassis

Muße

Nihil agere delectat. Nichtstun ist angenehm.

Cicero, De oratore II, 24

Gar nichts tun, das ist die allerschwie-
rigste Beschäftigung und zugleich diejenige, die am meisten Geist voraussetzt.

Wilde

Was nützen dir Liebe, Glück, Bildung,
Reichtum, wenn du dir nicht die Zeit
nimmst, sie in Muße zu genießen?

Gleichen-Rußwurm

Die Ruhe des Phlegmatikers ist la-
tente Glückseligkeit. Er ist zu träge,
sie zu empfinden.

Peltzer, An den Rand geschrieben

Die beste Wärterin der Natur ist Ruhe.
(Arzt)

Shakespeare, König Lear IV, 4

Einen Tag ungestört in Muße zu verleben, heißt einen Tag lang ein Unsterblicher sein.

Aus China

Niemals bin ich weniger müßig als in
meinen Mußestunden und niemals weniger einsam, als wenn ich allein bin.

Cicero, Von den Pflichten III, 1

Ruhe ist das „Ich bin" des Schöpfers
im Gegensatz zu dem „Ich werde" alles Geschaffenen.

John Ruskin

Die größten Ereignisse, das sind nicht
unsere lautesten, sondern unsere stillsten Stunden.

Nietzsche,
Zarathustra II, Von großen Ereignissen

Wie der Sternenhimmel: Still und bewegt!

Hölderlin

Heutzutage verlieren die Leute ihre
Freude, wenn das Vorübergehende sie
verläßt. Darum sind sie mitten in
ihrer Freude stets in Unruhe. Die also
ihr Selbst verlieren an die Außenwelt,
ihr Wesen preisgeben an die anderen,
das sind verkehrte Leute.

Tschuang-Tse,
Das wahre Buch vom südlichen
Blütenland 16, 4

Die Straße sagt dem Reisenden niemals, wann er ruhen soll.

Aus Rhodesien

Warum suchst du die Ruhe, da du zur Arbeit geboren bist?

Thomas a Kempis,
Nachfolge Christi II, 10

Bequeme Rast ist nicht des Lebens wert.

Eichendorff, An die Freunde

Ruh' ist Göttern nur gegeben,
ihnen ziemt der Überfluß.
Doch für uns ist Handeln Leben.

Novalis

Die Ruhe tötet. Nur wer handelt, lebt.
(Soliman)

Körner, Zriny IV, 4

Zu unserer Natur gehört die Bewegung. Die vollkommene Ruhe ist der Tod.

Pascal

Müßiggang

Herr, ich habe die große Beschäftigung, müßig zu gehen; ich habe eine ungemeine Fertigkeit im Nichtstun; ich besitze eine ungeheure Ausdauer in der Faulheit. Keine Schwiele schändet meine Hände; der Boden hat noch keinen Tropfen von meiner Stirne getrunken; ich bin noch Jungfrau in der Arbeit, und wenn es mir nicht der Mühe zuviel wäre, würde ich mir die Mühe nehmen, ihnen diese Verdienste weitläufiger auseinanderzusetzen. (Valerio)

Büchner, Leonce und Lena I, 1

Von Arbeit stirbet kein Mensch. Aber von ledig und müßig gehen kommen die Leute um Leib und Leben; denn der Mensch ist zur Arbeit geboren wie der Vogel zum Fliegen.

Luther

Arbeiten ist demzufolge eine unerläßliche Pflicht des sich in der Gesellschaft bewegenden Menschen. Ob reich oder arm, ob mächtig oder schwach, jeder müßige Bürger ist ein Spitzbube.

Rousseau, Émile 4

Solange mir Gott Gesundheit gibt, ist es mir nicht erlaubt, müßig zu sein.

Orlando di Lasso

So jemand nicht will arbeiten, der soll auch nicht essen.

2. Thessalonicher 3,10

Wer vierzehn Tage verbummelt, muß drei Wochen hungern.

Aus Frankreich

Eine sitzende Krähe verhungert.

Aus Island

Wer nicht arbeitet, soll nicht nur nicht essen, sondern braucht auch nicht zu lieben.

Gottfried Keller, Der grüne Heinrich

Keine Arbeit, sondern allein der Müssiggang ist schimpflich.

Hesiod

Müßiggang ist aller Laster Anfang.

Sprichwort

Ein müßig Gehirn ist des Teufels Werkstätte.

Aus Großbritannien

Junger Müßiggänger, alter Dieb.

Aus Dänemark

Man erkundige sich nur näher nach den Personen, die durch ehrloses Betragen sich auszeichnen! Immer wird man finden, daß sie nicht arbeiten gelernt haben oder die Arbeit scheuen.

Fichte, Reden an die deutsche Nation 10

Das Stillsitzen und der Müßiggang pflegt adelige tapfere Leiber nicht anders als der Rost das Eisen zu verderben.

Kaiser Maximilian I.

Wer nicht arbeitet, verschmachtet vor Langeweile und ist allenfalls vor Ergötzlichkeit betäubt und erschöpft, niemals aber erquickt und befriedigt.

Kant, Fragmente 8

Tätigkeit ist der wahre Genuß des Lebens, ja das Leben selbst.

August Wilhelm Schlegel,
Dramatische Vorlesungen 2

Robinson auf seiner Insel, von allem beraubt, zu den härtesten Arbeiten genötigt, um seine tägliche Existenz sicherzustellen, genießt nach seinem Geständnis Augenblicke des Glücks. Nehmen wir an, er befände sich auf einer verzauberten Insel, mit allem versehen, was das Leben angenehm machen kann, so würde ihm die Beschäftigungslosigkeit vielleicht das Leben unerträglich gemacht haben.

Chamfort, Maximen II

Nichts hat mehr Ähnlichkeit mit dem Tode als Müßiggang.

Friedrich der Große

Die arbeitsamen Rassen finden eine große Beschwerde darin, den Müßiggang zu ertragen. Es war ein Meisterstück des englischen Instinktes, den Sonntag in dem Maße zu heiligen und zu langweilen, daß der Engländer dabei wieder unvermerkt nach seinem Wochen- und Werktag lüstern wird.

Nietzsche, Jenseits von Gut und Böse,
Zur Naturgeschichte der Moral

Faulheit

Um schließlich eine richtige Idee dieser Leidenschaft zu geben, muß man sagen, daß die Faulheit eine Glückseligkeit der Seele ist, welche sie über alle ihre Verluste tröstet und ihr als Ersatz aller ihrer Güter dient.

La Rochefoucauld,
Unterdrückte Maximen

Faulheit kennt kein Rückenweh.

Aus Rußland

Faulheit ist Dummheit des Körpers und Dummheit Faulheit des Geistes.

Seume, Apokryphen

In unserem Geist steckt mehr Faulheit als in unserem Körper.

La Rochefoucauld, Reflexionen

Trägheit hat im Leben stets daneben gegriffen und wird es auch stets tun. Es liegt in der Natur der Sache, daß sie niemals Erfolg hat. Sie ist eine Last, ein Hemmnis, eine Schädigung, stets unnütz, unzufrieden, melancholisch und elend.

Smiles, Der Charakter 4

Der große Feind der Wissenschaft ist nicht der Irrtum, sondern die Faulheit.

Buckle,
Geschichte der Zivilisation in England 20

Ohne Faulheit kein Fortschritt! Weil der Mensch zu faul war, zu rudern, erfand er das Dampfschiff. Weil er zu faul war, zu Fuß zu gehen, erfand er das Auto. Weil er zu faul war, abends die Augen zuzumachen, erfand er das Fernsehen.

Manfred Hausmann

Am Abend werden die Faulen fleißig.

Sprichwort

Niemand hetzt andere so wie die Faulen, wenn sie ausgefaulenzt haben, damit sie fleißig erscheinen.

La Rochefoucauld

Faule Leute wollen alles auf einmal schaffen.

Aus China

Ein fauler Mensch ist gleich wie ein Stein, der im Kot liegt.

Jesus Sirach 22,1

Der Faulenz und der Lüderli sind Zwillingsbrüderli.

Sprichwort

Ein Faulpelz ist des Teufels Kopfkissen.

Aus Holland

Ehre und Bequemlichkeit sind selten
Schlafkameraden

Aus Großbritannien

Ein träger Mensch hat immer einen
leeren Magen.

Aus Australien

Wer aber recht bequem ist und faul,
flög dem eine gebratne Taube ins Maul,

er würde höflich sich's verbitten,
wär sie nicht auch geschickt zerschnit-
ten.

Goethe, Sprichwörtlich

Faulhans geht voraus, Schmalhans
folgt hinterdrein.

Aus Norwegen

Langeweile

Unser größter Feind ist die Langeweile.

Voltaire

Langeweile ist ein böses Kraut,
aber auch eine Würze, die viel verdaut.

Goethe, Sprichwörtlich

Wird uns eine rechte Qual zuteil,
dann wünschen wir uns Langeweil.

Goethe, Sprichwörtlich

Langeweile! Du bist Mutter der Musen.

Goethe, Venezianische Epigramme 27

Wenn die Sonne scheint, hat der Mond
Langeweile.

Aus Frankreich

Wir verzeihen es oft andern, wenn sie
uns Langeweile machen, aber nie, wenn
wir sie ihnen bereiten.

La Rochefoucauld, Reflexionen

Das Geheimnis zu langweilen besteht
darin, alles zu sagen.

Voltaire, Discours sur l'homme VI, 171

Steril ist der, dem nichts einfällt. Langweilig ist, wer ein paar alte Gedanken hat, die ihm alle Tage neu einfallen.

Ebner-Eschenbach, Aphorismen

Niemand ist geistreich genug, um niemals langweilig zu sein.

Vauvenargues, Unterdrückte Maximen

Die nicht einsam sein können, sind immer gelangweilt und folglich langweilig.

Joseph von Ligne

Die Zeit wird Ihnen lang. Das vermute ich. Wenn man nichts anderes tut, als sie sich vertreiben, so muß sie einem notwendig oft zur Last werden.

Goethe, an Johann Ludwig Hetzler, 28. 9. 1770, Konzept

Der Mensch nimmt sich die Ruhe nur vor, um sich von Zwang und Arbeit zu befreien, aber sein Genuß liegt im tätigen Leben, und er liebt nur dieses.

Vauvenargues, Reflexionen

Es ist schlimm, wenn zwei Eheleute einander langweilen. Viel schlimmer jedoch ist es, wenn nur einer von ihnen den andern langweilt.

Ebner-Eschenbach, Aphorismen

Ruhe

Über den Wassern deiner Seele schwebt unaufhörlich ein dunkler Vogel: Unruhe.

Morgenstern, Stufen, Psychologisches

Ein Augenblick der Seelenruhe ist besser als alles, was du sonst erstreben magst.

Aus Persien

Es bleibt der letzte und allgemeine Maßstab für den Wert eines Menschen, ob er auch der Andacht fähig ist, ob er seine Gedanken vom Staub des Werktages losmachen und eine Feiertagsstille in sich erzeugen und würdig genießen kann.

Heyse

Gott ist die Ruhe und beruhigt alles, und ihn, die Ruhe, anschauen, heißt selber ruhen.

St. Bernhard, In Quadragesimo sermo 5

Die Ruhe ist die natürliche Stimmung eines wohlgeregelten, mit sich einigen Herzens.

Wilhelm von Humboldt, Briefe an eine Freundin, 17. 3. 1830

Die Ruhe ist eine liebenswürdige Frau und wohnt in der Nähe der Weisheit.

Epicharm, Fragmente 101

Seelenruhe bekommt man, wenn man aufhört zu hoffen.

Aus Arabien

Laß Deine Begierde, so findest Du Ruhe!

Thomas a Kempis, Die Nachfolge Christi III, 32

Ließe der Mensch sich genügen, so hätte er Ruhe.

Jakob Böhme

Zwischen Sinnenglück und Seelenfrie-
den
bleibt dem Menschen nur die bange
Wahl;
auf der Stirn des hohen Uraniden
leuchtet ihr vermählter Strahl.

Schiller, Das Ideal und das Leben

In der Tat ist es für unsere Gemütsruhe außerordentlich wichtig, daß man
vor allem auf sich selbst das Auge richtet und auf das uns Angemessene, andernfalls aber mehr auf die blickt, die
schlimmer daran sind als wir, und
nicht, wie es meistens der Fall ist, auf
die über uns Stehenden.

Plutarch, Von der Gemütsruhe 10

Der wahre, tiefe Friede des Herzens
und die vollkommene Gemütsruhe sind
allein in der Einsamkeit zu finden.

Schopenhauer

Frieden findet man nur in den Wäl-
dern.

Michelangelo

Wer will haben gute Ruh,
der höre, seh' und schweig' dazu.

Sprichwort

Was nennen Sie ruhig sein? Die Hände
in den Schoß legen? Leiden, was man
nicht sollte? Dulden, was man nicht
dürfte? (Emilia)

Lessing, Emilia Galotti V, 7

Nach getaner Arbeit ist gut ruhen.

Sprichwort

Der Weg zur Ruhe geht durch das Gebiet der allumfassenden Tätigkeit.

Novalis

Der Mensch muß zu innerer Ruhe gebildet werden.

Pestalozzi

Mache dich nur ruhig, dann hast du
wenig Mühe, dich auch tugendhaft zu
machen.

'Jean Paul, Hesperus, Dritter Schalttag

Wenn man seine Ruhe nicht in sich
findet, ist es zwecklos, sie andernorts
zu suchen.

La Rochefoucauld, Unterdrückte Maximen

Über allen Gipfeln
ist Ruh.
In allen Wipfeln
spürest du
kaum einen Hauch.
Die Vögelein schweigen im Walde.
Warte nur, balde
ruhest du auch.

Goethe, Ein Gleiches

Schlaf

O gib, vom weichen Pfühle,
träumend, ein halb Gehör!
Bei meinem Saitenspiele
schlafe! Was willst du mehr?

Goethe, Nachtgesang

Wenn zu rechter Zeit jeder Mensch fassen würde, welch süße Gabe der Schlaf ist, es würde keiner mehr ihn so mutwillig auf das Nichtswürdigste verschleudern.

Gotthelf

Geh' mit den Hühnern schlafen und steh mit den Hähnen auf!

Aus Spanien

Eine Stunde Schlaf vor Mitternacht ist besser als zwei danach.

Sprichwort

Der Schlaf ist für den ganzen Menschen, was das Aufziehen für die Uhr.

Schopenhauer,
Aphorismen zur Lebensweisheit V, 20

Early to bed and early to rise
makes a man healthy, wealthy and wise.
Früh zu Bett und früh aufstehen macht gesund, reich und klug.

Benjamin Franklin, Weg zum Reichtum

Schlaf ich, so schlaf ich mir bequem,
arbeit ich, ja, ich weiß nicht wem.

Goethe, Sprichwörtlich

Wer die ganze Nacht schläft, hat am Tage Anspruch auf ein wenig Ruhe.

Aus Kuba

Wenn ich so recht niedergeschlagen, rat- und hilflos und unglücklich bin, so lege ich mich ruhig zu Bette, schließe die Augen, entferne alles und träume in selige Ruhe hinein.

Ludwig Feuerbach

Schlaf, der des Grams verworr'n Gespinst entwirrt,
den Tod von jedem Lebenstag, das Bad
der wunden Müh, den Balsam kranker Seelen,
den zweiten Gang im Gastmahl der Natur,
das nährendste Gericht beim Fest des Lebens. (Macbeth)

Shakespeare, Macbeth II, 2

Du siehst Gestalten nicht, noch Phantasien,
womit geschäft'ge Sorg' ein Hirn erfüllt,
drum schläfst du so gesund. (Brutus)

Shakespeare, Julius Cäsar II, 1

Die wache Sorge lauscht im Auge jedes
                                    Alten,
und Schlummer bettet nie sich da, wo
                            Sorgen walten.
Doch da wohnt goldner Schlaf, wo mit
                          gesundem Blut
und grillenfreiem Hirn die frische Ju-
                            gend ruht. (Lorenzo)

Shakespeare, Romeo und Julia II, 3

Es ist der Balsam nicht, der Ball und
                                    Zepter,
das Schwert, der Stab, die hohe Herr-
                              scherkrone,
das eingewirkte Kleid mit Gold und
                                  Perlen,
der Titel, strotzend vor dem König
                                      her,
der Thron, auf dem er sitzt, des Pom-
                                pes Flut,
die anschlägt an den hohen Strand der
                                    Welt:
Nein, nicht all dies, du Prunk der
                              Zeremonie,
nicht alles dies auf majestät'schem
                                    Bett,
was so gesund schläft wie der arme
                                    Sklav,
der mit gefülltem Leib und led'gem
                                    Mut
zur Ruh sich fügt, gestopft mit saurem
                                    Brot,
die grause Nacht, der Hölle Kind, nie
                                  sieht,
weil er wie ein Trabant von früh bis
                                    spät
vor Phöbus' Augen schwitzt, die ganze
                                  Nacht
dann im Elysium schläft; am nächsten
                                    Tag

von neuem aufsteht mit der Dämme-
                                  rung
und hilft Hyperion zu seinen Pferden.
                          (König Heinrich)

Shakespeare, König Heinrich V. IV, 1

Was liegst du lieber, Schlaf, in rauchi-
                              gen Hütten,
auf unbequemer Streue hingestreckt,
von summenden Nachtfliegen einge-
                                  wiegt,
als in der Großen duftenden Palästen,
unter den Baldachinen reicher Pracht
und eingelullt von süßen Melodien?
                          (König Heinrich)

Shakespeare, König Heinrich IV.,
                        Zweiter Teil III, 1

Somnus imago mortis. Der Schlaf ist
das Bild des Todes.

Cicero

Schlummer und Schlaf, zwei Brüder,
  zum Dienste der Götter berufen,
bat sich Prometheus herab, seinem Geschlechte zum Trost.
Aber, den Göttern so leicht, doch
  schwer zu ertragen den Menschen,
ward nun ihr Schlummer uns Schlaf,
  ward nun ihr Schlaf uns zum Tod.

Goethe, Die Geschwister

Vom Schlaf zum Tode ist ein kleiner
Weg.

Ariost, Orlando furioso XVIII, 189

Der Schlaf ist ein Dieb, der uns die
Hälfte unseres Lebens stiehlt.

Aus Schweden

Bei allen Menschen, die wir durch Zufall schlafend antreffen, wird es uns
blitzschnell deutlich, ob wir sie leiden
mögen oder nicht.

Graff

Traum

Ach, wie oft seh ich große Kunst und
gut Ding im Schlaf, desgleichen mir
wachend nit fürkommt!

Dürer, Nachlaß

Romeo: Frau Mab, wer ist sie?
Mercutio: Sie ist der Feenwelt Ent-
binderin.
Sie kommt, nicht größer als der Edelstein
am Zeigefinger eines Aldermanns,
und fährt mit'nem Gespann von Son-
nenstäubchen
den Schlafenden quer auf der Nase
hin.
Die Speichen sind gemacht aus Spin-
nenbeinen,
des Wagens Deck' aus eines Heupferds
Flügeln,
aus feinem Spinngewebe das Geschirr,
die Zügel aus des Mondes feuchtem
Strahl.
Aus Heimchenknochen ist der Peitsche
Griff,
die Schnur aus Fasern. Eine kleine
Mücke
im grauen Mantel sitzt als Fuhrmann
vorn,
nicht halb so groß als wie ein kleines
Würmchen,
das in des Mädchens müßigem Finger
nistet.

Die Kutsch' ist eine hohle Haselnuß,
vom Tischler Eichhorn oder Meister
Wurm
zurechtgemacht, die seit uralten Zeiten
der Feen Wagner sind. In diesem Staat
trabt sie dann Nacht für Nacht, befährt das Hirn
Verliebter, und sie träumen dann von
Liebe,
des Schranzen Knie, der schnell von
Reverenzen,
des Anwalts Finger, der von Sporteln
gleich,
der Schönen Lippen, die von Küssen
träumen.
(Oft plagt die böse Mab mit Bläschen
diese,
weil ihren Odem Näscherei verdarb.)
Bald trabt sie über eines Hofmanns
Nase,
dann wittert er im Traum sich Ämter
aus.
Bald kitzelt sie mit eines Zinshahns
Federn
des Pfarrers Nase, wenn er schlafend
liegt:
Von einer bessern Pfründe träumt ihm
dann.
Bald fährt sie über des Soldaten Nak-
ken:
Der träumt sofort von Niedersäbeln,
träumt
von Breschen, Hinterhalten, Dama-
szenern,

von manchem klaftertiefen Ehren-
trunk.
Nun trommelt's ihm ins Ohr. Da fährt
er auf
und flucht in seinem Schreck ein paar
Gebete
und schläft von neuem. Eben diese
Mab
verwirrt der Pferde Mähnen in der
Nacht
und flicht in struppiges Haar die
Weichselzöpfe,
die, wiederum entwirrt, auf Unglück
deuten.
Dies ist die Hexe, welche Mädchen
drückt,
die auf dem Rücken ruhn, und ihnen
lehrt,
als Weiber einst die Männer zu ertragen.

Shakespeare, Romeo und Julia **I, 4**

Ein Gott ist der Mensch, wenn er
träumt, ein Bettler, wenn er nachdenkt.

Hölderlin, Hyperion I, 2

Träume sind Schäume.

Sprichwort

Goldne Träume lassen hungrig aufwachen.

Aus Großbritannien

Die Männer träumen, wenn sie schlafen. Die Frauen träumen, wenn sie
nicht schlafen können.

Isa Miranda

Wenn Leute ihre Träume aufrichtig erzählen wollten, da ließe sich der Charakter eher daraus erraten als aus dem
Gesicht.

Lichtenberg

Träume kommen von Gott. (Daniel)

Schiller, Die Räuber V, 1

Eben die Träum' verraten mir's, daß
es auf die Neig' geht, ich mein' die
wachen Träum', die jeder Mensch hat.
Bestehen diese Träum' in Hoffnungen,
is man jung, bestehen sie in Erinnerungen, so is man alt.

Nestroy, Der Zerrissene

Wir sehen oft im Traum den Finger
Gottes,
und wenn wir noch im Wachen ängstlich zittern,
wie du es tust, so sahn wir ihn gewiß.
(Ute)

Hebbel, Der gehörnte Siegfried 3

Den bängsten Traum begleitet
ein heimliches Gefühl,
daß alles nichts bedeutet,
und wär' es noch so schwül.
Da spielt in unser Weinen
ein Lächeln hold hinein.
Ich aber möchte meinen,
so sollt es immer sein.

Hebbel, Dem Schmerz sein Recht 11

XXIV. Kapitel

Lob
Komplimente
Schmeichelei
Bewunderung
Auszeichnung
Kritik
Rezension
Tadel
Namen
Ruf
Ansehen
Popularität
Ruhm
Nachruhm
Schmach
Lächerlichkeit

Lob

Tadeln ist leicht; deshalb versuchen sich so viele darin. Mit Verstand loben ist schwer; darum tun es so wenige.

Anselm Feuerbach, Ein Vermächtnis

Es ist immer ein Zeichen von Mittelmäßigkeit, wenn ein Mensch nicht aus vollem Herzen loben kann.

Vauvenargues

Bei den Griechen, deren Poesie und Rhetorik einfach und positiv war, erscheint die Billigung öfter als die Mißbilligung. Bei den Lateinern hingegen ist es umgekehrt, und je mehr sich Poesie und Redekunst verdirbt, desto mehr wird der Tadel wachsen und das Lob sich zusammenziehen.

Goethe,
Maximen und Reflexionen, Nachlaß,
Über Literatur und Leben

Man kann
nur nach Verdienst das loben, was man liebt. (Timon)

Shakespeare, Timon von Athen I, 2

Eine schöne Handlung aus vollem Herzen loben heißt in gewissem Sinne an ihr teilhaben.

La Rochefoucauld, Reflexionen

Von Verdiensten, die wir zu schätzen wissen, haben wir den Keim in uns.

Goethe, Zum Shakespearetag

Um fremden Wert willig und frei anzuerkennen und gelten zu lassen, muß man eigenen haben.

Schopenhauer

Unser Verdienst verschafft uns die Anerkennung ehrenwerter Menschen, unser Glück aber die der Menge.

La Rochefoucauld, Reflexionen

Wer andere loben will, muß selbsten löblich sein,
sonst trifft das Loben leicht mit Schänden überein.

Logau, Ein Lobsprecher

Den Schlechten mißfallen heißt gelobt werden.

Seneca

Wen jemand lobt, dem stellt er sich gleich.

Goethe,
Wilhelm Meisters Wanderjahre III,
Aus Makariens Archiv

Es scheint, daß „jemand achten" heißt „sich ihm gleichstellen".

La Bruyère, Charaktere, Vom Urteil

Wir wählen oft giftige Lobsprüche und lassen damit durch einen Gegenstoß Fehler an dem Gelobten hervorspringen, die wir auf keine andere Art aufzudecken wagen.

La Rochefoucauld, Reflexionen

Im Lobe ist mehr Zudringlichkeit als im Tadel.

Nietzsche, Jenseits von Gut und Böse 170

Lob ist eine listige, versteckte, feine Schmeichelei, die Spender und Empfänger anders befriedigt. Dieser nimmt sie als Preis für seine Verdienste an, und jener gibt sie, um seine Billigkeit und Urteilskraft ins rechte Licht zu setzen.

La Rochefoucauld, Reflexionen

Mit einem Teil des Lobs sollst du den
Freund nur schmücken
ins Antlitz, einen Teil sag hinter seinem Rücken!

Rückert, Weisheit des Brahmanen

Nicht so, nicht so, ihr Herrn! Wollt
ihr einander zu Ehren
bringen, muß vor der Welt einer den
andern verschrein.

Goethe, Xenien aus dem Nachlaß,
Auf zwei Sudler, die einander loben

Ein jeder preist nur, was ihm nützt.

Ramler, Die Krähe und die Nachtigall

Man erkennt niemand an als den, der uns nutzt. Wir erkennen den Fürsten an, weil wir unter seiner Firma den Besitz gesichert sehen.

Goethe,
Wilhelm Meisters Wanderjahre II,
Betrachtungen im Sinne der Wanderer

Es gibt wenig Menschen, die nicht den Wunsch haben, von Zeit zu Zeit ihrer Verdienste versichert zu werden.

Vauvenargues, Reflexionen

Ein Mann, wie trefflich ausgestattet,
wie reich begabt an äußerm Gut und
innerm,
rühmt sich umsonst, zu haben, was er
hat,
noch fühlt er's sein als nur im Wider-
strahl:
Als müßte erst sein Wert auf andere
scheinen
und dann das Feuer, das er jenen lieh,
dem Geber wiederkehren. (Ulysses)

Shakespeare, Troilus und Cressida III, 3

Ich will nicht, daß mein Schönes und Treffliches anerkannt werde. Ich will nur, daß das Schöne und Treffliche überhaupt anerkannt werde. Findet aber das Schöne und Treffliche überhaupt Eingang, so muß auch das Gute, was von mir ausgeht, eine gute Statt finden, und darum darf ich, ohne Egoist zu sein, es immer mit Schmerz empfinden, wenn etwas, das mir gelingt, nur für mich selbst, nicht auch für andere existiert.

Hebbel, Tagebücher, 25. 11. 1838

Der Wunsch, das Lob zu verdienen, das man uns erteilt, steigert unsere Tugend, und das Lob, das man Geist und Mut und Schönheit gönnt, hilft mit, sie zu erhöhen.

La Rochefoucauld

Anerkennung ist das Brot der Geister.

Lindau, Gegenwart 11, 282

Waget laut und klar zu nennen
sein Bemühen, seine Tugend;
denn ein herzlich Anerkennen
ist des Alters zweite Jugend!

Goethe, Zelters siebzigster Geburtstag,
gefeiert von Bauenden, Dichtenden,
Singenden, 11. 12. 1828

Die gute Tat, die ungepriesen stirbt,
würgt tausend andre, die sie zeugen
könnte. (Hermione)

Shakespeare, Das Wintermärchen I, 2

Du sollst den Tag nicht vor dem Abend
loben.

Sprichwort

Du sollst niemand rühmen vor seinem
Ende.

Jesus Sirach 11,29

Rühme das Korn erst, nachdem du es
in der Scheuer geborgen hast, und deinen Herrn erst im Grabe!

Aus Rußland

Bewunderung durch andere verdirbt
den Menschen von Kindheit an.

Pascal

Die einen werden durch großes Lob
schamhaft, die anderen frech.

Nietzsche

Sowie man den Topf lobt, zerbricht
er.

Aus Estland

Lob ist des Mannes Untergang.

Aus Rußland

Auf Billigung der Menschen muß man
nicht rechnen. Sie errichten heute Eh-
rensäulen und brauchen morgen den
Ostrazismus für den nämlichen Mann
und für die nämliche Tat.

Seume, Spaziergang nach Syrakus,
Einleitung

Was man uns auch Gutes über uns sagen mag: Man sagt uns nichts Neues.

La Rochefoucauld, Reflexionen

Mir ist wenig am Lob der Leute gelegen. Ihr Neid wäre allenfalls das einzige, was mich noch freuen würde.

Lichtenberg

Wer ein Lob zurückweist, will nochmals gelobt werden.

La Rochefoucauld, Reflexionen

Das Werk lobt den Meister.

Jesus Sirach 9,24

Fordre kein lautes Anerkennen!
Könne was, und man wird dich kennen.

Heyse, Spruchbüchlein

Komplimente

Manieren und Komplimente sind das Zubehör der Bewillkommnung. (Hamlet)

Shakespeare, Hamlet II, 2

Eine Bekanntschaft, eingeleitet durch ein Kompliment, wird in Freundschaft münden: Sie hat auf richtige Art begonnen. (Mrs. Cheveley)

Wilde, Ein idealer Gatte I

Komplimente muß man mit der Maurerkelle auftragen.

Disraeli

Ein Kompliment, das ans Herz geht, ist eine unerlaubte Annäherung.

Friedrich II. von Preußen

Du bist ein Weib. Ihr haßt keinen, der euch hofiert. (Weislingen)

Goethe, Götz von Berlichingen IV, Adelheids Schloß

Man sagt fast jeder Frau etwas Hübsches, wenn man eine andere Frau kritisiert.

Graff

Schmeichelei

Wer keine Liebe fühlt, muß schmeicheln lernen, sonst kommt er nicht aus.

Goethe, Maximen und Reflexionen, Aus Kunst und Altertum 1823

Nur dadurch, daß die Menschen einander schmeicheln, können sie in Gemeinschaft leben.

Vauvenargues, Unterdrückte Maximen

Das schlimmste unter den wilden Tieren ist der Tyrann, unter den zahmen der Schmeichler.

Plutarch, Gastmahl der sieben Weisen

Der Tor schmeichelt sich selbst und der Kluge dem Toren.

Herder, Palmblätter I, 226

Schmeichelei ist eine falsche Münze, welche nur durch unsere Eitelkeit in Umlauf erhalten wird.

La Rochefoucauld, Reflexionen

Willst du einem Bucklingen schmeicheln, muß du ihm den Rücken streicheln.

Aus dem Sudan

Wer die Schmeichelei liebt, ist des Schmeichlers würdig. (Apemantus)

Shakespeare, Timon von Athen I, 1

Manchmal meint man, die Schmeichelei
zu hassen, während man nur die Art
des Schmeichelns haßt.

La Rochefoucauld, Reflexionen

Er hört es gern,
das Einhorn lasse sich mit Bäumen
fangen,
der Löw' im Netz, der Elefant in Gru-
ben,
der Bär mit Spiegeln und der Mensch
durch Schmeichler.
Doch sag' ich ihm, daß er die Schmeichler haßt,
bejaht er es, am meisten dann ge-
schmeichelt. (Decus)

Shakespeare, Julius Cäsar II, 1

Wenn wir auch der Schmeichelei keinen Glauben schenken, der Schmeichler
gewinnt uns doch.

Ebner-Eschenbach, Aphorismen

Fische fängt man mit der Angel, Leute
mit Worten.

Sprichwort

Schmeichler sind wie Sonnenblumen,
blicken nach dem Himmel hin,
wurzeln aber in der Erde,
suchen Vorteil und Gewinn.

Logau

Ein schmeichelndes Kälbchen wird
leicht von zwei Müttern gesäugt.

Aus Rußland

Weswegen doch dem Armen schmeicheln? Nein,
die Honigzunge lecke dumme Pracht,
es beuge sich des Knies gelenke Angel,
wo Kriecherei Gewinn bringt. (Hamlet)

Shakespeare, Hamlet III, 2

Lernt, daß jeder Schmeichler auf Kosten dessen lebt, der ihn hört!

La Fontaine, Der Rabe und der Fuchs

Die Schmeichler sind gefährlicher als
Raben:
Die pflegen Toten nur die Augen aus-
zugraben,
indes der Schmeichler sie dem Lebenden entwendet
und den Scharfsichtigsten mit falschen
Künsten blendet.

Rückert

Wer dir schmeichelt, hat dich entweder
betrogen oder hofft es zu tun.

Aus Rußland

Wenn dein Weib dir schmeichelt, hat
sie was Übles im Sinn.

Aus Rußland

Eine ungeschickte Schmeichelei kann
uns tiefer demütigen als ein wohlbe-
gründeter Tadel.

Ebner-Eschenbach, Aphorismen

Dem König schmeicheln heißt ihm Unrecht tun. (Helicanus)

Shakespeare, Perikles I, 2

Fürsten belohnen ihre Schmeichler und
verachten sie. Völker beten die ihrigen
an.

Friedrich von Gentz

Wer Fehler schminkt, wird einst mit
Spott verlacht. (Cordelia)

Shakespeare, König Lear I, 1

Das Schlechte kannst du immer loben,
du hast dafür sogleich den Lohn!
In deinem Pfuhle schwimmst du oben
und bist der Pfuscher Schutzpatron.

Goethe, Zahme Xenien V

Du schmähst mich hinterrücks? Das
soll mich wenig kränken.
Du lobst mich ins Gesicht? Das will ich
dir gedenken.

Lessing, An Einen

Bewunderung

Alles, was uns imponieren soll, muß
Charakter haben.

Goethe, zu Riemer, 28. 8. 1808

Obgleich das Genie stets Bewunderung
hervorruft, wird doch dem Charakter
die meiste Ehrfurcht gezollt.

Smiles, Der Charakter 1

Wer sich selbst imponiert, imponiert
auch andern.

Vauvenargues, Unterdrückte Maximen

Glaubst du, man könne in Bewunderung mit etwas verkehren, ohne es
nachzuahmen? (Sokrates)

Plato, Staat 6, 13

Es ist leichter, die zu lieben, die uns
bewundern, als die zu lieben, die wir
bewundern.

La Rochefoucauld, Reflexionen

Wenn wir andern Ehre geben,
müssen wir uns selbst entadeln.

Goethe, Divan, Buch des Unmuts

Wie groß die Schar der Bewunderer,
so groß ist die der Neider.

Seneca, Abhandlungen

Der Beifall, der neuen Größen gespen-
det wird, entstammt nur zu oft dem
heimlichen Neid auf die bereits aner-
kannten.

La Rochefoucauld, Reflexionen

Es gibt eine Unschuld der Bewunderung: Der hat sie, dem es noch nicht in den Sinn gekommen ist, auch er könne einmal bewundert werden.

Nietzsche, Jenseits von Gut und Böse 4,
Sprüche und Zwischenspiele

Unser Ergötzen am Geist anderer dauert selten lange.

Vauvenargues, Reflexionen

Einem bei Lebzeiten ein Monument setzen, heißt die Erklärung ablegen, daß hinsichtlich seiner der Nachwelt nicht zu trauen sei.

Schopenhauer,
Aphorismen zur Lebensweisheit IV

Bewunderung ist nur das Maß unserer Kenntnisse und beweist weniger die Vollkommenheit der Dinge als die Unvollkommenheit unseres Geistes.

Vauvenargues, Reflexionen

Ein Dummkopf findet immer einen größeren Dummkopf, der ihn bewundert.

Boileau

So mancher wurde von der Welt bewundert, an dem seine Frau und sein Diener nichts Bewundernswertes fanden. Wenig Menschen sind noch von ihren Hausgenossen bewundert worden.

Montaigne, Essays 3, 2

Die Gegenwart rühmt Gegenwärtiges nur. (Ulysses)

Shakespeare, Troilus und Cressida III, 3

Einstimmig preist man neugebornen Tand,
wird er auch aus Vergangnem nur geformt,
und schätzt den Staub, ein wenig überstäubt. (Ulysses)

Shakespeare, Troilus und Cressida III, 3

Das Publikum beklatscht ein Feuerwerk, aber keinen Sonnenaufgang.

Hebbel

Ach, der Menge gefällt, was auf den Marktplatz taugt,
und es ehret der Knecht nur den Gewaltsamen.

Hölderlin, Menschenbeifall

Bei seinem Tun und Lassen sollte es dem Menschen auf Billigung und nicht auf Beifall ankommen.

Montesquieu

Der wahrhaften, auf sich selber ruhenden Größe gefallen nicht Bildsäulen, von der Mitwelt errichtet, oder der Beiname des Großen und der schreiende Beifall und die Lobpreisungen der Menge.

Fichte, Reden an die deutsche Nation

Bewunderung ist eine kitzelnde Speise.
Aber nichts in der Welt sättigt so leicht.

Leisewitz

Ja! Wer eure Verehrung nicht kennte:
Euch, nicht ihm, baut ihr Monumente.

Goethe, Sprichwörtlich

Im Dorfe war ein groß Gelag,
man sagt', es sei ein Hochzeitstag.
Ich zwängte mich in den Schenken-
                              Saal,
da drehten die Pärchen allzumal,
ein jedes Mädchen mit seinem Wicht;
da gab es manch verliebt Gesicht.
Nun fragt ich endlich nach der Braut —
mir einer starr ins Angesicht schaut:
„Das mögt Ihr von einem andern hö-
Wir aber tanzen ihr zu Ehren, [ren.
wir tanzen schon drei Tag und Nacht,
und hat noch niemand an sie gedacht."

Goethe, Parabolisch

Vor wem man glänzt, den läßt man
gerne als Licht gelten.

Nietzsche,
Menschliches Allzumenschliches II, 254

Denn es ist kein Anerkennen,
weder vieler, noch des einen,
wenn es nicht am Tage fördert,
wo man selbst was möchte scheinen.

Goethe, Divan, Buch des Unmuts

Da unser größtes Vergnügen darin besteht, bewundert zu werden, die Bewunderer aber, selbst wo alle Ursache wäre, sich ungern dazu herbeilas-
sen, so ist der Glücklichste der, welcher, gleichviel wie, es dahin gebracht
hat, sich selbst aufrichtig zu bewundern. Nur müssen die andern ihn nicht
irre machen.

Schopenhauer,
Aphorismen zur Lebensweisheit IV

Auszeichnung

Unverwelklicher Lorbeer in schnell er-
                    bleichender Locke!
Welch ein gewaltiges Bild menschlicher
                    Größe und Kraft!

Hebbel,
Der Lorbeer um ein Menschenhaupt

Ein Kranz ist gar viel leichter binden,
als ihm ein würdig Haupt zu finden.

Goethe, Sprichwörtlich

Das ist ein Fürst, der das Talent
huldvoll verschont. Wem keins gewor-
                              den,
dem deckt er gnädig und dezent
die Lücke zu mit einem Orden.

Leuthold, Auf einen Fürsten

Auszeichnung hier erwarte nie;
denn das System verbeut's.
Man hängt das Kreuz nicht ans Genie,
nein, das Genie ans Kreuz.

Grillparzer, Die Ordensverleihung, 1842

Orden sind Wechselbriefe, gezogen auf die öffentliche Meinung. Ihr Wert be-

ruht auf dem Kredit des Ausstellers.

Schopenhauer,
Aphorismen zur Lebensweisheit IV

Kritik

Prüfet aber alles, und das Gute behaltet!

1. Thessalonicher 5,21

Wer andere bekrittelt, arbeitet an seiner Selbstbesserung. Also die, welche die Neigung und Gewohnheit haben, das äußerliche Benehmen, überhaupt das Tun und Lassen der andern im Stillen, bei sich selbst, einer aufmerksamen und scharfen Kritik zu unterwerfen, arbeiten dadurch an ihrer eigenen Besserung und Vervollkommnung; denn sie werden entweder Gerechtigkeit oder doch Stolz und Eitelkeit genug besitzen, selbst zu vermeiden, was sie so oft strenge tadeln. Von den Toleranten gilt das Umgekehrte.

Schopenhauer,
Aphorismen zur Lebensweisheit V, 31

Die Mängel erkennt nur der Lieblose. Deshalb, um sie einzusehen, muß man auch lieblos werden, aber nicht mehr, als hiezu nötig ist.

Goethe,
Wilhelm Meisters Wanderjahre II,
Betrachtungen im Sinne der Wanderer

Strenge, wie mein Gewissen, bemerkst du, wo ich gefehlet:

Darum hab' ich dich stets wie mein Gewissen geliebt.

Schiller, Der Aufpasser

„Glaubst du denn nicht, man könnte die schwache Seite dir zeigen?"
Tu es mit Laune, mit Geist, Freund, und wir lachen zuerst!

Goethe und Schiller, Xenien, Einladung

Die höhere Stellung der Kritik, ihr Lob und Tadel nach völliger Einsicht der Sache, hat auch an sich nichts, was unser Gefühl verletzt, sondern bekommt es erst dann, wenn der Kritiker sich plötzlich hervordrängt und in einem Ton spricht, als wenn alle die Weisheit, die ihm durch vollkommene Einsicht der Begebenheiten gekommen ist, sein eigenes Talent wäre.

Clausewitz, Vom Kriege II, 5

Lieblose Kritik ist ein Schwert, das scheinbar den andern, in Wirklichkeit aber den eigenen Herrn verstümmelt.

Morgenstern, Stufen, Ethisches, 1909

Der beste Beobachter und der tiefste
Denker ist immer der mildeste Richter.

Buckle, Geschichte der Zivilisation 4

Je ernster ein Kritiker seine Kritik
nimmt, desto kritischer wird er seinen
Ernst nehmen.

Morgenstern, Stufen, Psychologisches

Denn wer den Besten seiner Zeit genug getan,
der hat gelebt für alle Zeiten.

Schiller, Prolog zu Wallensteins Lager

Die Kritik gleicht einer Bürste. Bei allzu leichten Stoffen darf man sie nicht
verwenden; denn sonst bliebe nichts
mehr übrig.

Balzac

Den Raben verzeiht, die Tauben plagt
die Kritik.

Juvenal, Satiren 2, 63

Die Welt schändet immer, was man
loben soll, und lobt, was man schänden
soll.

Luther

Die meisten Menschen legen den größten Wert auf die Meinung der anderen,
obwohl ihnen diese doch als schmeich-
lerisch, unaufrichtig, neidisch und vor-
eingenommen bekannt ist.

La Bruyère

Wenn die, die uns nachfolgten, uns
nicht mehr erreichen können, schwören sie darauf, daß wir uns verirrt
haben.

Ebner-Eschenbach, Aphorismen

Wir reiten in die Kreuz und Quer
nach Freuden und Geschäften,
doch immer kläfft es hinterher
und billt aus allen Kräften.
So will der Spitz aus unserm Stall
uns immerfort begleiten,
und seines Bellens lauter Schall
beweist nur, daß wir reiten.

Goethe, Kläffer

Mich freuen die vielen Guten und
Tüchtgen,
obgleich so viele dazwischen belfen.
Die Deutschen wissen zu berichtgen,
aber sie verstehen nicht nachzuhelfen.

Goethe, Sprichwörtlich

Das ist klarste Kritik von der Welt,
wenn neben das, was ihm mißfällt,
einer was Eigenes, Besseres stellt.

Geibel, Sprüche 28

Etwas wünsch ich zu sehn, ich wünschte einmal von den Freunden,
die das Schwache so schnell finden, das
Gute zu sehn!

Goethe und Schiller, Xenien, Neugier

Es ist eine nicht genug gekannte und
geübte Politik, daß jeder, der auf einigen Nachruhm Anspruch macht, seine

Zeitgenossen zwingen soll, alles, was sie gegen ihn in petto haben, von sich zu geben. Den Eindruck davon vertilgt er durch Gegenwart, Leben und Wirken jederzeit wieder.

Goethe, an Schiller, 7. 12. 1796

Rezension

Der Künstler kann der Anerkennung nicht entbehren. Es braucht nicht immer die allgemeine Anerkennung zu sein. Es genügt, wenn es die eines kleinen Kreises, sogar nur einiger Anhänger ist. Sonst erlahmt sein Schaffen in der Bitterkeit des Zweifels an seinem Können.

Anton Rubinstein

Der wahre Virtuose spottet bei sich über jede uneingeschränkte Bewunderung, und nur das Lob desjenigen kitzelt ihn, von dem er weiß, daß er auch das Herz hat, ihn zu tadeln.

Lessing

Wer wird nicht einen Klopstock loben?
Doch wird ihn jeder lesen? — Nein.
Wir wollen weniger erhoben
und fleißiger gelesen sein.

Lessing, Die Sinngedichte an den Leser

Kritiker und Rezensent ist zweierlei: Jener steht dem Künstler, dieser dem Handwerker näher.

Robert Schumann

Nicht jeder Kunstrichter ist ein Genie, aber jedes Genie ist ein geborener Kunstrichter.

Lessing

Wer als Meister ward geboren, der hat unter Meistern den schlimmsten Stand.

Richard Wagner

Zum Maßstab eines Genies soll man nicht die Fehler in seinen Produktionen oder die schwächeren seiner Werke nehmen, um es dann danach tief zu stellen, sondern bloß sein Vortrefflichstes.

Schopenhauer,
Parerga und Paralipomena II, 20

Willst du jenem den Preis verschaffen,
zähle die Fehler,
willst du dieses erhöhn, zähle die Tugenden ab!

Goethe, Aus den Tabulae Votivae,
Das Mittelmäßige und das Gute

Eher soll man nicht urteilen, ehe man ein Stück nicht in seiner vollkommensten Aufführung sich denken kann oder es so gehört hat.

Robert Schumann

Die gewöhnlichen Theaterkritiken sind unbarmherzige Sündenregister, die ein böser Geist vorwurfsweise den armen

Schächern vorhält ohne hülfreiche Hand zu einem bessern Wege.

Goethe,
Maximen und Reflexionen, Nachlaß,
Über Literatur und Leben

Ich kann leiden, wenn meine Freunde eine Arbeit von mir zu Feuer verdammen, umgegossen oder verbrannt zu werden; aber sie sollen mir keine Worte rücken, keine Buchstaben ersetzen.

Goethe, an Salzmann, 6. 3. 1773

Die Kritiker verfahren gar oft einseitig mit ihrem Urteil. Sie verwerfen oft unbedingt solche Werke, die zu einem schlichten, wenn auch wahr gegebenen Inhalte nicht zugleich einen gewissen Aufwand an Technik bringen, und erkennen häufig solche Werke unbedingt an, die mit einer großen technischen Lebendigkeit ein inneres Leben nur zu spiegeln scheinen. Es ist dies eine Art Einseitigkeit der Kritiker, die zuweilen das Künstlerische mit dem Künstlichen verwechseln.

Louis Köhler

Rezensenten gleichen den Torschreibern, die arme Teufel streng visitieren, große Herren aber passieren lassen unter tiefen Bücklingen.

Weber, Demokritos XI, 10

Viele Rezensenten und Journalisten sind wie die Kakadus: Sie ziehen die Klaue ein, wenn sie gefüttert werden, und drücken ein Auge zu, wenn sie zu trinken bekommen.

Moritz Saphir

Man sagt: Das Adlerauge der Kritik. In vielen Fällen wäre es besser zu sagen: Die Hundsnase der Kritik.

Lichtenberg

Ihr braucht zehn Jahre, um euer Oktavbuch zu schreiben. Dann kommt ein Journalist, welcher euch auf seinen Schuttkarren wirft, und die Sache ist abgemacht.

Proudhon,
Bekenntnisse eines Revolutionärs 11

Wer uns am strengsten kritisiert? Ein Dilettant, der sich resigniert.

Goethe, Sprichwörtlich

Es glaube doch nicht jeder, der imstande war, seine Meinung von einem Kunstwerk aufzuschreiben, er habe es kritisiert!

Ebner-Eschenbach, Aphorismen

Wer im bürgerlichen Leben durch redliches Wirken seinen Platz ausfüllt, den darf niemand ungestraft auf offener Straße mit Beleidigungen überhäufen. Wer aber mühsam den steilen Pfad zum Parnaß erklimmen will, der muß darauf gefaßt sein, auch von den unberufensten und bedenklichsten Schwätzern jede Schmähung, jede Verunglimpfung zu ertragen.

Peter Cornelius

Keine Lüge ist so frech, daß ein anonymer Rezensent sie sich nicht erlau-

ben sollte: Er ist ja nicht verantwortlich.

Schopenhauer,
Über Schriftstellerei und Stil § 289

Die Welt ist mit kalten Geistern bevölkert, die, selbst unproduktiv, sich
damit trösten, zu verwerfen, was andere gedacht haben, und sich durch eine
zur Schau getragene Verachtung fremder Werke interessant zu machen glauben.

Vauvenargues, Reflexionen

Da hatt ich einen Kerl zu Gast,
er war mir eben nicht zur Last.
Ich hatt just mein gewöhnlich Essen,
hat sich der Kerl pumpsatt gefressen,
zum Nachtisch, was ich gespeichert
hatt.
Und kaum ist mir der Kerl so satt,
tut ihn der Teufel zum Nachbar führen,
über mein Essen zu räsonieren:
„Die Supp hätt können gewürzter
sein,
der Braten brauner, firner der Wein."
Der Tausendsackerment!
Schlagt ihn tot, den Hund! Es ist ein
Rezensent.

Goethe, Rezensent

Die Werke des Geistes sind ewig fest-
stehend, aber die Kritik ist etwas Wan-
delbares. Sie geht hervor aus den Ansichten der Zeit.

Heine, Reisebilder, Norderney

Die Kritik erscheint wie Ate: Sie verfolgt die Autoren, aber hinkend.

Goethe,
Maximen und Reflexionen, Nachlaß,
Über Literatur und Leben

Gegen die Kritik kann man sich weder
schützen noch wehren; man muß ihr
zum Trutz handeln, und das läßt sie
sich nach und nach gefallen.

Goethe,
Maximen und Reflexionen,
Aus Kunst und Altertum 1823

Wie magst du ruhig fort erfahren,
daß sie dich schelten?
Ich rede zu! In fünfzig Jahren
wird es schon gelten.

Goethe, Epigrammatisch

Sich zu schmücken begierig verfolgte
den rinnenden Bach einst
früh die Muse hinab, sie suchte die ru-
higste Stelle.
Eilend und rauschend indes verzog die
schwankende Fläche
stets das bewegliche Bild. Die Göttin
wandte sich zürnend.
Doch der Bach rief hinter ihr drein
und höhnte sie: „Freilich
magst du die Wahrheit nicht sehn, wie
rein dir mein Spiegel sie zeiget!"
Aber indessen stand sie schon fern am
Winkel des Sees,
ihrer Gestalt sich erfreuend, und rückte
den Kranz sich zurechte.

Goethe, Spiegel der Muse

Tadel

Wer der Menschen töricht Treiben
täglich sieht und täglich schilt
und, wenn andre Narren bleiben,
selbst für einen Narren gilt,
der trägt schwerer als zur Mühle
irgendein beladen Tier.

Goethe, Antworten bei einem
gesellschaftlichen Fragespiel

Ein jeder hat einen geschickten Zensor
nötig, der treu ist und es versteht, uns
von unserem Unrecht oder von unseren Verkehrtheiten zu überzeugen.

Friedrich der Große

Glücklich sind, die erfahren, was man
an ihnen aussetzt, und sich danach bessern können. (Benedict)

Shakespeare, Viel Lärmen um Nichts II, 3

Wer mir schmeichelt, ist mein Feind.
Wer mich tadelt, ist mein Lehrer.

Aus China

Wo ein Weiser den Toren nicht rügt,
ist zweierlei Schaden zugefügt:
Sich selbst wird er sein Ansehn schmälern,
und jenen bestärkt er in seinen Fehlern.

Rückert, Erbauliches und Beschauliches
aus dem Morgenlande II

Den Spiegel darfst du nicht schelten,
wenn er dir eine schiefe Fratze zeigt!

Aus Rußland

Nur wenige Menschen sind klug genug,
hilfreichen Tadel nichtssagendem Lobe
vorzuziehen.

La Rochefoucauld, Reflexionen

Ein fauler Schade leidet kein Betasten.
(Westmoreland)

Shakespeare, König Heinrich IV.,
Zweiter Teil IV, 1

Ehe man den Kopf schüttelt, sollte
man sich vergewissern, daß man einen
hat.

Hans Kasper

Verurteile niemand, bevor du in seiner
Lage warst!

Talmud

Was wir verstehn, das können wir
nicht tadeln. (Prinzessin)

Goethe, Tasso II, 1

Du Heuchler, ziehe am ersten den Balken aus deinem Auge! Darnach besiehe, wie du den Splitter aus deines
Bruders Auge ziehest!

Matthäus 7,5

Tadeln können zwar die Toren,
aber klüger handeln nicht.

Langbein, Die neue Eva

Man braucht des mustergült'gen Lebens voll Gewicht,
wenn bessern wollend man zu andern
Tadel spricht.

Molière, Der Misanthrop III, 5

Wenn du laut den einzelnen schiltst, er
wird sich verstocken,
wie sich die Menge verstockt, wenn du
im ganzen sie lobst.

Goethe, Vier Jahreszeiten 77

„Warum tadelst du manchen nicht
öffentlich?" Weil er ein Freund ist.
Wie mein eigenes Herz tadl ich im
stillen den Freund.

Goethe und Schiller, Ausnahme

Was heißt zärtlicher Tadel? Der deine
Schwäche verschonet?
Nein, der deinen Begriff von dem
Vollkommenen stärkt.

Goethe, Delikatesse im Tadel

„Warum schiltst du die einen so hun-
dertfach?" Weil das Geschmeiße,
rührt sich der Wedel nicht stets, immer
dich leckt und dich sticht.

Goethe und Schiller, Die Insekten

Ermahnen ist besser als schelten. Jenes ist sanft und freundlich, dieses hart
und rücksichtslos. Jenes sucht die Feh-
lenden zu bessern, dieses nur zu über-
führen.

Epiktet

Die jetzigen Menschen sind zum Tadeln geboren. Vom ganzen Achilles
sehen sie nur die Ferse.

Ebner-Eschenbach, Aphorismen

Man späht nach allen meinen Fehlern,
zeichnet
sie in ein Denkbuch, lernt sie aus dem
Kopf,
wirft sie mir in die Zähne. (Cassius)

Shakespeare, Julius Cäsar IV, 3

Tadle nicht den Fluß, wenn du ins
Wasser fällst!

Aus Korea

Wenn jeder Fehler angemerkt wird,
hört jeder Umgang auf.

Aus Indien

Wir halten oft manchen Menschen wegen seiner Mängel und Fehler für unglücklich, ich aber sage, daß derjenige
der unglücklichste Mensch ist, welchem
kein Mensch gefällt.

Abraham a Santa Clara,
Abrahamisches Gehabdichwohl

Was du nicht bessern kannst, laß wie
es ist!

Aus Jamaika

Tadle nichts Menschliches! Alles ist gut,
nur nicht überall, nur nicht immer, nur
nicht für alle.

Novalis

Ich bin zu alt, um etwas zu tadeln,
doch immer jung genug, etwas zu tun.

Goethe, Zahme Xenien IV

Den Tadel der Menschen nahm ich solange gerne an, bis ich einmal darauf
achtete, wen sie lobten.

Rathenau

Was nennen die Menschen am liebsten
„dumm"? Das Gescheite, das sie nicht
verstehen.

Ebner-Eschenbach, Aphorismen

Der Rabe schilt auf die Schwärze!
(Ulysses)

Shakespeare, Troilus und Cressida II, 3

„Sie wollten dir keinen Beifall gönnen,
du warst niemals nach ihrem Sinn!"
Hätten sie mich beurteilen können,
so wär ich nicht, was ich bin.

Goethe, Zahme Xenien V

Der Fluch, von der Mitwelt nicht begriffen zu werden, trifft alle, die
Miene machen, Eigenes zu geben.

Robert Franz

Namen

Für jeden Menschen ist sein Name das
schönste und bedeutungsvollste Wort
in seinem Sprachschatz.

Dale Carnegie

Bei vielen Leuten ist nur der Name
etwas wert.

La Bruyère, Charaktere II

Nomen atque omen. Der Name ist zugleich Vorbedeutung.

Plautus

Ihr sucht die Menschen zu benennen
und glaubt am Namen sie zu kennen.

Wer tiefer sieht, gesteht sich frei,
es ist was Anonymes dabei.

Goethe, Sprichwörtlich

Was ist ein Name? Was uns Rose heißt,
wie es auch hieße, würde lieblich duften. (Julia)

Shakespeare, Romeo und Julia II, 2

Geliebtes Kind trägt viele Namen.

Aus Rußland

Nomina sunt odiosa. Namen zu nennen ist heikel.

Cicero, Pro Roscio Amerino 16, 47

Names make news. Namen geben Nachrichten Gewicht.

Aus Amerika

Es ist ein bekanntes Talent niedriger und kleiner Geister, stets den Namen eines großen Mannes im Munde zu führen.

Swift, Tuchhändlerbriefe 5

Dummköpfe benützen geistreiche Leute, wie kleine Leute große Absätze tragen.

Vauvenargues, Unterdrückte Maximen

Einen Namen hat man, wenn man keinen Wert mehr auf seine Titel legt.

Graff

Man wird bekannt, sobald sich die Öffentlichkeit unseren Vornamen merkt, aber nur äußerst selten so bekannt, daß sie ihn wieder vergißt.

Graff

Titel sind tiefe Gräben um die Festung Mensch.

Hans Arndt

Ein Dorf, das man sieht, braucht kein Ortsschild.

Aus Albanien

Den Löwen freut's, daß ihm der Bär gehorcht,
nicht daß ihn Hund und Katze König schimpfen. (Soliman)

Körner, Zriny III, 4

Ruf

Es sind drei Kronen: Des Richters, des Priesters, des Königs. Aber die Krone eines guten Namens ist höher als alle.

Talmud

Ehrlicher Name! Wahrhaftig eine reichhaltige Münze, mit der sich meisterlich schachern läßt, wer's versteht, sie gut auszugeben. (Franz)

Schiller, Die Räuber I, 1

Ein hohes Kleinod ist der gute Name. (Paulet)

Schiller, Maria Stuart I, 8

Erwirbt ein Erdensohn sich Lob und Preis,
gleich bildet sich um ihn ein Sagenkreis.

Conrad Ferdinand Meyer,
Huttens letzte Tage

Wer den Ruf des Frühaufstehers hat, kann getrost den ganzen Morgen im Bett bleiben.

Aus Holland

Siehe zu, daß du einen guten Namen behaltest! Der bleibt gewisser den tausend Schätze Gold.

Jesus Sirach 41,15

Wer keinen Namen sich erwarb noch Edles will, gehört den Elementen an. (Panthalis)

Goethe, Faust 2, III, Arkadien

Wenn der Ruf eines Menschen erst einmal feststeht, ist er immer besser oder schlechter, als er es verdient.

Alexander Vinet

Man hat einen zu guten oder einen zu schlechten Ruf; nur den Ruf hat man nicht, den man verdient.

Ebner-Eschenbach, Aphorismen

Selbst wenn der Wolf die ganze Nacht hungernd verbringt, trifft ihn der Argwohn des Menschen.

Aus Arabien

Ich bewundere, sagte ich, daß die Menschen um ein wenig Namen es sich so sauer werden lassen, so daß sie selbst zu falschen Mitteln ihre Zu-

flucht nehmen. „Liebes Kind", sagte Goethe, „ein Name ist nichts Geringes. Hat doch Napoleon eines großen Namens wegen fast die halbe Welt in Stücke geschlagen."

Goethe, zu Eckermann, 6. 4. 1829

Ein guter Ruf ist wie ein wohnlich Haus;
das baut sich, Stein um Stein, allmählich aus.
Doch mit gewissenloser Hand
im Nu steckt es ein Lump in Brand.

Leuthold, Sprüche 19

Wer meinen Beutel stiehlt, nimmt Tand; 's ist etwas
und nichts. Mein war es, ward das Seine nun
und ist der Sklav von Tausenden gewesen.
Doch wer den guten Namen mir entwendet,
der raubt mir das, was ihn nicht reicher macht,
mich aber bettelarm. (Jago)

Shakespeare, Othello III, 3

Wer einen schlechten Namen hat, ist halb gehangen.

Aus Galizien

Ich habe meinen guten Namen verloren! Ich habe das unsterbliche Teil von mir selbst verloren, und was übrig bleibt, ist tierisch. (Cassio)

Shakespeare, Othello II, 3

Nehmt mir meinen guten Namen, und
ihr nehmt mir das Leben.

Aus Großbritannien

Welche Schande wir uns auch zugezo-
gen haben, es steht fast immer in unserer Macht, unsern Ruf wiederherzu-
stellen.

La Rochefoucauld, Reflexionen

Wer so besorgt um seinen Namen ist,
wird schlechte Gründe haben, ihn zu
führen. (Jupiter)

Kleist, Amphitryon III, 5

Ansehen

Das ganze Glück des Menschen besteht
darin, bei anderen Achtung zu genießen.

Pascal

Das unfehlbare Mittel, Autorität über
die Menschen zu gewinnen, ist, sich
ihnen nützlich zu machen.

Ebner-Eschenbach, Aphorismen

Wenn nun in der Kunst, die Menschen
im geselligen Verkehr für sich einzunehmen, derjenige der größte Meister ist,
von dem die anderen zufriedener mit
sich selbst weggehen, als sie gekommen sind, so ist wohl klar, daß Zeichen von Achtung wirksamer sein werden, die Menschen zu gewinnen, als
Zeichen von Wohlwollen.

Leopardi, Gedanken 92

Versuche, die eigne Autorität zu fun-
dieren! Sie ist überall begründet, wo
Meisterschaft ist.

Goethe,
Maximen und Reflexionen, Nachlaß,
Über Literatur und Leben

Es ist viel mehr wert, jederzeit die
Achtung der Menschen zu haben als
gelegentlich ihre Bewunderung.

Rousseau, Emile 4

Ein jeder Mensch hat die Geltung, die
er sich durch seine Arbeit erwirbt. Er
ist für andere gerade soviel wert, wie
die andern ihn brauchen.

Paul Ernst, Die Zerstörung der Ehe

Achtung verdient, wer erfüllt, was er
vermag.

Sophokles

Ich bin ein angesehener Mann, sagte
der Dieb, als er am Schandpfahl stand.

Sprichwort

Dat census honores. Die Einkünfte geben die Ehren.

Ovid, Amores 3, 8

Manche Menschen gelten nur deshalb
etwas in der Welt, weil ihre Fehler
die Fehler der Gesellschaft sind.

La Rochefoucauld

Wer seine Mitmenschen achtet, wird
selbst geachtet.

Talmud

Achte, willst du glücklich sein,
Ehrenstellen nicht zu klein!
Wer, was hoch ist, gar nicht schätzet,
der wird selten hochgesetzet.

Logau

Wer nicht achtet, wird geachtet.

Aus Italien

Überlegenheit im Umgang erwächst
allein daraus, daß man den andern
in keiner Art und Weise bedarf und
dies sehn läßt.

Schopenhauer,
Aphorismen zur Lebensweisheit V, 28

Der kann's weit bringen in der Welt,
der gar nicht fragt, ob er gefällt.

Gottfried Kinkel, Sprüche 31

Daheim werden verständige Männer
am wenigsten geschätzt.

Aus Island

Du willst bei Fachgenossen gelten?
Das ist verlorene Liebesmüh.
Was dir mißglückt, verzehn sie selten,
was dir gelingt, verzehn sie nie!

Oskar Blumenthal, Buch der Sprüche

Besser einem Rechtschaffenen gefallen
als tausend Schlechten.

Kaiser Friedrich I.

Kannst du nicht allen gefallen durch
deine Tat und dein Kunstwerk,
mach' es wenigen recht; vielen gefallen ist schlimm.

Schiller, Wahl

Wer es allen treffen will, ist ein Narr
oder muß einer werden.

Gotthelf

Ein anständiger Mann muß die öffentliche Achtung besitzen, ohne daran zu
denken und, sozusagen, ohne sein Zu-
tun. Wer sie gesucht hat, hat ihren
Umfang selbst bestimmt.

Chamfort, Maximen I

Wir würden die Achtung der Leute
weniger anstreben, wenn wir sicher
wären, ihrer würdig zu sein.

Vauvenargues, Nachgelassene Maximen

Der höhere Mensch empfindet keine
Verbitterung darüber, wenn ihn die
Menschen nicht beachten.

Konfuzius

Popularität

Der Vater zeigt dich seinem Knaben,
ein jeder fragt und drängt und eilt,
die Fiedel stockt, der Tänzer weilt.
Du gehst, in Reihen stehen sie,
die Mützen fliegen in die Höh,
und wenig fehlt, so beugten sich die
                          Knie,
als käm das Venerabile. (Wagner)

        Goethe, Faust 1, Vor dem Tor

Ein guter Mann ist überall im Lande
bekannt. Die gute Frau wird man nur
im Umkreis einer Tagesreise kennen.

                 Aus der Mongolei

Der gute Ruf geht weit, aber der
schlimme geht noch viel weiter.

                 Aus Jugoslawien

Tu' Gutes: Dein Nachbar erfährt es
nie. Tu' Böses: Man weiß es auf hundert Meilen.

                     Aus China

Er ist beliebt bei der verworrenen
                     Menge,
die mit dem Auge, nicht dem Urteil
                     wählt,
und wo das ist, wägt man des Schuldi-
                 gen Plage,
doch nie die Schuld. (König)

        Shakespeare, Hamlet IV, 3

Die Kuh kennt den, der sie melkt, aber
nicht den, dem sie gehört.

                   Aus Abessinien

Du mußt klein sein, willst Du kleinen
Menschen gefallen.

       Börne, Über den Umgang mit Menschen

Sie täten gern große Männer verehren,
wenn diese nur auch zugleich Lumpe
                     wären.

        Goethe, Zahme Xenien V

Popularität hat für mich immer etwas
Unbehagliches.

                     Bismarck

Liebe ich gleich das Volk,
doch wünsch' ich nicht, zur Schau mich
                   ihm zu stellen.
Ob wohlgemeint, doch mundet mir
                   nicht wohl
sein lauter Ruf, sein ungestümes Jauch-
                   zen,
noch scheint mir der ein Mann von
                   reifem Urteil,
der sich daran erfreut. (Herzog)

        Shakespeare, Maß für Maß I, 1

Popularität ist wie die Flamme einer
Illumination oder auch einer Feuers-
brunst, die um einen Mann herum entzündet wird. Sie zeigt, was an ihm
ist, vermehrt seine Eigenschaften aber
nicht im mindesten. Oft sogar entfrem-
det sie ihm vieles und verzehrt den
armen Mann selbst zu Asche.

                     Carlyle

Die Dummheit drängt sich vor, um
gesehen zu werden. Die Klugheit steht
zurück, um zu sehen.

Carmen Sylva, In ein Album

Doch so ist sein Verdienst:
Wer davon spricht, entweiht es schon.
So fällt
stets unser Wert der Zeiten Deutung
heim,
und Macht, die an sich selbst zu loben
ist,
hat kein so unverkennbar Grab, als
wenn
von Rednerbühnen wird ihr Tun gepriesen. (Aufidius)

Shakespeare, Coriolanus IV, 7

Ein Zirkel nur im Wasser ist der
Ruhm,
der niemals aufhört, selbst sich zu erweitern,

bis die Verbreitung ihn in Nichts zerstreut. (Pucelle)

Shakespeare, König Heinrich VI.,
Erster Teil I, 3

Wer in die Öffentlichkeit tritt, hat
keine Nachsicht zu erwarten und keine
zu fordern.

Ebner-Eschenbach, Aphorismen

In einem Roman muß die Hauptper-
son ein bedeutender Charakter sein;
im wirklichen Leben waltet oft ein
glücklicher Zufall und drängt mittelmäßige Menschen in den Vordergrund,
die kein andres Verdienst haben, als
daß sie eben im entscheidenden Augenblick zur Hand waren.

Talleyrand, Memoiren I, 1

Ruhm

Wahre Ruhmbegierde ist die Quelle
aller großen Taten und alles Nützlichen, was auf der Welt geschieht.

Friedrich der Große

Dreiundzwanzig Jahre!
Und nichts für die Unsterblichkeit
getan. (Carlos)

Schiller,
Don Carlos II, 2

Mir kommt vor, das sei die edelste
von unsern Empfindungen, die Hoffnung, auch dann zu bleiben, wenn das
Schicksal uns zur allgemeinen Nonexi-
stenz zurückgeführt zu haben scheint.

Goethe, Zum Shakespearetag

Der Wunsch nach Ruhm ist nicht verschieden von jenem Trieb nach Selbsterhaltung, den alle Geschöpfe besitzen.

Montesquieu, Briefe

Der Ruhm wäre unsere stärkste Leidenschaft, wenn er nicht so unsicher
wäre.

Vauvenargues, Nachgelassene Maximen

Dem Ersten gebührt der Ruhm, wenn
auch die Nachfolger es besser gemacht
haben.

Aus Arabien

Der Lorbeerkranz ist, wo er dir erscheint,
ein Zeichen mehr des Leidens als des
Glücks. (Leonore)

Goethe, Tasso III, 4

Lorbeer ist ein bittres Blatt
dem, der's sucht, und dem, der's hat.

Geibel, Sprüche 5

Ruhm und Ruhe sind Dinge, die nicht
zusammen wohnen können.

Lichtenberg

Tausend Söhne hat die Ruhmbegier,
und einer drängt den andern. Gibst du
Raum,
lenkst du zur Seit' und weichst vom
gradsten Weg,
gleich eingetretner Flut stürzt alles vor
und läßt dich weit zurück.
Oder du fällst, ein edles Roß, im Vor-
kampf
und liegst als Damm für den verworf-
nen Troß,
zerstampft und überrannt. (Ulysses)

Shakespeare, Troilus und Cressida III, 3

Eigner Ruhm ist Neides Sonne.

Sprichwort

Invidia gloriae comes. Des Ruhmes
Begleiter ist der Neid.

Cornelius Nepos, Chabrias 3, 3

Große Männer verdanken ein Viertel
ihres Ruhmes der Kühnheit, zwei Viertel dem Glück und das letzte Viertel
ihren Verbrechen.

Ugo Foscolo, Jacopo Ortis, Letzter Brief

Unleugbar ist's und die Erfahrung
lehrt,
wie Ruhmsucht zum Verbrechen sich
entehrt:
Um Lob und Preis, um nichtige Erscheinung
entsagen wir des Herzens bess'rer Meinung. (Prinzessin)

Shakespeare, Liebes Leid und Lust IV, 1

Man muß den Ruhm der Menschen
nach den Mitteln messen, deren sie
sich bedient haben, um ihn zu erwerben.

La Rochefoucauld, Reflexionen

Die größte Niedertracht des Menschen
ist sein Streben nach Ruhm, aber gerade dieses ist auch das Zeichen, daß
er etwas Höheres ist.

Pascal

Ruhmsucht beweist ebensosehr unsere Anmaßung als die Unsicherheit über unseren Wert.

Vauvenargues, Nachgelassene Maximen

Der Ruhm muß uns folgen, nicht wir dürfen ihn suchen. Wenn er zufällig nicht folgt, so ist die Handlung, weil sie nicht berühmt geworden, darum nicht weniger schön.

Plinius der Jüngere

Die Tat ist alles, nichts der Ruhm.
(Faust)

Goethe, Faust 2, IV, Hochgebirg

Da unstreitig der Ruhm nur das Sekundäre ist, das bloße Echo, Abbild, Schatten, Symptom des Verdienstes, und da jedenfalls das Bewunderte mehr Wert haben muß als die Bewunderung, so kann das eigentlich Beglückende nicht im Ruhme liegen, sondern in dem, wodurch man ihn erlangt, also im Verdienste selbst.

Schopenhauer,
Aphorismen zur Lebensweisheit IV

Ruhm und du, geflügelt Gold,
ich entsag euch beiden.
Wenn ihr selbst mich suchen wollt,
will ich euch nicht meiden.

Uz, Die Wünsche

Der Ruhm, welcher vor denen flieht, die ihn suchen, folgt denen nach, welche sich nicht um ihn bemühen.

Burckhardt,
Weltgeschichtliche Betrachtung V

Der Ruhm ist Schatten nur der Tat,
und steht kein Ding im Sonnenlicht,
sieht man gewiß den Schatten nicht.

Hebbel, Einfälle, Einem Sudler

Ein Holz brennt, weil es Stoffe dazu in sich hat, und ein Mensch wird berühmt, weil der Stoff dazu in ihm vorhanden. Suchen läßt sich der Ruhm nicht, und alles Jagen danach ist eitel. Es kann sich wohl jemand durch kluges Benehmen und allerlei künstliche Mittel eine Art von Namen machen, fehlt aber dabei das innere Juwel, so ist es eitel und hält nicht auf den anderen Tag.

Goethe, zu Eckermann, 23. 10. 1828

I awoke one morning and found myself famous. Ich erwachte eines Morgens und fand mich berühmt.

Byron, Tagebuch

Auch die Kränze des Ruhms sind
Gunst und Gnade der Götter,
die sie dem Glücklichen nur unter den
Würdigen leihn.

Geibel, Distichen 19

Wenn die Dankbarkeit vieler gegen einen alle Scham wegwirft, so entsteht der Ruhm.

Nietzsche

Von dem Ruhm der berühmtesten Menschen gehört immer etwas der Blödsinnigkeit der Bewunderer zu.

Lichtenberg,
Beobachtungen über den Menschen

Im Dunkeln leuchtet auch ein fauler
Pilz.

Aus Rußland

Nacht muß es sein, wo Friedlands
Sterne strahlen. (Wallenstein)

Schiller, Wallensteins Tod III, 10

Der Ruhm, welcher zum Nachruhm
werden will, gleicht einer Eiche, die
aus ihrem Samen sehr langsam empor-
wächst, der leichte, ephemere Ruhm
den einjährigen, schnellwachsenden
Pflanzen und der falsche Ruhm gar
dem schnell hervorschießenden Un-
kraute, das schleunigst ausgerottet
wird.

Schopenhauer,
Aphorismen zur Lebensweisheit IV

Ruhm: Der Vorzug, denen bekannt zu
sein, die einen nicht kennen.

Chamfort, Maximen II

Was die Leute für Ruhm halten, ist
gewöhnlich nur Publizität.

Graff

Notus nimis omnibus, ignotus moritur
sibi. Wer allen allzu sehr bekannt ist,
stirbt unbekannt sich selbst.

Seneca

Bei den Hottentotten ist nicht einmal
Napoleon berühmt.

Ebner-Eschenbach, Aphorismen

Der Ruhm, nach dem wir trachten,
den wir unsterblich achten,
ist nur ein falscher Wahn.

Gryphius, Vanitas, Vanitatum Vanitas

Der Ruhm, der uns nicht glücklich
macht, ist nichts als ein Wort, und der
Ruhm, der unsere Untertanen nicht
glücklich macht, ist eine Schmach.

Friedrich der Große

Wenn du erkennen willst den Ruhm
in seiner Blöße,
vergleich am Himmel ihn mit Sternen
erster Größe!
Die letzter Größe, sind sie etwa minder groß?
Sie scheinen kleiner dir durch ihre
Höhe bloß.
Drum lächle, rückt man dich zum letzten Range nieder,
und rückt man dich empor zum ersten,
lächle wieder!

Rückert, Weisheit des Brahmanen III

Daß er Maß hält, wenn das Werk
vollendet ist, daß er sein Selbst zu-
rückstellt und sich dem Ruhm entzieht, darin erweist sich die Weisheit
des Erwachten.

Lao-Tse, Tao-Teh-King 9

Nachruhm

So feiert ihn! Denn was dem Mann
das Leben
nur halb erteilt, soll ganz die Nachwelt geben.

Goethe, Epilog zu Schillers Glocke

Geschlecht stirbt.
Sippen sterben.
Du selbst stirbst wie sie.
Doch eins weiß ich, das ewig lebt:
Der Toten Tatenruhm.

Edda

Ein guter, edler Mensch, der mit uns
gelebt, kann uns nicht genommen werden. Er läßt eine leuchtende Spur zurück gleich jenen erloschenen Sternen,
deren Bild die Erdbewohner noch nach
Jahrhunderten sehen.

Carlyle

Von des Lebens Gütern allen
ist der Ruhm das höchste doch.
Wenn der Leib in Staub zerfallen,
lebt der große Name noch.

Schiller, Das Siegesfest

Mich kränkt nicht der Verlust des
flücht'gen Lebens,
wie dein in mir ersiegter Ruhm.
Der trifft den Sinn mehr als dein
Schwert mein Fleisch. (Percy)

Shakespeare, König Heinrich IV.,
Erster Teil V, 4

Ruhm wird ohne Schriften alt.
(Gloster)

Shakespeare, König Richard III. III, 1

Die Stätte, die ein guter Mensch betrat,
ist eingeweiht. Nach hundert Jahren
klingt
sein Wort und seine Tat dem Enkel
wieder. (Leonore)

Goethe, Tasso I, 1

Auf den Gräbern wachsen die schönsten Rosen.

Sprichwort

Was Mitwelt sonst an ihm beklagt, ge-
tadelt,
es hat's der Tod, es hat's die Zeit geadelt.

Goethe, Epilog zu Schillers Glocke

Das Echo wie der Nachruhm behalten
nur die letzten Silben eines Menschen.

Jean Paul

Was Menschen Übles tun, das überlebt
sie.
Das Gute wird mit ihnen oft begraben.
(Antonius)

Shakespeare, Julius Cäsar III, 2

Der Menschen Sünden leben fort in
Erz;
ihr edles Wirken schreiben wir in Wasser. (Griffith)

Shakespeare, Heinrich VIII. IV, 2

Der Nachruhm ist die wahre Unsterblichkeit der Seele.

Napoleon I.

Nur wer seine Rechnungen nicht bezahlt, darf hoffen, im Gedächtnis der
Kaufleute weiterzuleben.

Wilde

Sag etwas, das sich von selbst versteht,
zum erstenmal, und du bist unsterblich.

Ebner-Eschenbach, Aphorismen

Was man getan hat, hängt,
ganz aus der Mode, wie ein rost'ger
Harnisch
als armes Monument, dem Spott verfallen. (Ulysses)

Shakespeare, Troilus und Cressida III, 3

Kirchen muß er stiften, sonst denkt
man nicht an ihn. (Hamlet)

Shakespeare, Hamlet III, 2

Das Wort frönt wie ein Sklav'
jeglicher Gruft. Auf jedem Epitaph
lügt es Trophäen. Oft schweigt's, und
dem Gedächtnis
ehrwürd'ger Namen läßt es als Vermächtnis
Vergessenheit und Staub. (König)

Shakespeare,
Ende gut, alles gut II, 3

Wer in unserem Zeitalter sich nicht selber eine Grabschrift aufsetzt, ehe er
stirbt, der wird nicht länger im Gedächtnis leben, als die Glocke läutet
und die Witwe weint. (Benedict)

Shakespeare,
Viel Lärmen um Nichts V, 2

Denn gestaltlos schweben umher in
Persephoneias
Reiche massenweis Schatten vom Namen getrennt.
Wen der Dichter aber gerühmt, der
wandelt, gestaltet,
einzeln, gesellet dem Chor aller Heroen
sich zu.

Goethe, Euphrosyne

Ein Augenblick des Glückes wiegt
Jahrtausende des Nachruhms auf.

Friedrich der Große

Schmach

Schmach bringt allein die Schuld und nicht das Blutgerüst. (Essex)

Corneille, Graf Essex IV, 3

Wenn auch des Betrügers Witz den Betrug nicht adelt, so adelt doch der Preis den Betrüger. Es ist schimpflich, eine Börse zu leeren. Es ist frech, eine Million zu veruntreuen. Aber es ist namenlos groß, eine Krone zu stehlen.

Die Schande nimmt ab mit der wachsenden Sünde. (Fiesco)

Schiller, Die Verschwörung des Fiesco zu Genua III, 2

Nur das ist Schmach für Menschen edler Art, dem Tode vorzuziehn ein ehrlos Leben.

Sophokles

Lächerlichkeit

Lächerlich erscheint der Mensch, der seinen Charakter und seine Kräfte überschreitet.

Vauvenargues, Nachgelassene Maximen

Alle Lächerlichkeiten der Menschen charakterisieren nur eine schlechte Eigenschaft, nämlich die Eitelkeit.

Vauvenargues, Nachgelassene Maximen

Man ist nie so lächerlich durch die Eigenschaften, die man besitzt, wie durch jene, die man zu haben vorgibt.

La Rochefoucauld, Reflexionen

Lächerlichkeit tötet.

Aus Frankreich

Wenn es Menschen gibt, deren Lächerlichkeit nie sichtbar geworden ist, dann hat man zu wenig danach gesucht.

La Rochefoucauld, Reflexionen

Es gibt unendlich viele Arten des Benehmens, welche lächerlich erscheinen und deren verborgene Gründe doch sehr klug und fest sind.

La Rochefoucauld, Reflexionen

Du sublime au ridicule il n'y a qu' un pas. Vom Erhabenen zum Lächerlichen ist es nur ein Schritt.

Napoleon I.

Der Verständige findet fast alles lächerlich, der Vernünftige fast nichts.

Goethe, Die Wahlverwandtschaften II, 4

Durch nichts bezeichnen die Menschen mehr ihren Charakter als durch das, was sie lächerlich finden.

Goethe, Die Wahlverwandtschaften II, 4

Man muß in den Menschen das Gefühl ihrer Klugheit und Kraft steigern, wenn man ihren Geist erhöhen will. Alle die in ihren Reden und Schriften nur bestrebt sind, rücksichtslos und ohne Unterschied die Lächerlichkeiten und Schwächen der Menschheit aufzudecken, erleuchten viel weniger die Vernunft und Urteilskraft des Publikums, als sie seine Neigungen verderben.

Vauvenargues, Reflexionen

XXV. Kapitel

Demut
Bescheidenheit
Selbstachtung
Eitelkeit
Eigenlob
Prahlerei
Ehrgeiz
Hochmut
Stolz

Demut

Demut, diese schöne Tugend,
ehrt das Alter und die Jugend.

Sprichwort

Schwere Ähren und volle Köpfe neigen sich.

Sprichwort

Den fruchtbaren Reisstengel erkennt
man an seiner gebogenen Form.

Aus Madagaskar

Wer unter weisen Männern der demütigste ist, der ist der weiseste.

Claudius Ptolemäus

Demut ist schließlich nichts als Einsicht.

Bahr, Max Scheler

Im Frieden kann so wohl nichts einen
Mann
als Demut und bescheidne Stille kleiden. (König Heinrich)

Shakespeare, König Heinrich V. III, 1

Die Demut ehre du, und zu der Demut Ehren
sei gegen Stolze stolz, um Demut sie
zu lehren.

Rückert, Weisheit des Brahmanen 1

Demut ist Unverwundbarkeit.

Ebner-Eschenbach, Aphorismen

Den Stolz hat Gott noch stets vernichtet
und Demut immer aufgerichtet.

Immermann, Tristan und Isolde

Demut ist, wenn jemand ohne Verlangen, hochgeachtet zu werden, seine Unvollkommenheit erkennt.

Spinoza, Abhandlung von Gott, dem
Menschen und dessen Glück 2,8

Rechte Demut weiß nimmer, daß sie
demütig ist; denn wo sie es wüßte, so
würde sie hochmütig.

Luther, Deutsche Schriften

Manche Menschen machen sich vor anderen so klein wie möglich, um größer
als diese zu bleiben.

Morgenstern,
Stufen, Psychologisches, 1908

Die Demut ist oft nichts anderes als
eine vorgespiegelte Unterwerfung, um
andere zu unterwerfen: Es ist ein
Kunstgriff des Stolzes, der sich erniedrigt, um sich zu erhöhen.

La Rochefoucauld

Die Demut ist der jungen Ehrsucht
Leiter.
Wer sie hinanklimmt, kehrt den Blick
ihr zu.
Doch hat er erst die höchste Spross'
erreicht,
dann kehret er der Leiter seinen Rük-
ken,
schaut himmelan, verschmäht die niedern Tritte,
die ihn hinaufgebracht. (Brutus)

Shakespeare, Julius Cäsar II, 1

Ich habe nie davon gehört oder gelesen, daß humilitas oder tapeinosis bei

den Alten unter die Tugenden gerechnet worden wären. Demut ist der
erste Schritt zur Niederträchtigkeit.

Seume, Apokryphen

O zahme, schimpfliche, verhaßte Demut!
Die Kunst des Raufers trägt den Sieg
davon. (Mercutio)

Shakespeare, Romeo und Julia III, 1

Wer sich zum Schafe macht, den fressen die Wölfe.

Sprichwort

Bescheidenheit

Wirf deinen Lendenschurz nicht fort,
wenn du ein neues Kleid bekommen
hast!

Aus dem Kongo

Kein Ding ist auf der Welt so hoch und
wert zu achten
als Menschen, die mit Fleiß nach keiner Hoheit trachten.

Angelus Silesius

Wie groß auch das Verdienst sein mag,
sich um hohe Posten nicht zu kümmern, ein größeres liegt vielleicht darin, sie gut auszufüllen.

Vauvenargues, Unterdrückte Maximen

Bescheidenheit ist der Anfang aller
Vernunft.

Anzengruber, Einfälle und Schlagsätze

So strebt die Weisheit nur nach hell-
stem Glanz,
setzt sie sich selbst herab: Wie schwarze Masken
verdeckte Schönheit zehnmal mehr erheben
als Reiz, zur Schau getragen. (Angelo)

Shakespeare, Maß für Maß II, 4

Stets war's ein Merkmal der Vortreff-
lichkeit,
durch Larve die Vollendung zu entstellen. (Don Pedro)

Shakespeare, Viel Lärmen um Nichts II, 3

Die Bescheidenheit ist für das Verdienst, was die Schatten bei den Gestalten eines Gemäldes: Sie geben ihnen Kraft und Relief.

La Bruyére, Charaktere II

Man hat aus der Bescheidenheit eine Tugend gemacht, um den Ehrgeiz großer Männer einzuschränken und um die Mittelmäßigkeit über ihr geringes Glück und ihr geringes Verdienst zu trösten.

La Rochefoucauld, Reflexionen

Falsche Bescheidenheit ist die schicklichste aller Lügen.

Chamfort

Wenn jemand bescheiden bleibt, nicht beim Lobe, sondern beim Tadel, dann ist er es.

Jean Paul, Hesperus

Ein Unverschämter kann bescheiden aussehen, wenn er will, aber kein Bescheidener unverschämt.

Lichtenberg, Vermischte Schriften, Bemerkung 5

Die Bescheidenheit glücklicher Menschen kommt von der Ruhe, welche das Glück ihren Gemütern verleiht.

La Rochefoucauld

Die Bescheidenheit, die zum Bewußtsein kommt, kommt ums Leben.

Ebner-Eschenbach, Aphorismen

Unter allen Dingen ist menschliche Bescheidenheit am leichtesten totgeräuchert und totgeschwefelt, und manches Lob ist so schädlich wie eine Verleumdung.

Jean Paul, Titan 3

Die Menschen haben viele absonderliche Tugenden erfunden, aber die absonderlichste von allen ist die Bescheidenheit. Das Nichts glaubt dadurch etwas zu werden, daß es bekennt: Ich bin nichts!

Hebbel, Tagebücher, 19. 8. 1843

Die Bescheidenheit müßte die Tugend derer sein, denen die andern fehlen.

Lichtenberg, Patriotischer Beitrag zur Mythologie der Deutschen

Bescheidenheit bei mittelmäßigen Fähigkeiten ist bloße Ehrlichkeit. Bei großen Talenten ist sie Heuchelei.

Schopenhauer, Parerga und Paralipomena 2

Daß einer ein großer Geist sein könne, ohne etwas davon zu merken, ist eine Absurdität, welche nur die trostlose Unfähigkeit sich einreden kann, damit sie das Gefühl der eigenen Nichtigkeit auch für Bescheidenheit halten könne.

Schopenhauer, Welt als Wille und Vorstellung II, Zur Ästhetik der Dichtkunst

Es gibt eine Bescheidenheit, die nur der Mantel des Hochmuts ist.

Carmen Sylva, Vom Amboß

Die Bescheidenheit ist nichts anderes als Faulheit, Mattigkeit und Mangel an Mut, so daß man mit Recht sagen kann, daß die Bescheidenheit für die Seele eine Erniedrigung ist.

La Rochefoucauld

Was ist denn Bescheidenheit anderes als geheuchelte Demut, mittels welcher man in einer von niederträchtigem Neide strotzenden Welt für Vorzüge und Verdienste die Verzeihung derer erbetteln will, die keine haben.

Schopenhauer,
Welt als Wille und Vorstellung I, 3

Nur die Lumpe sind bescheiden,
Brave freuen sich der Tat.

Goethe, Rechenschaft

Wohl aber ist die Tugend der Bescheidenheit eine erkleckliche Erfindung für die Lumpe, da ihr gemäß jeder von sich zu reden hat, als wäre er auch ein solcher, welches herrlich nivelliert, indem es dann so herauskommt, als gäbe es überhaupt nichts als Lumpe.

Schopenhauer,
Aphorismen zur Lebensweisheit IV

Vom Verdienste fordert man Bescheidenheit; aber diejenigen, die unbescheiden das Verdienst schmälern, werden mit Behagen angehört.

Goethe,
Maximen und Reflexionen, Nachlaß,
Über Literatur und Leben

Bescheidenheit ist eine Eigenschaft, welche die Frauen an einem Liebhaber mehr loben als lieben.

Sheridan, The Rivals II, 2

Wer da wartet, bis ein anderer ihn zum Essen ruft, der wird oft nichts zu essen bekommen.

Zigeunerweisheit

Wer zu bescheiden ist, wird nur durch Teufels Hilfe zu Hofe gelangen.

Aus Spanien

Der Wolf ist immer bereit, sich ohne Lohn als Schäfer zu verdingen.

Aus Rußland

Drei Schätze wahre ich, die währen: Der erste ist Güte, der zweite Genügsamkeit, der dritte Bescheidenheit. Die Güte macht mich mutig, die Genügsamkeit freigebig, die Bescheidenheit zum Träger des Ewigen.

Lao-Tse, Tao-Teh-King 67

Selbstachtung

Wirf das Mißvergnügen über dein Wesen ab! Verzeihe dir dein eigenes Ich!

Nietzsche,
Menschliches Allzumenschliches I

Schau auf niemand herab, und wirf
dich selbst nicht für nichts weg!

Lavater

Jeder Mensch gilt in dieser Welt nur
soviel, als er sich selbst geltend macht.

Knigge, Über den Umgang mit Menschen

Man nimmt in der Welt jeden, wofür er
sich gibt; aber er muß sich auch für
etwas geben. Man erträgt die Unbe-
quemen lieber, als man die Unbedeutenden duldet.

Goethe, Die Wahlverwandtschaften II, 5

Hätt Allah mich bestimmt zum Wurm,
so hätt er mich als Wurm erschaffen.

Goethe, Divan, Buch des Unmuts,
Timur spricht

Willst du dich deines Wertes freuen,
so mußt der Welt du Wert verleihen.

Goethe, Sprichwörtlich

Wer sein Brot verdient, der ist nie
überflüssig und fühlt sich auch nicht so.

Paul Ernst, Die Zerstörung der Ehe

Früher, da ich unerfahren
und bescheidner war als heute,
hatten meine höchste Achtung
andre Leute.

Später traf ich auf der Weide
außer mir noch mehre Kälber,
und nun schätz ich sozusagen
erst mich selber.

Busch, Kritik des Herzens

So wie der Mensch sich selber hoch-
achtet, achtet er seine Natur in jedem
anderen Menschen hoch. Selbstachtung
ist also das wahre Mittel, das Menschengeschlecht zu vereinigen.

Johann Heinrich Pestalozzi,
Der natürliche Schulmeister 3

Ein Tor bewundert sich nie so sehr,
als wenn er eine Torheit begangen hat.

Aus China

Hab nicht vor Augen, du armer
Mensch, was du bist, sondern das, was
du sein wirst!

Kolumban

„Ich! Der ich mir alles bin, da ich alles
nur durch mich kenne!" So ruft jeder,
der sich fühlt.

Goethe, Zum Shakespearetag

Da in der Achtung dieser Welt
so mancher Wicht wird hochgestellt,
gilt mir nur der als rechter Mann,
der ehrlich selbst sich achten kann.

Bodenstedt,
Die Lieder des Mirza Schaffy 3, 29

Die Pflicht gegen sich selbst besteht
darin, daß der Mensch die Würde der
Menschheit in seiner eigenen Person
bewahre.

Kant

Die Achtung vor deinem eigenen Selbst
ist zunächst der Religion der stärkste
Damm gegen alle Laster.

Francis Bacon

Achten die Menschen sich selbst, so
achten sie gewöhnlich auch die fremde
Persönlichkeit.

Smiles, Der Charakter 6

Die Ruhe der Seele ist ein herrliches
Ding und die Freude an sich selbst.

Goethe,
Die Leiden des jungen Werthers,
17. 2. 1772

Alle Geschenke, alle Gefälligkeiten
der Welt ersetzen nicht einen Augenblick Vergnügen an sich selbst.

Goethe,
Die Leiden des jungen Werthers,
1. 7. 1771

Die Selbstzufriedenheit ist in Wahrheit
das Höchste, was man erhoffen kann.

Spinoza

Von allen Qualen, die den Menschen
heimsuchen können, ist die Selbstver-
achtung die höchste.

Auerbach

Eitelkeit

Wenn der Ehrgeiz als Zwerg zur Welt
kommt, nennt man ihn Eitelkeit.

Verfasser unbekannt

Eitelkeit ist eine persönliche Ruhmsucht: Man will nicht wegen seiner Eigenschaften, seiner Verdienste, Taten
geschätzt, geehrt, gesucht werden, sondern um seines individuellen Daseins

willen. Am besten kleidet die Eitelkeit
deshalb eine frivole Schöne.

Goethe,
Maximen und Reflexionen, Nachlaß,
Über Literatur und Leben

Wie verfährt die Natur, um Hohes
und Niedres im Menschen
zu verbinden? Sie stellt Eitelkeit zwischen hinein.

Schiller, Das Verbindungsmittel

Jedes Herz ist eine Bude auf dem Jahrmarkt der Eitelkeit.

Thackeray, Snobsbuch 4

Wer hat die Eitelkeit? Die Klugen wie
die Gecken,
doch diese zeigen sie, weil jene sie verstecken.

Rückert, Die Weisheit des Brahmanen

Wenn die Weiber nicht eitel wären,
die Männer könnten sie es lehren.

Sprichwort

Selbst die heftigste Leidenschaft gönnt uns zeitweise Rast, die Eitelkeit nie.

La Rochefoucauld, Reflexionen

Wer sich auf die Zehen stellt, steht nicht fest.

Lao-Tse, Tao-Teh-King 24

Der Stolze meidet gern diejenigen, welche höher stehen. Der Eitle drängt sich zu ihnen.

Weber, Demokritos IV, 10

Die Eitelkeit ist der Stolz des Schwachen.

Weber, Demokritos IV, 10

Eitelkeit ist eher ein Zeichen der Demut als des Stolzes.

Swift, Aphorismen 59

Wer ermißt am Eitlen die ganze Tiefe seiner Bescheidenheit? Ich bin ihm gut und mitleidig ob seiner Bescheidenheit. Von Euch will er seinen Glauben an sich lernen. Er nährt sich an Euren Blicken; er frißt das Lob aus Euren Händen. Euren Lügen glaubt er noch, wenn Ihr gut über ihn lügt; denn im Tiefsten seufzt sein Herz: »Was bin ich?« Und wenn das die rechte Tugend ist, die nicht um sich selber weiß: Nun, der Eitle weiß nicht um seine Bescheidenheit.

Nietzsche,
Zarathustra II, Von der Menschenklugheit

Dein wortloser Stolz geht immer wider ihren Geschmack. Sie frohlocken, wenn Du einmal bescheiden genug bist, eitel zu sein.

Nietzsche,
Zarathustra I, Von den Fliegen des Marktes

Eitelkeit oder, um es gelinder zu nennen, Verlangen nach Bewunderung und Beifall ist vielleicht die allgemeinste Triebfeder menschlicher Handlungen. Ich sage nicht eben die beste, sondern will gestehen, daß sie zuweilen sehr törichte und lasterhafte Handlungen hervorbringt. Aber sie ist soviel öfter die Ursache guter Taten, daß, ob sie auch eine bessere haben sollten, diese Ursache ihrer Wirkungen wegen wert zu halten und zu befördern ist.

Chesterfield.
Briefe an seinen Sohn, 16. 11. 1752

Es gibt nichts Böses, aber auch kaum etwas Gutes, das nicht schon aus Eitelkeit getan worden wäre.

Ebner-Eschenbach, Aphorismen

Je mehr Menschen zusammen leben,
umso eitler werden sie, und es entsteht
in ihnen das Bestreben, sich durch allerlei Kleinigkeiten hervorzutun.

Montesquieu,
Vom Geist der Gesetze, Vom Luxus

Um zu gefallen, muß man eitel sein.
Man lernt der Eitelkeit anderer nur
an sich selbst schmeicheln.

Börne, Fragmente und Aphorismen 274

Wo wäre die Macht der Frauen, wenn
die Eitelkeit der Männer nicht wäre?

Ebner-Eschenbach, Aphorismen

Ein schwerer Beutel
macht leicht eitel.

Abraham a Santa Clara

Die Eitelkeit weist jede gesunde Nahrung von sich, lebt ausschließlich von
dem Gifte der Schmeichelei und gedeiht dabei in üppigster Fülle.

Ebner-Eschenbach, Aphorismen

Da der Mensch einmal von Kindes-
beinen an ein eitles und stolzes Geschöpf ist, so schmeichle man seiner
Eitelkeit wenigstens in wirklich guten
Dingen und leite seinen Stolz auf etwas, das zu seinem wahren Vorteil
gereicht!

Locke, Gedanken über Erziehung 16

Taube Nüsse und eitle Herrn
klappern, aber han kein' Kern.

Sprichwort

Das Affektieren irgendeiner Eigenschaft, das Sich-Brüsten damit, ist ein
Selbstgeständnis, daß man sie nicht
hat.

Schopenhauer,
Aphorismen zur Lebensweisheit V, 30

Wer etwas ist, bemüht sich nicht zu
scheinen.
Wer scheinen will, wird niemals etwas
sein.

Rückert

Kluge Leute glauben zu machen, man
sei, was man nicht ist, ist in den meisten Fällen schwerer, als wirklich zu
werden, was man scheinen will.

Lichtenberg

Wir würden weit mehr gewinnen,
wenn wir uns zeigten, wie wir sind,
als bei dem Versuche, das zu scheinen,
was wir nicht sind.

La Rochefoucauld, Reflexionen

Wer Eitelkeit zum Mittagsbrot hat, bekommt Verachtung zum Abendbrot.

Benjamin Franklin,
Der Weg zum Reichtum

Die Eitelkeit anderer geht uns nur
dann wider den Geschmack, wenn sie
wider unsere eigene Eitelkeit geht.

Nietzsche, Jenseits von Gut und Böse

Eigenlob

Selbstlob! Nur dem Neide stinkt's.
Wohlgeruch Freunden
und eignem Schmack!

Goethe, Divan, Buch Suleika

Klappern gehört zum Handwerk.

Sprichwort

Selbst der liebe Gott hat es nötig, daß
für ihn die Glocken geläutet werden.

Aus Frankreich

Dem klappernden Hufeisen fehlt ein
Nagel.

Aus Spanien

Wo der Wirt vor der Türe steht, ist
die Kneipe leer.

Aus Spanien

Eigenlob stinkt,
Freundeslob hinkt,
Feindeslob klingt.

Sprichwort

Willst du, daß man Gutes von dir
sage, so sag es nicht selbst!

Pascal

Unter zwanzig vernünftigen Männern
wird nicht einer sich selbst loben.
(Beatrice)

Shakespeare, Viel Lärmen um Nichts V, 2

Guter Wein preist sich selbst.

Aus Holland

Des Ruhmes Würdigkeit verliert an
Wert,
wenn der Gepries'ne selbst mit Lob
sich ehrt. (Äneas)

Shakespeare, Troilus und Cressida I, 3

Wer sich selbst preist, außer durch die
Tat, vernichtet die Tat im Preise. (Agamemnon)

Shakespeare, Troilus und Cressida II, 3

Prahlerei

Wieviele rühmen sich der Tugenden
und Gaben,
die sie doch nicht erhalten haben.

Hagedorn, Der ruhmredige Hase

„Sonst warst du so weit vom Prahlen entfernt,
wo hast du das Prahlen so grausam
gelernt?"
Im Orient lernt ich das Prahlen.

Doch seit ich zurück bin, im westli-
chen Land,
zu meiner Beruhigung find ich und
fand
zu Hunderten Orientalen.

Goethe, Zahme Xenien II

Ein großes Maul,
das Tod ausspeit und Berge, Felsen,
Seen,
das so vertraut von grimmen Löwen
schwatzt
wie von dem Schoßhund dreizehnjäh-
rige Mädchen.
Hat den Kumpan ein Kanonier erzeugt?
Er spricht Kanonen, Feuer, Dampf
und Knall.
Er gibt mit seiner Zunge Bastonaden.
Das Ohr wird ausgeprügelt. Jedes
Wort
pufft kräftiger als eine fränksche
Faust. (Bastard)

Shakespeare, König Johann II, 1

Herr Schwan, Herr Schwan, dein Gesang ist süß, aber deine Eier sind
sauer.

Aus dem Orient

Gemalte Blumen duften nicht.

Sprichwort

Je kahler der Junker,
je größer der Prunker.

Sprichwort

Krüppel will immer vorantanzen.

Sprichwort

Ein leeres Faß dröhnt lauter als ein
gefülltes.

Aus Rußland

Hohles Geschirr klingt am lautesten.

Aus Irland

Du machtest erträglichen Wind von
deinen Reisen. Das möchte hingehn.
Aber die Wimpel und Fähnchen an
dir brachten mich doch mehr als einmal davon ab, dich für ein Schiff von
zu großer Ladung zu achten. (Lafeu)

Shakespeare, Ende gut, alles gut II, 3

Gleißner sind wie Pferde, heiß im Anlauf.
Sie prangen schön mit einem Schein
von Kraft,
doch sollen sie den blut'gen Sporn erdulden,
so sinkt ihr Stolz, und falschen Mäh-
ren gleich
erliegen sie der Prüfung. (Brutus)

Shakespeare, Julius Cäsar IV, 2

Kein Großmaul weiß sein Eselsohr zu
hehlen. (Parolles)

Shakespeare, Ende gut, alles gut IV, 3

Was hilft's, nach dem Applaus der
Welt
mit vorgebundner Maske schielen?
Da der allein nie aus der Rolle fällt,
der immer wagt, sich selbst zu spielen.

Heyse, Spruchbüchlein

Wer sagt, er wolle eine Axt verschluk-
ken, dem halte sie hin!

Aus Nigeria

Wie etwas Kaffee nach reichlichem Essen das Gleichgewicht schnell wieder-
herzustellen vermag, bedarf es oft nur
eines kleinen Scherzes, um eine große
Anmaßung niederzuschlagen.

Vauvenargues, Unterdrückte Maximen

Die Pforte im Himmel ist klein.
Es kann kein Prahlhans hinein.

Abraham a Santa Clara

Mir ist ein Kleintuer weit unaussteh-
licher als ein Großtuer. Einmal verstehen es so wenige, weil es eine Kunst
ist, während Großtun aus der Natur
entspringt. Und dann läßt der Großtuer jedem seinen Wert, während der
Kleintuer den, gegen welchen er es
ist, offenbar verachtet.

Lichtenberg

Ehrgeiz

Es gibt einen Ehrgeiz, welcher lieber
der Erste unter den Letzten sein will
als der Zweite unter den Ersten. Das
ist der alte. Es gibt einen andern Ehrgeiz, der lieber wie Tassos Gabriel der
Zweite unter den Ersten als der Erste
unter den Zweiten sein will. Das ist
der moderne.

Friedrich Schlegel, Kritische Fragmente

Ich habe keinen Stachel,
die Seiten meines Wollens anzuspor-
nen,
als einzig Ehrgeiz. (Macbeth)

Shakespeare, Macbeth I, 7

Der Ehrgeiz befällt kleine Seelen leichter als große, wie Strohhütten leichter
Feuer fangen als Paläste.

Chamfort, Maximen I

Nur der Ehrgeiz altert nicht, und das,
woran sich das tatenlose Alter am meisten freut, ist nicht, wie man behauptet, das Geld, sondern die Ehre.

Thukydides, Peloponnesischer Krieg 2, 44

Wenn du nach Ehre strebst, die dir
die Welt soll geben,
so mußt du, statt dir selbst, ihr zu
Gefallen leben.
Nicht leben in der Tat, nur leben auf
den Schein,
nicht was du selber willst, was sie will,
mußt du sein.

Rückert, Weisheit des Brahmanen 5

Der brennende Ehrgeiz verbannt von
Jugend an alle Vergnügungen, um allein zu herrschen.

Vauvenargues, Reflexionen

Heftiger Ehrgeiz und Mißtrauen habe ich noch allemal beisammen gesehen.

Lichtenberg,
Beobachtungen über den Menschen

Junge Menschen, deren Leistungen ihrem Ehrgeiz nicht gemäß sind, suchen sich einen Gegenstand zum Zerreißen aus Rache, meistens Personen, Stände, Rassen, welche nicht gut Wiedervergeltung üben können.

Nietzsche, Unschuld des Werdens 1, 676

Er liest viel.
Er ist ein großer Prüfer und durchschaut
das Tun der Menschen ganz. Er liebt
kein Spiel
wie du, Antonius, hört nicht Musik.
Er lächelt selten und auf solche Weise,
als spott' er sein, verachte seinen Geist,
den irgendwas zum Lächeln bringen
konnte.
Und solche Männer haben nimmer
Ruh,
solang sie jemand größer sehn als sich.
(Cäsar)

Shakespeare, Julius Cäsar I, 2

Das Hauptelement des Ehrgeizes ist, zum Gefühl seiner Macht zu kommen. Lob und Tadel, Liebe und Haß sind gleich für den Ehrsüchtigen, welcher Macht will.

Nietzsche,
Unschuld des Werdens I

Wer sein Herz dem Ehrgeiz öffnet, verschließt es der Ruhe.

Aus China

Ein junger Mensch sollte ehrgeizig sein, sich in jedem Stück auszuzeichnen, und eher zuviel als zuwenig tun.

Chesterfield,
Briefe an seinen Sohn, 22. 9. 1749

Die, so auf Ehrgeiz zielen, sinnen aus
Unglaubliches: Mit diesen schwachen
Nägeln
sich Bahn zu brechen durch die Kieselrippen
der harten Welt hier, dieser Kerkerwände,
und weil's unmöglich, härmt ihr Stolz
sie tot. (König Richard)

Shakespeare, König Richard II. V, 5

Dir fehlen Flügel und du möchtest fliegen? Krieche!

Voltaire, Der arme Teufel

Auf die durchwachten Nächte der Ehrbegierde folgen schlaflose Nächte der Reue, daß man sich die Mühe geben konnte, solchen Phantomen nachzulaufen.

Klopstock

Du magst, wenn du die Welt nicht
kannst entbehren,
nach Ehre geizen, nicht nach Ehren.

Heyse, Allenfalls

Hochmut

Seine Meinung sagt er von seinem
       Jahrhundert, er sagt sie,
nochmals sagt er sie laut, hat sie ge-
       sagt und geht ab.

Goethe und Schiller, Xenien,
Der Wichtige

Manche Hähne glauben, daß die Sonne
ihretwegen aufgeht.

Fontane

„Warum bist du so hochmütig?
Hast sonst nicht so die Leute geschol-
Wäre sehr gerne demütig,   [ten!"
wenn sie mich nur so lassen wollten.

Goethe, Zahme Xenien IV

Das einzige, was uns das ganze Leben
hindurch aufrecht erhält, ist die Überzeugung von der Inferiorität der andern.

Wilde

Arroganz ist die Karikatur des Stolzes.

Feuchtersleben

Das Närrische der Aufgeblasenheit besteht darin, daß derjenige, der andere
so wichtig schätzt, daß er glaubt, ihre
Meinung gebe ihm einen so hohen
Wert, sie gleichzeitig so verachtet, daß
er sie gleichsam als nichts gegen sich
ansieht.

Kant, Nachlaß

Anmaßung bei Verdiensten beleidigt
noch mehr als Anmaßung von Menschen ohne Verdienst: Denn schon das
Verdienst beleidigt.

Nietzsche,
Menschliches Allzumenschliches I, 332

Dünkel ist Rückschritt des Fortschritts.

Heraklit

Wo Dünkel über den Augen liegt, da
kann kein Licht hinein.

Sprichwort

Wer glaubt, auf alle Welt verzichten
zu können, täuscht sich. Wer aber
glaubt, daß die Welt auf ihn nicht verzichten könnte, täuscht sich noch mehr.

La Rochefoucauld, Reflexionen

Den leeren Schlauch bläst der Wind
auf, den leeren Kopf der Dünkel.

Matthias Claudius

Was Anmaßung bei den Schwachen ist,
das ist Aufschwung bei den Starken,
wie die Kraft der Kranken Raserei und
die der Gesunden Lebensmut ist.

Vauvenargues, Reflexionen

Junge Leute sind anmaßend; denn sie gehen mit ihresgleichen um, welche alle nichts sind, aber gern viel bedeuten.

Nietzsche,
Menschliches Allzumenschliches I, 316

Wo Anmaßung mir wohlgefällt?
An Kindern. Denen gehört die Welt.

Goethe, Sprichwörtlich

Wer Ansprüche macht, beweist eben dadurch, daß er keine zu machen hat.

Seume, Apokryphen 263

Nichts entehrt und erniedrigt mehr als Hochmut. Des Hochmütigen Ansprüche nimmt man öfter mit Gelächter und Verachtung als mit Unwillen auf.

Chesterfield, Briefe an seinenSohn,
30. 8. 1749

Der Anmaßende, das heißt der, welcher mehr bedeuten will, als er ist oder gilt, macht immer eine falsche Rechnung. Zwar hat er den augenblicklichen Erfolg für sich, insofern die Menschen, vor denen er anmaßend ist, ihm gewöhnlich das Maß von Ehre zollen, welches er fordert, aus Angst oder Bequemlichkeit. Aber sie nehmen eine schlimme Rache dafür, insofern sie ebensoviel, als er über das Maß forderte, von dem Werte subtrahieren, den sie ihm bis jetzt beilegten.

Nietzsche,
MenschlichesAllzumenschliches I, 373

Der Hochmut der Kleinen besteht darin, immer, der Großen, nie von sich selbst zu sprechen.

Voltaire, Philosophisches Wörterbuch

Aristokraten mögen noch gehn, ihr
Stolz ist doch höflich,
aber du, löbliches Volk, bist so voll
Hochmut und grob.

Goethe und Schiller, Böse Gesellschaft

Was die Franzosen tournure nennen, ist eine zur Anmut gemilderte Anmaßung. Man sieht daraus, daß die Deutschen keine tournure haben können: Ihre Anmaßung ist hart und herb, ihre Anmut mild und demütig.

Goethe,
Maximen und Reflexionen,
Aus Kunst und Altertum 1821

Man verlernt die Anmaßung, wenn man sich immer unter verdienten Menschen weiß.

Nietzsche,
Menschliches Allzumenschliches I, 316

Wahre Herzensdemut kann nur der Gedanke an Gott und der Blick in die große Natur geben.
Karl Julius Weber,
Demokritos IV, 10

Viel Klagen höre ich erheben
vom Hochmut, den der Große übt.
Der Großen Hochmut wird sich geben,
wenn unsre Kriecherei sich gibt.

Bürger,
Mittel gegen den Hochmut der Großen

Mensch, ist was Guts in dir, so maße
dichs nicht an;
sobald du dir's schreibst zu, so ist der
Fall getan.

Angelus Silesius,
Der Cherubinische Wandersmann,
Anmaßung ist der Fall

Hochmut kommt vor dem Fall.

Sprüche 16,18

Wer seines Glücks sich überschätzt,
sich wähnt auf höchsten Thron gesetzt,
den trifft der Hammer doch zuletzt.

Sebastian Brant, Das Narrenschiff,
Der sorglose Narr

Wer sich selbst erhöht, der wird erniedrigt, und wer sich selbst erniedrigt,
der wird erhöht.

Matthäus 23,12

Hochmut sendet ein Gott als erstes
der Übel dem Menschen,
dem in der Welt nicht mehr rühmliches Bleiben er gönnt.

Theognis, Gnomen 151

Armer Leute Hoffart und Kälbermist
verriechen gar bald in kurzer Frist.

Sprichwort

Stolz

Im Reiche des Fleisches herrscht recht
eigentlich die Begehrlichkeit, im Reiche
des Geistes recht eigentlich die Neugierde, in der Weisheit recht eigentlich
der Stolz.

Pascal, Gedanken 197

Willst Du zeigen, daß Du von ganzem
Holz,
sei nach unten bescheiden, nach oben
stolz!

Leuthold, Sprüche 34

Der Stolz, eine edle Leidenschaft, ist
nicht blind gegen eigene Fehler. Aber
der Hochmut ist es.

Lichtenberg, Vermischte Schriften I, 148

Ein stolzer Mensch verlangt von sich
das Außerordentliche, ein hochmütiger
schreibt es sich zu.

Ebner-Eschenbach, Aphorismen

Demnach ist Stolz die von innen aus-
gehende, folglich direkte Hochschät-
zung seiner selbst, hingegen Eitelkeit
das Streben, solche von außen her,
also indirekt zu erlangen. Dement-
sprechend macht die Eitelkeit gesprä-
chig, der Stolz schweigsam.

Schopenhauer,
Aphorismen zur Lebensweisheit IV

Große Menschen sind stolz, kleine eitel.

Byron

Stolz ist sein eigner Spiegel, seine eigne Trompete, seine eigene Chronik. (Agamemnon)

Shakespeare, Troilus und Cressida II, 3

Der Stolz ist bei allen Menschen gleich. Verschieden sind nur die Mittel und die Art, ihn an den Tag zu legen.

La Rochefoucauld, Reflexionen

Wie gerne säh ich jeden stolzieren, könnt er das Pfauenrad vollführen.

Goethe, Zahme Xenien I

Kein Stolz wie der eines reich gewordenen Armen.

Aus Frankreich

Wird Stolz sich seiner bewußt, so ist er Eitelkeit.

Rathenau

Himmel und Erde, Menschen und Geister — alles liebt den Geringen, nicht den Stolzen.

Aus China

Niemand hat mehr Feinde in der Welt als ein aufrechter und stolzer Mensch. Er nimmt Personen und Dinge, wie sie sind, und nicht, wie sie sein wollen.

Chamfort, Maximen IV

Torheit und Stolz
wachsen auf einem Holz.

Sprichwort

Der höchste Stolz und der höchste Kleinmut ist die höchste Unkenntnis seiner selbst.

Spinoza, Ethik

Als ihr Bild geprägt in mein Gemüt, lieh mir sein höhnend Fernglas spröder Stolz, das jedes fremden Reizes Züg' entstellte, der Wangen Rot verschmäht', als sei's erborgt, und alle Formen einzog oder dehnte zu widerwärtiger Häßlichkeit. (Bertram)

Shakespeare, Ende gut, alles gut V, 3

Unser Stolz auf den Besitz irgendeiner guten Eigenschaft erleidet einen argen Stoß, wenn wir sehen, wie stolz andere auf das Nichtbesitzen derselben guten Eigenschaft sind.

Ebner-Eschenbach, Aphorismen

Die wohlfeilste Art des Stolzes ist der Nationalstolz. Denn er verrät in dem Behafteten den Mangel an individuellen Eigenschaften, auf die er stolz sein könnte, indem er sonst nicht zu dem greifen würde, was er mit so vielen Millionen teilt.

Schopenhauer,
Aphorismen zur Lebensweisheit IV

XXVI. Kapitel

Begehren
Bedürfnis
Habgier
Neid
Hoffnung
Bitten
Betteln
Borgen
Diebstahl
Erfüllung
Genuß
Zufriedenheit
Mäßigkeit
Entsagung

Begehren

Wenn ihr suchet ohne Wanken,
was das Leben kann erfrischen,
bleiben jung auch die Gedanken,
weil sie ewig jung nur zwischen
Hoffen und Erfüllen schwanken.

Platen

Abend ward's und wurde Morgen,
nimmer, nimmer stand ich still;
aber immer blieb's verborgen,
was ich suche, was ich will.

Schiller, Der Pilgrim

Wir kennen uns bei weitem nicht in
allen unsern Wünschen aus.

La Rochefoucauld

Nitimur in vetitum semper, cupimus-
que negata.
Nach dem Verbotenen streben wir stets,
das Versagte begehrend.

Ovid, Amores III, 4

Verlangt eine Kuh, dann bekommt ihr
doch leicht ein Kalb.

Aus Holland

Zuviel auf einmal wollen, das ist vom
Bösen.

Gotthelf

Du hättest gern zugleich den Himmel
und die Erde.
Ich fürchte, daß dir so von beiden keines werde.

Rückert, Weisheit des Brahmanen

Die Sterne, die begehrt man nicht,
man freut sich ihrer Pracht,
und mit Entzücken blickt man auf
in jeder heitern Nacht.

Goethe, Trost in Tränen

Ehe man etwas brennend begehrt, soll
man das Glück dessen prüfen, der es
besitzt.

La Rochefoucauld,
Nachgelassene Maximen

Was ich wünschte vor manchem Jahr,
hat das Leben mir nicht beschert.
Aber es hat mich dafür gelehrt,
daß mein Wunsch ein törichter war.

Geibel

Ein Mensch, der ungehindert allen seinen Wünschen gemäß dahinleben
könnte, müßte von Tag zu Tag schwächer werden.

Aus China

Multa petentibus desunt multa. Den-
jenigen, die Vieles begehren, mangelt
Vieles.

Horaz, Oden 3, 16

Du klagst mit unzufriednem Geist,
daß dich das Glück so kärglich speist?
Setz deinen Wünschen nur ein Ziel!
Wer viel begehrt, dem mangelt viel.

Schubart

Wer nichts begehrt, dem geht nichts ab.

Sprichwort

Der Rose süßer Duft genügt,
man braucht sie nicht zu brechen,
und wer sich mit dem Duft begnügt,
den wird ihr Dorn nicht stechen.

Bodenstedt, Lieder und Sprüche 29

Nicht wer wenig hat, sondern wer viel
wünscht, ist arm.

Seneca

Recht gesagt, Schlosser! Man liebt, was
man hat, man begehrt, was man nicht
hat;
denn nur das reiche Gemüt liebt, nur
das arme begehrt.

Schiller, Liebe und Begierde

Begierde ist des Menschen Wesen selbst.

Spinoza, Ethik III, 49

Wie der Ochse sein Joch hat, Herr, das
Pferd seine Kinnkette und der Falke
seine Schellen, so hat der Mensch seine
Wünsche. (Probstein)

Shakespeare, Wie es Euch gefällt III, 3

In jedem Kleide werd ich wohl die
Pein
des engen Erdelebens fühlen.
Ich bin zu alt, um nur zu spielen,
zu jung, um ohne Wunsch zu sein.
(Faust)

Goethe, Faust 1, Studierzimmer

Unsere Natur ist so wesentlich auf das
Bedürfen und Wünschen angelegt, daß
jedes befriedigte wirtschaftliche Bedürfnis neue weckt in unendlicher
Folge.

Treitschke, Politik 1, Der Staatsbegriff

Aber die Seele begehrt, und sie wird
nimmer befriedigt;
denn sie bildet sich ein, sie sei von
höherem Ursprung,
durch ein unwürdiges Band an ihren
Gatten gefesselt.
Da beträgt sie sich übel im Hause. Die
hohen Verwandten
liegen ihr immer im Sinn, und Sehnen
nach jenen Palästen
läßt ihr keine Ruh.

Goethe, Fragment

Die Lehre der Stoiker, daß wir unseren Bedürfnissen durch Ausrottung unserer Begierden abhelfen sollen, kommt
mir ebenso vor, als wenn wir uns die
Füße abschneiden sollten, damit wir
keine Schuhe brauchen.

Swift, Aphorismen 35

Der Menschen Wille ist ihr Himmelreich und wird oft ihre Hölle.

Aus Island

Der Charakter eines Menschen läßt
sich weniger daraus erkennen, was er
wünscht, als wie er es wünscht.

Johann Jakob Mohr, Aphorismen

Die Wünsche des Mannes gehen zu
Fuß. Die Wünsche der Frau fliegen.

Aus Persien

Der Weise kennt seine Bedürfnisse,
nicht so der Reiche.

Aristipp

Wünschend bereichert sich keiner.

Aus Frankreich

Wir fürchten als sterbliche Geschöpfe
und wünschen, als wären wir unsterblich.

La Rochefoucauld,
Nachgelassene Maximen

Bedürfnis

Die Menschheit ist bedingt durch Bedürfnisse. Sind diese nicht befriedigt,
so erweist sie sich ungeduldig; sind sie
befriedigt, so erscheint sie gleichgültig.
Der eigentliche Mensch bewegt sich
also zwischen beiden Zuständen.

Goethe,
Wilhelm Meisters Wanderjahre II,
Betrachtungen im Sinne der Wanderer

Der Frau, der Mühle und dem Schiff
mangelt es immer an etwas.

Aus Dänemark

Verminderung der Bedürfnisse sollte
wohl das sein, was man der Jugend
durchaus einzuschärfen und wozu man
sie zu stärken suchen müßte. Je weniger Bedürfnisse, desto glücklicher, ist
eine alte, aber sehr bekannte Wahrheit.

Lichtenberg, Pädagogische Bemerkungen

Wer wenig bedarf, der kommt nicht in
die Lage, auf vieles verzichten zu
müssen.

Plutarch,
Von der Bezähmung des Zornes 13

Tunica propior pallio. Das Hemd ist
näher als der Rock.

Plautus, Trinummus 5, 2

Der Mensch braucht wenig und auch
das nicht lang.

Edward Young, Nachtgedanken

Je weniger einer braucht, desto mehr
nähert er sich den Göttern, die gar
nichts brauchen.

Sokrates

O streite nicht, was nötig sei! Der
            schlechtste Bettler
hat bei der größten Not noch Über-
            fluß.
Gib der Natur nur das, was nötig ist,
so gilt des Menschen Leben wie des
            Tiers! (Lear)

Shakespeare, König Lear II, 4

Man bedarf oft das Unnötigste am
meisten.

Auerbach

Man versehe mich mit Luxus. Auf alles
Notwendige kann ich verzichten.

Wilde

Habgier

Streben, seine Wünsche nach Besitz zu
befriedigen, heißt Feuer mit Stroh löschen.

Aus China

Zwei werden nicht satt: Wer Wissen
und wer Reichtum sucht.

Aus Arabien

Wo ein Narr einen Batzen findet, sucht
er gleich nach einem neuen.

Aus Spanien

Homines, quo plura habent, eo cu-
piunt ampliora. Je mehr die Menschen
haben, desto mehr begehren sie.

Justinus 4, 1

Die Begehrlichkeit kennt keine Schranke, nur Steigerung.

Seneca, Abhandlungen

Je mehr er hat, je mehr er will.
Nie schweigen seine Klagen still.

Martin Miller, Zufriedenheit

Wer in einem silbernen Bett schläft, hat
goldene Träume.

Aus Livland

Der Reichtum gleicht dem Seewasser:
Je mehr man davon trinkt, desto dur-
stiger wird man.

Schopenhauer,
Aphorismen zur Lebensweisheit III

Der Herr sagt nicht „Die da reich
sind", sondern „Die da reich werden
wollen". Die Begierde klagt er an,
nicht die Besitztümer.

Aurelius Augustinus

Den Völkern schadet vielmehr die
Habsucht der eigenen Bürger als die
Raubgier der Feinde. Dieser läßt sich
bisweilen ein Ziel setzen, jener aber
nicht.

Machiavelli, Florentiner Geschichte V

Menschen, die nach immer größerem
Reichtum jagen, ohne sich jemals Zeit
zu gönnen, ihn zu genießen, sind wie

Hungrige, die immerfort kochen, sich aber nie zu Tische setzen.

Ebner-Eschenbach, Aphorismen

Gier macht den Menschen allezeit arm, und die Fülle dieser Welt macht ihn nicht reich.

Aus der Mongolei

Wer weniger hat, als er begehrt, muß wissen, daß er mehr hat, als er wert ist.

Lichtenberg

Wer in einem Jahr reich werden will, wird schon nach zehn Monaten gehängt.

Aus Frankreich

Besitz kühlt ab; doch droht Verlust, sprühn aus der Asche neue Flammen.

Heyse, Die schlimmen Brüder III, 1

Die Frau ist grimmig, wenn sie greift, ist ohne Schonung, wenn sie rauft.
(Eilebeute)

Goethe, Faust 2, IV, Auf dem Vorgebirg

Wen Habsucht plagt, der fürchtet zu verlieren, und wer sich fürchtet, heißt mir nimmermehr ein freier Mann.

Horaz, Episteln I, 16

Neid

Kaum hat mal einer ein Bissel was, gleich gibt es welche, die ärgert das.

Busch, Fips, der Affe

In eines Neidischen Auge wächst sich der Pilz zur Palme aus.

Aus Rußland

Der Neid brütet Schwäne aus faulen Enteneiern.

Aus Rußland

Ich, Egoist! Wenn ich's nicht besser wüßte!
Der Neid, das ist der Egoiste,
und was ich auch für Wege geloffen,
auf'm Neidpfad habt ihr mich nie betroffen.

Goethe, Sprichwörtlich

Der Neid kann sich nicht verbergen. Er klagt an und verurteilt, ohne Beweise zu haben; er übertreibt die Fehler; er hat maßlose Namen für die geringsten Irrtümer, und seine Sprache ist voll Bitterkeit, Übertreibung und

Mißgunst. Mit unerbittlichem Haß
und rasender Wut stürzt er sich auf
jedes wirkliche Verdienst; er ist blind,
jähzornig, gefühllos, brutal.

Vauvenargues, Reflexionen

Wem der Neid,
die krumme Arglist, Nahrung gibt, des
                              Biß
wagt an die Besten sich. (Cranmer)

Shakespeare, König Heinrich VIII. V, 5

Den der Neider schwärzen will, pflegt
er gern vorher zu loben.

Logau

Der Haß ist ein aktives Mißvergnügen,
der Neid ein passives; deshalb darf
man sich nicht wundern, wenn der
Neid so schnell in Haß übergeht.

Goethe,
Maximen und Reflexionen,
Aus Kunst und Altertum 1824

Der Haß ist ein fruchtbares, der Neid
ein steriles Laster.

Ebner-Eschenbach, Aphorismen

Der Neid ist unversöhnlicher als der
Haß.

La Rochefoucauld, Reflexionen

Die Neider sterben wohl, doch nimmermehr der Neid.

Molière, Tartuffe V, 3

Neid ist ein kleines, kriechendes Laster, das keine andere Befriedigung
kennt als das gänzliche Verderben seines Gegenstandes.

Lessing, Hamburgische Dramaturgie 31

Unser Neid dauert stets länger als das
Glück derer, die wir beneiden.

La Rochefoucauld, Reflexionen

Wer unbeneidet wandelt, ist nicht nei-
denswert. (Klytemnästra)

Äschylos, Agamemnon 897

Wer von niemandem beneidet wird,
der ist nichts wert.

Epicharm, Fragmente 285

Den Reichtum muß der Neid beteuern;
denn er kreucht nie in leere Scheuern.

Goethe, Zahme Xenien IV

Der Neid der Menschen zeigt an, wie
unglücklich sie sich fühlen, und ihre
beständige Aufmerksamkeit auf fremdes Tun und Lassen, wie sehr sie sich
langweilen.

Schopenhauer,
Aphorismen zur Lebensweisheit V, 10

Der Neidische wird ärmer, wenn er
andere reicher werden sieht.

Hebbel, Tagebuch

Die neidischen Menschen sind doppelt schlimm daran: Sie ärgern sich nicht nur über das eigene Unglück, sondern auch über das Glück der andern.

Hippias

Der Neid ist sein eigener Folterknecht.

Aus Großbritannien

Ärgert's jemand, daß es Gott gefallen,
Mahomet zu gönnen Schutz und Glück,
an den stärksten Balken seiner Hallen
da befestig er den derben Strick,
knüpfe sich daran! Das hält und trägt;
er wird fühlen, daß sein Zorn sich legt.

Goethe, Divan, Buch des Unmuts,
Der Prophet spricht

Wer sich vergegenwärtigt, wie notwendig zu unserem Heil Not und Leiden meistens sind, der wird erkennen, daß wir andere nicht sowohl um ihr Glück als um ihr Unglück zu beneiden hätten.

Schopenhauer

Das sicherste Zeichen des wahrhaft verständigen Menschen ist Neidlosigkeit.

La Rochefoucauld, Reflexionen

Andere neidlos Erfolge erringen sehen, nach denen man selbst strebt, ist Größe.

Ebner-Eschenbach, Aphorismen

Kleine Menschen mögen auf ihre Genossen neidisch sein; wahrhaft große Männer suchen einander auf und lieben sich.

Smiles,
Der Charakter, Gesellschaft und Beispiel

Wenn der Rab' schweigend essen könnt',
so wär' niemand, der's ihm mißgönnt.

Rollenhagen, Froschmeuseler

Hoffnung

Die Hoffnung führt ihn ins Leben ein,
sie umflattert den fröhlichen Knaben,
den Jüngling locket ihr Zauberschein,
sie wird mit dem Greis nicht begraben;
denn beschließt er im Grabe den müden Lauf,
noch am Grabe pflanzt er die Hoffnung auf.

Schiller, Hoffnung

Dum spiro, spero. Solange ich atme, hoffe ich.

Sprichwort

Der Lebende soll hoffen. (Mephistopheles)

Goethe, Faust 2, IV, Hochgebirg

Hoffnung wohnt bei den Menschen als
einzig tröstende Gottheit.
Alle verließen uns sonst, heim zum
Olympos gewandt:
Fern ist die mächtige Treu, auch fort
von den Männern der weise
Sinn, und die Chariten, Freund, ha-
ben die Erde geräumt.

Theognis, Gnomen 1133

Hoffnung ist der Anker der Welt.

Bantuweisheit

Ein Wesen regt sich leicht und unge-
zügelt:
Aus Wolkendecke, Nebel, Regenschauer
erhebt sie uns, mit ihr, durch sie beflügelt.
Ihr kennt sie wohl, sie schwärmt durch
alle Zonen —
ein Flügelschlag — und hinter uns
Äonen!

Goethe, Urworte Orphisch, Hoffnung

Hoffnung ist schnell und fliegt mit
Schwalben-Schwingen. (Richmond)

Shakespeare, König Richard III. V, 2

Die Hoffnung freuet manchen Mann,
der Herzensfreude nie gewann.

Freidank, Bescheidenheit

Wer von der Hoffnung lebt, der tanzt
ohne Musik.

Aus Großbritannien

Hoffnung auf Genuß ist fast soviel
als schon genoßne Hoffnung. (Northumberland)

Shakespeare, König Richard II. II, 3

Schöner
selbst als der vollste Besitz
ist die Erwartung des Glücks.

Geibel, 7. Elegie

Etwas fürchten und hoffen und sorgen
muß der Mensch für den kommenden
Morgen,
daß er die Schwere des Daseins ertrage
und das ermüdende Gleichmaß der
Tage. (Cajetan)

Schiller, Die Braut von Messina I, 8

Die Armut und die Hoffnung sind
Mutter und Tochter. Indem man sich
mit der Tochter unterhält, vergißt man
die andere.

Jean Paul, Aphorismen

Hoffnung aber läßt nicht zu Schanden
werden.

Römer 5,5

Im Elend bleibt kein anderes Hei-
lungsmittel
als Hoffnung nur. (Claudio)

Shakespeare, Maß für Maß III, 1

Die Hoffnung, so trügerisch sie ist,
dient wenigstens dazu, uns auf ange-
nehmem Weg an das Ende des Lebens
zu führen.

La Rochefoucauld, Reflexionen

Wer immer hofft, stirbt singend.

Aus Italien

Was wäre das Leben ohne Hoffnung!

Hölderlin, Hyperion

Wenn die Hoffnung uns verläßt,
geht sie, unser Grab zu graben.

Carmen Sylva

Das Alter ist nicht trübe, weil darin
unsere Freuden, sondern weil unsere
Hoffnungen aufhören.

Jean Paul, Titan 2

Die Hoffnungen guter Menschen sind
Prophezeiungen, die Besorgnisse
schlechter sind es auch.

Börne, Fragmente und Aphorismen

Hoffnung bedeutet ausharren, aber
nicht erfüllen.

Peltzer, An den Rand geschrieben

Vitae summa brevis spem nos vetat
inchoare longam. Die kurze Summe
des Lebens verbietet uns, eine lange
Hoffnung anzufangen.

Horaz, Oden I, 4

Wie die Schienbeine darf man auch die
Hoffnungen nicht zu weit ausstrecken.

Epiktet, Fragmente

Hoffnung ist oft ein Jagdhund ohne
Spur. (Pistol)

Shakespeare,
Die lustigen Weiber von Windsor II, 1

Hoffen und Harren
macht manchen zum Narren.

Ovid, Heroiden 16, 234

Auf der Wiese der Hoffnung weiden
viele Narren.

Aus Rußland

Je kleiner die Eidechse, umso größer
ihre Hoffnung, ein Krokodil zu werden.

Aus Abessinien

Auch der Pfahl hofft bei des Frühlings
Rückkehr, daß er grünen werde.

Aus Finnland

Auch der demütigste Mensch glaubt
und hofft innerlich immer mehr, als
er auszusprechen wagt.

Gottfried Keller, Briefe

Hoffnung macht mehr Betrogene als
Schlauheit.

Vauvenargues

Die Hoffnung ist ein Scharlatan, der
uns ohne Unterlaß betrügt, und, was
mich betrifft, so hat mein Glück erst
begonnen, nachdem ich sie verloren
habe.

Chamfort

Die, welche mittels Streben und Hoffen nur in der Zukunft leben, immer vorwärtssehen und mit Ungeduld den kommenden Dingen entgegeneilen, als welche allererst das wahre Glück bringen sollen, inzwischen aber die Gegenwart unbeachtet und ungenossen vorbeiziehen lassen, sind trotz ihrer altklugen Mienen jenen Eseln in Italien zu vergleichen, deren Schritt dadurch beschleunigt wird, daß an einem ihrem Kopf angehefteten Stock ein Bündel Heu hängt, welches sie daher stets dicht vor sich sehn und zu erreichen hoffen.

Schopenhauer,
Aphorismen zur Lebensweisheit V, 5

Das Menschenherz ist ein Kirchhof begrabener Hoffnungen.

Peter Sirius

Seelenruhe bekommt man, wenn man aufhört, zu hoffen.

Aus Arabien

In den Ozean schifft mit tausend Masten der Jüngling; still, auf gerettetem Boot, treibt in den Hafen der Greis.

Schiller, Erwartung und Erfüllung

Hoffnung und Furcht sind untrennbar.

La Rochefoucauld,
Brief an Madame de Sablé

Von den beiden Universallastern ist Furcht leichter loszuwerden als Hoffnung.

Rathenau

Die Hoffnung befeuert den Weisen, aber sie narrt den Vermessenen und den Trägen, die gedankenlos auf ihren Versprechungen ausruhen.

Vauvenargues, Reflexionen

Bitten

Die Menschen sind da, um einander zu helfen, und wenn man eines Menschen Hülfe in rechten Dingen nötig hat, so muß man ihn dafür ansprechen. Das ist der Welt Brauch und heißt noch lange nicht betteln.

Gotthelf

Was bedürften wir irgend der Freunde, wenn wir ihrer niemals bedürften? Sie wären ja die unnützesten Geschöpfe auf der Welt, wenn wir sie nie gebrauchten, und glichen lieblichen Instrumenten, die in ihren Kästen an der Wand hängen und ihre Töne für sich selbst behalten. (Timon)

Shakespeare, Timon von Athen I, 2

Sage mir, wo es dich juckt, wenn du wünschst, daß ich dich kratze!

Aus Vietnam

Für den, der eine Krankheit verbirgt, gibt es kein Medikament.

Aus Abessinien

Wer selber verzagt im Bitten, macht den andern beherzt im Abschlagen.

Sprichwort

Sollte der Mann, welchen du mit deiner Bitte angegangen, karg oder geizig sein, so bitte ihn zur Zeit der Trunkenheit: Denn Geizige sind freigebig, wenn sie trunken sind. Am andern Tage bereuen sie es freilich, aber du hast doch dein Anliegen zustande gebracht.

Buch des Kabus 30, Das Verdienst, Verbrechen zu verzeihen

Man geht besser zum Schmied als zum Schmiedlein.

Sprichwort

Die Gründe angeben, warum man bittet, ist auch eine Bitte, und zwar die wirksamste von allen.

Plinius, Brief an Priscus

Lehrt ihn, daß, wenn Jungfraun flehn, die Männer
wie Götter geben! (Lucio)

Shakespeare, Maß für Maß I, 5

Ein Weib hat
immer ein Künstchen bereit, wie den Geliebten sie rupft.

Ovid, Liebeskunst 1, 418

Überlege einmal, bevor du gibst, zweimal, bevor du annimmst, und tausendmal, bevor du verlangst!

Ebner-Eschenbach, Aphorismen

Nichts teurer ist denn das, was man mit Bitten erkauft.

Christoph Lehmann,
Politischer Blumengarten 3, 12

Bittet man den Bauern, so schwillt ihm der Bauch.

Aus Frankreich

Wer für andre bittet, hat, wie mir scheint, die Zuversicht eines Menschen, welcher Gerechtigkeit fordert. Wenn man dagegen für sich selbst spricht oder handelt, so ist man verlegen und verschämt wie einer, der um eine Gnade bittet.

La Bruyère, Charaktere 8, Vom Hofe

Der großgesinnte Mensch wird überhaupt nicht oder ungern einen andern um etwas bitten, dagegen gern selber Hilfe leisten.

Aristoteles, Nikomachische Ethik III, 7

Es ist ein hartes, lästiges, nur mit niedergeschlagenem Blick auszusprechendes Wort: Ich bitte. Das muß man einem Freunde und einem jeden, den man sich durch zuvorkommendes Verdienst zum Freunde machen will, erleichtern.

Seneca, Von den Wohltaten 2, 3

Wer eine Not erblickt und wartet, bis er um Hilfe gebeten wird, ist ebenso schlecht, als ob er sie verweigert hätte.

Dante

Bitte nie! Laß dies Gewimmer!
Nimm, ich bitte dich, nimm immer!

Nietzsche, Fröhliche Wissenschaft,
Scherz, List und Rache 17

Mich rührten Bitten, bät ich, um zu rühren. (Cäsar)

Shakespeare, Julius Cäsar III, 1

Sag nicht „Nein", bevor du gefragt wirst!

Aus Großbritannien

Freundlich abschlagen ist besser als unwillig geben.

Sprichwort

Kurz abschlagen ist eine Freundschaft erweisen.

Sprichwort

Man spricht vergebens viel, um zu versagen;
der andre hört von allem nur das Nein. (Thoas)

Goethe, Iphigenie I, 3

Betteln

Ein schamhafter Bettler ist elend.

Homer, Odyssee XVII, 578

Nein! Wenn ich dir etwas gebe, bettelst du umso mehr. Der erste, der seine Hand auftut, ist schuld an deiner Gemeinheit, weil er dich zum Faulenzer machte.

Plutarch, Königs- und Feldherrnsprüche,
Ein Spartaner zu einem Bettler

Wer drei Tage lang gebettelt hat, kann nicht mehr davon lassen.

Aus Japan

Denn dieser verhungerte Bettler
sitzt da, nach Speise und Wein heißhungrig; aber zur Arbeit
hat er nicht Lust noch Kraft, die verworfene Last der Erde.

Homer, Odyssee XX, 377

Siehst du also irgendwo in einem Staat Bettler, so steht es fest, daß sich dort auch Diebe, Beutelschneider, Tempelräuber und Meister in allen andern Schandtaten versteckt halten.

Platon, Staat VIII, 7

Bettler aber sollte man ganz abschaffen! Wahrlich, man ärgert sich, ihnen

zu geben, und ärgert sich, ihnen nicht
zu geben.

Nietzsche, Zarathustra II,
Von den Mitleidigen

Dem Armen hilf, den Bettler verjag!

Sprichwort

Borgen

Ein Freund, von dem man nichts borgen kann, gleicht einem Messer, das
nicht schneidet.

Aus Rußland

Wenn du den Wert des Geldes kennenlernen willst, versuche, dir welches zu
borgen!

Benjamin Franklin

Bitte keinen zweimal, der Dir nicht
borgen will!

Gottfried Keller, Der grüne Heinrich

Lieber seine alten Kleider flicken als
neue borgen.

Aus Persien

Lieber gewaschene als geborgte Kleider.

Aus Japan

In geborgtem Geld ist kein Segen.

Gottfried Keller

Gegessenes Brot ist schwer zu verdienen.

Aus Polen

Der Reiche herrscht über die Armen,
und wer borgt, ist ein Knecht dessen,
der ihm leiht.

Sprüche Salomos 22,7

Wer sich in Schulden steckt, gibt andern ein Recht über seine Freiheit.

Benjamin Franklin,
Die Kunst, reich zu werden.

Borgst du dir Spreu von einem Reichen, mußt du ihm Weizen zurückgeben.

Aus Finnland

Borgen und Schmausen
enden mit Grausen.

Sprichwort

Willst du dir einen zum Feinde machen, dann borge dir Geld von ihm!

Aus Rußland

Schulden werden erst schön durch Bezahlen.

Aus Rußland

Mensch bezahle deine Schulden,
lang ist ja die Lebensbahn,
und du mußt noch manchmal borgen,
wie du es so oft getan.

Heine, Buch der Lieder, Die Heimkehr 36

Diebstahl

Die Sonn' ist Dieb, beraubt durch
ziehnde Kraft
die weite See. Ein Erzdieb ist der
Mond,
da er wegschnappt sein blasses Licht
der Sonne.
Das Meer ist Dieb, des nasse Woge
auflöst
den Mond in salz'ge Tränen. Erd' ist
Dieb,
sie zehrt und zeugt aus Schlamm nur,
weggestohlen
von allgemeinem Auswurf: Dieb ist
alles.
Gesetz, euch Peitsch' und Zaum, stiehlt
trotzig selbst
und ungestraft. (Timon)

Shakespeare, Timon von Athen IV, 3

Aneignen nennt es der Gebildete. (Pistol)

Shakespeare,
Die lustigen Weiber von Windsor I, 3

Der Affe stiehlt, weil er nicht arbeitet.

Pygmäenweisheit

Den Weibern und dem Spiel zuliebe
wurde mancher Mann zum Diebe.

Freidank, Bescheidenheit

Gelegenheit macht Diebe.

Sprichwort

Das Loch lockt den Dieb herbei.

Aus Israel

Wer in den Honigtopf greift, schleckt
sich auch die Finger ab.

Aus Bulgarien

Wer ein Ei stiehlt, stiehlt ein Kamel.

Aus Arabien

Diebe ruhen nie, Wächter ab und zu.

Aus Japan

Seine Diebereien waren zu offenbar.
Sein Mausen war wie ein ungeschick-
ter Sänger: Er hielt kein Tempo. (Falstaff)

Shakespeare,
Die lustigen Weiber von Windsor I, 3

Wer nach fremder Wolle ausgeht,
kommt geschoren nach Hause.

Aus Jugoslawien

Der Dieb hat das Herz eines Hasen.

Aus Rußland

Angst erfaßt des Diebs Gemüt,
wenn er die Leute flüstern sieht.

Freidank, Bescheidenheit

Dem Diebe brennt die Mütze auf dem
Kopf.

Aus Rußland

Habt Dank ihr Dietriche, ihr seid der
      Trost der Welt.
Durch euch erlang ich ihn, den großen
      Dietrich Geld! (Söller)

Goethe, Die Mitschuldigen II, 1

Die heimlichen Diebe sind auf den
Galeeren, die öffentlichen in den Palästen.

Aus Frankreich

Die Räuber von Geld werden hinge-
richtet, die Räuber von Ländern zu
Königen gemacht.

Aus Japan

Die kleinen Diebe, die müssen hangen.
Die großen mit güldenen Ketten pran-
      gen.

Rollenhagen, Froschmäuseler 2, 2

Kleine Diebe hängt man; die großen
werden geehrt.

Aus Rußland

Ein Dieb, den das Stehlen reich gemacht hat, gilt als Gentleman.

Aus Großbritannien

Zum Raube lächeln, heißt den Dieb
      bestehlen. (Herzog)

Shakespeare, Othello I, 3

Erfüllung

Wer steht auf vom Mahl
mit gleicher Eßlust, als er niedersaß?
Wo ist das Pferd, das seine lange Bahn
zurückmißt mit dem ungedämpften
      Feuer,
womit es sie betreten? Jedes Ding
wird mit mehr Trieb erjaget als genossen. (Graziano)

Shakespeare,
Der Kaufmann von Venedig II, 6

Keine Küche gleicht dem Appetit.

Aus Frankreich

Des Genusses wandelbare Freuden
rächet schleunig der Begierde Flucht.

Schiller, Das Ideal und das Leben

Jede Freude
endigt sich mit dem Genuß.

Goethe, Lyde

So tauml ich von Begierde zu Genuß,
und im Genuß verschmacht ich nach
      Begierde. (Faust)

Goethe, Faust 1, Wald und Höhle

Dem Satten schmeckt das Beste nicht.

Sprichwort

Alles wird man ja satt, des Schlafes
      sogar und der Liebe,
auch des süßen Gesangs und bewun-
      derten Reigentanzes.

Homer, Ilias XIII, 636

Man wird des Guten und auch des
Besten, wenn es alltäglich zu sein beginnt, bald satt.

Lessing, Das Testament Johannes

Es ist der Fluch der Vornehmen, daß
sich ihnen die höchsten irdischen Genüsse in kahle, schale Bedürfnisse, die
sie immer befriedigen können, um-
setzen.

Hebbel, Tagebücher, 27. 3. 1838

Befriedigung des Bedürfnisses ist nur
Abhilfe eines Übels, also immer etwas
Negatives. Das wahre Vergnügen aber,
körperlich und geistig, muß etwas Po-
sitives sein.

Wilhelm von Humboldt,
Briefe an eine Freundin, 26. 5. 1823

Oft schlägt Erwartung fehl und dann
zumeist,
wo sie gewissen Beistand uns verheißt,
und wird erfüllt, wo Hoffnung längst
erkaltet,
wo Glaube schwand und die Verzweiflung waltet. (Helena)

Shakespeare, Ende gut, alles gut II, 1

Begehrt ein seidenes Kleid, und ihr
werdet einen Ärmel davon erhalten.

Aus Schottland

Wer die Wärme liebt, muß den Rauch
dulden.

Aus Rußland

Wer ein Maultier ohne Fehler möchte,
gehe zu Fuß!

Aus Spanien

Was Du erlangen kannst, das stillt
nicht Dein Verlangen.
Was Dein Verlangen stillt, das kannst
Du nicht erlangen.

Rückert

Was kann die Welt mir wohl gewähren?
Entbehren sollst du! Sollst entbehren!
Das ist der ewige Gesang,
der jedem an die Ohren klingt,
den, unser ganzes Leben lang,
uns heiser jede Stunde singt. (Faust)

Goethe, Faust 1, Studierzimmer

Ach, der Himmel über mir
will die Erde nie berühren,
und das Dort ist niemals hier.

Schiller, Der Pilgrim

Alle Menschen werden in ihren Hoffnungen getäuscht, in ihren Erwartungen betrogen.

Goethe, Die Leiden des jungen Werthers,
4. 8. 1772

Alle anderen Enttäuschungen sind gering im Vergleich zu denen, die wir
an uns selbst erleben.

Ebner-Eschenbach, Aphorismen

Du hast gehofft, dein Lohn ist abge-
tragen.
Dein Glaube war dein zugewognes
Glück.

Schiller, Resignation

Gäbe es Wesen, die den Menschen alle
Wünsche erfüllen, so wären das keine
Götter, sondern Dämonen.

Friedrich Georg Jünger

Was ist Erfüllung? Vernichtung des
Wünschens. Dies begreifet nur recht,
so werdet ihr nicht ein sattes Jenseits
begehren, sondern euch des Todes, der
edelsten Erfüllung, getrösten.

Rathenau

Unsere Wünsche sind Vorgefühle der
Fähigkeiten, die in uns liegen, Vorboten desjenigen, was wir zu leisten
imstande sein werden. Was wir können und möchten, stellt sich unserer
Einbildungskraft außer uns und in
der Zukunft dar; wir fühlen eine
Sehnsucht nach dem, was wir schon im
Stillen besitzen. So verwandelt ein lei-
denschaftliches Vorausergreifen das
wahrhaft Mögliche in ein erträumtes
Wirkliches.

Goethe,
Dichtung und Wahrheit IX

Im Leben ist's wie am Himmel: Eben
dadurch, daß Sternbilder auf der einen
Seite untersinken, müssen neue auf der
anderen herauf.

Jean Paul

Genuß

Mein Grundsatz ist: Genießen, was
ich habe, und von dem mäßigen Haufen nehmen, was ich brauche, unbe-
kümmert, was dereinst mein Erbe sagen werde.

Horaz, Episteln II, 2

Gewöhne dich, da stets der Tod dir
dreut,
dankbar zu nehmen, was das Leben
beut!

Bodenstedt,
Vermischte Gedichte und Sprüche 5

Ich genieße alles dankbar, was von
außen kommt, aber ich hänge an
nichts.

Wilhelm von Humboldt

Wenn wir immer ein offenes Herz hätten, das Gute zu genießen, das uns
Gott für jeden Tag bereitet, wir würden alsdann auch Kraft genug haben,
das Übel zu tragen, wenn es kommt.

Goethe,
Die Leiden des jungen Werthers,
1. 7. 1771

Die Gaben der Natur und des Glücks
sind nicht so selten wie die Kunst, sie
zu genießen.

Vauvenargues, Nachgelassene Maximen

Die Seele vom Genuß, o Freund, ist
dessen Kürze.

Rückert

Langsam in dem Lauf der Horen
füget sich der Stein zum Stein,
schnell, wie es der Geist geboren,
will das Werk empfunden sein.

Schiller, Die Gunst des Augenblicks

Bei der Arbeit recht Beginnen,
beim Genießen rechter Schluß!

Geibel, Sprüche 52

Des Honigs Süße verdrießet,
so man zuviel genießet.

Freidank, Bescheidenheit 55

Dem Unersättlichen in jeglichem Genuß
wird selbst das Glück zum Überdruß.

Ludwig Bechstein

Wer die materiellen Genüsse des Lebens seinen idealen Gütern vorzieht,
gleicht dem Besitzer eines Palastes,
der sich in den Gesindestuben einrich-
tet und die Prachtsäle leerstehen läßt.

Ebner-Eschenbach, Aphorismen

Die höchsten, die mannigfaltigsten und
die anhaltendsten Genüsse sind die geistigen, wie sehr auch wir, in der Jugend, uns darüber täuschen mögen.

Schopenhauer,
Aphorismen zur Lebensweisheit I

Es gibt eigentlich gar keinen Genuß
anders als im Gebrauch und Gefühl
der eigenen Kräfte, und der größte
Schmerz ist wahrgenommener Mangel
an Kräften, wo man ihrer bedarf.

Schopenhauer,
Welt als Wille und Vorstellung I, 4, 55

Die Probe eines Genusses ist seine Erinnerung.

Jean Paul, Kampaner Tal

Der Kultivierte bedauert nie einen
Genuß. Der Unkultivierte weiß überhaupt nicht, was ein Genuß ist.

Wilde

Jegliche Stunde predigt aufs Neue die
alte Erfahrung,
daß des Lebens Genuß nicht im Genusse besteht.

Reichel

Der Tor läuft den Genüssen des Lebens
nach und sieht sich betrogen. Der
Weise vermeidet die Übel.

Schopenhauer,
Aphorismen zur Lebensweisheit V, 1

Es ist wirklich die größte Verkehrtheit, diesen Schauplatz des Jammers
in einen Lustort verwandeln zu wollen und statt der möglichsten Schmerzlosigkeit Genüsse und Freuden sich
zum Ziele zu stecken.

Schopenhauer,
Aphorismen zur Lebensweisheit V, 1

Genießen macht gemein. (Faust)

Goethe, Faust 2, IV, Hochgebirg

Statt heißem Wünschen, wildem Wollen,
statt lästgem Fordern, strengem Sollen
sich aufzugeben ist Genuß.

Goethe, Eins und alles

Zufriedenheit

Genieße, was dir Gott beschieden,
entbehre gern, was du nicht hast!
Ein jeder Stand hat seinen Frieden,
ein jeder Stand auch seine Last.

Gellert,
Zufriedenheit mit seinem Zustande

Zufriedenheit mit seiner Lage ist der
größte und sicherste Reichtum.

Cicero, Paradoxen 6, 3

Bist Du ein König, wo ist Deine
Krone? (Förster)
Im Herzen trag' ich sie, nicht auf dem
Haupt,
nicht mit Demanten prangend und
Gestein,
noch auch zu sehn: Sie heißt Zufrie-
denheit,
und selten freun sich Könige dieser
Krone. (König Heinrich)

Shakespeare,
König Heinrich VI. Dritter Teil III, 1

Sich mit wenigem begnügen ist schwer,
sich mit vielem begnügen unmöglich.

Ebner-Eschenbach, Aphorismen

Was frag ich viel nach Geld und Gut,
wenn ich zufrieden bin?

Martin Miller, Zufriedenheit

Wer wohl zufrieden ist, ist wohl bezahlt. (Porzia)

Shakespeare,
Der Kaufmann von Venedig IV, 1

Reich genug ist, wer zufrieden ist.

Aus Frankreich

„So still und so sinnig!
Es fehlt dir was, gesteh es frei!"
Zufrieden bin ich,
aber mir ist nicht wohl dabei.

Goethe, Zahme Xenien I

Am Ziele deiner Wünsche wirst du jedenfalls eines vermissen: Dein Wandern zum Ziel.

Ebner-Eschenbach, Aphorismen

Von Jugend auf verwöhnt durch's
            Glück und seine Gaben,
hat man, so viel man braucht, und
glaubt, noch nichts zu haben. (Sophie)

Goethe, Die Mitschuldigen I, 2

Wie ein ungezogenes, launisches Mäd-
                        chen
schmollst du mit deinem Glück und
                deiner Liebe.
O hüte dich; denn solche sterben elend!
                            (Lorenzo)

Shakespeare, Romeo und Julia III, 3

Die meisten Leute machen sich selbst
bloß durch übertriebene Forderungen
an das Schicksal unzufrieden.

Wilhelm von Humboldt,
Briefe an eine Freundin, 5. 5. 1832

Die Güter, auf welche Anspruch zu
machen einem Menschen nie in den
Sinn gekommen ist, entbehrt er durchaus nicht, sondern ist, auch ohne sie,
völlig zufrieden; während ein anderer,
der hundertmal mehr besitzt als er,
sich unglücklich fühlt, weil ihm eines
abgeht, darauf er Anspruch macht.

Schopenhauer,
Aphorismen zur Lebensweisheit III

Die Frau ist mit wenigem zufrieden.
Vorausgesetzt, daß die anderen noch
etwas weniger haben.

Alec Guinnes

Ein Einäugiger wird Gott erst in dem
Moment danken, da er einem Blinden
begegnet.

Aus Nigeria

Unzufriedenheit mit dem Schicksal
kommt vielfach daher, weil man
glaubt, das Leben sei für den andern
leichter als für uns selbst.

Emil Oesch

Unzufriedenheit ist Dummheit.

Otto Julius Bierbaum

Die meisten Menschen sind unzufrieden, weil die wenigsten wissen, daß
der Abstand zwischen Eins und Nichts
größer ist als der zwischen Eins und
Tausend.

Börne, Der Narr im Weißen Schwan

Wer nicht mit dem zufrieden ist, was
er hat, der wäre auch nicht mit dem
zufrieden, was er haben möchte.

Auerbach, Auf der Höhe

Unzufriedenheit ist der erste Schritt
in der Entwicklung von Menschen und
Völkern.

Wilde

Mäßigkeit

So schönes Wetter — und ich noch
dabei!

Wilhelm Raabe

Wenn man auch allen Sonnenschein
wegstreicht, so gibt es doch noch den
Mond und die hübschen Sterne und
die Lampe am Winterabend. Es ist
soviel schönes Licht in der Welt.

Raabe

Werdet ihr in jeder Lampe Brennen
fromm den Abglanz höhern Lichts erkennen,
soll euch nie ein Mißgeschick ver-
wehren,
Gottes Thron am Morgen zu verehren.

Goethe, Divan, Buch des Parsen,
Vermächtnis altpersischen Glaubens

Nähre dich von Brot und Butter, bis
Gott dir den Schinken dazu gibt!

Aus Marokko

Genügsamkeit ist großer Gewinn.

Aus Indien

Besser einen Spatz in der Hand, als
eine Taube auf dem Dach.

Sprichwort

Wer barfuß geht, den drücken die
Schuhe nicht.

Sprichwort

Genieße mäßig Füll und Segen;
Vernunft sei überall zugegen,
wo Leben sich des Lebens freut.
Dann ist Vergangenheit beständig,
das Künftige voraus lebendig,
der Augenblick ist Ewigkeit.

Goethe, Vermächtnis

Das Wasser nimmt nicht mehr Platz
ein, als es wirklich bedarf. So gleicht
es der Mäßigung.

Konfuzius

Bemerke, wie die Tiere das Gras ab-
rupfen! So groß ihre Mäuler auch sein
mögen, sie tun der Pflanze selbst nie
etwas zuleide, entwurzeln sie niemals.
So handle auch der starke Mensch
gegen alles, was Natur heißt, sein eigenes Geschlecht voran. Er verstehe
die Kunst, vom Leben zu nehmen,
ohne ihm zu schaden.

Morgenstern, Stufen, Ethisches, 1909

Das Wasser, das du nicht trinken
kannst, laß fließen!

Aus Mexiko

Alle Guten sind genügsam.

Goethe, Divan, Buch des Paradieses,
Anklang

Verlasse das Fest, wenn es dir am besten gefällt!

Aus Italien

Mäßigkeit wird alt,
Zuviel stirbt bald.

Sprichwort

Mäßigung und Enthaltsamkeit sind das sicherste Verwahrungsmittel gegen Überdruß und Erschlaffung.

Wieland

Es ist leichter, einer Begierde ganz zu entsagen, als in ihr Maß zu halten.

Nietzsche

Du sprichst: Mich reizet Obst nicht
mehr.
O, laß doch schauen!
Du hast gewiß den Zahn nicht mehr
zum Apfelkauen.

Rückert, Erbauliches und Beschauliches
aus dem Morgenlande II

Wer sich den Magen verdorben hat,
lobt die Mäßigkeit.

Hans Marbach

Mäßigkeit im Glück ist Scheu vor der Scham, die auf den Übermut folgt, und Angst, zu verlieren, was man hat.

La Rochefoucauld,
Unterdrückte Maximen

Mäßigkeit bei Schwachen ist Mittelmäßigkeit.

Vauvenargues, Reflexionen

Die Mäßigkeit ist gut und fein,
nur darf sie nicht unmäßig sein.

Verfasser unbekannt

Schrecklich sind die Anspruchslosen. Die nichts fordern, gewähren auch nichts.

Peter Hille, Aphorismen

Entsagung

Prüft das Geschick dich, weiß es wohl
warum:
Es wünschte dich enthaltsam. Folge
stumm!

Goethe, Divan, Buch der Sprüche

Sustine et abstine! Leide und meide!

Sprichwort nach Epiktet

Wer weiß zu leben? Wer zu leiden
weiß.
Wer zu genießen? Wer zu meiden weiß.

David Friedrich Strauß,
Der alte und der neue Glaube

Was sich einer versagt, so viel mehr schenken ihm die Götter.

Horaz

Enthaltsamkeit ist das Vergnügen
an Sachen, welche wir nicht kriegen.

Busch, Die Haarbeutel, Einleitung

Was wir aufgeben, müssen wir mit
freier Wahl aufgeben, nicht wie der
Fuchs die Trauben.

Gottfried Keller, Der grüne Heinrich

Der Baum der Enthaltsamkeit hat die
Genügsamkeit zur Wurzel und die Zufriedenheit zur Frucht.

Diderot

Unser Wille würde niemals befriedigt
werden, gewänne er alles, was er verlangt. Sofort aber ist er befriedigt,
wenn man entsagt.

Pascal

Die meisten großen Fortschritte im inneren Menschenleben werden durch
eine Entsagung eingeleitet, die ihren
Preis bildet.

Carl Hilty

Aller Größe Keim, er heißt Entsagung.

Fontane

Fortwährendem Entbehren folgt
Stumpfheit ebenso gewiß wie übermä-
ßigem Genuß.

Ebner-Eschenbach, Aphorismen

Das Mahl, den Scherz, den süßen
            Schlummer wehren,
verwirrt den Geist und muß den Sinn
            zerstören. (Äbtissin)

Shakespeare,
Die Komödie der Irrungen V, 1

XXVII. Kapitel

Werte
Besitz
Eigentum
Reichtum
Überfluß
Geld
Gold
Sparsamkeit
Geiz
Verschwendung
Verlust
Armut

Werte

Ein lebendiger Hund ist besser als ein toter Löwe.

Prediger Salomo 9, 4

Ein Hund zur Hand ist besser als ein Bruder weit weg.

Aus Persien

Ein Esel, der mich trägt, ist mir mehr wert als ein Pferd, das nach mir schlägt.

Aus der Mongolei

Nach drei Jahren ist auch das Unbrauchbare zu gebrauchen.

Aus Japan

Wo Honig ist, da gibt es Fliegen.

Aus Rußland

Zum guten Brunnen ist der Weg betreten.

Aus Galizien

Was hat wohl andern Wert, als wir es schätzen ? (Troilus)

Shakespeare, Troilus und Cressida II, 2

Die Dinge haben nur den Wert, den man ihnen verleiht.

Molière

Die Stimmung ist alles im menschlichen Leben. Sie macht aus Steinen Gold und macht aus Gold Steine.

Laube

Dem Mutlosen gilt alles nichts, dem Mutigen wenig viel.

Gotthelf

Der Mensch rechnet immer das, was ihm fehlt, dem Schicksal doppelt so hoch an wie das, was er besitzt.

Gottfried Keller

Die Ferne, welche dem Auge die Gegenstände verkleinert, vergrößert sie den Gedanken.

Schopenhauer,
Aphorismen zur Lebensweisheit V, 5

Des Nachbarn Henne scheint uns eine Gans.

Aus der Türkei

Der Fisch, den man nicht fängt, ist immer groß.

Aus China

Verboten Wasser ist süßer als offen Wein.

Freidank, Bescheidenheit

Nie mag ein Gut ja, welches er in Händen hält,
der Tor erkennen, bis es ihm entwunden ist. (Tekmessa)

Sophokles, Aias 919

Was Du am meisten liebst, erkennst Du
beim Verlust.

Aus Polen

So geschieht's,
daß, was wir haben, wir nach Wert
                    nicht achten,
solange wir's genießen. Ist's verloren,
dann überschätzen wir den Preis.

(Mönch)

Shakespeare, Viel Lärmen um Nichts IV, 1

Alles auf der Welt hat sein zweites
Gesicht: Die Natur, die Kultur, die
Religion, die Kunst, die Politik, die
Liebe, alles. Wer das nicht weiß, ist
glücklich. Ich weiß es.

Löns, Das zweite Gesicht

Sogar eine weiße Lilie wirft einen
schwarzen Schatten.

Aus Ungarn

Wat den Eenen sin Uhl', is den An-
nern sin Nachtigall.

Fritz Reuter, Stromtid

Brennt der Bart, so zünden andere
ihre Pfeife daran an.

Aus den USA

Das Feuer, das den Leib erwärmt,
kann auch den Leib verbrennen.

Pygmäenweisheit

Die größte Weltklugheit besteht darin,
den Preis der Dinge zu kennen.

La Rochefoucauld, Reflexionen

Heute kennt man von allem den Preis,
von nichts den Wert.
(Lord Darlington)

Wilde, Lady Windermeres Fächer III

Besitz

Gut will zu Gut.

Sprichwort

Dem Armen läuft die Armut nach, dem
Reichen der Reichtum.

Jüdisches Sprichwort

Sei im Besitze und du wohnst im
                    Recht,
und heilig wird's die Menge dir bewahren. (Wallenstein)

Schiller, Wallensteins Tod I, 4

Der Besitzstand ist geheiligt, weil wir
gesellschaftlich vereinigt sind, und wir
sind gesellschaftlich vereinigt, weil der
Besitzstand geheiligt ist.

Pestalozzi,
Entwicklung des Menschengeschlechtes

Der eine hat den Dill, der andere die
Gurken.

Aus Rußland

Nur durch Gebrauch wird etwas besessen.

Lavater, Geheimes Tagebuch, 25. 1. 1769

Wer von seinem Vater einen Hügel ge-
erbt hat, sollte ihn erklimmen.

Aus Arabien

Was du wirklich besitzest, das wurde
dir geschenkt.

Ebner-Eschenbach, Aphorismen

Wir sollten das, was wir besitzen, bisweilen so anzusehen uns bemühen, wie
es uns vorschweben würde, nachdem
wir es verloren hätten, und zwar jedes, was es auch sei: Eigentum, Gesundheit, Freunde, Geliebte, Weib,
Kind, Pferd und Hund. Meistens belehrt erst der Verlust uns über den
Wert der Dinge.

Schopenhauer,
Aphorismen zur Lebensweisheit V, 14

Mancher weiß nicht, wie reich er ist,
bis er erfährt, was für reiche Menschen an ihm noch zu Dieben werden.

Nietzsche, Fröhliche Wissenschaft,
Aus der Erfahrung

Weniger schwer als erwerben ist's
nicht Erworbnes bewahren.

Ovid, Ars amandi II, 13

An Habe gewinnen heißt an Sein verlieren.

Lao-Tse, Tao-Teh-King 44

Male parta male dilabuntur. Unrecht
Gut gedeiht nicht.

Naevius

Unrecht Gut hat kurze Währ.
Der dritte Erbe sieht's nicht mehr.

Sprichwort

Alles ist eitel.

Prediger Salomo 1,2

Und all das Geld und all das Gut
gewährt zwar schöne Sachen,
Gesundheit, Schlaf und guten Mut
kann's aber doch nicht machen.

Matthias Claudius

Nicht an die Güter hänge dein Herz,
die das Leben vergänglich zieren!
Wer besitzt, der lerne verlieren,
wer im Glück ist, der lerne den
Schmerz! (Cajetan)

Schiller, Die Braut von Messina IV, 4

Non possidentem multa vocaveris
recte beatum. Nicht den, der viel besitzt, wirst du mit Recht glücklich
nennen.

Horaz, Oden IV, 9

Dem alles wohl gelingt in seinem Leben,
für den hat bald der Weltkreis nicht
mehr Raum.
Besitze nur, und bald wirst du entbehren. (Lodoiska)

Schiller, Demetrius 4

Der Besitz macht uns nicht halb so
glücklich, wie uns der Verlust unglücklich macht.

Jean Paul

Manche Leute haben nichts weiter von ihrem Vermögen als die Furcht, es zu verlieren.

Rivarol

Krösus' Reichtum ist so arm als Winter
für den, der immer fürchtet, er verarme. (Jago)

Shakespeare, Othello III, 3

Wenn der Pöbel aller Sorten
tanzet um die goldnen Kälber,
halte fest: Du hast im Leben
doch am Ende nur dich selber!

Storm, Für meine Söhne

Wo euer Schatz ist, da ist auch euer Herz.

Matthäus 6,21

Eigentum

Hüte dich, alles was du besitzest, als dein Eigentum zu betrachten!

Benjamin Franklin

Eigentum ist nur dasjenige, was keinen Ansprüchen und Gefahren unterworfen ist.

Buch des Kabus 24

Nicht die Blumen und Bäume, nur der Garten ist unser Eigentum.

Aus China

Ich weiß, daß mir nichts angehört
als der Gedanke, der ungestört
aus meiner Seele will fließen,
und jeder günstige Augenblick,
den mich ein liebendes Geschick
von Grund aus läßt genießen.

Goethe, Eigentum

Sei gewiß, daß nichts dein Eigentum sei, was du nicht in dir hast!

Matthias Claudius, Morgengespräch

Etwas muß er sein eigen nennen,
oder der Mensch wird morden und
brennen. (Erster Kürassier)

Schiller, Wallensteins Lager 11

Die Finger sind der Stolz der Hand.

Aus dem Senegal

Die fremde Flasche wird leer in drei Zügen, die eigene nicht in zehn.

Aus Lettland

Besser eigenes Brot als fremder Braten.

Sprichwort

Der Schnee auf meinem Schirm wiegt leicht; denn er gehört mir.

Aus Japan

Die Blumen des eigenen Gartens duften nicht so stark wie die wilden Blumen. Dafür halten sie länger.

Aus China

Eigentum bereitet Schmerzen.

Aus Arabien

Eigentum ist Diebstahl.

Proudhon, Was ist Eigentum?

Was einem angehört, wird man nicht los, und wenn man es wegwürfe.

Goethe,
Wilhelm Meisters Wanderjahre III,
Aus Makariens Archiv

Reichtum

Du trägst sehr leicht, wenn du nichts
hast,
aber Reichtum ist eine leichtere Last.

Goethe, Sprichwörtlich

Wenn ich sage, er ist ein guter Mann, so meine ich, versteht mich, daß er vermögend ist. (Shylock)

Shakespeare,
Der Kaufmann von Venedig I, 3

Der große Vorteil des Reichtums liegt darin, daß man sich keine Ratschläge mehr anzuhören braucht.

Sir Arthur Phelps

Kein Gott wirft dir den Reichtum in den Schoß. Er zeigt dir nur, wenn er dir wohlgesinnt ist, den Weg und die Quelle des Reichtums. Greifst du nicht zu, so klage den Gott nicht an, sondern deine eigene Schwäche.

Menander, Fragmente

Reichtum ist das geringste Ding auf Erden und die allerkleinste Gabe, die Gott einem Menschen geben kann. Darum gibt unser Herrgott gemeiniglich Reichtum den groben Eseln, denen er sonst nichts gönnt.

Luther, Deutsche Schriften

Wollt ihr wissen, woher ich's hab,
mein Haus und Hab?
Hab allerlei Pfiff ersonnen,
es mit Müh, Schweiß und Angst gewonnen.
Genug, ich bin reich,
drum — ich auf euch!

Goethe, Ein Reicher

Der Reichtum besteht nicht im Besitz von Schätzen, sondern in der Anwendung, die man von ihnen zu machen versteht.

Napoleon I.

Der eigentliche Sinn des Reichtums ist, freigebig davon zu spenden.

Pascal

Nur dem ist Reichtum gut, der ihn
mit gutem Fleiß
erworben hat und ihn gut anzuwenden weiß.

Rückert, Weisheit des Brahmanen 6

Der Edle benützt seinen Reichtum, um
sein Leben reicher zu gestalten. Der
Niedrigdenkende benützt sein Leben,
um zu Reichtum zu gelangen.

Konfuzius

Vorhandenes Vermögen soll man betrachten als eine Schutzmauer gegen
die vielen möglichen Übel und Unfälle, nicht als eine Erlaubnis oder gar
Verpflichtung, die Plaisiers der Welt
heranzuschaffen.

Schopenhauer,
Aphorismen zur Lebensweisheit III

Richtige Verwendung des Geldes, mit
strikter Ehrlichkeit, völliger, aufrich-
tiger Geringschätzung desselben als
Lebenszweck und doch richtiger Schätzung als Mittel, um höhere Ziele zu
erreichen, ist vielleicht eines der aller-
sichersten Anzeichen eines ganz durch-
gebildeten Menschen, während Jagen
nach Gewinn und Verehrung des
Reichtums am sichersten den Ungebildeten verrät.

Hilty

Edle Menschen sehen ihren geistigen
wie ihren materiellen Reichtum als ein
anvertrautes Gut an.

Ebner-Eschenbach, Aphorismen

Man braucht den Appetit des Armen,
um das Vermögen des Reichen zu genießen.

Rivarol

Einer ohne Krankheit ist glücklich,
einer, der keine Schulden hat, reich.

Aus Spanien

Den größten Reichtum hat, wer arm
ist an Begierden.

Seneca, Briefe 29

Am reichsten sind die Menschen, die
auf das meiste verzichten können.

Tagore

Viel haben ist nicht reich. Der ist ein
reicher Mann,
der alles, was er hat, ohn' Leid verlieren kann.

Angelus Silesius,
Der Cherubinische Wandersmann VI

Wer nichts zu verlieren hat, ist reich.

Aus China

Wenn ein niedrig Geborener Reichtum
erlangt, trägt er einen Schirm um Mitternacht.

Aus Indien

Einen Buddha kann man nachahmen,
aber keinen Reichen.

Aus Japan

Man muß nicht reicher scheinen wollen, als man ist. (Tellheim)

Lessing, Minna von Barnhelm III, 7

Des Reichtums Erwerb ist mit Mühe und Arbeit verbunden, sein Besitz von Furcht und sein Verlust von Schmerzen begleitet. Immer ermüdet und beschwert er die Seele.

Innocenz III.

Crescentem sequitur cura pecuniam. Dem wachsenden Reichtum folgt die Sorge.

Horaz, Oden III, 16

Es sind starke Beine, die den Reichtum tragen können.

Aus Holland

Der Reiche, wenn er viel von seiner Armut spricht, so glaub es ihm nur gern, er leugt wahrhaftig nicht.

Angelus Silesius,
Der Cherubinische Wandersmann

In dir muß Reichtum sein. Was du nicht in dir hast, wär's auch die ganze Welt, ist dir nur eine Last.

Angelus Silesius,
Der Cherubinische Wandersmann

Ein Reicher will überall den Herrn spielen und befindet sich nirgends wohl, wo er es nicht ist.

Rousseau, Emile II, 5

Reichtum gebietet, Tugend weicht ihm.

Aus Polen

Goldnem Dummkopf
duckt der gelehrte Schädel. (Timon)

Shakespeare, Timon von Athen IV, 3

Besitz verlockt zur Sünde, und die Anhäufung von Reichtümern entsittlicht den Menschen.

Tolstoj

Gesundheit und Reichtum bringen den Menschen um die Erfahrung des Leids und machen ihn hart gegen seine Mitmenschen.

La Bruyère

Je mehr ein Reicher und ein Aschenbecher ansammeln, desto schmutziger werden sie.

Aus Japan

Es ist leichter, daß ein Kamel durch ein Nadelöhr gehe, denn daß ein Reicher ins Reich Gottes komme.

Matthäus 19, 24

Die Verachtung des Reichtums war bei Philosophen ein Geheimnis, sich vor den Demütigungen der Armut zu schützen. Es war ein Umweg, um zu dem Ansehen zu gelangen, das sie durch Reichtum nicht besitzen konnten.

La Rochefoucauld, Reflexionen

Ein wahrer Philosoph verzeiht seinen Mangel an Vermögen der Gesellschaft mit derselben Ruhe, mit der ein reicher Bankier der Natur seinen Mangel an Geist nachsieht.

Rivarol

Viele Menschen verachten den Reichtum, aber wenige sind stark genug, darauf zu verzichten.

La Rochefoucauld, Reflexionen

Gut, weil ich noch ein Bettler, will ich schelten
und sagen, Reichtum sei die einzige Sünde.
Und bin ich reich, spricht meine Tugend frei:
Kein Laster geb' es außer Bettelei.
(Bastard)

Shakespeare, König Johann II, 1

Überfluß

Nach allem, was ich sehe, sind die eben so krank, die sich mit allzuviel überladen, als die bei nichts darben. (Nerissa)

Shakespeare,
Der Kaufmann von Venedig I, 2

Der Überfluß pflegt auch der Allerweisesten Verstand zu verblenden.

Kaiser Friedrich II.

Genug ist besser als zuviel.

Sprichwort

Überfluß kommt eher zu grauen Haaren, aber Auskommen lebt länger. (Nerissa)

Shakespeare,
Der Kaufmann von Venedig I, 2

Der Überfluß ist die Mutter der Langeweile.

Aus Schweden

Überfluß
und Friede zeugen Memmen. Drangsal ist
der Keckheit Mutter. (Imogen)

Shakespeare, Cymbeline III, 6

Luxus und allzu große Verfeinerung in den Staaten sind ein sicheres Zeichen ihres Unterganges, weil die einzelnen sich selbst nur so weit fördern konnten, wenn sie das allgemeine Wohl aus den Augen verloren.

La Rochefoucauld,
Unterdrückte Maximen

Besser nicht genug als zuviel.

Aus Japan

Geld

Gott will nicht, daß man nicht Geld und Gut haben und nehmen soll oder daß man es, wenn man's hat, wegwerfen solle, wie etliche Narren unter den Philosophen und tolle Heilige unter den Christen gelehrt und getan haben.

Luther

Non olet. (Geld) stinkt nicht.

Vespasian

Geld macht nicht glücklich, aber es gestattet uns, auf verhältnismäßig angenehme Weise unglücklich zu sein.

Aus Amerika

Immer und immer wieder hört man von den Übeln des Reichtumes und von der sündlichen Liebe zum Gelde, und doch hat sicherlich nächst dem Wissenstriebe keine andere Leidenschaft der Menschheit so viel Gutes getan.

Buckle

Mit Geld, Latein und einem guten Gaul kommt man durch ganz Europa.

Sprichwort

Wo Geld vorangeht, sind alle Wege offen. (Fluth)

Shakespeare,
Die lustigen Weiber von Windsor II, 2

Geld ist ein guter Soldat, mein Herr, und macht sich Bahn. (Falstaff)

Shakespeare,
Die lustigen Weiber von Windsor II, 2

Keine Festung ist so stark, daß Geld sie nicht einnehmen kann.

Cicero

Ein jeder Mensch hat seinen Preis.

Robert Walpole

Geld ist Königin
der Welt, schafft alles dir: Ein reiches
Weib,
Kredit und Freunde, Schönheit, Adel,
alles!
Die Überredung wohnt auf deinen
Lippen,
und Venus schmückt mit ihrem Gürtel
dich.

Horaz, Episteln I, 6

Jedoch ist es natürlich, wohl gar unvermeidlich, das zu lieben, was als ein unermüdlicher Proteus jeden Augenblick bereit ist, sich in den jedesmaligen Gegenstand unserer so wandelbaren Wünsche und mannigfaltigen Bedürfnisse zu verwandeln. Jedes andere Gut nämlich kann nur einem Wunsch, einem Bedürfnis genügen: Speisen sind bloß gut für den Hungrigen, Wein für den Gesunden, Arznei für den Kranken, ein Pelz für den Winter, Weiber für die Jugend usw. Sie sind folglich alle nur relativ gut. Geld allein ist das absolute Gute: Weil es nicht bloß einem Bedürfnis in concreto begegnet, sondern dem Bedürfnis überhaupt in abstracto.

Schopenhauer,
Aphorismen zur Lebensweisheit III

Wer Geld hat, findet leicht Vettern.

Aus Italien

Wer Geld hat, kann sich vom Teufel bedienen lassen.

Aus Japan

Der Geist denkt, das Geld lenkt.

Spengler, Untergang des Abendlandes

Der Markt gehört dem, der bezahlt.

Aus Indien

Liebe vermag viel, Geld alles.

Aus Frankreich

Im Deutschen reimt sich Geld auf Welt. Es ist kaum möglich, daß es einen vernünftigeren Reim gebe.

Lichtenberg

Mangelt im Beutel die Barschaft, fehlt es an allem.

Rabelais,
Gargantua und Pantagruel III, 41

Ein Mensch ohne Geld ist wie ein Wolf ohne Zähne.

Aus Frankreich

Wer kein Geld hat, hat auch keinen Mut. Er fürchtet, überall zurückgesetzt zu werden, glaubt, jede Demütigung ertragen zu müssen, und zeigt sich allerorten in ungünstigem Licht.

Knigge,
Über den Umgang mit Menschen 2, 11

Wer Geld hat, ist ein Drache, wer keines hat, ein Wurm.

Aus China

Hast du Geld, so bist du weise. Hast du keines, bist du ein Narr.

Aus der Türkei

Der typische moderne Mann aber betrachtet Geld als ein Mittel, zu mehr Geld zu kommen, damit er protzen und Aufwand treiben kann und über diejenigen triumphieren, die bisher seinesgleichen waren.

Bertrand Russell,
The Conquest of Happiness 1, 3

Ein Alter liebt die Taler,
ein Junger liebt sie auch,
nur jener zum Verstecken
und dieser zum Gebrauch.

Logau, Alter versetzt Taler

Alle Menschen in der Welt
streben nur nach Gut und Geld,
und wenn sie es dann erwerben,
legen sie sich hin und sterben.

Verfasser unbekannt

Geld macht Lotterbuben.

Aus Polen

Geld ist ein Seelenverderber.

Aus Jugoslawien

Christus ist um Geld verraten worden.

Aus Griechenland

Geld ist an sich weder böse noch gut.
Es liegt immer an dem, der es brauchen tut.

Sprichwort

Das Geld, das man besitzt, ist das
Mittel zur Freiheit, dasjenige, dem
man nachjagt, das Mittel zur Knechtschaft.

Rousseau, Bekenntnisse 1, 1

Vom Gelde ist zu sagen, was von Caligula gesagt wurde: Es hätte nie einen
so guten Sklaven und nie einen so
bösen Herrn gegeben wie ihn.

Montaigne

Wer Ohren hat, soll hören,
wer Geld hat, soll's verzehren.

Goethe, Sprichwörtlich

Vor allem muß darüber gewacht werden, daß die Geldschätze eines Staates nicht in wenige Hände gelangen.
Andernfalls kann ein Staat ein großes
Nationalvermögen besitzen und doch
Not leiden. Denn Geld gleicht dem
Dünger, der nur nützt, wenn er ausgebreitet wird. Man erreicht dies
hauptsächlich durch Unterdrückung
oder straffe Zügelung des zerstören-
den Wuchergewerbes, der Monopole,
Latifundien und dergleichen.

Francis Bacon,
Von Aufständen und Unruhen

Wie Wasser ohne Aufenthalt unter
einer Brücke hindurchfließt, so rinnt
das Geld durch die Hände der Freien,
ohne jemals von ihnen angehäuft zu
werden.

Ramakrishna

Wenn in Deutschland einer Geld hat,
dann denken die Leute gleich, er habe
es gestohlen.

Robert Pferdmenges

Jeder Dummkopf mag zu Geld kommen, aber um es zu behalten, braucht
es einen klugen Mann.

Aus den USA

Erwerben ist leichter als erhalten.

Aus Jugoslawien

„Der alte reiche Fürst
blieb doch vom Zeitgeist weit,
sehr weit!" —
Wer sich aufs Geld versteht,
versteht sich auf die Zeit,
sehr auf die Zeit!

Goethe, Zahme Xenien

Gold

Ohne Gold ist selbst das Licht finster.

Aus Litauen

Es ist nicht alles Gold, was glänzt.
Aber es glänzt auch nicht alles, was
Gold ist.

Hebbel, Tagebücher, 3. 9. 1836

Alles, was Gold ist, glänzt nicht. Die
sanfte Strahlung ist dem edelsten Metalle eigen.

Nietzsche,
Der Wanderer und sein Schatten

Den Edelstein, das allgeschätzte Gold
muß man den falschen Mächten ab-
gewinnen,
die unterm Tage schlimmgeartet hausen.
Nicht ohne Opfer macht man sie geneigt,
und keiner lebt, der aus ihrem Dienst
die Seele hätte rein zurückgezogen.
(Wallenstein)

Schiller, Wallensteins Tod II, 2

Auri sacra fames. O fluchwürdiger
Hunger nach Gold!

Vergil, Äneide 3, 57

Wie schleunig die Natur in Aufruhr
fällt,
wird Gold ihr Gegenstand! (König
Heinrich)

Shakespeare,
König Heinrich IV., Zweiter Teil IV, 4

Du süßer Königsmörder, edle Scheidung
des Sohns und Vaters! Glänzender Be-
sudler
von Hymens reinstem Lager! Tapfrer
Mars!
Du ewig blühnder, zartgeliebter Freier,
des roter Schein den heil'gen Schnee
zerschmelzt
auf Dianas reinem Schoß! Sichtbare
Gottheit,
die du Unmöglichkeiten eng verbrü-
derst,
zum Kuß sie zwingst! O du, der Herzen Prüfstein. (Timon)

Shakespeare, Timon von Athen IV, 3

Faßt die Flügel des Vogels in Gold,
und er wird sich nie wieder in die
Lüfte schwingen.

Tagore

Gold kauft die Stimme großer Haufen,
kein einzig Herz erwirbt es dir.

Goethe, Wahrer Genuß

Was hilft es, wenn man einen goldenen
Galgen hat, und muß daran hängen?

Aus der Schweiz

Weshalb um Gold weinen, wenn du
den Tulpenbaum hast?

Aus Indien

Das goldene Zeitalter war damals, als
das Gold noch nicht herrschte.

Aus Frankreich

Sparsamkeit

Der Wege, sich zu bereichern, sind
viele. Sparsamkeit ist einer der besten.

Francis Bacon, Vom Reichtum

Wer euch sagt, daß ihr anders reich
werden könnt als durch Arbeit und
Sparsamkeit, der betrügt euch, der ist
ein Schelm.

Benjamin Franklin

Für Verschwender ist das Geld rund,
für Sparsame flach.

Balzac

Ein ersparter Pfennig ist zweimal verdient.

Sprichwort

Der ersparte Pfennig ist redlicher als
der erworbene.

Luther

Wer den Heller nicht ehrt,
ist des Talers nicht wert.

Sprichwort

Spare in der Zeit, so hast Du in der
Not!

Sprichwort

Armut, Not und manches Leid
fliehen vor der Sparsamkeit.

Sprichwort

Sparsamkeit ist die Tochter der Weisheit, die Schwester der Mäßigkeit und
die Mutter der Freiheit.

Smiles

Ihr nennt mich einen kargen Mann?
Gebt mir, was ich verprassen kann!

Goethe, Divan, Buch der Sprüche

Wer immer sparen will, der ist verloren, auch moralisch.

Fontane, Von Zwanzig bis Dreißig

Das Meer noch niemals größer ward,
weil eine Gans das Wasser spart.

Freidank, Bescheidenheit

Wer aufsparet dem Erben zu Lieb und
                    allzu genau kargt,
steht dem Verrückten zunächst.

Horaz, Epistulae I, 5

Geiz

Er hat nur zwei Hände, eine zum
Nehmen, eine zum Behalten. Die zum
Geben fehlt ihm.

Sprichwort

Viel versprechen, wenig geben,
läßt den Geizhals in Freuden leben.

Aus Flandern

Der Armut fehlt vieles, dem Geiz alles.

Seneca, Briefe 108

Geiz ist die größte Armut.

Sprichwort

Geiz ist die Wurzel alles Übels.

1. Timotheus 6,10

Man kann sich keine Niederträchtigkeit denken, deren ein Geizhals nicht fähig wäre.

Knigge

Aller Laster König ist der Geiz.

Aus Italien

Es gibt keinen größeren Verschwender als den Geizhals. Er vergeudet sein Leben auf die Erwerbung dessen, was er weder genießen kann noch will.

Joseph von Eötvös

Der echte Schmutz-Rekel nützt wie das fettsammelnde Schwein nur nach dem Tode.

Weber, Demokritos IV, 24

Der Narr lebt arm, um reich zu sterben.

Brockes, Versuch vom Menschen

Geiz wird nicht satt,
bis er den Mund voll Erde hat.

Sprichwort

Der Geizige macht zahllose Testamente. Sie haben für ihn den Reiz einer Geldausgabe, von der er weiß, daß er sie nie erlebt.

Graff

Der Geizhals bleibt im Tode karg:
Zween Blicke wirft er auf den Sarg
und tausend wirft er mit Entsetzen
nach den mit Angst verwahrten Schätzen.

Gellert, Der Hund

Des Geizhalses einzige Wohltat ist sein früher Tod.

Aus Bulgarien

Gegen den Geiz wirkt am sichersten die Erfahrung, daß das beste Mittel, mehr zu bekommen, fröhliches Geben ist.

Hilty

Verschwendung

In der Regel wird man finden, daß diejenigen, welche schon mit der eigentlichen Not und dem Mangel handgemein gewesen sind, diese ungleich weniger fürchten und daher zur Verschwendung geneigter sind als die, welche solche nur vom Hörensagen kennen. Zu den ersteren gehören alle, die

durch Glücksfälle irgend einer Art
oder durch besondere Talente, gleichviel welcher Gattung, ziemlich schnell
aus der Armut in den Wohlstand gelangt sind. Die andern hingegen sind
die, welche im Wohlstand geboren und
geblieben sind.

Schopenhauer,
Aphorismen zur Lebensweisheit III

Eine wohlhabende Frau, die den Umgang mit Geld gewöhnt ist, verwendet
es auf kluge Art, aber eine Frau, die
nach ihrer Heirat zum ersten Male
über Geld verfügt, hat so starkes Gefallen am Ausgeben, daß sie es mit
großer Verschwendung wegwirft.

Schopenhauer,
Aphorismen zur Lebensweisheit III

Ein Verschwender weiß sein Geld oft
anzuwenden. (Alcest)

Goethe, Die Mitschuldigen III, 8

Des Verschwenders Lauf ist gleich
der Sonne, doch erneut sich nicht wie
sie. (Lucius' Diener)

Shakespeare, Timon von Athen III, 4

Kanntest du je einen Verschwender,
der noch geliebt ward, wenn seine
Mittel dahin waren? (Apemantus)

Shakespeare, Timon von Athen IV, 3

Oft verbirgt sich der Geiz unter dem
Namen der Sparsamkeit, die Ver-
schwendung unter dem Namen der
Freigebigkeit.

Gregor der Große, Pastoralregeln 2, 9

Geiz ist Grausamkeit gegen die Dürftigen, und die Verschwendung ist es
nicht weniger.

Gellert

Verlust

Ihr Götter!
Was flößt ihr Lieb' uns ein zu euern
　　　　　　　　　　　　Gaben
und reißt sie stracks hinweg? Wir
　　　　　　　　　　　　Sterbliche
nehmen Geschenktes nicht zurück und
　　　　　　　　　　　　sind
ehrlicher drin als ihr. (Perikles)

Shakespeare, Perikles III, 1

Armut ertragen, wenn man in Armut
geboren und erzogen ist, das können

tausend Menschen. Aber vom Überfluß zum Mangel übergehen, sich dar-
einschicken und überdies sein Glück
darin finden, das ist es, was ich nicht
begreifen kann.

Diderot, Jacques le Fataliste

Viel besser nie besitzen als verlieren!
(Kriemhild)

Hebbel, Der gehörnte Siegfried 3

Habt Mitleid mit der Armut, aber noch hundertmal mehr mit der Verarmung! Nur jene, nicht diese, macht Völker und Individuen besser.

Jean Paul

Im selben Maße, wie ein Mensch Vermögen und Ansehen verliert, kommt all das Lächerliche zum Vorschein, das bisher verdeckt war und von niemandem bemerkt werden konnte.

La Bruyère

Allzeit gewinnen macht verdächtlich.
Allzeit verlieren macht verächtlich.

Sprichwort

Wer den Schaden hat, braucht für den Spott nicht zu sorgen.

Sprichwort

Kein Geld ist vorteilhafter angewandt als das, um welches wir uns haben prellen lassen; denn wir haben dafür unmittelbar Klugheit eingehandelt.

Schopenhauer,
Aphorismen zur Lebensweisheit V, 43

Was Du erhältst, nimm ohne Stolz an!
Was Du verlierst, gib ohne Trauer auf!

Mark Aurel, Selbstbetrachtung VIII, 38

Mit det Bezahlen verplempert man dat meiste Jeld.

Berliner Redensart

Das Schicksal nimmt nichts, was es nicht gegeben hat.

Seneca, Abhandlungen

Es gibt Verluste, welche der Seele eine Erhabenheit mitteilen, bei der sie sich des Jammers enthält und sich wie unter hohen schwarzen Zypressen schweigend ergeht.

Nietzsche

Das sind die Edelsten auf Erden,
die nie durch Schaden klüger werden.

Heyse, Die Edelsten

An anderer Freude sich herzlich freuen
hilft verlorenes Glück erneuen.

Wolrad Eigenbrodt

Armut

Armut ist ohne Zweifel das Schrecklichste. Mir dürft' einer zehn Millionen herlegen und sagen, ich soll arm sein dafür, ich nehmet s' nicht.

Nestroy, Der Zerrissene

Sie brauchen nichts zu wissen, Sie sind ein reicher Mann. Aber ich bin ein armer Teufel. Mir muß was einfallen.

Nestroy, Eulenspiegel IV, 6

Armut ist ein feurig Hemd.

Aus der Türkei

Armut ist aller Künste Stiefmutter.

Sprichwort

Bittet ein Reicher um Kinder, kommen
Dukaten zu ihm, und bittet ein Armer
um Dukaten, kommen Kinder zu ihm.

Maurisches Sprichwort

Die größten Schlossen fallen auf die
Felder des Armen.

Aus Lettland

Findet ein Armer einen Groschen, so
ist es ein falscher.

Aus Rußland

Kaum wollte der Arme ein Tänzchen
wagen, platzte die Pauke.

Aus Bulgarien

Wenn der Arme ein Huhn ißt, so ist
entweder er oder das Huhn krank.

Jüdisches Sprichwort

Komm her! Geh' fort! Nun falle nieder!
Steh auf! Jetzt rede! Schweige wieder!
So spielen mit den Armen, welche
Beute
des Unholds Hoffnung sind, die reichen Leute.

Narájana, Hitopadesa II, 20

Dem Armen ist nicht mehr gegeben
als gute Hoffnung, übles Leben.

Freidank, Bescheidenheit 11,
Von den Reichen und Armen

Haben Sie nicht beobachtet, daß die
Armen den Wert der Dinge, die sie
nicht besitzen, immer überschätzen?
Die Armen glauben, daß sie nichts als
Reichtümer brauchten, um vollkom-
men glücklich und gut zu sein.

Shaw, Der Schlachtenlenker 1

Der Arme, der gern reich sein möchte,
redet unaufhörlich vom Mißbrauch
des Geldes und den Lastern des Reichen, wodurch er aber nichts anderes
erzielt, als daß er sich ärgert und anderen zeigt, wie er nicht bloß über
seine eigene Armut, sondern auch über
der anderen Reichtum Unmut hegt.

Spinoza, Ethik 5, 10

Je ärmer einer ist, desto mehr Teufeln
begegnet er.

Aus China

Wenn du aber gar nichts hast,
ach, so lasse dich begraben;
denn ein Recht zum Leben, Lump,
haben nur, die etwas haben.

Heine

Du bist arm, ohne frei zu sein. Dies
ist der elendeste Zustand, in den ein
Menschen geraten kann.

Rousseau, Emile I, 1

Denn arm sein sollst du, man will es.
Doch weshalb? Das will ich dir sagen:
Auf daß du den Züchter und Herrn erkennst, dann, wann er mit „huß!" dich
hinanhetzt
auf einen der Feinde, du diesem sofort
mit blutlechzender Gier an den Hals
springst.
Denn wollten dem Volk sie den Le-
bensbedarf nur schaffen, so wär es ein
leichtes!

Aristophanes, Die Wespen II, 2

Selig ist der Mensch, der nicht schuld
ist an der Armut seiner Nebenmen-
schen.

Pestalozzi

Was das Übel der Armut vergrößert,
ist die Geringschätzung, welche auch
nicht durch Verdienste gänzlich kann
überwogen werden.

Kant, Beobachtungen über das Gefühl des
Schönen und Erhabenen 2

Ich traure tief, wenn arm ein Mann
geworden.
Mit Armut zieht Geringschätzung herein;
wo diese ist, fehlt Selbstvertrauen
bald.
Verachtung, Kummer, die nun folgen,
drücken
die Seele nieder. Irrt sich der Verstand,
kommt auch das Ganze um, und so
entspringt
ein jeglich Übel, das die Menschen
quält,
aus Armut. (Charudatta)

Shudraka, Mricchakatika I, 1

Pauper ubique iacet.
Der Arme hat überall einen niederen
Stand.

Ovid, Fasti 1, 218

Verachtet steht der Edle, welcher dürftig ist. (Polyneikes)

Euripides, Phönizierinnen 442

Die Armen sind die Neger Europas.

Chamfort, Maximen VIII

Fällt ein Reicher, so heißt es: Ein Unfall. Fällt ein Armer, so heißt es: Er
ist betrunken.

Aus der Türkei

Armut demütigt die Menschen so, daß
sie selbst über ihre Tugenden erröten.

Vauvenargues, Nachgelassene Maximen

Ein Reicher in der Fremd' ist überall
zu Haus
und fremd ein armer Mann in seinem
eignen Haus.

Rückert, Weisheit des Brahmanen 16, 4

Arm sein und nicht murren ist schwer.
Reich sein und nicht hochmütig werden, ist im Vergleich damit leicht.

Konfuzius

Ein vertrockneter Baum weigert sich
nicht zu brennen.

Aus dem Kongo

Wer die Armut erniedrigt, der erhöht
das Unrecht. Es ist nicht erniedrigend,
unglücklich zu sein; aber den Unglücklich zertreten, das erniedrigt wahrhaft.

Pestalozzi

Sogar verständige Menschen bekennen
lieber ihre Irrtümer und Fehler als
ihre Armut, selbst wenn sie unver-
schuldet ist.

Fanny Lewald

Es rechnet nie der kluge Mann
als Schande sich die Armut an.

Saadi, Pend-nameh

Die Armut kann niemandem an seinem Adel schaden, wohl aber der
Reichtum.

Boccaccio, Decameron IV, 1

Über die Armut braucht man sich nicht
zu schämen. Es gibt weit mehr Leut',
die sich über ihren Reichtum schämen
sollten.

Nestroy

Alle Armen sind freigebig.

Aus Arabien

Wenn zwei Arme einander helfen,
lacht Gott.

Aus Wallonien

Der Arme kennt seine Verwandten
besser als der Reiche.

Sprichwort

Die Armut bringt uns in die engste Berührung mit dem Leben und der Welt;
denn als Reicher leben heißt meistens
durch Stellvertreter leben und infolge-
dessen in einer Welt von geringerer
Wirklichkeit.

Tagore

Sei rechtschaffen und arm dazu,
so geschieht dir nirgends ein Harm!
Der Satan läßt den, der gut ist, in Ruh
und der Sultan den, der arm.

Rückert, Arabische Volkslieder 7

Wer nichts besitzt, braucht sich vor
keinem Verlust zu fürchten.

Aus Rußland

Wo nichts ist, hat der Kaiser sein
Recht verloren.

Sprichwort

Der geldlose Wanderer wird in der
Nähe des Räubers singen.

Juvenal, Satiren 10

Arme Leute haben einen festen Schlaf.

Aus Japan

Der Arme leidet nicht an seinem Ster-
betag.

Aus dem Sudan

Der wahre Bettler ist
doch einzig und allein der wahre König. (Nathan)

Lessing, Nathan II, 9

Willst du dich überzeugen, daß Armut
schlechterdings kein Unglück sei, so
vergleiche nur des Armen und des Reichen Miene miteinander! Öfter und
herzlicher lacht der Arme.

Seneca, Über die Armut

Fröhliche Armut ist großer Reichtum
ohne Gut.

Freidank, Bescheidenheit

Es ist etwas Schönes, sagt Epikur, um
eine vergnügte Armut. Aber das ist
schon nicht mehr Armut, wenn man
dabei vergnügt ist. Wer mit der Armut
gut auskommt, der ist reich.

Seneca

Man erringe den Mut, sich arm zu zeigen! So raubt man der Armut den
schärfsten Stachel.

Thümmel

Wer Armut trägt ganz ohne Klagen,
der wird auch Reichtum gut ertragen.

Tschopp

Ist die Armut groß, so sind wir glücklicherweise viele, um sie zu tragen.

Aus Lappland

Armut ist kein Laster, aber auch keine
Tugend.

Aus Israel

Die wahre Armut kommt nicht von
Gott.

Aus Galizien

Es ist leichter, einen Betrunkenen als
einen Armen auf die Füße zu stellen.

Aus Israel

Wären die Armen nur nicht so häßlich, dann wäre das Problem der Armut leicht gelöst.

Wilde, Lehren und Sätze zum Gebrauch
für die Jugend

XXVIII. Kapitel

Glück I

Eines zu sein mit allem, das ist Leben
der Gottheit, das ist der Himmel des
Menschen. Eines zu sein mit allem, was
lebt, in seliger Selbstvergessenheit wie-
derzukehren ins All der Natur, das
ist der Gipfel der Gedanken und Freuden.

Hölderlin, Hyperion 1, 2

Der Glückliche ist mit sich und seiner
Umgebung einig.

Wilde

Freudvoll
und leidvoll,
gedankenvoll sein;
hangen
und bangen
in schwebender Pein,
himmelhoch jauchzend,
zu Tode betrübt;
glücklich allein
ist die Seele, die liebt.

(Klärchen)

Goethe, Egmont III, Klärchens Wohnung

Menschen zu finden, die mit uns fühlen
und empfinden, ist wohl das schönste
Glück auf Erden.

Carl Spitteler

Wo Herz, da auch Glück.

Aus Polen

Glück ist Talent für das Schicksal.

Novalis

Was ist Glück? — Das Gefühl davon,
daß die Macht wächst, daß ein Widerstand überwunden wird.

Nietzsche, Der Wille zur Macht,
Versuch einer Umwertung aller Werte

Das Glück des Lebens besteht nicht sowohl darin, wenig oder keine Schwierigkeiten zu haben, sondern sie alle
siegreich und glorreich zu überwinden.

Hilty, Schlaflose Nächte I

Seine Trefflichkeit, welcher Art sie
auch sei, ungehindert üben zu können,
ist das eigentliche Glück.

Aristoteles, Politik

Gewiß ist der allein glücklich und
groß, der weder zu herrschen noch zu
gehorchen braucht, um etwas zu sein.
(Weislingen)

Goethe, Götz von Berlichingen I,
Jaxthausen

Das höchste Glück besteht in dem
festen Willen, tugendhaft zu handeln.

Descartes

Des Menschen Wille, das ist sein Glück.
(2. Jäger)

Schiller, Wallensteins Lager 7

Das Glück des Mannes heißt: Ich will.
Das Glück des Weibes heißt: Er will.

Nietzsche, Zarathustra I,
Von alten und jungen Weiblein

Der ist der glücklichste Mensch, der
das Ende seines Lebens mit dem Anfang in Verbindung setzen kann.

Goethe,
Maximen und Reflexionen,
Aus Kunst und Altertum 1821

Das Glück ist ein Mosaikbild, das aus
lauter unscheinbaren kleinen Freuden
zusammengesetzt ist.

Daniel Spitzer

Ein bescheidenes Glück — die beste
Form des Glückes.

Fontane

Das Paradies der Erde
liegt auf dem Rücken der Pferde,
in der Gesundheit des Leibes
und am Herzen des Weibes.

Bodenstedt,
Vermischte Gedichte und Sprüche 34

Glücklich sind die Menschen, wenn
sie haben, was gut für sie ist. (Sokrates)

Plato, Gastmahl

Das höchste Glück des Menschen ist die
Befreiung von der Furcht.

Rathenau

Die Genüsse sind und bleiben negativ.
Daß sie beglücken, ist ein Wahn, den
der Neid zu seiner eigenen Strafe hegt.
Die Schmerzen hingegen werden positiv empfunden. Daher ist ihre Abwesenheit der Maßstab des Lebensglük-
kes. Kommt zu einem schmerzlosen
Zustand noch die Abwesenheit der
Langeweile, so ist das irdische Glück
im wesentlichen erreicht.

Schopenhauer,
Aphorismen zur Lebensweisheit V, 1

Den Guten nenne ich glücklich. Wer
aber Unrecht tut, den nenne ich unglücklich. (Sokrates)

Plato, Gorgias

Glücklich, weil wir nicht überglück-
lich sind. Wir sind der Knopf nicht
auf Fortunas Mütze. (Güldenstern)

Shakespeare, Hamlet II, 2

Die Erde ist ein Himmel, wenn man
Friede sucht, recht tut und wenig
wünscht.

Pestalozzi

Du suchst das Paradies und wünschest
hinzukommen,
wo du von allem Leid und Unfried
bist entnommen.
Befriedige dein Herz und mach es
rein und weiß,
so bist du selbst noch hier dasselbe Pa-
radeis.

Angelus Silesius,
Der Cherubinische Wandersmann IV

Das Glück gehört denen, die sich selber genügen; denn alle äußeren Quellen des Glückes und Genusses sind, ihrer Natur nach, höchst unsicher, mißlich, vergänglich und dem Zufall unterworfen.

Schopenhauer,
Aphorismen zur Lebensweisheit II

Wer sich keine Annehmlichkeiten versagen kann, wird sich nie ein Glück erobern.

Ebner-Eschenbach

Wer den Himmel nicht in sich selber trägt, sucht ihn vergebens im ganzen Weltall.

Otto Ludwig

Glück II

Er hat im Leben viel Glück gehabt und ist doch niemals glücklich gewesen.

Franz Dingelstedt,
Selbstverfaßte Grabinschrift

Ohne Wahl verteilt die Gaben,
ohne Billigkeit das Glück;
denn Patroklus liegt begraben,
und Thersites kommt zurück.

Schiller, Das Siegesfest

Das Glück
tappt unter die Menge,
faßt bald des Knaben
lockige Unschuld,
bald auch den kahlen
schuldigen Scheitel.

Goethe, Das Göttliche

Gib deinem Sohne Glück und wirf ihn ins Meer!

Aus Spanien

Einen Tropfen Glück möchte ich haben oder ein Faß Verstand.

Menander

Selten kommen großes Glück und Verstand zusammen.

Aus Kroatien

Das Glück ist eine dumme Kuh:
Es läuft dem dümmsten Ochsen zu.

Sprichwort

Es scheint, daß das Glück immer mit demjenigen ist, der sich nicht darauf verläßt.

Oesch

Virtutis fortuna comes. Das Glück ist der Begleiter der Tüchtigkeit.

Sprichwort

Wie sich Verdienst und Glück verketten,
das fällt den Toren niemals ein.
Wenn sie den Stein der Weisen hätten,
der Weise mangelte dem Stein.

(Mephistopheles)

Goethe, Faust 2, I, Kaiserliche Pfalz

Glück hat auf die Dauer doch zumeist wohl nur der Tüchtige.

Graf von Moltke, Strategie

Das Glück, das vor der Not kommt, ist ein verführender Teufel. Das Glück, das hinter der Not kommt, ist ein tröstender Engel.

Pestalozzi, Kinderlehre der Wohnstube

Das Glück gleicht oft den reichen, verschwenderischen Frauen, welche die Häuser ruinieren, denen sie eine große Mitgift zugebracht haben.

Chamfort, Maximen II

Wen die Welt zärtelt, dem will sie den Strick um den Hals legen.

Sprichwort

Glücklichwerden

Willst du immer weiter schweifen?
Sieh, das Gute liegt so nah.
Lerne nur das Glück ergreifen:
Denn das Glück ist immer da.

Goethe, Erinnerung

Die Sonne geht an keinem Dorf vorüber.

Bantuweisheit

Ein jeder Platz, besucht vom Aug' des Himmels,
ist Glückes-Hafen einem weisen Mann.
(Gaunt)

Shakespeare, König Richard II. I, 3

Faber est suae quisque Fortunae. Jeder ist seines Glückes Schmied.

Sallust, De re publica ordinanda

Will das Glück sich mit mir einlassen, so muß es die Bedingungen annehmen, die mein Charakter ihm stellt.

Chamfort, Maximen V

Wer glücklich sein will, muß zu Hause bleiben.

Aus Griechenland

Ohne Gefährten ist kein Glück erfreulich.

Seneca, Epistolae 6

Willst du glücklich sein im Leben,
trage bei zu andrer Glück;
denn die Freude, die wir geben,
kehrt ins eigne Herz zurück.

Verfasser unbekannt

Man hat nur an so viel Freude und Glück Anspruch, als man selbst gewährt.

Feuchtersleben, Aphorismen, Leben

Die Menschen kommen durch nichts den Göttern näher, als wenn sie Menschen glücklich machen.

Cicero, Rede für Ligarius 12, 38

Wenn die Menschen dich nicht bewundern oder beneiden, bist du auch nicht glücklich. (Carlos)

Goethe, Clavigo IV, Clavigos Wohnung

Das Vergnügen kann sich auf Illusionen stützen, aber das Glück beruht auf der Wahrheit.

Chamfort, Maximen II

Das Glück deines Lebens hängt von der Beschaffenheit deiner Gedanken ab.

Mark Aurel

Sich recht anschauend vorstellen zu lernen, daß niemand vollkommen glücklich ist, ist vielleicht der nächste Weg, vollkommen glücklich zu werden.

Lichtenberg

Oft, wie der Goldfrucht Ball, frühzeitig erbrochen, im Schiff erst ... reift, wird dir das Glück erst als Erinnerung süß.

Geibel, Ethisches und Ästhetisches

Was uns am unmittelbarsten beglückt, ist die Heiterkeit des Sinnes; denn diese gute Eigenschaft belohnt sich augenblicklich selbst. Wer fröhlich ist, hat allemal Ursache, es zu sein: Nämlich eben diese, daß er es ist.

Schopenhauer, Aphorismen zur Lebensweisheit II

Das Glück tritt gern in ein Haus ein, wo gute Laune herrscht.

Aus Japan

Neigungen haben die Götter. Sie lieben der grünenden Jugend lockichte Scheitel, es zieht Freude die Fröhlichen an.

Schiller, Das Glück

Man braucht nur mit Liebe einer Sache nachzugehen, so geselit sich das Glück hinzu.

Johannes Trojan

Wem wohl das Glück die schönste Palme beut?
Wer freudig tut, sich des Getanen freut.

Goethe, Sprichwörtlich

Nur der kann wahrhaft glücklich sein, den das Schicksal auf den richtigen Platz gestellt hat.

Vauvenargues, Reflexionen

Glück kommt mit Hilfe der Ellenbogen.

Aus Spanien

Es ist eine eigene Sache im Leben, daß,
wenn man gar nicht an Glück oder
Unglück denkt, sondern nur an strenge, sich nicht schonende Pflichterfül-
lung, das Glück sich von selbst, auch
bei entbehrender und mühevoller Lebensweise einstellt.

Wilhelm von Humboldt,
Briefe an eine Freundin, 10. 7. 1822

Die Glückseligkeit gleicht dem Koks:
Sie ist ein Nebenprodukt.

Aldous Huxley

Das Glück, kein Reiter wird's erjagen,
es ist nicht dort und ist nicht hier.
Lern überwinden, lern entsagen,
und ungeahnt erblüht es dir.

Fontane

Glück und Schmerzlosigkeit müssen
wir dankbar annehmen und genießen,
aber nie fordern.

Wilhelm von Humboldt,
Briefe an eine Freundin, 17. 3. 1830

Der Mensch muß das Recht suchen und
das Glück kommen lassen.

Pestalozzi, Kinderlehre der Wohnstube

Weiß doch keiner, was ihm frommt
hier auf dunklem Pfade.
Keiner zwingt das Glück, es kommt
unverhofft als Gnade.

Bodenstedt,
Aus dem Nachlaß des Mirza Schaffy,
Lieder des Trostes

Nur die Würdigkeit, glücklich zu sein,
ist das, was der Mensch erringen kann.

Kant, Bruchstücke aus dem Nachlaß

Wenn ich einen grünen Zweig im Herzen trage, wird sich der Singvogel darauf niederlassen.

Aus China

Groß zwar nenn' ich den Mann, der,
          sein eigner Bildner und Schöpfer,
durch der Tugend Gewalt selber die
          Parze bezwingt;
aber nicht erzwingt er das Glück, und
          was ihm die Charis
neidisch geweigert, erringt nimmer der
          strebende Mut.

Schiller, Das Glück

Vor Unwürdigem kann dich der Wille,
          der ernste, bewahren,
alles Höchste, es kommt frei von den
          Göttern herab.
Wie die Geliebte dich liebt, so kommen
          die himmlischen Gaben.
Oben in Jupiters Reich herrscht wie in
          Amors die Gunst.

Schiller, Das Glück

Aus den Wolken muß es fallen,
aus der Götter Schoß, das Glück,
und der mächtigste von allen
Herrschern ist der Augenblick.

Schiller, Die Gunst des Augenblicks

Glücklichsein

Wenn du am glücklichsten bist, sieht
dich Gott.

Bantuweisheit

Glücklich ist nicht, wer andern so vorkommt, sondern wer sich selbst dafür hält.

Seneca, Fragmente über die Armut

Es ist umsonst, daß dir das Glück gewogen ist,
wenn du nicht selbst erkennst, wie sehr
du glücklich bist.

Andreas Tscherning

Das Glück erkennt man nicht mit dem
Kopf, sondern mit dem Herzen.

Aus Norwegen

Ist's möglich, daß ich Liebchen dich
kose,
vernehme der göttlichen Stimme
Schall!
Unmöglich scheint immer die Rose,
unbegreiflich die Nachtigall.

Goethe, Divan, Buch Suleika

Man ist niemals so glücklich oder so
unglücklich, wie man glaubt.

La Rochefoucauld, Reflexionen

Wenn man den Zustand eines Menschen, seiner Glücklichkeit nach, ab-
schätzen will, soll man nicht fragen
nach dem, was ihn vergnügt, sondern
nach dem, was ihn betrübt; denn je
geringfügiger dieses, an sich selbst genommen, ist, desto glücklicher ist der
Mensch; weil ein Zustand des Wohl-
befindens dazu gehört, um gegen Kleinigkeiten empfindlich zu sein: Im
Unglück spüren wir sie gar nicht.

Schopenhauer,
Aphorismen zur Lebensweisheit V, 2

Wer glücklich ist, sollte nicht noch
glücklicher sein wollen.

Fontane, Unwiederbringlich I

Um nicht sehr unglücklich zu werden,
ist das sicherste Mittel, daß man nicht
verlange, sehr glücklich zu sein.

Schopenhauer,
Aphorismen zur Lebensweisheit V, 1

Das Bessere ist der Feind des Guten.

Aus Frankreich

Man will nicht nur glücklich sein, sondern glücklicher als die anderen. Das
ist deshalb so schwer, weil wir die anderen für glücklicher halten, als sie
sind.

Montesquieu

Schweigen ist der beste Herold der
Freude. Ich wäre nur wenig glücklich,
wenn ich sagen könnte, wie sehr ich
es bin. (Claudio)

Shakespeare,
Viel Lärmen um Nichts II, 1

Das höchste Glück hat keine Lieder,
der Liebe Lust ist still und mild.
Ein Kuß, ein Blicken hin und wider,
und alle Sehnsucht ist gestillt.

Geibel, Lieder als Intermezzo

Wer glücklich ist, kann glücklich machen.
Wer's tut, vermehrt sein eigenes Glück.

Gleim

Im Glück wird man vergeßlich.

Menander,
Sentenzen in Monostichen 170

Es ist nicht leicht, Glück mit Anstand
zu tragen.

Aus Großbritannien

Um zu tragen gute Tage, brauchst Du
festen Fuß und Rücken.
Schlechte Tage kommen weiter auch
auf Höckern und auf Krücken.

Wilhelm Müller

Glück ist ein Buckel, der schwer zu
tragen ist.

Aus Rußland

Schwer ist zu tragen
das Unglück, aber schwerer das Glück.

Hölderlin, Musen-Almanach 1808

Glück ist dem Menschen gefährlicher
als Unglück. Dieses hält ihn wachsam,
jenes macht ihn gleichgültig.

Montesquieu

Großes Glück ist die Feuerprobe des
Menschen, großes Unglück nur die
Wasserprobe.

Jean Paul, Leben Fibels

Das nenn ich Mannesprobe:
Fest stehen im Mißgeschick,
mißtrauisch bleiben im Lobe,
demütig werden im Glück.

Julius Lohmeyer

Dauer des Glücks

O Menschenherz, was ist dein Glück?
Ein rätselhaft geborner
und, kaum gegrüßt, verlorner,
unwiederholter Augenblick!

Lenau, Frage

Wenig Raum für das, was wir Glück
heißen, bleibt zwischen der Bitterkeit
der Enttäuschungen und der Schalheit
der Erfüllungen.

Hans Krailsheimer

Man hat mich immer als einen vom
Glück besonders Begünstigten gepriesen; auch will ich mich nicht beklagen
und den Gang meines Lebens nicht
schelten. Allein, im Grund ist es nichts
als Mühe und Arbeit gewesen, und ich
kann wohl sagen, daß ich in meinen
75 Jahren keine vier Wochen eigentliches Behagen gehabt.

Goethe, zu Eckermann, 27. 1. 1824

Ein glücklicher Mensch bin ich in meinem Leben nur selten gewesen. Wenn
ich die mehrfachen Minuten wahren
Glücks zusammenzähle, so kommen
wohl nicht mehr als vierundzwanzig
Stunden im ganzen heraus.

Bismarck

Doch mit des Geschickes Mächten
ist kein ewiger Bund zu flechten.

Schiller, Das Lied von der Glocke

Das Glück hat Flügel.

Sprichwort

Dicique beatus ante obitum nemo supremaque funera debet. Niemanden
soll man glücklich heißen, bevor er gestorben und begraben ist.

Ovid, Metamorphosen 3, 136

Der Glückliche stirbt beizeiten, und
stirbt er nicht, dann stirbt sein Glück.

Aus Schweden

Wen das Glück in die Höhe hebt, den
will's werfen.

Sprichwort

Das Glück gleicht dem Balle:
Es steigt zum Falle.

Sprichwort

Zeiten langen Glücks zerrinnen oft in
einem Augenblick, so wie die heißen
Sommertage von einem Gewittersturm
verweht werden.

Vauvenargues, Reflexionen

Willst du dich vor Leid bewahren,
so flehe zu den Unsichtbaren,
daß sie zum Glück den Schmerz verleihn!
Noch keinen sah ich fröhlich enden,
auf den mit immer vollen Händen
die Götter ihre Gaben streun.

Schiller, Der Ring des Polykrates

O! Der ist aus dem Himmel schon gefallen,
der an der Stunden Wechsel denken
muß.
Die Uhr schlägt keinem Glücklichen.
(Max)

Schiller, Die Piccolomini III, 3

Der hat nie das Glück gekostet,
der's in Ruh genießen will.

Körner, Leichter Sinn

Glück ist das einzige, was wir anderen geben können, ohne es selbst zu besitzen.

Carmen Sylva

Das wahre Glück, das Eigentum der Weisen,
steht fest, indes Fortunens Kugel rollt.

Wieland, Erdenglück

Ein Augenblick, gelebt im Paradies,
wird nicht zu teuer mit dem Tod gebüßt. (Karlos)

Schiller, Don Carlos I, 5

Halte das Glück wie den Vogel: So leise und lose wie möglich!
Dünkt er sich selber nur frei, bleibt er Dir gern in der Hand.

Hebbel, Epigramme aus dem Nachlaß

Nicht-Glücklichwerden

Wir sind nicht auf der Welt, um glücklich zu werden, sondern um unsere Pflicht zu erfüllen.

Kant

Es ist keiner in der Welt glücklicher, als wer in den Kinderwindeln stirbt.

Zigeunerweisheit

Der Natur liegt bloß unser Dasein, nicht unser Wohlsein am Herzen.

Schopenhauer, Neue Paralipomena 11, Vom Leiden der Welt

Die meisten Menschen sind, um glücklich zu sein, entweder nicht gescheit oder nicht dumm genug.

Hans Krailsheimer

Innerlich reich begabte Menschen sind wohl selten im äußerlichen Leben glücklich. Entweder entsprechen diese

Zustände ihren Idealen nicht und es fehlt ihnen sonach die Befriedigung, oder sie verderben sich ihr Leben selbst, indem sie niemals zu einer behaglichen Ruhe kommen.

Franz Pocci, Aphorismen

Die Menschen suchen ihr Glück, ohne zu wissen, auf welche Art sie es finden können: Wie Betrunkene ihr Haus suchen, im unklaren Bewußtsein, eins zu haben.

Voltaire

Der Blinde sitzt im stillen Tal
und atmet Frühlingsluft,
ihm bringt ein Hauch mit einem Mal
des ersten Veilchens Duft.
Um es zu pflücken, steht er auf,
sucht, bis die Nacht sich naht,
und ahnt nicht, daß in irrem Lauf
sein Fuß es längst zertrat.

Hebbel, Der Blinde

An einem offenen Paradiesgärtchen geht der Mensch gleichgültig vorbei und wird erst traurig, wenn es verschlossen ist.

Gottfried Keller

Den meisten gilt in späten Tagen
als Inbegriff des Glücks das Kind.
Sie wissen, daß sie glücklich waren,
erst dann, wenn sie es nicht mehr sind.

A. Wickenburg

Während wir uns immer nur in Bereitschaft halten, glücklich zu werden, ist es unvermeidlich, daß wir es niemals richtig sind.

Pascal

Viele Menschen versäumen das kleine Glück, während sie auf das große vergebens warten.

Pearl S. Buck

Das Glück ist eine leichtfertige Person, die sich stark schminkt und von ferne schön ist.

Nestroy

Nihil est ab omni parte beatum. Es gibt kein vollkommenes Glück.

Horaz, Oden II, 16

Das vollkommene Glück ist unbekannt. Für den Menschen ist es nicht geschaffen.

Voltaire

Ein ungestörtes Glück verlangen,
heißt Mondeslicht mit Netzen fangen,
den Sonnenstrahl mit Ketten fesseln
und Rosen fordern von den Nesseln.

Otto von Leixner

Kommt nie das Glück mit beiden Händen voll?
Schreibt seine schönsten Wort' in garst'gen Zügen?
Es gibt entweder Eßlust ohne Speise
wie oft dem Armen oder einen Schmaus
und nimmt die Eßlust weg. (König Heinrich)

Shakespeare,
König Heinrich IV. Zweiter Teil IV, 4

Fortuna lächelt, doch sie mag
nur ungern voll beglücken.
Schenkt sie uns einen Sommertag,
so schenkt sie uns auch Mücken.

Wilhelm Busch

Es stirbt der Glücklichste wünschend.

Ewald von Kleist, Der Frühling

Freude

Auf dem geschäftigen Markt, da führe
                    Themis die Waage,
und es messe der Lohn streng an der
                    Mühe sich ab:
Aber die Freude ruft nur ein Gott auf
                    sterbliche Wangen,
wo kein Wunder geschieht, ist kein Be-
                    glückter zu sehn.

Schiller, Das Glück

Das Geheimnis der kleinsten natürlichen Freude geht über die Vernunft
hinaus.

Vauvenargues, Reflexionen

Freude fehlt nie, wo Arbeit, Ordnung
und Treue sind.

Lavater, Worte des Herzens, Freude

Das, was man sonst den schönsten Teil,
die reinsten Freuden des Lebens nennen möchte, eben auch nur, weil es
uns aus dem realen Dasein heraus-
hebt und uns in anteilslose Zuschauer
desselben verwandelt, also das reine
Erkennen, dem alles Wollen fremd
bleibt, der Genuß des Schönen, die
echte Freude an der Kunst, dies ist,
weil es schon seltene Anlagen erfordert, nur höchst wenigen und auch
diesen nur als ein vorübergehender
Traum vergönnt.

Schopenhauer,
Welt als Wille und Vorstellung I, 4

Blumen sind an jedem Weg zu finden,
doch nicht jeder weiß, den Kranz zu
                    winden.

Anastasius Grün

Wenn, was Gott dir zur Freude be-
                    schert,
deine Torheit in Leid verkehrt,
wird er dich künftig der Müh über-
                    heben
und das Leid dir schon fertig geben.

Geibel

Die höchste Vollkommenheit der Seele
ist ihre Fähigkeit zur Freude.

Vauvenargues, Nachgelassene Maximen

Möge jeder still beglückt
seiner Freuden warten!
Wenn die Rose selbst sich schmückt,
schmückt sie auch den Garten.

Rückert, Welt und Ich

Lernen wir besser uns freuen, so verlernen wir am besten, anderen wehe zu
tun.

Nietzsche,
Zarathustra II, Von den Mitleidigen

Freude ist die Leidenschaft, durch die
wir besser werden. Soviel du dir und
anderen Freude stiehlst und verdirbst,
tust du Sünde.

Heinrich von Stein

Fröhliche Menschen sind nicht bloß
glückliche, sondern in der Regel auch
gute Menschen.

Karl Julius Weber, Demokritos I, 4

Wer viel Freude hat, muß ein guter Mensch sein. Aber vielleicht ist er nicht der klügste, obwohl er gerade das erreicht, was der Klügste mit aller seiner Klugheit erstrebt.

Nietzsche,
Menschliches Allzumenschliches II, 48

Deine Zauber binden wieder,
was die Mode streng geteilt;
alle Menschen werden Brüder,
wo dein sanfter Flügel weilt.

Schiller, An die Freude

Was es auch Großes und Unsterbliches zu erstreben gibt: Dem Mitmenschen Freude zu machen, ist doch das Beste, was man auf der Welt tun kann.

Rosegger

Ohne Leiden bildet sich kein Charakter, ohne Vergnügen kein Geist.

Feuchtersleben

Wohl Keime wecken mag der Regen,
der in die Scholle niederbricht,
doch golden Korn und Erntesegen
reift nur heran im Sonnenlicht.

Fontane

Wenn die Freude in der Stube ist, lauert die Sorge im Flur.

Aus Dänemark

Wenn das Huhn heiter und fröhlich ist, fängt ihm der Habicht das Küken weg.

Aus Jamaika

Mir grauet vor der Götter Neide:
Des Lebens ungemischte Freude
wird keinem Irdischen zuteil.

Schiller, Der Ring des Polykrates

Schmerz und Freude liegt in einer Schale.
Ihre Mischung ist der Menschen Los.

Seume

Fir e Gräppche voll Fred, en Teimer voll Led.

Aus Luxemburg

Über das Freudige, das dir vorkommt, freue dich nicht zu geschwind und halte es nicht gleich für erfreulich, indem es unfehlbar bei seinem Ausgange Verdruß bringen wird! Und über jede Verdrießlichkeit, die dir aufstößt, freue dich und rechne sie nicht für Leiden, indem ihr Ausgang erfreulich sein wird!

Buch des Kabus 6

Arglos über dem Tod gaukelt die Freude dahin.

Geibel,
Distichen vom Strande der See 3

Hast du eine große Freude an etwas gehabt, so nimm Abschied! Nie kommt es zum zweiten Male.

Nietzsche, Unschuld des Werdens 1, 687

In jede hohe Freude mischt sich eine Empfindung der Dankbarkeit.

Ebner-Eschenbach, Aphorismen

Denn ist dem Menschen
jedwede Freude in der Brust vernichtet,
dann ist sein Leben nur ein eitler
Schein.
Er schleicht nur als ein Toter durch
das Leben.
Ob ihm der Reichtum füllet Haus und
Hof,
ob eine Krone um das Haupt ihm
strahlt,
fehlt ihm der Frohsinn, dann ist alles
dies
nicht soviel Wert wie einer Flamme
Schatten.

Sophokles, Antigone 1130

Wenn auch die Freude eilig ist, so geht
doch vor ihr eine lange Hoffnung her,
und ihr folgt eine längere Erinnerung
nach.

Jean Paul

Ganz freudlos geht kein Mensch durch
diese Welt,
wie wenige dauernd glücklich auch zu
preisen.
Selbst wer kein Erdenglück für möglich hält,
hat seine Freude dran, dies zu beweisen.

Bodenstedt, Nachlaß des Mirza Schaffy 3

Vergnügung

Jedes Tierchen
hat sein Pläsierchen.

Sprichwort

Wer sich heute freuen kann, soll nicht
bis morgen warten.

Sprichwort

Brauch der Zeit! Die leichten Stunden
schießen schneller als kein Fluß.
Zeit hat Flügel angebunden,
Glücke geht auf glattem Fuß.
Gott weiß, was wir morgen machen,
heute laß uns lustig sein!
Trauern, Frohsinn, Weinen, Lachen
ziehn bald bei uns aus, bald ein.
Wohl dem, welcher ist vergnüget,
wie sich sein Verhängnis füget!

Paul Fleming

Um das Roß des Reiters schweben,
um das Schiff die Sorgen her.
Morgen können wir's nicht mehr,
darum laßt uns heute leben!

Schiller, Das Siegesfest

Rosen auf dem Weg gestreut
und des Harms vergessen!
Eine kurze Spanne Zeit
ist uns zugemessen.

Hölty

Freut euch des Lebens,
weil noch das Lämpchen glüht!
Pflücket die Rose,
eh' sie verblüht!

Johann Martin Usteri

Wer nicht liebt Wein, Weiber und Gesang,
der bleibt ein Narr sein Leben lang.

Luther

Sich einen Spaß leisten, ist mehr wert,
als sechs Pfennige in der Tasche zu behalten.

Aus Brasilien

Das Vergnügen macht sich über kurz
oder lang immer bezahlt. (Narr)

Shakespeare, Was ihr wollt II, 4

Ohne Zerstreuung gibt es für den
Menschen keine Freude, mit Zerstreuung keine Trauer.

Pascal

Lustig gelebt und selig gestorben
heißt dem Teufel die Rechnung verdorben.

Sprichwort

Die meisten Dinge, die uns Vergnügen
bereiten, sind unvernünftig.

Montesquieu

Die unerträglichsten Heuchler sind die,
die jedes Vergnügen, das ihnen geboren wird, von der Pflicht zur Taufe
tragen lassen.

Ebner-Eschenbach, Aphorismen

Das Leben ist ein Spieltisch, an dem
man sich nur in dem Maße vergnügt,
als man ein gewagtes Spiel spielt.

Prosper Mérimée

Es ist das Glück der großen Herren,
daß sie Personen um sich versammeln
können, die sie zu zerstreuen wissen,
und daß sie die Fähigkeit haben, sich
dabei zu behaupten.

Pascal

Was süß schmeckt, wird oft bitter beim
Verdau'n. (Gaunt)

Shakespeare, König Richard II. I, 3

Frauens un Ööwens söllt nich alltid
utgaohn.

Sprichwort

Eine Kuh, die viel herumspringt,
kommt wenig zum Fressen.

Aus Rhodesien

Ein eigener Punkt ist es doch, daß alle
menschlichen Freuden sich an Befriedigung der Bedürfnisse knüpfen, also
gewissermaßen nur ein Ergänzen des
Daseins, ein Verstopfen seiner Lücken
sind.

Hebbel, Tagebücher, 22. 4. 1842

Sich amüsieren heißt etymologisch: Die
Muse loswerden. Amüsement wäre
also das Vergnügen der Plattköpfe.

Seume, Apokryphen

Was den Furchtmenschen unrettbar
verrät, ist, daß er sich amüsieren kann.
Der Furchtfreie kennt die Freude, die
Begeisterung, auch den Rausch, die
Völlerei — aber er ist nicht amüsabel.

Rathenau

Große Herren haben Vergnügungen.
Das Volk hat Freude.

Montesquieu, Gedanken, Varia

Der Mensch ist nicht zum Vergnügen,
sondern zur Freude geboren.

Paul Claudel

Während ein Feuerwerk abgebrannt
wird, sieht niemand nach dem gestirn-
ten Himmel.

Ebner-Eschenbach, Aphorismen

Die Freude kennst du nicht, wenn du
nur Freuden kennest.
Dir fehlt das ganze Licht, wenn du's
in Strahlen trennest.

Rückert, Weisheit des Brahmanen 8

Mit allem wird von selbst Vergnügen
sich verbinden.
Vergnügen aber, das man sucht, ist
nicht zu finden.

Rückert, Weisheit des Brahmanen

Scherz

Gott sei Dank, daß der Spaß nicht
totzukriegen ist in dieser so sehr mür-
rischen Welt!

Raabe

Potius amicum quam dictum perdendi.
Lieber einen Freund verlieren als einen
Witz.

Sprichwort

Der gute Freund pickt Witz wie Tauben Spelt
und gibt ihn von sich, wie es Gott gefällt.
Er ist ein Witzhausierer, kramt ihn aus
auf Kirmes, Jahrmarkt, Erntebier und
Schmaus. (Biron)

Shakespeare, Liebes Leid und Lust V, 2

Der Bursch ist klug genug, den Narrn
zu spielen,
und das geschickt tun, fordert einigen
Witz.
Die Laune derer, über die er scherzt,
die Zeiten und Personen muß er kennen
und wie der Falk auf jede Feder
schießen,
die ihm vors Auge kommt. Dies ist ein
Handwerk,
so voll von Arbeit als des Weisen
Kunst. (Viola)

Shakespeare, Was ihr wollt III, 1

Was sich neckt, das liebt sich.

Sprichwort

Dann muß ich Freiheit haben,
so ausgedehnte Vollmacht wie der
Wind —
so ziemt es Narrn —, auf wen ich
will, zu blasen. (Jacques)

Shakespeare, Wie es euch gefällt II, 7

Es ist unmöglich, witzig zu sein, ohne
ein bißchen Bosheit. Die Malice eines
guten Witzes ist der Widerhaken, der
ihn haften macht. (Frau von Höhnisch)

Sheridan, Die Lästerschule I, 1

Der Witz ist ein brillanter Empor-
kömmling von zweifelhafter Abstammung.

Ebner-Eschenbach, Aphorismen

Ein Scherz, ein lachend Wort entscheidet oft die größten Sachen treffender
und besser als Ernst und Schärfe.

Horaz

Spaß dünkt erst hübsch, wenn er um
sich nicht weiß. (Prinzessin)

Shakespeare, Liebes Leid und Lust V, 2

Der Witz ist das einzige Ding, was
umso weniger gefunden wird, je eif-
riger man es sucht.

Hebbel, Tagebücher 1836

Witz beruht auf Stund' und günst'ger
Zeit. (Jago)

Shakespeare, Othello II, 1

Des Scherzes Anerkennung ruht im
Ohr
des Hörenden allein, nicht in der
Zunge
des, der ihn spricht. (Rosaline)

Shakespeare, Liebes Leid und Lust V, 2

Witz, schnell geboren, wächst und
welkt geschwind. (Prinzessin)

Shakespeare, Liebes Leid und Lust II, 1

Der Scherz darf nicht kränken oder
beleidigen. Boshafter Scherz ist ein
Widerspruch.

Karl Julius Weber, Demokritos

Ich habe durch mein ganzes Leben
gefunden, daß sich der Charakter eines
Menschen aus nichts so sicher erkennen
läßt als aus einem Scherz, den er übel-
nimmt.

Lichtenberg

Der Katzen Scherz ist der Mäuse Tod.

Sprichwort

Heiterkeit

Ich bin so guter Dinge,
so heiter und rein,
und wenn ich einen Fehler beginge,
könnt's keiner sein.

Goethe, Zahme Xenien II

Der Heiterkeit sollen wir, wann immer sie sich einstellt, Tür und Tor öffnen; denn sie kommt nie zur unrechten Zeit.

Schopenhauer,
Aphorismen zur Lebensweisheit II

Einer sei jung, schön, reich und geehrt, so fragt sich, wenn man sein Glück beurteilen will, ob er dabei heiter sei. Ist er hingegen heiter, so ist es einerlei, ob er jung oder alt, gerade oder bucklig, arm oder reich sei: Er ist glücklich.

Schopenhauer,
Aphorismen zur Lebensweisheit II

Ein Pfennig Frohsinn ist ein Pfund Kummer wert.

Aus Großbritannien

Wer sich heiter zu erhalten sucht, der sorgt nicht bloß für sein Glück, sondern er übt wirklich eine Tugend.

Wilhelm von Humboldt,
Briefe an eine Freundin, 3. 12. 1834

Die Freudigkeit ist die Mutter aller Tugenden. (Martin)

Goethe, Götz von Berlichingen I,
Herberge im Wald

Man kann nicht Heiterkeit moralisch gebieten, aber nichtsdestoweniger ist sie die Krone schöner Sittlichkeit.

Wilhelm von Humboldt,
Briefe an eine Freundin, Februar 1835

Ich liebe mir den heitern Mann
am meisten unter meinen Gästen:
Wer sich nicht selbst zum besten haben
kann,
der ist gewiß nicht von den Besten.

Goethe, Meine Wahl

Nur das fröhliche Herz allein ist fähig,
Wohlgefallen am Guten zu empfinden.

Kant

Dem Heitern erscheint die Welt auch heiter.

Goethe, Erste Epistel

Ein Gemüt, das sich meist in Heiterkeit erhält, ist schon darum so schön, weil es immer auch ein genügsames und anspruchsloses ist.

Wilhelm von Humboldt,
Briefe an eine Freundin, Februar 1835

Traurigkeit ist Stille, ist Tod. Heiterkeit ist Regsamkeit, Bewegung, Leben.

Ebner-Eschenbach, Aphorismen

Die Fröhlichkeit ist ein Affekt, welcher des Körpers Macht zu handeln vermehrt und unterstützt. Die Traurigkeit ist dagegen ein Affekt, welcher des Körpers Macht zu handeln mindert oder hemmt.

Spinoza, Ethik

Frohes Gemüt kann Schnee in Feuer verwandeln.

Aus Spanien

Alles in der Welt ist Torheit, nur nicht die Heiterkeit.

Friedrich der Große

Ein verdrüßlicher Gott wäre ein Widerspruch, und das Seligsein ist um eine Ewigkeit älter als das Verdammtsein.

Jean Paul, Museum

Vergnügt sein ohne Geld,
das ist der Stein der Weisen.

Lichtwer, Der Weise und der Alchimist

Nachsichtige Verachtung mit seelischer Heiterkeit zu verbinden, ist die beste Philosophie für den Lauf der Welt.

Chamfort, Maximen I

Ein Doppelantlitz, wisse, trägt das Leben,
und wem der Blick fürs Heitre nicht gegeben,
sieht selten auch das Ernste hell und klar.

Verfasser unbekannt

Diejenigen, welche mit heiterem Lächeln den uralten bitteren Kampf führen, können in der rechten Stunde und zumal in der Stunde des Sieges ernst genug sein. Sie vor allen anderen Erdenbürgern werden am wenigsten es wagen, des Lebens rätselhafte Tiefen durch leichtsinnigen Scherz zu überbrücken.

Raabe

Res severa est verum gaudium. Die wahre Freude ist eine ernste Sache.

Seneca junior, 25. Brief

Die Heiterkeit ist ein wiederkehrendes lichtes Gestirn, ein Zustand, der sich, ungleich dem Genusse, durch die Dauer nicht abnützt, sondern wiedergebiert.

Jean Paul

Ich lebe, weiß nicht wie lang,
ich sterbe, weiß nicht wann,
ich fahre, weiß nicht wohin.
Mich wundert, daß ich noch fröhlich bin.

Sprichwort

Ich habe gelernt, vom Leben nicht viel zu erwarten. Das ist das Geheimnis aller echten Heiterkeit und der Grund, warum ich immer angenehme Überraschungen statt trostloser Enttäuschungen erlebe.

Shaw

Wahre Heiterkeit kann nur entstehen, wenn der Mensch sich für die nächste Zukunft in Ruhe und Sicherheit weiß.

Galiani

Im Grunde nämlich gibt es nur Heiterkeit, wo es Sieg gibt.

Nietzsche, Unzeitgemäße Betrachtungen,
Schopenhauer als Erzieher 2

Herr, schicke, was Du willt,
ein Liebes oder Leides!
Ich bin vergnügt, daß beides
aus Deinen Händen quillt.

Mörike, Gebet

Humor

Witz ist glitzender Schaum der Oberfläche. Humor ist die Perle aus der Tiefe.

Peter Sirius

Humor ist Erkenntnis der Anomalien.

Hebbel, Tagebücher I

Der Humor entsteht, wenn die Vernunft nicht im Gleichgewicht mit den Dingen ist, sondern entweder sie zu beherrschen strebt und nicht damit zu Stande kommen kann: Welches der ärgerliche oder üble Humor ist; oder sich ihnen gewissermaßen unterwirft und mit sich spielen läßt, salvo honore: Welches der heitre Humor oder der gute ist.

Goethe,
Maximen und Reflexionen, Nachlaß,
Über Literatur und Leben

Ich definiere den Humor als die Betrachtungsweise des Endlichen vom Standpunkt des Unendlichen aus. Oder: Humor ist das Bewußtwerden des Gegensatzes zwischen Ding an sich und Erscheinung und die hieraus entspringende souveräne Weltbetrachtung, welche die gesamte Erscheinungswelt vom Größten bis zum Kleinsten

mit gleichem Mitgefühl umschließt, ohne ihr jedoch einen anderen als relativen Gehalt und Wert zugestehen zu können.

Morgenstern,
Stufen, Psychologisches, 1904

Humor ist der Schwimmgürtel auf dem Strome des Lebens.

Raabe

Wenn das Schicksal hart zufaßt, soll der Humor es sanft abschütteln.

Peltzer, An den Rand geschrieben

Humor ist auch eine Erhebung gegen den Himmel. Nur geht man wie der Vogel Merops mit dem Hintern zuerst.

Jean Paul, Gedanken

Humor ist: Mit einer Träne im Auge lächelnd dem Leben beipflichten.

Friedl Beutelrock

Der Humor trägt die Seele über Abgründe hinweg und lehrt sie mit ihrem eigenen Leid spielen.

Anselm Feuerbach, Ein Vermächtnis

Humor ist, wenn man trotzdem lacht.

Otto Julius Bierbaum

Der Humor ist keine Gabe des Geistes. Er ist eine Gabe des Herzens.

Börne, Denkrede auf Jean Paul

Der Genuß des Humors setzt höchste geistige Freiheit voraus.

Hebbel

Man gibt sich den Humor nicht selbst.
(Elmire)

Goethe, Erwin und Elmire

Optimismus

Ein Optimist ist ein Mensch, der alles halb so schlimm oder doppelt so gut findet.

Heinz Rühmann

Die verdrossenen Grübler rechten:
Jeder Tag liegt zwischen zwei Nächten.
Doch die heiteren Weltkinder sagen:
Jede Nacht liegt zwischen zwei Tagen.

Oskar Blumenthal

Der Dornen viel und wenig Blüten
hat mir gebracht des Lebens Mai,
und ohne Blitz und Sturmeswüten
zog auch mein Sommer nicht vorbei.
Nicht immer reiften mir die Trauben,
draus süßen Labetrank man preßt,
doch meiner Seele Sonnenglauben
trotz alledem — ich hielt ihn fest.

Emil Rittershaus

Für den Optimisten ist das Leben kein Problem, sondern bereits die Lösung.

Marcel Pagnol

Der Optimismus ist die Harmonie zwischen dem Geiste des Menschen und dem verheißenden Geiste Gottes.

Helen Keller

Nicht in jeder Wolke steckt ein Blitz, und steckt er drin, so schlägt er vielleicht nicht ein, und schlägt er ein, so vielleicht nicht bei uns, und wenn bei uns, so sengt er vielleicht nur, tötet aber niemand.

Aus Usbekistan

Mein Optimismus beruht nicht auf der Negation des Bösen, sondern auf dem frohen Glauben, daß das Gute überwiegt, und auf dem mächtigen Willen, immer mit dem Guten Hand in Hand zu arbeiten.

Helen Keller

Übermut

Man fühlt nur halbe Freude,
wenn man sie sittsam fühlt und lang
                  sich überlegt,
ob unser Liebster das, der Wohlstand
                  jenes trägt. (Lamon)

    Goethe, Die Laune des Verliebten 4

In der Ferne lebend,
ergaben wir uns wilder Ausschwei-
                  fung,
wie Menschen immer es zu halten pfle-
                  gen,
daß sie am lustigsten vom Hause sind.
                (König Heinrich)

    Shakespeare, König Heinrich V. I, 2

Merke, daß du bei der Lust
nicht allzusicher jauchzen mußt,
du möchtest deinen Feind erwecken.

    Lichtwer, Die Frösche und der Storch

Sitzt die Maus am Speck, so piept sie
nicht.

    Abraham a Santa Clara,
    Judas der Erzschelm

Wenn dem Esel zu wohl ist, geht er
aufs Eis tanzen.

    Sprichwort

Wenn die Ratte sterben will, beißt sie
die Katze in den Schwanz.

    Aus China

Übermut tut selten gut.

    Sprichwort

Von Vergnügen zu Vergnügen
rastlos taumeln hin und her,
ist ein eitel Selbstbetrügen
und bald kein Vergnügen mehr.

    Bodenstedt

Die Mutter der Ausschweifung ist nicht
die Freude, sondern die Freudlosigkeit.

    Nietzsche,
    Menschliches Allzumenschliches II, 77

Vom Übermaß der Lust wird Leid
                hervorgebracht.
Das Auge selber weint, sobald man
                heftig lacht.

    Rückert

Die Freuden, die man übertreibt,
verwandeln sich in Schmerzen.

    nach Justin Bertuch, Das Lämmchen

Wilde Freude nimmt ein wildes Ende.
                (Lorenzo)

    Shakespeare, Romeo und Julia II, 6

Was das entsetzlichste sei von allen
                entsetzlichen Dingen?
Ein Pedant, den es jückt, locker und
                lose zu sein.

    Schiller, Amor als Schulkollege

Schadenfreude

Der Mensch ist nun einmal zur Freude geboren! Kann er sich nicht über seine eigene Schönheit freuen, so freut er sich gewiß über die Häßlichkeit der anderen.

Franz von Schönthan

In dem Unglück unserer besten Freunde werden wir immer etwas finden, was uns nicht mißfällt.

La Rochefoucauld,
Unterdrückte Maximen

Es gibt wenige Dinge, welche so sicher die Leute in gute Laune versetzen, wie wenn man ihnen ein beträchtliches Unglück, davon man kürzlich betroffen worden, erzählt.

Schopenhauer,
Aphorismen zur Lebensweisheit V, 33

Fremdes Unglück ist zuweilen ein Fest.

Aus Polen

Wenn die Menschen recht schlecht werden, haben sie keinen Anteil mehr als die Schadenfreude.

Goethe, Maximen und Reflexionen,
Aus Kunst und Altertum 1823

„Die reinste Freude ist die Schadenfreude." Ihr lachtet über dies verruchte Wort? Ihr solltet alle Tränen eurer Seele weinen, daß es ausgesprochen werden konnte!

Rathenau

Jedoch ist, Neid zu empfinden, menschlich, Schadenfreude zu genießen, teuflisch.

Schopenhauer

Spott

Die feinste Satire ist unstreitig die, deren Spott mit so weniger Bosheit und so vieler Überzeugung verbunden ist, daß er selbst diejenigen zum Lächeln nötigt, die er trifft.

Lichtenberg

Ein privilegierter Narr verleumdet nicht, wenn er auch nichts tut als verspotten. So wie ein Mann, der als verständig bekannt ist, nicht verspottet, wenn er auch nichts tut als tadeln. (Olivia)

Shakespeare, Was ihr wollt I, 5

Unverschämtheit ist die Waffe derer, welche die geschmeidige Gerte des Spottes nicht zu handhaben wissen.

Claude Tillier

Aus Spöttern werden oft Propheten.
(Regan)

   Shakespeare, König Lear V, 3

Was ihr euch heute getröstet,
ihr seid doch morgen geröstet.

   Goethe, Sprichwörtlich

Viele Spötter meinen reich an Geist
zu sein und sind nur arm an Takt.

   Lichtenberg

Man kann über alles spötteln, weil
alles eine Kehrseite hat.

   Montesquieu

Man soll sich nicht mit Spöttern be-
fassen.
Wer will sich für 'nen Narren halten
lassen?

   Goethe, Sprichwörtlich

Man hält einen Aal am Schwanze fester als einen Lacher mit Gründen.

   Goethe, Brief des Pastors

Gebraten oder gesotten!
Ihr sollt nicht meiner spotten.

Die Gewöhnung an Ironie ebenso wie
die an Sarkasmus verdirbt übrigens
den Charakter. Sie verleiht allmählich die Eigenschaft einer schadenfro-
hen Überlegenheit: Man ist zuletzt
einem bissigen Hunde gleich, der noch
das Lachen gelernt hat außer dem Beißen.

   Nietzsche,
Menschliches Allzumenschliches I, 372

Wohl dem, der nicht wandelt im Rat
der Gottlosen noch tritt auf den Weg
der Sünden noch sitzet, wo die Spötter
sitzen.

   Psalm 1,1

Der Ironiker ist meist nur ein belei-
digter Pathetiker.

   Morgenstern,
Stufen, Psychologisches, 1907

Der Spott endet, wo das Verständnis
beginnt.

   Ebner-Eschenbach, Aphorismen

Lachen

Der verlorenste aller Tage ist der, an
dem man nicht gelacht hat.

   Chamfort, Maximen I

Ich halte das Lachen für eine der ernst-
haftesten Angelegenheiten.

   Raabe, Der Dräumling

Je mehr der Mensch des ganzen Ernstes fähig ist, desto herzlicher kann er lachen.

Schopenhauer

Das Lachen erhält uns vernünftiger als der Verdruß. (Minna)

Lessing, Minna von Barnhelm IV, 6

Lachen reinigt die Zähne.

Aus Angola

Wer singen und lachen kann, der erschrecket sein Unglück.

Sprichwort

Lächeln ist die eleganteste Art, dem Gegner die Zähne zu zeigen.

Verfasser unbekannt

Man kann ein lächelndes Antlitz nicht schlagen.

Aus Korea

Zum Lachen braucht es immer ein wenig Geist; das Tier lacht nicht.

Gottfried Keller, Das Sinngedicht

In seinem Lachen liegt der Schlüssel, mit dem wir den ganzen Menschen entziffern.

Carlyle

Wer so recht aus voller Seele lacht, der kann kein schlechtes Gewissen haben.

Christian Oeser

Es lachen nur die geistig Tiefstehenden und die geistig Hochstehenden. Die Mittelschicht mit geübtem Verstand und geschwächtem Instinkt lacht nicht.

Rathenau

Das Lachen, dem vitalen Menschen ein reiner Naturlaut der Freude, ist dem Klugen nur eine Reaktion auf Witzempfindung. Das heißt: Auf schnell erkannte Inkongruenz in der Maske der Identität. Eine halbe Schadenfreude.

Rathenau

Menschen, deren Lachen stets affektiert ist und gezwungen, sind intellektuell und moralisch von leichtem Gehalte.

Schopenhauer

Ein ewig heiterer Gesichtsausdruck ermüdet uns auf die Dauer weit mehr als ein ständiges Stirnrunzeln.

Wilde

Schreibtafel her! Ich muß mir's niederschreiben,
daß einer lächeln kann und immer lächeln
und doch ein Schurke sein. (Hamlet)

Shakespeare, Hamlet I, 5

Weit impertinenter noch als durch Worte offenbart sich durch das Lächeln eines Menschen seiner Seele tiefste Frechheit.

Heine

Die eine Hälfte der Welt lacht über die andre, und Narren sind sie alle.

Gracián, Handorakel der Weltklugheit

Und wen am ärgsten meine Torheit
geißelt,
der muß am meisten lachen. Und
warum?
Das fällt ins Auge wie der Weg zur
Kirche.
Der, den ein Narr sehr weislich hat
getroffen,
wär wohl so töricht, schmerzt' es noch
so sehr,
nicht fühllos bei dem Schlag zu tun?
(Jacques)

Shakespeare, Wie es Euch gefällt II, 7

Ich beeile mich, über alles zu lachen, um nicht gezwungen zu sein, darüber zu weinen.

Beaumarchais,
Der Barbier von Sevilla I, 2

Man muß lachen, bevor man glücklich ist, weil man sonst sterben könnte, ohne gelacht zu haben.

La Bruyère, Charaktere 4

Wer zuletzt lacht, lacht am besten.

Sprichwort

Ohne Lächeln kommt der Mensch, ohne Lächeln geht er. Drei fliegende Minuten lang war er froh.

Jean Paul

XXIX. Kapitel

Warnung
Gefahr
Schwierigkeiten
Mißerfolg
Übel
Unglück
Not
Leid
Schmerz
Sorge
Traurigkeit
Pessimismus
Unmut
Zorn
Fluch
Klage
Träne
Resignation
Verzweiflung
Unterliegen
Selbstmord

Warnung

Manchen, welcher an der Schwelle stolpert,
verwarnt dies, drinnen laure die Gefahr. (Gloster)

Shakespeare,
König Heinrich VI. Dritter Teil IV, 7

Den Verwegenen
hüte Dich zu warnen!
Um der Warnung willen
läuft er in jeden Abgrund noch.

Nietzsche, Bruchstücke zu den
Dionysos-Dithyramben 70

Wer rechtzeitig gewarnt wurde, ist
schon halb gerettet.

Aus Chile

Wenn wirklich Gefahr ist, bellt kein
Hund mehr.

Aus Spanien

Ein gewarnter Mann ist zwei Männer
wert.

Aus Frankreich

Wenn die Hyäne fort ist, bellt der
Hund.

Aus Abessinien

Gefahr

Zwischen Lipp' und Kelchesrand
schwebt der finstern Mächte Hand.

Friedrich Kind, Ankäos

Große Dinge sind immer mit großen
Gefahren verknüpft.

Xerxes

Wo Frösche sind, da sind auch Störche.

Sprichwort

Was einen treffen kann, kann jeden
treffen.

Seneca, Abhandlungen

Man hat beobachtet, daß bei der Pest
und anderen Ansteckungskrankheiten
diejenigen am ersten angesteckt werden, die sich am meisten fürchten.

Weber, Demokritos I, 5

Wir bleiben immer Kinder, und, so
klug wir auch werden mögen, wir behalten immer die Lust, mit scharfen
Messern und spitzen Scheren zu spielen.

Raabe

Ein Herz voll Tapferkeit und guter
Dinge braucht von Zeit zu Zeit etwas
Gefahr, sonst wird ihm die Welt un-
ausstehlich.

Nietzsche, Unschuld des Werdens 1

Bei jedem Fest, wenn's noch so glänzend war,
nichts ward vermißt: Mir fehlte die
Gefahr! (Kaiser)

Goethe,
Faust 2, IV, Auf dem Vorgebirg

Der hat nie das Glück gekostet,
der die Frucht des Himmels nicht
raubend an des Höllenflusses
schauervollem Rande bricht.

Schiller, Hero und Leander

Denn nicht erprobt sich dieser echte
Stahl,
begünstigt uns Fortuna; denn alsdann
scheint Held und Feiger, Narr und
Weiser, Künstler
und Tor, Weichling und Starker nah
verwandt.
Doch in dem Sturm und Schnauben
ihres Zorns
wirft Sondrung mit gewalt'ger, breiter
Schaufel,
alles aufschüttelnd, leichte Spreu
hinweg,
und was Gewicht und Stoff hat in sich
selbst,
bleibt reich an Tugend liegen, unver-
mischt. (Agamemnon)

Shakespeare, Troilus und Cressida I, 3

Das Blut wallt mehr
beim Löwenhetzen als beim Hasen-
jagen! (Percy)

Shakespeare,
König Heinrich IV. Erster Teil I, 3

Wer sich gern in Gefahr begibt, kommt
darin um.

Jesus Sirach 3, 27

Wer am Messer leckt, zerschneidet sich
die Zunge.

Aus Rußland

Wenn das Schwein am fettesten ist, so
hat es den Metzger am meisten zu
fürchten.

Abraham a Santa Clara

Man ist am meisten in Gefahr, über-
fahren zu werden, wenn man eben
einem Wagen ausgewichen ist.

Nietzsche,
Menschliches Allzumenschliches I, 564

Ich weiß, daß ein feuriges Pferd auf
eben dem Steige samt seinem Reiter
den Hals brechen kann, über welchen
der bedächtige Esel, ohne zu straucheln,
gehet.

Lessing,
Briefe, die neueste Literatur
betreffend 111

Wer sich vor Wölfen fürchtet, soll nicht
in den Wald gehn.

Aus Rußland

Furcht vor der Gefahr ist schrecklicher als die Gefahr selbst.

Aus Rhodesien

Der Furchtsame erschrickt vor der Gefahr, der Feige in ihr, der Mutige nach ihr.

Jean Paul, Das Kampanertal

Jedes Schreckbild verschwindet, wenn man est fest ins Auge faßt.

Fichte, Reden an die deutsche Nation 12

Die Lebensleiter ist voller Holzsplitter, aber sie machen sich erst dann bemerkbar, wenn wir rückwärtsrutschen.

Oesch

Auch ist es besser, Gefahren auf halbem Wege entgegenzugehen, wenn sie nicht näherkommen, als zu lange auf ihr Herankommen zu warten; denn wenn jemand zu lange wacht, kann man darauf wetten, daß er einschläft.

Francis Bacon, Essays 21

Freiheit und Tätigkeit des Geistes werden im gewöhnlichen Menschen durch Gefahr und Verantwortlichkeit nicht erhöht, sondern heruntergedrückt.

Clausewitz, Vom Kriege VIII, 3 B

Nah ist
und schwer zu fassen der Gott.
Wo aber Gefahr ist, wächst
das Rettende auch.

Hölderlin, Patmos

Schwierigkeiten

Die Schwierigkeiten wachsen, je näher man dem Ziele kommt.

Goethe,
Die Wahlverwandtschaften II, 5

Mit den Jahren steigern sich die Prüfungen.

Goethe,
Wilhelm Meisters Wanderjahre III,
Aus Makariens Archiv

Beim Beginne einer Unternehmung und unweit des Zieles ist die Gefahr des

Mißlingens am größten. Wenn Schiffe scheitern, so geschieht es nahe am Ufer.

Börne, Fragmente und Aphorismen

Wer Schwierigkeiten sucht, findet immer welche.

Aus England

Die größten Schwierigkeiten liegen da, wo wir sie nicht suchen.

Goethe,
Wilhelm Meisters Wanderjahre III,
Aus Makariens Archiv

Diejenigen Berge, über die man im Leben am schwersten hinwegkommt, häufen sich immer aus Sandkörnchen auf.

Hebbel, Tagebücher, 26. 5. 1846

Man soll das Brett bohren, wo es am dünnsten ist.

Aus den USA

Schlimmer als Schwierigkeiten ist die Tendenz, sie zu meiden.

Oesch

Die Straße des geringsten Widerstandes ist nur im Anfang asphaltiert.

Hans Kasper

Der Bach, der stets den Weg des geringsten Widerstandes geht, wird krumm.

Oesch

Wohlbehagen ermattet den Geist, Schwierigkeiten erziehen und kräftigen ihn.

Petrarca

Die, welche sie liebt, härtet die Gottheit ab, prüft und übt sie.

Seneca, Von der Vorsehung

Ein jeder wird besteuert nach Vermögen. (Tell)

Schiller, Wilhelm Tell III, 1

Den hemm' ich, den ich lieb'. Es wird
                              sein Lohn,
verspätet, süßer nur. (Jupiter)

Shakespeare, Cymbeline V, 4

Wie unser Leib auseinanderplatzen müßte, wenn der Druck der Atmosphäre von ihm genommen wäre, so würde, wenn der Druck der Not, Mühseligkeit, Widerwärtigkeit und Vereitelung der Bestrebungen vom Leben der Menschen weggenommen wäre, ihr Übermut sich steigern, wenn auch nicht bis zum Platzen, doch bis zu den Erscheinungen der zügellosesten Narrheit, ja Raserei.

Schopenhauer

Wir fühlen hier die Buße Adams nur,
der Jahrszeit Wechsel, so den eisigen
                              Zahn
und böses Schelten von des Winters
                              Sturm.
Doch wenn er beißt und auf den Leib
                              mir bläst,
bis ich vor Kälte schaudre, sag' ich
                              lächelnd:
Dies ist nicht Schmeichelei. Ratgeber
                              sind's,
die fühlbar mir bezeugen, wer ich bin.
Süß ist die Frucht der Widerwärtigkeit.
                              (Herzog)

Shakespeare, Wie es Euch gefällt II, 1

Das Gift, an dem die schwächere Natur zugrundegeht, ist für den Starken Stärkung, und er nennt es auch nicht Gift.

Nietzsche

Ist es nicht auffallend, daß der sportlich Eingestellte Schwierigkeiten geradezu aufsucht, um daran zunehmendes Können und wachsende Kräfte zu messen? Weshalb können wir nicht auch die täglich sich zeigenden Schwierigkeiten des Berufes als wertvolle Hilfsmittel unserer Selbst- und Kraftentfaltung betrachten?

Oesch

Was mich nicht umbringt, macht mich stärker.

Nietzsche, Götzendämmerung

Nur durch den Winter wird der Lenz errungen.

Gottfried Keller

Wir sind nicht klein, wenn Umstände uns zu schaffen machen, sondern nur wenn sie uns überwältigen. (Carlos)

Goethe,
Clavigo IV, Clavigos Wohnung

Wem das Leben keine Lasten auflädt, dem wird es selbst zur Last.

Peter Sirius

Die Meinung, daß etwas ein Übel sei, verursacht oft weit schlimmere Empfindungen als das Übel selbst. Mancher hat schon eine schmerzhafte Operation ertragen, ohne zu erbleichen und zu jammern, während die Umstehenden zitterten, erblaßten, schwitzten und in Ohnmacht fielen.

Weber, Demokritos I, 6

Verwandle große Schwierigkeiten in kleine und kleine in gar keine!

Aus China

Der Kluge kennt viele Auswege.

Aus der Mongolei

Je fester man eine Nessel anfaßt, desto weniger brennt sie.

Sprichwort

Mißerfolg

Nimm Di nix vör, denn sleiht Di nix fehl!

Fritz Reuter, Dörchläuchting

Ohne daß ihm mal was schief ging, ist nie einer Meister geworden.

Aus Rußland

Wolltest Herrliches gewinnen,
aber es gelang dir nicht.
Wem gelingt es? Trübe Frage,
der das Schicksal sich vermummt,
wenn am unglückseligsten Tage
blutend alles Volk verstummt. (Chor)

Goethe,
Faust 2, III, Arkadien

Ein Mißerfolg ist nie eine Schande, wohl aber die Angst vor dem Mißerfolg.

Oesch

Hinfallen ist keine Schande. Nur Liegenbleiben ist verachtenswert.

Sprichwort

Eine stolz getragene Niederlage ist auch ein Sieg.

Ebner-Eschenbach, Aphorismen

Das Glück ist unsere Mutter, das Mißgeschick unser Erzieher.

Montesquieu

Nichts schmerzt so sehr wie fehlgeschlagene Erwartungen, aber gewiß wird auch durch nichts ein zum Nachdenken fähiger Geist so lebhaft wie durch sie erweckt.

Benjamin Franklin

Durch Demütigungen habe ich mehr gelernt als durch alle Siege.

Kaiser Wilhelm I.

Wenn man den Weg verliert, lernt man ihn kennen.

Suaheliweisheit

Dem klugen Schützen gleicht der höhere Mensch. Verfehlt dieser sein Ziel,

so wendet er sich ab und sucht die Ursache seines Fehlschusses in sich selbst.

Konfuzius

In meiner Schulzeit, wenn ich einen Bolzen
verloren hatte, schoß ich seinen Bruder von gleichem Schlag den gleichen Weg.
Ich gab
nur besser acht, um jenen auszufinden, und, beide wagend, fand ich beide oft.
(Bassanio)

Shakespeare,
Der Kaufmann von Venedig I, 1

Wenn ein Fisch nicht anbeißt, dann schimpft ein Gelegenheitsfischer auf die Angel, der Unstete auf die Angelstelle, der Unzeitige auf das Wetter und der Untüchtige auf sein Unglück. Der richtige Fischer aber fährt fort zu fischen und kehrt mit einem vollen Netze heim.

Oesch

Es ließe sich alles trefflich schlichten, könnte man die Sachen zweimal verrichten.

Goethe, Sprichwörtlich

Man nehme sich vor allen Personen in acht, welche das bittere Gefühl des Fischers haben, der nach mühevollem Tagewerk am Abend mit leeren Netzen heimfährt!

Nietzsche,
Menschliches Allzumenschliches II, 2

Übel

Der eine erregt den Staub, und einem
andern fliegt er ins Auge.

Aus China

Ich habe herausbekommen, daß alles
menschliche Unglück aus einer einzigen
Ursache herkommt, nämlich der, daß
man nicht ruhig in seinem Zimmer zu
bleiben vermag.

Pascal

All unser Übel kommt daher, daß wir
nicht allein sein können.

Schopenhauer,
Aphorismen zur Lebensweisheit

Was den Menschen hindert, die Vernunft zu vervollkommnen und ein vernünftiges Leben zu führen, dies allein
ist ein Übel.

Spinoza

Das meiste Unglück der Menschen besteht eigentlich nur darin, daß sie sich
mit Händen und Füßen gegen das
Kreuz, das sie tragen sollen und tragen
müssen, stemmen und wehren.

Gotthelf

Leid sitzt um so schwerer,
wo es bemerkt, daß man nur schwach
es trägt. (Gaunt)

Shakespeare, König Richard II. I, 3

Die kleinen Unfälle, die uns stündlich
vexieren, kann man betrachten als be-

stimmt, uns in Übung zu erhalten, damit die Kraft, die großen zu ertragen,
im Glück nicht ganz erschlaffe.

Schopenhauer,
Aphorismen zur Lebensweisheit V, 51

Wärst du so klug, die kleinen Plagen
des Lebens willig auszustehn,
so würdest du dich nicht so oft genötigt
die größern Übel zu ertragen.   [sehn,

Gellert, Die schlauen Mädchen

Nichts ist so leicht, daß es nicht schwer
wird, wenn Du es wider Willen tust.

Terenz

Gott würde dich so hart nicht fassen,
hättest du sanft dich führen lassen.

Geibel, Sprüche 44

Unglücklich ist nicht, wer etwas auf Befehl tut, sondern wer es widerwillig
tut. Wir sollten daher die innere Ein-
stellung gewinnen, daß wir wollen,
was die Umstände von uns verlangen.

Seneca

Nicht der Dorn verwundet dich, sondern du selbst ritzt dir die Wunden an
den Dornen.

Pygmäenweisheit

Kein Übel kann Dir geschehen, wenn
Du es nicht selbst dafür hältst.

Menander, Fragmente 179

Wenn es dir übel geht, nimm es für gut
nur immer!
Wenn du es übel nimmst, so geht es dir
noch schlimmer.

Rückert

Ein Mensch, der sich ein Schnitzel briet,
bemerkte, daß ihm das mißriet.
Jedoch da er es selbst gebraten,
tut er, als wär es ihm geraten,
und, sich nicht selbst zu strafen Lügen,
ißt er's mit herzlichem Vergnügen.

Eugen Roth, Ein Mensch, Das Schnitzel

Im Grunde ist jedes Unglück gerade nur
so schwer, wie man es nimmt.

Ebner-Eschenbach, Aphorismen

Man ist eigentlich nur durch Nachdenken unglücklich.

Joubert

Widerwärtigkeiten sind Pillen, die man
schlucken muß und nicht kauen.

Lichtenberg

Gott, wer darf sagen: Schlimmer
kann's nicht werden? (Edgar)

Shakespeare, König Lear IV, 1

Es ist nicht das Schlimmste,
solang man sagen kann: Dies ist das
Schlimmste. (Edgar)

Shakespeare, König Lear IV, 1

Tadele Gott nicht, weil er den Tiger
geschaffen hat! Danke ihm dafür, daß
er dem Tiger keine Flügel verlieh!

Aus Abessinien

Vor der Genesung einer heftigen
Krankheit,
im Augenblick der Kraft und Besserung
ist
am heftigsten der Anfall. Jedes Übel,
das Abschied nimmt, erscheint am übelsten (Pandulpho)

Shakespeare, König Johann III, 4

Es kann wohl sein, daß der Mensch
durch öffentliches und häusliches Geschick zu Zeiten gräßlich gedroschen
wird; allein das rücksichtslose Schicksal, wenn es die reichen Garben trifft,
zerknittert nur das Stroh, die Körner
aber spüren nichts davon und springen
lustig auf der Tenne hin und wider, un-
bekümmert, ob sie zur Mühle, ob sie
zum Saatfeld wandern.

Goethe,
Maximen und Reflexionen,
Aus Kunst und Altertum 1826

Es ist ein Geist des Guten in dem Übel,
zög' ihn der Mensch nur achtsam da
heraus. (König Heinrich)

Shakespeare, König Heinrich V. IV, 1

Die ewigen Sterne kommen wieder
zum Vorschein, sobald es finster genug
ist.

Carlyle

Wo alles abgebrannt ist, kommt das
Feuer nicht wieder.

Aus Gabun

Ebbe folgt nicht auf Ebbe. Dazwischen
ist die Flut.

Aus dem Sudan

Im Atemholen sind zweierlei Gnaden:
Die Luft einziehen, sich ihrer entladen;
jenes bedrängt, dieses erfrischt;
so wunderbar ist das Leben gemischt.
Du danke Gott, wenn er dich preßt,
und dank ihm, wenn er dich wieder
entläßt!

Goethe,
Divan, Buch des Sängers, Talismane

Alles Entscheidende entsteht trotzdem.

Nietzsche

Unglück

Durch die Straßen der Städte,
vom Jammer gefolget,
schreitet das Unglück.
Lauernd umschleicht es
die Häuser der Menschen,
heute an dieser
Pforte pocht es,
morgen an jener,
aber noch keinen hat es verschont.
(Cajetan)

Schiller, Die Braut von Messina IV, 4

Frei von Unglück ist niemand.

Sophokles

Unglücklich sind nicht wir allein,
und dieser weite, allgemeine Schauplatz
beut mehr betrübte Szenen dar als
unsre. (Herzog)

Shakespeare, Wie es Euch gefällt II, 7

Dem Unglück geht Bekümmernis voran. (Königin)

Shakespeare, König Richard II. III, 4

Unglück hat wollene Socken an.

Sprichwort

Haar und Unglück wachsen über Nacht.

Sprichwort

Ein Unglück und ein Franziskaner sind
selten allein.

Aus Frankreich

Wohin gehst du, Übel? Wo es mehr
Übel gibt.

Aus Portugal

Das Elend kommt öfters auf drei Tage zu Besuch und bleibt gleich für hundert Jahre da.

Aus Spanien

Das Wetter schlägt gern in die hohen Türme.

Sprichwort

Es ist dafür gesorgt, daß die Bäume nicht in den Himmel wachsen.

Sprichwort

Denn im Unglück altern die armen Sterblichen frühe.

Homer, Odyssee 19, 360

Alles Unglück kommt durch den Mund.

Aus Japan

Wer Unglück haben soll, stolpert im Grase, fällt auf den Rücken und bricht die Nase.

Sprichwort

Wenn die Katze Unglück haben soll, bleibt ihr die Maus im Halse stecken.

Aus Lettland

Gehe schnell und du wirst das Unglück einholen! Gehe langsam und es holt dich ein!

Aus Rußland

Am vorderen Tor wehrt man den Tiger ab, und durch die Hintertüre kommt der Wolf ins Haus.

Aus China

Unglück wird häufig noch bitterer, wenn es ein anderer schonend „Pech" nennt.

Sigmund Graff

Unglück auf dem Weg zu Tal ist Pech, Unglück auf dem Weg zur Höhe ist Schicksal.

Bonsels, Runen und Wahrzeichen

Das Unglück, das man selbst herbeigezogen hat, läßt sich nicht aufhalten.

Aus Japan

Frauen sind im Unglück weiser als Männer.

Aus Großbritannien

Elend liebt es, über sich zu spotten.

(Gaunt)

Shakespeare,
König Richard II. II, 1

Glücklicherweise kann der Mensch nur einen gewissen Grad des Unglücks fassen. Was darüber hinausgeht, vernichtet ihn oder läßt ihn gleichgültig.

Goethe,
Die Wahlverwandtschaften II, 4

Ein gewisses Übermaß von Glück und
Unglück übersteigt unser Empfindungs-
vermögen.

La Rochefoucauld

Unglück bildet den Menschen und
zwingt ihn, sich selber zu kennen.

Goethe, Antiker Form sich nähernd

Das Unglück ist der Prüfstein des Charakters.

Smiles, Der Charakter 12

Wer ein Unglück ertragen kann, erträgt
auch das Glück.

Aus Schweden

Kein Ereignis ist so unglücklich, daß
kluge Leute nicht irgendeinen Vorteil
daraus zögen, und keines so glücklich,
daß es ein Dummkopf nicht zu seinem
Nachteil kehren könnte.

La Rochefoucauld, Reflexionen

Ein tiefer Fall führt oft zu höherm
Glück. (Lucius)

Shakespeare, Cymbeline IV, 2

Es gibt für Unzählige nur ein Heilmittel – die Katastrophe.

Morgenstern,
Stufen, Lebensweisheit, 1910

Es ist ein Unglück, nie Unglück gehabt
zu haben!

Karl Julius Weber, Demokritos I, 6

Not

Die Not ist die Mutter der Künste,
aber auch die Großmutter der Laster.

Jean Paul

In der Not steigern die Menschen ihre
guten wie ihre üblen Eigenschaften.

Graff

Der Mangel ist ein Fluch. Er reißt,
ein schlimmer Lehrer, uns zum Bösen
fort.

Euripides, Elektra 378

Die Armut stiehlt, und die Not lügt.

Aus Spanien

Not hat weder Gesetz, Glauben noch
König.

Aus Frankreich

Die Kunst der Not ist wundersam: Sie
macht
selbst Schlechtes köstlich. (Lear)

Shakespeare,
König Lear III, 2

In der Not frißt der Teufel fliegen.

Sprichwort

Man lernt Lehm essen, ehe man Hungers stirbt.

Aus Lettland

In der Not nennt man das Schwein Onkelchen.

Aus Albanien

Adversae res admonent religionem.
Not lehrt beten.

Sprichwort nach Livius

Der Not mich fügen lehrte mich die
strenge Not.

Sophokles, Philoktet 524

Not macht erfinderisch.

Sprichwort

Not lehrt alte Weiber springen.

Sprichwort

In der Not erst magst Du zeigen,
wer Du bist und was Du kannst.

Geibel, Gedichte und Sprüche 32

Gelobt sei, was hart macht! Ich lobe
das Land nicht, wo Butter und Honig
fließt.

Nietzsche, Zarathustra III, Der Wanderer

Klopft die Not an, so tut die Liebe die
Tür auf.

Sprichwort

Not und Todbett bringt doch immer
hundert Herzen zusammen, wo Lust
und Freude ein einziges.

Pestalozzi, Christoph und Else

Die Not bringt einen zu seltsamen
Schlafgesellen. (Trinculo)

Shakespeare, Der Sturm II, 2

Mensch, bist du Gott getreu und mei-
nest ihn allein,
so wird die größte Not ein Paradies
dir sein.

Angelus Silesius,
Der Cherubinische Wandersmann I

Wenn die Not am größten, ist Gottes
Hilfe am nächsten.

Sprichwort

Stunden der Not vergiß, doch was sie
dich lehrten, vergiß nie!

Salomon Geßner

Vergangenes Leid muß Wohlsein fühlen
lehren.
Wer nie gedarbt, ist ohne Freude reich.

Pestalozzi

Leid

Gehst du durch den Bergwald, so findest du keinen Baum, der nicht leidet.
Gehst du durch die Wiese, da ist kein
Kraut und Gras, das nicht kämpfen
muß. Und könnten die Tiere reden,
was würden sie sagen? Das ist traurig,
aber tröstlich: Unser Los ist mit dem
der ganzen Natur enger verknüpft, als
wir meinen.

Boßhart, Bausteine

Jeder Mensch muß eine Metze Asche
essen, ehe er stirbt.

Aus Großbritannien

Die höchsten Menschen leiden am meisten am Dasein, aber sie haben auch
die größten Gegenkräfte.

Nietzsche, Unschuld des Werdens 1, 658

Sterben – schlafen –
Schlafen! Vielleicht auch träumen! – Ja,
da liegt's:
Was in dem Schlaf für Träume kommen mögen,
wenn wir den Drang des Ird'schen abgeschüttelt,
das zwingt uns stillzustehn. Das ist die
Rücksicht,
die Elend läßt zu hohen Jahren
kommen.
Denn wer ertrüg' der Zeiten Spott und
Geißel,
des Mächt'gen Druck, des Stolzen Mißhandlungen,
verschmähter Liebe Pein, des Rechtes
Aufschub,
den Übermut der Ämter und die
Schmach,

die Unwert schweigendem Verdienst
erweist,
wenn er sich selbst in Ruhstand setzen
könnte
mit einer Nadel bloß? Wer trüge Lasten
und stöhnt' und schwitzte unter Le-
bensmüh'?
Nur daß die Furcht vor etwas nach
dem Tod –
das unentdeckte Land, von des Bezirk
kein Wanderer wiederkehrt- den Willen irrt,
daß wir die Übel, die wir haben, lieber
ertragen, als zu unbekannten fliehn.

(Hamlet)

Shakespeare, Hamlet III, 1

Gram dehnt die Zeit. (Romeo)

Shakespeare, Romeo und Julia I, 1

Leid bricht die Zeiten und der Ruhe
Stunden,
schafft Nacht zum Morgen und aus
Mittag Nacht. (Clarence)

Shakespeare, König Richard III. I, 4

Das sind des Mannes Leiden: Jäher Tod
des Wallachs während des Marsches,
Zerbrechen des Bogens auf der Jagd,
Tod der Frau im Alter und Bersten des
Kessels im Winter.

Aus der Mongolei

Wenn die Leiden kommen,
so kommen sie wie einzle Späher nicht,
nein, in Geschwadern. (König)

Shakespeare, Hamlet IV, 5

Die Leiden sind wie Gewitterwolken:
In der Ferne sehen sie schwarz aus,
über uns grau.

Jean Paul,
Hesperus, 14. Hundsposttag

Das Wesen jedes Leids hat zwanzig
Schatten,
die aussehn wie das Leid, doch es nicht
sind:
Das Aug' des Kummers, überglast von
Tränen,
zerteilt ein Ding in viele Gegenstände.
(Bushy)

Shakespeare, König Richard II. II, 2

So heiß wird nichts gegessen, wie es
gekocht wird.

Sprichwort

Leiden sind Lehren.

Äsop, Der Hund und der Koch

Wer nicht das Bittere gekostet hat,
weiß nicht, was Zucker ist.

Aus Rumänien

Es ist ein Brunnen, der heißt Leid.

Richard Dehmel, Brunnenlied

Leid mag zur Absage an das Vergängliche führen, aber es führt deshalb
noch nicht zur Zusage an das Unvergängliche.

Waldemar Bonsels,
Runen und Wahrzeichen

Leiden machen den Menschen stark.
Oder sie zerbrechen ihn.

Hilty

Ein kleines Leiden setzt uns außer uns,
ein großes in uns.

Jean Paul,
Impromptus für Stammbücher

Wie dein Leiden sich mehrt, so mehrt
sich die Kraft, es zu tragen.

Lavater

Im Gift ist Arzenei, und diese Zeitung,
die, wär' ich wohl, mich hätte krank
gemacht,
macht, da ich krank bin, mich beinah
gesund.
Und wie der Arme, fieberschwach von
Gliedern,
die wie gelähmte Angeln von der Last
des Lebens niederhängen, aufgepeitscht
vom Anfall, wie ein Feuer aus den
Armen
der Wächter bricht: So sind auch meine
Glieder,
geschwächt vom Leid und wütend nun
vor Leid,
dreimal sie selbst. (Northumberland)

Shakespeare,
König Heinrich IV. Zweiter Teil I, 1

Vielleicht heißt ,leiden' nichts anderes,
als ein tieferes Leben führen.

Alexander Vinet

Der Weg zum Himmel führt beim Trä-
nenkreuz vorbei.

Aus England

Ihr leidet mir noch nicht genug; denn Ihr littet an Euch, Ihr littet noch nicht am Menschen.

Nietzsche,
Zarathustra IV, Vom höheren Menschen 6

Wir sträuben uns gegen das Leiden. Wer aber möchte nicht gelitten haben?

Ebner-Eschenbach, Aphorismen

Wie wagt ein Ritter im Kampfe Gut, Leib und Seele um vergängliche kurze Ehre, uns aber dünkt es so viel, wenn wir um Gott und die ewige Seligkeit ein kleines Leid ertragen.

Meister Eckhart,
Buch der göttlichen Tröstung

Per aspera ad astra.
Über rauhe Pfade zu den Sternen.

Sprichwort

Ich habe mich überzeugt, daß nur rauhe Bewegung und wechselvolles Geschick einen nach allen Seiten hin tüchtigen Charakter hervorbringen können. Darum leben hoch Ebbe und Flut, Freude und Leid, Glück und Elend!

Gottfried Keller

Ein Christ erfreuet sich in Leiden,
            Kreuz und Pein.
So kann ja Freud und Leid gar wohl
            beisammen sein.

Angelus Silesius,
Der Cherubinische Wandersmann V

Schmerz

Freude macht uns Unsterblichen gleich.
      Das Siegel der Menschheit
drückt uns der Schmerz auf die Stirn,
      wenn er uns beugt und erhebt.

Geibel, Sprüche 43

Es gibt keinen Menschen ohne Kummer. Gibt es einen solchen, dann ist er kein Mensch.

Aus der Türkei

Ja Schmerz! Nur Du machst Menschen erst zu Menschen ganz.

Lamartine, Harmonien

Hinter den Narben liegt all unsere Menschheit.

Kolbenheyer,
Die Kindheit des Paracelsus

In der kleinen Brust eines Menschen kann sich gar viel Elend verstecken.

Heine,
Ideen oder Das Buch Le Grand 29

Wer einmal einen tiefen Schmerz
            erlitten,
ist nicht mehr jung. Bis dahin war er es,

und hätte silberweiß sein Haar bereits
den tiefgebeugten Scheitel ihm um-
glänzt.

Ferdinand von Saar

Alles geben Götter, die unendlichen,
ihren Lieblingen ganz,
alle Freuden, die unendlichen,
alle Schmerzen, die unendlichen, ganz.

Goethe, Vermischte Gedichte

Großen Seelen ziehen die Schmerzen
nach wie den Bergen die Gewitter.
Aber an ihnen brechen sich auch die
Wetter, und sie werden die Wetter-
scheide der Ebene unter ihnen.

Jean Paul, Aphorismen

Die Wolken gehören zur Erde, nicht
zum Himmel.

Bonsels, Runen und Wahrzeichen

Die Langeweile wollt' uns töten.
Da war der Schmerz uns höchst von-
nöten:
Er macht die Sinne frisch und klar.

Aus Rußland

Der Schmerz macht, daß wir die Freude
fühlen, so wie das Böse macht, daß wir
das Gute erkennen.

Ewald von Kleist

Der Schmerz ist Leben. (Attinghausen)

Schiller, Wilhelm Tell IV, 2

Wäre kein Schmerz in der Welt, so
würde der Tod alles aufreiben. Wenn
mich eine Wunde nicht schmerzte, würde
ich sie nicht heilen und würde daran
sterben.

Ewald von Kleist

Das Gemüt bleibt jung, solange es lei-
densfähig bleibt.

Ebner-Eschenbach, Aphorismen

Der Schmerz ist das Glück der Seligen.
Am meisten lebt, wer am meisten leidet.

Börne

Ach! lebt von Schmerzen die Liebe
nicht
und nicht von Liebe das Leben?

Chamisso, Der Klapperstorch

Der Schmerz ist der große Lehrer der
Menschen. Unter seinem Hauche entfalten sich die Seelen.

Ebner-Eschenbach, Aphorismen

Kommt dir ein Schmerz, so halte still
und frage, was er von dir will!

Geibel

Der tröstende Gedanke aber bleibt fort
und fort, daß Gott auch widrige und
schmerzliche Schicksale nur aus Liebe
sendet, um unsere Gesinnungen zu
läutern.

Wilhelm von Humboldt

Der Schmerz ist ein heiliger Engel, und durch ihn sind die Menschen größer geworden als durch alle Freuden der Welt.

Stifter

Das ist meine allerschlimmste Erfahrung: Der Schmerz macht die meisten Menschen nicht groß, sondern klein.

Morgenstern,
Stufen, Lebensweisheit, 1905

Gram ist stolz. Wer ihn erkannte, beugt sich. (Constanze)

Shakespeare, König Johann III, 1

Daß sie die Perle trägt, das macht die Muschel krank.
Dem Himmel sag' für Schmerz, der dich veredelt, Dank!

Rückert

Der Schmerz vereint wieder mit Gott.

Dante

Wer mit täppischer Hand nach einer Rose greift, darf sich nicht beklagen, daß ihn die Dornen verletzen.

Heine, Der Rabbi von Bacharach 3

Der Sklave, der Ostern gekauft wurde, meint, es bliebe immer Ostern.

Aus Abessinien

Das Peinlichste am körperlichen Schmerz ist das Unkörperliche, nämlich unsere Ungeduld und unsere Täuschung, daß er immer wäre.

Jean Paul

Ist frei der Geist,
dann fühlt der Körper zart. Der Sturm im Geist
raubt meinen Sinnen jegliches Gefühl. (Lear)

Shakespeare, König Lear III, 4

Eine tote Maus fühlt keine Kälte.

Aus Großbritannien

Wenn nach Genossen du im Leid begehrst,
dann kennst du nur des Kummers bloßen Schein.
Sobald du echten, tiefen Schmerz erfährst,
du trägst ihn anders nimmer als allein.

Ferdinand Groß, Über Land und Meer

Der wahre Schmerz ist schamhaft.

Hebbel, Tagebücher

Wer ganz mit seinem Schmerz allein, der lernt den Schmerz genießen.

Platen, Frühlingslied

Wo eine Wunde ist, bleibt eine Narbe.

Pygmäenweisheit

Sorge

Der Mensch allein, der Schöpfung
vergräbet sich in Sorgen, [Haupt,
ist immer seiner selbst beraubt,
lebt immer nur für morgen.

Robert Roberthin

Daß die Vögel der Sorge und des Kummers über Deinem Haupte fliegen,
kannst Du nicht ändern. Aber daß sie
Nester in Deinem Haar bauen, das
kannst Du verhindern.

Aus China

Bei wem bleibt Kummer gerne,
zieht auch am liebsten ein?
Bei denen, die ihn warten
und fleißig bei ihm sein.

Logau, Sorgen

Sie suchen früh und spät,
das Bittere im Kelche:
Wer keine Plage hat,
der macht sich welche!

Kotzebue, Trost im Scheiden

Obwohl sie nicht hundert Jahre alt
werden, bereiten sich die Menschen
Sorge für tausend Jahre.

Aus China

Daß man ohne Sorgen lebe,
sorgt man stets um Gut und Geld,
das doch den, der es ersorgte,
stets in Angst und Sorgen hält.

Logau, Geld und Gut

Ein großer Teil der Sorge besteht aus
unbegründeter Furcht.

Hilty

Kummer, nimm erst Gestalt! Nur das
  Formlose ängstet und martert;
hat sich der Feind mal gestellt, halb ist
  gewonnen der Sieg.

Grillparzer, Schwermut

Ein unkluger Mann wacht alle Nächte;
über alles sorgt er und sinnt.
Müd ist er dann, wenn der Morgen
       kommt:
Sein Elend ändert er nicht.

Edda

Sorge wehrt nicht, sie versehrt und
    zehrt. (Pucelle)

Shakespeare,
König Heinrich VI. Erster Teil III, 3

Sorge macht alt vor der Zeit.

Jesus Sirach 30, 26

Sorge machet graues Haar,
so altert Jugend ohne Jahr.

Freidank, Bescheidenheit 58, 6

Der Gram zehrt am Leben.
(Junker Tobias)

Shakespeare, Was ihr wollt I, 3

Wen ich einmal mir besitze,
dem ist alle Welt nichts nütze:
Ewiges Düstre steigt herunter,
Sonne geht nicht auf noch unter,
bei vollkommnen äußern Sinnen
wohnen Finsternisse drinnen,
und er weiß von allen Schätzen
sich nicht in Besitz zu setzen. (Sorge)

Goethe, Faust 2, V, Mitternacht

Der Harm ist so gehässig in sich selbst,
daß, wer davon nur spricht, nicht
    harmlos bleibt. (Constanze)

Shakespeare, König Johann III, 1

Einem bekümmerten Gemüte glaube
nicht!

Christoph Lehmann,
Politischer Blumengarten

Weichet, Sorgen, von mir! Doch ach!
    Den sterblichen Menschen
lässet die Sorge nicht los, eh ihn das
    Leben verläßt.
Soll es einmal denn sein, so kommt, ihr
    Sorgen der Liebe,
treibt die Geschwister hinaus, nehmt
und behauptet mein Herz!

Goethe, Süße Sorgen

Wenn man bei den Sorgen der Männer
tief genug gräbt, kommt meist eine
Frau zum Vorschein.

Aus der Bretagne

Es ist ein Brauch von alters her:
Wer Sorgen hat, hat auch Likör.

Busch, Fromme Helene

Wer in dem Gestern Heute sah,
dem geht das Heute nicht allzunah,
und wer im Heute sieht das Morgen,
der wird sich rühren, wird nicht sorgen.

Goethe, Zahme Xenien IV

Darum sorget nicht für den andern
Morgen; denn der morgende Tag wird
für das Seine sorgen. Es ist genug, daß
ein jeglicher Tag seine eigene Plage
habe.

Matthäus 6,34

Man kann sehr vielen und großen
Kummer haben und sich doch dabei
nicht unglücklich fühlen, vielmehr in
diesem Kummer eine so erhebende
Nahrung des Geistes und des Gemüts
finden, daß man diese Empfindung
mit keiner andern vertauschen möchte.

Wilhelm von Humboldt,
Briefe an eine Freundin,
12. 1. 1834

Ich habe es bis jetzt auch nicht gewußt,
daß die Sorge mit das Beste in der Welt
ist.

Raabe

Sorge ist wie ein kostbarer Schatz, den
man nur den Freunden zeigt.

Aus Madagaskar

Traurigkeit

Die Melancholie ist die Freudigkeit
Gottes.

Börne

Es ist doch hübsch, traurig zu sein und
nichts zu sagen. (Jacques)

Shakespeare,
Wie es Euch gefällt IV, 1

Die Traurigkeit ist das Los der tiefen
Seelen und der starken Intelligenzen.

Alexandre Vinet, Die Freude

Beschäftigung mit anderen erheitert;
Beschäftigung mit sich selbst verstimmt.
Daher die Schwermut verschlossener
Menschen.

Joubert

Ich habe weder des Gelehrten Melancholie, die Wetteifer ist, noch des Musi-
kers, die phantastisch ist, noch des Hofmanns, die hoffärtig ist, noch des Soldaten, die ehrgeizig ist, noch des Juristen, die verschlagen ist, noch der
Frauen, die zimperlich ist, noch des
Liebhabers, die das alles zusammen ist.
(Jacques)

Shakespeare,
Wie es Euch gefäll IV, 1

Wer ohne Grund traurig ist, hat Grund,
traurig zu sein.

Françoise Sagan

Melancholie,
wer maß je deine Tiefe? Fand den
Boden,
zu raten, welche Küst' am leichtesten
der schwerbeladnen Sorg' als Hafen
dient? (Bellarius)

Shakespeare, Cymbeline IV, 2

Dem Betrübten ist übel geigen.

Sprichwort

Traurigkeit, des Wahnsinns Amme.
(Diener)

Shakespeare,
Der Widerspenstigen Zähmung,
Einleitung 2

Trauert nicht, wenn eines Herzens Melodie verstummt! Bald findet eine Hand
sich, wieder es zu stimmen.

Hölderlin

Tröste dein Herz und treibe Traurigkeit ferne von dir; denn Traurigkeit
tötet viele Leute und dienet doch nirgend zu.

Jesus Sirach 30,24

Pessimismus

Es gibt auch seelisch Farbenblinde, denen just für Hoffnungsgrün und Freudenrot das Auge fehlt.

Franz von Schönthan

Das Schlimmste fürchten, heilt oft das Schlimmste. (Cressida)

Shakespeare,
Troilus und Cressida III, 2

In allem, was unser Wohl und Wehe betrifft, sollen wir die Phantasie im Zügel halten, also zuvörderst keine Luftschlösser bauen, weil diese zu kostspielig sind, indem wir gleich darauf sie unter Seufzern wieder einzureißen haben! Aber noch mehr sollen wir uns hüten, durch das Ausmalen bloß möglicher Unglücksfälle unser Herz zu ängstigen.

Schopenhauer,
Aphorismen zur Lebensweisheit V, 13

Der Pessimismus ertötet den Trieb, der die Menschen drängt, gegen Armut, Unwissenheit und Verbrechen anzukämpfen, und vertrocknet alle Quellen der Freude in der Welt.

Helen Keller

Pessimismus hat auf der Erde kein Recht. Wer freiwillig am Leben bleibt, erklärt sich einverstanden, zufrieden, mitschuldig.

Rathenau

Der Pessimist bezweifelt, wo der Melancholiker erleidet.

Peltzer, An den Rand geschrieben

Sobald ein Optimist ein Licht erblickt, das es gar nicht gibt, findet sich ein Pessimist, der es wieder ausbläst.

Giovanni Guareschi

Ein Pessimist ist ein Mensch, der sich über schlechte Erfahrungen freut, weil sie ihm recht geben!

Heinz Rühmann

Die glücklichen Pessimisten! Welche Freude empfinden sie, sooft sie bewiesen haben, daß es keine Freude gibt!

Ebner-Eschenbach

Unmut

Compesce mentem!
Beherrsche deinen Unmut!

Horaz, Oden I, 16

Zwei Dinge soll'n den tapfern Mann
nicht mit Verdruß erfassen:
Die, die er nicht mehr ändern kann,
und die sich ändern lassen.

Julius Lohmeyer

Murre nicht, wenn dich die Plage
harter Arbeit nicht verläßt!
Kirchweih ist nicht alle Tage
und nur schön ein selt'nes Fest.

Martin Greif

Von zehn Dingen, die uns ärgern, würden neun es nicht vermögen, wenn wir
sie recht gründlich aus ihren Ursachen
verständen und daher ihre Notwendigkeit und wahre Beschaffenheit er-
kennten.

Schopenhauer,
Welt als Wille und Vorstellung II, Vom
Primat des Willens im Selbstbewußtsein

Vor Leiden kann nur Gott dich wahren.
Unmut magst du dir selber sparen.

Geibel

Es ist unmöglich, jemandem ein Ärgernis zu geben, wenn er es nicht nehmen
will.

Friedrich Schlegel, Kritische Fragmente

Der Mutmensch kennt den Zorn, der
Furchtmensch die Wut und den Ärger.

Rathenau

Große, starke Seelen sind selten ärger-
lich, desto mehr aber schwache.

Karl Julius Weber,
Demokritos, Der Zorn

Die kleinen Geister stoßen sich gar sehr
an Kleinigkeiten. Die großen Geister
sehen sie alle, aber stoßen sich nicht
daran.

La Rochefoucauld, Reflexionen

Den Kranken ärgert die Fliege an der
Wand.

Sprichwort

Sich über andere Leute ärgern heißt:
Deren Sünden an sich selbst bestrafen.

Verfasser unbekannt

Weiterhin macht sich ein Truthahn be-
merklich, der den größeren Teil des
Tages darauf verwendet, sich aus un-
aufgeklärten Gründen in Wut zu befinden. Ich kann mir nur denken, er
ärgert sich darüber, daß er gar keinen
Grund zum Ärger hat.

Heinrich Seidel, Leberecht Hühnchen

Ärger hat keine Augen.

Aus Indien

Grillen stammen immer
von einem Vater Gram. Nicht so bei
                 mir;
denn nichts erzeugte meinen Gram mir
                 oder
etwas das Nichts, worüber ich mich
        gräme. (Königin)

Shakespeare, König Richard II. II, 2

Sein launisch Mißbehagen
ruht auf dem breiten Polster seines
          Glücks. (Antonio)

Goethe, Torquato Tasso V, 1

Nennen Sie mir den Menschen, der übler Laune ist und so brav dabei, sie zu
verbergen, sie allein zu tragen, ohne
die Freude um sich her zu zerstören!
Oder ist sie nicht vielmehr ein innerer
Unmut über unsere eigene Unwürdigkeit, ein Mißfallen an uns selbst, das
immer mit einem Neide verknüpft ist,
der durch eine törichte Eitelkeit aufge-

hetzt wird? Wir sehen glückliche Menschen, die wir nicht glücklich machen,
und das ist unerträglich.

Goethe,
Die Leiden des jungen Werthers I,
1. 7. 1771

„Was schnitt dein Freund für ein
               Gesicht?"
Guter Geselle, das versteh ich nicht.
Ihm ist wohl sein süß Gesicht verleidet,
daß er heut saure Gesichter schneidet.

Goethe, Sprichwörtlich

Schweigen ist die Arznei des Ärgers.

Aus Arabien

Der Ärger gleicht
'nem überhitzigen Pferd, das, gebt ihr
               Freiheit,
am eignen Feu'r ermüdet. (Norfolk)

Shakespeare, König Heinrich VIII. I, 1

Zorn

In gärend Drachengift hast du
die Milch der frommen Denkart mir
        verwandelt. (Tell)

Schiller, Wilhelm Tell IV, 3

Der Choleriker ist das Salz in der
Suppe, die der Schöpfer sich einge-
brockt hat.

Peltzer, An den Rand geschrieben

Wer niemals außer sich geriet,
wird niemals in sich gehen.

Heyse, Spruchbüchlein

Wer nie im Zorn erglühte,
kennt auch die Liebe nicht.

Ernst Moritz Arndt, Zorn und Liebe

Jähzornige Leute sind treue Leute.

Sprichwort

Jähzornige Frauenzimmer, gleich wie
                                    Männer auch,
sind weniger schlimm als stille Wasser,
                        welche tief. (Kreon)

Euripides, Medea 319

Zorn oder Haß in Worten oder Mienen
blicken zu lassen, ist unnütz, ist gefährlich, ist unklug, ist lächerlich, ist gemein. Man darf also Zorn oder Haß
nie anders zeigen als in Taten. Letz-
teres wird man umso vollkommener
können, als man ersteres vollkommener vermieden hat. Die kaltblütigen
Tiere allein sind die giftigen.

Schopenhauer,
Aphorismen zur Lebensweisheit V, 45

Der Zorn ist immer schädlicher als die
Beleidigung, die ihn hervorrief.

Aus China

Entrüstung ist Bekenntnis der Hilflosigkeit.

Rathenau

Ira furor brevis est.
Der Zorn ist kurze Raserei.

Horaz, Episteln I, 2

Zähle dich nicht zu den Menschen, solange Zorn dich empöret!
Nur in der Ruhe gedeiht, Menschheit,
            des Menschen Verstand.

Herder

Sobald der Mensch in Zorn gerät, gerät
er in Irrtum.

Talmud

Wer im Zorn handelt, geht im Sturm
unter Segel.

Sprichwort

Nimmer hat die Wut
sich gut verteidigt. (Mäcenas)

Shakespeare,
Antonius und Cleopatra IV, 1

Wen der Zorn packt wegen der Flöhe
im Bett, wird leicht das Laken ins Feuer
werfen.

Aus der Mongolei

Der Zorn wirft wie die Hündin blinde
Junge.

Sprichwort

Ach, der Zorn verderbt die Besten.

Schiller, Das Siegesfest

Ein zornig Weib ist gleich getrübter
                                    Quelle,
unrein und sumpfig, widrig, ohne
                                Schönheit:
Und ist sie so, wird keiner, noch so
                                    durstig,
sie würdigen, einen Tropfen draus zu
                        schlürfen. (Catharina)

Shakespeare,
Der Widerspenstigen Zähmung V, 2

Ein Brand alleine brennt nicht lange.

Sprichwort

Wut muß man bekämpfen. (König Richard)

Shakespeare, König Richard II. I, 1

Wo zwei wütige Feuer sich begegnen,
vertilgen sie, was ihren Grimm genährt:

Wenn kleiner Wind die kleine Flamme
facht,
so bläst der Sturm schnell Feu'r und
alles aus. (Petruchio)

Shakespeare,
Der Widerspenstigen Zähmung II, 1

Das größte Gegenmittel gegen den
Zorn ist der Aufschub.

Seneca, De ira

Fluch

Jeden Tag ein Fluch erhöht das Glück
und die Lebensdauer.

Aus China

Es geschieht oft, daß ein entsetzlicher
Fluch, in einem rechten Bramarbastone
herausgewettert, einen mehr in den
Ruf der Tapferkeit setzt, als eine wirk-
liche Probe davon jemals getan hätte!
(Junker Tobias)

Shakespeare, Was ihr wollt III, 4

Was in des Feldherrn Mund ein zornig
Wort,
wird beim Soldaten Gotteslästerung.
(Isabella)

Shakespeare, Maß für Maß II, 2

Wer flucht, fängt keine Fische.

Aus Großbritannien

Nie überschreiten Flüche
die Lippen des, der in die Luft sie
haucht. (Buckingham)

Shakespeare, König Richard III. I, 3

Der Fluch fährt zum Maul heraus und
zur Nase wieder herein.

Aus Lettland

Wer nach dem Himmel speit, dem fällt
der Speichel in den eigenen Bart.

Sprichwort

Klage

Ward der Kelch dem Gott vom Himmel auf seiner Menschenlippe zu bitter, warum soll ich groß tun und mich stellen, als schmeckte er mir süß?

Goethe,
Die Leiden des jungen Werthers,
15. 11. 1772

Der Schmerz vermindert sich im Klagen. (Alcest)

Goethe, Die Mitschuldigen II, 4

Man lindert oft sein Leid, indem man
es erzählt.

Corneille, Polyeucte I, 3

Die Krankheit des Gemütes löset sich in Klagen und Vertraun am leichtsten auf. (Leonore)

Goethe, Tasso III, 2

Jammer wird Wollust, wenn wir seine klemmende, stechende Empfindung, die unser Herz ängstigt, durch Klagen lindern und zu einem sanften Kützel verwandeln.

Goethe,
an Ernst Wolfgang Behrisch, 2. XI. 1767

Es tönt der Klagen Lauf am liebsten in
der Nacht. (Sophie)

Goethe, Die Mitschuldigen II, 4

Lerne leiden, ohne zu klagen!

Sprichwort

Wer Freude hat am Klagen, wird immer was zum Klagen finden.

Gotthelf

Es gibt keine unbiegsameren und härteren Menschen als diejenigen, die immer mit der Betrachtung ihres Unglücks beschäftigt sind.

Ewald von Kleist

Wo ein Arzt wohnt, jammern ständig
Kranke.

Aus Spanien

Oh, was ist der Mensch, daß er über sich klagen darf?

Goethe,
Die Leiden des jungen Werthers,
4. 5. 1771

Klage nicht, daß dir im Leben
ward vereitelt manches Hoffen,
hat, was du gefürchtet eben,
dich doch meist auch nicht getroffen.

Rückert

Man muß das Unglück mit Händen und Füßen, nicht mit dem Maul angreifen.

Pestalozzi

Mache nicht unerträglich den Schmerz durch ewige Klagen!

Sophokles, Elektra

Klage nicht zu sehr über einen kleinen Schmerz! Das Schicksal könnte ihn durch einen größeren heilen.

Hebbel

Unheil beklagen, das nicht mehr zu bessern, heißt um so mehr das Unheil nur vergrößern. (Herzog)

Shakespeare, Othello I, 3

Weise jammern nie vorhandenes Weh, sie schneiden gleich des Jammers Wege ab. (Carlisle)

Shakespeare, König Richard II. III, 2

Wer sich selbst bedauert, leistet sich den schlechtesten Dienst.

Oesch

Kein Weiser jammert um Verlust. Er sucht mit freudigem Mut, ihn zu ersetzen. (Margaretha)

Shakespeare, König Heinrich VI. Dritter Teil V, 4

Wenn du Unglück leidest, klage nicht den Himmel an, sondern beuge dein Haupt und setze dich mit deiner Seele auseinander!

Aus Arabien

Trage dein Übel, wie du magst, klage niemand dein Mißgeschick! Wie du dem Freunde dein Unglück klagst, gibt er dir gleich ein Dutzend zurück!

Goethe, Zahme Xenien VI

Das nenne ich eine edle Art, Leid zu tragen, wenn man es für sich allein trägt und nicht vielen andern offenbart.

Menander, Fragmente 605

Große Seelen dulden still. (Marquis)

Schiller, Don Carlos I, 4

Enttäuschungen sind das Normale. Zieh deinen Beutel und zahle!

Gerhard Schumann, Stachelbeeren-Auslese, Enttäuschungen

So geht's aber dem, der still vor sich leidet und durch Klagen weder die Seinigen ängstigen noch sich erweichen mag: Wenn er endlich aus gedrängter Seele „Eli, Eli, lama asabthani" ruft, spricht das Volk: „Du hast andern geholfen, hilf dir selber!", und die besten übersetzen's falsch und glauben, er rufe dem Elias.

Goethe, an Charlotte von Stein, 29. XI. 1780

Träne

Gedanken sind Minuten, und sie picken
mit Seufzern ihre Zahlen an das Zifferblatt
der Augen, wo mein Finger wie ein
Zeiger
stets hinweist, sie von Tränen reini-
gend. (König Richard)

Shakespeare, König Richard II. V, 5

Ein Mann, der Tränen streng entwöhnt,
mag sich ein Held erscheinen,
doch wenns im Innern sehnt und dröhnt,
geb ihm ein Gott zu weinen.

Goethe, Zahme Xenien III

Seliges Los
der Niedrigkeit, die sich des süßen
Rechtes
der Tränen freuet und der lauten
Klage! (Agamemnon)

Schiller, Iphigenie in Aulis II, 4

Wenn es nicht die Tränen gäbe, würden die Rippen verbrennen.

Aus Arabien

Wer weint, vermindert seines Grames
Tiefe. (Richard)

Shakespeare,
König Heinrich VI, Dritter Teil II, 1

Est quaedam flere voluptas.
Im Weinen liegt eine gewisse Wonne.

Ovid, Tristia 4, 3

Wieviel besser ist es, über die Freude
zu weinen, als sich am Weinen zu
freuen. (Leonato)

Shakespeare, Viel Lärmen um Nichts I, 1

Selig, wem die Träne rinnt,
dicht, wie Regentropfen fallen.
Ungeweinte Tränen sind
wohl die schmerzlichsten von allen.

Robert Prutz

Weine dich aus im Schmerz! Dann greif
entschlossen zur Arbeit!
Was die Träne nicht löst, löst, dich erquickend, der Schweiß.

Geibel, Kleinigkeiten 25

Leid steckt an: Denn meine Augen,
da sie des Grames Perlen sahn in deinen,
begannen sie zu fließen. (Antonius)

Shakespeare, Julius Cäsar III, 1

Traut nicht den schlauen Wassern seiner
Augen;
denn Bosheit ist nicht ohne solches Naß,
und der, der ausgelernt ist, läßt wie
Bäche
des Mitleids und der Unschuld sie erscheinen. (Salisbury)

Shakespeare, König Johann IV, 3

Eine Frau, die weint, ist geradeso zu
erbarmen wie eine Gans, die barfuß
läuft.

Aus Großbritannien

Resignation

Die Dummheit selbst hat mich ergründet. Macht mit mir, was ihr wollt! (Falstaff)

Shakespeare,
Die lustigen Weiber von Windsor V, 4

Nur die Sache ist verloren, die man aufgibt.

Lessing

Nur wer verzagend das Steuer losläßt, ist im Sturm verloren. (Sophonisbe)

Geibel, Sophonisbe II, 6

Es gibt mehr Leute, die kapitulieren, als solche, die scheitern.

Henry Ford

Viele Möglichkeiten und Ziele, die einer nicht zu erreichen glaubt, hat er meist noch nie richtig zu erreichen versucht.

Oesch

Wer aufgibt, wird aufgegeben.

Oesch

Traurig ist es, wenn in einem Leben die Seele eher ermüdet als der Leib.

Mark Aurel

Nichts ist erbärmlicher als die Resignation, die zu früh kommt.

Ebner-Eschenbach

Verzweiflung

Ich will verzweifeln und will Feindschaft halten
mit falscher Hoffnung, dieser Schmeichlerin,
Schmarotzerin, Rückhalterin des Todes,
der sanft des Lebens Bande lösen möchte. (Königin)

Shakespeare, König Richard II. II, 2

Wer über gewisse Dinge den Verstand nicht verliert, der hat keinen zu verlieren. (Orsina)

Lessing, Emilia Galotti IV, 7

Verzweifle nicht, mein lieber Christ, bevor Du nicht gehangen bist!

Sprichwort

Die Verzweiflung ist der größte unserer Irrtümer.

Vauvenargues, Unterdrückte Maximen

Für verzweifelte Barke findet Gott den Hafen.

Aus Italien

Unterliegen

Und viele Streich', obwohl von kleiner
Axt,
haun um und fällen selbst die härtste
Eiche. (Bote)

Shakespeare,
König Heinrich VI. Dritter Teil II, 1

In einer Stunde streckt man einen
Baum zur Erden,
der hundert Jahre hat gebraucht, um
groß zu werden.

Rückert, Weisheit des Brahmanen 16

Sie sank, weil sie zu stolz und kräftig
blühte.
Die abgestorbne Eiche steht im Sturm,
doch die gesunde stürzt er schmetternd
nieder,
weil er in ihre Krone greifen kann.
(Prothoe)

Kleist, Penthesilea 24

Die großen Bäume reißt der Sturm aus,
die kleinen biegt er.

Aus Bulgarien

Wer hoch steht, den kann mancher
Windstoß treffen,
und wenn er fällt, so wird er ganz zerschmettert. (Margaretha)

Shakespeare, König Richard III. I, 3

Lieber ein Ende mit Schrecken als ein
Schrecken ohne Ende.

Ferdinand von Schill

Wer da liegt, über den läuft alle Welt
hin.

Sprichwort

Vae victis!
Wehe den Besiegten!

Brennus

Una salus victis nullam sperare salutem.
Ein Heil bleibt den Besiegten allein,
kein Heil mehr zu hoffen.

Vergil, Äneide 2, 354

Soll man zur Beute werden, wieviel
besser,
dem Löwen zuzufallen als dem Wolf.
(Olivia)

Shakespeare, Was ihr wollt III, 1

Wen Gott niederschlägt, der richtet sich
selbst nicht auf. (Götz)

Goethe,
Götz von Berlichingen V,
Heilbronn im Thurn

Der ist leicht zu schlagen, der sich einmal schlagen ließ.

Aus Persien

Selbstmord

Das Leben, dieser Erdenschranken satt,
hat stets die Macht, sich selber zu entlassen. (Cassius)

Shakespeare, Julius Cäsar I, 3

Jemand raunt rastlos in das geistige
Ohr mir den Zuruf:
Löse das alternde Roß, da es Zeit ist,
klüglich vom Joch, daß
nicht es zuletzt fehlrenne, verlacht und
klopfenden Bauches.

Horaz, Epistulae 1, 7

Sein oder Nichtsein, das ist hier die
Frage:
Ob's edler im Gemüt, die Pfeil' und
Schleudern
des wütenden Geschicks erdulden oder,
sich waffnend gegen eine See von
Plagen,
im Widerstand zu enden. (Hamlet)

Shakespeare, Hamlet III, 1

Selbstmord ist die abscheulichste Sünde,
mein Kind, die einzige, die man nicht
mehr bereuen kann, weil Tod und
Missetat zusammenfallen. (Miller)

Schiller, Kabale und Liebe V, 1

Der Selbstmord ist das größte Verbrechen. Welchen Mut kann derjenige besitzen, der vor einem Wechsel des
Glücks zittert? Der wahre Heldenmut
besteht darin, über das Elend des Lebens erhaben zu sein.

Napoleon I., Maximen und Gedanken

Ich sehe nichts Großes darin, wegzu-
laufen wie einer, der sein Geld im
Spiele verlor. Es gehört ein viel größerer Mut dazu, unverschuldetes Unglück zu überleben.

Napoleon I.

Ich find' es feig und niederträchtig,
aus Furcht, was kommen mag, des Lebens Zeit
zu kürzen. (Brutus)

Shakespeare, Julius Cäsar V, 2

Es ist Albernheit zu leben, wenn das
Leben eine Qual wird, und wir haben
die Vorschrift zu sterben, wenn Tod
unser Arzt ist. (Rodrigo)

Shakespeare, Othello I, 3

Krankheiten der Seele können den Tod
nach sich ziehen, und das kann Selbstmord werden.

Lichtenberg, Vermischte Schriften

Denn jetzt steig' ich in meinen Busen
nieder,
gleich einem Schacht, und grabe, kalt
wie Erz,
mir ein vernichtendes Gefühl hervor.
Dies Erz, dies läutr' ich in der Glut
des Jammers
hart mir zu Stahl, tränk es mit Gift
sodann,
heißätzendem, der Reue durch und
durch,
trag es der Hoffnung ew'gem Amboß
zu

und schärf' und spitz' es mir zu einem
                                    Dolch.
Und diesem Dolch jetzt reich ich meine
                                    Brust:
So! So! So! So! Und wieder! – Nun
                        ist's gut. (Penthesilea)

Heinrich von Kleist, Penthesilea 24

Ich finde es ebenso wunderbar, zu sagen, der Mensch ist feige, der sich das
Leben nimmt, als es ungehörig wäre,
den einen Feigen zu nennen, der an
einem bösartigen Fieber stirbt.

Goethe,
Die Leiden des jungen Werthers,
12. 8. 1771

Würde ein Mensch, ein Vater zürnen
können, dem sein unvermutet rück-
kehrender Sohn um den Hals fiele und
riefe: Ich bin wieder da, mein Vater!
Zürne nicht, daß ich die Wanderschaft
abbreche, die ich nach deinem Willen
länger aushalten sollte?

Goethe,
Die Leiden des jungen Werthers,
30. 11. 1772

Es ist doch ein Jammer, daß die großen Leute in dieser Welt mehr Auf-
munterung haben, sich zu hängen und
zu ersäufen, als ihre Christenbrüder.
(Erster Totengräber)

Shakespeare, Hamlet V, 1

XXX. Kapitel

Gleichmut
Geduld
Trost
Mitleid
Überwinden
Vorsorge
Sicherheit

Gleichmut

Aequam memento rebus in arduis
Servare mentem.
Bedenke stets, dir im Unglück Gleich-
mut zu bewahren!

Horaz, Oden II, 3

Gleich wichtig ist es, sich bei der Freude
wie beim Schmerz zu mäßigen.

Seneca

Du warst,
als littst du nichts, indem du alles
littest,
ein Mann, der Stöß' und Gaben vom
Geschick
mit gleichem Dank genommen: Und
gesegnet,
wes Blut und Urteil sich so gut ver-
mischt,
daß er zur Pfeife nicht Fortunen dient,
den Ton zu spielen, den ihr Finger
greift. (Hamlet)

Shakespeare, Hamlet III, 2

Gleichmütigkeit ist das Selbstgefühl
einer gesunden Seele.

Kant

Die wahre, mühsam erworbene Apa-
thie ist ein echter Herkules, der sich
auf dem Berge Öta verbrennt, um sich
aller Schlacken zu entledigen und Göttern gleich zu werden.

Karl Julius Weber,
Demokritos IV, 0

Überhaupt aber zeigt der, welcher bei
allen Unfällen gelassen bleibt, daß er
weiß, wie kolossal und tausendfältig
die möglichen Übel des Lebens sind;
weshalb er das jetzt eingetretene ansieht als einen sehr kleinen Teil dessen,
was kommen könnte.

Schopenhauer,
Aphorismen zur Lebensweisheit V, 51

Wer es dahin gebracht hat, dem eigenen Leben zuschauen zu können, ist
den Leiden des Lebens entronnen.

Wilde

Die Großen und die Kleinen unter den
Menschen unterliegen den gleichen Zu-
fällen, dem gleichen Ärger und den
gleichen Leidenschaften. Nur daß die
Kleinen sich am Rande des Rades befinden, die Großen aber in der Nähe
des Mittelpunktes, weshalb sie von den
gleichen Bewegungen weniger erschüttert werden.

Pascal

Wenn ein Vogel auf der Spitze des
äußersten Baumzweiges sitzt, so erlebt
er nur die Bewegungen dieses Zweiges.
Rückt er tiefer hinein auf den Ast, so
umfaßt er die Bewegungen von hundert Zweigen und schwankt doch nur
wenig. Wählt er aber seinen Platz im
Kroneninnern, hart am Stamm, so erlebt er die Bewegungen des ganzen
Baumes und wird selbst nicht mehr erschüttert. Noch mehr wie diesem Vogel

geschieht einem Menschen, der bis in
die Tiefe seiner Seele sinkt.

Hermann Stehr

Die Unerschütterlichkeit des Weisen
ist nichts als die Kunst, Erschütterun-
gen nicht zu zeigen.

La Rochefoucauld, Reflexionen

Mein Sohn, oft ist von Unempfindlich-
keit der Schein
nur eine äußerste Empfindlichkeit allein.

Rückert, Weisheit des Brahmanen 7

Mein ganzes Leben über kannte ich
keinen Menschen, der eines andern
Unglück nicht mit wahrhaft christlicher
Fassung ertragen hätte.

Pope,
Gedanken über verschiedene Dinge

Um zu ertragen, was anderen zustößt,
sind wir allemal stark genug.

La Rochefoucauld, Reflexionen

Jeder kann den Schmerz bemeistern,
nur der nicht, der ihn fühlt. (Benedict)

Shakespeare,
Viel Lärmen um Nichts III, 2

Menschen,
sie raten, trösten, heilen nur den
Schmerz,
den sie nicht selber fühlen. Trifft er sie,
dann wird zur wilden Wut derselbe
Trost,
der eben noch Arznei dem Gram ver-
schrieb. (Leonato)

Shakespeare,
Viel Lärmen um Nichts V, 1

Geduld

Glaube, Liebe, Hoffnung fühlten einst
in ruhiger geselliger Stunde einen pla-
stischen Trieb in ihrer Natur; sie be-
fleißigten sich zusammen und schufen
ein liebliches Gebild, eine Pandora im
höhern Sinne: Die Geduld.

Goethe,
Maximen und Reflexionen, Nachlaß,
Über Literatur und Leben

Das Mißgeschick sei Sklave der Geduld.
(Prinz)

Shakespeare, Romeo und Julia V, 3

Geduld ist die Kunst zu hoffen.

Vauvenargues, Reflexionen

Vom Unglück erst
zieh ab die Schuld!
Was übrig bleibt,
trag in Geduld!

Storm, Sprüche 2

Dulde, gedulde dich fein!
Über ein Stündlein
ist deine Kammer voll Sonne.

Heyse

Was die Schickung schickt, ertrage!
Wer ausharret, wird gekrönt.

Herder, Die wiedergefundenen Söhne

Duldet mutig, Millionen!
Duldet für die bess're Welt!
Droben überm Sternenzelt
wird ein großer Gott belohnen.

Schiller, An die Freude

Leid währt nicht immer.
Ungeduld macht's schlimmer.

Sprichwort

Wenn man beim Stiche der Biene oder
des Schicksals nicht stille hält, so reißet
der Stachel ab und bleibt zurück.

Jean Paul

Ungeduld begleitet wahre Leiden.
(Margaretha)

Shakespeare,
König Heinrich VI. Dritter Teil III, 3

Ungeduld ist beschwerlicher als Geduld.

Aus Arabien

Wie arm sind die, die nicht Geduld
besitzen!
Wie heilten Wunden als nur nach und
nach? (Jago)

Shakespeare, Othello II, 3

Geduld ist die beste Arznei im Unglück.

Aus Frankreich

Leichter träget, was er träget,
wer Geduld zur Bürde legt.

Logau, Geduld

Geduld ist ein Baum, dessen Wurzel
bitter, dessen Frucht aber sehr süß ist.

Aus Persien

Perfer et obdura! Dolor hic tibi pro-
derit olim.
Harre nur aus in Geduld: Der Schmerz
wird einst dir noch nützen.

Ovid, Liebesgedichte III, 11

Um ein Unglück kümmere dich drei
Jahre nicht, und es wird zum Segen!

Aus Indien

Die Geduld ist der Schlüssel zur Freude.

Aus Arabien

Wer am besten dulden kann, der kann
am besten handeln.

Smiles, Der Charakter 12

Es gibt gar nichts Ausgezeichneteres für
ein Weib, als wenn sie im Renommee
als stille Dulderin ist. (Lorenz)

Nestroy,
Die verhängnisvolle Faschingsnacht II, 2

Stets war's der Brauch, Geduld zu
rühmen
dem Armen, den die Last des Kummers
beugt. (Leonato)

Shakespeare,
Viel Lärmen um Nichts V, 1

Was wir an Niedern rühmen als Geduld,
ist blasse Feigheit in der edlen Brust.
(Herzogin von Gloster)

Shakespeare, König Richard II. I, 2

Trost

Trost wohnt im Himmel, und wir sind
auf Erden,
wo nichts als Kreuz, als Sorg' und
Kummer lebt. (York)

Shakespeare, König Richard II. II, 2

Hebe deine Augen auf, und du wirst
die Sterne sehen!

Von den Philippinen

Ganz elend ist keiner trotz üblen
Siechtums:
Den einen beseligt ein Sohn,
den zweiten Verwandtschaft, sein Wohlstand den dritten,
den vierten ein würdiges Werk.

Edda, Die Sprüche Hars

Auch an Dornen fehlt's wohl nicht,
denk ich, wenn ich Rosen sehe.
Rosen sind wohl in der Nähe,
denk ich, wenn ein Dorn mich sticht.

Hamerling

Eine Kleinigkeit tröstet uns, weil eine
Kleinigkeit uns betrübt.

Pascal

Uns quält ein Übel, das uns betroffen,
nicht so sehr, als der Gedanke an die
Umstände, durch die es hätte abge-
wendet werden können; daher nichts
wirksamer zu unserer Beruhigung ist
als das Betrachten des Geschehenen aus
dem Gesichtspunkte der Notwendigkeit, aus welchem alle Zufälle sich als
Werkzeuge eines waltenden Schicksals
darstellen und wir mithin das eingetretene Übel als durch den Konflikt innerer und äußerer Umstände unaus-
weichbar herbeigezogen erkennen, also
der Fatalismus.

Schopenhauer,
Welt als Wille und Vorstellung I, 4, 55

Es liegt in der Natur des Menschen, die
Notwendigkeiten der Dinge geduldig
zu ertragen, aber nicht den bösen Willen des andern.

Rousseau, Emile 1

Solamen miseris socios habuisse
malorum.
Trost für jeden im Leid ist, Unglücks-
gefährten zu haben.

Sprichwort nach Äsop/Spinoza

Wer einsam duldet, fühlt die tiefste
Pein.
Fern jeder Lust, trägt er den Schmerz
allein:
Doch kann das Herz viel Leiden überwinden,
wenn sich zur Qual und Not Genossen
finden. (Edgar)

Shakespeare, König Lear III, 6

Was alle trifft, erträgt man leicht.

Ramler, Der Hirsch

Die auf Gemütsruh zielen, schmeicheln
sich,
daß sie des Glückes erste Sklaven nicht,
noch auch die letzten sind: Wie arme
Toren,
die, in den Stock gelegt, der Schmach
entgehn,
weil vielen das geschah und noch geschehn wird.
In dem Gedanken finden sie dann
Trost,
ihr eignes Unglück tragend auf dem
Rücken
von andern, die zuvor das gleiche traf.
(König Richard)

Shakespeare, König Richard II. V, 5

Es gibt sehr viele Menschen, die unglücklicher sind als du. Das zu wissen,
gewährt zwar kein Dach, darunter zu
wohnen. Allein sich bei einem Schauer
darunter zu retirieren, ist das Sätzchen
gut genug.

Lichtenberg

Wenn meine Sinne gar nicht mehr halten wollen, so lindert all den Tumult

der Anblick eines solchen Geschöpfs,
das in glücklicher Gelassenheit den
engen Kreis seines Daseins hingeht,
von einem Tage zum andern sich durch
hilft, die Blätter abfallen sieht und
nichts dabei denkt, als daß der Winter
kommt.

Goethe,
Die Leiden des jungen Werthers,
27. 5. 1771

Nichts kann wohl mehr zum Troste
taugen,
was Leides uns auch mag geschehn,
als daß wir in die großen Augen
der kleinen Erdenbürger sehn.

Johannes Trojan

Luft und Licht heilen, und Ruhe heilt,
aber den besten Balsam spendet doch
ein gütiges Herz.

Fontane

Es gibt kein Elend, moralisch oder
äußerlich, welches die Frau nicht zu
lindern vermöchte.

Benjamin Disraeli

Menschenfleisch geht allem vor,
um sich daran zu wärmen.

Goethe, Sendschreiben

So tönt kein Lied in kummervollen
Stunden,
als wenn der Freund das rechte Wort
gefunden.

Lenau, Die Albigenser, Roger,
Vicomte von Beziers

Wenn der schwer Gedrückte klagt,
Hülfe, Hoffnung sei versagt,
bleibet heilsam fort und fort
immer noch ein freundlich Wort.

Goethe, Divan, Buch der Sprüche

Trösten ist eine Kunst des Herzens. Sie
besteht oft nur darin, liebevoll zu
schweigen und schweigend mitzuleiden.

Otto von Leixner

Wort bleibt Wort. Noch hab' ich nie
gelesen,

daß durch das Ohr ein krankes Herz
genesen. (Brabantio)

Shakespeare, Othello I, 3

Bei großen Schmerzen wirken Worte
wie Fliegen auf Wunden.

Aus Frankreich

Trost gibt der Himmel. Von dem Menschen erwartet man Beistand.

Börne, Ankündigung der Zeitschwingen

Mitleid

Nur der verwandte Schmerz entlockt
uns die Träne, und jeder weint eigentlich für sich selbst.

Heine, Die Bäder von Lucca

Oft ist Mitleid Gefühl unserer eigenen
Leiden in den Leiden anderer. Es ist
eine kluge Voraussicht der Leiden, die
uns begegnen können. Wir helfen andern, damit sie uns bei ähnlichen Gelegenheiten helfen, und die ihnen er-
wiesenen Dienste sind eigentlich Wohltaten, die wir uns selber auf Vorschuß
leisten.

La Rochefoucauld, Reflexionen

Glücklichen ist's nicht verliehen,
zu begreifen fremdes Weh.

Platen, Der Mädchen Friedenslieder

Der Narben lacht, wer Wunden nie
gefühlt. (Romeo)

Shakespeare, Romeo und Julia II, 2

Uns lehrt eigener Schmerz, der andern
Schmerzen zu teilen.

Goethe, Antiker Form sich nähernd

Wer keine große Angst erkennen läßt,
dem begegnet auch kein großes Mitleid.

Aus der Mongolei

Nur dann, wenn dir Gewalt geschieht,
wird die Menge an dir Anteil nehmen.
Ums Unrecht, das dir widerfährt,
kein Mensch den Blick zur Seite kehrt.

Goethe, Sprichwörtlich

Mit Tränen läßt sich keine Not stillen.

Aus Rußland

Was nutzt mir's, daß ein Freund mit
                mir gefällig weine?
Nichts, als daß ich in ihm mir zweifach
                elend scheine.

Lessing

Trotz allem Freundeswort und Mit-
                gefühlsgebärden
bleibt jeder tiefe Schmerz ein Eremit
                auf Erden.

Lenau, Täuschung

Beklage nicht, wo du nicht helfen
                kannst,
und such' zu helfen dem, was du
                beklagst. (Proteus)

Shakespeare, Die beiden Veroneser III, 1

Aus dem Ei des Mitleids ist schon oft
die Henne der Liebe gekrochen.

Aus Rußland

Das Mitleid ist die letzte Weihe der
Liebe, vielleicht die Liebe selbst.

Heine,
Reisebilder, Die Stadt Lucca 6

Mitleid ist Liebe im Negligé.

Ebner-Eschenbach, Aphorismen

Oft beklagen wir das Unglück unserer
Feinde mehr aus Stolz als aus Mitleid.
Um ihnen zu zeigen, daß wir erhaben
über sie sind, geben wir ihnen Beweise
unseres Mitleids.

La Rochefoucauld

Überwinden

Das Glüß muß man regieren, das Unglück überwinden.

Sprichwort

Die Welt ist nicht aus Brei und Mus
                geschaffen,
deswegen haltet euch nicht wie
                Schlaraffen!
Harte Bissen gibt es zu kauen.
Wir müssen erwürgen oder sie ver-
                dauen.

Goethe, Sprichwörtlich

Tu ne cede malis, sed contra audentior
                ito!
Weiche dem Unheil nicht, sondern mu-
                tiger geh ihm entgegen!

Vergil, Äneide 6, 95

Von kleinen Dingen nur den Kopf,
von großen sich das Herz erfüllen
                lassen,
das Glück mit keckem Griff beim
                Schopf,
das Unglück an der Gurgel fassen!

Franz von Schönthan

Kultur hat ihren sichersten Gradmesser an dem, wieviel einer aushält im Guten wie im Schlimmen. Der Kultivierte übersteht die Niederlage geistig ungebrochen.

Hermann von Keyserling

Wenn etwas gewaltiger ist als das Schicksal, so ist es der Mut, der es unerschüttert trägt.

Geibel

Der Mut hat mehr Mittel gegen das Unglück als die Vernunft.

Vauvenargues, Reflexionen

Stürzt gleich des Glückes Bosheit meine Größe,
mein Sinn geht über seines Rades Kreis.
(König Eduard)

Shakespeare,
König Heinrich VI. Dritter Teil IV, 3

Wer auf sein Elend tritt, steht höher.

Hölderlin

Ein Glück bleibt es bei alledem, wenn man in der Einsamkeit mit sich selber fertig werden kann. Aber wie viele sind gebunden und müssen ihr Elend im Verkehr mit Menschen verdoppelt tragen!

Nietzsche, an Peter Gast, 1. 2. 1883

Es ist besser, sein Kreuz zu tragen als zu schleppen.

Aus der Bretagne

Feiger Gedanken
bängliches Schwanken,
weibisches Zagen,
ängstliches Klagen
wendet kein Elend,
macht dich nicht frei.
Allen Gewalten
zum Trutz sich erhalten;
nimmer sich beugen,
kräftig sich zeigen,
rufet die Arme
der Götter herbei.

Goethe, Vermischte Gedichte

Denn der Mensch, der zur schwankenden Zeit auch schwankend gesinnt ist, der vermehret das Übel und breitet es weiter und weiter.

Goethe,
Hermann und Dorothea, Urania

Wenn man das Dasein als eine Aufgabe betrachtet, dann vermag man es immer zu ertragen.

Ebner-Eschenbach, Aphorismen

Ernste Tätigkeit söhnt zuletzt immer mit dem Leben aus.

Jean Paul

Wenn der Mensch zu seinem Leid von heute nicht immer auch sein Leid von gestern und sein Leid von morgen hinzurechnete, so wäre jedes Schicksal erträglich.

Robert Hamerling

Wenn man fünf oder sechs Miseren
vereinigt, so ergeben sie zusammengenommen einen ganz erträglichen Zustand.

Voltaire

Der Mann verbeißet die Wunde und er-
liegt an der Narbe. Das Weib bekämpft
den Kummer selten und überlebt ihn
doch.

Jean Paul, Leben des Quintus Fixlein

Die kleinen Miseren des Lebens helfen uns manchmal über sein großes
Elend hinweg.

Ebner-Eschenbach, Aphorismen

Wenn man so oft unterzugehen fürchtet und sich immer wieder gerettet
sieht, das gibt ein Zutrauen! (Luzie)

Goethe, Stella I

Ein Feuer brennt das andre nieder,
ein Schmerz kann eines andern Qualen
mindern.
Dreh' dich in Schwindel, hilf durch
Dreh'n dir wieder!
Fühl' andres Leid, das wird dein Lei-
den lindern!
Saug' in dein Auge neuen Zaubersaft,
so wird das Gift des alten fortgeschafft.
(Benvolio)

Shakespeare, Romeo und Julia I, 2

Wer auf dem Meere gewesen ist, scheut
sich nicht mehr vor Pfützen.

Aus Rußland

Wer am Tode vorübergegangen ist, lebt
anders, als er früher gelebt hat.

Aus Wallonien

Das Weicheste überwindet das Härteste.

Aus China

Gibt die Not dich wieder frei,
prüfe dich mit frommem Eifer!
Ach, und wardst du drin nicht reifer,
sprich noch nicht: Sie ist vorbei!

Geibel, Gedichte und Sprüche 48

Vorsorge

Der kluge Mann baut vor. (Gertrud)

Schiller, Wilhelm Tell I, 2

In Sommertagen rüste Deinen Schlitten
und Deinen Wagen in des Winters
Mitten!

Rückert, Vierzeilen II

Wer ernten will, muß erst den Samen
streun. (Herzog)

Shakespeare, Maß für Maß IV, 1

Du mußt den Brunnen graben, bevor
du Durst hast.

Aus China

Wer sich im Alter wärmen will, muß
sich in der Jugend einen Ofen bauen.

Sprichwort

Achte den Arzt, bevor du ihn brauchst!

Aus Israel

Daß ein Unglücksfall uns weniger
schwer zu tragen fällt, wenn wir zum
voraus ihn als möglich betrachtet und,
wie man sagt, uns darauf gefaßt gemacht haben, mag hauptsächlich daher
kommen, daß, wenn wir den Fall, ehe
er eingetreten, als eine bloße Möglichkeit mit Ruhe überdenken, wir die
Ausdehnung des Unglücks deutlich und
nach allen Seiten übersehen und so es
wenigstens als ein endliches und über-
schaubares erkennen.

Schopenhauer,
Aphorismen zur Lebensweisheit V, 51

Wer in dem Augenblick suchen muß,
wo er braucht, findet schwer.

Wilhelm von Humboldt,
Briefe an eine Freundin, 3. 11. 1814

Vorbeugen ist besser als Heilen.

Aus Großbritannien

Wer das Morgen nicht bedenkt, wird
Kummer haben, bevor das Heute zu
Ende geht.

Konfuzius

Wer nicht im Sommer sammelt ein,
der wird im Winter dürftig sein.

Sprichwort

Nur ein Narr schafft sich für jede Maus
eine Katze an.

Aus Spanien

Man sorgt um ein Brot und hat genug
an einer Schnitte.

Aus Holland

Wer für den folgenden Tag sorgt, hat
kein Gottvertrauen.

Aus Chile

Sorgt immer für den Augenblick,
und Gott laßt für die Zukunft sorgen!

Wieland, Wintermärchen I

Der Reiche denkt an das nächste Jahr,
der Arme an das, was er vor Augen hat.

Aus China

Sicherheit

Doppelt genäht hält besser.

Sprichwort

Es schadet nichts, wenn Starke sich
verstärken. (Faust)

Goethe,
Faust 2, IV, Auf dem Vorgebirg

Oft, zu unserm Troste, finden wir
in bessrer Hut den hartbeschalten Käfer
als hochbeschwingten Adler. (Bellarius)

Shakespeare, Cymbeline III, 3

Der Adler lehre nicht die Fische fliegen!
Es wär' ihm nützer, wenn er schwimmen lernte.

Ludwig Doczi

Die Fliege, die nicht geklappt sein will,
sitzt am sichersten auf der Klappe.

Lichtenberg

Aus der Nessel Gefahr pflücken wir die
Blume Sicherheit. (Percy)
Shakespeare,
König Heinrich IV. Erster Teil II, 3

Wenn man den Kopf in den Sand steckt,
bleibt doch der Hintere zu sehen.

Aus Japan

Durch Achtsamkeit blüht unser Glück
am besten,
nur von der Sicherheit kommt Unglück
her.

Christian Wernicke, Epigramme

Denn, wie ihr wißt, war Sicherheit
des Menschen Erbfeind jederzeit.
(Hekate)

Shakespeare, Macbeth III, 5

Immer auf dem Sprunge stehen – das
nenne ich Leben. Von Sicherheit einge-
wiegt werden bedeutet sicheren Tod.

Wilde

Die einzige Sicherheit, die ein Mensch
haben kann, ist die Erkenntnis seiner
innern Kraft und Berufung und eine
starke Reserve an Wissen, Erfahrung
und Können.

Oesch

Ohne Sicherheit vermag der Mensch
weder seine Kräfte auszubilden noch
die Frucht derselben zu genießen; denn
ohne Sicherheit ist keine Freiheit.

Wilhelm von Humboldt,
Grenzen der Wirksamkeit des Staates

XXXI. Kapitel

Fremdheit
Gemeinsamkeit
Umgang
Gemeinschaft
Gesellschaft
Ordnung
Sitte
Gewohnheit
Manieren
Höflichkeit
Takt
Anpassung
Verstellung
Toleranz
Freundlichkeit

Fremdheit

Überm Berg leben auch noch Leut!

Bayerischer Bauernspruch

Manch verwandtes Gemüt treibt mit
    mir im Strom des Jahrhunderts,
aber der Strom zerrinnt, und wir er-
    kannten uns nicht.

Goethe, Xenien aus dem Nachlaß 144

Jeder Mensch begegnet einmal dem
Menschen seines Lebens, aber nur wenige erkennen ihn rechtzeitig.

Gina Kaus

Was euch nicht angehört,
müsset ihr meiden!
Was euch das Innre stört,
dürft ihr nicht leiden! (Chor der Engel)

Goethe, Faust 2, V, Grablegung

Fremder Atem stinkt immer.

Aus Litauen

Wir verzärtelten, unerfahrenen Menschen schreien bei jeder fremden Heu-
schrecke, die uns begegnet: Herr, er
will uns fressen.

Goethe, Zum Shakespearetag

Barbarus hic ego sum, quia non intelle-
gor ulli. Ein Barbar bin ich hier, weil
ich von keinem verstanden werde.

Ovid, Tristien V, 10

Was der Bauer nicht kennt, das ißt er
nicht.

Sprichwort

Kein Mensch ist mir fremd, wenn er
tüchtig ist.

Menander, Fragmente 602

Ich möchte mir oft die Brust zerreißen
und das Gehirn einstoßen, daß man
einander so wenig sein kann.

Goethe,
Die Leiden des jungen Werthers,
27. 10. 1772

Gemeinsamkeit

Tat twam asi. Du bist ich.

Buddha

Berg und Tal kommen nicht zusammen,
wohl aber Menschen.

Aus Frankreich

Vieles kann der Mensch entbehren, nur
den Menschen nicht.

Börne, Über den Umgang mit Menschen

Sei hochbeseligt oder leide:
Das Herz bedarf ein zweites Herz.

Geteilte Freud' ist doppelt Freude,
geteilter Schmerz ist halber Schmerz.

Christoph August Tiedge

Der Genuß des Schönsten vermag nicht
zu befriedigen, wenn ich ihn allein für
mich haben soll.

Adolf Friedrich Schack

Der Mensch ist bestimmt, in der Gesellschaft zu leben. Er soll in der Gesellschaft leben. Er ist kein ganz vollende-
ter Mensch und widerspricht sich selbst,
wenn er isoliert lebt.

Fichte,
Über die Bestimmung des Gelehrten

Nichts bist du, nichts ohne die andern.
Der verbissenste Misanthrop braucht
die Menschen doch, wenn auch nur, um
sie zu verachten.

Ebner-Eschenbach, Aphorismen

Du hast das nicht, was andre haben,
und andern mangeln Deine Gaben.
Aus dieser Unvollkommenheit
entspringet die Geselligkeit.

Gellert, Der Blinde und der Lahme

Was ist heilig? Das ist's, was viele Seelen zusammen
bindet, bänd es auch nur leicht, wie die
Binse den Kranz.

Goethe, Vier Jahreszeiten 68

Schwächen verbinden die Menschen
ebenso eng miteinander wie Tugenden.

Vauvenargues, Reflexionen

Weniges auf dieser Welt verbindet so
stark wie gemeinsame Abneigung gegen
einen Dritten.

René Clair

Der eine geht zum Nächsten, weil er
sich sucht, und der andre, weil er sich
verlieren möchte.

Nietzsche,
Zarathustra I, Von der Nächstenliebe

Das macht die gewöhnlichen Leute so
gesellig und akkomodant: Es wird
ihnen nämlich leichter, andere zu ertragen als sich selbst.

Schopenhauer,
Aphorismen zur Lebensweisheit V, 9

Die Menschen, die sich um uns bekümmern, täten's nicht, wenn sie mit sich
selbst was bessers anfangen könnten.
Wenigstens täten sie's anders.

Goethe,
an Charlotte von Stein, 29. X. 1780

„Ich bekomme mir nicht gut", sagte jemand, um seinen Hang zur Gesellschaft
zu erklären. „Der Magen der Gesellschaft ist stärker als der meinige. Er
verträgt mich."

Nietzsche,
Menschliches Allzumenschliches II, 2

Gute Tiere, spricht der Weise,
mußt du züchten, mußt du kaufen,
doch die Ratten und die Mäuse,
kommen ganz von selbst gelaufen.

Busch,
Zu guter Letzt, Gut und Böse

Nichts verrät weniger Menschenkenntnis, als wenn man als Beleg der Verdienste und des Wertes eines Menschen anführt, daß er sehr viele Freunde hat. Als ob die Menschen ihre Freundschaft nach dem Wert und Verdienst verschenkten! Als ob sie nicht vielmehr ganz und gar wie die Hunde wären, die den lieben, der sie streichelt oder gar ihnen Brocken gibt!

Schopenhauer, Neue Paralipomena 21

Wenn du Feigen in deinem Hafersack hast, sucht jedermann deine Freundschaft.

Aus Albanien

Hat er Glück, so hat er auch Vasallen. (Mephistopheles)

Goethe, Faust 2, IV, Hochgebirg

Wie Sommerfliegen schwärmt gemeines Volk, und wohin fliegen Mücken als zur Sonne? (Clifford)

Shakespeare,
König Heinrich VI. Dritter Teil II, 6

Die Rechtschaffenen fassen Liebe zueinander, auch wenn sie sich nur flüchtig begegnen, der Gemeine dagegen schließt sich nur aus Furcht und Habgier an.

Bidpai, Kalilah und Dimnah 2

Wer dem Haufen folgt, hat viele Gesellen.

Sprichwort

Je mehr Bekannte man hat, umso weniger kennt man die Leute.

Aus China

Wer mit Vielen umgeht, treibt einen Kleinhandel, bei dem es zwar viel zu tun, aber wenig zu erwerben gibt.

Knigge

Für sich selbst genügt ein einziger treuer Freund, und es bedeutet viel, ihn zu besitzen. Um anderen gefällig zu sein, kann man nie genug Freunde haben.

La Bruyère

Zu guten Beziehungen kommt man am schnellsten, wenn man den Anschein erweckt, sie zu besitzen.

Graff

Wie die Liebe zum Leben im Grunde nur Furcht vor dem Tode ist, so ist auch der Geselligkeitstrieb der Menschen im Grunde kein direkter, beruht nämlich nicht auf Liebe zur Gesellschaft sondern auf Furcht vor der Einsamkeit.

Schopenhauer,
Aphorismen zur Lebensweisheit V, 9

Eine gewisse Einsamkeit scheint dem Gedeihen der höheren Sinne notwendig zu sein, und daher muß ein zu ausgebreiteter Umgang der Menschen miteinander manchen heiligen Keim ersticken.

Novalis

Inmitten des Flusses kann man anhalten, nicht aber inmitten der Menschen.

Aus Japan

Geselligkeit ist die Kunst, den Umgang mit sich selbst zu verlernen.

Oskar Blumenthal

Je verbreiteter die Geselligkeit, desto frostiger die Herzen.

Karl Julius Weber, Demokritos I, 11

Geselligkeit gehört zu den gefährlichen, ja verderblichen Neigungen, da sie uns in Kontakt bringt mit Wesen, deren große Mehrzahl moralisch schlecht und intellektuell stumpf oder verkehrt ist.

Schopenhauer,
Aphorismen zur Lebensweisheit V, 9

Zwischen Welt und Einsamkeit
ist das rechte Leben.
Nicht zu nah und nicht zu weit
will ich mich begeben.

Rückert

Umgang

Sowohl weises Betragen als einfältige Aufführung nimmt einer vom andern an, wie Krankheiten anstecken. Deswegen mag sich jeder mit seiner Gesellschaft vorsehen. (Falstaff)

Shakespeare,
Heinrich IV., Zweiter Teil V, 1

Womit man umgeht, das hängt einem an.

Sprichwort

Wer Pech angreift, besudelt sich.

Jesus Sirach 13, 1

Wer mit dem Hunde ins Bett geht, wird mit Flöhen aufstehen.

Aus Spanien

Mit den Vögeln, mit denen man fliegt, wird man schließlich auch eingefangen werden.

Aus Schweden

Mischt man sich unter die Spreu, so kann man leicht vom Schwein gefressen werden.

Aus Schweden

Es wächst die Erdbeer unter Nesseln auf.
Gesunde Beeren reifen und gedeihn
am besten neben Früchten schlechtrer Art. (Ely)

Shakespeare, König Heinrich V. I, 1

Der Wetzstein schneidet nicht, doch
macht er scharf das Messer.
Durch einen schlechten Mann wird oft
ein guter besser.

Rückert, Weisheit des Brahmanen 6

Allein ist besser als mit Schlechtem im
Verein.
Mit Guten im Verein ist besser als al-
lein.

Rückert, Weisheit des Brahmanen 16

Den Hochgesinnten gewinnt man durch
Gefühle. Den Niedrigdenkenden ge-
winnt man durch Äußerlichkeiten. Den
Gleichgesinnten gewinnt man durch
Höflichkeit. Den Untergebenen ge-
winnt man durch Güte.

Ding Fu Bao

Ein edler Mensch zieht edle Menschen
an
und weiß sie festzuhalten. (Leonore)

Goethe, Tasso I, 1

Von Zeit zu Zeit muß man sich durch
den Umgang mit guten und kräftigeren
Menschen neu einbinden lassen, sonst
verliert man einzelne Blätter und fällt
mutlos immer mehr auseinander.

Nietzsche

Gesell dich einem Bessern zu,
daß mit ihm deine Kräfte ringen.
Wer selbst nicht weiter ist als du,
der kann dich auch nicht weiterbringen.

Rückert

Wenn man einem durchaus reinen und
wahrhaft großen Charakter lange zur
Seite steht, geht es wie ein Hauch von
Ruhe auf uns über.

Wilhelm von Humboldt

Das allerbeste Zeichen des inneren
Fortschrittes ist es, wenn es einem in
möglichst guter und hochgesinnter Gesellschaft wohl ist und in gewöhnlicher
immer weniger.

Hilty, Für schlaflose Nächte I

Ist man noch im Werden, so halte man
sich zu den Ausgezeichneten, aber als
gemachter Mann zu den Mittelmäßigen.

Gracián, Handorakel der Weltklugheit

In der Regel werden Leute von sehr
großen Fähigkeiten sich mit den äußerst
beschränkten Köpfen besser vertragen
als mit den gewöhnlichen: Aus demselben Grunde, weshalb der Despot und
der Plebs, die Großeltern und die Enkel natürliche Alliierte sind.

Schopenhauer,
Parerga und Paralipomena II, 26

Soll das kurze Menschenleben
immer reife Frucht dir geben,
mußt du jung dich zu den Alten,
alternd dich zur Jugend halten.

Heyse

Der Umgang mit Altersgenossen ist angenehmer, der mit Älteren ist sicherer.

Ambrosius

Wenn mit jugendlichen Scharen
wir beblümte Wege gehn,
ist die Welt doch gar zu schön.
Aber wenn bei hohen Jahren
sich ein Edler uns gesellt,
o, wie herrlich ist die Welt!

Goethe,
An den Grafen Kaspar Sternberg

Gleich und gleich gesellt sich gern.

nach Homer, Odyssee XVII, 218

Alter gesellet sich gern die Jugend, Jugend zum Alter,
aber am liebsten bewegt Gleiches dem
Gleichen sich zu.

Goethe, Antiker Form sich nähernd

Krähe setzt sich neben Krähe.

Aus der Tschechoslowakei

Eine Krähe hackt der anderen kein
Auge aus.

Macrobius, Saturnalien 7,5

Wirst du deinesgleichen kennen lernen,
so wirst du dich gleich wieder entfernen.

Goethe, Gott, Gemüt und Welt

Tiger und Hirsche streichen nicht miteinander umher.

Aus China

Gemeinschaft

In necessariis unitas, in dubiis libertas,
in omnibus autem caritas. In notwendigen Dingen Einheit, in zweifelhaften
Freiheit, in allen aber Liebe.

Paraenesis votiva pro Pace Ecclesiae,
Ad Theologos Augustanae Confessionis

Es ist mit den Geschäften wie mit dem
Tanze: Personen, die gleichen Schritt
halten, müssen sich unentbehrlich werden; ein wechselseitiges Wohlwollen
muß notwendig daraus entspringen.

Goethe,
Die Wahlverwandtschaften I, 6

Gemeinsame geistige Tätigkeit verbindet enger als das Band der Ehe.

Ebner-Eschenbach, Aphorismen

In der geballten Faust sind alle Finger
gleich.

Aus Rußland

Nichts ist besser geeignet, die Verschmelzung der widerstrebenden Elemente zu fördern, als gemeinsame Arbeit an gemeinsamen Aufgaben.

Bismarck,
Rede im Herrenhaus, 15. 1. 1867

Einer für alle, alle für einen.

Schweizer Wahlspruch

Ein jeder kehre vor seiner Tür,
und rein ist jedes Stadtquartier.
Ein jeder übe sein' Lektion,
so wird es gut im Rate stohn.

Goethe, Zahme Xenien, Bürgerpflicht

Der eine füttert den Gaul, der andere
muß ihn satteln.

Aus Spanien

Hart mit hart macht nicht die Stein-
mauer.

Aus Großbritannien

Verbunden werden auch die Schwachen
mächtig. (Stauffacher)

Schiller, Wilhelm Tell I, 3

Vergebt, vergeßt, seid einig, ohne Haß!
Der Doktor sagt: Hier frommt kein
Aderlaß. (König Richard)

Shakespeare, König Richard II, I, 1

Concordia domi, foris pax!
Eintracht daheim, draußen Friede!

Am Holstentore zu Lübeck

Concordia parvae res crescunt, discor-
dia maximae dilabuntur.
Durch Eintracht wächst das Kleine,
durch Zwietracht zerfällt das Größte.

Sallust, Jugurtha 10

Wenn drei Personen eines Herzens sind,
so verwandelt sich selbst Lehm in Gold.

Aus China

Wie fruchtbar ist der kleinste Kreis,
wenn man ihn wohl zu pflegen weiß.

Goethe, Zahme Xenien VI

Einigkeit macht stark, aber meistens
auch blind.

Graff

Wenn ein paar Menschen recht miteinander zufrieden sind, kann man meistens versichert sein, daß sie sich irren.

Goethe,
Maximen und Reflexionen, Nachlaß,
Über Literatur und Leben

Ein Bündnis ist fester, wenn die Ver-
bündeten aneinander glauben, als wenn
sie voneinander wissen.

Nietzsche,
Unschuld des Werdens 1, 880

Es ist leichter, hundert Uhren in Übereinstimmung zu bringen als zehn Weiber.

Aus Polen

Ein Tropfen Wasser verdirbt einen
Eimer Honig.

Aus Indien

Ein schlechter Zahn läßt den ganzen
Mund übel riechen.

Aus Ghana

Keine Kette ist stärker als ihr schwäch-
stes Glied.

Sprichwort

Wenn der eine nicht will, mischt keiner
die Karten.

Aus Spanien

Gesellschaft

Ich habe bemerkt, daß der unterschei-
dende Zug von Menschen, die an gute
Gesellschaft gewöhnt sind, eine kalte,
unerschütterliche Ruhe ist, welche allen
ihren Handlungen und Zuständen, von
den wichtigsten bis zu den geringsten,
sich mitteilt. Sie essen mit Ruhe, bewegen sich mit Ruhe, lieben mit Ruhe und
verlieren ihr Weib, selbst ihr Geld mit
Ruhe, während gemeine Leute keinen
Löffel oder eine Beleidigung einnehmen können, ohne einen fürchterlichen
Lärm darüber anzufangen.

Edward Bulwer, Pelham 4

Die gute Küche ist das innigste Band
der guten Gesellschaft.

Vauvenargues, Nachgelassene Maximen

Wir gefallen in der Gesellschaft mehr
durch unsere Fehler als durch unsere
Vorzüge.

La Rochefoucauld, Reflexionen

Um in eine Versammlung feiner Leute
treten zu dürfen, muß man den Frack
tragen, die Uniform oder die Livree.

Ebner-Eschenbach, Aphorismen

In der Gesellschaft sind alle gleich. Es
kann keine Gesellschaft anders als auf

den Begriff der Gleichheit gegründet
sein, keineswegs aber auf den Begriff
der Freiheit. Die Gleichheit will ich in
der Gesellschaft finden; die Freiheit,
nämlich die sittliche, daß ich mich sub-
ordinieren mag, bringe ich mit.

Goethe,
Maximen und Reflexionen, Nachlaß,
Über Literatur und Leben

Allzu spürbare Überlegenheit macht
den Einzelnen für die Gesellschaft nicht
geeignet. Man geht mit Kleingeld und
nicht mit Goldbarren auf den Markt.

Chamfort, Maximen III

Im gleichen ließe sich sagen, daß jeder
von ihnen nur ein kleiner Bruch der
Idee der Menschheit sei, daher er vieler
Ergänzung durch andere bedarf, damit
einigermaßen ein volles menschliches
Bewußtsein herauskomme. Hingegen
wer ein ganzer Mensch ist, ein ausge-
zeichneter Mensch, der stellt eine Einheit und keinen Bruch dar, hat daher
an sich selbst genug. Man kann in diesem Sinne die gewöhnliche Gesellschaft
jener russischen Hornmusik vergleichen, bei der jedes Horn nur einen Ton
hat und bloß durch das pünktliche Zusammentreffen aller eine Musik herauskommt.

Schopenhauer,
Aphorismen zur Lebensweisheit V, 9

Ein junger toller Kopf? Wo habt ihr
einen Schauplatz des Lebens für mich?
Eure bürgerliche Gesellschaft ist mir
unerträglich! (Crugantino)

Goethe,
Claudine von Villa Bella,
Ein enges Gefängnis

Es ist ein großes Unglück, durch unseren Charakter die Rechte zu verlieren,
die uns unsere Talente über die Gesellschaft geben.

Chamfort, Maximen VII

Man soll nie vergessen, daß die Gesellschaft lieber unterhalten als unterrich-
tet sein will.

Knigge

Was für ein Neuling ist doch der, welcher wähnt, Geist und Verstand zu zeigen wäre ein Mittel, sich in der Gesellschaft beliebt zu machen!

Schopenhauer,
Aphorismen zur Lebensweisheit V, 34

Ist doch Geist und Verstand an den Tag
legen nur eine indirekte Art, allen
andern ihre Unfähigkeit und ihren
Stumpfsinn vorzuwerfen.

Schopenhauer,
Aphorismen zur Lebensweisheit V, 34

Und ist mein ritterlicher Magen voll,
so saug' ich an den Zähnen und befrage
den Schönbart aus der Fremde: „Bester
Herr",
so, auf den Arm mich stützend, fang
ich an,
„Ich möcht' euch bitten", das ist Frage
nun.

Und dann kommt Antwort wie ein
ABC-Buch.
„O Herr", sagt Antwort, „gänzlich zu
Befehl,
wie's euch beliebt, zu euren Diensten,
Herr."
Sagt Frage: „Nein, ich bester Herr, zu
Euren."
Und so, eh' Antwort weiß, was Frage
will,
bloß mit dem Hinundherkomplimen-
tieren
und Schwatzen von den Alpen, Apen-
ninen,
den Pyrenäen und dem Flusse Po
zieht es sich bis zur Abendmahlzeit hin.
Das ist hochadlige Gesellschaft.

(Bastard)

Shakespeare, König Johann I, 1

Wie oft in der Gesellschaft, die sich für
so recht gebildet und interessant hielt,
bei all dem Gerede und Feintun, seufzte
ich innerlich: „Wenn doch nur ein Hund
da wäre!"

Friedrich Theodor Vischer

Nirgends fühlt man sich einsamer als
in großer Gesellschaft.

Herbert Eulenberg, Katinka die Fliege

Wenn die Gesellschaft nicht ein künstliches Gebilde wäre, so würde nicht
jedes wahre und einfache Gefühl ein
solches Erstaunen hervorrufen, sondern
es würde gefallen, ohne zu verblüffen.
Unsere Überraschung ist eine Satire der
Gesellschaft, und unser Vergnügen ist
eine Huldigung der Natur.

Chamfort, Maximen I

Aus einer großen Gesellschaft heraus
ging einst ein stiller Gelehrter zu Haus.
Man fragte: Wie seid Ihr zufrieden gewesen?
„Wären's Bücher", sagt' er, „ich würd
sie nicht lesen."

Goethe, Gesellschaft

In manchen Orten habe ich feststellen
können: Die gute Gesellschaft taugt
nicht viel, doch die schlechte ist ganz
vorzüglich.

Chamfort

„Hast du nicht gute Gesellschaft gesehn? Es zeigt uns dein Büchlein
fast nur Gaukler und Volk, ja was noch
niedriger ist."
Gute Gesellschaft hab ich gesehn. Man
nennt sie die gute,
wenn sie zum kleinsten Gedicht keine
Gelegenheit gibt.

Goethe, Venezianische Epigramme 75

Was gute Gesellschaft genannt wird,
ist meistens nur ein Mosaik geschliffe-
ner Karikaturen.

Friedrich Schlegel,
Kritische Fragmente, Athenäum 1798

Der Hof ist wie ein Gebäude aus Marmor erbaut. Ich meine damit, daß er
aus sehr harten, aber sehr polierten
Menschen besteht.

La Bruyère, Charaktere VIII

Die Gesellschaft! Wie verhärtet sie das
Herz, wie frivol macht sie den Geist!

Wie macht sie uns dafür leben, was
man von uns sagen wird!

Madame de Stael, Corinne 7

Die Leute, welche man die gute Gesellschaft nennt, sind oft bloß jene, deren
Laster raffinierter sind.

Montesquieu, Briefe 48

Eine Gesellschaft von wilden Tieren
machen sie aus, nur daß diese unter
sich friedlich sind und denen ihrer Gattung nichts zuleide tun, sie aber dadurch sich sättigen, daß einer den andern zerreißt.

Seneca,
Drei Bücher über den Zorn 2, 8

Man kann auch die Gesellschaft einem
Feuer vergleichen, an welchem der
Kluge sich in gehöriger Entfernung
wärmt, nicht aber hineingreift wie der
Tor, der dann, nachdem er sich verbrannt hat, in die Kälte der Einsamkeit flieht und jammert, daß das Feuer
brennt.

Schopenhauer,
Aphorismen zur Lebensweisheit V, 9

Lieber dem Bettler den Brotsack tragen,
als mit dem vornehmen Pöbel sich
plagen!

Wilhelm Müller, Epigramme

Sprich nie verächtlich über die Gesellschaft! Nur wem es nicht gelingt
hineinzukommen, spottet darüber.
(Lady Bracknell)

Wilde, Bunbury III

Ordnung

Heil'ge Ordnung, segenreiche,
Himmelstochter, die das Gleiche
frei und leicht und freudig bindet,
die der Städte Bau gegründet,
die herein von den Gefilden
rief den ungesell'gen Wilden,
eintrat in der Menschen Hütten,
sie gewöhnt zu sanften Sitten
und das teuerste der Bande
wob, den Trieb zum Vaterlande.

Schiller, Das Lied von der Glocke

Da wächst der Wein, wo's Faß ist,
es regnet gern, wo's naß ist,
zu Tauben fliegt die Taube,
zur Mutter paßt die Schraube,
der Stöpsel sucht die Flaschen,
die Zehrung Reisetaschen,
weil alles, was sich rühret,
am Schluß doch harmonieret.

Goethe, Parabolisch

In einem aufgeräumten Zimmer ist
auch die Seele aufgeräumt.

Feuchtersleben, Zur Diätetik der Seele

Ordnungsliebe führt zu strenger Gerechtigkeitsliebe.

Lavater, Worte des Herzens

Ordnung führt zu allen Tugenden. Was
aber führt zur Ordnung?

Lichtenberg

Willst Du das Land in Ordnung bringen, so mußt Du zuerst die Provinzen
in Ordnung bringen. Willst Du die
Provinzen in Ordnung bringen, so
mußt Du zuerst die Städte in Ordnung
bringen. Willst Du die Städte in Ordnung bringen, so mußt Du zuerst die
Familien in Ordnung bringen. Willst
Du die Familien in Ordnung bringen,
so mußt Du zuerst Deine Familie in
Ordnung bringen. Willst du deine Familie in Ordnung bringen, so mußt Du
zunächst Dich selbst in Ordnung bringen.

Aus China

Vom höchsten Ordnungssinn ist nur ein
Schritt zur Pedanterie.

Morgenstern, Stufen, Politisches, 1905

Regel, wie gleichst du der Kette, die
     Benjamin Franklin erfunden!
Freilich beschützt sie das Haus, doch
     sie verschluckt auch den Blitz.

Hebbel, Die Regel

Habt ihr acht gegeben, was für Menschen am meisten Wert auf strengste
Gewissenhaftigkeit legen? Die welche
sich vieler erbärmlicher Empfindungen
bewußt sind, ängstlich von sich und an
sich denken und Angst vor anderen
haben.

Nietzsche,
Ecce homo, Warum ich so klug bin

Wenn die Steine schwimmen, versinken
die Blätter.

Aus Japan

Die menschlichen Einrichtungen sind von Natur so unvollkommen, daß es, um sie zu zerstören, fast immer genügt, aus ihren Grundsätzen alle Folgerungen zu ziehen.

Tocqueville, Pensées détachées

Der Kampf des Alten, Bestehenden, Beharrenden mit Entwicklung, Aus- und Umbildung ist immer derselbe. Aus aller Ordnung entsteht zuletzt Pedanterie; um diese los zu werden, zerstört man jene, und es geht eine Zeit hin, bis man gewahr wird, daß man wieder Ordnung machen müsse.

Goethe, Maximen und Reflexionen, Aus Kunst und Altertum 1826

Die Welt, sie fühlt die Ordnung als Bedürfnis und braucht nur ihr entsetzlich Gegenteil in voller Blöße nackt vor sich zu sehn, um schaudernd rückzukehren in die Bahn. (Julius)

Grillparzer, Ein Bruderzwist in Habsburg IV, Garten im königlichen Schlosse

Der Meister kann die Form zerbrechen mit weiser Hand, zur rechten Zeit.

Schiller, Das Lied von der Glocke

Sitte

Brauchtum ist älter und gilt mehr als Gesetz.

Aus Rußland

Der Brauch ist der Herrscher in allem.

Pindar

Nicht die Sittlichkeit regiert die Welt, sondern eine verhärtete Form derselben: Die Sitte.

Auerbach

Die Sitte ist nur Schein des Sittlichen und Zeichen vom Zerfall.

Lao-tse, Die Bahn und der rechte Weg 38

Die Sitte aber, sollt er wissen, folgt dem Urteil nicht, sie folgt dem Vorurteil. (Manasse)

Gutzkow, Uriel Acosta II, 5

Wo es der Brauch ist, legt man die Kuh ins Bett.

Aus der Schweiz

Was bei Hofe gute Sitten sind, die sind so lächerlich auf dem Lande, als ländliche Weise bei Hofe zum Spott dient. (Corinnus)

Shakespeare, Wie es Euch gefällt III, 2

Andere Zeiten, andere Sitten,

Sprichwort

Die Sitte ist schon gerichtet, zu deren Gunsten wir kein anderes Argument vorzubringen wissen als das ihrer Allgemeinheit.

Ebner-Eschenbach, Aphorismen

Der oft unüberlegten Hochachtung gegen alte Gesetze, alte Gebräuche und alte Religion hat man alles Übel in der Welt zu verdanken.

Lichtenberg

Nicht was lebendig, kraftvoll, sich verkündigt,
ist das gefährlich Furchtbare. Das ganz
Gemeine ist's, das ewig Gestrige,
was immer war und immer wiederkehrt
und morgen gilt, weil's heute hat gegolten.
Denn aus Gemeinem ist der Mensch gemacht,
und die Gewohnheit nennt er seine Amme.
(Wallenstein)

Schiller, Wallensteins Tod I, 4

Doch wenn sich alles vor Gebräuchen schmiegt,
wird nie der Staub des Alters abgestreift,
berghoher Irrtum wird so aufgehäuft,
daß Wahrheit nie ihn überragt.
(Coriolanus)

Shakespeare, Coriolanus II, 3

Tradition ist das Ruhekissen der Urteilskraft.

Graff

Wir brauchen nicht so fortzuleben, wie wir gestern gelebt haben. Macht Euch nur von dieser Anschauung los, und tausend Möglichkeiten laden uns zu neuem Leben ein.

Morgenstern, Stufen, Erziehung, 1905

Mein Sohn, laß uns die alten, engen Ordnungen
gering nicht achten! Köstlich unschätzbare
Gewichte sind's, die der bedrängte Mensch
an seiner Dränger raschen Willen band.
(Octavio)

Schiller, Die Piccolomini I, 4

Der vollkommene Mensch richtet sich nach dem, was schicklich ist.

Aus China

Des Landes Weise ist des Landes Ehre.

Aus Holland

Besser ein Dorf fällt als eine Sitte.

Aus Albanien

Wechselweise bewahren Geschmack und Sitte einander.

Goethe, Entwürfe zur zweiten Epistel

Der Umgang mit Frauen ist das Element guter Sitten.

Goethe, Die Wahlverwandtschaften II, 5

Sei nicht der erste, Neuem nachzujagen, noch auch der letzte, Altem zu entsagen!

Pope, Essay on Criticism 11

Gewohnheit

Usus tyrannus.
Die Gewohnheit ist ein Tyrann.

Horaz

Gewohnheiten sind zuerst Spinnweben, dann Drähte.

Aus Spanien

Die Fesseln der Gewohnheit sind zu leicht, als daß man sie spürte, bevor sie zu fest sind, um sie noch abzuschütteln.

Samuel Johnson

Ach die Gewohnheit ist
ein lästig Ding! Selbst an Verhaßtes
fesselt sie. (Sappho)

Grillparzer, Sappho IV, 3

Gewohnheit heißt die große Lenkerin des Lebens. Daher sollen wir uns auf alle Weise erstreben, gute Gewohnheiten einzuimpfen.

Francis Bacon

Gewohnheit ist König über den Verstand.

Sprichwort

Der Teufel Angewöhnung, der des Bösen
Gefühl verschlingt, ist hierin Engel
doch:
Er gibt der Übung schöner, guter Taten
nicht minder eine Kleidung oder Tracht,
die sich gut anlegt. (Hamlet)

Shakespeare, Hamlet III, 4

Das ursprüngliche Herdenwesen der Menschentiere besteht noch heute, und zwar auf dem Gebiet des Geistes. Wie ehemals das Rudel auf einem Nahrungsplatz solange verharrte, bis das sensitivste Specimen sich auf neue Fährten wagte, so bewegt sich die Menge in gleichbleibenden Denkformen, bis ein Unbefriedigter, Instinktbegabter neue Weideplätze des Geistes sucht und findet.

Rathenau

Gewohnheit, Sitte und Brauch sind stärker als die Wahrheit.

Voltaire, Über die Sitten

Gewohnheit macht den Fehler schön, den wir von Jugend auf gesehn.

Gellert, Das Land der Hinkenden

Die Gewohnheit ist wahrlich eine kluge Einrichtung der Natur, um Arbeit, Nachdenken, Willensanstrengung und Zeit zu sparen. Sie spart Arbeit, indem sie das Tun rhythmisch und automatisch gestaltet. Sie spart Nachdenken, indem sie die Kontrolle des Tuns von den willkürlichen Hirnpartien auf die unwillkürlichen überträgt. Sie spart Zeit, indem sie die Verzögerung verhindert, die Studium und Entscheidung mitsichbringen.

Casson, Die menschliche Natur,
Jedermann denkt

Consuetudo altera natura.
Die Gewohnheit ist eine zweite Natur.

Cicero, De finibus 5, 25

Gewohnheit stören, heißt alles stören. (Imogen)

Shakespeare, Cymbeline IV, 2

Es unterliegt auch in der Tat keinem Zweifel, daß der Mensch sich durch Gewohnheit gegen die Zudringlichkeit der Dinge der Welt sichert und eine eigene Welt gründet.

Max Stirner,
Der Einzige und sein Eigentum 1, 2

Den wilden Gram macht die Gewohnheit zahm. (Elisabeth)

Shakespeare, König Richard III. IV, 4

Zwei ganz verschiedene Dinge behagen uns gleichermaßen: Die Gewohnheit und das Neue.

La Bruyère, Charaktere 12

Wenn ich Narr genug wäre, noch an das Glück zu glauben, so würde ich es in der Gewohnheit suchen.

Châteaubriand,
Geist des Christentums 1, 3

Manieren

Willst du mit mir hausen,
so laß die Bestie draußen!

Goethe, Sprichwörtlich

Die vertrautesten Bekanntschaften, Verbindungen und Freundschaften erfordern zu ihrer Erhaltung einen gewissen Grad gesitteten Wesens. Wenn Männer und Frauen oder ein Mann und seine Geliebte, welche die Nächte sowohl als auch die Tage miteinander zu-

bringen, allen Anstand völlig beiseite setzen, so wird ihre Vertraulichkeit bald in grobe Gemeinheit ausarten, die unfehlbar Ekel und Verachtung hervorbringen wird.

Chesterfield,
Briefe an seinen Sohn, 3. 11. 1749

Wenn ich mich nicht zu feinem Wandel füge,
mit Ehrfurcht rede, dann und wann nur fluche,

Gebetbuch in der Tasche, Kopf geneigt,
ja, selbst beim Tischgebet so vor's Gesicht
den Hut mir halte, seufz' und Amen
sage,
nicht allen Brauch der Höflichkeit erfülle
wie einer, der der Großmama zulieb
scheinheilig tut: So traut mir niemals
mehr! (Graziano)

Shakespeare,
Der Kaufmann von Venedig II, 3

Ehrerbietung ohne Einhaltung der
Form wird Kriecherei. Vorsicht ohne
Einhaltung der Form wird Feigheit.
Mut ohne Einhaltung der Form wird
Auflehnung. Aufrichtigkeit ohne Ein-
haltung der Form wird Grobheit.

Kung-fu-tse

Es gibt fast keine Eigenschaft, welche
nicht durch den Mangel an Lebensart
in ein nachteiliges Licht gestellt oder
verunstaltet wird.

Locke, Gedanken über Erziehung IX

Ein Mensch von feiner Lebensart pflegt
sich so zu benehmen, daß die anderen
nach seinen Worten und seinem Verhalten mit ihm und mit sich selbst zufrieden sind.

La Bruyère

Gib dich jeder Frau gegenüber so, als
seist du in sie verliebt, und jedem
Manne, als sei er dir überlegen! Bald
wirst du dich im Rufe des vollendeten
Gentleman befinden.

Wilde

Gute Manieren bestehen aus lauter
kleinen Opfern.

Emerson

Warum werden die Dichter beneidet?
Weil Unart sie zuweilen kleidet,
und in der Welt ist's große Pein,
daß wir nicht dürfen unartig sein.

Goethe, Sprichwörtlich

Die feine Lebensart schließt nicht immer Güte, Billigkeit, Gefälligkeit,
Dankbarkeit in sich. Aber sie verleiht
wenigstens den Anschein davon und
stellt den Menschen äußerlich dar, wie
er innerlich sein sollte.

La Bruyère

Allzu fein
ist eitel Schein.

Sprichwort

Die Grundlage guter Manieren ist
Selbstvertrauen.

Emerson

Quod licet Jovi, non licet bovi.
Was dem Jupiter erlaubt ist, ist noch
nicht dem Ochsen erlaubt.

Sprichwort

Einer wurde gefragt, wo er seine feinen und wohlgefälligen Sitten gelernt
habe. Er antwortete: „Bei lauter un-
höflichen und groben Menschen. Ich
habe immer das Gegenteil von demjenigen getan, was mir an ihnen nicht
gefallen hat."   *Hebel,* Denkwürdigkeiten
aus dem Morgenlande

Eine Schwalbe flog auf ein Schaf, ihm ein wenig Wolle für ihr Nest auszurupfen. Das Schaf sprang unwillig hin und wider. „Wie bist du denn nur gegen mich so karg?" sagte die Schwalbe. „Dem Hirten erlaubst du, daß er dich deiner Wolle über und über entblößen darf, und mir verweigerst du eine kleine Flocke. Woher kömmt das?" – „Das kömmt daher", antwortete das Schaf, „weil du mir meine Wolle nicht mit ebenso guter Art zu nehmen weißt als der Hirte."

Lessing, Das Schaf und die Schwalbe

Der Weltmann steigt empor, und der Pedant bleibt sitzen. Die Sitten können mehr als die Gelehrtheit nützen.

Lichtwer, Der Diamant und der Bergkristall

Drum paart, zu eurem schönsten Glück, mit Schwärmers Ernst des Weltmanns Blick!

Schiller, Licht und Wärme

Höflichkeit

Höflichkeit ist Staatspapier des Herzens, das oft umso größere Zinsen trägt, je unsicherer das Kapital ist.

Börne, Fragmente und Aphorismen

Höflichkeit ist eine Münze, die nur den bereichert, der sie ausgibt.

Chletas

Vermöchten wir alle nur für einen einzigen Tag höflich zu sein: Die Feindschaft unter den Menschen würde sich in Liebe wandeln.

Aus China

Höflichkeit ist die Blüte der Menschlichkeit. Wer nicht höflich genug ist, ist auch nicht menschlich genug.

Joubert

Die wahre Höflichkeit besteht darin, daß man einander mit Wohlwollen entgegenkommt. Sobald es uns an diesem nicht gebricht, tritt sie ohne Mühe hervor.

Rousseau, Émile 4

Es gibt eine Höflichkeit des Herzens; sie ist der Liebe verwandt. Aus ihr entspringt die bequemste Höflichkeit des äußern Betragens.

Goethe, Die Wahlverwandtschaften II, 5

Zuerst die innere Haltung, dann die äußere Form! Es ist wie beim Malen, wo man die weißen Lichter zuletzt aufsetzt.

Konfuzius

Es gibt kein äußeres Zeichen der Höflichkeit, das nicht einen tiefen sittli-

chen Grund hätte. Die rechte Erziehung wäre, welche dieses Zeichen und
den Grund zugleich überlieferte.

Goethe,
Die Wahlverwandtschaften II, 5

Höflichkeit ist der Widerschein der
Sittlichkeit.

Jean Paul

Ohne Umschweife
begreife,
was dich mit der Welt entzweit!
Nicht will sie Gemüt, will Höflichkeit.

Goethe, Sprichwörtlich

Wer möchte diesen Erdenball
noch fernerhin betreten,
wenn wir Bewohner überall
die Wahrheit sagen täten?
Ihr hießet uns, wir hießen euch
Spitzbuben und Halunken,
wir sagten uns fatales Zeug,
noch eh wir uns betrunken,
und überall im weiten Land
als langbewährtes Mittel
entsproßte aus der Menschenhand
der treue Knotenknittel.
Da lob' ich mir die Höflichkeit,
das zierliche Betrügen:
Du weißt Bescheid, ich weiß Bescheid,
und allen macht's Vergnügen.

Busch, Kritik des Herzens

Im Deutschen lügt man, wenn man
höflich ist. (Baccalaureus)

Goethe, Faust 2, II,
Hochgewölbtes, enges gotisches Zimmer

Höflichkeit ist wie der Rechenpfennig
eine offenkundig falsche Münze: Mit
einer solchen sparsam zu sein, beweist
Unverstand.

Schopenhauer,
Aphorismen zur Lebensweisheit V, 36

Warum nicht einem leeren, hohlen Hut?
Bückst du dich doch vor manchem hohlen Schädel. (Frießhardt)

Schiller, Wilhelm Tell III, 3

Die Menschen können nur deshalb in
Gemeinschaft leben, weil sie Betrüger
und Betrogene zugleich sind.

La Rochefoucauld, Reflexionen

Höflichkeit ist wie ein Luftkissen: Es
mag wohl nichts drin sein, aber sie mildert die Stöße des Lebens.

Schopenhauer

Eine Gesellschaft Stachelschweine drängte sich an einem kalten Wintertage recht
nahe zusammen, um durch die gegen-
seitige Wärme sich vor dem Erfrieren
zu schützen. Jedoch bald empfanden sie
die gegenseitigen Stacheln, welches sie
dann wieder voneinander entfernte.
Wenn nun das Bedürfnis der Erwärmung sie wieder näher zusammen-
brachte, wiederholte sich jenes zweite
Übel, so daß sie zwischen beiden Leiden hin und her geworfen wurden, bis
sie eine mäßige Entfernung voneinander herausgefunden hatten, in der sie es
am ehesten aushalten konnten.

So treibt das Bedürfnis der Gesellschaft, aus der Leere und Monotonie des eigenen Inneren entsprungen, die Menschen zueinander; aber ihre vielen widerwärtigen Eigenschaften und unerträglichen Fehler stoßen sie wieder voneinander ab. Die mittlere Entfernung, die sie endlich herausfinden und bei welcher ein Beisammensein' bestehen kann, ist die Höflichkeit und feine Sitte. Dem, der sich nicht in dieser Entfernung hält, ruft man in England zu: keep your distance (bleib mir vom Leibe)!

Schopenhauer

Wir sind höflich aus Stolz.

Montesquieu, Geist der Gesetze 4, 2

Höflichkeit mit Stolz zu vereinigen, ist ein Meisterstück.

Schopenhauer,
Aphorismen zur Lebensweisheit V, 36

Ich bin höflich gegen sie, wie gegen alles kleine Ärgernis. Gegen das Kleine stachlicht zu sein, dünkt mich eine Weisheit für Igel.

Nietzsche, Zarathustra III,
Von der verkleinernden Tugend 2

Höflich von Reden, Hand an der Mütze,
kostet wenig und ist viel nütze.

Aus Frankreich

Wie das Wachs, von Natur hart und spröde, durch ein wenig Wärme so geschmeidig wird, daß es jede beliebige Gestalt annimmt, so kann man selbst

törichte und feindselige Menschen durch etwas Höflichkeit und Freundlichkeit biegsam und gefällig machen.

Schopenhauer,
Aphorismen zur Lebensweisheit V, 36

Der Fuchs grüßt den Zaun um des Gartens willen.

Sprichwort

Wenn sie einen brauchen und haben einem nichts zu befehlen, da sind die vornehmsten Leut just die artigsten. (Bauer)

Goethe, Götz von Berlichingen,
I. Fassung I, Eine Herberge

L'exactitude est la politesse des rois. Die Pünktlichkeit ist die Höflichkeit der Könige.

Ludwig XVIII.

Ich hatte etwas Wichtiges vor, und in einem solchen Falle tut man wohl einmal der Höflichkeit Gewalt an. (Romeo)

Shakespeare, Romeo und Julia II, 4

Der dorn'ge Stachel
der harten Not nahm von mir weg den Schein
der Höflichkeit. (Orlando)

Shakespeare, Wie es Euch gefällt II, 7

Ein Mord mag verziehen werden, Unhöflichkeit nie.

Aus China

Wir sollten vielmehr uns gegenwärtig erhalten, daß die gewöhnliche Höflichkeit nur eine grinsende Maske ist: Dann würden wir nicht Zeter schreien, wenn sie einmal sich etwas verschiebt oder auf einen Augenblick abgenommen wird.

Schopenhauer,
Aphorismen zur Lebensweisheit V, 36

Takt

Soll etwas gelingen, so bedarf es bei allem Nachdenken noch eines sicheren Taktes, welcher nur durch frühe Übung und Angewöhnung gewonnen wird.

Fichte

Takt ist eine Geschicklichkeit, die den Menschen besser als Talent und Wissen über alle Schwierigkeiten fortführt.

Smiles

Takt ist der Verstand des Herzens.

Gutzkow

Takt ist die Fähigkeit, andere so darzustellen, wie sie sich selbst gern sehen.

Lincoln

Takt erfordert vor allem Phantasie. Man muß viele Möglichkeiten der fremden Seele überschauen, viele Empfangsmöglichkeiten, und danach, was man geben kann, einrichten.

Morgenstern,
Stufen, Psychologisches

Laß es nicht merken, wenn du die Zehen dessen zählst, der nur neun Zehen hat!

Aus Nigeria

Taktlosigkeit ist der lästigste und widerwärtigste der menschlichen Fehler; denn du kannst dich nicht verteidigen, nicht einmal durch Grobheit.

Anselm Feuerbach, Ein Vermächtnis

Anpassung

Der Weidenzweig wird durch die Last des Schnees nicht gebrochen.

Aus Japan

Das Geheimnis, mit allen Menschen in Frieden zu leben, besteht in der Kunst, jeden seiner Individualität nach zu verstehen.

Friedrich Ludwig Jahn

Füge dich den Sitten, wo immer du bist!

Aus Japan

Wer die Gesellschaft nicht entbehren kann, soll sich ihren Gebräuchen unterwerfen, weil sie mächtiger sind als er.

Knigge

Nimm den Ton der Gesellschaft an, in der du bist! Maße dir nicht an, ihn anzugeben! Sei ernsthaft, lustig, sogar kurzweilig, je nachdem du die Stimmung deiner Gesellschaft findest! Das ist eine Gefälligkeit, die jeder einzelne der Mehrzahl schuldig ist.

Chesterfield,
Briefe an seinen Sohn, 16. 10. 1747

Es ist ebenso beleidigend, in der Gesellschaft eines Dummkopfes etwas Geistreiches zu sagen, wie es schlechtes Benehmen wäre zu flüstern.

Pope, Aphorismen 162

Niemand dankt dem geistreichen Menschen die Höflichkeit, wenn er sich einer Gesellschaft gleichstellt, in der es nicht höflich ist, Geist zu zeigen.

Nietzsche,
Menschliches Allzumenschliches 1, 324

Wer unter Toren will weise sein,
den hält man zuletzt für den Toren allein.

Georg Keil

Dulce est desipere in loco.
Lieblich ist es, zu seiner Zeit den Toren zu spielen.

Horaz, Oden IV, 12

Besser als der Weise spielt niemand den Toren.

Aus Großbritannien

Man kann unmöglich in der Welt leben, ohne von Zeit zu Zeit Komödie zu spielen. Es nur im Notfalle zu tun, unterscheidet den anständigen vom unanständigen Menschen.

Chamfort, Maximen I

Wie es nichts Törichteres gibt als unzeitige Weisheit, so gibt es auch nichts Unverständigeres als übel angebrachte Klugheit. Es ist wirklich eine grobe Verkehrtheit, wenn man sich den übrigen nicht anbequemen und mit der Zeit, in der man geboren, nicht leben will. Dann sollte man sich doch wenigstens jenes Gesetzes erinnern, das bei den Festmählern der Griechen galt: „Sauf oder lauf!"

Erasmus von Rotterdam,
Lob der Torheit

Wer nicht trinkt, hat in der Kneipe nichts zu suchen.

Aus Frankreich

Wer sich nicht nach der Decke streckt, dem bleiben die Füße unbedeckt.

Goethe, Sprichwörtlich

Willst du gewinnen der Menschen
Gunst,
so mußt du lernen die saure Kunst,
zu sprechen stets mit feiner List,
wie andern der Schnabel gewachsen ist.

Blumenthal, Buch der Sprüche

Lobt man mich, weil ich was Dummes
gemacht,
dann mir das Herz im Leibe lacht;
schilt man mich, weil ich was Gutes
getan,
so nehm ich's ganz gemächlich an.
Schlägt mich ein Mächtiger, daß es
schmerzt,
so tu ich, als hätt er nur gescherzt,
doch ist es einer von meinesgleichen,
den weiß ich wacker durchzustreichen.
Hebt mich das Glück, so bin ich froh
und sing in dulci Jubilo;
senkt sich das Rad und quetscht mich
nieder,
so denk ich: Nun, es hebt sich wieder!

Goethe, Der Narr epilogiert

Bist du Amboß, sei geduldig, bist du
Hammer, schlage zu!

Aus Arabien

Jeder nimmt die Farbe seiner Umwelt
an.

Aus China

Wohnst du neben einem Lahmen, so
wirst du hinken lernen.

Plutarch, Über Kindererziehung § 6

Wir sind so gewohnt, uns vor anderen
zu verbergen, daß wir uns schließlich
vor uns selber verbergen.

La Rochefoucauld, Reflexionen

Verfahre ruhig, still,
brauchst dich nicht anzupassen.
Nur wer was gelten will,
muß andre gelten lassen.

Goethe, Zahme Xenien

Verstellung

Die Welt besteht aus lauter Masken.

La Rochefoucauld, Reflexionen

Die Menschen sind insgesamt je zivili-
sierter, desto mehr Schauspieler.

Kant

So böse ist kein Hund, daß er nicht mit
dem Schwanze wedelte.

Aus Italien

Mein Prinz, die reine Tugend Eurer
Jahre
ergründete noch nicht der Welt Betrug
Ihr unterscheidet nichts an einem Mann
als seinen äußeren Schein, und der, weiß
Gott,
stimmt selten oder niemals mit dem
Herzen. (Gloster)

Shakespeare, König Richard III. III, 1

Wer erwartet, daß in der Welt die Teufel mit Hörnern und die Narren mit Schellen einhergehen, wird stets ihre Beute oder ihr Spiel sein.

Schopenhauer,
Aphorismen zur Lebensweisheit V, 29

Wer trügen will, kann einen Schein wohl stehlen. (Königin)

Shakespeare,
König Heinrich VI., Zweiter Teil III, 1

O wie vermag in Würd' und Glanz der Tugend
verworfne Sünde listig sich zu kleiden! (Claudio)

Shakespeare,
Viel Lärmen um Nichts IV, 1

Der verruchteste Frevler auf der Welt kann streng erscheinen, keusch, gerecht, vollkommen (Isabella)

Shakespeare, Maß für Maß V, 1

Die Welt wird immerdar durch Zier berückt.
Im Recht, wo ist ein Handel so verderbt,
der nicht, geschmückt von einer holden Stimme,
des Bösen Schein verdeckt? Im Gottesdienst,
wo ist ein Irrwahn, den ein ehrbar Haupt
nicht heiligte, mit Sprüchen nicht belegte
und bürge die Verdammlichkeit durch Schmuck?

Kein Laster ist so blöde, das von Tugend
im äußern Tun nicht Zeichen an sich nähme. (Bassanio)

Shakespeare,
Der Kaufmann von Venedig III, 2

Nichts Böses geschieht, wofür die Menschen nicht einen Vorwand haben.

Menander,
Sentenzen in Monostichen 35

Wenn man seinen Hund ertränken will, so sagt man, er habe die Tollwut.

Aus Frankreich

Die Heuchelei ist ein privilegiertes Laster, das mit seiner eigenen Hand aller Welt den Mund verschließt und in Ruhe seine Straflosigkeit genießt. (Don Juan)

Molière, Don Juan V, 2

Die Welt war nimmer froh
seit niedres Heucheln galt für Artigkeit. (Olivia)

Shakespeare, Was ihr wollt III, 1

Was ist nicht sündigen? Du darfst nicht lange fragen:
Geh hin, es werden's dir die stummen Blumen sagen.

Angelus Silesius,
Der Cherubinische Wandersmann,
Sich nicht verstellen ist nicht sündigen

Denn wie's nur eine Tugend gibt, die
                                Wahrheit,
gibt's auch ein Laster nur: Die Heuche-
                    lei. (Don Cäsar)

Grillparzer,
Ein Bruderzwist in Habsburg IV,
Zimmer in Prokops Hause

Das Zeichen eines Heuchlers ist ein
dreifaches: Wenn er spricht, lügt er;
wenn er verspricht, hält er nicht, und
wenn er vertraut, fürchtet er.

Mohammed

Nimm Dich vor Heuchelei der stillen
                    Leut' in acht!
Am tiefsten ist ein Fluß, der kein Ge-
                    räusche macht.

Opitz

Wo tief der Bach ist, läuft das Wasser
                    glatt. (Suffolk)

Shakespeare,
König Heinrich VI. Zweiter Teil III, 1

Wo du mißtraust und des Mannes
                    freundliche Miene
dir verdächtig dünkt, da rat ich dir
                    dennoch,
wie gläubig zu lächeln und glimpflich
                    zu reden,
was du selbst nicht glaubst. Mit glei-
                    cher Münze
heißt das geziemend den Heuchler be-
                    zahlen.

Edda, Hâvamâl

Es ist leicht, den Haß, schwer, die
Liebe, am schwersten, Gleichgültigkeit
zu verbergen.

Börne, Aphorismen

Es ist schwerer, Gefühle, die man hat,
zu verbergen, als solche, die man nicht
hat, zu heucheln.

La Rochefoucauld,
Nachgelassene Maximen

Der Wolf im Schafpelze ist weniger ge-
fährlich als das Schaf in irgendeinem
Pelze, wo man es für mehr als einen
Schöps nimmt.

Goethe,
Maximen und Reflexionen, Nachlaß,
Über Literatur und Leben

Mit der Heuchelei bringt das Laster der
Tugend seine Huldigung dar.

La Rochefoucauld, Reflexionen

„Falschheit nur und Verstellung ist in
                    dem Umgang der Menschen,
keiner erscheint, wie er ist." – Danke
                    dem Himmel, mein Freund!

Goethe, Xenien aus dem Nachlaß 147

Selbst der Schein des Guten an andern
muß uns wert sein: Weil aus diesem
Spiel mit Verstellungen, welche Achtung erwerben, ohne sie vielleicht zu
verdienen, endlich wohl Ernst werden
kann.

Kant, Anthropologie I, 1, § 14

Toleranz

Die Toleranz, welche man oft an gros-
sen Männern bemerkt und preiset, ist
wohl immer das Bild der größten Menschenverachtung: Denn erst wenn ein
großer Geist von dieser ganz durchdrungen ist, hört er auf, die Menschen
für seinesgleichen zu halten und diesem
entsprechende Forderungen an sie zu
machen.

Schopenhauer, Neue Paralipomena 13

Die größte Nachsicht mit einem Menschen entspringt aus der Verzweiflung
an ihm.

Ebner-Eschenbach, Aphorismen

Willst du menschlich mit Menschen in
      Städten der Menschen verkehren,
stelle die Uhr nach dem Turm, nicht
      nach der Sonne, mein Freund!

Hebbel, Der Praktiker spricht

Kinderchen, ihr müßt lernen, mit Vergnügen irren zu sehen.

Goethe,
zu Friedrich Johannes Frommann

Man muß den Menschen gestatten,
große Fehler zu ihrem Schaden zu begehen, um ein größeres Übel zu verhindern: Die Knechtschaft.

Vauvenargues, Reflexionen

Es ist schon Intoleranz, von Toleranz
zu sprechen.

Mirabeau, vor der Nationalversammlung

Man verdirbt einen Jüngling am sichersten, wenn man ihn verleitet, den
Gleichdenkenden höher zu achten als
den Andersdenkenden.

Nietzsche

Toleranz ist das unbehagliche Gefühl,
der andere könne am Ende vielleicht
doch recht haben.

Robert Frost

Laß fremde Art doch gelten,
selbst dann, wenn sie dich quält!
Gar oft ist, was wir schelten,
grad was uns selber fehlt.

Wilhelm Kuhnert

Wir sind gegen keine Fehler an anderen
intoleranter, als welche die Karikatur
unsrer eigenen sind.

Grillparzer, Aphorismen 1819

Die Toleranz muß in einem Staate jedem Freiheit geben, alles zu glauben,
was er will, aber sich nicht soweit erstrecken, daß sie die Frechheit und
Ausgelassenheit junger, unbesonnener
Leute autorisiert.

Friedrich II. von Preußen,
Briefe

Duldsame Menschen sind die ungedul-
digsten und geduldige die unduldsam-
sten.

Börne

Man möge bedenken, daß man andere ertragen soll, wie man selbst ertragen zu werden wünscht. Aber das ist eben der Teufel der Menschen, daß selten jemand glaubt, daß die anderen auch etwas an ihm zu ertragen hätten.

Gotthelf

Toleranz sollte eigentlich nur eine vorübergehende Gesinnung sein: Sie muß zur Anerkennung führen. Dulden heißt beleidigen.

Goethe,
Maximen und Reflexionen, Nachlaß,
Über Literatur und Leben

Freundlichkeit

Freundlichkeit gegen jedermann ist die erste Lebensregel, die uns manchen Kummer ersparen kann.

Graf von Moltke

Leutselig sei, doch keineswegs gemein!
(Laertes)

Shakespeare, Hamlet I, 3

Ein Mensch von sanftem Charakter macht sich selbst und andere glücklich.

Aus Arabien

Die starrsten Aristokraten sind froh, wenn sie Gelegenheit finden zur Herablassung; denn dadurch eben fühlen sie, wie hoch sie gestellt sind.

Heine, Reisebilder

Pfeifen und Harfen lauten wohl, aber eine freundliche Rede besser denn die beiden.

Jesus Sirach 41, 21

Ein freundlich Wort findet immer guten Boden.

Gotthelf

In der Leutseligkeit ist nichts von Menschenhaß, aber eben darum allzuviel von Menschenverachtung.

Nietzsche,
Jenseits von Gut und Böse,
Zwischenspiele

Leutselig macht das Mißgeschick, die Schuld,
und schmeichelnd zum geringeren Manne pflegt
gefallner Stolz herunter sich zu beugen.
(Gordon)

Schiller, Wallensteins Tod IV, 2

Man kann immer nett gegen die sein, die einen nichts angehen.

Wilde, Lehren und Sätze
zum Gebrauch der Jugend

Geduld, nie aufgereizt, wird leicht ge-
                              übt.
Sanftmütig bleibt der wohl, den nichts
                    betrübt. (Adriana)

Shakespeare,
Die Komödie der Irrungen II, 1

Fortiter in re, suaviter in modo.
Hart in der Sache, verbindlich in der
Form.

Aquaviva,
Industriae ad curandos animae morbos

Wer seinen Willen durchsetzen will,
muß leise sprechen.

Jean Giraudoux

Die verbindlichen Leute sind in der
Regel die kältesten und rücksichtslose-
sten.

Graff

Niemand ist härter als die Sanftmü-
tigen aus Berechnung.

Vauvenargues, Reflexionen

Ich mag nicht Freundlichkeit bei tük-
kischem Gemüte. (Bassanio)

Shakespeare,
Der Kaufmann von Venedig I, 3

Du, der Gefällige,
warum du so fürchterlich bist?
Das zu Gefällige
ist ähnlich der List.

Goethe, Zahme Xenien

Nur starke Naturen können wirklich
liebreich sein. Die meisten Menschen
sind nur aus Schwäche oder aus Berechnung sanft. Und nur zu leicht schlägt
ihre scheinbare Güte in Bösartigkeit
um.

La Rochefoucauld, Reflexionen

XXXII. Kapitel

Sympathie
Vertrauen
Verehrung
Freundschaft
Freunde
Dauer der Freundschaft
Treue
Abschied
Zurückgezogenheit
Einsamkeit

Sympathie

Wo Menschen trauern, trauere mit!
Wo Menschen sich freuen, freue dich mit!

Aus Japan

Die Sympathie ist das Vermögen, an
den Gefühlen der lebendigen Wesen
teilzunehmen. Wir werden, wenn wir
sie zerstören, hart und grausam.

John Ruskin

Man ist nur eigentlich lebendig, wenn
man sich des Wohlwollens andrer freut.

Goethe,
Wilhelm Meisters Wanderjahre II,
Betrachtungen im Sinne der Wanderer

Ihr müßt Herzen säen, wollt ihr Herzen ernten.

Börne, Über den Umgang mit Menschen

Der beste Weg, andere an uns zu inter-
essieren, ist der, an ihnen interessiert
zu sein.

Oesch

Etwas, was manchen sehr wackeren
Leuten spät oder auch nie aufgeht, ist,
daß man nicht bloß brav, sondern auch
liebenswürdig sein muß. Daher gibt oft
die Welt den liebenswürdigen Leuten,
die gar nicht brav sind, den Vorzug vor
den größten Tugendmustern.

Hilty

Die Kunst zu gefallen ist die Kunst zu
betrügen.

Vauvenargues, Reflexionen

Nichts macht uns feiger und gewissenloser als der Wunsch, von allen Menschen geliebt zu werden.

Ebner-Eschenbach, Aphorismen

Vertrauen

Gewiß ist es, daß eine einzige Stunde
vertraulicher Mitteilung zwei fremde
Menschen einander näher bringt als
ganze Jahre gewöhnlichen Beisammen-
lebens.

Bodenstedt

Vertrauen ist die größte Selbstaufopfe-
rung.

Hebbel, Tagebücher 1855

Vertrauensselig – ein schönes Wort.
Vertrauen macht selig den, der es hat,
und den, der es einflößt.

Ebner-Eschenbach, Aphorismen

Das Vertrauen ist etwas so Schönes,
daß selbst der ärgste Betrüger sich eines
gewissen Respektes nicht erwehren
kann vor dem, der es ihm schenkt.

Ebner-Eschenbach, Aphorismen

Wenn jemand schlecht von deinem
                    Freunde spricht,
und scheint er noch so ehrlich, glaub
                       ihm nicht!
Spricht alle Welt von deinem Freunde
                         schlecht,
mißtrau der Welt und gib dem Freunde
                         recht!
Nur wer so standhaft seine Freunde
                        liebt,
ist wert, daß ihm der Himmel Freunde
                        gibt.

Ludwig II. von Bayern

Freundschaft und Liebe bedürfen des
Vertrauens, des tiefsten und eigentlich-
sten, aber bei großartigen Seelen nie
der Vertraulichkeiten.

Wilhelm von Humboldt,
Briefe an eine Freundin, 27. 12. 1822

Einer Frau, die einem ihr wahres Alter
sagt, sollte man niemals trauen. Eine
Frau, die einem das sagt, würde einem
alles sagen. (Lord Illingworth)

Wilde, Eine Frau ohne Bedeutung

Das Vertrauen ist eine zarte Pflanze.
Ist es zerstört, so kommt es sobald
nicht wieder.

Bismarck

Wer damit anfängt, daß er allen traut,
wird damit enden, daß er jeden für
einen Schurken hält.

Hebbel

Der am unrechten Orte vertraute, wird
dafür am unrechten Orte mißtrauen.

Ebner-Eschenbach, Aphorismen

Aus Vertraulichkeit entsteht die zarte-
ste Freundschaft und der größte Haß.

Rivarol

Man muß keinem Menschen trauen, der
bei seinen Versicherungen die Hand auf
das Herz legt.

Lichtenberg,
Bemerkungen vermischten Inhalts 4

Der böse Charakter vertraut in der
Not nicht auf den Beistand anderer.
Ruft er ihn an, so geschieht es ohne
Zuversicht. Erlangt er ihn, so empfängt
er ihn ohne wahre Dankbarkeit: Weil
er ihn kaum anders denn als Wirkung
der Torheit begreifen kann.

Schopenhauer,
Grundlage der Moral 22

Für Geld darfst du bürgen, aber nie
für einen Menschen.

Aus Japan

Es ist besser, eines anderen Opfer als
sein Bürge zu sein.

Aus Indien

Schwach ist immer die Bürgschaft, die
einem Schwachen gelobt wird.

Goethe, Aus der Odyssee

Verehrung

Verehrung ist tiefgekühlte Liebe.

Françoise Sagan

Die wahre Ehrfurcht geht niemals aus der Furcht hervor.

Ebner-Eschenbach, Aphorismen

Es ist schwer, jemanden so zu achten, wie er geachtet sein will.

Vauvenargues, Reflexionen

Wo Frauen geehrt werden, sind die Götter zufrieden.

Aus Arabien

Die Frauen ehret nur, wer selber ehrenwert, und verachtet nur, wer selbst verachtenswert.

Aus Arabien

Die Frauen lieben die Keckheit im Gewande der Verehrung.

Graff

Freundschaft

Die Freundschaft ist das edelste Gefühl, dessen das Menschenherz fähig ist.

Hilty

Der Mensch hat nichts so eigen,
so wohl steht nichts ihm an,
als daß er Treu erzeigen
und Freundschaft halten kann.

Simon Dach

Die Sehnsucht nach wahrer Freundschaft und Liebe ist ein Vorrecht zarter und gebildeter Seelen.

Wilhelm von Humboldt

Freundschaft ist eine Seele in zwei Körpern.

Aristoteles

Wie kunstbegabte Götter schufen wir
mit unsern Nadeln eine Blume beide,
nach einem Muster und auf einem Sitz,
ein Liedchen wirbelnd, beid' in einem
         Ton,
als wären unsre Hände, Stimmen, Her-
         zen
einander einverleibt. So wuchsen wir
zusammen, einer Doppelkirsche gleich,
zum Schein getrennt, doch in der Tren-
         nung eins,
zwei holde Beeren, einem Stiel ent-
         wachsen,
dem Scheine nach zwei Körper, doch
         ein Herz.
Zwei Schildern eines Wappens glichen
         wir,
die friedlich stehn, gekrönt von einem
         Helm. (Helena)

Shakespeare,
Ein Sommernachtstraum III, 2

Wenn die richtige Stunde gekommen ist, trifft man einen guten Freund. Wenn sie vorüber ist, begegnet man einer schönen Frau.

Aus China

Die Liebe bricht herein wie Wetter-
blitzen,
die Freundschaft kommt wie däm-
mernd Mondenlicht.
Die Liebe will erwerben und besitzen,
die Freundschaft opfert, doch sie fordert nicht.

Geibel, Die beiden Engel

Freundschaft ist die Blüte eines Augen-blicks und die Frucht der Zeit.

Kotzebue

Wohl mag es Liebe auf den ersten Blick geben, nicht aber Freundschaft.

Ernst Zacharias

Freundschaften schließen sich nur in der Jugend, wo die Domination der Inter-essen über das gemeine Leben noch nicht begonnen hat, oder zwischen aus-gezeichneten Individuen, bei denen eine Trennung des Interesses vom Ideal nicht stattfindet.

Rathenau

Uneigennützige Freundschaft gibt es nur unter Leuten gleicher Einkom-mensklasse.

Jean Paul Getty

Zürnet dein Freund mit dir, so ver-schaff ihm eine Gelegenheit, dir einen großen Gefallen zu erweisen. Darüber muß sein Herz zerfließen, und er wird dich wieder lieben.

Jean Paul, Hesperus,
Wetterbeobachtungen über die Menschen

Schließe Freundschaft mit eines Men-schen Güte, nicht mit seinem Gut!

Aus China

Schließe Freundschaft, wenn du sie nicht brauchst!

Aus den USA

Es ist schlimm, erst dann zu merken, daß man keine Freunde hat, wenn man Freunde nötig hat.

Plutarch

Auf dem vergifteten Baume der Welt
voll bitterer Früchte
blühn zwei Blüten, vom Tau himmli-
scher Güte betaut:
Dichtung die eine, sie labet den Geist
mit Wasser des Lebens.
Freundschaft die andre, sie stärkt, heilt
und erquicket das Herz.

Herder, Stimmen der Völker
in Liedern, Indisch

Arm in Arm mit dir,
so fordr' ich mein Jahrhundert in die
Schranken. (Carlos)

Schiller, Don Carlos I, 9

Keine Straße ist lang mit einem Freund an der Seite.

Aus Japan

Weise Freunde bleiben
stets das beste Buch des Lebens,
weil sie durch Belehrung würzen
ihres Umgangs Lieblichkeit.

Calderon

Die Freundschaft ist gerecht. Sie kann
allein
den ganzen Umfang deines Werts erkennen. (Leonore)

Goethe, Tasso I, 1

Ein wahrer Freund trägt mehr zu unserem Glück bei als tausend Feinde zu
unserem Unglück.

Ebner-Eschenbach, Aphorismen

Anteilnehmende Freundschaft macht
das Glück strahlender und erleichtert
das Unglück.

Cicero, Laelius 6, 22

Die Stimme der Freundschaft in der
Not zu vernehmen, ist das Göttlichste,
was dem Herzen widerfahren kann.

Charlotte von Schiller

Und wärest du dem ärmsten Bettler
gleich,
bleibt dir ein Freund, so bist du reich.
Doch wer den höchsten Königsthron
gewann
und keinen Freund hat, ist ein armer
Mann.

Bodenstedt

Besser ist es, tot zu sein, als ohne
Freunde zu leben.

Aus Schweden

Die Freundschaft und die Liebe sind
zwei Pflanzen an einer Wurzel. Die
letztere hat nur einige Blumen mehr.

Klopstock

Freundschaft ist Liebe ohne Flügel.

Aus Frankreich

Freundschaft ist Liebe mit Verstand.

Sprichwort

Es gibt mehr Beispiele von großer Liebe
als von echter Freundschaft.

La Bruyère

Wahre Liebe mag selten sein –
wahre Freundschaft ist noch seltener.

La Rochefoucauld, Reflexionen

Treue Liebe kann zwischen Menschen
von sehr verschiedenem, dauernde
Freundschaft nur zwischen Menschen
von gleichem Werte bestehen. Aus diesem Grunde ist die zweite viel seltener
als die erste.

Ebner-Eschenbach, Aphorismen

Die Frauen geben der Freundschaft
nur, was sie der Liebe entlehnen.

Chamfort, Maximen VI

Die meisten Frauen sind darum so wenig empfänglich für Freundschaft, weil
sie reizlos ist, wenn man die Liebe erlebt hat.

La Rochefoucauld, Reflexionen

Wie Papiergeld statt des Silbers so kur-
sieren in der Welt statt der wahren
Achtung und der wahren Freundschaft
die äußerlichen Demonstrationen.

Schopenhauer,
Aphorismen zur Lebensweisheit V, 33

Die meisten Freundschaften sind bloße
Beziehungen, die dank stillschweigen-
der Übereinkunft weiterbestehen.

Chamfort, Maximen V

Freunde

Ein Freund ist ein Mensch, vor dem
man laut denken kann.

Emerson

Eine vollkommene Freundschaft gibt
es nur zwischen guten und an Rechtschaffenheit sich gleichstehenden Menschen.

Aristoteles,
Nikomachische Ethik VIII, 4

Wem der Himmel keinen Freund beschert,
weh ihm! Der Mann ist keines Grußes
wert.

Bodenstedt,
Vermischte Gedichte und Sprüche 4

Nur der ist hoher Freundschaft fähig,
der auch ohne sie fertig zu werden vermag.

Emerson, Freundschaft

Wer allzu klug ist, findet keine Freunde.

Aus Japan

Gleiche Bürde hält feste Freundschaft.

Sprichwort

Die zuverlässigsten Freunde sind die
Feinde deiner Feinde.

Aus Arabien

Ein Freund, der mir den Spiegel zeiget,
den kleinsten Flecken nicht verschwei-
get,
mich freundlich warnt, mich herzlich
schilt,
wenn ich nicht meine Pflicht erfüllt:
Der ist mein Freund.

Gellert

Auf der höchsten Stufe der Freundschaft offenbaren wir dem Freunde
nicht unsere Fehler, sondern die seinen.

La Rochefoucauld, Reflexionen

Das ist also keine wahre Freundschaft,
daß, wenn der eine die Wahrheit nicht
hören will, der andere zum Lügen bereit ist.

Cicero, Laelius 26

Es gibt wenig aufrichtige Freunde. Die Nachfrage ist auch gering.

Ebner-Eschenbach, Aphorismen

Hat dein Freund an sich, das nicht taugt, so mußt du ihm das nicht verhalten und es nicht entschuldigen gegen ihn. Aber gegen den dritten Mann mußt du es verhalten und entschuldigen.

Matthias Claudius

Der ist ein guter Freund, der hinter unserem Rücken gut von uns spricht.

Aus Großbritannien

Wer einen Freund sucht ohne Fehler, bleibt ohne Freund.

Aus der Türkei

Freundschaft im höchsten Sinne des Wortes mit vielen einzugehen, ist nicht möglich, wie man auch nicht viele zugleich lieben kann.

Aristoteles,
Nikomachische Ethik VIII, 7

Der Mann ist töricht,
der die Menge der Freunde zählt.
Ein Bündel Röhricht
hilft dir nicht, wo ein Stab dir fehlt.

Rückert,
Erbauliches und Beschauliches
aus dem Morgenlande II, 131

Wer aller Menschen Freund, der ist der meine nicht.

Molière, Misanthrop I, 1

Vertraue dich dem Manne nicht an, der jedermanns allgemeiner Freund ist! Er wird nicht irgend jemands besonderer Freund sein.

Hesiod

Es soll keiner einen für seinen vertrauten Freund halten, er habe denn zuvor einen Scheffel Salz mit ihm gegessen.

Luther

Drei Dinge lassen sich nur bei drei Gelegenheiten erkennen: Die Kühnheit in der Gefahr, die Vernunft im Zorn und die Freundschaft in der Not.

Aus Frankreich

Amicus certus in re incerta cernitur.
Den sicheren Freund erkennt man in unsicherer Sache.

Ennius

Im Unglück erst bewährt sich Männerkraft,
und Freundestreue prüft man erst im Sturme.

Theodor Körner

Freund und Anker kennet man,
wenn sie Hilf in Not getan.

Abraham a Santa Clara

Du weißt nicht, wer wahrhaft dein Freund oder dein Feind ist, bevor das Eis bricht.

Aus Lappland

Im Mißgeschick erkennt man Freundes-
treuen.
Die Leute sagen's. Doch ich hab' erfahren:
Die Freunde, die sich neidlos mit uns
freuen,
nicht die uns trösten kommen, sind die
wahren.

Georg Ebers

Mitfreude, nicht Mitleiden macht den
Freund.

Nietzsche

Manche Freunde taugen nicht zum Tee-
trinken.

Aus Japan

Geh zu deines reichen Freundes Haus,
wenn du gerufen bist! Zu des armen
Freundes Haus geh ungerufen!

Aus Indien

Die neuen Freunde, die wir uns nach
einem gewissen Alter erwerben und
welche uns jene ersetzen sollen, die wir
verloren haben, gleichen diesen, wie
Glasaugen, künstliche Zähne und Holz-
beine den natürlichen Augen und Zähnen und Beinen von Fleisch und Blut
gleichen.

Chamfort, Maximen V

Neue Freunde zu erhalten,
brechet niemals mit den alten!

Sprichwort

Alten Freund für neuen wandeln,
heißt für Früchte Blumen handeln.

Logau

Freundschaft mit einem Toren ist wie
die Umarmung eines Bären.

Aus Persien

Ein törichter Freund ist eine größere
Plage als ein weiser Feind.

Aus der Türkei

Dauer der Freundschaft

Wenn zwei gute Freunde sind,
die einander kennen,
Sonn' und Mond begegnen sich,
ehe sie sich trennen.

Clemens Brentano

Jugendfreundschaften wie Blutsver-
wandtschaften haben den bedeutenden
Vorteil, daß ihnen Irrungen und Mißverständnisse, von welcher Art sie auch
seien, niemals von Grund aus schaden
und die alten Verhältnisse sich nach
einiger Zeit wieder herstellen.

Goethe,
Die Wahlverwandtschaften II, 12

Es ist ein Beweis geringer Freundschaft,
wenn man deren Erkalten bei unseren
Freunden nicht bemerkt.

La Rochefoucauld, Unterdrückte Maximen

O brich den Faden nicht der Freundschaft rasch entzwei!
Wird er auch neu geknüpft, ein Knoten
bleibt dabei.

Rückert, Weisheit des Brahmanen 16

Der die Freundschaft auf kann heben,
hat ihr nie sich ganz ergeben.

Logau, Sinngedichte

Freunde finden ist leicht;
sie behalten, schwer.

Aus Rußland

Freundschaft ist nicht nur ein köstliches
Geschenk, sondern auch eine dauernde
Aufgabe.

Ernst Zacharias

Für die Freundschaft von zweien ist
die Geduld von einem nötig.

Aus Indien

Mit fremden Menschen nimmt man sich
zusammen,
da merkt man auf, da sucht man seinen
Zweck
in ihrer Gunst, damit sie nutzen sollen.
Allein bei Freunden läßt man frei sich
gehn,
man ruht in ihrer Liebe, man erlaubt
sich eine Laune, ungezähmter wirkt
die Leidenschaft, und so verletzen wir
am ersten die, die wir am zärtsten lieben. (Antonio)

Goethe, Tasso III, 4

Wie man in der Regel keinen Freund
dadurch verlieren wird, daß man ihm
ein Darlehen abschlägt, aber sehr leicht
dadurch, daß man es ihm gibt, ebenso
nicht leicht einen durch stolzes und
etwas vernachlässigendes Betragen,
aber oft infolge zuvieler Freundlichkeit.

Schopenhauer,
Aphorismen zur Lebensweisheit V, 28

Wer stirbt, und nimmt
nicht eine Wund' ins Grab von Freun-
deshand? (Apemantus)

Shakespeare, Timon von Athen I, 2

Am tiefsten schmerzen Wunden, uns
geschlagen
von Menschen, die der Freundschaft
Maske tragen.

Bodenstedt

Es ist besser, man betrügt sich an seinen Freunden, als daß man seine
Freunde betrüge.

Goethe,
Maximen und Reflexionen, Nachlaß,
Über Literatur und Leben

Donec eris felix, multos numerabis
amicos;
tempora si fuerint nubila, solus eris.
Solange du glücklich bist, wirst du viele
Freunde zählen; doch sind die Zeiten
bewölkt, wirst du allein sein.

Ovid, Tristia 1,9

Viele, heute befreundet, sind uns morgen feind. (Odysseus)

Sophokles, Aias 1312

Freunde in der Not
geh'n zwölf auf ein Lot,
und wenn sie soll'n behilflich sein,
kommen vierundzwanzig auf ein
                    Quentelein.

Sprichwort

Wie wir den Rücken wenden
von dem Gefährten, den das Grab ver-
                    schlang:
So schleichen vom begrabnen Glück
                    sich alle
die Freund', hinwerfend ihm die hoh-
                    len Schwüre
gleich leeren Beuteln, und sein armes
                    Selbst,
ein Bettler nur, der Luft anheimgefal-
                    len
mit seiner Krankheit, allvermiedner
                    Armut,
geht nun wie Schmach allein. (Zweiter
                    Diener)

Shakespeare, Timon von Athen IV, 2

Die ihr zu Freunden macht,
die Herzen ihnen gebt, gewahren sie
den kleinsten Stoß an eurem Glück, sie
                    rollen
wie Wellen von euch fort, nur wieder-
                    kehrend,
euch zu verschlingen. (Buckingham)

Shakespeare, König Heinrich VIII. II, 1

Die Freundschaft, welche Weisheit nicht
knüpfte, kann Torheit leicht auflösen.
(Ulysses)

Shakespeare,
Troilus und Cressida II, 3

Eine Freundschaft, die der Wein ge-
                    macht,
wirkt wie der Wein nur eine Nacht.

Logau, Wein-Freundschaft

Ein leicht erwärmter Freund wird leicht
                    erkältet sein.

Rückert, Weisheit des Brahmanen

Die meisten Freundschaften brechen
sich auf dem Duzfuß das Bein. Das
kommt daher, weil die Freundschaft
im Gegensatz zur Liebe eine Kunst der
Distanz ist.

Graff

Die meisten Freundschaften zerbrechen
nicht, sondern verwelken.

Ernst Zacharias

Ein gewesener Freund ist schlimmer
als ein Feind.

Aus Rußland

Treue

Es muß Herzen geben, welche die Tiefe unseres Wesens kennen und auf uns schwören, selbst wenn die ganze Welt uns verläßt.

Gutzkow

Die Treue, sie ist doch kein leerer Wahn.

Schiller, Die Bürgschaft

Treue üben ist Tugend, Treue erfahren ist Glück.

Ebner-Eschenbach, Aphorismen

Nicht nur Verdienst, auch Treue wahrt uns die Person. (Panthalis)

Goethe, Faust 2, III, Arkadien

Meinem Herzen
ist's Wonne, daß ich noch im ganzen Leben
nicht einen fand, der nicht getreu mir war. (Brutus)

Shakespeare, Julius Cäsar V, 5

Treue ist ein seltner Gast.
Halt ihn fest, wenn du ihn hast!

Sprichwort

Der ist in tiefster Seele treu,
wer die Heimat liebt wie du.

Fontane, Archibald Douglas

Die Treue des Herrschers erzeugt und erhält die Treue seiner Diener.

Bismarck,
an Kaiser Wilhelm I., 25. 12. 1883

Dies über alles: Sei dir selber treu!
Und daraus folgt so wie die Nacht dem Tage,
du kannst nicht falsch sein gegen irgendwen. (Polonius)

Shakespeare, Hamlet I, 3

Vertrauen ist Mut, und Treue ist Kraft.

Ebner-Eschenbach, Aphorismen

Wisset, daß der Freund seiner selbst auch der Freund anderer ist.

Seneca, Episteln 6

Der Liebe ist treu sein die schönste Pflicht.

Herder

Das Weib allein kennt wahre Liebestreue. (Turandot)

Schiller, Turandot III, 2

Treue
nur fehlt dem Mann, vollkommen sich zu nennen. (Proteus)

Shakespeare, Die beiden Veroneser V, 4

Ich bin zu herzlich.
Du könntest denken, ich sei leichten
Sinns.
Doch glaube, Mann, ich werde treuer
sein
als sie, die fremd zu tun geschickter
sind. (Julia)

Shakespeare, Romeo und Julia II, 2

Die Treue lob' ich gern, doch muß sie
unserm Leben
bei voller Sicherheit die volle Ruhe
geben. (Egle)

Goethe, Die Laune des Verliebten 1

Die Pflicht, die fest an Toren hält,
macht Treue
zur Torheit. (Enobarbus)

Shakespeare,
Antonius und Cleopatra III, 11

Das Leben ist ein ständiges Treulos-
werden. Nur das Wie unterscheidet die
Proleten von den Kultivierten.

Verfasser unbekannt

Im Augenblick des Zusammenkommens
beginnt die Trennung

Aus Japan

Abschied

Meistens hat, wenn zwei sich scheiden,
einer etwas mehr zu leiden

Busch, Fipps der Affe V

Merke auf den Sabbat deines Herzens,
daß du ihn feierst, und wenn sie dich
halten, so mache dich frei oder gehe
zugrunde!

Schleiermacher

Ich bin von jeher gewöhnt, alle falschen
Verhältnisse, wie ungezogene Kinder
ihre Strümpfe, abzustrampeln. Man
wird nur schlecht und falsch, wenn man
in dergleichen Wirrsal fortlebt.

Gottfried Keller

Schüttle alles ab, was dich in deiner
Entwicklung hemmt, und wenn's auch
ein Mensch wäre, der dich liebt!

Hebbel, Tagebücher, 21. 2. 1845

Soll dein Kompaß dich richtig leiten,
hüte dich vor Magnetstein', die dich
begleiten!

Goethe, Gott, Gemüt und Welt

Zur Weggenossenschaft gehören beide
Gaben,
nicht bloß ein gleiches Ziel, auch gleichen Schritt zu haben.

Rückert, Weisheit der Brahmanen 15

Man muß aufhören, sich essen zu lassen, wenn man am besten schmeckt.

Nietzsche, Zarathustra I, Vom freien Tode

Dieser ist mir Freund, der mit mir
        Strebendem wandelt.
Lädt er zum Sitzen mich ein, stehl ich
        für heute mich weg.

Goethe, Vier Jahreszeiten 57

Nicht Augenblicke steh ich still
bei so verstockten Sündern,
und wer nicht mit mir schreiten will,
soll meinen Schritt nicht hindern.

Goethe, Zahme Xenien

Willst du schon gehn? Der Tag ist ja
        noch fern.
Es war die Nachtigall und nicht die
        Lerche,
die eben jetzt dein banges Ohr durch-
        drang.
Sie singt des Nachts auf dem Granat-
        baum dort. (Julia)

Shakespeare, Romeo und Julia III, 5

Zum Abschiednehmen just das rechte
        Wetter:
Grau wie der Himmel steht vor mir die
        Welt.

Scheffel, Trompeter von Säckingen

In jeder großen Trennung liegt ein
Keim von Wahnsinn; man muß sich hüten, ihn nachdenklich auszubrüten und
zu pflegen.

Goethe,
Maximen und Reflexionen, Nachlaß,
Über Literatur und Leben

Jeder Abschied ist betäubend. Man
denkt und empfindet weniger, als man
glaubte: Die Tätigkeit, in die unsre
Seele sich auf ihre eigne weitere Lauf-
bahn wirft, überwindet die Empfind-
barkeit über das, was man verläßt.

Herder,
Journal meiner Reise im Jahre 1769

Entbehren zu müssen, den man liebt,
ist noch ein Glück im Vergleich zu dem
Zwang, mit dem leben zu müssen, den
man haßt.

La Bruyère

Wenn man nicht hat, was man liebt,
muß man lieben, was man hat.

Aus Frankreich

Der Brief, den Du geschrieben,
er macht mich gar nicht bang.
Du willst mich nicht mehr lieben,
aber Dein Brief ist lang.

Zwölf Seiten, eng und zierlich!
Ein kleines Manuskript!
Man schreibt nicht so ausführlich,
wenn man den Abschied gibt.

Heine, Neue Gedichte, Neuer Frühling 34

Ich wollte nun, du gingst,
doch weiter nicht, als wie ein tändelnd
                    Mädchen
ihr Vögelchen der Hand entschlüpfen
                    läßt,
gleich einem Armen in der Banden
                    Druck,
und dann zurück ihn zieht am seidnen
                    Faden.
So liebevoll mißgönnt sie ihm die Frei-
                    heit (Julia)

Shakespeare, Romeo und Julia II, 3

Nie soll weiter sich ins Land
Lieb' von Liebe wagen,
als sich blühend in der Hand
läßt die Rose tragen.

Lenau, An die Entfernte

Du siehst die leuchtende Sternschnuppe
nur dann, wenn sie vergeht!

Hebbel, Tagebücher I

Heißer ist stets die Glut, wenn die Liebende fern dem Geliebten.
Immer zur Hand sein macht minder
geschätzt den Gemahl.

Properz, Elegien 2, 33

Die Gegenwart weiß nichts von sich,
der Abschied fühlt sich mit Entsetzen,
entfernen zieht dich hinter dich,
Abwesenheit allein versteht zu schät-
                    zen.

Goethe,
An die Schauspielerin Frau Genast

Gatten, die sich vertragen wollen,
lernens von uns beiden!
Wenn sich zweie lieben sollen,
braucht man sie nur zu scheiden.

(Oberon)

Goethe, Faust 1, Walpurgisnachtstraum

Ich glaub wohl, daß Ihre Liebe zu mir
mit dem Absein wächst; denn wo ich
weg bin, können Sie auch die Idee lieben, die Sie von mir haben; wenn ich
da bin, wird sie oft gestört durch meine
Tor- und Tollheit.

Goethe,
an Charlotte von Stein, 6. IX. 1777

Entfernung und lange Abwesenheit
tun jeder Freundschaft Eintrag.

Schopenhauer,
Aphorismen zur Lebensweisheit V, 33

Trennung läßt matte Leidenschaften
verkümmern und starke wachsen, wie
der Wind die Kerze verlöscht und das
Feuer entzündet.

La Rochefoucauld, Reflexionen

Abwesenheit tötet den Liebenden oder
die Liebe.

Quitard, Proverb sur les femmes

Tod ist Trennung,
dreifacher Tod
Trennung ohne Hoffnung
wiederzusehn.

Goethe, Drei Oden
an meinen Freund Behrisch, III

Beobachtet oder erlebt man die Qualen, die mit starken Gefühlen in Liebe und Freundschaft verbunden sind, so möchte man glauben, daß Leichtsinn und Frivolität keine so großen Torheiten seien und das Leben gar nicht mehr wert sei, als was die Weltleute daraus machen.

Chamfort, Maximen V

Abschiednehmen ist immer ein Stückchen Tod.

Aus Frankreich

Mir ist das All, ich bin mir selbst verloren,
der ich noch erst den Göttern Liebling war;
sie prüften mich, verliehen mir Pandoren,
so reich an Gütern, reicher an Gefahr;
sie drängten mich zum gabeseligen Munde,
sie trennen mich und richten mich zugrunde.

Goethe,
Trilogie der Leidenschaft, Elegie

Zurückgezogenheit

Das beste aller Güter, wenn es überhaupt Güter gibt, ist die Ruhe, die Zurückgezogenheit und ein Plätzchen, das man sein eigen nennen kann.

La Bruyère, Charaktere, Vom Hofe

Ama nesciri.
Ziehe vor, unbekannt zu bleiben!

Wahlspruch des Thomas a Kempis

Bene vixit, qui bene latuit.
Glücklich lebte, wer in glücklicher Verborgenheit lebte.

Ovid, Tristia 3, 4.

Wie beneid ich den Mann,
der ruhig und still in Verborgenheit lebt
und von Ruhm nichts weiß.

Euripides

O Gott! Mich dünkt, es wär ein glücklich Leben,
nichts Höheres als ein schlichter Hirt zu sein,
auf einem Hügel sitzend, wie ich jetzt,
mir Sonnenuhren zierlich auszuschnitzen,
daran zu sehn, wie die Minuten laufen,
wieviele eine Stunde machen voll,
wieviele Stunden einen Tag vollbringen,
wieviele Tage endigen ein Jahr,
wieviele Jahr' ein Mensch auf Erden lebt. (König Heinrich)

Shakespeare,
König Heinrich VI. Dritter Teil II, 5

Selig, wer sich vor der Welt
ohne Haß verschließt,
einen Freund am Busen hält
und mit dem genießt.

Goethe, An den Mond

Von fernem bist du viel, von nahem
meistens nichts,
ein Wunder des Gehörs, ein Spotten
des Gesichts.
Du bist die Welt, die Welt ist du,
o Nachtigall!
Zum ersten lauter Pracht, zuletzt ein
bloßer Schall.

Logau, Von der Nachtigall

Mache dich den Menschen kostbar! Das
ist: Lasse dich nicht vor jedermann sehen und lasse nicht jedermann vor dich
kommen!

Buch des Kabus,
Die Regeln der Kaiserschaft

Von gemeinen Menschen, von Leuten
ohne Erziehung, halte dich in kalter,
obgleich nicht stolzer Entfernung;
denn, wie ein morgenländischer Spruch
sagt, Kälte nur bändigt den Schlamm,
damit er den Fuß nicht beschmutze.

Platen, Lebensregeln 73

Sollen dich die Dohlen nicht umschrei'n,
mußt nicht Knopf auf dem Kirchturm
sein.

Goethe, Zahme Xenien V

Gib den Armen nichts, so kommen sie
nicht wieder!
Von Reichen suche Geld, so werden sie
dich fliehen!

Hagedorn,
Der gute Rat eines Derwisch

Beobachte demnach gegen deine Freunde
einen solchen Grad von Zurückhaltung,
daß du dich nicht in ihre Macht gibst,
und gegen deine Feinde einen solchen
Grad von Mäßigung, daß du es ihnen
nicht unmöglich machst, deine Freunde
zu werden!

Chesterfield,
Briefe an seinen Sohn, 21. 8. 1749

Ja! ich rechne mir's zur Ehre,
wandle fernerhin allein!
Und wenn es ein Irrtum wäre,
soll es doch nicht eurer sein!

Goethe, Zahme Xenien

Der geistreiche Mensch wird vor allem
nach Schmerzlosigkeit, Ungehudeltsein,
Ruhe und Muße streben, folglich ein
stilles, bescheidenes, möglichst unange-
fochtenes Leben suchen und demgemäß
die Zurückgezogenheit und bei großen
Geistern sogar die Einsamkeit wählen.

Schopenhauer,
Aphorismen zur Lebensweisheit II

Wer's Licht hält, schaut zu! (Romeo)

Shakespeare, Romeo und Julia I, 4

Wer sich in alles will mischen,
muß oft die Augen sich wischen.

Abraham a Santa Clara

Wenn ich allein bin, bin ich am wenigsten allein.

Cicero, Vom Staat I, 17

Im dämmernden Schatten des Laubes
versteckt,
da reifen die Früchte der Reben!
So muß, wer gedeihen im Innersten
will,
sich des äußeren Schimmers begeben.

Wilhelm Müller

„Er ist sehr ungesellig" besagt beinahe
schon: „Er ist ein Mann von großen
Eigenschaften".

Schopenhauer,
Aphorismen zur Lebensweisheit V, 9

Der Herr läßt Gras wachsen auf den
hohen Bergen. Aber als lieber Gott hat
er seinen schönen Blumen den Aufenthalt doch mehr im Tal angewiesen.

Raabe

Jeder Mensch, der emporkommt, vereinzelt sich. Ich möchte gern die Rang-
folge der Geister einer Pyramide vergleichen. Die Untenstehenden entsprechen großen Kreisen und finden viel
Gleichgesinnte. In dem Maße, als man
höher kommt, entspricht man engeren
Kreisen, und der Stein schließlich, der
die Pyramide krönt und abschließt, ist
ganz für sich.

Rivarol

Das beschauliche Leben ist oft elend.
Man muß mehr handeln, weniger denken und sich nicht fortwährend studieren.

Chamfort, Maximen V

Der gewöhnliche Mensch, diese Fabrik-
ware der Natur, wie sie solche täglich
zu Tausenden hervorbringt, ist, wie
gesagt, einer in jedem Sinn völlig un-
interessierten Betrachtung, welche die
eigentliche Beschaulichkeit ist, wenigstens durchaus nicht anhaltend fähig.
Er kann seine Aufmerksamkeit auf die
Dinge nur insofern richten, als sie irgendeine wenn auch nur sehr mittel-
bare Beziehung auf seinen Willen haben.

Schopenhauer,
Welt als Wille und Vorstellung I,
Die platonische Idee

Das einzelne Schaf ist immer in Gefahr
vor dem Wolf.

Aus Großbritannien

Alleinsein schafft Übermut.

Nietzsche,
Menschliches Allzumenschliches I, 316

Ich halte dafür, daß der, der nötig zu
haben glaubt, vom sogenannten Pöbel
sich zu entfernen, um den Respekt zu
erhalten, ebenso tadelhaft ist als ein
Feiger, der sich vor seinem Feinde verbirgt, weil er zu unterliegen fürchtet.

Goethe,
Die Leiden des jungen Werthers,
15. 5. 1771

Gibt es denn eine Welle, die für sich
allein ist im Weltmeer?

Aus China

Einsamkeit

Es ist das große Traurige, daß eine Seele stets allein ist.

Jens Peter Jacobsen, Niels Lyhne

Ich habe oft ein Gefühl, als ständen wir Menschen so unendlich einsam im All da, daß wir nicht einmal einer vom andern das Geringste wüßten und daß all unsre Freundschaft und Liebe dem Aneinanderfliegen vom Wind zerstreuter Sandkörner gliche.

Hebbel, Tagebücher

Sie klagen über Einsamkeit! Ach, daß das Schicksal der edelsten Seelen ist, nach einem Spiegel ihres Selbst vergebens zu seufzen!

Goethe,
an Sophie von La Roche, 20. XI. 1772

Wer nicht geliebt wird, ist überall und mitten unter allen einsam.

George Sand

Die Empfindung des Einsamseins ist schmerzlich, wenn sie uns im Gewühl der Welt, unerträglich jedoch, wenn sie uns im Schoße unserer Familie überfällt.

Ebner-Eschenbach, Aphorismen

Alt werden und einsam werden scheint dasselbe, und ganz zuletzt ist man wieder nur mit sich zusammen und macht andere durch seinen Tod einsam.

Nietzsche, an die Mutter, 21. 9. 1875

Ein Hauptstudium der Jugend sollte sein, die Einsamkeit ertragen zu lernen: Weil sie eine Quelle des Glücks und der Gemütsruhe ist.

Schopenhauer,
Aphorismen zur Lebensweisheit V, 9

Nur Einsamkeit ist Vollgenuß des Lebens.
Wo sind zwei Herzen, die sich ganz verstehn?

Platen, In Rousseaus Stube

Je höher einer auf der Rangliste der Natur steht, desto einsamer steht er, und zwar wesentlich und unvermeidlich. Dann aber ist es eine Wohltat für ihn, wenn die physische Einsamkeit der geistigen entspricht. Widrigenfalls dringt die häufige Umgebung heterogener Wesen störend, ja feindlich auf ihn ein.

Schopenhauer,
Aphorismen zur Lebensweisheit V, 9

Ganz er selbst sein darf jeder nur, solange er allein ist. Wer also nicht die Einsamkeit liebt, der liebt auch nicht die Freiheit; denn nur, wann man allein ist, ist man frei.

Schopenhauer,
Aphorismen zur Lebensweisheit V, 9

Ich kann nicht begreifen, wie gewisse Leute Anspruch auf Geistesbildung oder auf Seelengröße und Charakter machen wollen und doch nicht das mindeste Gefühl für das Alleinsein haben.

Denn die Einsamkeit, verbunden mit dem ruhigen Anschauen der Natur, mit einem klaren, heiteren Bewußtsein seines Glaubens über Schöpfung und Schöpfer und verbunden mit einigen Widerwärtigkeiten von außen, ist, ich behaupte es, die einzige wahre Schule für einen Geist von edlen Anlagen.

Keller, an Müller, 29. 6. 1837

Um die Einsamkeit ist's eine schöne Sache, wenn man mit sich selbst in Frieden lebt und was Bestimmtes zu tun hat.

Goethe,
an Charlotte von Stein, 4. III. 1779

In der Einsamkeit, wo jeder auf sich selbst zurückgewiesen ist, da zeigt sich, was er an sich selber hat: Da seufzt der Tropf im Purpur unter der unabwälzbaren Last seiner armseligen Individualität, während der Hochbegabte die ödeste Umgebung mit seinen Gedanken bevölkert und belebt.

Schopenhauer,
Aphorismen zur Lebensweisheit II

Der Adler fliegt allein,
der Rabe scharenweise.
Gesellschaft braucht der Tor
und Einsamkeit der Weise.

Rückert, Weisheit des Brahmanen 16, 1

Die Einsamkeit macht uns härter gegen uns und sehnsüchtiger gegen die Menschen: In beidem verbessert sie den Charakter.

Nietzsche,
Unschuld des Werdens 1, 773

In der Einsamkeit fühlt der Jämmerliche seine ganze Jämmerlichkeit, der große Geist seine ganze Größe.

Schopenhauer,
Aphorismen zur Lebensweisheit V, 9

„Uns ist wohl", sagte ein brüderlich gleicher Tannenwald zur Zeder. „Wir sind soviel und du stehst allein." „Ich habe auch Brüder", sagte die Zeder, „wenngleich nicht auf diesem Berge."

Goethe,
Salomons, Königs von Israel und Juda,
Güldene Worte 9

Der Starke ist am mächtigsten allein. (Tell)
Schiller, Wilhelm Tell I, 3

Die Liebe zur Einsamkeit kann nicht als ursprünglicher Hang da sein, sondern erst infolge der Erfahrung und des Nachdenkens entstehen.

Schopenhauer,
Aphorismen zur Lebensweisheit V, 9

Die Einsamkeit ist not. Doch sei nur nicht gemein,
so kannst du überall in einer Wüste sein!

Angelus Silesius,
Der Cherubinische Wandersmann,
Die Einsamkeit

Wer von uns hat nicht in seinem Leben den Eindruck gehabt, daß man nirgends einsamer ist als in einer Stadt von ein paarmal hunderttausend Einwohnern, von denen man keinen Menschen kennt! Man ist im einsamsten Walde nicht so einsam.

Bismarck, Rede am 6. 2. 1881

Alle Menschen nennen sich einsam, und vielleicht sind sie es auch, jeder nach dem Maß seines Anspruchs, seiner Beschaffenheit und seines Wertes, aber wahrhafte Einsamkeit empfinden doch nur diejenigen, die niemals aufgehört haben, an die Verbrüderung aller Menschen zu glauben.

Waldemar Bonsels

Die Einsamkeit ist dem Geiste, was dem Körper Diät ist: Tödlich, wenn sie zu lange dauert, obgleich notwendig.

Vauvenargues,
Nachgelassene Maximen

Weil wir doch einmal so gemacht sind, daß wir alles mit uns und uns mit allem vergleichen, so liegt Glück oder Elend in den Gegenständen, womit wir uns zusammenhalten, und da ist nichts gefährlicher als die Einsamkeit.

Goethe,
Die Leiden des jungen Werthers,
20. 10. 1771

Der Einsame ist nur der Schatten eines Menschen.

George Sand

Um den Einsamen schleichen Gespenster.

Jean Paul, Hesperus 3

Wer sich der Einsamkeit ergibt,
ach! der ist bald allein.
Ein jeder lebt, ein jeder liebt
und läßt ihn seiner Pein.

Goethe, Harfenspieler

Ein anderes ist Verlassenheit, ein anderes Einsamkeit.

Nietzsche, Zarathustra III, Die Heimkehr

Das muß was Entsetzliches sein, sich verlassen zu fühlen. (Luzie)

Goethe, Stella I

Für den Einsamen ist schon Lärm ein Trost.

Nietzsche, Unschuld des Werdens 1

Einsamkeit ist schwere Last,
wenn du Gott nicht bei dir hast.

Sprichwort

Ferne von Menschen zu sein, wenn dies
    Dir Seligkeit scheinet,
bist Du entweder ein Gott, Einsamer,
    oder ein Vieh.

Johann Heinrich Voß

XXXIII. Kapitel

Gleichgültigkeit
Eigensinn
Mißtrauen
Geringschätzung
Antipathie
Nachrede
Verleumdung
Verrat
Haß
Gegnerschaft
Feindschaft
Grobheit
Beleidigung
Drohung
Herausforderung
Streit
Kampf
Verteidigung
Nachgiebigkeit
Versöhnung

Gleichgültigkeit

Wer in seinem Innern geordnet und wohlbestellt ist, der kümmert sich nicht um das sonderbare und verkehrte Treiben der Menschen.

Thomas a Kempis,
Nachfolge Christi 2, 1

Wirbelwind und trocknen Kot
laß sie drehn und stäuben.

Goethe, Divan, Buch des Unmuts

Was soll ich viel lieben, was soll ich
viel hassen?
Man lebt nur vom leben lassen.

Goethe, Sprichwörtlich

Die ungeheuerste Kultur, die der Mensch sich geben kann, ist die Überzeugung, daß die andern nicht nach ihm fragen.

Goethe,
Maximen und Reflexionen, Nachlaß,
Über Literatur und Leben

Mancher hat ein so dickes Fell, daß er kein Rückgrat braucht.

Verfasser unbekannt

Wie glücklich viele Menschen wären, wenn sie sich genau so wenig um die Angelegenheiten anderer bekümmerten wie um ihre eigenen!

Lichtenberg

Unsere gelegentliche Gleichgültigkeit und Kälte gegen Menschen, welche uns als Härte und Charaktermangel ausgelegt wird, ist häufig nur eine Ermüdung des Geistes.

Nietzsche,
Menschliches Allzumenschliches II, 2

Die Gleichgültigkeit ist wie das Eis an den Polen: Sie tötet alles.

Balzac

Die Gleichgültigkeit, der innere Tod, ist manchmal ein Zeichen von Erschöpfung, meistens ein Zeichen von geistiger Impotenz und immer – guter Ton.

Ebner-Eschenbach, Aphorismen

Wo Mäßigung ein Fehler ist, da ist Gleichgültigkeit ein Verbrechen.

Lichtenberg

Gleichgültigkeit jeder Art ist verwerflich, sogar die Gleichgültigkeit gegen uns selbst.

Ebner-Eschenbach, Aphorismen

Neigungen zu haben und sie zu beherrschen, ist rühmlicher, als Neigungen zu meiden.

Novalis, Fragmente

In der Jugend kann man gegen niemand gleichgültig sein: Haß oder Liebe.

Jean Paul

Zum Hassen oder Lieben
ist alle Welt getrieben,
es bleibet keine Wahl.
Der Teufel ist neutral.

Clemens Brentano, Soldatenlied

Nachahmen oder anfeinden ist der Charakter der Menge.

Grillparzer, Aphorismen 1835

Du kamst ihnen nahe und gingst doch vorüber: Das verzeihen sie Dir niemals.

Nietzsche,
Zarathustra I, Vom Wege des Schaffenden

Eigensinn

Der Eigensinn ist die Energie der Dummen.

Sprichwort

Eigensinn ist das wohlfeilste Surrogat für den Charakter.

Hebbel

Viele pochen auf ihren Charakter. In Wahrheit haben sie nur einen dicken Kopf.

Aus Westfalen

Wer fühlt, daß er als Satz nichts gelten kann,
der will als Gegensatz sich wichtig machen.

Ernst Raupach

Jeder große Erfolg ist ein Triumph des Eigensinns.

Graff

Eigensinn und Widerspruchsgeist sind niedrige Eigenschaften und meist nur bei kleinen Seelen zu finden.

Montaigne

Wer nicht auf gute Gründe hört,
dem werde einfach zugekehrt
die Seite, welche wir benützen,
um drauf zu liegen und zu sitzen.

Busch, Eduards Traum

O glaube mir, am schnellsten kommt zu Fall
ein allzu starrer Sinn!

Sophokles, Antigone

Dem Eigensinn
wird Ungemach, das er sich selber schafft,
der beste Lehrer. (Regan)

Shakespeare, König Lear II, 4

Man findet Mittel, den Wahnsinn zu heilen, aber keine, um einen Querkopf einzurenken.

La Rochefoucauld

Eine Frau ist der widersinnigste Guß aus Eigensinn und Aufopferung, der nur vorkommen kann. Sie läßt sich für ihren Mann wohl den Kopf abschneiden, aber nicht die Haare.

Jean Paul

Der Eigensinn einer Frau ist auf eine ganz wunderliche Art befestigt. Der Graben ist hinter dem Wall. Hat man die steilsten Einwendungen erstiegen und glaubt, jetzt wäre alles geschehen, entdeckt man erst, daß das Schwerste noch zu tun sei.

Börne, Fragmente und Aphorismen

Den trotzigen Sinn weiß Sanftmut nur zu heilen.   *Phädrus*

Mißtrauen

Es ist gut, auf den Herrn vertraun und nicht sich verlassen auf Menschen.

Psalm 118, 8

Schließt eure Herzen sorgfältiger als eure Tore! Es kommen die Zeiten des Betrugs. (Götz)

Goethe,
Götz von Berlichingen V,
Gärtgen am Thurn

Halte jeden erst einmal für einen Dieb!

Aus Japan

Mißtrau dem Menschen, der den Geschmack von Quark, den Geruch von Klee und den Gesang der Vögel nicht liebt!

Aus Indien

Hüte dich auch vor den Anfällen deiner Liebe! Zu schnell streckt der Ein-

same dem die Hand entgegen, der ihm begegnet.

Nietzsche, Zarathustra I,
Vom Wege des Schaffenden

Das Mißtrauen ist die Mutter der Sicherheit.

Aus Frankreich

Die Frauen mißtrauen den Männern im allgemeinen zu sehr und im besonderen zu wenig.

Flaubert

Es hat mich einer nicht freundlich gegrüßt, ein anderer nicht herzlich geküßt, ein anderer ein angeknüpftes Gespräch plötzlich abgebrochen, ein anderer mich nicht zur Tafel geladen, ein anderer eine unfreundliche Miene gegen mich gemacht. Daraus macht der Argwohn sogleich Folgerungen. Darum ist Unbefangenheit not und wohlwollende Beurteilung der Verhältnisse.

Nur was in die Augen springt und offenbar am Tage liegt, dürfen wir glauben.

Seneca,
Drei Bücher über den Zorn 2, 24

Argwohn riecht den Braten, ehe das Kalb geschlachtet ist.

Sprichwort

Wer durch des Argwohns Brille schaut, sieht Raupen selbst im Sauerkraut.

Busch

Allzu großes Mißtrauen ist ebenso schädlich wie allzu großes Vertrauen. Wer das Risiko, hintergangen zu werden, nicht auf sich nehmen will, wird es im Leben nicht allzu weit bringen.

Vauvenargues

Mißtrauen ist eine schlechte Rüstung, die mehr hindern als schirmen kann.

Byron

Wer allen Menschen mißtraut, pflegt am wenigsten vor sich selbst auf der Hut zu sein.

Graff

Wer selbst mißtrauisch ist, verdienet kein Vertrauen. (Alcest)

Goethe, Die Mitschuldigen III, 3

Was andere uns zutrauen, ist meist bezeichnender für sie als für uns.

Ebner-Eschenbach, Aphorismen

Was uns hindert, unsere Freunde auf den Grund unseres Herzens blicken zu lassen, ist gewöhnlich nicht so sehr Mißtrauen gegen sie als gegen uns.

La Rochefoucauld, Reflexionen

Zuviel Vertrauen ist häufig eine Dummheit, zuviel Mißtrauen ist immer ein Unglück.

Nestroy

Mißtrauen ist eine Axt am Baume der Liebe.

Aus Rußland

Unser Mißtrauen rechtfertigt den Betrug anderer.

La Rochefoucauld, Reflexionen

Den Argwohn kannst du leicht betrügen:
Sprich wahr, so wird er sich selbst belügen!

Wilhelm Müller, Epigramme

Du magst so oft, so fein, als dir nur möglich, lügen,
mich sollst du dennoch nicht betrügen.
Ein einzigmal nur hast du mich betrogen:
Das kam daher, du hattest nicht gelogen.

Lessing, An einen Lügner

Geringschätzung

Ich bin mit der Zeit ein gutes Post-
pferd geworden, lege meine Station
zurück und bekümmere mich nicht um
die Kläffer, die auf der Landstraße
bellen.

Friedrich der Große, an Voltaire, 1789

„Sag mir doch: Von deinen Gegnern
warum willst du gar nichts wissen?"
Sag mir doch, ob du dahin trittst,
wo man in den Weg . . .?

Goethe, Zahme Xenien V

Jeder Hund bellt lauter und beißt,
wenn man sich vor ihm fürchtet, schneller zu, als wenn man ihm Verachtung
bezeugt. Und die große Masse der Menschen benimmt sich nicht viel anders.

Bertrand Russell,
The Conquest of Happiness 1, 9

Menschenverachtung: Ein Panzer, der
mit Stacheln gefüttert ist.

Ebner-Eschenbach, Aphorismen

Der Haß schadet niemandem, aber die
Verachtung ist es, was den Menschen
stürzet. Kotzebue wurde lange gehaßt.
Aber damit der Dolch des Studenten
sich an ihn wagen konnte, mußten ihn
gewisse Journale erst verächtlich machen.

Goethe, zu Eckermann, 15. 2. 1831

Verachtung muß das geheimste unserer
Gefühle bleiben.

Rivarol

Wir können ziemlich sicher sein, daß
Leute, die von aller Welt schlecht behandelt werden, dieses Los vollauf
verdienen.

Thackeray

Bewunderung, die man erfährt, macht
klein, Geringschätzung groß.

Gerhart Hauptmann, Aufzeichnungen

Immer wird die Gleichgültigkeit und
die Menschenverachtung dem Mitgefühl und der Menschenliebe gegenüber
einen Schein von geistiger Überlegenheit annehmen können.

Ebner-Eschenbach, Aphorismen

Wer die Menschen verachtet, ist kein
großer Mensch.

Vauvenargues

Der Blinde lacht über den Lahmen.

Aus Rumänien

Der Nackte lacht oft über einen Mann
mit zerrissenen Kleidern.

Aus dem Sudan

Lache nur nicht, Erbse! Du bist auch
nicht besser als die Bohne!

Aus Rußland

Die Menschenverachtung ist für den
nachdenkenden Geist nur die erste
Stufe zur Menschenliebe.

Morgenstern,
Stufen, Ethisches, 1891

Antipathie

Lebenskunst besteht zu neunzig Prozent aus der Fähigkeit, mit Menschen auszukommen, die man nicht leiden kann.

Samuel Goldwyn

Im Paradiese selber träfe man wohl einen an, den man nicht leiden kann.

Conrad Ferdinand Meyer,
Huttens letzte Tage 44

„Er mißfällt mir." Warum? „Ich bin ihm nicht gewachsen." – Hat je ein Mensch so geantwortet?

Nietzsche

Wenn man nicht aufhören will, die Menschen zu lieben, darf man nicht aufhören, ihnen Gutes zu tun.

Ebner-Eschenbach,
Aphorismen

Nachrede

Und wärst du auch zum fernsten Ort,
zur kleinsten Hütte durchgedrungen,
was hilft es dir? Du findest dort
Tabak und böse Zungen.

Goethe, Sprichwörtlich

Ich behaupte, daß, wenn alle Menschen wüßten, was sie voneinander sagen, es nicht vier Freunde auf der Welt gäbe.

Pascal

Die Abwesenden haben immer Unrecht.

Casanova, Memoiren 11

Wir sind geborene Polizisten. Was ist Klatsch andres als Unterhaltung von Polizisten ohne Exekutivgewalt?

Morgenstern, Stufen, Psychologisches

Klatschen heißt: Anderer Leute Sünden beichten.

Busch, Aphorismen und Reime

Erfährst Du, daß jemand schlecht über Dich gesprochen hat, so überlege, ob Du es nicht zuerst getan hast und über wie viele Du selbst sprichst!

Seneca, Vom Zorn II, 28

Was andere über uns reden, beurteilen wir gerechter, wenn wir uns darauf zu besinnen vermögen, mit welcher Oberflächlichkeit wir uns gelegentlich selbst über andere äußern. Der Alltag wimmelt von wechselseitigen kleinen Verdächtigungen, die ihn für die meisten erst vergnüglich machen.

Sigmund Graff

Gern hören wir allerlei gute Lehr,
doch Schmähen und Schimpfen noch
                           viel mehr.

Goethe, Zahme Xenien IV

Beim Klatsch kommt es nicht auf den
Kern der Sache an, sondern allein auf
die Einzelheiten.

Grete Weiser

Zu einem Gespräch unter Frauen gehören mindestens drei: Zwei, die sprechen, und eine, über die gesprochen
wird.

Alphonse Karr

Denn sich wechselseitig nur giftig an-
                           zuschwärzen,
ist der Frauen Lust.

Euripides

Wenn die Frauen keine Eigenschaften
mehr besitzen, die zur Verleumdung
veranlassen, dann fangen sie selbst an
zu verleumden.

Emile Augier

Wer über andre Schlechtes hört,
soll es nicht weiter noch verkünden.
Gar leicht wird Menschenglück zer-
                           stört,
doch schwer ist Menschenglück zu
                           gründen.

Bodenstedt, Aus dem Nachlasse des
Mirza Schaffy, Buch der Sprüche

Sprich nie Böses von einem Menschen,
wenn du es nicht gewiß weißt! Und
wenn du es gewiß weißt, so frage dich:
Warum erzähle ich es?

Lavater

Zum weisen Sokrates kam einer gelaufen: „Höre Sokrates, das muß ich
dir erzählen, wie dein Freund ..."
„Halt ein!" unterbrach ihn der Weise,
„hast du das, was du mir sagen willst,
durch die drei Siebe gesiebt?"
„Drei Siebe?", fragte der andere voller Verwunderung.
„Ja, guter Freund, drei Siebe! Laß sehen, ob das, was du mir zu sagen hast,
durch die drei Siebe hindurchgeht. Das
erste Sieb ist die Wahrheit. Hast du
alles, was du mir erzählen willst, geprüft, ob es wahr ist?"
„Nein, ich hörte es erzählen und ..."
„So so! Aber sicher hast du es mit dem
zweiten Siebe geprüft. Es ist das Sieb
der Güte. Ist das, was du mir erzählen
willst, wenn es schon nicht als wahr er-
wiesen ist, so doch wenigstens gut?"
Zögernd sagt der andere: „Nein, das
nicht, im Gegenteil ..."
„Hm, hm!", unterbrach ihn der Weise,
„so laß uns auch das dritte Sieb noch
anwenden und laß uns fragen, ob es
notwendig ist, mir das zu erzählen, was
dich so erregt!"
„Notwendig nun gerade nicht ..."
„Also", lächelte der Weise, „wenn das,
was du mir erzählen willst, weder
wahr, noch gut, noch notwendig ist, so
laß es begraben sein und belaste dich
und mich nicht damit!"

Klatschen und Lügen sind Bruder und
Schwester.

Aus Kenia

Wenn über eine dumme Sache
mal endlich Gras gewachsen ist,
kommt sicher ein Kamel gelaufen,
das alles wieder runterfrißt.

Verfasser unbekannt

Je größer der Mann ist, desto strafba-
rer ist er, wenn er die Fehler anderer
ausplaudert.

Lichtenberg

Ganz besonders hüte man sich, durch
sein Gespräch die eigenen sittlichen
Schwächen zu enthüllen, was gewöhnlich dann geschieht, wenn man geflis-
sentlich von Abwesenden, um sie her-
unterzusetzen oder lächerlich zu machen, redet oder lieblos von ihnen urteilt, sie verleumdet oder beschimpft.

Cicero,
Drei Bücher von den Pflichten 1, 37

Wer die anderen neben sich klein
macht, ist nie groß.

Seume, Obolen I, 3

Wer schlecht von seiner Frau spricht,
entehrt sich selbst.

Aus Schottland

Du wüßtest gern, was deine Bekannten
von dir sagen? Höre, wie sie von Leuten sprechen, die mehr wert sind als du!

Ebner-Eschenbach, Aphorismen

Wer mit dir klatscht, wird über dich
klatschen.

Aus Spanien

Wenn dein Nachbar verleumdet wird,
höre es an und sage dir: „Ich warte auf
die Verleumdung gegen mich."

Aus Abessinien

So flieh auch aus des Schwätzers Kreis,
der Schlechtes nur von andern weiß!

Bodenstedt

Unter zehn Personen, die über uns
sprechen, sagen uns neun Böses nach,
und die einzige, die Gutes sagt, sagt es
schlecht.

Rivarol

Vor siebenköpfigen Drachen fürchte
dich nicht, aber fürchte dich vor Heuch-
lern, welche Reden einholen und aus-
tragen; denn was solche Menschen im
Augenblick Übles getan, kannst du im
Jahre nicht wieder gutmachen!

Buch des Kabus 29,
Sich gegen Feinde wahren

Das Gerede der Leute dauert nur fünf-
undsiebzig Tage.

Aus Japan

Man spreche lieber schlecht von mir als
gar nicht.

La Rochefoucauld

Es gibt nur ein Ding auf der Welt, das
schlimmer ist, als daß die Leute über
einen reden, und das ist, daß die Leute
nicht über einen reden.

Oscar Wilde

Verleumdung

Audacter calumniare, semper aliquid
haeret!
Nur kühn verleumden! Etwas bleibt
immer haften!

Sprichwort

Verleumdung,
sie schneidet schärfer als das Schwert.
Ihr Mund
vergiftet mehr als alles Nilgewürm.
Ihr Wort fährt auf dem Sturmwind
und belügt
jedweden Erdstrich: Kaiser, Königinnen,
Fürsten, Matronen, Jungfrau. Ja, in
Grabes
Geheimnis wühlt das Natterngift Verleumdung. (Pisanio)

Shakespeare, Cymbeline III, 4

Nichts rettet Macht und Größe vor
dem Gift
der Schmähsucht. Auch die reinste Unschuld trifft
Verleumdung hinterrücks. (Herzog)

Shakespeare, Maß für Maß III, 2

Es liebt die Welt, das Strahlende zu
schwärzen
und das Erhabne in den Staub zu ziehn.

Schiller, Das Mädchen von Orleans

Sei so keusch wie Eis, so rein wie
Schnee, du wirst der Verleumdung nicht
entgehen. (Hamlet)

Shakespeare, Hamlet III, 1

Schönheit, Witz,
Geburt, Verdienst im Kriege, Kraft der
Sehnen,
Geist, Freundschaft, Wohltat – alle sind
sie Knechte
der neidischen, verleumdungssüchtigen
Zeit. (Ulysses)

Shakespeare,
Troilus und Cressida III, 3

Wenn deine Gegenwart makellos ist,
so untersucht man deine Vergangenheit.

Lichtenberg

Schmähen mich
unkundige Zungen, so mein Innres
nicht
erkannt noch meine Weg', und wollen
dennoch
die Chronik werden meines Tuns, so
weiß man:
Es ist der Würden los, der Dornen-
pfad,
den Tugend wandeln muß. (Wolsey)

Shakespeare, König Heinrich VIII. I, 2

Wenn dich die Lästerzunge sticht,
so laß dir dies zum Troste sagen:
Die schlechtesten Früchte sind es nicht,
woran die Wespen nagen.

Bürger, Trost

Was von mir ein Esel spricht,
das acht ich nicht.

Gleim, Der Löwe und der Fuchs

Sich von einem ungerechten Verdacht reinigen wollen, ist entweder überflüssig oder vergeblich.

Ebner-Eschenbach, Aphorismen

Verleumdung ist wie die Wespe, die uns lästig umschwärmt. Man darf nicht nach ihr schlagen, wenn man sie nicht sicher tötet, sonst greift sie noch wütender an als zuvor.

Chamfort, Maximen V

Die schweigende Verachtung, mit der man einer Verleumdung oder Unbill begegnet, ist gewöhnlich ein heilsameres Gegenmittel als Empfindlichkeit, Zwist oder Rache.

Franz von Sales

Die Tochter des Neides ist die Verleumdung.

Casanova, Memoiren

Allen habt ihr die Ehre genommen, die
gegen euch zeugten;
aber dem Märtyrer kehrt späte sie doppelt zurück.

Goethe und Schiller, Xenien, Hoffnung

Den will ich sehen, der dulden kann, daß Schurken über ihn reden, wenn sie einen Vorteil über ihn haben. Wenn ihr Geschwätze leer ist, ach, da kann man sie leicht lassen.

Goethe,
Die Leiden des jungen Werthers,
15. 3. 1772

Üble Nachrede ist die Erleichterung der Bösartigkeit.

Joubert

Gewöhnlich ist man mehr aus Eitelkeit schmähsüchtig als aus Bosheit.

La Rochefoucauld

Verrat

Der größte Lump im ganzen Land, das ist und bleibt der Denunziant.

Hoffmann von Fallersleben

Verächtlich ist, wer als Verleumder
spricht,
doch noch verächtlicher der Hinterbringer.

Bodenstedt, Aus dem Nachlaß
des Mirza Schaffy 3

Weil er seine eigenen Pflichten immer vernachlässigte, so behielt er Zeit übrig, zu sehen, wer von seinen Mitbürgern seine Pflichten vernachlässigte, um es der Obrigkeit anzuzeigen.

Lichtenberg

Verrat und Mord, sie hielten stets zusammen
wie ein Gespann von einverstandnen
Teufeln. (König Heinrich)

Shakespeare, König Heinrich V. II, 2

Haß

Die Erde gähnt, die Hölle brennt,
die Teufel brüllen, Heilige beten,
auf daß er schleunig werde weggerafft.
Vernichte, lieber Gott, ich fleh dich an,
den Pfandschein seines Lebens, daß ich
noch
dies Wort erleben mag: Der Hund ist
tot! (Margaretha)

Shakespeare, König Richard III. IV, 4

Liebe und Haß lassen sich nicht befehlen, und jeder ist in diesem Stück zu den Empfindungen berechtigt, die er nun einmal hat.

Friedrich der Große, Briefe

Die Liebe ist einäugig. Der Haß ist blind.

Aus Dänemark

Haß ist die Rache des Feiglings dafür, daß er eingeschüchtert ist. (Undershaft)

Shaw, Major Barbara III

Wir hassen bald, was oft uns Furcht erregt. (Charmion)

Shakespeare,
Antonius und Cleopatra I, 3

Wenn man fühlt, daß man nichts hat, womit man die Achtung eines Menschen erringen kann, ist man nicht mehr weit davon, ihn zu hassen.

Vauvenargues, Reflexionen

Hassen heißt unablässig morden.

Ortega y Gasset

Liebe ist der Morgen der Tugenden,
Haß der Abend der Sünden.

Aus Lettland

Wenn man etwas recht gründlich haßt, ohne zu wissen warum, so kann man überzeugt sein, daß man davon einen Zug in seiner eigenen Natur hat.

Hebbel, Tagebücher, 4. 12. 1843

Man liebt sich nicht nur in anderen, sondern haßt sich auch in ihnen.

Lichtenberg,
Beobachtungen über den Menschen

Der größte Haß ist, wie die größte Tugend und der schlimmste Hund, still.

Jean Paul,
Hesperus, 12. Hundsposttag

Der Haß des Menschen ist so hartnäkkig, daß der Wunsch eines Kranken nach Versöhnung mit seinem Feinde als das untrüglichste Vorzeichen des Todes gelten kann.

La Bruyère

Unsere Fehler ziehen uns nicht soviel Haß zu wie unsere Vorzüge.

La Rochefoucauld, Reflexionen

Hassen und Neiden
muß der Biedere leiden.
Es erhöht des Mannes Wert,
wenn der Haß sich auf ihn kehrt.

Gottfried von Straßburg, Tristan 8399

Die euch Haß predigen, erlösen euch
nicht.
Ebner-Eschenbach, Aphorismen

Wer die Weiber haßt, ist im Grunde
galanter gegen sie, als wer sie liebt;
denn jener hält sie für unüberwindlich,
dieser hofft noch, mit ihnen fertig zu
werden.
Goethe, zu Riemer, 6. 9. 1810

Das Weib verbirgt seine Liebe vierzig
Jahre, aber Haß und Widerwillen verbirgt es nicht einen Tag.

Aus Arabien

Wenn dich eine Frau haßt, so hat sie
dich geliebt, liebt dich oder wird dich
lieben.
Verfasser unbekannt

Wenn die Frau
den Mann haßt, ist das Leben selber
ihr verhaßt. (Helena)

Euripides, Helena 299

Wer mit vierzig Jahren nicht ein Men-
schenhasser ist, hat die Menschen nie
geliebt.
Chamfort

Wissen sie mir einen ärmeren Mann
zwischen Himmel und Erde als den
Menschenfeind? (Rosenberg)

Schiller, Der Menschenfeind 3

Wer es vermag, mit Blicken des Weisen
die Welt zu erfassen,
wird ihr nimmer die Ehre erweisen,
sie ernstlich zu hassen.

Leuthold, Sprüche 59

Dem Haß entfloh ich, aber auch der
Liebe.

Freiligrath,
Der ausgewanderte Dichter

Sie haben mich gequälet,
geärgert blau und blaß,
die einen mit ihrer Liebe,
die andern mit ihrem Haß.

Sie haben das Brot mir vergiftet,
sie gossen mir Gift ins Glas,
die einen mit ihrer Liebe,
die andern mit ihrem Haß.

Doch sie, die mich am meisten
gequält, geärgert, betrübt,
die hat mich nie gehasset
und hat mich nie geliebt.

Heine, Buch der Lieder,
Lyrisches Intermezzo 47

Gegnerschaft

Man schädige kein Wesen, sondern be-
harre auf dem Wege der Freundlichkeit! Nachdem man einmal in dieses
Dasein geraten ist, lebe man in Feindschaft mit niemandem!

Mahâbhârata 12, Adhyâya 331

Was du nicht willst, daß man dir tu',
das füge keinem andern zu!

Sprichwort

Wir sollten schon deswegen niemand
wissentlich wehe tun, weil es unwis-
sentlich ohnehin oft genug geschieht.

Verfasser unbekannt

So verständige, so gute Menschen, fingen wegen gewisser heimlicher Ver-
schiedenheiten untereinander zu schweigen an, jedes dachte seinem Recht und
dem Unrechte des andern nach, und die
Verhältnisse verwickelten und verhetz-
ten sich dergestalt, daß es unmöglich
ward, den Knoten eben in dem kriti-
schen Momente, von dem alles abhing,
zu lösen.

Goethe,
Die Leiden des jungen Werthers,
20. 12. 1772

Von allen Unglücksfällen, die uns im
Leben erreichen können, ist häusliche
Uneinigkeit der größte. Alle anderen
Mißgeschicke haben zum mindesten
einen Trost: Im Kreise der Familie eine
Linderung zu finden.

Heribert Rau

Zwei Katzen und eine Maus,
zwei Weiber in einem Haus,
zwei Hunde an einem Bein
kommen selten überein.

Sprichwort

Zwei Sperlinge auf einer Ähre: Nie
Freundschaft.

Aus Spanien

Übrigens entstehen die meisten Irrungen zwischen Menschen nicht, weil sie
verschieden sind, sondern weil sie
sich, bei der Unzulänglichkeit jeder
Mitteilung über innere Zustände und
deren Bedingungen und Folgen, verschieden glauben, oft sogar, weil sie an
andern nicht dulden können, was sie
an sich verehren.

Hebbel, Tagebücher, 15. 12. 1836

Furchtbar ist ein Gegner, der die Götter ehrt.

Äschylus,
Die Sieben gegen Theben 572

Wie schwächlich wären wir geblieben,
wenn uns das Leben nie einen Gegner
geschenkt hätte!

Hans Künkel

Alle Gegner einer geistreichen Sache
schlagen nur in die Kohlen. Diese springen umher und zünden da, wo sie sonst
nicht gewirkt hätten.

Goethe,
Maximen und Reflexionen,
Aus Kunst und Altertum 1821

Der eine Löwe leiht dem andern nicht
die Zähne.

Aus Südafrika

Aus mörderischer Konkurrenz entsteht
notwendig früher oder später Kollabo-
ration.

Hermann von Keyserling,
Reisetagebuch eines Philosophen,
Im Yellowstone Park

Feindschaft

Man braucht bloß vor die Tür zu treten, so hat man sieben Feinde.

Aus Japan

Was klagst du über Feinde?
Sollten solche je werden Freunde,
denen das Wesen, wie du bist,
im Stillen ein ewiger Vorwurf ist?

Goethe, Divan, Buch der Sprüche

Wer keinen Feind hat, dem kann es
nicht gut gehn.

Aus Schweden

Der Umstand, daß wir Feinde haben,
beweist klar genug, daß wir Verdienste
besitzen.

Börne,
Über etwas, das mich betrifft

Hast du auch sonst keinen Feind – mit
dir selber hat dir deine Mutter den
größten mit auf den Weg gegeben.

Aus Bulgarien

Man muß mit seinen Feinden leben, da
man nicht jedermann zum Freunde haben kann.

Tocqueville,
Brief an Stoffels, 16. 9. 1823

Ein Feind tut mehr Übel, als neunundneunzig Freunde Gutes tun.

Aus Livland

Wer drei Feinde hat, muß sich mit
zweien vertragen.

Sprichwort

Hat dein Feind nur die Größe einer
Ameise, so rechne ihn dennoch unter
die Elefanten!

Aus Dänemark

Ein Feind von der Feder
ist schlimmer als einer vom Leder.

Sprichwort

In der Auswahl seiner Feinde kann
man nicht sorgfältig genug sein.

Wilde, Das Bildnis des Dorian Gray 1

Ihr sollt nur Feinde haben, die zu hassen sind, aber nicht Feinde zum Verachten. Ihr müßt stolz auf Euren Feind
sein, also lehrte ich schon einmal. Dem
würdigeren Feinde, o meine Freunde,
sollt Ihr Euch aufsparen. Darum müßt
Ihr an Vielem vorübergehn.

Nietzsche, Zarathustra III,
Von alten und neuen Tafeln 21

Lieber eine Feindschaft aus ganzem
Holz als eine geleimte Freundschaft.

Nietzsche

Nützlich ist uns oft ein Feind:
Er dient, wenn er zu schaden meint.

Lichtwer, Die Nachbarn

Liebe deine Feinde; denn sie sagen dir
deine Fehler!

Benjamin Franklin

Gegen einen Feind gibt es kein besseres
Gegenmittel als einen zweiten Feind.

Nietzsche,
Unschuld des Werdens I, 728

Ein kleiner Feind, dies lerne fein,
will durch Geduld ermüdet sein.

Gellert, Der Knabe und die Mücken

Ich umarme meinen Rivalen, um ihn
zu ersticken.

Racine, Britannicus IV, 3

Sei reizend zu deinen Feinden! Nichts
ärgert sie mehr.

Carl Orff

Ehrst du den Feind, der Ehren wert,
du lähmst in seiner Hand das Schwert.

Anastasius Grün,
Der Pfaff vom Kahlenberg

Nicht durch die Feindschaft kommt in
dieser Welt Feindschaft zur Ruhe.
Durch Nichtfeindschaft kommt sie zur
Ruhe.

Buddha

War nicht aller Erfolg bisher bei den
Gut-Verfolgten? Und wer gut verfolgt, lernt leicht folgen: Ist er doch
einmal hinterher.

Nietzsche,
Zarathustra IV, Der häßlichste Mensch

Nie wird der Feind zum Freunde,
selbst im Tode nicht.

Sophokles, Antigone 522

Der Leichnam eines toten Feindes riecht
immer gut.

Karl IX.,
Vor dem Galgen von Montfaucon, an
dem Admiral Coligny gerichtet wurde

Grobheit

Zur Grobheit ist zu bemerken, daß sie
die überflüssige Erzeugerin von Mißvergnügen ist; denn Strenge gebiert
Furcht, Grobheit aber gebiert Haß.

Francis Bacon,
Von hoher Stellung

Die Grobheit spare wie Gold, damit,
wenn du sie in gerechter Entrüstung
einmal hervorkehrst, es ein Ereignis sei
und den Gegner wie ein unvorhergese-
hener Blitzstrahl treffe! (Frymann)

Gottfried Keller,
Das Fähnlein der sieben Aufrechten

Blüte edelsten Gemütes
ist die Rücksicht. Doch zuzeiten
sind erfrischend wie Gewitter
goldne Rücksichtslosigkeiten.

Storm,
Für meine Söhne

Wer das Falsche verteidigen will, hat
alle Ursache, leise aufzutreten und sich
zu einer feinen Lebensart zu bekennen.
Wer das Recht auf seiner Seite fühlt,
muß derb auftreten: Ein höfliches
Recht will gar nichts heißen.

Goethe,
Maximen und Reflexionen, Nachlaß,
Über Natur und Naturwissenschaft

Man sprengt mit stumpfem Keil
den harten Klotz. (Ulysses)

Shakespeare,
Troilus und Cressida I, 3

„So sei doch höflich!" – Höflich mit
dem Pack?
Mit Seide näht man keinen groben
Sack.

Goethe, Zahme Xenien

Im neuen Jahre Glück und Heil,
auf Weh und Wunden gute Salbe!
Auf groben Klotz ein grober Keil!
Auf einen Schelmen anderthalbe!

Goethe, Sprichwörtlich

Wie die süßeste Frucht zuweilen eine
rauhe Schale hat, so verbirgt sich oft
eine freundliche und herzliche Natur
unter einem rauhen Äußern.

Smiles, Der Charakter 9

Man muß die Probe machen, wer von
den Freunden und von denen, welchen
„unser Wohl am Herzen liegt", stand-
hält: Behandelt sie einmal grob!

Nietzsche, Unschuld des Werdens 1, 695

Beleidigung

Wer essen will, soll den Koch nicht beleidigen.

Aus China

Wenn du in der Lagune watest, sollst du das Krokodil nicht beschimpfen.

Aus dem Sudan

Beleidigungen sind die Gründe jener, die unrecht haben.

Rousseau

Freilich legt der, welcher schimpft, dadurch an den Tag, daß er nichts Wirkliches und Wahres gegen den Edeln vorzubringen hat, da er sonst dieses als die Prämissen geben und die Konklusion getrost den Hörern überlassen würde, statt dessen er die Konklusion gibt und die Prämissen schuldig bleibt.

Schopenhauer,
Aphorismen zur Lebensweisheit IV

Wer lebt, der nicht
gekränkt ist oder kränkt? (Apemantus)

Shakespeare, Timon von Athen I, 2

Selbst der entschlossenste Mann hat es nicht in seiner Gewalt, jede Beleidigung von sich fernzuhalten. Soviel aber vermag er: Verhindern, daß man sich lange rühme, ihn beleidigt zu haben.

Rousseau, Emile II, 4

Über große Demütigungen trösten wir uns selten. Wir vergessen sie.

Vauvenargues, Reflexionen

Kränkungen der Menschen muß man betrachten, als ob sie nicht (wie sie eigentlich auch ja nur selten sind) von ihrem Willen abhängig wären. Dann werden sie gar nicht oder doch nur halb verletzen. Die Natur verletzt nie.

Hebbel, Tagebücher, 6. 1. 1839

Alle Beleidigungen, gnädigster Herr, kommen vom Herzen. (Williams)

Shakespeare, König Heinrich V. IV, 8

Es gibt kein sichereres Merkmal der Größe, als kränkende oder beleidigende Äußerungen unbeachtet hingehen zu lassen, indem man sie eben wie unzählige andere Irrtümer der schwachen Erkenntnis des Redenden ohne weiteres zuschreibt und sie daher bloß wahrnimmt, ohne sie zu empfinden.

Schopenhauer,
Parerga und Paralipomena II, 26

Der Löwe sieht sich nicht um, wenn ihn ein Hündchen ankläfft.

Aus Rumänien

Der Weise vergißt die Beleidigungen wie ein Undankbarer die Wohltaten.

Aus China

Fühlst du dich von jemand beleidigt,
so stellst du dich geistig unter ihn.

Aus China

Wenn dich ein Esel tritt, so rede nie
davon!

Aus Großbritannien

Nimm ein leichtes Wort nicht so schwer,
gönne ihm nicht den Triumph!
Was ein Steinwurf trübt, ist kein Meer,
sondern es ist ein Sumpf.

Rückert, Erbauliches und Beschauliches
aus dem Morgenlande II, 130

Entweder ist es ein Mächtigerer, der
dich beleidigt hat, oder ein Schwäche-
rer. Ist er schwächer, so schone ihn, ist
er mächtiger, so schone dich!

Seneca,
Drei Bücher vom Zorne III, 5

Es gibt Beleidigungen, die man nicht
bemerken darf, wenn man sich in der
Gesellschaft behaupten will.

Vauvenargues, Reflexionen

Vielmehr ist ganz gewiß, daß jeder
Vorwurf nur in dem Maße, als er trifft,
verletzen kann.

Schopenhauer,
Aphorismen zur Lebensweisheit IV

Wer sich getroffen fühlt, ist gemeint.

Aus Frankreich

Grobe Menschen, welche sich beleidigt
fühlen, pflegen den Grad der Beleidigung so hoch als möglich zu nehmen
und erzählen die Ursache mit stark
übertreibenden Worten, um nur in dem
einmal erweckten Haß- und Rache-
gefühl sich recht ausschwelgen zu können.

Nietzsche,
Menschliches Allzumenschliches I, 62

Die große Mehrzahl der Menschen geht
vom Zorn zur Beleidigung über. Manche aber verfahren anders: Sie beleidigen, und dann erst erzürnen sie sich.
Die Überraschung, die dieses Verfahren jedesmal hervorbringt, läßt in uns
das Vergeltungsgefühl gar nicht auf-
kommen.

La Bruyère,
Charaktere 11, Vom Menschen

L'offenseur ne pardonne pas.
Der Beleidiger verzeiht nicht.

Aus Frankreich

Wer nicht, wenn auch unabsichtlich, beleidigen oder verletzen will, dem fehlt
alle Energie, alle Tatkraft. Man kann
keinen Fuß bewegen, ohne Wesen zu
zertreten, keinen Tropfen Wasser genießen, ohne Infusorien zu verschluk-
ken.

Ludwig Feuerbach,
Das Wesen der Religion I

Wer mich ins Gesicht beschimpft, kann
doch ein ehrbarer Mann und mein
Freund sein.

Aus China

Drohung

Spanne den Bogen, aber schieße nicht
los! Noch gefürchtet zu sein, ist wirksamer.

Aus China

Euer Drohen hat kein Schrecken, Cassius;
denn ich bin so bewehrt durch Redlichkeit,
daß es vorbeizieht wie der leere Wind.
(Brutus)

Shakespeare, Julius Cäsar IV, 3

„Die Feinde, sie bedrohen dich,
das mehrt von Tag zu Tage sich;
wie dir doch gar nicht graut!"
Das seh ich alles unbewegt,
sie zerren an der Schlangenhaut,
die jüngst ich abgelegt.
Und ist die nächste reif genug,
ab streif ich die sogleich
und wandle neubelebt und jung
im frischen Götterreich.

Goethe, Zahme Xenien V

Wenn das Glück den Menschen wohltun will,
so blickt es sie mit drohenden Augen
an. (Pandulpho)

Shakespeare, König Johann III, 4

Vielmehr erschein' ich wie der drohnde
Krieg
auf eine Zeitlang, üppige Gemüter
zu heilen, die an eignem Glücke kranken,
zu reinigen die Verstopfung, welche
schon
die Lebensadern hemmt. (Erzbischof)

Shakespeare,
König Heinrich IV. Zweiter Teil IV, 1

Hunde, die bellen, beißen nicht.

Sprichwort

Wer Worte macht, tut wenig. (Erster
Mörder)

Shakespeare, König Richard III, I, 4

Nicht jede Wolk' erzeugt ein Ungewit-
ter. (Clarence)

Shakespeare,
König Heinrich VI. Dritter Teil V, 3

Mancher droht, der selber zittert.

Aus Frankreich

Kannst du keine Blitze werfen,
Freund, so laß das Donnern auch!

Emanuel Geibel

Herausforderung

Du bist mir so ein Zeisig, der, sobald er die Schwelle eines Wirtshauses betritt, mit dem Degen auf den Tisch schlägt und ausruft: Gebe Gott, daß ich dich nicht nötig habe! (Mercutio)

Shakespeare, Romeo und Julia III, 1

Ich habe wohl von einer Art Leute gehört, die mit Fleiß Händel mit andern anzetteln, um ihren Mut zu prüfen. (Viola)

Shakespeare, Was ihr wollt III, 4

Die Schlange sticht nicht ungereizt.

Schiller, Wilhelm Tell I, 3

Es gibt ein altes Sprichwort: Ein Ermüdeter sucht Streit. Dasselbe gilt vom Hungrigen und Durstigen und überhaupt von jedem Menschen, den etwas quält. Denn wie Geschwüre bei leichter Berührung, ja schon bei dem Gedanken, sie könnten berührt werden, schmerzen, so wird ein leidendes Gemüt bei geringster Ursache gekränkt, so daß ein Gruß, ein Brief, eine Rede oder eine Frage zum Streit führen kann.

Seneca, Vom Zorn III, 9

Wer im Glashaus sitzt, soll nicht mit Steinen werfen.

Sprichwort

Wirf keinen Stein dorthin, wo du deinen Kochtopf aufgestellt hast!

Bantuweisheit

Wer barfuß geht, darf keine Dornen säen.

Aus den Niederlanden

Wer ins Feuer bläst, dem stieben die Funken in die Augen.

Sprichwort

Im Versteck hustet man nicht.

Aus dem Sudan

Weckt den schlafenden Wolf nicht auf! (Oberrichter)

Shakespeare,
König Heinrich IV. Zweiter Teil I, 2

Feuer soll man nicht in Papier einhüllen.

Aus China

Streit

Wenn der eine nicht will, können zwei
nicht miteinander streiten.

Aus Spanien

Kein Streit würde lange dauern, wenn
das Recht oder das Unrecht nicht auf
beiden Seiten wäre.

La Rochefoucauld, Reflexionen

Sie glauben, miteinander zu streiten,
und fühlen das Unrecht von beiden
Seiten.

Goethe, Sprichwörtlich

Ein Esel schilt den andern Langohr.

Sprichwort

Wenn Männer sich entzweien, hält man
billig
den Klügsten für den Schuldigen.

(Alphons)

Goethe, Tasso II, 5

Noch niemals gab es Streit ohne eine
Frau.

Aus Albanien

Nulla fere causa est, in qua non femina
moverit. [litem
Kaum gibt es einen Prozeß, wo den
Streit nicht hätte begonnen
irgendein Weib.

Juvenal, Satire 6, 242

Wo Weiber sind, da ist Verwirrung.

Aus Indien

Die Zunge eines Weibes ist ärger als
ein türkischer Säbel.

Aus Jugoslawien

Streite dich nicht mit der Matte, auf
der du schlafen willst!

Aus dem Sudan

Wer mit seinem Vater streitet, dessen
Mund wird aussätzig.

Aus Abessinien

Zank dich nie mit einer Frau!

Aus China

Laß dich nur in keiner Zeit
zum Widerspruch verleiten!
Weise fallen in Unwissenheit,
wenn sie mit Unwissenden streiten.

Goethe, Divan, Buch der Sprüche,

Vor leeren Trögen zanken sich die
Schweine.

Aus Malmedy

Wer nachts mit Steinen wirft,
kann den eigenen Bruder töten.

Aus dem Sudan

Wer seine Gedanken nicht auf Eis zu
legen versteht, der soll sich nicht in die
Hitze des Streites begeben.

Nietzsche,
Menschliches Allzumenschliches I, 315

Im Walde hätte nicht die Axt so leichtes Spiel,
hätt' ihr der Wald nicht selbst geliefert
ihren Stiel.

Rückert

Wer streiten will, muß sich hüten, bei
dieser Gelegenheit Sachen zu sagen, die
ihm niemand streitig macht.

Goethe,
Maximen und Reflexionen, Nachlaß,
Über Kunst und Kunstgeschichte

Ein zänkischer Hund kommt hinkend
heim.

Aus Schottland

Wenn zwei sich zanken, freut sich der
dritte.

Sprichwort

Während ihrer zwei
zanken um ein Ei,
steckt's der dritte bei.

Sprichwort

Wenn der Koch sich mit dem Keller-
meister zankt, dann hört man, wo die
Butter bleibt.

Aus Holland

Wenn die Schützen sich streiten, ist der
Bär geborgen.

Aus Norwegen

Siehe, wir hassen, wir streiten, es tren-
net uns Neigung und Meinung;
aber es bleichet indes dir sich die Locke
wie mir.

Schiller, Das gemeinsame Schicksal

Eine kleine Ratte verfault,
aber ein kleiner Streit nicht.

Aus dem Kongo

Den Menschen laß ihr widerspenstig
Wesen!
Ein jeder muß sich wehren, wie er
kann,
vom Knaben auf, so wird's zuletzt ein
Mann. (Homunculus)

Goethe, Faust 2, II, Laboratorium

Man muß sich aneinander
zu reiben wagen,
will man selbander
Funken schlagen.

Gerhard Schumann,
Stachelbeeren-Auslese, Mut

Nicht jene, die streiten, sind zu fürchten, sondern jene, die ausweichen.

Ebner-Eschenbach, Aphorismen

Kampf

Und ich seh nicht, was es frommt,
aus der Welt zu laufen,
magst du, wenn's zum Schlimmsten
                              kommt,
auch einmal dich raufen.

Goethe, Divan, Buch des Unmuts

Was den berühmten „Kampf ums Dasein" betrifft, so scheint er mir einstweilen mehr behauptet als bewiesen.
Er kommt vor, aber als Ausnahme.
Der Gesamtaspekt des Lebens ist nicht
die Notlage, die Hungerlage, vielmehr
der Reichtum, die Üppigkeit, selbst die
absurde Verschwendung. Wo gekämpft
wird, kämpft man um Macht.

Nietzsche, Der Wille zur Macht

Das, was die Menschen den Kampf ums
Dasein nennen, ist nichts anderes als
der Kampf um den Aufstieg.

Bertrand Russell,
The Conquest of Happiness I, 3

Wer davon lebt, einen Feind zu bekämpfen, hat ein Interesse daran, daß
er am Leben bleibt.

Nietzsche,
Menschliches Allzumenschliches I, 531

Hüte dich,
in Händel zu geraten! Bist du drin,
führ' sie, daß sich dein Feind vor dir
                              mag hüten! (Polonius)

Shakespeare, Hamlet I, 3

Der erste Schlag muß kräftig sein, dann
ersparst du dir viele weitere.

Aus Persien

Fasse den Schwanz des Leoparden
nicht an! Aber wenn du ihn einmal gefaßt hast, lasse ihn nicht mehr los!

Aus Abessinien

Mit jemandem, der stärker ist als du,
fange keine Feindschaft an! Ruhe aber
nicht eher, als bis du dir den Feind, der
schwächer ist als du, vom Halse ge-
schafft hast!

Buch des Kabus,
Sich gegen Feinde wahren

Kämpfe mit denen, die kämpfen, und
laß die Friedlichen in Frieden!

Aus Indien

In der Hitze flucht dem besten Kampf,
wer seine Schärfe fühlte. (Edmund)

Shakespeare, König Lear V, 3

Wenn die Elefanten sich aneinander
reiben, ist es um die Mücken geschehen.

Aus der Mongolei

Wenn die Herren sich schlagen, krachen den Knechten die Köpfe.

Aus Rußland

's ist mißlich, wenn die schlechtere
Natur
sich zwischen die entbrannten Degen-
spitzen
von mächtigen Gegnern stellt.
(Hamlet)

Shakespeare, Hamlet V, 2

Wenn Löwen um die Höhlen sich be-
kriegen,
entgelten ihren Zwist harmlose Lämmer. (König Heinrich)

Shakespeare,
König Heinrich VI. Dritter Teil II, 5

Wo zwei Menschen sich küssen, da
schleichen die andern vorüber;
wo sie sich prügeln, da stehn alle als
Chorus herum.

Hebbel, Ein Ausspruch S. E-s.

Durch jeden Schlag nach einem schwächeren Feind entehrt man sich.

Friedrich II. von Preußen

Der Tapfere hält beim Kampfe ein,
wenn sein Gegner strauchelt.

Aus der Mongolei

Dem fliehenden Feind baue goldene
Brücken!

Sprichwort

Verfolge keinen Feind, den du schon
bestraft hast!

Aus der Mongolei

Rundum der Kampf aufs Messer:
Lern du zu dieser Frist,
daß Wunden heilen besser
als Wunden schlagen ist!

Freiligrath

Verteidigung

Was verkürzt mir die Zeit?
Tätigkeit!
Was macht sie unerträglich lang?
Müßiggang!
Was bringt in Schulden?
Harren und Dulden!
Was macht Gewinnen?
Nicht lange besinnen!
Was bringt zu Ehren?
Sich wehren!

Goethe, Divan,
Buch der Betrachtungen, Fünf andere

Wem wirft der Löwe sanfte Blicke zu?
Dem Tier nicht, das sich drängt in seine
Höhle.
Und wessen Hand ist's, die der Wald-
bär leckt?
Nicht dessen, der sein Junges vor ihm
würgt.
Wer weicht der Schlange Todesstachel
aus?
Nicht wer den Fuß auf ihren Rücken
setzt.

Der kleinste Wurm, getreten, windet
sich,
und Tauben picken, ihre Brut zu
schützen. (Clifford)

Shakespeare,
König Heinrich VI. Dritter Teil II, 2

Auch der Löwe muß sich vor der Mücke
wehren.

Sprichwort

Der reiche Mann schützt sich im Hand-
gemenge das Gesicht, der arme Mann
seinen Rock.

Aus Spanien

Es nähren unvernünft'ge Kreaturen
die Brut, und, scheun sie gleich des
Menschen Antlitz,
doch zur Beschirmung ihrer zarten
Kleinen,
wer sah nicht oft sie mit denselben
Schwingen,
die sie wohl sonst zu banger Flucht gebraucht,
auf den sich werfen, der ihr Nest er-
klomm,
ihr Leben bietend zu der Jungen
Schutz? (Clifford)

Shakespeare,
König Heinrich VI. Dritter Teil II, 2

Der Wolf schützt das Schaf vor dem
Fuchs, daß er es selber fressen kann.

Aus Bulgarien

Manches Herrliche der Welt
ist in Krieg und Streit zerronnen.
Wer beschützet und erhält,
hat das schönste Los gewonnen.

Goethe, Zu Kunst und Bildern,
Beschildeter Arm

Gibt's schönre Pflichten für ein edles
Herz,
als ein Verteidiger der Unschuld sein,
das Recht des Unterdrückten zu be-
schirmen? (Bertha)

Schiller, Wilhelm Tell III, 2

Im Fall der Gegenwehr ist es am besten,
den Feind für mächtiger halten, als er
scheint. (Dauphin)

Shakespeare, König Heinrich V. II, 4

Der Hieb ist die beste Deckung.

Friedrich von Wrangel

Auch der Baum, unter dem man Schutz
sucht, läßt das Wasser durch.

Aus Japan

Wer nicht unter ihm steht, den kann
der Baum nicht erschlagen.

Aus Südafrika

Nachgiebigkeit

Wer in einem Streit zuerst still ist,
stammt aus gutem Hause.

Aus der Tschechoslowakei

Denn je größer der Mensch, je versöhn-
licher ist er im Zorne,
und ein edles Gemüt, fühlt sich zur
Güte geneigt.

Ovid

Es ist gut, aus Anlage unbeugsam und
aus Überlegung nachgiebig zu sein.

Vauvenargues, Reflexionen

Der Gescheitere gibt nach! Eine traurige Wahrheit. Sie begründet die Welt-
herrschaft der Dummheit.

Ebner-Eschenbach,
Aphorismen

Versöhnung

Über ein Kleines, o zürnender Freund,
scheidet der Tod, die noch heute vereint.
Gib mir die Hand, eh der Abend vergeht!
Über ein Kleines ist es zu spät.

Karl Gerok

Bei jedem Streit ziehe die Versöhnung
selbst dem leichtesten Siege vor!

Lichtenberg

Man muß Frieden machen, solange
man noch kämpfen kann.

Sprichwort

Ein friedfertiger Mensch nützt mehr
als ein gelehrter.

Thomas a Kempis,
Nachfolge Christi 2

Gesegnet, die auf Erden Frieden stiften!
(König Heinrich)

Shakespeare,
König Heinrich VI. Zweiter Teil II, 1

Ein Rater in zweier Feinde Mitten
kann es leicht mit beiden verschütten.

Hauff, Lichtenstein II, 9

Nichts ist gefährlicher, als zwei Menschen auszusöhnen. Sie zu entzweien,
ist viel sicherer und leichter.

Jean Paul, Hesperus

Ich habe erlebt, daß sieben Richter
einen Streit nicht ausgleichen konnten.
Aber wie die Parteien zusammenka-
men, fiel dem einen nur ein „Wenn"
ein. Zum Beispiel: „Wenn Ihr so sagt,
so sage ich so", und sie schüttelten sich
die Hände und machten Brüderschaft.

Das Wenn ist der wahre Friedensstifter.
(Probstein)

Shakespeare, Wie es Euch gefällt V, 4

Ein Kompromiß, das ist die Kunst,
einen Kuchen so zu teilen, daß jeder
meint, er habe das größte Stück bekommen.

Ludwig Erhard

Große Talente sind das schönste Ver-
söhnungsmittel.

Goethe,
Maximen und Reflexionen, Nachlaß,
Über Literatur und Leben

Jeder ernstliche Kampf findet seine
Versöhnung. Nur die Lüge, die innere
Unwahrheit, ist zur ewigen Qual ver-
dammt.

Schelling

Der Siege göttlichster ist das Vergeben.
(Isabella)

Schiller, Die Braut von Messina I, 4

Tut Dir ein Freund Übles, so sprich:
»Ich vergebe Dir, was Du mir tatest.
Daß Du es aber Dir tatest, wie könnte
ich das vergeben!«

Nietzsche,
Zarathustra II, Von den Mitleidigen

Viel Übles hab' an Menschen ich be-
merkt.
Das Schlimmste ist ein unversöhnlich
Herz. (Kreusa)

Grillparzer, Medea II

Versöhnter Feindschaft und geflickter
Freundschaft ist wenig zu trauen.

Sprichwort

XXXIV. Kapitel

Liebe I
Liebe II
Lieben
Liebende
Partnerwahl
Liebesursache
Liebeswerbung
Koketterie
Liebesschwur
Liebesleidenschaft
Kuß
Beischlaf
Wirkung der Liebe
Liebesstreit
Eifersucht
Liebesleid
Dauer der Liebe
Ende der Liebe
Erste Liebe
Prostitution

Liebe I

Wenn ich mit Menschen- und mit Engelszungen redete und hätte der Liebe nicht, so wäre ich ein tönend Erz oder eine klingende Schelle.

Und wenn ich weissagen könnte und wüßte alle Geheimnisse und alle Erkenntnis und hätte allen Glauben, also daß ich Berge versetzte, und hätte der Liebe nicht, so wäre ich nichts.

Und wenn ich alle meine Habe den Armen gäbe und ließe meinen Leib brennen und hätte der Liebe nicht, so wäre mir's nichts nütze.

Die Liebe ist langmütig und freundlich, die Liebe eifert nicht, die Liebe treibt nicht Mutwillen, sie blähet sich nicht.

Sie stellt sich nicht ungebärdig, sie suchet nicht das Ihre, sie läßt sich nicht erbittern, sie rechnet das Böse nicht zu.

Sie freuet sich nicht der Ungerechtigkeit; sie freuet sich aber der Wahrheit.

Sie erträgt alles, sie glaubet alles, sie hoffet alles, sie duldet alles.

Die Liebe höret nimmer auf, so doch die Weissagungen aufhören werden und die Sprachen aufhören werden und die Erkenntnis aufhören wird.

1. Korinther 13

Ein jedes Werk, das nicht auf Liebe gegründet ist, trägt den Keim des Todes in sich und geht seinem Ruin entgegen.

Pestalozzi

Denn das Leben ist die Liebe
und des Lebens Leben Geist.

Goethe, Divan, Buch Suleika, Suleika

Ein Weiser wurde gefragt, welches die wichtigste Stunde sei, die der Mensch erlebt, welches der bedeutendste Mensch, der ihm begegnet, und welches das notwendigste Werk sei. Die Antwort lautete: Die wichtigste Stunde ist immer die Gegenwart, der bedeutendste Mensch immer der, der dir gerade gegenübersteht, und das notwendigste Werk ist immer die Liebe.

Meister Eckhart

Omnia vincit amor.
Alles besiegt die Liebe.

Vergil, Eklogen 10, 69

Die Liebe hat eine göttliche Kraft, wenn sie wahrhaft ist und das Kreuz nicht scheut.

Pestalozzi

Die Liebe ist eine überweltliche, in die Vergänglichkeit einbrechende, unvergängliche Wirklichkeit.

Bonsels, Runen und Wahrzeichen

Denn der Ewge herrscht auf Erden,
über Meere herrscht sein Blick,
Löwen sollen Lämmer werden,
und die Welle schwankt zurück.
Blankes Schwert erstarrt im Hiebe,
Glaub und Hoffnung sind erfüllt;
wundertätig ist die Liebe,
die sich im Gebet enthüllt.

Goethe, Novelle

Die Liebe ist der Endzweck der Weltgeschichte, das Amen des Universums.

Novalis

Die Liebe geht zu Gott unangesagt hin-
ein,
Verstand und hoher Witz muß lang im
Vorhof sein.

Angelus Silesius,
Der Cherubinische Wandersmann,
Die Liebe ist Gott gemeiner als Weisheit

Die Liebe, sie ist des Lebens Tiefstes
und Wahrstes.
Jegliches Rätsel der Welt löset sich einzig in ihr.

Albert Möser

Gott gab seiner Schöpfung nur einen
einzigen Pfeiler: Liebe.

Carmen Sylva

Die Liebe trägt die Seele, wie die Füße
den Leib tragen.

Katharina von Siena

Was innerhalb des Zellenkomplexes
Ichgefühl ist, das ist außerhalb Liebe.

Rathenau

Sphären ineinander lenkt die Liebe,
Weltsysteme dauern nur durch sie.

Schiller, Phantasie an Laura

Ist um mich her ein wildes Brausen,
als wogte Wald und Felsengrund,
und doch stürzt, liebevoll im Sausen,
die Wasserfülle sich zum Schlund,
berufen, gleich das Tal zu wässern;
der Blitz, der flammend niederschlug,
die Atmosphäre zu verbessern,
die Gift und Dunst im Busen trug:
Sind Liebesboten! Sie verkünden,
was ewig schaffend uns umwallt.

(Pater Profundus)

Goethe, Faust 2, V, Bergschluchten

Mensch, was du liebst, in das wirst du
verwandelt werden.
Gott wirst du, liebst du Gott, und Erde,
liebst du Erden.

Angelus Silesius,
Der Cherubinische Wandersmann, Was
man liebt, in das verwandelt man sich

Nur der ist etwas, der etwas liebt.
Nichts sein und nichts lieben ist iden-
tisch.

Ludwig Feuerbach,
Philosophische Kritiken 2

Tote Gruppen sind wir, wenn wir hassen,
Götter, wenn wir liebend uns umfassen.

Schiller, Die Freundschaft

Wer von reiner Lieb entbrannt,
wird vom lieben Gott erkannt.

Goethe, Divan, Buch der Betrachtungen

Gott ist nahe, wo die Menschen einander Liebe zeigen.

Pestalozzi

Wo ich Liebe sehe, ist mir's immer, als wäre ich im Himmel. (Bernardo)

Goethe, Erwin und Elmire

Die Freude und der Schmerz,
die stritten um die Wette,
wer an das Menschenherz
das meiste Anrecht hätte.
Da trat die Lieb' hinzu
und sprach: O, laßt das Streiten!
Mein ist das Menschenherz,
ihr sollt es nur begleiten.

Pauline Hoffmann

Was mir in der Gegenwart angenehm ist, sich abwesend mir immer darstellt, den Wunsch des erneuerten Gegenwärtigseins immerfort erregt, bei Erfüllung dieses Wunsches von einem lebhaften Entzücken, bei Fortsetzung dieses Glücks von einer immer gleichen Anmut begleitet wird, das eigentlich lieben wir, und hieraus folgt, daß wir alles lieben können, was zu unserer Gegenwart gelangen kann.

Goethe,
Maximen und Reflexionen,
Aus Kunst und Altertum 1827

Die Liebe ist ein Raub der Natur an der Gesellschaft.

Rivarol

Man kann niemand lieben, als dessen Gegenwart man sicher ist, wenn man sein bedarf.

Goethe,
Maximen und Reflexionen, Nachlaß,
Über Literatur und Leben

Alles, was wir wirklich lieben, ist unersetzlich, und alles, wofür Ersatz nur denkbar ist, haben wir niemals wahrhaftig geliebt.

Gustav Nieritz

In der Kindheit beschränkt sich unsere Liebe auf Eltern, Geschwister und Schulkameraden, in der Jugend aufs Geschlecht. Im mittleren Alter lieben wir Vaterland, Ehren, Studien, im Alter die Menschheit.

Karl Julius Weber
Demokritos III, 7

Keine Frau kann zu gleicher Zeit ihr Kind und die vier Weltteile lieben. Aber der Mann kann es.

Jean Paul

Die Zahl derer, die wir lieben, läßt sich nicht beliebig vergrößern. In demselben Grade, in dem wir einen neuen Menschen in unser Herz aufnehmen, wird unmerklich ein anderer daraus verdrängt.

Graff

Der Geist glaubt von Natur, und der Wille liebt von Natur, und so müssen sie sich an falsche Objekte hängen, wenn wahre fehlen.

Pascal

Sonne kann nicht ohne Schein,
Mensch nicht ohne Liebe sein.

Goethe, Concerto Dramatico

Lieben heißt leiden. Man kann sich nur
gezwungen (natura) dazu entschließen.
Das heißt: Man muß es nur; man will
es nicht.

Goethe, zu Riemer, 11. 7. 1810

Das ist der Liebe heiliger Götterstrahl,
der in die Seele schlägt und trifft und
         zündet.
Wenn sich Verwandtes zum Verwand-
       ten findet,
da ist kein Widerstand und keine Wahl:
Es löst der Mensch nicht, was der Him-
    mel bindet. (Don Manuel)

Schiller,
Die Braut von Messina II, 5

Es ist immer etwas Wahnsinn in der
Liebe. Es ist aber immer auch etwas
Vernunft im Wahnsinn.

Nietzsche, Zarathustra I,
Vom Lesen und Schreiben

Was aus Liebe getan wird, geschieht
immer jenseits von Gut und Böse.

Nietzsche,
Jenseits von Gut und Böse 153

Verliebte Neigung schmält man nicht
       hinweg. (Tranio)

Shakespeare,
Der Widerspenstigen Zähmung I, 1

Laß ab, mich anzuziehn,
so hab' ich, dir zu folgen, keine Macht.
        (Helena)

Shakespeare,
Ein Sommernachtstraum II, 1

Principiis obsta sero medicina paratur.
Sträube dich gleich zu Beginn; zu spät
  wird bereitet der Heiltrank.

Ovid, Remedia amoris 91

Gar manches Herz verschwebt im All-
        gemeinen,
doch widmet sich das edelste dem
        Einen.

Goethe, Urworte Orphisch, Liebe

Liebe deinen Nächsten wie dich selbst!

Galater 5, 14

Den Nächsten lieben heißt Gott in seinem Bilde lieben.

Nicolaus von Cues

Wie kann einer Gott lieben, der nicht
seine Werke liebt?

Börne,
Der Narr im Weißen Schwan 5

Das ist der Witz ihrer Nächstenliebe:
Nie den zu lieben, der da ist, sondern
immer nur den Nächsten, der kommen
soll.

Martin Kessel

Es ist schwer, die zu lieben, die wir nicht schätzen, aber nicht minder schwer, die zu lieben, die wir höher schätzen als uns.

La Rochefoucauld, Reflexionen

Man liebt weder Vater, noch Mutter, noch Frau, noch Kind, sondern die an-genehmen Empfindungen, die sie uns machen.

Lichtenberg,
Philosophische Bemerkungen

Nicht einmal sich selbst vermag der Mensch zu lieben, es sei denn, daß er sich als Ewiges erfasse.

Fichte,
Reden an die deutsche Nation 8

Liebe II

Magnetes Geheimnis, erkläre mir das!
Kein größer Geheimnis als Lieb und Haß.

Goethe, Gott, Gemüt und Welt

Beurteilt man die Liebe nach ihren Wirkungen, so hat sie mehr vom Haß als von der Freundschaft an sich.

La Rochefoucauld, Reflexionen

Liebe ist Eitelkeit und Selbstsucht vom Anfang bis zum Ende.

Byron

Die Liebe besteht zu drei Vierteln aus Neugier.

Casanova

Manche würden sich niemals verliebt haben, wenn sie nie etwas von der Liebe gehört hätten.

La Rochefoucauld, Reflexionen

Eure Liebe zum Weibe und des Weibes Liebe zum Manne: Ach, möchte sie doch Mitleiden sein mit leidenden und verhüllten Göttern! Aber zumeist er-raten zwei Tiere einander.

Nietzsche,
Zarathustra I, Von Kind und Ehe

Liebe mag für primitive Naturen ein körperliches Bedürfnis darstellen. Gei-stigen Menschen bedeutet sie das fes-selndste Erlebnis der ganzen Schöp-fung.

Balzac

Der Wunder größtes ist die Liebe.

Hoffmann von Fallersleben

O Liebe, du unendlich Weltenmeer!
Kein Auge sah noch jemals deine Ufer, kein Taucher kam dir je noch auf den Grund.
Du stehest da in fabelhafter Größe, o aller Riesen Riese!

Alexander Petöfi

So grenzenlos ist meine Huld, die Liebe
so tief ja wie das Meer. Je mehr ich
gebe,
je mehr auch hab' ich: Beides ist unendlich. (Julia)

Shakespeare, Romeo und Julia II, 2

Es ist doch keine Lust und keine Seligkeit,
die übertreffen kann der Liebe Süßigkeit.

Angelus Silesius,
Der Cherubinische Wandersmann

Aus der Frauen Rosenmunde
kommt, was tief im Herzensgrunde
jeden Mann erfreuen mag.
Reiner Frauen süßes Lachen
kann uns fröhlicher noch machen
als der blütenreiche Hag.
Wie auch süß ein Ton erklinget,
wie der Wald in Pracht auch steht,
wie die Heide Blumen bringet,
wie die Nachtigall auch singet,
Frauenhuld doch drüber geht!

Der Kanzler (um 1300)

Welch Glück, geliebt zu werden,
und lieben, Götter, welch ein Glück!

Goethe, Willkommen und Abschied

Was das Leben auch hienieden
uns an Wonne bieten mag,
Süßeres wird uns nicht beschieden
als ein Liebesfrühlingstag.

Julius Sturm

Wie soll ich fliehen?
Wälderwärts ziehen?
Alles vergebens!
Krone des Lebens,
Glück ohne Ruh,
Liebe, bist du!

Goethe, Rastlose Liebe

Wenn dir's im Kopf und Herzen
schwirrt,
was willst du Beßres haben!
Wer nicht mehr liebt und nicht mehr
irrt,
der lasse sich begraben.

Goethe, Das Beste

Freu dich nicht so sehr, daß du geliebt
wirst, als daß du lieben kannst!

Lavater

Es ist mit der Liebe wie mit dem Leben, wie mit dem Atemholen. Freilich
ziehe ich die Luft in mich. Willst du
das auch Eigennutz nennen? Aber ich
hauche sie wieder aus und sage mir,
wenn du in der Frühlingssonne sitzest
und für Wonne dein Busen stärker atmet, ist das Hauchen nicht eine größere
Wonne als das Atemholen; denn das
ist Mühe, jenes ist Ruhe?

Goethe,
Fragment eines Romans in Briefen

Was ist es, sprich, was bei den Menschen „Liebe" heißt?
O, Kind, das Süßeste und Bitterste zugleich.

Euripides, Hippolyt 347

Gar viele Dinge sind in dieser Welt,
die man dem andern gönnt und gerne
teilt;
jedoch es ist ein Schatz, den man allein
dem Hochverdienten gerne gönnen
mag,
ein andrer, den man mit dem Höchst-
verdienten
mit gutem Willen niemals teilen wird.
Und fragst du mich nach diesen beiden
Schätzen:
Der Lorbeer ist es und die Gunst der
Frauen. (Antonio)

Goethe, Tasso III, 4

Lieb' ist ein Rauch, den Seufzerdämpf'
erzeugten,
geschürt, ein Feu'r, von dem die Augen
leuchten,
gequält, ein Meer, von Tränen ange-
schwellt.
Was ist sie sonst? Verständ'ge Raserei
und ekle Gall und süße Spezerei.
(Romeo)

Shakespeare, Romeo und Julia I, 1

Liebe hört auf keine Lehre,
weiß im Leben nicht ein noch aus.
Wenn's nicht eben die Liebe wäre,
sie sperrten sie ins Irrenhaus.

Friedrich Halm,
Lieder der Liebe, Vorspruch

Weise sein und lieben vermag kein
Mensch. (Cressida)
Shakespeare,
Troilus und Cressida III, 2

Liebe ist eine bloße Tollheit, und ich
sage Euch, verdient ebensogut eine
dunkle Zelle und Peitsche wie andere
Tolle. Und die Ursache, warum sie nicht
so gezüchtigt und geheilt wird, ist, weil
sich diese Mondsucht so gemein gemacht hat, daß die Zuchtmeister selbst
verliebt sind. (Rosalinde)

Shakespeare,
Wie es Euch gefällt III, 2

Entsinnst du dich der kleinsten Torheit
nicht,
in welche dich die Liebe je gestürzt,
so hast du nicht geliebt.
Und hast du nicht gesessen wie ich
jetzt,
den Hörer mit der Liebsten Preis er-
müdend,
so hast du nicht geliebt.
Und brachst du nicht von der Gesellschaft los,
mit eins, wie jetzt die Leidenschaft
mich heißt,
so hast du nicht geliebt. (Silvius)

Shakespeare,
Wie es Euch gefällt II, 4

Süße Liebe denkt in Tönen;
denn Gedanken stehn zu fern.

Tieck, Liebeslust

Ein vornehmer Mann verliebt sich wie
ein Narr, aber nicht wie ein Dummkopf.

La Rochefoucauld

Die Liebe hat nicht nur Rechte. Sie hat
auch immer recht.

Ebner-Eschenbach

So ist die Liebe beschaffen, daß sie allein Rechte zu haben glaubt und alle anderen Rechte vor ihr verschwinden.

Goethe, Die Wahlverwandtschaften I, 12

Wenn ein Mann und eine Frau füreinander eine heftige Leidenschaft haben, so kommt es mir immer vor, als ob die beiden Liebenden, welche Hindernisse auch immer – ein Gatte, Eltern usw. – sie trennen mögen, durch die Natur und nach göttlichem Rechte einander gehören, allen Gesetzen und Konventionen zum Trotz.

Chamfort, Maximen VI

Wer liebt, der weiß, was er der Liebe
schuldig.
Wer ihren Schmerz und ihre Wonne
kennt,
dem ist die fremde wie die eigne heilig.

Houwald

Tadelt man, daß wir uns lieben,
dürfen wir uns nicht betrüben:
Tadel ist von keiner Kraft.
Andern Dingen mag das gelten;
kein Mißbilligen, kein Schelten
macht die Liebe tadelhaft.

Goethe, Denk- und Sendeblätter

Wenn ihr Freunde vergeßt, wenn ihr
den Künstler höhnt
und den tieferen Fleiß klein und gemein versteht,
Gott vergibt es. Doch stört nur
nie den Frieden der Liebenden!

Hölderlin, Das Unverzeihliche

Mir ist auf der Straße ein sehr armer junger Mann begegnet, der verliebt war. Sein Hut war alt, sein Mantel abgetragen; Wasser rann durch seine Schuhe. Aber Sterne zogen durch seine Seele.

Victor Hugo

Heil sei allen, die sich lieben, Fluch denen, die nie Liebe fühlten, und schwerster Fluch jenen, die die Liebe anderer hindern!

Pompejanische Inschrift

„Die Liebe muß sein platonisch",
der dürre Hofrat sprach.
Die Hofrätin lächelt ironisch,
und dennoch seufzet sie: „Ach!"
Der Domherr öffnet den Mund weit:
„Die Liebe sei nicht zu roh,
sie schadet sonst der Gesundheit."
Das Fräulein lispelt: „Wieso?"
Die Gräfin spricht wehmütig:
„Die Liebe ist eine Passion!"
und präsentieret gütig
die Tasse dem Herrn Baron.

Heine, Buch der Lieder,
Lyrisches Intermezzo 50

Die Liebe hat zwei Töchter: Die Güte und die Geduld.

Sprichwort

Gibt es eine reine Liebe, in die sich gar keine anderen Leidenschaften einmengen, so hält sie sich, uns selber unbekannt, im innersten Herzen verborgen.

La Rochefoucauld, Reflexionen

Die Liebe gibt ihren Namen für zahllose Verhältnisse her, an denen sie keinen größeren Anteil hat als der Doge an den Vorgängen in Venedig.

La Rochefoucauld, Reflexionen

Lieben

In der Liebe versteht man einander nur, wenn man nichts zueinander sagt.

Aus Schweden

Wenn sie mich an sich lockte,
war Rede nicht im Brauch,
und wie die Zunge stockte,
so stockt die Feder auch.

Goethe, Divan, Buch Suleika

Zu Liebesboten taugen nur Gedanken,
die zehnmal schneller fliehn als Sonnenstrahlen,
wenn sie die Nacht von finstern Hügeln scheuchen. (Julia)

Shakespeare, Romeo und Julia II, 5

Die Lieb' ist blind. Das Dunkel ist ihr recht. (Benvolio)

Shakespeare, Romeo und Julia II, 2

Liebe und Husten lassen sich nicht verbergen.

Sprichwort

Verschämte Lieb', ach! sie verrät sich schnell. (Olivia)

Shakespeare, Was ihr wollt III, 2

Kein steinern Bollwerk kann der Liebe wehren,
und Liebe wagt, was Liebe irgend kann. (Romeo)

Shakespeare, Romeo und Julia II, 2

Die Liebe kriecht, wo sie nicht gehen kann.

Aus Großbritannien

Liebe ist heftiger als Selbstliebe; denn man kann auch eine Frau lieben, die einen verachtet.

Vauvenargues, Nachgelassene Maximen

Wenn ich dich lieb habe, was geht's dich an?

Goethe, Wilhelm Meisters Lehrjahre IV, 9

Kennst du das herrliche Gift der unbefriedigten Liebe?
Es versengt und erquickt, zehrt am Mark und erneuts.

Goethe, Vier Jahreszeiten 30

Jeglichem wurde das Recht zu lieben.
Glücklich zu lieben
ist ein göttlich Geschenk, das du aus Gnaden empfängst.

Geibel, Distichen vom Strande, 1. Tag

Viele Lieb hab ich erlebet,
wenn ich liebelos gestrebet,
und Verdrießliches erworben,
wenn ich fast für Lieb gestorben.
So du es zusammengezogen,
bleibet Saldo dir gewogen.

Goethe, Sprichwörtlich

Willst du mit reinem Gefühl der Liebe
        Freuden genießen,
o, laß Frechheit und Ernst ferne vom
        Herzen dir sein!
Jene will Amorn verjagen, und dieser
        denkt ihn zu fesseln.
Beiden das Gegenteil lächelt der schel-
        mische Gott.

Goethe,
Venezianische Epigramme 83

Der Flirt ist die Kunst, einer Frau in
die Arme zu sinken, ohne ihr in die
Hände zu fallen.

Sacha Guitry

In der Liebe mußt du dreimal geben,
bevor du einmal nehmen darfst.

Aus Brasilien

Liebe, die von Herzen liebt,
ist am reichsten, wenn sie gibt.
Liebe, die von Opfern spricht,
ist schon rechte Liebe nicht.

Geibel, Sprüche 42

Der Liebende gibt sich dem andern; der
Verliebte nimmt sich den andern.

Johann Jakob Moser

Die Liebe lebt von liebenswürdigen
Kleinigkeiten.

Fontane

Liebe besteht nicht darin, in den anderen hineinzustarren, sondern darin, gemeinsam nach vorn zu blicken.

Antoine de Saint-Exupery

Die heilige Liebe
strebt zu der höchsten Frucht gleicher
        Gesinnungen auf,
gleicher Ansicht der Dinge, damit in
        harmonischem Anschaun
sich verbinde das Paar, finde die hö-
        here Welt.

Goethe,
Die Metamorphose der Pflanzen

Manche Menschen sind so von sich erfüllt, daß sie noch in der Verliebtheit
Wege finden, sich statt mit der Person,
die sie lieben, mit ihrer Leidenschaft
zu beschäftigen.

La Rochefoucauld, Reflexionen

Sie kann nicht lieben,
noch Bild und Form der Neigung in
        sich prägen,
so ist sie in sich selbst vergafft. (Hero)

Shakespeare,
Viel Lärmen um Nichts III, 1

Wer keinen Menschen machen kann,
der kann auch keinen lieben.

Schiller, Männerwürde

Wer liebt, des Auge schaut den Adler
blind.
Wer liebt, des Ohr vernimmt den
schwächsten Laut,
wo selbst des Diebs argwöhnisch Horchen taub ist.
Die Liebe fühlt empfindlicher und
feiner
als der beschalten Schnecke zartes
Horn.
Schmeckt sie, wird Bacchus' leckre
Zunge stumpf. (Biron)

Shakespeare, Liebes Leid und Lust IV, 3

O, daß der Sinnen doch so viele sind!
Verwirrung bringen sie ins Glück herein.
Wenn ich dich sehe, wünsch ich, taub
zu sein,
wenn ich dich höre, blind.

Goethe, Divan, Buch Suleika

Nimm mir
das Aug', so hör' ich ihn, das Ohr, ich
fühl' ihn,
mir das Gefühl hinweg, ich atm' ihn
noch!
Nimm Aug' und Ohr, Gefühl mir und
Geruch,
mir alle Sinn' und gönne mir das
Herz,
so läßt du mir die Glocke, die ich
brauche:
Aus einer Welt noch find ich ihn heraus. (Alkmene)

Kleist, Amphitryon II, 4

Man ist allein mit allem, was man
liebt.

Novalis

Wenn sich das Herz dem Herzen gibt,
so lauter, daß kein Hauch es trübt,
wenn alles andre es vergißt
und sich so fest und gut verschließt,
daß niemand sonsten es wird inne:
Die Minne ist die rechte Minne.

Wolfram von Eschenbach

Dem Frieden Gottes, welcher euch hienieden
mehr als Vernunft beseliget – wir lesens –,
vergleich ich wohl der Liebe heitern
Frieden
in Gegenwart des allgeliebten Wesens.
Da ruht das Herz, und nichts vermag
zu stören
den tiefsten Sinn, den Sinn, ihr zu gehören.

Goethe,
Trilogie der Leidenschaft, Elegie

Immer allein sind Liebende sich in der
größten Versammlung.

Goethe, Der neue Pausias

Verliebten ist das Zusammensein darum nicht langweilig, weil sie immer
von sich sprechen.

La Rochefoucauld, Reflexionen

Wie zahm, wenn Mann und Frau allein gelassen,
der lahmste Wicht die tollste Spröde
stimmt. (Petruchio)

Shakespeare,
Der Widerspenstigen Zähmung II, 1

Der Mann mag das Geliebte laut be-
grüßen,
geschäftig für sein Wohl liebt still das
Weib. (Rhamnes)

Grillparzer, Sappho I, 1

Die Bewunderung preist, die Liebe ist
stumm.   *Börne*

Sagen zu können, wie man liebt, heißt
wenig lieben.

Petrarca

Liebende

Er ist ja schon tot: Durchbohrt von
einer weißen Dirne schwarzem Auge,
durchs Ohr geschossen mit einem Lie-
besliedchen, seine Herzensscheibe durch
den Pfeil des kleinen blinden Schützen
mitten entzwei gespalten. (Mercutio)

Shakespeare, Romeo und Julia II, 4

In ihren Augen schmeichelnd abgespie-
gelt!
In finstern Runzeln ihrer Stirn gehängt!
Im Herzen ihr gefesselt und verriegelt!
So rühmt er sich, von Liebespein bedrängt.
Nur schade, daß, wo Huld und Schönheit thront,
gehängt, gefesselt, solch ein Tölpel
wohnt. (Bastard)

Shakespeare, König Johann II, 1

Fürs erste habt Ihr gelernt wie Herr
Proteus, Eure Arme ineinander zu
winden wie ein Mißvergnügter, an
einem Liebesliede Geschmack zu finden
wie ein Rotkehlchen, zu ächzen wie ein
Schulknabe, der sein Abc verloren hat,
zu weinen wie eine junge Dirne, die

ihre Großmutter begrub, zu fasten wie
einer, der in der Hungerkur liegt, zu
wachen wie einer, der Einbruch fürchtet, winselnd zu reden wie ein Bettler
am Allerheiligentage. Ihr pflegtet sonst,
wenn Ihr lachtet, wie ein Hahn zu krähen, wenn Ihr einherginget, wie ein
Löwe zu wandeln. Wenn Ihr fastetet,
war es gleich nach dem Essen, wenn Ihr
finster blicktet, war es, weil Euch Geld
fehlte. Und jetzt seid Ihr von Eurer
Dame verwandelt, daß, wenn ich Euch
ansehe, ich Euch kaum für meinen
Herrn halten kann. (Flink)

Shakespeare, Die beiden Veroneser II, 1

Denn so wie ich sind alle Liebenden,
unstet und launenhaft in jeder Regung.
(Herzog)

Shakespeare, Was ihr wollt II, 4

Verliebte sehen nicht
die artigen Kinderein, die sie begehen.
(Jessica)

Shakespeare,
Der Kaufmann von Venedig II, 6

Rosalinde: Es ist keins von meines On-
kels Merkmalen an Euch zu finden. Er
lehrte mich einen Verliebten erkennen;
ich weiß gewiß, Ihr seid kein Gefang-
ner in diesem Käficht.
Orlando: Was waren seine Merkmale?
Rosalinde: Eingefallene Wangen, die
Ihr nicht habt; Augen mit blauen Rän-
dern, die Ihr nicht habt; ein ungeselli-
ger Sinn, den Ihr nicht habt; ein ver-
wilderter Bart, den Ihr nicht habt.
Doch den erlasse ich Euch, denn, aufrichtig, was Ihr an Bart besitzet, ist
eines jüngeren Bruders Einkommen.
Dann sollten Eure Kniegürtel lose
hängen, Eure Mütze nicht gebunden
sein, Eure Ärmel aufgeknöpft, Eure
Schuhe nicht zugeschnürt, und alles
und jedes an Euch müßte eine nachläs-
sige Trostlosigkeit verraten.

Shakespeare,
Wie es Euch gefällt III, 2

Verliebte sehen nährt Verliebter Sinn.
(Rosalinde)

Shakespeare,
Wie es Euch gefällt III, 5

Was ist eine Geliebte? Eine Frau, bei
der man alles vergißt, was man sonst
auswendig weiß, das heißt alle Fehler
ihres Geschlechts.

Chamfort, Maximen VI

Man liebt umso weniger, je mehr man
urteilt.

Chamfort, Maximen II

Mannräuschlein nannte man im sieb-
zehnten Jahrhundert gar ausdrucks-
voll die Geliebte.

Goethe, Maximen und Reflexionen,
Aus Kunst und Altertum 1824

Der liebt nicht, der die Fehler des Geliebten nicht für Tugenden hält.

Goethe,
Maximen und Reflexionen, Nachlaß,
Über Literatur und Leben

Es genügt nicht, geliebt, man muß ge-
würdigt werden, und man wird es nur
durch unseresgleichen. Darum gibt es
keine, zumindest keine dauerhafte Liebe
bei zu großer Überlegenheit eines Teils.

Chamfort, Maximen VI

Die wahre Liebe würdigt ihren Gegenstand. Aber das ist die wahre Liebe
nicht, die nur das Würdige liebt.

Börne

Liebe macht blind.

Sprichwort

Nenne mir den weiten Mantel, drun-
ter alles sich verstecket!
Liebe tut's, die alle Mängel gerne hüllt
und fleißig decket.

Logau, Die Liebe

Den Augen eines Verliebten sind selbst
Pockennarben Grübchen.

Aus Japan

In der Freundschaft sehen wir nur die Fehler, die unseren Freunden zum Nachteil gereichen. In der Liebe sehen wir nur die Fehler, durch die wir selbst leiden.

La Bruyère

Liebe darf nicht nur schenken und geben. Liebe muß tausendmal verzeihen.

Gertrud Maassen

Man verzeiht Fehler in der Liebe leichter als in der Freundschaft.

La Bruyère

Trau keinem Freunde sonder Mängel und lieb ein Mädchen, keinen Engel!

Lessing, In ein Stammbuch

Doch bin ich, wie ich bin,
und nimm mich nur hin!
Willst du Beßre besitzen,
so laß dir sie schnitzen!

Goethe, Liebhaber in allen Gestalten

Du sollst dir kein Ideal machen, weder eines Engels im Himmel, noch eines Helden aus einem Gedicht oder Roman, noch eines selbstgeträumten oder phantasierten, sondern du sollst einen Mann lieben, wie er ist; denn die Natur, deine Herrin, ist eine strenge Gottheit, welche die Schwärmerei der Mädchen heimsucht bis ins dritte und vierte Zeitalter ihrer Gefühle.

Schleiermacher

Wer seinen Hund liebt, muß auch seine Flöhe lieben.

Bantuweisheit

Die meisten Menschen brauchen mehr Liebe, als sie verdienen.

Ebner-Eschenbach, Aphorismen

Der Mann macht sich das Bild des Weibes, und das Weib bildet sich nach diesem Bilde.

Nietzsche

In der Liebe sind alle Männer fortgeschrittene Anfänger.

Madame de Pontigny

Partnerwahl

Der eine liebt den Herrn Pfarrer, der andere seine Köchin.

Aus Griechenland

Wähle doch das Weib
sich einen Ältern stets! (Herzog)

Shakespeare, Was ihr wollt II, 4

Es ist die Frage, was man im Leben
sucht, Unterhaltung oder Liebe. Im ersten Falle darf man es nicht allzu genau mit der moralischen, im zweiten
nicht allzu genau mit der geistigen Beschaffenheit der Menschen nehmen,
mit denen man sich umgibt.

Ebner-Eschenbach, Aphorismen

Die Mädels sind doch sehr interessiert,
ob einer fromm und schlicht nach altem Brauch.
Sie denken: Duckt er da, folgt er uns
eben auch. (Mephistopheles)

Goethe, Faust 1, Marthens Garten

Fraun, gewöhnt an Männerliebe,
Wählerinnen sind sie nicht,
aber Kennerinnen!
Und wie goldlockigen Hirten
vielleicht schwarzborstigen Faunen,
wie es bringt die Gelegenheit,
über die schwellenden Glieder
vollerteilen sie. gleiches Recht. (Chor)

Goethe, Faust 2, III, Innerer Burghof

Jede Frau, die einen Liebhaber nimmt,
denkt mehr darüber nach, wie andere
Frauen diesen Mann sehen, als wie er
ihr selbst erscheint.

Chamfort, Maximen VI

So wähl dir eine jüngere Geliebte,
sonst hält unmöglich deine Liebe stand.
Denn Mädchen sind wie Rosen: Kaum
entfaltet,
ist ihre holde Blüte schon veraltet.
(Herzog)

Shakespeare, Was ihr wollt II, 4

Reich muß sie sein, das ist ausgemacht;
verständig, oder ich mag sie nicht; tugendhaft, oder ich biete gar nicht auf
sie; schön, oder ich sehe sie nicht an;
sanft, oder sie soll mir nicht nahekommen; edel, oder ich nehme sie nicht und
gebe man mir noch einen Engel zu;
angenehm in ihrer Unterhaltung, vollkommen in der Musik: Und wenn sie
das alles ist, so mag ihr Haar eine
Farbe haben, wie es Gott gefällt.
(Benedict)

Shakespeare,
Viel Lärmen um Nichts II, 3

Herr Bruder, nein! Ich bin nicht gern
geniert.
Geschwind, daß wir das Wildbret nicht
verlieren!
Die Hand, die samstags ihren Besen
führt,
wird sonntags dich am besten kares-
sieren. (Erster Schüler)

Goethe, Faust 1, Vor dem Tor

Amor führte mich klug allen Palästen
vorbei.
Ihm ist es lange bekannt, auch hab ich
es selbst wohl erfahren,
was ein goldnes Gemach hinter Tapeten verbirgt.

Goethe, Römische Elegien I, Entwurf

Die Königinnen lieben schlecht. Ein
Weib,
das lieben kann, versteht sich schlecht
auf Kronen. (Prinzessin)

Schiller, Don Carlos II, 8

Liebesursache

Si vis amari, ama!
Willst du geliebt werden, so liebe!

Seneca, Episteln 9

Du sollst nicht geliebt sein wollen, wo
du nicht liebst.

Schleiermacher

Man sei erst liebenswert, wenn man geliebt sein will. (Sophie)

Goethe, Die Mitschuldigen I, 2

Sie ist
das Einzige auf diesem Rund der Erde,
was keinen Käufer leidet als sich selbst.
Die Liebe ist der Liebe Preis.
(Prinzessin Eboli)

Schiller, Don Carlos II, 8

Das widrigste Tier von Mensch, das ich
fand, das taufte ich Schmarotzer. Das
wollte nicht lieben und doch von Liebe
leben.

Nietzsche,
Zarathustra III, Vom Geist der Schwere 2

Achtung erwirbt, was du tust.
Liebe verschafft, was du bist.

August Mahlmann

Innig mir verbunden
warst du in Äonen, die verschwunden.
Meine Muse sah es auf der trüben
Tafel der Vergangenheit geschrieben.

Schiller, Das Geheimnis der Reminiszenz

Du suchst umsonst auf irrem Pfade
die Liebe dir im Drang der Welt.
Ein Wunder ist die Liebe, Gnade,
die wie der Tau vom Himmel fällt.
Sie kommt wie Nelkenduft im Winde,
sie kommt, wie durch die Nacht gelinde
aus Wolken fließt des Mondes Schein.
Da gilt kein Ringen, kein Verlangen.
In Demut magst du sie empfangen,
als kehrt' ein Engel bei dir ein.

Geibel, Minnelied

Mich drangs, so grade zu genießen,
und fühle mich in Liebestraum zerfließen!
Sind wir ein Spiel von jedem Druck
der Luft? (Faust)

Goethe, Faust 1, Abend

Wie Schatten flieht die Lieb', indem
man sie verfolgt.
Sie folgt dem, der sie flieht, und flieht
den, der ihr folgt. (Fluth)

Shakespeare,
Die lustigen Weiber von Windsor II, 2

Viele Dinge sind's,
die wir mit Heftigkeit ergreifen sollen;
doch andre können nur durch Mäßigung
und durch Entbehren unser eigen werden:
So, sagt man, sei die Tugend, sei die
Liebe,
die ihr verwandt ist. (Prinzessin)

Goethe, Tasso II, 1

Eine Frage ist es, die zu lösen bliebe,
ob Lieb' das Glück führt oder Glück
die Liebe.
Der Große stürzt: Seht seinen Günstling fliehn!
Der Arme steigt, und Feinde lieben
ihn.
Soweit scheint Liebe nach dem Glück
zu wählen:
Wer ihn nicht braucht, dem wird ein
Freund nicht fehlen,
und wer in Not versucht den falschen
Freund,
verwandelt ihn sogleich in einen Feind.
(König im Schauspiel)

Shakespeare, Hamlet III, 2

Die Liebe nennet sich zuerst Vertraulichkeit. (Sophie)

Goethe, Die Mitschuldigen II, 4

Aus Mitleid wird die Liebe oft geboren.
Folgt Mitleid, ist die Liebe bald verloren.

Liliencron, Poggfred 8

Sie liebte mich, weil ich Gefahr bestand;
ich liebte sie um ihres Mitleids willen:
Das ist der ganze Zauber, den ich
brauchte. (Othello)

Shakespeare, Othello I, 3

Seid versichert, daß kein Liebesmäkler
in der Welt einen Mann den Frauen
kräftiger empfehlen kann als der Ruf
der Tapferkeit. (Junker Tobias)

Shakespeare, Was ihr wollt III, 2

Nur der verdient die Gunst der Frauen,
der kräftigst sie zu schützen weiß.
(Faust)

Goethe, Faust 2, III, Innerer Burghof

Wir armen Fraun, wir dürfen's nicht
verhehlen:
Des Augs Verirrung lenkt zugleich die
Seelen. (Cressida)

Shakespeare, Troilus und Cressida V, 2

Begierde ward entflammt durch Aug
und Ohr,
zwei wackern Lotsen durch die schroffen Klippen
von Trieb und Urteil. (Troilus)

Shakespeare, Troilus und Cressida II, 2

Ist es nicht besser, in die Hände eines
Mörders zu geraten als in die Träume
eines brünstigen Weibes?

Nietzsche,
Zarathustra I, Von der Keuschheit

Ich liebe die Männer nicht, weil es
Männer sind, sondern weil es keine
Frauen sind.

Christine von Schweden

Es vergnügt sie, einen stolzen Menschen, wie ich bin, an ihrem Fußschemel
angekettet zu sehen. Sie hat weiter
nicht auf ihn acht, solange er ruhig
liegt. Will er sich aber losreißen, dann

fällt er ihr erst wieder ein; ihre Liebe
erwacht wieder.

> Goethe,
> an Ernst Wolfgang Behrisch, 20. XI. 1767

Die Liebe geht durch den Magen.

> *Sprichwort*

Er sieht, daß Du gehorchst, drum liebt
Dich der Tyrann,
damit er jemand hat, dem er befehlen
kann. (Egle)

> *Goethe,* Die Laune des Verliebten 1

Gehorchen lern' ich, eh' ich lieben will.
(Luciana)

> *Shakespeare,*
> Die Komödie der Irrungen II, 1

Ist Gehorsam im Gemüte,
wird nicht fern die Liebe sein.

> *Goethe,* Der Gott und die Bajadere

In der Freundschaft wie in der Liebe ist
man oft glücklicher durch das, was man
nicht weiß, als durch das, was man
weiß.

> *La Rochefoucauld,* Reflexionen

Liebeswerbung

Sie ist ein Weib, drum darf man um sie
werben.
Sie ist ein Weib, drum kann man sie
gewinnen. (Demetrius)

> *Shakespeare,* Titus Andronicus II, 1

Geh den Weibern zart entgegen,
du gewinnst sie, auf mein Wort.
Und wer rasch ist und verwegen,
kommt vielleicht noch besser fort.
Doch wem wenig dran gelegen
scheinet, ob er reizt und rührt,
der beleidigt, der verführt.

> *Goethe,*
> Antworten bei einem gesellschaft-
> lichen Fragespiel, Der Erfahrene

Die Mehrzahl der Frauen ergibt sich
eher aus Schwäche als aus Leidenschaft:
Daher kommt es, daß unternehmungs-
lustige Männer gewöhnlich eher zum
Ziele gelangen als die andern, obwohl
sie nicht liebenswerter sind.

> *La Rochefoucauld,* Unterdrückte Maximen

Don Juan ist nicht der Mann, der die
Frauen liebt, sondern der Mann, den
die Frauen lieben.

> *Ortega y Gasset*

Ein Don Juan ist ein Mann, der den
Frauen beim Fallen behilflich ist.

> *Adolf Wohlbrück*

Eine Frau, die sich verführen läßt, ka-
pituliert vor sich selbst, nicht vor dem
Mann.

> *Verfasser unbekannt*

O Liebe, süß verführend! Wenn du
sündigest,
so lehr auch den Verführten sich entschuldigen! (Proteus)

Shakespeare,
Die beiden Veroneser II, 6

Der Mutter schenk ich,
die Tochter denk ich.

Goethe, Sprichwörtlich

Und wären Mädchen noch so blöde,
und wären Weiber noch so spröde:
Doch allen wird so liebebang,
bei Zaubersaiten und Gesang.

Goethe, Der Rattenfänger

Als ich zum erstenmal dich sah,
verstummten meine Worte;
es löste all mein Denken sich
in schwellende Akkorde.
Drum steh' ich arm Trompeterlein
musizierend auf dem Rasen,
kann dir nicht sagen, was ich will,
kann meine Lieb' nur blasen.

Scheffel, Der Trompeter von Säckingen

Kann der Blick nicht überzeugen,
überred't die Lippe nicht. (Berta)

Grillparzer, Die Ahnfrau II

Diese Gesellen von endloser Zunge, die
sich in die Gunst der Frauen hineinrei-
men können, wissen sich auch immer
herauszuvernünfteln. (König Heinrich)

Shakespeare, König Heinrich V. V, 2

Mädchen, fürchtet rauher Leute
buhlerische Wollust nie!
Die im ehrfurchtsvollen Kleide
viel von unschuldsvoller Freude
reden, Mädchen, fürchtet die!

Goethe, Ziblis

Traut seinen Schwüren nicht: Denn sie
sind Kuppler,
nicht von der Farbe ihrer äußern Tracht,
Fürsprecher sündlicher Gesuche bloß,
gleich frommen, heiligen Gelübden
atmend,
um besser zu berücken. (Polonius)

Shakespeare, Hamlet I, 4

Geschmeid'ge Sklaven, wenn sie um
uns werben,
sind sie Tyrannen gleich, wo sie besitzen. (Turandot)

Schiller, Turandot III, 2

Junge Leute sind bei Frauen verschämte
Reiche und die Greise freche Bettler.

Rivarol

Ungewißheit allein ist die Quelle ro-
mantischer Empfindung.

Wilde

Die Freud ist lange nicht so groß,
als wenn Ihr erst heraus, herum,
durch allerlei Brimborium,
das Püppchen geknetet und zugericht't,
wie's lehrt manche welsche Geschicht.
(Mephistopheles)

Goethe, Faust 1, Straße

In der Liebe gleicht der Reiz der Neu-
heit dem Schmelz, der über den Früchten liegt: Er gibt ihr einen Glanz, der
leicht verblaßt und niemals wiederkehrt.

La Rochefoucauld, Reflexionen

Wie leicht wird's hübschen Gleißnern
nicht, ihr Bild
der Weiber weichen Herzen einzuprä-
gen! (Viola)

Shakespeare, Was ihr wollt II, 2

Ein Mädchen, das lacht, ist schon halb
gewonnen.

Aus Großbritannien

„Nein", sagt ein Mädchen, weil's die
Sitte will,
und wünscht, daß es der Frager deut'
als „Ja". (Julia)

Shakespeare,
Die beiden Veroneser I, 2

Bei Mädchen ist er gern mit Tändelei
zufrieden,
er redet Sentiments und ist nicht zu
ermüden,
doch wenn nur eine Frau ein wenig
spröde tut,
so wundert er sich sehr und greift nach
seinem Hut. (Sophie)

Goethe, Die Mitschuldigen I, 4

Die größte Kunst im Lieben
ist, daß man schweigen kann.

Hofmann von Hofmannswaldau,
Der verschwiegene Schäfer

Ich muß mich ansehn wie eine Person,
die ich noch gar nicht kenne; denn
wahrhaftig, hätte er nicht eine Seite an
mir entdeckt, von der ich selber gar
nichts weiß, er hätte es nicht gewagt,
mit solcher Wut zu entern. (Frau Page)

Shakespeare,
Die lustigen Weiber von Windsor II, 1

Sagt, daß Ihr mich nicht liebt, doch
sagt es nicht
mit Bitterkeit: Der Henker, dessen
Herz
des Tods gewohnter Anblick doch verhärtet,
fällt nicht das Beil auf den gebeugten
Nacken,
bis er sich erst entschuldigt. (Silvius)

Shakespeare, Wie es Euch gefällt III, 5

Ich wittre Unterhaltung bei ihr: Sie
diskuriert, sie legt vor, sie schilt mit
dem Seitenblick der Aufforderung: Ich
konstruiere mir die Wendungen ihres
vertraulichen Stils, und die schwierigste Passage ihres Betragens, in reines
Englisch übersetzt, lautet: Ich bin Sir
John Falstaffs. (Falstaff)

Shakespeare,
Die lustigen Weiber von Windsor I, 3

Ein Tor ist immer willig,
wenn eine Törin will.

Heine, Buch der Lieder,
Die Heimkehr 17

Was nicht reizt, ist tot. (Prinzessin)

Goethe, Tasso II, 1

Welches Fest man auch ersann,
ward umsonst begangen:
Pfänderspiel und Dritter Mann
wollten nicht verfangen;
heute sind die Narren los:
Liebchen, öffne deinen Schoß!
Bleibt wohl einer hangen. (Mutter)

Goethe,
Faust 2, I, Weitläufiger Saal

Die Frauen, von denen die Männer
meinen, sie seien ihnen über den Weg
gelaufen, haben sich ihnen in den meisten Fällen in den Weg gestellt.

Graff

Meine Meinung ist, daß immer die
Frauen den Männern den Antrag machen und nicht wir den Frauen.

Wilde, Lehren und Sätze
zum Gebrauch für die Jugend

Freundschaft hält Stand in allen andern Dingen,
nur in der Liebe Dienst und Werbung
nicht.
Drum brauch' ein Liebender die eigne
Zunge,
es rede jeglich Auge für sich selbst,
und keiner trau' dem Anwalt: Schönheit weiß
durch Zauberkünste Treu in Blut zu
wandeln. (Claudio)

Shakespeare,
Viel Lärmen um Nichts II, 1

Die Forderung, geliebt zu werden, ist
die größte der Anmaßungen.

Nietzsche

Man muß verstehen, ein Schwamm zu
sein, wenn man von übervollen Herzen geliebt sein will.

Nietzsche, Zarathustra I,
Von der Nächstenliebe

Koketterie

Die Koketterie der Frauen ist eine Art
von Notwehr. Sie gleichen mit ihrer
Hilfe den Nachteil, nicht wählen zu
dürfen, wieder aus, indem sie einen
möglichst großen Kreis von Verehrern
und Bewerbern um sich sammeln, unter
denen sie wählen können. Die Koketterie ist ihre Form der Initiative.

Graff

Was man in der Galanterie am wenigsten findet, ist Liebe.

La Rochefoucauld, Reflexionen

Koketterie ist der Grundzug im Charakter der Frauen. Daß sie nicht immer
geübt wird, beruht auf Furchtsamkeit
oder in seltenen Fällen auf vernünftiger Überlegung.

La Rochefoucauld, Reflexionen

Die Blicke sind die große Waffe der tu-
gendsamen Koketterie. Man kann mit
einem Blick alles sagen und kann doch
immer einen Blick ableugnen.

Stendhal, Über die Liebe 1, 27

Mit der Zeit hat in der Galanterie der Reiz des Skandals den Reiz des Geheimnisses abgelöst.

Chamfort, Maximen VI

Es gibt eine so aufreizend große Zahl von Frauen, die mit ihrem eigenen Gatten flirten. Das macht sich so

schlecht. Es sieht so aus, als ob man die eigene Wäsche, um zu zeigen, wie rein sie ist, öffentlich waschen würde. (Algernon)

Wilde, Bunbury I

Das größte Wunder der Liebe: Von Koketterie zu heilen.

La Rochefoucauld, Reflexionen

Liebesschwur

Es gab' ne Zeit, da schwurst du ungefragt:
Kein Wort sei wie Musik in Deinem
Ohr,
kein Gegenstand erfreulich Deinem
Blick,
kein Fühlen je willkommen Deiner
Hand,
kein Maß von Wohlgeschmack für Deinen Gaum,
wenn ich nicht Blick, Wort, Hand und
Becher tauschte. (Adriana)

Shakespeare,
Die Komödie der Irrungen II, 2

Ich schwör' es dir bei Amors stärkstem
Bogen,
bei seinem besten goldgespitzten Pfeil
und bei der Unschuld von Cytherens
Tauben,
bei dem, was Seelen knüpft in Lieb und
Glauben,
bei jenem Feu'r, wo Dido einst verbrannt,
als der Trojaner falsch sich ihr entwandt,
bei jedem Schwur, den Männer je gebrochen,

mehr an der Zahl, als Frauen je gesprochen. (Hermia)

Shakespeare, Ein Sommernachtstraum I, 1

O schwöre nicht beim Mond, dem wandelbaren,
der immerfort in seiner Scheibe wechselt,
damit nicht wandelbar dein Lieben sei!
(Julia)

Shakespeare, Romeo und Julia II, 2

Wir Männer mögen leicht mehr sprechen, schwören,
doch der Verheißung steht der Wille
nach.
Wir sind in Schwüren stark, doch in
der Liebe schwach. (Viola)

Shakespeare, Was ihr wollt II, 5

Man sagt, jeder Liebhaber schwöre, mehr zu vollbringen, als ihm möglich ist, und behalte dennoch Kräfte, die er nie in Anwendung bringt. Er gelobe, mehr als zehn auszuführen, und bringe

kaum den zehnten Teil von dem, was
einer vermöchte, zustande. (Cressida)

Shakespeare,
Troilus und Cressida III, 2

Weiß ich doch,
wenn das Blut kocht, wie das Gemüt
der Zunge
freigebig Schwüre leiht. (Polonius)

Shakespeare, Hamlet I, 4

Auch ist der Schwur eines Liebhabers
nicht zuverlässiger als das Wort eines
Bierschenken: Sie bekräftigen beide
falsche Rechnungen. (Celia)

Shakespeare,
Wie es Euch gefällt III, 4

Dem Liebhaber glaubt ein Mädchen
immer mehr als der Mutter.

Goethe, Kunst, die Spröden zu fangen

Oft beginnt sein Werben ein Galan,
wo's ihm der Müh nicht wert scheint:
Dennoch wirbt er
und schwört, er sei verliebt. (Balthasar)

Shakespeare,
Viel Lärmen um Nichts II, 3

Wenn ein Mann einer Frau verspricht,
sie ewig zu lieben, dann setzt er voraus, daß sie immer liebenswert bleiben
wird.

Michel de Montaigne

Uneigennützige Liebe kann der Mund
mit Frechheit oft beteuern, wenn im
Herzen
der Selbstsucht Ungeheuer lauschend
grinst.
Die Tat allein beweist der Liebe Kraft.
(Gerichtsrat)

Goethe, Die natürliche Tochter V, 9

Wenn du schwörst,
so kannst du treulos werden. Wie sie
sagen,
lacht Jupiter des Meineids der Verliebten. (Julia)

Shakespeare, Romeo und Julia II, 2

Es sollte nicht erlaubt sein, im Zustande
der Verliebtheit einen Entschluß über
sein Leben zu fassen und einer heftigen
Grille wegen den Charakter seiner Gesellschaft ein für allemal festzusetzen:
Man sollte die Schwüre der Liebenden
öffentlich für ungültig erklären und
ihnen die Ehe verweigern: Weil man
die Ehe unsäglich wichtiger nehmen
sollte!

Nietzsche, Morgenröte

Man verliebt sich oft nur in einen
Zustand des anderen, in seine Heiterkeit oder in seine Schwermut. Schwindet dieser Zustand dann, so ist damit
auch der feine besondere Reiz jenes
Menschen geschwunden. Daher die vielen Enttäuschungen.

Morgenstern,
Stufen, Psychologisches, 1906

Liebesleidenschaft

Was ist die Liebe? Eine Leidenschaft, welche den Erdkreis auf die eine Seite legt und auf die andere nichts als den geliebten Gegenstand.

Napoleon I.

Stürzten, flogen, schmolzen Geist und
　　　　　　Geist zusammen;
Lippen, Wangen brannten, zitterten;
Seele rann in Seele, Erd' und Himmel
　　　　　　schwammen
wie zerronnen um die Liebenden!

Schiller, Amalia

Vielfach wirken die Pfeile des Amor:
　　　　　　Einige ritzen,
und vom schleichenden Gift kranket
　　　　　　auf Jahre das Herz.
Aber mächtig befiedert, mit frisch ge-
　　　　　　schliffener Schärfe
dringen die andern ins Mark, zünden
　　　　　　behende das Blut.
In der heroischen Zeit, da Götter und
　　　　　　Göttinnen liebten,
folgte Begierde dem Blick, folgte Ge-
　　　　　　nuß der Begier.

Goethe, Römische Elegien III

Diese Liebe ist so toll wie Ajax: Sie tötet Schafe. (Biron)

Shakespeare,
Liebes Leid und Lust IV, 3

Ein junges Herz hängt ganz an einem Mädchen, bringt alle seine Stunden seines Tages bei ihr zu, verschwendet alle seine Kräfte, all sein Vermögen, um ihr jeden Augenblick auszudrük-

ken, daß er sich ganz ihr hingibt. Und da käme ein Philister, ein Mann, der in einem öffentlichen Amte steht, und sagte zu ihm: Feiner junger Herr! Lieben ist menschlich, nur müßt ihr menschlich lieben! Teilet eure Stunden ein, die einen zur Arbeit, und die Erholungsstunden widmet eurem Mädchen! Berechnet euer Vermögen, und was euch von eurer Notdurft übrig bleibt, davon verwehr' ich euch nicht, ihr ein Geschenk, nur nicht zu oft, zu machen, etwa zu ihrem Geburts- und Namenstage! Folgt der Mensch, so gibt's einen brauchbaren jungen Menschen, und ich will selbst jedem Fürsten raten, ihn in ein Kollegium zu setzen. Nur mit seiner Liebe ist's am Ende und, wenn er ein Künstler ist, mit seiner Kunst.

Goethe,
Die Leiden des jungen Werthers,
26. 5. 1771

Wen Liebe nie zu weit getrieben,
den trieb sie auch nie weit genug.

Bodenstedt,
Vermischte Gedichte und Sprüche 15

Doch weiß ich, durch die Zeit beginnt
　　　　　　die Liebe,
und seh' an Proben der Erfahrung
　　　　　　auch,
daß Zeit derselben Glut und Funken
　　　　　　mäßigt.
Im Innersten der Liebesflamme lebt
eine Art von Docht und Schnuppe, die
sie dämpft. (König)

Shakespeare, Hamlet IV, 7

Die Liebe, wenn sie neu, braust wie ein
junger Wein:
Je mehr sie alt und klar, je stiller wird
sie sein.

Angelus Silesius,
Der Cherubinische Wandersmann

In der Jugend ist die Liebe stürmischer,
aber nicht so stark, so allmächtig wie
später.

Heine, Frauen, Liebe und Ehe

Besänftige den Sturm, der dich bisher
getrieben!
Man kann sehr ruhig sein und doch
sehr zärtlich lieben. (Egle)

Goethe, Die Laune des Verliebten 4

Doch, Freundin, glaube mir, es ist ge-
ringre Pein,
nicht gar so sehr geliebt, als es zu sehr
zu sein. (Egle)

Goethe, Die Laune des Verliebten 2

Liebe flößest du ein und Begier. Ich
fühl es und brenne.
Liebenswürdige, nun flöße Vertrauen
mir ein!

Goethe, Venezianische Epigramme 85

Die Süßigkeit
des Honigs widert durch ihr Übermaß,
und im Geschmack erstickt sie unsre
Lust.
Drum liebe mäßig, solche Lieb' ist stet:

Zu hastig und zu träge kommt gleich
spät. (Lorenzo)

Shakespeare, Romeo und Julia II, 6

Dies Lodern, Tochter,
mehr leuchtend als erwärmend und erloschen
selbst im Versprechen, während es geschieht,
nehmt keineswegs für Feuer! (Polonius)

Shakespeare, Hamlet I, 4

Wir glauben den Männern! In den
Augenblicken der Leidenschaft betrügen sie sich selbst. Warum sollten wir
nicht betrogen werden?

(Madame Sommer)

Goethe, Stella II

Das ist das Ungeheure in der Liebe,
meine Teure: Daß der Wille unendlich
ist und die Ausführung beschränkt.
(Troilus)

Shakespeare,
Troilus und Cressida III, 2

Die große Liebe gleicht der japanischen
Gottheit, zu der mehr als einmal zu
beten ein Verbrechen ist – weil sie nur
ein einziges Mal erhört!

Ellen Key, Die Freiheit der Liebe

Mit der leidenschaftlichen Liebe ist es
wie mit Gespenstern: Alle reden davon, aber keiner hat sie gesehen.

La Rochefoucauld, Reflexionen

Kuß

Der Mund ist ein Altar, das Opfer ist
das Küssen;
das Priestertum allhier will jedermann
genießen.

Logau, Sinngedichte

Wenn Lippe gern auf Lippe ruht,
wir hindern's nicht, uns dünkt es gut.

Uhland, Lauf der Welt

Die Braut verdient sich mehr mit einem
Kuß um Gott
als alle Mietlinge mit Arbeit bis in'n
Tod.

Angelus Silesius,
Der Cherubinische Wandersmann,
Wie die Person, so das Verdienst

Die Lippen einer Frau sind das schönste Tor zu ihrer Seele.

Aus Schweden

Wenn Liebhabern (was Gott verhüte!)
der Stoff ausgeht, so ist der schicklichste Behelf zu küssen. (Rosalinde)

Shakespeare,
Wie es Euch gefällt IV, 1

Versteh ich deinen Kuß doch und du
meinen,
und das ist ein gefühltes Unterreden.
(Mortimer)

Shakespeare,
König Heinrich IV., 1. Teil, III, 1

Wer, wenn den Kuß er genommen,
nicht auch noch andres hinzunimmt,
ist unwürdig gewiß auch der erhalte-
nen Gunst.

Ovid, Liebeskunst I, 669

Du bist mein und bist so zierlich,
du bist mein und so manierlich,
aber etwas fehlt dir noch:
Küssest mit so spitzen Lippen,
wie die Tauben Wasser nippen;
allzu zierlich bist du doch.

Goethe, Epigrammatisch

Manchmal ist ein Kuß wirklich nur ein
Lippenbekenntnis.

Verfasser unbekannt

Hört von mir, was wenig wissen,
hört's und denket nach dabei:
Daß, wenn zwei sich zärtlich küssen,
gern sich sehn und ungern missen,
es nicht stets aus Liebe sei.

Goethe, Lyde

Du weißt,
daß Gutes kein Tyrannenkuß verheißt.
(Perikles)

Shakespeare, Perikles I, 2

Küß nicht den, der dich verschlingen
kann!

Aus dem Sudan

Beischlaf

Komm, ernste Nacht, du züchtig stille
Frau,
ganz angetan mit Schwarz, und lehre
mir
ein Spiel, wo jedes reiner Jugend Blüte
zum Pfande setzt, gewinnend zu verlieren! (Julia)

Shakespeare, Romeo und Julia III, 2

Verliebten gnügt zu der geheimen
Weihe
das Licht der eignen Schönheit. (Julia)

Shakespeare, Romeo und Julia III, 2

Der Sinnenrausch ist zur Liebe, was der
Schlaf zum Leben.

Novalis, Fragmente

Kennst du die herrliche Wirkung der
endlich befriedigten Liebe?
Körper verbindet sie schön, wenn sie
die Geister befreit.

Goethe, Vier Jahreszeiten 31

Wird doch nicht immer geküßt, es wird
vernünftig gesprochen;
überfällt sie der Schlaf, lieg ich und
denke mir viel.
Oftmals hab ich auch schon in ihren
Armen gedichtet
und des Hexameters Maß leise mit fin-
gernder Hand
ihr auf den Rücken gezählt.

Goethe, Römische Elegien V

So oft ich Vernarrtheit an einem Mann
oder einer Frau sehe, zweifle ich an
ihrer sinnlichen Empfänglichkeit.

Chamfort, Maximen VI

Was gibst du dir mit Lieb und Ehre
und andern Dingen so viele Pein!
Wenn ein tüchtiger S. nur wäre,
die Weiber würden sämtlich zufrieden
sein.

Goethe, Vermischte Gedichte

Sie auch, von welcher du nicht dachtest,
sie wollte, sie will.
Und wie dem Mann der geheime Genuß, so gefällt er dem Mädchen.

Ovid, Liebeskunst 1, 274

Suche die Liebeslust in deinem Körper
zu erschöpfen, das heißt, begatte dich
mit deiner rechtmäßigen Frau, damit
dein Herz geschwächt werde und von
der Begierde nach andern ablasse!

Buch des Kabus 14

Es ist hübsch, daß in mehreren Sprachen, bei Völkern, deren Sitten sehr einfach sind und die der Natur am nächsten kommen, „eine Frau erkennen"
„bei ihr schlafen" heißt, als ob man sie
sonst nicht kennte. Wenn die Patriar-
chen diese Entdeckung gemacht haben,
so waren sie fortgeschrittener, als man
glaubt.

Chamfort, Maximen VI

Bastard? Unecht?
Uns, die im heißen Diebstahl der Na-
         tur
mehr Stoff empfahn und kräftigern
         Feuergeist,
als in verdumpftem, trägem, schaalem
         Bett
verwandt wird auf ein ganzes Heer
       von Tröpfen,
halb zwischen Schlaf gezeugt und Wa-
      chen? (Edmund)

   Shakespeare, König Lear I, 2

Die Ehe ist die verlogenste Form des
Geschlechtsverkehrs, und eben deshalb
hat sie das gute Gewissen auf ihrer
Seite.

   Nietzsche, Unschuld des Werdens 1, 947

Ist es nicht wunderbar, daß die Begierde das Vermögen um soviele Jahre
überlebt? (Poins)
         Shakespeare,
 König Heinrich IV. Zweiter Teil II, 4

Wirkung der Liebe

Lieb ist selig allezeit,
ein Ringen so voll Seligkeit,
daß ohne ihre Lehre
nicht Tugend ist noch Ehre.

  Gottfried von Straßburg, Tristan

Wer recht will tun, immer und mit
         Lust,
der hege wahre Lieb in Sinn und Brust!

     Goethe, Sprichwörtlich

Liebe, aber wahrhaft! Und es fallen dir
alle anderen Tugenden von selbst zu.

     Ludwig Feuerbach

Die erste Wirkung der Liebe besteht
darin, uns eine große Ehrfurcht einzuflößen.

       Pascal

Die Lieb ist Flut und Glut: Kann sie
     dein Herz empfinden,
so löscht sie Gottes Zorn und brennt
     hinweg die Sünden.

     Angelus Silesius,
  Der Cherubinische Wandersmann
  Die Liebe ist Feuer und Wasser

Die Frau verliert in der Liebe zu einem
ausgezeichneten Manne das Bewußtsein
ihres eigenen Wertes. Der Mann kommt
erst recht zum Bewußtsein des seinen
durch die Liebe einer edlen Frau.

   Ebner-Eschenbach, Aphorismen

Wer guten Weibes Minne hat,
der schämt sich aller Missetat.

    Walther von der Vogelweide

Wer neidet, ist blind. Wer haßt, ist taub. Wer zürnt, der lahmt. Nur wer liebt, hat kein Gebrechen.

Aus Griechenland

Das eben ist der Liebe Zaubermacht,
daß sie veredelt, was ihr Hauch berührt,
der Sonne ähnlich, deren goldner Strahl
Gewitterwolken selbst in Gold verwandelt. (Sappho)

Grillparzer, Sappho I, 5

Heut ist mir alles herrlich; wenn's nur bliebe!
Ich sehe heut durchs Augenglas der Liebe.

Goethe, Divan, Buch Suleika

Ein Herz, das Einen liebt, kann keinen Menschen hassen. (Amine)

Goethe, Die Laune des Verliebten 5

Man muß nur ein Wesen recht von Grund aus lieben, da kommen einem die übrigen alle liebenswürdig vor.

Goethe, Die Wahlverwandtschaften I, 12

Man sagt, daß auch Feige, wenn sie verliebt sind, sich zu höherer Gesinnung erheben. (Jago)

Shakespeare, Othello II, 1

Und belehr ich mich nicht, indem ich
des lieblichen Busens
Formen spähe, die Hand leite die Hüften hinab?
Dann versteh ich den Marmor erst recht. Ich denk und vergleiche,
sehe mit fühlendem Aug, fühle mit sehender Hand.

Goethe, Römische Elegien V

Junge Menschen reifen durch die Liebe. Reife verjüngt sie. Alle befreit sie von den Banden ihrer Jahre.

Graff

Liebe bringt selbst den Esel zum Tanzen.

Aus Frankreich

Liebe leiht Flügel. Aber es sind wächserne, die an der Fackel der Ehe schmelzen.

Aus Rußland

Die Liebe ist der einzige Weg, auf dem selbst die Dummen zu einer gewissen Größe gelangen.

Balzac

Dem schlechtesten Ding an Art und an Gehalt
leiht Liebe dennoch Ansehn und Gestalt.
Sie sieht mit dem Gemüt, nicht mit den Augen. (Helena)

Shakespeare,
Ein Sommernachtstraum I, 1

Liebe vereinfacht das Leben. Man hat
dann nichts anderes im Sinn.

Hans Reimann

Was rauh ist, Liebe macht es weich,
macht Heldenseelen zag,
den Feigen kühn, den Armen reich
und wandelt Nacht in Tag.

Dschelal-ed-din Rumi

Oh, allmächtige Liebe, die auf gewisse
Weise das Vieh zum Menschen macht
und auf andre den Menschen zum Vieh!
(Falstaff)

Shakespeare,
Die lustigen Weiber von Windsor V, 4

Alle Leidenschaften verleiten uns zu
Fehlern, die Liebe aber zu den lächer-
lichsten.
La Rochefoucauld, Reflexionen

Weise zu Toren
wandelt auf Erden
der Minne Macht.

Edda

Keine Frau kann aus einem Narren
einen Weisen machen. Aber jede Frau
kann aus einem Weisen einen Narren
machen.

Aus Argentinien

Auch der Elefant verwickelt sich in ein
Frauenhaar.

Aus China

Die Klügsten haben wie die ärmsten
Schächer
so schwache Stunden, daß den Schädel
man
einschlagen kann mit ihrer Frauen
Fächer.

Byron, Don Juan I, 21

Liebesstreit

Die Liebe hat nun einmal dieses Übel,
daß Krieg und Frieden immer wechseln.

Horaz, Satiren II, 3, 267

Wenn zwei Verliebte streiten, kümmert
es nicht einmal einen Hund.

Aus Japan

Zank ist der Rauch der Liebe.

Börne,
Der Narr im Weißen Schwan 5

Amantium ira amoris integratio.
Der Liebenden Streit die Liebe erneut.

Terenz, Andria 3, 3

Ein Schlag vom Liebhaber ist eine Ro-
sine.

Aus Arabien

Wie schäm' ich mich, daß Frau'n so
albern sind!
Sie künden Krieg und sollten knien um
Frieden.

O, daß sie herrschen, lenken, trotzen
                                    wollen,
wo sie nur schweigen, lieben, dienen
                    sollen! (Catharina)

Shakespeare,
Der Widerspenstigen Zähmung V, 2

Unsre Lanzen sind nur Stroh,
gleich schwach wir selbst, schwach wie
                    ein hilflos Kind. (Catharina)

Shakespeare,
Der Widerspenstigen Zähmung V, 2

Eifersucht

Die Liebe ist jene Flamme, welche die
Götter den Sterblichen mißgönnen,
und die Eifersucht ist der fressende
Geier, der den Diebstahl furchtbar
rächt.

Börne, Fastenpredigt

Die Eifersucht wird immer mit der
Liebe geboren, aber sie stirbt nicht immer mit ihr.

La Rochefoucauld, Reflexionen

Die Eifersucht wächst heran unter
Zweifeln, und sie wird rasend oder
stirbt dahin, sobald der Zweifel zur
Gewißheit wird.

La Rochefoucauld, Reflexionen

Auch Mutterliebe wächst zur Eifersucht.

Robert Hamerling

In der Eifersucht liegt mehr Eigenliebe
als Liebe.

La Rochefoucauld, Reflexionen

Bewahrt Euch, Herr, vor Eifersucht,
dem grüngeaugten Scheusal, das
                                    besudelt
die Speise, die es nährt. (Jago)

Shakespeare, Othello III, 3

Die Eifersucht ist in gewisser Hinsicht
gerechtfertigt und verständlich, weil
sie nichts anderes will als ein Gut bewahren, das uns gehört oder von dem
wir annehmen, daß es uns gehöre; wo-
hingegen der Neid eine Wut ist, welche
die Güter anderer nicht ertragen kann.

La Rochefoucauld, Reflexionen

Man ist nie eifersüchtiger, als wenn
man in der Liebe anfängt zu erkalten.
Man traut dann der Geliebten nicht
mehr, weil man dunkel fühlt, wie wenig einem selbst mehr zu trauen ist.

Grillparzer, Aphorismen 1818

Eifersucht macht scharfsinnig und
                                    blind,
sieht wie ein Schütz und trifft wie ein
                                    Kind.

Geibel, Juniuslieder

Wenn die Lieb' ist eifersüchtig,
so bekommt sie hundert Augen,
doch es sind nicht zwei darunter,
die gradaus zu sehen taugen.

Wilhelm Müller, Epigramme

Wer liebt, zweifelt an nichts oder an
allem.

Balzac

Dinge leicht wie Luft
sind für die Eifersucht Beweis, so stark
wie Bibelsprüche. (Jago)

Shakespeare, Othello III, 3

Eifersucht ist eine Leidenschaft, die mit
Eifer sucht, was Leiden schafft.

Schleiermacher

Schande und Eifersucht schmerzen deshalb so heftig, weil die Eitelkeit uns
nicht helfen kann, sie zu ertragen.

La Rochefoucauld, Reflexionen

Das giftige Schrein der eifersücht'gen
Frau
wirkt tödlicher als tollen Hundes
Zahn. (Äbtissin)

Shakespeare,
Die Komödie der Irrungen V, 1

Die Eifersucht ist allen Frau'n ins Blut
gepflanzt,
und Nebenbuhlerinnen trifft ihr ärg-
ster Haß.

Euripides, Andromache 181

Keine Frau billigt ihrer Rivalin den
Entschuldigungsgrund „Liebe" zu, sondern jede sieht bei ihr nur dieselben
infamen Mittel, durch die sie, von der
Liebe beschwingt, selbst zum Ziel gelangt ist.

Graff

Die reizlose Frau ist immer auf ihren
Gatten eifersüchtig. Die reizvolle Frau
ist es niemals.

Wilde

Wir halten Eifersucht immer für den
Ausbruch des Bewußtseins der eigenen
Schwäche oder der eigenen Unliebens-
würdigkeit.

Gotthelf, Uli der Pächter

Ist es wohl Scheltens wert, auch andre
schön zu finden? (Lamon)

Goethe, Die Laune des Verliebten 1

Eine Frau, die nicht eifersüchtig wird,
ist wie ein Ball, der nicht springt.

Aus Japan

Bei Weibern ist die Liebe so oft eine
Tochter als die Mutter der Eifersucht.

Börne, Dramaturgische Blätter

Lieber will ich einem Holländer meine
Butter, Pfarrer Hugh, dem Walliser,
meinen Käse, einem Irländer meine
Aquavitflasche und einem Diebe meinen Wallach, den Paßgänger, zu reiten
anvertrauen, als meine Frau sich selbst.
(Fluth)

Shakespeare,
Die lustigen Weiber von Windsor II, 3

Er sieht, daß Du nicht's mehr als ihn
auf Erden liebst,
und zweifelt nur, weil Du ihm nichts
zu zweifeln gibst. (Egle)

Goethe, Die Laune des Verliebten 2

Stolzen Frauen kann die Eifersucht gefallen, weil sie ihnen auf eine neue Art
ihre Macht zeigt.

Stendhal, Über die Liebe 1, 36

Und wenn euch der Liebste mit Eifersucht plagt,
sich über ein Nicken, ein Lächeln beklagt,
mit Falschheit euch necket, von Wan-
kelmut spricht,
dann singet und tanzet, da hört ihr ihn
nicht! (Egle)

Goethe, Die Laune des Verliebten 7

Welcher Gewinn wäre es fürs Leben,
wenn man dies früher gewahr würde,
zeitig erführe, daß man mit seiner
Schönen nie besser steht, als wenn man
seinen Rivalen lobt. Alsdann geht ihr
das Herz auf, jede Sorge, euch zu verletzen, die Furcht, euch zu verlieren,
ist verschwunden; sie macht euch zum
Vertrauten, und ihr überzeugt euch mit
Freuden, daß ihr es seid, dem die
Frucht des Baumes gehört, wenn ihr
guten Humor genug habt, anderen die
abfallenden Blätter zu überlassen.

Goethe,
Maximen und Reflexionen, Nachlaß,
Über Literatur und Leben

Ihr Eifersüchtigen! die ihr ein Mädchen
plagt,
denkt euren Streichen nach, dann habt
das Herz und klagt! (Egle)

Goethe, Die Laune des Verliebten 9

Liebesleid

Wunderlichstes Buch der Bücher
ist das Buch der Liebe;
aufmerksam hab ich's gelesen:
Wenig Blätter Freuden,
ganze Hefte Leiden;
einen Abschnitt macht die Trennung,
Wiedersehn ein klein Kapitel,
Fragmentarisch!

Goethe, Divan, Buch der Liebe, Lesebuch

Wer hundertfaches Liebes hat, hat hundertfaches Leid. Wer ein Liebes hat, hat

ein Leid. Wer kein Liebes hat, hat kein
Leid.

Buddha

Wer dich liebt, wird dich weinen machen.

Aus Argentinien

Weißt du doch, der Rosenzeit
folgt die Sonnenwende,
und die Liebe lohnt mit Leid
immerdar am Ende.

Geibel

Wehe denen, sagte ich, die sich der Gewalt bedienen, die sie über ein Herz haben, um ihm die einfachen Freuden zu rauben, die aus ihm selbst hervorkeimen!

Goethe,
Die Leiden des jungen Werthers I,
1. 7. 1771

Kränken ein liebendes Herz und
    schweigen müssen: Geschärfter
können die Qualen nicht sein, die
    Rhadamanth sich ersinnt.

Goethe, Vier Jahreszeiten 34

Warum gabst du uns die tiefen Blicke,
unsre Zukunft ahnungsvoll zu schaun,
unsrer Liebe, unserm Erdenglücke,
wähnend selig nimmer hinzutraun?

Goethe, Vermischte Gedichte

Weiberfurcht hält Schritt mit ihrem
    Lieben:
In beiden gar nichts oder übertrieben.
(Königin im Schauspiel)

Shakespeare, Hamlet III, 2

Wenn Leid denn immer treue Liebe
    traf,
so steht es fest im Rate des Geschicks.
Drum laß Geduld uns durch die Prü-
    fung lernen,
weil Leid der Liebe so geeignet ist
wie Träume, Seufzer, stille Wünsche,
    Tränen,
der armen kranken Leidenschaft Ge-
    folge. (Hermia)

Shakespeare,
Ein Sommernachtstraum I, 1

Amors Pfeil hat Widerspitzen,
wen er traf, der laß' ihn sitzen
und erduld' ein wenig Schmerz!
Wer geprüften Rat verachtet
und ihn auszureißen trachtet,
der zerfleischet ganz sein Herz.

Bürger, Amors Pfeil

Glaube, daß der in unser Herz diese Gefühle legte, die uns oft so elend machen, auch Trost und Hilfe dafür bereiten kann! (Stella)

Goethe, Stella IV

Der Liebe Wunden kann nur heilen,
wer sie schlug.

Sprichwort

Man sollte die Liebe ernst nehmen,
aber nicht tragisch.

André Maurois

Minn' ist Minne, tut sie wohl.
Tut sie weh, so ist es nicht die rechte
    Minne,
und ich weiß nicht, wie man sie dann
    nennen soll.

Walther von der Vogelweide

Wohl bringt die Liebe uns zuletzt auch
    Leid;
denn eines muß ja vor dem andern
    sterben. (Ute)

Hebbel, Der gehörnte Siegfried 3

Dauer der Liebe

Die Liebe gleicht einem Ring, und der
Ring hat kein Ende.

Aus Rußland

Die Liebe widersteht der Zeit, die alles
raubt.
Man hat nie recht geliebt, wenn man
sie endlich glaubt. (Sophie)

Goethe, Die Mitschuldigen I, 5

Wahre Lieb ist die, die immer und immer sich gleichbleibt,
wenn man ihr alles gewährt, wenn
man ihr alles versagt.

Goethe, Vier Jahreszeiten 32

Aber Tage währt's,
Jahre dauert's, daß ich neu erschaffe
taùsendfältig deiner Verschwendungen
Fülle,
auftrösle die bunte Schnur meines
Glücks,
geklöppelt tausendfadig
von dir, o Suleika.

Goethe, Divan, Buch Suleika

Liebe will vorübereilen.

Goethe, Zur Stammbuchweihe
meinem lieben Wölfchen

Die Lieb' ist wie ein Wiegenlied:
Es lullt Dich lieblich ein.
Doch schläfst Du kaum, so schweigt
das Lied,
und Du erwachst allein.

Storm

Von tausend Blüten des Frühlings reift
kaum eine zur herbstlichen Frucht, und
von tausend Umarmungen der Liebe
reift kaum eine zur innigen, beruhigenden Freundschaft.

Pestalozzi, Ein Schweizer Blatt

Die Lieb' ist voller Eigensinn und Unart,
mutwillig wie ein Kind, abspringend,
eitel,
erzeugt durch's Aug und deshalb gleich
dem Auge
voll flücht'ger Bilder, Formen, Phantasien,
und wechselt bunt, wie in des Auges
Spiegel
der Dinge Wechsel schnell vorüberrollt.
(Biron)

Shakespeare, Liebes Leid und Lust V, 2

Januar, Februar, März,
du bist mein liebes Herz.
Mai, Juni, Juli, August,
mir ist nichts mehr bewußt.

Goethe, Sprichwörtlich

Es küßt sich so süße die Lippe der
Zweiten,
als kaum sich die Lippe der Ersten geküßt.

Goethe, Wechsel

Die Beständigkeit in der Liebe ist eine
dauernde Unbeständigkeit, in der wir

abwechselnd der einen und dann der anderen Eigenschaft des geliebten Wesens den Vorzug geben. Beständigkeit ist also die auf einen Menschen konzentrierte Unbeständigkeit.

La Rochefoucauld, Reflexionen

Verändert sich nicht alles in der Welt? Warum sollten unsere Leidenschaften bleiben?

Goethe, Clavigo I, Clavigos Wohnung

Frauen, die niemals eine Liebschaft gehabt haben, mag es geben. Frauen, die nur eine einzige gehabt haben, gibt es kaum.

La Rochefoucauld, Reflexionen

Des zärtlichen Geschlechts hochmütiges Vergnügen,
wenn zwanzig Toren knien, die zwanzig zu betrügen. (Eridon)

Goethe, Die Laune des Verliebten 5

Das ist Weibergunst! Erst brütet sie mit Mutterwärme unsere liebsten Hoffnungen an, dann, gleich einer unbeständigen Henne, verläßt sie das Nest und übergibt ihre schon keimende Nachkommenschaft dem Tod und der Verwesung. (Weislingen)

Goethe,
Götz von Berlichingen II, Bamberg

Warum könnt ihr Frauen uns nicht lieben mit unseren Fehlern? Warum

stellt ihr uns auf ein monströses Piedestal? Wir haben die Füße auf der Erde, Frauen sowohl wie Männer, doch wenn wir Männer Frauen lieben, so lieben wir sie trotz ihrer Schwächen, ihrer Fehler, ihrer Unvollkommenheit, lieben sie, mag sein gerade deshalb um so mehr. Nicht die Vollkommenen, sondern die Unvollkommenen bedürfen der Liebe. (Sir Robert Chiltern)

Wilde, Ein idealer Gatte II

Es ist der Dirnen Fluch:
Nachdem sie zehn getäuscht, täuscht einer sie. (Jago)

Shakespeare, Othello IV, 1

Du verklagest das Weib, sie schwanke von einem zum andern!
Tadle sie nicht: Sie sucht einen beständigen Mann.

Goethe, Entschuldigung

Alle Weiber sind Ware, mehr oder weniger kostet
sie den begierigen Mann, der sich zum Handel entschließt.
Glücklich ist die Beständige, die den Beständigen findet,
einmal nur sich verkauft und auch nur einmal gekauft wird.

Goethe, Epigramme

Die Frauen bringen jedes Abenteuer um seinen Duft, indem sie dem flüchtigen Erlebnis Dauer gewähren wollen.

Wilde, Das Bildnis des Dorian Gray 2

Je mehr sich ein Weib dem Manne hin-
gab, desto enger hängt sich ihr Herz an
ihn, während oft umgekehrt das des
Mannes sich desto mehr ablöst.

La Bruyère

Die Liebe kann wie das Feuer nicht
ohne beständiges Anfachen bestehen,
und sie stirbt, sobald sie zu hoffen oder
zu fürchten aufhört.

La Rochefoucauld, Reflexionen

Denn, Knabe, wie wir uns auch preisen mögen,
sind unsre Neigungen doch wankel-
mütiger,
unsichrer, schwanken leichter her
und hin
als die der Fraun. (Herzog)

Shakespeare, Was ihr wollt II, 4

Wenn das Blut durch den Genuß abgekühlt ist, dann bedarf es – um sich
aufs neue zu entflammen und der Sättigung neue Begier zu wecken – Anmut
der Gestalt, Übereinstimmung in Jahren, Gesittung und Schönheit. (Jago)

Shakespeare, Othello II, 1

Geh! Ihr seid der Frauen nicht wert!
Wir tragen die Kinder
unter dem Herzen, und so tragen die
Treue wir auch.
Aber ihr Männer, ihr schüttet mit eurer
Kraft und Begierde
auch die Liebe zugleich in den Umar-
mungen aus!

Goethe, Römische Elegien VI

Bei Genossen,
die miteinander ihre Zeit verleben
und deren Herz ein Joch der Liebe
trägt,
da muß unfehlbar auch ein Ebenmaß
von Zügen sein, von Sitten und Gemüt.
(Porzia)

Shakespeare,
Der Kaufmann von Venedig III, 4

Man lernt den Mann nicht aus in einem
Jahr.
Sie alle sind nur Magen, wir nur Kost.
Sie schlingen uns hinab, und sind sie
satt,
spei'n sie uns aus. (Emilia)

Shakespeare, Othello III, 4

Daß unsrer Glut die Zeit nicht schade,
räumt sie kein Recht aus Schwachheit
ein,
und ihre Gunst bleibt immer Gnade,
und ich muß immer dankbar sein.

Goethe, Wahrer Genuß

In dem Augenblick, wo die Liebe ihr
Alles gibt, macht sie zugleich banke-
rott.

Hebbel, Tagebücher

Wenn du ihr Freiheit läßt, so wird sie
Dich nicht lassen,
doch machst Du's ihr zu arg, gib acht,
sie wird Dich hassen! (Egle)

Goethe, Die Laune des Verliebten 8

Liebe ist ein Glas, das zerbricht, wenn man es zu unsicher oder zu fest anfaßt.

Aus Rußland

Wo keine Freiheit ist, wird jede Lust getötet. (Egle)

Goethe, Die Laune des Verliebten 8

Sowie die Liebe ihre Kette fühlt, begreift sie auch, daß sie enden muß.

Aus Frankreich

Die Liebe hat kein Maß der Zeit.
Sie keimt und blüht und reift in einer schönen Stunde.

Theodor Körner, Zriny II, 2

Obwohl ich dein mich freue, freu' ich mich nicht des Bundes dieser Nacht.
Er ist zu rasch, zu unbedacht, zu plötzlich,
gleicht allzusehr dem Blitz, der nicht mehr ist,
noch eh man sagen kann: Es blitzt. (Julia)

Shakespeare, Romeo und Julia II, 2

Die Herzen, die sich am schnellsten geben, nehmen sich am schnellsten zurück.

Aus China

Ja, ein Mädchen ist sie! Und die sich geschwinde dem einen gibt, kehret sich auch schnell zu dem andern herum.

Goethe, Alexis und Dora

Ende der Liebe

Mein Cupido läßt die Flügel hängen, und ich fange an zu lieben, wie ein alter Mann das Geld liebt: Ohne Appetit! (Narr)

Shakespeare,
Ende gut, alles gut III, 2

Wer von der Liebe zuerst geheilt wird, ist immer am besten geheilt.

La Rochefoucauld, Reflexionen

In jungen Tagen ich lieben tät, das dünkte mir so süß.
Die Zeit zu verbringen, ach früh und

spät, behagte mir nichts wie dies.
Doch Alter mit dem schleichenden Tritt hat mich gepackt mit der Faust
und hat mich weg aus dem Lande geschifft,
als hätt' ich da nimmer gehaust.
(Erster Totengräber)

Shakespeare, Hamlet V, 1

Wer nicht mehr imstande ist, den Frauen zu gefallen, und sich darüber klar ist, lebt ganz gut auch ohne sie weiter.

Vauvenargues, Unterdrückte Maximen

Ihr habt die doppelte Vergoldung dieser Gelegenheit von der Zeit abwaschen
lassen und seid in der Meinung des
gnädigen Fräuleins nordwärts gesegelt,
wo Ihr nun wie ein Eiszapfen am Bart
eines Holländers hängen werdet.

(Fabio)

Shakespeare, Was ihr wollt III, 2

Anfang und Ende einer Liebe kündigen
sich dadurch an, daß man sich scheut,
mit dem anderen allein zu sein.

La Bruyère

Wenn Lieb' erkrankt und schwindet,
nimmt sie gezwungne Höflichkeiten an.
(Brutus)

Shakespeare, Julius Cäsar IV, 2

Es gibt kaum Menschen, die sich nicht
schämen, einander geliebt zu haben,
wenn es mit ihrer Liebe vorbei ist.

La Rochefoucauld, Reflexionen

Eine Frau ist keine Gitarre. Sie läßt
sich nicht an die Wand hängen, nachdem man auf ihr gespielt hat.

Aus Rußland

Wenn süße Liebe läßt von Art,
wird sie zum tödlichsten und herbsten
Haß. (Scroop)

Shakespeare, König Richard II. III, 2

Verlorne Liebe, wo ist da Ersatz für?
(Stella)

Goethe, Stella II

„Betrogen bist du zum Erbarmen,
nun läßt sie dich allein!"
Und war es nur ein Schein,
sie lag in meinen Armen;
war sie drum weniger mein?

Goethe, Zahme Xenien IV

Wir irrten uns aneinander,
es war eine schöne Zeit.

Goethe, Erinnerung

Die Jugend irrt, wenn sie glaubt,
man stürbe an einem gebrochenen Herzen. Davon lebt man meist noch im
hohen Alter.

Maurice Chevalier

Abgedankte Liebhaber sind die besten
Freunde, wenn man sie menaschieren
kann.

Goethe,
Fragment eines Romans in Briefen

Alte Lieb' und alter Span
brennen leichtlich wieder an.

Sprichwort

Man kann unmöglich ein zweites Mal
lieben, was man wirklich zu lieben
aufgehört hat.

La Rochefoucauld, Reflexionen

Erste Liebe

Wie leicht wird's sein, dich zu entzünden,
da du so unerfahren bist?
Die Liebe sollst du bald empfinden
und sollst nicht wissen, daß sie's ist.

Goethe, Kunst, die Spröden zu fangen

O zarte Sehnsucht, süßes Hoffen,
der ersten Liebe goldne Zeit!
Das Auge sieht den Himmel offen,
es schwelgt das Herz in Seligkeit.
O daß sie ewig grünen bliebe,
die schöne Zeit der ersten Liebe!

Schiller, Das Lied von der Glocke

Das ist das Seligste an der seligen Zeit
der ersten Liebe, daß diese Liebe so
ganz und gar nicht klügelt, daß ihr
das Wunderbarste einfach erscheint und
das Einfachste als ein Wunder.

Franzos, Die Juden von Barnow

Ach, wer bringt die schönen Tage,
jene Tage der ersten Liebe,
ach, wer bringt nur eine Stunde
jener holden Zeit zurück!

Goethe, Erster Verlust

In der ersten Liebe lieben die Frauen
den Geliebten. In der zweiten lieben
sie nur noch die Liebe.

La Rochefoucauld, Reflexionen

Eine Frau ist nur dankbar für ihre erste
und ihre letzte Eroberung.

Byron

Unter allen Torheiten, die ein Mädchen begeht, ist immer ihre erste Liebe
eine der größten.

Kotzebue

Der erste Liebessieg ist, abgesehen von
der Befriedigung der Eitelkeit, für keinen Menschen schlechthin angenehm.

Stendhal, Über die Liebe 2, 60

Wer vor der Zeit beginnt, der endigt
früh. (Capulet)

Shakespeare, Romeo und Julia I, 2

Die letzte Liebe ist die wahre.

Aus Rußland

Prostitution

Jeder spielt sie vom Blatt, wenn er den
Schlüssel weiß. Sie ist notiert.
(Thersites)

Shakespeare, Troilus und Cressida V, 2

Die Huren sind ehrlich und tun, was
ihnen lieb ist, und ruinieren nicht den
Mann durch das Band der Ehe.

Nietzsche,
Unschuld des Werdens 1, 903

Seid mir willkommen, süße Buhlerinnen;
denn ihr allein verschönt uns noch die
Welt!
Ihr lasset uns im Augenblick gewinnen,
was Prüderie uns jahrelang verhält.
Was sie nicht fühlt, sie weiß es zu er-
sinnen,
wie selbstgefällig froh sie sich verstellt,
von Eva her geschaffen zum Betrügen,
sie kleidet nichts so gut, als wenn sie
lügen.

Goethe, Das Tagebuch

Die Prostituierte bietet nicht nur den
Vorteil, in jedem beliebigen Augenblick
verfügbar zu sein, sondern zudem die
Gewähr, daß sie, die ja kein Dasein
außerhalb ihres Berufes führt, sich nie
unliebsam bemerkbar macht, so daß
der Mann, der sie aufsucht, nachher
mit ungeschmälerter Würde zu seiner
Frau, seiner Familie und seiner Kirche
zurückkehren kann. Die Ärmste selbst
ist aber von allen verachtet, obwohl
sie die Tugend unserer Frauen und
Töchter sowie die angebliche Reinheit
der Geistlichkeit schützt und schirmt,
und gilt allgemein als Auswurf der
Gesellschaft.

Bertrand Russell,
Marriage and Morals 11

Wär ich ein häusliches Weib und hätte,
was ich bedürfte,
treu sein wollt ich und froh, herzen und
küssen den Mann.
So sang unter andern, gemeinen Liedern ein Dirnchen
mir in Venedig, und nie hört ich ein
frömmer Gebet.

Goethe, Venezianische Epigramme 72

Dem Leben der Hetären Europas fehlt
der Lieblichkeitsreiz, welchen echter
Frohsinn besitzt. Geächtet, erscheinen
sie verbittert, sofern sie nicht von Haus
aus stumpfe Tiere sind. Sie sind zu bewußt, zu besorgt, um wirklich heiter
zu sein. Daher wirkt ihre Fröhlichkeit
aggressiv, und ihre Liebe steht, wie
groß ihre Kunst auch sei, doch immer
im Zeichen des Gemeinen.

Hermann von Keyserling,
Reisetagebuch eines Philosophen, Kyoto

XXXV. Kapitel

Gattenwahl
Heiraten
Mitgift
Ehe
Ehemann
Ehefrau
Ehebruch
Scheidung
Kinder
Sohn
Tochter
Eltern
Mutter
Vater
Familie
Vorfahren
Ledige
Witwe

Gattenwahl

Denn wo das Strenge mit dem Zarten,
wo Starkes sich und Mildes paarten,
da gibt es einen guten Klang.
Drum prüfe, wer sich ewig bindet,
ob sich das Herz zum Herzen findet!
Der Wahn ist kurz, die Reu' ist lang.

Schiller, Das Lied von der Glocke

Willst du ein braves Weib, so sei ein
rechter Mann! (Sophie)

Goethe, Die Mitschuldigen I, 2

Brauchst du ein Haus – nimm ein fertiges! Brauchst du ein Weib – nimm kein
fertiges!

Aus Bulgarien

Wenn man einen Alten höflich und
glimpflich um das Leben bringen will,
so soll man ihm ein junges Weib geben.

Kaiser Friedrich III.

O Schmach, zu alt mit jung vereint zu
sein! (Hermia)

Shakespeare,
Ein Sommernachtstraum I, 1

Free din Nawers Kind,
denn weeste, wat du find'!

Aus Oldenburg

Sieh auf die Mutter, bevor du dich mit
der Tochter verlobst!

Aus Indien

Eine Frau mußt du dir am Samstag
aussuchen, nicht am Sonntag.

Aus Großbritannien

Suche dir deine Frau nicht beim Tanzen, sondern bei der Erntearbeit im
Feld!

Aus der Tschechoslowakei

Heirat ins Blut
tut selten gut.

Sprichwort

Er heiratete sie, weil er sie liebte. Sie
liebte ihn, weil er sie heiratete.

Jean Paul

Die Liebe kommt nach der Hochzeit.

Aus Lappland

Wer aus Liebe heiratet, hat gute Nächte
und üble Tage.

Sprichwort

Mancher Mann, der in ein Grübchen
verliebt ist, begeht den Fehler, das
ganze Mädchen zu heiraten.

Stephen Leacock

Sie wissen, wie ich alles Extemporieren
hasse. Vollends eine Verlobung oder
Heirat aus dem Stegreife war mir von
jeher ein wahrer Greuel. Eine Liebe
kann wohl im Nu entstehen, und jede

echte Neigung muß irgend einmal gleich dem Blitze plötzlich aufgeflammt sein. Aber wer wird sich denn gleich heiraten, wenn man liebt? Liebe ist etwas Ideelles, Heiraten etwas Reelles, und nie verwechselt man ungestraft das Ideelle mit dem Reellen.

Goethe,
zu Friedrich von Müller, 14. 9. 1823

Wer sich aus Liebe verheiratet, krepiert aus Wut.

Aus der Lombardei

Ehen aus Liebe werden im Interesse der Gattung, nicht der Individuen geschlossen. Zwar wähnen die Beteiligten, ihr eigenes Glück zu fördern, allein ihr wirklicher Zweck ist ein ihnen selbst fremder, indem er in der Hervorbringung eines nur durch sie möglichen Individuums liegt. Durch diesen Zweck zusammengeführt, sollen sie fortan suchen, so gut als möglich miteinander auszukommen. Aber sehr oft wird das durch jenen instinktiven Wahn, welcher das Wesen der leidenschaftlichen Liebe ist, zusammengebrachte Paar im übrigen das von heterogenster Beschaffenheit sein. Dies kommt an den Tag, wann der Wahn, wie er notwendig muß, verschwindet. Demgegenüber fallen die aus Liebe geschlossenen Ehen in der Regel unglücklich aus; denn durch sie wird für die kommende Generation auf Kosten der gegenwärtigen gesorgt.

Schopenhauer,
Welt als Wille und Vorstellung II, 4, 44

Wer ruhig leben will, darf nicht die Schönste in der Stadt heiraten.

Aus Portugal

Um der Schönheit willen heiraten ist ebensoviel, als um der Rose willen ein Landgut kaufen. Ja, das letztere wäre noch vernünftiger; denn die Rosenzeit kommt doch jährlich wieder.

Kotzebue

Seine Frau kauft auch der Listigste noch im Sack.

Nietzsche, Zarathustra I,
Von Kind und Ehe

Wenn Du eine Frau nimmst und wenn Du ein Pferd kaufst, so schließe die Augen und befiehl Dich Gott!

Aus Italien

Bevor Du in den Krieg gehst, bete einmal! Bevor Du zur See gehst, bete zweimal! Bevor Du heiratest, bete dreimal!

Aus Rußland

Wenn ich tiefer in's Leben sah und alle Freud und Leid ahnte, die des Menschen warten, da wünscht ich mir einen Gatten, dessen Hand mich durch die Welt begleitete, der für die Liebe, die ihm mein jugendliches Herz weihen konnte, im Alter mein Freund, mein Beschützer, mir statt meiner Eltern geworden wäre, die ich um seinetwillen verließ. (Madame Sommer)

Goethe, Stella III

Die Hindin, die den Löwen wünscht zum Gatten, muß liebend sterben. (Helena)

Shakespeare,
Ende gut, alles gut I, 1

Willst du durchaus heiraten, nimm
einen Narren; denn gescheite Männer
wissen allzu gut, was ihr für Ungeheuer aus ihnen macht. (Hamlet)

Shakespeare, Hamlet III, 1

Man verheiratet die Frauen, ehe sie
etwas sind und sein können. Der Ehemann ist nur eine Art Handwerker,
der den Leib der Frau plagt, ihren
Geist formt und ihre Seele ausarbeitet.

Chamfort, Maximen VI

Eine Frau, die einen Ehemann sucht,
ist das gewissenloseste aller Raubtiere.
(Don Juan)

Shaw, Mensch und Übermensch III

Heiraten

Heiraten ist kein Wettrennen. Du
kannst immer zeitig genug hinkommen.

Aus Rußland

Bevor du dich beweibst,
sorg selbst erst, wo du bleibst:
Haus, Weinberg, Feld und Garten.
Dann kannst du Glück erwarten.

Aus Spanien

In unserem monogamischen Weltteile
heißt heiraten seine Rechte halbieren
und seine Pflichten verdoppeln.

Schopenhauer,
Parerga und Paralipomena II,
28, § 370

Die Ehe ist ein Versuch, zu zweit mit
den Problemen fertig zu werden, die
man allein niemals gehabt hätte.

Eddie Cantor

Leider haben überhaupt die Heiraten –
verzeihen Sie mir einen lebhafteren
Ausdruck – etwas Tölpelhaftes; sie verderben die zartesten Verhältnisse.

Goethe, Die Wahlverwandtschaften I, 10

Heiraten, das heißt, Nachtigallen zu
Hausvögeln machen.

Grabbe

Die Liebe ist die singende, sich in der
Luft tummelnde Lerche. In der Ehe
muß der Vogel gebraten auf der Schüs-
sel liegen.

Karl Julius Weber,
Demokritos, Die Liebe

Liebe hat die Natur, Ehe die Vernunft
gestiftet.

Karl Julius Weber,
Demokritos II, 21

Ich bedaure den Mann, der sich an ein
Mädchen hängt. Ich sehe ihn als einen

Gefangenen an. Sie sagen ja auch immer, es sei so. Er wird aus seiner Welt in die unsere herüber gezogen, mit der er doch im Grunde nichts Gemeines hat. Er betrügt sich eine Zeitlang, und wehe uns, wenn ihm die Augen aufgehen! (Madame Sommer)

Goethe, Stella III

Die Europäer beugen ihre Knie bis zum Boden, wenn sie eine Frau heiraten, und brauchen ein ganzes Leben, um wieder hochzukommen.

Reza Schah Pahlevi

Wenn dem Weisen zu wohl ist, heiratet er.

Aus Rußland

Wer ein Weib heiratet, weil er nicht immer keusch bleiben kann, gleicht sehr einem Manne, der beschließt, dauernd ein Zugpflaster zu tragen, weil er in seinem Körper einige schlechte Säfte findet.

Pope, Aphorismen 174

Die Männer heiraten, weil sie müde sind, die Frauen, weil sie neugierig sind. Beide werden enttäuscht. (Lord Illingworth)

Wilde, Eine Frau ohne Bedeutung III

Die schwerste Aufgabe der Frau besteht darin, dem Manne ihrer Wahl klarzumachen, daß er ernste Absichten hat.

Verfasser unbekannt

Ihr könnt so ehrlich tun. Man glaubt euch wohl auf's Wort, ihr Männer! Auf einmal führt euch der Henker fort. Wenn's was zu naschen gibt, so sind wir all beim Schmause, doch macht ein Mädgen ernst, da ist kein Mensch zu Hause. (Sophie)

Goethe, Die Mitschuldigen I, 4

Bei Mädchen, die durch Liebesunglück gebeizt sind, wird ein Heiratsvorschlag bald gar. (Sickingen)

Goethe,
Götz von Berlichingen III,
Jaxthausen

Heirate in Eile und bereue mit Muße!

Aus Großbritannien

Freien, heiraten und bereuen sind wie eine Kurante, ein Menuett und eine Pavana: Der erste Antrag ist heiß und rasch wie eine Kurante und ebenso phantastisch. Die Hochzeit manierlich, sittsam wie ein Menuett, voll altfränkischer Feierlichkeit. Und dann kommt die Reue und fällt mit ihren lahmen Beinen in die Pavana. (Beatrice)

Shakespeare,
Viel Lärmen um Nichts II, 1

In der Komödie sehen wir eine Heirat als das letzte Ziel eines durch die Hindernisse mehrerer Akte verschobenen Wunsches, und im Augenblick, da es erreicht ist, fällt der Vorhang, und die momentane Befriedigung klingt bei uns nach. In der Welt ist es anders; da wird hinten immer fortgespielt, und wenn der Vorhang wieder aufgeht, mag man gern nichts weiter davon sehen noch hören.

Goethe,
Die Wahlverwandtschaften I, 10

Ach! Des Lebens schönste Feier
endigt auch den Lebensmai,
mit dem Gürtel, mit dem Schleier
reißt der schöne Wahn entzwei.
Die Leidenschaft flieht,
die Liebe muß bleiben.
Die Blume verblüht,
die Frucht muß treiben.

Schiller, Das Lied von der Glocke

Unter allen Festen ist das Hochzeitsfest das unschicklichste. Keines sollte mehr in Stille, Demut und Hoffnung begangen werden als dieses.

Goethe,
Wilhelm Meisters Lehrjahre V, 13

An Hochzeiten und Beerdigungen fällt es schwer, richtige Antworten zu geben.

Aus China

Ehen werden im Himmel geschlossen, aber daß sie gut geraten, darauf wird dort nicht gesehen.

Ebner Eschenbach, Aphorismen

Ehen schließt der Zufall.

Aus Japan

Hochzeiten gehören unter die Fleischspeisen, da sie in den Fasten verboten sind.

Lichtenberg

Brautglocken sind der Freundschaft Sterbeglocken.

Heyse, Schlechte Gesellschaft

Die meisten glücklichen Ehen werden seufzend geschlossen, die meisten unglücklichen Ehen im Rausche des Entzückens.

Kotzebue, Der verbannte Amor

Es ist besser, du weinst deinen Hochzeitstag, als daß übergroße Freude der Vorbote künftigen Elends wäre. (Götz)

Goethe,
Götz von Berlichingen III,
Jaxthausen

Weinende Braut, lachende Frau;
lachende Braut, weinende Frau.

Aus Rußland

Was eine junge Braut berührt, verbreitet Wohlgeruch.

Aus Malta

Nur selten wird eine Hochzeit gemacht, daß dabei nicht eine neue erdacht.

Sprichwort

Vielleicht heirat' ich's doch noch; da muß aber in Kontrakt hinein, daß ich's umbringen darf.

Nestroy, Lady und Schneider II

Ob zwei Leute gut getan haben, einander zu heiraten, kann man bei ihrer Siibernen Hochzeit noch nicht wissen.

Ebner Eschenbach, Aphorismen

Heiraten ist, wenn man die Wahrheit sagen will, ein Übel freilich, aber ein notwendiges.

Menander

Mitgift

Landleute heiraten nach Land,
Edelleute nach Stand,
Hofleute nach Welt,
Kaufleute nach Geld.

Sprichwort

Ein Mädchen aus gleichem Stande heirate; denn nimmst du eine aus vornehmem Geschlecht, erhältst du Herren und nicht Verwandte.

Kleobulos

Heiratest Du nach Geld, so verkaufst Du dich. Heiratest Du eine Witwe, so kommt der fremde Mann.

Aus Rußland

Die Mitgift, die eine Frau ins Haus bringt, ist eine Glocke: Sooft du daran vorbeigehst, schlägt dir der Klöppel ins Gesicht.

Aus Armenien

Heirate nie um des Geldes willen! Du leihst es billiger.

Aus Schottland

Der soll mit dem Finger meines Reichtums keinen Knoten in sein Glück knüpfen. (Page)

Shakespeare,
Die lustigen Weiber von Windsor III, 3

Eine Vernunftehe schließen heißt in den meisten Fällen, alle seine Vernunft zusammennehmen, um die wahnsinnigste Handlung zu begehen, die ein Mensch begehen kann.

Ebner-Eschenbach, Aphorismen

Dos est magna parentium virtus.
Die Tugend der Eltern ist eine kostbare Mitgift.

Horaz

Ehe

Soweit die Erde Himmel sein kann, soweit ist sie es in einer glücklichen Ehe.

Ebner-Eschenbach, Aphorismen

In einer guten Ehe fügen sich Himmel
und Erde zusammen.

Aus Brasilien

Der größte Segen auf dem Erdenrund,
wenn Weib und Gatten treuer Eintracht Band umschlingt.

Euripides, Medea 14

Nichts ist wahrlich so wünschenswert
und erfreuend,
als wenn Mann und Weib, in herzlicher
Liebe vereinigt,
ruhig ihr Haus verwalten: Dem Feind
ein kränkender Anblick,
aber Wonne dem Freund.

Homer, Odyssee VI, 182

Die Ehe ist deswegen so beliebt, weil
sie das Maximum der Versuchung mit
dem Maximum an Gelegenheit verbindet.

Shaw

Das Glück der Ehe kann nur offenbaren,
wer es gesegnet an sich selbst erfahren.

Bodenstedt

Für das Alter oder die späteren Jahre,
wo man allein steht, ist die Ehe nötig

und erwünscht. Die Jugend findet überall ihre Freuden.

Frau von Staël, Delphine

Die Frische der Jugend ist die wahre
Grundlage der Ehe.

Wilhelm von Humboldt,
Briefe an eine Freundin, 2. VIII. 1832

Gleiches Blut, gleiches Gut und gleiche
Jahre geben die besten Ehepaare.

Sprichwort

Glücklicher Bund, wo der Gatte das
Haupt, die Gattin das Herz ist.

Friedrich Haug

Eine gute Ehe besteht aus einer besseren Hälfte und einer stärkeren Hälfte.

Victor de Kowa

Eine Ehe ist gut, wenn der Mann der
Motor und die Frau die Bremse ist —
oder umgekehrt. Schlecht ist eine Ehe
zwischen zwei Motoren oder zwei
Bremsen.

Stafford Vaughan

Treue bis zum Tode. Das ist die Summe
der gegenseitigen Pflichten eines verheirateten Paares.

Aus Indien

Sollen endlich alle Möglichkeiten der
Ehe ausgeschöpft werden, dann müssen Mann und Frau begreifen lernen,
daß beide in ihrem persönlichen Leben
frei sein müssen, wie auch das Gesetz
sich dazu stellen möge.

Bertrand Russell,
Marriage and Morals 10

Das große Geheimnis jeder guten Ehe
ist, jeden Unglücksfall als Zwischenfall
und keinen Zwischenfall als Unglücksfall zu behandeln.

Harold Nicolson

Alle gemeinsamen Freuden in einer Ehe
machen sie fester, alle einsamen lok-
kern sie.

Graff

Die Ehe soll unablässig ein Ungeheuer
bekämpfen, das alles verschlingen will,
was an ihr erhaben ist: Die Gewohnheit.

Balzac

Es ist das Geheimnis einer guten Ehe,
daß einer Serienaufführung immer
wieder Premierenstimmung gegeben
wird.

Max Ophüls

Es ist eine gar leidige Sache in der Ehe,
wenn jeder sich hinsetzt, erwartungs-
voll, daß ihn der andere nun glücklich
machen soll. Es kann auf diese Weise
leicht dahin kommen, daß beide allein
und unbeglückt sitzenbleiben.

Ottilie Wildermuth

Mit bloßen Reizen, leiblichen oder
geistigen, in der Ehe zu fesseln hoffen,
ohne das Herz und ohne die Vernunft,
welche allein anknüpfen und festhalten, heißt eine Blumenkette oder einen
Blumenkranz aus bloßen Blumen ohne
ihre Stengel machen zu wollen.

Jean Paul, Der Komet

Die Liebe gefällt mir mehr als die Ehe,
wie ja auch ein Roman unterhaltender
ist als Geschichte.

Chamfort, Maximen VI

Die Liebe wird wie die Katze blind
geboren, aber die Ehe ist eine Star-
nadel in der geübtesten Hand.

Börne

Die Liebe hat ihre eigene Sprache. Die
Ehe kehrt zur Landessprache zurück.

Aus Rußland

Bräute lispeln, Weiber kreischen:
Wie verändert ist die Stimme!
Bräutigam streichelt, Ehemann geißelt:
Wie verwandelt sind die Hände!

Aus Finnland

Man soll sich beim Eingehen einer Ehe
die Frage vorlegen: Glaubst du, dich
mit dieser Frau bis ins Alter hinein gut
zu unterhalten? Alles andere in der
Ehe ist transitorisch, aber die meiste
Zeit des Verkehrs gehört dem Gespräche an.

Nietzsche

Manche Ehen gehen an der beiderseitigen Unfähigkeit zugrunde, sich auszusprechen. Sie schweigen sich tot.

Graff

Die meisten Differenzen in der Ehe beginnen damit, daß eine Frau zuviel redet und ein Mann zuwenig zuhört.

Curt Goetz

Soll die Ehe lang bestahn,
sei blind das Weib und taub der Mann!

Sprichwort

Eine Möglichkeit, das letzte Wort zu haben, hat der Ehemann immer: Er kann um Verzeihung bitten.

Noel Coward

Wenn die Henne kräht vor dem Hahn,
die Frau redet vor dem Mann,
so soll man die Henne kochen
und die Frau mit einem kräftigen Prügel pochen.

Sprichwort

Glücklich leben die Zikaden; denn sie haben stumme Weiber.

Xenarchos

Eheleute, die sich lieben, sagen sich tausend Dinge, ohne zu sprechen.

Aus China

Jedes brave eheliche Verhältnis endet mit Freundschaft.

Ebner-Eschenbach

Eine gute Ehe, wenn es eine solche gibt, benötigt die Liebe nicht. Sie strebt nach der Freundschaft hin. Es ist eine süße Lebensgemeinschaft, voll Beständigkeit, Vertrauen und einer unendlichen Menge nützlicher und dauerhafter Dienstleistungen und wechselseitiger Verpflichtungen.

Montaigne, Essais 3, 5

Nicht der Mangel der Liebe, sondern der Mangel der Freundschaft macht die unglücklichen Ehen.

Nietzsche

Wenn Mann und Frau auch auf dem gleichen Kissen schlafen, so haben sie doch unterschiedliche Träume.

Aus der Mongolei

Manche Ehen sind ein Zustand, in dem zwei Leute es weder mit noch ohne einander durch längere Zeit aushalten können.

Ebner-Eschenbach, Aphorismen

Daß zwei Menschen zusammen leben können, ist eines der größten Wunder. In den meisten Fällen können sie es auch gar nicht, was dadurch verdeckt wird, daß sie auch nicht auseinander können.

Ludwig Marcuse

Wenn die Ehegatten nicht beisammen lebten, würden die guten Ehen häufiger sein.

Nietzsche,
Menschliches Allzumenschliches I

Der erste Monat der Ehe ist der Monat
des Honigs und der zweite der Monat
des Absinths.
Voltaire, Memnon

Selbst eine gute Ehe ist Bußzeit.
Aus Rußland

Der Mensch, dem glücklich fiel der Ehe
Los, verlebt
ein selig Leben. Aber wem es traurig
fiel,
der ist ein Kind des Unglücks, draußen
wie daheim. (Orestes)
Euripides, Orestes 602

Der Ehestand ist eine Prozession, wo
immer das Kreuz vorangeht.
Aus Österreich

Wer unglücklich verheiratet ist, hat bereits einen Vorschuß auf die Hölle empfangen.
Aus Schweden

Gut gehängt ist besser als schlecht verheiratet. (Narr)
Shakespeare, Was Ihr wollt I, 5

Ehemann

Kein Wesen gibt's, das nicht gebunden
wär',
sei's auf der Erde, sei's in Luft und
Meer.
Tier, Fisch und Vogel folgt als seinem
König
dem Manne stets und ist ihm untertänig.
Den Menschen, göttlicher, den Welt-
gebieter,
der weiten Erd' und wilden Fluten
Hüter,
dem sein Verstand und seines Wissens
Kraft
den Vorrang über Fisch und Vogel
schafft,
verehrt das Weib als machtbegabten
Herrn:
Drum dien' auch du, und folg ihm treu
und gern! (Luciana)
Shakespeare,
Die Komödie der Irrungen II, 1

Dein Eh'mann ist dein Herr, ist dein
Erhalter,
dein Licht, dein Haupt, dein Fürst. Er
sorgt für dich
und deinen Unterhalt, gibt seinen Leib
mühseliger Arbeit preis zu Land und
Meer,
wacht Nächte durch in Sturm und Tag'
in Kälte,
wenn du im Hause warm und sicher
ruhst,
und fordert zum Ersatz nicht andern
Lohn
als Liebe, freundlich Blicken und Gehorsam:
Zu kleine Zahlung für so große Schuld.
(Catharina)
Shakespeare,
Der Widerspenstigen Zähmung V, 2

Er soll dein Herr sein.
1. Moses 3, 16

Das Weib ist mit seinem Mann, der Mann aber mit seinem Geschäft verheiratet.

Aus Indien

Männer sind nicht Götter:
Wir müssen nicht des Bräut'gams zarte
Rücksicht
von ihnen fordern. (Desdemona)

Shakespeare, Othello III, 4

Männer sind Mai, wenn sie freien, und Dezember in der Ehe. (Rosalinde)

Shakespeare,
Wie es Euch gefällt IV, 1

Wer seiner Frau alles erzählt, ist erst jung verheiratet.

Aus Schottland

Wenn der Mann
sich allzu zärtlich seinem Weibe nähert,
so hat er im geheimen sie gekränkt.
(Rhodope)

Hebbel, Gyges und sein Ring III

Der Mann ist das Haupt der Familie, und die Frau ist der Hut darauf.

Aus Amerika

Wenn der Mann am Morgen aus dem Hause geht, freut sich die Frau.

Aus der Mongolei

Gold schafft uns Land, das Schicksal
unsre Frauen. (Fluth)

Shakespeare, Die lustigen Weiber
von Windsor V, 4

Die Frau macht das Haus des Mannes zum Himmel oder zur Hölle.

Aus Kroatien

Ein altes Weib daheim und eine Böschung unmittelbar vor dem Haus, das kann den Mann schon müde machen.

Aus Abessinien

Wer ein altes Haus hat und eine junge Frau, hat Arbeit genug.

Aus Holland

Dieser ging wie ein Held auf Wahrheiten aus, und endlich erbeutete er sich eine kleine geputzte Lüge. Seine Ehe nennt er's.

Nietzsche, Zarathustra I,
Von Kind und Ehe

Ich warn' euch beizeiten und ohne
Hehl,
daß ihr nicht fallt in deren Fehl,
die im Hause müßig und verlegen
einrosten ihrer Frauen wegen.

Hartmann von Aue, Iwein 2787

Sein Kreuz soll jeder auf sich nehmen?
Wie wenig Frauen da zu Fuße kämen.

Haug, Sinngedicht

Narren verhalten sich zu Ehemännern
wie Sardellen zu Heringen: Der Ehemann ist der größte von beiden. (Narr)

Shakespeare, Was ihr wollt III, 1

Treue Ehemänner sind alle furchtbar
langweilig. Die ungetreuen werden affektiert.

Wilde

Junggeselle, ein Pfau. Verlobt, ein
Löwe. Verheiratet, ein Esel.

Aus Spanien

Ehefrau

Und drinnen waltet
die züchtige Hausfrau,
die Mutter der Kinder,
und herrschet weise
im häuslichen Kreise
und lehret die Mädchen
und wehret den Knaben
und reget ohn' Ende
die fleißigen Hände
und mehrt den Gewinn
mit ordnendem Sinn
und füllet mit Schätzen die duftenden
Laden
und dreht um die schnurrende Spindel
den Faden
und sammelt im reinlich geglätteten
Schrein
die schimmernde Wolle, den schneeig-
ten Lein,
und füget zum Guten den Glanz und
den Schimmer und ruhet nimmer.

Schiller, Das Lied von der Glocke

Für die vorzüglichste Frau wird diejenige gehalten, welche ihren Kindern

den Vater, wenn er abgeht, zu ersetzen
im Stande wäre.

Goethe,
Wilhelm Meisters Wanderjahre III
Aus Makariens Archiv

Eine gute Hausfrau ist der beste Hausrat.

Aus Dänemark

Sie ist mein Landgut, ist mein Haus
und Hof,
mein Hausgerät, mein Acker, meine
Scheune,
mein Pferd, mein Ochs, mein Esel,
kurz mein Alles. (Petruchio)

Shakespeare,
Der Widerspenstigen Zähmung III, 2

Die Frau im Haus, so selber wacht,
aus einem Pfennig zehne macht.

Sprichwort

Eine Frau kann mit dem Fingerhut mehr verschütten als der Mann mit dem Eimer schöpfen.

Sprichwort

Eine dumme Frau kann Dir mehr schaden als Dein klügster Feind.

Aus Arabien

Junge Frau, schlechter Koch.

Aus Madagaskar

Die Pflicht, die der Vasall dem Fürsten
zollt,
die ist die Frau auch schuldig ihrem
Gatten.
Und ist sie trotzend, launisch, trüb'
und bitter
und nicht gehorsam billigem Gebot,
was ist sie als ein tückischer Rebell,
sünd'ger Verräter an dem lieben
Herrn? (Catharina)

Shakespeare,
Der Widerspenstigen Zähmung V, 2

Es ist besser, vom eignen Mann geschlagen zu werden, als von einem
Fremden geküßt.

Aus Albanien

Freiheit verdirbt auch ein gutes Weib.

Aus Rußland

Die Hausfrau hat ihr Licht vom Manne
wie der Mond von der Sonne.

Aus Dänemark

Sieh dir an, wie die Frau aussieht, und du kennst ihren Mann.

Aus Spanien

Eine Frau ist nicht immer glücklich mit dem, den sie liebt. Aber sie ist immer unglücklich mit dem, den sie nicht liebt.

Claude Tillier

Zwanzig Jahre Romantik machen eine Frau zu einer Ruine. Zwanzig Jahre Ehe machen sie fast zu einem öffentlichen Gebäude.

Wilde,
Lehren und Sätze
zum Gebrauch für die Jugend

Liebe Tochter, halte dich also gegen deinen Mann, daß er fröhlich wird, wenn er auf dem Heimwege des Hauses Spitzen sieht!

Luther, Tischreden IV

Schönheitsfülle nicht,
o Weib, der Tugend Schätze sind es, die
das Herz
des Ehegatten fesseln!

Euripides, Andromache 208

Verheiratete Frauen, wenn sie sich auch untereinander nicht lieben, stehen doch stillschweigend miteinander, besonders gegen junge Mädchen, im Bündnis.

Goethe,
Die Wahlverwandtschaften I, 10

Zürnet nicht ihr Frauen, daß wir das
     Mädchen bewundern:
Ihr genießet des Nachts, was sie am
     Abend erregt.

Goethe, Epigramme

Ein Weib sieht ihrem Gatten alles nach,
wenn sie Vernunft hat.

Euripides

Je mehr Du Deinem Mann Freiheit
läßt, je mehr Du darin Deine Gefühle
und Dein Vertrauen offenbarst, desto
liebenswerter wirst Du ihm erscheinen
und desto anhänglicher wird er Dir
sein.

Kaiserin Maria Theresia

Ich fühle, daß meine Liebe zu dir nicht
eigennützig ist, nicht die Leidenschaft
einer Liebhaberin, die alles dahingäbe,
den erflehten Gegenstand zu besitzen.
Fernando, mein Herz ist warm und
voll für dich. Es ist das Gefühl einer
Gattin, die aus Liebe selbst ihre Liebe
hinzugeben vermag. (Cezilie)

Goethe, Stella V

Eu'r Lob ist unser Lohn. Eh' treibt Ihr
     uns
mit einem sanften Kusse tausend Meilen
als mit dem Sporn zehn Schritt nur.
     (Hermione)

Shakespeare, Das Wintermärchen I, 2

Die Frau, die ihren Mann nicht beeinflussen kann, ist ein Gänschen. Die Frau,
die ihn nicht beeinflussen will, eine
Heilige.

Ebner-Eschenbach, Aphorismen

Ehr und Preis gebührt
jedweder Frau, die ihren Herrn regiert.
     (Prinzessin)

Shakespeare,
Liebes Leid und Lust IV, 1

Oh, die Frau, die ihre Fehler nicht ihrem Manne in die Schuhe schieben
kann, die läßt nie ihr Kind säugen!
Sie würde es albern großziehn. (Rosalinde)

Shakespeare,
Wie es Euch gefällt IV, 1

Wenn eine Frau die Hosen anhat,
hat sie ein Recht darauf.

Aus den USA

Wo die Frau im Haus regiert, ist der
Teufel Hausknecht.

Sprichwort

Meine erste Frau war meine Frau, die
zweite mein Herr, die dritte meine
Ikone.

Aus Bulgarien

Die erste Frau von Gott, die zweite
vom Menschen, die dritte vom Teufel.

Aus Polen

Ehebruch

Glücklich, wem der Gattin Treue
rein und keusch das Haus bewahrt!
Denn das Weib ist falscher Art,
und die Arge liebt das Neue.

Schiller, Das Siegesfest

Mir wär's gleichviel, die Laus eines
Aussätzigen zu werden, müßt' ich nur
nicht Menelaus sein. (Thersites)

Shakespeare,
Troilus und Cressida V, 1

Der Mann tut durch Untreue seiner
Frau ein Unrecht, die Frau, indem sie
untreu ist, dem Mann einen Schimpf.
Die Frau eines untreuen Mannes bedauert man; über den Mann einer untreuen Frau spottet man.

Grillparzer, Aphorismen 1822

Es ist ein Loch in deinem besten Rock,
Freund Fluth. Das kommt vom Heiraten! (Fluth)

Shakespeare,
Die lustigen Weiber von Windsor III, 5

Es ist der Männer Schuld,
daß Weiber fallen. (Emilia)

Shakespeare, Othello IV, 3

So sprach mir ein Weib: „Wohl brach
ich die Ehe, aber zuerst brach die Ehe
mich!"

Nietzsche, Zarathustra III,
Von alten und neuen Tafeln 24

Du sollst keine Ehe schließen, die gebrochen werden muß.

Schleiermacher

's ist besser, sehr betrogen sein,
als nur ein wenig wissen. (Othello)

Shakespeare, Othello III, 3

Der Ehemann weiß nicht, was das
ganze Dorf weiß.

Aus Rumänien

Wenn der Bestohlne nicht vermißt den
Raub,
sagt ihr's ihm nicht, so ist er nicht be-
stohlen. (Othello)

Shakespeare, Othello III, 3

Millionen leben rings,
die nächtlich ruhn auf preisgegebenem
Lager,
das sie ihr eigen wähnen. (Jago)

Shakespeare, Othello IV, 1

Der Ehebruch ist keine seltene Erscheinung, sondern eine gewöhnliche. Er ist
eine Sache des Kanapees.

Napoleon I

Tod um Ehbruch? Nein!
Der Zeisig tut's, die kleine goldene
Fliege.
Vor meinen Augen buhlt sie.
Laßt der Vermehrung Lauf! (Lear)

Shakespeare, König Lear IV, 6

Man pflegt zu sagen, die beste Zeit, eine Frau zu verführen, sei, wenn sie sich mit ihrem Manne überworfen hat. (Römer)

Shakespeare, Coriolanus IV, 3

Willst du dein Wyb soll schwanger syn, schick sie ins Bad und geh nit hin!

Goethe, Parabolisch

Streb auch eifrig danach, dem Gemahl
zu gefallen der Schönen!
Nützlicher ist es für euch, wenn du
zum Freund ihn gewinnst.

Ovid, Liebeskunst 1, 579

Wer mein Weib tröstet, sorgt für mein Fleisch und Blut. Wer für mein Fleisch und Blut sorgt, liebt mein Fleisch und Blut. Wer mein Fleisch und Blut liebt, ist mein Freund: Ergo wer meine Frau küßt, ist mein Freund. (Narr)

Shakespeare, Ende gut, alles gut I, 3

Wer mein Land ackert, spart mir mein Gespann und schafft mir Zeit, die Frucht

unter Dach zu bringen. Wenn ich sein Hahnrei bin, ist er mein Knecht. (Narr)

Shakespeare, Ende gut, alles gut I, 3

Wie eine Stadt mit Mauern vornehmer ist als ein Dorf, so ist die Stirn eines verheirateten Mannes ehrenvoller als die nackte Schläfe eines Junggesellen. Und um soviel besser Schutzwehr ist als Unvermögen, um soviel kostbarer ist ein Horn als keins. (Probstein)

Shakespeare,
Wie es Euch gefällt III, 3

Es gibt keinen ehrwürdigeren Stab, als der mit Horn beschlagen ist. (Benedict)

Shakespeare,
Viel Lärmen um Nichts V, 4

Der Mann traf seine Frau im Ehebruch. „Freund", rief sie ihm entgegen, „ich wollte mich bloß überzeugen, daß du in allen Dingen einzig bist."

Hebbel, Tagebuch, 21. 9. 1846

Scheidung

Was nun Gott zusammengefügt hat, das soll der Mensch nicht scheiden.

Matthäus 19, 6

Die Ehe ist der Anfang und der Gipfel aller Kultur. Sie macht den Rohen mild, und der Gebildetste hat keine

bessere Gelegenheit, seine Milde zu beweisen. Unauflöslich muß sie sein; denn sie bringt so vieles Glück, daß alles einzelne Unglück dagegen gar nicht zu rechnen ist. Und was will man von Unglück reden? Ungeduld ist es, die den Menschen von Zeit zu Zeit anfällt, und dann beliebt er sich unglücklich zu finden. Lasse man den Augenblick vorübergehen, und man wird sich glücklich preisen, daß ein so lange Bestandenes noch besteht!

Goethe,
Die Wahlverwandtschaften I, 9

Die Ehe ist nicht wie heißer Reis, den man ausspucken kann, wenn er einem den Mund verbrennt.

Von den Philippinen

In wohl eingerichteten Reichen und Republiken sollten die Ehen auf Zeit geschlossen und alle drei Jahre aufgelöst oder neu bestätigt werden wie jeder andere Pachtvertrag, statt für das ganze Leben in Kraft zu bleiben, zur ewigen Marter für beide Teile.

(Mariana)

Cervantes, Das Ehegericht I

Eine Frau, die begreift, daß sie den Flug ihres Mannes hemmt, soll sich trennen. Warum hört man von diesem Akt der Liebe nicht?

Nietzsche,
Unschuld des Werdens 1, 904

Auch wenn man seine Frau nicht liebte, glaubt man, bei der Scheidung ein kleines Vermögen verloren zu haben.

Aus Japan

Kinder

Kinder sind eine Gabe des Herrn, und Leibesfrucht ist ein Geschenk.

Psalm 127, 3

Liebe, menschlich zu beglücken,
nähert sie ein edles Zwei;
doch zu göttlichem Entzücken
bildet sie ein köstlich Drei. (Helena)

Goethe, Faust 2, III, Arkadien

Kinder sind das lieblichste Pfand in der Ehe. Sie binden und erhalten das Band der Liebe.

Martin Luther, Tischreden

Die Kinder sind das Knopfloch der Eintracht.

Aus Arabien

Ein liebes Kind zu Haus
wird täglich Brot uns, Spaß und Zeitvertreib.
Es kürzt uns Juli- zu Dezembertagen
und heilt mit seinen tausend Kindereien
Gedanken, die das Blut verdicken.

Shakespeare?

In einem Haus voll Kindern hat der Teufel keine Macht.

Aus Kurdistan

Süß ist's, den Reiz der Welt zu saugen,
wenn Herz und Sinn in Blüte steh'n,
doch süßer noch, mit deines Kindes
                Augen
die Welt noch einmal frisch zu seh'n.

Geibel, Sprüche

Altern ist einsam werden und, die du
            liebtest, begraben.
Wohl dir, wenn dir ein Kind hold die
           Verlornen ersetzt.

Geibel,
Distichen vom Strande der See I, 21

Eine der größten Leistungen der Vorsehung ist das Glück der Kinder. Wäre
die Welt etwas Gutes, so müßte man
die, welche nichts von ihr verstehen,
am meisten beklagen.

Rivarol

Liebst du die Kinder von andern, so
wirst du deine eigenen nur umso mehr
lieb haben.

Aus dem Sudan

Wer kein Kind hat, hat kein Licht in
seinen Augen.

Aus Persien

Läßt für die Sterblichen größeres Leid
           sich erdenken,
als sterben zu sehen die Kinder?

Euripides, Die Schutzflehenden 1139

Was einer für ein Mann gewesen, das
findet sich an seinen Nachkommen.

Jesus Sirach 11, 29

Möchtest du, daß deine Kinder ihr Leben in Ruhe genießen, so laß sie immer
ein wenig hungrig sein und kalt haben.

Aus China

Wer die Lebenslaufbahn seiner Kinder
zu verpfuschen gedenkt, der räume
ihnen alle Hindernisse weg.

Emil Oesch

Einzig Kind, Sorgenkind.

Aus Dänemark

Jedes einzige Kind ist merkwürdig.

Aus dem Libanon

Wenn du nicht Güter hast und dennoch
           Leibeserben,
bring ihnen Künste bei, sich Güter zu
           erwerben!

Martin Opitz

Wer eine Saat mißratener Kinder auf-
           erzieht,
was zieht er anders als sich selbst die
           Sorge groß
und seinem Feinde reichen Stoff zu
           bittrem Hohn?

Sophokles, Antigone 639

Kindeskinder sind noch hübscher als eigene Kinder.

Aus Japan

Zuerst hat man das Kind auf dem Arm, dann auf dem Schoß und schließlich auf dem Rücken.

Aus Japan

Kleine Kinder treten der Mutter auf die Kleider, große aufs Herz.

Sprichwort

Die Liebe des Kindes ist wie Wasser in einem Korb.

Aus Argentinien

Sohn

Die Stirn, die Augen sind nach ihm ge-
                    formt,
der kleine Auszug hier enthält das
                    Ganze,
das starb mit Gottfried, und die Hand
                    der Zeit
wird ihn entfalten zu gleich großer
    Schrift. (König Philipp)

Shakespeare, König Johann II, 1

Dein Sohn ist mit fünf Jahren Dein Gebieter, mit zehn Jahren Dein Sklave, mit fünfzehn Jahren Dein Ebenbild und danach entweder Dein Freund oder Dein Feind.

Aus der Türkei

Schicke deinen Sohn, den du am liebsten hast, auf Reisen!

Aus Indien

Der Mensch wünscht immer, besser als jeder andere zu sein, nur nicht besser als sein Sohn.

Aus Jugoslawien

Man bevorzugt des andern Weib, aber den eigenen Sohn.

Aus Rußland

Alle Menschen sind sich gleich. Der hochgewaltige wie der geringe Mann liebt seinen Sprossen.

Euripides

Der Vater liebt das Kind nur, solange die Mutter bei ihm bleibt.

Aus dem Kongo

Hast du einen verständigen Sohn, was soll dir Reichtum? Hast du einen un-verständigen Sohn, was soll dir Reich-tum?

Aus der Türkei

Wenn Sie von meinen Werken spre-chen, nennen Sie mich ein Genie. Nein, Mütterchen, ich besitze zu wenig sol-cher Eigenschaften, die das Genie aus-machen! Darum bitte ich Sie, Mütter-chen, nennen Sie mich niemals so. Sagen Sie nur ganz einfach: „Er ist ein guter Sohn." Das wird für mich das schönste Lob sein.

Nikolai Gogol, an seine Mutter

In der Liebe verachtet der Sohn den Vater, beim Handeln der Vater den Sohn.

Aus Peru

Es gibt dreierlei Unglück: In der Jugend den Vater zu verlieren, im mittleren Alter die Frau zu verlieren, im Alter ohne Sohn sein.

Aus China

Nie weiß der Mensch, wie hoch sein Korn wachsen wird im Laufe des Jahres vor der Ernte. Auch kann er nicht wissen, ob sein Sohn einmal auf Abwege geraten wird.

Aus der Mongolei

Ein Sohn, der seinen Eltern widerspricht, wird seiner Schwiegermutter nicht widersprechen.

Aus dem Sudan

Ein närrischer Sohn ist seines Vaters Herzeleid.

Sprüche Salomos 19, 13

Tochter

Glücklich die Mutter, die eine Tochter geboren hat! Ein Junge ist der Sohn der Schwiegermutter.

Bantuweisheit

Wer Töchter hat, ist stets Hirte.

Aus Holland

Die Mutter, die eine Tochter hat, bringt die Hand nicht aus dem Geldbeutel.

Aus Armenien

Wahrlich! Wären mir nur der Mädchen ein Dutzend im Hause, niemals wär ich verlegen um Arbeit, sie machen sich Arbeit selber genug.

Goethe, Zweite Epistel

Ein Haus voll Töchter ist ein Keller voll sauren Bieres.

Aus Holland

Viele Mädchen und ein großer Garten verderben den besten Hof.

Sprichwort

Tüchtige Mutter erzieht träge Tochter.

Aus Island

Wer die Tochter haben will, halt es mit der Mutter!

Sprichwort

Iß den Fisch, während er frisch ist, und verheirate deine Tochter, solange sie jung ist!

Aus Dänemark

Eine gute Schwiegertochter ist der Sonne gleich, die zur Tür hereinlacht.

Aus der Mongolei

Die Mutter tadelt die Tochter, aber der Schwiegertochter macht sie Vorwürfe.

Aus Jugoslawien

Die Tochter ist wie die Mutter.

Hesekiel 16, 44

Eine in die Fremde gegebene Tochter gleicht einem in die Berge geschossenen Pfeil.

Aus der Mongolei

Eltern

Das Talent ist freilich nicht erblich, allein es will eine tüchtige physische Unterlage, und da ist es denn keineswegs einerlei, ob jemand der Erst- oder Letztgeborne und ob er von kräftigen und jungen oder von schwachen und alten Eltern ist gezeugt worden.

Goethe, zu Eckermann, 14. 2. 1831

Was der Mutter ans Herz geht, das geht dem Vater nur an die Knie.

Sprichwort

Das gibt sich, sagen schwache Eltern von den Fehlern ihrer Kinder. O nein! Es gibt sich nicht. Es entwickelt sich.

Ebner-Eschenbach, Aphorismen

Des Vaters Segen bauet den Kindern Häuser, aber der Mutter Fluch reißt sie nieder.

Jesus Sirach 3, 11

Was du deinen Eltern schuldig bist, weißt du erst, wenn du selber ein Kind hast.

Aus Japan

Gewährt einer seinen Eltern nicht den nötigen Unterhalt, so soll er für ehrlos erklärt werden.

Solon

Was ein Mensch in der Welt auch tue, und sei es noch so weitwirkend: Hat er nicht seine Pflicht gegen seine Eltern erfüllt, so ist alles andre hinfällig.

Berthold Auerbach

Wenn Vater und Mutter sich um ein Ei zanken, wird das Kind nie ein Huhn besitzen.

Aus Sierra Leone

Solange die Eltern leben, sind wir noch Kinder, die den Tod nicht ernstnehmen. Doch wenn sie sterben, ist es

gleichsam, als ob eine Wand, die uns
vom Tode trennte, weggerissen würde.

Christian Tschopp

Wer eine Stiefmutter hat,
hat auch einen Stiefvater.

Sprichwort

Was Vater! Mutter!
Weißt du, woher du kommst?
Ich stand, als ich zum erstenmal be-
                merkte,
die Füße stehn,
und reichte, da ich
diese Hände reichen fühlte,
und fand die achtend meiner Tritte,
die du nennst Vater und Mutter.

Goethe, Prometheus I

Welches Kind hätte nicht Grund, über
seine Eltern zu weinen?

Nietzsche, Zarathustra I,
Von Kind und Ehe

Kinder lieben anfangs ihre Eltern.
Wenn sie älter werden, beurteilen sie
sie. Bisweilen verzeihen sie ihnen.
(Lord Illingworth)

Wilde, Eine Frau ohne Bedeutung II

Das Haus ist wohl gegründet,
in dem sich ein Knab oder Mägdlein
                findet,
das weiß mit redlichem Bemühn
der Eltern Fehler zurecht zu ziehn.

Goethe, Epigrammatisch

Mutter

Der Himmel ist zu den Füßen der
Mutter.

Aus Persien

Hast du die Mutter gesehn, wenn sie
      süßen Schlummer dem Liebling
kauft mit dem eigenen Schlaf und für
        das träumende sorgt,
mit dem eigenen Leben ernährt die zit-
           ternde Flamme
und mit der Sorge selbst sich für die
        Sorge belohnt?

Schiller,
Der philosophische Egoist

Die Welt durchwandernd fand ich al-
          lerwärts:
Kein Herz kann lieben wie ein Mut-
         terherz.

Bodenstedt,
Aus Morgenland und Abendland

Denk an das Aug', das überwacht
noch eine Freude dir bereitet,
denk an die Hand, die manche Nacht
dein Schmerzenslager dir gebreitet,
des Herzens denk, das einzig wund
und einzig selig deinetwegen,
und dann knie nieder auf den Grund
und fleh um deiner Mutter Segen!

Droste-Hülshoff, Mein Beruf

Es gibt nur eine ganz selbstlose, ganz reine, ganz göttliche Liebe. Und das ist die Liebe der Mutter für ihr Kind.

Georg Ebers, Uarda

Alle Liebe der Menschen muß erworben, erobert und verdient, über Hindernisse hinweg erhalten werden. Die Mutterliebe allein hat man unerworben und unverdient.

Berthold Auerbach

Die Mutterliebe, sieh, das ist der Pflichtteil
von Liebesglück, den jeder Kreatur
auswirft die kargende Natur.

Robert Hamerling, Ahasver in Rom, Das Bacchanal

Es gibt kein Recht der Frau auf ein Kind, sondern es gibt nur das Recht des Kindes auf eine Mutter.

Gertrud von Le Fort, Die ewige Frau

Das Mutterherz ist der schönste und unverlierbare Platz des Sohnes, selbst wenn er schon graue Haare trägt. Und jeder hat im ganzen Weltall nur ein einziges solches Herz.

Stifter

Die Mutter liebt die Kinder mehr als der Vater; denn sie weiß, daß es ihre Kinder sind. Dieser glaubt es nur.

Menander

Die Mutter trägt im Leibe
das Kind dreiviertel Jahr;
die Mutter trägt auf Armen
das Kind, weil's schwach noch war;
die Mutter trägt im Herzen
die Kinder immerdar.

Logau, Meiner Mutter

Gewaltig ist das Mutterherz. Man kann auch,
wenn das Kind uns Böses angetan,
doch nimmer hassen, was man selbst gebar. (Klytämnestra)

Sophokles, Elektra 763

Wenige sind wie Vater, keiner wie Mutter.

Aus Island

Die Mutter ist der Genius des Kindes.

Hegel

Das Auge der Mutter ergründet das Kind bis in die Tiefen des Herzens.

Pestalozzi

Was man von der Mutter hat, das sitzt fest und läßt sich nicht ausreden.

Raabe,
Erzählungen nach dem großen Kriege

Wie oft ist es mir vor die Seele getreten, daß von allen Wohltaten der erste mütterliche Unterricht der größte und bleibendste ist.

Graf von Moltke

Jedermann trägt ein Bild des Weibes von der Mutter her in sich. Davon wird er bestimmt, die Weiber überhaupt zu verehren oder sie geringzuschätzen oder gegen sie im allgemeinen gleichgültig zu sein.

Nietzsche

Wenn seine Kindheit auch ganz verstummt wäre – einmal wird sie wieder aufwachen und zu ihm sprechen: An der Bahre der Mutter.

Peter Sirius

Nur eine Mutter weiß allein, was lieben heißt und glücklich sein.

Chamisso, Frauenliebe und Leben 7

Als aus Eden verbannt untröstlich Eva sich härmte, schenkte der Herr ihr das Kind, daß sie der Tränen vergaß.

Geibel

Es meint jede Frau, ihr Kind sei ein Pfau.

Sprichwort

Verächtlich ist eine Frau, die Langeweile haben kann, wenn sie Kinder hat.

Jean Paul

Eine rechte Mutter ist aller Söhne Mutter.

Waldemar Bonsels, Narren und Helden

Die Mütter mögen geruhen, ihre Kinder selbst zu stillen, so werden die Sitten von selber sich bessern, und die Regungen der Natur werden in aller Herzen wieder erwachen.

Rousseau, Emile 1

Die Frauen mögen nur erst wieder Mütter werden, bald werden die Männer auch wieder Väter und Gatten sein.

Rousseau, Emile 1

Es eifert jede Mutter für ihr Kind; dem Sohn der Fremden kann sie schwer vergeben. Ich weiß das alles, Königin. War doch der Argwohn stets der zweiten Ehe Frucht. (Hippolyt)

Racine/Schiller, Phädra II, 5

Soviel es weiße Krähen gibt, soviel gibt es gute Stiefmütter.

Aus Jugoslawien

Eine brave Mutter gibt ihrem Stiefkinde ein gleich großes Stück Kuchen wie ihrem eigenen Kinde. Aber sie gibt es auf eine andere Art.

Börne, Kritiken 35

Vater

Wenn du lebst, ohne Vater geworden zu sein, wirst du sterben, ohne ein Mensch gewesen zu sein.

Aus Rußland

Zum vollen Menschen wird der Mann doch erst durch Weib und Kind, und wer diese nicht hat, der lernt nimmermehr die lichtesten Höhen und die dunkelsten Tiefen des Lebens kennen.

Georg Ebers

Der Vater sollte wie ein Gott euch sein, der euren Reiz gebildet, ja wie einer, dem ihr nur seid wie ein Gepräg', in Wachs von seiner Hand gedrückt, wie's ihm gefällt, es stehn zu lassen oder auszulöschen. (Theseus)

Shakespeare, Ein Sommernachtstraum I, 1

Die Mütter geben unserem Geiste Wärme und die Väter Licht.

Jean Paul, Der Jubelsenior

Ach, Mutter! Von Herzen dank' ich dir für meinen Vater. (Bastard)

Shakespeare, König Johann II, 1

Vater werden ist nicht schwer, Vater sein dagegen sehr.

Wilhelm Busch, Julchen

Das ist ein weiser Vater, der sein eigenes Kind kennt. (Lanzelot)

Shakespeare, Der Kaufmann von Venedig II, 2

Das ist wahrlich ein kluges Kind, das seinen Vater kennt.

Aus Schweden

Zu sanfter und barmherziger Vater macht seine Kinder unglücklich.

Aus Frankreich

Zu einem geizigen Vater gehört ein verschwenderisches Kind.

Aus Frankreich

Gehn die Väter nackt, so werden die Kinder blind. Kommen sie geldbepackt, wie artig scheint das Kind. (Narr)

Shakespeare, König Lear II, 4

Die Söhne essen das Obst, und ihre Väter gleiten über den Schalen aus.

Aus Albanien

Die hassenswerteste, aber allgemeinste und älteste Undankbarkeit ist die der Kinder gegen ihre Väter.

Vauvenargues, Reflexionen

Familie

In einer friedlichen Familie kommt das Glück von selber.

Aus China

Der Reiz des Familienlebens ist das beste Gegengift gegen den Verfall der Sitten.

Rousseau, Émile 1

Alle glücklichen Familien gleichen einander. Jede unglückliche Familie ist auf ihre eigene Art unglücklich.

Leo Tolstoi, Anna Karenina

Ein Reich ist leicht zu regieren, eine Familie schwer.

Aus China

Brüder haben ein Geblüte, aber selten ein Gemüte.

Logau, Brüder

Ich und mein Bruder gegen unseren Vetter, wir drei gegen den Fremden.

Aus Ägypten

Wem Gott Söhne versagte, dem gibt der Teufel Neffen.

Aus Spanien

Dem Schwein und dem Schwiegersohn braucht man das Haus nur einmal zu zeigen. Sie finden nachher den Weg von allein.

Aus Spanien

Der Schwiegermutter, die sich um alles kümmert, gebührt ein Drittel der Schläge, die für die Frau bestimmt sind.

Aus Abessinien

Lebe fern von Verwandten und nahe am Wasser!

Aus Indien

Gut ist es, wenn die Schwiegereltern fern und Wasser und Brennstoff nahe sind.

Aus der Mongolei

Lieber durch einen Verwandten gebissen, als von einem Verwandten geleckt.

Aus Abessinien

Hast du kein Geld, geh nicht unter die Leute! Hast du Schwierigkeiten, wende dich nicht an Verwandte!

Aus China

Wenn du ruiniert bist, magst du zu deines Freundes Haus gehen, aber nicht zu dem deiner Schwester.

Aus Indien

Verwandte hassen sich manchmal so tief, weil es ihnen nicht gelingen will, den anderen völlig aus ihrem Herzen zu verstoßen.

Graff

Selbst der ehrlichste Richter vermag in Familienangelegenheiten kein Urteil zu fällen.

Aus China

Jedermann ist jedermanns Verwandter, wenn nicht im Blut, so in der Tat oder im Gedanken.

Aus Rhodesien

Stirbt die Mutter, so fällt die Verwandtschaft auseinander.

Aus Indien

Diejenigen Naturen, die sich beim Zusammentreffen einander schnell ergreifen und wechselseitig bestimmen, nennen wir verwandt.

Goethe,
Die Wahlverwandtschaften I, 4

Vorfahren

Wenn der Mensch die Herkunft des leiblichen Vaters nicht kennt, gleicht er einem Affen, der sich im Walde verlaufen hat.

Aus der Mongolei

Ein Wesen, das verachtet seinen Stamm, kann nimmer fest begrenzt sein in sich selbst. (Albanien)

Shakespeare, König Lear IV, 2

Laß, Mutter, mich in die Fremde ziehn, damit ich mich rühme meiner Geburt!

Aus Jugoslawien

Es ist sicher eine schöne Sache, aus gutem Haus zu sein. Aber das Verdienst gebührt den Vorfahren.

Plutarch

Es gibt keine höhere Herkunft als Adam.

Von den Philippinen

Wer sich nur seiner Vorfahren rühmt, bekennt damit, daß er einer Familie angehört, die tot mehr wert ist als lebendig.

J. Lawson

Wer nicht das Größere zum Großen
                                   fügt,
der möge nie sich seiner Ahnen rühmen.

Kotzebue, Oktavia

Eine Zierde zwar ist das Alter des Geschlechts, aber eigentlich doch nur eine Aufforderung, den Ahnen ähnlich zu werden.

Ulrich von Hutten

Ahnen sind für den nur Nullen, der als Null zu ihnen tritt. Steh' als Zahl an ihrer Spitze, und die Nullen zählen mit.

Wilhelm Müller, Epigramme

Nicht nur fort sollst Du Dich pflanzen,
sondern hinauf.

Nietzsche,
Zarathustra I, Von Kind und Ehe

Aber da ich kurz zuvor gesagt habe,
unsere Vorfahren sollten uns zum
Muster dienen, so gelte als erste Ausnahme, daß man nicht ihre Fehler
nachahmen muß.

Cicero, Drei Bücher von den Pflichten 1, 33

Ein Spiegel ist besser als eine Reihe
Ahnenbilder.

Wolfgang Menzel

Wer seinem Lande treu dient, braucht
keine Ahnen. (Polyphontes)

Voltaire, Mérope I, 3

Der Apfel fällt nicht weit vom Stamm.

Sprichwort

Wessen Väter es mit Weibern hielten
und mit starken Weinen und Wild-
schweinen – was wäre es, wenn der
von sich Keuschheit wollte? Eine Narrheit wäre es!

Nietzsche,
Zarathustra IV, Vom höheren Menschen 13

Der Adler erzeugt einen Adler. Die
Eule gebiert eine Eule.

Aus Rußland

Mancher edle Schoß
trug schlechte Söhne schon. (Miranda)

Shakespeare, Der Sturm I, 2

Ledige

Welcher verheiratet, der tut wohl. Welcher aber nicht verheiratet, der tut
besser.

1. Korinther 7, 38

Hat dich Hymen geflohn? Hast du ihn
gemieden? – Was sag ich?
Hymen! Köstlich ist er, aber zu ernsthaft für mich.
Aus dem Ehbett darf man nicht schwät-
zen, und Dichter sind schwatzhaft.
Freie Liebe, sie läßt frei uns die Zunge,
den Mut.

Goethe, Epigramme

Viele Männer wären gern verheiratet,
nur nicht 24 Stunden täglich.

Ursula Herking

Lieber will ich ledig leben,
als der Frau die Hosen geben.

Sprichwort

Wer entbehrt der Ehe,
lebt weder wohl noch wehe.

Sprichwort

Es ist nicht gut, daß der Mensch allein
sei.

1. Moses 2, 18

Wer der Liebe ganz entsagt, ist nicht
weniger krank als der, der ihrer allzusehr begehrt.

Euripides, Fragmente 428

Was ist das Leben ohne Liebesglanz?
(Thekla)

Schiller, Wallensteins Tod IV, 12

Sich als Hagestolz allein zum Grab zu
schleifen,
das hat noch keinem wohlgetan.
(Marthe)

Goethe, Faust 1, Garten

Männer, die sich vom Umgang mit
Frauen fernhalten, hören auf, liebenswürdig zu sein.

Joseph von Ligne

Lieber eine unordentliche Frau nehmen, als Junggeselle bleiben.

Aus dem Sudan

Ein Mann, der hartnäckig allein bleibt,
macht sich zu einer dauernden öffentlichen Versuchung. (Prism)

Wilde, Bunbury II

Junggesellen sind die besten Freunde,
die besten Herren, die besten Diener,
aber nicht immer die besten Untertanen; denn sie sind gleich dabei, fort-
zulaufen, und fast alle Flüchtlinge gehören ihrem Stand an.

Bacon, Essays 8

Ein Hagestolz ist schwerlich zu bekehren. (Marthe)

Goethe, Faust 1, Garten

Ein alter Junggeselle ist ein Höllen-
prügel, eine alte Jungfer eine Taube
vom Himmel.

Aus Estland

Männer werden ohne Frauen dumm,
und Frauen welken ohne Männer.

Anton Tschechow

Eine alte Jungfer ist nicht mehr wert
als ein nicht angekommener Brief.

Aus Ungarn

Die Dornen, die Disteln, die stechen
gar sehr,
doch stechen die Altjungfernzungen
noch mehr.

Geibel, Jugendgedichte 4

Witwe

Die Tränen einer Witwe werden vom
ersten Wind getrocknet.

Aus Spanien

Das, was die Bande zweiter Ehe flicht,
ist schnöde Sucht nach Vorteil, Liebe
nicht.
Es tötet noch einmal den toten Gatten,
dem zweiten die Umarmung zu gestatten. (Königin im Schauspiel)

Shakespeare, Hamlet III, 2

Wenn der Himmel regnen will und
deine Mutter wieder heiraten, so gibt
es kein Kraut dagegen.

Aus China

Vor der Tür einer Witwe gibt es viele
Redereien.

Aus China

XXXVI. Kapitel

Nation
Vaterland
Heimat
Staat
Staatshaushalt
Gesellschaftsordnung
Monarchie
Diktatur
Demokratie
Partei
Macht
Regierung
Obrigkeit
Untergebene
Dienstpersonal
Politik
Menschenführung
Gehorsam
Unterwürfigkeit
Opposition
Öffentliche Meinung
Presse
Aufruhr
Entmachtung

Nation

Was auch draus werde – steh zu deinem
Volk!
Es ist dein angeborner Platz. (Bertha)

Schiller, Wilhelm Tell III, 2

Wir wollen sein ein einzig Volk von
Brüdern,
in keiner Not uns trennen und Gefahr.
Wir wollen frei sein, wie die Väter
waren,
eher den Tod, als in der Knechtschaft
leben.
Wir wollen trauen auf den höchsten
Gott
und uns nicht fürchten vor der Macht
der Menschen. (Rösselmann)

Schiller, Wilhelm Tell II, 2

Leute machen noch kein Volk.

Friedrich von Sallet,
Der alte Überallundnirgends

In einem gesunden Volk gibt es fast
immer etwas, worüber man sich nicht
einigen kann, und nur dadurch wird
die Idee der Einigkeit und die Tendenz
zu ihr lebendig erhalten.

Graff

Solange ein Volk Nation ist, das Schicksal einer Nation erfüllt, gibt es in ihm
eine Minderheit, die im Namen aller
seine Geschichte vertritt und vollzieht.

Spengler,
Untergang des Abendlandes,
Städte und Völker

Nur in der eigenen Kraft ruht das
Schicksal jeder Nation.

Moltke, im Reichstag, 1. 3. 1880

Unglück kann durch andere kommen;
aber erniedrigt werden kann ein Volk
nur durch seine eigenen Handlungen.

Buckle

Drum haltet fest zusammen – fest und
ewig –,
kein Ort der Freiheit sei dem andern
fremd!
Hochwachten stellet aus auf euren
Bergen,
daß sich der Bund zum Bunde rasch
versammle!
Seid einig – einig – einig! (Attinghausen)

Schiller, Wilhelm Tell IV, 2

Nichtswürdig ist die Nation, die nicht
ihr alles freudig setzt an ihre Ehre.
(Dunois)

Schiller,
Die Jungfrau von Orleans I, 5

Man suggeriert den Völkern bisweilen,
daß sie eine Ehre hätten, um sie von
ihren Interessen abzulenken. Und umgekehrt.

Graff

Jede Nation spottet über die andern,
und alle haben recht.

Schopenhauer,
Aphorismen zur Lebensweisheit IV

Die Nation, die sich gegen andere einen gewohnheitsmäßigen Haß oder gewohnheitsmäßige Vorliebe erlaubt, ist in gewissem Sinne ein Sklave.

Washington, Abschiedsbotschaft

Jedes Volk hat seine Vorzüge und seine Fehler. Die Fehler erkennt der Fremde sofort, die Vorzüge oft sehr viel später.

Romain Rolland

Die Entfesselung aus den Banden des Nationalismus aber wird nicht sowohl durch Kongresse und Schiedsverträge geschehen als durch wirtschaftliche Verständigung.

Rathenau, Kritik der Zeit

Es braucht nur zwei bis drei mutige Menschen, um den Geist einer Nation zu ändern.

Voltaire

Durch feine Spekulationen ist nie der Geist einer Nation geändert worden, aber durch große Beispiele allemal.

Herder, Literaturfragmente

Die Nation, die nur durch einen einzigen Mann gerettet werden kann und soll, verdient Peitschenschläge.

Seume

Die Herrscher dürfen niemals vergessen, daß die Regierung immer Vater sein muß, da das Volk immer Kind ist.

Rivarol

Vaterland

Ans Vaterland, ans teure, schließ dich
an,
das halte fest mit deinem ganzen
Herzen!
Hier sind die starken Wurzeln deiner
Kraft. (Attinghausen)

Schiller, Wilhelm Tell II, 1

Seit ich auf deutsche Erde trat,
durchströmen mich Zaubersäfte.
Der Riese hat wieder die Mutter berührt,
und es wuchsen ihm neu die Kräfte.

Heine,
Deutschland, ein Wintermärchen 1

Kein Mann gedeihet ohne Vaterland.

Storm

Achte jedes Mannes Vaterland, aber das deinige liebe!

Gottfried Keller,
Das Fähnlein der sieben Aufrechten

Da Ihr durch Geburt oder Wahl Bürger eines gemeinsamen Landes seid, hat dieses Land ein Recht, eure Neigung für sich zu beanspruchen.

George Washington, Abschiedsbotschaft

Bleibe und wohne in deinem Lande, wenn du dort auch nur Wasserbrei zu essen hast!

Aus Lappland

Wollt ihr unser Vaterland kennen und lieben lernen, so reist in fremde Länder!

Börne

Was heißt denn „Sein Vaterland lieben" und was heißt denn „Patriotisch wirken"? Wenn ein Dichter lebenslänglich bemüht war, schädliche Vorurteile zu bekämpfen, engherzige Ansichten zu beseitigen, den Geist seines Volkes aufzuklären, dessen Geschmack zu reinigen und dessen Gesinnungs- und Denkweise zu veredeln – was soll er denn da Besseres tun? Und wie soll er denn da patriotischer wirken?

Goethe, zu Eckermann, März 1832

Ich möchte was darum geben, genau zu wissen, für wen eigentlich die Taten getan worden sind, von denen man öffentlich sagt, sie wären für das Vaterland getan worden.

Lichtenberg

Ubi bene, ibi patria.
Wo es mir gut geht, da ist mein Vaterland.

Sprichwort

Da, wo wir lieben,
ist Vaterland,
wo wir genießen,
ist Hof und Haus.

Goethe, Felsweihe-Gesang an Psyche

Dort ist meine Heimat, wo ich meine Bibliothek habe.

Erasmus von Rotterdam

Heimat

Wir haben diesen Boden uns erschaffen durch unsrer Hände Fleiß, den alten Wald,
der sonst der Bären Wohnung war,
zu einem Sitz für Menschen umgewandelt.
Die Brut des Drachen haben wir getötet,
der aus den Sümpfen giftgeschwollen stieg.
Die Nebeldecke haben wir zerrissen,
die ewig grau um diese Wildnis hing,
den harten Fels gesprengt, über den Abgrund

dem Wandersmann den sichern Steg geleitet.
Unser ist durch tausendjährigen Besitz der Boden.   (Stauffacher)

Schiller, Wilhelm Tell II, 2

Wohl oft fand ich, was Aug' und Herz ergötzte,
doch nie, was meine Heimat mir ersetzte.

Bodenstedt, Tausendundein Tag im Orient

Du kleiner Ort, wo ich das erste Licht
gesogen,
den ersten Schmerz, die erste Lust
empfand,
sei immerhin unscheinbar, unbekannt,
mein Herz bleibt doch vor allen dir
gewogen,
fühlt überall zu dir sich hingezogen,
fühlt selbst im Paradies sich noch aus
dir verbannt.

Wieland

Wer im Gefängnis geboren wurde, liebt
das Gefängnis.

Aus Griechenland

Die Freuden, die in der Heimat wohnen,
die suchst du vergebens in fernen
Zonen.

August Mahlmann

Es hat auch der Verdienstvollste der
Heimat mehr zu danken als diese ihm.

Jacob Burckhardt

Denn nichts ist doch süßer als unsere
Heimat und Eltern,
wenn man auch in der Fern' ein Haus
voll köstlicher Güter
unter fremden Leuten, getrennt von
den Seinen, bewohnet.

Homer, Odyssee IX, 34

Heimisch in der Welt wird man nur
durch Arbeit. Wer nicht arbeitet, ist
heimatlos.

Berthold Auerbach,
Das Landhaus am Rhein

Der wackre Mann findet überall eine
Heimat. (Woiwode)

Schiller, Demetrius II

Die ursprüngliche Heimat ist eine Mutter, die zweite eine Stiefmutter.

Aus Rußland

Wer sich überall zu Hause fühlt, ist
nirgends daheim.

Aus Rußland

Staat

„Woran erkenn' ich den besten Staat?"
Woran du die beste
Frau kennst: Daran, mein Freund, daß
man von beiden nicht spricht.

Schiller, Der beste Staat

Wohl regieren ist eine viel größere
Kunst als die Grenzen erweitern, und
dem Reich wohl vorstehen ist besser
als dasselbe vermehren.

Kaiser Rudolf I.

Regierungen sind Segel, das Volk ist Wind, der Staat ist Schiff, die Zeit ist See.

Börne, Fragmente und Aphorismen

Es kommt nicht darauf an, ob die Sonne in eines Monarchen Staaten nicht untergeht, wie sich Spanien ehedem rühmte, sondern was sie während ihres Laufes in diesen Staaten zu sehen bekommt.

Lichtenberg

Es ist nicht groß oder klein, was auf der Landkarte so scheint. Es kommt auf den Geist an.

Johannes von Müller

Die Reiche der Zukunft sind Reiche des Geistes.

Winston Churchill,
Rede an der Harvarduniversität, 6. 9. 1943

Die Wohltat des Staates besteht darin, daß er der Hort des Rechtes ist.

Jacob Burckhardt

Was sind denn die Staaten mit aller ihrer künstlichen, nach außen und nach innen gerichteten Maschinerie und ihren Gewaltmitteln anderes als Vorkehrungen, der grenzenlosen Ungerechtigkeit der Menschen Schranken zu setzen?

Schopenhauer,
Aphorismen zur Lebensweisheit V, 29

Wie macht's am sichersten des Staates
Oberhaupt,
daß unerschütterlich er seine Herrschaft
stützt?
Wenn Redefreiheit er erlaubt
und seine Bürger vor dem Unrecht
schützt.

Plutarch, Lakonische Denksprüche

Überall da, wo die sozialen Zustände es mit sich bringen, daß die Republik handkehrum in Anarchie ausartet, wird sie unerwünscht erscheinen, indem die Sicherheit des privaten Lebens und Verkehrs unter allen Umständen immer der oberste Zweck des Staates bleibt.

Spitteler, Politische Tagesberichte:
Politische Sympathien und Antipathien

Die Tüchtigen, sie standen auf mit Kraft und sagten: „Herr ist, der uns Ruhe schafft." (Mephistopheles)

Goethe, Faust 2, IV, Hochgebirg

Der Staat sollte vorzüglich nur für die Ärmeren sorgen. Die Reichen sorgen leider nur zu sehr für sich selbst.

Seume, Apokryphen

Verstand, Vernunft und Klugheit finden sich bei den Greisen, und hätte es nie Greise gegeben, so hätte es auch nie Staaten gegeben.

Cicero, Cato der Ältere XIX

Die zivilisiertesten Völker sind der Barbarei so nahe wie das geschliffenste Eisen dem Rost. Völker wie Metalle glänzen nur an der Oberfläche.

Rivarol

Laßt uns Menschen werden, damit wir wieder Bürger, damit wir wieder Staaten werden können!

Pestalozzi, An die Unschuld, den Ernst und den Edelmut meines Zeitalters und meines Vaterlandes

Staatshaushalt

Sonst waren die reichsten Länder, wo die Natur am günstigsten war, jetzt sind es die, wo der Mensch am tätigsten ist.

Buckle,
Geschichte der Zivilisation, Einleitung

Die Finanzen sind der Nerv des Landes. Wenn Sie diese recht verstehen, wird das übrige ganz in Ihrer Gewalt sein.

Friedrich II. von Preußen,
an Karl von Württemberg

Wer den Daumen auf dem Beutel hat, der hat die Macht.

Bismarck,
im Norddeutschen Reichstag, 26. 4. 1868

Willst lustig leben,
geh mit zwei Säcken,
einen zum Geben,
einen um einzustecken.
Da gleichst du Prinzen,
plünderst und beglückst Provinzen.

Goethe, Sprichwörtlich

Der Haushalt ist der Nerv des Staates. Daher muß er den profanen Augen der Untertanen entzogen werden.

Richelieu

Jeder erwartet vom Staat Sparsamkeit im allgemeinen und Freigebigkeit im besonderen.

Anthony Eden

Das Aufstellen eines Budgets ist die Kunst, Enttäuschungen gleichmäßig zu verteilen.

Maurice Stans

Was hilft es dir, damit zu prahlen,
daß du ein freies Menschenkind?
Mußt du nicht pünktlich Steuern zahlen,
obwohl sie dir zuwider sind?

Busch, Schein und Sein, Unfrei

Nur zwei Dinge auf dieser Welt sind uns sicher: Der Tod und die Steuer.

Benjamin Franklin

Ihr klagt über die vielen Steuern: Unsere Trägheit nimmt uns zweimal soviel ab, unsere Eitelkeit dreimal soviel und unsere Torheit viermal soviel.

Benjamin Franklin,
Der Weg zum Reichtum

Der Staat ist keine Kuh, die im Himmel gefüttert und auf Erden gemolken wird.

Franz Etzel

Gesellschaftsordnung

Der Liberalismus ist die äußerste Großmut. Er ist das Recht, das die Majorität einräumt, und darum die edelste Losung, die auf dem Planeten erklungen ist. Er verkündet den Entschluß, mit dem Feind, mehr noch, mit dem schwachen Feind zusammenzuleben.

Ortega y Gasset, Aufstand der Massen,
Warum die Massen in alles eingreifen

Wenn ich von liberalen Ideen reden höre, so verwundere ich mich immer, wie die Menschen sich gern mit leeren Wortschällen hinhalten: Eine Idee darf nicht liberal sein! Kräftig sei sie, tüchtig, in sich selbst abgeschlossen, damit sie den göttlichen Auftrag, produktiv zu sein, erfülle!

Goethe, Maximen und Reflexionen,
Aus Kunst und Altertum 1823

Es kann ein Liberaler Minister sein, aber deshalb ist er noch kein liberaler Minister.

Wilhelm von Humboldt

Und dann sieht er bald ein, daß die Arbeiterbewegung mehr politischer als

sozialer Natur ist; daß die Arbeiter nur der vierte Stand sind, der sich nähert, um die Bürgerschaft abzuschaffen und der Welt zu zeigen, wie er regieren kann.

Strindberg,
Die Entwicklung einer Seele

Ein Mensch, der kein Eigentum erwerben darf, kann auch kein anderes Interesse haben, als soviel wie möglich zu essen und so wenig wie möglich zu arbeiten.

Smith, Natur und Ursachen
des Volkswohlstandes

Der Sozialismus ist die zu Ende gedachte Herdentier-Moral.

Nietzsche, Unschuld des Werdens

Im Staat der Sozialisten wird einer auf den anderen aufpassen. Und Faulenzer werden nicht geduldet, dulden sich selber nicht. Wer aber will vorher wissen, wer ein Faulenzer und wer ein Schwangerer ist? Man würde den Schwangeren samt dem Faulenzer verurteilen und damit das Beste der Erde:

Das stille, langsame Reifen neuer Gedanken.

Morgenstern,
Stufen, Politisches, 1905

Der Sinn vieler öffentlicher Einrichtungen ist offenbar der, den Menschen
in jener Mittelmäßigkeit zu erhalten,
die ihn geneigt macht, sich regieren zu
lassen.

Chamfort, Maximen VIII

Alles öffentliche Leben ist wenig mehr
als ein Schauspiel, das der Geist von
vorgestern gibt, mit dem Anspruch, der
Geist von heute zu sein.

Morgenstern, Stufen, Politisches, 1907

Monarchie

Niemals frommt Vielherrschaft im
    Volk. Nur einer sei Herrscher,
einer König allein.

Homer, Ilias II, 204

Das Schiff, auf dem sich zwei Kapitäne
befinden, geht unter.

Aus Ägypten

Alles eigentlich gemeinsame Gute muß
durch das unumschränkte Majestäts-
recht gefördert werden.

Goethe,
Die Wahlverwandtschaften I, 6

Daß sich das größte Werk vollende,
genügt ein Geist für tausend Hände.
(Faust)

Goethe, Faust 2, V, Mitternacht

Ein Regent ohne besondere Geistesgaben, der zum Thron erzogen worden
ist, ist besser als ein Volkssenat.

Weber, Demokritos

Der Himmel prangt mit Funken ohne
    Zahl,
und Feuer sind sie all', und jeder
    leuchtet,
doch einer nur behauptet seinen Stand.
So in der Welt auch: Sie ist voll von
    Menschen,
und Menschen sind empfindlich, Fleisch
    und Blut.
Doch in der Menge weiß ich einen nur,
der unbesiegbar seinen Platz bewahrt,
vom Andrang unbewegt. (Cäsar)

Shakespeare, Julius Cäsar III, 1

Der große Wert, ja die Grundlage des
Königtums scheint mir darin zu liegen,
daß, weil Menschen Menschen bleiben,
einer so hoch gestellt, ihm so viel
Macht, Reichtum, Sicherheit und absolute Unverletzlichkeit gegeben werden
muß, daß ihm für sich nichts zu wünschen, zu hoffen und zu fürchten übrig
bleibt, wodurch der ihm wie jedem ein-
wohnende Egoismus gleichsam durch
Neutralisation vernichtet wird und er
nun, gleich als wäre er kein Mensch,

befähigt ist, Gerechtigkeit zu üben und nicht mehr sein, sondern allein das öffentliche Wohl im Auge zu haben.

Schopenhauer,
Welt als Wille und Vorstellung II, 4,
Zur Ethik

Majestät ist das Vermögen, ohne Rücksicht auf Belohnung oder Bestrafung recht oder unrecht zu handeln.

Goethe,
Maximen und Reflexionen, Nachlaß,
Über Literatur und Leben

Rex viva lex.
Der König ist das lebendige Gesetz.

Mark Aurel

Fürsten sind mit Himmelskörpern zu vergleichen, die gute und böse Zeiten verursachen, große Verehrung genießen, aber keine Ruhe haben.

Francis Bacon

Kein König seufzte je
allein und ohn' ein allgemeines Weh.
(Rosenkranz)

Shakespeare, Hamlet III, 3

Wenn es den Kaiser juckt, so müssen die Völker sich kratzen.

Heine, Kobes I

Die Furcht, die mächtigste der Leidenschaften, kann allein dem politischen

Körper Bestand und Dauer sichern, ja sein Glück, wenn wechselseitige Furcht zwischen König und Volk besteht. Denn wenn das Volk den König fürchtet, so gibt es keinen Aufstand, und wenn der König das Volk fürchtet, keine Unterdrückung.

Rivarol

Wer sich in Fürsten weiß zu schicken, dem wird's heut oder morgen glücken; wer sich in den Pöbel zu schicken sucht, der hat sein ganzes Jahr verflucht.

Goethe, Parabolisch

Alleinherrschaft kann nur bestehen, solange ein Volk in Stände zerfällt, welche, in einer unwandelbaren Ordnung übereinandergebaut, die festen Stufen bilden, welche gemählich zum Throne führen.

Börne

Ich halte den Absolutismus für eine unmögliche Sache.

Bismarck, im Reichstag, 29. 11. 1881

Wie kann auch die Alleinherrschaft etwas Gutes sein, die tun kann, was ihr beliebt, ohne Verantwortlichkeit?

Herodot

Schwärzt' ihn selbst,
was er bestraft, dann wär' er ein
Tyrann;
doch so ist er gerecht. (Herzog)

Shakespeare, Mass für Mass IV, 2

Diktatur

Es ist groß,
des Riesen Kraft besitzen, doch tyrannisch,
dem Riesen gleich sie brauchen.
(Isabella)

Shakespeare, Mass für Mass II, 2

Oderint, dum metuant.
Mögen sie mich hassen, wenn sie mich
nur fürchten.
Caligula

Kein Mensch ist gut genug, einen anderen Menschen ohne dessen Zustim-
mung zu regieren.
Abraham Lincoln,
Rede in Pretoria, 16. 10. 1854

Wollen die Wilden in Luisiana Früchte
haben, so fällen sie den Baum an der
Wurzel und sammeln die Früchte. Das
ist die despotische Regierung.

Montesquieu,
Über den Geist der Gesetze 5, 13

So sind den Tyrannen immer die Tüch-
tigen verdächtiger als die Untüchtigen.
Jede fremde Tugend ist ihnen ein
Grund zur Furcht.

Thomas von Aquin,
Herrschaft der Fürsten

Er ist Tyrann, und Furcht, die ihn verzehrt,
wird schwächer nicht, nur durch die
Zeit vermehrt. (Perikles)

Shakespeare, Perikles I, 2

Ein Zepter, mit verwegner Hand ergriffen,
wird ungestüm behauptet, wie erlangt,
und wer auf einer glatten Stelle steht,
verschmäht den schnödsten Halt zur
Stütze nicht. (Pandulpho)

Shakespeare, König Johann III, 4

Wer über Nacht zu einer Krone kommt,
der pflegt die besten Perlen schon vor
Tag
als Trinkgeld an die Schreier wegzu-
schenken. (Schuiskoi)

Hebbel, Demetrius II, 13

Mit Mord muß herrschen, wer den
Thron geraubt. (Afanassei)

Schiller, Demetrius 2

Auf Bajonette kann man sich stützen.
Aber man kann nicht darauf sitzen.

Aus Spanien

Ein Diktator darf niemals faul sein.
Das ist das Unmenschlichste an ihm.

Helmuth M. Backhaus

Wer sein Heil in echtes Blut getaucht,
der findet nur ein blutig, unecht Heil.
Der Frevel wird die Herzen seines
Volks
erkälten und den Eifer frieren machen,
daß, wenn sich nur der kleinste Vorteil regt,

sein Reich zu stürzen, sie ihn gern er-
          greifen.
Am Himmel kein natürlich Dunst-
          gebild,
kein Spielwerk der Natur, kein trüber
          Tag,
kein leichter Windstoß, kein gewohnter
          Vorfall,
die sie nicht ihrem wahren Grund ent-
          reißen
und nennen werden Meteore, Wunder,
Vorzeichen, Mißgeburten, Himmels-
          stimmen. (Pandulpho)

Shakespeare, König Johann III, 4

Nichts, was gegen die Wünsche der
Mehrheit ist, kann sich auf die Dauer
behaupten. So wird es sich also kaum
ereignen, daß sich die Herrschaft eines
Tyrannen auf lange Zeit erstreckt.

Thomas von Aquin,
Herrschaft der Fürsten

Wenn der Usurpator auch ein Weilchen
das Szepter führt, der Himmel ist ge-
          recht,
und von der Zeit wird Unrecht unter-
          drückt. (Margaretha)

Shakespeare,
König Heinrich VI. Dritter Teil III, 3

Eine Grenze hat Tyrannenmacht:
Wenn der Gedrückte nirgends Recht
          kann finden,
wenn unerträglich wird die Last, greift
          er
hinauf getrosten Mutes in den Himmel
und holt herunter seine ew'gen Rechte,

die droben hangen unveräußerlich
und unzerbrechlich wie die Sterne selbst.
          (Stauffacher)

Schiller, Wilhelm Tell II, 2

Einen Tyrannen zu hassen vermögen
          auch knechtische Seelen,
nur wer die Tyrannei hasset, ist edel
          und groß.

Goethe, Xenien aus dem Nachlaß 211

Warum denn wäre Cäsar ein Tyrann?
Der arme Mann! Ich weiß, er wär kein
          Wolf,
wenn er nicht säh', die Römer sind nur
          Schafe. (Cassius)

Shakespeare, Julius Cäsar I, 3

Wo es keine Sklaven gibt, da gibt es
keine Tyrannen.

Seume

Die Mentalität der Frauen kommt den
Diktatoren entgegen. Sie haben eine
Schwäche für die Stärke und begeistern sich leichter für das Recht der
Macht als für die Macht des Rechts. Es
liegt auf der Hand, daß sie die Achil-
lesferse der Freiheit sind.

Graff

Lächelnd scheidet der Despot;
denn er weiß, nach seinem Tod
wechselt Willkür nur die Hände,
und die Knechtschaft hat kein Ende.

Heine, König David

Der Despotismus fördert die Autokratie eines jeden, indem er von oben bis unten die Verantwortlichkeit dem Individuum zumutet und so den höchsten Grad der Tätigkeit hervorbringt.

Goethe, Maximen und Reflexionen, Aus Kunst und Altertum 1826

Zu den wenigen Vorzügen der Diktatur gehört es, daß sie den Freiheitssinn lebendig erhält.

Graff

Demokratie

Keine Regierung und keine Bataillone vermögen Recht und Freiheit zu schützen, wo der Bürger nicht imstande ist, selber vor die Haustüre zu treten und nachzusehen, was es gibt.

Gottfried Keller, Das Fähnlein der sieben Aufrechten

Demokratie ist Diskussion.

Thomas Garrigue Masaryk

Wahl, einmütiger Einklang alles Urteils leiht Würde dem Erkornen, kocht heraus
gleichsam von unser aller Wert und Kraft
die Quintessenz des Manns'. (Nestor)

Shakespeare, Troilus und Cressida I, 3

Ich rede von der Demokratie als etwas Kommendem. Das, was schon jetzt so heißt, unterscheidet sich von den älteren Regierungsformen allein dadurch, daß es mit neuen Pferden fährt: Die Straßen sind noch die alten und die Räder sind auch noch die alten.

Nietzsche, Menschliches Allzumenschliches II, 2, 293

Gäbe es ein Volk von Göttern, so würde es sich demokratisch regieren. Eine so vollkommene Regierung paßt für uns Menschen nicht.

Rousseau, Contrat social 3, 4

Sobald die Tyrannei aufgehoben ist, geht der Konflikt zwischen Aristokratie und Demokratie unmittelbar an.

Goethe, Maximen und Reflexionen, Nachlaß, Über Literatur und Leben

Man ist gewöhnlich immer desto weniger republikanisch gesinnt, je höher der Rang ist, den man selbst in der Welt bekleidet.

Lichtenberg, Bemerkungen vermischten Inhaltes 7

In der Jugend, wo wir nichts besitzen oder doch den ruhigen Besitz nicht zu schätzen wissen, sind wir Demokraten. Sind wir aber in einem langen Leben zu Eigentum gekommen, so wünschen wir dieses nicht allein gesichert, son-

dern wir wünschen auch, daß unsere
Kinder und Enkel das Erworbene ru-
hig genießen mögen. Daher sind wir im
Alter immer Aristokraten.

Goethe, zu Eckermann, 15. 7. 1827

Demokratie ist die Verfallsform des
Staates.

Nietzsche,
Unschuld des Werdens 2, 1201

Demokratie entsteht, wenn man nach
Gleichheit aller Bürger strebt und die
Zahl der Bürger aber nicht ihre Art
berücksichtigt.

Aristoteles, Politeia 3, 12

Was ist die Mehrheit? Mehrheit ist der
Unsinn.
Verstand ist stets bei wenigen nur gewesen.
Bekümmert sich ums Ganze, wer nichts
hat?
Hat der Bettler eine Freiheit, eine
Wahl?
Er muß dem Mächtigen, der ihn bezahlt,
um Brot und Stiefel seine Stimm' verkaufen.
Man soll die Stimmen wägen und nicht
zählen.
Der Staat muß untergehn, früh oder
spät,
wo Mehrheit siegt und Unverstand
entscheidet. (Sapieha)

Schiller, Demetrius I

Nichts ist widerwärtiger als die Majorität; denn sie besteht aus wenigen

kräftigen Vorgängern, aus Schelmen,
die sich akkommodieren, aus Schwachen, die sich assimilieren, und der
Masse, die nachtrollt, ohne nur im mindesten zu wissen, was sie will.

Goethe,
Wilhelm Meisters Wanderjahre II,
Betrachtungen im Sinne der Wanderer

Unermeßlich ist die Macht des Neides
gerade in freien, demokratischen Nationen. Die Vorstellung der Gleichheit
wird krampfhaft festgehalten, eben
weil sie nicht wahr ist, weil die Ungleichheit der Personen als solcher uns
überall entgegentritt.

Treitschke, Politik 1, 5

Ein ganz besonderer und dabei para-
doxer Nachteil der Republiken ist noch
dieser, daß es in ihnen den überlegenen
Köpfen schwerer werden muß, zu hohen Stellen und dadurch zu unmittel-
barem politischen Einfluß zu gelangen,
als in Monarchien.

Schopenhauer,
Parerga und Paralipomena II, 9, § 127

In der demokratischen Verfassung ist
überhaupt der Entwicklung großer politischer Charaktere am meisten Raum
gegeben; denn sie vornehmlich läßt die
Individuen nicht nur zu, sondern fordert sie auf, ihr Talent geltend zu machen.

Hegel,
Philosophie der Geschichte 2, 3, Athen

Mir ist das Volk zur Last,
meint es doch dies und das:
Weil es die Fürsten haßt,
denkt es, es wäre was.

Goethe, Zahme Xenien

Die Demokratie ist nichts als ein Nie-
derprügeln des Volkes durch das Volk
für das Volk.

Wilde, Die Seele des Menschen
und der Sozialismus

Nein, das ist doch zu arg! Da läuft auch
selbst noch der Kantor
von der Orgel und ach! pfuscht auf
den Klaven des Staats.

Goethe und Schiller, Xenien, Umwälzung

Die Verantwortlichen der Diktatur
sind hartherzig, die der Demokratie
harthörig.

Graff

Eine wirkliche Verantwortlichkeit in
der großen Politik kann nur ein leiten-
der Minister, niemals ein anonymes
Kollegium mit Majoritätsabstimmung
leisten.

Bismarck, Gedanken und Erinnerungen

Sie müssen nicht gegen Republik und
Demokratie losziehen, weil Sie sie
durch einige Windbeutel verkörpert
sehen! Das Königtum wäre vermutlich
durch dieselben Individuen verkörpert.

Clemenceau, Rede am 19. 6. 1928

Partei

Die Parlamentarier werden von ihren
Parteien vorgeschlagen und von den
Massen gewählt. Dadurch sind sie von
zwei Auftraggebern abhängig: Von
einem vielköpfigen, der Partei, und
von einem anonymen, dem Wähler.
Diese doppelte Abhängigkeit nimmt
ihnen meist die Sicherheit, die Freiheit,
die Selbständigkeit. Sie fürchten, bei
der nächsten Wahl nicht aufgestellt
oder nicht gewählt zu werden.

Coudenhove-Kalergi, Held und Heiliger

Unter dem, was fast allen Politikern
als unfaßbares Unglück für Volk und

Vaterland zu erscheinen pflegt, steht
der Verlust ihres Abgeordnetenman-
dates obenan.

Graff

Republiken hab ich gesehn, und das ist
die beste,
die dem regierenden Teil Lasten, nicht
Vorteil gewährt.

Goethe, Vier Jahreszeiten 73

In der Fraktion verliert der Volksver-
treter den Blick für das Allgemeine.

Bismarck, im Reichstag, 12. VI. 1882

Wo Parteien entstehn, hält jeder sich
          hüben und drüben.
Viele Jahre vergehn, eh sie die Mitte
          vereint.

Goethe und Schiller, Xenien, Parteigeist

Die Fratze des Parteigeistes ist mir
mehr zuwider als irgendeine andere
Karikatur.
Goethe, an Schiller, 17. 5. 1797

Auf der recht- und linken Seite,
auf dem Berg und in der Mitten
sitzen, stehen sie zum Streite,
all einander ungelitten.
Wenn du dich ans Ganze wendest
und votierest, wie du sinnest,
merke, welchen du entfremdest,
fühle, wen du dir gewinnest!

Goethe, Nationalversammlung

Vivat fractio, pereat mundus!
Es lebe die Fraktion, wenn auch die
Welt darüber zugrunde geht!

Bismarck, im Reichstag, 9. V. 1884

Der Parteigeist ist ein Prokrustes, der
die Wahrheit schlecht bettet.
Heine

Es ist die Natur der Parteien, ihre ursprünglichen Feindschaften weit fester
zu bewahren als ihre ursprünglichen
Grundsätze.
Thomas Macaulay

Parteiwut ist die Tollheit vieler zum
Nutzen weniger.
Pope,
Gedanken über verschiedene Gegenstände

Der Parteigeist erniedrigt die größ-
ten Männer bis zur Kleinlichkeit des
Volkes.
La Bruyère, Charaktere 11

Zuletzt, bei allen Teufelsfesten,
wirkt der Parteihaß doch zum besten.
(Mephistopheles)

Goethe, Faust 2, IV, Auf dem Vorgebirg

Macht

Die Kraft verleiht Gewalt, die Liebe
leiht Macht.

Ebner-Eschenbach, Aphorismen

Der hat die Macht, an den die Menge
          glaubt.
Raupach, Kaiser Friedrichs II. Tod I, 3

Dann erst hat die Größe eines Menschen Bestand und Grund, wenn alle
von ihm überzeugt sind, er sei nicht
sowohl über ihnen als für sie.

Seneca, Von der Gnade

Das Volk spendet seine Gunst, niemals
sein Vertrauen.
Rivarol

Ein Fürst ist am glücklichsten, wenn er es dahin bringt, daß die Untertanen nicht ihn, sondern für ihn fürchten.

Plutarch, Gastmahl der sieben Weisen

Das Übel erreicht seinen Gipfel, wenn es verkehrten Gemütern gelingt, den Regenten zu bereden, daß sein Interesse von dem Interesse seiner Untertanen verschieden sei.

Friedrich II. von Preußen,
an Karl von Württemberg

Unmöglich ist es, daß der Ungerechte, der Meineidige, der Lügner, eine dauerhafte Macht besitze. Eine solche Macht hält für einmal und auf kurze Zeit. Sie blüht, wenn es glückt, in Hoffnung auf, aber, von der Zeit belauert, fällt sie von selbst zusammen.

Demosthenes, Staatsreden

Die Macht der Könige ist auf die Vernunft und auf die Torheit des Volkes gegründet. Vielmehr auf die Torheit.

Pascal

Das Geheimnis jeder Macht besteht darin, zu wissen, daß andere noch feiger sind als wir.

Börne, Der Narr im Weißen Schwan 2

Die Stärke des Leoparden besteht in der Furcht vor dem Leoparden.

Aus Nigeria

Das Krokodil ist nur stark, wenn es im Wasser ist.

Aus Angola

Die Macht ist die organisierte Gewalt, die Verbindung von Werkzeug und Gewalt. Die Welt ist voll von Gewalten, die nur ein Werkzeug suchen, um Mächte zu werden. Wind und Wasser sind Gewalten; in Verbindung mit einer Mühle oder Pumpe, die ihre Werkzeuge sind, werden sie Macht. Das Volk ist Gewalt, die Regierung Werkzeug; aus der Vereinigung beider konstituiert sich die politische Macht.

Rivarol

Der ist mächtig, der vorwärts will.

Aus Norwegen

Ein mächtiger Freund wird ein mächtiger Feind.

Aus Abessinien

Der Größe Mißbrauch ist, wenn von
                              der Macht
sie das Gewissen trennt. (Brutus)

Shakespeare, Julius Cäsar II, 1

Recht geht vor Macht.

Graf Schwerin,
im Abgeordnetenhaus, 13. 3. 1863

Die Macht zu schaden zeugt gar leicht den Willen. (König)

Grillparzer, Medea I

Die Krone macht die Teufel, die den
Menschen
zu allem Bösen reizen, doppelt stark
und doppelt schwach die Engel, die ihn
warnen! (Marfa)

Hebbel, Demetrius I, 4

Je höher der Mensch steht, um so stärkere Schranken hat er nötig, welche die
Willkür seines Wesens bändigen.

Gustav Freytag

Die Regierungen tun öfters Böses aus
Feigheit als aus Übermut.

Börne, Fragmente und Aphorismen 281

O Fluch der Könige, der ihren Worten
das fürchterliche Leben gibt, dem schnell
vergänglichen Gedanken gleich die Tat,
die fest unwiderrufliche, ankettet!
(Octavio)

Schiller, Wallensteins Tod V, 11

Es ist der Könige Fluch, bedient von
Sklaven zu sein.(König Johann)

Shakespeare, König Johann IV, 2

Die Reichen, die Großen, die Könige
sind alle nichts weiter als Kinder, welche, da sie sehen, daß sich jeder bemüht,
auch die kleinste Unannehmlichkeit
von ihnen fernzuhalten, dadurch allmählich wahrhaft kindisch eitel werden und die förmlich stolz auf Dienst-

leistungen sind, die man ihnen, wenn
sie echte Männer wären, nimmermehr
erweisen würde.

Rousseau, Emile I, 2

Man wirft oft den Großen vor, daß sie
sehr viel Gutes hätten tun können, was
sie nicht getan haben. Sie könnten antworten: „Bedenkt einmal das Böse,
was wir hätten tun können und nicht
getan haben!"

Lichtenberg

Wenn eine Regierung so stark ist, daß
sie dem Volk alles geben kann, was es
sich wünscht, dann ist diese Regierung
auch stark genug, dem Volke alles zu
nehmen.

Averell Harriman

Im hohlen Zirkel,
der eines Königs sterblich Haupt umgibt,
hält seinen Hof der Tod: Da sitzt der
Schalksnarr,
höhnt seinen Staat und grinst zu seinem Pomp,
läßt ihn ein Weilchen, einen kleinen
Auftritt
den Herrscher spielen, drohn, mit Blik-
ken töten,
flößt einen eitlen Selbstbetrug ihm ein,
als wär' dies Fleisch, das unser Leben
einschanzt,
unüberwindlich Erz. Und, so gelaunt,
kommt er zuletzt und bohrt mit kleiner Nadel
die Burgmau'r an. (König Richard)

Shakespeare, König Richard II. III, 2

Der Julius Cäsar war ein großer Mann:
Womit sein Mut begabte seinen Witz,
das schrieb sein Witz, dem Mute Leben
schaffend.

Der Tod besiegte diesen Sieger nicht,
er lebt im Ruhm noch, obwohl nicht im
Leben. (Prinz)

Shakespeare, König Richard III. III, 1

Regierung

Videant consules, ne quid res publica
detrimenti capiat.
Die Konsuln mögen dafür sorgen, daß
die Republik keinen Schaden leidet.

Cicero

Welche Regierung die beste sei? Diejenige, die uns lehrt, uns selbst zu regieren.

Goethe,
Maximen und Reflexionen,
Aus Kunst und Altertum 1826

Direkt oder indirekt beruht die Autorität der Regierenden schließlich auf
Gewalt.

Woodrow Wilson, Der Staat

Diejenige Regierung ist die beste, die
sich überflüssig macht.

Wilhelm von Humboldt

Man kann durch die Gewalt herrschen,
nie aber durch bloße Geschicklichkeit.

Vauvenargues, Reflexionen

Ein guter König ist der Schatten Gottes auf Erden.

Aus Arabien

Höchste Kunst ist, ohne Gewalt zu
herrschen.

Vauvenargues, Reflexionen

Wer aber geliebt ist, hat leicht regieren.

Goethe, zu Eckermann, 23. 10. 1828

Wahrhafte Führer werden kaum verspürt.

Lao-Tse, Tao-Teh-King 17

Man muß durchaus dem Volk nahe
sein, wenn man es recht regieren will.

Pestalozzi, Ein Schweizer Blatt

Die wahre Regierung muß einem
fruchtbaren Sommerregen gleichen, der
das trockene Land befeuchtet, ohne daß
man ihn hört.

Friedrich Maximilian von Klinger

Herrscher sollten sich niemals rechtfertigen wollen. Entscheidungen sind
ihre Stärke. Ein Versuch, sie zu begründen, schwächt meist die Wirkung.

Montesquieu

Wer nicht übersehen und überhören kann, taugt nicht zum Regieren.

Kaiser Sigismund

Ein Regent soll sich vor nichts fleißiger hüten als vor dem geschwinden Antworten.

Friedrich der Weise von Sachsen

Mit Schweigen, Neffe, treibe Politik! (Mortimer)

Shakespeare,
König Heinrich VI. Erster Teil II, 5

Die Weisheit anderer bewahrt den Häuptling davor, daß man ihn einen Narren nennt. (Er spricht in der Versammlung als Letzter.)

Aus Nigeria

Es ist ein gefährliches Ding in einem Regiment um einen Schwätzer, und ein jäher Wäscher wird zu Schanden.

Jesus Sirach 9, 25

Es gibt Zeiten, wo man liberal regieren muß, und Zeiten, wo man diktatorisch regieren muß. Es wechselt alles.

Bismarck, im Reichstag

Denn jung ward ihm der Thron zuteil,
und ihm beliebt es, falsch zu schließen:
Es könne wohl zusammengehn
und sei recht wünschenswert und schön,
regieren und zugleich genießen.
(Mephistopheles)

Goethe, Faust 2, IV, Hochgebirg

Herrschen und genießen geht nicht zusammen. Genießen heißt, sich und andern in Fröhlichkeit angehören; herrschen heißt, sich und anderen im ernstlichsten Sinne wohltätig sein.

Goethe,
Maximen und Reflexionen, Nachlaß,
Über Literatur und Leben

Der kann sich manchen Wunsch
gewähren,
der kalt sich selbst und seinem Willen
lebt;
allein wer andre wohl zu leiten strebt,
muß fähig sein, viel zu entbehren.

Goethe, Ilmenau

Winkt der Sterne Licht,
ledig aller Pflicht
hört der Bursch die Vesper schlagen.
Meister muß sich immer plagen.

Schiller, Das Lied von der Glocke

Der Fürst ist der erste Diener seines Staates.

Friedrich II. von Preußen

Gibt nicht der Hagdorn einen süßern
Schatten
dem Schäfer, der die fromme Herd' erblickt,
als wie ein reich gestickter Baldachin
dem König, der Verrat der Bürger
fürchtet? (König Heinrich)

Shakespeare,
König Heinrich VI. Dritter Teil II, 5

Der Wahn aller Regierenden, vom Minister bis zum Pedell herab, ist, daß das Regieren ein großes Geheimnis sei, welches dem Volke zu seinem Besten verschwiegen werden müsse.

Börne, Kritiken

Wenn Ihr wüßtet, mit wie wenig Aufwand von Verstand die Welt regiert wird, so würdet Ihr Euch wundern.

Papst Julius III.

s' ist Fluch der Zeit, daß Tolle Blinde führen! (Gloster)

Shakespeare, König Lear IV, 1

Welches Recht wir zum Regiment haben, darnach fragen wir nicht: Wir regieren. Ob das Volk ein Recht habe, uns abzusetzen, darum bekümmern wir uns nicht: Wir hüten uns nur, daß es nicht in Versuchung komme, es zu tun.

Goethe,
Wilhelm Meisters Wanderjahre III,
Aus Makariens Archiv

Herrschsucht ist die Freiheitsliebe einzelner; Freiheitsliebe ist die Herrschsucht aller.

Börne, Das Gespenst der Zeit

Wo ich Lebendiges fand, da fand ich Willen zur Macht, und noch im Willen des Dienenden fand ich den Willen, Herr zu sein.

Nietzsche, Zarathustra II,
Von der Selbstüberwindung

Gehorchen! Herrschen! Ungeheure schwindlichte Kluft! Legt alles hinein, was der Mensch Kostbares hat – eure gewonnenen Schlachten, Eroberer; Künstler, eure unsterblichen Werke; eure Wollüste, Epikure; eure Meere und Inseln, ihr Weltumschiffer! Gehorchen und Herrschen! Sein und Nichtsein! (Fiesco)

Schiller, Die Verschwörung
des Fiesco zu Genua III, 2

Es ist mit der Herrschbegierde wie mit der Eßlust. Bei schwachen Gemütern ist jene oft am stärksten, wie diese oft am größten ist bei Menschen von schwacher Verdauung.

Börne, Fragmente und Aphorismen

Jeder, der sein innres Selbst
nicht zu regieren weiß, regierte gar zu
gern
des Nachbars Willen. (Erichtho)

Goethe,
Faust 2, II, Pharsalische Felder

Viele kümmern sich um die Öffentlichkeit, weil sie es aufgegeben haben, sich um sich selbst zu kümmern.

Martin Kessel

Wer Lust hat, über Sklaven zu herrschen, ist selbst ein entlaufener Sklave. Frei ist, wem Freie willig folgen und wer Freien willig dient.

Rathenau

Jedes Volk hat die Regierung, die es verdient.

Joseph de Maistre,
Brief vom 15. VIII. 1811

Die Regierungen sind gewöhnlich nicht besser als die Regierten.

Smiles, Der Charakter I

Eine schwache Regierung zu stärken, muß man ihre Macht vermindern. Die Staatspfuscher begreifen das nicht.

Börne, Fragmente und Aphorismen 194

Über einen Regenten muß man kein Urteil haben, als bis er zwanzig Jahre regiert hat.

Seume, Apokryphen

Obrigkeit

Jedermann sei untertan der Obrigkeit, die Gewalt über ihn hat! Denn es ist keine Obrigkeit ohne von Gott; wo aber Obrigkeit ist, die ist von Gott verordnet.

Römer 13, 1

Ich gebe zu, daß jede Gewalt von Gott kommt. Aber auch jede Krankheit kommt von ihm: Heißt das etwa, deshalb sei es verboten, den Arzt zu rufen?

Rousseau, Contrat social 1, 3

Obrigkeit, bedenk Dich recht:
Gott ist Dein Herr, Du bist sein
Knecht!

Sprichwort

Ohne den Hirten wird aus Schafen nie eine Herde.

Aus Rußland

Besser ist's unterm Bart eines alten Mannes als unter der Peitsche eines jungen.

Aus Estland

Freilich ist es auch kein Vorteil für die Herde, wenn der Schäfer ein Schaf ist.

Goethe, Brief des Pastors

Wenn der Blinde den Blinden führt, fallen beide in die Grube.

Sprichwort

Der große Stuhl macht noch keinen König.

Aus dem Sudan

Mut, Geist und Glück sind drei so notwendige Eigenschaften für einen Führer, daß, wenn man auch nicht viele antrifft, die sie alle in sich vereinigen, man schwerlich ohne einen glücklichen Zufall große Ereignisse von denen erwarten darf, denen eine von ihnen völlig fehlt.

Richelieu, Politisches Testament

Ihr habt etwas in euerem Wesen, das ich gern Herr nennen möchte. (Kent)

Shakespeare, König Lear I, 4

Einige werden hoch geboren, einige erwerben Hoheit, und einigen wird sie
zugeworfen. (Malvolio)

Shakespeare, Was ihr wollt II, 5

Wenn ich nicht besser wäre als ihr, so
wäre ich nicht König.

Leonidas

Unter Blinden ist der Einäugige König.

Sprichwort

Wo der Bürgermeister schenkt Wein,
die Fleischhauer im Rat sein,
der Bäcker selber wiegt das Brot,
da leidet die Gemeinde Elend und Not.

Sprichwort

Wehe dir, Land, des König ein Kind
ist und des Fürsten in der Frühe speisen!

Prediger Salomo 10, 16

Wo sich der Herr zum Knecht macht,
da macht sich der Knecht zum Herrn.

Frauenlob, Sprüche 67

Wenn der Kopf ein Narr ist, so muß es
der ganze Leib entgelten.

Aus der Schweiz

Zu ihren Lustbarkeiten laden die Fürsten nur Edelleute ein. Aber wenn das
Unglück über sie kommt, bitten sie
auch ihre Bürger zu Gaste.

Börne

Das Glück schlechter Führer ist ein Unglück der Völker.

Vauvenargues, Reflexionen

Man glaubt, daß ein Minister, ein
Mann in hoher Stellung, Prinzipien
habe, und man glaubt das, weil man es
ihn hat sagen hören. Folglich enthält
man sich, von ihm diese oder jene Sache
zu verlangen, die ihn zu seiner Lieb-
lingsmaxime in Widerspruch setzen
würde. Man erfährt aber bald, daß
man an der Nase geführt worden ist,
und man sieht ihn Dinge tun, welche
beweisen, daß er keine Grundsätze hat,
sondern lediglich die Gewohnheit, die
Eigenheit, dies oder jenes zu sagen.

Chamfort, Maximen III

Hüte dich, mit deinem Herrn zusammen Kirschen zu essen! Er wäre imstande, dir die Kerne ins Gesicht zu
spucken.

Aus Rußland

Klarem Himmel und lachenden Herren soll keiner trauen.

Sprichwort

Wenn der Herr kommt zum gemeinen
so will er was han.   [Mann,

Sprichwort

Die Großen verkaufen ihre Protektion
zu teuer, als daß man sich zu irgendwelcher Dankbarkeit verpflichtet fühlen sollte.

Vauvenargues, Nachgelassene Maximen

Es macht den Deutschen nicht viel
Ehre, daß „einen anführen" so viel
heißt wie „einen betrügen".

Lichtenberg

Wollt ihr eures Königs Günstling sein,
so wendet euch an seine Schwächen!
Euch an seine Vernunft zu wenden, das
würde euch selten viel helfen.

Chesterfield,
Briefe an seinen Sohn

Wer die Gunst eines Ministers erlangen
will, muß ihn mit traurigem, nicht mit
heiterem Gesicht ansprechen. Man sieht
ungern andere glücklicher, als man
selbst ist.

Chamfort, Maximen III

Die Gunst der Großen wird nicht selten bloß dadurch verloren, daß man
ihnen sich zu ähnlich stellt.

Horaz, Episteln I, 16

Ein Mächtiger, der mit dem Schwächeren spricht,
verlangt nur Beifall, Wahrheit nicht.

Ramler,
Der junge Hahn und der Storch

Wohl gibt es Fürsten,
die nach Wahrheit dürsten.
Doch wenigen war ein so gesunder
sie zu vertragen.   [Magen,

Bodenstedt,
Die Lieder des Mirza Schaffy

Ein Herr, der Narren hält,
der tut gar weislich dran,
weil, was kein Weiser darf,
ein Narr ihm sagen kann.

Logau

Der Fürst, der einen Weisen nährt
und ihn nicht fragt um Rat,
ist gleich dem Krüppel, der kein Bein
und doch ein Reitpferd hat.

Wilhelm Müller, Unnütz Besoldung

Das Ohr der Majestät ist selten taub,
nur ist unsere Stimme meist zu schwach,
bis dahinauf zu reichen.

(Beaumarchais)

Goethe, Clavigo I, Guilberts Wohnung

Der König ist nur ein Mensch, wie ich
bin. Die Viole riecht ihm, wie sie mir
tut. Das Firmament erscheint ihm wie
mir. Alle seine Sinne stehen unter
menschlichen Bedingungen. Seine Zeremonien beiseite gesetzt, erscheint er in
seiner Nacktheit nur als ein Mensch,
und wiewohl seine Neigungen einen
höheren Schwung nehmen als unsere,
so senken sie sich doch mit demselben
Fittich, wenn sie sich senken. (König
Heinrich.)

Shakespeare, König Heinrich V. IV, 1

Da die Großen nun auch einmal Menschen sind, so denkt sie der Bürger,
wenn er sie lieben will, als seinesgleichen, und das kann er am füglichsten,
wenn er sie als liebende Gatten, als
zärtliche Eltern, als anhängliche Geschwister, als treue Freunde sich vorstellen darf.

Goethe, Dichtung und Wahrheit I, 5

Heute, wo keiner mehr recht an das Gottesgnadentum glaubt, wird deren ursprüngliches Prestige desto stärker im Äußerlichen zum Ausdruck gebracht; denn der Augenschein wirkt zurück auf das Herz.

Hermann von Keyserling,
Reisetagebuch eines Philosophen, Kyoto

Untergebene

Dankt Gott mit jedem Morgen,
daß ihr nicht braucht für's Römsche
Reich zu sorgen!
Ich halt es wenigstens für reichlichen
Gewinn,
daß ich nicht Kaiser oder Kanzler bin.
(Brander)

Goethe,
Faust 1, Auerbachs Keller in Leipzig

Wer dem Laufe der Sonne folgt, wird niemals frieren, und wer dem Herrn oder der Herrin folgt, den wird nie hungern.

Aus der Mongolei

Wer hinter einem Elefanten läuft, wird vom Tau nicht naß.

Aus Ghana

Legt der Abt die Würfel dar,
so spielen die Mönche ohne Gefahr.

Sprichwort

Mancher glänzt an zweiter Stelle, dessen Licht an der ersten erlischt.

Voltaire, Henriade 31

Wes Brot ich esse, des Lied ich singe.

Sprichwort

Das ist ein Sklav, des leicht geborgter
Stolz
in seiner Herrschaft flüchtiger Gnade
wohnt. (Lear)

Shakespeare, König Lear II, 4

Die Leute, die sich für einen Fürsten begeistern, weil sie einmal gut behandelt worden sind, kommen mir vor wie Kinder, die nach einer Prozession Pfarrer und nach einer Truppenparade Soldat werden wollen.

Chamfort, Maximen III

O flücht'ge Gnade sterblicher Geschöpfe,
wonach wir trachten vor der Gnade
Gottes!
Wer Hoffnung baut in Lüften eurer
Blicke,
lebt wie ein trunk'ner Schiffer auf dem
Mast,
bereit, bei jedem Ruck hinabzutaumeln
in der verderbenschwangern Tiefe
Schoß. (Hastings)

Shakespeare, König Richard III. III, 4

Die Nuilen, folgen sie der Eins,
wird eine große Zahl daraus!

Bodenstedt

Es gibt keine schlechten Mannschaften,
Marschall. Es gibt nur schlechte Offiziere.

Napoleon I.

Das Wetter erkennt man am Wind, den
Herrn am Knecht, den Brei am Kind.

Aus Luxemburg

Wie der Pfaff, so die Gemeinde.

Aus Rußland

Bevor nur ein Jahr vergangen ist,
gleicht schon der Hund seinem Herrn.

Aus Spanien

Wo der Ochse König ist, sind die Kälber Prinzen.

Sprichwort

Laßt wohlbeleibte Männer um mich
sein,
mit glatten Köpfen, die des Nachts gut
schlafen.
Der Cassius dort hat einen hohlen Blick.
Er denkt zuviel: Die Leute sind gefährlich. (Cäsar)

Shakespeare, Julius Cäsar I, 2

Ich will mit eisenköpf'gen Narr'n ver-
handeln,

mit unbedachten Burschen. Keiner
taugt mir,
der mich mit überlegtem Blick erspäht.
(Richard)

Shakespeare, König Richard III. IV, 2

Ein unterrichtetes Volk läßt sich leicht
regieren.

Friedrich II. von Preußen

Das Schweigen des Volkes ist eine Lehre
für die Könige.

Abbe de Beauvais,
Leichenrede für Ludwig XV.

Je mehr Hilfe ein Mann in seine Korn-
felder bekommt, desto weniger bekommt er Korn.

Aus Rhodesien

Ein Dienstbote ist ein Dienstbote. Zwei
Dienstboten sind ein halber Dienstbote. Drei sind gar keiner.

Aus Polen

Der Mann, der dem Monarchen thront
im Herzen
und reist im Sonnenscheine seiner
Gunst,
wenn er des Königs Schutz mißbrau-
chen wollte,
ach, welches Unheil stiften könnt' er
nicht
im Schatten solcher Hoheit!
(Prinz Johann)

Shakespeare,
• König Heinrich IV. Zweiter Teil IV, 2

Dann heiß sie schleichen in die dichte
Laube,
wo Geißblattranken, an der Sonn' erblüht,
der Sonne Zutritt wehren: Wie Günst-
linge,
von Fürstenstolz gemacht, mit Stolz
verschatten
die Kraft, die sie erschaffen. (Hero)

Shakespeare,
Viel Lärmen um Nichts III, 1

Wenn Diener löblich raten,
so sind's der Herren Taten.
Wenn Herren gräßlich fehlen,
ist's Dienern zuzuzählen.

Logau, Fürstendiener

Denn wenn der Mächtige des Streits
ermüdet,
wirft er behend auf den geringen Mann,
der arglos ihm gedient, den blutgen
Mantel
der Schuld und leicht gereinigt steht er
da.
(Zweiter Chor, Bohemund)

Schiller, Die Braut von Messina III, 2

Ein Untergebener
glänzt leicht zu hell; denn wisse dies,
o Silius:
Besser nichts tun, als zuviel Ruhm erwerben
durch tapfre Tat, wenn unsre Obern
fern. (Ventidius)

Shakespeare,
Antonius und Cleopatra III, 1

Dienstpersonal

Wollten wir alle Herren sein, wer sollte
da die großen Säcke tragen?

Aus Dänemark

Keine Kultur ohne Dienstboten. Es
versteht sich doch von selbst. Wenn
nicht Menschen da wären, welche die
niedrigen Arbeiten verrichten, so könnte
die höhere Natur nicht gedeihen.

Treitschke, Politik 1, 1

Nicht, was der Knecht sei, fragt der
Herr, nur, wie er dient. (Helena)

Goethe, Faust 2, III,
Vor dem Palaste des Menelas

Kennen Eure Exellenz, nach den Tugenden, die man von einem Diener verlangt, viele Herren, die würdig wären,
Kammerdiener zu sein? (Figaro)

Beaumarchais,
Der Barbier von Sevilla I, 2

Schädlicheres begegnet nichts dem Herr-
scherherrn
als treuer Diener heimlich-unterschwor-
ner Zwist.
Das Echo seiner Befehle kehrt alsdann
nicht mehr
in schnell vollbrachter Tat wohlstim-
mig ihm zurück,
nein, eigenwillig, brausend tost es um
ihn her,

den selbst Verirrten, ins Vergebne
    Scheltenden. (Helena)

Goethe, Faust 2, III,
Vor dem Palaste des Menelas

Manches Dieners Zunge schwatzt nur
seines Herrn Verderben herbei. (Narr)

Shakespeare, Ende gut, alles gut II, 4

Wo die Diener in Seide wandeln, stek-
ken die Herren in Schulden.

Aus Rußland

Wenn der Fürst seinen Untertanen
einen Apfel nimmt, nehmen die Diener
den ganzen Baum.

Sprichwort

Wenn der Abt zum Glase greift, so
greifen die Mönche zum Krug.

Sprichwort

Die langen Arme der Großen, sich
selbst überlassen, sind bei weitem nicht
so furchtbar wie die verzwickten kurzen ihrer Kammerdiener.

Lichtenberg

Er war einer von denen, die alles besser machen wollen, als man es verlangt.
Dieses ist eine abscheuliche Eigenschaft
an einem Bedienten.

Lichtenberg

In deinen Diensten beschäftige keine
hübschen Mägde!

Aus China

O guter Alter, wie so wohl erscheint
in dir der treue Dienst der alten Welt,
da Dienst um Pflicht sich mühte, nicht
    um Lohn!
Du bist nicht nach der Sitte dieser
    Zeiten,
wo niemand mühn sich will als um Be-
    förderung,
und kaum, daß er sie hat, erlischt sein
    Dienst. (Orlando)

Shakespeare, Wie es Euch gefällt II, 4

Herr, wer euch dient für Gut und Geld
und nur gehorcht zum Schein,
packt ein, sobald ein Regen fällt,
läßt euch im Sturm allein. (Narr)

Shakespeare, König Lear II, 4

Seht ihr doch
so manchen pflichtigen, kniegebeugten
    Schuft,
der, ganz verliebt in seine Sklaven-
    fessel,
ausharrt, recht wie der Esel seines
    Herrn,
ums Heu und wird im Alter fortge-
    jagt.
Peitscht mir solch redlich Volk! Dann
    gibt es andere,
die, ausstaffiert mit Blick und Form
    der Demut,
ein Herz bewahren, das nur sich be-
    denkt,
die nur Scheindienste liefern ihren
    Oberen,
durch sie gedeih'n, und wann ihr Pelz
    gefüttert,
sich selbst Gebieter sind. (Jago)

Shakespeare, Othello I, 1

Wenn du wünschest, daß man dich nicht beschimpfe noch hinter deinem Rücken übel von dir rede, so nähre gut die unter deinen Befehlen stehenden Diener!

Schach Nuschirewan,
Im Buche des Kabus 8

Dienstboten sind am schwersten zufriedenzustellen: Behandelt man sie wie seinesgleichen, so werden sie unbotmäßig. Hält man sich von ihnen fern, so erregt man ihren Haß und ihre Rachsucht.

Konfuzius

Politik

Nichts mehr bedarf eine Nation als einen Überfluß an edlen Männern, die sich dem Allgemeinen widmen.

Ranke, Die Osmanen und die spanische Monarchie

Wenn der Tor seinen Brei nur hat, was kümmert ihn dann Kirche und Staat!

Freidank, Bescheidenheit

Lasset Eure Weiber schweigen in der Gemeinde!

1. Korinther 14, 34

Ich kann versichern: Die Politik ist keine Wissenschaft, die man lernen kann. Sie ist eine Kunst, und wer sie nicht kann, der bleibt besser davon!

Bismarck

Es ist in der Politik niemals möglich, mathematische Beweise zu geben.

Bismarck

Die ganze Kunst der Politik besteht darin, sich der Zeitumstände richtig zu bedienen.

Ludwig XIV., Memoiren

In der Politik soll man weniger versuchen, neue Gelegenheit zu schaffen, als die sich bietenden zu nutzen.

La Rochefoucauld, Reflexionen

Der Staatsmann muß die Dinge rechtzeitig herannahen sehen und sich darauf einrichten. Versäumt er das, so kommt er mit seinen Maßregeln meist zu spät.

Bismarck

Das Wort „endgültig" gibt es nicht in der Sprache der Politik.

Benjamin Disraeli

Der Politiker denkt an die nächsten Wahlen, der Staatsmann an die nächste Generation.

William Gladstone

Diplomaten sind Leute, die man auf Reisen schickt, um zum Besten ihres Landes zu lügen.

Sir Henry Wotton,
Lobschrift auf König Karl

Politik ist der Umgang mit Massen und Rivalen.

Graff

Wir selbst und Bushy, Bagot hier und
                                    Green
sahn sein Bewerben beim geringen Volk,
wie er sich wollt' in ihre Herzen tau-
                                    chen
mit traulicher, demüt'ger Höflichkeit,
was für Verehrung er an Knechte weg-
                                    warf,
Handwerker mit des Lächelns Kunst
                                gewinnend
und ruhigem Ertragen seines Loses,
als wollt' er ihre Neigung mit ver-
                                bannen.
Vor einem Austerweib zieht er die
                                    Mütze.
Ein paar Karrnzieher grüßten: „Gott
                            geleit' euch!",
und ihnen wird des schmeid'gen Knies
                                    Tribut,
nebst: „Dank, Landsleute! meine güt'-
gen Freunde!" (König Richard)

Shakespeare, König Richard II. I, 4

Wenn dem Lamm der Löwe liebekost,
so hört das Lamm nie auf, ihm nach-
                            zugehn. (König Heinrich)

Shakespeare,
König Heinrich VI. Dritter Teil IV, 8

Wenn man der Masse schmeicheln will, nennt man sie Volk. Wenn man das Volk regieren will, betrachtet man es als Masse.

Graff

Politik ist die Kunst, die Menge zu leiten: Nicht wohin sie gehen will, sondern wohin sie gehen soll.

Joubert

Es ist eine falsche Nachgiebigkeit gegen die Menge, wenn man ihnen die Empfindungen erregt, die sie haben wollen, und nicht, die sie haben sollen.

Goethe,
Wilhelm Meisters Lehrjahre V, 9

Divide et impera!
Entzweie und herrsche!

Philipp von Macedonien

Ein Mittel zum Schutze einer jeden Monarchie besteht darin, daß man keinen einzigen Mann groß macht, sondern, wenn es sein muß, nur mehrere, die sich gegenseitig in Schach halten.

Aristoteles, Politik 5, 11

Beschäft'ge stets die schwindlichten
                                Gemüter
mit fremdem Zwist, daß Wirken in der
                                    Ferne
das Angedenken voriger Tage banne!
(König Heinrich)

Shakespeare,
König Heinrich IV., Zweiter Teil IV, 4

Tatsächlich und normalerweise gelten neun Zehntel der politischen Tätigkeit den wirtschaftlichen Aufgaben des Augenblicks, der Rest den wirtschaftlichen Aufgaben der Zukunft.

Rathenau, Kritik der Zeit

Das Recht muß nie der Politik, wohl aber die Politik jederzeit dem Rechte angepaßt werden. Alle Politik muß ihre Knie vor dem Rechte beugen.

Kant

Was moralisch falsch ist, kann nicht politisch richtig sein.

Gladstone

Die Politik ist ein Kampfplatz, auf dem das Ergebnis, das man erzielt, immer weit unter dem liegt, was man erreichen möchte.

Tocqueville, an Stoffels, 3. 4. 1844

Es ist das in der Politik immer so, als wenn man mit unbekannten Leuten in einem unbekannten Lande geht. Wenn der eine seine Hand in die Tasche steckt, so zieht der andere seinen Revolver schon.

Bismarck

Die Politik gleicht der Sphinx der Fabel: Sie verschlingt alle, die ihre Rätsel nicht lösen.

Rivarol

Die meisten großen Politiker haben ein System wie alle großen Philosophen, das ihre Lebensführung bestimmt und sie beständig dem gleichen Ziel zustreben läßt.

Vauvenargues, Nachgelassene Maximen

Die Triebfeder der Politik ist meist Eitelkeit, Ehrgeiz, Machtwille, nur selten Habsucht und noch seltener der uneigennützige Wille, einer Idee oder einer Menschengruppe zu dienen.

Coudenhove-Kalergi,
Held und Heiliger

Auf dem Gebiet, das die größte Nüchternheit verlangt – nämlich in der Politik –, pflegen sich die größten Leidenschaften auszutoben.

Graff

Die ganze Synopse unserer Politik liegt in der zwei Versen von Bürger: „Du hast uns lange genug geknufft; man wird dich wieder knuffen, Schuft."

Seume, Apokryphen

Politik, segt de Bûr, ist anners seggen as dôn.

Aus Hamburg

Nicht die Politik verdirbt den Charakter, sondern schlechte Charaktere verderben die Politik.

Verfasser unbekannt

Menschenführung

Die Welt ist voll brauchbarer Menschen, aber leer an Leuten, die den brauchbaren Mann anstellen.

Pestalozzi,
Wie Gertrud ihre Kinder lehrt

Wer befehlen soll,
muß im Befehlen Seligkeit empfinden;
ihm ist die Brust von hohem Willen
voll,
doch was er will, es darf's kein Mensch
ergründen.
Was er den Treusten in das Ohr ge-
raunt,
es ist getan, und alle Welt erstaunt.
So wird er stets der Allerhöchste sein,
der Würdigste! (Faust)

Goethe, Faust 2, IV, Hochgebirg

Die Wurzeln erzählen den Zweigen nicht, was sie denken.

Aus dem Kongo

Selbst wer gebieten kann, muß über-
raschen. (König)

Goethe, Die natürliche Tochter I, 5

„Sage, tun wir nicht recht? Wir müssen
den Pöbel betrügen.
Sieh nur, wie ungeschickt wild, sieh
nur, wie dumm er sich zeigt!"
Ungeschickt scheint er und dumm, weil
ihr ihn eben betrüget.
Seid nur redlich, und er, glaubt mir, ist
redlich und klug.

Goethe, Venezianische Epigramme 55

Täusche deine Vorgesetzten, aber nicht deine Untergebenen!

Aus China

Ein guter Hirte schert seine Schafe, aber er zieht ihnen nicht das Fell über die Ohren.

Aus Australien

Um einen Menschen lange Zeit zu be-herrschen, muß man eine leichte Hand haben und ihn so wenig wie möglich seine Abhängigkeit fühlen lassen.

La Bruyère

Die Macht kann nicht milde genug aus-sehen.

Jean Paul

Es ist gefährlich, den Menschen zu sehr merken zu lassen, wie sehr er den Tie-ren gleicht, ohne ihm seine Größe zu zeigen. Es ist auch gefährlich, ihn zu sehr seine Größe fühlen zu lassen, ohne ihm seine Niedrigkeit zu zeigen.

Pascal

Man soll die lieben, über die man be-fiehlt, aber man soll es ihnen nicht sagen.

Antoine de Saint-Exupéry

Wer kummediert, exerziert nit.

Aus dem Elsaß

Scherze mit dem Sklaven, bald wird er dir den Hintern zeigen!

Aus Arabien

Die Leitung der Welt, der politischen, der industriellen und der häuslichen, besteht sachlich im Empfang von Befehlen und im Gehorsam und genau unter solchen Bedingungen. „Widersprich nicht! Tu, was man dir sagt!", das muß man nicht nur Kindern und Soldaten, sondern eigentlich jedermann sagen. Glücklicherweise wollen die meisten gar nicht widersprechen. Sie sind nur zu froh, der Mühe des eigenen Nachdenkens überhoben zu sein.

Shaw, Die heilige Johanna, Vorwort

Dies aber ist das Dritte, was ich hörte: Daß Befehlen schwerer ist als Gehorchen.

Nietzsche, Zarathustra II, Von der Selbstüberwindung

Wer klare Begriffe hat, kann befehlen.

Goethe, Maximen und Reflexionen, Nachlaß, Über Literatur und Leben

Diesen Amboß vergleich ich dem Lande, den Hammer dem Fürsten und dem Volke das Blech, das in der Mitte sich krümmt. Wehe dem armen Blech, wenn nur willkürliche Schläge ungewiß treffen!

Goethe, Venezianische Epigramme 14

Unsicherheit im Befehlen erzeugt Unsicherheit im Gehorchen.

Graf von Moltke

Wenn du eine Sache befiehlst, so befehle sie nicht zwei Menschen zugleich, damit der Sache kein Schade daraus erwachse, so wie man gesagt hat: Von zweien gekochtes Essen wird entweder zu salzig oder ungesalzen, und ein Haus, worin zwei Weiber sind, wird nicht rein gefegt.

Buch des Kabus 29, Sich vor Feinden wahren

Ein Herre mit zwei Gesind, er wird nicht wohl gepflegt. Ein Haus, worin zwei Weiber sind, es wird nicht rein gefegt.

Goethe, Divan, Buch der Sprüche

Niemand kann zwei Herren dienen.

Sprichwort

Wer befehlen kann, findet die, welche gehorchen müssen.

Nietzsche, Wille zur Macht 128

Dem wird befohlen, der sich nicht selber gehorchen kann.

Nietzsche, Zarathustra II, Von der Selbstüberwindung

Befehle nicht, wo dir die Macht gebricht! (Kreon)

Sophokles, Ödipus auf Kolonos 835

Einen Esel, der keinen Durst hat, kann man nicht zum Trinken bringen.

Aus Frankreich

Ihr wollt auf mir spielen. Ihr stellt Euch, als kenntet Ihr meine Griffe. Ihr wollt in das Herz meines Geheimnisses dringen. Ihr wollt mich von meiner tiefsten Note bis zum Gipfel meiner Stimme hinauf prüfen: Und in dem kleinen Instrument hier ist viel Musik, eine vortreffliche Stimme, dennoch könnt Ihr es nicht zum Sprechen bringen. Wetter! denkt Ihr, daß ich leichter zu spielen bin als eine Flöte? Nennt mich, was für ein Instrument Ihr wollt: Ihr könnt mich zwar verstimmen, aber nicht auf mir spielen. (Hamlet)

Shakespeare, Hamlet III, 2

Gehorsam

Gebet dem Kaiser, was des Kaisers ist, und Gott, was Gottes ist!

Matthäus 22, 21

Man muß Gott mehr gehorchen als den Menschen.

Apostelgeschichte 5, 29

Mut zeiget auch der Mameluck, Gehorsam ist des Christen Schmuck.

Schiller, Der Kampf mit dem Drachen

Der Gehorsam ist ein erhabener Vorzug, dessen nur die vernünftige Kreatur fähig ist.

Augustinus, De civitate Dei 13, 20

Die Autorität zwingt, aber die Vernunft überzeugt zum Gehorsam.

Richelieu, Politisches Testament

Gehorsam ist der Anfang aller Weisheit.

Hegel

Gehorsam ist eine Kunst, die der Regent selbst lehren muß, und wer gut leitet, dem folgt man gern.

Plutarch, Lykurg 30

Gar leicht gehorcht man einem edlen Herrn,
der überzeugt, indem er uns gebietet. (Antonio)

Goethe, Tasso II, 5

Nur wer gehorchen gelernt hat, kann später auch befehlen!

Paul von Hindenburg

Schlimm, einem Geringeren gehorchen zu müssen!

Demokrit

Gehorchen wird jeder mit Genuß
den Frauen, den hochgeschätzten;
hingegen machen uns meist Verdruß
die sonstigen Vorgesetzten.

Busch, Zu guter Letzt, Befriedigt

Wer der guten Mutter nicht gehorchen
will, wird der bösen Stiefmutter gehorchen.

Aus Italien

Unbedingter Gehorsam setzt bei den
Gehorchenden Unwissenheit voraus.

Montesquieu,
Vom Geist der Gesetze 4, 3

Wo alle Befehle erteilen, braucht keiner zu gehorchen.

Aus Spanien

Kein Mensch muß müssen. (Nathan)

Lessing, Nathan I, 3

Gehorchen mag, wer nicht zu herrschen
weiß. (York)

Shakespeare,
König Heinrich VI. Zweiter Teil V, 1

„Wer ist ein unbrauchbarer Mann?"
Der nicht befehlen und auch nicht gehorchen kann.

Goethe, Zahme Xenien IV

Unterwürfigkeit

Es gibt Menschen, die hündischer sind
als Hunde und nicht heulen, wenn sie
geschlagen werden.

Börne, Fragmente und Aphorismen 280

Der Hund sagte: Wer vor den Großen
wohl kriecht und gegen die Kleinen
laut bellt, der kommt gewiß zu seinem
Recht.

Pestalozzi

Wer ein Hund werden will, soll zumindest Hund in einem großen Hause
werden.

Aus Japan

Faulheit und Feigheit sind die Ursachen, warum ein so großer Teil der
Menschen, nachdem sie die Natur
längst von fremder Leitung freigespro-
chen, dennoch gern zeitlebens unmün-
dig bleiben und warum es anderen so
leicht wird, sich zu deren Vormündern
aufzuwerfen. Es ist so bequem, un-
mündig zu sein.

Kant

Wenn ein König jemandem befiehlt, ein
Schurke zu sein, so ist er durch seinen
Eid vertraglich gebunden, einer zu
werden. (Thaliard)

Shakespeare, Perikles I, 3

Solche Beamte tun dem König den besten Dienst am Ende. Er hält sie, wie ein Affe den Apfel, im Winkel seines Kinnbackens: Zuerst in den Mund gesteckt, um zuletzt verschlungen zu werden. Wenn er braucht, was Ihr aufgesammelt habt, so darf er Euch nur drücken, so seid Ihr, Schwamm, wieder trocken. (Hamlet)

Shakespeare, Hamlet IV, 2

Solch Gleisnervolk
nagt oft gleich Ratten heilige Band'
    entzwei,
zu fest verknüpft zum Lösen, schmeichelt jeder Laune,
die auflebt in dem Busen seines Herrn,
trägt Öl ins Feu'r, zum Kaltsinn Schnee,
    verneint,
bejaht und dreht den Hals wie Wet-
    terhähne
nach jedem Wind und Luftzug seiner
    Oberen,
nichts wissend, Hunden gleich, als
   nachzulaufen. (Kent)

Shakespeare, König Lear II, 2

Es ist seltsam, daß die Unterwerfung unter mächtige, furchterregende, ja schreckliche Personen, unter Tyrannen und Heerführer bei weitem nicht so peinlich empfunden wird wie diese Unterwerfung unter unbekannte und uninteressante Personen, wie es alle Größen der Industrie sind.

Nietzsche,
Fröhliche Wissenschaft I, 40

Je tiefer vor einem gekniet wird, desto höher bäumelet man.

Gotthelf

Personen, die sich sehr untertänig gebärden, ist nie ganz zu trauen. Sie sind auch anderer Stimmungen fähig. Es lebt in ihrem Innern ein verborgener Haß oder Neid gegen die, welche sie zu verehren scheinen, ja selbst wirklich verehren.

Carl Hilty

Ich mag nicht gern Armseligkeit be-
    drückt,
Ergebenheit im Dienst erliegen sehn.
   (Hippolyta)

Shakespeare,
Ein Sommernachtstraum V, 1

Hüte dich, niedrig zu sitzen und in die Höhe zu schauen! Nur zu leicht kannst du Staub in die Augen bekommen.

Aus Schweden

Wer vor jedem Unbedeutenden den Hut zieht, wird kahl.

Aus Jugoslawien

Um eines Mächtigen Gunst zu buhlen,
    deucht
dem Unerfahrenen süß, gefährlich dem
    Erfahrenen.

Horaz, Episteln I, 18

Opposition

Opposition ist die Kunst, etwas zu versprechen, was die Regierung nicht halten kann.

Harold Nicolson

O Größ' und Hoheit, tausend falsche
Augen
haften auf dir! In Bänden voll Geschwätz
rennt falsches Spähn, mit sich in Widerspruch,
dein Handeln an. Des Witzes Fehlgeburt
macht dich zum Vater ihrer müßigen
Träume. (Herzog)

Shakespeare, Mass für Mass IV, 1

Es gehört zum deutschen Bedürfnis, beim Biere von der Regierung schlecht zu reden.

Bismarck, im Reichstag, 12. 6. 1882

Es liegt ohne Zweifel etwas in unserem Nationalcharakter, was der Vereinigung Deutschlands widerstrebt. Wir hätten die Einheit sonst nicht verloren oder sie bald wiedergewonnen.

Bismarck, am 3. 3. 1867

Immer bellt man auf euch! Bleibt sitzen! Es wünschen die Beller
jene Plätze, wo man ruhig das Bellen
vernimmt.

Goethe und Schiller,
Xenien, An die Oberen

Man sollte der Opposition stets einen Knochen zum Nagen lassen.

Joubert

In einem Staate die Opposition zu unterdrücken oder auch nur sie zu hindern, sich zu äußern und zu zeigen, ist eine außerordentlich schwerwiegende Sache, nämlich die Ermunterung zum Terrorismus.

André Gide, Retour de L'USSR IV

Wie in aller Welt fängt man es an, im eigenen Vaterlande den politischen Gegner, der mit uns in allen Hauptsachen, nämlich in der Liebe und Hingebung für das Gemeinwohl, übereinstimmt und nur in der Empfehlung der Mittel abweicht, zu hassen?

Spitteler,
Politische Sympathien und Antipathien

So eng verwachsen sind ihm Freund
und Feind,
daß, wenn er reißt, den Gegner zu entwurzeln,
er einen Freund auch los und wankend
macht,
so daß dies Land ganz wie ein trotzend
Weib,
das ihn erzürnt, mit Streichen ihr zu
drohn,
wie er nun schlägt, sein Kind entgegen
hält
und schweben macht entschloßne Züchtigung. (Erzbischof)

Shakespeare,
König Heinrich IV. Zweiter Teil IV, 2

Öffentliche Meinung

Die öffentliche Meinung gleicht einem
Schloßgespenst: Niemand hat es gesehen, aber alle lassen sich von ihm tyrannisieren.

Graff

Hol' der Henker die öffentliche Meinung! Es kann sie einer auf beiden Seiten tragen wie ein ledernes Wams.
(Thersites)

Shakespeare,
Troilus und Cressida III, 3

Die öffentliche Meinung ist eine Ge-
richtsbarkeit, die ein vernünftiger
Mensch nie anerkennen, aber auch nie
ganz ablehnen soll.

Chamfort, Maximen II

Es ist gleich schwach und gefährlich,
die öffentliche Stimme zuviel und zuwenig zu achten.

Seume, Apokryphen

Propaganda ist die Kunst, den Teufel
mit zwei gesunden Füßen zu fotogra-
fieren.

Hans Kasper

Man kann alle Leute einige Zeit und
einige Leute alle Zeit, aber nicht alle
Leute alle Zeit zum Narren halten.

Abraham Lincoln

Lautsprecher verstärken die Stimme,
nicht die Argumente.

Hans Kasper

Die Zensur ist die jüngere von zwei
schändlichen Schwestern. Die ältere
heißt Inquisition. Die Zensur ist das
lebendige Geständnis der Großen, daß
sie nur verdummte Sklaven treten,
aber keine freien Völker regieren können. (Ultra)

Nestroy,
Freiheit in Krähwinkel I, 14

Der Regent hat kein Recht über die
Meinungen der Bürger.

Friedrich II. von Preußen

Das Buch, das in der Welt am ersten
verboten zu werden verdiente, wäre
ein Katalog von verbotenen Büchern.

Lichtenberg

Das Endziel jeder Zensur ist es, nur
solche Bücher zu erlauben, die ohne-
dies niemand liest.

Giovanni Guareschi

Wehe dem Lande, das sich vor Reden
und Rednern zu fürchten hat!

Grabbe

Willst aber du die Meinung beherrschen, beherrsche durch Tat sie,
nicht durch Geheiß und Verbot!

Goethe, Entwürfe zur zweiten Epistel

Presse

Die Deutschen haben das Pulver erfunden – alle Achtung! Aber sie haben es wieder quitt gemacht: Sie erfanden die Presse.

Nietzsche

Wie sie knallen, die Peitschen! Hilf
Himmel! Journale! Kalender!
Wagen an Wagen! Wie viel Staub und
wie wenig Gepäck!

Goethe und Schiller,
Xenien, Currus virum miratur inanes

Die Presse ist für mich Druckerschwärze auf Papier.

Bismarck, 6. 2. 1888

Papier duldet alles.

Aus Frankreich

Ich kenne nur eine
ganz verderbliche Schrift, die allen
Menschen die Köpfe
ganz und völlig verrückt, die allen mit
heftigen Reden
und Geschichten die Seele zerstört, so
daß man die klügsten
nicht zu kennen vermag; denn eben
weil sie in Worten
mehr oder weniger sagt und weil sie
am Ende die Wahrheit
sagen muß, so glaubt ihr ein jeder und
höret das Falsche
mit dem Wahren so gern und höret im
Falschen und Wahren
seine Meinung allein.

Goethe, Entwürfe zur zweiten Epistel

Ich habe mir die Zeitungen vom vorigen Jahr binden lassen. Es ist unbeschreiblich, was für eine Lektüre dieses ist: 50 Teile falsche Hoffnung, 47 Teile falsche Prophezeiung und 3 Teile Wahrheit. Diese Lektüre hat bei mir die Zeitungen von diesem Jahre sehr herabgesetzt; denn ich denke: Was diese sind, das waren jene auch.

Lichtenberg

Das beste am Journalismus ist, daß er die Neugier tötet.

Rathenau

In den Zeitungen ist alles Offizielle geschraubt, das übrige platt.

Goethe,
Maximen und Reflexionen, Nachlaß,
Über Literatur und Leben

Eine der erstaunlichsten Erscheinungen ist, daß man sich einbildet, von abhängigen Menschen unabhängige Meinungen erwarten zu dürfen.

Graff

Alle Welt klagt über den Journalismus, und jedermann möchte ihn für sich benutzen.

Gustav Freytag

Kannst du die Presse nicht schlagen, dann schlag dich auf ihre Seite!

Aus den USA

Der Zeitungsschreiber selbst ist wirklich zu beklagen.
Gar öfters weiß er nichts, und oft darf
er nichts sagen. (Der Wirt)

Goethe, Die Mitschuldigen II, 2

Die Schwachheiten großer Leute bekannt zu machen, ist eine Art von
Pflicht. Man richtet damit Tausende
auf, ohne jenen zu schaden.

Lichtenberg

Könnt ihr also die Menschen nicht hindern zu hören, was täglich
außer ihnen geschieht, so laßt sie auch
ohne Bedenken
ohngehindert sie hören, was außer
ihnen gemeint wird!
Wär ich ein Fürst, ich ließe sogleich auf-
rührische Schriften
alle kaufen und teilte sie aus, damit
sich ein jeder
satt dran läse, damit nichts Tolles
könne gesagt sein,
was man nicht läse bei mir.

Goethe, Entwürfe zur zweiten Epistel

Die Festsetzung dessen, was gesetzlich
als Mißbrauch der Pressefreiheit gelten
soll, muß sehr einfach und nicht zu
ängstlich gemacht werden.

Wilhelm von Humboldt,
Über Pressefreiheit

Gazetten müssen, wenn sie interessant
sein sollen, nicht geniert werden.

Friedrich II. von Preußen

Große Männer haben die Pressefreiheit nie gefürchtet; denn wo kein
Pulver liegt, kann man die Leute
rauchen lassen.

Karl Julius Weber,
Demokritos VII. 11

Zensur und Preßfreiheit werden immerfort miteinander kämpfen. Zensur
fordert und übt der Mächtige, Preßfreiheit verlangt der Mindere. Jener
will weder in seinen Planen noch seiner Tätigkeit durch vorlautes wider-
sprechendes Wesen gehindert, sondern
gehorcht sein; diese wollen ihre Gründe
aussprechen, den Ungehorsam zu legitimieren.

Goethe,
Wilhelm Meisters Wanderjahre III,
Aus Makariens Archiv

Die Preßfreiheit sollte durch das
strengste Verbot aller und jeder An-
onymität bedingt sein.

Schopenhauer,
Parerga und Paralipomena

Die Deutschen der neueren Zeit haben
nichts anders für Denk- und Preßfreiheit gehalten, als daß sie sich einander
öffentlich mißachten dürfen.

Goethe,
Maximen und Reflexionen, Nachlaß,
Über Literatur und Leben

Aufruhr

Die Krankheiten, die das Wachstum der Menschheit bezeichnen, nennt man Revolutionen.

Hebbel, Tagebücher, 1850

Revolutionen bessern nicht, wohl aber Reformationen.

Karl Julius Weber, Demokritos

Wenn sich die Völker selbst befrein,
da kann die Wohlfahrt nicht gedeihn.

Schiller, Das Lied von der Glocke

Weh denen, die dem Ewigblinden
des Lichtes Himmelsfackel leihn!
Sie strahlt ihm nicht, sie kann nur
zünden
und äschert Städt' und Länder ein.

Schiller, Das Lied von der Glocke

Die Freiheit hab ich stets im Sinn getragen,
doch haß ich eins noch grimmer als
Despoten:
Das ist der Pöbel, wenn er sich den
roten
zerfetzten Königsmantel umgeschlagen.

Geibel, Gegen den Strom

Die eifrigsten Reformer haben lernen müssen, daß sie sich selbst jeglicher Macht berauben, wenn sie den schwerfälligen Massen zu weit voraneilen.

Auf eine Revolution ist stets eine Reaktion gefolgt.

Woodrow Wilson, Der Staat

Rebellentreue ist wankend. (Leonore)

Schiller, Fiesko V, 5

So fand Rebellion stets ihre Strafe.
(König Heinrich)

Shakespeare,
Heinrich IV., 1. Teil V, 5

Wenn eine Revolution verunglückt, so verunglückt ein ganzes Jahrhundert; denn dann hat der Philister einen Sachbeweis.

Hebbel, Tagebücher 1

Von oben herab muß reformiert werden, wenn nicht von unten herauf re-
volutioniert werden soll.

Karl Julius Weber, Demokritos

Es ist sehr gut, daß die Regierungen Rebellion und Empörung zu Verbrechen machen, aber es ist sehr schlecht, daß ihre meisten Maßregeln geeignet sind, diese Verbrechen zu Tugenden zu stempeln.

Seume, Apokryphen

Alle Revolutionen kommen aus dem Magen.

Napoleon I.

Erst habt ihr die Großen beschmaust,
nun wollt ihr sie stürzen;
hat man Schmarotzer doch nie dankbar
dem Wirte gesehn.

Goethe und Schiller,
Xenien, An mehr als einen

Empört mein Volk sich? Das kann ich
nicht ändern.
Sie brechen Gott ihr Wort so gut wie
mir. (König Richard)

Shakespeare, König Richard II. III, 2

Da die Menschen zu allen Zeiten dieselben Leidenschaften gehabt haben, so
sind zwar die Anlässe, welche große
Veränderungen hervorbringen, verschieden, die Ursachen aber sind immer
die nämlichen.

Montesquieu,
Betrachtungen über die Größe der
Römer und ihren Verfall 1

Leicht wird ein kleines Feuer ausge-
treten,
das, erst geduldet, Flüsse nicht mehr
löschen. (Clarence)

Shakespeare,
König Heinrich VI. Dritter Teil IV, 8

„Warum denn wie mit einem Besen
wird so ein König hinausgekehrt?"
Wären's Könige gewesen,
sie stünden noch alle unversehrt.

Goethe, Zahme Xenien

Die Hofleute und alle, die von den
Mißbräuchen lebten, unter denen Frankreich darniederlag, werden nicht müde
zu versichern, man hätte jene Miß-
bräuche abstellen können, ohne zu zerstören, was zerstört wurde. Sie hätten
wohl den Augiasstall mit einem Feder-
wisch reinigen wollen?

Chamfort, Maximen VIII

Entmachtung

Das Schicksal macht nie einen König
matt, ehe es ihm Schach geboten hat.

Börne, Fragmente und Aphorismen 5

Ein Pferd! ein Pferd! mein Königreich
für'n Pferd! (Richard)

Shakespeare, König Richard III. V, 5

Was muß der König nun? Sich unterwerfen?
Der König wird es tun. Muß er ent-
setzt sein?
Der König gibt sich drein. Den Namen
König
einbüßen? Nun, er geh' in Gottes
Namen.
Ich gebe mein Geschmeid' um Bet-
korallen,
den prächtigen Palast für eine Klause,

die bunte Tracht für eines Bettlers
Mantel,
mein reich Geschirr für einen hölzern
Becher,
mein Zepter für 'nes Pilgers Wanderstab,
mein Volk für ein paar ausgeschnitzte
Heilige,
mein weites Reich für eine kleine Gruft,
ganz kleine, kleine unbekannte Gruft.
Oder auf des Königs Heerweg scharrt
mich ein,
wo viel Verkehr ist, wo des Volkes
Füße
das Haupt des Fürsten stündlich treten
können. (König Richard)

Shakespeare, König Richard II. III, 3

Größe, wenn sie mit dem Glück zerfällt,
zerfällt mit Menschen auch. Der Hin-
gestürzte
liest sein Geschick so schnell im Blick
der Menge,
als er den Fall gefühlt. (Achilles)

Shakespeare, Troilus und Cressida III, 3

Um die Zeder stunden Sträucher. Da
nun die Männer kamen vom Meer und
die Axt ihr an die Wurzel legten, da
erhub sich ein Frohlocken: „Also stra-
fet der Herr die Stolzen; also demütigt
er die Gewaltigen!" Und sie stürzte
und zerschmetterte die Frohlocker, die
verzettelt wurden unter dem Reisig.

Goethe,
Salomons, Königs von Israel und Juda,
Güldene Worte 3, 4

Laß ja die Hand los, wenn ein großes
Rad den Hügel hinabrollt, damit dir's
nicht den Hals breche! (Narr)

Shakespeare, König Lear II, 4

Der Majestät Verscheiden
stirbt nicht allein. Es zieht gleich einem
Strudel
das Nahe mit. Sie ist ein mächtig Rad,
befestigt auf des höchsten Berges Gipfel,
an dessen Riesenspeichen tausend Dinge
gekittet und gefugt sind. Wenn es fällt,
so teilt die kleinste Zutat und Umgebung
den ungeheuren Sturz. (Rosenkranz)

Shakespeare, Hamlet III, 3

Und wenn man auch den Tyrannen er-
sticht,
ist immer noch viel zu verlieren.
Sie gönnten Cäsarn das Reich nicht
und wußten's nicht zu regieren.

Goethe, Zahme Xenien IV

Oh, wär' ich meinem Gram
gewachsen oder kleiner als mein Name,
daß ich vergessen könnte, was ich war,
oder nicht gedenken, was ich nun muß
sein! (König Richard)

Shakespeare, König Richard II. III, 3

Die Federn des toten Adlers werden
überallhin verstreut.

Aus Gabun

Vom gefällten Baum machen alle Klein-
holz.

Aus Mexiko

Sag, ist mein Reich hin? War's doch
                          meine Sorge.
Welch ein Verlust denn, sorgenfrei zu
        sein? (König Richard)

Shakespeare, König Richard II. III, 2

Neu Regiment bringt neue Menschen
                                    auf,
und früheres Verdienst veraltet schnell.
                          (Wallenstein)

Schiller, Die Piccolomini II, 7

Auch ausgetrocknet ist das Meer noch
kein Bruder der Pfütze.

                          Aus Rußland

Minister fallen wie Butterbrote gewöhnlich auf die gute Seite.

                                    Börne

XXXVII. Kapitel

Militär
Krieg
Strategie
Feldherr
Waffenstillstand
Frieden

Militär

Die Armee ist die vornehmste aller In-
stitutionen in jedem Lande; denn sie
allein ermöglicht das Bestehen aller
übrigen Einrichtungen. Alle politische
und bürgerliche Freiheit, alle Schöpfungen der Kultur, der Finanzen stehen und fallen mit dem Heere.

Bismarck, am 11. I. 1887

Denn dieses ist der Freien einz'ge
Pflicht,
das Reich zu schirmen, das sie selbst
beschirmt. (Stauffacher)

Schiller, Wilhelm Tell II, 2

Wer durchs Leben
sich frisch will schlagen, muß zu Schutz
und Trutz
gerüstet sein. (Tell)

Schiller, Wilhelm Tell III, 1

Wie klein und schwach ein Staat in Beziehung auf seinen Feind auch sei: Er
soll sich letzte Kraftanstrengungen
nicht ersparen, oder man müßte sagen,
es ist keine Seele mehr in ihm.

Clausewitz, Vom Kriege VI, 19

Es sollen gerade die Schwachen, der
Verteidigung Unterworfenen immer
gerüstet sein.

Clausewitz, Vom Kriege VI, 5

Abrüstung mit Frieden zu verwechseln,
ist ein schwerer Fehler.

Winston Churchill, Zweiter Weltkrieg I

Friede selbst muß nicht ein Königreich
so schläfrig machen, wenn auch nicht
die Rede
vom Kriege wär' und ausgemachtem
Streit,
daß Landwehr, Musterung und Rüstung nicht
verstärkt, gehalten und betrieben
würde,
als wäre die Erwartung eines Kriegs.
(Dauphin)

Shakespeare, König Heinrich V. II, 4

Wenn das blutige Schlachten ein schreckliches Schauspiel ist, so soll das nur eine
Veranlassung sein, die Kriege mehr zu
würdigen, aber nicht die Schwerter, die
man führt, nach und nach aus Menschlichkeit stumpfer zu machen, bis einmal wieder einer dazwischenkommt,
mit einem scharfen, der uns die Arme
vom Leibe weghaut.

Clausewitz, Vom Kriege IV, 11

Wir dürfen nicht vergessen, daß nur
das Schwert das Schwert in der Scheide
hält und daß unter solchen Umständen
für uns Abrüstung Krieg ist, der Krieg,
den wir gern vermeiden wollen.

Graf von Moltke,
im Reichstag, 14. 4. 1874

Si vis pacem, para bellum!
Wenn du Frieden haben willst, sei
kriegsbereit!

Sprichwort nach Vegetius

Gut sind die Waffen,
ist nur die Absicht, die sie führt, gerecht. (Percy)

Shakespeare,
König Heinrich IV. Erster Teil V, 2

Denn billige Furcht erwecket sich ein
Volk,
das mit dem Schwerte in der Faust sich
mäßigt. (Walther Fürst)

Schiller, Wilhelm Tell II, 2

Ein Gewehr ist viel wert, aber man
kann nicht darauf sitzen.

Aus Schweden

Gefährlich ist's, ein Mordgewehr zu
tragen,
und auf den Schützen fällt der Pfeil
zurück. (Geßler)

Schiller, Wilhelm Tell III, 3

Ein Soldat ist besser akkommodiert
ohne Frau. (Bardolph)
Shakespeare,
König Heinrich IV. Zweiter Teil III, 2

Disziplin ist die ganze Seele der Armee.

Graf von Moltke

Die größten Vorteile im Leben überhaupt wie in der Gesellschaft' hat ein
gebildeter Soldat.

Goethe,
Die Wahlverwandtschaften II, 5

Der dem Tod ins Angesicht schauen
kann,
der Soldat allein ist der freie Mann.

Schiller, Reiterlied

Da ist keiner von uns Soldaten, dem
beim Tischgebet vor der Mahlzeit die
Bitte um Frieden recht gefiele. (Erster
Edelmann)

Shakespeare, Mass für Mass I, 2

Aus gutem Eisen macht man keine Nägel, aus guten Männern keine Soldaten.

Aus China

Advokaten und Soldaten
sind des Teufels Spielkameraden.

Aus Schweden

Zwei Mächte gehen durch die Welt,
Geist und Degen, aber der Geist ist
der mächtigere.

Napoleon I.

Die Achtung, die wir in der Welt besitzen, leistet oft mehr als die mächtigsten Heere.

Ludwig XIV., Memoiren

Über eine Entfernung von tausend
Meilen wirkt nur noch Menschlichkeit,
nicht aber Macht.

Aus China

Krieg

Der Krieg ist der Vater aller Dinge
und der König aller. Die einen macht
er zu Göttern, die andern zu Menschen, die einen zu Sklaven, die andern
zu Freien.

Heraklit

Es ist unleugbar, daß Krieg der natürliche Zustand der Menschen war, bevor die Gesellschaft gebildet wurde,
und zwar nicht einfach der Krieg, sondern der Krieg aller gegen alle.

Hobbes, Philosophische Grundlagen
über den Bürger 1, 12

Der Krieg ist nichts anderes als eine
Fortsetzung des politischen Verkehrs
mit Einmischung anderer Mittel.

Clausewitz, Vom Kriege VIII, 6 B

Die moralischen Hauptkräfte sind: Die
Talente des Feldherrn, kriegerische Tugend des Heeres, völkischer Geist desselben.

Clausewitz, Vom Kriege III, 4

Nichts geht im Kriege über Gehorsam.

Clausewitz, Vom Kriege III, 6

Zum Kriegführen sind drei Dinge nötig: Geld, Geld und nochmals Geld.

Marschall Trivulzio, zu Ludwig XII.

Gott ist immer mit den stärksten Ba-
taillonen.

Friedrich II. von Preußen,
an Herzogin Luise Dorothea von Gotha,
8. 5. 1760

Schon wieder Krieg! Der Kluge hört's
nicht gern. (Faust)

Goethe, Faust 2, IV, Hochgebirg

Krieg und Liederlichkeit, die bleiben
immer in der Mode. (Thersites)

Shakespeare, Troilus und Cressida V, 2

Das Furchtbarste an jedem Krieg ist
der Umstand, daß die Menschen ihn
wie ein Naturereignis – etwa wie einen
Blitzschlag, ein Erdbeben, eine Spring-
flut – hinzunehmen pflegen, während
er in Wirklichkeit ein mit ihrer eigenen Duldung und Mithilfe von Menschenhand vorbereitetes Unternehmen
ist, bei dem man den Initiatoren und
Managern auch noch die sichersten
Plätze reserviert.

Graff

Der Krieg kündigt sich durch Schimpf-
worte an.

Aus Ghana

Es kommt kein Krieg, bevor man die
Gräber des vorhergegangenen würdig
instandgesetzt, überall Ehrenmale enthüllt und den einstigen Feinden in
rührenden Meetings die Hände ge-

drückt hat. Es muß alles seine Ordnung und sinnvolle Reihenfolge haben.

Graff

Die Majorität hat gewöhnlich keine Neigung zum Kriege. Der Krieg wird durch Minoritäten oder in absoluten Staaten durch Beherrscher oder Kabinette entzündet.

Bismarck, im Reichstag, 9. 2. 1876

Hinterm Ofen ist gut Krieg führen.

Sprichwort

Zwar darf man sagen, daß manches kleinliche Spiel der Leidenschaften in diesem ernsten Dienst des Lebens zum Schweigen gebracht wird. Doch gilt dies nur von den Handelnden der niederen Regionen, die, von einer Gefahr und Anstrengung zur anderen fortgerissen, die übrigen Dinge des Lebens aus den Augen verlieren, sich der Falschheit entwöhnen, weil der Tod sie nicht gelten läßt, und so zu jener soldatischen Einfachheit des Charakters kommen, die immer der beste Repräsentant des Kriegerstandes gewesen ist.

Clausewitz, Vom Kriege II, 2

Darum sollte jeder Soldat im Kriege es wie jeder kranke Mann in seinem Bette machen: Jedes Stäubchen aus seinem Gewissen waschen. Und wenn er so stirbt, ist der Tod für ihn ein Gewinn. Wenn er nicht stirbt, so war die Zeit segensvoll verloren, worin eine solche Vorbereitung gewonnen ward.

Und bei dem, welcher davonkommt, wäre es keine Sünde, zu denken, daß, da er Gott ein so freies Anerbieten macht, dieser ihn den Tag überleben läßt, um seine Größe einzusehen und andere zu lehren, wie sie sich vorbereiten sollen. (König Heinrich)

Shakespeare, König Heinrich V. IV, 1

Ich fürchte, es sterben nur wenige gut, die in einer Schlacht umkommen; denn wie können sie irgendwas christlich anordnen, wenn sie bloß auf Blut gerichtet sind? (Williams)

Shakespeare, König Heinrich V. IV, 1

Im Frieden werden die Väter von ihren Kindern begraben, im Krieg aber die Kinder von den Vätern.

Krösus

Der Krieg zwischen zwei gebildeten Völkern ist ein Hochverrat an der Zivilisation.

Carmen Sylva

In jedem Krieg vertreten die Kinder, die ihn noch nicht begreifen, allein die Würde der Menschheit.

Graff

Der Krieg ist weniger eine Schmach der Männer, die ihn führen, als der Frauen, die ihn dulden.

Graff

Wenn die Frauen ein Gefühl für ihre wahren Rechte und Freiheiten besäßen, würden sie sich mit der ganzen Leidenschaftlichkeit ihres Geschlechts dagegen auflehnen, daß ihnen der Staat verbietet, ein zu ihrem Körper gehörendes embryonales Wesen töten zu lassen, solang er sich erlaubt, dasselbe zur schönsten Menschenblüte herangewachsene Wesen zwanzig oder dreißig Jahre später gegebenenfalls in einen Krieg zu schicken und dort töten zu lassen.

Graff

Das Verhalten der Frauen den Kriegen und Kriegsvorbereitungen gegenüber legt die Vermutung nahe, daß das gebärende Element in ihnen stärker als das mütterliche ist.

Graff

Einen Krieg beginnen, heißt nichts weiter, als einen Knoten zerhauen, statt ihn auflösen.

Morgenstern, Stufen, Politisches, 1907

Alle Kriege sind nur Raubzüge.

Voltaire

Nicht umsonst führen die Staaten mit Vorliebe ein Raubtier im Wappen.

Spitteler,
Unser Schweizer Standpunkt, Rede 1914

Sie streiten sich, so heißt's, um Freiheitsrechte:
Genau besehn, sind's Knechte gegen Knechte. (Mephistopheles)

Goethe, Faust 2, II, Laboratorium

Der Nationalhaß vertritt bei dem einzelnen gegen den einzelnen mehr oder weniger stark die individuelle Feindschaft. Wo aber auch dieser fehlt und anfangs keine Verbitterung war, entzündet sich das feindselige Gefühl am Kampfe selbst; denn eine Gewaltsamkeit, die jemand auf höhere Weisung an uns verübt, wird uns zur Vergeltung und Rache gegen ihn entflammen.

Clausewitz, Vom Kriege II, 2

Silent leges inter arma.
Im Waffenlärm schweigen die Gesetze.

Cicero, Pro Milone 4, 10

Töte einen, und du bist ein Mörder!
Töte Tausende, und du bist ein Held!

Aus Indien

Im längsten Frieden spricht der Mensch nicht soviel Unsinn und Unwahrheit wie im kürzesten Kriege.

Jean Paul,
Friedenspredigt in Deutschland

Es wird mit Blut kein fester Grund gelegt,
kein sicheres Leben schafft uns Andrer Tod. (König Johann)

Shakespeare, König Johann IV, 2

Der Kämpf' und Siege Lohn ist Reue nur.
Schiller, Demetrius 4

Strategie

Es ist also nach unserer Einteilung die
Taktik die Lehre vom Gebrauch der
Streitkräfte im Gefecht, die Strategie
die Lehre vom Gebrauch der Gefechte
zum Zweck des Krieges

Clausewitz, Vom Kriege II, 1

In der Strategie gibt es keinen Sieg.
Der strategische Erfolg ist, von der
einen Seite, die glückliche Vorbereitung
des taktischen Sieges. Je größer dieser
Erfolg ist, um so unbezweifelbarer
wird der Sieg im Gefecht. Von der anderen Seite ist der strategische Erfolg
die Ausnutzung des erfochtenen Sieges.

Clausewitz, Vom Kriege VI, 3

Alle, die den Krieg kennen, wissen,
daß zu einem wichtigen Entschluß in
der Strategie viel mehr Willensstärke
gehört als in der Taktik. In der Strategie, wo alles viel langsamer abläuft, ist
den eigenen und fremden Bedenken,
Einwendungen und Vorstellungen und
also auch der unzeitigen Reue viel mehr
Raum gegönnt, und da man alles erraten und vermuten muß, ist auch die
Überzeugung weniger kräftig.

Clausewitz, Vom Kriege III, 1

Die beste Strategie ist, immer recht
stark zu sein, erstens überhaupt und
zweitens auf dem entscheidenden
Punkt. Daher gibt es kein höheres und
einfacheres Gesetz für die Strategie, als
seine Kräfte zusammenzuhalten.

Clausewitz, Vom Kriege III, 11

Die Strategie ist eine Ökonomie der
Kräfte.

Clausewitz, Vom Kriege VI, 22

Bei der Verteilung der Streitkräfte treffen sich im Grunde zwei einander ent-
gegengesetzte Interessen. Das eine, der
Besitz des Landes, strebt, die Streitkräfte zu verteilen; das andere, der
Stoß gegen den Schwerpunkt der feindlichen Macht, vereinigt sie wieder.

Clausewitz, Vom Kriege VI, 20

Getrennt marschieren, vereint schlagen!

Graf von Moltke

Bei Entwürfen von so blutigem Antlitz,
da darf Erwartung, Anschein, Mut-
maßung
unsicherer Hilfe nicht in Anschlag kommen. (Lord Bardolph)

Shakespeare,
König Heinrich IV. Zweiter Teil I, 3

Nach allem was wir gesagt haben, werden zwei Hauptgrundsätze den ganzen
Kriegsplan umfassen und allen übrigen
zur Richtung dienen: Erstens, das Gewicht der feindlichen Macht auf so wenig Schwerpunkte wie möglich zu reduzieren, wenn es sein kann, auf einen;
wiederum den Stoß gegen diese Schwerpunkte auf so wenig Haupthandlungen
wie möglich zu reduzieren, wenn es
sein kann, auf eine. Mit einem Wort,

so konzentriert wie möglich zu handeln. Zweitens, so schnell wie möglich zu handeln.

Clausewitz, Vom Kriege VIII, 9

Der Begriff der Verteidigung ist das Abwehren. In diesem Abwehren liegt das Abwarten, und dieses Abwarten ist das Hauptmerkmal der Verteidigung und zugleich ihr Hauptvorteil.

Clausewitz, Vom Kriege VI, 8

Kann ein Schwacher gegen einen Mächtigen nicht zur Volksbewaffnung Zuflucht nehmen, so ist die Vermehrung der Artillerie das kürzeste Mittel, seine schwache Streitkraft dem Gleichgewicht zu nähern; denn er erhöht das Vernichtungsprinzip.

Clausewitz, Vom Kriege V, 4

Wir müssen durchaus dabei beharren, eine Verteidigung ohne alles positive Prinzip, d. h. ohne jedes Bestreben, den Gegner niederzuwerfen, in der Strategie wie in der Taktik für einen inneren Widerspruch zu erklären. Jede Verteidigung muß nach Kräften zum Angriff übergehen, sobald sie die Vorteile der Verteidigung genossen hat.

Clausewitz, Vom Kriege VIII, 4

Gut angegriffen, gut verteidigt.

Sprichwort

Wer andre jagen will, muß selber gut laufen können.

Aus Schweden

Cassius: Weit besser ist es, wenn der
          Feind uns sucht;
so wird er, sich zum Schaden, seine
          Mittel
erschöpfen, seine Krieger müde machen.
Wir liegen still indes, bewahren uns
in Ruh, wehrhaftem Stand und Mun-
          terkeit.
Brutus: Den bessern Gründen müssen
          gute weichen.
Das Land von hier bis nach Philippi
          hin
beweist uns nur aus Zwang Ergeben-
          heit;
denn murrend hat es Lasten uns ge-
          zahlt.
Der Feind, indem er durch dasselbe
          zieht,
wird seine Zahl daraus ergänzen
          können
und uns erfrischt, vermehrt, ermutigt
          nahn.
Von diesem Vorteil schneiden wir ihn
          ab,
wenn zu Philippi wir die Stirn ihm
          bieten.

Shakespeare, Julius Cäsar IV, 3

Der Angriff besitzt seinen fast einzigen Vorzug in der Überraschung.

Carl von Clausewitz,
Vom Kriege VIII, 9

Der Angriff soll einem kräftig getriebenen Pfeil und nicht einer Seifenblase gleichen, die sich bis zum Zerplatzen ausdehnt.

Clausewitz, Vom Kriege VIII, 9

Es gibt strategische Angriffe, die unmittelbar zum Frieden geführt haben, aber die wenigsten sind von der Art, und die meisten führten nur bis zu einem Punkt, wo die Kräfte eben noch hinreichen, sich in der Verteidigung zu halten und den Frieden abzuwarten.

Clausewitz, Vom Kriege VII, 5

Es gibt in der Regel nach einem notwendigen Halt keinen zweiten Anlauf.

Clausewitz, Vom Kriege VIII, 9

Jeder Angriff muß mit einem Verteidigen enden.

Clausewitz, Vom Kriege VII, 2

Feldherr

Wenn nicht der Feldherr gleicht dem
Bienenstock,
dem alle Schwärme ihre Beute zollen,
wie hofft ihr Honig? (Ulysses)

Shakespeare, Troilus und Cressida I, 3

Vier G dürfen einem Feldherrn nicht fehlen: Geld, Geduld, Genie und Glück.

Graf von Moltke

Laß du den Generalstab sorgen,
und der Feldmarschall ist geborgen.
(Mephistopheles)

Goethe, Faust 2, IV, Hochgebirg

Wie überhaupt die ausgezeichneten Feldherren niemals aus der Klasse der vielwissenden oder gar gelehrten Offiziere hervorgegangen sind, sondern meistens ihrer ganzen Lage nach auf keine große Summe des Wissens eingerichtet sein konnten.

Clausewitz, Vom Kriege II, 2

Wer mehr im Krieg tut, als sein Feldherr kann,
wird seines Feldherrn Feldherr; und
der Ehrgeiz,
des Kriegers Tugend, wählt Verlust
wohl lieber
als Sieg, der ihn verdunkelt. (Ventidius)

Shakespeare,
Antonius und Cleopatra III, 1

Generäle siegen, Soldaten fallen.

Aus Japan

Der Krieg ist im Begriff, sich unter Umgehung des Kampfes zur Ausrottung zu vereinfachen, und da seine Feldherren, soldatisch gesehen, ähnlich heruntergekommen sind wie die Kammerjäger, unter denen man einst die Leibjäger eines Fürsten und erst später die Vertilger von Ratten, Mäusen und anderem lästigen Ungeziefer verstand, sollte man ihnen nach einer geglückten Waffentat eigentlich die „Goldene Wanze" an die Heldenbrust heften.

Graff

Wer seine Schüler das ABC gelehrt,
hat eine größere Tat vollbracht als der
Feldherr, der eine Schlacht geschlagen.

Leibnitz

Eine Träne zu trocknen ist ehrenvoller,
als Ströme von Blut zu vergießen.

Byron

Waffenstillstand

Nun ward der Winter unsers Mißver-
gnügens
glorreicher Sommer durch die Sonne
Yorks.
Die Wolken all, die unser Haus be-
dräut,
sind in des Weltmeers tiefem Schoß
begraben.
Nun zieren unsre Brauen Siegeskränze;
die schartigen Waffen hängen als Tro-
phä'n.
Aus rauhem Feldlärm wurden muntre
Feste,
aus furchtbar'n Märschen holde Tanz-
musiken.
Der grimmige Krieg hat seine Stirn
entrunzelt
und, statt zu reiten das geharnschte Roß,
um droh'nder Gegner Seelen zu erschrecken,
hüpft er behend in einer Dame Zimmer. (Gloster)

Shakespeare, Richard III. 1, 1

Ein Sieg gilt doppelt, wenn der Feldherr seine volle Zahl wieder heim-
bringt. (Leonato)

Shakespeare,
Viel Lärmen um Nichts I, 1

Wir trugen unsere Glieder feil
und holen unser Beuteteil.
In Feindeszelten ists der Brauch,
und wir, Soldaten sind wir auch!
(Habebald)
Das passet nicht in unsern Kreis:
Zugleich Soldat und Diebsgeschmeiß!
Und wer sich unserm Kaiser naht,
der sei ein redlicher Soldat!
(Trabanten)
Die Redlichkeit, die kennt man schon,
sie heißet: Kontribution.
Ihr alle seid auf gleichem Fuß:
„Gib her!" das ist der Handwerksgruß.
(Habebald)

Goethe,
Faust 2, IV, Des Gegenkaisers Zelt

Zeit ist es, wenn der wilde Krieg vorüber,
der Angst zu lächeln, der bestandnen
Not. (Lucentio)

Shakespeare,
Der Widerspenstigen Zähmung V, 2

Zu erobern,
König, ist wohl nicht das Hauptwerk.
Das Eroberte behalten,
dieses ist das Schwere.

Herder, Der Cid III, 41

Der Sieg soll nie ohne Übung der Barmherzigkeit sein.

Kaiser Karl V.

Siege, aber triumphiere nicht.

Ebner-Eschenbach, Aphorismen

Dummheit, seinen Feind vor dem Tode, und Niederträchtigkeit, nach dem Siege zu verkleinern.

Goethe,
Maximen und Reflexionen, Nachlaß,
Über Literatur und Leben

Wenn das Geraufe zu Ende ist, soll man die Fäuste ruhig halten.

Aus Spanien

Jeder übermütige Sieger arbeitet an seinem Untergang.

La Fontaine, Die beiden Hähne

Nach unserer Überzeugung lassen sich große Feindschaften auf die Dauer nicht dadurch beilegen, daß man den Gegner nach einem siegreichen Kriege zur Annahme eines unbilligen Friedens zwingt, sondern weit eher dadurch, daß man ihn womöglich noch durch Edelmut besiegt und ihm günstigere Bedingungen gewährt, als er selbst erwartete.

Thukydides,
Peloponnesischer Krieg 4, 19

Stoff zu künftigen Kriegen bleibt da erhalten, wo bei einer Neugestaltung der Verhältnisse nach einem Kriege nicht das geschichtlich Gegebene in Betracht gezogen und eine im Sinne desselben sachliche und gerechte Lösung erstrebt wird. Denn nur diese kann die Gewähr des Dauerhaften in sich tragen.

Albert Schweitzer,
Rede in Oslo, 4. 11. 1954

Ein Krieg ist meist die Folge eines vorangehenden Friedens gewesen. Man sollte daher nicht von Kriegsverbrechern, sondern von Friedensverbrechern sprechen.

Karl Peltzer,
An den Rand geschrieben

Frieden

Ruh und Frieden! Ich glaubs wohl! Den wünscht jeder Raubvogel, die Beute nach Bequemlichkeit zu verzehren. (Götz)

Goethe,
Götz von Berlichingen I,
Jaxthausen, Götzens Burg

Was wir Frieden nennen, ist meist nur ein Waffenstillstand, in dem der Schwächere solange auf seine Ansprüche verzichtet, bis er eine Gelegenheit findet, sie mit Waffengewalt von neuem geltend zu machen.

Vauvenargues, Nachgelassene Maximen

Friede macht Reichtum, Reichtum macht Übermut, Übermut bringt Krieg, Krieg bringt Armut, Armut macht Demut, Demut macht wieder Frieden.

Johann Geiler von Kaysersberg

Ruhe, krank durch Frieden, sucht verzweifelnd
Heilung durch Wechsel. (Antonius)

Shakespeare,
Antonius und Cleopatra I, 3

Der Friede ist zu nichts gut, als Eisen zu rosten,
Schneider zu vermehren und Bänkelsänger zu schaffen. (Zweiter Diener)

Shakespeare, Coriolanus IV, 5

Wir tragen den Frieden wie ein Gewand, an dem wir vorn flicken, während es hinten reißt.

Wilhelm Raabe, Horacker

Es kann der Frömmste nicht im Frieden bleiben,
wenn es dem bösen Nachbar nicht gefällt. (Tell)

Schiller, Wilhelm Tell IV, 3

Ei, es wird bald Friede sein,
freue dich, du deutscher Mann!
Mißtrau und Eigennutz,
ein paar Wörtlein, stehn nur an.

Logau, Friedenshindernis

Mit wem man nichts gemein hat, mit dem ist gut Frieden halten.

Anselm Feuerbach, Ein Vermächtnis

Alles machet Mein und Dein,
daß man nicht kann friedlich sein.

Logau, Mein und Dein

Der durch Waffen überwunden,
hat noch lange nicht gesieget.
Friedemachen hat erfunden,
daß der Sieger unten lieget.

Logau, Friedens-Krieg

Schlechter Frieden ist noch allemal besser als guter Streit.

Aus Rußland

Frieden kannst du nur haben, wenn du ihn gibst.

Ebner-Eschenbach, Aphorismen

Die Friedensliebe fängt damit an, daß man aufhört, von gerechten Kriegen zu sprechen.

Graff

Die Behauptung mancher Politiker, eine Neutralität sei nicht zu verwirklichen, trifft insofern zu, als sie mit ihnen nicht zu verwirklichen ist.

Graff

XXXVIII. Kapitel

Amerika
Asien
Europa
Deutschland
Österreich
Preußen
England
Frankreich
Griechenland
Italien
Juden
Rußland
Spanien

Amerika

Amerika, du hast es besser
als unser Kontinent, der alte,
hast keine verfallenen Schlösser
und keine Basalte.
Dich stört nicht im Innern
zu lebendiger Zeit
unnützes Erinnern
und vergeblicher Streit.

Goethe,
Zahme Xenien, Den Vereinigten Staaten

Manchmal kommt mir in den Sinn,
nach Amerika zu segeln,
nach dem großen Freiheitsstall,
der bewohnt von Gleichheitsflegeln.

Heine, Romanzero, Jetzt wohin?

Asien

Hat ein Mongole nichts zu tun,
dann schleift er sein Messer.

Hat ein Chinese nichts zu tun,
tötet er Flöhe.

Aus der Mongolei

Europa

Die Rückkehr Europas zur Republik
war ein Akt der europäischen Selbst-
besinnung, eine Rückkehr zur europäischen Urtradition, die durch fast zwei-
tausend Jahre unter asiatischem Einfluß unterbrochen worden war.

Coudenhove-Kalergi, Held und Heiliger

Laßt uns ein Europa schaffen, das sowohl sokratisch wie christlich ist, gleichzeitig voll Zweifel und Glauben, voll
Freiheit und Ordnung, voll Vielfalt
und Einheit!

Salvador de Madariaga

Und wer franzet oder britet,
italienert oder teutschet,
einer will nur wie der andre,
was die Eigenliebe heischet.

Goethe, Divan, Buch des Unmuts

Nur diejenigen können entmutigt werden, die sich einbilden, daß Europa
durch ein „Sesam öffne dich" oder
durch eine riesige Welle des Enthusiasmus geschaffen werden könnte. Nichts
dergleichen wird geschehen. Ein orga-
nisiertes und vereinigtes Europa wird
das Ergebnis langer und mühevoller
Anstrengungen sein.

Paul Henry Spaak

Deutschland

Als ein Volk der ungeheuerlichsten Mischung und Zusammenrührung von Rassen, vielleicht sogar mit einem Übergewicht des vor-arischen Elementes, als „Volk der Mitte" in jedem Verstande, sind die Deutschen unfaßbarer, umfänglicher, widerspruchsvoller, unbekannter, unberechenbarer, überraschender, selbst erschrecklicher, als es andere Völker sich selbst sind: Sie entschlüpfen der Definition.

Nietzsche,
Jenseits von Gut und Böse 8, 244

Gutmütig und tückisch – ein solches Nebeneinander, widersinnig in bezug auf jedes andere Volk, rechtfertigt sich leider zu oft in Deutschland: Man lebe nur eine Zeitlang unter Schwaben!

Nietzsche,
Jenseits von Gut und Böse 8, 244

Man mag von den Deutschen sagen, was man will, und ich bin geneigt, das Härteste von ihnen zu sagen. Aber sie sind jedenfalls ein männliches Volk.

Paul Ernst, Der Nobelpreis

In Frankreich möchte sich der esprit gern Genie geben. In Deutschland möchte das Genie sich gern esprit geben.

Nietzsche, Unschuld des Werdens 2

Die Deutschen haben den Verstand in den Händen.

Aus Frankreich

Ringe, Deutscher, nach römischer Kraft,
    nach griechischer Schönheit!
Beides gelang dir; doch nie glückte der
    gallische Sprung.

Schiller, Deutscher Genius

Der schweren deutschen Natur fehlt eine gefährliche Gabe der Franzosen, die Anmut der Sünde. Wenn der Deutsche auf solche Wege gerät, dann wird er plump und ungeschickt.

Treitschke, Politik 2, 3

Gott schuf den Menschen nach seinem Bilde, zu hohem Zweck im Reiche des Geistes. Die deutsche „Zivilisation" würde ihn als Dieselmotor neu schaffen: Genau, akkurat, voller Kraft, aber ohne Raum für die Seelentätigkeit.

Lloyd George, am 19. 9. 1914

Ist der Italiener zwischen Haß und Liebe in Bewegung, lebt der Franzose von Eitelkeit, so leben die guten und einfachen Nachkommen der alten Germanen von der Phantasie. Kaum haben sie die unmittelbarsten und für ihren Unterhalt notwendigsten sozialen Interessen befriedigt, so sieht man mit Staunen, wie sie sich in das stürzen, was sie ihre Philosophie nennen. Das ist eine Art Narrheit: Sanft, liebenswürdig und vor allem ohne Bitterkeit.

Stendhal, Über die Liebe 2, 48

Ein eigentümlicher Fehler der Deutschen ist, daß sie, was vor ihren Füßen liegt, in den Wolken suchen.

Schopenhauer,
Parerga und Paralipomena,
Zur Rechtslehre und Politik § 120

Während aber die Deutschen sich mit Auflösung philosophischer Probleme quälen, lachen uns die Engländer mit ihrem großen praktischen Verstande aus und gewinnen die Welt.

Goethe, zu Eckermann, 1. 9. 1829

Wo ich den deutschen Körper zu suchen
habe, das weiß ich,
aber den deutschen Geist, sagt mir, wo
findet man den?

Goethe,
Xenien aus dem Nachlaß, Reichsländer

Deutschland? Aber wo liegt es? Ich
weiß das Land nicht zu finden,
wo das gelehrte beginnt, hört das politische auf.

Schiller, Das Deutsche Reich

Große Monarchen erzeugtest du und
bist ihrer würdig:
Den Gebietenden macht nur der Ge-
horchende groß.
Aber versuch' es, o Deutschland, und
mach' es deinen Beherrschern
schwerer, als Könige groß, leichter, nur
Menschen zu sein!

Schiller, Deutschland und seine Fürsten

Verfluchtes Volk! Kaum bist du frei,
so brichst du dich in dir selbst entzwei.
War nicht der Not, des Glücks genug?
Deutsch oder Teutsch, du wirst nicht
klug.

Goethe, Zahme Xenien

Es ist und bleibt die deutsche Art,
zu streiten um des Kaisers Bart.

Daniel Sanders

Deutschland ist wie ein schöner, weidlicher Hengst, der Futter und alles genug hat, was er bedarf. Es fehlt ihm aber an einem Reiter.

Martin Luther, Deutsche Schriften 62

Es ist möglich, daß der Deutsche noch einmal von der Weltbühne verschwindet; denn er hat alle Eigenschaften, sich den Himmel zu erwerben, aber keine einzige, sich auf Erden zu behaupten, und alle Nationen hassen ihn wie die Bösen den Guten. Wenn es ihnen aber wirklich einmal gelingt, ihn zu verdrängen, wird ein Zustand entstehen, in dem sie ihn wieder mit den Nägeln aus dem Grabe kratzen möchten.

Hebbel, Tagebücher, 4. 1. 1860

Die ganze Entwicklung der radikalen Verhältnisse in Deutschland, das, was man im Ausland Nationalismus nennt, hat seine tiefsten Wurzeln in der Politik, die Deutschland gegenüber getrieben worden ist.

Stresemann

Die Entwicklung Deutschlands wird nicht nach rechts, sondern nach links gehen, je mehr die Zahl der abhängigen Existenzen zunimmt und je mehr auf der Rechten der Einfluß der Arbeitgeber der ausschlaggebende ist, denen man im Volk selbst dann nicht viel glaubt, wenn sie recht haben.

Gustav Stresemann

Zur Nation euch zu bilden, ihr hoffet
es, Deutsche, vergebens.
Bildet, ihr könnt es, dafür freier zu
Menschen euch aus!

Goethe und Schiller,
Xenien, Deutscher Nationalcharakter

Die Deutschen sind recht gute Leut.
Sind sie einzeln, sie bringen's weit.

Goethe, Zahme Xenien

Deutschland ist nichts, aber jeder einzelne Deutsche ist viel, und doch bilden sich letztere gerade das Umgekehrte ein. Verpflanzt und zerstreut wie die Juden in alle Welt müssen die Deutschen werden, um die Masse des Guten ganz und zum Heile aller Nationen zu entwickeln, die in ihnen liegt.

Goethe,
zu Friedrich von Müller, 14. 12. 1808

Deutsch sein heißt, eine Sache um ihrer selbst willen tun.

Richard Wagner,
Deutsche Kunst und Deutsche Politik

Kein Mensch der Welt übertrifft die Germanen an Treue.

Tacitus, Annalen 13, 54

Deutsche opferten sich recht eigentlich für die Menschheit, gaben ihren Nationalcharakter preis, um Weltbürgerrollen zu spielen, und wurden – nichts!

Karl Julius Weber, Demokritos, Grabmal

Viele Deutsche glauben sich jetzt dadurch patriotisch zu zeigen, daß sie Deutschland als Spucknapf gebrauchen, wenn sie in der Fremde sind.

Hebbel, Tagebücher, 21. 3. 1845

Wären die Deutschen, was sie sind, die universellst gebildete Nation, ohne ihren vielgerühmten Fehler, das Fremde dem Eigenen vorauszusetzen?

Hermann von Keyserling,
Reisetagebuch eines Philosophen, Tokio

Politischen Stolz hat der Deutsche sehr wenig, aber den Kulturstolz auf die Freiheit und Universalität des deutschen Geistes pflegen auch Philister bei uns zu haben. Und das ist ein Glück; denn ein solches Gefühl ist notwendig, damit ein Volk sich erhalte und behaupte.

Treitschke, Politik 1, 1

Österreich

Bella gerant alii, tu, felix austria, nube!
Kriege mögen die anderen führen. Du
glückliches Österreich heirate!

Matthias Corvinus

Ich habe erklärt, daß unsere Politik
darauf abziele, daß Österreich sich
zwischen dem Osten und dem Westen
zu halten hat.

Dr. Leopold Figl, am 25. 4. 1948

Preußen

In den Preußen ist eine starke Mischung von slavischem und germani-
schem Element. Das ist eine Hauptursache ihrer staatlichen Brauchbarkeit.
Sie haben etwas von der Fügsamkeit
des slavischen Wesens und von der
Männlichkeit der Germanen.

Bismarck, zu Bluntschli, 30. 4. 1868

Preußen ist das klassische Land der
Schulen und Kasernen.

Victor Cousin

Der Preuße hat keinen anderen Weg
zur Kunst als den der Einfachheit.
Pracht wird bei ihm zu Schwulst, Luxus zu Unsittlichkeit.

Morgenstern,
Stufen, Politisches, 1905

In Preußen gibt's noch Patrioten. Dort
sind sie aber auch am nötigsten. Nur
Patrioten und Philosophen dorthin, so
soll Asien wohl nicht über die Grenzen
von Kurland vorrücken.

Lichtenberg, an Kant, 9. 12. 1798

England

Der Königsthron hier, dies gekrönte
Eiland,
dies Land der Majestät, der Sitz des
Mars,
dies zweite Eden, halbe Paradies,
dies Bollwerk, das Natur für sich erbaut,
der Ansteckung und Hand des Kriegs
zu trotzen,
dies Volk des Segens, diese kleine Welt,

dies Kleinod, in die Silbersee gefaßt,
die ihr den Dienst von einer Mauer
leistet,
von einem Graben, der das Haus verteidigt
vor weniger beglückter Länder Neid,
der segensvolle Fleck, dies Reich, dies
England. (Gaunt)

Shakespeare, König Richard II. II, 1

Dies England lag noch nie und wird
auch nie
zu eines Siegers stolzen Füßen liegen,
als wenn es erst sich selbst verwunden
half. (Bastard)

Shakespeare, König Johann V, 7

Der Engländer ist Meister, das Entdeckte gleich zu nutzen, bis es wieder
zu neuer Entdeckung und frischer Tat
führt. Man frage nun, warum sie uns
überall voraus sind!

Goethe, Wilhelm Meisters Wanderjahre II,
Betrachtungen im Sinne der Wanderer

Niemals wird man einem Engländer
beweisen können, daß er im Unrecht
sei. Denn er tut alles aus Grundsätzen.

Shaw, Der Schlachtenlenker, Vorrede

Wenn der Engländer etwas will, gesteht er sich nie ein, daß er es will. Er
wartet geduldig, bis in ihm – Gott
weiß wie – die tiefe Überzeugung erwacht, daß es seine moralische und religiöse Pflicht sei, diejenigen zu unterwerfen, die das haben, was er will.

Shaw, Der Schlachtenlenker

Der Engländer verehrt das Gesetz und
weist die Autorität mit Verachtung zurück. Der Franzose hingegen verehrt
die Autorität und verachtet das Gesetz.

Chamfort, Maximen VIII

Jeder Engländer ist eine Insel.

Novalis, Fragmente aus dem Nachlaß

Während John Bull der kälteste Freund
ist, ist er der sicherste Nachbar und der
geradsinnigste und generöseste Feind.

Heine, Englische Fragmente 5

Der Engländer ist im Anfange einer
jeden Bekanntschaft kaltsinnig und gegen einen Fremden gleichgültig. Er hat
wenig Neigung zu kleinen Gefälligkeiten. Dagegen wird er, sobald er ein
Freund ist, zu großen Dienstleistungen
aufgelegt.

Kant, Beobachtungen über das Gefühl
des Schönen und Erhabenen 4

Es kann der Brite gegen den Schotten
nicht gerecht sein. (Maria)

Schiller, Maria Stuart I, 7

Wenn man mit dem dümmsten Conglän-
der über Politik spricht, so wird er
doch immer etwas Vernünftiges zu sagen wissen. Sobald man aber das Gespräch auf Religion lenkt, wird der ge-
scheiteste Engländer nichts als Dummheiten zu Tage fördern.

Heine, Englische Fragmente XI

Genie und Geist verlieren 25 Prozent
ihres Wertes, wenn man sie nach England exportiert.

Stendhal, Rot und Schwarz

Die Engländer unterscheiden sich von
den Amerikanern nur durch die Sprache.

Shaw

Frankreich

Paris ist eigentlich Frankreich. Dieses ist nur die umliegende Gegend von Paris.

Heine,
Das Bürgerkönigstum im Jahre 1832

La France est une monarchie absolue, tempérée par des chansons.
Frankreich ist eine absolute, durch Gassenhauer gemäßigte Monarchie.

Verfasser unbekannt

La France marche à la tête de la civilisation.
Frankreich marschiert an der Spitze der Zivilisation.

Guillaume Guizot,
Geschichte der Zivilisation in Europa

Frankreich ist das Zifferblatt Europas.

Börne, Französischer Kunstfleiß

Es ist ein Unglück, daß Frankreich politisch zum Vorbild werden konnte, das in seiner Geschichte niemals mit dem Problem des Aufbaus einer einigermaßen gesunden Gesellschaft fertig geworden ist und bis zum heutigen Tage daran laboriert.

Wilhelm Röpke,
Gesellschaftskrisis 1, 76

Man sagt, daß der Mensch ein geselliges Tier sei. Unter diesem Gesichtswinkel betrachtet, scheint es mir, daß der Franzose mehr Mensch sei als ein anderer. Er ist der Mensch par excellence; denn er scheint einzig für die Gesellschaft gemacht zu sein.

Montesquieu, Lettres persanes 88

Die Deutschen sind die Greise von Europa, die Engländer die Männer, die Franzosen die Kinder.

Voltaire, Die Prinzessin von Babylon

Es ist die Art und Natur der Franzosen, daß sie nichts taugen als in erster Hitz und Anlauf. Da sind sie ärger als Teufel. Läßt man sie aber erst ruhen, dann sind sie weniger denn Weiber. (Gymnastes)

Rabelais, Gargantua und Pantagruel I

Sechs Berberhengste gegen sechs französische Degen, ihr Zubehör und drei geschmackvoll erfundene Gestelle: Das ist eine französische Wette gegen eine dänische. (Hamlet)

Shakespeare, Hamlet V, 2

Dieser elendeste romanische Jargon, diese schlechte Verstümmelung lateinischer Wörter, diese Sprache, welche auf ihre ältere und viel edlere Schwester, die italienische, mit Ehrfurcht hinaussehen sollte, diese Sprache, welche den ekelhaften Nasal en, on, un zum schluckaufartigen, so unaussprechlich widerwärtigen Accent auf der letzten Silbe, während alle anderen Sprachen die sanft und beruhigend wirkende lange Penultima haben, diese Sprache, in der es kein Metrum gibt, sondern der Reim allein...

Schopenhauer,
Parerga und Paralipomena II, 25, § 299

Wie in China Manieren herrschen, die in keinem Verhältnis stehen zur ethischen Qualität, so kann ein dummer Franzose geistreich erscheinen, bloß weil die Sprache gar so geistreich ist.

Hermann von Keyserling,
Reisetagebuch eines Philosophen, Tsingtau

Griechenland

Ich mag die Griechen. Sie sind nette Gauner, mit allen Lastern der Türken, aber ohne deren Mut. Einige sind freilich tapfer, und alle sind schön.

Byron, Brief vom 3. V. 1810

Wenn du einem Griechen die Hand schüttelst, zähle deine Finger!

Aus Albanien

Italien

Mit Italien lebt man wie mit einer Geliebten, heute im heftigen Zank, morgen in Anbetung, mit Deutschland wie mit einer Hausfrau, ohne großen Zorn und ohne große Liebe.

Schopenhauer,
Brief aus Florenz, 29. 10. 1822

Das ist Italien, das ich verließ. Noch
          stäuben die Wege,
noch ist der Fremde geprellt, stell er
          sich, wie er auch will.
Deutsche Redlichkeit suchst du in allen
          Winkeln vergebens:
Leben und Weben ist hier, aber nicht
          Ordnung und Zucht.

Goethe, Venezianische Epigramme 4

Der Hauptzug im Nationalcharakter der Italiener ist vollkommene Unverschämtheit. Diese besteht darin, daß man einesteils sich für nichts zu schlecht hält, also anmaßend und frech ist, andernteils sich für nichts zu gut hält, also niederträchtig ist. Wer hingegen Scham hat, ist für einige Dinge zu blöde, für andere zu stolz. Der Italiener ist weder das eine noch das andre, sondern nach Umständen allenfalls furchtsam oder hochfahrend.

Schopenhauer,
Neue Paralipomena 8, 258

Prächtiger als wir in unserm Norden wohnt der Bettler an der Engelspforten; denn er sieht das ewig einz'ge Rom!

Ihn umgibt der Schönheit Glanz-
gewimmel,
und ein zweiter Himmel in den Himmel
steigt Sankt Peters wunderbarer Dom.

Schiller, An die Freunde

Aber Rom in allem seinen Glanze
ist ein Grab nur der Vergangenheit.

Schiller, An die Freunde

Rom wollte herrschen. Als seine Legio-
nen gefallen waren, schickte es Dogmen in die Provinzen.

Heine, Zur Geschichte
der Religion und Philosophie I

Wer nach Rom gehet, sucht das erste-
mal einen Schelm, das zweitemal findet er ihn, und das drittemal bringt er
ihn heim.

Sprichwort

Wenn man Rom gewesen ist, so
ändert man sich nicht mehr freiwillig
und jedenfalls nicht mit Nutzen, sondern man lebt so aus, wie man ist.

Burckhardt,
Weltgeschichtliche Betrachtungen IV

Juden

Moses gab, um sich des Volkes für die
Zukunft zu versichern, ihm ganz neue
und denen der übrigen Welt zuwider-
laufende Gebräuche. Unheilig ist doch
alles, was bei uns heilig ist; hinwieder-
um ist bei ihnen erlaubt, was uns ein
Greuel ist.

Tacitus, Historien 5, 4

Alles Unglück Israels kommt von seinem Kultus.

Proudhon,
Bekenntnisse eines Revolutionärs 9

Das jüdische Volk wagt, einen unver-
söhnlichen Haß gegen alle Völker zur
Schau zu tragen. Es empört sich gegen
alle seine Meister, immer abergläubisch,
immer gierig nach dem Gute anderer,

immer barbarisch, kriechend im Unglück und frech im Glück.

Voltaire, Essai sur les Moeurs 42

Die Juden – ein Beweis für die Wahrheit des Christentums.

Voltaire, An Friedrich II. von Preußen

Die Juden trinken aus den Quellen, die
Griechen aus dem Ablauf und die Römer oder Lateiner aus den Pfützen.

Luther

Wir verabscheuen die Juden und wollen doch, daß alles, was von ihnen geschrieben und von uns gesammelt worden, das Gepräge Gottes tragen solle.

Niemals gab es einen greifbareren Widerspruch.

Voltaire,
Philosophisches Wörterbuch, Salomon

Es ist die fundamentale Idee der jüdischen Religion, daß Gott die Juden allen Völkern vorgezogen hat. Kraft dieser Idee hat Moses eine eherne Mauer zwischen seinem Volk und allen anderen Völkern errichtet. Ja mehr: Er lieferte dieses unglückliche Volk einer wahren Ächtung durch die Welt aus. Aber durch diesen Haß der Welt sicherte er ihm die Unsterblichkeit. Durch Liebe oder Gleichgültigkeit anderer Völker wären die Juden längst verschwunden.

Rivarol

Die Juden sind allerorten ein Ingrediens der Unruhe, und ein heilsames nach meiner Überzeugung; denn sie sind viel auf dem Planeten gewandert und fühlen kosmopolitischer als irgendein anderes Volk. Ihr Horizont fällt nie mit dem des Landes zusammen, das sie beherbergt.

Ortega y Gasset,
Die Aufgabe unserer Zeit, Atlantiden

Überall, wo Juden zu Einfluß gekommen sind, haben sie feiner zu scheiden, schärfer zu folgern, heller und sauberer zu schreiben gelehrt.

Nietzsche, Fröhliche Wissenschaft,
Von der Herkunft der Gelehrten

Die Deutschen wie die Juden lassen sich wohl unterdrücken, aber nicht vertilgen. Sie lassen sich nicht entmutigen

und bleiben stark geeint, selbst wenn es ihnen beschieden wäre, kein Vaterland mehr zu besitzen.

Goethe, zu Reinhard, 20. 5. 1807

Dulden ist das Erbteil unsers Stammes. (Shylock)

Shakespeare,
Der Kaufmann von Venedig I, 3

Hat nicht ein Jude Augen? Hat nicht ein Jude Hände, Gliedmaßen, Werkzeuge, Sinne, Neigungen, Leidenschaften? Mit derselben Speise genährt, mit denselben Waffen verletzt, denselben Krankheiten unterworfen, mit denselben Mitteln geheilt, gewärmt und gekältet von eben dem Winter und Sommer wie ein Christ? Wenn ihr uns stecht, bluten wir nicht? Wenn ihr uns kitzelt, lachen wir nicht? Wenn ihr uns vergiftet, sterben wir nicht? (Shylock)

Shakespeare,
Der Kaufmann von Venedig III, 1

Der Antisemitismus ist die Gesinnung der Canaille. Er ist wie eine schauerliche Epidemie, wie die Cholera. Man kann ihn weder erklären noch teilen. Man muß geduldig warten, bis sich das Gift von selber austobt und seine Kraft verliert.

Theodor Mommsen,
zu Hermann Bahr 1893

Die Juden, wenn sie gut sind, sind sie besser, wenn sie schlecht sind, sind sie schlimmer als die Christen.

Heine, Gedanken und Einfälle 2

Rußland

Kratzt den Russen, und ihr findet den
Tataren.

       Joseph von Ligne

Wenn man einen Russen kräftig ver-
prügelt, dann kann er sogar eine Uhr
konstruieren.

       Aus Rußland

Was für einen Deutschen den Tod bedeutet, ist für einen Russen gesund.

       Aus Rußland

Der Meuchelmord ist die in Rußland
übliche Weise der Thronentsetzung.

       Talleyrand

Das russische Reich ist kein Land, das
man förmlich erobern, d. h. besetzt
halten kann, wenigstens nicht mit den
Kräften jetziger europäischer Staaten.

Ein solches Land kann nur bezwungen
werden durch eigene Schwäche und
durch die Wirkungen des inneren
Zwiespalts.

       Clausewitz, Vom Kriege VIII, 9

Rußland wird nur durch Rußland
überwunden. (König)

       Schiller, Demetrius I

Da Rußland seiner inneren Wesens-
art nach der europäischen Welt fremd
ist, da es zudem allzu stark und mächtig ist, um den Platz eines der Mitglie-
der der europäischen Familie einzunehmen, um eine von den europäischen
Großmächten zu sein, vermag es nicht
anders eine seiner und des Slawen-
tums würdige Stellung in der Geschichte einzunehmen, als indem es
zum Haupte eines besonderen, selb-
ständigen politischen Staatensystems
wird und Europa in seiner ganzen Gemeinschaft und Ganzheit zum Gegengewicht dient.

       Danilewski,
       Rußland und Europa (1871)

Spanien

Afrika fängt bei den Pyrenäen an.

       Aus Spanien

Einem Katalonier soll man nichts Böses
tun, weil das Sünde ist, und nichts Gutes, weil das verschwendet ist.

       Aus Spanien

XXXIX. Kapitel

Sprache
Wort
Stimme
Stil
Klarheit
Kürze
Beredsamkeit
Gespräch
Gesprächsthema
Gesprächspartner
Antwort
Bedachtsamkeit
Schweigen
Verschwiegenheit
Gerücht

Sprache

Die Red' ist uns gegeben,
damit wir nicht allein
vor uns nur sollen leben
und fern von Leuten sein.

Simon Dach,
Der Mensch hat nichts so eigen

Laß die Sprache dir sein, was der Körper den Liebenden: Er nur
ist's, der die Wesen trennt und der die
Wesen vereint.

Schiller, An den Dichter

Nicht eigentlich redet der Mensch, sondern in ihm redet die menschliche Natur und verkündigt sich andern seinesgleichen.

Fichte,
Reden an die deutsche Nation 4

Es gibt Momente, wo ich finde, daß die
Sprache noch gar nichts ist.

Beethoven

Die Sprache ist dem Menschen gegeben,
um seine Gedanken zu verbergen.

Talleyrand

Die Menschen haben, wie es scheint, die
Sprache nicht empfangen, um die Gedanken zu verbergen, sondern um zu
verbergen, daß sie keine Gedanken
haben.

Kierkegaard

O teurer Laut, o Glück, nach langer
Zeit
auch nur zu hören eines Landsmanns
Rede!

Sophokles, Philoktet 234

O süße Stimme! Vielwillkommner Ton
der Muttersprach' in einem fremden
Lande! (Pylades)

Goethe, Iphigenie auf Tauris II, 2

Wer fremde Sprachen nicht kennt, weiß
nichts von seiner eigenen.

Goethe, Maximen und Reflexionen,
Aus Kunst und Altertum 1821

Wer zwei Sprachen kennt, ist zwei
Männer wert.

Aus Frankreich

Mit jeder neu gelernten Sprache er-
wirbst du eine neue Seele.

Aus der Tschechoslowakei

Beim Übersetzen muß man bis ans Un-
übersetzliche herangehen; alsdann wird
man aber erst die fremde Nation und
die fremde Sprache gewahr.

Goethe,
Maximen und Reflexionen, Nachlaß,
Über Literatur und Leben

Mit jeder Sprache mehr, die du erlernst,
                                    befreist
du einen bis daher in dir gebundenen
                                    Geist.

Rückert

Übersetzer sind als geschäftige Kuppler
anzusehen, die uns eine halbverschlei-
erte Schöne als höchst liebenswürdig
anpreisen: Sie erregen eine unwiderstehliche Neigung nach dem Original.

Goethe,
Maximen und Reflexionen,
Aus Kunst und Altertum 1826

Zum Befehlen oder Gebieten brauche
ich gern die deutsche, im Frauenzimmer gern die französische, im Rat die
italienische Sprache.

Karl V.

Die alten Sprachen sind die Scheiden,
darin das Messer des Geistes steckt.

Goethe, Zahme Xenien

Latein hat keinen Sitz noch Land wie
                                    andre Zungen,
ihm ist die Bürgerschaft durch alle Welt
                                    gelungen.

Logau, Die lateinische Sprache

Wort

Im Anfang war das Wort.

Johannes 1, 1

Sei das Wort die Braut genannt,
Bräutigam der Geist.

Goethe,
Divan, Buch Hafis, Vorspruch

Das Wort ist ein Fächer! Zwischen den
                                    Stäben
blicken ein Paar schöne Augen hervor.
Der Fächer ist nur ein lieblicher Flor;
er verdeckt mir zwar das Gesicht,
aber das Mädchen verbirgt er nicht,
weil das Schönste, was sie besitzt,
das Auge mir ins Auge blitzt.

Goethe,
Divan, Buch Hafis, Wink

Kein Wort steht still, sondern es rückt
immer durch den Gebrauch von seinem
anfänglichen Platz, eher hinab als hinauf, eher ins Schlechtere als ins Bessere,
ins Engere als Weitere, und an der Wan-
delbarkeit des Worts läßt sich die Wan-
delbarkeit der Begriffe erkennen.

Goethe,
Maximen und Reflexionen, Nachlaß,
Über Literatur und Leben

Die Allegorie verwandelt die Erscheinung in einen Begriff, den Begriff in
ein Bild, doch so, daß der Begriff im
Bilde immer noch begrenzt und vollständig zu halten und zu haben und an
demselben auszusprechen sei. Die Sym-
bolik verwandelt die Erscheinung in
Idee, die Idee in ein Bild, und so, daß

die Idee im Bild immer unendlich wirksam und unerreichbar bleibt und, selbst in allen Sprachen ausgesprochen, doch unaussprechlich bliebe.

Goethe,
Maximen und Reflexionen, Nachlaß,
Über Kunst und Kunstgeschichte

Gewöhnlich glaubt der Mensch, wenn er nur Worte hört, es müsse sich dabei doch auch was denken lassen. (Mephistopheles)

Goethe, Faust 1, Hexenküche

Wer einen wirklich klaren Gedanken hat, kann ihn auch darstellen. Ist der Geist einmal der Dinge Herr, folgen die Worte von selbst.

Montaigne

Wer Geist hat, hat sicher auch das rechte Wort, aber wer Worte hat, hat darum noch nicht notwendig Geist.

Konfuzius, Lun-yü 14, 5

Denn eben wo Begriffe fehlen,
da stellt ein Wort zur rechten Zeit sich ein.
Mit Worten läßt sich trefflich streiten,
mit Worten ein System bereiten,

an Worte läßt sich trefflich glauben,
von einem Wort läßt sich kein Iota rauben. (Mephistopheles)

Goethe, Faust 1, Studierzimmer

Leider sind dem Menschen die Worte gewöhnlich Surrogate: Er denkt und weiß es meistenteils besser, als er sich ausspricht.

Goethe,
Wilhelm Meisters Wanderjahre III,
Aus Makariens Archiv

Sie sind auf einem großen Schmaus von Sprachen gewesen und haben sich die Brocken gestohlen. (Motte)

Shakespeare, Liebes Leid und Lust V, 1

Ich verfluche allen negativen Purismus, daß man ein Wort nicht brauchen soll, in welchem eine andere Sprache Vieles oder Zarteres gefaßt hat.

Goethe,
Maximen und Reflexionen, Nachlaß,
Über Literatur und Leben

Vergiß nicht, daß dein Satz eine Tat ist!

Antoine de Saint-Exupery

Stimme

Mehr als die Schönheit selbst bezaubert die liebliche Stimme.
Jene zieret den Leib· sie ist der Seele Gewalt.

Herder

Mit einer sehr lauten Stimme im Halse ist man fast außerstande, feine Sachen zu denken.

Nietzsche,
Fröhliche Wissenschaft 3, 216

Stil

An der Rede erkennt man den Mann!

Jesus Sirach 27, 8

Le style c'est l'homme.
Wie der Stil, so der Mensch.

Sprichwort nach Buffon,
Recueil de l'Académie

C'est le ton, qui fait la musique.
Der Ton ist es, der die Musik macht.

Aus Frankreich

Es ist nicht genug, daß man rede. Man
muß auch richtig reden. (Lysander)

Shakespeare,
Ein Sommernachtstraum V, 1

Ich habe des Alters bedurft, um zu erfahren, was ich wissen wollte, und bedürfte der Jugend, um schön zu sagen,
was ich weiß.

Joubert

Wer es versteht, an sich Zweideutiges
so auszudrücken, daß es nur eindeutig
ausgelegt werden kann, ist ein Meister
des Stils.

Vauvenargues, Unterdrückte Maximen

Jeden anderen Meister erkennt man an
dem, was er ausspricht;
was er weise verschweigt, zeigt mir den
Meister des Stils.

Schiller, Der Meister

Iß keine großen Bissen, rede keine großen Worte!

Aus Griechenland

Einfältig, lieber Sohn! Nicht Sylben
fein gestochen!
Wer Rätsel beichtet, wird in Rätseln
losgesprochen. (Lorenzo)

Shakespeare,
Romeo und Julia II, 3

Mehr Inhalt, weniger Kunst!

(Königin)

Shakespeare, Hamlet II, 2

Ein redlich Wort macht Eindruck,
schlicht gesagt. (Elisabeth)

Shakespeare,
König Richard III. IV, 4

Such Er den redlichen Gewinn!
Sei Er kein schellenlauter Tor!
Es trägt Verstand und rechter Sinn
mit wenig Kunst sich selber vor. (Faust)

Goethe, Faust 1, Nacht

Worte, die von Herzen kommen, gehen
zu Herzen.

Aus Israel

Ein gut Wort und ein sanfter Regen
dringen überall durch.

Sprichwort

Wer da will, daß sein Urteil Glauben finde, spreche es kalt und ohne Leidenschaftlichkeit aus!

Schopenhauer,
Aphorismen zur Lebensweisheit V, 39

Die stillsten Worte sind es, welche den Sturm bringen. Gedanken, die mit Taubenfüßen kommen, lenken die Welt.

Nietzsche,
Zarathustra II, Die stillste Stunde

Haltet die Rede, wie ich sie Euch vorsagte: Leicht von derZunge weg! Aber wenn Ihr den Mund so voll nehmt, wie viele unsrer Schauspieler, so möchte ich meine Verse ebensogern von dem Ausrufer hören. Sägt auch nicht zuviel mit den Händen durch die Luft, sondern behandelt alles gelinde! Denn mitten im Strom, Sturm und, wie ich sagen mag, Wirbelwind Eurer Leidenschaft müßt Ihr Euch eine Mäßigung zu eigen machen, die ihr Geschmeidigkeit gibt.

Shakespeare, Hamlet III, 2

Paßt die Gebärde dem Wort, das Wort der Gebärde an, wobei Ihr sonderlich darauf achten müßt, niemals die Bescheidenheit der Natur zu überschreiten! (Hamlet)

Shakespeare, Hamlet III, 2

Den Stil verbessern, das heißt den Gedanken verbessern.

Nietzsche

Das rauhe Wesen dient gesundem Witz bei ihm zur Brüh': Es stärkt der Leute Magen,
eßlustig seine Reden zu verdaun.

(Cassius)

Shakespeare, Julius Cäsar I, 2

Wer vor andern lange allein spricht, ohne den Zuhörern zu schmeicheln, erregt Widerwillen.

Goethe,
Die Wahlverwandtschaften II, 4

Sprichst du zum Volke, zu Fürsten und Königen, allen
magst du Geschichten erzählen, worin als wirklich erscheinet,
was sie wünschen und was sie selber zu leben begehrten.

Goethe, Erste Epistel

Er hat seinen Prolog geritten wie ein junges Füllen: Er weiß noch nicht, wo er haltmachen soll. (Lysander)

Shakespeare,
Ein Sommernachtstraum V, 1

Eine langsame Zunge, nach der Manier eines vornehmen Herrn. (Malvolio)

Shakespeare, Was ihr wollt III, 4

Sieh allzeit den Leuten, mit denen du sprichst, ins Gesicht! Tut man das nicht, so bilden sie sich ein, man habe ein böses Gewissen. Zugleich verlierst du dabei den Vorteil, auf ihrem Gesicht zu bemerken, welchen Eindruck deine Rede macht.

Chesterfield,
Briefe an seinen Sohn, 27. 10. 1748

Klarheit

Wer sich tief weiß, bemüht sich um
Klarheit. Wer der Menge tief scheinen
möchte, bemüht sich um die Dunkelheit.

Nietzsche

Nichts ist schwerer, als bedeutende Gedanken so auszudrücken, daß jeder sie
verstehen muß.

Schopenhauer,
Über Schriftstellerei und Stil § 283

Klarheit ist Wahrhaftigkeit in der
Kunst.

Ebner-Eschenbach, Aphorismen

Wer so spricht, daß er verstanden wird,
spricht gut.

Molière

Die größte Deutlichkeit war mir immer die größte Schönheit.

Lessing, Das Testament Johannis

Es gibt keine Wahrheit, der wir nicht
zustimmen, wenn man sie uns klar und
deutlich darstellt.

Vauvenargues, Nachgelassene Maximen

Von daher rühren auch die meisten
Streitigkeiten, indem die Menschen
ihre Gedanken nicht richtig darstellen
oder die Gedanken des andern falsch
deuten.

Spinoza, Ethik 2, 47

Achtet mir, meine Brüder, auf jede
Stunde, wo Euer Geist in Gleichnis-
sen reden will: Da ist der Ursprung
Eurer Tugend.

Nietzsche, Zarathustra I,
Von der schenkenden Tugend 1

Wie genau der Bursche ist! Wir müssen
nach der Schnur reden, oder er sticht
uns mit Silben zu Tode. (Hamlet)

Shakespeare, Hamlet V, 1

Schalkhafter Mädchen Zunge kann zer-
schneiden
wie allerfeinst geschliffner Messer
Klingen
das kleinste Haar. (Boyet)

Shakespeare, Liebes Leid und Lust V, 2

Eine unklare Rede
ist ein blinder Spiegel.

Aus China

Seine Rede war wie eine verwickelte
Kette: Nichts zerrissen, aber alles in
Unordnung. (Theseus)

Shakespeare,
Ein Sommernachtstraum V, 1

Seine Rede ist wie ein phantastisch zu-
sammengesetzter Nachtisch. (Benedict)

Shakespeare,
Viel Lärmen um Nichts II, 3

Kürze

Wahrheit benötigt nur wenig Worte.

Aus Rußland

Des trefflichen Wortes trefflichste Würze
lieget in Wahrheit, Klarheit und Kürze.

Sprichwort

Höre zu, als brenntest du vor Begierde,
selbst das Wort zu nehmen! Sprich, als
ob du jeden Augenblick erwartetest,
unterbrochen zu werden!

Franz von Schönthan

Besser kurz ab, als langweilig. (Zweiter Mörder)

Shakespeare,
König Richard III. I, 4

Eines guten Redners Amt oder Zeichen
ist, daß er aufhöre, wenn man ihn am
liebsten höret.

Luther

Die wahre Beredsamkeit besteht darin,
das zu sagen, was zur Sache gehört,
und eben nur das.

La Rochefoucauld, Reflexionen

Ihr könnt predigen, über was ihr
wollt, aber prediget niemals über vierzig Minuten!

Luther

Auf einem Fest wurde ein Schriftsteller
gebeten, eine kurze Ansprache zu halten. „Bedauere", sagte der Mann.
„Wenn ich zehn Minuten sprechen soll,
muß ich das zwei Wochen vorher wissen." Der Gastgeber fragte verwun-
dert: „Wielange brauchen Sie denn zur
Vorbereitung, wenn Sie eine Stunde
sprechen sollen?" – „Drei Tage." – „Und
wenn die Rede drei Stunden dauern
soll?" – „Da kann ich sofort beginnen."

Verfasser unbekannt

Jedes überflüssige Wort wirkt seinem
Zweck gerade entgegen.

Schopenhauer,
Parerga und Paralipomena II, 25

Getretner Quark
wird breit, nicht stark.

Goethe, Divan, Buch der Sprüche

Am Jüngsten Tag, wenn die Posaunen
schallen
und alles aus ist mit dem Erdenleben,
sind wir verpflichtet, Rechenschaft zu
geben
von jedem Wort, das unnütz uns ent-
fallen.

Goethe, Warnung

Der Weise redet nicht; der Redende
weiß nicht.

Lao-Tse, Tao-Teh-King 56

Beredsamkeit

Wo es das Eigene galt, zeigte sich jeder
beredt.

Ovid, Fasten IV, 112

Die Zunge des Mannes ist wie der Regen nach der Trockenheit. Die Zunge
der Frau ist wie Regen nach der Regen-
zeit.

Aus Gabun

Wißt Ihr nicht, daß ich ein Weib bin?
Wenn ich denke, muß ich sprechen.
(Rosalinde)

Shakespeare,
Wie es Euch gefällt III, 2

Zwei Frauen machen ein Gericht, drei
ein groß Geschnatter, viere einen ganzen Markt.

Aus Frankreich

Es gibt Frauen, die stundenlang von
Dingen reden, denen sie sprachlos ge-
genüberstehen.

Verfasser unbekannt

Wie vieles Kratzen der Haut, so schadet vieles Schwatzen dem Herzen.

Aus Rußland

Der Tugendhafte ist nicht sprachge-
wandt, der Sprachgewandte nicht tugendhaft.

Lao-tse, Tao-teking 2, 81

Du bist ein Held in Worten; aber redlich fand
ich keinen noch, der blendend über alles
sprach. (Ödipus)

Sophokles, Ödipus auf Kolonos 804

Wer viel redet, lügt viel.

Aus Schweden

Bei einem längeren Gespräch wird
auch der Weiseste einmal zum Narren
und dreimal zum Tropf.

Nietzsche,
Menschliches Allzumenschliches II,
Der Wanderer und sein Schatten

Wenn der Redner zum Volke spricht,
da wo er kraut, da juckt's ihn nicht.

Goethe, Parabolisch

Ein guter Redner muß etwas vom
Dichter haben, darf es also mit der
Wahrheit nicht ganz mathematisch ge-
nau nehmen.

Bismarck

Die Zunge plappert viel, davon der
Kopf nichts weiß.

Aus Rußland

Menschen, die keine Probleme kennen,
sind meistens beredt.

Boßhart, Bausteine

Seine vernünftigen Gedanken sind wie
zwei Weizenkörner in zwei Scheffeln
Spreu versteckt: Ihr sucht den ganzen
Tag, bis ihr sie findet, und wenn ihr
sie habt, so verlohnen sie das Suchen
nicht. (Bassanio)

Shakespeare,
Der Kaufmann von Venedig I, 1

Der Mensch will beschäftigt sein: Wer
wenig denkt, muß viel sprechen.

Vauvenargues, Unterdrückte Maximen

Was den Rednern an Tiefe fehlt, geben
sie an Weitschweifigkeit.

Montesquieu, Gedanken, Varia

Es gibt Festredner, Anklageredner,
Entschuldigungsredner, Hetzredner und
Besänftigungsredner. Am häufigsten
sind die Drumherumredner.

Graff

Nur stets zu sprechen, ohne was zu
sagen,
das war von je der Redner größte
Gabe.

Platen, Schatz des Rhampsinit II

Wie jeder Narr mit den Worten spielen
kann! Bald, denke ich, wird sich der
Witz am besten durch Stillschweigen
bewähren und Gesprächigkeit bloß
noch an Papageien gelobt werden. (Lorenzo)

Shakespeare,
Der Kaufmann von Venedig III, 5

O heilige Vernunft, was eitle Worte!
Der Narr hat ins Gedächtnis sich ein
Heer
Wortspiele eingeprägt. Und kenn' ich
doch
gar manchen Narr'n an einer bessern
Stelle,
so aufgestutzt, der um ein spitzes Wort
die Sache preisgibt. (Lorenzo)

Shakespeare,
Der Kaufmann von Venedig III, 5

Die großen Redner, die die Versammlung durch Worte mit sich fortreißen,
sind nur selten gute Politiker.

Napoleon I.

Einer der verhängnisvollsten Irrtümer
ist es, geschickte Redner für ebenso geschickte Politiker zu halten.

Graff

Das eben ist's, was manches blühende
Haus und Reich
in Trümmer stößt: Der allzu schöne
Redeschwall!

Euripides, Hippolyt 486

Wer viel redet, erfährt wenig.

Aus Armenien

Beredsam ist, wer, selbst ohne es zu
wollen, mit seiner Überzeugung oder
Leidenschaft Geist und Herz anderer
erfüllt.

Vauvenargues, Nachgelassene Maximen

Eine lange Zunge ist das Zeichen einer kurzen Hand.

Aus Großbritannien

Jede Rede erscheint eitel und nichtig, wenn die Tat ihr nicht Nachdruck gibt.

Demosthenes

Gute Redner räuspern sich, wenn sie aus dem Text kommen. (Rosalinde)

Shakespeare, Wie es Euch gefällt IV, 1

Wohin ich kam, da hatten sich Gelahrte auf wohlgesetzte Reden vorbereitet.
Da haben sie gezittert, sich entfärbt, gestockt in einer halbgesagten Phrase.
Die Angst erstickte die erlernte Rede, noch eh' sie ihren Willkomm vorgebracht,
und endlich brachen sie verstummend ab. (Theseus)

Shakespeare,
Ein Sommernachtstraum V, 1

Gespräch

Das gesellschaftliche Gespräch setzt eine Geistigkeit besonderer Art voraus: Es verlangt Kürze der Überlegung und der Einwände.

Montesquieu

Das ist die Kunst des Gesprächs: Alles zu berühren und sich in nichts zu vertiefen.

Oscar Wilde

Eine Konferenz ist eine Sitzung, bei der viele hineingehen und wenig herauskommt.

Werner Finck

Es ist mit Meinungen, die man wagt, wie mit Steinen, die man voran im Brette bewegt: Sie können geschlagen

werden, aber sie haben ein Spiel eingeleitet, das gewonnen wird.

Goethe,
Maximen und Reflexionen,
Aus Kunst und Altertum 1821

Nicht Sieg sollte der Zweck der Diskussion sein, sondern Gewinn.

Joubert

Eine Diskussion ist unmöglich mit jemandem, der vorgibt, die Wahrheit nicht zu suchen, sondern schon zu besitzen.

Romain Rolland,
Au-dessus de la mêlée VI

Man liebt nicht die Freiheit, wenn man nicht den Widerspruch liebt.

Sigmund Graff

Ein Abend, an dem sich alle Anwesenden völlig einig sind, ist ein verlorener Abend.

Albert Einstein

Die meisten bekämpfen fremde Gedanken, um eigene zu entwickeln oder vorzutäuschen. Der Gegner ist ihr Stecken und Stab, ohne den sie nicht bis zur nächsten Ecke kämen, oder die stabile Säule, an der sich ihr Kletterpflanzentalent effektvoll hochranken kann.

Sigmund Graff

Wenn du friedlich leben willst, darfst du niemandem widersprechen.

Aus Ungarn

Viel leichter ist Widerlegen als Beweisen, Umwerfen als Aufstellen.

Schopenhauer,
Welt als Wille und Vorstellung II, 1, 9

Um einen falschen Gedanken mit Erfolg zu widerlegen, muß man bekanntlich ein ganzes Buch schreiben und den, der den Ausspruch getan hat, überzeugt man doch nicht.

Bismarck

Man kann jemanden bis zum Verstummen widerlegen, ohne ihn doch zu überzeugen. Das Gefühl überlebt die Einsicht wie der Schmerz die Trostgründe.

Jean Paul

Was uns zuwider
wäre, glaubten wir wohl dem künstlichen Redner, doch eilet
unser befreites Gemüt, gewohnte Bahnen zu suchen.

Goethe, Erste Epistel

Es ist schwierig, jemanden wach zu machen, der nicht schläft.

Aus Surinam

Man läßt sich gewöhnlich lieber durch Gründe überzeugen, die man selbst gefunden hat, als durch solche, die andern zu Sinn gekommen sind.

Pascal

Laß im Irrtum sie gebettet,
suche weislich zu entfliehn.
Bist ins Freie du gerettet,
niemand sollst du nach dir ziehn.

Goethe, Zahme Xenien I

„Warum erklärst du's nicht und läßt
sie gehn?"
Geht's mich denn an, wenn sie mich
nicht verstehn?

Goethe, Zahme Xenien 1

Ich rede bisweilen mit Menschen so, wie das Kind mit seiner Puppe redet: Es weiß zwar, daß die Puppe es nicht versteht, schafft sich aber durch eine angenehme wissentliche Selbstdeutung die Freude der Mitteilung.

Schopenhauer,
Neue Paralipomena 22

Es ist unglaublich, wieviel Geist in der Welt aufgeboten wird, um Dummheiten zu beweisen.

Oscar Wilde

Wenn die Absurdheiten eines Gesprächs, welches wir anzuhören im Falle sind, anfangen, uns zu ärgern, müssen wir uns denken, es wäre eine Komödienszene zwischen zwei Narren.

Schopenhauer, Aphorismen zur Lebensweisheit V, 38

Genau betrachtet, ist alles Gespräch nur Selbstgespräch.

Morgenstern, Stufen: Sprache

In Meinungskämpfen sei man dann am vorsichtigsten, wenn die Gegner sich uns nähern.

Börne, Fragmente 115

Wenn die Eitelkeit sie nicht reden ließe, würden die meisten Menschen überhaupt nicht reden.

La Rochefoucauld, Reflexionen

Das Falsche, kunstvoll dargestellt, überrascht und verblüfft, aber das Wahre überzeugt und herrscht.

Vauvenargues, Unterdrückte Maximen

Gesprächsthema

Die gute Sache gibt auch Stoff und
Kraft
zu guten Reden allezeit den Sterblichen.
(Chor)

Euripides, Hekabe 1238

Kannst du mit der Sprache schnauben, schnarren, poltern, donnern, krachen, mögest lieber spielen, scherzen, lieben, kosen, tändeln, lachen.

Logau

Wes das Herz voll ist, des gehet der Mund über.

Matthäus 12, 34

Wovon das Herz nicht voll ist, davon geht der Mund über, habe ich öfters wahr gefunden als den entgegengesetzten Satz.

Lichtenberg

Der eine spricht gern über das, was er weiß, der andere lieber über das, was er denkt.

Joubert

Junge Leute reden von dem, was sie tun, alte von dem, was sie getan haben, und Narren von dem, was sie tun wollen.

Aus Frankreich

Die Narren reden am liebsten von der Weisheit, die Schurken von der Tugend.

Paul Ernst, Erdachte Gespräche

Was Große tun, beschwatzen gern die Kleinen. (Schiffshauptmann)

Shakespeare, Was ihr wolllt I, 2

Nichts schmeichelt mehr unserm Stolz als das Vertrauen der Großen, weil wir es für eine Wirkung unseres Verdienstes halten. Wir vergessen, daß es sehr oft aus Eitelkeit oder aus dem Unvermögen entspringt, ein Geheimnis zu bewahren.

La Rochefoucauld, Reflexionen

Das Vertrauen gibt dem Gespräch mehr Stoff als der Geist.

La Rochefoucauld, Reflexionen

Die meisten Menschen können sich in der Gesellschaft nur auf Kosten anderer unterhalten.

Vauvenargues

Hüte dich sorgfältig, von deinen oder den häuslichen Angelegenheiten anderer zu reden! Die deinigen gehen sie nichts an, sind ihnen also langweilig; die ihrigen gehen dich nichts an.

Chesterfield, Briefe an seinen Sohn, 29. 10. 1748

Wer immer von sich selber spricht, will uns in der Regel über sich täuschen.

Boßhart, Bausteine

Schlafende Trübsal soll man nicht aufwecken.

Aus Schweden

Im Hause des Gehängten soll man nicht vom Strick sprechen.

Aus Spanien

Das Schaf blökt immer auf die gleiche Weise.

Aus Frankreich

Widerlich ist mir's, noch einmal, was genau verkündiget, zu erzählen.

Homer, Odyssee XII, 452

Der Ruf, die Waffe des Spottes gut zu führen, verschafft auch dem geringen Mann in der Welt und in der guten Gesellschaft das Ansehen, das beim Militär die guten Fechter genießen.

Chamfort, Maximen III

Wenn die Menschen nur von dem sprächen, was sie verstehen, dann würde gar bald ein großes Schweigen auf der Erde herrschen.

Aus China

Gesprächspartner

Pectus est, quod disertos facit.
Der Geist ist es, der den Redner macht.

Quintilian,
De institutione oratoria 10,7

Die Haupteigenschaft eines Redners ist
der ehrenvolle Charakter. Ohne diesen
artet er zum Deklamator aus.

La Bruyère

Die nämliche Sache ist in dem Munde
eines Menschen von Geist eine Naivität
oder ein Witz, im Munde eines Einfältigen eine Dummheit.

La Bruyère,
Charaktere 12, Vom Urteil

Zween können zu gleicher Zeit singen,
aber nicht reden.

Sprichwort

Es gibt Leute, die gut reden und nicht
gut schreiben. Sie brauchen Zuhörer,
die sie anfeuern und dadurch veranlassen,
daß ihr Geist hergibt, was er ohne
diese Anregung nicht herzugeben vermag.

Pascal

In der Musik des Gesprächs dient die
Aufmerksamkeit des Hörers als Begleitung.

Joubert

Wer dem Pöbel zu Gefallen spricht, der
wird bald wie er denken.

Johann Jakob Mohr, Aphorismen

Die Indianer, die wir als Barbaren
schelten, beobachten in ihren Gesprä-
chen und Unterhaltungen weit mehr
Anstand und Höflichkeit als wir: Man
hört einander stillschweigend an, bis
der eine ausgeredet hat, und dann antwortet der andere gelassen, ohne Lärm
und Leidenschaft.

Locke,
Gedanken über Erziehung 23, 145

Eine der Ursachen, welche macht, daß
man so wenig Leute findet, welche in
der Konversation vernünftig und angenehm erscheinen, ist, daß es fast niemand gibt, der nicht lieber an das
dächte, was er sagen will, als daß er
auf das hörte, was man ihm sagte.

La Rochefoucauld, Reflexionen

Auch die reizvollste Unterhaltung
langweilt den Menschen, der in eine
Leidenschaft verstrickt ist.

Vauvenargues, Unterdrückte Maximen

Die Rede muß sogar den mit halbem
Ohr Zuhörenden verständlich sein.

Quintilian

Wenn die Menschen gehässig und verhärtet sind und dich nicht anhören

wollen, dann falle vor ihnen nieder
und bitte sie um Verzeihung; denn in
Wahrheit ist es deine Schuld, daß sie
dich nicht hören wollen.

Dostojewskij,
Die Brüder Karamasow

Die Leute wünschen nicht, daß man zu
ihnen redet. Sie wünschen, daß man
mit ihnen redet.

Emil Oesch

Wahre Mitteilung findet nur unter
Gleichgesinnten, Gleichdenkenden statt.

Novalis, Fragmente

Geistreiche Gespräche mit Männern ergeben Einklang, mit Frauen Zusam-
menklang. Jene befriedigen, diese entzücken.

Joubert

Was den Verkehr zwischen Mann und
Frau so anregend macht, das sind die
zahlreichen Nebengedanken, die zwischen Männern als störend und geschmacklos, zwischen Mann und Weib
als angenehm empfunden werden.

Chamfort, Maximen VI

Der Bringer unwillkommner Zeitung
hat ein nachteilig Amt, und seine Zunge
klingt stets nachher wie eine dumpfe
Glocke,
die einst dem abgeschiednen Freund geläutet. (Northumberland)

Shakespeare, König Heinrich IV.
Zweiter Teil I, 1

Den schönsten Boten, Unglücksbotschaft
häßlicht ihn. (Faust)

Goethe,
Faust 2, III, Innerer Burghof

Antwort

Eine richtige Antwort ist wie ein lieblicher Kuß.

Goethe,
Maximen und Reflexionen, Nachlaß,
Über Literatur und Leben

Ein schönes Ja, ein schönes Nein,
nur geschwind! soll mir willkommen
sein.

Goethe, Sprichwörtlich

Eine Frau sagt nein und nickt ja.

Aus Japan

Keine Antwort ist auch eine Antwort.

Sprichwort

Die Antwort für Narren ist Schweigen.

Aus Arabien

Mit Toren schwätze kein Verständiger!

Sophokles

Ein anderes ist: Auf etwas antworten; ein anderes: Etwas beantworten.

Lessing, Eine Duplik

Er ließ mir melden, wenn ich sagte, sein Bart wäre nicht gut gestutzt, so wäre er anderer Meinung: Das nennt man den höflichen Bescheid. Als ich ihm wieder sagen ließ, er wäre nicht gut gestutzt, so ließ er mir sagen, er stutze ihn für seinen eigenen Geschmack: Das nennt man den feinen Stich. Sagte ich noch einmal, er wäre nicht gut gestutzt, so erklärte er mich unfähig zu urteilen: Das nennt man die grobe Erwiderung. Nochmals, er wäre nicht gut gestutzt, so antwortete er, ich spräche nicht wahr: Das nennt man die beherzte Abfertigung. Nochmals er wäre nicht gut gestutzt, so sagte er, ich löge: Das nennt man den trotzigen Widerspruch. (Probstein)

Shakespeare,
Wie es Euch gefällt V, 4

Bedachtsamkeit

Favete linguis!
Hütet eure Zungen!

Horaz, Oden III, 1

Reden bringet Ehre, und Reden bringet auch Schande, und den Menschen fället seine eigene Zunge.

Jesus Sirach 5, 15

Das Maul ist wie ein Gaul: Beide haben den Zaum nötig.

Sprichwort

Rutsch lieber mit dem Fuß aus als mit der Zunge!

Aus Bulgarien

Wenn du keine Tür zum Schließen hast, schließe den Mund!

Aus Jamaika

Bevor du sprichst, denke siebenmal darüber nach!

Von den Philippinen

Et semel emissum volat irrevocabile verbum.
Einmal entsandt, fliegt das Wort unwiderruflich dahin.

Horaz, Episteln I, 18, 71

Was Du ins Ohr flüsterst, wird tausend Meilen weit gehört.

Aus China

Ein Wort ist kein Sperling. Wenn es weg ist, kann man es nicht wieder einfangen.

Aus Rußland

Das Herz des Unverständigen ist in seinem Munde. Die Zunge des Verständigen ist in seinem Herzen.

Aus Arabien

Niemand glaubt,
wie leicht ein böses Wort die Gunst
vergiftet. (Hero)

Shakespeare,
Viel Lärmen um Nichts III, 1

Böses Wort verwundet mehr als scharfes Schwert.

Aus Portugal

Kleiner Stein verwundet am Kopfe.

Aus der Türkei

Wer redet, was er will, muß hören, was er nicht will.

Aus Großbritannien

Sage nicht alles, was du weißt, aber wisse immer, was du sagst!

Matthias Claudius,
An meinen Sohn Johannes

Sage, was du sagen willst, morgen!

Aus Japan

Wer klug ist, wird im Gespräch weniger an das denken, worüber er spricht, als an den, mit dem er spricht. Sobald er dies tut, ist er sicher, nichts zu sagen, das er nachher bereut.

Schopenhauer,
Neue Paralipomena 21, 591

Schweigen

Reden ist Silber. Schweigen ist Gold.

Sprichwort

Große Dinge sprechen sich am besten durch Schweigen aus.

Aus Polen

Schweigen ist der sicherste Weg für den, der sich selbst nicht traut.

La Rochefoucauld, Reflexionen

Wenn Lieb' und Einfalt sich zu reden
nicht erdreisten,
dann, dünkt mich, sagen sie im wenigsten am meisten. (Theseus)

Shakespeare,
Ein Sommernachtstraum V, 1

Es ist ein großes Unglück, nicht Geist genug zu besitzen, um gut zu sprechen, noch Verstand genug, um zu schweigen.

La Bruyère, Charaktere 5

Gesegnet seien jene, die nichts zu sagen haben und den Mund halten!

Oscar Wilde

Es steht der Frau nicht gut an, den Mund zu öffnen, außer beim Essen.

Aus Albanien

Am Baum des Schweigens hängt der Friede.

Aus Arabien

Gleiche wieder dem Baume, den Du liebst, dem breitästigen: Still und aufhorchend hängt er über dem Meere.

Nietzsche,
Zarathustra I, Von den Fliegen des Marktes

Vom Schweigen schmerzt die Zunge nicht.

Aus Rußland

Wer schweigt, hat wenig zu sorgen; der Mensch bleibt unter der Zunge verborgen.

Goethe, Divan, Buch der Sprüche

Was du gründlich verstehst, das mache!
Was du gründlich erfuhrst, das sprich!
Bist du Meister im eigenen Fache, schmäht kein Schweigen im fremden dich.
Das Reden von allem magst du gönnen denen, die selbst nichts leisten können.

Geibel

Was deines Amtes nicht ist, da laß deinen Vorwitz!

Jesus Sirach 3, 24

Verstehest du die Sache, so unterrichte deinen Nächsten! Wo nicht, so halte dein Maul zu!

Jesus Sirach 5, 14

Wo das Reden doch nicht fruchtet, hat das Schweigen beßre Statt.
Besser, daß man nichts geredet als umsonst geredet hat.

Logau

Auch wird man einsehen, daß Dummköpfen und Narren gegenüber es nur einen Weg gibt, seinen Verstand an den Tag zu legen, und der ist, daß man mit ihnen nicht redet.

Schopenhauer,
Aphorismen zur Lebensweisheit V, 23

Wer nicht zu schweigen weiß, der weiß auch nicht zu reden.

Seneca

Mit wem man nicht schweigen kann, mit dem soll man auch nicht reden.

Georg Stammler

Überhaupt ist es geratener, seinen Verstand durch das, was man verschweigt, an den Tag zu legen, als durch das, was man sagt.

Schopenhauer,
Aphorismen zur Lebensweisheit V, 42

Zwei Dinge sind schädlich für jeden,
der die Stufen des Glücks will
      ersteigen:
Schweigen, wenn Zeit ist zu reden,
und reden, wenn Zeit ist zu schweigen.

Bodenstedt,
Aus dem Nachlaß des Mirza Schaffy III

O si tacuisses, philosophus mansisses.
Hättest Du geschwiegen, wärest du ein
Philosoph geblieben.

nach Boethius,
Tröstung der Philosophie 2, 17

Ein Tor, der kein Wort sagt, unterscheidet sich nicht von einem Gelehrten, der schwätzt.

Molière

Schweigen lernen wir erst im Laufe des
Lebens, nachdem wir früher sprechen
gelernt.

Rudolf Hermann Lotze

Es ist leichter zu schweigen, als sich im
Reden zu mäßigen.

Thomas a Kempis,
Nachfolge Christi I, 20

Qui tacet, consentire videtur.
Wer schweigt, scheint zuzustimmen.

Bonifaz VIII.

Jeder, der redet, verschweigt etwas und
meistens das Beste.

Emil Ludwig

Es bergen neidisch wir, was echt uns
       eigen,
und überschaun wir, was das Leben
       gab:
Ein Wandern war's in Einsamkeit und
       Schweigen,
und unser Bestes deckt mit uns das
       Grab.

Konrad Telmann

Viele Menschen haben doch wohl in
sich viel Vernunft, aber nicht den Mut,
sie auszusprechen. Die Unvernunft
sprechen sie weit leichter aus, weil dabei weit weniger Gefahr ist.

Seume

Vor Leuten, die schweigen, und Hunden, die nicht beißen, wenn sie getroffen werden, hat man sich wohl fürzu-
sehen.

Christoph Lehmann

Stille Wasser sind tief.

Sprichwort

Der Fuchs bellt nicht, wenn er das
Lamm will stehlen. (Suffolk)

Shakespeare, König Heinrich VI.
Zweiter Teil III, 1

Schweigen kann die grausamste Lüge
sein.

Robert Louis Stevenson

Es gibt so Leute, deren Angesicht
sich überzieht gleich einem stehnden
       Sumpf

und die ein eigensinnig Schweigen
halten
aus Absicht, sich in einen Schein zu
kleiden
von Weisheit, Würdigkeit und tiefem
Sinn. (Graziano)

Shakespeare,
Der Kaufmann von Venedig I, 1

Beißt sich in die Lippe mit einem
staatsklugen Blick, als wollt' er sagen:
In diesem Haupt wäre Witz, wenn er
nur heraus könnte! (Thersites)

Shakespeare, Troilus und Cressida III, 3

Ein siebenmal verschlossener Schrank
imponiert der Menge immer. Wenn er
auch gänzlich leer ist. Das wissen die
Schlauen unter den Dummen und hüllen sich in Schweigen.

Franz von Schönthan

Die Wortkargen imponieren immer.
Man glaubt schwer, daß jemand kein
anderes Geheimnis zu bewahren habe
als das seiner Unbedeutendheit.

Ebner-Eschenbach, Aphorismen

Verschwiegenheit

Seinen Kopf darf man hingeben, sein
Geheimnis nie.

Aus der Türkei

Wenn ich mein Geheimnis verschweige,
ist es mein Gefangener. Lasse ich es entschlüpfen, bin ich sein Gefangener.

Aus Arabien

Unsere sämtlichen persönlichen Angelegenheiten haben wir als Geheimnisse
zu betrachten, und unseren guten Bekannten müssen wir über das hinaus,
was sie mit eigenen Augen sehen, völlig fremd bleiben. Denn ihr Wissen um
die unschuldigsten Dinge kann durch
Zeit und Umstände uns Nachteil
bringen.

Schopenhauer,
Aphorismen zur Lebensweisheit V, 42

Was Dein Feind nicht wissen soll, das
sage Deinem Freunde nicht!

Aus Arabien

Auch den vertrautesten Freund ver-
schone mit deinem Geheimnis!
Forderst du Treue von ihm, die du dir
selber versagst?

Herder, Blumenlese
aus morgenländischen Dichtern 5

Wenn der Nil um dein Geheimnis weiß,
wird es bald auch die Wüste kennen.

Aus Abessinien

Wie kann man annehmen, ein anderer
würde unser Geheimnis hüten, wenn
wir es doch selbst nicht hüten konnten?

La Rochefoucauld, Unterdrückte Maximen

Gib deine Liebe deiner Frau und dein
Geheimnis deiner Mutter!

Aus Irland

In der Freundschaft vertraut man ein
Geheimnis an, in der Liebe entwischt
es einem.

La Bruyère, Charaktere 4

Wo zwei drum wissen, ist nur noch
Gott dabei. Wenn aber drei zusammen
sind, werden es rasch hundert wissen.

Aus Spanien

Zuviel und zuwenig Verschwiegenheit
über unsere Angelegenheiten verrät
gleicherweise eine schwache Seele.

Vauvenargues, Reflexionen

Gar nicht von sich reden, ist eine sehr
vornehme Heuchelei.

Nietzsche,
Menschliches Allzumenschliches 504

Wie fällt doch ein Geheimnis Weibern
schwer! (Portia)

Shakespeare, Julius Cäsar II, 4

Auch Frauen können Geheimnisse verschweigen. Aber sie können nicht verschweigen, daß sie Geheimnisse verschweigen.

Maugham

Wer verrät, er verwahre ein Geheimnis, hat schon dessen eine Hälfte ausge-
liefert. Die zweite wird er nicht lange
behalten.

Jean Paul, Titan

Ein Geheimnis ist wie ein Loch im Gewande: Je mehr man es zu verbergen
sucht, desto mehr zeigt man es.

Carmen Sylva, Stürme 19

Gerücht

Gerücht ist eine Pfeife,
die Argwohn, Eifersucht, Vermutung
bläst.

Shakespeare, König Heinrich IV.
Zweiter Teil, Prolog

Hörensagen ist halb gelogen.

Sprichwort

Wer von Euch verstopft
des Hörens Tor, wenn laut Gerüchte
spricht?

Shakespeare, König Heinrich IV.
Zweiter Teil, Prolog

Bös Gerücht nimmt immer zu,
gut Gerücht kommt bald zur Ruh.

Freidank, Bescheidenheit 42

Das Gerücht ist wie Falschgeld: Rechtschaffene Menschen würden es niemals anfertigen, aber sie geben es bedenkenlos aus.

Claire Boothe Luce

Fama crescit eundo.
Das Gerücht wächst, indem es sich verbreitet.

nach Vergil, Äneide 4, 175

Weit reicht das gute Wort, noch weiter das schlechte.

Aus Bulgarien

Der Schneeball und das böse Wort,
sie wachsen, wie sie rollen, fort.
Eine Handvoll wirf zum Tor hinaus,
ein Berg wird's vor des Nachbarn Haus!

Wilhelm Müller, Der Schneeball

XL. Kapitel

Das Schöne
Menschliche Schönheit
Frauenschönheit
Häßlichkeit
Natürlichkeit
Anmut
Charme

Das Schöne

Was wir als Schönheit hier empfunden,
wird einst als Wahrheit uns entgegen-
gehn.
Als der Erschaffende von seinem Angesichte
den Menschen in die Sterblichkeit ver-
wies
und eine späte Wiederkehr zum Lichte
auf schwerem Sinnenpfad ihn finden
hieß,
als alle Himmlischen ihr Antlitz von
ihm wandten,
schloß sie, die Menschliche, allein
mit dem Verlassenen, Verbannten
großmütig in die Sterblichkeit sich ein.
Hier schwebt sie mit gesenktem Fluge
um ihren Liebling, nah am Sinnenland,
und malt mit lieblichem Betruge
Elysium auf seine Kerkerwand.

Schiller, Die Künstler

Vollkommenheit ist schon da, wenn
das Notwendige geleistet wird, Schönheit, wenn das Notwendige geleistet,
doch verborgen ist.

Goethe,
Maximen und Reflexionen, Nachlaß
Über Kunst und Kunstgeschichte

Schönheit ist Gesetzmäßigkeit. Schönheit erscheint, solange die Gesetzmäßigkeit empfunden wird. Sie schwindet, wenn unsere Sinne die Gesetzmäßigkeit nicht mehr erkennen.

Rathenau

Nichts ist schön als das Wahre.

Nicolas Boileau, 9. Epistel

Was schön klingt, spottet aller Gram-
matik, was schön ist, aller Ästhetik.

Robert Schumann

Wenn ich Ihnen raten darf, so werden
Sie mehr Vorteil finden, zu suchen, wo
Schönheit sein möchte, als ängstlich zu
fragen, was sie ist. Einmal für allemal
bleibt sie unerklärlich.

Goethe, an Hetzler den Jüngeren,
14. VII. 1770, Konzept

Wahres und Gutes wird sich versöhnen,
wenn sich beide vermählen im Schönen.

Rückert,
Zum heiligen Dreikönigstage

Unterschieden ist nicht das Schöne vom
Guten, das Schöne
ist nur das Gute, das sich lieblich ver-
schleiert uns zeigt.

Goethe, an Personen

Halte dich ans Schöne! Vom Schönen
lebt das Gute im Menschen.

Feuchtersleben

Ein Unendliches ahndet, ein Höchstes
　　erschafft die Vernunft sich,
in der schönen Gestalt lebt es dem Her-
　　zen, dem Blick.

Goethe, Aus den Tabulae Votivae,
　　Das Göttliche

Wirke Gutes, du nährst der Menschheit
　　göttliche Pflanze!
Bilde Schönes, du streust Keime der
　　göttlichen aus!

Schiller, Zweierlei Wirkungsarten

Wer an Glücksgütern und Besitz reich
ist, aber in seinem Hause das Schöne
nicht pflegt, den kann man nicht glücklich nennen.

Euripides, Fragmente 198

Wenn die Seele nicht schön ist, kann sie
das Schöne nicht sehen.

Plotin

Schönheit wird nur vom Kennerblick
　　gekauft,
nicht angebracht durch des Verkäufers
　　Prahlen. (Prinzessin)

Shakespeare,
Liebes Leid und Lust II, 1

Jeder trägt in sich das Urbild der
Schönheit, deren Abbild er in der großen Welt sucht.

Pascal

Schön ist eigentlich alles, was man mit
Liebe betrachtet.

Morgenstern, Stufen, Kunst, 1895

Das Schöne ist weniger, was man sieht,
als das, was man träumt.

Aus Flandern

Was uns an der sichtbaren Schönheit
entzückt, ist ewig nur die unsichtbare.

Ebner-Eschenbach, Aphorismen

Zürne der Schönheit nicht, daß sie
　　schön ist, daß sie verdienstlos,
wie der Lilie Kelch, prangt durch der
　　Venus Geschenk!
Laß sie die Glückliche sein! Du schaust
　　sie, du bist der Beglückte.

Schiller, Das Glück

Schöne Dinge wachsen inmitten der
Dornen.

Aus dem Kongo

Sahest du nie die Schönheit im Augen-
　　blicke des Leidens,
niemals hast du die Schönheit gesehn.
Sahst du die Freude nie in einem schö-
　　nen Gesichte,
niemals hast du die Freude gesehn.

Schiller, Die schönste Erscheinung

Neu stets wollen sie sein und werden
　　gesucht und geschmacklos.
Einfach Schönes gefällt heut, wie es ge-
　　stern gefiel.

Geibel, Kleinigkeiten 29

Auch das Schöne muß sterben! Was
     Menschen und Götter bezwinget,
nicht die eherne Brust rührt es des
     stygischen Zeus.

Schiller, Nänie

Da kommt das Schicksal. Roh und kalt
faßt es des Freundes zärtliche Gestalt
und wirft ihn unter den Hufschlag sei-
       ner Pferde.
Das ist das Los des Schönen auf der
       Erde. (Thekla)

Schiller, Wallensteins Tod IV, 12

Menschliche Schönheit

Schön ist, Mutter Natur, deiner Erfin-
       dung Pracht
auf die Fluren verstreut, schöner ein
       froh Gesicht,
das den großen Gedanken
deiner Schöpfung noch einmal denkt.

Klopstock, Der Zürcher See

Tugend ist Schönheit. (Antonio)

Shakespeare, Was ihr wollt III, 4

Jede Hand ist schön, die gibt.

Aus Polen

Denn welcher Autor in der ganzen
       Welt
lehrt solche Schönheit wie ein Frauen-
       auge? (Biron)

Shakespeare,
Liebes Leid und Lust IV, 3

Der Mensch ist nie so schön, als wenn
er um Verzeihung bittet oder selbst
verzeiht.

Jean Paul

Dem schönsten Antlitz fehlt zur höch-
       sten Zierde
oft nur ein Blattergrübchen, eine Narbe.

Grabbe

Der schönste Leib – ein Schleier nur,
in den sich schamhaft Schönres hüllt.

Nietzsche

Wenn der Smaragd durch seine herrliche Farbe dem Gesicht wohltut, ja sogar einige Heilkraft an diesem edlen
Sinn ausübt, so wirkt die menschliche
Schönheit noch mit weit größerer Gewalt auf den äußern und innern Sinn.
Wer sie erblickt, den kann nichts Übles
anwehen; er fühlt sich mit sich selbst
und mit der Welt in Übereinstimmung.

Goethe,
Die Wahlverwandtschaften I, 6

Durchsüßet und geblümet sind die reinen Frauen.
So Wonnigliches gab es niemals anzu-
schauen
in Lüften noch auf Erden noch in allen
grünen Auen.
Lilien oder Rosenblumen, wenn sie
blicken
im Maien durch betautes Gras, und
kleiner Vögel Sang
sind gegen solcher Wonnen farblos,
ohne Klang.
Wenn man ein schönes Weib erschaut,
das kann den Sinn erquicken,
und wer an Kummer litt, wird augenblicks gesund.

Walther von der Vogelweide

Schönheit ist ein offener Empfehlungs-
brief, der die Herzen im Voraus für
uns gewinnt.

Schopenhauer,
Aphorismen zur Lebensweisheit II

Schönheit zieht mehr als Ochsen.

Aus Großbritannien

Man sagt gewöhnlich: Die schönste
Frau der Welt kann nicht mehr geben,
als sie hat. Das ist ganz falsch. Sie gibt
gerade soviel, als man zu empfangen
glaubt; denn hier bestimmt die Phantasie den Wert der Gabe.

Chamfort, Maximen VI

Schön Gestalt
hat groß Gewalt

Sprichwort

Auch der Teufel war schön, als er jung
war.

Aus Frankreich

Frauenschönheit

Kraft erwart' ich vom Mann, des Gesetzes Würde behaupt' er;
aber durch Anmut allein herrschet und
herrsche das Weib.
Manche zwar haben geherrscht durch
des Geistes Macht und der Taten,
aber dann haben sie dich, höchste der
Kronen, entbehrt.
Wahre Königin ist nur des Weibes
weibliche Schönheit:
Wo sie sich zeige, sie herrscht, herrschet
bloß, weil sie sich zeigt.

Schiller, Die Macht des Weibes

Das größte Glück ist dir einzig beschert:
Der Schönheit Ruhm, der vor allen sich
hebt.
Dem Helden tönt sein Name voran,
drum schreitet er stolz;
doch beugt sogleich hartnäckigster
Mann
vor der allbezwingenden Schöne den
Sinn. (Chor)

Goethe, Faust 2, III,
Vor dem Palaste des Menelas

Die Schönheit des Mannes liegt in seinem Verstand. Der Verstand der Frau liegt in ihrer Schönheit.

Maurisches Sprichwort

Schönheit bändigt allen Zorn.

(Lynkeus)

Goethe, Faust 2, III,
Innerer Burghof

Wenn die Männer die Schönheit einer Frau mehr schätzen als ihre Intelligenz, so hat das seinen Grund darin, daß es auf Erden mehr Dummköpfe gibt als Blinde.

Louise de Vilmorin

Er war ein Hofmann sonst
und sagt, wenn Frauen jung und schön
nur sind,
so haben sie die Gabe, es zu wissen.
(Jacques)

Shakespeare,
Wie es Euch gefällt II, 7

Wenn eine Frau eine andere schön findet, kann man darauf schließen, daß sie sich selbst für noch schöner hält. Ebenso wie ein Dichter die Verse eines andern nur dann zu loben pflegt, wenn er sie schlechter findet als die eigenen.

La Bruyère

Schöne Tage soll man am Abend loben, schöne Frauen frühmorgens.

Sprichwort

Wen Helena paralysiert,
der kommt so leicht nicht zu Verstande.
(Mephistopheles)

Goethe, Faust 2, II,
Hochgewölbtes, enges, gotisches Zimmer

Nicht die Schönheit der Frauen blendet die Männer, sondern die Männer blenden sich selbst.

Aus China

Du sahst sie schön, doch in Gesellschaft
nie.
Du wogst nur mit sich selbst in jedem
Auge sie.
Doch leg einmal zugleich in die kry-
stallnen Schalen
der Jugendreize Bild, wovon auch andre
strahlen,
die ich dir zeigen will bei diesem Fest
vereint:
Kaum leidlich scheint dir dann, was
jetzt ein Wunder scheint. (Benvolio)

Shakespeare, Romeo und Julia I, 3

Schöne Mädchen tragen keine Börsen.

Aus Schottland

Schönheit und Verstand
sind selten verwandt.

Sprichwort

Schönheit bringt den Topf nicht zum Kochen.

Aus Irland

Mit deiner Frauen Schönheit wirst du dich nicht zudecken.

Aus Litauen

Schöne Frauen ziehen das Unheil an.

Aus China

Wehe mir! Welch streng Geschick
verfolgt mich, überall der Männer
Busen
so zu betören, daß sie weder sich
noch sonst ein Würdiges verschonten.
Raubend jetzt,
verführend, fechtend, hin und her ent-
rückend,
Halbgötter, Helden, Götter, ja Dämonen,
sie führten mich im Irren her und hin.
Einfach die Welt verwirrt ich, doppelt
mehr;
nun dreifach, vierfach bring ich Not
auf Not.
Entferne diesen Guten, laßt ihn frei!
Den Gottbetörten treffe keine Schmach!
(Helena)

Goethe, Faust 2, III, Innerer Burghof

Schönheit lockt Diebe schneller noch
als Gold. (Rosalinde)

Shakespeare, Wie es Euch gefällt I, 3

Wer die Schönste für sich begehrt,
tüchtig vor allen Dingen
seh er nach Waffen weise sich um!
Schmeichelnd wohl gewann er sich,
was auf Erden das Höchste;
aber ruhig besitzt er's nicht:
Schleicher listig entschmeicheln sie ihm,
Räuber kühnlich entreißen sie ihm;
dieses zu hindern, sei er bedacht!
(Chor)

Goethe, Faust 2, III, Innerer Burghof

Die Macht der Schönheit wird eher die
Tugend in eine Kupplerin verwandeln,
als die Kraft der Tugend die Schönheit
sich ähnlich machen kann. (Hamlet)

Shakespeare, Hamlet III, 1

Eine schöne Frau ist ein stummer Betrug.

Aus Schweden

Unteilbar ist die Schönheit; der sie
ganz besaß,
zerstört sie lieber, fluchend jedem Teil-
besitz. (Phorkyas)

Goethe, Faust 2, III,
Vor dem Palaste des Menelas

Nichts ist trauriger als das Leben einer
Frau, die es nicht verstanden hat, mehr
als nur schön zu sein; denn nichts ist
vergänglicher als Schönheit. Nur ganz
wenige Jahre trennen die schöne Frau
von der, die es nicht mehr ist.

Fontenelle

Ach, wie bald, ach, wie bald
schwinden Schönheit und Gestalt.

Hauff, Reiters Morgengesang

Nur äußre Schönheit ohne Herz –
wie reizvoll auch und rosenmundig –
genügt dem feinern Sinne nicht
des Manns, der wahrer Liebe kundig.

Hafis

Schönheit ohne Güte ist ein Haus ohne Tür, ein Schiff ohne Wind, eine Quelle ohne Wasser.

Aus Italien

Wenn die Nacht anbricht, sind alle Frauen schön.

Aus Sizilien

Häßlichkeit

Häßliche Frauen und dumme Mädchen sind unschätzbare Kostbarkeiten.

Aus China

Eine schöne Frau gehört der Welt, eine häßliche dir allein.

Aus Indien

Mit einer häßlichen Frau lebt sich's oft hübsch. Sie überschüttet uns mit den ihr entgangenen Zärtlichkeiten, und der Glut ihrer Umarmungen ist anzumerken, daß sie sich an den Männern, die sie verschmäht haben, erbarmungslos rächt.

Graff

Wer das Häßliche liebt, dem scheint es schön.

Aus Portugal

Eine Frau von innerer Güte ist immer liebenswürdig befunden worden, und eine, die noch nach drei Tagen häßlich gefunden wird, ist gewiß nicht liebenswürdig.

Börne, Aphorismen

Gesinnung schändet einzig die Natur, und häßlich heißt mit Recht der Böse nur. (Antonio)

Shakespeare, Was Ihr wollt III, 4

Am häßlichsten ist Häßlichkeit am Spötter. (Rosalinde)

Shakespeare,
Wie es Euch gefällt III, 5

Der Fleiß ist die Wurzel aller Häßlichkeit.

Wilde

Natürlichkeit

Das steht jedem am besten, was ihm am natürlichsten ist.

Cicero,
Drei Bücher von den Pflichten 1, 31

Wir hätten mehr Gewinn, wenn wir uns so zeigten, wie wir sind, als wenn wir versuchen zu scheinen, was wir nicht sind.

La Rochefoucauld

Nichts hindert uns mehr, natürlich zu
sein, als das Bestreben, so zu erscheinen.

La Rochefoucauld, Reflexionen

Besser eine Hand voll Naturell als
zwei Hände voll Wissenschaft.

Aus Spanien

Auch der vernünftigste Mensch bedarf
von Zeit zu Zeit wieder der Natur, das
heißt seiner unlogischen Grundstellung
zu allen Dingen.

Nietzsche

Wir sind nur dann aufrichtig gegen uns
selbst, wenn wir inkonsequent erscheinen.

Wilde

Die Mehrzahl junger Leute glaubt, natürlich zu sein, wenn sie nichts ist als
unhöflich und plump.

La Rochefoucauld, Reflexionen

Naturalia non sunt turpia.
Das Natürliche ist nicht schimpflich.

Vergil, Georgica 3, 96

Es ist des Menschen würdig, was im
Laufe der Natur liegt, auch natürlich
zu nehmen.

Wilhelm von Humboldt,
Briefe an eine Freundin,
4. 2. 1834

Was gegen die Natur ist, ist gegen Gott.
(Samaja)

Hebbel,
Judith III, Öffentlicher Platz

Naturam expellas furca, tamen usque
recurret.
Treibst du die Natur mit dem Knüppel
auch aus, sie kehrt doch stets zurück.

Horaz, Episteln I, 10

Leis kommt den angenommenen Sitten
die angeborene nachgeschritten.

Aus Arabien

Dem angebornen Wesen, ach,
wie ist es schwer, ihm zu entsagen!
Macht man zum König auch den Hund,
er hört nicht auf, am Schuh zu nagen.

Narájana, Hitopadesa 3

Wo ist die Natur als bei meinem Bauer?
Der ißt, trinkt, arbeitet, schläft und
liebt so simpel weg und kümmert sich
den Henker drum, in was für Firlfan-
zereien man all das in den Städten und
am Hof vermaskeriert hat. (Gonzalo)

Goethe, Claudine von Villa Bella,
Zimmer im Schloß

Ach, wie freut es mich, mein Liebchen,
daß du so natürlich bist!
Unsere Mädchen, unsre Bübchen
spielen künftig auf dem Mist!

Goethe,
Musen und Grazien in der Mark

Anmut

Anmut ist ein Ausströmen der inneren Harmonie.

Ebner-Eschenbach, Aphorismen

Die menschliche Anmut ist eine Geschlossenheit des Wesens, deren Gesetze man nicht kennt: Eine geheime Sympathie aller Züge untereinander und jedes einzelnen Zuges mit dem Ganzen.

La Rochefoucauld, Reflexionen

Anmut ist am Menschen wie das Brennen beim Feuer, das Leuchten bei der Kerze, das Funkeln bei kostbaren Steinen. Gold und Silber.

Li Yü, Die vollkommene Frau

Die Schöne bleibt sich selber selig; die Anmut macht unwiderstehlich.

(Faust)

Goethe, Faust 2, II,
Am untern Peneios

Anmut, die dem Geiste eigen,
muß in Werk und Wort sich zeigen.
Nicht von außen, nur von innen
ist die Anmut zu gewinnen.

Bodenstedt,
Die Lieder des Mirza Schaffy 3, 55

Was ist an einer Frau das Vollkommene? Es ist die Anmut.

Li Yü, Die vollkommene Frau

Anmut machet schön das Weib.

Walther von der Vogelweide,
Schönheit und Anmut

Schönheit ohne Anmut gleicht einer Rose ohne Duft.

Aus Jamaika

Die Weisheit gibt der Anmut Stärke, die Anmut gibt der Weisheit Glanz.

Bodenstedt,
Die Lieder des Mirza Schaffy 3, 56

Daß Weisheit nach der Anmut strebt,
hat man auf Erden oft erlebt.
Doch daß die Anmut gern ihr Ohr
der Weisheit leiht, kommt selten vor.

Bodenstedt,
Vermischte Gedichte und Sprüche 46

Wisse, Gott verleiht nicht alle vereinigte Anmut
allen sterblichen Menschen: Gestalt und Weisheit und Rede.

Homer, Odyssee VIII, 167

Alles kann mißlingen, wir können's ertragen, vergeben;
nur nicht, was sich bestrebt, reizend und lieblich zu sein.

Schiller, Das Unverzeihliche

Charme

Die Schönheit hat etwas Statisches. Der Charme leuchtet am eindrucksvollsten in der flüchtigen Bewegung auf.

Graff

Der Charme hat seinen Sitz in der Seele.

Graff

Nach der schönen Frau dreht man sich manchmal kurz um. Die charmante hinterläßt ein inneres Bild in uns, das uns lange begleitet.

Graff

Charme ist ein unbewußtes Versprechen.

Graff

Bei einer bezaubernden Frau ist das Geschlecht eine Herausforderung, keine Verteidigung.

Wilde

Wenn wir den Charme einer Frau entdecken, haben wir bereits das erste winzige Geheimnis mit ihr.

Graff

Der Charme ist die Chance der Häßlichen.

Graff

XLI. Kapitel

Kunst
Künstler
Dichtung
Dichter
Schriftsteller
Gedicht
Drama
Schauspielkunst
Prosaformen
Kurzformen
Bücher
Briefe
Lesen
Musik
Melodie und Harmonie
Rhythmus
Gesang
Oper
Tanz
Architektur
Malerei
Film
Fernsehen
Publikum

Kunst

Im Fleiß kann dich die Biene meistern,
in der Geschicklichkeit ein Wurm dein
                 Lehrer sein,
dein Wissen teilest du mit vorgezognen
                 Geistern,
die Kunst, o Mensch, hast du allein.

Schiller, Die Künstler

Die Kunst ist eine Vermittlerin des Unaussprechlichen.

Goethe,
Maximen und Reflexionen, Brocardicon

Kunst ist unbewußte, wirksame Betrachtung des Göttlichen.

Rathenau

Die Kunst ist die irdische Schwester der
Religion. Wenn wir ein Herz haben, sie
zu vernehmen, dann werden wir erhoben und beseligt.

Adalbert Stifter

Die Kunst ist nur eine höhere Art von
Tod. Sie hat mit dem Tod, der auch
alles Mangelhafte der Idee gegenüber
durch sich selbst vernichtet, dasselbe
Geschäft.

Hebbel, Tagebücher, 1848

Wie es in der Natur keine Lücken gibt,
wie in der menschlichen Seele nicht
bloß Kontraste sich bewegen, ebensowenig liegen steile Abgründe zwischen
den Gipfeln der Kunst.

Franz Liszt

Wie Natur im Vielgebilde
einen Gott nur offenbart,
so im weiten Kunstgefilde
webt ein Sinn der ewgen Art;
dieses ist der Sinn der Wahrheit,
der sich nur mit Schönem schmückt,
und getrost der höchsten Klarheit
hellsten Tags entgegenblickt.

Goethe, Künstlerlied

Der gebildete Musiker wird an einer
Raffaelschen Madonna mit gleichem
Nutzen studieren können wie der Ma-
ler an einer Mozartschen Symphonie.
Noch mehr! Dem Bildhauer wird jeder
Schauspieler zur ruhigen Natur, diesem
die Werke jenes zu lebendigen Gestal-
ten. Dem Maler wird das Gedicht zum
Bild; der Musiker setzt die Gemälde
in Töne um.

Robert Schumann

Zugleich aus dem Leben gegriffen und
zugleich typisch – das ist höchste Kunst.

Morgenstern, Stufen, Kunst

Das Wesen der Poesie wie aller Kunst
besteht im Auffassen der Platonischen
Idee, d. h. des Wesentlichen und daher
der ganzen Art Gemeinsamen, in jedem
einzelnen, wodurch jedes Ding als Repräsentant seiner Gattung auftritt und
ein Fall für tausend gilt.

Schopenhauer,
Aphorismen zur Lebensweisheit VI

Was nicht originell ist, daran ist nichts gelegen, und was originell ist, trägt immer die Gebrechen des Individuums an sich.

Goethe,
Maximen und Reflexionen, Nachlaß,
Über Literatur und Leben

Man sagt wohl zum Lobe des Künstlers: Er hat alles aus sich selbst. Wenn ich das nur nicht wieder hören müßte! Genau besehen, sind die Produktionen eines solchen Originalgenies meistens Reminiszenzen. Wer Erfahrung hat, wird sie meist einzeln nachweisen können.

Goethe,
Maximen und Reflexionen, Nachlaß,
Über Kunst und Kunstgeschichte

Das sogenannte Aus-Sich-Schöpfen macht gewöhnlich falsche Originale und Manieristen.

Goethe,
Maximen und Reflexionen, Nachlaß,
Über Kunst und Kunstgeschichte

Blumen reicht die Natur, es windet die Kunst sie zum Kranze.

Goethe, In das Stammbuch
des Schauspielers Beck

Es steht manches Schöne isoliert in der Welt, doch der Geist ist es, der Verknüpfungen zu entdecken und dadurch Kunstwerke hervorzubringen hat. Die Blume gewinnt erst ihren Reiz durch das Insekt, das ihr anhängt, durch den Tautropfen, der sie befeuchtet, durch das Gefäß, woraus sie allenfalls ihre

letzte Nahrung zieht. Kein Busch, kein Baum, dem man nicht durch die Nachbarschaft eines Felsens, einer Quelle Bedeutung geben, durch eine mäßige einfache Ferne größern Reiz verleihen könnte.

Goethe,
Wilhelm Meisters Wanderjahre II,
Betrachtungen im Sinne der Wanderer

Das bestärkte mich in meinem Vorsatze, mich künftig allein an die Natur zu halten. Sie allein ist unendlich reich, und sie allein bildet den großen Künstler.

Goethe,
Die Leiden des jungen Werthers II,
26. 5. 1771

Gerade das, was ungebildeten Menschen am Kunstwerk als Natur auffällt, das ist nicht Natur (von außen), sondern der Mensch (Natur von innen).

Goethe,
Maximen und Reflexionen, Nachlaß,
Über Kunst und Kunstgeschichte

Leicht gezimmert nur ist Thespis'
Wagen,
und er ist gleich dem acheront'schen
Kahn:
Nur Schatten und Idole kann er tragen,
und drängt das rohe Leben sich heran,
so droht das leichte Fahrzeug umzuschlagen,
das nur die flücht'gen Geister fassen
kann.
Der Schein soll nie die Wirklichkeit erreichen,

und siegt Natur, so muß die Kunst
entweichen.

Schiller, An Goethe

Welches Genie das größte wohl sei? Das
größte ist dieses,
welches, umstrickt von der Kunst,
bleibt auf der Spur der Natur.

Goethe,
Xenien aus dem Nachlaß 48

Die Natur wirkt nach Gesetzen, die
sie in Eintracht mit dem Schöpfer vor-
schrieb, die Kunst nach Regeln, über
die sie sich mit dem Genie einverstanden hat.

Goethe,
Maximen und Reflexionen, Nachlaß,
Über Kunst und Kunstgeschichte

Kunst findet überall Nahrung.

Aus Dänemark

Die Kunst, die verfolgte, findet überall
eine Freistatt; erfand doch Dädalus,
eingeschlossen im Labyrinthe, die Flügel, die ihn oben hinaus in die Luft
emporhoben.

Beethoven, Briefe

Die Kunst besteht nicht in einer Sum-
mierung, sondern in einer Vorbereitung
von Pointen. Künstler, denen wenig
einfällt, sind nicht selten die erfolg-
reicheren.

Sigmund Graff

Der Beste, was der Künstler gibt,
ist Abglanz dessen, was er liebt.

Ernst Eckstein

Was unsterblich im Gesang soll leben,
muß im Leben untergehn.

Schiller, Die Götter Griechenlands

Den Stoff sieht jedermann vor sich, den
Gehalt findet nur der, der etwas dazu
zu tun hat, und die Form ist ein Geheimnis den meisten.

Goethe,
Maximen und Reflexionen,
Aus Kunst und Altertum 1826

Ihre Entstehung verdanken die Mei-
sterwerke dem Genie, ihre Vollendung
dem Fleiß.

Joubert

Es ist gewiß, daß keine Musik kom-
poniert, kein Gemälde gemalt und kein
Gedicht gedichtet würde, wenn nicht
der Trieb, auf andere zu wirken, im
Menschen läge.

Carl Maria von Weber

Obgleich die Kunst unzertrennlich und
eins ist und beide, Phantasie und Empfindung, zu ihrer Hervorbringung tätig
sein müssen, so gibt es doch Kunstwerke der Phantasie und Kunstwerke
der Empfindung, je nachdem sie sich
einem dieser beiden ästhetischen Pole
vorzugsweise nähern.

Schiller,
An den Herausgeber der Propyläen

Alle Künste sind androgyn. Außer der
Kunst des Denkens.

Rathenau

Der Endzweck der Wissenschaft ist
Wahrheit, der Endzweck der Künste
hingegen ist Vergnügen.

Lessing, Laokoon II

Ernst ist das Leben, heiter ist die Kunst.

Schiller, Prolog zu Wallenstein

Jedes große und allgemein verständ-
liche Kunstwerk muß auf dem goldenen Grunde der Heiterkeit, auf durch-
sichtiger Klarheit und individueller Lebendigkeit beruhen.

Friedrich Chrysander

Man rettet gern aus trüber Gegenwart
sich in das heitere Gebiet der Kunst,
und für die Kränkungen der Wirklichkeit
sucht man sich Heilung in des Dichters
Träumen.

Uhland,
Ernst, Herzog von Schwaben, Prolog

In wessen Herz die Kunst sich nieder-
ließ,
der ist vom Sturm der rauhen Welt geschieden,
dem öffnet sich, durchwallt von süßem
Frieden,
im ewigen Lenz ein stilles Paradies.

Jean Paul

Die Kunst ist zwar nicht das Brot, aber
der Wein des Lebens.

Jean Paul, Museum

Man weicht der Welt nicht sicherer aus
als durch die Kunst, und man verknüpft sich nicht sicherer mit ihr als
durch die Kunst.

Goethe,
Die Wahlverwandtschaften II, 5

Lern im Leben die Kunst, im Kunstwerk lerne das Leben!
Siehst du das eine recht, siehst du das
andere auch.

Hölderlin

Jüngling, merke dir in Zeiten,
wo sich Geist und Sinn erhöht,
daß die Muse zu geleiten,
doch zu leiten nicht versteht.

Goethe, Zahme Xenien

Die Kunst hat kein Vaterland.

Carl Maria von Weber

Es gibt keine patriotische Kunst und
keine patriotische Wissenschaft. Beide
gehören wie alles hohe Gute der ganzen Welt an und können nur durch
allgemeine freie Wechselwirkung aller
zugleich Lebenden in steter Rücksicht
auf das, was uns vom Vergangenen
übrig und bekannt ist, gefördert
werden.

Goethe,
Wilhelm Meisters Wanderjahre III,
Aus Makariens Archiv

Es ist die tiefste und herrlichste Wirkung der musischen Künste und vor allem der Poesie, daß sie die Schranken der bürgerlichen Gemeinden aufheben und aus den Stämmen ein Volk, aus den Völkern eine Welt erschaffen.

Mommsen Römische Geschichte 1

Heilig achten wir die Geister,
aber Namen sind uns Dunst.
Würdig ehren wir die Meister,
aber frei ist uns die Kunst.

Uhland, Freie Kunst

Vita brevis, ars longa.
Das Leben ist kurz, die Kunst währet lange.

Hippokrates/Seneca

Wahre Kunst bleibt unvergänglich.

Beethoven

Gesetze, Zeiten, Völker überleben sich. Nur die Sternbilder der Kunst schimmern in alter Unvergänglichkeit über den Kirchhöfen der Zeit.

Jean Paul

Die Kunst geht nach Brot. (Conti)

Lessing, Emilia Galotti I, 2

Künstler! dich selbst zu adeln,
mußt du bescheiden prahlen.
Laß dich heute loben, morgen tadeln
und immer bezahlen!

Goethe, Zahme Xenien IV

Der Fall ist äußerst selten, daß jemand Gold- und Silbergruben auf dem Parnaß entdeckt. Die Luft daselbst ist angenehm, aber der Boden unfruchtbar, und es gibt wohl wenig Beispiele, daß jemand sein väterliches Gut durch die dort geernteten Früchte vermehrt hätte.

Locke,
Gedanken über Erziehung 24, 174

Der Meister einer Kunst nährt Weib und sieben Kinder, ein Meister aller sieben Künste nährt sich selber nicht.

Sprichwort

Der Künstler wird nie bezahlt, sondern der Handwerker. Chodowiecki der Künstler, den wir bewundern, äße schmale Bissen, aber Chodowiecki der Handwerker, der die elendsten Sudeleien mit seinen Kupfern illuminiert, wird bezahlt.

Goethe, an Krafft, 9. IX. 1779

Die Technik im Bündnis mit dem Abgeschmackten ist die fürchterlichste Feindin der Kunst.

Goethe,
Maximen und Reflexionen, Nachlaß,
Über Kunst und Kunstgeschichte

Alle Polemik ist unkünstlerisch.

Boßhart, Bausteine

Künstler

Der Menschheit Würde ist in eure Hand
Bewahret sie! [gegeben.
Sie sinkt mit euch, mit euch wird sie
sich heben.

Schiller, Die Künstler

Der Künstler steht auf dem Menschen
wie die Statue auf dem Piedestal.

Novalis, Fragmente

Höheres gibt es nicht, als der Gottheit
sich mehr als andere Menschen nähern
und von hier aus die Strahlen der
Gottheit unter das Menschengeschlecht
verbreiten.

Beethoven

Licht senden in die Tiefen des menschlichen Herzens – des Künstlers Beruf!

Robert Schumann

Die Sonne grübelt nicht, warum sie
scheine.
Sie scheint. Ihr Leben, Künstler, sei
das Deine!

Morgenstern

Der echte Künstler gleicht dem Haus-
vater im Evangelium, der sein Gastmahl rüstet, ohne zu fragen, was für
Gäste sich zu Tisch setzen werden, ohne
sich darum zu kümmern, ob sich überhaupt Gäste einfinden und ob er auf
ihren Dank rechnen darf.

August Wilhelm Ambros

Große Künstler sind die einzigen Reichen, welche ihr ganzes Glück mit uns
teilen.

A. Pauly

Die erste Bedingung zu einem Künstler
ist, daß er Respekt vor dem Großen
habe und sich davor beuge und es an-
erkenne und nicht die großen Flammen
auszupusten versuche, damit das kleine
Talglicht ein wenig heller leuchte.

Felix Mendelssohn-Bartholdy

Es ist ja doch nur ein ewiges Suchen in
der Kunst, und der Künstler ist verloren, ist tot für die Kunst, sobald er
sich dem Wahne hingibt, am Ziel zu
sein.

Wilhelmine Schröder-Devrient

Den Künstler muß nach jedem vollendeten Werk die Angst überfallen, er
könne sich nicht mehr übertreffen.

Boßhart, Bausteine

Künstler, was du nicht schaffen mußt,
das darfst du nicht schaffen wollen.

Ebner-Eschenbach, Aphorismen

Versate diu, quid ferre recusent,
quid valeant humeri.
Überlegt euch lang', was die Schultern
verweigern
und was sie zu tragen vermögen!

Horaz, Poetik 39

Gute Schriftsteller, die nur schreiben, wenn sie der Geist treibt, sind die wahren Advokaten und Lehrer des Menschengeschlechts.

Karl Julius Weber, Demokritos

Die Fabel, daß Midas alles, was er berührte, in Gold verwandelte, gilt in schönerem und edlerem Sinne auch vom Künstler. Nur berührt der Künstler nichts, was nicht die Fähigkeit hat, Gold zu werden. Und muß er einmal auf Befehl oder sonst gegen seine innere Kunstüberzeugung handeln, so wird es eben kein Gold.

August Wilhelm Ambros

Es gibt eine nähere Verwandtschaft als die zwischen Mutter und Kind: Die zwischen dem Künstler und seinem Werke.

Ebner-Eschenbach, Aphorismen

Zum Philosophieren ist schon der halbe Mensch genug, und die andre Hälfte kann ausruhen; aber die Musen saugen einen aus.

Schiller, an Goethe, 29. 8. 1795

Jeder Künstler tötet zehn folgende.

Morgenstern, Stufen, Kunst

Es gibt keinen großen Künstler, der nicht eine maßlose Liebe zum Leben besäße.

Henry Bordeaux,
La peur de vivre, Vorwort

Die erste Pflicht der Musensöhne ist, daß man sich ans Bier gewöhne.

Busch, Bilder zur Jobsiade IV

Der Künstler sollte freundlich wie ein griechischer Gott mit den Menschen und dem Leben verkehren. Nur wenn es ihn zu berühren wagte, möge er verschwinden und nichts als Wolken zurücklassen.

Robert Schumann

Zu erfinden, zu beschließen,
bleibe, Künstler, oft allein!
Deines Wirkens zu genießen,
eile freudig zum Verein!
Dort im Ganzen schau, erfahre
deinen eignen Lebenslauf,
und die Taten mancher Jahre
gehn dir in dem Nachbar auf.

Goethe, Künstlerlied

Die abergläubische Scheu der Künstler, über künftige Werke, Bücher, Rollen usw. zu sprechen, beruht auf der Angst, durch die kleinste Preisgabe ihrer schöpferischen Geheimnisse die Kraft zu ihrer stilsicheren Ausführung zu verlieren. Alle Kunstwerke sind ursprünglich „Luftgebilde" der Phantasie, die sich am besten realisieren, wenn sie weder durch Beifall noch durch Kritik und Tadel gestört werden. Niemand kann einem Künstler helfen. Er muß sich verrennen oder durchs Ziel laufen. Was ihm durch hilfreiche Menschen abgenommen werden kann, ist allenfalls nur seine schöpferische Naivität.

Sigmund Graff

Die gefährlichste Klippe im Leben des Künstlers ist die Heirat, besonders eine sogenannte glückliche Heirat.

Anselm Feuerbach

Noch kein Dichter hat die schönen Augen seiner eigenen Frau schön besungen.

Börne, Kritiken

Wie verwahrt sich aber der Künstler vor den Verderbnissen seiner Zeit, die ihn von allen Seiten umfangen? Wenn er ihr Urteil verachtet. Er blicke aufwärts nach seiner Würde und dem Gesetz, nicht niederwärts nach dem Glück und nach dem Bedürfnis!

Schiller,
Über die ästhetische Erziehung
des Menschen, 9. Brief

Unsere Kunst leidet am Überfluß der Talente und am Mangel an Persönlichkeiten.

Rathenau

Wie in einem lebendigen Körper die Säfte dahin strömen, wo die Natur ein starkes Wachstum fordert, sei es, daß eine Wunde vernarbt oder eine Stütze geschaffen oder eine Blüte erzeugt werden soll, so strömen die geistigen Potenzen und Talente einer Nation in diejenigen Berufsprovinzen, die einer besonderen Aufwand an Kräften verlangen und rechtfertigen. Deshalb wird in unserer Zeit die Provinz der Künste, man möchte sagen vom Landsturm, ja teilweise vom Invaliden geschützt, während die stärkste Mannschaft des Landes sich in die aktiven Berufe

drängt, wo es gilt, Angriffen zu wehren und Grenzen zu erweitern.

Rathenau

Ich habe nie einsehen mögen, warum mittelmäßige Menschen deshalb aufhören sollten, mittelmäßig zu sein, weil sie schreiben können.

Morgenstern,
Stufen, Literatur, 1906

Mit Dichtern, Malern und Musikern ist es wie mit den Pilzen: Für einen guten zehntausend schlechte.

Aus China

Wenn die Kunst abwärts geht, so tragen daran zumeist die Künstler selber die Schuld. Denn bestochen und hingerissen durch vorübergehende äußere Erfolge erniedrigen sie sich, dem frivolen Instinkt und Geschmack der Menge nachzugeben.

Théodore Gouvy

Man kann gewissen Anforderungen und Wünschen der Zeit sehr wohl genügen, ohne sich dadurch etwas von seiner Künstlerwürde zu vergeben.

Robert Schumann

An unsere jungen Dichter: Geht ins Volk, mischt euch unter die gewöhnlichen Leute, sucht ihre Freundschaft zu gewinnen, sucht so reden zu lernen, daß sie euch verstehen wie ihresgleichen!

Morgenstern,
Stufen, Kunst, 1906

Dichtung

Die Dichtkunst ist die Erinnerung und
die Ahnung der Dinge: Was sie feiert,
ist noch nicht tot. Was sie singt, lebt
schon.

Lamartine, Girondisten, Vorwort

Poesie ist die Muttersprache des Menschengeschlechtes.

Herder

Die Poesie ist das echt absolut Reelle.
Dies ist der Kern meiner Philosophie.
Je poetischer, desto wahrer.

Novalis, Fragmente

Echte Poesie wird von selbst zugleich
philosophisch, moralisch und religiös
sein.

August Wilhelm Schlegel

Der hat's wahrhaftig als Poet
nicht hoch hinausgetrieben,
in dessen Liedern mehr nicht steht,
als er hineingeschrieben.

Geibel

Wisset nur, daß Dichterworte
um des Paradieses Pforte
immer leise klopfend schweben,
sich erbittend ew'ges Leben.

Goethe,
Divan, Buch des Sängers, Hegire

Ist auch der Dichter verstorben,
seine Zunge verfault nicht.

Aus dem Sudan

Leben heißt, dunkler Gewalten
Spuk bekämpfen in sich,
Dichten, Gerichtstag halten
über sein eignes Ich.

Ibsen, Ein Vers

Die Dichter sind gegen ihre Erlebnisse
schamlos: Sie beuten sie aus.

Nietzsche,
Jenseits von Gut und Böse 4,
Sprüche und Zwischenspiele 161

Der Dichter pflegt, um nicht zu lange-
weilen,
sein Innerstes von Grund aus umzu-
wühlen,
doch seine Wunden weiß er auszu-
kühlen,
mit Zauberwort die tiefsten auszu-
heilen.

Goethe, Sonette XV

Dichten selbst ist schon Verrat.

Goethe, Divan, Das Schenkenbuch

Aber uns ist wonnereich,
in den Euphrat greifen
und im flüßgen Element
hin und wieder schweifen.
Löscht ich so der Seele Brand,
Lied es wird erschallen;
schöpft des Dichters reine Hand,
Wasser wird sich ballen.

Goethe,
Divan, Buch des Sängers,
Lied und Gebilde

Dichten ist ein Übermut.

Goethe, Divan, Buch des Sängers,
Derb und tüchtig

Die Poesie der Alten war die des Besitzes, die unsrige ist die der Sehnsucht.

August Wilhelm Schlegel, Vorlesungen über dramatische Kunst und Literatur

Die romantische Poesie ist eine progressive Universalpoesie. Ihre Bestimmung ist nicht bloß, alle getrennten Gattungen der Poesie wieder zu vereinigen und die Poesie mit der Philosophie und Rhetorik in Berührung zu setzen. Sie will und soll auch Poesie und Prosa, Genialität und Kritik, Kunstpoesie und Naturpoesie bald mischen, bald verschmelzen, die Poesie lebendig und gesellig und das Leben und die Gesellschaft poetisch machen.

Friedrich Schlegel, Fragmente und Ideen

Die antiken Geschichtsschreiber haben uns wundervolle Dichtungen als Tatsachen überliefert. Die modernen Erzähler langweilen uns mit Tatsachen, welche sie als Dichtung ausgeben.

Oscar Wilde

Man will Wahrheit, man will Wirklichkeit und verdirbt dadurch die Poesie.

Goethe, zu Eckermann, 27. 12. 1826

Durch Vernünfteln wird Poesie vertrieben,
aber sie mag das Vernünftige lieben.

Goethe, Sprichwörtlich

Ein bißchen Narrheit, das versteht sich, gehört immer zur Poesie.

Heine

Viele Leute betrachten die poetische Literatur als eine Art Irrenhaus, worin sie alles sagen dürfen, was ihnen anderwärts die Zwangsjacke zuziehen würde.

Hebbel, Tagebuch, 1. X. 1849

Die Dichtkunst scheint dem Verstand aller derer gefährlich zu sein, die nicht im Besitze des Gegenmittels sind, nämlich der Erkenntnis der wirklichen Welt.

Plato, Staat 10, 1

Unsere deutschen Ästhetiker reden zwar viel von poetischen und unpoetischen Gegenständen und sie mögen auch in gewisser Hinsicht nicht ganz unrecht haben, allein im Grunde bleibt kein realer Gegenstand unpoetisch, sobald der Dichter ihn gehörig zu gebrauchen weiß.

Goethe, zu Eckermann, 5. 7. 1827

Ganz eigen ist's mit mythologischer Frau:
Der Dichter bringt sie, wie er's braucht, zur Schau.
Nie wird sie mündig, wird nicht alt, stets appetitlicher Gestalt,
wird jung entführt, im Alter noch umfreit;
gnug, den Poeten bindet keine Zeit.

(Chiron)

Goethe, Faust 2, II, Am untern Peneios

Ein Dichter, der einen Menschen kennt,
kann hundert schildern.

Ebner-Eschenbach, Aphorismen

Es ist ein großer Unterschied, ob der
Dichter zum Allgemeinen das Besondere sucht oder im Besonderen das Allgemeine schaut. Aus jener Art entsteht
Allegorie, wo das Besondere nur als
Beispiel, als Exempel des Allgemeinen
gilt. Die letztere aber ist eigentlich die
Natur der Poesie. Sie spricht ein Be-
sonderes aus, ohne ans Allgemeine zu
denken oder darauf hinzuweisen. Wer
nun dieses Besondere lebendig faßt, erhält zugleich das Allgemeine mit.

Goethe, Maximen und Reflexionen,
Aus Kunst und Altertum 1825

Dichten ist nichts anderes als ein ewiges
Symbolisieren: Wir suchen entweder
für etwas Geistiges eine äußere Hülle
oder wir beziehen ein Äußeres auf ein
unsichtbares Inneres.

August Wilhelm Schlegel

Aut prodesse volunt aut delectare
poetae.
Nützlich sein wollen entweder die
Dichter oder ergötzen.

Horaz, Poetik 333

Wer das Nützliche so mit dem Angenehmen zu verbinden weiß, daß er den
Leser im Ergötzen bessert, vereinigt
alle Stimmen.

Horaz, Briefe II, 3

„Warum willst du dich von uns allen
und unsrer Meinung entfernen?"
Ich schreibe nicht, euch zu gefallen;
ihr sollt was lernen!

Goethe, Zahme Xenien I

„Wozu nützt denn die ganze Erdichtung?" Ich will es dir sagen,
Leser, sagst du mir, wozu die Wirklichkeit nützt.

Goethe, Xenien aus dem Nachlaß,
Poetische Erdichtung und Wahrheit

Saget, wann nützt mein Gedicht, o Musen! Wenn es den Edlen
weckt in dem Augenblick, wenn er sich
selber vergißt.

Goethe, Xenien aus dem Nachlaß 215

„Bessern, bessern soll uns der Dichter!"
So darf denn auf eurem
Rücken des Büttels Stock nicht einen
Augenblick ruhn?

Goethe und Schiller, Xenien,
Moralische Zwecke der Poesie

Wenn wir um Lohn den Schändlichen
gepriesen,
dämpft es den Glanz des wohlgelung-
nen Reimes,
des Kunst den Edeln singt. (Dichter)

Shakespeare, Timon von Athen I, 1

Tausend Verse wiegen nicht ein einziges Weizenkorn auf.

Aus Persien

Dichter

Wenn die Natur des Fadens ewge
Länge,
gleichgültig drehend, auf die Spindel
zwingt,
wenn aller Wesen unharmonsche Menge
verdrießlich durcheinanderklingt:
Wer teilt die fließend immer gleiche
Reihe
belebend ab, daß sie sich rhythmisch
regt?
Wer ruft das Einzelne zur allgemeinen
Weihe,
wo es in herrlichen Akkorden schlägt?
Wer läßt den Sturm zu Leidenschaften
wüten?
Das Abendrot im ernsten Sinne glühn?
Wer schüttet alle schönen Frühlings-
blüten
auf der Geliebten Pfade hin?
Wer flicht die unbedeutend-grünen
Blätter
zum Ehrenkranz Verdiensten jeder
Art?
Wer sichert den Olymp? Vereinet
Götter?
Des Menschen Kraft, im Dichter offen-
bart! (Dichter)

Goethe, Faust, Vorspiel

Edle Sänger dürfen
nicht ungeehrt von meinem Hofe ziehn.
Sie machen uns den dürren Zepter
blühn,
sie flechten den unsterblich grünen
Zweig
des Lebens in die unfruchtbare Krone,
sie stellen herrschend sich den Herrschern gleich,
aus leichten Wünschen bauen sie sich
Throne,

und nicht im Raume liegt ihr harmlos
Reich.
Drum soll der Sänger mit dem König
gehen,
sie beide wohnen auf der Menschheit
Höhen. (Karl)

Schiller,
Die Jungfrau von Orleans I, 2

Der Dichter ist das Herz der Welt.

Eichendorff, Des Dichters Weihe

Des Himmels Lampen löschen mit dem
letzten Dichter aus.

Platen, Die verhängnisvolle Gabel I

In den Dichtern träumt die Menschheit.

Hebbel, Tagebücher

Des Dichters Aug', in schönem Wahnsinn rollend,
blitzt auf zum Himmel, blitzt zur Erd'
hinab,
und wie die schwang're Phantasie Gebilde
von unbekannten Dingen ausgebiert,
gestaltet sie des Dichters Kiel, benennt
das luft'ge Nichts und gibt ihm festen
Wohnsitz. (Theseus)

Shakespeare,
Ein Sommernachtstraum V, 1

Man habe nur die Fähigkeit, fortwährend ein lebendiges Spiel zu sehen und immerfort von Geisterscharen umringt zu leben, so ist man Dichter.

Nietzsche, Geburt der Tragödie 8

Als die einfachste und richtigste Definition der Poesie möchte ich diese aufstellen, daß sie die Kunst ist, durch Worte die Einbildungskraft ins Spiel zu versetzen.

Schopenhauer,
Welt als Wille und Vorstellung II, 3, 37

Dichtkunst ist ein Spiel der Sinnlichkeit, durch den Verstand geordnet.

Kant, Anthropologie

Die Aufgabe eines Dichters besteht ja hauptsächlich darin, zu sehen, nicht zu reflektieren.

Ibsen, an Brandes, 18. 5. 1871

Was ist da viel zu definieren! Lebendiges Gefühl der Zustände und Fähigkeit, es auszudrücken, machen den Poeten.

Goethe, zu Eckermann, 11. 6. 1825

Der echte Dichter ist allwissend.

Novalis, Fragmente

Dichter kennen berühmte Gegenden, ohne dort gewesen zu sein.

Aus Japan

Wodurch bewegt er alle Herzen?
Wodurch besiegt er jedes Element?
Ist es der Einklang nicht, der aus dem
Busen dringt
und in sein Herz die Welt zurückeschlingt? (Dichter)

Goethe, Faust, Vorspiel

Das Feu'r im Stein
glänzt nur, schlägt man's heraus; von
selbst erregt
sich unsre edle Flamm', flieht, gleich
dem Strom,
zurück von jeder Hemmung. (Dichter)

Shakespeare, Timon von Athen I, 1

Ein Journalist wird man um so leichter, je leichter man schreibt, ein Dichter, je schwerer man schreibt.

Sigmund Graff

Zart Gedicht wie Regenbogen
wird nur auf dunklen Grund gezogen.
Darum behagt dem Dichtergenie
das Element der Melancholie.

Goethe, Sprichwörtlich

Schreibe mit Blut, und du wirst erfahren, daß Blut Geist ist!

Nietzsche, Zarathustra 1,
Vom Lesen und Schreiben

Und wenn der Mensch in seiner Qual
verstummt,
gab mir ein Gott, zu sagen, wie ich
leide. (Tasso)

Goethe, Torquato Tasso V, 5

Bedeutende Menschen haben ihre besten Werke fast immer nach Beendigung einer großen Leidenschaft geschrieben. Nach vulkanischen Ausbrüchen ist die Erde am fruchtbarsten.

Chamfort, Maximen VII

Der Schmerz macht Hühner und Dichter gackern.

Nietzsche, Zarathustra IV,
Vom höheren Menschen 12

Si natura negat facit indignatio versum.
Wenn das Talent es versagt, schmiedet Entrüstung den Vers.

Juvenal, Satiren 1, 79

Jeder Dichter und alle ehrlichen Dilettanten schreiben mit ihrem Herzblut. Aber wie diese Flüssigkeit beschaffen ist, darauf kommt es an.

Ebner-Eschenbach, Aphorismen

Nie wagt's ein Dichter und ergriff die Feder,
eh' er sie eingetaucht in Liebesseufzer.
(Biron)

Shakespeare,
Liebes Leid und Lust IV, 3

Der Dichter soll nicht ewig Wein,
nicht ewig Amor necken!
Die Barden müssen Männer sein
und Weise sein, nicht Gecken.

Matthias Claudius,
Mein Neujahrslied

Reime sind Schleifen an Cupidos Hose.
(Biron)

Shakespeare,
Liebes Leid und Lust IV, 3

Zu den glücklichen Umständen, welche Shakespeares geborenes großes Talent frei und rein entwickelten, gehört auch, daß er Protestant war; er hätte sonst wie Kalidasa und Calderon Absurditäten verherrlichen müssen.

Goethe,
Maximen und Reflexionen, Nachlaß,
Über Literatur und Leben

Nie ist ein Schriftsteller schwächer, als wenn er schwächlich Großes behandelt.

Vauvenargues, Nachgelassene Maximen

Der Dichter muß eine behagliche Existenz haben, ehe er arbeiten kann. Andere arbeiten, um diese Existenz zu erlangen.

Hebbel, Tagebücher, 21. 2. 1845

Jeder große Dichter mit reger Phantasie ist schüchtern. Das heißt, er scheut die Menschen wegen der Unterbrechungen und Störungen, die sie in seine köstlichen Träumereien hineintragen.

Stendhal, Über die Liebe 1, 14

Sint Maecenates, non derrunt, Flacce, Marones.
Wenn es Mäzene gibt, lieber Flaccus, dann fehlen auch Vergile nicht.

Martial, Epigramme VIII

„Wenn du im Land der Träume dich
verweilet",
versetzt der Gott, „so hadre nicht mit
mir!
Wo warst du denn, als man die Welt
geteilet?"
„Ich war", sprach der Poet, „bei dir."

Schiller, Die Teilung der Erde

Die meisten Poeten kommen erst nach
ihrem Tode zur Welt.

Lichtenberg

Die einzige Ehrung, die die Welt dem
Dichter erweist, besteht darin, daß
seine Armut nicht als beschämend gilt.

Sigmund Graff

Sittlich sei der Poet, kein Sittenpre-
diger.

Geibel,
Ethisches und Ästhetisches in Distichen 34

Gute Künstler leben nur in ihren Werken, und sie sind daher als Persönlichkeit völlig uninteressant. Ein großer
Dichter, ein wirklich großer Dichter,
ist das unpoetischste Wesen von der
Welt, aber untergeordnete Dichter sind
höchst anziehend. Je schlechter ihre
Reime sind, um so malerischer sehen
sie selber aus. (Lord Wotton)

Wilde, Das Bildnis des Dorian Gray IV

Keine Klasse von Menschen urteilt billiger von der anderen als die Denker
von den Denkern und keine unbilliger
als die Literaten von den Literaten.

Lichtenberg

Gesteht's! Die Dichter des Orients
sind größer als wir des Okzidents.
Worin wir sie aber völlig erreichen,
das ist im Haß auf unsresgleichen.

Goethe, Divan, Buch der Sprüche

Der Dichter steht auf einer höhern
Warte
als auf den Zinnen der Partei.

Freiligrath, Aus Spanien

So wie ein Dichter politisch wirken
will, muß er sich einer Partei hingeben,
und so wie er dieses tut, ist er als Poet
verloren.

Goethe, zu Eckermann, März 1832

Wer in der Weltgeschichte lebt,
dem Augenblick sollt er sich richten?
Wer in die Zeiten schaut und strebt,
nur der ist wert, zu sprechen und zu
dichten.

Goethe, Zahme Xenien I

Wer das Dichten will verstehen,
muß ins Land der Dichtung gehen;
wer den Dichter will verstehen,
muß in Dichters Lande gehen.

Goethe,
Noten und Abhandlungen zu besserem
Verständnis des Westöstlichen Divans

Schriftsteller

Solange ein Mensch ein Buch schreibt,
kann er nicht unglücklich sein.

Jean Paul

Hab's geschrieben in guter Zeit,
Tags, Abends und Nachts Herrlichkeit,
und find nicht halb die Freude mehr,
da nun gedruckt ist ein ganzes Heer.
Find, daß es wie mit den Kindern ist,
bei denen doch immer die schönste Frist
bleibt, wenn man in der schönen Nacht
sie hat der lieben Frau gemacht.

Goethe, an Gotter, Juni oder Juli 1773

Vorzügliche Schriftsteller schreiben nur
wenig, weil sie viel Zeit brauchen, um
ihren Reichtum und ihren Überfluß zu
ordnen, zu verdichten und als geschlos-
sene Kunstwerke hinausgehen zu lassen.

Joubert

Literatur ist das Fragment der Fragmente. Das wenigste dessen, was geschah und gesprochen worden, ward
geschrieben. Vom Geschriebenen ist das
wenigste übrig geblieben.

Goethe,
Wilhelm Meisters Wanderjahre II,
Betrachtungen im Sinne der Wanderer

Ein Schriftsteller, der noch von der
Nachwelt gelesen sein will, muß es sich
nicht verdrießen lassen, Winke zu ganzen Büchern, Gedanken zu Disputatio-
nen in irgendeinen Winkel eines Kapi-
tels hinzuwerfen, daß man glauben

muß, er habe sie zu Tausenden weg-
zuwerfen.

Lichtenberg

Das Letzte, was man findet, wenn man
ein Werk schreibt, ist, zu wissen, was
man an den Anfang stellen soll.

Pascal

Es gibt Leute, die nachdenken, um zu
schreiben. Wieder andere schreiben, um
nicht nachdenken zu müssen.

Joseph von Ligne

Gedanken sind nicht stets parat.
Man schreibt auch, wenn man keine hat.

Busch, Aphorismen und Reime

Die meisten Leser stecken ihre Bücher
in ihre Bibliothek, aber Herr von ...
steckt seine Bibliothek in seine Bücher.

Chamfort, Maximen VII

Womit kennzeichnet sich jede literari-
sche Dekadenz? Damit, daß das Leben
nicht mehr im Ganzen wohnt. Das
Wort wird souverän und springt aus
dem Satz hinaus, der Satz greift über
und verdunkelt den Sinn der Seite, die
Seite gewinnt Leben auf Unkosten des
Ganzen. Das Ganze ist kein Ganzes
mehr.

Nietzsche

Die Schriftstellerei ist, je nachdem man sie treibt, eine Infamie, eine Ausschweifung, eine Tagelöhnerei, ein Handwerk, eine Kunst oder eine Tugend.

August Wilhelm Schlegel, Fragmente

Schreiben ist geschäftiger Müßiggang. (Götz)

Goethe,
Götz von Berlichingen IV, Jaxthausen

Die Alten sind uns Neuen überlegen im Büchermachen. Wißt ihr auch warum?
Die Alten schrieben nicht des Geldes wegen
und druckten nicht fürs Publikum.

Jens Baggesen

Tadelt immer die Fürsten! Zwar jeder politische Fehler
straft sich selber, doch euch werden die Fehler bezahlt.

Goethe, Xenien aus dem Nachlaß,
An einige Schriftsteller

Neun Zehntel unserer ganzen jetzigen Literatur haben keinen anderen Zweck, als dem Publiko einige Taler aus der Tasche zu spielen. Dazu haben sich Autor, Verleger und Rezensent fest verschworen.

Schopenhauer,
Parerga und Paralipomena II, 24, § 295

Der Erfolg vieler Werke erklärt sich aus der Beziehung, die zwischen der Mittelmäßigkeit des Autors und der Mittelmäßigkeit des Publikums besteht.

Chamfort, Maximen VII

Berühmt zu werden, ist nicht schwer, man darf nur viel für kleine Geister schreiben.
Doch bei der Nachwelt groß zu bleiben, dazu gehört schon etwas mehr.

Gellert, Der unsterbliche Autor

Was glänzt, ist für den Augenblick geboren. (Dichter)

Goethe, Faust, Vorspiel

Was man mündlich ausspricht, muß der Gegenwart, dem Augenblick gewidmet sein; was man schreibt, widme man der Ferne, der Folge.

Goethe,
Maximen und Reflexionen, Nachlaß,
Über Literatur und Leben

„Ist denn das klug und wohlgetan?
Was willst du Freund' und Feinde kränken!"
Erwachsne gehn mich nichts mehr an, ich muß nun an die Enkel denken.

Goethe, Zahme Xenien 1

Jedem, der seine Gedanken niederlegt, blickt schon im Augenblick des Schreibens ein Größerer über die Schulter, sei es ein Vergangener, Lebendiger oder noch Ungeborener. Wohl dem, der diesen Blick fühlt: Er wird sich nie wich-

tiger nehmen, als ein geistiger Mensch
sich nehmen darf.

Morgenstern, Stufen, Literatur, 1905

Keinen Reimer wird man finden,
der sich nicht den besten hielte,
keinen Fiedler, der nicht lieber
eigne Melodien spielte.

Goethe, Divan, Buch des Unmuts

Es gibt überall verschämte Arme, nur
nicht in der Literatur.

Ebner-Eschenbach, Aphorismen

So zu schreiben, daß das Geschriebene
bloß dem Autor mißfällt, ist der
Triumph des Schriftstellers. Das Umgekehrte ist das rechte Kennzeichen
der Erbärmlichkeit.

Lichtenberg

Selbst die besten Schriftsteller reden
zuviel.

Vauvenargues, Reflexionen

Lobt ihn, er schmiert ein Buch, euch zu
loben; verfolgt ihn, er schmiert eins,
euch zu schelten. Er schmiert, was ihr
auch treibet, ein Buch.

Schiller, Keine Rettung

Wisse, daß mir sehr mißfällt,
wenn so viele singen und reden!
Wer treibt die Dichtkunst aus der Welt?
Die Poeten!

Goethe, Divan, Buch der Sprüche

Weil ein Vers dir gelingt in einer gebildeten Sprache,
die für dich dichtet und denkt, glaubst
du schon Dichter zu sein.

Schiller, Dilettant

Der kleine Mensch, sonderlich der Dichter, wie eifrig klagt er das Leben in
Worten an! Hört hin, aber überhört
mir die Lust nicht, die in allem Anklagen ist!

Nietzsche,
Zarathustra III, Der Genesende 2

Mir will das kranke Zeug nicht munden,
Autoren sollten erst gesunden.

Goethe, Zahme Xenien I

Wer vom Ziel nicht weiß,
kann den Weg nicht haben,
wird im selben Kreis
all sein Leben traben,
kommt am Ende hin,
wo er hergerückt,
hat der Menge Sinn
nur noch mehr zerstückt.

Morgenstern

Die Literatur verdirbt sich nur in dem
Maße, als die Menschen verdorbener
werden.

Goethe,
Maximen und Reflexionen, Nachlaß,
Über Literatur und Leben

Du vereinigest jedes Talent, das den
Autor vollendet.
O entschließe dich, Freund, nichts als
ein Leser zu sein!

Goethe, Aus den Tabulae Votivae, An...

Körper und Stimme leiht die Schrift
           dem stummen Gedanken,
durch der Jahrhunderte Strom trägt
           ihn das redende Blatt.

Schiller, Der Spaziergang

Was man schwarz auf weiß besitzt,
kann man getrost nach Hause tragen.
                    (Schüler)

Goethe, Faust 1, Studierzimmer

Docti male pingunt.
Gelehrte schreiben schlecht.

Sprichwort

Ich hielt es einst wie unsre großen
                   Herrn
für niedrig, schön zu schreiben, und
                   bemühte
mich sehr, es zu verlernen. (Hamlet)

Shakespeare, Hamlet V, 2

Gedicht

Gedichte sind gemalte Fensterscheiben!
Sieht man vom Markt in die Kirche
                   hinein,
da ist alles dunkel und düster;
und so siehts auch der Herr Philister.
Der mag denn wohl verdrießlich sein
und lebenslang verdrießlich bleiben.
Kommt aber nur einmal herein!
Begrüßt die heilige Kapelle;
da ists auf einmal farbig helle.

Goethe, Parabolisch

Am schwersten zu bergen ist ein Ge-
                   dicht;
man stellt es untern Scheffel nicht.
Hat es der Dichter frisch gesungen,
so ist er ganz davon durchdrungen;
hat er es zierlich nett geschrieben,
will er, die ganze Welt soll's lieben.
Er liest es jedem froh und laut,
ob es uns quält, ob es erbaut.

Goethe,
Divan, Buch des Sängers, Geständnis

„Unbedeutend sind doch auch manche
            von euren Gedichtchen!"
Freilich, zu jeglicher Schrift braucht
man auch Komma und Punkt.

Goethe, Distinktionszeichen

Willst du dich als Dichter beweisen,
so mußt du nicht Helden noch Hirten
                   preisen.
Hier ist Rhodus! Tanze, du Wicht,
und der Gelegenheit schaff ein Gedicht!

Goethe, Zahme Xenien III

Alles an diesem Gedicht ist vollkom-
           men, Sprache, Gedanke,
Rhythmus; das einzige nur fehlt noch,
           es ist kein Gedicht.

Schiller, Ein deutsches Meisterstück

Ein Ton scheint sich dem andern zu
bequemen,
und hat ein Wort zum Ohre sich gesellt,
ein andres kommt, dem ersten liebzu-
kosen. (Helena)

Goethe, Faust 2, III, Innerer Burghof

Das Zeichen, woran man am unmittelbarsten den echten Dichter sowohl höherer als niederer Gattung erkennt, ist
die Ungezwungenheit seiner Reime.
Sie haben sich wie durch göttliche
Schickung von selbst eingefunden. Seine
Gedanken kommen ihm schon in Rei-
men. Der heimliche Prosaiker hingegen sucht zum Gedanken den Reim,
der Pfuscher zum Reim den Gedanken.

Schopenhauer,
Welt als Wille und Vorstellung II,
Zur Ästhetik der Dichtkunst

Ein reiner Reim wird wohl begehrt;
doch den Gedanken rein zu haben,
die edelste von allen Gaben,
das ist mir alle Reime wert.

Goethe, Zahme Xenien V

Könnten wir in die geheime Werkstätte der Poeten sehen, so würden wir
zehnmal öfter finden, daß der Gedanke zum Reim, als daß der Reim
zum Gedanken gesucht wird: Und
selbst in letzterem Falle geht es nicht
leicht ohne Nachgiebigkeit von seiten
des Gedankens ab.

Schopenhauer,
Welt als Wille und Vorstellung II, 3, 37

Um Prosa zu schreiben, muß man etwas
zu sagen haben. Wer aber nichts zu sagen hat, der kann doch Verse und
Reime machen, wo denn ein Wort das
andere gibt und zuletzt etwas herauskommt, das zwar nichts ist, aber doch
aussieht, als wäre es was.

Goethe, zu Eckermann, 29. 1. 1827

Jambe nennt man das Tier mit einem
kurzen und langen
Fuß, und so nennst du mit Recht Jamben das hinkende Werk.

Schiller, Jamben

Schwindelnd trägt er dich fort auf rastlos strömenden Wogen,
hinter dir siehst du, du siehst vor dir
nur Himmel und Meer.

Schiller, Der epische Hexameter

Im Hexameter steigt des Springquells
flüssige Säule,
im Pentameter drauf fällt sie melodisch
herab.

Schiller, Das Distichon

In das Gewölk hinauf sendet mich
nicht mit Jupiters Blitzen,
aber ich trag euch dafür ehrlich zur
Mühle den Sack.

Goethe,
Xenien aus dem Nachlaß, Alexandriner

Stanze, dich schuf die Liebe, die zärtlich schmachtende: Dreimal
fliehest du schamhaft und kehrst dreimal verlangend zurück.

Schiller, Die achtzeilige Stanze

Drama

Ein dramatisches Werk zu verfassen, dazu gehört Genie. Am Ende soll die Empfindung, in der Mitte die Vernunft, am Anfang der Verstand vorwalten und alles gleichmäßig durch eine lebhaft-klare Einbildungskraft vorgetragen werden.

Goethe,
Maximen und Reflexionen, Nachlaß,
Über Literatur und Leben

Des tragischen Dichters Aufgabe und Tun ist nichts anders, als ein psychisch-sittliches Phänomen, in einem faßlichen Experiment dargestellt, in der Vergangenheit nachzuweisen.

Goethe,
Maximen und Reflexionen, Nachlaß,
Über Literatur und Leben

Das Theater ist die tätige Reflektion des Menschen über sich selbst.

Novalis, Fragmente

Das Drama schildert den Gedanken, der Tat werden will durch Handeln und Dulden.

Hebbel, Tagebücher

Die dramatisch wirksamste Schuld eines tragischen Helden ist die Untreue, begangen an seinem obersten Grundsatz.

Boßhart, Bausteine

Ein Gedicht oder ein Drama, welches der Menge gefallen soll, muß ein wenig von allem haben, eine Art Mikrokosmos sein: Ein wenig Unglück und ein wenig Glück, etwas Kunst und etwas Natur, die gehörige Quantität Tugend und eine gewisse Dosis Laster. Auch Geist muß darin sein nebst Witz, ja sogar Philosophie und vorzüglich Moral. Auch Politik mitunter.

Friedrich Schlegel,
Athenäums-Fragmente 245

Eine Zeitlang war kein Geld mit einem Stück zu gewinnen, wenn Dichter und Schauspieler sich nicht darin mit ihren Gegnern herumzausten. (Rosenkranz)

Shakespeare, Hamlet II, 2

Der Poet ist der Wirt und der letzte
Aktus die Zeche:
Wenn sich das Laster erbricht, setzt sich
die Tugend zu Tisch.

Schiller, Shakespeares Schatten

Was die Komödie sei? Die höchste und
reichste der Formen!
Jede geringere wird ihr ja aufs neue
zum Stoff.

Hebbel, Die Komödie

Charaktere müssen im Lustspiel sein,
nicht bloßer Witz, wie keck er sprühe.
Tu ein Stück Fleisch in den Topf hinein,
das Salz allein gibt schlechte Brühe!

Heyse, Spruchbüchlein

Es schien mir die Einheit des Orts so kerkermäßig ängstlich, die Einheiten der Handlung und der Zeit lästige Fesseln unsrer Einbildungskraft. Ich sprang in die freie Luft und fühlte erst, daß ich Hände und Füße hatte.

Goethe, Zum Shakespearetag

Das Grundprinzip des Theaters ist die Indiskretion. Es verrät dem Publikum sämtliche Geheimnisse der auftretenden Personen, die immer nur in einem Teil der Szenen erscheinen, während das Publikum alle Szenen belauscht und dadurch alles erfährt. Der Zuschauer genießt dadurch ein ähnliches Überlegenheitsgefühl wie der Zuschauer beim Blindekuhspiel und der Kiebitz beim Skat oder auch wie der, der von oben in einen Irrgarten hineinblickt. Er ist immer klüger als mindestens eine Person auf der Szene. Wenn alle Personen so klug wie er selbst sind, ist das Stück normalerweise zu Ende.

Sigmund Graff

Die Schriftsteller nehmen uns unseren geistigen Besitz und verkleiden ihn, um uns die Freude des Wiederfindens zu machen.

Vauvenargues, Nachgelassene Maximen

Schauspielkunst

Die Schauspieler sind der Spiegel und die abgekürzte Chronik des Zeitalters. (Hamlet)

Shakespeare, Hamlet II, 2

Der Stand der Schauspieler galt bei den Römern für schimpflich, bei den Griechen für ehrbar. Heute denken wir über sie im Grunde immer noch wie die Römer, verkehren aber mit ihnen wie die Griechen.

La Bruyère

„Meinst du es redlich mit solchem Schmerz? Geh! Heuchlerisch ist dein Bemühn." Der Schauspieler gewinnt das Herz, aber er gibt nicht seines hin.

Goethe, Zahme Xenien

Ein fester Aufenthalt war vorteilhafter, sowohl für ihren Ruf als ihre Einnahme. (Hamlet)

Shakespeare, Hamlet II, 2

Dem Mimen flicht die Nachwelt keine Kränze.

Schiller, Prolog zu Wallensteins Lager

Wie im Theater wohl der Menschen Augen, wenn ein beliebter Spieler abgetreten, auf den, der nach ihm kommt, sich lässig wenden und sein Geschwätz langweilig ihnen dünkt ... (York)

Shakespeare, König Richard II. V, 2

Alles, was so übertrieben wird, ist dem Vorhaben des Schauspiels entgegen, dessen Zweck sowohl anfangs als jetzt war und ist, der Natur gleichsam den Spiegel vorzuhalten: Der Tugend ihre eignen Züge, der Schmach ihr eignes Bild und dem Jahrhundert und Körper der Zeit den Abdruck seiner Gestalt zu zeigen. Wird dies nun übertrieben oder zu schwach vorgestellt, so kann es zwar den Unwissenden zum Lachen bringen, aber den Einsichtsvollen muß es verdrießen. (Hamlet)

Shakespeare,
Hamlet III, 2

Die bei euch die Narren spielen, laßt sie nicht mehr sagen, als in ihrer Rolle steht; denn es gibt ihrer, die selbst lachen, um einen Haufen alberner Zuschauer zum Lachen zu bringen, wenn auch zu derselben Zeit irgendein notwendiger Punkt des Stückes zu erwägen ist. Das ist schändlich und beweist einen jämmerlichen Ehrgeiz. (Hamlet)

Shakespeare, Hamlet III, 2

Schauspieler, die leuchten wollen, wo es nicht sein darf, muß man gewaltsam unter den Scheffel stellen.

Börne, Kritiken

Es gibt Schauspieler, die ich habe spielen sehn und von andern preisen hören und das höchlich, die, gelinde zu sprechen, weder den Ton noch den Gang von Christen, Heiden oder Türken hatten und so stolzierten und blökten, daß ich glaubte, irgendein Handlanger der

Natur hätte Menschen gemacht, und sie wären ihm nicht geraten. (Hamlet)

Shakespeare, Hamlet III, 2

Stolzierend wie ein Bühnenheld, des
Geist
im Kniebug wohnt und den's erhaben
dünkt,
der Bretter Schall und hölzern Echo
hören,
wenn er mit steifem Fuß den Boden
stampft. (Ulysses)

Shakespeare, Troilus und Cressida I, 3

Die meisten unserer Schauspieler sind überall Schauspieler, ausgenommen auf der Bühne.

Johann Jakob Mohr, Aphorismen

Früher träumte jede einigermaßen begabte Schauspielerin davon, eines Tages ein Star zu werden. Heute ist es genau umgekehrt: Wir haben eine Unmenge Stars, aber kaum eine von ihnen denkt auch nur im Traume daran, eine Schauspielerin zu werden!

Sir Laurence Olivier

Ich hab' gehört, daß schuldige Geschöpfe,
bei einem Schauspiel sitzend, durch die
Kunst
der Bühne so getroffen worden sind
im innersten Gemüt, daß sie sogleich
zu ihren Missetaten sich bekannt.
(Hamlet)

Shakespeare, Hamlet II, 2

Seit man nicht mehr in die Kirche geht, ist das Theater der einzige öffentliche Gottesdienst, sowie die Literatur die Privatandacht.

Grillparzer, Aphorismen 1839

Das Schauspiel sei die Schlinge,
in die den König sein Gewissen bringe.
(Hamlet)

Shakespeare, Hamlet II, 2

Schlechte Theaterstücke können durch eine hervorragende Darstellung gerettet, gute nicht durch die miserabelste Aufführung umgebracht werden.

Sigmund Graff

Theater ist ein Vergnügen am Besserwissen sowie an den Schwierigkeiten der auftretenden Personen.

Sigmund Graff

Prosaformen

Die Literatur der Völker beginnt mit Sagen und endet mit Romanen.

Joubert

Wie jammervoll und nüchtern erscheint mir eine Kinderstube, aus der das Märchen verbannt ist.

Ebner-Eschenbach, Aphorismen

Märchen: Das uns unmögliche Begebenheiten unter möglichen oder unmöglichen Bedingungen als möglich darstellt. Roman: Der uns mögliche Begebenheiten unter unmöglichen oder beinahe unmöglichen Bedingungen als wirklich darstellt.

Goethe,
Maximen und Reflexionen, Nachlaß,
Über Literatur und Leben

Die empfindsamen Romane gehören ins medizinische Fach zu den Krankheitsgeschichten.

Novalis, Fragmente

Philosoph'scher Roman, du Gliedermann, der so geduldig stillhält, wenn die Natur gegen den Schneider sich wehrt.

Schiller, Jeremiade

Ist der Roman obszön und blutig, nennt der Verlag das Opus mutig.

Volker Ludwig, Goldenes ABC
deutscher Dichtung und Filmkunst

Ein junges Herz nimmt leicht den Eindruck vom Roman, allein ein Herz, das liebt, nimmt ihn noch leichter an. (Egle)

Goethe, Die Laune des Verliebten 4

Das Gesicht Europas ist nach rückwärts gewendet statt nach vorwärts. Der Büchermarkt wird durch Memoiren überschwemmt. In der öffentlichen Diskussion nimmt die Entstehung des letzten

Krieges einen breiteren Raum ein als die Vermeidung des künftigen. Dieser ewige Blick ins Gestrige ist die Hauptursache der europäischen Reaktion und Zersplitterung.

Coudenhove-Kalergi, Paneuropa, Vorwort

Das ist ja eben das Lehrreiche solcher sittlicher Mitteilungen, daß der Mensch erfahre, wie es andern ergangen und was auch er vom Leben zu erwarten habe und daß er, es mag sich ereignen, was will, bedenke, dieses widerfahre ihm als Menschen und nicht als einem besonders glücklichen oder unglücklichen.

Goethe, Dichtung und Wahrheit 2

Hier sind die großen Lexika, die großen Krambuden der Literatur, wo jeder einzelne sein Bedürfnis pfennigweise nach dem Alphabet abholen kann! (Traufreund)

Goethe, Die Vögel

In den Wörterbüchern gibt es abgebrauchte Wörter, die auf den großen Schriftsteller warten, der ihnen ihre Energie zurückerstattet.

Rivarol

Man schreibt im Angesichte der Poesie gute Prosa; denn diese ist ein ununterbrochener artiger Krieg mit der Poesie.

Nietzsche

Kurzformen

Wenig große Lieder bleiben,
mag ihr Ruhm auch stolzer sein,
doch die kleinen Sprüche schreiben
sich ins Herz des Volkes ein,
schlagen Wurzel, treiben Blüte,
tragen Frucht und wirken fort.
Wunder wirkt oft im Gemüte
ein geweihtes Dichterwort.

Bodenstedt

Respekt vor dem Gemeinplatz! Er ist seit Jahrhunderten aufgespeicherte Weisheit.

Ebner-Eschenbach, Aphorismen

Eine Sammlung von Anekdoten und Maximen ist für den Weltmann der größte Schatz, wenn er die ersten an schicklichen Orten ins Gespräch einzustreuen, der letzten im treffenden Falle sich zu erinnern weiß.

Goethe,
Maximen und Reflexionen,
Aus Kunst und Altertum 1823

Sprichwörter sind der Schmuck der Rede.

Aus Persien

Ein Ältester, der viele Sprichwörter kennt, kann jeden Streit schlichten.

Aus Nigeria

In seinem Hirne, das so trocken ist
wie Überrest von Zwieback nach der
Reise,
hat er seltsame Fächer, ausgestopft
mit Anmerkungen, die er brockenweise
nun von sich gibt. (Jaques)

Shakespeare, Wie es Euch gefällt II, 7

An Sittensprüchen hat der Arge sein
Vergnügen,
nicht um danach zu tun, doch um damit
zu trügen.

Rückert, Weisheit des Brahmanen VI

Die Sprichwörter leben in ewigem
Krieg wie alle Regeln, die nicht der
Untersuchungsgeist, sondern die Laune
gibt.

Lichtenberg, Vermischte Schriften 9

Eine Redensart ist nur ein lederner
Handschuh für einen witzigen Kopf:
Wie geschwind kann man die verkehrte
Seite herauswenden! (Narr)

Shakespeare, Was ihr wollt III, 1

Sprichwörter sind die Spiegel der
Denkart einer Nation.

Herder

Sprichwort bezeichnet Nationen,
mußt aber erst unter ihnen wohnen.

Goethe, Sprichwörtlich

Ein Aphorismus ist der letzte Ring
einer langen Gedankenkette.

Ebner-Eschenbach, Aphorismen

Aphorismen sind Telegramme von
einer Forschungsexpedition ins Nächst-
liegende.

Sigmund Graff

Der Aphorismus ist wie die Biene mit
Golde beladen und mit einem Stachel
versehen.

Carmen Sylva, Vom Amboß

Der Aphorismus will nicht Dumme gescheit, sondern Gescheite nachdenklich
machen.

Sigmund Graff

Bücher

Mehr als das Gold hat das Blei in der
Welt verändert. Und mehr als das Blei
in der Flinte das im Setzkasten.

Lichtenberg

So etwas wie ein sittliches oder unsitt-
liches Buch gibt es nicht. Bücher sind

entweder gut geschrieben oder schlecht
geschrieben. Weiter nichts.

Wilde, Dorian Gray, Vorwort

Die Erfindung des Buchdruckes ist das
größte Ereignis der Weltgeschichte.

Victor Hugo, Notre Dame 5, 2

Ein Buch hat oft auf eine ganze Lebenszeit einen Menschen gebildet oder verdorben.

Herder

In Büchern liegt die Seele aller vergangenen Zeiten.

Thomas Carlyle,
Über Helden und Heldenverehrung 5

Ein Buch ist wie ein Garten, den man in der Tasche trägt.

Aus Arabien

Ein Bücherschatz ist wie ein geistiger Baum, der Bestand hat und seine köstlichen Früchte spendet von Jahr zu Jahr, von Geschlecht zu Geschlecht.

Thomas Carlyle

Du kannst kein Buch öffnen, ohne etwas daraus zu lernen.

Aus China

Bücher sind immer noch die wohlfeilsten Lehr- und Freudenmeister und der wahre Beistand hienieden für Millionen besserer Menschen.

Karl Julius Weber, Demokritos

Bücher sind bessere Freunde als Menschen; denn sie reden nur, wenn wir wollen, und schweigen, wenn wir anderes vorhaben. Sie geben immer und fordern nie.

Freiherr von Münchhausen

Ein Buch, wenn es so zugeklappt daliegt, ist ein gebundenes, schlafendes, harmloses Tierchen, welches keinem was zuleide tut. Wer es nicht aufweckt, den gähnt es nicht an. Wer ihm die Nase nicht gerade zwischen die Kiefern steckt, den beißt es auch nicht.

Busch, Eduards Traum, Schluß

Liest du ein Buch zum ersten Mal, lernst du einen Freund kennen. Liest du es ein zweites Mal, begegnet dir ein alter.

Aus China

Ein sicheres Zeichen von einem guten Buche ist, wenn es einem immer besser gefällt, je älter man wird.

Lichtenberg, Vermischte Schriften 351

Je mehr sich unsere Bekanntschaft mit guten Büchern vergrößert, desto geringer wird der Kreis von Menschen, an deren Umgang wir Geschmack finden.

Ludwig Feuerbach,
Abälard und Heloise 2

Die besten Bücher sind die, von denen jeder Leser meint, er habe sie selbst machen können.

Pascal

Die nützlichsten Bücher sind diejenigen, welche den Leser zu ihrer Ergänzung auffordern.

Voltaire,
Philosophisches Wörterbuch, Vorrede

Eigentlich lernen wir nur von Büchern, die wir nicht beurteilen können. Der Autor eines Buchs, das wir beurteilen könnten, müßte von uns lernen.

Goethe, Maximen und Reflexionen, Aus Kunst und Altertum 1826

Es geht den Büchern wie den Jungfrauen. Gerade die besten, die würdigsten bleiben oft am längsten sitzen. Aber endlich kommt doch einer, der sie erkennt und aus dem Dunkel der Verborgenheit an das Licht eines schönen Wirkungskreises hervorzieht.

Ludwig Feuerbach, Abälard und Heloise 2

Wir lesen Bücher, die Alten lasen Menschen.

Weber, Demokritos I, 24

Das Buch hatte die Wirkung, die gemeiniglich gute Bücher haben: Es machte die Einfältigen einfältiger, die Klugen klüger, und die übrigen Tausende blieben ungeändert.

Lichtenberg

Wenn ein Kopf und ein Buch zusammenstoßen, und es klingt hohl, ist denn das allemal im Buch?

Lichtenberg

Man schaffe sich daher so viele Bücher an, wie genug ist, aber keine des bloßen Prunks wegen.

Seneca, Von der Gemütsruhe 9

Ein gutes Buch ist mir ein wahrer Schatz. In Nöten dient es als Versatz.

Haug, Epigrammatische Spiele 4, 11

Bei mir kann gar kein Buch veralten. Kaum hab' ich eins, so muß ich's schon verleihen. Und da fällt's oft den Leuten ein, daß es viel leichter sei, die Bücher zu behalten, als das, was sie enthalten.

Peter Wilhelm Hensler, Meine Bücher

Der einzige Fehler, den die recht guten Schriften haben, ist der, daß sie gewöhnlich die Ursache von sehr vielen schlechten oder mittelmäßigen sind.

Lichtenberg

Wie doch ein einziger Reicher so viele Bettler in Nahrung setzt! Wenn die Könige baun, haben die Kärrner zu tun.

Schiller, Kant und seine Ausleger

Es gibt mehr Bücher über Bücher als über irgendeinen anderen Gegenstand. Wir machen nichts, als einander zu glossieren.

Montaigne, Essais 3

Es gibt Gedanken, die an und für sich selbst und allein nicht wert waren, hingeschrieben zu werden, die aber der Zusammenhang nötig machte. Aus solchem Zement besteht wenigstens die Hälfte fast jedes Buches.

Schopenhauer,
Neue Paralipomena 18

Dein redseliges Buch lehrt mancherlei
Neues und Wahres,
wäre das Wahre nur neu, wäre das
Neue nur wahr!

Heinrich Voss

Ich hasse die Bücher. Sie lehren uns nur über Dinge reden, die man nicht versteht.

Rousseau, Emile I, 3

Es gibt Bücher, durch welche man alles erfährt und doch zuletzt von der Sache nichts begreift.

Goethe,
Maximen und Reflexionen, Nachlaß,
Über Literatur und Leben

Die Bücher, die zu keiner Zeit jemand ganz versteht, selbst der Autor nicht, sind diejenigen, die zu allen Zeiten am gierigsten gelesen werden.

Lichtenberg

Gewisse Bücher scheinen geschrieben zu sein, nicht damit man daraus lerne, sondern damit man wisse, daß der Verfasser etwas gewußt hat.

Goethe,
Maximen und Reflexionen,
Aus Kunst und Altertum 1821

Die meisten Bücher von heute sehen so aus, als wenn sie an einem Tage verfaßt worden wären, und zwar aus den Büchern, die am Tage zuvor gelesen worden sind.

Chamfort, Maximen VII

Der Umgang mit schlechten Büchern ist oft gefährlicher als mit schlechten Menschen.

Wilhelm Hauff,
Das Buch und die Leserwelt

Manche Bücher darf man nur kosten, andre muß man verschlingen und nur wenige kauen und verdauen.

Francis Bacon, Essays, Von Studien

Ein Buch ist dem Verfasser, was den Schönen ihr Bild im Spiegel ist.

Jean Paul

Die meisten Schriftsteller schätzen die Kunst, aber nicht die Tugend. Alexanders Statue bedeutet ihnen mehr als sein Edelmut. Das Abbild der Dinge berührt sie, aber das Original läßt sie kalt.

Vauvenargues, Nachgelassene Maximen

Ich habe daraus gelernt, wie ein Autor durch eine zweite veränderte Ausgabe seiner Geschichte, und wenn sie poetisch noch so besser geworden wäre, notwendig seinem Buche schaden muß. Der erste Eindruck findet uns willig, und der Mensch ist gemacht, daß man ihn das Abenteuerlichste überreden kann. Das haftet aber auch gleich so fest, und wehe dem, der es wieder auskratzen und austilgen will!

Goethe, Die Leiden des jungen Werthers, 15. 8. 1771

Wer einen Menschen tötet, der tötet ein vernünftiges Wesen, ein Ebenbild Gottes. Derjenige aber, der ein gutes Buch vernichtet, tötet die Vernunft selbst, tötet Gottes Ebenbild sozusagen im Keime.

John Milton, Areopagitica 3

Dort, wo man Bücher verbrennt, verbrennt man am Ende auch Menschen.

Heine, Almansor

Briefe

Briefe leben, atmen warm und sagen mutig, was das bange Herz gebeut.
Was die Lippen kaum zu stammeln wagen,
das gestehn sie ohne Schüchternheit.

Bürger, Heloise an Abälard

Epistola non erubescit.
Ein Brief errötet nicht.

Cicero, Ad familiam 5, 12

Um einen guten Liebesbrief zu schreiben, mußt du anfangen, ohne zu wissen, was du sagen willst, und enden, ohne zu wissen, was du gesagt hast.

Rousseau

Beantworte keinen Brief im Ärger!

Aus China

Die Briefe eines klugen Mannes enthalten immer den Charakter der Leute, an die er schreibt.

Lichtenberg

Es erleichtert die Korrespondenz, wenn man weiß, daß der Korrespondent eine schöne Frau hat.

Lichtenberg

Briefe soll man, wie jedes andere Vergnügen, nach getaner Arbeit sich gestatten.

Gottfried Keller, Briefe

Unsere Briefe aber sind infolge der Schnelligkeit des Verkehrs und des billigen Portos so furchtbar inhaltslos geworden, daß man geistreiche Briefe wie in früheren Kulturperioden gar nicht mehr findet.

Treitschke, Politik 1, 5

Wer seine eigene aufrichtige Gesinnung gegen eine Person belauschen will, gebe acht auf den Eindruck, den ein unerwarteter Brief durch die Post von ihr bei seinem ersten Anblick macht.

Schopenhauer,
Parerga und Paralipomena II, 26

Der Brief ist ein unangemeldeter Besuch, der Briefbote der Vermittler unhöflicher Überfälle. Man sollte alle acht Tage eine Stunde zum Briefempfangen haben und danach ein Bad nehmen.

Nietzsche,
Menschliches Allzumenschliches II, 261

Vielleicht gibt es auf dem Jahrmarkt des Lebens keine besseren Satiren als Briefe. Nehmt einen Pack von denen, die euch euer teurer Freund vor zehn Jahren schrieb: Euer teurer Freund, den ihr jetzt haßt! Seht einen Haufen von Briefen an, die eure Schwester an euch geschrieben: Wie sehr hinget ihr aneinander, bis ihr wegen eines Legats von zwanzig Pfund miteinander Streit bekamt! Gelübde, Liebesschwüre, Versprechungen, vertrauliche Mitteilungen, Dankbezeugungen – wie seltsam liest sich das nach einiger Zeit!

Thackeray, Vanity Fair 3

Lesen

Welchen Leser ich wünsche? Den unbefangensten, der mich, sich und die Welt vergißt und in dem Buche nur lebt.

Goethe, Vier Jahreszeiten 56

Über jedem guten Buche muß das Gesicht des Lesers von Zeit zu Zeit hell werden. Die Sonne innerer Heiterkeit muß sich zuweilen von Seele zu Seele grüßen.

Morgenstern, Stufen, Literatur, 1912

Mitunter las ich ein Buch mit Vergnügen und verwünschte den Autor.

Jonathan Swift, Aphorismen 97

Man liest manches Buch mit einem Gefühl, als ob man dem Verfasser ein Almosen erteilte.

Hebbel, Tagebuch, 1. 4. 1859

Es geht uns mit Büchern wie mit neuen Bekanntschaften. Die erste Zeit sind wir hoch vergnügt, wenn wir im Allgemeinen Übereinstimmung finden, wenn wir uns an irgend einer Hauptseite unserer Existenz freundlich berührt fühlen. Bei näherer Bekanntschaft treten alsdann erst die Differenzen hervor, und da ist denn die Hauptsache eines vernünftigen Betragens, daß man nicht, wie etwa in der Jugend geschieht, sogleich zurückschaudere, sondern daß man gerade das Übereinstimmende recht festhalte und sich über die Differenzen vollkommen aufkläre, ohne sich deshalb vereinigen zu wollen.

Goethe,
Maximen und Reflexionen,
Aus Kunst und Altertum 1825

Nicht viel lesen, sondern gut Ding viel und oft lesen macht fromm und klug dazu.

Luther

Es ist ein großer Unterschied, ob ich lese zu Genuß und Belebung oder zu Erkenntnis und Belehrung.

Goethe,
Maximen und Reflexionen, Nachlaß,
Über Literatur und Leben

Du bist über die Kinderjahre; du mußt also nicht nur zum Vergnügen, sondern zur Besserung Deines Verstandes und Deines Willens lesen.

Goethe,
an Cornelia Goethe, 6. XII. 1765

Zu verlangen, daß einer alles, was er je gelesen, behalten hätte, ist wie verlangen, daß er alles, was er je gegessen hätte, noch in sich trüge. Er hat von diesem leiblich, von jenem geistig gelebt und ist dadurch geworden, was er ist.

Schopenhauer,
Parerga und Paralipomena II, 24

Wer den Leser kennt, der tut nichts mehr für den Leser. Noch ein Jahrhundert Leser, und der Geist selber wird stinken.

Nietzsche, Zarathustra I,
Vom Lesen und Schreiben

Lesen heißt, mit einem fremden Kopf statt dem eigenen denken. Nun ist aber dem eigenen Denken, aus welchem allemal ein zusammenhängendes Ganzes, ein wenn auch nicht streng abgeschlossenes System sich zu entwickeln trachtet, nichts nachteiliger als ein vermöge beständigen Lesens zu starker Zustrom von Gedanken.

Schopenhauer

Es gibt sehr viele Menschen, die bloß lesen, damit sie nicht zu denken brauchen.

Lichtenberg

Du wirst selber zugeben, daß das Lesen vieler Schriftsteller und der verschiedenartigsten Bücher vage und unstet macht.

Seneca, an Lucilius 2

Und daß deine Söhne nur lesen, sofern es zum Sinne ihrer Bildung gehört!

Goethe, Entwürfe zur zweiten Epistel

Liest doch nur jeder
aus dem Buch sich heraus, und ist er gewaltig, so liest er
in das Buch sich hinein, amalgamiert sich das Fremde.
Ganz vergebens strebst du daher, durch Schriften des Menschen
schon entschiedenen Hang und seine Neigung zu wenden,
aber bestärken kannst du ihn wohl in seiner Gesinnung.

Goethe, Erste Epistel

Faßt man nicht auf, was man liest, so darf man sich nicht darauf versteifen, es verstehen zu wollen, sondern muß die Lektüre aufgeben, um sie an einem anderen Tage oder zu einer anderen Stunde wieder aufzunehmen, und man wird mühelos dem Autor folgen. Scharfblick wie Phantasie besitzt man nicht in jedem Augenblick. Nicht immer ist man gestimmt für eine fremde Geistesart.

Vauvenargues, Nachgelassene Maximen

Musik

Die Weise noch einmal! Sie starb so hin.
O, sie beschlich mein Ohr, dem Weste
gleich,
der auf ein Veilchenbette lieblich haucht
und Düfte stiehlt und gibt. (Herzog)

Shakespeare, Was ihr wollt I, 1

Sei du mir tausendmal willkommen,
meine löbliche, liebliche, künstliche,
vornehme und angenehme Musika!

Abraham a Santa Clara

Wer sich die Musik erkiest,
hat ein himmlisch Werk gewonnen;
denn ihr erster Ursprung ist
von dem Himmel selbst genommen,
weil die lieben Engelein
selber Musikanten sein.

Luther

Die Musik schließt dem Menschen ein
unbekanntes Reich auf, eine Welt, die
nichts gemein hat mit der äußeren Sin-
nenwelt, die ihn umgibt und in der er
alle bestimmten Gefühle zurückläßt,
um sich einer unaussprechlichen Sehnsucht hinzugeben.

Ernst Theodor Amadeus Hoffmann

Nirgends kann das Leben so roh wirken wie konfrontiert mit edler Musik.

Morgenstern, Stufen, Kunst, 1908

Ohne Musik wäre das Leben ein Irrtum.

Nietzsche,
Götzendämmerung, Sprüche und Pfeile 33

Musik allein ist die Weltsprache und
braucht nicht übersetzt zu werden.

Berthold Auerbach

Die Tonsprache ist Anfang und Ende
der Wortsprache, wie das Gefühl Anfang und Ende des Verstandes, der
Mythos Anfang und Ende der Geschichte, die Lyrik Anfang und Ende
der Dichtkunst ist.

Richard Wagner

Musik ist höhere Offenbarung als alle
Weisheit und Philosophie.

Beethoven, Tagebuch

Ich betrachte die Musik als die Wurzel
aller übrigen Künste.

Heinrich von Kleist

Wenn man dem echten Genius der Musik treu bleibt, so hat auch die neueste
Tonkunst mit allen ihren raffinierten
instrumentalen Vorzügen keinen anderen Sinn als die Flöte Tubalkins, des
ersten Bläsers, als der Dudelsack des
ersten Sinesen, als der Jodel des Älp-
lers, als der Psalm des Mönchs, das
Deckelschlagen und Bambusschwingen
der Neger, als Cäcilias Orgelchen, Pa-
ganinis Geige, Mozarts Oper und
Hugo Wolfs Lied: Nämlich die Aufgabe, in einer anderen Sprache als der
wörtlichen oder der malenden oder der
architektonischen, in der Sprache der
Töne von Seele zu Seele zu reden.

Franz Liszt

Leben atme die bildende Kunst, Geist
        fordr' ich vom Dichter;
aber die Seele spricht nur Polyhymnia
                              aus.

Schiller, Tonkunst

Musik ist die größte Malerin von See-
lenzuständen und die allerschlechteste
für materielle Gegenstände.

August Wilhelm Ambros

In der Tonkunst ist die Phantasie, diese
kunstschaffende Kraft des menschlichen
Geistes, in der Weise tätig, daß sie von
den Objekten, die ihr wie jeder Kunst
den Stoff liefern, nicht die Gestalt,
nicht den Gegenstand selbst, sondern
nur den reinen Eindruck derselben auf
das Gefühl zum Ausdruck bringt.

Friedrich Theodor Vischer

Die Musik spricht nicht die Leidenschaft, die Liebe, die Sehnsucht dieses
oder jenes Individuums in dieser oder
jener Lage aus, sondern die Leidenschaft, die Liebe, die Sehnsucht selbst.

Richard Wagner

Die Leidenschaften, heftig oder nicht,
müssen niemals bis zum Ekel ausgedrückt sein, und die Musik auch in der
schaudervollsten Lage niemals das Ohr
beleidigen, sondern doch dabei vergnügen, folglich allzeit Musik bleiben.

Wolfgang Amadeus Mozart

Mit Hilfe der göttlichen Tonkunst läßt
sich mehr ausdrücken und ausrichten
als mit Worten.

Carl Maria von Weber

Die Musik hat von allen Künsten den
tiefsten Einfluß auf das Gemüt. Ein
Gesetzgeber sollte sie deshalb am meisten unterstützen.

Napoleon I.

Musika ist eine halbe Disziplin und
Zuchtmeisterin, so die Leute gelinder
und sanftmütiger, sittsamer und vernünftiger macht.

Luther

Der Mann, der nicht Musik hat in ihm
                              selbst,
den nicht die Eintracht süßer Töne
                              rührt,
taugt zu Verrat, zu Räuberei und
                              Tücken;
die Regung seines Sinns ist dumpf wie
                              Nacht,
sein Trachten düster wie der Erebus.
Trau keinem solchen! (Lorenzo)

Shakespeare,
Der Kaufmann von Venedig V, 1

Der ungezähmten jungen Füllen Schar,
sie machen Sprünge, blöken, wiehern
                              laut,
wie ihres Blutes heiße Art sie treibt:
Doch schallt nur die Trompete oder
                              trifft
sonst eine Weise der Musik ihr Ohr,
so seht ihr, wie sie miteinander steh'n.

Ihr wildes Auge schaut mit Sittsamkeit,
durch süße Macht der Tön'. Drum lehrt
der Dichter,
gelenkt hab' Orpheus Bäume, Felsen,
Fluten,
weil nichts so stöckisch, hart und voll
von Wut,
das nicht Musik auf eine Zeit verwandelt. (Lorenzo)

Shakespeare,
Der Kaufmann von Venedig V, 1

Unter der Tonkunst schwillt das Meer
unseres Herzens auf wie unter dem
Mond die Flut.

Jean Paul

Ist es nicht seltsam, daß Schafdärme
die Seele aus eines Menschen Leibe ziehen können? (Benedict)

Shakespeare,
Viel Lärmen um Nichts II, 3

Wer nie jagte und nie liebte, nie den
Duft der Blumen suchte und nie beim
Klang der Musik erbebte, ist kein
Mensch, sondern ein Esel.

Aus Arabien

In Gefahren steigert die Musik die Gedanken.

Joubert

Geh, wohin du willst: Wo du auch
Menschen triffst, überall wird dir ihre
Musik ihr innerstes Wesen erschließen.

Hermann Ritter

Die Heiligkeit der Kirchenmusiken,
das Heitere und Neckische der Volksmelodien sind die beiden Angeln, um
die sich die wahre Musik herumdreht.
Auf diesen beiden Punkten beweist sie
jederzeit eine unausbleibliche Wirkung:
Andacht oder Tanz.

Goethe,
Wilhelm Meisters Wanderjahre II,
Betrachtungen im Sinne der Wanderer

Was ich eigentlich von der Musik will?
Daß sie heiter und tief ist wie ein
Nachmittag im Oktober. Daß sie
eigen, ausgelassen, zärtlich, ein kleines
süßes Weib von Niedertracht und Anmut ist.

Nietzsche,
Ecco homo, Warum ich so klug bin 7

Einer der erhabensten Zwecke der Tonkunst ist die Ausbreitung der Religion
und die Beförderung und Erbauung
unsterblicher Seelen.

Philipp Emanuel Bach

Ich widersinniger Tropf, der nicht begriff,
zu welchem Zweck Musik uns ward gegeben!
Ist's nicht, des Menschen Seele zu erfrischen
nach ernstem Studium und der Arbeit
Müh? (Lucentio)

Shakespeare,
Der Widerspenstigen Zähmung III, 1

Ein Talent, das jedem frommt,
hast du in Besitz genommen.
Wer mit holden Tönen kommt,
überall ist der willkommen.

Goethe, An Ferdinand Hiller, 10. II. 1827

„Merkwürdig ist", sagte ich, „daß sich
von allen Talenten das musikalische am
frühesten zeigt, so daß Mozart in seinem fünften, Beethoven in seinem achten und Hummel in seinem neunten
Jahre schon die nächste Umgebung
durch Spiel und Kompositionen in Erstaunen setzten."
„Das musikalische Talent", sagte
Goethe, „in Wundern wie der Erscheinung Mozarts, kann sich wohl am frühesten zeigen, indem die Musik ganz
etwas Angeborenes, Inneres ist, das
von außen keiner großen Nahrung und
keiner aus dem Leben gezogenen Erfahrung bedarf."

Goethe, zu Eckermann, 14. 2. 1831

Die Saiteninstrumente sind das eigentliche Kulturvolk, die Hellenen des Or-
chesters, gegenüber den idyllischen Hir-
ten- und orientalischen Luxusvölkern
der Holzbläser, den kriegerischen Stämmen der Trompeten, Hörner und Posaunen und den Barbarenhorden der
Ophikleiden, Bombardons, Schallbek-
ken, Türkentrommeln.

August Wilhelm Ambros

Ein gutes Tier
ist das Klavier,
still, friedlich und bescheiden.
Und muß dabei
doch vielerlei
erdulden und erleiden.

Busch, Zu guter Letzt, Gemartert

Musik wird oft nicht schön gefunden,
weil sie stets mit Geräusch verbunden.

Busch, Dideldum, Der Maulwurf

Musik heilt kein Zahnweh.

Aus Großbritannien

Melodie und Harmonie

Aus vier Elementen besteht Musik,
sie sind aufs engste verbunden,
und wenn auch nur eines von diesen
                              fehlt,
so ist ihr Zauber verschwunden.
Die Seele ist die Melodie,
sie erhebt sich auf leichten Schwingen
hoch über das Meer der Harmonie,
ein geträumtes Ziel zu erringen.

Doch muß als bestimmender, kühler
                           Verstand
der Takt die Gefühle meistern
und Rhythmus in lebenbekundendem
                              Flug
die Herzen zur Freude begeistern.

Otto Rupertus

Die Melodie, selbst wenn sie einstimmig vorgetragen wird, vereinigt alle Elemente der Tonkunst; denn sie trägt neben rhythmischer Bewegung auch schon ihren Harmoniegehalt in sich.

August Wilhelm Ambros

Die einzige Form der Musik ist die Melodie. Ohne Melodie ist die Musik gar nicht denkbar.

Richard Wagner, Zukunftsmusik

Harmonische Musik ist ein Bild der ideendurchdrungenen Welt, des ganzen, großartig nach allen Dimensionen sich ausbreitenden, nach allen Richtungen fest und schön in sich zusammenhängenden und geordneten, überall konkrete Einzelgestaltungen aus seinem Schoße an die Oberfläche hervortreibenden Universums. Die Melodie ist die Einzelgestalt, die Harmonie das Ganze.

Friedrich Theodor Vischer

Melodie und Harmonie, die zwei Hauptfaktoren der Tonkunst, finden sich in der Natur nicht vor. Sie sind Schöpfungen des Menschen.

Eduard Hanslick

Die Harmonik ist eine unendliche Welt, ein unergründliches Meer. Wer kann jene durchwandern und dieses ausschöpfen? Jede Zeit bringt Neues.

Wilhelm Tappert

Rhythmus

Im Anfang war der Rhythmus.

Hans von Bülow

Rhythmus allein kann schon als Musik erscheinen.

Theodor Billroth

Einige von den Alten nannten den Rhythmus das männliche, die Melodie das weibliche Prinzip.

Quintilianus

Für die Langlebigkeit der Komposition ist die Rhythmik weitaus entscheidender als die Melodik, weil erstere das Elementare, unmittelbar mit gewissen Eigenschaften unseres Körpers Verbundene ist, während letztere immer von Konvention – Gewohnheit, Mode, Zeitverhältnissen – abhängt.

Theodor Billroth

Rhythmus ist das einzige, was musikalisch nicht gebildete Ohren in einem Tonstück fühlen und begreifen können.

Johann Nikolaus Forkel

Rhythmus ist in der Musik eine lebenbekundende Pulsation. In der Kompo-

sition ist ein Verkommen des Rhythmischen zu bemerken. Sollte das nicht
ein Zeichen des Verfalles der Musik-
kunst sein?

Anton Rubinstein

Wie so sauer wird
Musik, so süß sonst, wenn die Zeit verletzt
und das Verhältnis nicht geachtet wird!
(König Richard)

Shakespeare, König Richard II. V, 5

Gesang

Singe, wem Gesang gegeben!

Uhland, Freie Kunst

Sollen wir frisch dran, ohne uns zu
räuspern oder auszuspeien oder zu sagen, daß wir heiser sind, womit man
immer einer schlechten Stimme die
Vorrede hält? (Erster Page)

Shakespeare, Wie es Euch gefällt V, 3

Ich singe, wie der Vogel singt,
der in den Zweigen wohnet.
Das Lied, das aus der Kehle dringt,
ist Lohn, der reichlich lohnet.

Goethe, Der Sänger

Kann man's nicht in Bücher binden,
was die Stunden dir verleihn,
gib ein fliegend Blatt den Winden!
Muntre Jugend hascht es ein.

Uhland, Freie Kunst

Wer sie erfand, die Weisen,
ward keinem je bekannt.
Sie wuchsen wie die Blumen
und gingen von Hand zu Hand.

Karl Bormann

Wenn das Gewölbe widerschallt,
fühlt man erst recht des Basses Grund-
gewalt. (Siebel)

Goethe, Faust 1, Auerbachs Keller

Wer immer an der Erde klebt,
dem wird kein Lied gelingen.
Nur wer sich aus dem Staube hebt,
kann singen.

Wolrad Eigenbrodt

Tausend Künste kennt der Teufel,
aber singen kann er nicht;
denn Gesang ist ein Bewegen
unsrer Seele nach dem Licht.

Max Bewer

Ein kleines Lied, wie geht's nur an,
daß man so lieb es haben kann,
was liegt darin? Erzähle!
Es liegt darin ein wenig Klang,
ein wenig Wohllaut und Gesang
und eine ganze Seele.

Ebner-Eschenbach, Ein kleines Lied

Es schwinden jedes Kummers Falten,
so lang des Liedes Zauber walten.

Schiller, Die Macht des Gesanges

Wie in den Lüften der Sturmwind saust,
man weiß nicht, von wannen er kommt
und braust,
wie der Quell aus verborgenen Tiefen,
so des Sängers Lied aus dem Innern
schallt
und wecket der dunkeln Gefühle Gewalt,
die im Herzen wunderbar schliefen.

Schiller, Der Graf von Habsburg

Ein feierliches Lied, der beste Tröster
zur Heilung irrer Phantasie! (Prospero)

Shakespeare, Der Sturm V, 1

Hab oft im Kreise der Lieben
im duftigen Grase geruht
und mir ein Liedlein gesungen,
und alles war hübsch und gut.

Chamisso

Sprich, und du bist mein Mitmensch!
Singe, und wir sind Brüder und Schwestern!

Theodor Gottlieb Hippel

Beim Duett sind stets zu sehn
zwei Mäuler, welche offen stehn.

Busch, Fipps der Affe IX

Wo man singet, laß dich ruhig nieder,
ohne Furcht, was man im Lande glaubt!
Wo man singet, wird kein Mensch beraubt.
Bösewichter haben keine Lieder.

Seume, Die Gesänge

Ein Bursche, der eine Zither und
Stimme hat, schlägt sich überall durch!
(Gonzalo)

Goethe, Claudine von Villa Bella,
Zimmer im Schloß

Wenn man Lieder singet, so wasche
nicht darein und spare deine Weisheit
bis zur andern Zeit!

Jesus Sirach 32, 6

Das älteste, echteste und schönste Organ der Musik, das Organ, dem unsere
Musik allein ihr Dasein verdankt, ist
die menschliche Stimme.

Richard Wagner

Die Verbindung zwischen Wort und
Ton ist sicherlich so alt wie die Menschheit. Freilich geben uns weder Höhlen
noch Pfahlbauten hierüber Aufschluß.

Ferdinand Hiller

Töne, die durch Schmerz verstimmt,
sind schlimmer
als Priesterlug im Tempel. (Guiderius)

Shakespeare, Cymbeline IV, 2

Wo eine Frau pfeift, zittern sieben
Kirchen.

Aus der Tschechoslowakei

Höre fleißig auf alle Volkslieder! Sie sind eine Fundgrube der schönsten Melodien und öffnen dir den Blick in den Charakter der verschiedenen Nationen.

Robert Schumann

Das Lied ist poetisch wie musikalisch ein der germanischen Muse ausschließlich angehöriges Erzeugnis, sowie die Worte Sehnsucht und Gemüt, welche seinen Bereich bezeichnen und sein Lebensmark bilden, nur der deutschen Sprache angehören und unübersetzbar bleiben. Nicht als ob andere Nationen nicht auch lyrische Gesänge besäßen. Der Charakter derselben hat aber nichts vom Lied.

Franz Liszt

Gute Lieder wollen gut widerhallen: Nach guten Liedern soll man lange schweigen.

Nietzsche,
Zarathustra IV, Von der Wissenschaft

Oper

Keine Oper soll vom Gesichtspunkt der Poesie betrachtet werden – von diesem aus ist jede dramatisch-musikalische Komposition Unsinn –, sondern vom Gesichtspunkt der Musik: Als ein musikalisches Bild mit darunter geschriebenem, erklärendem Text.

Grillparzer

Ich glaube, die Musik müsse für die Poesie dasjenige sein, was die Lebhaftigkeit der Farben und eine glückliche Mischung von Schatten und Licht für eine fehlerfreie und wohlgeordnete Zeichnung sind, indem sie nur dazu dienen, die Figuren zu beleben, ohne die Umrisse zu zerstören.

Christoph Willibald Ritter von Gluck

Bei der Oper muß schlechterdings die Poesie der Musik gehorsame Tochter sein.

Wolfgang Amadeus Mozart

Die Oper ist ein Irrtum; denn in diesem Kunstgenre ist ein Mittel des Ausdrucks – die Musik – zum Zweck, der Zweck des Ausdrucks – das Drama – aber zum Mittel gemacht.

Richard Wagner

In der Oper ist alles falsch: Das Licht, die Dekorationen, die Frisuren der Balletteusen, ihre Büsten und ihr Lächeln. Wahr sind nur die Wirkungen, die davon ausgehen.

Edgar Degas

Tanz

Wie, vom Zephyr gewiegt, der leichte
    Rauch in die Luft fließt,
wie sich leise der Kahn schaukelt auf
    silberner Flut,
hüpft der gelehrige Fuß auf des Takts
    melodischer Woge,
säuselndes Saitengetön hebt den äthe-
    rischen Leib.

       Schiller, Der Tanz

Ein Mädchen wird beim Tanz verschö-
    nert, rote Wangen,
ein Mund, der lächelnd haucht, ge-
    sunkne Locken hangen
um die bewegte Brust, ein sanfter Reiz
    umzieht
den Körper tausendfach, wie er im
    Tanze flieht,
die vollen Adern glühn, und bei des
    Körpers Schweben
scheint jede Nerve sich lebendiger zu
    heben. (Egle)

    Goethe, Die Laune des Verliebten 8

Es ist desWohllauts mächtige Gottheit,
die zum geselligen Tanz ordnet den
    tobenden Sprung,
die, der Nemesis gleich, an des Rhyth-
    mus goldenem Zügel
lenkt die brausende Lust und die ver-
    wilderte zähmt.

       Schiller, Der Tanz

Es sind nicht alle lustig, die tanzen.

       Christoph Lehmann

Das allerbeste Herz vergißt bei munt-
    rem Spiele,
wenn es des Tanzes Lust, des Festes
    Lärm zerstreut,
was ihm die Klugheit rät und ihm die
    Pflicht gebeut. (Eridon)

    Goethe, Die Laune des Verliebten 5

Ich weiß, wem euer Stolz beim Tanz
    den Vorzug gibt,
dem, der mit Anmut tanzt, und nicht
    dem, den ihr liebt. (Eridon)

    Goethe, Die Laune des Verliebten 5

Schmachtende Liebe vermeidet den
Tanz.

    Goethe, Wechsellied zum Tanze

Mein Fuß kann nicht zur Lust ein Zeit-
    maß halten,
indes mein Herz kein Maß im Grame
    hält. (Königin)

    Shakespeare, König Richard II. III, 4

Wer auf einem Ball die Masken beobachtet hat, wie sie verliebt miteinander
tanzen, einander an den Händen halten und sich im nächsten Augenblick
ohne das geringste Bedauern auf Nim-
merwiedersehen trennen, der kann sich
eine Vorstellung vom Wesen der Welt
machen.

    Vauvenargues, Reflexionen

Architektur

Unter dem leichten Geschlecht erscheinst du schwer und bedächtig,
aber zu Regel und Zucht winkst du die Schwestern zurück.

Goethe,
Xenien aus dem Nachlaß, Architektur

Architektur und Musik, euch beide begrüß ich als Schwestern,
die ihr die zwingende Kraft ewiger Maße bewährt.

Geibel

Die Architektur ist die erstarrte Musik.

Schelling, Vorlesungen über Philosophie

Man denke sich den Orpheus, der, als ihm ein großer wüster Bauplatz angewiesen war, sich weislich an dem schicklichsten Ort niedersetzte und durch die belebenden Töne seiner Leier den geräumigen Marktplatz um sich her bildete. Die von kräftig gebietenden, freundlich lockenden Tönen schnell ergriffenen, aus ihrer massenhaften Ganzheit gerissenen Felssteine mußten, indem sie sich enthusiastisch herbei bewegten, sich kunst- und handwerksgemäß gestalten, um sich sodann in rhythmischen Schichten und Wänden gebührend hinzuordnen. Und so mag sich Straße zu Straßen anfügen! An wohlschützenden Mauern wird's auch nicht fehlen.

Die Töne verhallen, aber die Harmonie bleibt. Die Bürger einer solchen Stadt wandlen und weben zwischen ewigen Melodien; der Geist kann nicht sinken, die Tätigkeit nicht einschlafen. Das Auge übernimmt Funktion, Gebühr und Pflicht des Ohres, und die Bürger am gemeinsten Tage fühlen sich in einem ideellen Zustand: Ohne Reflexion, ohne nach dem Ursprung zu fragen, werden sie des höchsten sittlichen und religiösen Genusses teilhaftig. Man gewöhne sich, in Sankt Peter auf und ab zu gehen, und man wird ein Analogon desjenigen empfinden, was wir auszusprechen gewagt.

Der Bürger dagegen in einer schlecht gebauten Stadt, wo der Zufall mit leidigem Besen die Häuser zusammenkehrte, lebt unbewußt in der Wüste eines düstern Zustandes; dem fremden Eintretenden jedoch ist es zu Mute, als wenn er Dudelsack, Pfeifen und Schellentrommeln hörte und sich bereiten müßte, Bärentänzen und Affensprüngen beiwohnen zu müssen.

Goethe,
Maximen und Reflexionen, Nachlaß,
Über Kunst und Kunstgeschichte

Zeige mir, wie du baust, und ich sage dir, wer du bist.

Morgenstern, Stufen, Kunst

Antike Tempel konzentrieren den Gott im Menschen; des Mittelalters Kirchen streben nach Gott in der Höhe.

Goethe,
Maximen und Reflexionen, Nachlaß,
Über Kunst und Kunstgeschichte

Das wär antik! Ich wüßt es nicht zu
preisen!
Es sollte plump und überlästig heißen.
Roh nennt man edel, unbehülflich groß.
Schmalpfeiler lieb ich, strebend, grenzenlos;
spitzbögiger Zenit erhebt den Geist;
solch ein Gebäu erbaut uns allermeist.
(Architekt)

Goethe, Faust 2, I, Rittersaal

Die sakrale Gotik ist eine Architektur
der Ebene. Um sich mit der Natur in
Kontrast zu setzen, mußte sie die Hö-
hendimensionen betonen.

Rathenau

Kirchtürme: Umgekehrte Trichter, das
Gebet in den Himmel zu leiten.

Lichtenberg

Malerei

Ein Bild sagt mehr als tausend Wörter.

Aus China

Das Bildwerk ist beinah der wahre
Mensch;
denn seit Ehrlosigkeit mit Menschheit
schachert,
ist er nur Außenseite: Diese Färbung
ist, was sie vorgibt. (Timon)

Shakespeare, Timon von Athen I, 1

Die Malerei ist eine stumme Poesie und
die Poesie eine redende Malerei.

Simonides

Der Maler verleiht der Gestalt Seele,
der Dichter dem Gefühl und Gedanken
Gestalt.

Chamfort, Maximen VII

Ein guter Maler ist inwendig voller
Figur.

Dürer, Nachlaß

Oftmals zeichnet der Meister ein Bild
durch wenige Striche,
was mit unendlichem Wust nie der Geselle vermag.

Platen

Um ein guter Maler zu sein, braucht es
vier Dinge: Weiches Herz, feines Auge,
leichte Hand und immer frischgewa-
schene Pinsel.

Anselm Feuerbach

Der Maler malt eigentlich mit dem
Auge: Seine Kunst ist die Kunst, regel-
mäßig und schön zu sehen.

Novalis, Fragmente

Oder meinen Sie, Prinz, daß Raffael
nicht das größte malerische Genie gewesen wäre, wenn er unglücklicher-
weise ohne Hände wäre geboren worden? (Conti)

Lessing, Emilia Galotti I, 4

Ich bin so glücklich, mein Bester, so ganz in dem Gefühle von ruhigem Dasein versunken, daß meine Kunst darunter leidet. Ich könnte jetzt nicht zeichnen, nicht einen Strich, und bin nie ein größerer Maler gewesen als in diesen Augenblicken.

Goethe, Die Leiden des jungen Werthers, 10. 5. 1771

Daß wir nicht unmittelbar mit den Augen malen! Auf dem langen Wege, aus dem Auge durch den Arm in den Pinsel, wieviel geht da verloren! (Conti)

Lessing, Emilia Galotti I, 4

Wir malen mit den Augen der Liebe, und Augen der Liebe müssen uns auch nur beurteilen. (Conti)

Lessing, Emilia Galotti I, 4

Niemand auf der Welt bekommt so viel dummes Zeug zu hören wie die Bilder in einem Museum.

Jules de Goncourt

Eine Karikatur ist immer bloß einen Augenblick wahr.

Morgenstern, Stufen, Kunst, 1906

Film

Wahrscheinlich wäre es möglich, mindestens in unseren Großstädten Filmbühnen mit „klassischem Repertoire" zu eröffnen, wenn es nicht unmöglich wäre, einen Film, wie jedes Theaterstück, in jeder Aufführung neu den Reaktionen des Publikums und dem jeweiligen Zeitempfinden anzupassen. An der Unveränderlichkeit der gedrehten Szene scheitert der Filmruhm.

Sigmund Graff

Fernsehen

Es ist bekannt, daß das Fernsehen das Heim zum Vorführungsraum, die Familie zum Publikum und die abendliche Aussprache der Ehegatten zur Farce macht. Es wird den Leuten vermutlich gar nicht soviel Kultur vermitteln können, wie es gleichzeitig vernichtet.

Sigmund Graff

Der Film enthebt uns der Mühe, die von ihm abgeblätterten Bildergeschichten zu lesen, das Fernsehen der Unbequemlichkeit, dabei in bezug auf Kleidung und Benehmen auf andere Rücksicht nehmen zu müssen. Die Technik macht uns nicht nur fortgesetzt fauler, sondern auch ständig nachlässiger. Am

Schluß dieser Entwicklung dürfte das
vollkommene Faultier und der per-
fekte Flegel stehen.

Sigmund Graff

Ich sehe die Zeit voraus, in welcher der
fernsehfreie Tag nicht nur gefordert,
sondern zur Notwendigkeit wird.

Sigmund Graff

Publikum

Kunst üben kann nur der Erkorene,
Kunst lieben jeder Erdgeborene.

Anastasius Grün

Dem Glücklichen kann es an nichts gebrechen,
der dies Geschenk mit stiller Seele
nimmt:
Aus Morgenduft gewebt und Sonnen-
klarheit,
der Dichtung Schleier aus der Hand der
Wahrheit.

Goethe, Zueignung

Selbst erfinden ist schön; doch glücklich
von andern Gefundnes
fröhlich erkannt und geschätzt, nennst
du das weniger dein?

Goethe, Antiker Form sich nähernd

Wenn eines Menschen Verse nicht verstanden werden und eines Menschen
Witz von dem geschickten Kinde Verstand nicht unterstützt wird, das
schlägt einen Menschen härter nieder
als eine große Rechnung in einem kleinen Zimmer. (Probstein)

Shakespeare, Wie es Euch gefällt III, 3

Was wär ich
ohne dich,
Freund Publikum?
All mein Empfinden Selbstgespräch,
all meine Freude stumm.

Goethe, Der Autor

Was belohnet den Meister? Der zart
antwortende Nachklang
und der reine Reflex aus der begegnen-
den Brust.

Goethe, Aus den Tabulae Votivae,
Die Belohnung

Es ist etwas Herrliches, wenn in das
Händeklatschen einer Menge jenes Ele-
mentare kommt, das ich das Mark des
Beifalls nennen möchte.

Morgenstern, Stufen: Psychologisches

Wenn ein schönes Gedicht Tränen in die
Augen drängt, so sind diese Tränen
nicht ein Beweis freudigen Über-
schwanges, sondern sie zeugen von einer
Natur, die, in diese Unvollkommenheit verbannt, sich gleich auf der Erde
schon eines geoffenbarten Paradieses
bemächtigen möchte.

Charles Baudelaire

Die Erfahrung hat gelehrt, daß die Gesamtstimme des Publikums beinahe immer gerecht sei.

Carl Maria von Weber

Künstler und Kunstschreiber klagen unaufhörlich über die Hilflosigkeit, Heuchelei und Brutalität der gebildeten Menge in künstlerischen Dingen. Es ereignet sich hier wie allerwärts, wo allzuviel beschuldigt wird: Frage und Anspruch sind falsch gestellt. Wer würde es wagen, einen Offizier über Volkswirtschaft, einen Maler über Kirchenrecht oder einen Geistlichen über Chemie zu verhören und ihm Unbildung und Urteilsschwäche vorzuwerfen?

Rathenau

Die Frage, ob man bei Betrachtungen von Kunstleistungen vergleichen solle oder nicht, möchten wir folgendermaßen beantworten: Der ausgebildete Kenner soll vergleichen; denn ihm schwebt die Idee vor, er hat den Begriff gefaßt, was geleistet werden könne und solle. Der Liebhaber, auf dem Wege zur Bildung begriffen, fördert sich am besten, wenn er nicht vergleicht, sondern jedes Verdienst einzeln betrachtet. Dadurch bildet sich Gefühl und Sinn für das Allgemeinere nach und nach aus.

Goethe,
Wilhelm Meisters Wanderjahre II,
Betrachtungen im Sinne der Wanderer

Es ist nicht wahr, was man gewöhnlich behaupten hört, daß das Publikum die Kunst herabzieht. Der Künstler zieht das Publikum herab, und zu allen Zeiten, wo die Kunst verfiel, ist sie durch die Künstler gefallen. Das Publikum braucht nichts als Empfänglichkeit, und diese besitzt es.

Schiller,
Die Braut von Messina, Über den
Gebrauch des Chors in der Tragödie

Ein Kunstwerk wird auf den Genießenden nicht mehr Seelenstimmung übertragen, als bei seiner Schöpfung aufgewendet wurde.

Rathenau

Dem Publikum muß manchmal imponiert werden. Es stellt sich im Augenblick gleich, sobald man es ihm zu bequem macht. Wirft ihm aber der Komponist zu Zeiten einen Stein hin oder gar an den Kopf, dann ducken sie alle gleichzeitig nieder und fürchten sich und loben bedeutend nach dem Schluß.

Robert Schumann

Willst du in Deutschland wirken als
Autor, so triff sie nur tüchtig;
denn zum Beschauen des Werks finden
sich wenige nur!

Goethe,
Aus den Tabulae Votivae, Das Mittel

Die Masse könnt Ihr nur durch Masse
zwingen,
ein jeder sucht sich endlich selbst was
aus.
Wer vieles bringt, wird manchem etwas
bringen,
und jeder geht zufrieden aus dem Haus.
(Direktor)

Goethe, Faust, Vorspiel

Sucht nur die Menschen zu verwirren,
sie zu befriedigen, ist schwer!

(Direktor)

Goethe, Faust, Vorspiel

Schmeichelt der Menge nur immer! Der
Paroxysmus verschwindet,
und sie lacht euch zuletzt, wie nun wir
einzelnen, aus.

Goethe,
Xenien aus dem Nachlaß, Nicht lange

Wollt ihr zugleich den Kindern der
Welt und den Frommen gefallen?
Malet die Wollust – nur malet den Teu-
fel dazu!

Schiller, Der Kunstgriff

Immer für Weiber und Kinder! Ich
dächte, man schriebe für Männer
und überließe dem Mann Sorge für
Frau und Kind!

Goethe und Schiller,
Xenien, Schriften für Damen und Kinder

Alles ist nicht für alle, das wissen wir
selber, doch nichts ist
ohne Bestimmung, es nimmt jeder sich
selbst sein Paket.

Goethe und Schiller, Xenien, Die Adressen

Wer fertig ist, dem ist nichts recht zu
machen,
ein Werdender wird immer dankbar
sein. (Lustige Person)

Goethe, Faust, Vorspiel

Kunst ist ein Kräutlein
nicht für alle Leutlein.

Sprichwort

Ich wäre ein Kitzlein lieber und schrie
Miau,
als einer von den Vers-Balladen-
Krämern.
Ich hör' 'nen ehernen Leuchter lieber
drehn
oder ein trocknes Rad die Achse kratzen. (Percy)

Shakespeare,
König Heinrich IV. Erster Teil III, 1

Das Publikum beklagt sich lieber unaufhörlich, übel bedient worden zu
sein, als daß es sich bemühte, besser bedient zu werden.

Goethe,
Maximen und Reflexionen, Nachlaß,
Über Literatur und Leben

Außerordentliche Geister legen großen
Wert auf Allgemeines und Alltägliches.
Gewöhnliche Geister schätzen und su-
chen nur das Außerordentliche.

Rivarol

Spectatum veniunt, veniunt spectentur
ut ipsae.
Zum Schauen kommen sie hin. Sie
kommen, damit man sie sehe.

Ovid, Ars amandi 1, 99

Wenn diesen Langeweile treibt,
kommt jener satt vom übertischten
Mahle,
und, was das Allerschlimmste bleibt,

gar mancher kommt vom Lesen der
Journale.
Man eilt zerstreut zu uns wie zu den
Maskenfesten,
und Neugier nur beflügelt jeden Schritt;
die Damen geben sich und ihren Putz
zum besten
und spielen ohne Gage mit.
Was träumet Ihr auf Eurer Dichter-
höhe?
Was macht ein volles Haus Euch froh?
Beseht die Gönner in der Nähe!
Halb sind sie kalt, halb sind sie roh.
(Direktor)

Goethe, Faust, Vorspiel

Der Beginnende, solange er auf bekannten Wegen fortschreitet, so lange
er das Gewohnte nur eigentümlich zu
gestalten sucht, hat einen augenblicklichen Erfolg für sich. Gelangt er dahin, sich selbst in ganzer Kraft zu erfassen, so erscheint er den meisten plötzlich ein anderer. Er verliert die Sympathien, bis die Bedeutung des neuen
Weges, vielleicht nach langen Jahren
erst, zum Bewußtsein gekommen ist.
Der Beifall, den man spendet, gilt in
der Regel nicht dem Höheren. Er gilt
dem Gewohnten.

Franz Brendel

Enthusiasmus suchst du bei deutschen
Lesern? Du Armer,
glücklich, könntest du auch rechnen auf
Höflichkeit nur.

Goethe, Xenien aus dem Nachlaß 142

Wir leben in einer Zeit, in der nur die
Dummen ernst genommen werden, und

ich habe die entsetzliche Angst, daß ich
nicht mißverstanden werden könnte.

Oscar Wilde

Was hilfts, wenn ihr ein Ganzes dar-
gebracht?
Das Publikum wird es Euch doch zer-
pflücken. (Direktor)

Goethe, Faust, Vorspiel

Künstler haben gewöhnlich die Meinung von uns, die wir von ihren Werken haben.

Ebner-Eschenbach, Aphorismen

Confiteor: Laudant illa, sed ista legunt.
Ja, dich preisen sie hoch, mich aber
lesen sie gern.

Martial, an Flaccus

Den lauten Markt mag Momus unterhalten.
Ein edler Sinn liebt edlere Gestalten.

Schiller, Das Mädchen von Orleans

Der echte Künstler nimmt vom Publikum keine Notiz. Das Publikum existiert für ihn nicht.

Oscar Wilde

Jeder geht zum Theater hinaus,
diesmal war es ein volles Haus;
er lobt und schilt, was er gefühlt,
er denkt, man habe für ihn gespielt.

Goethe, Zahme Xenien

XLII. Kapitel

Wissenschaft
Wissenschaftler
Erfindung
Philosophie
Geschichte
Mathematik
Medizin
Krankheit
Gesundheit

Wissenschaft

Das Wissen beruht auf der Kenntnis des zu Unterscheidenden, die Wissenschaft auf der Anerkennung des nicht zu Unterscheidenden. Das Wissen wird durch das Gewahrwerden seiner Lükken, durch das Gefühl seiner Mängel zur Wissenschaft geführt, welche vor, mit und nach allem Wissen besteht.

Goethe,
Maximen und Reflexionen, Nachlaß,
Über Natur und Naturwissenschaft

In den Wissenschaften ist viel Gewisses, sobald man sich von den Ausnahmen nicht irre machen läßt und die Probleme zu ehren weiß.

Goethe,
Wilhelm Meisters Wanderjahre II,
Betrachtungen im Sinne der Wanderer

Vier Epochen der Wissenschaften.
Kindliche: poetische, abergläubische.
Empirische: forschende, neugierige.
Dogmatische: didaktische, pedantische.
Ideelle: Methodische, mystische.

Goethe,
Maximen und Reflexionen, Nachlaß,
Über Natur und Naturwissenschaft

Nil admirari!
Nichts anstaunen!

Horaz, Epistulae 1, 6

Gib mir einen Punkt, wo ich hintreten kann, und ich bewege die Erde.

Archimedes

Eine Wissenschaft aber, die vergißt, daß sie eine seltene, wunderbare Blume auf dem Boden des Mysteriums ist, ja, die vergißt, daß sie selbst Mysterium ist, die fällt mit der übelsten Schwarmgeisterei in eins zusammen.

Morgenstern,
Stufen, Erkennen, 1906

Auch in Wissenschaften kann man eigentlich nichts wissen. Es will immer getan sein.

Goethe,
Maximen und Reflexionen,
Aus den Heften zur Morphologie

Die Geschichte der Wissenschaften ist eine große Fuge, in der die Stimmen der Völker nach und nach zum Vorschein kommen.

Goethe,
Wilhelm Meisters Wanderjahre II,
Betrachtungen im Sinne der Wanderer

Die Endlosigkeit des wissenschaftlichen Ringens sorgt unablässig dafür, daß dem forschenden Menschengeist seine beiden edelsten Antriebe erhalten bleiben und immer wieder von neuem angefacht werden: Die Begeisterung und die Ehrfurcht.

Max Planck

Die Wissenschaften nähren die Jugend, ergötzen das Alter.

Cicero,
Rede für den Dichter Archias 7, 16

Die Tinte des Gelehrten und das Blut des Märtyrers haben vor dem Himmel den gleichen Wert.

Koran

Die Wissenschaft, richtig verstanden, heilt den Menschen von seinem Stolz; denn sie zeigt ihm seine Grenzen.

Albert Schweitzer

In der Wissenschaft gleichen wir alle nur den Kindern, die am Rande des Wissens hie und da einen Kiesel aufheben, während sich der weite Ozean des Unbekannten vor unseren Augen erstreckt.

Isaac Newton

Es gibt mehr Ding' im Himmel und
auf Erden,
als eure Schulweisheit sich träumt, Horatio. (Hamlet)

Shakespeare, Hamlet I, 5

Wir brennen vor Begier, alles zu ergründen und einen Turm aufzuführen, der bis in die Unendlichkeit reicht. Aber unser ganzes Gebäude kracht, und die Erde öffnet sich bis in die Tiefen.

Pascal

Unsere Philosophen sind dazu da, die übernatürlichen und unergründlichen Dinge alltäglich und trivial zu machen. Daher kommt es, daß wir mit Schrecknissen Scherz treiben und uns hinter unsere angebliche Wissenschaft verschanzen, wo wir uns vor einer unbekannten Gewalt fürchten sollten. (Lafeu)

Shakespeare, Ende gut, alles gut II, 3

Krieg führt der Witz auf ewig mit dem
Schönen,
er glaubt nicht an den Engel und den
Gott.
Dem Herzen will er seine Schätze
rauben.
Den Wahn bekriegt er und verletzt
den Glauben.

Schiller, Das Mädchen von Orleans

Wissenschaft ist nur eine Hälfte. Glauben ist die andere.

Novalis, Fragmente

Ich weiß, daß ich nichts weiß.

Sokrates

Wenn du die hohen Geheimnisse willst verstehen, so darfst du nicht erst eine Academiam auf deine Nase setzen und eine Brille brauchen und vieler Meister Bücher lesen.

Jakob Böhme

Einst war die Seltenheit der Bücher den Fortschritten der Wissenschaft nachteilig. Jetzt ist es deren Überzahl, die verwirrt und eigenes Denken verhindert.

Karl Julius Weber, Demokritos 2, 26

Wer will was Lebendigs erkennen und
         beschreiben,
sucht erst den Geist herauszutreiben,
dann hat er die Teile in seiner Hand,
fehlt, leider, nur das geistige Band.
Encheiresin naturae nennt's die Chemie,
spottet ihrer selbst und weiß nicht wie.
        (Mephistopheles)

Goethe, Faust 1, Studierzimmer

Ein etwas vorschnippischer Philosoph,
ich glaube, Hamlet, Prinz von Dänemark, hat gesagt, es gäbe eine Menge
Dinge im Himmel und auf der Erde,
wovon nichts in unsern Kompendien
stände. Hat der einfältige Mensch, der
bekanntlich nicht recht bei Troste war,
damit auf die Kompendien der Physik
gestichelt, so kann man ihm getrost
antworten: Gut, dafür stehen auch
wieder eine Menge von Dingen in unseren Kompendien, wovon weder im
Himmel noch auf der Erde etwas vorkommt.

Lichtenberg

Die Wissenschaft wird dadurch sehr
zurückgehalten, daß man sich abgibt
mit dem, was nicht wissenswert, und
mit dem, was nicht wißbar ist.

Goethe, Maximen und Reflexionen,
Aus den Heften zur Morphologie

Die Deutschen, und sie nicht allein, besitzen die Gabe, die Wissenschaften unzugänglich zu machen.

Goethe,
Wilhelm Meisters Wanderjahre II,
Betrachtungen im Sinne der Wanderer

Die Wissenschaften zerstören sich auf
doppelte Weise selbst: Durch die Breite,
in die sie gehen, und durch die Tiefe,
in die sie sich versenken.

Goethe,
Maximen und Reflexionen, Nachlaß,
Über Natur und Naturwissenschaft

Liegt der Irrtum nur erst wie ein
    Grundstein unten im Boden,
immer baut man darauf, nimmermehr
    kommt er an Tag.

Goethe und Schiller,
Xenien, Die Möglichkeit

Prächtig habt ihr gebaut. Du lieber
    Himmel! Wie treibt man,
nun er so königlich erst wohnet, den
    Irrtum heraus?

Goethe,
Aus den Tabulae Votivae, Die Systeme

Stets geforscht und stets gegründet,
nie geschlossen, oft geründet,
Ältestes bewahrt mit Treue,
freundlich aufgefaßtes Neue,
heitern Sinn und reine Zwecke:
Nun, man kommt wohl eine Strecke!

Goethe, Gott und Welt, Motto

Wenn die Wissenschaft auch kein Vaterland hat, so soll der Wissenschaftler
doch eines haben, und ihm soll er die
Auswirkung zukommen lassen, die
seine Arbeiten in der Welt haben können.

Pasteur, am 14. 11. 1888

Wissenschaftler

Aber im stillen Gemach entwirft bedeutende Zirkel
sinnend der Weise, beschleicht for-
schend den schaffenden Geist,
prüft der Stoffe Gewalt, der Magnete
Hassen und Lieben,
folgt durch die Lüfte dem Klang, folgt
durch den Äther dem Strahl,
sucht das vertraute Gesetz in des Zu-
falls grausenden Wundern,
sucht den ruhenden Pol in der Erscheinungen Flucht.

Schiller, Der Spaziergang

Ich kann an einem Tag tausend adeln
und zu Rittern machen. Aber so mächtig bin ich nicht, daß ich in tausend
Jahren einen Gelehrten machen könnte.

Kaiser Sigismund von Luxemburg

Wenn Gott zürnete und alle Gelehrte
aus der Welt wegnähme, so würden die
Leute gar zu Bestien und wilden Tieren. Da wäre kein Verstand noch Witz,
kein Recht, sondern eitel Rauben, Stehlen, Morden, Ehebrechen und Schaden
tun.

Luther, Tischreden 73

Um ein großer Mann in den Wissenschaften zu werden oder um wenigstens eine merkbare Umwälzung hervorzubringen, muß man, so wie in der
Politik, alles vorbereitet finden und
zur rechten Zeit geboren werden.

Chamfort, Maximen VII

Ein gelehrter Kopf redet auch nach dem
Tode.

Sprichwort

Der Gelehrte ist in seiner Heimat wie
das Gold in seinem Schachte.

Aus Arabien

Einem ist sie die hohe, die himmlische
Göttin, dem andern
eine tüchtige Kuh, die ihn mit Butter
versorgt.

Schiller, Wissenschaft

Die Gelehrsamkeit kann auch ins Laub
treiben, ohne Früchte zu tragen.

Lichtenberg,
Bemerkungen vermischten Inhalts 1

Die irdischen Paten, die im Himmels-
heer,
Gevattern gleich, jedweden Stern benennen,
erfreun sie sich der hellen Nächte mehr,
als die umhergehn und nicht einen
kennen?
Allzuviel wissen heißt mit Worten
kramen,
und jeglicher Gevatter kann benamen.
(Biron)

Shakespeare, Liebes Leid und Lust I, 1

Man findet tausend Gelehrte, bis man
auf einen weisen Mann stößt.

Friedrich Maximilian von Klinger

Mancher Gelehrte gleicht dem Kassierer eines Bankiers: Er hat den Schlüssel zu vielem Gelde, aber das Geld gehört nicht ihm.

Börne, Der Narr im Weißen Schwan 2

Es ist eine Bemerkung, die ich durch vielfältige Erfahrung bestätigt gefunden habe, daß unter den Gelehrten diejenigen fast allezeit die verständigsten sind, die nebenher mit einer Kunst sich beschäftigen.

Lichtenberg

Während der wirkliche Denker nichts mehr ersehnt als Muße, flieht der gewöhnliche Gelehrte vor ihr, weil er mit ihr nichts anzufangen weiß. Seine Tröster sind die Bücher: Das heißt, er hört zu, wie jemand anders denkt, und läßt sich auf diese Art über den langen Tag hinweg unterhalten.

Nietzsche,
Unzeitgemäße Betrachtungen 3,
Schopenhauer als Erzieher 6

Auch ein gelehrter Mann
studiert so fort, weil er nicht anders kann. (Mephistopheles)

Goethe, Faust 2, II, Hochgewölbtes, enges gotisches Zimmer

Ein gefräßiger Mensch, welcher schlecht verdaut, ist vielleicht ein ziemlich treues Bild des Geistes-Charakters der Mehrzahl der Gelehrten.

Vauvenargues, Reflexionen

Die größten Denker, die mir vorgekommen sind, waren gerade unter allen Gelehrten die, welche am wenigsten gelesen hatten.

Lichtenberg

Die Gelehrten sind die, welche in den Büchern gelesen haben. Die Denker, die Genies, die Welterleuchter und Förderer des Menschengeschlechtes sind aber die, welche unmittelbar in dem Buch der Welt gelesen haben.

Schopenhauer, Parerga und Paralipomena,
Über Lesen und Bücher

Daran erkenn ich den gelehrten Herrn!
Was ihr nicht tastet, steht euch meilenfern,
was ihr nicht faßt, das fehlt euch ganz und gar,
was ihr nicht rechnet, glaubt ihr, sei nicht wahr,
was ihr nicht wägt, hat für euch kein Gewicht,
was ihr nicht münzt, das, meint ihr, gelte nicht! (Mephistopheles)

Goethe, Faust 2, I, Saal des Thrones

In meinem Revier
sind Gelehrte gewesen.
Außer ihrem eignen Brevier
konnten sie keines lesen.

Goethe, Sprichwörtlich

Wenn in Wissenschaften alte Leute retardieren, so retrogradieren junge. Alte leugnen die Vorschritte, wenn sie nicht mit ihren früheren Ideen zusammenhängen, junge, wenn sie der Idee nicht

gewachsen sind und doch auch etwas
Außerordentliches leisten möchten.

Goethe,
Maximen und Reflexionen, Nachlaß,
Über Natur und Naturwissenschaft

Die meisten gelehrten Frauen gleichen
einem Kaufmann, der alle Waren in die
Schaufenster stellt und den Laden leer
hat.

Otto von Leixner

Eine gelehrte Frau gleicht einer kostbaren Waffe, die zwar kunstvoll zise-
lierte Arbeit und bewundernswerten
Schliff aufweist, aber weder im Kriege
noch auf der Jagd zu gebrauchen ist.

La Bruyère

Sie sind kalt, diese Gelehrten!
Daß ein Blitz in ihre Speisen schlüge
und ihre Mäuler lernten Feuer fressen!

Nietzsche, Dionysos-Dithyramben 99

Das Gespräch der meisten Gelehrten
untereinander ist weiter nichts als ein
gegenseitiges heimliches, höfliches Ex-
amen.

Jean Paul, Gedanken

Die Gelehrten sind meist gehässig,
wenn sie widerlegen; einen Irrenden
sehen sie gleich als ihren Todfeind an.

Goethe,
Maximen und Reflexionen,
Aus Kunst und Altertum 1824

Die Gabe, sich widersprechen zu lassen,
ist wohl überhaupt eine Gabe, die unter den Gelehrten nur die Toten haben.

Lessing

Die hitzigsten Verteidiger einer Wissenschaft, die nicht den geringsten
scheelen Seitenblick auf dieselbe vertragen können, sind gemeiniglich solche
Personen, die es nicht sehr weit in derselben gebracht haben und die sich dieses Mangels heimlich bewußt sind.

Lichtenberg

Das schlimmste Tier ist der Skorpion.
Der schlimmste Mensch ist der Gelehrte.

Aus Abessinien

Es ist daher kein Wunder, wenn Ihr
sehr viele bemerkt, welche trotz ihrer
Gelehrten- und Priesterwürde mehr
nach dem Rindvieh, der Herde und
dem Stalle riechen als diejenigen, welche
in Wahrheit Pferdeknechte, Hirten und
Ackersleute sind.

Giordano Bruno,
Von der Ursache, dem Prinzip
und dem Einen, 1. Dialog

Den wirklich gelehrten Menschen geht
es wie den Kornhalmen auf dem Felde:
Sie wachsen frisch auf und richten den
Kopf gerade und stolz in die Luft, solange die Ähren noch leer sind. Sobald
sie angeschwollen, voll Korn sind und
reif werden, senken sie demütig die
Häupter.

Montaigne

Erfindung

Alles, was wir Erfinden, Entdecken im höheren Sinne nennen, ist die bedeutende Ausübung, Bestätigung eines originalen Wahrheitsgefühles, das im stillen längst ausgebildet, unversehens, mit Blitzesschnelle zu einer fruchtbaren Erkenntnis führt. Es ist eine aus dem Innern am Äußern sich entwikkelnde Offenbarung, die den Menschen eine Gottähnlichkeit vorahnen läßt. Es ist eine Synthese von Welt und Geist, welche von der ewigen Harmonie des Daseins die seligste Versicherung gibt.

Goethe,
Wilhelm Meisters Wanderjahre II,
Betrachtungen im Sinne der Wanderer

Wer etwas allen vorgedacht,
wird jahrelang erst ausgelacht.
Begreift man die Entdeckung endlich,
so nennt sie jeder selbstverständlich.

Wilhelm Jensen

Nachdem ein Ding geschehen ist, sind alle Gräben voll Weisheit.

Sprichwort

Leute, die sehr viel gelesen haben, machen selten große Entdeckungen.

Lichtenberg

Philosophie

Das ganze Wesen der Welt abstrakt, allgemein und deutlich in Begriffen zu wiederholen und so als reflektiertes Abbild in bleibenden und stets bereitliegenden Begriffen der Vernunft niederzulegen: Dieses und nichts anderes ist die Philosophie.

Schopenhauer,
Welt als Wille und Vorstellung II

Die Philosophie behandelt weder allein die Wahrheit noch bloß die Sittlichkeit, noch bloß die Schönheit, sondern das Gemeinsame aller und leitet sie aus einem Urquell her.

Schelling

Die Philosophie ist eigentlich Heimweh, Trieb, überall zu Hause zu sein.

Novalis, Fragmente

Was bin ich? Was soll ich tun? Was kann ich glauben und hoffen? Hierauf reduziert sich alles in der Philosophie.

Lichtenberg,
Bemerkungen vermischten Inhalts 1

Du wirst als Philosoph kein unangenehmes Leben führen, sondern du wirst lernen, allerwärts und mit allem angenehm zu leben. Reichtum wird dich erfreuen, weil du vielen wohltun kannst, und Armut, weil du nicht viel Sorgen hast; Ruhm, weil du geehrt wirst, Mangel an Ruhm, weil du nicht beneidet wirst.

Plutarch, Über Tugend und Laster

Der Trübsal süße Milch, Philosophie. (Lorenzo)

Shakespeare, Romeo und Julia III, 3

Die Philosophie triumphiert leicht über vergangene und zukünftige Leiden, aber die gegenwärtigen Leiden triumphieren über sie.

La Rochefoucauld, Reflexionen

Bis jetzt gab's keinen Philosophen, der mit Geduld das Zahnweh konnt'
           ertragen,
ob sie der Götter Sprache gleich geredet und Schmerz und Zufall als ein Nichts
           verlacht. (Leonato)

Shakespeare, Viel Lärmen um Nichts V, 1

Der Philosoph, der seine Leidenschaften abtöten möchte, gleicht einem Chemiker, der sein Feuer auslöschen will.

Chamfort, Maximen I

Die Phantastik der Phantasielosen ist Ethik.

Rathenau

Was für eine Philosophie man wähle, hängt davon ab, was für ein Mensch man ist.

Fichte

Mein teurer Freund, ich rat Euch drum zuerst Collegium Logicum.
Da wird der Geist Euch wohl dressiert, in spanische Stiefeln eingeschnürt, daß er bedächtiger so fortan hinschleiche die Gedankenbahn und nicht etwa, die Kreuz und Quer, irrlichteliere hin und her.
Dann lehret man Euch manchen Tag, daß, was Ihr sonst auf einen Schlag getrieben, wie Essen und Trinken frei, eins! zwei! drei! dazu nötig sei.
        (Mephistopheles)

Goethe, Faust 1, Studierzimmer

In der Logik kam es mir wunderlich vor, daß ich diejenigen Geistesoperationen, die ich von Jugend auf mit der größten Bequemlichkeit verrichtete, so auseinanderzerren, vereinzeln, gleichsam zerstören sollte, um den rechten Gebrauch derselben einzusehen.

Goethe, Dichtung und Wahrheit 6

Homerus singt sein Hochgedicht, der Held besteht Gefahren;
der brave Mann tut seine Pflicht und tat sie, ich verhehl' es nicht, eh noch Weltweise waren.
Doch hat Genie und Herz vollbracht, was Lock' und Descartes nie gedacht, sogleich wird auch von diesen die Möglichkeit bewiesen.

Schiller, Die Weltweisen

Die Philosophen sind eher Anatomen als Ärzte; sie zerlegen und heilen nicht.

Rivarol

So wie die Poesie manchmal philosophischer ist als selbst die Philosophie, so ist die Metaphysik von Natur aus poetischer als selbst die Poesie.

Joubert

Nachher, vor allen andern Sachen, müßt Ihr Euch an die Metaphysik machen!
Da seht, daß Ihr tiefsinnig faßt, was in des Menschen Hirn nicht paßt!
Für was drein geht und nicht drein geht, ein prächtig Wort zu Diensten steht.
(Mephistopheles)

Goethe, Faust 1, Studierzimmer

Metaphysik verleiht dem Geist eine eigentümliche Festigkeit. Darum ist niemand so grausam wie ein Metaphysiker.

Joubert

Von Gott, dem Vater, stammt Natur, das allerliebste Frauenbild,
des Menschen Geist, ihr auf der Spur, ein treuer Werber, fand sie mild.
Sie liebten sich nicht unfruchtbar, ein Kind entsprang von hohem Sinn;
so ist uns allen offenbar: Naturphilosophie sei Gottes Enkelin.

Goethe, An Adolf Streckfuss

Feindschaft sei zwischen euch, noch kommt das Bündnis zu frühe!
Wenn ihr im Suchen euch trennt, wird erst die Wahrheit erkannt.

Schiller, Naturforscher und Transzendentalphilosophen

Der Religion ist nur das Heilige wahr, der Philosophie nur das Wahre heilig.

Ludwig Feuerbach

Ich weiß nicht, wie ich Philosophie lehren soll, ohne Störer hergebrachter Religion zu werden.

Baruch Spinoza

Der erste Schritt zur Philosophie ist der Unglaube.

Diderot, Letzte Worte

Wenig Philosophie entfernt von der Religion, viel Philosophie führt zu ihr zurück.

Francis Bacon

Der praktische Philosoph, der Lehrer der Weisheit durch Lehre und Beispiel, ist der eigentliche Philosoph.

Kant

Blinde, weiß ich wohl, fühlen und Taube sehen viel schärfer, aber mit welchem Organ philosophiert denn das Volk?

Goethe und Schiller, Xenien, Die Stockblinden

Wer die Werke der Philosophie gelesen hat und nun glaubt, er kenne die Welt, wäre dem zu vergleichen, der die Abbildungen vieler Münzen besäße und sich darum für reich hielte.

Johann Jakob Mohr, Aphorismen

Das Träumen und Philosophieren hat seine Schattenseiten. Wer das zweite Gesicht hat, dem fehlt mitunter das erste.

Julius Langbehn

Ein deutsches philosophisches System kommt mir vor wie ein Getreidefeld, zu dem man uns hinführt und uns freundlich einlädt, uns satt zu essen.

Börne, Fragmente und Aphorismen

Er handelte mit anderer Leute Meinungen. Er war Professor der Philosophie.

Lichtenberg

Einer, das höret man wohl, spricht nach dem andern, doch keiner mit dem andern. Wer nennt zwei Monologen Gespräch?

Schiller, Das philosophische Gespräch

Wende dich von diesem wissenschaftlichen Gesellschaftsspiel der Philosophieprofessoren ab, die an den höchsten Gegenständen nur Silbenstecherei üben und durch ihre Kleinigkeitskrämerei den Geist entwürdigen und zermürben! Strebe den schöpferischen Denkern nach und nicht jenen, die über sie nur Vorlesungen halten!

Seneca

Erlauchte Bettler hab ich gekannt, Künstler und Philosophen genannt; doch wüßt ich niemand, ungeprahlt, der seine Zeche besser bezahlt.

Goethe, Zahme Xenien IV

Sich über die Philosophie lustig machen, ist wirklich philosophieren.

Pascal

Studiere und raste nie!
Du kommst nicht weit mit Deinen Schlüssen.
Das ist das Ende der Philosophie,
zu wissen, daß wir glauben müssen.

Geibel, Juniuslieder, Sprüche 4

Welche wohl bleibt von allen den Philosophieen? Ich weiß es nicht.
Aber die Philosophie, hoff ich, soll ewig bestehn.

Schiller, Die Philosophieen

Geschichte

Die Weltgeschichte ist der Fortschritt im Bewußtsein der Freiheit.

Hegel, Vorlesungen über die
Philosophie der Geschichte 2

Das eigentliche, einzige und tiefste Thema der Welt- und Menschengeschichte, dem alle übrigen untergeordnet sind, bleibt der Konflikt des Glaubens und Unglaubens.

Goethe, Noten und Abhandlungen
zum Divan, Israel in der Wüste

Die Zeiten leben in der Geschichte durch ihre Anachronismen.

Oscar Wilde

Geschichte, im höheren Sinne des Wortes, ist einzig jene Vergangenheit, welche noch gegenwärtig im Bewußtsein des Menschen gestaltend weiterlebt.

Chamberlain,
Grundlagen des 19. Jahrhunderts 1, 1

Personen, Männer sind es, welche die Geschichte machen.

Treitschke, Politik, Einleitung

Die ganze Weltgeschichte verdichtet sich in die Lebensgeschichte weniger und ernster Menschen.

Emerson, Selbstvertrauen

Persönlichkeiten, nicht Prinzipien, bringen die Zeit in Bewegung.

Oscar Wilde

Alles, was man von der Geschichte sagt, kommt aufs Schlachten und Morden hinaus. Die Ehre und den Ruhm, den sie den Eroberern beilegt, welche meistenteils nur die Henker des Menschengeschlechtes waren, bringt den heranwachsenden Jüngling vollends auf den Gedanken, daß Menschenmord das rühmlichste Geschäft und die größte Heldentugend sei.

Locke, Gedanken über Erziehung 15

Die Geschichte ist nur ein Gemälde von Verbrechen und Drangsalen. Die Menge unschuldiger und friedlicher Menschen tritt auf diesem ungeheuren Schauplatz fast immer in den Hintergrund. Die Hauptpersonen sind nur ehrgeizige Schurken.

Voltaire, L'Ingénu 10

Die ganze Weltgeschichte ist ein ewig wiederholter Kampf der Herrschsucht und Freiheit.

Schiller,
Abfall der Niederlande I

Wenn ich Weltgeschichte lese und irgendeine Tat oder Erscheinung mich frappiert, so möchte ich manchmal das Weib sehen, das als geheime Triebfeder dahintersteckt.

Heine, Gedanken und Einfälle

Wäre die Nase der Kleopatra kürzer gewesen, hätte das Antlitz der Erde ein anderes Aussehen bekommen.

Pascal

Von der Parteien Gunst und Haß verwirrt, schwankt sein Charakterbild in der Geschichte.

Schiller, Prolog zu Wallenstein

Elf Zwölftel aller großen Männer der Geschichte waren nur Repräsentanten einer großen Sache.

Nietzsche,
Unschuld des Werdens 2, 1045

Die großen Begebenheiten in der Welt werden nicht gemacht, sondern finden sich ein.

Lichtenberg

Die Wurzel der großen Ereignisse ist immer ein Charakterzug des Volkes, und die Geschichte geht zurück auf Psychologie.

Taine,
Das Große Jahrhundert in Spanien 2

Aber die Geschichte wird schon zu ihrer Zeit aufstehen und reden. Und wenn sie geredet hat, so kommt alles vorhergegangene Geschwätz nicht mehr in Betracht.

Klopstock

Die Weltgeschichte ist das Weltgericht.

Schiller, Resignation

Die Geschichte ist nie Richterin, sondern allezeit Rechtfertigerin.

Benedetto Croce

Geschichte ist eine Philosophie, die uns durch Beispiele lehrt.

Bolingbroke, Briefe

Der schönste, reichste, beste und wahrste Roman, den ich je gelesen habe, ist die Geschichte.

Jean Paul, Gedanken

An die Geschichte verweise ich euch. Forscht in ihrem belehrendem Zusammenhang nach ähnlichen Zeitpunkten und lernt den Zauberstab der Analogie gebrauchen!

Novalis,
Die Christenheit oder Europa

Hätte die Weltgeschichte ein Sachregister, wie sie ein Namenregister hat, könnte man sie besser benutzen.

Börne, Fragmente und Aphorismen 14

Die Geschichten der Völker und Staaten haben den Geschichtschreibern und Buchhändlern, die ihre Werke verlegt, etwas Geld eingebracht. Was sie sonst noch genützt, das weiß ich nicht.

Börne, Der Narr im Weißen Schwan 2

Ich kann mir eine humoristische Weltgeschichte denken, aber nur das größte

Genie kann und wird sie schreiben. Es ist die letzte Aufgabe der Poesie.

Hebbel, Tagebücher, 20. 2. 1837

Der Historiker ist ein rückwärts gekehrter Prophet.

Friedrich Schlegel

Natur soll man wissenschaftlich behandeln. Über Geschichte soll man dichten.

Spengler,
Der Untergang des Abendlandes I, 2

Eine Chronik schreibt nur derjenige, dem die Gegenwart wichtig ist.

Goethe,
Maximen und Reflexionen,
Aus Kunst und Altertum 1826

Geschichte schreiben ist eine Art, sich das Vergangene vom Halse zu schaffen.

Goethe,
Maximen und Reflexionen,
Aus Kunst und Altertum 1821

Jedes Jahrhundert hat die Tendenz, sich als das fortgeschrittene zu betrachten und alle andern nur nach seiner Idee abzumessen.

Ranke, Tagebuchblätter

Über Geschichte kann niemand urteilen, als wer an sich selbst Geschichte erlebt hat. So geht es ganzen Nationen.

Goethe,
Wilhelm Meisters Wanderjahre II,
Betrachtungen im Sinne der Wanderer

Mathematik

Die Zahl ist das Wesen aller Dinge.

Pythagoras

Wer die Geometrie begreift, vermag in dieser Welt alles zu verstehen.

Galileo Galilei

Rechnen muß ein Knabe lernen, damit er sein Leben berechne; denn die gesamte Vernunft, zumal die Führung menschlicher Dinge, heißt Rechnen.

Herder

Das Edle in der Mathematik ist, daß es keine Konzessionen gibt.

Peltzer, An den Rand geschrieben

Wer rechnet, ist immer in Gefahr, sich zu verrechnen. Die dumme Kuh trifft immer das richtige Gras.

Fontane

Zufälligerweise kann ein Koch mit auf die Jagd gehen und gut schießen; er würde aber einen bösen Fehlschuß tun, wenn er behauptete, um gut zu schießen, müsse man Koch sein. So kommen mir die Mathematiker vor, die behaupten, daß man in physischen Dingen nichts sehen, nichts finden könne, ohne Mathematiker zu sein, da sie doch immer zufrieden sein könnten, wenn man ihnen in die Küche bringt, das sie mit Formeln spicken und nach Belieben zurichten können.

Goethe,
Maximen und Reflexionen, Nachlaß,
Über Natur und Naturwissenschaft

Die Mathematiker sind eine Art Franzosen: Redet man zu ihnen, so übersetzen sie es in ihre Sprache, und dann ist es alsobald ganz etwas anderes.

Goethe,
Maximen und Reflexionen, Nachlaß,
Über Natur und Naturwissenschaft

Es gibt drei Arten von Lügen: Lügen, infame Lügen und Statistik.

Benjamin Disraeli

Wenn ein Mann mit einem Fuß auf einem heißen Ofen und mit dem anderen in einer Kühltruhe steht, würde ein Statistiker sagen, daß der Mann sich durchschnittlich in angenehmer Temperatur befindet.

Walter Heller

Die Statistik ist das Märchen der Vernunft.

Martin Kessel

Die Statistik ist wie ein Bikini: Sie stellt anschaulich dar, was sie zeigen will; aber das, was man gern sehen möchte, verhüllt sie.

Verfasser unbekannt

Medizin

Die Tür, die dem Bettler verschlossen bleibt, öffnest du dem Arzt.
Aus Israel

Was die Arzneien nicht heilen, heilt das Messer. Was das Messer nicht heilt, heilt das Feuer.
Hippokrates

Wer einen will zur Ader lassen, der muß ihn auch verbinden können.
Sprichwort

Liebe ist es, welche die Kunst lehret, und außerhalb derselben wird kein Arzt geboren.
Paracelsus

Ein freundlicher Doktor fällt in der Achtung seines Patienten.
Aus Persien

Manches muß man heilen, ohne daß der Kranke davon weiß.
Seneca

Ein kluger Arzt runzelt stets die Stirn. Geht der Fall übel aus, hat er damit auf die „höhere Gewalt", geht er gut aus, auf seine bescheidene Kunst aufmerksam gemacht.

Sigmund Graff

Soll der Heilige dein Leiden wenden, soll durch einen Arzt die Krankheit enden, kommen mußt du dann mit reichen Spenden zu den beiden, nicht mit leeren Händen.

Aus Persien

Das Grab ist eine Brück' ins bess're Leben. Den Brückenzoll müßt ihr dem Arzte geben.

Friedrich Haug

Der Geist der Medizin ist leicht zu fassen! Ihr durchstudiert die groß – und kleine Welt, um es am Ende gehn zu lassen, wie's Gott gefällt. (Mephistopheles)

Goethe, Faust 1, Studierzimmer

Läßt sich die Krankheit nicht kurieren, muß man sie eben mit Hoffnung schmieren. Die Kranken sind wie Schwamm und Zunder; ein neuer Arzt tut immer Wunder.

Goethe, Jahrmarktsfest zu Plundersweilern

Wenn das Schicksal kommt, ist der Arzt ein Narr.

Aus Persien

Dem Arzt verzeiht! Denn doch einmal lebt er mit seinen Kindern. Die Krankheit ist ein Kapital, wer wollte das vermindern!

Goethe, Zahme Xenien V

Viele Köche versalzen den Brei. Bewahr uns Gott vor vielen Dienern! Wir aber sind, gesteht es frei, ein Lazarett von Medizinern.

Goethe, Sprichwörtlich

Der Arzt ist oft gefährlicher als die Krankheit.

Aus Großbritannien

Es sterben viel weniger Menschen an der Schwindsucht als an der Systemsucht der Ärzte. Das ist gewiß die traurigste aller Todesarten, wenn man an einer Krankheit stirbt, die ein anderer hat.

Börne, Kleine Beiträge zur Heilwissenschaft

Die Irrtümer des Arztes sind mit Erde zugedeckt.

Aus Polen

Ein junger Arzt muß drei Kirchhöfe haben.

Sprichwort

Während bei jedem mittleren Verkehrs-
unfall versucht wird, den gesamten
Hergang zu rekonstruieren und die
Schuldfrage zu klären, hält man es allgemein für überflüssig, den Ablauf
überraschend zum Tode oder zu irrepa-
rablen Schäden führender Heilbehand-
lungen unter die Lupe zu nehmen. Wer
mißt die Bremsspuren eines Arztes (gegenüber einem unter seiner Obhut ra-
sant fortschreitenden Leiden) nach? Was
geschieht, wenn seine „Unfallkurve" in
erschreckender Weise ansteigt, und wer
registriert diese überhaupt? Führen die
Gesundheitsämter eine Statistik, aus
der man, ähnlich wie beim Kauf eines
Grundstückes auf dem Grundbuchamt,
die „Belastung" der zur Wahl stehenden approbierten Helfer ablesen
könnte? Wo ist die Heilsünderkartei,
bei der ein Gericht Auskunft einzuho-
len vermöchte? Wer zieht den mörderi-
schen Medizinmann erforderlichenfalls
aus dem Verkehr?

Sigmund Graff

Verachtest du den Arzt, so verachte
auch die Krankheit!

Bantuweisheit

Ein guter Arzt rettet, wenn nicht immer von der Krankheit, so doch von
einem schlechten Arzte.

Jean Paul

Ein Übel gibt es, von dem auf die
Dauer die Ärzte uns immer heilen: Unsere Leichtgläubigkeit ihnen gegenüber.

Petit-Senn, Gedankensplitter

Ein geflicktes Hemd und ein Magen voll
Medizin können nicht lange halten.

Aus Albanien

Medizin ein Viertel, gesunder Menschenverstand drei Viertel!

Aus Indien

Eenmaol lachen helpt biätter es drei-
maol Medzin niemen.

Aus dem Münsterland

Geist und Körper, innig sind sie ja verwandt.
Ist jener froh, gleich fühlt sich dieser
frei und wohl,
und manches Übel flüchtet vor der Heiterkeit.

Goethe, Theatergedichte, Prolog 6. 8. 1811

Der körperliche Zustand hängt sehr
viel von der Seele ab. Man suche sich
vor allem zu erheitern und von allen
Seiten zu beruhigen.

Wilhelm von Humboldt

Der beste Arzt ist jederzeit
des Menschen eigne Mäßigkeit.

Johann Wilhelm Ludwig Gleim

Ich fand bei Plutarch, mit welchen Mitteln sich Cäsar gegen Kränklichkeit
und Kopfschmerz verteidigte: Ungeheure Märsche, einfache Lebensweise,
ununterbrochener Aufenthalt im Freien,
Strapazen.

Nietzsche, an Peter Gast, 13. 2. 1888

Langeweile ist die beste Kranken-
wärterin.

Robert Hamerling

Das beste aller Hausmittel ist eine gute
Hausfrau.

Daphne du Maurier

Den Armen kuriert Arbeit, den Reichen der Doktor.

Aus Polen

Der Mensch ist die Medizin des Menschen.

Aus Nigeria

Krankheit

Der Pöbel ruiniert sich durch das
Fleisch, das wider den Geist, und der
Gelehrte durch den Geist, den zu sehr
wider den Leib gelüstet.

Lichtenberg

Die Krankheiten heben unsere Tugenden und Laster auf.

Chamfort, Maximen I

Hüte dich vor einem guten Koch und
einer jungen Frau!

Aus Frankreich

Kränklichkeit ist gar kein Hindernis
zu guten Taten. Die größten Dinge
sind schon von Invaliden geleistet
worden.

Carl Hilty

Krankheit kommt zu Pferde und geht
zu Fuß.

Sprichwort

Gesundheit kommt vom Herzen,
Krankheit geht zum Herzen.

Aus der Tschechoslowakei

Ich bin nicht sehr krank, ich kann noch
drüber reden. (Imogen)

Shakespeare, Cymbeline IV, 2

Krankheit verabsäumt jeden Dienst,
zu dem
Gesundheit ist verpflichtet. Wir sind
nicht wir,
wenn die Natur, im Druck, die Seele
zwingt,
zu leiden mit dem Körper. (Lear)

Shakespeare, König Lear II, 4

Beobachtet man die Art, in der man in
den Spitälern mit den Kranken umgeht, so möchte man glauben, die Menschen hätten diese traurigen Zuflucht-
stätten nicht erfunden zum Wohl des
Kranken, sondern um den Glücklichen
den Anblick zu ersparen, der sie in ihrem Vergnügen stören könnte.

Vauvenargues, Unterdrückte Maximen

Krankheit, du bist Gottes Gabe,
er soll drum gepriesen sein.

Grillparzer, Der Genesende

Krankheit läßt den Wert der Gesundheit erkennen, das Böse den Wert des Guten, Hunger die Sättigung, Ermüdung den Wert der Ruhe.

Heraklit

Wenn's dem Körper übel geht, o wie bleibt die Seele so schön zu Hause und wartet und sorgt! Ihre Wünsche gehen kaum über eine Nacht, und ihre ganze Hoffnung ruht auf einem neuverschriebenen Rezepte.

Goethe, an Langer, 29. IV. 1770

Krankheit, dich auch preis ich. Zur reinen Freude am Dasein, welche nicht wünscht, noch bedarf, bist du der einzige Weg.

Hebbel, Die Krankheit

Kranke Menschen sind immer wahrhaft vornehmer als gesunde; denn nur der kranke Mensch ist ein Mensch. Seine Glieder haben eine Leidensgeschichte; sie sind durchgeistet.

Heine, Reise von München nach Genua

Der gesunde Mensch ist schön und sein Zustandekommen erstrebenswert. Aber es muß ein bißchen irgendwelcher Krankheit in ihn kommen, daß er auch geistig schön werde.

Morgenstern, Stufen, Psychologisches

Wo die größere Krankheit Sitz gefaßt, fühlt man die mindere kaum. (Lear)

Shakespeare, König Lear III, 4

Die Krankheit erst bewähret den Gesunden.

Goethe, Das Tagebuch

Der Hypochonder ist bald kuriert, wenn euch das Leben recht kujoniert.

Goethe, Sprichwörtlich

Eine der schönsten Wendungen unserer Sprache lautet: „Werde mir nicht krank..." Egoismus und rührendste Fürsorge sind untrennbar darin verschmolzen.

Sigmund Graff

Ich möchte den Satz aufstellen: Kein wahrhaft freier Mensch kann krank sein.

Morgenstern,
Brief an eine Unbekannte vor seinem Tode

Gesundheit

Gesundheit und Verstand, das sind die beiden Lebensgüter.

Menander,
Sentenzen in Monostichen 519

Neun Zehntel unseres Glückes beruhen allein auf der Gesundheit. Mit ihr wird alles eine Quelle des Genusses: Hingegen ist ohne sie kein äußeres Gut, welcher Art es auch sei, genießbar.

Schopenhauer,
Aphorismen zur Lebensweisheit 2

Reich ist, wer keine Schulden hat, glücklich, wer ohne Krankheit lebt.

Aus der Mongolei

Besonders überwiegt die Gesundheit alle äußeren Güter so sehr, daß wahrlich ein gesunder Bettler glücklicher ist als ein kranker König.

Schopenhauer,
Aphorismen zur Lebensweisheit I

Einem Kranken kann es nicht helfen, daß er in einem goldenen Bette liegt.

Aus Spanien

Es ist kein Reichtum zu vergleichen einem gesunden Leibe.

Jesus Sirach 30, 16

Gesundheit ohne Geld ist ein halbes Fieber.

Aus Großbritannien

Ach, wie sehr verlange ich nach Gesundheit! Man habe nur erst etwas vor, das etwas länger dauern soll als man selber, dann dankt man für jede gute Nacht, für jeden warmen Sonnenstrahl, ja für jede geregelte Verdauung!

Nietzsche, an Erwin Rohde, 29. 3. 1872

Sit mens sana in corpore sano.
Ein gesunder Geist sei in einem gesunden Körper.

Juvenal, Satiren 10, 356

Gesunde Menschen sind die, in deren Leibes- und Geistesorganisation jeder Teil eine vita propria hat.

Goethe,
Maximen und Reflexionen, Nachlaß,
Über Literatur und Leben

Wie sich körperlich viele für krank halten, ohne es zu sein, so halten umgekehrt geistig sich viele für gesund, die es nicht sind.

Lichtenberg,
Bemerkungen vermischten Inhaltes 4

Den Kopf halt' kühl, die Füße warm, das macht den besten Doktor arm.

Sprichwort

Fleisch von heute, Brot von gestern, Wein vom Jahr zuvor! Das hält gesund.

Aus Spanien

Die Gesundheit sieht es lieber, wenn der Körper tanzt, als wenn er schreibt.

Lichtenberg

Die größte aller Torheiten ist, seine Gesundheit aufzuopfern, für was es auch sei, für Erwerb, für Beförderung, für Gelehrsamkeit, für Ruhm, geschweige für Wollust und flüchtige Genüsse: Vielmehr soll man ihr alles nachsetzen.

Schopenhauer,
Aphorismen zur Lebensweisheit II

Wer seine Gesundheit durch allzu strenge Lebensweise zu erhalten sucht, begibt sich damit in eine fortlaufende und langweilige Krankheit.

La Rochefoucauld, Unterdrückte Maximen

Wer streng auf seine Gesundheit achtet, dem steht der Tod schon vor der Tür.

Aus Frankreich

Folgende Gegensätze sollte man vereinen können: Tugend mit Gleichgültigkeit gegen die öffentliche Meinung, Arbeitsfreude mit Gleichgültigkeit gegen den Ruhm und die Sorge um die Gesundheit mit Gleichgültigkeit gegen das Leben.

Chamfort, Maximen II

Stichworte

Autoren

Abecassis, Guy, 1927, frz. Erzähler, Bühnenstücke 510

Abessinische Sprichwörter 129, 224, 251, 253, 264, 363, 542, 578, 580, 644, 651, 660, 747, 760, 762, 820, 835, 857, 929, 1001

Abraham a Santa Clara (eigentl. Ulrich Megerle), 1644 Kreenheinstetten, Kreis Stockach/Württ. – 1709, Augustiner, Prediger in Wien 215/6, 279, 357, 393, 536, 559, 637, 645, 724, 733, 978

Ägyptische Sprichwörter 50, 69, 75, 255, 377, 461, 488, 835, 849

Aeschylus, 525 Athen–456; 187, 575, 752

Aesop, um 550 vor Chr., Fabeln, Sklave auf Samos 438, 657, 681

Albanische Sprichwörter 121, 188, 204, 206, 222, 299, 311, 395, 445, 461, 469, 502, 508, 538, 655, 692, 702, 760, 822, 834, 905, 927, 1011

Alberus, Erasmus, 1500 bei Frankfurt/Main – 1553 Neubrandenburg, Theologe, Dichter 477

Alexander von Mazedonien, 356–323; 388

Alkäus, um 600 vor Chr., Lyriker auf Lesbos 209

Alkuin, um 735–804, Lehrer Karls des Großen 88

Ambros, August Wilhelm, 1816 Mauth/Böhmen – 1876 Wien, Musikforscher, Komponist, Prof. in Prag und Wien 951/2, 979, 981/2

Ambrosius, gestorben 397, Bischof von Mailand 393, 402, 419, 694

Angelus Silesius (eigentl. Johannes Scheffler), 1624 Breslau – 1677, Arzt, Priester, Dichter 16, 25, 27, 30, 33/4, 38, 54, 64, 85/6, 111, 113, 164, 196, 232, 271, 273, 282, 291, 330/2, 356, 385, 394, 401, 403, 553, 566, 599, 600, 617, 655, 658, 712, 736, 769, 773, 792/3, 795

Angolische Sprichwörter 129, 251, 265, 269, 640, 857

Anzengruber, Ludwig, 1839 Wien – 1889, Dramen, Romane 553

Apollodorus, um 150 vor Chr., Grammatiker, Verfasser einer Mythologie 176, 221

Aquaviva, Claudio, 1543 Rom bis 1615, Jesuitengeneral 716

Arabische Sprichwörter 99, 114, 136/7, 142, 146, 192, 198, 212, 222, 258, 291, 293, 300, 322, 326, 387, 390, 431, 437, 441, 467, 470, 472, 478, 507, 515, 539, 544, 561, 573, 579, 583, 596, 598, 612, 666, 670/1, 680, 711, 715, 720, 723, 751, 797, 822, 826, 859, 873, 924, 926/7, 929, 941, 972, 980, 999

Archimedes, um 280 Syrakus – 212, Mathematiker, Physiker 996

Aretino, Pietro, 1492–1556, Dramen, Pamphlete, „Kurtisanengespräche" 98

Ariosto, Ludovico, 1474–1533 Ferrara, Komödien, Stanzenepos „Der rasende Roland" 518

Aristipp, geboren um 435 Kyrene/Nordafrika, Schüler des Sokrates, hedonischer Philosoph 572

Aristophanes, um 445–385 Athen, Komödien 322, 611

Reza Pahlevi, 1878–1944, 1925–1941 Schah von Persien 813

Rhodesische Sprichwörter 113, 147, 165, 511, 630, 646, 836, 866

Richelieu, Armand Jean de Plessis, Herzog von, 1585–1642, Kardinal, Minister Ludwigs XIII., 847, 862, 874

Ritter, Hermann, 1849 Wismar – 1926 Würzburg, Lehrer an Königl. Musikhochschule Würzburg 980

Ritter, Johann Wilhelm, 1776 Samitz bei Haynau/Schlesien – 1810 München, Physiker in Jena, Weimar und München 225

Rittershaus, Emil, 1834 Barmen – 1897 Barmen, Kaufmann, Gedichte 636

Rivarol (Rivaroli), Antoine, 1753 bis 1801, frz. Moralist 29, 32, 60, 71, 77, 133, 145, 155, 323, 337, 339, 350, 597, 599, 600, 719, 734, 744, 747, 770, 786, 827, 843, 850, 856/7, 871, 907, 970, 992, 1004

Robert, Ludwig (eigentl. Markus Levin), 1778 Berlin – 1832, Schriftsteller, Bruder der Rahel Varnhagen 28

Roberthin, Robert, 1600 Saalfeld/Ostpreußen – 1648 Königsberg, Dichter 661

Roderich, Albert, 1846 Groden/Cuxhaven, Schriftsteller in Hamburg, Humoresken 352

Röpke, Wilhelm, 1899–1966, Prof. der Volkswirtschaft in Jena, Marburg und Genf 121, 904

Rolland, Romain, 1866–1944, Schauspiele, Romane, Biographien, Nobelpreis 1915; 62, 91, 117, 219, 456, 843, 919

Rollenhagen, Georg, 1542 Bernau bei Berlin – 1609, Schulrektor, Prediger, Dichter 41, 261, 364, 576, 584

Romains, Jules (eigentl. Louis Farigoule), 1885–1972 Paris, Romane, Gedichte, Dramen 121, 298

Roosevelt, Theodore, 1858–1919, republikanischer US-Präsident 1901 bis 1909; 502

Rosay, Françoise, 1894–1973, frz. Schauspielerin 170

Rosegger, Peter, 1843 Alpl bei Krieglach/Obersteiermark – 1918, volkstümliche Erzählungen, Gedichte 103, 107, 165, 219, 271, 628

Roth, Eugen, 1895 München – 1976 München, Gedichte, Erzählungen 651

Rousseau, Jean-Jacques, 1712 Genf bis 1778, Dichter, Philosoph 22, 100, 139/40, 157, 159, 166, 197, 214, 242, 257/8, 272, 315, 317/8, 325/6, 338/40, 355, 401, 417, 452, 506, 511, 540, 600, 604, 610, 681, 706, 756, 833, 835, 853, 858, 862, 974/5

Rubinstein, Anton, 1829–1894, russ. Pianist und Komponist 532, 983

Rudolf I., 1218–1291, ab 1273 deutscher König 845

Rückert, Friedrich, 1788 Schweinfurt bis 1866 Neuses bei Coburg 49, 69, 114, 127, 130, 142/3, 170, 189/90, 215, 218, 239, 250, 260, 282, 293, XIII, 333/4, 338, 355, 386, 394/5, 416, 459, XXI, 496, 523, 526, 535, 546, 552, 558/9, 570, 585, 587, 591, 599, 611/2, 627, 631, 637, 651, 660, 669, 673, 679, 686, 693/4, XXXII, 757, 761, 911, 934, 971

Rühmann, Heinz, 1902 Essen – 1994 Starnberg, Schauspieler 636, 664

Rumänische Sprichwörter 160, 438, 459, 657, 744, 756, 824

Rupertus, Otto, Anfang 20. Jh., Musikwissenschaftler 387, 981

Ruskin, John, 1819–1900, Kunsthistoriker in Oxford 478, 510, 718

Wagner, Richard, 1813 Leipzig – 1883 Venedig 117, 532, 901, 978/9, 982, 984/5

Walpole, Sir Robert, Earl of Oxford, 1676–1745, Führer der Whigs, Premierminister 602

Walther von Chatillon, um 1135 – um 1200, mittellat. Epiker 447

Walther von der Vogelweide, um 1170 Niederösterreich – um 1230 Würzburg 227, 229, 297, 395, 795, 801, 937, 942

Ward, Jennifer 502

Washington, George, 1732–1799, 1789–1796 erster US-Präsident 843

Weber, Carl Maria Freiherr von, 1786 Eutin – 1826 London 471, 948/9, 979, 991

Weber, Friedrich Wilhelm, 1813 Alhausen bei Bad Driburg – 1894 Nieheim Kreis Höxter, Arzt, Epos „Dreizehnlinden", Lyrik 479

Weber, Karl Julius, 1767 Langenburg bei Crailsheim – 1832 Kupferzell Kreis Öhringen, Jurist, Privatgelehrter 21/3, 32, 36, 39, 102, 105, 120, 179, 213, 225, 235, 268, 315/6, 337/8, 340, 358, 360/1, 377, 423, 426, 443, 451, 475, 492, 508, 533, 558, 565, 607, 627, 632, 644, 648, 654, 663, 665, 678, 693, 770, 812, 849, 880/1, 901, 952, 972/3, 997

Weinheber, Josef, 1892 Wien – 1945 Kirchstetten/Niederösterreich, Lyrik 493

Weiser, Grete, 1903 Hannover – 1970 Bad Tölz, Schauspielerin 746

Weiße, Christian Felix, 1726 Annaberg bis 1804, Singspiele, Dramen 442

Weitbrecht, Karl, 1847 Neu-Hengstett bei Calw – 1904 Stuttgart, Prof. an TH Stuttgart, Literarhistoriker, Gedichte, Dramen 438

Wernicke, Christian, 1661 Elbing bis 1725 Paris, Epigramme 688

Wichert, Ernst, 1831 Insterburg bis 1902, Jurist, Romane 474

Wickenburg, Albrecht Graf, 1838 bis 1911, Schriftsteller 626

Wickenburg, Erik, 1903 Kasern/Salzburg, Schriftsteller in Kasern 471

Wieland, Christoph Martin, 1773 Oberbolzheim bei Biberach – 1813 Weimar, Prof. der Philosophie, Prinzenerzieher, Dichter 17, 70, 202, 414, 424, 451, 455, 462, 475, 591, 625, 687, 845

Wilde, Oscar, 1854 Dublin – 1900, Komödien, Romane, Märchen 53, 59, 82, 92, 95/6, 141, 143, 149, 158, 176, 185, 204/5, 214, 222, 231, 237, 243, 287, 301, 325, 339/40, 342, 363, 365, 378/9, 390, 417, 421, 426, 484, 510, 525, 548, 564, 573, 587, 589, 595, 613, 616, 640, 678, 688, 699, 705, 715, 719, 747, 753, 786, 788/9, 799, 803, XXXV, 855, 919, 921, 927, 940/1, 943, 955, 960, 971, 993, 1006

Wildermuth, Ottilie, geb. Rooschütz, 1817 Rottenburg Kreis Tübingen bis 1877 Tübingen, Frauen- und Jugendschriften 817

Wilhelm I., 1797–1888, deutscher Kaiser ab 1871; 649

Wilson, Woodrow, 1856–1924, 1913 bis 1921 demokratischer US-Präsident 859, 881

Wohlbrück, Adolf, 1900 Wien, Schauspieler 785

Wolff, Julius, 1834 Quedlinburg bis 1910, Versepen, historische Erzählungen 71

Wolfram von Eschenbach, um 1170 Wolframs-Eschenbach Kreis Gunzenhausen – nach 1220 Wolframs-Eschenbach, Epen, Minnelieder 778

Literatur

Georg Büchmann, „Geflügelte Worte", Fischer-Bücherei, 1957

Herbert Newton Casson, Werke, Schuler-Verlag, Stuttgart

Marie von Ebner-Eschenbach, „Sämtliche Werke", 3 Bände, Winkler-Verlag, München, 1957

Paul Ernst, „Gesammelte Werke", 21 Bände, Verlag Albert Langen-Georg Müller, München, 1928/42

„Gedanken sind frei", Europäischer Buchklub, 1960

Franz Karl Ginzkey, „Ausgewählte Werke", 4 Bände, Verlag Kremayr & Scheriau, Wien, 1960

Sigmund Graff, „Man sollte mal darüber nachdenken", Verlag Die Gabe, Gütersloh

Thomas Hardy, „Die Rückkehr", Manesse Verlag, Zürich

Gerhart Hauptmann, „Sämtliche Werke", 10 Bände, Propyläen-Verlag, Berlin

Ernst Jünger, „Werke", 10 Bände, Ernst Klett Verlag, Stuttgart

Erich Kästner, „Gesammelte Schriften für Erwachsene", 8 Bände, Droemersche Verlagsanstalt Th. Knaur Nachf., München, 1969

Hans Kasper, „Nachrichten und Notizen", Henry Goverts Verlag, Stuttgart, 2. Auflage 1957

Martin Kessel, „Gegengabe", Hermann Luchterhand Verlag GmbH, Berlin und Neuwied, 1960

Hermann von Keyserling, Werke, Verlag der Palme, Wien

Gustave Le Bon, „Psychologie der Massen", Alfred Kröner Verlag, Stuttgart, 105. Tausend 1968

Gertrud von Le Fort, „Die ewige Frau", Kösel-Verlag, München, 20. Auflage 1962

„Der moderne Logau", „Der gepfefferte Logau", herausgegeben von W. F. Karlos, Schloendorn Verlag, München, 1969

Emil Oesch, „Lebenskunst", „Lebensweisheit", „Sei positiv – bejahe", „Der Mann am Steuer", Emil Oesch-Verlag, Thalwil-Zürich

José Ortega y Gasset, „Der Aufstand der Massen", Deutsche Verlags-Anstalt, Stuttgart, 1965

Karl Peltzer, „Das treffende Zitat", Ott-Verlag, Thun und München, 4. Auflage 1968

Walther Rathenau, „Auf dem Fechtboden des Geistes", Verlag Der Greif, Walter Gericke, Wiesbaden

Hans Reimann, „Hans Reimanns beinah 100jähriger Kalender", Verlag Wilhelm Kumm, Offenbach

Peter Rosegger, Werke, L. Staackmann-Verlag, München

Eugen Roth, „Ein Mensch", Carl Hanser Verlag, München, 1064. Tausend

Karl Rauch, „Sprichwörter der Völker", Eugen Diederichs Verlag, Düsseldorf, 1963

Françoise Sagan, Werke, Ullstein GmbH, Berlin

Antoine de Saint-Exupéry, „Romane und Dokumente", Karl Rauch Verlag, Düsseldorf, 1966

Ruth Schaumann, „Das Arsenal", Verlag F. H. Kerle, Heidelberg, 1968

George Bernard Shaw, „Lustspiele", Suhrkamp Verlag, Frankfurt, 26. Tausend 1966

George Bernard Shaw, „Klassische Stücke", Suhrkamp Verlag, Frankfurt, 35. Tausend 1967

George Bernard Shaw, „Vorreden zu den Stücken", 2 Bände, Suhrkamp Verlag, Frankfurt, 1952 und 1953

Oswald Spengler, „Der Untergang des Abendlandes", 2 Bände, C. H. Beck'sche Verlagsbuchhandlung, München, 141. und 118. Tausend

Carl Spitteler, „Olympischer Frühling", Artemis Verlag, Zürich, 1969

John Steinbeck, Werke, Diana Verlag, Konstanz

Rabindranath Tagore, Werke, Hyperion-Verlag, Freiburg/Breisgau

Karl-Heinz Ullrich, „Das Goldene Buch der Zitate", Süd-West Verlags- und Vertriebs-GmbH, München, 1960

Josef Weinheber, „O Mensch gib acht, Ein erbauliches Kalenderbuch für Stadt- und Landleut", Hoffmann & Campe Verlag, Hamburg, 1950